国家农业政策
文件汇编

―――― 2011-2016年 ――――

中国农业科学院农业传媒与传播研究中心 编

中国农业科学技术出版社

图书在版编目（CIP）数据

国家农业政策文件汇编：2011—2016年／中国农业科学院农业传媒与传播研究中心编.—北京：中国农业科学技术出版社，2016.10
ISBN 978-7-5116-2784-1

Ⅰ.①国… Ⅱ.①中… Ⅲ.①农业政策-文件-汇编-中国-2011—2016 Ⅳ.①F320

中国版本图书馆CIP数据核字（2016）第241144号

责任编辑	王更新
责任校对	马广洋
出 版 者	中国农业科学技术出版社
	北京市中关村南大街12号　邮编：100081
电　　话	（010）82106639（编辑室）　（010）82109704（发行部）
	（010）82109709（读者服务部）
传　　真	（010）82106639
网　　址	http://www.castp.cn
经 销 者	各地新华书店
印 刷 者	北京富泰印刷有限责任公司
开　　本	880mm×1 230mm　1/16
印　　张	51.75
字　　数	1 392千字
版　　次	2016年10月第1版　2016年10月第1次印刷
定　　价	600.00元

◀▬▬版权所有·翻印必究▬▬▶

前　言

农业是立国之本，强国之基，农业关系着国计民生，是我国国民经济的基础产业。农业政策对农业经济发展有着极大影响，是保障农业生产健康发展的重要手段。自2004年以来，中央一号文件连续13年聚焦"三农"，出台了一系列强农惠农富农政策。这些农业政策既统揽全局，又细致入微，为农村区域经济创新发展指明了方向，为农业产业发展和新农村建设寻找路径、出台措施，为农民增收致富保驾护航。

为了让各级地方政府和相关涉农企事业单位快捷、方便、全面了解农业扶持的重点方向，明确各类项目扶持政策的具体内容，中国农业科学院农业传媒与传播研究中心全面梳理，并组织编辑了《国家农业政策文件汇编》（以下简称《汇编》）。《汇编》收录了2011—2016年国家有关部、委、办、局关于农业发展的政策文件，旨在方便各级地方政府和企事业单位准确查询相关农业政策信息，使各项惠农政策得以精准传播。

《汇编》是各级地方政府、农业高等院校、农业科研机构、农业科技园区、农业企业、农业合作社以及基层农业科技工作者必备工具书，是各级地方政府、涉农企事业单位全面了解和运用国家有关农业政策的重要文件。今后每年将根据国家有关部委农业政策发布情况及时进行编辑出版。衷心希望《汇编》的出版能够使各级地方政府和相关涉农企事业单位全面学习领会并充分利用这些农业政策，为我国农业和农村健康发展作出贡献。

衷心感谢在《汇编》策划、整理、编辑过程中所有参与的领导、专家、学者。由于涉及内容较多，时间紧，任务重，书中难免有疏漏和不妥之处，希望广大读者提出宝贵意见和建议。

中国农业科学院农业传媒与传播研究中心
2016年9月

目 录

一、中共中央　国务院 ……………………………………………………………………（1）

1. 中共中央　国务院关于落实发展新理念加快农业现代化　实现全面小康目标的若干意见 ……………………………………………………………………………………（1）
2. 中共中央　国务院关于加大改革创新力度　加快农业现代化建设的若干意见 ………（11）
3. 中共中央　国务院关于全面深化农村改革　加快推进农业现代化的若干意见 ………（19）
4. 中共中央　国务院关于加快发展现代农业进一步增强农村发展活力的若干意见 ……（26）
5. 中共中央　国务院关于加快推进农业科技创新持续增强农产品供给保障能力的若干意见 ……………………………………………………………………………………（33）
6. 中共中央　国务院关于加快水利改革发展的决定 ………………………………………（40）
7. 中共中央　国务院关于加大统筹城乡发展力度　进一步夯实农业农村发展基础的若干意见 ……………………………………………………………………………………（46）
8. 中共中央　国务院关于2009年促进农业稳定发展农民持续增收的若干意见 …………（54）
9. 中共中央　国务院关于切实加强农业基础建设进一步促进农业发展农民增收的若干意见 ……………………………………………………………………………………（61）
10. 中共中央　国务院关于积极发展现代农业扎实推进社会主义新农村建设的若干意见 ……………………………………………………………………………………………（71）
11. 中共中央　国务院关于推进社会主义新农村建设的若干意见 ………………………（79）
12. 中共中央　国务院关于进一步加强农村工作提高农业综合生产能力若干政策的意见 ……………………………………………………………………………………………（87）
13. 中共中央　国务院关于促进农民增加收入若干政策的意见 …………………………（95）
14. 国务院办公厅关于推进农业水价综合改革的意见 ……………………………………（101）
15. 国务院办公厅关于全面治理拖欠农民工工资问题的意见 ……………………………（104）
16. 国务院办公厅关于推进农村一二三产业融合发展的指导意见 ………………………（109）
17. 中共中央办公厅　国务院办公厅印发《深化农村改革综合性实施方案》 …………（114）
18. 国务院关于开展农村承包土地的经营权和农民住房财产权抵押贷款试点的指导意见 ……………………………………………………………………………………………（122）
19. 国务院办公厅关于加快转变农业发展方式的意见 ……………………………………（125）
20. 国务院办公厅关于支持农民工等人员返乡创业的意见 ………………………………（131）
21. 中共中央办公厅　国务院办公厅印发《关于深入推进农村社区建设试点工作的指导意见》 ……………………………………………………………………………………（137）

· 1 ·

22. 中共中央 国务院印发《国有林场改革方案》和《国有林区改革指导意见》 …… （142）
23. 国务院办公厅关于引导农村产权流转交易市场健康发展的意见 …………… （149）
24. 中共中央办公厅 国务院办公厅印发《关于引导农村土地经营权有序流转发展农业适度规模经营的意见》 ……………………………………………………… （153）
25. 国务院办公厅关于进一步加强林业有害生物防治工作的意见 ……………… （158）
26. 国务院办公厅关于金融服务"三农"发展的若干意见 ………………………… （161）
27. 国务院关于改进加强中央财政科研项目和资金管理的若干意见 …………… （166）
28. 中共中央办公厅 国务院办公厅《关于创新机制扎实推进农村扶贫开发工作的意见》的通知 …………………………………………………………………… （172）
29. 国务院关于促进海洋渔业持续健康发展的若干意见 ………………………… （176）
30. 国务院办公厅关于加快发展高技术服务业的指导意见 ……………………… （181）
31. 中共中央 国务院印发《中国农村扶贫开发纲要（2011—2020年）》 ………… （185）
32. 国务院关于进一步促进蔬菜生产保障市场供应和价格基本稳定的通知 …… （194）

二、国家发展和改革委员会 ………………………………………………………… （198）

1. 国家发展改革委关于支持贫困地区农林水利基础设施建设推进脱贫攻坚的指导意见 ……………………………………………………………………………… （198）
2. 国家发展改革委 国家林业局关于加强长江经济带造林绿化的指导意见 …… （201）
3. 关于加快发展农业循环经济的指导意见 ………………………………………… （205）
4. 关于进一步加快推进农作物秸秆综合利用和禁烧工作的通知 ……………… （210）
5. 四部委修订缓解生猪市场价格周期性波动调控预案 ………………………… （213）
6. 国家发展改革委 国家林业局印发实施《长白山林区生态保护与经济转型规划（2015—2024年）》 …………………………………………………………… （217）
7. 国家发展改革委 农业部关于印发糖料蔗主产区生产发展规划（2015—2020年）的通知 ……………………………………………………………………… （218）
8. 关于开展社会资本参与重大水利工程建设运营第一批试点工作的通知 …… （219）
9. 国家发展改革委 国家粮食局 财政部关于印发《粮食收储供应安全保障工程建设规划（2015—2020年）》的通知 ……………………………………… （221）
10. 2015年农村沼气工程转型升级工作方案 ……………………………………… （233）
11. 国家发展改革委办公厅 农业部办公厅关于印发《秸秆综合利用技术目录（2014）》的通知 ……………………………………………………………… （238）
12. 关于印发《京津冀及周边地区秸秆综合利用和禁烧工作方案（2014—2015年）》 ………………………………………………………………………… （248）
13. 关于印发《全国生态保护与建设规划（2013—2020年）》的通知 …………… （251）
14. 农村饮水安全工程建设管理办法 ……………………………………………… （269）
15. 中央预算内投资补助和贴息项目管理办法 …………………………………… （273）
16. 国家高技术产业发展项目管理暂行办法 ……………………………………… （277）
17. 园区循环化改造实施方案编制指南 …………………………………………… （284）

18. 国家发展改革委关于印发全国农村经济发展"十二五"规划的通知 …………………… (287)
19. 国家发展改革委 农业部关于印发全国蔬菜产业发展规划（2011—2020年）的
    通知 ……………………………………………………………………………………… (301)
20. 国家发展改革委 工业和信息化部关于印发食品工业"十二五"发展规划的
    通知 ……………………………………………………………………………………… (321)

三、教育部 ……………………………………………………………………………………… (340)
1. 教育部等6部门关于进一步做好农村订单定向医学生免费培养工作的意见 ………… (340)
2. 教育部关于做好2015年重点高校招收农村学生工作的通知 ………………………… (343)
3. 教育部 农业部 国家林业局关于推进高等农林教育综合改革的若干意见 ………… (345)

四、科学技术部 ………………………………………………………………………………… (348)
1. 科技部 财政部关于印发《国家科技成果转化引导基金贷款风险补偿管理暂行
   办法》的通知 …………………………………………………………………………… (348)
2. 科技部 财政部关于印发《国家科技成果转化引导基金设立创业投资子基金
   管理暂行办法》的通知 ………………………………………………………………… (350)

五、工业和信息化部 …………………………………………………………………………… (354)
1. 工业和信息化部关于印发贯彻落实《国务院关于积极推进"互联网+"行动的
   指导意见》行动计划（2015—2018年）的通知 ……………………………………… (354)
2. 工业和信息化部办公厅关于组织开展2015年度联合收割（获）机和拖拉机行业
   规范公告申报工作的通知 ……………………………………………………………… (360)
3. 关于开展2015年扶助小微企业专项行动的通知 ……………………………………… (360)
4. 关于印发《中小企业发展专项资金管理暂行办法》的通知 ………………………… (363)
5. 关于做好2013年中小企业发展专项资金有关工作的通知 …………………………… (368)
6. 磷铵行业准入公告管理暂行办法 ……………………………………………………… (373)

六、财政部 ……………………………………………………………………………………… (380)
1. 关于以高标准农田建设为平台开展涉农资金整合试点的意见 ……………………… (380)
2. 关于印发《农田水利设施建设和水土保持补助资金使用管理办法》的通知 ……… (382)
3. 扶持村级集体经济发展试点的指导意见 ……………………………………………… (384)
4. 关于做好2015年农田水利建设管理有关工作的通知 ………………………………… (388)
5. 财政部 农业部 银监会关于印发《关于财政支持建立农业信贷担保体系的指导
   意见》的通知 …………………………………………………………………………… (390)
6. 关于支持多种形式适度规模经营促进转变农业发展方式的意见 …………………… (393)
7. 关于调整和完善农业综合开发扶持农业产业化发展相关政策的通知 ……………… (397)
8. 关于中国农业银行三农金融事业部涉农贷款营业税优惠政策的通知 ……………… (398)
9. 关于印发《农业综合开发扶持农业优势特色产业促进农业产业化发展的指导
   意见》的通知 …………………………………………………………………………… (400)
10. 关于印发《农业综合开发推进农业适度规模经营的指导意见》的通知 …………… (403)
11. 关于调整完善农业三项补贴政策的指导意见 ………………………………………… (406)

12. 关于种子（苗）种畜（禽）鱼种（苗）和种用野生动植物种源 2015 年免税进口计划的通知 ………………………………………………………………………………（409）
13. 关于延续并完善支持农村金融发展有关税收政策的通知 ………………………（410）
14. 关于大豆目标价格补贴的指导意见 ………………………………………………（411）
15. 中央财政农业资源及生态保护补助资金管理办法 ………………………………（413）
16. 财政部关于印发《国家农业综合开发监督检查办法》的通知 …………………（415）
17. 关于深入推进草原生态保护补助奖励机制政策落实工作的通知 ………………（418）
18. 关于免征储备大豆增值税政策的通知 ……………………………………………（420）
19. 关于做好旱作农业技术推广工作的通知 …………………………………………（420）
20. 关于印发《农村金融机构定向费用补贴资金管理办法》的通知 ………………（422）
21. 关于印发《农业保险大灾风险准备金会计处理规定》的通知 …………………（426）
22. 关于印发《水土保持补偿费征收使用管理办法》的通知 ………………………（428）
23. 关于进一步扩大财政县域金融机构涉农贷款增量奖励试点范围的通知 ………（431）
24. 关于印发《中央财政山洪灾害防治经费使用管理办法》的通知 ………………（432）
25. 关于加强从土地出让收益中计提农田水利建设资金和教育资金征收管理的通知 ……………………………………………………………………………………（434）
26. 关于中国农业银行三农事业部涉农贷款营业税优惠政策的通知 ………………（435）
27. 关于部分国家储备商品有关税收政策的通知 ……………………………………（436）
28. 财政部 国家林业局关于印发《中央财政湿地保护补助资金管理暂行办法》的通知 ……………………………………………………………………………………（437）
29. 财政部 海关总署 国家税务总局 关于种子（苗）种畜（禽）鱼种（苗）和种用野生动植物种源免征进口环节增值税政策及 2011 年进口计划的通知 …………（438）
30. 关于做好 2011 年财政支持现代农业生产发展工作的通知 ……………………（439）
31. 关于中国农业银行三农金融事业部试点县域支行涉农贷款营业税优惠政策的通知 ……………………………………………………………………………………（442）

七、国土资源部 …………………………………………………………………………（444）

1. 国土资源部 住房和城乡建设部 国家旅游局关于支持旅游业发展用地政策的意见 ……………………………………………………………………………………（444）
2. 节约集约利用土地规定 ……………………………………………………………（446）
3. 土地复垦条例实施办法 ……………………………………………………………（451）
4. 闲置土地处置办法 …………………………………………………………………（458）
5. 全国土地变更调查工作规则（试行）……………………………………………（463）
6. 土地复垦条例 ………………………………………………………………………（467）
7. 土地利用年度计划管理办法 ………………………………………………………（472）

八、环境保护部 …………………………………………………………………………（477）

1. 畜禽规模养殖污染防治条例 ………………………………………………………（477）
2. 财政 环境保护部关于加强"十二五"中央农村环境保护专项资金管理的指导

意见 …………………………………………………………………………………………（481）
　3. 绿色能源示范县建设补助资金管理暂行办法 ………………………………………………（484）
　4. "十二五"农作物秸秆综合利用实施方案 ……………………………………………………（490）

九、水利部 …………………………………………………………………………………………（495）
　1. 水利部 发展改革委 财政部 卫生计生委 环保部关于进一步加强农村饮水安全
　　工作的通知 ……………………………………………………………………………………（495）
　2. 关于开展全国水利建设工程文明工地申报工作的通知 ……………………………………（497）

十、农业部 …………………………………………………………………………………………（512）
　1. 2011年草原生态保护补助奖励机制政策实施指导意见 ……………………………………（512）
　2. 农业部关于"镰刀弯"地区玉米结构调整的指导意见 ……………………………………（515）
　3. 第三次全国农作物种质资源普查与收集资金管理暂行办法 ………………………………（520）
　4. 农业部 发展改革委 财政部 银监会关于扎实推进国家现代农业示范区改革与建设
　　率先实现农业现代化的指导意见 ……………………………………………………………（521）
　5. 农业部 国家发展和改革委员会 商务部关于印发《推进农业电子商务发展行动
　　计划》的通知 …………………………………………………………………………………（525）
　6. 农业部关于促进草食畜牧业加快发展的指导意见 …………………………………………（530）
　7. 农业部 中央农办 国土资源部 国家工商总局关于加强对工商资本租赁农地监管
　　和风险防范的意见 ……………………………………………………………………………（535）
　8. 关于印发《全国农业可持续发展规划（2015—2030年）》的通知 ………………………（538）
　9. 农业部关于大力推进农产品加工科技创新与推广工作的通知 ……………………………（548）
　10. 农业部关于扎实做好2015年农业农村经济工作的意见 …………………………………（551）
　11. 农业部关于大力开展粮食绿色增产模式攻关的意见 ………………………………………（558）
　12. 农业部关于做好2015年畜禽屠宰行业管理工作的通知 …………………………………（562）
　13. 农业部办公厅 财政部办公厅关于印发《2015—2017年农业机械购置补贴实施
　　　指导意见》的通知 …………………………………………………………………………（566）
　14. 农业部关于做好2015年农产品加工业重点工作的通知 …………………………………（575）
　15. 耕地质量保护与提升行动方案 ………………………………………………………………（578）
　16. 关于积极开发农业多种功能 大力促进休闲农业发展的通知 ……………………………（584）
　17. 农业部 中国邮政储蓄银行关于邮政储蓄资金支持现代农业示范区建设的意见
　　　 …………………………………………………………………………………………………（588）
　18. 关于引导和促进农民合作社规范发展的意见 ………………………………………………（591）
　19. 农业部办公厅 财政部办公厅关于做好2014年耕地保护与质量提升工作的通知
　　　 …………………………………………………………………………………………………（595）
　20. 农业部关于推动金融支持和服务现代农业发展的通知 ……………………………………（597）
　21. 中国银监会 农业部关于金融支持农业规模化生产和集约化经营的指导意见 ……（600）
　22. 农业部办公厅 财政部办公厅关于印发《2014年畜牧发展扶持资金实施指导意见》
　　　的通知 …………………………………………………………………………………………（604）

23. 农业部办公厅 财政部办公厅关于做好2014年农业高产创建工作的通知 …………(607)
24. 农业部办公厅 财政部办公厅关于做好2014年渔业资源保护和转产转业工作的通知 ……………………………………………………………………………………(614)
25. 农业部办公厅 财政部办公厅关于做好2014年基层农技推广体系改革与建设工作的通知 ………………………………………………………………………………(615)
26. 农业部办公厅 财政部办公厅关于深入推进草原生态保护补助奖励机制政策落实工作的通知 ……………………………………………………………………………(617)
27. 农业部办公厅 财政部办公厅关于做好2014年测土配方施肥工作的通知 ………(619)
28. 农业部 国家林业局 国务院扶贫办 商务部 国家发展改革委 科技部 全国供销合作总社关于印发特色产业增收工作实施方案的通知 ………………………………(622)
29. 农业部办公厅 财政部办公厅关于做好2014年农产品产地初加工实施工作的通知 ……………………………………………………………………………………(627)
30. 农业部办公厅 财政部办公厅关于印发《2014年重大农作物病虫害统防统治实施指导意见》的通知 ……………………………………………………………………(629)
31. 农业部关于做好2014年生猪屠宰行业管理工作的通知 …………………………(631)
32. 2014年冬小麦"一喷三防"实施指导意见 …………………………………………(634)
33. 2014年农村经营管理工作要点 ……………………………………………………(636)
34. 2014年农药监督管理年活动方案 …………………………………………………(641)
35. 农业部办公厅 财政部办公厅关于印发《2014年农业机械购置补贴实施指导意见》的通知 ……………………………………………………………………………(645)
36. 农业部关于大力推进农机社会化服务的意见 ……………………………………(657)
37. 农业部2013年度强农惠农富农政策落实延伸绩效管理工作实施方案 …………(660)
38. 农业部关于进一步加强农机购置补贴政策实施监督管理工作的意见 …………(668)
39. 农业部办公厅 财政部办公厅关于做好祖代种鸡补贴有关工作的通知 …………(671)
40. 农业部关于促进茶叶生产持续健康发展的意见 …………………………………(672)
41. 农业部关于促进企业开展农业科技创新的意见 …………………………………(673)
42. 关于进一步加强农业知识产权工作的意见 ………………………………………(676)
43. 农业部关于促进休闲渔业持续健康发展的意见 …………………………………(678)
44. 农业部关于下达2012年农产品质量安全统筹经费的通知 ………………………(682)
45. 农业部关于加强农业行业扶贫工作的指导意见 …………………………………(682)
46. 农业部关于下达2012年第一批国家救灾备荒种子储备补助资金的通知 ………(685)
47. 农业部关于下达2013年农产品质量安全统筹经费的通知 ………………………(686)
48. 农业部关于做好2012年农业农村经济工作的意见 ………………………………(687)
49. 2012年国家动物疫病强制免疫计划 ………………………………………………(694)
50. 2012年基层农业技术推广体系改革与建设实施指导意见 ………………………(701)
51. 农业部办公厅 财政部办公厅关于印发《2012年农业机械购置补贴实施指导意见》的通知 ……………………………………………………………………………(704)

52. 农业部2012年度强农惠农富农政策落实延伸绩效管理工作实施方案 …………… (715)
53. 农业部关于下达2011年第二批国家救灾备荒种子储备补助资金的通知 ………… (717)
54. 农业部关于下达2011年农产品质量安全应急工作经费的通知 …………………… (721)

十一、国家税务总局 ……………………………………………………………………… (733)
1. 税收优惠制度 ……………………………………………………………………………… (733)
2. 国家税务总局关于金融企业涉农贷款和中小企业贷款损失税前扣除问题的公告
   …………………………………………………………………………………………… (736)
3. 财政部 国家税务总局关于金融企业贷款损失准备金企业所得税税前扣除有关
   政策的通知 ……………………………………………………………………………… (737)
4. 国家税务总局关于实施农林牧渔业项目企业所得税优惠问题的公告 ……………… (738)

十二、国家工商行政管理总局 …………………………………………………………… (740)
1. 农药广告审查发布标准 …………………………………………………………………… (740)
2. 兽药广告审查发布标准 …………………………………………………………………… (741)

十三、国家林业局 ………………………………………………………………………… (743)
1. 国家林业局 中国农业发展银行关于充分发挥农业政策性金融作用支持林业发展的
   意见 ……………………………………………………………………………………… (743)
2. 关于调整森林植被恢复费征收标准引导节约集约利用林地的通知 ………………… (745)
3. 关于加强植物园植物物种资源迁地保护工作的指导意见 …………………………… (746)

十四、国家旅游局 ………………………………………………………………………… (750)
1. 国家旅游局关于实施"旅游+互联网"行动计划的通知 ……………………………… (750)
2. 关于实施乡村旅游富民工程推进旅游扶贫工作的通知 ……………………………… (753)
3. 农业部 国家旅游局关于认定全国休闲农业与乡村旅游示范县、示范点的通知 …… (756)

十五、国家粮食局 ………………………………………………………………………… (761)
1. 关于进一步强化"四个共同"机制切实做好国家政策性粮食收储和监管工作的
   通知 ……………………………………………………………………………………… (761)
2. 租赁社会粮食仓储设施收储国家政策性粮食的指导意见（试行） ………………… (764)
3. 关于印发《采购东北地区2013年新产粳稻和玉米费用补贴管理办法》的通知 …… (768)
4. 关于申报第一批国家级粮食现代物流示范单位的通知 ……………………………… (771)
5. 关于印发《粮油仓储信息化建设指南（试行）》的通知 ……………………………… (772)
6. 关于印发《国家级粮食现代物流示范单位管理暂行办法》的通知 ………………… (785)
7. 大力推进粮食行业信息化发展的指导意见 …………………………………………… (787)
8. 国家粮食局 中国农业发展银行关于进一步加强合作推进国有粮食企业改革发展的
   意见 ……………………………………………………………………………………… (804)
9. 关于印发《成品粮应急储备库建设设计要点》的通知 ……………………………… (808)

十六、国务院扶贫开发领导小组办公室 ………………………………………………… (811)
1. 关于印发《建立精准扶贫工作机制实施方案》的通知 ……………………………… (811)
2. 关于印发《创新扶贫开发社会参与机制实施方案》的通知 ………………………… (814)

一、中共中央 国务院

1. 中共中央 国务院关于落实发展新理念加快农业现代化 实现全面小康目标的若干意见

中共中央 国务院
关于落实发展新理念加快农业现代化实现全面小康目标的若干意见
2015 年 12 月 31 日

党的十八届五中全会通过的《中共中央关于制定国民经济和社会发展第十三个五年规划的建议》，对做好新时期农业农村工作作出了重要部署。各地区各部门要牢固树立和深入贯彻落实创新、协调、绿色、开放、共享的发展理念，大力推进农业现代化，确保亿万农民与全国人民一道迈入全面小康社会。

"十二五"时期，是农业农村发展的又一个黄金期。粮食连年高位增产，实现了农业综合生产能力质的飞跃；农民收入持续较快增长，扭转了城乡居民收入差距扩大的态势；农村基础设施和公共服务明显改善，提高了农民群众的民生保障水平；农村社会和谐稳定，夯实了党在农村的执政基础。实践证明，党的"三农"政策是完全正确的，亿万农民是衷心拥护的。

当前，我国农业农村发展环境发生重大变化，既面临诸多有利条件，又必须加快破解各种难题。一方面，加快补齐农业农村短板成为全党共识，为开创"三农"工作新局面汇聚强大推动力；新型城镇化加快推进，为以工促农、以城带乡带来持续牵引力；城乡居民消费结构加快升级，为拓展农业农村发展空间增添巨大带动力；新一轮科技革命和产业变革正在孕育兴起，为农业转型升级注入强劲驱动力；农村各项改革全面展开，为农业农村现代化提供不竭源动力。另一方面，在经济发展新常态背景下，如何促进农民收入稳定较快增长，加快缩小城乡差距，确保如期实现全面小康，是必须完成的历史任务；在资源环境约束趋紧背景下，如何加快转变农业发展方式，确保粮食等重要农产品有效供给，实现绿色发展和资源永续利用，是必须破解的现实难题；在受国际农产品市场影响加深背景下，如何统筹利用国际国内两个市场、两种资源，提升我国农业竞争力，赢得参与国际市场竞争的主动权，是必须应对的重大挑战。农业是全面建成小康社会、实现现代化的基础。我们一定要切实增强做好"三农"工作的责任感、使命感、紧迫感，任何时候都不能忽视农业、忘记农民、淡漠农村，在认识的高度、重视的程度、投入的力度上保持好势头，始终把解决好"三农"问题作为全党工作重中之重，坚持强农惠农富农政策不减弱，推进农村全面小康建设不松劲，加快发展现代农业，加快促进农民增收，加快建设社会主义新农村，不断巩固和发展农业农村好形势。

"十三五"时期推进农村改革发展，要高举中国特色社会主义伟大旗帜，全面贯彻党的十八大和十八届三中、四中、五中全会精神，以邓小平理论、"三个代表"重要思想、科学发展观为指导，深入贯彻习近平总书记系列重要讲话精神，坚持全面建成小康社会、全面深化改革、全面依法治国、全面从严治党的战略布局，把坚持农民主体地位、增进农民福祉作为农村一切工作的出发点和落脚点，用发展新理念破解"三农"新难题，厚植农业农村发展优势，加大创新驱动力度，推进农业供给侧结构性改革，加快转变农业发展方式，保持农业稳定发展和农民持续增收，走产出高效、产品安全、资源节约、环境友好的农业现代化道路，推动新型城镇化与新农村建设双轮驱动、互促共进，让广大农民平等参与现代化进程、共同分享现代化成果。

到2020年，现代农业建设取得明显进展，粮食产能进一步巩固提升，国家粮食安全和重要农产品供给得到有效保障，农产品供给体系的质量和效率显著提高；农民生活达到全面小康水平，农村居民人均收入比2010年翻一番，城乡居民收入差距继续缩小；我国现行标准下农村贫困人口实现脱贫，贫困县全部摘帽，解决区域性整体贫困；农民素质和农村社会文明程度显著提升，社会主义新农村建设水平进一步提高；农村基本经济制度、农业支持保护制度、农村社会治理制度、城乡发展一体化体制机制进一步完善。

一、持续夯实现代农业基础，提高农业质量效益和竞争力

大力推进农业现代化，必须着力强化物质装备和技术支撑，着力构建现代农业产业体系、生产体系、经营体系，实施藏粮于地、藏粮于技战略，推动粮经饲统筹、农林牧渔结合、种养加一体、一二三产业融合发展，让农业成为充满希望的朝阳产业。

1. 大规模推进高标准农田建设。加大投入力度，整合建设资金，创新投融资机制，加快建设步伐，到2020年确保建成8亿亩、力争建成10亿亩集中连片、旱涝保收、稳产高产、生态友好的高标准农田。整合完善建设规划，统一建设标准、统一监管考核、统一上图入库。提高建设标准，充实建设内容，完善配套设施。优化建设布局，优先在粮食主产区建设确保口粮安全的高标准农田。健全管护监督机制，明确管护责任主体。将高标准农田划为永久基本农田，实行特殊保护。将高标准农田建设情况纳入地方各级政府耕地保护责任目标考核内容。

2. 大规模推进农田水利建设。把农田水利作为农业基础设施建设的重点，到2020年农田有效灌溉面积达到10亿亩以上，农田灌溉水有效利用系数提高到0.55以上。加快重大水利工程建设。积极推进江河湖库水系连通工程建设，优化水资源空间格局，增加水环境容量。加快大中型灌区建设及续建配套与节水改造、大型灌排泵站更新改造。完善小型农田水利设施，加强农村河塘清淤整治、山丘区"五小水利"、田间渠系配套、雨水集蓄利用、牧区节水灌溉饲草料地建设。大力开展区域规模化高效节水灌溉行动，积极推广先进适用节水灌溉技术。继续实施中小河流治理和山洪、地质灾害防治。扩大开发性金融支持水利工程建设的规模和范围。稳步推进农业水价综合改革，实行农业用水总量控制和定额管理，合理确定农业水价，建立节水奖励和精准补贴机制，提高农业用水效率。完善用水权初始分配制度，培育水权交易市场。深化小型农田水利工程产权制度改革，创新运行管护机制。鼓励社会资本参与小型农田水利工程建设与管护。

3. 强化现代农业科技创新推广体系建设。农业科技创新能力总体上达到发展中国家领先水平，力争在农业重大基础理论、前沿核心技术方面取得一批达到世界先进水平的成果。统筹协调各类农业科技资源，建设现代农业产业科技创新中心，实施农业科技创新重点专项和工程，重点突破生物育种、农机装备、智能农业、生态环保等领域关键技术。强化现代农业产业技术体系建

设。加强农业转基因技术研发和监管，在确保安全的基础上慎重推广。加快研发高端农机装备及关键核心零部件，提升主要农作物生产全程机械化水平，推进林业装备现代化。大力推进"互联网+"现代农业，应用物联网、云计算、大数据、移动互联等现代信息技术，推动农业全产业链改造升级。大力发展智慧气象和农业遥感技术应用。深化农业科技体制改革，完善成果转化激励机制，制定促进协同创新的人才流动政策。加强农业知识产权保护，严厉打击侵权行为。深入开展粮食绿色高产高效创建。健全适应现代农业发展要求的农业科技推广体系，对基层农技推广公益性与经营性服务机构提供精准支持，引导高等学校、科研院所开展农技服务。推行科技特派员制度，鼓励支持科技特派员深入一线创新创业。发挥农村专业技术协会的作用。鼓励发展农业高新技术企业。深化国家现代农业示范区、国家农业科技园区建设。

4. 加快推进现代种业发展。大力推进育繁推一体化，提升种业自主创新能力，保障国家种业安全。深入推进种业领域科研成果权益分配改革，探索成果权益分享、转移转化和科研人员分类管理机制。实施现代种业建设工程和种业自主创新重大工程。全面推进良种重大科研联合攻关，培育和推广适应机械化生产、优质高产多抗广适新品种，加快主要粮食作物新一轮品种更新换代。加快推进海南、甘肃、四川国家级育种制种基地和区域性良种繁育基地建设。强化企业育种创新主体地位，加快培育具有国际竞争力的现代种业企业。实施畜禽遗传改良计划，加快培育优异畜禽新品种。开展种质资源普查，加大保护利用力度。贯彻落实种子法，全面推进依法治种。加大种子打假护权力度。

5. 发挥多种形式农业适度规模经营引领作用。坚持以农户家庭经营为基础，支持新型农业经营主体和新型农业服务主体成为建设现代农业的骨干力量，充分发挥多种形式适度规模经营在农业机械和科技成果应用、绿色发展、市场开拓等方面的引领功能。完善财税、信贷保险、用地用电、项目支持等政策，加快形成培育新型农业经营主体的政策体系，进一步发挥财政资金引导作用，撬动规模化经营主体增加生产性投入。适应新型农业经营主体和服务主体发展需要，允许将集中连片整治后新增加的部分耕地，按规定用于完善农田配套设施。探索开展粮食生产规模经营主体营销贷款改革试点。积极培育家庭农场、专业大户、农民合作社、农业产业化龙头企业等新型农业经营主体。支持多种类型的新型农业服务主体开展代耕代种、联耕联种、土地托管等专业化规模化服务。加强气象为农服务体系建设。实施农业社会化服务支撑工程，扩大政府购买农业公益性服务机制创新试点。加快发展农业生产性服务业。完善工商资本租赁农地准入、监管和风险防范机制。健全县乡农村经营管理体系，加强对土地流转和规模经营的管理服务。

6. 加快培育新型职业农民。将职业农民培育纳入国家教育培训发展规划，基本形成职业农民教育培训体系，把职业农民培养成建设现代农业的主导力量。办好农业职业教育，将全日制农业中等职业教育纳入国家资助政策范围。依托高等教育、中等职业教育资源，鼓励农民通过"半农半读"等方式就地就近接受职业教育。开展新型农业经营主体带头人培育行动，通过5年努力使他们基本得到培训。加强涉农专业全日制学历教育，支持农业院校办好涉农专业，健全农业广播电视学校体系，定向培养职业农民。引导有志投身现代农业建设的农村青年、返乡农民工、农技推广人员、农村大中专毕业生和退役军人等加入职业农民队伍。优化财政支农资金使用，把一部分资金用于培养职业农民。总结各地经验，建立健全职业农民扶持制度，相关政策向符合条件的职业农民倾斜。鼓励有条件的地方探索职业农民养老保险办法。

7. 优化农业生产结构和区域布局。树立大食物观，面向整个国土资源，全方位、多途径开发食物资源，满足日益多元化的食物消费需求。在确保谷物基本自给、口粮绝对安全的前提下，基本形成与市场需求相适应、与资源禀赋相匹配的现代农业生产结构和区域布局，提高农业综合效益。启动实施种植业结构调整规划，稳定水稻和小麦生产，适当调减非优势区玉米种植。支持粮食主产区建设粮食生产核心区。扩大粮改饲试点，加快建设现代饲草料产业体系。合理调整粮食统计口径。制定划定粮食生产功能区和大豆、棉花、油料、糖料蔗等重要农产品生产保护区的指导意见。积极推进马铃薯主食开发。加快现代畜牧业建设，根据环境容量调整区域养殖布局，优化畜禽养殖结构，发展草食畜牧业，形成规模化生产、集约化经营为主导的产业发展格局。启动实施种养结合循环农业示范工程，推动种养结合、农牧循环发展。加强渔政渔港建设。大力发展旱作农业、热作农业、优质特色杂粮、特色经济林、木本油料、竹藤花卉、林下经济。

8. 统筹用好国际国内两个市场、两种资源。完善农业对外开放战略布局，统筹农产品进出口，加快形成农业对外贸易与国内农业发展相互促进的政策体系，实现补充国内市场需求、促进结构调整、保护国内产业和农民利益的有机统一。加大对农产品出口支持力度，巩固农产品出口传统优势，培育新的竞争优势，扩大特色和高附加值农产品出口。确保口粮绝对安全，利用国际资源和市场，优化国内农业结构，缓解资源环境压力。优化重要农产品进口的全球布局，推进进口来源多元化，加快形成互利共赢的稳定经贸关系。健全贸易救济和产业损害补偿机制。强化边境管理，深入开展综合治理，打击农产品走私。统筹制定和实施农业对外合作规划。加强与"一带一路"沿线国家和地区及周边国家和地区的农业投资、贸易、科技、动植物检疫合作。支持我国企业开展多种形式的跨国经营，加强农产品加工、储运、贸易等环节合作，培育具有国际竞争力的粮商和农业企业集团。

二、加强资源保护和生态修复，推动农业绿色发展

推动农业可持续发展，必须确立发展绿色农业就是保护生态的观念，加快形成资源利用高效、生态系统稳定、产地环境良好、产品质量安全的农业发展新格局。

9. 加强农业资源保护和高效利用。基本建立农业资源有效保护、高效利用的政策和技术支撑体系，从根本上改变开发强度过大、利用方式粗放的状况。坚持最严格的耕地保护制度，坚守耕地红线，全面划定永久基本农田，大力实施农村土地整治，推进耕地数量、质量、生态"三位一体"保护。落实和完善耕地占补平衡制度，坚决防止占多补少、占优补劣、占水田补旱地，严禁毁林开垦。全面推进建设占用耕地耕作层剥离再利用。实行建设用地总量和强度双控行动，严格控制农村集体建设用地规模。完善耕地保护补偿机制。实施耕地质量保护与提升行动，加强耕地质量调查评价与监测，扩大东北黑土地保护利用试点规模。实施渤海粮仓科技示范工程，加大科技支撑力度，加快改造盐碱地。创建农业可持续发展试验示范区。划定农业空间和生态空间保护红线。落实最严格的水资源管理制度，强化水资源管理"三条红线"刚性约束，实行水资源消耗总量和强度双控行动。加强地下水监测，开展超采区综合治理。落实河湖水域岸线用途管制制度。加强自然保护区建设与管理，对重要生态系统和物种资源实行强制性保护。实施濒危野生动植物抢救性保护工程，建设救护繁育中心和基因库。强化野生动植物进出口管理，严厉打击象牙等濒危野生动植物及其制品非法交易。

10. 加快农业环境突出问题治理。基本形成改善农业环境的政策法规制度和技术路径，确保农业生态环境恶化趋势总体得到遏制，治理明显见到成效。实施并完善农业环境突出问题治理总体规划。加大农业面源污染防治力度，实施化肥农药零增长行动，实施种养业废弃物资源化利用、无害化处理区域示范工程。积极推广高效生态循环农业模式。探索实行耕地轮作休耕制度试点，通过轮作、休耕、退耕、替代种植等多种方式，对地下水漏斗区、重金属污染区、生态严重退化地区开展综合治理。实施全国水土保持规划。推进荒漠化、石漠化、水土流失综合治理。

11. 加强农业生态保护和修复。实施山水林田湖生态保护和修复工程，进行整体保护、系统修复、综合治理。到2020年森林覆盖率提高到23%以上，湿地面积不低于8亿亩。扩大新一轮退耕还林还草规模。扩大退牧还草工程实施范围。实施新一轮草原生态保护补助奖励政策，适当提高补奖标准。实施湿地保护与恢复工程，开展退耕还湿。建立沙化土地封禁保护制度。加强历史遗留工矿废弃和自然灾害损毁土地复垦利用。开展大规模国土绿化行动，增加森林面积和蓄积量。加强三北、长江、珠江、沿海防护林体系等林业重点工程建设。继续推进京津风沙源治理。完善天然林保护制度，全面停止天然林商业性采伐。完善海洋渔业资源总量管理制度，严格实行休渔禁渔制度，开展近海捕捞限额管理试点，按规划实行退养还滩。加快推进水生态修复工程建设。建立健全生态保护补偿机制，开展跨地区跨流域生态保护补偿试点。编制实施耕地、草原、河湖休养生息规划。

12. 实施食品安全战略。加快完善食品安全国家标准，到2020年农兽药残留限量指标基本与国际食品法典标准接轨。加强产地环境保护和源头治理，实行严格的农业投入品使用管理制度。推广高效低毒低残留农药，实施兽用抗菌药治理行动。创建优质农产品和食品品牌。继续推进农业标准化示范区、园艺作物标准园、标准化规模养殖场（小区）、水产健康养殖场建设。实施动植物保护能力提升工程。加快健全从农田到餐桌的农产品质量和食品安全监管体系，建立全程可追溯、互联共享的信息平台，加强标准体系建设，健全风险监测评估和检验检测体系。落实生产经营主体责任，严惩各类食品安全违法犯罪。实施食品安全创新工程。加强基层监管机构能力建设，培育职业化检查员，扩大抽检覆盖面，加强日常检查。加快推进病死畜禽无害化处理与养殖业保险联动机制建设。规范畜禽屠宰管理，加强人畜共患传染病防治。强化动植物疫情疫病监测防控和边境、口岸及主要物流通道检验检疫能力建设，严防外来有害物种入侵。深入开展食品安全城市和农产品质量安全县创建，开展农村食品安全治理行动。强化食品安全责任制，把保障农产品质量和食品安全作为衡量党政领导班子政绩的重要考核指标。

三、推进农村产业融合，促进农民收入持续较快增长

大力推进农民奔小康，必须充分发挥农村的独特优势，深度挖掘农业的多种功能，培育壮大农村新产业新业态，推动产业融合发展成为农民增收的重要支撑，让农村成为可以大有作为的广阔天地。

13. 推动农产品加工业转型升级。加强农产品加工技术创新，促进农产品初加工、精深加工及综合利用加工协调发展，提高农产品加工转化率和附加值，增强对农民增收的带动能力。加强规划和政策引导，促进主产区农产品加工业加快发展，支持粮食主产区发展粮食深加工，形成一批优势产业集群。开发拥有自主知识产权的技术装备，支持农产品加工设备改造提升，建设农产品加工技术集成基地。培育一批农产品精深加工领军企业和国内外知名品牌。强化环保、能耗、质量、安全等标准作用，促进农产品加工企业优胜劣汰。完善农产品产地初加工补助政策。研究制定促进农产品加工业发展的意见。

14. 加强农产品流通设施和市场建设。健全统一开放、布局合理、竞争有序的现代农产品市场体系，在搞活流通中促进农民增收。加快农产品批发市场升级改造，完善流通骨干网络，加强粮食等重要农产品仓储物流设施建设。完善跨区域农产品冷链物流体系，开展冷链标准化示范，实施特色农产品产区预冷工程。推动公益性农产品市场建设。支持农产品营销公共服务平台建设。开展降低农产品物流成本行动。促进农村电子商务加快发展，形成线上线下融合、农产品进城与农资和消费品下乡双向流通格局。加快实现行政村宽带全覆盖，创新电信普遍服务补偿机

制,推进农村互联网提速降费。加强商贸流通、供销、邮政等系统物流服务网络和设施建设与衔接,加快完善县乡村物流体系。实施"快递下乡"工程。鼓励大型电商平台企业开展农村电商服务,支持地方和行业健全农村电商服务体系。建立健全适应农村电商发展的农产品质量分级、采后处理、包装配送等标准体系。深入开展电子商务进农村综合示范。加大信息进村入户试点力度。

15. 大力发展休闲农业和乡村旅游。依托农村绿水青山、田园风光、乡土文化等资源,大力发展休闲度假、旅游观光、养生养老、创意农业、农耕体验、乡村手工艺等,使之成为繁荣农村、富裕农民的新兴支柱产业。强化规划引导,采取以奖代补、先建后补、财政贴息、设立产业投资基金等方式扶持休闲农业与乡村旅游业发展,着力改善休闲旅游重点村进村道路、宽带、停车场、厕所、垃圾污水处理等基础服务设施。积极扶持农民发展休闲旅游业合作社。引导和支持社会资本开发农民参与度高、受益面广的休闲旅游项目。加强乡村生态环境和文化遗存保护,发展具有历史记忆、地域特点、民族风情的特色小镇,建设一村一品、一村一景、一村一韵的魅力村庄和宜游宜养的森林景区。依据各地具体条件,有规划地开发休闲农庄、乡村酒店、特色民宿、自驾露营、户外运动等乡村休闲度假产品。实施休闲农业和乡村旅游提升工程、振兴中国传统手工艺计划。开展农业文化遗产普查与保护。支持有条件的地方通过盘活农村闲置房屋、集体建设用地、"四荒地"、可用林场和水面等资产资源发展休闲农业和乡村旅游。将休闲农业和乡村旅游项目建设用地纳入土地利用总体规划和年度计划合理安排。

16. 完善农业产业链与农民的利益联结机制。促进农业产加销紧密衔接、农村一二三产业深度融合,推进农业产业链整合和价值链提升,让农民共享产业融合发展的增值收益,培育农民增收新模式。支持供销合作社创办领办农民合作社,引领农民参与农村产业融合发展、分享产业链收益。创新发展订单农业,支持农业产业化龙头企业建设稳定的原料生产基地、为农户提供贷款担保和资助订单农户参加农业保险。鼓励发展股份合作,引导农户自愿以土地经营权等入股龙头企业和农民合作社,采取"保底收益+按股分红"等方式,让农户分享加工销售环节收益,建立健全风险防范机制。加强农民合作社示范社建设,支持合作社发展农产品加工流通和直供直销。通过政府与社会资本合作、贴息、设立基金等方式,带动社会资本投向农村新产业新业态。实施农村产业融合发展试点示范工程。财政支农资金使用要与建立农民分享产业链利益机制相联系。巩固和完善"合同帮农"机制,为农民和涉农企业提供法律咨询、合同示范文本、纠纷调处等服务。

四、推动城乡协调发展,提高新农村建设水平

加快补齐农业农村短板,必须坚持工业反哺农业、城市支持农村,促进城乡公共资源均衡配置、城乡要素平等交换,稳步提高城乡基本公共服务均等化水平。

17. 加快农村基础设施建设。把国家财政支持的基础设施建设重点放在农村,建好、管好、护好、运营好农村基础设施,实现城乡差距显著缩小。健全农村基础设施投入长效机制,促进城乡基础设施互联互通、共建共享。强化农村饮用水水源保护。实施农村饮水安全巩固提升工程。推动城镇供水设施向周边农村延伸。加快实施农村电网改造升级工程,开展农村"低电压"综合治理,发展绿色小水电。加快实现所有具备条件的乡镇和建制村通硬化路、通班车,推动一定人口规模的自然村通公路。创造条件推进城乡客运一体化。加快国有林区防火应急道路建设。将农村公路养护资金逐步纳入地方财政预算。发展农村规模化沼气。加大农村危房改造力度,统筹搞好农房抗震改造,通过贷款贴息、集中建设公租房等方式,加快解决农村困难家庭的住房安全

问题。加强农村防灾减灾体系建设。研究出台创新农村基础设施投融资体制机制的政策意见。

18. 提高农村公共服务水平。把社会事业发展的重点放在农村和接纳农业转移人口较多的城镇，加快推动城镇公共服务向农村延伸。加快发展农村学前教育，坚持公办民办并举，扩大农村普惠性学前教育资源。建立城乡统一、重在农村的义务教育经费保障机制。全面改善贫困地区义务教育薄弱学校基本办学条件，改善农村学校寄宿条件，办好乡村小规模学校，推进学校标准化建设。加快普及高中阶段教育，逐步分类推进中等职业教育免除学杂费，率先从建档立卡的家庭经济困难学生实施普通高中免除学杂费，实现家庭经济困难学生资助全覆盖。深入实施农村贫困地区定向招生等专项计划，对民族自治县实现全覆盖。加强乡村教师队伍建设，拓展教师补充渠道，推动城镇优秀教师向乡村学校流动。办好农村特殊教育。整合城乡居民基本医疗保险制度，适当提高政府补助标准、个人缴费和受益水平。全面实施城乡居民大病保险制度。健全城乡医疗救助制度。完善城乡居民养老保险参保缴费激励约束机制，引导参保人员选择较高档次缴费。改进农村低保申请家庭经济状况核查机制，实现农村低保制度与扶贫开发政策有效衔接。建立健全农村留守儿童和妇女、老人关爱服务体系。建立健全农村困境儿童福利保障和未成年人社会保护制度。积极发展农村社会工作和志愿服务。切实维护农村妇女在财产分配、婚姻生育、政治参与等方面的合法权益，让女性获得公平的教育机会、就业机会、财产性收入、金融资源。加强农村养老服务体系、残疾人康复和供养托养设施建设。深化农村殡葬改革，依法管理、改进服务。推进农村基层综合公共服务资源优化整合。全面加强农村公共文化服务体系建设，继续实施文化惠民项目。在农村建设基层综合性文化服务中心，整合基层宣传文化、党员教育、科学普及、体育健身等设施，整合文化信息资源共享、农村电影放映、农家书屋等项目，发挥基层文化公共设施整体效应。

19. 开展农村人居环境整治行动和美丽宜居乡村建设。遵循乡村自身发展规律，体现农村特点，注重乡土味道，保留乡村风貌，努力建设农民幸福家园。科学编制县域乡村建设规划和村庄规划，提升民居设计水平，强化乡村建设规划许可管理。继续推进农村环境综合整治，完善以奖促治政策，扩大连片整治范围。实施农村生活垃圾治理5年专项行动。采取城镇管网延伸、集中处理和分散处理等多种方式，加快农村生活污水治理和改厕。全面启动村庄绿化工程，开展生态乡村建设，推广绿色建材，建设节能农房。开展农村宜居水环境建设，实施农村清洁河道行动，建设生态清洁型小流域。发挥好村级公益事业一事一议财政奖补资金作用，支持改善村内公共设施和人居环境。普遍建立村庄保洁制度。坚持城乡环境治理并重，逐步把农村环境整治支出纳入地方财政预算，中央财政给予差异化奖补，政策性金融机构提供长期低息贷款，探索政府购买服务、专业公司一体化建设运营机制。加大传统村落、民居和历史文化名村名镇保护力度。开展生态文明示范村镇建设。鼓励各地因地制宜探索各具特色的美丽宜居乡村建设模式。

20. 推进农村劳动力转移就业创业和农民工市民化。健全农村劳动力转移就业服务体系，大力促进就地就近转移就业创业，稳定并扩大外出农民工规模，支持农民工返乡创业。大力发展特色县域经济和农村服务业，加快培育中小城市和特色小城镇，增强吸纳农业转移人口能力。加大对农村灵活就业、新就业形态的支持。鼓励各地设立农村妇女就业创业基金，加大妇女小额担保贷款实施力度，加强妇女技能培训，支持农村妇女发展家庭手工业。实施新生代农民工职业技能提升计划，开展农村贫困家庭子女、未升学初高中毕业生、农民工、退役军人免费接受职业培训行动。依法维护农民工合法劳动权益，完善城乡劳动者平等就业制度，建立健全农民工工资支付保障长效机制。进一步推进户籍制度改革，落实1亿左右农民工和其他常住人口在城镇定居落户的目标，保障进城落户农民工与城镇居民有同等权利和义务，加快提高户籍人口城镇化率。全面实施居住证制度，建立健全与居住年限等条件相挂钩的基本公共服务提供机制，努力实现基本公共服务常住人口全覆盖。落实和完善农民工随迁子女在当地参加中考、高考政策。将符合条件的农民工纳入城镇社会保障和城镇住房保障实施范围。健全财政转移支付同农业转移人口市民化挂钩机制，建立城镇建设用地增加规模同吸纳农业转移人口落户数量挂钩机制。维护进城落户农民土地承包权、宅基地使用权、集体收益分配权，支持引导其依法自愿有偿转让上述权益。

21. 实施脱贫攻坚工程。实施精准扶贫、精准脱贫，因人因地施策，分类扶持贫困家庭，坚决打赢脱贫攻坚战。通过产业扶持、转移就业、易地搬迁等措施解决5 000万左右贫困人口脱贫；对完全或部分丧失劳动能力的2 000多万贫困人口，全部纳入低保覆盖范围，实行社保政策兜底脱贫。实行脱贫工作责任制，进一步完善中央统筹、省（自治区、直辖市）负总责、市（地）县抓落实的工作机制。各级党委和政府要把脱贫攻坚作为重大政治任务扛在肩上，各部门要步调一致、协同作战、履职尽责，切实把民生项目、惠民政策最大限度向贫困地区倾斜。广泛动员社会各方面力量积极参与扶贫开发。实行最严格的脱贫攻坚考核督查问责。

五、深入推进农村改革，增强农村发展内生动力

破解"三农"难题，必须坚持不懈推进体制机制创新，着力破除城乡二元结构的体制障碍，激发亿万农民创新创业活力，释放农业农村发展新动能。

22. 改革完善粮食等重要农产品价格形成机制和收储制度。坚持市场化改革取向与保护农民利益并重，采取"分品种施策、渐进式推进"的办法，完善农产品市场调控制度。继续执行并完善稻谷、小麦最低收购价政策。深入推进新疆棉花、东北地区大豆目标价格改革试点。按照市场定价、价补分离的原则，积极稳妥推进玉米收储制度改革，在使玉米价格反映市场供求关系的同时，综合考虑农民合理收益、财政承受能力、产业链协调发展等因素，建立玉米生产者补贴制度。按照政策性职能和经营性职能分离的原则，改革完善中央储备粮管理体制。深化国有粮食企业改革，发展多元化市场购销主体。科学确定粮食等重要农产品国家储备规模，完善吞吐调节机制。

23. 健全农业农村投入持续增长机制。优先保障财政对农业农村的投入，坚持将农业农村作为国家固定资产投资的重点领域，确保力度不减弱、总量有增加。充分发挥财政政策导向功能和财政资金杠杆作用，鼓励和引导金融资本、工商资本更多投向农业农村。加大专项建设基金对扶贫、水利、农村产业融合、农产品批发市场等"三农"领域重点项目和工程支持力度。发挥规划引领作用，完善资金使用和项目管理办法，多层级深入推进涉农资金整合统筹，实施省级涉农资金管理改革和市县涉农资金整合试点，改进资金使用绩效考核办法。将种粮农民直接补贴、良种补贴、农资综合补贴合并为农业支持保护补贴，重点支持耕地地力保护和粮食产能提升。完善农机购置补贴政策。用3年左右时间建立健全全国农业信贷担保体系，2016年推动省级农业信贷担保机构正式建立并开始运营。加大对农产品主产区和重点生态功能区的转移支付力度。完善主产区利益补偿机制。逐步将农垦系统纳入国家农业支持和民生改善政策覆盖范围。研究出台完善农民收入增长支持政策体系的指导意见。

24. 推动金融资源更多向农村倾斜。加快构建多层次、广覆盖、可持续的农村金融服务体系，发展农村普惠金融，降低融资成本，全面激活农村金融服务链条。进一步改善存取款、支付等基本金融服务。稳定农村信用社县域法人地位，提高治理水平和服务能力。开展农村信用社省联社改革试点，逐步淡出行政管理，强化服务职能。鼓励国有和股份制金融机构拓展"三农"业务。深化中国农业银行三农金融事业部改革，加大"三农"金融产品创新和重点领域信贷投

入力度。发挥国家开发银行优势和作用,加强服务"三农"融资模式创新。强化中国农业发展银行政策性职能,加大中长期"三农"信贷投放力度。支持中国邮政储蓄银行建立三农金融事业部,打造专业化为农服务体系。创新村镇银行设立模式,扩大覆盖面。引导互联网金融、移动金融在农村规范发展。扩大在农民合作社内部开展信用合作试点的范围,健全风险防范化解机制,落实地方政府监管责任。开展农村金融综合改革试验,探索创新农村金融组织和服务。发展农村金融租赁业务。在风险可控前提下,稳妥有序推进农村承包土地的经营权和农民住房财产权抵押贷款试点。积极发展林权抵押贷款。创设农产品期货品种,开展农产品期权试点。支持涉农企业依托多层次资本市场融资,加大债券市场服务"三农"力度。全面推进农村信用体系建设。加快建立"三农"融资担保体系。完善中央与地方双层金融监管机制,切实防范农村金融风险。强化农村金融消费者风险教育和保护。完善"三农"贷款统计,突出农户贷款、新型农业经营主体贷款、扶贫贴息贷款等。

25. 完善农业保险制度。把农业保险作为支持农业的重要手段,扩大农业保险覆盖面、增加保险品种、提高风险保障水平。积极开发适应新型农业经营主体需求的保险品种。探索开展重要农产品目标价格保险,以及收入保险、天气指数保险试点。支持地方发展特色优势农产品保险、渔业保险、设施农业保险。完善森林保险制度。探索建立农业补贴、涉农信贷、农产品期货和农业保险联动机制。积极探索农业保险保单质押贷款和农户信用保证保险。稳步扩大"保险+期货"试点。鼓励和支持保险资金开展支农融资业务创新试点。进一步完善农业保险大灾风险分散机制。

26. 深化农村集体产权制度改革。到2020年基本完成土地等农村集体资源性资产确权登记颁证、经营性资产折股量化到本集体经济组织成员,健全非经营性资产集体统一运营管理机制。稳定农村土地承包关系,落实集体所有权,稳定农户承包权,放活土地经营权,完善"三权分置"办法,明确农村土地承包关系长久不变的具体规定。继续扩大农村承包地确权登记颁证整省推进试点。依法推进土地经营权有序流转,鼓励和引导农户自愿互换承包地块实现连片耕种。研究制定稳定和完善农村基本经营制度的指导意见。加快推进房地一体的农村集体建设用地和宅基地使用权确权登记颁证,所需工作经费纳入地方财政预算。推进农村土地征收、集体经营性建设用地入市、宅基地制度改革试点。完善宅基地权益保障和取得方式,探索农民住房保障新机制。总结农村集体经营性建设用地入市改革试点经验,适当提高农民集体和个人分享的增值收益,抓紧出台土地增值收益调节金征管办法。完善和拓展城乡建设用地增减挂钩试点,将指标交易收益用于改善农民生产生活条件。探索将通过土地整治增加的耕地作为占补平衡补充耕地的指标,按照谁投入、谁受益的原则返还指标交易收益。研究国家重大工程建设补充耕地由国家统筹的具体办法。加快编制村级土地利用规划。探索将财政资金投入农业农村形成的经营性资产,通过股权量化到户,让集体组织成员长期分享资产收益。制定促进农村集体产权制度改革的税收优惠政策。开展扶持村级集体经济发展试点。深入推进供销合作社综合改革,提升为农服务能力。完善集体林权制度,引导林权规范有序流转,鼓励发展家庭林场、股份合作林场。完善草原承包经营制度。

六、加强和改善党对"三农"工作领导

加快农业现代化和农民奔小康,必须坚持党总揽全局、协调各方的领导核心作用,改进农村工作体制机制和方式方法,不断强化政治和组织保障。

27. 提高党领导农村工作水平。坚持把解决好"三农"问题作为全党工作重中之重不动摇,

以更大的决心、下更大的气力加快补齐农业农村这块全面小康的短板。不断健全党委统一领导、党政齐抓共管、党委农村工作综合部门统筹协调、各部门各负其责的农村工作领导体制和工作机制。注重选派熟悉"三农"工作的干部进省市县党委和政府领导班子。各级党委和政府要把握好"三农"战略地位、农业农村发展新特点，顺应农民新期盼，关心群众诉求，解决突出问题，提高做好"三农"工作本领。巩固和拓展党的群众路线教育实践活动和"三严三实"专题教育成果。进一步减少和下放涉农行政审批事项。加强"三农"前瞻性、全局性、储备性政策研究，健全决策咨询机制。扎实推进农村各项改革，鼓励和允许不同地方实行差别化探索。对批准开展的农村改革试点，要不断总结可复制、可推广的经验，推动相关政策出台和法律法规立改废释。深入推进农村改革试验区工作。全面提升农村经济社会发展调查统计水平，扎实做好第三次全国农业普查。加快建立全球农业数据调查分析系统。加强农村法治建设，完善农村产权保护、农业市场规范运行、农业支持保护、农业资源环境等方面的法律法规。

28. 加强农村基层党组织建设。始终坚持农村基层党组织领导核心地位不动摇，充分发挥农村基层党组织的战斗堡垒作用和党员的先锋模范作用，不断夯实党在农村基层执政的组织基础。严格落实各级党委抓农村基层党建工作责任制，发挥县级党委"一线指挥部"作用，实现整乡推进、整县提升。建立市县乡党委书记抓农村基层党建问题清单、任务清单、责任清单，坚持开展市县乡党委书记抓基层党建述职评议考核。选优配强乡镇领导班子尤其是党委书记，切实加强乡镇党委思想、作风、能力建设。选好用好管好农村基层党组织带头人，从严加强农村党员队伍建设，持续整顿软弱涣散村党组织，认真抓好选派"第一书记"工作。创新完善基层党组织设置，确保党的组织和党的工作全面覆盖、有效覆盖。健全以财政投入为主的经费保障制度，落实村级组织运转经费和村干部报酬待遇。进一步加强和改进大学生村官工作。各级党委特别是县级党委要切实履行农村基层党风廉政建设的主体责任，纪委要履行好监督责任，将全面从严治党的要求落实到农村基层，对责任不落实和不履行监管职责的要严肃问责。着力转变基层干部作风，解决不作为、乱作为问题，加大对农民群众身边腐败问题的监督审查力度，重点查处土地征收、涉农资金、扶贫开发、"三资"管理等领域虚报冒领、截留私分、贪污挪用等侵犯农民群众权益的问题。加强农民负担监管工作。

29. 创新和完善乡村治理机制。加强乡镇服务型政府建设。研究提出深化经济发达镇行政管理体制改革指导意见。依法开展村民自治实践，探索村党组织领导的村民自治有效实现形式。深化农村社区建设试点工作，完善多元共治的农村社区治理结构。在有实际需要的地方开展以村民小组或自然村为基本单元的村民自治试点。建立健全务实管用的村务监督委员会或其他形式的村务监督机构。发挥好村规民约在乡村治理中的积极作用。深入开展涉农信访突出问题专项治理。加强农村法律服务和法律援助。推进县乡村三级综治中心建设，完善农村治安防控体系。开展农村不良风气专项治理，整治农村黄赌毒、非法宗教活动等突出问题。依法打击扰乱农村生产生活秩序、危害农民生命财产安全的犯罪活动。

30. 深化农村精神文明建设。深入开展中国特色社会主义和中国梦宣传教育，加强农村思想道德建设，大力培育和弘扬社会主义核心价值观，增强农民的国家意识、法治意识、社会责任意识，加强诚信教育，倡导契约精神、科学精神，提高农民文明素质和农村社会文明程度。深入开展文明村镇、"星级文明户"、"五好文明家庭"创建，培育文明乡风、优良家风、新乡贤文化。广泛宣传优秀基层干部、道德模范、身边好人等先进事迹。弘扬优秀传统文化，抓好移风易俗，树立健康文明新风尚。

让我们更加紧密地团结在以习近平同志为总书记的党中央周围，艰苦奋斗，真抓实干，攻坚克难，努力开创农业农村工作新局面，为夺取全面建成小康社会决胜阶段的伟大胜利作出更大贡献！

来源：http://www.gov.cn/zhengce/2016-01/27/content_5036698.htm

2. 中共中央 国务院关于加大改革创新力度加快农业现代化建设的若干意见

中共中央 国务院
关于加大改革创新力度加快农业现代化建设的若干意见
2015年2月1日

2014年，各地区各部门认真贯彻落实党中央、国务院决策部署，加大深化农村改革力度，粮食产量实现"十一连增"，农民收入继续较快增长，农村公共事业持续发展，农村社会和谐稳定，为稳增长、调结构、促改革、惠民生作出了突出贡献。

当前，我国经济发展进入新常态，正从高速增长转向中高速增长，如何在经济增速放缓背景下继续强化农业基础地位、促进农民持续增收，是必须破解的一个重大课题。国内农业生产成本快速攀升，大宗农产品价格普遍高于国际市场，如何在"双重挤压"下创新农业支持保护政策、提高农业竞争力，是必须面对的一个重大考验。我国农业资源短缺，开发过度、污染加重，如何在资源环境硬约束下保障农产品有效供给和质量安全、提升农业可持续发展能力，是必须应对的一个重大挑战。城乡资源要素流动加速，城乡互动联系增强，如何在城镇化深入发展背景下加快新农村建设步伐、实现城乡共同繁荣，是必须解决好的一个重大问题。破解这些难题，是今后一个时期"三农"工作的重大任务。必须始终坚持把解决好"三农"问题作为全党工作的重中之重，靠改革添动力，以法治作保障，加快推进中国特色农业现代化。

2015年，农业农村工作要全面贯彻落实党的十八大和十八届三中、四中全会精神，以邓小平理论、"三个代表"重要思想、科学发展观为指导，深入贯彻习近平总书记系列重要讲话精神，主动适应经济发展新常态，按照稳粮增收、提质增效、创新驱动的总要求，继续全面深化农村改革，全面推进农村法治建设，推动新型工业化、信息化、城镇化和农业现代化同步发展，努力在提高粮食生产能力上挖掘新潜力，在优化农业结构上开辟新途径，在转变农业发展方式上寻求新突破，在促进农民增收上获得新成效，在建设新农村上迈出新步伐，为经济社会持续健康发展提供有力支撑。

一、围绕建设现代农业，加快转变农业发展方式

中国要强，农业必须强。做强农业，必须尽快从主要追求产量和依赖资源消耗的粗放经营转到数量质量效益并重、注重提高竞争力、注重农业科技创新、注重可持续的集约发展上来，走产出高效、产品安全、资源节约、环境友好的现代农业发展道路。

1. 不断增强粮食生产能力。进一步完善和落实粮食省长负责制。强化对粮食主产省和主产县的政策倾斜，保障产粮大县重农抓粮得实惠、有发展。粮食主销区要切实承担起自身的粮食生产责任。全面开展永久基本农田划定工作。统筹实施全国高标准农田建设总体规划。实施耕地质

量保护与提升行动。全面推进建设占用耕地剥离耕作层土壤再利用。探索建立粮食生产功能区，将口粮生产能力落实到田块地头、保障措施落实到具体项目。创新投融资机制，加大资金投入，集中力量加快建设一批重大引调水工程、重点水源工程、江河湖泊治理骨干工程，节水供水重大水利工程建设的征地补偿、耕地占补平衡实行与铁路等国家重大基础设施项目同等政策。加快大中型灌区续建配套与节水改造，加快推进现代灌区建设，加强小型农田水利基础设施建设。实施粮食丰产科技工程和盐碱地改造科技示范。深入推进粮食高产创建和绿色增产模式攻关。实施植物保护建设工程，开展农作物病虫害专业化统防统治。

2. 深入推进农业结构调整。科学确定主要农产品自给水平，合理安排农业产业发展优先序。启动实施油料、糖料、天然橡胶生产能力建设规划。加快发展草牧业，支持青贮玉米和苜蓿等饲草料种植，开展粮改饲和种养结合模式试点，促进粮食、经济作物、饲草料三元种植结构协调发展。立足各地资源优势，大力培育特色农业。推进农业综合开发布局调整。支持粮食主产区发展畜牧业和粮食加工业，继续实施农产品产地初加工补助政策，发展农产品精深加工。继续开展园艺作物标准园创建，实施园艺产品提质增效工程。加大对生猪、奶牛、肉牛、肉羊标准化规模养殖场（小区）建设支持力度，实施畜禽良种工程，加快推进规模化、集约化、标准化畜禽养殖，增强畜牧业竞争力。完善动物疫病防控政策。推进水产健康养殖，加大标准池塘改造力度，继续支持远洋渔船更新改造，加强渔政渔港等渔业基础设施建设。

3. 提升农产品质量和食品安全水平。加强县乡农产品质量和食品安全监管能力建设。严格农业投入品管理，大力推进农业标准化生产。落实重要农产品生产基地、批发市场质量安全检验检测费用补助政策。建立全程可追溯、互联共享的农产品质量和食品安全信息平台。开展农产品质量安全县、食品安全城市创建活动。大力发展名特优新农产品，培育知名品牌。健全食品安全监管综合协调制度，强化地方政府法定职责。加大防范外来有害生物力度，保护农林业生产安全。落实生产经营者主体责任，严惩各类食品安全违法犯罪行为，提高群众安全感和满意度。

4. 强化农业科技创新驱动作用。健全农业科技创新激励机制，完善科研院所、高校科研人员与企业人才流动和兼职制度，推进科研成果使用、处置、收益管理和科技人员股权激励改革试点，激发科技人员创新创业的积极性。建立优化整合农业科技规划、计划和科技资源协调机制，完善国家重大科研基础设施和大型科研仪器向社会开放机制。加强对企业开展农业科技研发的引导扶持，使企业成为技术创新和应用的主体。加快农业科技创新，在生物育种、智能农业、农机装备、生态环保等领域取得重大突破。建立农业科技协同创新联盟，依托国家农业科技园区搭建农业科技融资、信息、品牌服务平台。探索建立农业科技成果交易中心。充分发挥科研院所、高校及其新农村发展研究院、职业院校、科技特派员队伍在科研成果转化中的作用。积极推进种业科研成果权益分配改革试点，完善成果完成人分享制度。继续实施种子工程，推进海南、甘肃、四川三大国家级育种制种基地建设。加强农业转基因生物技术研究、安全管理、科学普及。支持农机、化肥、农药企业技术创新。

5. 创新农产品流通方式。加快全国农产品市场体系转型升级，着力加强设施建设和配套服务，健全交易制度。完善全国农产品流通骨干网络，加大重要农产品仓储物流设施建设力度。加快千亿斤粮食新建仓容建设进度，尽快形成中央和地方职责分工明确的粮食收储机制，提高粮食收储保障能力。继续实施农户科学储粮工程。加强农产品产地市场建设，加快构建跨区域冷链物流体系，继续开展公益性农产品批发市场建设试点。推进合作社与超市、学校、企业、社区对接。清理整顿农产品运销乱收费问题。发展农产品期货交易，开发农产品期货交易新品种。支持电商、物流、商贸、金融等企业参与涉农电子商务平台建设。开展电子商务进农村综合示范。

6. 加强农业生态治理。实施农业环境突出问题治理总体规划和农业可持续发展规划。加强农业面源污染治理，深入开展测土配方施肥，大力推广生物有机肥、低毒低残留农药，开展秸秆、畜禽粪便资源化利用和农田残膜回收区域性示范，按规定享受相关财税政策。落实畜禽规模养殖环境影响评价制度，大力推动农业循环经济发展。继续实行草原生态保护补助奖励政策，开展西北旱区农牧业可持续发展、农牧交错带已垦草原治理、东北黑土地保护试点。加大水生生物资源增殖保护力度。建立健全规划和建设项目水资源论证制度、国家水资源督察制度。大力推广节水技术，全面实施区域规模化高效节水灌溉行动。加大水污染防治和水生态保护力度。实施新一轮退耕还林还草工程，扩大重金属污染耕地修复、地下水超采区综合治理、退耕还湿试点范围，推进重要水源地生态清洁小流域等水土保持重点工程建设。大力推进重大林业生态工程，加强营造林工程建设，发展林产业和特色经济林。推进京津冀、丝绸之路经济带、长江经济带生态保护与修复。摸清底数、搞好规划、增加投入，保护好全国的天然林。提高天然林资源保护工程补助和森林生态效益补偿标准。继续扩大停止天然林商业性采伐试点。实施湿地生态效益补偿、湿地保护奖励试点和沙化土地封禁保护区补贴政策。加快实施退牧还草、牧区防灾减灾、南方草地开发利用等工程。建立健全农业生态环境保护责任制，加强问责监管，依法依规严肃查处各种破坏生态环境的行为。

7. 提高统筹利用国际国内两个市场、两种资源的能力。加强农产品进出口调控，积极支持优势农产品出口，把握好农产品进口规模、节奏。完善粮食、棉花、食糖等重要农产品进出口和关税配额管理，严格执行棉花滑准税政策。严厉打击农产品走私行为。完善边民互市贸易政策。支持农产品贸易做强，加快培育具有国际竞争力的农业企业集团。健全农业对外合作部际联席会议制度，抓紧制定农业对外合作规划。创新农业对外合作模式，重点加强农产品加工、储运、贸易等环节合作，支持开展境外农业合作开发，推进科技示范园区建设，开展技术培训、科研成果示范、品牌推广等服务。完善支持农业对外合作的投资、财税、金融、保险、贸易、通关、检验检疫等政策，落实到境外从事农业生产所需农用设备和农业投入品出境的扶持政策。充分发挥各类商会组织的信息服务、法律咨询、纠纷仲裁等作用。

二、围绕促进农民增收，加大惠农政策力度

中国要富，农民必须富。富裕农民，必须充分挖掘农业内部增收潜力，开发农村二三产业增收空间，拓宽农村外部增收渠道，加大政策助农增收力度，努力在经济发展新常态下保持城乡居民收入差距持续缩小的势头。

8. 优先保证农业农村投入。增加农民收入，必须明确政府对改善农业农村发展条件的责任。坚持把农业农村作为各级财政支出的优先保障领域，加快建立投入稳定增长机制，持续增加财政农业农村支出，中央基建投资继续向农业农村倾斜。优化财政支农支出结构，重点支持农民增收、农村重大改革、农业基础设施建设、农业结构调整、农业可持续发展、农村民生改善。转换投入方式，创新涉农资金运行机制，充分发挥财政资金的引导和杠杆作用。改革涉农转移支付制度，下放审批权限，有效整合财政农业农村投入。切实加强涉农资金监管，建立规范透明的管理制度，杜绝任何形式的挤占挪用、层层截留、虚报冒领，确保资金使用见到实效。

9. 提高农业补贴政策效能。增加农民收入，必须健全国家对农业的支持保护体系。保持农业补贴政策连续性和稳定性，逐步扩大"绿箱"支持政策实施规模和范围，调整改进"黄箱"支持政策，充分发挥政策惠农增收效应。继续实施种粮农民直接补贴、良种补贴、农机具购置补贴、农资综合补贴等政策。选择部分地方开展改革试点，提高补贴的导向性和效能。完善农机具

购置补贴政策，向主产区和新型农业经营主体倾斜，扩大节水灌溉设备购置补贴范围。实施农业生产重大技术措施推广补助政策。实施粮油生产大县、粮食作物制种大县、生猪调出大县、牛羊养殖大县财政奖励补助政策。扩大现代农业示范区奖补范围。健全粮食主产区利益补偿、耕地保护补偿、生态补偿制度。

10. 完善农产品价格形成机制。增加农民收入，必须保持农产品价格合理水平。继续执行稻谷、小麦最低收购价政策，完善重要农产品临时收储政策。总结新疆棉花、东北和内蒙古大豆目标价格改革试点经验，完善补贴方式，降低操作成本，确保补贴资金及时足额兑现到农户。积极开展农产品价格保险试点。合理确定粮食、棉花、食糖、肉类等重要农产品储备规模。完善国家粮食储备吞吐调节机制，加强储备粮监管。落实新增地方粮食储备规模计划，建立重要商品商贸企业代储制度，完善制糖企业代储制度。运用现代信息技术，完善种植面积和产量统计调查，改进成本和价格监测办法。

11. 强化农业社会化服务。增加农民收入，必须完善农业服务体系，帮助农民降成本、控风险。抓好农业生产全程社会化服务机制创新试点，重点支持为农户提供代耕代收、统防统治、烘干储藏等服务。稳定和加强基层农技推广等公益性服务机构，健全经费保障和激励机制，改善基层农技推广人员工作和生活条件。发挥农村专业技术协会在农技推广中的作用。采取购买服务等方式，鼓励和引导社会力量参与公益性服务。加大中央、省级财政对主要粮食作物保险的保费补贴力度。将主要粮食作物制种保险纳入中央财政保费补贴目录。中央财政补贴险种的保险金额应覆盖直接物化成本。加快研究出台对地方特色优势农产品保险的中央财政以奖代补政策。扩大森林保险范围。支持邮政系统更好服务"三农"。创新气象为农服务机制，推动融入农业社会化服务体系。

12. 推进农村一二三产业融合发展。增加农民收入，必须延长农业产业链、提高农业附加值。立足资源优势，以市场需求为导向，大力发展特色种养业、农产品加工业、农村服务业，扶持发展一村一品、一乡（县）一业，壮大县域经济，带动农民就业致富。积极开发农业多种功能，挖掘乡村生态休闲、旅游观光、文化教育价值。扶持建设一批具有历史、地域、民族特点的特色景观旅游村镇，打造形式多样、特色鲜明的乡村旅游休闲产品。加大对乡村旅游休闲基础设施建设的投入，增强线上线下营销能力，提高管理水平和服务质量。研究制定促进乡村旅游休闲发展的用地、财政、金融等扶持政策，落实税收优惠政策。激活农村要素资源，增加农民财产性收入。

13. 拓宽农村外部增收渠道。增加农民收入，必须促进农民转移就业和创业。实施农民工职业技能提升计划。落实同工同酬政策，依法保障农民工劳动报酬权益，建立农民工工资正常支付的长效机制。保障进城农民工及其随迁家属平等享受城镇基本公共服务，扩大城镇社会保险对农民工的覆盖面，开展好农民工职业病防治和帮扶行动，完善随迁子女在当地接受义务教育和参加中高考相关政策，探索农民工享受城镇保障性住房的具体办法。加快户籍制度改革，建立居住证制度，分类推进农业转移人口在城镇落户并享有与当地居民同等待遇。现阶段，不得将农民进城落户与退出土地承包经营权、宅基地使用权、集体收益分配权相挂钩。引导有技能、资金和管理经验的农民工返乡创业，落实定向减税和普遍性降费政策，降低创业成本和企业负担。优化中西部中小城市、小城镇产业发展环境，为农民就地就近转移就业创造条件。

14. 大力推进农村扶贫开发。增加农民收入，必须加快农村贫困人口脱贫致富步伐。以集中连片特困地区为重点，加大投入和工作力度，加快片区规划实施，打好扶贫开发攻坚战。推进精准扶贫，制定并落实建档立卡的贫困村和贫困户帮扶措施。加强集中连片特困地区基础设施建设、生态保护和基本公共服务，加大用地政策支持力度，实施整村推进、移民搬迁、乡村旅游扶贫等工程。扶贫项目审批权原则上要下放到县，省市切实履行监管责任。建立公告公示制度，全面公开扶贫对象、资金安排、项目建设等情况。健全社会扶贫组织动员机制，搭建社会参与扶贫开发平台。完善干部驻村帮扶制度。加强贫困监测，建立健全贫困县考核、约束、退出等机制。经济发达地区要不断提高扶贫开发水平。

三、围绕城乡发展一体化，深入推进新农村建设

中国要美，农村必须美。繁荣农村，必须坚持不懈推进社会主义新农村建设。要强化规划引领作用，加快提升农村基础设施水平，推进城乡基本公共服务均等化，让农村成为农民安居乐业的美丽家园。

15. 加大农村基础设施建设力度。确保如期完成"十二五"农村饮水安全工程规划任务，推动农村饮水提质增效，继续执行税收优惠政策。推进城镇供水管网向农村延伸。继续实施农村电网改造升级工程。因地制宜采取电网延伸和光伏、风电、小水电等供电方式，2015年解决无电人口用电问题。加快推进西部地区和集中连片特困地区农村公路建设。强化农村公路养护管理的资金投入和机制创新，切实加强农村客运和农村校车安全管理。完善农村沼气建管机制。加大农村危房改造力度，统筹搞好农房抗震改造。深入推进农村广播电视、通信等村村通工程，加快农村信息基础设施建设和宽带普及，推进信息进村入户。

16. 提升农村公共服务水平。全面改善农村义务教育薄弱学校基本办学条件，提高农村学校教学质量。因地制宜保留并办好村小学和教学点。支持乡村两级公办和普惠性民办幼儿园建设。加快发展高中阶段教育，以未能继续升学的初中、高中毕业生为重点，推进中等职业教育和职业技能培训全覆盖，逐步实现免费中等职业教育。积极发展农业职业教育，大力培养新型职业农民。全面推进基础教育数字教育资源开发与应用，扩大农村地区优质教育资源覆盖面。提高重点高校招收农村学生比例。加强乡村教师队伍建设，落实好集中连片特困地区乡村教师生活补助政策。国家教育经费要向边疆地区、民族地区、革命老区倾斜。建立新型农村合作医疗可持续筹资机制，同步提高人均财政补助和个人缴费标准，进一步提高实际报销水平。全面开展城乡居民大病保险，加强农村基层基本医疗、公共卫生能力和乡村医生队伍建设。推进各级定点医疗机构与省内新型农村合作医疗信息系统的互联互通，积极发展惠及农村的远程会诊系统。拓展重大文化惠民项目服务"三农"内容。加强农村最低生活保障制度规范管理，全面建立临时救助制度，改进农村社会救助工作。落实统一的城乡居民基本养老保险制度。支持建设多种农村养老服务和文化体育设施。整合利用现有设施场地和资源，构建农村基层综合公共服务平台。

17. 全面推进农村人居环境整治。完善县域村镇体系规划和村庄规划，强化规划的科学性和约束力。改善农民居住条件，搞好农村公共服务设施配套，推进山水林田路综合治理。继续支持农村环境集中连片整治，加快推进农村河塘综合整治，开展农村垃圾专项整治，加大农村污水处理和改厕力度，加快改善村庄卫生状况。加强农村周边工业"三废"排放和城市生活垃圾堆放监管治理。完善村级公益事业一事一议财政奖补机制，扩大农村公共服务运行维护机制试点范围，重点支持村内公益事业建设与管护。完善传统村落名录和开展传统民居调查，落实传统村落和民居保护规划。鼓励各地从实际出发开展美丽乡村创建示范。有序推进村庄整治，切实防止违背农民意愿大规模撤并村庄、大拆大建。

18. 引导和鼓励社会资本投向农村建设。鼓励社会资本投向农村基础设施建设和在农村兴办各类事业。对于政府主导、财政支持的农村公益性工程和项目，可采取购买服务、政府与社会资

本合作等方式，引导企业和社会组织参与建设、管护和运营。对于能够商业化运营的农村服务业，向社会资本全面开放。制定鼓励社会资本参与农村建设目录，研究制定财税、金融等支持政策。探索建立乡镇政府职能转移目录，将适合社会兴办的公共服务交由社会组织承担。

19. 加强农村思想道德建设。针对农村特点，围绕培育和践行社会主义核心价值观，深入开展中国特色社会主义和中国梦宣传教育，广泛开展形势政策宣传教育，提高农民综合素质，提升农村社会文明程度，凝聚起建设社会主义新农村的强大精神力量。深入推进农村精神文明创建活动，扎实开展好家风好家训活动，继续开展好媳妇、好儿女、好公婆等评选表彰活动，开展寻找最美乡村教师、医生、村官等活动，凝聚起向上、崇善、爱美的强大正能量。倡导文艺工作者深入农村，创作富有乡土气息、讴歌农村时代变迁的优秀文艺作品，提供健康有益、喜闻乐见的文化服务。创新乡贤文化，弘扬善行义举，以乡情乡愁为纽带吸引和凝聚各方人士支持家乡建设，传承乡村文明。

20. 切实加强农村基层党建工作。认真贯彻落实党要管党、从严治党的要求，加强以党组织为核心的农村基层组织建设，充分发挥农村基层党组织的战斗堡垒作用，深入整顿软弱涣散基层党组织，不断夯实党在农村基层执政的组织基础。创新和完善农村基层党组织设置，扩大组织覆盖和工作覆盖。加强乡村两级党组织班子建设，进一步选好管好用好带头人。严肃农村基层党内政治生活，加强党员日常教育管理，发挥党员先锋模范作用。严肃处理违反党规党纪的行为，坚决查处发生在农民身边的不正之风和腐败问题。以农村基层服务型党组织建设为抓手，强化县乡村三级便民服务网络建设，多为群众办实事、办好事，通过服务贴近群众、团结群众、引导群众、赢得群众。严格落实党建工作责任制，全面开展市县乡党委书记抓基层党建工作述职评议考核。

四、围绕增添农村发展活力，全面深化农村改革

全面深化改革，必须把农村改革放在突出位置。要按照中央总体部署，完善顶层设计，抓好试点试验，不断总结深化，加强督查落实，确保改有所进、改有所成，进一步激发农村经济社会发展活力。

21. 加快构建新型农业经营体系。坚持和完善农村基本经营制度，坚持农民家庭经营主体地位，引导土地经营权规范有序流转，创新土地流转和规模经营方式，积极发展多种形式适度规模经营，提高农民组织化程度。鼓励发展规模适度的农户家庭农场，完善对粮食生产规模经营主体的支持服务体系。引导农民专业合作社拓宽服务领域，促进规范发展，实行年度报告公示制度，深入推进示范社创建行动。推进农业产业化示范基地建设和龙头企业转型升级。引导农民以土地经营权入股合作社和龙头企业。鼓励工商资本发展适合企业化经营的现代种养业、农产品加工流通和农业社会化服务。土地经营权流转要尊重农民意愿，不得硬性下指标、强制推动。尽快制定工商资本租赁农地的准入和监管办法，严禁擅自改变农业用途。

22. 推进农村集体产权制度改革。探索农村集体所有制有效实现形式，创新农村集体经济运行机制。出台稳步推进农村集体产权制度改革的意见。对土地等资源性资产，重点是抓紧抓实土地承包经营权确权登记颁证工作，扩大整省推进试点范围，总体上要确地到户，从严掌握确权确股不确地的范围。对非经营性资产，重点是探索有利于提高公共服务能力的集体统一运营管理有效机制。对经营性资产，重点是明晰产权归属，将资产折股量化到本集体经济组织成员，发展多种形式的股份合作。开展赋予农民对集体资产股份权能改革试点，试点过程中要防止侵蚀农民利益，试点各项工作应严格限制在本集体经济组织内部。健全农村集体"三资"管理监督和收益

分配制度。充分发挥县乡农村土地承包经营权、林权流转服务平台作用，引导农村产权流转交易市场健康发展。完善有利于推进农村集体产权制度改革的税费政策。

23. 稳步推进农村土地制度改革试点。在确保土地公有制性质不改变、耕地红线不突破、农民利益不受损的前提下，按照中央统一部署，审慎稳妥推进农村土地制度改革。分类实施农村土地征收、集体经营性建设用地入市、宅基地制度改革试点。制定缩小征地范围的办法。建立兼顾国家、集体、个人的土地增值收益分配机制，合理提高个人收益。完善对被征地农民合理、规范、多元保障机制。赋予符合规划和用途管制的农村集体经营性建设用地出让、租赁、入股权能，建立健全市场交易规则和服务监管机制。依法保障农民宅基地权益，改革农民住宅用地取得方式，探索农民住房保障的新机制。加强对试点工作的指导监督，切实做到封闭运行、风险可控、边试点、边总结、边完善，形成可复制、可推广的改革成果。

24. 推进农村金融体制改革。要主动适应农村实际、农业特点、农民需求，不断深化农村金融改革创新。综合运用财政税收、货币信贷、金融监管等政策措施，推动金融资源继续向"三农"倾斜，确保农业信贷总量持续增加、涉农贷款比例不降低。完善涉农贷款统计制度，优化涉农贷款结构。延续并完善支持农村金融发展的有关税收政策。开展信贷资产质押再贷款试点，提供更优惠的支农再贷款利率。鼓励各类商业银行创新"三农"金融服务。农业银行三农金融事业部改革试点覆盖全部县域支行。农业发展银行要在强化政策性功能定位的同时，加大对水利、贫困地区公路等农业农村基础设施建设的贷款力度，审慎发展自营性业务。国家开发银行要创新服务"三农"融资模式，进一步加大对农业农村建设的中长期信贷投放。提高农村信用社资本实力和治理水平，牢牢坚持立足县域、服务"三农"的定位。鼓励邮政储蓄银行拓展农村金融业务。提高村镇银行在农村的覆盖面。积极探索新型农村合作金融发展的有效途径，稳妥开展农民合作社内部资金互助试点，落实地方政府监管责任。做好承包土地的经营权和农民住房财产权抵押担保贷款试点工作。鼓励开展"三农"融资担保业务，大力发展政府支持的"三农"融资担保和再担保机构，完善银担合作机制。支持银行业金融机构发行"三农"专项金融债，鼓励符合条件的涉农企业发行债券。开展大型农机具融资租赁试点。完善对新型农业经营主体的金融服务。强化农村普惠金融。继续加大小额担保财政贴息贷款等对农村妇女的支持力度。

25. 深化水利和林业改革。建立健全水权制度，开展水权确权登记试点，探索多种形式的水权流转方式。推进农业水价综合改革，积极推广水价改革和水权交易的成功经验，建立农业灌溉用水总量控制和定额管理制度，加强农业用水计量，合理调整农业水价，建立精准补贴机制。吸引社会资本参与水利工程建设和运营。鼓励发展农民用水合作组织，扶持其成为小型农田水利工程建设和管护主体。积极发展农村水利工程专业化管理。建立健全最严格的林地、湿地保护制度。深化集体林权制度改革。稳步推进国有林场改革和国有林区改革，明确生态公益功能定位，加强森林资源保护培育。建立国家用材林储备制度。积极发展符合林业特点的多种融资业务，吸引社会资本参与碳汇林业建设。

26. 加快供销合作社和农垦改革发展。全面深化供销合作社综合改革，坚持为农服务方向，着力推进基层社改造，创新联合社治理机制，拓展为农服务领域，把供销合作社打造成全国性为"三农"提供综合服务的骨干力量。抓紧制定供销合作社条例。加快研究出台推进农垦改革发展的政策措施，深化农场企业化、垦区集团化、股权多元化改革，创新行业指导管理体制、企业市场化经营体制、农场经营管理体制。明晰农垦国有资产权属关系，建立符合农垦特点的国有资产监管体制。进一步推进农垦办社会职能改革。发挥农垦独特优势，积极培育规模化农业经营主体，把农垦建成重要农产品生产基地和现代农业的示范带动力量。

27. 创新和完善乡村治理机制。在有实际需要的地方，扩大以村民小组为基本单元的村民自治试点，继续搞好以社区为基本单元的村民自治试点，探索符合各地实际的村民自治有效实现形式。进一步规范村"两委"职责和村务决策管理程序，完善村务监督委员会的制度设计，健全村民对村务实行有效监督的机制，加强对村干部行使权力的监督制约，确保监督务实管用。激发农村社会组织活力，重点培育和优先发展农村专业协会类、公益慈善类、社区服务类等社会组织。构建农村立体化社会治安防控体系，开展突出治安问题专项整治，推进平安乡镇、平安村庄建设。

五、围绕做好"三农"工作，加强农村法治建设

农村是法治建设相对薄弱的领域，必须加快完善农业农村法律体系，同步推进城乡法治建设，善于运用法治思维和法治方式做好"三农"工作。同时要从农村实际出发，善于发挥乡规民约的积极作用，把法治建设和道德建设紧密结合起来。

28. 健全农村产权保护法律制度。完善相关法律法规，加强对农村集体资产所有权、农户土地承包经营权和农民财产权的保护。抓紧修改农村土地承包方面的法律，明确现有土地承包关系保持稳定并长久不变的具体实现形式，界定农村土地集体所有权、农户承包权、土地经营权之间的权利关系，保障好农村妇女的土地承包权益。统筹推进与农村土地有关的法律法规制定和修改工作。抓紧研究起草农村集体经济组织条例。加强农业知识产权法律保护。

29. 健全农业市场规范运行法律制度。健全农产品市场流通法律制度，规范市场秩序，促进公平交易，营造农产品流通法治化环境。完善农产品市场调控制度，适时启动相关立法工作。完善农产品质量和食品安全法律法规，加强产地环境保护，规范农业投入品管理和生产经营行为。逐步完善覆盖农村各类生产经营主体方面的法律法规，适时修改农民专业合作社法。

30. 健全"三农"支持保护法律制度。研究制定规范各级政府"三农"事权的法律法规，明确规定中央和地方政府促进农业农村发展的支出责任。健全农业资源环境法律法规，依法推进耕地、水资源、森林草原、湿地滩涂等自然资源的开发保护，制定完善生态补偿和土壤、水、大气等污染防治法律法规。积极推动农村金融立法，明确政策性和商业性金融支农责任，促进新型农村合作金融、农业保险健康发展。加快扶贫开发立法。

31. 依法保障农村改革发展。加强农村改革决策与立法的衔接。农村重大改革都要于法有据，立法要主动适应农村改革和发展需要。实践证明行之有效、立法条件成熟的，要及时上升为法律。对不适应改革要求的法律法规，要及时修改和废止。需要明确法律规定具体含义和适用法律依据的，要及时作出法律解释。实践条件还不成熟、需要先行先试的，要按照法定程序作出授权。继续推进农村改革试验区工作。深化行政执法体制改革，强化基层执法队伍，合理配置执法力量，积极探索农林水利等领域内的综合执法。健全涉农行政执法经费财政保障机制。统筹城乡法律服务资源，健全覆盖城乡居民的公共法律服务体系，加强对农民的法律援助和司法救助。

32. 提高农村基层法治水平。深入开展农村法治宣传教育，增强各级领导、涉农部门和农村基层干部法治观念，引导农民增强学法尊法守法用法意识。健全依法维权和化解纠纷机制，引导和支持农民群众通过合法途径维权，理性表达合理诉求。依法加强农民负担监督管理。依靠农民和基层的智慧，通过村民议事会、监事会等，引导发挥村民民主协商在乡村治理中的积极作用。

各级党委和政府要从全面建成小康社会、加快推进社会主义现代化的战略高度出发，进一步加强和改善对"三农"工作的领导，切实防止出现放松农业的倾向，勇于直面挑战，敢于攻坚克难，努力保持农业农村持续向好的局面。各地区各部门要深入研究农业农村发展的阶段性特征

和面临的风险挑战，科学谋划、统筹设计"十三五"时期农村改革发展的重大项目、重大工程和重大政策。加强督促检查，确保各项"三农"政策不折不扣落实到位。巩固和拓展党的群众路线教育实践活动成果，坚持不懈改进工作作风，努力提高"三农"工作的能力和水平。

让我们紧密团结在以习近平同志为总书记的党中央周围，开拓创新，扎实工作，加快农村改革发展，为全面建成小康社会作出新的贡献！

来源：http：//www.gov.cn/zhengce/2015-02/01/content_ 2813034.htm

3. 中共中央 国务院关于全面深化农村改革加快推进农业现代化的若干意见

中共中央 国务院
关于全面深化农村改革加快推进农业现代化的若干意见

2014 年 1 月 19 日

2013 年，农业农村发展持续向好、稳中有进，粮食生产再创历史新高，城乡居民收入差距继续缩小，农村改革向纵深推进，农村民生有新的改善，农村社会保持和谐稳定。

我国经济社会发展正处在转型期，农村改革发展面临的环境更加复杂、困难挑战增多。工业化信息化城镇化快速发展对同步推进农业现代化的要求更为紧迫，保障粮食等重要农产品供给与资源环境承载能力的矛盾日益尖锐，经济社会结构深刻变化对创新农村社会管理提出了亟待破解的课题。必须全面贯彻落实党的十八大和十八届三中全会精神，进一步解放思想，稳中求进，改革创新，坚决破除体制机制弊端，坚持农业基础地位不动摇，加快推进农业现代化。

全面深化农村改革，要坚持社会主义市场经济改革方向，处理好政府和市场的关系，激发农村经济社会活力；要鼓励探索创新，在明确底线的前提下，支持地方先行先试，尊重农民群众实践创造；要因地制宜、循序渐进，不搞"一刀切"、不追求一步到位，允许采取差异性、过渡性的制度和政策安排；要城乡统筹联动，赋予农民更多财产权利，推进城乡要素平等交换和公共资源均衡配置，让农民平等参与现代化进程、共同分享现代化成果。

推进中国特色农业现代化，要始终把改革作为根本动力，立足国情农情，顺应时代要求，坚持家庭经营为基础与多种经营形式共同发展，传统精耕细作与现代物质技术装备相辅相成，实现高产高效与资源生态永续利用协调兼顾，加强政府支持保护与发挥市场配置资源决定性作用功能互补。要以解决好地怎么种为导向加快构建新型农业经营体系，以解决好地少水缺的资源环境约束为导向深入推进农业发展方式转变，以满足吃得好吃得安全为导向大力发展优质安全农产品，努力走出一条生产技术先进、经营规模适度、市场竞争力强、生态环境可持续的中国特色新型农业现代化道路。

2014 年及今后一个时期，农业农村工作要以邓小平理论、"三个代表"重要思想、科学发展观为指导，按照稳定政策、改革创新、持续发展的总要求，力争在体制机制创新上取得新突破，在现代农业发展上取得新成就，在社会主义新农村建设上取得新进展，为保持经济社会持续健康发展提供有力支撑。

一、完善国家粮食安全保障体系

1. 抓紧构建新形势下的国家粮食安全战略。把饭碗牢牢端在自己手上,是治国理政必须长期坚持的基本方针。综合考虑国内资源环境条件、粮食供求格局和国际贸易环境变化,实施以我为主、立足国内、确保产能、适度进口、科技支撑的国家粮食安全战略。任何时候都不能放松国内粮食生产,严守耕地保护红线,划定永久基本农田,不断提升农业综合生产能力,确保谷物基本自给、口粮绝对安全。更加积极地利用国际农产品市场和农业资源,有效调剂和补充国内粮食供给。在重视粮食数量的同时,更加注重品质和质量安全;在保障当期供给的同时,更加注重农业可持续发展。加大力度落实"米袋子"省长负责制,进一步明确中央和地方的粮食安全责任与分工,主销区也要确立粮食面积底线、保证一定的口粮自给率。增强全社会节粮意识,在生产流通消费全程推广节粮减损设施和技术。

2. 完善粮食等重要农产品价格形成机制。继续坚持市场定价原则,探索推进农产品价格形成机制与政府补贴脱钩的改革,逐步建立农产品目标价格制度,在市场价格过高时补贴低收入消费者,在市场价格低于目标价格时按差价补贴生产者,切实保证农民收益。2014年,启动东北和内蒙古大豆、新疆棉花目标价格补贴试点,探索粮食、生猪等农产品目标价格保险试点,开展粮食生产规模经营主体营销贷款试点。继续执行稻谷、小麦最低收购价政策和玉米、油菜籽、食糖临时收储政策。

3. 健全农产品市场调控制度。综合运用储备吞吐、进出口调节等手段,合理确定不同农产品价格波动调控区间,保障重要农产品市场基本稳定。科学确定重要农产品储备功能和规模,强化地方尤其是主销区的储备责任,优化区域布局和品种结构。完善中央储备粮管理体制,鼓励符合条件的多元市场主体参与大宗农产品政策性收储。健全"菜篮子"市长负责制考核激励机制,完善生猪市场价格调控体系,抓好牛羊肉生产供应。进一步开展国家对农业大县的直接统计调查。编制发布权威性的农产品价格指数。

4. 合理利用国际农产品市场。抓紧制定重要农产品国际贸易战略,加强进口农产品规划指导,优化进口来源地布局,建立稳定可靠的贸易关系。有关部门要密切配合,加强进出境动植物检验检疫,打击农产品进出口走私行为,保障进口农产品质量安全和国内产业安全。加快实施农业走出去战略,培育具有国际竞争力的粮棉油等大型企业。支持到境外特别是与周边国家开展互利共赢的农业生产和进出口合作。鼓励金融机构积极创新为农产品国际贸易和农业走出去服务的金融品种和方式。探索建立农产品国际贸易基金和海外农业发展基金。

5. 强化农产品质量和食品安全监管。建立最严格的覆盖全过程的食品安全监管制度,完善法律法规和标准体系,落实地方政府属地管理和生产经营主体责任。支持标准化生产、重点产品风险监测预警、食品追溯体系建设,加大批发市场质量安全检验检测费用补助力度。加快推进县乡食品、农产品质量安全检测体系和监管能力建设。严格农业投入品管理,大力开展园艺作物标准园、畜禽规模化养殖、水产健康养殖等创建活动。完善农产品质量和食品安全工作考核评价制度,开展示范市、县创建试点。

二、强化农业支持保护制度

6. 健全"三农"投入稳定增长机制。完善财政支农政策,增加"三农"支出。公共财政要坚持把"三农"作为支出重点,中央基建投资继续向"三农"倾斜,优先保证"三农"投入稳定增长。拓宽"三农"投入资金渠道,充分发挥财政资金引导作用,通过贴息、奖励、风险补偿、税费减免等措施，带动金融和社会资金更多投入农业农村。

7. 完善农业补贴政策。按照稳定存量、增加总量、完善方法、逐步调整的要求，积极开展改进农业补贴办法的试点试验。继续实行种粮农民直接补贴、良种补贴、农资综合补贴等政策，新增补贴向粮食等重要农产品、新型农业经营主体、主产区倾斜。在有条件的地方开展按实际粮食播种面积或产量对生产者补贴试点，提高补贴精准性、指向性。加大农机购置补贴力度，完善补贴办法，继续推进农机报废更新补贴试点。强化农业防灾减灾稳产增产关键技术补助。继续实施畜牧良种补贴政策。

8. 加快建立利益补偿机制。加大对粮食主产区的财政转移支付力度，增加对商品粮生产大省和粮油猪生产大县的奖励补助，鼓励主销区通过多种方式到主产区投资建设粮食生产基地，更多地承担国家粮食储备任务，完善粮食主产区利益补偿机制。支持粮食主产区发展粮食加工业。降低或取消产粮大县直接用于粮食生产等建设项目资金配套。完善森林、草原、湿地、水土保持等生态补偿制度，继续执行公益林补偿、草原生态保护补助奖励政策，建立江河源头区、重要水源地、重要水生态修复治理区和蓄滞洪区生态补偿机制。支持地方开展耕地保护补偿。

9. 整合和统筹使用涉农资金。稳步推进从财政预算编制环节清理和归并整合涉农资金。支持黑龙江省进行涉农资金整合试点，在认真总结经验基础上，推动符合条件的地方开展涉农资金整合试验。改革项目审批制度，创造条件逐步下放中央和省级涉农资金项目审批权限。改革项目管理办法，加快项目实施和预算执行，切实提高监管水平。加强专项扶贫资金监管，强化省、市两级政府对资金和项目的监督责任，县级政府切实管好用好扶贫资金。盘活农业结余资金和超规定期限的结转资金，由同级预算统筹限时用于农田水利等建设。

10. 完善农田水利建设管护机制。深化水利工程管理体制改革，加快落实灌排工程运行维护经费财政补助政策。开展农田水利设施产权制度改革和创新运行管护机制试点，落实小型水利工程管护主体、责任和经费。通过以奖代补、先建后补等方式，探索农田水利基本建设新机制。深入推进农业水价综合改革。加大各级政府水利建设投入，落实和完善土地出让收益计提农田水利资金政策，提高水资源费征收标准、加大征收力度。完善大中型水利工程建设征地补偿政策。谋划建设一批关系国计民生的重大水利工程，加强水源工程建设和雨洪水资源化利用，启动实施全国抗旱规划，提高农业抗御水旱灾害能力。实施全国高标准农田建设总体规划，加大投入力度，规范建设标准，探索监管维护机制。

11. 推进农业科技创新。深化农业科技体制改革，对具备条件的项目，实施法人责任制和专员制，推行农业领域国家科技报告制度。明晰和保护财政资助科研成果产权，创新成果转化机制，发展农业科技成果托管中心和交易市场。采取多种方式，引导和支持科研机构与企业联合研发。加大农业科技创新平台基地建设和技术集成推广力度，推动发展国家农业科技园区协同创新战略联盟，支持现代农业产业技术体系建设。加强以分子育种为重点的基础研究和生物技术开发，建设以农业物联网和精准装备为重点的农业全程信息化和机械化技术体系，推进以设施农业和农产品精深加工为重点的新兴产业技术研发，组织重大农业科技攻关。继续开展高产创建，加大农业先进适用技术推广应用和农民技术培训力度。发挥现代农业示范区的引领作用。加强农用航空建设。将农业作为财政科技投入优先领域，引导金融信贷、风险投资等进入农业科技创新领域。推行科技特派员制度，发挥高校在农业科研和农技推广中的作用。

12. 加快发展现代种业和农业机械化。建立以企业为主体的育种创新体系，推进种业人才、资源、技术向企业流动，做大做强育繁推一体化种子企业，培育推广一批高产、优质、抗逆、适应机械化生产的突破性新品种。推行种子企业委托经营制度，强化种子全程可追溯管理。加快推进大田作物生产全程机械化，主攻机插秧、机采棉、甘蔗机收等薄弱环节，实现作物品种、栽培技术和机械装备的集成配套。积极发展农机作业、维修、租赁等社会化服务，支持发展农机合作社等服务组织。

13. 加强农产品市场体系建设。着力加强促进农产品公平交易和提高流通效率的制度建设，加快制定全国农产品市场发展规划，落实部门协调机制，加强以大型农产品批发市场为骨干、覆盖全国的市场流通网络建设，开展公益性农产品批发市场建设试点。健全大宗农产品期货交易品种体系。加快发展主产区大宗农产品现代化仓储物流设施，完善鲜活农产品冷链物流体系。支持产地小型农产品收集市场、集配中心建设。完善农村物流服务体系，推进农产品现代流通综合示范区创建，加快邮政系统服务"三农"综合平台建设。实施粮食收储、供应安全保障工程。启动农村流通设施和农产品批发市场信息化提升工程，加强农产品电子商务平台建设。加快清除农产品市场壁垒。

三、建立农业可持续发展长效机制

14. 促进生态友好型农业发展。落实最严格的耕地保护制度、节约集约用地制度、水资源管理制度、环境保护制度，强化监督考核和激励约束。分区域规模化推进高效节水灌溉行动。大力推进机械化深松整地和秸秆还田等综合利用，加快实施土壤有机质提升补贴项目，支持开展病虫害绿色防控和病死畜禽无害化处理。加大农业面源污染防治力度，支持高效肥和低残留农药使用、规模养殖场畜禽粪便资源化利用、新型农业经营主体使用有机肥、推广高标准农膜和残膜回收等试点。

15. 开展农业资源休养生息试点。抓紧编制农业环境突出问题治理总体规划和农业可持续发展规划。启动重金属污染耕地修复试点。从2014年开始，继续在陡坡耕地、严重沙化耕地、重要水源地实施退耕还林还草。开展华北地下水超采漏斗区综合治理、湿地生态效益补偿和退耕还湿试点。通过财政奖补、结构调整等综合措施，保证修复区农民总体收入水平不降低。

16. 加大生态保护建设力度。抓紧划定生态保护红线。继续实施天然林保护、京津风沙源治理二期等林业重大工程。在东北、内蒙古重点国有林区，进行停止天然林商业性采伐试点。推进林区森林防火设施建设和矿区植被恢复。完善林木良种、造林、森林抚育等林业补贴政策。加强沙化土地封禁保护。加大天然草原退牧还草工程实施力度，启动南方草地开发利用和草原自然保护区建设工程。支持饲草料基地的品种改良、水利建设、鼠虫害和毒草防治。加大海洋生态保护力度，加强海岛基础设施建设。严格控制渔业捕捞强度，继续实施增殖放流和水产养殖生态环境修复补助政策。实施江河湖泊综合整治、水土保持重点建设工程，开展生态清洁小流域建设。

四、深化农村土地制度改革

17. 完善农村土地承包政策。稳定农村土地承包关系并保持长久不变，在坚持和完善最严格的耕地保护制度前提下，赋予农民对承包地占有、使用、收益、流转及承包经营权抵押、担保权能。在落实农村土地集体所有权的基础上，稳定农户承包权、放活土地经营权，允许承包土地的经营权向金融机构抵押融资。有关部门要抓紧研究提出规范的实施办法，建立配套的抵押资产处置机制，推动修订相关法律法规。切实加强组织领导，抓紧抓实农村土地承包经营权确权登记颁证工作，充分依靠农民群众自主协商解决工作中遇到的矛盾和问题，可以确权确地，也可以确权确股不确地，确权登记颁证工作经费纳入地方财政预算，中央财政给予补助。稳定和完善草原承包经营制度，2015年基本完成草原确权承包和基本草原划定工作。切实维护妇女的土地承包权益。加强农村经营管理体系建设。深化农村综合改革，完善集体林权制度改革，健全国有林区经营管理体制，继续推进国有农场办社会职能改革。

18. 引导和规范农村集体经营性建设用地入市。在符合规划和用途管制的前提下，允许农村集体经营性建设用地出让、租赁、入股，实行与国有土地同等入市、同权同价，加快建立农村集体经营性建设用地产权流转和增值收益分配制度。有关部门要尽快提出具体指导意见，并推动修订相关法律法规。各地要按照中央统一部署，规范有序推进这项工作。

19. 完善农村宅基地管理制度。改革农村宅基地制度，完善农村宅基地分配政策，在保障农户宅基地用益物权前提下，选择若干试点，慎重稳妥推进农民住房财产权抵押、担保、转让。有关部门要抓紧提出具体试点方案，各地不得自行其是、抢跑越线。完善城乡建设用地增减挂钩试点工作，切实保证耕地数量不减少、质量有提高。加快包括农村宅基地在内的农村地籍调查和农村集体建设用地使用权确权登记颁证工作。

20. 加快推进征地制度改革。缩小征地范围，规范征地程序，完善对被征地农民合理、规范、多元保障机制。抓紧修订有关法律法规，保障农民公平分享土地增值收益，改变对被征地农民的补偿办法，除补偿农民被征收的集体土地外，还必须对农民的住房、社保、就业培训给予合理保障。因地制宜采取留地安置、补偿等多种方式，确保被征地农民长期受益。提高森林植被恢复费征收标准。健全征地争议调处裁决机制，保障被征地农民的知情权、参与权、申诉权、监督权。

五、构建新型农业经营体系

21. 发展多种形式规模经营。鼓励有条件的农户流转承包土地的经营权，加快健全土地经营权流转市场，完善县乡村三级服务和管理网络。探索建立工商企业流转农业用地风险保障金制度，严禁农用地非农化。有条件的地方，可对流转土地给予奖补。土地流转和适度规模经营要尊重农民意愿，不能强制推动。

22. 扶持发展新型农业经营主体。鼓励发展专业合作、股份合作等多种形式的农民合作社，引导规范运行，着力加强能力建设。允许财政项目资金直接投向符合条件的合作社，允许财政补助形成的资产转交合作社持有和管护，有关部门要建立规范透明的管理制度。推进财政支持农民合作社创新试点，引导发展农民专业合作社联合社。按照自愿原则开展家庭农场登记。鼓励发展混合所有制农业产业化龙头企业，推动集群发展，密切与农户、农民合作社的利益联结关系。在国家年度建设用地指标中单列一定比例专门用于新型农业经营主体建设配套辅助设施。鼓励地方政府和民间出资设立融资性担保公司，为新型农业经营主体提供贷款担保服务。加大对新型职业农民和新型农业经营主体领办人的教育培训力度。落实和完善相关税收优惠政策，支持农民合作社发展农产品加工流通。

23. 健全农业社会化服务体系。稳定农业公共服务机构，健全经费保障、绩效考核激励机制。采取财政扶持、税费优惠、信贷支持等措施，大力发展主体多元、形式多样、竞争充分的社会化服务，推行合作式、订单式、托管式等服务模式，扩大农业生产全程社会化服务试点范围。通过政府购买服务等方式，支持具有资质的经营性服务组织从事农业公益性服务。扶持发展农民用水合作组织、防汛抗旱专业队、专业技术协会、农民经纪人队伍。完善农村基层气象防灾减灾组织体系，开展面向新型农业经营主体的直通式气象服务。

24. 加快供销合作社改革发展。发挥供销合作社扎根农村、联系农民、点多面广的优势，积极稳妥开展供销合作社综合改革试点。按照改造自我、服务农民的要求，创新组织体系和服务机制，努力把供销合作社打造成为农民生产生活服务的生力军和综合平台。支持供销合作社加强新农村现代流通网络和农产品批发市场建设。

六、加快农村金融制度创新

25. 强化金融机构服务"三农"职责。稳定大中型商业银行的县域网点，扩展乡镇服务网络，根据自身业务结构和特点，建立适应"三农"需要的专门机构和独立运营机制。强化商业金融对"三农"和县域小微企业的服务能力，扩大县域分支机构业务授权，不断提高存贷比和涉农贷款比例，将涉农信贷投放情况纳入信贷政策导向效果评估和综合考评体系。稳步扩大农业银行三农金融事业部改革试点。鼓励邮政储蓄银行拓展农村金融业务。支持农业发展银行开展农业开发和农村基础设施建设中长期贷款业务，建立差别监管体制。增强农村信用社支农服务功能，保持县域法人地位长期稳定。积极发展村镇银行，逐步实现县市全覆盖，符合条件的适当调整主发起行与其他股东的持股比例。支持由社会资本发起设立服务"三农"的县域中小型银行和金融租赁公司。对小额贷款公司，要拓宽融资渠道，完善管理政策，加快接入征信系统，发挥支农支小作用。支持符合条件的农业企业在主板、创业板发行上市，督促上市农业企业改善治理结构，引导暂不具备上市条件的高成长性、创新型农业企业到全国中小企股份转让系统进行股权公开挂牌与转让，推动证券期货经营机构开发适合"三农"的个性化产品。

26. 发展新型农村合作金融组织。在管理民主、运行规范、带动力强的农民合作社和供销合作社基础上，培育发展农村合作金融，不断丰富农村地区金融机构类型。坚持社员制、封闭性原则，在不对外吸储放贷、不支付固定回报的前提下，推动社区性农村资金互助组织发展。完善地方农村金融管理体制，明确地方政府对新型农村合作金融监管职责，鼓励地方建立风险补偿基金，有效防范金融风险。适时制定农村合作金融发展管理办法。

27. 加大农业保险支持力度。提高中央、省级财政对主要粮食作物保险的保费补贴比例，逐步减少或取消产粮大县县级保费补贴，不断提高稻谷、小麦、玉米三大粮食品种保险的覆盖面和风险保障水平。鼓励保险机构开展特色优势农产品保险，有条件的地方提供保费补贴，中央财政通过以奖代补等方式予以支持。扩大畜产品及森林保险范围和覆盖区域。鼓励开展多种形式的互助合作保险。规范农业保险大灾风险准备金管理，加快建立财政支持的农业保险大灾风险分散机制。探索开办涉农金融领域的贷款保证保险和信用保险等业务。

七、健全城乡发展一体化体制机制

28. 开展村庄人居环境整治。加快编制村庄规划，推行以奖促治政策，以治理垃圾、污水为重点，改善村庄人居环境。实施村内道路硬化工程，加强村内道路、供排水等公用设施的运行管护，有条件的地方建立住户付费、村集体补贴、财政补助相结合的管护经费保障制度。制定传统村落保护发展规划，抓紧把有历史文化等价值的传统村落和民居列入保护名录，切实加大投入和保护力度。提高农村饮水安全工程建设标准，加强水源地水质监测与保护，有条件的地方推进城镇供水管网向农村延伸。以西部和集中连片特困地区为重点加快农村公路建设，加强农村公路养护和安全管理，推进城乡道路客运一体化。因地制宜发展户用沼气和规模化沼气。在地震高风险区实施农村民居地震安全工程。加快农村互联网基础设施建设，推进信息进村入户。

29. 推进城乡基本公共服务均等化。加快改善农村义务教育薄弱学校基本办学条件，适当提高农村义务教育生均公用经费标准。大力支持发展农村学前教育。落实中等职业教育国家助学政策，紧密结合市场需求，加强农村职业教育和技能培训。支持和规范农村民办教育。提高重点高校招收农村学生比例。有效整合各类农村文化惠民项目和资源，推动县乡公共文化体育设施和服务标准化建设。深化农村基层医疗卫生机构综合改革，实施中西部全科医生特岗计划。继续提高新型农村合作医疗的筹资标准和保障水平，完善重大疾病保险和救助制度，推动基本医疗保险制度城乡统筹。稳定农村计划生育网络和队伍，开展城乡计生卫生公共服务均等化试点。整合城乡居民基本养老保险制度，逐步建立基础养老金标准正常调整机制，加快构建农村社会养老服务体系。加强农村最低生活保障的规范管理。开展农村公共服务标准化试点工作。着力创新扶贫开发工作机制，改进对国家扶贫开发工作重点县的考核办法，提高扶贫精准度，抓紧落实扶贫开发重点工作。

30. 加快推动农业转移人口市民化。积极推进户籍制度改革，建立城乡统一的户口登记制度，促进有能力在城镇合法稳定就业和生活的常住人口有序实现市民化。全面实行流动人口居住证制度，逐步推进居住证持有人享有与居住地居民相同的基本公共服务，保障农民工同工同酬。鼓励各地从实际出发制定相关政策，解决好辖区内农业转移人口在本地城镇的落户问题。

八、改善乡村治理机制

31. 加强农村基层党的建设。深入开展党的群众路线教育实践活动，推动农村基层服务型党组织建设。进一步加强农民合作社、专业技术协会等的党建工作，创新和完善组织设置，理顺隶属关系。加强农村基层党组织带头人队伍和党员队伍建设，提升村干部"一定三有"保障水平。总结宣传农村基层干部先进典型，树立正确舆论导向。加强城乡基层党建资源整合，建立稳定的村级组织运转经费保障制度。加强农村党风廉政建设，强化农村基层干部教育管理和监督，改进农村基层干部作风，坚决查处和纠正涉农领域侵害群众利益的腐败问题和加重农民负担行为。

32. 健全基层民主制度。强化党组织的领导核心作用，巩固和加强党在农村的执政基础，完善和创新村民自治机制，充分发挥其他社会组织的积极功能。深化乡镇行政体制改革，完善乡镇政府功能。深入推进村务公开、政务公开和党务公开，实现村民自治制度化和规范化。探索不同情况下村民自治的有效实现形式，农村社区建设试点单位和集体土地所有权在村民小组的地方，可开展以社区、村民小组为基本单元的村民自治试点。

33. 创新基层管理服务。按照方便农民群众生产生活、提高公共资源配置效率的原则，健全农村基层管理服务体系。推动农村集体产权股份合作制改革，保障农民集体经济组织成员权利，赋予农民对落实到户的集体资产股份占有、收益、有偿退出及抵押、担保、继承权，建立农村产权流转交易市场，加强农村集体资金、资产、资源管理，提高集体经济组织资产运营管理水平，发展壮大农村集体经济。扩大小城镇对农村基本公共服务供给的有效覆盖，统筹推进农村基层公共服务资源有效整合和设施共建共享，有条件的地方稳步推进农村社区化管理服务。总结推广"枫桥经验"，创新群众工作机制。深入推进农村精神文明建设，倡导移风易俗，培养良好道德风尚，提高农民综合素质。加强对农村留守儿童、留守妇女、留守老年人的关爱和服务。发展农村残疾人事业。健全农村治安防控体系，充分发挥司法调解、人民调解的作用，维护农村社会和谐安定。

各级党委和政府要切实加强对"三农"工作的领导，把握好农村改革的方向和节奏，谋划好农业农村发展的思路和方法，落实好党在农村的各项方针和政策。各级党政干部要真正了解农民群众的诉求和期盼，真心实意解决农民群众生产生活中的实际问题。进一步加强党委农村工作综合部门建设，强化统筹协调、决策服务等职能。加强对农村改革试验区工作的指导，加大改革放权和政策支持力度，充实试验内容，完善工作机制，及时总结推广成功经验。

让我们紧密团结在以习近平同志为总书记的党中央周围，积极进取，锐意创新，力求农村改革发展取得新突破新进展。

来源：http://www.gov.cn/zhengce/2014-01/19/content_2640103.htm

4. 中共中央 国务院关于加快发展现代农业进一步增强农村发展活力的若干意见

中共中央 国务院
关于加快发展现代农业进一步增强农村发展活力的若干意见
2012年12月31日

全面贯彻落实党的十八大精神，坚定不移沿着中国特色社会主义道路前进，为全面建成小康社会而奋斗，必须固本强基，始终把解决好农业农村农民问题作为全党工作重中之重，把城乡发展一体化作为解决"三农"问题的根本途径；必须统筹协调，促进工业化、信息化、城镇化、农业现代化同步发展，着力强化现代农业基础支撑，深入推进社会主义新农村建设。

党的十六大以来，我们深入贯彻落实科学发展观，全面推进"三农"实践创新、理论创新、制度创新，全面确立重中之重、统筹城乡、"四化同步"等战略思想，全面制定一系列多予少取放活和工业反哺农业、城市支持农村的重大政策，全面构建农业生产经营、农业支持保护、农村社会保障、城乡协调发展的制度框架，农业生产得到很大发展、农村面貌得到很大改善、农民群众得到很大实惠，农业农村发展实现了历史性跨越，迎来了又一个黄金期，初步探索出一条中国特色农业现代化道路。粮食产量实现"九连增"，农业综合生产能力迈上新台阶。农民增收实现"九连快"，农村贫困人口生存和温饱问题基本解决。农村民生加速改善，办了许多深得民心的大事好事。农村综合改革和集体林权制度改革取得重大进展，城乡分割的体制障碍加快破除。农村党群干群关系明显改善，农村社会保持和谐稳定。农业农村形势好，为我国综合国力在国际风云变幻中大幅提升，为现代化建设在重重风险挑战中昂首迈进，为党和国家事业在各种困难考验中兴旺发达，注入了强劲动力，增添了应对底气，赢得了战略主动。实践证明，中央推动农村改革发展的大政方针完全正确，出台的强农惠农富农政策卓有成效。

伴随工业化、城镇化深入推进，我国农业农村发展正在进入新的阶段，呈现出农业综合生产成本上升、农产品供求结构性矛盾突出、农村社会结构加速转型、城乡发展加快融合的态势。人多地少水缺的矛盾加剧，农产品需求总量刚性增长、消费结构快速升级，农业对外依存度明显提高，保障国家粮食安全和重要农产品有效供给任务艰巨；农村劳动力大量流动，农户兼业化、村庄空心化、人口老龄化趋势明显，农民利益诉求多元，加强和创新农村社会管理势在必行；国民经济与农村发展的关联度显著增强，农业资源要素流失加快，建立城乡要素平等交换机制的要求更为迫切，缩小城乡区域发展差距和居民收入分配差距任重道远。我们必须顺应阶段变化，遵循发展规律，增强忧患意识，举全党全国之力持之以恒强化农业、惠及农村、富裕农民。

2013年农业农村工作的总体要求是：全面贯彻党的十八大精神，以邓小平理论、"三个代表"重要思想、科学发展观为指导，落实"四化同步"的战略部署，按照保供增收惠民生、改革创新添活力的工作目标，加大农村改革力度、政策扶持力度、科技驱动力度，围绕现代农业建设,充分发挥农村基本经营制度的优越性,着力构建集约化、专业化、组织化、社会化相结合的新型农业经营体系,进一步解放和发展农村社会生产力,巩固和发展农业农村大好形势。

一、建立重要农产品供给保障机制,努力夯实现代农业物质基础

确保国家粮食安全,保障重要农产品有效供给,始终是发展现代农业的首要任务。必须毫不放松粮食生产,加快构建现代农业产业体系,着力强化农业物质技术支撑。

1. 稳定发展农业生产。粮食生产要坚持稳定面积、优化结构、主攻单产的总要求,确保丰产丰收。继续开展粮食稳定增产行动,着力加强800个产粮大县基础设施建设,推进东北四省区节水增粮行动、粮食丰产科技工程。支持优势产区棉花、油料、糖料生产基地建设。扩大粮棉油糖高产创建规模,在重点产区实行整建制推进,集成推广区域性、标准化高产高效模式。深入实施测土配方施肥,加强重大病虫害监测预警与联防联控能力建设。加大新一轮"菜篮子"工程实施力度,扩大园艺作物标准园和畜禽水产品标准化养殖示范场创建规模。以奖代补支持现代农业示范区建设试点。推进种养业良种工程,加快农作物制种基地和新品种引进示范场建设。加强渔船升级改造、渔政执法船艇建造和避风港建设,支持发展远洋渔业。

2. 强化农业物质技术装备。落实和完善最严格的耕地保护制度,加大力度推进高标准农田建设。加快大中型灌区配套改造、灌排泵站更新改造、中小河流治理,扩大小型农田水利重点县覆盖范围,大力发展高效节水灌溉,加大雨水集蓄利用、堰塘整治等工程建设力度,提高防汛抗旱减灾能力。加大财政对小型水库建设和除险加固支持力度。及时足额计提并管好用好从土地出让收益中提取的农田水利建设资金。加快落实农业灌排工程运行管理费用由财政适当补助的政策。加强农业科技创新能力条件建设和知识产权保护,继续实施种业发展等重点科技专项,加快粮棉油糖等农机装备、高效安全肥料农药兽药研发。推进国家农业科技园区和高新技术产业示范区建设。

3. 提高农产品流通效率。统筹规划农产品市场流通网络布局,重点支持重要农产品集散地、优势农产品产地市场建设,加强农产品期货市场建设,适时增加新的农产品期货品种,培育具有国内外影响力的农产品价格形成和交易中心。加快推进以城市标准化菜市场、生鲜超市、城乡集贸市场为主体的农产品零售市场建设。加强粮油仓储物流设施建设,发展农产品冷冻贮藏、分级包装、电子结算。健全覆盖农产品收集、加工、运输、销售各环节的冷链物流体系。大力培育现代流通方式和新型流通业态,发展农产品网上交易、连锁分销和农民网店。继续实施"北粮南运"、"南菜北运"、"西果东送"、万村千乡市场工程、新农村现代流通网络工程,启动农产品现代流通综合示范区创建。支持供销合作社、大型商贸集团、邮政系统开展农产品流通。深入实施商标富农工程,强化农产品地理标志和商标保护。

4. 完善农产品市场调控。充分发挥价格对农业生产和农民增收的激励作用,按照生产成本加合理利润的原则,继续提高小麦、稻谷最低收购价,适时启动玉米、大豆、油菜籽、棉花、食糖等农产品临时收储。优化粮食等大宗农产品储备品种结构和区域布局,完善粮棉油糖进口转储制度。健全重要农产品市场监测预警机制,认真执行生猪市场价格调控预案,改善鲜活农产品调控办法。完善农产品进出口税收调控政策,加强进口关税配额管理,健全大宗品种进口报告制度,强化敏感品种进口监测。推动进口来源多元化,规范进出口秩序,打击走私行为。加强和完善农产品信息统计发布制度,建立市场调控效果评估制度。扩大农资产品储备品种。

5. 提升食品安全水平。改革和健全食品安全监管体制,加强综合协调联动,落实从田头到餐桌的全程监管责任,加快形成符合国情、科学完善的食品安全体系。健全农产品质量安全和食

品安全追溯体系。强化农业生产过程环境监测，严格农业投入品生产经营使用管理，积极开展农业面源污染和畜禽养殖污染防治。支持农产品批发市场食品安全检测室（站）建设，补助检验检测费用。健全基层食品安全工作体系，加大监管机构建设投入，全面提升监管能力和水平。

二、健全农业支持保护制度，不断加大强农惠农富农政策力度

适应农业进入高投入、高成本、高风险发展时期的客观要求，必须更加自觉、更加坚定地加强对农业的支持保护。要在稳定完善强化行之有效政策基础上，着力构建"三农"投入稳定增长长效机制，确保总量持续增加、比例稳步提高。

1. 加大农业补贴力度。按照增加总量、优化存量、用好增量、加强监管的要求，不断强化农业补贴政策，完善主产区利益补偿、耕地保护补偿、生态补偿办法，加快让农业获得合理利润、让主产区财力逐步达到全国或全省平均水平。继续增加农业补贴资金规模，新增补贴向主产区和优势产区集中，向专业大户、家庭农场、农民合作社等新型生产经营主体倾斜。落实好对种粮农民直接补贴、良种补贴政策，扩大农机具购置补贴规模，推进农机以旧换新试点。完善农资综合补贴动态调整机制，逐步扩大种粮大户补贴试点范围。继续实施农业防灾减灾稳产增产关键技术补助和土壤有机质提升补助，支持开展农作物病虫害专业化统防统治，启动低毒低残留农药和高效缓释肥料使用补助试点。完善畜牧业生产扶持政策，支持发展肉牛肉羊，落实远洋渔业补贴及税收减免政策。增加产粮（油）大县奖励资金，实施生猪调出大县奖励政策，研究制定粮食作物制种大县奖励政策。增加农业综合开发财政资金投入。现代农业生产发展资金重点支持粮食及地方优势特色产业加快发展。

2. 改善农村金融服务。加强国家对农村金融改革发展的扶持和引导，切实加大商业性金融支农力度，充分发挥政策性金融和合作性金融作用，确保持续加大涉农信贷投放。创新金融产品和服务，优先满足农户信贷需求，加大新型生产经营主体信贷支持力度。加强财税杠杆与金融政策的有效配合，落实县域金融机构涉农贷款增量奖励、农村金融机构定向费用补贴、农户贷款税收优惠、小额担保贷款贴息等政策。稳定县（市）农村信用社法人地位，继续深化农村信用社改革。探索农业银行服务"三农"新模式，强化农业发展银行政策性职能定位，鼓励国家开发银行推动现代农业和新农村建设。支持社会资本参与设立新型农村金融机构。改善农村支付服务条件，畅通支付结算渠道。加强涉农信贷与保险协作配合，创新符合农村特点的抵（质）押担保方式和融资工具，建立多层次、多形式的农业信用担保体系。扩大林权抵押贷款规模，完善林业贷款贴息政策。健全政策性农业保险制度，完善农业保险保费补贴政策，加大对中西部地区、生产大县农业保险保费补贴力度，适当提高部分险种的保费补贴比例。开展农作物制种、渔业、农机、农房保险和重点国有林区森林保险保费补贴试点。推进建立财政支持的农业保险大灾风险分散机制。支持符合条件的农业产业化龙头企业和各类农业相关企业通过多层次资本市场筹集发展资金。

3. 鼓励社会资本投向新农村建设。各行各业制定发展规划、安排项目、增加投资要主动向农村倾斜。引导国有企业参与和支持农业农村发展。鼓励企业和社会组织采取投资筹资、捐款捐助、人才和技术支持等方式在农村兴办医疗卫生、教育培训、社会福利、社会服务、文化旅游体育等各类事业，按规定享受税收优惠、管护费用补助等政策。落实公益性捐赠农村公益事业项目支出所得税前扣除政策。鼓励企业以多种投资方式建设农村生产生活基础设施。

三、创新农业生产经营体制，稳步提高农民组织化程度

农业生产经营组织创新是推进现代农业建设的核心和基础。要尊重和保障农户生产经营的主体地位，培育和壮大新型农业生产经营组织，充分激发农村生产要素潜能。

1. 稳定农村土地承包关系。抓紧研究现有土地承包关系保持稳定并长久不变的具体实现形式，完善相关法律制度。坚持依法自愿有偿原则，引导农村土地承包经营权有序流转，鼓励和支持承包土地向专业大户、家庭农场、农民合作社流转，发展多种形式的适度规模经营。结合农田基本建设，鼓励农民采取互利互换方式，解决承包地块细碎化问题。土地流转不得搞强迫命令，确保不损害农民权益、不改变土地用途、不破坏农业综合生产能力。探索建立严格的工商企业租赁农户承包耕地（林地、草原）准入和监管制度。规范土地流转程序，逐步健全县乡村三级服务网络，强化信息沟通、政策咨询、合同签订、价格评估等流转服务。加强农村土地承包经营纠纷调解仲裁体系建设。深化国有农垦管理体制改革，扩大国有农场办社会职能改革试点。稳步推进农村综合改革示范试点。

2. 努力提高农户集约经营水平。按照规模化、专业化、标准化发展要求，引导农户采用先进适用技术和现代生产要素，加快转变农业生产经营方式。创造良好的政策和法律环境，采取奖励补助等多种办法，扶持联户经营、专业大户、家庭农场。大力培育新型农民和农村实用人才，着力加强农业职业教育和职业培训。充分利用各类培训资源，加大专业大户、家庭农场经营者培训力度，提高他们的生产技能和经营管理水平。制订专门计划，对符合条件的中高等学校毕业生、退役军人、返乡农民工务农创业给予补助和贷款支持。

3. 大力支持发展多种形式的新型农民合作组织。农民合作社是带动农户进入市场的基本主体，是发展农村集体经济的新型实体，是创新农村社会管理的有效载体。按照积极发展、逐步规范、强化扶持、提升素质的要求，加大力度、加快步伐发展农民合作社，切实提高引领带动能力和市场竞争能力。鼓励农民兴办专业合作和股份合作等多元化、多类型合作社。实行部门联合评定示范社机制，分级建立示范社名录，把示范社作为政策扶持重点。安排部分财政投资项目直接投向符合条件的合作社，引导国家补助项目形成的资产移交合作社管护，指导合作社建立健全项目资产管护机制。增加农民合作社发展资金，支持合作社改善生产经营条件、增强发展能力。逐步扩大农村土地整理、农业综合开发、农田水利建设、农技推广等涉农项目由合作社承担的规模。对示范社建设鲜活农产品仓储物流设施、兴办农产品加工业给予补助。在信用评定基础上对示范社开展联合授信，有条件的地方予以贷款贴息，规范合作社开展信用合作。完善合作社税收优惠政策，把合作社纳入国民经济统计并作为单独纳税主体列入税务登记，做好合作社发票领用等工作。创新适合合作社生产经营特点的保险产品和服务。建立合作社带头人人才库和培训基地，广泛开展合作社带头人、经营管理人员和辅导员培训，引导高校毕业生到合作社工作。落实设施农用地政策，合作社生产设施用地和附属设施用地按农用地管理。引导农民合作社以产品和产业为纽带开展合作与联合，积极探索合作社联社登记管理办法。抓紧研究修订农民专业合作社法。

4. 培育壮大龙头企业。支持龙头企业通过兼并、重组、收购、控股等方式组建大型企业集团。创建农业产业化示范基地，促进龙头企业集群发展。推动龙头企业与农户建立紧密型利益联结机制，采取保底收购、股份分红、利润返还等方式，让农户更多分享加工销售收益。鼓励和引导城市工商资本到农村发展适合企业化经营的种养业。增加扶持农业产业化资金，支持龙头企业建设原料基地、节能减排、培育品牌。逐步扩大农产品加工增值税进项税额核定扣除试点行业范

围。适当扩大农产品产地初加工补助项目试点范围。

四、构建农业社会化服务新机制，大力培育发展多元服务主体

建设中国特色现代农业，必须建立完善的农业社会化服务体系。要坚持主体多元化、服务专业化、运行市场化的方向，充分发挥公共服务机构作用，加快构建公益性服务与经营性服务相结合、专项服务与综合服务相协调的新型农业社会化服务体系。

1. 强化农业公益性服务体系。不断提升乡镇或区域性农业技术推广、动植物疫病防控、农产品质量监管等公共服务机构的服务能力。继续实施基层农技推广体系改革与建设项目，建立补助经费与服务绩效挂钩的激励机制。继续实施农业技术推广机构条件建设项目，不断改善推广条件。支持高等学校、职业院校、科研院所通过建设新农村发展研究院、农业综合服务示范基地等方式，面向农村开展农业技术推广。加强乡镇或小流域水利、基层林业公共服务机构和抗旱服务组织、防汛机动抢险队伍建设。充分发挥供销合作社在农业社会化服务中的重要作用。加快推进农村气象信息服务和人工影响天气工作体系与能力建设，提高农业气象服务和农村气象灾害防御水平。

2. 培育农业经营性服务组织。支持农民合作社、专业服务公司、专业技术协会、农民用水合作组织、农民经纪人、涉农企业等为农业生产经营提供低成本、便利化、全方位的服务，发挥经营性服务组织的生力军作用。采取政府订购、定向委托、奖励补助、招投标等方式，引导经营性服务组织参与公益性服务，大力开展病虫害统防统治、动物疫病防控、农田灌排、地膜覆盖和回收等生产性服务。推进科技特派员农村科技创业行动。培育会计审计、资产评估、政策法律咨询等涉农中介服务组织。对符合条件的农业经营性服务业务免征营业税。

3. 创新服务方式和手段。鼓励搭建区域性农业社会化服务综合平台。发展专家大院、院县共建、农村科技服务超市、庄稼医院、专业服务公司加合作社加农户、涉农企业加专家加农户等服务模式，积极推行技物结合、技术承包、全程托管服务，促进农业先进适用技术到田到户。开展农业社会化服务示范县创建。整合资源建设乡村综合服务社和服务中心。加快用信息化手段推进现代农业建设，启动金农工程二期，推动国家农村信息化试点省建设。发展农业信息服务，重点开发信息采集、精准作业、农村远程数字化和可视化、气象预测预报、灾害预警等技术。

五、改革农村集体产权制度，有效保障农民财产权利

建立归属清晰、权能完整、流转顺畅、保护严格的农村集体产权制度，是激发农业农村发展活力的内在要求。必须健全农村集体经济组织资金资产资源管理制度，依法保障农民的土地承包经营权、宅基地使用权、集体收益分配权。

1. 全面开展农村土地确权登记颁证工作。健全农村土地承包经营权登记制度，强化对农村耕地、林地等各类土地承包经营权的物权保护。用5年时间基本完成农村土地承包经营权确权登记颁证工作，妥善解决农户承包地块面积不准、四至不清等问题。加快包括农村宅基地在内的农村集体土地所有权和建设用地使用权地籍调查，尽快完成确权登记颁证工作。农村土地确权登记颁证工作经费纳入地方财政预算，中央财政予以补助。各级党委和政府要高度重视，有关部门要密切配合，确保按时完成农村土地确权登记颁证工作。深化集体林权制度改革，提高林权证发证率和到户率。推进国有林场改革试点，探索国有林区改革。加快推进牧区草原承包工作，启动牧区草原承包经营权确权登记颁证试点。

2. 加快推进征地制度改革。依法征收农民集体所有土地，要提高农民在土地增值收益中的分配比例，确保被征地农民生活水平有提高、长远生计有保障。加快修订土地管理法，尽快出台农民集体所有土地征收补偿条例。完善征地补偿办法，合理确定补偿标准，严格征地程序，约束征地行为，补偿资金不落实的不得批准和实施征地。改革和完善农村宅基地制度，加强管理，依法保障农户宅基地使用权。依法推进农村土地综合整治，严格规范城乡建设用地增减挂钩试点和集体经营性建设用地流转。农村集体非经营性建设用地不得进入市场。

3. 加强农村集体"三资"管理。因地制宜探索集体经济多种有效实现形式，不断壮大集体经济实力。以清产核资、资产量化、股权管理为主要内容，加快推进农村集体"三资"管理的制度化、规范化、信息化。健全农村集体财务预决算、收入管理、开支审批、资产台账和资源登记等制度，严格农村集体资产承包、租赁、处置和资源开发利用的民主程序，支持建设农村集体"三资"信息化监管平台。鼓励具备条件的地方推进农村集体产权股份合作制改革。探索集体经济组织成员资格界定的具体办法。

六、改进农村公共服务机制，积极推进城乡公共资源均衡配置

按照提高水平、完善机制、逐步并轨的要求，大力推动社会事业发展和基础设施建设向农村倾斜，努力缩小城乡差距，加快实现城乡基本公共服务均等化。

1. 加强农村基础设施建设。加大公共财政对农村基础设施建设的覆盖力度，逐步建立投入保障和运行管护机制。"十二五"期间基本解决农村饮水安全问题。农村电网升级改造要注重改善农村居民用电和农业生产经营供电设施，中央投资继续支持农村水电供电区电网改造和农村水电增效扩容改造。推进西部地区、连片特困地区乡镇、建制村通沥青（水泥）路建设和东中部地区县乡公路改造、连通工程建设，加大农村公路桥梁、安保工程建设和渡口改造力度，继续推进农村乡镇客运站网建设。加快宽带网络等农村信息基础设施建设。促进农村沼气可持续发展，优化项目结构，创新管理方式，鼓励新技术研发应用。加大力度推进农村危房改造和国有林区（场）棚户区、国有垦区危房改造，加快实施游牧民定居工程和以船为家渔民上岸安居工程。健全村级公益事业一事一议财政奖补机制，积极推进公益性乡村债务清理化解试点。科学规划村庄建设，严格规划管理，合理控制建设强度，注重方便农民生产生活，保持乡村功能和特色。制定专门规划，启动专项工程，加大力度保护有历史文化价值和民族、地域元素的传统村落和民居。农村居民点迁建和村庄撤并，必须尊重农民意愿，经村民会议同意。不提倡、不鼓励在城镇规划区外拆并村庄、建设大规模的农民集中居住区，不得强制农民搬迁和上楼居住。加强山洪、地质灾害防治，加大避灾移民搬迁投入。

2. 大力发展农村社会事业。完善农村中小学校舍建设改造长效机制。办好村小学和教学点，改善办学条件，配强师资力量，方便农村学生就近上学。设立专项资金，对在连片特困地区乡、村学校和教学点工作的教师给予生活补助。深入实施农村重点文化惠民工程，建立农村文化投入保障机制。健全农村三级医疗卫生服务网络，加强乡村医生队伍建设。继续提高新型农村合作医疗政府补助标准，积极推进异地结算。健全新型农村社会养老保险政策体系，建立科学合理的保障水平调整机制，研究探索与其他养老保险制度衔接整合的政策措施。加强农村最低生活保障的规范管理，有条件的地方研究制定城乡最低生活保障相对统一的标准。完善农村优抚制度，加快农村社会养老服务体系建设。加大扶贫开发投入，全面实施连片特困地区区域发展与扶贫攻坚规划。搞好农村人口和计划生育工作。

3. 有序推进农业转移人口市民化。把推进人口城镇化特别是农民工在城镇落户作为城镇化的重要任务。加快改革户籍制度，落实放宽中小城市和小城镇落户条件的政策。加强农民工职业

培训、社会保障、权益保护，推动农民工平等享有劳动报酬、子女教育、公共卫生、计划生育、住房租购、文化服务等基本权益，努力实现城镇基本公共服务常住人口全覆盖。各级党委、政府和社会各界要高度重视农村留守儿童、留守妇女、留守老人问题，加强生产扶持、社会救助、人文关怀，切实保障他们的基本权益和人身安全。

4. 推进农村生态文明建设。加强农村生态建设、环境保护和综合整治，努力建设美丽乡村。加大三北防护林、天然林保护等重大生态修复工程实施力度，推进荒漠化、石漠化、水土流失综合治理。巩固退耕还林成果，统筹安排新的退耕还林任务。探索开展沙化土地封禁保护区建设试点工作。加强国家木材战略储备基地和林区基础设施建设，提高中央财政国家级公益林补偿标准，增加湿地保护投入，完善林木良种、造林、森林抚育等林业补贴政策，积极发展林下经济。继续实施草原生态保护补助奖励政策。加强农作物秸秆综合利用。搞好农村垃圾、污水处理和土壤环境治理，实施乡村清洁工程，加快农村河道、水环境综合整治。发展乡村旅游和休闲农业。创建生态文明示范县和示范村镇。开展宜居村镇建设综合技术集成示范。

七、完善乡村治理机制，切实加强以党组织为核心的农村基层组织建设

顺应农村经济社会结构、城乡利益格局、农民思想观念的深刻变化，加强农村基层党建工作，不断推进农村基层民主政治建设，提高农村社会管理科学化水平，建立健全符合国情、规范有序、充满活力的乡村治理机制。

1. 强化农村基层党组织建设。切实发挥基层党组织战斗堡垒作用，夯实党在农村的执政基础。扩大农村党组织和党的工作覆盖面，加强基层党组织带头人队伍建设。强化村干部"一定三有"政策，健全村级组织运转和基本公共服务经费保障机制，提升推动农村发展、服务农民群众能力。加强农民合作社党建工作，完善组织设置，理顺隶属关系，探索功能定位。加强农村党风廉政建设，强化农村基层干部教育、管理和监督，开展集中查办和预防涉农惠农领域贪污贿赂等职务犯罪专项工作，坚决查处发生在农民身边的腐败问题。

2. 加强农村基层民主管理。进一步健全村党组织领导的充满活力的村民自治机制，继续推广"四议两公开"等工作法。充分发挥村务监督委员会作用，逐步建立责权明晰、衔接配套、运转有效的村级民主监督机制。不断完善村务公开民主管理，以县（市、区）为单位统一公开目录和时间，丰富公开内容，规范公开程序，实现村务公开由事后公开向事前、事中延伸。深入推进乡镇政务公开，推行乡镇财政预算、公共资源配置、重大建设项目、社会公益事业等领域的信息公开。有序发展民事调解、文化娱乐、红白喜事理事会等社区性社会组织，发挥农民自我管理、自我服务、自我教育、自我监督的作用。

3. 维护农民群众合法权益。坚持党和政府主导、依法维护、统筹兼顾广大农民群众多种利益，畅通和规范诉求表达、利益协调、权益保障渠道，加强农村信访工作，引导群众依法理性维护自身权益。通过人民调解、行政调解、司法调解等有效途径，妥善处理农村各种矛盾纠纷。依法保障外出村民在本村、外来人口在居住村的民主权利和物质利益。推进和谐矿区建设。建立减轻农民负担长效机制。巩固乡镇机构改革成果，加强社会管理和公共服务职能，推动乡镇干部直接联系服务群众。

4. 保障农村社会公共安全。加强农村抗灾救灾、警务消防、疫病防控等设施建设，严格执行农村学校、医院等公共设施建筑质量标准，增强农村突发公共事件和自然灾害的应对处置能力。深化农村平安建设，完善立体化社会治安防控体系，落实在农村警务室连续工作一定年限人员的有关激励政策。加强农村交通安全管理，创建平安畅通县市。依法打击乡村黑恶势力、黄赌

毒和各种刑事犯罪。切实加强农村精神文明建设，深入开展群众性精神文明创建活动，全面提高农民思想道德素质和科学文化素质。加强农村法制宣传教育，落实党的民族和宗教政策，树立健康文明、遵纪守法的社会新风尚。

各级党委和政府要切实加强和改善对"三农"工作的领导，确保劲头不松懈、力度不减弱、力量有加强。各级党政领导干部要把熟悉党的"三农"政策和国情农情作为必修课，把善于做好新时期"三农"工作当作基本功，切实转变工作作风，深入基层调查研究，不断提高"三农"工作水平。要坚持从实际出发，因地制宜、分类指导各地推动"三农"工作。各地区各部门要明确职责分工，加强监督检查，实施绩效评价，开展强农惠农富农政策执行情况"回头看"，确保不折不扣落到实处。尊重农民首创精神，鼓励各地积极探索、勇于改革、大胆创新，做好农村改革试验区工作，及时总结推广各地成功经验。

加快发展现代农业，进一步增强农村发展活力，意义重大、任务繁重。让我们紧密团结在以习近平同志为总书记的党中央周围，奋力拼搏，锐意进取，求真务实，再创农村改革发展新的辉煌！

来源：http://www.gov.cn/jrzg/2013-01/31/content_2324293.htm

5. 中共中央 国务院关于加快推进农业科技创新持续增强农产品供给保障能力的若干意见

中共中央 国务院
关于加快推进农业科技创新持续增强农产品供给保障能力的若干意见
2012年2月1日

2011年，各地区各部门认真贯彻中央决策部署，同心协力，扎实工作，克服多种困难挑战，农业农村保持了强劲发展势头。粮食生产稳定跃上新台阶，农民增收成效喜人，水利建设明显加速，农村民生持续改善，农村社会安定祥和。农业农村形势好，有力支撑了经济平稳较快发展，有效维护了改革发展稳定大局。

做好2012年农业农村工作，稳定发展农业生产，确保农产品有效供给，对推动全局工作、赢得战略主动至关重要。当前，国际经济形势复杂严峻，全球气候变化影响加深，我国耕地和淡水资源短缺压力加大，农业发展面临的风险和不确定性明显上升，巩固和发展农业农村好形势的任务更加艰巨。全党要始终保持清醒认识，绝不能因为连续多年增产增收而思想麻痹，绝不能因为农村面貌有所改善而投入减弱，绝不能因为农村发展持续向好而工作松懈，必须再接再厉、迎难而上、开拓进取，努力在高起点上实现新突破、再创新佳绩。

实现农业持续稳定发展、长期确保农产品有效供给，根本出路在科技。农业科技是确保国家粮食安全的基础支撑，是突破资源环境约束的必然选择，是加快现代农业建设的决定力量，具有显著的公共性、基础性、社会性。必须紧紧抓住世界科技革命方兴未艾的历史机遇，坚持科教兴农战略，把农业科技摆上更加突出的位置，下决心突破体制机制障碍，大幅度增加农业科技投入，推动农业科技跨越发展，为农业增产、农民增收、农村繁荣注入强劲动力。

2012年农业农村工作的总体要求是：全面贯彻党的十七大和十七届三中、四中、五中、六中全会以及中央经济工作会议精神,高举中国特色社会主义伟大旗帜,以邓小平理论和"三个代表"重要思想为指导,深入贯彻落实科学发展观,同步推进工业化、城镇化和农业现代化,围绕强科技保发展、强生产保供给、强民生保稳定,进一步加大强农惠农富农政策力度,奋力夺取农业好收成,合力促进农民较快增收,努力维护农村社会和谐稳定。

一、加大投入强度和工作力度,持续推动农业稳定发展

1. 毫不放松抓好粮食生产。保障农产品有效供给,首先要稳住粮食生产,确保不出现滑坡。要切实落实"米袋子"省长负责制,继续开展粮食稳定增产行动,千方百计稳定粮食播种面积,扩大紧缺品种生产,着力提高单产和品质。继续实施全国新增千亿斤粮食生产能力规划,加快提升800个产粮大县(市、区、场)生产能力。继续实施粮食丰产科技工程、超级稻新品种选育和示范项目。支持优势产区加强棉花、油料、糖料生产基地建设,进一步优化布局、主攻单产、提高效益。深入推进粮棉油糖高产创建,积极扩大规模,选择基础条件好、增产潜力大的县乡大力开展整建制创建。大力支持在关键农时、重点区域开展防灾减灾技术指导和生产服务,加快推进农作物病虫害专业化统防统治,完善重大病虫疫情防控支持政策。

2. 狠抓"菜篮子"产品供给。抓好"菜篮子",必须建好菜园子、管好菜摊子。要加快推进区域化布局、标准化生产、规模化种养,提升"菜篮子"产品整体供给保障能力和质量安全水平。大力发展设施农业,继续开展园艺作物标准园、畜禽水产示范场创建,启动农业标准化整体推进示范县建设。实施全国蔬菜产业发展规划,支持优势区域加强菜地基础设施建设。稳定发展生猪生产,扶持肉牛肉羊生产大县标准化养殖和原良种场建设,启动实施振兴奶业苜蓿发展行动,推进生猪和奶牛规模化养殖小区建设。制定和实施动物疫病防控二期规划,及时处置重大疫情。开展水产养殖生态环境修复试点,支持远洋渔船更新改造,加强渔政建设和管理。充分发挥农业产业化龙头企业在"菜篮子"产品生产和流通中的积极作用。强化食品质量安全监管综合协调,加强检验检测体系和追溯体系建设,开展质量安全风险评估。大力推广高效安全肥料、低毒低残留农药,严格规范使用食品和饲料添加剂。落实"菜篮子"市长负责制,充分发挥都市农业应急保障功能,大中城市要坚持保有一定的蔬菜等生鲜食品自给能力。

3. 加大农业投入和补贴力度。持续加大财政用于"三农"的支出,持续加大国家固定资产投资对农业农村的投入,持续加大农业科技投入,确保增量和比例均有提高。发挥政府在农业科技投入中的主导作用,保证财政农业科技投入增幅明显高于财政经常性收入增幅,逐步提高农业研发投入占农业增加值的比重,建立投入稳定增长的长效机制。按照增加总量、扩大范围、完善机制的要求,继续加大农业补贴强度,新增补贴向主产区、种养大户、农民专业合作社倾斜。提高对种粮农民的直接补贴水平。落实农资综合补贴动态调整机制,适时增加补贴。加大良种补贴力度。扩大农机具购置补贴规模和范围,进一步完善补贴机制和管理办法。健全主产区利益补偿机制,增加产粮(油)大县奖励资金,加大生猪调出大县奖励力度。探索完善森林、草原、水土保持等生态补偿制度。研究建立公益林补偿标准动态调整机制,进一步加大湿地保护力度。加快转变草原畜牧业发展方式,加大对牧业、牧区、牧民的支持力度,草原生态保护补助奖励政策覆盖到国家确定的牧区半牧区县(市、旗)。加大村级公益事业建设一事一议财政奖补力度,积极引导农民和社会资金投入"三农"。有效整合国家投入,提高资金使用效率。切实加强财政"三农"投入和补贴资金使用监管,坚决制止、严厉查处虚报冒领、截留挪用等违法违规行为。

4. 提升农村金融服务水平。加大农村金融政策支持力度,持续增加农村信贷投入,确保银行业金融机构涉农贷款增速高于全部贷款平均增速。完善涉农贷款税收激励政策,健全金融机构

县域金融服务考核评价办法，引导县域银行业金融机构强化农村信贷服务。大力推进农村信用体系建设，完善农户信用评价机制。深化农村信用社改革，稳定县（市）农村信用社法人地位。发展多元化农村金融机构，鼓励民间资本进入农村金融服务领域，支持商业银行到中西部地区县域设立村镇银行。有序发展农村资金互助组织，引导农民专业合作社规范开展信用合作。完善符合农村银行业金融机构和业务特点的差别化监管政策，适当提高涉农贷款风险容忍度，实行适度宽松的市场准入、弹性存贷比政策。继续发展农户小额信贷业务，加大对种养大户、农民专业合作社、县域小型微型企业的信贷投放力度。加大对科技型农村企业、科技特派员下乡创业的信贷支持力度，积极探索农业科技专利质押融资业务。支持农业发展银行加大对农业科技的贷款力度。鼓励符合条件的涉农企业开展直接融资，积极发展涉农金融租赁业务。扩大农业保险险种和覆盖面，开展设施农业保费补贴试点，扩大森林保险保费补贴试点范围，扶持发展渔业互助保险，鼓励地方开展优势农产品生产保险。健全农业再保险体系，逐步建立中央财政支持下的农业大灾风险转移分散机制。

5. 稳定和完善农村土地政策。加快修改完善相关法律，落实现有土地承包关系保持稳定并长久不变的政策。按照依法自愿有偿原则，引导土地承包经营权流转，发展多种形式的适度规模经营，促进农业生产经营模式创新。加快推进农村地籍调查，2012年基本完成覆盖农村集体各类土地的所有权确权登记颁证，推进包括农户宅基地在内的农村集体建设用地使用权确权登记颁证工作，稳步扩大农村土地承包经营权登记试点，财政适当补助工作经费。加强土地承包经营权流转管理和服务，健全土地承包经营纠纷调解仲裁制度。加快修改土地管理法，完善农村集体土地征收有关条款，健全严格规范的农村土地管理制度。加快推进牧区草原承包工作。深化集体林权制度改革，稳定林地家庭承包关系，2012年基本完成明晰产权、承包到户的改革任务，完善相关配套政策。搞好国有林场、国有林区改革试点。深入推进农村综合改革，加强农村改革试验区工作。

二、依靠科技创新驱动，引领支撑现代农业建设

6. 明确农业科技创新方向。着眼长远发展，超前部署农业前沿技术和基础研究，力争在世界农业科技前沿领域占有重要位置。面向产业需求，着力突破农业重大关键技术和共性技术，切实解决科技与经济脱节问题。立足我国基本国情，遵循农业科技规律，把保障国家粮食安全作为首要任务，把提高土地产出率、资源利用率、劳动生产率作为主要目标，把增产增效并重、良种良法配套、农机农艺结合、生产生态协调作为基本要求，促进农业技术集成化、劳动过程机械化、生产经营信息化，构建适应高产、优质、高效、生态、安全农业发展要求的技术体系。

7. 突出农业科技创新重点。稳定支持农业基础性、前沿性、公益性科技研究。大力加强农业基础研究，在农业生物基因调控及分子育种、农林动植物抗逆机理、农田资源高效利用、农林生态修复、有害生物控制、生物安全和农产品安全等方面突破一批重大基础理论和方法。加快推进前沿技术研究，在农业生物技术、信息技术、新材料技术、先进制造技术、精准农业技术等方面取得一批重大自主创新成果，抢占现代农业科技制高点。着力突破农业技术瓶颈，在良种培育、节本降耗、节水灌溉、农机装备、新型肥药、疫病防控、加工贮运、循环农业、海洋农业、农村民生等方面取得一批重大实用技术成果。

8. 完善农业科技创新机制。打破部门、区域、学科界限，有效整合科技资源，建立协同创新机制，推动产学研、农科教紧密结合。按照事业单位分类改革的要求，深化农业科研院所改革，健全现代院所制度，扩大院所自主权，努力营造科研人员潜心研究的政策环境。完善农业科

研立项机制，实行定向委托和自主选题相结合、稳定支持和适度竞争相结合。完善农业科研评价机制，坚持分类评价，注重解决实际问题，改变重论文轻发明、重数量轻质量、重成果轻应用的状况。大力推进现代农业产业技术体系建设，完善以产业需求为导向、以农产品为单元、以产业链为主线、以综合试验站为基点的新型农业科技资源组合模式，及时发现和解决生产中的技术难题，充分发挥技术创新、试验示范、辐射带动的积极作用。落实税收减免、企业研发费用加计扣除、高新技术优惠等政策，支持企业加强技术研发和升级，鼓励企业承担国家各类科技项目，增强自主创新能力。积极培育以企业为主导的农业产业技术创新战略联盟，发展涉农新兴产业。加快农业技术转移和成果转化，加强农业知识产权保护，稳步发展农业技术交易市场。

9. 改善农业科技创新条件。加大国家各类科技计划向农业领域倾斜支持力度，提高公益性科研机构运行经费保障水平。支持发展农业科技创新基金，积极引导和鼓励金融信贷、风险投资等社会资金参与农业科技创新创业。继续实施转基因生物新品种培育科技重大专项，加大涉农公益性行业科研专项实施力度。推进国家农业高新技术产业示范区和国家农业科技园区建设。按照统筹规划、共建共享的要求，增加涉农领域国家工程实验室、国家重点实验室、国家工程技术研究中心、科技资源共享平台的数量，支持部门开放实验室和试验示范基地建设。加强市地级涉农科研机构建设，鼓励有条件的地方纳入省级科研机构直接管理。加强国际农业科技交流与合作，加大力度引进消化吸收国外先进农业技术。加强农业气象研究和试验工作，强化人工影响天气基础设施和科技能力建设。

10. 着力抓好种业科技创新。科技兴农，良种先行。增加种业基础性、公益性研究投入，加强种质资源收集、保护、鉴定，创新育种理论方法和技术，创制改良育种材料，加快培育一批突破性新品种。重大育种科研项目要支持育繁推一体化种子企业，加快建立以企业为主体的商业化育种新机制。优化调整种子企业布局，提高市场准入门槛，推动种子企业兼并重组，鼓励大型企业通过并购、参股等方式进入种业。建立种业发展基金，培育一批育繁推一体化大型骨干企业，支持企业与优势科研单位建立育种平台，鼓励科研院所、高等学校科研人员与企业合作共享。加大动植物良种工程实施力度，加强西北、西南、海南等优势种子繁育基地建设，鼓励种子企业与农民专业合作社联合建立相对集中稳定的种子生产基地，在粮棉油生产大县建设新品种引进示范场。对符合条件的种子生产开展保险试点，加大种子储备财政补助力度。完善品种审定、保护、退出制度，强化种子生产经营行政许可管理，严厉打击制售假冒伪劣、套牌侵权、抢购套购等违法行为。

三、提升农业技术推广能力，大力发展农业社会化服务

11. 强化基层公益性农技推广服务。充分发挥各级农技推广机构的作用，着力增强基层农技推广服务能力，推动家庭经营向采用先进科技和生产手段的方向转变。普遍健全乡镇或区域性农业技术推广、动植物疫病防控、农产品质量监管等公共服务机构，明确公益性定位，根据产业发展实际设立公共服务岗位。全面实行人员聘用制度，严格上岗条件，落实岗位责任，推行县主管部门、乡镇政府、农民三方考评办法。对扎根乡村、服务农民、艰苦奉献的农技推广人员，要切实提高待遇水平，落实工资倾斜和绩效工资政策，实现在岗人员工资收入与基层事业单位人员工资收入平均水平相衔接。进一步完善乡镇农业公共服务机构管理体制，加强对农技推广工作的管理和指导。切实改善基层农技推广工作条件，按种养规模和服务绩效安排推广工作经费。2012年基层农业技术推广体系改革与建设示范县项目基本覆盖农业县（市、区、场）、农业技术推广机构条件建设项目覆盖全部乡镇。大幅度增加农业防灾减灾稳产增产关键技术良法补助。加快把

基层农技推广机构的经营性职能分离出去，按市场化方式运作，探索公益性服务多种实现形式。改进基层农技推广服务手段，充分利用广播电视、报刊、互联网、手机等媒体和现代信息技术，为农民提供高效便捷、简明直观、双向互动的服务。加强乡镇或小流域水利、基层林业公共服务机构建设，健全农业标准化服务体系。扩大农业农村公共气象服务覆盖面，提高农业气象服务和农村气象灾害防御科技水平。

12. 引导科研教育机构积极开展农技服务。引导高等学校、科研院所成为公益性农技推广的重要力量，强化服务"三农"职责，完善激励机制，鼓励科研教学人员深入基层从事农技推广服务。支持高等学校、科研院所承担农技推广项目，把农技推广服务绩效纳入专业技术职务评聘和工作考核，推行推广教授、推广型研究员制度。鼓励高等学校、科研院所建立农业试验示范基地，推行专家大院、校市联建、院县共建等服务模式，集成、熟化、推广农业技术成果。大力实施科技特派员农村科技创业行动，鼓励创办领办科技型企业和技术合作组织。

13. 培育和支持新型农业社会化服务组织。通过政府订购、定向委托、招投标等方式，扶持农民专业合作社、供销合作社、专业技术协会、农民用水合作组织、涉农企业等社会力量广泛参与农业产前、产中、产后服务。充分发挥农民专业合作社组织农民进入市场、应用先进技术、发展现代农业的积极作用，加大支持力度，加强辅导服务，推进示范社建设行动，促进农民专业合作社规范运行。支持农民专业合作社兴办农产品加工企业或参股龙头企业。壮大农村集体经济，探索有效实现形式，增强集体组织对农户生产经营的服务能力。鼓励有条件的基层站所创办农业服务型企业，推行科工贸一体化服务的企业化试点，由政府向其购买公共服务。支持发展农村综合服务中心。全面推进农业农村信息化，着力提高农业生产经营、质量安全控制、市场流通的信息服务水平。整合利用农村党员干部现代远程教育等网络资源，搭建三网融合的信息服务快速通道。加快国家农村信息化示范省建设，重点加强面向基层的涉农信息服务站点和信息示范村建设。继续实施星火计划，推进科技富民强县行动、科普惠农兴村计划等工作。

四、加强教育科技培训，全面造就新型农业农村人才队伍

14. 振兴发展农业教育。推进部部共建、省部共建高等农业院校，实施卓越农林教育培养计划，办好一批涉农学科专业，加强农科教合作人才培养基地建设。进一步提高涉农学科（专业）生均拨款标准。加大国家励志奖学金和助学金对高等学校涉农专业学生倾斜力度，提高涉农专业生源质量。加大高等学校对农村特别是贫困地区的定向招生力度。鼓励和引导高等学校毕业生到农村基层工作，对符合条件的，实行学费补偿和国家助学贷款代偿政策。深入推进大学生"村官"计划，因地制宜实施"三支一扶"、大学生志愿服务西部等计划。加快中等职业教育免费进程，落实职业技能培训补贴政策，鼓励涉农行业兴办职业教育，努力使每一个农村后备劳动力都掌握一门技能。

15. 加快培养农业科技人才。国家重大人才工程要向农业领域倾斜，继续实施创新人才推进计划和农业科研杰出人才培养计划，加快培养农业科技领军人才和创新团队。进一步完善农业科研人才激励机制、自主流动机制。制定以科研质量、创新能力和成果应用为导向的评价标准。广泛开展基层农技推广人员分层分类定期培训。完善基层农技推广人员职称评定标准，注重工作业绩和推广实效，评聘职数向乡镇和生产一线倾斜。开展农业技术推广服务特岗计划试点，选拔一批大学生到乡镇担任特岗人员。积极发挥农民技术人员示范带动作用，按承担任务量给予相应补助。

16. 大力培训农村实用人才。以提高科技素质、职业技能、经营能力为核心，大规模开展农

村实用人才培训。充分发挥各部门各行业作用，加大各类农村人才培养计划实施力度，扩大培训规模，提高补助标准。加快培养村干部、农民专业合作社负责人、到村任职大学生等农村发展带头人，农民植保员、防疫员、水利员、信息员、沼气工等农村技能服务型人才，种养大户、农机大户、经纪人等农村生产经营型人才。大力培育新型职业农民，对未升学的农村高初中毕业生免费提供农业技能培训，对符合条件的农村青年务农创业和农民工返乡创业项目给予补助和贷款支持。

五、改善设施装备条件，不断夯实农业发展物质基础

17. 坚持不懈加强农田水利建设。加快推进水源工程建设、大江大河大湖和中小河流治理、病险水库水闸除险加固、山洪地质灾害防治，加大大中型灌区续建配套与节水改造、大中型灌溉排水泵站更新改造力度，在水土资源条件具备的地方新建一批灌区，努力扩大有效灌溉面积。继续增加中央财政小型农田水利设施建设补助专项资金，实现小型农田水利重点县建设基本覆盖农业大县。加大山丘区"五小水利"工程建设、农村河道综合整治、塘堰清淤力度，发展牧区水利。大力推广高效节水灌溉新技术、新设备，扩大设备购置补贴范围和贷款贴息规模，完善节水灌溉设备税收优惠政策。创新农田水利建设管理机制，加快推进土地出让收益用于农田水利建设资金的中央和省级统筹，落实农业灌排工程运行管理费用由财政适当补助政策。发展水利科技推广、防汛抗旱、灌溉试验等方面的专业化服务组织。

18. 加强高标准农田建设。加快永久基本农田划定工作，启动耕地保护补偿试点。制定全国高标准农田建设总体规划和相关专项规划，多渠道筹集资金，增加农业综合开发投入，开展农村土地整治重大工程和示范建设，集中力量加快推进旱涝保收高产稳产农田建设，实施东北四省区高效节水农业灌溉工程，全面提升耕地持续增产能力。占用耕地建设重大工程，要积极推行"移土培肥"经验和做法。继续搞好农地质量调查和监测工作，深入推进测土配方施肥，扩大土壤有机质提升补贴规模，继续实施旱作农业工程。加强设施农业装备与技术示范基地建设。加快推进现代农业示范区建设，支持垦区率先发展现代农业。

19. 加快农业机械化。充分发挥农业机械集成技术、节本增效、推动规模经营的重要作用，不断拓展农机作业领域，提高农机服务水平。着力解决水稻机插和玉米、油菜、甘蔗、棉花机收等突出难题，大力发展设施农业、畜牧水产养殖等机械装备，探索农业全程机械化生产模式。积极推广精量播种、化肥深施、保护性耕作等技术。加强农机关键零部件和重点产品研发，支持农机工业技术改造，提高产品适用性、便捷性、安全性。加大信贷支持力度，鼓励种养大户、农机大户、农机合作社购置大中型农机具。落实支持农机化发展的税费优惠政策，推动农机服务市场化和产业化。切实加强农机售后服务和农机安全监理工作。

20. 搞好生态建设。巩固退耕还林成果，在江河源头、湖库周围等国家重点生态功能区适当扩大退耕还林规模。落实天然林资源保护工程二期实施方案，统筹解决就业困难的一次性安置职工社会保险补贴问题。逐步提高防护林造林投资中央补助标准，加强"三北"、沿海、长江等防护林体系工程建设。抓紧编制京津风沙源治理二期工程规划，扩大石漠化综合治理实施范围，开展沙化土地封禁保护补助试点。构建青藏高原生态安全屏障，启动区域性重点生态工程。适当扩大林木良种和造林补贴规模，完善森林抚育补贴政策。完善林权抵押贷款管理办法，增加贷款贴息规模。探索国家级公益林赎买机制。支持发展木本粮油、林下经济、森林旅游、竹藤等林产业。鼓励企业等社会力量运用产业化方式开展防沙治沙。扩大退牧还草工程实施范围，支持草原围栏、饲草基地、牲畜棚圈建设和重度退化草原改良。加强牧区半牧区草原监理工作。继续开展

渔业增殖放流。加大国家水土保持重点建设工程实施力度,加快坡耕地整治步伐,推进清洁小流域建设,强化水土流失监测预报和生产建设项目水土保持监督管理。把农村环境整治作为环保工作的重点,完善以奖促治政策,逐步推行城乡同治。推进农业清洁生产,引导农民合理使用化肥农药,加强农村沼气工程和小水电代燃料生态保护工程建设,加快农业面源污染治理和农村污水、垃圾处理,改善农村人居环境。

六、提高市场流通效率,切实保障农产品稳定均衡供给

21. 加强农产品流通设施建设。统筹规划全国农产品流通设施布局,加快完善覆盖城乡的农产品流通网络。推进全国性、区域性骨干农产品批发市场建设和改造,重点支持交易场所、电子结算、信息处理、检验检测等设施建设。把农产品批发市场、城市社区菜市场、乡镇集贸市场建设纳入土地利用总体规划和城乡建设规划,研究制定支持农产品加工流通设施建设的用地政策。鼓励有条件的地方通过投资入股、产权置换、公建配套、回购回租等方式,建设一批非营利性农产品批发、零售市场。继续推进粮棉油糖等大宗农产品仓储物流设施建设,支持拥有全国性经营网络的供销合作社和邮政物流、粮食流通、大型商贸企业等参与农产品批发市场、仓储物流体系的建设经营。加快发展鲜活农产品连锁配送物流中心,支持建立一体化冷链物流体系。继续加强农村公路建设和管护。扶持产地农产品收集、加工、包装、贮存等配套设施建设,重点对农民专业合作社建设初加工和贮藏设施予以补助。

22. 创新农产品流通方式。充分利用现代信息技术手段,发展农产品电子商务等现代交易方式。探索建立生产与消费有效衔接、灵活多样的农产品产销模式,减少流通环节,降低流通成本。大力发展订单农业,推进生产者与批发市场、农贸市场、超市、宾馆饭店、学校和企业食堂等直接对接,支持生产基地、农民专业合作社在城市社区增加直供直销网点,形成稳定的农产品供求关系。扶持供销合作社、农民专业合作社等发展联通城乡市场的双向流通网络。开展"南菜北运"、"西果东送"现代流通综合试点。开展农村商务信息服务,举办多形式、多层次的农产品展销活动,培育具有全国性和地方特色的农产品展会品牌。充分发挥农产品期货市场引导生产、规避风险的积极作用。免除蔬菜批发和零售环节增值税,开展农产品进项税额核定扣除试点,落实和完善鲜活农产品运输绿色通道政策,清理和降低农产品批发市场、城市社区菜市场、乡镇集贸市场和超市的收费。

23. 完善农产品市场调控。准确把握国内外农产品市场变化,采取有针对性的调控措施,确保主要农产品有效供给和市场稳定,保持价格合理水平。稳步提高小麦、稻谷最低收购价,适时启动玉米、大豆、油菜籽、棉花、食糖等临时收储,健全粮棉油糖等农产品储备制度。抓紧完善鲜活农产品市场调控办法,健全生猪市场价格调控预案,探索建立主要蔬菜品种价格稳定机制。加强国内外农产品市场监测预警,综合运用进出口、吞吐调剂等手段,稳定国内农产品市场。完善农产品进口关税配额管理,严厉打击走私违法行为。抓紧建立全国性、区域性农产品信息共享平台,加强农业统计调查和预测分析,提高对农业生产大县的统计调查能力,推行重大信息及时披露和权威发布制度,防止各类虚假信息影响产业发展、损害农民利益。

各级党委和政府必须始终坚持把解决好"三农"问题作为重中之重,不断加强和改善对农业农村工作的领导,切实把各项政策措施落到实处,努力形成全社会关心支持"三农"的良好氛围。全面贯彻落实党的十七届六中全会精神,促进城乡文化一体化发展,增加农村文化服务总量,缩小城乡文化发展差距。加快推进社会主义新农村建设,切实保障和改善农村民生,大力发展农村公共事业,认真落实《中国农村扶贫开发纲要(2011—2020年)》。推进以党组织为核

心的农村基层组织建设，完善农村基层自治机制，健全农村法制，加强和创新农村社会管理，确保农村社会和谐稳定。

切实加强农业农村工作，加快推进农业科技创新，持续增强农产品供给保障能力，使命光荣、责任重大、任务艰巨。我们要紧密团结在以胡锦涛同志为总书记的党中央周围，坚定信心，真抓实干，以优异成绩迎接党的第十八次全国代表大会胜利召开！

来源：http：//www.gov.cn/jrzg/2012-02/01/content_ 2056357.htm

6. 中共中央 国务院关于加快水利改革发展的决定

中共中央 国务院关于加快水利改革发展的决定
2010年12月31日

水是生命之源、生产之要、生态之基。兴水利、除水害，事关人类生存、经济发展、社会进步，历来是治国安邦的大事。促进经济长期平稳较快发展和社会和谐稳定，夺取全面建设小康社会新胜利，必须下决心加快水利发展，切实增强水利支撑保障能力，实现水资源可持续利用。近年来我国频繁发生的严重水旱灾害，造成重大生命财产损失，暴露出农田水利等基础设施十分薄弱，必须大力加强水利建设。现就加快水利改革发展，作出如下决定。

一、新形势下水利的战略地位

（一）水利面临的新形势

新中国成立以来，特别是改革开放以来，党和国家始终高度重视水利工作，领导人民开展了气壮山河的水利建设，取得了举世瞩目的巨大成就，为经济社会发展、人民安居乐业作出了突出贡献。但必须看到，人多水少、水资源时空分布不均是我国的基本国情水情。洪涝灾害频繁仍然是中华民族的心腹大患，水资源供需矛盾突出仍然是可持续发展的主要瓶颈，农田水利建设滞后仍然是影响农业稳定发展和国家粮食安全的最大硬伤，水利设施薄弱仍然是国家基础设施的明显短板。随着工业化、城镇化深入发展，全球气候变化影响加大，我国水利面临的形势更趋严峻，增强防灾减灾能力要求越来越迫切，强化水资源节约保护工作越来越繁重，加快扭转农业主要"靠天吃饭"局面任务越来越艰巨。2010年西南地区发生特大干旱、多数省区市遭受洪涝灾害、部分地方突发严重山洪泥石流，再次警示我们加快水利建设刻不容缓。

（二）新形势下水利的地位和作用

水利是现代农业建设不可或缺的首要条件，是经济社会发展不可替代的基础支撑，是生态环境改善不可分割的保障系统，具有很强的公益性、基础性、战略性。加快水利改革发展，不仅事关农业农村发展，而且事关经济社会发展全局；不仅关系到防洪安全、供水安全、粮食安全，而且关系到经济安全、生态安全、国家安全。要把水利工作摆上党和国家事业发展更加突出的位置，着力加快农田水利建设，推动水利实现跨越式发展。

二、水利改革发展的指导思想、目标任务和基本原则

（三）指导思想

全面贯彻党的十七大和十七届三中、四中、五中全会精神，以邓小平理论和"三个代表"重要思想为指导，深入贯彻落实科学发展观，把水利作为国家基础设施建设的优先领域，把农田水利作为农村基础设施建设的重点任务，把严格水资源管理作为加快转变经济发展方式的战略举措，注重科学治水、依法治水，突出加强薄弱环节建设，大力发展民生水利，不断深化水利改革，加快建设节水型社会，促进水利可持续发展，努力走出一条中国特色水利现代化道路。

（四）目标任务

力争通过5年到10年努力，从根本上扭转水利建设明显滞后的局面。到2020年，基本建成防洪抗旱减灾体系，重点城市和防洪保护区防洪能力明显提高，抗旱能力显著增强，"十二五"期间基本完成重点中小河流（包括大江大河支流、独流入海河流和内陆河流）重要河段治理、全面完成小型水库除险加固和山洪灾害易发区预警预报系统建设；基本建成水资源合理配置和高效利用体系，全国年用水总量力争控制在6 700亿立方米以内，城乡供水保证率显著提高，城乡居民饮水安全得到全面保障，万元国内生产总值和万元工业增加值用水量明显降低，农田灌溉水有效利用系数提高到0.55以上，"十二五"期间新增农田有效灌溉面积4 000万亩；基本建成水资源保护和河湖健康保障体系，主要江河湖泊水功能区水质明显改善，城镇供水水源地水质全面达标，重点区域水土流失得到有效治理，地下水超采基本遏制；基本建成有利于水利科学发展的制度体系，最严格的水资源管理制度基本建立，水利投入稳定增长机制进一步完善，有利于水资源节约和合理配置的水价形成机制基本建立，水利工程良性运行机制基本形成。

（五）基本原则

一要坚持民生优先。着力解决群众最关心最直接最现实的水利问题，推动民生水利新发展。二要坚持统筹兼顾。注重兴利除害结合、防灾减灾并重、治标治本兼顾，促进流域与区域、城市与农村、东中西部地区水利协调发展。三要坚持人水和谐。顺应自然规律和社会发展规律，合理开发、优化配置、全面节约、有效保护水资源。四要坚持政府主导。发挥公共财政对水利发展的保障作用，形成政府社会协同治水兴水合力。五要坚持改革创新。加快水利重点领域和关键环节改革攻坚，破解制约水利发展的体制机制障碍。

三、突出加强农田水利等薄弱环节建设

（六）大兴农田水利建设

到2020年，基本完成大型灌区、重点中型灌区续建配套和节水改造任务。结合全国新增千亿斤粮食生产能力规划实施，在水土资源条件具备的地区，新建一批灌区，增加农田有效灌溉面积。实施大中型灌溉排水泵站更新改造，加强重点涝区治理，完善灌排体系。健全农田水利建设新机制，中央和省级财政要大幅增加专项补助资金，市、县两级政府也要切实增加农田水利建设投入，引导农民自愿投工投劳。加快推进小型农田水利重点县建设，优先安排产粮大县，加强灌区末级渠系建设和田间工程配套，促进旱涝保收高标准农田建设。因地制宜兴建中小型水利设施，支持山丘区小水窖、小水池、小塘坝、小泵站、小水渠等"五小水利"工程建设，重点向革命老区、民族地区、边疆地区、贫困地区倾斜。大力发展节水灌溉，推广渠道防渗、管道输水、喷灌滴灌等技术，扩大节水、抗旱设备补贴范围。积极发展旱作农业，采用地膜覆盖、深松

深耕、保护性耕作等技术。稳步发展牧区水利，建设节水高效灌溉饲草料地。

（七）加快中小河流治理和小型水库除险加固

中小河流治理要优先安排洪涝灾害易发、保护区人口密集、保护对象重要的河流及河段，加固堤岸，清淤疏浚，使治理河段基本达到国家防洪标准。巩固大中型病险水库除险加固成果，加快小型病险水库除险加固步伐，尽快消除水库安全隐患，恢复防洪库容，增强水资源调控能力。推进大中型病险水闸除险加固。山洪地质灾害防治要坚持工程措施和非工程措施相结合，抓紧完善专群结合的监测预警体系，加快实施防灾避让和重点治理。

（八）抓紧解决工程性缺水问题

加快推进西南等工程性缺水地区重点水源工程建设，坚持蓄引提与合理开采地下水相结合，以县域为单元，尽快建设一批中小型水库、引提水和连通工程，支持农民兴建小微型水利设施，显著提高雨洪资源利用和供水保障能力，基本解决缺水城镇、人口较集中乡村的供水问题。

（九）提高防汛抗旱应急能力

尽快健全防汛抗旱统一指挥、分级负责、部门协作、反应迅速、协调有序、运转高效的应急管理机制。加强监测预警能力建设，加大投入，整合资源，提高雨情汛情旱情预报水平。建立专业化与社会化相结合的应急抢险救援队伍，着力推进县乡两级防汛抗旱服务组织建设，健全应急抢险物资储备体系，完善应急预案。建设一批规模合理、标准适度的抗旱应急水源工程，建立应对特大干旱和突发水安全事件的水源储备制度。加强人工增雨（雪）作业示范区建设，科学开发利用空中云水资源。

（十）继续推进农村饮水安全建设

到2013年解决规划内农村饮水安全问题，"十二五"期间基本解决新增农村饮水不安全人口的饮水问题。积极推进集中供水工程建设，提高农村自来水普及率。有条件的地方延伸集中供水管网，发展城乡一体化供水。加强农村饮水安全工程运行管理，落实管护主体，加强水源保护和水质监测，确保工程长期发挥效益。制定支持农村饮水安全工程建设的用地政策，确保土地供应，对建设、运行给予税收优惠，供水用电执行居民生活或农业排灌用电价格。

四、全面加快水利基础设施建设

（十一）继续实施大江大河治理

进一步治理淮河，搞好黄河下游治理和长江中下游河势控制，继续推进主要江河河道整治和堤防建设，加强太湖、洞庭湖、鄱阳湖综合治理，全面加快蓄滞洪区建设，合理安排居民迁建。搞好黄河下游滩区安全建设。"十二五"期间抓紧建设一批流域防洪控制性水利枢纽工程，不断提高调蓄洪水能力。加强城市防洪排涝工程建设，提高城市排涝标准。推进海堤建设和跨界河流整治。

（十二）加强水资源配置工程建设

完善优化水资源战略配置格局，在保护生态前提下，尽快建设一批骨干水源工程和河湖水系连通工程，提高水资源调控水平和供水保障能力。加快推进南水北调东中线一期工程及配套工程建设，确保工程质量，适时开展南水北调西线工程前期研究。积极推进一批跨流域、区域调水工程建设。着力解决西北等地区资源性缺水问题。大力推进污水处理回用，积极开展海水淡化和综合利用，高度重视雨水、微咸水利用。

（十三）搞好水土保持和水生态保护

实施国家水土保持重点工程，采取小流域综合治理、淤地坝建设、坡耕地整治、造林绿化、生态修复等措施，有效防治水土流失。进一步加强长江上中游、黄河上中游、西南石漠化地区、东北黑土区等重点区域及山洪地质灾害易发区的水土流失防治。继续推进生态脆弱河流和地区水生态修复，加快污染严重江河湖泊水环境治理。加强重要生态保护区、水源涵养区、江河源头区、湿地的保护。实施农村河道综合整治，大力开展生态清洁型小流域建设。强化生产建设项目水土保持监督管理。建立健全水土保持、建设项目占用水利设施和水域等补偿制度。

（十四）合理开发水能资源

在保护生态和农民利益前提下，加快水能资源开发利用。统筹兼顾防洪、灌溉、供水、发电、航运等功能，科学制定规划，积极发展水电，加强水能资源管理，规范开发许可，强化水电安全监管。大力发展农村水电，积极开展水电新农村电气化县建设和小水电代燃料生态保护工程建设，搞好农村水电配套电网改造工程建设。

（十五）强化水文气象和水利科技支撑

加强水文气象基础设施建设，扩大覆盖范围，优化站网布局，着力增强重点地区、重要城市、地下水超采区水文测报能力，加快应急机动监测能力建设，实现资料共享，全面提高服务水平。健全水利科技创新体系，强化基础条件平台建设，加强基础研究和技术研发，力争在水利重点领域、关键环节和核心技术上实现新突破，获得一批具有重大实用价值的研究成果，加大技术引进和推广应用力度。提高水利技术装备水平。建立健全水利行业技术标准。推进水利信息化建设，全面实施"金水工程"，加快建设国家防汛抗旱指挥系统和水资源管理信息系统，提高水资源调控、水利管理和工程运行的信息化水平，以水利信息化带动水利现代化。加强水利国际交流与合作。

五、建立水利投入稳定增长机制

（十六）加大公共财政对水利的投入

多渠道筹集资金，力争今后10年全社会水利年平均投入比2010年高出一倍。发挥政府在水利建设中的主导作用，将水利作为公共财政投入的重点领域。各级财政对水利投入的总量和增幅要有明显提高。进一步提高水利建设资金在国家固定资产投资中的比重。大幅度增加中央和地方财政专项水利资金。从土地出让收益中提取10%用于农田水利建设，充分发挥新增建设用地土地有偿使用费等土地整治资金的综合效益。进一步完善水利建设基金政策，延长征收年限，拓宽来源渠道，增加收入规模。完善水资源有偿使用制度，合理调整水资源费征收标准，扩大征收范围，严格征收、使用和管理。有重点防洪任务和水资源严重短缺的城市要从城市建设维护税中划出一定比例用于城市防洪排涝和水源工程建设。切实加强水利投资项目和资金监督管理。

（十七）加强对水利建设的金融支持

综合运用财政和货币政策，引导金融机构增加水利信贷资金。有条件的地方根据不同水利工程的建设特点和项目性质，确定财政贴息的规模、期限和贴息率。在风险可控的前提下，支持农业发展银行积极开展水利建设中长期政策性贷款业务。鼓励国家开发银行、农业银行、农村信用社、邮政储蓄银行等银行业金融机构进一步增加农田水利建设的信贷资金。支持符合条件的水利企业上市和发行债券，探索发展大型水利设备设施的融资租赁业务，积极开展水利项目收益权质押贷款等多种形式融资。鼓励和支持发展洪水保险。提高水利利用外资的规模和质量。

（十八）广泛吸引社会资金投资水利

鼓励符合条件的地方政府融资平台公司通过直接、间接融资方式，拓宽水利投融资渠道，吸引社会资金参与水利建设。鼓励农民自力更生、艰苦奋斗，在统一规划基础上，按照多筹多补、多干多补原则，加大一事一议财政奖补力度，充分调动农民兴修农田水利的积极性。结合增值税改革和立法进程，完善农村水电增值税政策。完善水利工程耕地占用税政策。积极稳妥推进经营性水利项目进行市场融资。

六、实行最严格的水资源管理制度

（十九）建立用水总量控制制度

确立水资源开发利用控制红线，抓紧制订主要江河水量分配方案，建立取用水总量控制指标体系。加强相关规划和项目建设布局水资源论证工作，国民经济和社会发展规划以及城市总体规划的编制、重大建设项目的布局，要与当地水资源条件和防洪要求相适应。严格执行建设项目水资源论证制度，对擅自开工建设或投产的一律责令停止。严格取水许可审批管理，对取用水总量已达到或超过控制指标的地区，暂停审批建设项目新增取水；对取用水总量接近控制指标的地区，限制审批新增取水。严格地下水管理和保护，尽快核定并公布禁采和限采范围，逐步削减地下水超采量，实现采补平衡。强化水资源统一调度，协调好生活、生产、生态环境用水，完善水资源调度方案、应急调度预案和调度计划。建立和完善国家水权制度，充分运用市场机制优化配置水资源。

（二十）建立用水效率控制制度

确立用水效率控制红线，坚决遏制用水浪费，把节水工作贯穿于经济社会发展和群众生产生活全过程。加快制定区域、行业和用水产品的用水效率指标体系，加强用水定额和计划管理。对取用水达到一定规模的用水户实行重点监控。严格限制水资源不足地区建设高耗水型工业项目。落实建设项目节水设施与主体工程同时设计、同时施工、同时投产制度。加快实施节水技术改造，全面加强企业节水管理，建设节水示范工程，普及农业高效节水技术。抓紧制定节水强制性标准，尽快淘汰不符合节水标准的用水工艺、设备和产品。

（二十一）建立水功能区限制纳污制度

确立水功能区限制纳污红线，从严核定水域纳污容量，严格控制入河湖排污总量。各级政府要把限制排污总量作为水污染防治和污染减排工作的重要依据，明确责任，落实措施。对排污量已超出水功能区限制排污总量的地区，限制审批新增取水和入河排污口。建立水功能区水质达标评价体系，完善监测预警监督管理制度。加强水源地保护，依法划定饮用水水源保护区，强化饮用水水源应急管理。建立水生态补偿机制。

（二十二）建立水资源管理责任和考核制度

县级以上地方政府主要负责人对本行政区域水资源管理和保护工作负总责。严格实施水资源管理考核制度，水行政主管部门会同有关部门，对各地区水资源开发利用、节约保护主要指标的落实情况进行考核，考核结果交由干部主管部门，作为地方政府相关领导干部综合考核评价的重要依据。加强水量水质监测能力建设，为强化监督考核提供技术支撑。

七、不断创新水利发展体制机制

(二十三) 完善水资源管理体制

强化城乡水资源统一管理,对城乡供水、水资源综合利用、水环境治理和防洪排涝等实行统筹规划、协调实施,促进水资源优化配置。完善流域管理与区域管理相结合的水资源管理制度,建立事权清晰、分工明确、行为规范、运转协调的水资源管理工作机制。进一步完善水资源保护和水污染防治协调机制。

(二十四) 加快水利工程建设和管理体制改革

区分水利工程性质,分类推进改革,健全良性运行机制。深化国有水利工程管理体制改革,落实好公益性、准公益性水管单位基本支出和维修养护经费。中央财政对中西部地区、贫困地区公益性工程维修养护经费给予补助。妥善解决水管单位分流人员社会保障问题。深化小型水利工程产权制度改革,明确所有权和使用权,落实管护主体和责任,对公益性小型水利工程管护经费给予补助,探索社会化和专业化的多种水利工程管理模式。对非经营性政府投资项目,加快推行代建制。充分发挥市场机制在水利工程建设和运行中的作用,引导经营性水利工程积极走向市场,完善法人治理结构,实现自主经营、自负盈亏。

(二十五) 健全基层水利服务体系

建立健全职能明确、布局合理、队伍精干、服务到位的基层水利服务体系,全面提高基层水利服务能力。以乡镇或小流域为单元,健全基层水利服务机构,强化水资源管理、防汛抗旱、农田水利建设、水利科技推广等公益性职能,按规定核定人员编制,经费纳入县级财政预算。大力发展农民用水合作组织。

(二十六) 积极推进水价改革

充分发挥水价的调节作用,兼顾效率和公平,大力促进节约用水和产业结构调整。工业和服务业用水要逐步实行超额累进加价制度,拉开高耗水行业与其他行业的水价差价。合理调整城市居民生活用水价格,稳步推行阶梯式水价制度。按照促进节约用水、降低农民水费支出、保障灌排工程良性运行的原则,推进农业水价综合改革,农业灌排工程运行管理费用由财政适当补助,探索实行农民定额内用水享受优惠水价、超定额用水累进加价的办法。

八、切实加强对水利工作的领导

(二十七) 落实各级党委和政府责任

各级党委和政府要站在全局和战略高度,切实加强水利工作,及时研究解决水利改革发展中的突出问题。实行防汛抗旱、饮水安全保障、水资源管理、水库安全管理行政首长负责制。各地要结合实际,认真落实水利改革发展各项措施,确保取得实效。各级水行政主管部门要切实增强责任意识,认真履行职责,抓好水利改革发展各项任务的实施工作。各有关部门和单位要按照职能分工,尽快制定完善各项配套措施和办法,形成推动水利改革发展合力。把加强农田水利建设作为农村基层开展创先争优活动的重要内容,充分发挥农村基层党组织的战斗堡垒作用和广大党员的先锋模范作用,带领广大农民群众加快改善农村生产生活条件。

(二十八) 推进依法治水

建立健全水法规体系,抓紧完善水资源配置、节约保护、防汛抗旱、农村利、水土保持、流域管理等领域的法律法规。全面推进水利综合执法,严格执行水资源论证、取水许可、水工程建设规划同意书、洪水影响评价、水土保持方案等制度。加强河湖管理，严禁建设项目非法侵占河湖水域。加强国家防汛抗旱督察工作制度化建设。健全预防为主、预防与调处相结合的水事纠纷调处机制，完善应急预案。深化水行政许可审批制度改革。科学编制水利规划，完善全国、流域、区域水利规划体系，加快重点建设项目前期工作，强化水利规划对涉水活动的管理和约束作用。做好水库移民安置工作，落实后期扶持政策。

（二十九）加强水利队伍建设

适应水利改革发展新要求，全面提升水利系统干部职工队伍素质，切实增强水利勘测设计、建设管理和依法行政能力。支持大专院校、中等职业学校水利类专业建设。大力引进、培养、选拔各类管理人才、专业技术人才、高技能人才，完善人才评价、流动、激励机制。鼓励广大科技人员服务于水利改革发展第一线，加大基层水利职工在职教育和继续培训力度，解决基层水利职工生产生活中的实际困难。广大水利干部职工要弘扬"献身、负责、求实"的水利行业精神，更加贴近民生，更多服务基层，更好服务经济社会发展全局。

（三十）动员全社会力量关心支持水利工作

加大力度宣传国情水情，提高全民水患意识、节水意识、水资源保护意识，广泛动员全社会力量参与水利建设。把水情教育纳入国民素质教育体系和中小学教育课程体系，作为各级领导干部和公务员教育培训的重要内容。把水利纳入公益性宣传范围，为水利又好又快发展营造良好舆论氛围。对在加快水利改革发展中取得显著成绩的单位和个人，各级政府要按照国家有关规定给予表彰奖励。

加快水利改革发展，使命光荣，任务艰巨，责任重大。我们要紧密团结在以胡锦涛同志为总书记的党中央周围，与时俱进，开拓进取，扎实工作，奋力开创水利工作新局面！

来源：http://www.gov.cn/jrzg/2011-01/29/content_1795245.htm

7. 中共中央 国务院关于加大统筹城乡发展力度进一步夯实农业农村发展基础的若干意见

中共中央 国务院关于加大统筹城乡发展力度进一步夯实农业农村发展基础的若干意见

2009年12月31日

2009年，是新世纪以来我国经济发展最为困难的一年。面对历史罕见国际金融危机的严重冲击，面对多年不遇自然灾害的重大考验，面对国内外农产品市场异常波动的不利影响，各地区各部门在党中央、国务院的坚强领导下，迎难而上，奋力拼搏，巩固和发展了农业农村好形势。粮食生产再获丰收，连续6年实现增产；农民工就业快速回升，农民收入连续6年较快增长；集体林权制度改革全面推进，农村体制创新取得新的突破；农村水电路气房建设继续加强，农民生产生活条件加快改变；农村教育、医疗、社保制度不断健全，农村民生状况明显改善；农村基层组织进一步巩固，农村社会和谐稳定。这为党和国家战胜困难、共克时艰赢得了战略主动，为保增长保民生保稳定提供了基础支撑。

当前，我国农业的开放度不断提高，城乡经济的关联度显著增强，气候变化对农业生产的影响日益加大，农业农村发展的有利条件和积极因素在积累增多，各种传统和非传统的挑战也在叠加凸显。面对复杂多变的发展环境，促进农业生产上新台阶的制约越来越多，保持农民收入较快增长的难度越来越大，转变农业发展方式的要求越来越高，破除城乡二元结构的任务越来越重。全党务必居安思危，切实防止忽视和放松"三农"工作的倾向，努力确保粮食生产不滑坡、农民收入不徘徊、农村发展好势头不逆转。必须不断深化把解决好"三农"问题作为全党工作重中之重的基本认识，稳定和完善党在农村的基本政策，突出强化农业农村的基础设施，建立健全农业社会化服务的基层体系，大力加强农村以党组织为核心的基层组织，夯实打牢农业农村发展基础，协调推进工业化、城镇化和农业现代化，努力形成城乡经济社会发展一体化新格局。

2010年农业农村工作的总体要求是：全面贯彻党的十七大和十七届三中、四中全会以及中央经济工作会议精神，高举中国特色社会主义伟大旗帜，以邓小平理论和"三个代表"重要思想为指导，深入贯彻落实科学发展观，把统筹城乡发展作为全面建设小康社会的根本要求，把改善农村民生作为调整国民收入分配格局的重要内容，把扩大农村需求作为拉动内需的关键举措，把发展现代农业作为转变经济发展方式的重大任务，把建设社会主义新农村和推进城镇化作为保持经济平稳较快发展的持久动力，按照稳粮保供给、增收惠民生、改革促统筹、强基增后劲的基本思路，毫不松懈地抓好农业农村工作，继续为改革发展稳定大局作出新的贡献。

一、健全强农惠农政策体系，推动资源要素向农村配置

1. 继续加大国家对农业农村的投入力度。按照总量持续增加、比例稳步提高的要求，不断增加"三农"投入。要确保财政支出优先支持农业农村发展，预算内固定资产投资优先投向农业基础设施和农村民生工程，土地出让收益优先用于农业土地开发和农村基础设施建设。各级财政对农业的投入增长幅度都要高于财政经常性收入增长幅度。预算内固定资产投资要继续向重大农业农村建设项目倾斜。耕地占用税税率提高后，新增收入全部用于农业。严格按照有关规定计提和使用用于农业土地开发的土地出让收入，严格执行新增建设用地土地有偿使用费全部用于耕地开发和土地整理的规定。对各地土地收入用于农业农村的各项资金征收和使用情况进行专项检查。继续增加现代农业生产发展资金和农业综合开发资金规模。

2. 完善农业补贴制度和市场调控机制。坚持对种粮农民实行直接补贴。增加良种补贴，扩大马铃薯补贴范围，启动青稞良种补贴，实施花生良种补贴试点。进一步增加农机具购置补贴，扩大补贴种类，把牧业、林业和抗旱、节水机械设备纳入补贴范围。落实和完善农资综合补贴动态调整机制。按照存量不动、增量倾斜的原则，新增农业补贴适当向种粮大户、农民专业合作社倾斜。逐步完善适合牧区、林区、垦区特点的农业补贴政策。加强对农业补贴对象、种类、资金结算的监督检查，确保补贴政策落到实处，不准将补贴资金用于抵扣农民交费。落实小麦最低收购价政策，继续提高稻谷最低收购价。扩大销区粮食储备规模。适时采取玉米、大豆、油菜籽等临时收储政策，支持企业参与收储，健全国家收储农产品的拍卖机制，做好棉花、食糖、猪肉调控预案，保持农产品市场稳定和价格合理水平。

3. 提高农村金融服务质量和水平。加强财税政策与农村金融政策的有效衔接，引导更多信贷资金投向"三农"，切实解决农村融资难问题。落实和完善涉农贷款税收优惠、定向费用补贴、增量奖励等政策。进一步完善县域内银行业金融机构新吸收存款主要用于当地发放贷款政策。加大政策性金融对农村改革发展重点领域和薄弱环节支持力度，拓展农业发展银行支农领域，大力开展农业开发和农村基础设施建设中长期政策性信贷业务。农业银行、农村信用社、邮

政储蓄银行等银行业金融机构都要进一步增加涉农信贷投放。积极推广农村小额信用贷款。加快培育村镇银行、贷款公司、农村资金互助社，有序发展小额贷款组织，引导社会资金投资设立适应"三农"需要的各类新型金融组织。抓紧制定对偏远地区新设农村金融机构费用补贴等办法，确保3年内消除基础金融服务空白乡镇。针对农业农村特点，创新金融产品和服务方式，搞好农村信用环境建设，加强和改进农村金融监管。建立农业产业发展基金。积极扩大农业保险保费补贴的品种和区域覆盖范围，加大中央财政对中西部地区保费补贴力度。鼓励各地对特色农业、农房等保险进行保费补贴。发展农村小额保险。健全农业再保险体系，建立财政支持的巨灾风险分散机制。支持符合条件的涉农企业上市。

4. 积极引导社会资源投向农业农村。各部门各行业要主动服务"三农"，在制定规划、安排项目、增加资金时切实向农村倾斜。大中城市要发挥对农村的辐射带动作用。鼓励各种社会力量开展与乡村结对帮扶，参与农村产业发展和公共设施建设。企业通过公益性社会团体、县级以上人民政府及其部门或者设立专项的农村公益基金会，用于建设农村公益事业项目的捐赠支出，不超过年度利润总额12%的部分准予在计算企业所得税前扣除。有关部门要抓紧健全科技、教育、文化、卫生等下乡支农制度，通过完善精神物质奖励、职务职称晋升、定向免费培养等措施，引导更多城市教师下乡支教、城市文化和科研机构到农村拓展服务、城市医师支援农村。健全农业气象服务体系和农村气象灾害防御体系，充分发挥气象服务"三农"的重要作用。

5. 大力开拓农村市场。针对经济发展和农民生产生活需要，适时出台刺激农村消费需求的新办法新措施。加大家电、汽车、摩托车等下乡实施力度，大幅度提高家电下乡产品最高限价，对现行限价内的产品继续实行13%的补贴标准，超出限价的实行定额补贴，允许各省（自治区、直辖市）根据本地实际增选一个品种纳入补贴范围，补贴对象扩大到国有农林场（区）职工。改善售后服务，加强市场监管，严禁假冒伪劣产品流入农村。大力发展物流配送、连锁超市、电子商务等现代流通方式，支持商贸、邮政等企业向农村延伸服务，建设日用消费品、农产品、生产资料等经营网点，继续支持供销合作社新农村现代流通网络工程建设，提升"万村千乡"超市和农家店服务功能质量。鼓励农村金融机构对农民建房、购买汽车和家电等提供消费信贷，加大对兴办农家店的信贷投放。

二、提高现代农业装备水平，促进农业发展方式转变

6. 稳定发展粮食等大宗农产品生产。在稳定粮食播种面积基础上，大力优化品种结构，着力提高粮食单产和品质。全面实施全国新增千亿斤粮食生产能力规划，尽快形成生产能力。加快建立健全粮食主产区利益补偿制度，增加产粮大县奖励补助资金，提高产粮大县人均财力水平。有关扶持政策要向商品粮调出量大、对国家粮食安全贡献突出的产粮大县（农场）倾斜。继续减少直至取消主产区粮食风险基金地方资金配套。大力发展油料生产，加快优质油菜、花生生产基地县建设，积极发展油茶、核桃等木本油料。支持优势产区发展棉花、糖料生产。继续实施粮食丰产科技工程。扩大粮棉油糖高产创建实施规模，年内覆盖全国所有农业县（农场）。大力推进农作物病虫害专业化统防统治。支持垦区率先发展现代化大农业，建设大型农产品基地，带动周边农村经济社会发展。

7. 推进菜篮子产品标准化生产。实施新一轮菜篮子工程建设，加快园艺作物生产设施化、畜禽水产养殖规模化。支持建设生猪、奶牛规模养殖场（小区），发展园艺作物标准生产基地和水产健康养殖示范场，开展标准化创建活动，推进畜禽养殖加工一体化。支持畜禽良种繁育体系建设。加强重大动物疫病防控，完善扑杀补贴政策，推进基层防疫体系建设，健全工作经费保障

机制。增加渔政、渔港、渔船安全设施等建设投入，搞好水生生物增殖放流，支持发展远洋渔业。加快农产品质量安全监管体系和检验检测体系建设，积极发展无公害农产品、绿色食品、有机农产品。

8. 突出抓好水利基础设施建设。国家固定资产投资要把水利建设放在重要位置。继续加强大江大河大湖治理，逐步推进重点中小河流治理。加快大中型水利枢纽工程建设，搞好蓄滞洪区建设和山洪灾害防治。大力推进大中型灌区续建配套和节水改造，加快末级渠系建设。按期完成规划内病险水库除险加固任务，统筹安排其余病险水库除险加固。在科学规划论证基础上，启动大中型病险水闸除险加固。加快大型灌排泵站更新改造。拓宽水利建设基金筹资渠道。大幅度增加中央和省级财政小型农田水利设施建设补助专项资金规模，新增一批小型农田水利建设重点县。大力发展高效节水灌溉，支持山丘区建设雨水集蓄等小微型水利设施。通过一事一议、财政补助等办法，鼓励农民自愿投工投劳开展直接受益的小型水利设施建设。深化水利工程管理体制改革。推广农民用水户参与管理模式，加大财政对农民用水合作组织的扶持力度。加强基层抗旱排涝和农村水利技术服务体系建设。

9. 大力建设高标准农田。按照统筹规划、分工协作、集中投入、连片推进的要求，加快建设高产稳产基本农田。重视耕地质量建设，加大投入力度，安排中长期政策性贷款，支持农田排灌、土地整治、土壤改良、机耕道路和农田林网建设，把800个产粮大县的基本农田加快建成高标准农田，建立稳固的商品粮基地。继续增加农业综合开发、农村土地整治投入，有计划分片推进中低产田改造。扩大测土配方施肥、土壤有机质提升补贴规模和范围。推广保护性耕作技术，实施旱作农业示范工程，对应用旱作农业技术给予补助。

10. 提高农业科技创新和推广能力。切实把农业科技的重点放在良种培育上，加快农业生物育种创新和推广应用体系建设。继续实施转基因生物新品种培育科技重大专项，抓紧开发具有重要应用价值和自主知识产权的功能基因和生物新品种，在科学评估、依法管理基础上，推进转基因新品种产业化。推动国内种业加快企业并购和产业整合，引导种子企业与科研单位联合，抓紧培育有核心竞争力的大型种子企业。培养农业科技领军人才，发展农业产学研联盟，加强农业重点实验室、工程技术中心、科技基础条件平台建设。实施农村科技创业行动、科技富民强县专项行动计划、科普惠农兴村计划，推进现代农业产业技术体系建设。抓紧建设乡镇或区域性农技推广等公共服务机构，扩大基层农技推广体系改革与建设示范县范围。积极发展多元化、社会化农技推广服务组织。启动基层农技推广机构特设岗位计划，鼓励高校涉农专业毕业生到基层农技推广机构工作。推进农用工业技术改造。加快发展农业机械化，大力推广机械深松整地，支持秸秆还田、水稻育插秧等农机作业。创建国家现代农业示范区。

11. 健全农产品市场体系。统筹制定全国农产品批发市场布局规划，支持重点农产品批发市场建设和升级改造，落实农产品批发市场用地等扶持政策，发展农产品大市场大流通。加大力度建设粮棉油糖等大宗农产品仓储设施，完善鲜活农产品冷链物流体系，支持大型涉农企业投资建设农产品物流设施。加快发展农产品期货市场，逐步拓展交易品种，鼓励生产经营者运用期货交易机制规避市场风险。发展农业会展经济，支持农产品营销。全面推进双百市场工程和农超对接，重点扶持农产品生产基地与大型连锁超市、学校及大企业等产销对接，减少流通环节，降低流通成本。大力培育农村经纪人，充分运用地理标志和农产品商标促进特色农业发展。加强市场动态监测和信息服务。完善全国鲜活农产品绿色通道政策。

12. 构筑牢固的生态安全屏障。巩固退耕还林成果，在重点生态脆弱区和重要生态区位，结合扶贫开发和库区移民，适当增加安排退耕还林。延长天然林保护工程实施期限，抓紧制定实施办法。继续推进三北、沿海、长江等防护林体系和京津风沙源治理、湿地保护与恢复等重点林业生态工程建设。统筹推进青海三江源生态保护和建设。加大力度筹集森林、草原、水土保持等生态效益补偿资金。从2010年起提高中央财政对属集体林的国家级公益林森林生态效益补偿标准。建立造林、抚育、保护、管理投入补贴制度，开展造林苗木、森林抚育补贴试点，中央财政对林木良种生产使用、中幼林和低产林抚育给予补贴。编制林地保护利用规划，启动森林经营工程，增强森林生态服务功能，提高林地综合产出能力。大力增加森林碳汇。切实加强草原生态保护建设，加大退牧还草工程实施力度，延长实施年限，适当提高补贴标准。落实草畜平衡制度，继续推行禁牧休牧轮牧，发展舍饲圈养，搞好人工饲草地和牧区水利建设。推进西藏草原生态保护奖励机制试点工作。加大草原鼠虫害防治力度。加强草原监理体系建设，强化草原执法监督。实施国家水土保持重点建设工程，加快岩溶地区石漠化和南方崩岗治理，启动坡耕地水土流失综合治理工程，搞好清洁小流域建设。加强农业面源污染治理，发展循环农业和生态农业。

三、加快改善农村民生，缩小城乡公共事业发展差距

13. 努力促进农民就业创业。建立覆盖城乡的公共就业服务体系，积极开展农业生产技术和农民务工技能培训，整合培训资源，规范培训工作，增强农民科学种田和就业创业能力。因地制宜发展特色高效农业、林下种养业，挖掘农业内部就业潜力。推进乡镇企业结构调整和产业升级，扶持发展农产品加工业，积极发展休闲农业、乡村旅游、森林旅游和农村服务业，拓展农村非农就业空间。完善促进创业带动就业的政策措施，将农民工返乡创业和农民就地就近创业纳入政策扶持范围。加大农民外出务工就业指导和服务力度，切实维护农民工合法权益，促进农村劳动力平稳有序转移。健全农民工社会保障制度，深入开展工伤保险全覆盖行动，加强职业病防治和农民工健康服务，将与企业建立稳定劳动关系的农民工纳入城镇职工基本医疗保险，抓紧落实包括农民工在内的城镇企业职工基本养老保险关系转移接续办法。落实以公办学校为主、以输入地为主解决好农民工子女入学问题的政策，关心农村留守儿童。

14. 提高农村教育卫生文化事业发展水平。巩固和完善农村义务教育经费保障机制，落实好教师培训制度和绩效工资制度。农村学校布局要符合实际，方便学生上学，保证学生安全。继续实施中小学校舍安全工程。逐步改善贫困地区农村学生营养状况。大力发展中等职业教育，继续推进农村中等职业教育免费进程。逐步实施农村新成长劳动力免费劳动预备制培训。完善农村三级医疗卫生服务网络，落实乡镇卫生院人员绩效工资和乡村医生公共卫生服务补助政策，逐步实施免费为农村定向培养全科医生和招聘执业医师计划。搞好农村地区妇幼卫生工作和疾病防治，加强农村食品和药品监管。积极发展农村远程教育、远程医疗。稳定农村低生育水平，继续推进新农村新家庭计划和少生快富工程，完善农村部分计划生育家庭奖励扶助制度和计划生育家庭特别扶持制度，加强和创新农村流动人口计划生育服务管理。建立稳定的农村文化投入保障机制，推进广播电视村村通、文化信息资源共享、乡镇综合文化站和村文化室、农村电影放映、农家书屋等重点文化惠民工程建设和综合利用，广泛开展群众性精神文明创建活动和农民健身活动。

15. 提高农村社会保障水平。逐步提高新型农村合作医疗筹资水平、政府补助标准和保障水平。做好新型农村合作医疗、农村医疗救助、城镇居民基本医疗保险、城镇职工基本医疗保险制度的政策衔接。继续抓好新型农村社会养老保险试点，有条件的地方可加快试点步伐。积极引导试点地区适龄农村居民参保，确保符合规定条件的老年居民按时足额领取养老金。合理确定农村最低生活保障标准和补助水平，实现动态管理下的应保尽保。落实和完善被征地农民社会保障政策。健全临时救助制度。逐步提高农村五保户集中供养水平。搞好农村养老院建设，发展农村养

老服务，探索应对农村人口老龄化的有效办法。加大对农村残疾人生产扶助和生活救助力度，农村各项社会保障政策优先覆盖残疾人。做好农村防灾减灾工作。

16. 加强农村水电路气房建设。搞好新农村建设规划引导，合理布局，完善功能，加快改变农村面貌。加大农村饮水安全工程投入，加强水源保护、水质监测和工程运行管理，确保如期完成规划任务。鼓励有条件的地方推行城乡区域供水。适应农村用电需求快速增长的趋势，结合推进农村电力体制改革，抓紧实施新一轮农村电网改造升级工程，提升农网供电可靠性和供电能力。继续实施小水电代燃料工程，推进水电新农村电气化县建设。全面完成"十一五"农村公路建设任务，落实农村公路管理养护责任，推进城乡客运交通一体化。加快推进农村户用沼气、大中型沼气和集中供气工程建设，加强沼气技术创新、维护管理和配套服务。支持农村开发利用新能源，推进农林废弃物资源化、清洁化利用。加快推进农村危房改造和国有林区（场）、垦区棚户区改造，继续实施游牧民定居工程。抓住当前农村建房快速增长和建筑材料供给充裕的时机，把支持农民建房作为扩大内需的重大举措，采取有效措施推动建材下乡，鼓励有条件的地方通过多种形式支持农民依法依规建设自用住房。加强村镇规划，引导农民建设富有地方特点、民族特色、传统风貌的安全节能环保型住房。实行以奖促治政策，稳步推进农村环境综合整治，开展农村排水、河道疏浚等试点，搞好垃圾、污水处理，改善农村人居环境。采取有效措施防止城市、工业污染向农村扩散。推进农村信息化，积极支持农村电信和互联网基础设施建设，健全农村综合信息服务体系。

17. 继续抓好扶贫开发工作。坚持农村开发式扶贫方针，加大投入力度，逐步扩大扶贫开发和农村低保制度有效衔接试点，对农村低收入人口全面实施扶贫政策，着力提高贫困地区群众自我发展能力，确保扶贫开发工作重点县农民人均纯收入增长幅度高于全国平均水平。因地制宜加大整村推进、劳动力转移培训、产业化扶贫、以工代赈等各项扶贫工作力度，加快贫困地区基础设施建设和社会事业发展。积极稳妥实行扶贫易地搬迁，妥善解决移民后续发展问题。对特殊类型贫困地区进行综合治理。扩大贫困村互助资金、连片开发以及彩票公益金支持革命老区建设等试点。动员社会各界参与扶贫事业，充分发挥行业扶贫作用，积极开展反贫困领域国际交流合作。研究制定未来 10 年扶贫开发纲要和相关规划。

四、协调推进城乡改革，增强农业农村发展活力

18. 稳定和完善农村基本经营制度。完善农村土地承包法律法规和政策，加快制定具体办法，确保农村现有土地承包关系保持稳定并长久不变。继续做好土地承包管理工作，全面落实承包地块、面积、合同、证书"四到户"，扩大农村土地承包经营权登记试点范围，保障必要的工作经费。加强土地承包经营权流转管理和服务，健全流转市场，在依法自愿有偿流转的基础上发展多种形式的适度规模经营。严格执行农村土地承包经营纠纷调解仲裁法，加快构建农村土地承包经营纠纷调解仲裁体系。按照权属明确、管理规范、承包到户的要求，继续推进草原基本经营制度改革。稳定渔民水域滩涂养殖使用权。鼓励有条件的地方开展农村集体产权制度改革试点。

19. 有序推进农村土地管理制度改革。坚决守住耕地保护红线，建立保护补偿机制，加快划定基本农田，实行永久保护。落实政府耕地保护目标责任制，上级审计、监察、组织等部门参与考核。加快农村集体土地所有权、宅基地使用权、集体建设用地使用权等确权登记颁证工作，工作经费纳入财政预算。力争用 3 年时间把农村集体土地所有权证确认到每个具有所有权的农民集体经济组织。有序开展农村土地整治，城乡建设用地增减挂钩要严格限定在试点范围内，周转指标纳入年度土地利用计划统一管理，农村宅基地和村庄整理后节约的土地仍属农民集体所有，确保城乡建设用地总规模不突破，确保复垦耕地质量，确保维护农民利益。按照严格审批、局部试点、封闭运行、风险可控的原则，规范农村土地管理制度改革试点。加快修改土地管理法。

20. 着力提高农业生产经营组织化程度。推动家庭经营向采用先进科技和生产手段的方向转变，推动统一经营向发展农户联合与合作，形成多元化、多层次、多形式经营服务体系的方向转变。壮大农村集体经济组织实力，为农民提供多种有效服务。大力发展农民专业合作社，深入推进示范社建设行动，对服务能力强、民主管理好的合作社给予补助。各级政府扶持的贷款担保公司要把农民专业合作社纳入服务范围，支持有条件的合作社兴办农村资金互助社。扶持农民专业合作社自办农产品加工企业。积极发展农业农村各种社会化服务组织，为农民提供便捷高效、质优价廉的各种专业服务。支持龙头企业提高辐射带动能力，增加农业产业化专项资金，扶持建设标准化生产基地，建立农业产业化示范区。推进"一村一品"强村富民工程和专业示范村镇建设。

21. 积极推进林业改革。健全林业支持保护体系，建立现代林业管理制度。深化以明晰产权、承包到户为重点的集体林权制度改革，加快推进配套改革。规范集体林权流转，支持发展林农专业合作社。深化集体林采伐管理改革，建立森林采伐管理新机制和森林可持续经营新体系。完善林权抵押贷款办法，建立森林资源资产评估制度和评估师制度。逐步扩大政策性森林保险试点范围。扶持林业产业发展，促进林农增收致富。启动国有林场改革，支持国有林场基础设施建设。开展国有林区管理体制和国有森林资源统一管理改革试点。

22. 继续深化农村综合改革。深入推进乡镇机构改革。继续推进省直管县财政管理体制改革，提高县乡基本财力保障水平，落实村级组织运转经费保障政策。按相关规划和要求，中央和省级财政继续支持农村义务教育历史债务的清理化解，推进其他公益性乡村债务清理化解试点，防止发生新的乡村债务。坚持政府引导、分级负责、农民自愿、上限控制、财政补助的原则，探索建立新形势下村级公益事业建设的有效机制，认真总结一事一议财政奖补试点经验，加大财政奖补力度，扩大试点范围。继续开展农民负担重点治理，坚决防止农民负担反弹。加快落实推进供销合作社改革发展的相关政策，加强基层社建设，强化县联合社服务功能。深化农垦体制改革，分离企业办社会职能，健全社会保障制度。加强对新形势下农村改革试验区工作的指导。

23. 推进城镇化发展的制度创新。积极稳妥推进城镇化，提高城镇规划水平和发展质量，当前要把加强中小城市和小城镇发展作为重点。深化户籍制度改革，加快落实放宽中小城市、小城镇特别是县城和中心镇落户条件的政策，促进符合条件的农业转移人口在城镇落户并享有与当地城镇居民同等的权益。多渠道多形式改善农民工居住条件，鼓励有条件的城市将有稳定职业并在城市居住一定年限的农民工逐步纳入城镇住房保障体系。采取有针对性的措施，着力解决新生代农民工问题。统筹研究农业转移人口进城落户后城乡出现的新情况新问题。大力发展县域经济，抓住产业转移有利时机，促进特色产业、优势项目向县城和重点镇集聚，提高城镇综合承载能力，吸纳农村人口加快向小城镇集中。完善加快小城镇发展的财税、投融资等配套政策，安排年度土地利用计划要支持中小城市和小城镇发展。农村宅基地和村庄整理所节约的土地首先要补充耕地，调剂为建设用地的，在县域内按照土地利用总体规划使用，纳入年度土地利用计划，主要用于产业集聚发展，方便农民就近转移就业。继续推进扩权强县改革试点，推动经济发展快、人口吸纳能力强的镇行政管理体制改革，根据经济社会发展需要，下放管理权限，合理设置机构和配备人员编制。

24. 提高农业对外开放水平。支持优势农产品扩大出口，提供出口通关、检验检疫便利和优惠。推进农产品质量可追溯体系建设，支持建设出口基地。推动农产品出口信贷创新，探索建立出口信用保险与农业保险相结合的风险防范机制。积极应对国际贸易壁垒，支持行业协会和龙头企业维护自身权益。充分利用海关特殊监管区域及保税加工物流等措施，发展农产品加工贸易。加强国际农业科技和农业资源开发合作，制定鼓励政策，支持有条件的企业"走出去"。引导外资投向鼓励类产业，提高农业利用外资水平。加强农产品进出口调控，实行灵活高效的农产品进出口政策，建立健全农产品和农用物资进出口监测预警机制，严厉打击农产品走私违法犯罪行为，切实加强进出口农产品质量监督。

五、加强农村基层组织建设，巩固党在农村的执政基础

25. 加强和改进农村基层党的建设。推动农村基层党组织工作创新，扩大基层党组织对农村新型组织的覆盖面，推广在农民专业合作社、专业协会、外出务工经商人员相对集中点建立党组织的做法。加强乡镇党委书记队伍建设，选好配强乡镇党委班子。提高村党组织带头人队伍素质，注重从转业退伍军人、务工回乡青年、致富能手等党员中选拔村党组织书记。以明确责任、考核监督、保障服务为重点，加强乡、村党组织领导班子管理，及时调整软弱涣散农村基层党组织班子。抓紧落实对长期在基层和艰苦边远地区工作的干部、长期担任县乡党政领导职务的干部实行工资福利倾斜的政策，进一步完善村干部"一定三有"政策，推进从优秀村干部中考录乡镇公务员、选任乡镇领导干部工作。建立稳定规范的农村基层组织工作经费保障制度，加快村级组织活动场所、农村党员干部现代远程教育网络建设。继续选聘高校毕业生到村任职，完善下得去、待得住、干得好、流得动的长效机制。不断深化农村党的建设三级联创活动，统筹城乡基层党建工作，创新完善农村流动党员教育管理服务制度，切实加强农民工中党的工作。深入开展党性党风党纪教育，加强农村基层党风廉政建设。

26. 进一步完善符合国情的农村基层治理机制。发展和完善党领导的村级民主自治机制，规范村级民主选举、民主决策、民主管理、民主监督程序。总结各地实践经验，因地制宜推广本村重大事项由村党支部提议、支委会和村委会联席会议商议、全村党员大会审议、村民代表会议或村民会议决议，以及决议公开、实施结果公开等做法。加强对村党支部、村委会换届选举的领导和指导，严肃查处拉票、贿选等行为，确保选举平稳有序，防范和制止利用宗教、宗族等势力干预农村公共事务。加强农村集体资金、资产、资源管理，推进村务公开和民主管理"难点村"治理。开展农村社区建设创建活动，加强服务设施建设，培育发展社区服务性、公益性、互助性社会组织。强化乡镇政府社会管理和公共服务职能，建立综合服务平台，有条件的乡镇要设立便民服务中心、村设立代办点，为农民提供一站式服务。

27. 切实维护农村社会稳定。完善党和政府主导的维护群众权益机制，切实解决好农村征地、环境污染、移民安置、集体资产管理等方面损害农民利益的突出问题。加强农村法制教育，畅通农村信访渠道，引导农民群众依法理性表达合理诉求、维护自身权益。推进农业综合执法。深入开展农村平安创建活动，坚持群防群治、依靠群众，加强和改进农村社会治安综合治理，进一步推进农村警务建设，严厉打击黑恶势力和各类违法犯罪活动。加强农村消防工作，健全农村应急反应机制。全面贯彻落实党的民族政策和宗教工作基本方针，加快民族地区经济社会发展，依法管理农村宗教事务。

各级党委和政府要站在经济社会发展全局和巩固党的执政基础的战略高度，切实加强和改善党对农村工作的领导。巩固农村基层深入学习实践科学发展观活动成果，建立党员干部受教育、科学发展上水平、农民群众得实惠的长效机制。按照促进科学发展的党政领导班子和领导干部考核评价办法的要求，指导地方细化考核指标，把粮食生产、农民增收、耕地保护、环境治理、和

谐稳定等纳入地方党政领导班子绩效考核。完善农村工作领导体制和工作机制，把重中之重的要求落实到领导分工、机构设置、干部配备上，不断提高农村工作领导水平。切实加大农村政策落实力度，及时组织专项督查。各级领导干部要弘扬党的优良作风，密切联系群众，创造性开展工作。充分发挥民主党派、人民团体、社会组织和工商企业的作用，形成发展现代农业和建设社会主义新农村的强大合力。

做好 2010 年农业农村工作意义十分重大。我们要紧密团结在以胡锦涛同志为总书记的党中央周围，振奋精神，开拓进取，扎实工作，奋力开创农业农村工作新局面！

来源：http://www.gov.cn/jrzg/2010-01/31/content_1524372.htm

8. 中共中央 国务院关于 2009 年促进农业稳定发展农民持续增收的若干意见

中共中央 国务院
关于 2009 年促进农业稳定发展农民持续增收的若干意见

2008 年 12 月 31 日

党的十七届三中全会从中国特色社会主义事业总体布局和全面建设小康社会战略全局出发，描绘了我国农村全面小康建设的宏伟蓝图，制定了新形势下推进农村改革发展的行动纲领。各地区各部门要认真学习、深刻领会全会精神，坚定不移推进社会主义新农村建设，坚定不移走中国特色农业现代化道路，坚定不移加快形成城乡经济社会发展一体化新格局，切实把《中共中央关于推进农村改革发展若干重大问题的决定》提出的大政方针落到实处。

2008 年，各地区各部门认真贯彻中央决策部署，战胜了重大自然灾害，克服了多种困难风险，农业农村继续保持良好发展局面。农业生产再获丰收，粮食总产再创新高，农民收入较快增长，农村公共事业加速发展，农村党群干群关系继续改善。农业农村的好形势，为党和国家成功办好大事、妥善应对难事奠定了坚实基础，为保持经济平稳较快发展、维护社会和谐稳定作出了重大贡献。

当前，国际金融危机持续蔓延、世界经济增长明显减速，对我国经济的负面影响日益加深，对农业农村发展的冲击不断显现。2009 年可能是新世纪以来我国经济发展最为困难的一年，也是巩固发展农业农村好形势极为艰巨的一年。在农业连续 5 年增产的高基数上，保持粮食稳定发展的任务更加繁重；在国内外资源性产品价格普遍下行的态势中，保持农产品价格合理水平的难度更加凸显；在全社会高度关注食品质量安全的氛围里，保持农产品质量进一步提升和规避经营风险的要求更加迫切；在当前农民工就业形势严峻的情况下，保持农民收入较快增长的制约更加突出。必须切实增强危机意识，充分估计困难，紧紧抓住机遇，果断采取措施，坚决防止粮食生产滑坡，坚决防止农民收入徘徊，确保农业稳定发展，确保农村社会安定。

做好 2009 年农业农村工作，具有特殊重要的意义。扩大国内需求，最大潜力在农村；实现经济平稳较快发展，基础支撑在农业；保障和改善民生，重点难点在农民。2009 年农业农村工作的总体要求是：全面贯彻党的十七大、十七届三中全会和中央经济工作会议精神，高举中国特色社会主义伟大旗帜，以邓小平理论和"三个代表"重要思想为指导，深入贯彻落实科学发展观,把保持农业农村经济平稳较快发展作为首要任务,围绕稳粮、增收、强基础、重民生,进一步强化惠农政策,增强科技支撑,加大投入力度,优化产业结构,推进改革创新,千方百计保证国家粮食安全和主要农产品有效供给,千方百计促进农民收入持续增长,为经济社会又好又快发展继续提供有力保障。

一、加大对农业的支持保护力度

1. 进一步增加农业农村投入。扩大内需、实施积极财政政策,要把"三农"作为投入重点。大幅度增加国家对农村基础设施建设和社会事业发展的投入,提高预算内固定资产投资用于农业农村的比重,新增国债使用向"三农"倾斜。大幅度提高政府土地出让收益、耕地占用税新增收入用于农业的比例,耕地占用税税率提高后新增收入全部用于农业,土地出让收入重点支持农业土地开发和农村基础设施建设。大幅度增加对中西部地区农村公益性建设项目的投入,2009年起国家在中西部地区安排的病险水库除险加固、生态建设、农村饮水安全、大中型灌区配套改造等公益性建设项目,取消县及县以下资金配套。城市维护建设税新增部分主要用于乡村建设规划、农村基础设施建设和维护。有条件的地方可成立政策性农业投资公司和农业产业发展基金。

2. 较大幅度增加农业补贴。2009年要在上年较大幅度增加补贴的基础上,进一步增加补贴资金。增加对种粮农民直接补贴。加大良种补贴力度,提高补贴标准,实现水稻、小麦、玉米、棉花全覆盖,扩大油菜和大豆良种补贴范围。大规模增加农机具购置补贴,将先进适用、技术成熟、安全可靠、节能环保、服务到位的农机具纳入补贴目录,补贴范围覆盖全国所有农牧业县(场),带动农机普及应用和农机工业发展。加大农资综合补贴力度,完善补贴动态调整机制,加强农业生产成本收益监测,根据农资价格上涨幅度和农作物实际播种面积,及时增加补贴。按照目标清晰、简便高效、有利于鼓励粮食生产的要求,完善农业补贴办法。根据新增农业补贴的实际情况,逐步加大对专业大户、家庭农场种粮补贴力度。

3. 保持农产品价格合理水平。密切跟踪国内外农产品市场变化,适时加强政府调控,灵活运用多种手段,努力避免农产品价格下行,防止谷贱伤农,保障农业经营收入稳定增长。2009年继续提高粮食最低收购价。扩大国家粮食、棉花、食用植物油、猪肉储备,2009年地方粮油储备要按规定规模全部落实到位,适时启动主要农产品临时收储,鼓励企业增加商业收储。加强"北粮南运"、新疆棉花外运协调,继续实行相关运费补贴和减免政策,支持销区企业到产区采购。把握好主要农产品进出口时机和节奏,支持优势农产品出口,防止部分品种过度进口冲击国内市场。

4. 增强农村金融服务能力。抓紧制定鼓励县域内银行业金融机构新吸收的存款主要用于当地发放贷款的实施办法,建立独立考核机制。在加强监管、防范风险的前提下,加快发展多种形式新型农村金融组织和以服务农村为主的地区性中小银行。鼓励和支持金融机构创新农村金融产品和金融服务,大力发展小额信贷和微型金融服务,农村微小型金融组织可通过多种方式从金融机构融入资金。积极扩大农村消费信贷市场。依法开展权属清晰、风险可控的大型农用生产设备、林权、四荒地使用权等抵押贷款和应收账款、仓单、可转让股权、专利权、商标专用权等权利质押贷款。抓紧出台对涉农贷款定向实行税收减免和费用补贴、政策性金融对农业中长期信贷支持、农民专业合作社开展信用合作试点的具体办法。放宽金融机构对涉农贷款的呆账核销条件。加快发展政策性农业保险,扩大试点范围、增加险种,加大中央财政对中西部地区保费补贴力度,加快建立农业再保险体系和财政支持的巨灾风险分散机制,鼓励在农村发展互助合作保险和商业保险业务。探索建立农村信贷与农业保险相结合的银保互动机制。

二、稳定发展农业生产

5. 加大力度扶持粮食生产。稳定粮食播种面积，优化品种结构，提高单产水平，不断增强综合生产能力。建立健全粮食主产区利益补偿制度，根据主产区对国家粮食安全的贡献，增加一般性转移支付和产粮大县奖励补助等资金，优先安排农业基础设施建设投资和农业综合开发等资金，扶持粮食产业和龙头企业发展，引导产销区建立利益衔接机制，促进主产区经济社会加快发展，确保主产区得到合理利益补偿，确保种粮农民得到合理经济收益。加快取消主产区粮食风险基金资金配套。推进全国新增千亿斤粮食生产能力建设，以主产区重点县（场）为单位，集中投入、整体开发。进一步强化"米袋子"省长负责制，各地区都要承担本地耕地和水资源保护、粮食产销和市场调控责任，逐级建立有效的粮食安全监督检查和绩效考核机制。结合振兴东北地区等老工业基地，加快推进现代农业建设。发挥国有农场在建设现代农业、保障国家粮食安全等方面的积极作用。

6. 支持优势产区集中发展油料等经济作物生产。加快实施新一轮优势农产品区域布局规划。落实国家扶持油料生产的各项政策措施，加强东北和内蒙古优质大豆、长江流域"双低"油菜生产基地建设。尽快制定实施全国木本油料产业发展规划，重点支持适宜地区发展油茶等木本油料产业，加快培育推广高产优良品种。稳定发展棉花生产，启动长江流域、黄淮海地区棉花生产基地建设。支持优势产区发展糖料、马铃薯、天然橡胶等作物，积极推进蔬菜、水果、茶叶、花卉等园艺产品设施化生产。

7. 加快发展畜牧水产规模化标准化健康养殖。采取市场预警、储备调节、增加险种、期货交易等措施，稳定发展生猪产业。继续落实生猪良种补贴和能繁母猪补贴政策，扩大生猪调出大县奖励政策实施范围。继续落实奶牛良种补贴、优质后备奶牛饲养补贴等政策，实施奶牛生产大县财政奖励政策，着力扶持企业建设标准化奶站，确保奶源质量。增加畜禽标准化规模养殖场（小区）项目投资，加大信贷支持力度，落实养殖场用地等政策。加大畜禽水产良种工程实施力度，充实动物防疫体系建设内容，加快推进动物标识及疫病可追溯体系建设，落实村级防疫员补助经费。扩大水产健康养殖示范区（场）建设，继续实行休渔、禁渔制度，强化增殖放流等水生生物资源养护措施。扩大渔港、渔船航标、渔船安全设施等建设规模，扶持和壮大远洋渔业。

8. 严格农产品质量安全全程监控。抓紧出台食品安全法，制定和完善农产品质量安全法配套规章制度，健全部门分工合作的监管工作机制，进一步探索更有效的食品安全监管体制，实行严格的食品质量安全追溯制度、召回制度、市场准入和退出制度。加快农产品质量安全检验检测体系建设，完善农产品质量安全标准，加强检验检测机构资质认证。扩大农产品和食品例行监测范围，逐步清理并降低强制性检验检疫费用。健全饲料安全监管体系，促进饲料产业健康发展。强化企业质量安全责任，对上市产品实行批批自检。建立农产品和食品生产经营质量安全征信体系。开展专项整治，坚决制止违法使用农药、兽（渔）药行为。加快农业标准化示范区建设，推动龙头企业、农民专业合作社、专业大户等率先实行标准化生产，支持建设绿色和有机农产品生产基地。

9. 加强农产品进出口调控。健全高效灵活的农产品进出口调控机制，协调内外贸易，密切政府、协会、企业之间的沟通磋商。扩大农产品出口信用保险承保范围，探索出口信用保险与农业保险、出口信贷相结合的风险防范机制。对劳动密集型和技术密集型农产品出口实行优惠信贷政策。培育农业跨国经营企业。按照世界贸易组织规则，健全外商经营农产品和农资准入制度，明确外资并购境内涉农企业安全审查范围和程序，建立联席会议制度。

三、强化现代农业物质支撑和服务体系

10. 加快农业科技创新步伐。加大农业科技投入，多渠道筹集资金，建立农业科技创新基金，重点支持关键领域、重要产品、核心技术的科学研究。加快推进转基因生物新品种培育科技重大专项，整合科研资源，加大研发力度，尽快培育一批抗病虫、抗逆、高产、优质、高效的转基因新品种，并促进产业化。实施主要农作物强杂交优势技术研发重大项目。强化农业知识产权保护。支持龙头企业承担国家科技计划项目。加强和完善现代农业产业技术体系。深入推进粮棉油高产创建活动，支持科技人员和大学毕业生到农技推广一线工作。开展农业科技培训，培养新型农民。采取委托、招标等形式，引导农民专业技术协会等社会力量承担公益性农技推广服务项目。

11. 加快高标准农田建设。大力推进土地整治，搞好规划，统筹安排土地整理复垦开发、农业综合开发等各类建设资金，集中连片推进农村土地整治，实行田、水、路、林综合治理，大规模开展中低产田改造，提高高标准农田比重。继续推进"沃土工程"，扩大测土配方施肥实施范围。开展鼓励农民增施有机肥、种植绿肥、秸秆还田奖补试点。大力开展保护性耕作，加快实施旱作农业示范工程。

12. 加强水利基础设施建设。加强大江大河和重点中小河流治理，建成一批大中型水利骨干工程。加快大中型和重点小型病险水库除险加固进度，确保工程建设质量。增加投资规模，重点加快大型灌区续建配套和节水改造。扩大大型排灌泵站更新改造规模和范围，启动西北沿黄高扬程提水灌溉泵站、东北涝区排水泵站等更新改造建设。继续加大农业综合开发中型灌区骨干工程节水改造力度。增加中央和省级财政小型农田水利工程建设补助专项资金，依据规划整合投资，推进大中型灌区田间工程和小型灌区节水改造，推广高效节水灌溉技术，因地制宜修建小微型抗旱水源工程，发展牧区水利。加强重要水源工程及配套灌区建设。推进水利工程管理和农村水利体制改革，探索农业灌溉工程运行管理财政补贴机制，启动减轻农业用水负担综合改革试点。

13. 加快推进农业机械化。启动农业机械化推进工程，重点加强示范基地、机耕道建设，提高农机推广服务和安全监理能力。普及主要粮油作物播种、收获等环节机械化，加快研发适合丘陵山区使用的轻便农业机械和适合大面积作业的大型农业机械。支持农机工业技术改造，提高农机产品适用性和耐用性，切实加强售后服务。实行重点环节农机作业补贴试点。对农机大户、种粮大户和农机服务组织购置大中型农机具，给予信贷支持。完善农用燃油供应保障机制，建立高能耗农业机械更新报废经济补偿制度。

14. 推进生态重点工程建设。巩固退耕还林成果，继续推进京津风沙源治理等重点工程，增加天然林保护投资，抓紧研究延长天然林保护工程实施期限有关政策，完善三北防护林工程投入和建设机制。建设现代林业，发展山区林特产品、生态旅游业和碳汇林业。扩大退牧还草工程实施范围，加强人工饲草地和灌溉草场建设。加强森林草原火灾监测预警体系和防火基础设施建设。加快重点区域荒漠化和小流域综合治理，启动坡耕地水土流失综合整治工程，加强山洪和泥石流等地质灾害防治。提高中央财政森林生态效益补偿标准，启动草原、湿地、水土保持等生态效益补偿试点。安排专门资金，实行以奖促治，支持农业农村污染治理。

15. 加强农产品市场体系建设。加大力度支持重点产区和集散地农产品批发市场、集贸市场等流通基础设施建设。推进大型粮食物流节点、农产品冷链系统和生鲜农产品配送中心建设。落实停止收取个体工商户管理费和集贸市场管理费政策。支持大型连锁超市和农产品流通企业开展农超对接，建设农产品直接采购基地。发挥农村经纪人作用。长期实行并逐步完善鲜活农产品运

销绿色通道政策，推进在全国范围内免收整车合法装载鲜活农产品的车辆通行费。

16. 推进基层农业公共服务机构建设。按照3年内在全国普遍健全乡镇或区域性农业技术推广、动植物疫病防控、农产品质量监管等公共服务机构的要求，尽快明确职责、健全队伍、完善机制、保障经费，切实增强服务能力。创新管理体制和运行机制，采取公开招聘、竞聘上岗等方式择优聘用专业技术人员。改革考评、分配制度，将服务人员收入与岗位职责、工作业绩挂钩。农业公共服务机构履行职责所需经费纳入地方各级财政预算。逐步推进村级服务站点建设试点。

四、稳定完善农村基本经营制度

17. 稳定农村土地承包关系。抓紧修订、完善相关法律法规和政策，赋予农民更加充分而有保障的土地承包经营权，现有土地承包关系保持稳定并长久不变。强化对土地承包经营权的物权保护，做好集体土地所有权确权登记颁证工作，将权属落实到法定行使所有权的集体组织；稳步开展土地承包经营权登记试点，把承包地块的面积、空间位置和权属证书落实到农户，严禁借机调整土地承包关系，坚决禁止和纠正违法收回农民承包土地的行为。加快落实草原承包经营制度。

18. 建立健全土地承包经营权流转市场。土地承包经营权流转，不得改变土地集体所有性质，不得改变土地用途，不得损害农民土地承包权益。坚持依法自愿有偿原则，尊重农民的土地流转主体地位，任何组织和个人不得强迫流转，也不能妨碍自主流转。按照完善管理、加强服务的要求，规范土地承包经营权流转。鼓励有条件的地方发展流转服务组织，为流转双方提供信息沟通、法规咨询、价格评估、合同签订、纠纷调处等服务。

19. 实行最严格的耕地保护制度和最严格的节约用地制度。基本农田必须落实到地块、标注在土地承包经营权登记证书上，并设立统一的永久基本农田保护标志，严禁地方擅自调整规划改变基本农田区位。严格地方政府耕地保护责任目标考核，实行耕地和基本农田保护领导干部离任审计制度。尽快出台基本农田保护补偿具体办法。从严控制城乡建设用地总规模，从规划、标准、市场配置、评价考核等方面全面建立和落实节约用地制度。抓紧编制乡镇土地利用规划和乡村建设规划，科学合理安排村庄建设用地和宅基地，根据区域资源条件修订宅基地使用标准。农村宅基地和村庄整理所节约的土地，首先要复垦为耕地，用作折抵建设占用耕地补偿指标必须依法进行，必须符合土地利用总体规划，纳入土地计划管理。农村土地管理制度改革要在完善相关法律法规、出台具体配套政策后，规范有序地推进。

20. 全面推进集体林权制度改革。用5年左右时间基本完成明晰产权、承包到户的集体林权制度改革任务。集体林地经营权和林木所有权已经落实到户的地方，要尽快建立健全产权交易平台，加快林地、林木流转制度建设，完善林木采伐管理制度。尚未落实到户的地方，要在加强宣传、做好培训和搞好勘界发证基础上，加快集体林权制度改革步伐。加大财政对集体林权制度改革的支持力度，开展政策性森林保险试点。引导森林资源资产评估、森林经营方案编制等中介服务健康发展。进一步扩大国有林场和重点国有林区林权制度改革试点。

21. 扶持农民专业合作社和龙头企业发展。加快发展农民专业合作社，开展示范社建设行动。加强合作社人员培训，各级财政给予经费支持。将合作社纳入税务登记系统，免收税务登记工本费。尽快制定金融支持合作社、有条件的合作社承担国家涉农项目的具体办法。扶持农业产业化经营，鼓励发展农产品加工，让农民更多分享加工流通增值收益。中央和地方财政增加农业产业化专项资金规模，重点支持对农户带动力强的龙头企业开展技术研发、基地建设、质量检测。鼓励龙头企业在财政支持下参与担保体系建设。采取有效措施帮助龙头企业解决贷款难问题。

五、推进城乡经济社会发展一体化

22. 加快农村社会事业发展。建立稳定的农村文化投入保障机制，尽快形成完备的农村公共文化服务体系。推进广播电视村村通、文化信息资源共享、乡镇综合文化站和村文化室建设、农村电影放映、农家书屋等重点文化惠民工程。巩固农村义务教育普及成果，提高农村学校公用经费和家庭经济困难寄宿生补助标准，改善农村教师待遇，推进农村中小学校舍安全排查、加固和改造。加快发展农村中等职业教育，2009年起对中等职业学校农村家庭经济困难学生和涉农专业学生实行免费。国家新增助学金要向农村生源学生倾斜。巩固发展新型农村合作医疗，坚持大病住院保障为主、兼顾门诊医疗保障，开展门诊统筹试点，有条件的地方可提高财政补助标准和水平。进一步增加投入，加强县、乡、村医疗卫生公共服务体系建设。抓紧制定指导性意见，建立个人缴费、集体补助、政府补贴的新型农村社会养老保险制度。加大中央和省级财政对农村最低生活保障补助力度，提高农村低保标准和补助水平。加快研究解决农垦职工社会保障问题。

23. 加快农村基础设施建设。调整农村饮水安全工程建设规划，加大投资和建设力度，把农村学校、国有农（林）场纳入建设范围。扩大电网供电人口覆盖率，加快推进城乡同网同价。加大农村水电建设投入，扩大小水电代燃料建设规模。加快农村公路建设，2010年底基本实现全国乡镇和东中部地区具备条件的建制村通油（水泥）路，西部地区具备条件的建制村通公路，加大中央财政对中西部地区农村公路建设投资力度，建立农村客运政策性补贴制度。增加农村沼气工程建设投资，扩大秸秆固化气化试点示范。发展农村信息化。加快国有林区、垦区棚户区改造，实施游牧民定居工程，扩大农村危房改造试点。

24. 积极扩大农村劳动力就业。对当前农民工就业困难和工资下降等问题，各地区和有关部门要高度重视，采取有力措施，最大限度安置好农民工，努力增加农民的务工收入。引导企业履行社会责任，支持企业多留用农民工，督促企业及时足额发放工资，妥善解决劳资纠纷。对生产经营遇到暂时困难的企业，引导其采取灵活用工、弹性工时、在岗培训等多种措施稳定就业岗位。城乡基础设施建设和新增公益性就业岗位，要尽量多使用农民工。采取以工代赈等方式引导农民参与农业农村基础设施建设。输出地、输入地政府和企业都要加大投入，大规模开展针对性、实用性强的农民工技能培训。有条件的地方可将失去工作的农民工纳入相关就业政策支持范围。落实农民工返乡创业扶持政策，在贷款发放、税费减免、工商登记、信息咨询等方面提供支持。保障返乡农民工的合法土地承包权益，对生活无着的返乡农民工要提供临时救助或纳入农村低保。同时，充分挖掘农业内部就业潜力，拓展农村非农就业空间，鼓励农民就近就地创业。抓紧制定适合农民工特点的养老保险办法，解决养老保险关系跨社保统筹地区转移接续问题。建立农民工统计监测制度。

25. 推进农村综合改革。按照着力增强社会管理和公共服务职能、到2012年基本完成改革任务的要求，继续推进乡镇机构改革。推进"乡财县管"改革，加强县乡财政对涉农资金的监管。力争用3年左右时间，逐步建立资金稳定、管理规范、保障有力的村级组织运转经费保障机制。总结试点经验，完善相关政策，扩大农村公益事业一事一议财政奖补试点范围，中央和试点地区省级财政要增加试点投入。积极稳妥化解乡村债务，2010年基本完成全国农村义务教育债务化解，继续选择与农民利益直接相关的农村公益事业建设形成的乡村债务进行化解试点。

26. 增强县域经济发展活力。调整财政收入分配格局，增加对县乡财政的一般性转移支付，逐步提高县级财政在省以下财力分配中的比重，探索建立县乡财政基本财力保障制度。推进省直接管理县（市）财政体制改革，将粮食、油料、棉花和生猪生产大县全部纳入改革范围。稳步推进扩权强县改革试点,鼓励有条件的省份率先减少行政层次,依法探索省直接管理县(市)的体制。依法赋予经济发展快、人口吸纳能力强的小城镇在投资审批、工商管理、社会治安等方面的行政管理权限。支持发展乡镇企业,加大技术改造投入,促进产业集聚和升级。

27. 积极开拓农村市场。支持流通企业与生产企业合作建立区域性农村商品采购联盟,用现代流通方式建设和改造农村日用消费品流通网络,扩大"农家店"覆盖范围,重点提高配送率和统一结算率,改善农村消费环境。鼓励设计开发适合农村特点的生活消费品和建筑材料。2009年在全国范围实施"家电下乡",对农民购买彩电、电冰箱、手机、洗衣机等指定家电品种,国家按产品销售价格一定比例给予直接补贴,并根据需要增加新的补贴品种。保证下乡家电质量,搞好售后服务。加强农资产销调控,扶持化肥生产,增加淡季储备,保障市场供应。支持供销合作社、邮政、商贸企业和农民专业合作社等加快发展农资连锁经营,推行农资信用销售。鼓励有条件的地方改造建设农村综合服务中心。加强农村市场监管,严厉查处坑农害农行为。

28. 完善国家扶贫战略和政策体系。坚持开发式扶贫方针,制定农村最低生活保障制度与扶贫开发有效衔接办法。实行新的扶贫标准,对农村没有解决温饱的贫困人口、低收入人口全面实施扶贫政策,尽快稳定解决温饱并实现脱贫致富,重点提高农村贫困人口的自我发展能力。继续增加扶贫资金投入,加大整村推进力度,提高劳动力转移培训质量,提升产业化扶贫水平。优先支持革命老区、民族地区、边疆地区扶贫开发,积极稳妥实行移民扶贫,对特殊类型贫困地区进行综合治理。充分发挥行业扶贫作用,继续动员社会各界参与扶贫事业,积极开展反贫困领域国际交流合作。

各级党委和政府要坚持把解决好农业、农村、农民问题作为全党工作和政府全部工作的重中之重,切实加强和改善党对农村工作的领导,确保把党的各项农村政策落到实处。扎实开展农村基层深入学习实践科学发展观活动,按照科学发展观和正确政绩观要求,把粮食生产、农民增收、耕地保护、环境治理、和谐稳定作为考核地方特别是县(市)领导班子绩效的重要内容,尽快制定指标,严格监督检查。抓好以村党组织为核心的村级组织配套建设,深化农村党的建设三级联创活动,创新农村党组织设置方式,扩大党在农村的组织覆盖和工作覆盖。建立健全城乡一体党员动态管理机制,加强农民工党员教育管理。广泛开展创先争优活动。完善党员设岗定责、依岗承诺等活动载体。加强农村党风廉政建设,抓好党的农村政策贯彻落实情况的监督检查,认真解决损害农民利益的突出问题。完善村党组织两推一选、村委会直选的制度和办法,着力拓宽农村干部来源,稳步推进高校毕业生到村任职工作,实施一村一名大学生计划,完善长效机制和政策措施。创新培养选拔机制,选优配强村党组织书记。按照定职责目标和工作有合理待遇、干好有发展前途、退岗有一定保障的要求,以不低于当地农村劳动力平均收入水平确定村干部基本报酬,并根据实际情况建立业绩考核奖励制度,逐步解决好村干部养老保障问题,加大从优秀村干部中选任乡镇领导干部、考录乡镇公务员、招聘乡镇事业编制人员的力度。积极推进农村党员干部现代远程教育和村级组织活动场所建设。加强农村民主法制建设和精神文明建设,深入推进政务公开、村务公开和党务公开。高度重视农村社会稳定工作,妥善解决农村征地、环境污染、移民搬迁、集体资产处置等引发的突出矛盾和问题,做好农村信访工作,搞好农村社会治安综合治理,推进农村警务建设,反对和制止利用宗教、宗族势力干预农村公共事务,严密防范境外敌对势力对农村的渗透,保持农村社会和谐稳定。

做好2009年农业农村工作意义十分重大。我们要紧密团结在以胡锦涛同志为总书记的党中央周围,开拓进取,扎实工作,迎难而上,奋力开创农村改革发展新局面!

来源:http://www.gov.cn/gongbao/content/2009/content_1220471.htm

9. 中共中央 国务院关于切实加强农业基础建设进一步促进农业发展农民增收的若干意见

中共中央 国务院
关于切实加强农业基础建设进一步促进农业发展农民增收的若干意见
2007年12月31日

党的十七大高举中国特色社会主义伟大旗帜，对继续推进改革开放和社会主义现代化建设、实现全面建设小康社会的宏伟目标作出了全面部署。推动科学发展，促进社会和谐，夺取全面建设小康社会新胜利，必须加强农业基础地位，走中国特色农业现代化道路，建立以工促农、以城带乡长效机制，形成城乡经济社会发展一体化新格局。

党的十六大以来，党中央、国务院顺应时代要求，遵循发展规律，与时俱进加强"三农"工作，作出了一系列意义重大、影响深远的战略部署。坚持把解决好"三农"问题作为全党工作的重中之重，不断强化对农业和农村工作的领导；坚持统筹城乡发展，不断加大工业反哺农业、城市支持农村的力度；坚持多予少取放活，不断完善农业支持保护体系；坚持市场取向改革，不断解放和发展农村生产力；坚持改善民生，不断解决农民生产生活最迫切的实际问题。经过全党全国人民的共同努力，农业和农村发展呈现出难得的好局面。粮食连续4年增产，农业生产全面发展。农民收入持续较快增长，生活水平明显提高。农村基础设施加快改善，社会事业发展和扶贫开发迈出重大步伐。农村改革取得历史性突破，发展活力不断增强。农村党群干群关系明显改善，农村社会稳定和谐。农业和农村形势好，为改革发展稳定全局作出了重大贡献。实践证明，中央关于"三农"工作的方针政策是完全正确的。

当前，工业化、信息化、城镇化、市场化、国际化深入发展，农业和农村正经历着深刻变化。农业资源环境和市场约束增强，保障农产品供求平衡难度加大，要求加速转变农业发展方式。农产品贸易竞争加剧，促进优势农产品出口和适时适度调控进口难度加大，要求加快提升农业竞争力。农业比较效益下降，保持粮食稳定发展、农民持续增收难度加大，要求健全农业支持保护体系。农村生产要素外流加剧，缩小城乡差距难度加大，要求加大统筹城乡发展力度。农村社会结构深刻转型，兼顾各方利益和搞好社会管理难度加大，要求进一步完善乡村治理机制。全党必须深刻认识"三农"工作面临的新形势新任务，全面把握新机遇新挑战，增强做好"三农"工作的紧迫感，粮食安全的警钟要始终长鸣，巩固农业基础的弦要始终绷紧，解决好"三农"问题作为全党工作重中之重的要求要始终坚持。

2008年和今后一个时期，农业和农村工作的总体要求是：全面贯彻党的十七大精神，高举中国特色社会主义伟大旗帜，以邓小平理论和"三个代表"重要思想为指导，深入贯彻落实科学发展观，按照形成城乡经济社会发展一体化新格局的要求，突出加强农业基础建设，积极促进农业稳定发展、农民持续增收，努力保障主要农产品基本供给，切实解决农村民生问题，扎实推进社会主义新农村建设。

一、加快构建强化农业基础的长效机制

在经济社会发展新阶段，农业的多种功能日益凸显，农业的基础作用日益彰显。必须更加自觉地加强农业基础地位，不断加大强农惠农政策力度。

（一）按照统筹城乡发展要求切实加大"三农"投入力度

强化农业基础，必须引导要素资源合理配置，推动国民收入分配切实向"三农"倾斜，大幅度增加对农业和农村投入。要坚持并落实工业反哺农业、城市支持农村和多予少取放活的方针，坚持做到县级以上各级财政每年对农业总投入增长幅度高于其财政经常性收入增长幅度，坚持把国家基础设施建设和社会事业发展的重点转向农村。2008年，财政支农投入的增量要明显高于上年，国家固定资产投资用于农村的增量要明显高于上年，政府土地出让收入用于农村建设的增量要明显高于上年。耕地占用税新增收入主要用于"三农"，重点加强农田水利、农业综合开发和农村基础设施建设。完善城市维护建设税政策，各地预算安排的城市维护建设支出要确定部分资金用于乡村规划、基础设施建设和维护。从2008年起，国家在国家扶贫开发工作重点县新安排的病险水库除险加固、生态建设等公益性强的基本建设项目，根据不同情况，逐步减少或取消县及县以下配套。加强农业投入管理，提高资金使用效益。加快农业投入立法。

（二）巩固、完善、强化强农惠农政策

按照适合国情、着眼长远、逐步增加、健全机制的原则，坚持和完善农业补贴制度，不断强化对农业的支持保护。继续加大对农民的直接补贴力度，增加粮食直补、良种补贴、农机具购置补贴和农资综合直补。扩大良种补贴范围。增加农机具购置补贴种类，提高补贴标准，将农机具购置补贴覆盖到所有农业县。认真总结各地开展政策性农业保险试点的经验和做法，稳步扩大试点范围，科学确定补贴品种。全面落实对粮食、油料、生猪和奶牛生产的各项扶持政策，加大对生产大县的奖励补助，逐步形成稳定规范的制度。根据保障农产品供给和调动农民积极性的需要，统筹研究重要农产品的补贴政策。强农惠农政策要向重点产区倾斜，向提高生产能力倾斜。继续对重点地区、重点粮食品种实行最低收购价政策。

（三）形成农业增效、农民增收良性互动格局

要通过结构优化增收，继续搞好农产品优势区域布局规划和建设，支持优质农产品生产和特色农业发展，推进农产品精深加工。要通过降低成本增收，大力发展节约型农业，促进秸秆等副产品和生活废弃物资源化利用，提高农业生产效益。要通过非农就业增收，提高乡镇企业、家庭工业和乡村旅游发展水平，增强县域经济发展活力，改善农民工进城就业和返乡创业环境。要通过政策支持增收，加大惠农力度，防止农民负担反弹，合理调控重要农产品和农业生产资料价格。进一步明确农民家庭财产的法律地位，保障农民对集体财产的收益权，创造条件让更多农民获得财产性收入。

（四）探索建立促进城乡一体化发展的体制机制

着眼于改变农村落后面貌，加快破除城乡二元体制，努力形成城乡发展规划、产业布局、基础设施、公共服务、劳动就业和社会管理一体化新格局。健全城乡统一的生产要素市场，引导资金、技术、人才等资源向农业和农村流动，逐步实现城乡基础设施共建共享、产业发展互动互促。切实按照城乡一体化发展的要求，完善各级行政管理机构和职能设置，逐步实现城乡社会统筹管理和基本公共服务均等化。

二、切实保障主要农产品基本供给

确保农产品有效供给是促进经济发展和社会稳定的重要物质基础。必须立足发展国内生产，深入推进农业结构战略性调整，保障农产品供求总量平衡、结构平衡和质量安全。

(一) 高度重视发展粮食生产

切实稳定粮食播种面积，优化品种结构，提高单产水平，确保粮食生产稳定发展。积极发展稻谷生产，扩大专用小麦播种面积，合理引导玉米消费。继续实施粮食生产各项工程。根据粮食产销格局的变化，进一步完善粮食风险基金政策，加大对粮食主产区的扶持力度，完善产粮大县奖励政策。实施粮食战略工程，集中力量建设一批基础条件好、生产水平高和调出量大的粮食核心产区；在保护生态前提下，着手开发一批资源有优势、增产有潜力的粮食后备产区。扩大西部退耕地区基本口粮田建设。落实粮食省长负责制，主销区和产销平衡区要稳定粮食自给水平。支持发展主要粮食作物的政策性保险。大力发展油料生产，鼓励优势区域发展棉花、糖料生产，着力提高品质和单产。积极应对全球气候变化，加强防灾减灾工作。支持农垦企业建设大型粮食和农产品生产基地，充分发挥其在现代农业建设中的示范带动作用。

(二) 切实抓好"菜篮子"产品生产

继续强化"菜篮子"市长负责制，确保"菜篮子"产品生产稳定发展。积极推动蔬菜等园艺产品的规模化种植。加快转变畜禽养殖方式，对规模养殖实行"以奖代补"，落实规模养殖用地政策，继续实行对畜禽养殖业的各项补贴政策。完善原料奶价格形成机制，严格执行液态奶标识制度。推行水产健康养殖，强化水生生物资源养护，落实禁渔休渔制度，加强渔业安全基础设施建设，支持发展远洋渔业。有条件的地方要积极发展设施农业和精细农业。建立健全生猪、奶牛等政策性保险制度。

(三) 加强农业标准化和农产品质量安全工作

加快农业标准修订制定工作。继续实施农业标准化示范项目，扶持龙头企业、农民专业合作组织、科技示范户和种养大户率先实行标准化生产。实施农产品质量安全检验检测体系建设规划，依法开展质量安全监测和检查，巩固农产品质量安全专项整治成果。深入实施无公害农产品行动计划，建立农产品质量安全风险评估机制，健全农产品标识和可追溯制度。强化农业投入品监管，启动实施"放心农资下乡进村"示范工程。积极发展绿色食品和有机食品，培育名牌农产品，加强农产品地理标志保护。

(四) 支持农业产业化发展

继续实施农业产业化提升行动，培育壮大一批成长性好、带动力强的龙头企业，支持龙头企业跨区域经营，促进优势产业集群发展。中央和地方财政要增加农业产业化专项资金，支持龙头企业开展技术研发、节能减排和基地建设等。探索采取建立担保基金、担保公司等方式，解决龙头企业融资难问题。抓紧研究完善农产品加工税收政策，促进农产品精深加工健康发展。允许符合条件的龙头企业向社会发行企业债券。龙头企业要增强社会责任，与农民结成更紧密的利益共同体，让农民更多地分享产业化经营成果。健全国家和省级重点龙头企业动态管理机制。引导各类市场主体参与农业产业化经营。鼓励农民专业合作社兴办农产品加工企业或参股龙头企业。支持发展"一村一品"。

(五) 加强和改善农产品市场调控

适应生产方式、产销格局和资源环境的变化，统筹利用两个市场、两种资源，保障国内农产品供给和生产发展。兼顾生产者和消费者利益，运用经济杠杆引导农产品价格保持合理水平。加强粮食等重要农产品储备体系建设，完善吞吐调节机制，引导企业建立商业性储备。抓紧建立健全重要农产品供求和价格监测预警体系。鼓励优势农产品出口，推进出口农产品质量追溯体系建设，支持发展农产品出口信贷和信用保险。完善大宗农产品进口管理和贸易救济预警制度。探索采取符合国际惯例的有效手段，调节农产品进出口。驻外机构特别是我驻农产品主要贸易国使领馆要加强国际农产品市场信息服务和农业合作交流。

三、突出抓好农业基础设施建设

加强以农田水利为重点的农业基础设施建设是强化农业基础的紧迫任务。必须切实加大投入力度，加快建设步伐，努力提高农业综合生产能力，尽快改变农业基础设施长期薄弱的局面。

（一）狠抓小型农田水利建设

抓紧编制和完善县级农田水利建设规划，整体推进农田水利工程建设和管理。大幅度增加中央和省级小型农田水利工程建设补助专项资金，将大中型灌区末级渠系改造和小型排涝设施建设纳入补助范围。以雨水集蓄利用为重点，兴建山区小型抗旱水源工程。采取奖励、补助等形式，调动农民建设小型农田水利工程的积极性。推进小型农田水利工程产权制度改革，探索非经营性农村水利工程管理体制改革办法，明确建设主体和管护责任。支持农民用水合作组织发展，提高服务能力。

（二）大力发展节水灌溉

继续把大型灌区节水改造作为农业固定资产投资的重点，力争到2020年基本完成大型灌区续建配套与节水改造任务。农业综合开发要增加中型灌区骨干工程和大中型灌区田间节水改造资金投入。搞好节水灌溉示范，引导农民积极采用节水设备和技术。扩大大型灌溉排水泵站技术改造规模和范围，实施重点涝区治理。对农业灌排用电给予优惠。

（三）抓紧实施病险水库除险加固

大幅度增加病险水库除险加固资金投入，健全责任制，加快完成大中型和重点小型病险水库除险加固任务。各地要加快编制重点地区中小河流治理规划，增加建设投入，中央对中西部地区给予适当补助。引导地方搞好河道疏浚。深化水利工程管理体制改革，进一步落实库区移民政策。加快西南地区中小型水源工程建设。扩大实施山洪灾害防治试点，加强地质灾害防治工作。

（四）加强耕地保护和土壤改良

严格执行土地利用总体规划和年度计划，全面落实耕地保护责任制，建立和完善土地违法违规案件查处协调机制，切实控制建设占用耕地和林地。土地出让收入用于农村的投入，要重点支持基本农田整理、灾毁复垦和耕地质量建设。继续增加投入，加大力度改造中低产田。加快沃土工程实施步伐，扩大测土配方施肥规模。支持农民秸秆还田、种植绿肥、增施有机肥。加快实施旱作农业示范工程，建设一批旱作节水示范区。

（五）加快推进农业机械化

推进农业机械化是转变农业生产方式的迫切需要，也为振兴农机工业提供了重要机遇。加快推进粮食作物生产全程机械化，稳步发展经济作物和养殖业机械化。加强先进适用、生产急需农业机械的研发，重点在粮食主产区、南方丘陵区和血吸虫疫区加快推广应用。完善农业机械化税费优惠政策，对农机作业服务实行减免税，对从事田间作业的拖拉机免征养路费，继续落实农机跨区作业免费通行政策。继续实施保护性耕作项目。扶持发展农机大户、农机合作社和农机专业服务公司。加强农机安全监理工作。

（六）继续加强生态建设

深入实施天然林保护、退耕还林等重点生态工程。建立健全森林、草原和水土保持生态效益补偿制度，多渠道筹集补偿资金，增强生态功能。继续推进山区综合开发，促进林业产业发展。落实草畜平衡制度，推进退牧还草，发展牧区水利，兴建人工草场。加强森林草原火灾监测预警体系和防火基础设施建设。继续搞好长江、黄河、东北黑土区等重点流域、区域水土保持工作。加强荒漠化、石漠化治理，加大坡改梯、黄土高原淤地坝和南方崩岗治理工程建设力度，加强湿地保护，促进生态自我修复。加强农村节能减排工作，鼓励发展循环农业，推进以非粮油作物为主要原料的生物质能源研究和开发。加大农业面源污染防治力度，抓紧制定规划，切实增加投入，落实治理责任，加快重点区域治理步伐。

四、着力强化农业科技和服务体系基本支撑

加强农业科技和服务体系建设是加快发展现代农业的客观需要。必须推动农业科技创新取得新突破，农业社会化服务迈出新步伐，农业素质、效益和竞争力实现新提高。

（一）加快推进农业科技研发和推广应用

切实增加农业科研投入，重点支持公益性农业科研机构和高等学校开展基础性、前沿性研究，加强先进实用技术集成配套。加强产学研密切结合，推进农业科技创新活动。推动现代农业产业技术体系建设，提升农业区域创新能力。启动转基因生物新品种培育科技重大专项，加快实施种子工程和畜禽水产良种工程。继续安排农业科技成果转化资金。深入实施科技入户工程，加大重大技术推广支持力度，继续探索农业科技成果进村入户的有效机制和办法。切实加强公益性农业技术推广服务，对国家政策规定必须确保的各项公益性服务，要抓紧健全相关机构和队伍，确保必要的经费。通过3到5年的建设，力争使基层公益性农技推广机构具备必要的办公场所、仪器设备和试验示范基地。国家可采取委托、招标等形式，调动各方面力量参与农业技术推广，形成多元化农技推广网络。充分发挥气象为农业生产服务的职能和作用。

（二）建立健全动植物疫病防控体系

加快构建网络健全、队伍稳定、保障有力、处置高效的动物疫病防控体系。抓紧落实官方兽医和执业兽医制度，继续加大动物防疫体系建设投入力度，扩大无规定动物疫病区建设范围。对重大动物疫病实施免费强制免疫，完善重大动物疫病扑杀补偿机制。加快研制高效安全农药、兽药。加强动物疫病防控基础工作，健全村级动物防疫员队伍，并给予必要的经费补助。继续实施植保工程，探索建立专业化防治队伍，推进重大植物病虫害统防统治。

（三）大力培养农村实用人才

组织实施新农村实用人才培训工程，重点培训种养业能手、科技带头人、农村经纪人和专业合作组织领办人等。加快提高农民素质和创业能力，以创业带动就业，实现创业富民、创新强农。继续加大外出务工农民职业技能培训力度。加快构建县域农村职业教育和培训网络，发展城乡一体化的中等职业教育。支持高等学校设置和强化农林水类专业。国家励志奖学金和助学金对在高等学校农林水类专业就读的学生给予倾斜，对毕业后到农村基层从事农林水专业工作达到一定年限的毕业生，实行国家助学贷款代偿政策，落实中等职业教育助学金政策，对农林水类专业学生给予倾斜。

（四）积极发展农民专业合作社和农村服务组织

全面贯彻落实农民专业合作社法，抓紧出台配套法规政策，尽快制定税收优惠办法，清理取消不合理收费。各级财政要继续加大对农民专业合作社的扶持，农民专业合作社可以申请承担国家的有关涉农项目。支持发展农业生产经营服务组织，为农民提供代耕代种、用水管理和仓储运输等服务。鼓励发展农村综合服务组织，具备条件的地方可建立便民利民的农村社区服务中心和公益服务站。

（五）加强农村市场体系建设

建立健全适应现代农业发展要求的大市场、大流通。继续实施"万村千乡"、"双百市场"和"农产品批发市场升级改造"等工程，落实农产品批发市场用地按工业用地对待的政策。加强粮食现代物流体系建设，开展鲜活农产品冷链物流试点。供销合作社要加快组织创新和经营创新，推进新农村现代流通网络工程建设。通过实施财税、信贷、保险等政策，鼓励商贸、邮政、医药、文化等企业在农村发展现代流通业。完善农产品期货市场，积极稳妥发展农产品期货品种。加快落实鲜活农产品绿色通道省内外车辆无差别减免通行费政策。

（六）积极推进农村信息化

按照求实效、重服务、广覆盖、多模式的要求，整合资源，共建平台，健全农村信息服务体系。推进"金农"、"三电合一"、农村信息化示范和农村商务信息服务等工程建设，积极探索信息服务进村入户的途径和办法。在全国推广资费优惠的农业公益性服务电话。健全农业信息收集和发布制度，为农民和企业提供及时有效的信息服务。

五、逐步提高农村基本公共服务水平

推进城乡基本公共服务均等化是构建社会主义和谐社会的必然要求。必须加快发展农村公共事业，提高农村公共产品供给水平。

（一）提高农村义务教育水平

对全部农村义务教育阶段学生免费提供教科书，提高农村义务教育阶段家庭经济困难寄宿生生活费补助标准，扩大覆盖面，提高农村中小学公用经费和校舍维修经费补助标准，加大农村薄弱学校改造力度。加强农村教育经费使用的规范管理。努力提高农村中小学教师素质，实施中西部农村和边疆地区骨干教师远程培训计划，选派和组织城市教师到农村交流任教，鼓励和组织大学毕业生到农村学校任教。

（二）增强农村基本医疗服务能力

2008年在全国普遍建立新型农村合作医疗制度，提高国家补助标准，适当增加农民个人缴费，规范基金管理，完善补偿机制，扩大农民受益面。完善农村医疗救助制度。加强农村卫生服务网络建设和药品监管，规范农村医疗卫生服务。加大农村传染病和地方病防治力度。优先在农村落实扩大免费预防接种范围的政策。

（三）稳定农村低生育水平

推进新农村新家庭计划，继续实施农村计划生育家庭奖励制度、少生快富工程和特别扶助制度。稳定农村人口和计划生育工作队伍，加强农村计划生育服务体系建设。加强农村流动人口的计划生育工作。

（四）繁荣农村公共文化

加强农村精神文明建设，用社会主义荣辱观引领农村社会风尚。深入实施广播电视"村村通"、农村电影放映、乡镇综合文化站和农民书屋工程，建设文化信息资源共享工程农村基层服务点。大力创作和生产农民喜闻乐见的优秀文化产品，积极开展健康向上的农村群众文化活动，着力丰富偏远地区和进城务工人员的精神文化生活。广泛开展农村体育健身活动。引导和鼓励社会力量投入农村文化建设。

（五）建立健全农村社会保障体系

完善农村最低生活保障制度，在健全政策法规和运行机制基础上，将符合条件的农村贫困家庭全部纳入低保范围。中央和地方各级财政要逐步增加农村低保补助资金，提高保障标准和补助水平。落实农村五保供养政策，保障五保供养对象权益。探索建立农村养老保险制度，鼓励各地开展农村社会养老保险试点。

（六）不断提高扶贫开发水平

继续坚持开发式扶贫的方针，增加扶贫开发投入，逐步提高扶贫标准，加大对农村贫困人口和贫困地区的扶持力度。继续做好整村推进、培训转移和产业化扶贫工作。加大移民扶贫力度。集中力量解决革命老区、民族地区、边疆地区和特殊类型地区贫困问题。动员社会力量参与扶贫开发事业。

（七）大力发展农村公共交通

加大中央和地方财政性资金、国债资金投入力度，继续加强农村公路建设。强化农村公路建设质量监管，推进农村公路管理养护体制改革。加快实施渡改桥及渡口渡船改造等工程。完善扶持农村公共交通发展的政策措施，改善农村公共交通服务，推进农村客运网络化和线路公交化改造，推动城乡客运协调发展。

（八）继续改善农村人居环境

增加农村饮水安全工程建设投入，加快实施进度，加强饮水水源地保护，对供水成本较高的可给予政策优惠或补助，让农民尽快喝上放心水。加强农村水能资源规划和管理，推进水电农村电气化建设，扩大小水电代燃料建设规模。继续实施农村电网改造。增加农村沼气投入，积极发展户用沼气，组织实施大中型沼气工程，加强沼气服务体系建设。支持有条件的农牧区发展太阳能、风能。有序推进村庄治理，继续实施乡村清洁工程，开展创建"绿色家园"行动。完善小城镇规划，加强小城镇基础设施建设。重视解决农村困难群众住房安全问题。

六、稳定完善农村基本经营制度和深化农村改革

以家庭承包经营为基础、统分结合的双层经营体制是农村改革最重要的制度性成果。深化农村改革是强化农业基础、促进城乡一体化发展的动力源泉。必须稳定完善农村基本经营制度，不断深化农村改革，激发亿万农民的创造活力，为农村经济社会发展提供强大动力。

（一）坚持和完善以家庭承包经营为基础、统分结合的双层经营体制

这是宪法规定的农村基本经营制度，必须毫不动摇地长期坚持，在实践中加以完善。各地要切实稳定农村土地承包关系，认真开展延包后续完善工作，确保农村土地承包经营权证到户。加强农村土地承包规范管理，加快建立土地承包经营权登记制度。继续推进农村土地承包纠纷仲裁试点。严格执行土地承包期内不得调整、收回农户承包地的法律规定。按照依法自愿有偿原则，健全土地承包经营权流转市场。农村土地承包合同管理部门要加强土地流转中介服务，完善土地流转合同、登记、备案等制度，在有条件的地方培育发展多种形式适度规模经营的市场环境。坚决防止和纠正强迫农民流转、通过流转改变土地农业用途等问题，依法制止乡、村组织通过

"反租倒包"等形式侵犯农户土地承包经营权等行为。稳步推进草原家庭承包经营，稳定渔民的水域滩涂养殖使用权。

（二）切实保障农民土地权益

继续推进征地制度改革试点，规范征地程序，提高补偿标准，健全对被征地农民的社会保障制度，建立征地纠纷调处裁决机制。对未履行征地报批程序、征地补偿标准偏低、补偿不及时足额到位、社会保障不落实的，坚决不予报批用地。对违法违规占地批地的，坚决依法查处。严格农村集体建设用地管理，严禁通过"以租代征"等方式提供建设用地。城镇居民不得到农村购买宅基地、农民住宅或"小产权房"。开展城镇建设用地增加与农村建设用地减少挂钩的试点，必须严格控制在国家批准的范围之内。依法规范农民宅基地整理工作。

（三）积极推进乡镇机构和县乡财政管理体制改革

深化乡镇机构改革，加强基层政权建设。加快转变乡镇政府职能，着力强化公共服务和社会管理，为农村经济社会发展创造有利环境。从不同地区实际出发，明确乡镇工作任务和工作重点，严格控制对乡镇党政领导的"一票否决"事项。完善县乡财政体制，增强基层财政实力，建立健全村级组织运转经费保障机制。探索建立农村公益事业建设新机制，支持建立村级公益事业建设"一事一议"财政奖补制度试点。进一步加强农民负担监管工作，推进减轻农民水费负担综合改革试点，继续开展重点领域农村乱收费专项治理工作。

（四）全面推进集体林权制度改革

在坚持集体林地所有权不变的前提下，将林地使用权和林木所有权落实到户。在不改变林地用途前提下，承包人有权依法处置林地使用权和林木所有权，可依法自主经营商品林。积极推进林木采伐管理、公益林补偿、林权抵押、政策性森林保险等配套改革。切实加强对集体林权制度改革的组织领导，加大财政支持力度，确保集体林权制度改革顺利进行。稳步推进国有林场和重点国有林区林权制度改革试点。

（五）加快农村金融体制改革和创新

加快推进调整放宽农村地区银行业金融机构准入政策试点工作。加大农业发展银行支持"三农"的力度。推进农业银行改革。继续深化农村信用社改革，加大支持力度，完善治理结构，维护和保持县级联社的独立法人地位。邮政储蓄银行要通过多种方式积极扩大涉农业务范围。积极培育小额信贷组织，鼓励发展信用贷款和联保贷款。通过批发或转贷等方式，解决部分农村信用社及新型农村金融机构资金来源不足的问题。加快落实县域内银行业金融机构将一定比例新增存款投放当地的政策。推进农村担保方式创新，扩大有效抵押品范围，探索建立政府支持、企业和银行多方参与的农村信贷担保机制。制定符合农村信贷业务特点的监管制度。加强财税、货币政策的协调和支持，引导各类金融机构到农村开展业务。完善政策性农业保险经营机制和发展模式。建立健全农业再保险体系，逐步形成农业巨灾风险转移分担机制。

（六）妥善处置乡村债务

各地要抓紧清理乡村债务，在锁定旧债、制止新债前提下，分类进行处置。对公益性债务的化解，县级以上各级人民政府要予以支持；对生产经营性债务，应按照市场原则协商解决。当前，要重点推进农村义务教育历史债务化解试点工作，有条件的要以省为单位试点，暂不具备条件的也要进行局部试点。主要通过增加中央和省级财政投入，用3年左右时间，基本化解农村义务教育的历史债务。

（七）全面加强农民工权益保障

建立统一规范的人力资源市场，形成城乡劳动者平等就业的制度。加快大中城市户籍制度改革，探索在城镇有稳定职业和固定居所的农民登记为城市居民的办法。各地和有关部门要切实加强对农民工的就业指导和服务。采取强有力的措施，建立农民工工资正常增长和支付保障机制。健全农民工社会保障制度，加快制定低费率、广覆盖、可转移、与现行制度相衔接的农民工养老保险办法，扩大工伤、医疗保险覆盖范围。鼓励有条件的地方和企业通过多种形式，提供符合农民工特点的低租金房屋，改善农民工居住条件。农民工输入地要坚持以公办学校为主接收农民工子女就学，收费与当地学生平等对待。农民工输出地要为留守儿童创造良好的学习、寄宿和监护条件。深入开展"共享蓝天"关爱农村留守、流动儿童行动。

七、扎实推进农村基层组织建设

农村基层组织是落实农村政策、做好"三农"工作的重要组织基础。必须以改革创新精神全面加强农村基层组织建设，增强基层组织带领群众发展生产、共建和谐的能力。

（一）加强村级党组织建设

巩固和发展保持共产党员先进性教育活动成果，坚持和完善基层组织建设的有效经验和做法，深入推进农村党的建设"三级联创"活动，加强以村党组织为核心的村级组织配套建设，充分发挥基层党组织的战斗堡垒作用。创新农村基层党组织设置和活动方式，加强和改进对流动党员的服务和管理。进一步规范和完善党员推荐、群众推荐、党内选举"两推一选"的办法，选好配齐配强村党组织领导班子。加强村级组织活动场所建设，建立城乡党的基层组织互帮互助机制。广泛开展农村党员设岗定责、依岗承诺等活动，健全农村党员联系和服务群众的工作体系。

（二）完善村民自治制度

健全基层党组织领导的充满活力的基层群众自治制度。进一步规范和完善民主选举，依法保障农民群众的推选权、直接提名权、投票权、罢免权。完善村民民主决策、民主管理、民主监督制度，充分发挥农民群众在村级治理中的主体作用。有条件的地方村党支部书记和村委会主任可交叉任职。坚决制止利用宗教、宗族、家族势力干预基层经济社会事务管理的行为。坚持和完善"一事一议"制度。切实推行村务公开，建立答疑纠错的监督制度。深入开展农村普法教育，增强农村基层干部和群众的法制观念。

（三）加强农村基层干部队伍建设

按照办事公道、作风正派、能带领群众致富的要求，注重从农村知识青年、退伍军人、外出务工返乡农民、农村致富带头人中培养选拔村级组织骨干力量。制定鼓励政策，引导高等学校毕业生和选派县乡年轻干部到乡村任职。继续加大从优秀村干部中考录乡镇公务员、选任乡镇领导干部的工作力度。推广农村基层党组织领导班子成员由党员和群众公开推荐与上级党组织推荐相结合的办法，逐步扩大农村基层党组织领导班子直接选举范围。普遍开展农村党员干部现代远程教育。稳定农村基层干部队伍，探索建立农村基层干部激励保障机制，逐步健全并落实村干部报酬待遇和相应的社会保障制度。

（四）探索乡村有效治理机制

引导共青团、妇联等人民团体更好地发挥党联系群众的桥梁和纽带作用。在党组织领导下，培育和发展服务"三农"的社会组织，发挥在扩大群众参与、反映群众诉求方面的积极作用，实现政府行政管理和基层群众自治有效良性互动。鼓励有条件的村建立与农民生产生活密切相关的公益服务员制度。支持和帮助乡镇企业建立工会基层组织。发挥民兵组织在新农村建设中的作用。不断增强社会自治功能，创新农村社区管理和服务模式，优先在城市郊区开展农村社区建设实验工作，加强农村警务和消防工作，搞好农村社会治安综合治理，努力把农村社区建设成管理有序、服务完善、文明祥和的社会生活共同体。

八、加强和改善党对"三农"工作的领导

做好农业和农村工作，是我们党领导科学发展、促进社会和谐的重大历史任务。必须始终坚持把解决好"三农"问题作为全党工作的重中之重，牢牢把握"三农"工作主动权。

（一）毫不松懈地抓好农业和农村工作

全党同志特别是各级领导干部要站在政治和战略的高度，充分认识新时期"三农"工作的艰巨性和紧迫性，切实增强做好"三农"工作的自觉性和主动性。当前和今后一个时期，各级党委、政府要把发展农业生产、促进农民增收、保障农产品供给、稳定市场物价作为关系全局的大事来抓，认真落实中央各项强农惠农政策，在工作安排、财力分配、干部配备上，切实体现重中之重的要求。充分发挥各级党委农村工作领导机构的协调作用，加强农村工作综合部门。各级领导干部要切实转变工作作风，深入调查研究，努力把握"三农"工作规律，不断提高领导"三农"工作的水平。

（二）统筹规划、突出重点加强农业基础建设

各地和有关部门要站在改革发展新的历史起点，研究谋划关系全局的重大战略问题。2008年和今后一段时间，要利用财政增收形势较好的有利时机，针对农业发展的薄弱环节，集中力量办成几件大事，力争在农田水利建设、病险水库除险加固、安全饮水、动物疫病防控、农业科技研发推广、农村现代流通体系建设等方面取得重大进展和明显成效。要科学制定规划，明确工作目标，确定时间步骤，建立保障机制，确保如期完成。

（三）努力营造全社会参与支持社会主义新农村建设的氛围

巩固农业基础、加快农村发展是全社会的共同责任。各行各业要结合自身特点，发挥各自优势，积极参与支持社会主义新农村建设。要采取政策支持、舆论宣传、荣誉激励等形式，引导社会各方面力量对农业和农村进行结对帮扶、捐资捐助和智力支持，营造强农惠农的浓厚社会氛围。

加强农业基础，做好"三农"工作，对稳定经济社会发展大局具有特殊重要的意义。我们要紧密团结在以胡锦涛同志为总书记的党中央周围，高举中国特色社会主义伟大旗帜，以邓小平理论和"三个代表"重要思想为指导，深入贯彻落实科学发展观，开拓进取，锐意创新，扎实工作，为夺取全面建设小康社会新胜利做出新的贡献。

来源：http://www.npc.gov.cn/npc/xinwen/szyw/zywj/2008-01/31/content_1391813.htm

10. 中共中央 国务院关于积极发展现代农业扎实推进社会主义新农村建设的若干意见

中共中央 国务院
关于积极发展现代农业扎实推进社会主义新农村建设的若干意见

2006年12月31日

农业丰则基础强，农民富则国家盛，农村稳则社会安。加强"三农"工作，积极发展现代农业，扎实推进社会主义新农村建设，是全面落实科学发展观、构建社会主义和谐社会的必然要求，是加快社会主义现代化建设的重大任务。

2006年以来，各地区各部门认真贯彻中央部署，社会主义新农村建设开局良好。在自然灾害较重的情况下，粮食继续增产，农民持续增收，农村综合改革稳步推进，农村公共事业明显加强，农村社会更加稳定。但当前农村发展仍存在许多突出矛盾和问题，农业基础设施依然薄弱，农民稳定增收依然困难，农村社会事业发展依然滞后，改变农村落后面貌、缩小城乡差距仍需付出艰苦努力。要增强危机感，坚持解决好"三农"问题是全党工作重中之重的战略思想丝毫不能动摇，促进农业稳定发展、农民持续增收的重要任务丝毫不能放松，支农惠农的政策力度丝毫不能减弱，扎实推进新农村建设的各项工作丝毫不能松懈。

发展现代农业是社会主义新农村建设的首要任务，是以科学发展观统领农村工作的必然要求。推进现代农业建设，顺应我国经济发展的客观趋势，符合当今世界农业发展的一般规律，是促进农民增加收入的基本途径，是提高农业综合生产能力的重要举措，是建设社会主义新农村的产业基础。要用现代物质条件装备农业，用现代科学技术改造农业，用现代产业体系提升农业，用现代经营形式推进农业，用现代发展理念引领农业，用培养新型农民发展农业，提高农业水利化、机械化和信息化水平，提高土地产出率、资源利用率和农业劳动生产率，提高农业素质、效益和竞争力。建设现代农业的过程，就是改造传统农业、不断发展农村生产力的过程，就是转变农业增长方式、促进农业又好又快发展的过程。必须把建设现代农业作为贯穿新农村建设和现代化全过程的一项长期艰巨任务，切实抓紧抓好。

2007年农业和农村工作的总体要求是：以邓小平理论和"三个代表"重要思想为指导，全面落实科学发展观，坚持把解决好"三农"问题作为全党工作的重中之重，统筹城乡经济社会发展，实行工业反哺农业、城市支持农村和多予少取放活的方针，巩固、完善、加强支农惠农政策，切实加大农业投入，积极推进现代农业建设，强化农村公共服务，深化农村综合改革，促进粮食稳定发展、农民持续增收、农村更加和谐，确保新农村建设取得新的进展，巩固和发展农业农村的好形势。

一、加大对"三农"的投入力度，建立促进现代农业建设的投入保障机制

增加农业投入，是建设现代农业、强化农业基础的迫切需要。必须不断开辟新的农业投入渠道，逐步形成农民积极筹资投劳、政府持续加大投入、社会力量广泛参与的多元化投入机制。特别要抓住当前经济发展较快和财政增收较多的时机，继续巩固、完善、加强支农惠农政策，切实

加大对"三农"的投入,实实在在为农民办一些实事。

(一) 大幅度增加对"三农"的投入

各级政府要切实把基础设施建设和社会事业发展的重点转向农村,国家财政新增教育、卫生、文化等事业经费和固定资产投资增量主要用于农村,逐步加大政府土地出让收入用于农村的比重。要建立"三农"投入稳定增长机制,积极调整财政支出结构、固定资产投资结构和信贷投放结构,中央和县级以上地方财政每年对农业总投入的增长幅度应当高于其财政经常性收入的增长幅度,尽快形成新农村建设稳定的资金来源。2007年,财政支农投入的增量要继续高于上年,国家固定资产投资用于农村的增量要继续高于上年,土地出让收入用于农村建设的增量要继续高于上年。建设用地税费提高后新增收入主要用于"三农"。加快制定农村金融整体改革方案,努力形成商业金融、合作金融、政策性金融和小额贷款组织互为补充、功能齐备的农村金融体系,探索建立多种形式的担保机制,引导金融机构增加对"三农"的信贷投放。加大支农资金整合力度,抓紧建立支农投资规划、计划衔接和部门信息沟通工作机制,完善投入管理办法,集中用于重点地区、重点项目,提高支农资金使用效益。要注重发挥政府资金的带动作用,引导农民和社会各方面资金投入农村建设。加快农业投入立法进程,加强执法检查。

(二) 健全农业支持补贴制度

近几年实行的各项补贴政策,深受基层和农民欢迎,要不断巩固、完善和加强,逐步形成目标清晰、受益直接、类型多样、操作简便的农业补贴制度。各地用于种粮农民直接补贴的资金要达到粮食风险基金的50%以上。加大良种补贴力度,扩大补贴范围和品种。扩大农机具购置补贴规模、补贴机型和范围。加大农业生产资料综合补贴力度。中央财政要加大对产粮大县的奖励力度,增加对财政困难县乡增收节支的补助。同时,继续对重点地区、重点粮食品种实行最低收购价政策,并逐步完善办法、健全制度。

(三) 建立农业风险防范机制

要加强自然灾害和重大动植物病虫害预测预报和预警应急体系建设,提高农业防灾减灾能力。积极发展农业保险,按照政府引导、政策支持、市场运作、农民自愿的原则,建立完善农业保险体系。扩大农业政策性保险试点范围,各级财政对农户参加农业保险给予保费补贴,完善农业巨灾风险转移分摊机制,探索建立中央、地方财政支持的农业再保险体系。鼓励龙头企业、中介组织帮助农户参加农业保险。

(四) 鼓励农民和社会力量投资现代农业

充分发挥农民在建设新农村和发展现代农业中的主体作用,引导农民发扬自力更生精神,增加生产投入和智力投入,提高科学种田和集约经营水平。完善农村"一事一议"筹资筹劳办法,支持各地对"一事一议"建设公益设施实行奖励补助制度。对农户投资投劳兴建直接受益的生产生活设施,可给予适当补助。综合运用税收、补助、参股、贴息、担保等手段,为社会力量投资建设现代农业创造良好环境。企业捐款和投资建设农村公益设施,可以按规定享受相应的税收优惠政策。

二、加快农业基础建设,提高现代农业的设施装备水平

改善农业设施装备,是建设现代农业的重要内容。必须下决心增加投入,加强基础设施建设,加快改变农村生产生活条件落后的局面。

(一) 大力抓好农田水利建设

要把加强农田水利设施建设作为现代农业建设的一件大事来抓。加快大型灌区续建配套和节水改造，搞好末级渠系建设，推行灌溉用水总量控制和定额管理。扩大大型泵站技术改造实施范围和规模。农业综合开发要增加对中型灌区节水改造投入。加强丘陵山区抗旱水源建设，加快西南地区中小型水源工程建设。增加小型农田水利工程建设补助专项资金规模。加大病险水库除险加固力度，加强中小河流治理，改善农村水环境。引导农民开展直接受益的农田水利工程建设，推广农民用水户参与灌溉管理的有效做法。

(二) 切实提高耕地质量

强化和落实耕地保护责任制，切实控制农用地转为建设用地的规模。合理引导农村节约集约用地，切实防止破坏耕作层的农业生产行为。加大土地复垦、整理力度。按照田地平整、土壤肥沃、路渠配套的要求，加快建设旱涝保收、高产稳产的高标准农田。加快实施沃土工程，重点支持有机肥积造和水肥一体化设施建设，鼓励农民发展绿肥、秸秆还田和施用农家肥。扩大土壤有机质提升补贴项目试点规模和范围。增加农业综合开发投入，积极支持高标准农田建设。

(三) 加快发展农村清洁能源

继续增加农村沼气建设投入，支持有条件的地方开展养殖场大中型沼气建设。在适宜地区积极发展秸秆气化和太阳能、风能等清洁能源，加快绿色能源示范县建设，实施西北地区百万户太阳灶建设工程。加快实施乡村清洁工程，推进人畜粪便、农作物秸秆、生活垃圾和污水的综合治理和转化利用。加强农村水能资源开发规划和管理，扩大小水电代燃料工程实施范围和规模，加大对贫困地区农村水电开发的投入和信贷支持。

(四) 加大乡村基础设施建设力度

"十一五"时期，要解决1.6亿农村人口的饮水安全问题，优先解决人口较少民族、水库移民、血吸虫病区和农村学校的安全饮水，争取到2015年基本实现农村人口安全饮水目标，有条件的地方可加快步伐。加大农村公路建设力度，加强农村公路养护和管理，完善农村公路筹资建设和养护机制。继续推进农村电网改造和建设，落实城乡同网同价政策，加快户户通电工程建设，实施新农村电气化建设"百千万"工程。鼓励农民在政府支持下，自愿筹资筹劳开展农村小型基础设施建设。治理农村人居环境，搞好村庄治理规划和试点，节约农村建设用地。继续发展小城镇和县域经济，充分发挥辐射周边农村的功能，带动现代农业发展，促进基础设施和公共服务向农村延伸。

(五) 发展新型农用工业

农用工业是增强农业物质装备的重要依托。积极发展新型肥料、低毒高效农药、多功能农业机械及可降解农膜等新型农业投入品。优化肥料结构，加快发展适合不同土壤、不同作物特点的专用肥、缓释肥。加大对新农药创制工程支持力度，推进农药产品更新换代。加快农机行业技术创新和结构调整，重点发展大中型拖拉机、多功能通用型高效联合收割机及各种专用农机产品。尽快制定有利于农用工业发展的支持政策。

(六) 提高农业可持续发展能力

鼓励发展循环农业、生态农业，有条件的地方可加快发展有机农业。继续推进天然林保护、退耕还林等重大生态工程建设，进一步完善政策、巩固成果。启动石漠化综合治理工程，继续实施沿海防护林工程。完善森林生态效益补偿基金制度，探索建立草原生态补偿机制。加快实施退牧还草工程。加强森林草原防火工作。加快长江、黄河上中游和西南石灰岩等地区水土流失治理，启动坡耕地水土流失综合整治工程。加强农村环境保护，减少农业面源污染，搞好江河湖海的水污染治理。

三、推进农业科技创新，强化建设现代农业的科技支撑

科技进步是突破资源和市场对我国农业双重制约的根本出路。必须着眼增强农业科技自主创新能力，加快农业科技成果转化应用，提高科技对农业增长的贡献率，促进农业集约生产、清洁生产、安全生产和可持续发展。

（一）加强农业科技创新体系建设

大幅度增加农业科研投入，加强国家基地、区域性农业科研中心创新能力建设。启动农业行业科研专项，支持农业科技项目。着力扶持对现代农业建设有重要支撑作用的技术研发。继续安排农业科技成果转化资金和国外先进农业技术引进资金。加快推进农业技术成果的集成创新和中试熟化。深化农业科研院所改革，开展稳定支持农业科研院所的试点工作，逐步提高农业科研院所的人均事业费水平。建立鼓励科研人员科技创新的激励机制。充分发挥大专院校在农业科技研究中的作用。引导涉农企业开展技术创新活动，企业与科研单位进行农业技术合作、向基地农户推广农业新品种新技术所发生的有关费用，享受企业所得税的相关优惠政策。对于涉农企业符合国家产业政策和有关规定引进的加工生产设备，允许免征进口关税和进口环节增值税。

（二）推进农业科技进村入户

积极探索农业科技成果进村入户的有效机制和办法，形成以技术指导员为纽带，以示范户为核心，连接周边农户的技术传播网络。继续加强基层农业技术推广体系建设，健全公益性职能经费保障机制，改善推广条件，提高人员素质。推进农科教结合，发挥农业院校在农业技术推广中的积极作用。增大国家富民强县科技专项资金规模，提高基层农业科技成果转化能力。继续支持重大农业技术推广，加快实施科技入户工程。着力培育科技大户，发挥对农民的示范带动作用。

（三）大力推广资源节约型农业技术

要积极开发运用各种节约型农业技术，提高农业资源和投入品使用效率。大力普及节水灌溉技术，启动旱作节水农业示范工程。扩大测土配方施肥的实施范围和补贴规模，进一步推广诊断施肥、精准施肥等先进施肥技术。改革农业耕作制度和种植方式，开展免耕栽培技术推广补贴试点，加快普及农作物精量半精量播种技术。积极推广集约、高效、生态畜禽水产养殖技术，降低饲料消耗和能源消耗。

（四）积极发展农业机械化

要改善农机装备结构，提升农机装备水平，走符合国情、符合各地实际的农业机械化发展道路。加快粮食生产机械化进程，因地制宜地拓展农业机械化的作业和服务领域，在重点农时季节组织开展跨区域的机耕、机播、机收作业服务。建设农机化试验示范基地，大力推广水稻插秧、土地深松、化肥深施、秸秆粉碎还田等农机化技术。鼓励农业生产经营者共同使用、合作经营农业机械，积极培育和发展农机大户和农机专业服务组织，推进农机服务市场化、产业化。加强农机安全监理工作。

（五）加快农业信息化建设

用信息技术装备农业，对于加速改造传统农业具有重要意义。健全农业信息收集和发布制度，整合涉农信息资源，推动农业信息数据收集整理规范化、标准化。加强信息服务平台建设，深入实施"金农"工程，建立国家、省、市、县四级农业信息网络互联中心。加快建设一批标

准统一、实用性强的公用农业数据库。加强农村一体化的信息基础设施建设，创新服务模式，启动农村信息化示范工程。积极发挥气象为农业生产和农民生活服务的作用。鼓励有条件的地方在农业生产中积极采用全球卫星定位系统、地理信息系统、遥感和管理信息系统等技术。

四、开发农业多种功能，健全发展现代农业的产业体系

农业不仅具有食品保障功能，而且具有原料供给、就业增收、生态保护、观光休闲、文化传承等功能。建设现代农业，必须注重开发农业的多种功能，向农业的广度和深度进军，促进农业结构不断优化升级。

（一）促进粮食稳定发展

继续坚持立足国内保障粮食基本自给的方针，逐步构建供给稳定、调控有力、运转高效的粮食安全保障体系。2007年，要努力稳定粮食播种面积，提高单产、优化品种、改善品质。继续实施优质粮食产业、种子、植保和粮食丰产科技等工程。推进粮食优势产业带建设，鼓励有条件的地方适度发展连片种植，加大对粮食加工转化的扶持力度。支持粮食主产区发展粮食生产和促进经济增长，水利建设、中低产田改造和农产品加工转化等资金和项目安排，要向粮食主产区倾斜。加强对粮食生产、消费、库存及进出口的监测和调控，建立和完善粮食安全预警系统，维护国内粮食市场稳定。

（二）发展健康养殖业

健康养殖直接关系人民群众的生命安全。转变养殖观念，调整养殖模式，做大做强畜牧产业。按照预防为主、关口前移的要求，积极推行健康养殖方式，加强饲料安全管理，从源头上把好养殖产品质量安全关。牧区要积极推广舍饲半舍饲饲养，农区有条件的要发展规模养殖和畜禽养殖小区。扩大对养殖小区的补贴规模，继续安排奶牛良种补贴资金。加大动物疫病防控投入力度，加强基层兽医队伍建设，健全重大动物疫情监测和应急处置机制，建立和完善动物标识及疫病可追溯体系。水产养殖业要推广优良品种，加强水产养殖品种病害防治，提高健康养殖水平。

（三）大力发展特色农业

要立足当地自然和人文优势，培育主导产品，优化区域布局。适应人们日益多样化的物质文化需求，因地制宜地发展特而专、新而奇、精而美的各种物质、非物质产品和产业，特别要重视发展园艺业、特种养殖业和乡村旅游业。通过规划引导、政策支持、示范带动等办法，支持"一村一品"发展。加快培育一批特色明显、类型多样、竞争力强的专业村、专业乡镇。

（四）扶持农业产业化龙头企业发展

龙头企业是引导农民发展现代农业的重要带动力量。通过贴息补助、投资参股和税收优惠等政策，支持农产品加工业发展。中央和省级财政要专门安排扶持农产品加工的补助资金，支持龙头企业开展技术引进和技术改造。完善农产品加工业增值税政策，减轻农产品加工企业税负。落实扶持农业产业化经营的各项政策，各级财政要逐步增加对农业产业化的资金投入。农业综合开发资金要积极支持农业产业化发展。金融机构要加大对龙头企业的信贷支持，重点解决农产品收购资金困难问题。有关部门要加强对龙头企业的指导和服务。

（五）推进生物质产业发展

以生物能源、生物基产品和生物质原料为主要内容的生物质产业，是拓展农业功能、促进资源高效利用的朝阳产业。加快开发以农作物秸秆等为主要原料的生物质燃料、肥料、饲料，启动农作物秸秆生物气化和固化成型燃料试点项目，支持秸秆饲料化利用。加强生物质产业技术研

发、示范、储备和推广，组织实施农林生物质科技工程。鼓励有条件的地方利用荒山、荒地等资源，发展生物质原料作物种植。加快制定有利于生物质产业发展的扶持政策。

五、健全农村市场体系，发展适应现代农业要求的物流产业

发达的物流产业和完善的市场体系，是现代农业的重要保障。必须强化农村流通基础设施建设，发展现代流通方式和新型流通业态，培育多元化、多层次的市场流通主体，构建开放统一、竞争有序的市场体系。

（一）建设农产品流通设施和发展新型流通业态

采取优惠财税措施，支持农村流通基础设施建设和物流企业发展。要合理布局，加快建设一批设施先进、功能完善、交易规范的鲜活农产品批发市场。大力发展农村连锁经营、电子商务等现代流通方式。加快建设"万村千乡市场"、"双百市场"、"新农村现代流通网络"和"农村商务信息服务"等工程。支持龙头企业、农民专业合作组织等直接向城市超市、社区菜市场和便利店配送农产品。积极支持农资超市和农家店建设，对农资和农村日用消费品连锁经营，实行企业总部统一办理工商注册登记和经营审批手续。切实落实鲜活农产品运输绿色通道政策。改善农民进城销售农产品的市场环境。进一步规范和完善农产品期货市场，充分发挥引导生产、稳定市场、规避风险的作用。

（二）加强农产品质量安全监管和市场服务

认真贯彻农产品质量安全法，提高农产品质量安全监管能力。加快完善农产品质量安全标准体系，建立农产品质量可追溯制度。在重点地区、品种、环节和企业，加快推行标准化生产和管理。实行农药、兽药专营和添加剂规范使用制度，实施良好农业操作规范试点。继续加强农产品生产环境和产品质量检验检测，搞好无公害农产品、绿色食品、有机食品认证，依法保护农产品注册商标、地理标志和知名品牌。严格执行转基因食品、液态奶等农产品标识制度。加强农业领域知识产权保护。启动实施农产品质量安全检验检测体系建设规划。加强对农资生产经营和农村食品药品质量安全监管，探索建立农资流通企业信用档案制度和质量保障赔偿机制。

（三）加强农产品进出口调控

加快实施农业"走出去"战略。加强农产品出口基地建设，实行企业出口产品卫生注册制度和国际认证，推进农产品检测结果国际互认。支持农产品出口企业在国外市场注册品牌，开展海外市场研究、营销策划、产品推介活动。有关部门和行业协会要积极开展农产品技术标准、国际市场促销等培训服务。搞好对农产品出口的信贷和保险服务。减免出口农产品检验检疫费用，简化检验检疫程序，加快农产品特别是鲜活产品出口的通关速度。加强对大宗农产品进口的调控和管理，保护农民利益，维护国内生产和市场稳定。

（四）积极发展多元化市场流通主体

加快培育农村经纪人、农产品运销专业户和农村各类流通中介组织。采取财税、金融等措施，鼓励各类工商企业通过收购、兼并、参股和特许经营等方式，参与农村市场建设和农产品、农资经营，培育一批大型涉农商贸企业集团。供销合作社要推进开放办社，发展联合与合作，提高经营活力和市场竞争力。邮政系统要发挥邮递物流网络的优势，拓展为农服务领域。国有粮食企业要加快改革步伐，发挥衔接产销、稳定市场的作用。商贸、医药、通信、文化等企业要积极开拓农村市场。

六、培养新型农民,造就建设现代农业的人才队伍

建设现代农业,最终要靠有文化、懂技术、会经营的新型农民。必须发挥农村的人力资源优势,大幅度增加人力资源开发投入,全面提高农村劳动者素质,为推进新农村建设提供强大的人才智力支持。

(一)培育现代农业经营主体

普遍开展农业生产技能培训,扩大新型农民科技培训工程和科普惠农兴村计划规模,组织实施新农村实用人才培训工程,努力把广大农户培养成有较强市场意识、有较高生产技能、有一定管理能力的现代农业经营者。积极发展种养专业大户、农民专业合作组织、龙头企业和集体经济组织等各类适应现代农业发展要求的经营主体。采取各类支持政策,鼓励外出务工农民带技术、带资金回乡创业,成为建设现代农业的带头人。支持工商企业、大专院校和中等职业学校毕业生、乡土人才创办现代农业企业。

(二)加强农民转移就业培训和权益保护

加大"阳光工程"等农村劳动力转移就业培训支持力度,进一步提高补贴标准,充实培训内容,创新培训方式,完善培训机制。适应制造业发展需要,从农民工中培育一批中高级技工。鼓励用工企业和培训机构开展定向、订单培训。组织动员社会力量广泛参与农民转移就业培训。按照城乡统一、公平就业的要求,进一步完善农民外出就业的制度保障。做好农民工就业的公共服务工作,加快解决农民工的子女上学、工伤、医疗和养老保障等问题,切实提高农民工的生活质量和社会地位。

(三)加快发展农村社会事业

这是增强农民综合素质的必然要求,也是构建社会主义和谐社会的重要内容。继续改善农村办学条件,促进城乡义务教育均衡发展。2007年全国农村义务教育阶段学生全部免除学杂费,对家庭经济困难学生免费提供教科书并补助寄宿生生活费,有条件的地方可扩大免、补实施范围。加快发展农村职业技术教育和农村成人教育,扩大职业教育面向农村的招生规模。加大对大专院校和中等职业学校农林类专业学生的助学力度,有条件的地方可减免种植、养殖专业学生的学费。努力扫除农村青壮年文盲。继续扩大新型农村合作医疗制度试点范围,加强规范管理,扩大农民受益面,并不断完善农村医疗救助制度。加强农村计划生育工作,全面推行农村计划生育家庭奖励扶助政策,加大少生快富工程实施力度。增加农村文化事业投入,加强农村公共文化服务体系建设,加快广播电视"村村通"和农村文化信息资源共享工程建设步伐。

(四)提高农村公共服务人员能力

建立农村基层干部、农村教师、乡村医生、计划生育工作者、基层农技推广人员及其他与农民生产生活相关服务人员的培训制度,加强在岗培训,提高服务能力。进一步转换乡镇事业单位用人机制,积极探索由受益农民参与基层服务人员业绩考核评定的相关办法。加大城市教师、医务人员、文化工作者支援农村的力度,完善鼓励大专院校和中等职业学校毕业生到农村服务的有关办法,引导他们到农村创业。有条件的地方,可选拔大专院校和中等职业学校毕业生到乡村任职,改善农村基层干部队伍结构。

七、深化农村综合改革,创新推动现代农业发展的体制机制

深化农村综合改革,是巩固农村税费改革成果、推进现代农业建设的客观要求。必须加快改

革步伐，为建设现代农业提供体制机制保障。

（一）深化农村综合改革

有条件的地方要在全省范围内开展乡镇机构改革试点，暂不具备条件的省份要进一步扩大市、县试点范围，从乡村实际出发转变乡镇政府职能，完善农村基层行政管理体制和工作机制，提高农村公共服务水平。认真落实农村义务教育经费保障机制改革措施，搞好教育人事制度改革，加强农村教师队伍建设。建立健全财力与事权相匹配的省以下财政管理体制，进一步完善财政转移支付制度，增强基层政府公共产品和公共服务的供给能力。中央和省级财政要安排一定资金，对地方推进农村综合改革给予奖励补助。

（二）统筹推进农村其他改革

进一步发挥中国农业银行、中国农业发展银行在农村金融中的骨干作用和支柱作用，继续深化农村信用社改革，尽快明确县域内各金融机构新增存款投放当地的比例，引导邮政储蓄等资金返还农村，大力发展农村小额贷款，在贫困地区先行开展发育农村多种所有制金融组织的试点。坚持农村基本经营制度，稳定土地承包关系，规范土地承包经营权流转，加快征地制度改革。稳定渔民的水域滩涂养殖使用权。加快推进农村集体林权制度改革，明晰林地使用权和林木所有权，放活经营权，落实处置权，继续搞好国有林区林权制度改革试点。积极搞好水权制度改革，探索建立水权分配、登记、转让等各项管理制度。继续推进农垦体制改革，转换企业经营机制，发挥农垦企业在现代农业建设中的示范带动作用。

（三）清理化解乡村债务

全面清理核实乡村债务，摸清底数，锁定旧债，制止发生新债，积极探索化解债务的措施和办法，优先化解农村义务教育、基础设施建设和社会公益事业发展等方面的债务。各地要妥善处理好历年农业税尾欠，在严格把握政策和加强审核的前提下，该减免的要坚决减免，能豁免的应予以豁免。中央和省级财政要安排一定奖励资金，鼓励地方主动化解乡村债务。

（四）大力发展农民专业合作组织

认真贯彻农民专业合作社法，支持农民专业合作组织加快发展。各地要加快制定推动农民专业合作社发展的实施细则，有关部门要抓紧出台具体登记办法、财务会计制度和配套支持措施。要采取有利于农民专业合作组织发展的税收政策和金融政策，增大农民专业合作社建设示范项目资金规模，着力支持农民专业合作组织开展市场营销、信息服务、技术培训、农产品加工储藏和农资采购经营。

八、加强党对农村工作的领导，确保现代农业建设取得实效

党管农村工作是我们党的一个传统和重大原则，也是建设现代农业、推进社会主义新农村建设的根本保证。全党要高度重视"三农"工作，把建设现代农业作为一件大事列入重要议事日程，切实抓紧抓好。要适应农村经济社会深刻变化的新形势，调整工作思路，转变工作作风，改进工作方法。

（一）各级党委和政府要坚持不懈抓好"三农"工作

各级党政主要领导要亲自抓"三农"工作，省、市、县党委要有负责同志分管"三农"工作。充实和加强"三农"工作综合机构，贯彻落实好党的支农惠农政策。各部门要树立全局观念，强化服务意识，更加积极主动地支持现代农业建设。各级领导干部要转变作风，深入乡村、深入群众，帮助基层解决实际问题。要进一步细分地域类型，细化工作措施，更有针对性地搞好

分类指导。加强农村基层组织建设,巩固和发展农村保持共产党员先进性教育活动成果。继续开展农村党的建设"三级联创"活动,选好配强乡村党组织领导班子,加强以村党组织为核心的村级组织配套建设。加快推进农村党员干部现代远程教育工程,大力推进村级组织活动场所建设。积极探索从优秀村干部中考录乡镇公务员、选任乡镇领导干部的有效途径,关心村干部的工作和生活,合理提高村干部的待遇和保障水平。加强农村基层党风廉政建设,增强农村基层党组织的创造力、凝聚力、战斗力。

(二)加强和改进农村社会管理

针对农村经济社会发展的新变化,要创新农村社会管理体制机制,切实加强维护农村社会稳定工作。拓宽农村社情民意表达渠道,建立健全矛盾纠纷的排查调处机制,综合运用多种手段和办法,妥善解决农村社会的苗头性、倾向性问题。深入开展平安农村建设,加强农村警务建设,搞好农村社会治安综合治理,保持农村安定有序。在农村广泛开展法制宣传教育,增强群众的法律意识,引导农民以理性合法的方式表达利益诉求,依法行使权利、履行义务。建立农村应急管理体制,提高危机处置能力。

(三)促进农村和谐发展

健全村党组织领导的充满活力的村民自治机制,完善村务公开制度,促进农村基层民主健康发展。加强农村精神文明建设,开展以"八荣八耻"为主要内容的社会主义荣辱观教育,推进群众性精神文明创建活动,引导农民崇尚科学、抵制迷信、移风易俗。加大对中西部地区特别是老少边穷地区发展社会事业、改善生产生活条件的支持力度。继续搞好开发式扶贫,实行整村推进扶贫方式,分户制定更有针对性的扶贫措施,提高扶贫开发成效。在全国范围建立农村最低生活保障制度,各地应根据当地经济发展水平和财力状况,确定低保对象范围、标准,鼓励已建立制度的地区完善制度,支持未建立制度的地区建立制度,中央财政对财政困难地区给予适当补助。有条件的地方,可探索建立多种形式的农村养老保险制度。高度重视农村残疾人事业,妥善解决外出务工农民家庭的实际困难。做好农村消防及其他安全工作,坚决制止污染企业向农村扩散,强化对各类地质灾害的监控,做好救灾救济工作,切实增强群众安全感。

加快建设现代农业,推进社会主义新农村建设,意义重大,任务艰巨。我们要紧密团结在以胡锦涛同志为总书记的党中央周围,高举邓小平理论和"三个代表"重要思想伟大旗帜,全面落实科学发展观,坚定信心,扎实苦干,奋力开拓,为构建社会主义和谐社会作出新的贡献。

来源:http://politics.people.com.cn/GB/1026/5341708.html

11. 中共中央 国务院关于推进社会主义新农村建设的若干意见

中共中央 国务院关于推进社会主义新农村建设的若干意见
2005年12月31日

党的十六届五中全会通过的《中共中央关于制定国民经济和社会发展第十一个五年规划的

建议》，明确了今后 5 年我国经济社会发展的奋斗目标和行动纲领，提出了建设社会主义新农村的重大历史任务，为做好当前和今后一个时期的"三农"工作指明了方向。

近几年，党中央、国务院以科学发展观统领经济社会发展全局，按照统筹城乡发展的要求，采取了一系列支农惠农的重大政策。各地区各部门认真落实中央部署，切实加强"三农"工作，农业和农村发展出现了积极变化，迎来了新的发展机遇。粮食连续两年较大幅度增产，农业结构调整向纵深推进，农民收入较快增长，农村税费改革取得重大成果，社会事业进一步发展，农村基层组织建设得到加强，干群关系明显改善。农业和农村发展的好形势，对保持国民经济平稳较快增长和社会稳定，发挥了重要的支撑作用。但必须看到，当前农业和农村发展仍然处在艰难的爬坡阶段，农业基础设施脆弱、农村社会事业发展滞后、城乡居民收入差距扩大的矛盾依然突出，解决好"三农"问题仍然是工业化、城镇化进程中重大而艰巨的历史任务。各级党委和政府必须按照党的十六届五中全会的战略部署，始终把"三农"工作放在重中之重，切实把建设社会主义新农村的各项任务落到实处，加快农村全面小康和现代化建设步伐。

一、统筹城乡经济社会发展，扎实推进社会主义新农村建设

（1）建设社会主义新农村是我国现代化进程中的重大历史任务。全面建设小康社会，最艰巨最繁重的任务在农村。加速推进现代化，必须妥善处理工农城乡关系。构建社会主义和谐社会，必须促进农村经济社会全面进步。农村人口众多是我国的国情，只有发展好农村经济，建设好农民的家园，让农民过上宽裕的生活，才能保障全体人民共享经济社会发展成果，才能不断扩大内需和促进国民经济持续发展。当前，我国总体上已进入以工促农、以城带乡的发展阶段，初步具备了加大力度扶持"三农"的能力和条件。"十一五"时期，必须抓住机遇，加快改变农村经济社会发展滞后的局面，扎实稳步推进社会主义新农村建设。

（2）围绕社会主义新农村建设做好农业和农村工作。"十一五"时期是社会主义新农村建设打下坚实基础的关键时期，是推进现代农业建设迈出重大步伐的关键时期，是构建新型工农城乡关系取得突破进展的关键时期，也是农村全面建设小康加速推进的关键时期。"十一五"时期要高举邓小平理论和"三个代表"重要思想伟大旗帜，全面贯彻落实科学发展观，统筹城乡经济社会发展，实行工业反哺农业、城市支持农村和"多予少取放活"的方针，按照"生产发展、生活宽裕、乡风文明、村容整洁、管理民主"的要求，协调推进农村经济建设、政治建设、文化建设、社会建设和党的建设。当前，要完善强化支农政策，建设现代农业，稳定发展粮食生产，积极调整农业结构，加强基础设施建设，加强农村民主政治建设和精神文明建设，加快社会事业发展，推进农村综合改革，促进农民持续增收，确保社会主义新农村建设有良好开局。

（3）扎实稳步推进社会主义新农村建设。推进新农村建设是一项长期而繁重的历史任务，必须坚持以发展农村经济为中心，进一步解放和发展农村生产力，促进粮食稳定发展、农民持续增收；必须坚持农村基本经营制度，尊重农民的主体地位，不断创新农村体制机制；必须坚持以人为本，着力解决农民生产生活中最迫切的实际问题，切实让农民得到实惠；必须坚持科学规划，实行因地制宜、分类指导，有计划有步骤有重点地逐步推进；必须坚持发挥各方面积极性，依靠农民辛勤劳动、国家扶持和社会力量的广泛参与，使新农村建设成为全党全社会的共同行动。在推进新农村建设工作中，要注重实效，不搞形式主义；要量力而行，不盲目攀比；要民主商议，不强迫命令；要突出特色，不强求一律；要引导扶持，不包办代替。

（4）加快建立以工促农、以城带乡的长效机制。顺应经济社会发展阶段性变化和建设社会主义新农村的要求，坚持"多予少取放活"的方针，重点在"多予"上下功夫。调整国民收入

分配格局，国家财政支出、预算内固定资产投资和信贷投放，要按照存量适度调整、增量重点倾斜的原则，不断增加对农业和农村的投入。扩大公共财政覆盖农村的范围，建立健全财政支农资金稳定增长机制。2006年，国家财政支农资金增量要高于上年，国债和预算内资金用于农村建设的比重要高于上年，其中直接用于改善农村生产生活条件的资金要高于上年，并逐步形成新农村建设稳定的资金来源。要把国家对基础设施建设投入的重点转向农村。提高耕地占用税税率，新增税收应主要用于"三农"。抓紧制定将土地出让金一部分收入用于农业土地开发的管理和监督办法，依法严格收缴土地出让金和新增建设用地有偿使用费，土地出让金用于农业土地开发的部分和新增建设用地有偿使用费安排的土地开发整理项目，都要将小型农田水利设施建设作为重要内容，建设标准农田。进一步加大支农资金整合力度，提高资金使用效率。金融机构要不断改善服务，加强对"三农"的支持。要加快建立有利于逐步改变城乡二元结构的体制，实行城乡劳动者平等就业的制度，建立健全与经济发展水平相适应的多种形式的农村社会保障制度。充分发挥市场配置资源的基础性作用，推进征地、户籍等制度改革，逐步形成城乡统一的要素市场，增强农村经济发展活力。

二、推进现代农业建设，强化社会主义新农村建设的产业支撑

（5）大力提高农业科技创新和转化能力。深化农业科研体制改革，加快建设国家创新基地和区域性农业科研中心，在机构设置、人员聘任和投资建设等方面实行新的运行机制。鼓励企业建立农业科技研发中心，国家在财税、金融和技术改造等方面给予扶持。改善农业技术创新的投资环境，发展农业科技创新风险投资。加强农业高技术研究，继续实施现代农业高技术产业化项目，尽快取得一批具有自主知识产权的重大农业科技成果。针对农业生产的迫切需要，加快农作物和畜禽良种繁育、动植物疫病防控、节约资源和防治污染技术的研发、推广。把农业科研投入放在公共财政支持的优先位置，提高农业科技在国家科技投入中的比重。继续安排农业科技成果转化资金和国外先进农业技术引进资金。加强种质资源和知识产权保护。要加快农业技术推广体系改革和建设，积极探索对公益性职能与经营性服务实行分类管理的办法，完善农技推广的社会化服务机制。深入实施农业科技入户工程，扩大重大农业技术推广项目专项补贴规模。鼓励各类农科教机构和社会力量参与多元化的农技推广服务。加强气象为农业服务，保障农业生产和农民生命财产安全。大力推进农业机械化，提高重要农时、重点作物、关键生产环节和粮食主产区的机械化作业水平。

（6）加强农村现代流通体系建设。积极推进农产品批发市场升级改造，促进入市农产品质量等级化、包装规格化。鼓励商贸企业、邮政系统和其他各类投资主体通过新建、兼并、联合、加盟等方式，在农村发展现代流通业。积极发展农产品、农业生产资料和消费品连锁经营，建立以集中采购、统一配送为核心的新型营销体系，改善农村市场环境。继续实施"万村千乡市场工程"，建设连锁化"农家店"。培育和发展农村经纪人队伍。加快农业标准化工作，健全检验检测体系，强化农业生产资料和饲料质量管理，进一步提高农产品质量安全水平。供销合作社要创新服务方式，广泛开展联合、合作经营，加快现代经营网络建设，为农产品流通和农民生产生活资料供应提供服务。2006年要完善全国鲜活农产品"绿色通道"网络，实现省际互通。

（7）稳定发展粮食生产。确保国家粮食安全是保持国民经济平稳较快增长和社会稳定的重要基础。必须坚持立足国内实现粮食基本自给的方针，稳定发展粮食生产，持续增加种粮收益，不断提高生产能力，适度利用国际市场，积极保持供求平衡。坚决落实最严格的耕地保护制度，切实保护基本农田，保护农民的土地承包经营权。继续实施优质粮食产业工程和粮食丰产科技工

程，加快建设大型商品粮生产基地和粮食产业带，稳定粮食播种面积，不断提高粮食单产、品质和生产效益。坚持和完善重点粮食品种最低收购价政策，保持合理的粮价水平，加强农业生产资料价格调控，保护种粮农民利益。继续执行对粮食主产县的奖励政策，增加中央财政对粮食主产县的奖励资金。

（8）积极推进农业结构调整。按照高产、优质、高效、生态、安全的要求，调整优化农业结构。加快建设优势农产品产业带，积极发展特色农业、绿色食品和生态农业，保护农产品知名品牌，培育壮大主导产业。继续实施种子工程。大力发展畜牧业，扩大畜禽良种补贴规模，推广健康养殖方式，安排专项投入支持标准化畜禽养殖小区建设试点。要加强动物疫病特别是禽流感等重大疫病防控的基础设施建设，完善突发疫情应急机制，加快推进兽医管理体制改革，稳定基层兽医队伍。积极发展水产业，扩大优质水产品养殖，发展远洋渔业，保护渔业资源，继续做好渔民转产转业工作。提高农产品国际竞争力，扩大园艺、畜牧、水产等优势农产品出口，加强农产品对外贸易磋商，提高我国农业应对国际贸易争端的能力。

（9）发展农业产业化经营。要着力培育一批竞争力、带动力强的龙头企业和企业集群示范基地，推广龙头企业、合作组织与农户有机结合的组织形式，让农民从产业化经营中得到更多的实惠。各级财政要增加扶持农业产业化发展资金，支持龙头企业发展，并可通过龙头企业资助农户参加农业保险。发展大宗农产品期货市场和"订单农业"。通过创新信贷担保手段和担保办法，切实解决龙头企业收购农产品资金不足的问题。开展农产品精深加工增值税改革试点。积极引导和支持农民发展各类专业合作经济组织，加快立法进程，加大扶持力度，建立有利于农民合作经济组织发展的信贷、财税和登记等制度。

（10）加快发展循环农业。要大力开发节约资源和保护环境的农业技术，重点推广废弃物综合利用技术、相关产业链接技术和可再生能源开发利用技术。制定相应的财税鼓励政策，组织实施生物质工程，推广秸秆气化、固化成型、发电、养畜等技术，开发生物质能源和生物基材料，培育生物质产业。积极发展节地、节水、节肥、节药、节种的节约型农业，鼓励生产和使用节电、节油农业机械和农产品加工设备，努力提高农业投入品的利用效率。加大力度防治农业面源污染。

三、促进农民持续增收，夯实社会主义新农村建设的经济基础

（11）拓宽农民增收渠道。要充分挖掘农业内部增收潜力，按照国内外市场需求，积极发展品质优良、特色明显、附加值高的优势农产品，推进"一村一品"，实现增值增效。要加快转移农村劳动力，不断增加农民的务工收入。鼓励和支持符合产业政策的乡镇企业发展，特别是劳动密集型企业和服务业。着力发展县城和在建制的重点镇，从财政、金融、税收和公共品投入等方面为小城镇发展创造有利条件，外来人口较多的城镇要从实际出发，完善社会管理职能。要着眼兴县富民，着力培育产业支撑，大力发展民营经济，引导企业和要素集聚，改善金融服务，增强县级管理能力，发展壮大县域经济。

（12）保障务工农民的合法权益。进一步清理和取消各种针对务工农民流动和进城就业的歧视性规定和不合理限制。建立健全城乡就业公共服务网络，为外出务工农民免费提供法律政策咨询、就业信息、就业指导和职业介绍。严格执行最低工资制度，建立工资保障金等制度，切实解决务工农民工资偏低和拖欠问题。完善劳动合同制度，加强务工农民的职业安全卫生保护。逐步建立务工农民社会保障制度，依法将务工农民全部纳入工伤保险范围，探索适合务工农民特点的大病医疗保障和养老保险办法。认真解决务工农民的子女上学问题。

（13）稳定、完善、强化对农业和农民的直接补贴政策。要加强国家对农业和农民的支持保护体系。对农民实行的"三减免、三补贴"和退耕还林补贴等政策，深受欢迎，效果明显，要继续稳定、完善和强化。2006年，粮食主产区要将种粮直接补贴的资金规模提高到粮食风险基金的50%以上，其他地区也要根据实际情况加大对种粮农民的补贴力度。增加良种补贴和农机具购置补贴。适应农业生产和市场变化的需要，建立和完善对种粮农民的支持保护制度。

（14）加强扶贫开发工作。要因地制宜地实行整村推进的扶贫开发方式，加大力度改善贫困地区的生产生活条件，抓好贫困地区劳动力的转移培训，扶持龙头企业带动贫困地区调整结构，拓宽贫困农户增收渠道。对缺乏生存条件地区的贫困人口实行易地扶贫。继续增加扶贫投入，完善管理机制，提高使用效益。继续动员中央和国家机关、沿海发达地区和社会各界参与扶贫开发事业。切实做好贫困缺粮地区的粮食供应工作。

四、加强农村基础设施建设，改善社会主义新农村建设的物质条件

（15）大力加强农田水利、耕地质量和生态建设。在搞好重大水利工程建设的同时，不断加强农田水利建设。加快发展节水灌溉，继续把大型灌区续建配套和节水改造作为农业固定资产投资的重点。加大大型排涝泵站技术改造力度，配套建设田间工程。大力推广节水技术。实行中央和地方共同负责，逐步扩大中央和省级小型农田水利补助专项资金规模。切实抓好以小型灌区节水改造、雨水集蓄利用为重点的小型农田水利工程建设和管理。继续搞好病险水库除险加固，加强中小河流治理。要大力加强耕地质量建设，实施新一轮沃土工程，科学施用化肥，引导增施有机肥，全面提升地力。增加测土配方施肥补贴，继续实施保护性耕作示范工程和土壤有机质提升补贴试点。农业综合开发要重点支持粮食主产区改造中低产田和中型灌区节水改造。按照建设环境友好型社会的要求，继续推进生态建设，切实搞好退耕还林、天然林保护等重点生态工程，稳定完善政策，培育后续产业，巩固生态建设成果。继续推进退牧还草、山区综合开发。建立和完善生态补偿机制。做好重大病虫害防治工作，采取有效措施防止外来有害生物入侵。加强荒漠化治理，积极实施石漠化地区和东北黑土区等水土流失综合防治工程。建立和完善水电、采矿等企业的环境恢复治理责任机制，从水电、矿产等资源的开发收益中，安排一定的资金用于企业所在地环境的恢复治理，防止水土流失。

（16）加快乡村基础设施建设。要着力加强农民最急需的生活基础设施建设。在巩固人畜饮水解困成果基础上，加快农村饮水安全工程建设，优先解决高氟、高砷、苦咸、污染水及血吸虫病区的饮水安全问题。有条件的地方，可发展集中式供水，提倡饮用水和其他生活用水分质供水。要加快农村能源建设步伐，在适宜地区积极推广沼气、秸秆气化、小水电、太阳能、风力发电等清洁能源技术。从2006年起，大幅度增加农村沼气建设投资规模，有条件的地方，要加快普及户用沼气，支持养殖场建设大中型沼气。以沼气池建设带动农村改圈、改厕、改厨。尽快完成农村电网改造的续建配套工程。加强小水电开发规划和管理，扩大小水电代燃料试点规模。要进一步加强农村公路建设，到"十一五"期末基本实现全国所有乡镇通油（水泥）路，东、中部地区所有具备条件的建制村通油（水泥）路，西部地区基本实现具备条件的建制村通公路。要积极推进农业信息化建设，充分利用和整合涉农信息资源，强化面向农村的广播电视电信等信息服务，重点抓好"金农"工程和农业综合信息服务平台建设工程。引导农民自愿出资出劳，开展农村小型基础设施建设，有条件的地方可采取以奖代补、项目补助等办法给予支持。按照建管并重的原则，逐步把农村公路等公益性基础设施的管护纳入国家支持范围。

（17）加强村庄规划和人居环境治理。随着生活水平提高和全面建设小康社会的推进，农民

迫切要求改善农村生活环境和村容村貌。各级政府要切实加强村庄规划工作，安排资金支持编制村庄规划和开展村庄治理试点；可从各地实际出发制定村庄建设和人居环境治理的指导性目录，重点解决农民在饮水、行路、用电和燃料等方面的困难，凡符合目录的项目，可给予资金、实物等方面的引导和扶持。加强宅基地规划和管理，大力节约村庄建设用地，向农民免费提供经济安全适用、节地节能节材的住宅设计图样。引导和帮助农民切实解决住宅与畜禽圈舍混杂问题，搞好农村污水、垃圾治理，改善农村环境卫生。注重村庄安全建设，防止山洪、泥石流等灾害对村庄的危害，加强农村消防工作。村庄治理要突出乡村特色、地方特色和民族特色，保护有历史文化价值的古村落和古民宅。要本着节约原则，充分立足现有基础进行房屋和设施改造，防止大拆大建，防止加重农民负担，扎实稳步地推进村庄治理。

五、加快发展农村社会事业，培养推进社会主义新农村建设的新型农民

（18）加快发展农村义务教育。着力普及和巩固农村九年制义务教育。2006年对西部地区农村义务教育阶段学生全部免除学杂费，对其中的贫困家庭学生免费提供课本和补助寄宿生生活费，2007年在全国农村普遍实行这一政策。继续实施国家西部地区"两基攻坚"工程和农村中小学现代远程教育工程。建立健全农村义务教育经费保障机制，进一步改善农村办学条件，逐步提高农村中小学公用经费的保障水平。加强农村教师队伍建设，加大城镇教师支援农村教育的力度，促进城乡义务教育均衡发展。加大力度监管和规范农村学校收费，进一步减轻农民的教育负担。

（19）大规模开展农村劳动力技能培训。提高农民整体素质，培养造就有文化、懂技术、会经营的新型农民，是建设社会主义新农村的迫切需要。继续支持新型农民科技培训，提高农民务农技能，促进科学种田。扩大农村劳动力转移培训阳光工程实施规模，提高补助标准，增强农民转产转岗就业的能力。加快建立政府扶助、面向市场、多元办学的培训机制。各级财政要将农村劳动力培训经费纳入预算，不断增加投入。整合农村各种教育资源，发展农村职业教育和成人教育。

（20）积极发展农村卫生事业。积极推进新型农村合作医疗制度试点工作，从2006年起，中央和地方财政较大幅度提高补助标准，到2008年在全国农村基本普及新型农村合作医疗制度。各级政府要不断增加投入，加强以乡镇卫生院为重点的农村卫生基础设施建设，健全农村三级医疗卫生服务和医疗救助体系。有条件的地方，可对乡村医生实行补助制度。建立与农民收入水平相适应的农村药品供应和监管体系，规范农村医疗服务。加大农村地方病、传染病和人畜共患疾病的防治力度。增加农村卫生人才培养的经费预算，组织城镇医疗机构和人员对口支持农村，鼓励各种社会力量参与发展农村卫生事业。加强农村计划生育服务设施建设，继续稳定农村低生育水平。

（21）繁荣农村文化事业。各级财政要增加对农村文化发展的投入，加强县文化馆、图书馆和乡镇文化站、村文化室等公共文化设施建设，继续实施广播电视"村村通"和农村电影放映工程，发展文化信息资源共享工程农村基层服务点，构建农村公共文化服务体系。推动实施农民体育健身工程。积极开展多种形式的群众喜闻乐见、寓教于乐的文体活动，保护和发展有地方和民族特色的优秀传统文化，创新农村文化生活的载体和手段，引导文化工作者深入乡村，满足农民群众多层次、多方面的精神文化需求。扶持农村业余文化队伍，鼓励农民兴办文化产业。加强农村文化市场管理，抵制腐朽落后文化。

（22）逐步建立农村社会保障制度。按照城乡统筹发展的要求，逐步加大公共财政对农村社

会保障制度建设的投入。进一步完善农村"五保户"供养、特困户生活救助、灾民补助等社会救助体系。探索建立与农村经济发展水平相适应、与其他保障措施相配套的农村社会养老保险制度。落实军烈属优抚政策。积极扩大对农村部分计划生育家庭实行奖励扶助制度试点和西部地区计划生育"少生快富"扶贫工程实施范围。有条件的地方,要积极探索建立农村最低生活保障制度。

（23）倡导健康文明新风尚。大力弘扬以爱国主义为核心的民族精神和以改革创新为核心的时代精神,激发农民群众发扬艰苦奋斗、自力更生的传统美德,为建设社会主义新农村提供强大的精神动力和思想保证。加强思想政治工作,深入开展农村形势和政策教育,认真实施公民道德建设工程,积极推动群众性精神文明创建活动,开展和谐家庭、和谐村组、和谐村镇创建活动。引导农民崇尚科学,抵制迷信,移风易俗,破除陋习,树立先进的思想观念和良好的道德风尚,提倡科学健康的生活方式,在农村形成文明向上的社会风貌。

六、全面深化农村改革,健全社会主义新农村建设的体制保障

（24）进一步深化以农村税费改革为主要内容的农村综合改革。2006年,在全国范围取消农业税。通过试点、总结经验,积极稳妥地推进乡镇机构改革,切实转变乡镇政府职能,创新乡镇事业站所运行机制,精简机构和人员,5年内乡镇机构编制只减不增。妥善安置分流人员,确保社会稳定。要按照强化公共服务、严格依法办事和提高行政效率的要求,认真解决机构和人员臃肿的问题,切实加强政府社会管理和公共服务的职能。加快农村义务教育体制改革,建立和完善各级政府责任明确、财政分级投入、经费稳定增长、管理以县为主的农村义务教育管理体制,中央和省级政府要更多地承担发展农村义务教育的责任,深化农村学校人事和财务等制度改革。有条件的地方可加快推进"省直管县"财政管理体制和"乡财县管乡用"财政管理方式的改革。各地要对乡村债务进行清理核实,2006年选择部分县（市）开展化解乡村债务试点工作,妥善处理历年农业税尾欠,完善涉农税收优惠方式,确保农民直接受益。深化国有农场税费改革,将农业职工土地承包费中类似农村"乡镇五项统筹"的费用全部减除,农场由此减少的收入由中央和省级财政给予适当补助。国有农场要逐步剥离办社会的职能,转变经营机制,在现代农业建设中发挥示范作用。

（25）加快推进农村金融改革。巩固和发展农村信用社改革试点成果,进一步完善治理结构和运行机制。县域内各金融机构在保证资金安全的前提下,将一定比例的新增存款投放当地,支持农业和农村经济发展,有关部门要抓紧制定管理办法。扩大邮政储蓄资金的自主运用范围,引导邮政储蓄资金返还农村。调整农业发展银行职能定位,拓宽业务范围和资金来源。国家开发银行要支持农村基础设施建设和农业资源开发。继续发挥农业银行支持农业和农村经济发展的作用。在保证资本金充足、严格金融监管和建立合理有效的退出机制的前提下,鼓励在县域内设立多种所有制的社区金融机构,允许私有资本、外资等参股。大力培育由自然人、企业法人或社团法人发起的小额贷款组织,有关部门要抓紧制定管理办法。引导农户发展资金互助组织。规范民间借贷。稳步推进农业政策性保险试点工作,加快发展多种形式、多种渠道的农业保险。各地可通过建立担保基金或担保机构等办法,解决农户和农村中小企业贷款抵押担保难问题,有条件的地方政府可给予适当扶持。

（26）统筹推进农村其他改革。稳定和完善以家庭承包经营为基础、统分结合的双层经营体制,健全在依法、自愿、有偿基础上的土地承包经营权流转机制,有条件的地方可发展多种形式的适度规模经营。加快集体林权制度改革,促进林业健康发展。完善粮食流通体制,深化国有粮

食企业改革，建立产销区稳定的购销关系，加强国家对粮食市场的宏观调控。加快征地制度改革步伐，按照缩小征地范围、完善补偿办法、拓展安置途径、规范征地程序的要求，进一步探索改革经验。完善对被征地农民的合理补偿机制，加强对被征地农民的就业培训，拓宽就业安置渠道，健全对被征地农民的社会保障。推进小型农田水利设施产权制度改革。

七、加强农村民主政治建设，完善建设社会主义新农村的乡村治理机制

（27）不断增强农村基层党组织的战斗力、凝聚力和创造力。充分发挥农村基层党组织的领导核心作用，为建设社会主义新农村提供坚强的政治和组织保障。要以建设社会主义新农村为主题，在全国农村深入开展保持共产党员先进性教育活动，引导广大农村党员学习贯彻党章，坚定理想信念，坚持党的宗旨。要结合农村实际，有针对性地开展正面教育，解决党组织和党员队伍中存在的突出问题，解决影响改革发展稳定的主要问题，解决群众最关心的重点问题，务求取得实效。加强农村基层组织的阵地建设，继续搞好农村党员干部现代远程教育，加大政策理论、法律法规和实用技术培训力度，引导农村基层干部发扬求真务实、踏实苦干的工作作风，广泛联系群众，增强带领群众增收致富的能力。关心和爱护农村基层干部，继续开展农村党的建设"三级联创"活动，加强基层党风廉政建设，巩固党在农村的执政基础。充分发挥农村共青团和妇联组织的作用。

（28）切实维护农民的民主权利。健全村党组织领导的充满活力的村民自治机制，进一步完善村务公开和民主议事制度，让农民群众真正享有知情权、参与权、管理权、监督权。完善村民"一事一议"制度，健全农民自主筹资筹劳的机制和办法，引导农民自主开展农村公益性设施建设。开展村务公开民主管理示范活动，推动农村基层志愿服务活动。加强农村法制建设，深入开展农村普法教育，增强农民的法制观念，提高农民依法行使权利和履行义务的自觉性。妥善处理农村各种社会矛盾，加强农村社会治安综合治理，打击"黄赌毒"等社会丑恶现象，建设平安乡村，创造农民安居乐业的社会环境。

（29）培育农村新型社会化服务组织。在继续增强农村集体组织经济实力和服务功能、发挥国家基层经济技术服务部门作用的同时，要鼓励、引导和支持农村发展各种新型的社会化服务组织。推动农产品行业协会发展，引导农业生产者和农产品加工、出口企业加强行业自律，搞好信息服务，维护成员权益。鼓励发展农村法律、财务等中介组织，为农民发展生产经营和维护合法权益提供有效服务。

八、切实加强领导，动员全党全社会关心、支持和参与社会主义新农村建设

（30）加强对社会主义新农村建设工作的领导。推进社会主义新农村建设事关我国农业和农村的长远发展，事关改革开放和现代化建设的大局，各级党委和政府要从战略和全局的高度出发，把建设社会主义新农村作为一件大事，真正列入议事日程，切实加强领导，明确工作重点，每年为农民办几件实事。各级党委和政府的工作部门都要明确自身在新农村建设中的职责和任务，特别是宏观管理、基础产业和公共服务部门，在制定发展规划、安排建设投资和事业经费时，要充分考虑统筹城乡发展的要求，更多地向农村倾斜。各地区各部门要建立推进新农村建设的工作协调机制，加强统一领导，明确职责分工，搞好配合协作。各级领导干部要深入农村调查研究，总结实践经验，加强指导服务，帮助基层解决新农村建设中遇到的各种矛盾和问题。

（31）科学制定社会主义新农村建设规划。新农村建设涉及经济、政治、文化和社会各个方面，是一项十分复杂的系统工程，必须切实加强规划工作。各地要按照统筹城乡经济社会发展的

要求,把新农村建设纳入当地经济和社会发展的总体规划。要明确推进新农村建设的思路、目标和工作措施,统筹安排各项建设任务。做好第二次全国农业普查工作,为制定规划提供科学依据。要充分考虑农民的切身利益和发展要求,在促进农村经济发展的基础上,区分轻重缓急,突出建设重点,加强饮水安全、农田水利、乡村道路、农村能源等基础设施建设,加快教育、卫生等公共事业发展。要尊重自然规律、经济规律和社会发展规律,广泛听取基层和农民群众的意见和建议,提高规划的科学性、民主性、可行性,确保新农村建设扎实稳步推进。

(32) 动员全社会力量关心、支持和参与社会主义新农村建设。建设社会主义新农村是全社会的事业,需要动员各方面力量广泛参与。各行各业都要关心支持新农村建设,为新农村建设作出贡献。充分发挥城市带动农村发展的作用,加大城市经济对农村的辐射,加大城市人才、智力资源对农村的支持,加大城市科技、教育、医疗等方面对农民的服务。要形成全社会参与新农村建设的激励机制,鼓励各种社会力量投身社会主义新农村建设,引导党政机关、人民团体、企事业单位和社会知名人士、志愿者对乡村进行结对帮扶,加强舆论宣传,努力营造全社会关心、支持、参与建设社会主义新农村的浓厚氛围。

做好2006年和"十一五"时期的农业和农村工作,任务艰巨,意义重大。我们要紧密团结在以胡锦涛同志为总书记的党中央周围,高举邓小平理论和"三个代表"重要思想伟大旗帜,全面贯彻落实科学发展观,解放思想,振奋精神,开拓进取,扎实工作,为建设社会主义新农村而努力奋斗。

来源:http://www.gov.cn/jrzg/2006-02/21/content_ 205958.htm

12. 中共中央 国务院关于进一步加强农村工作提高农业综合生产能力若干政策的意见

中共中央 国务院
关于进一步加强农村工作提高农业综合生产能力若干政策的意见
2004年12月31日

党中央、国务院历来高度重视农业、农村和农民工作。2004年,在宏观调控中注重加强农业,实行一系列更直接、更有力的政策措施。各地区各部门认真贯彻落实中央决策,保护和调动了农民积极性,农村呈现出良好的发展局面。粮食生产出现重要转机,农民收入实现较快增长,农村改革迈出重大步伐,农村社会事业取得新的进展。这对促进国民经济发展和保持社会稳定发挥了至关重要的作用。但必须清醒地看到,农业依然是国民经济发展的薄弱环节,投入不足、基础脆弱的状况并没有改变,粮食增产、农民增收的长效机制并没有建立,制约农业和农村发展的深层次矛盾并没有消除,农村经济社会发展明显滞后的局面并没有根本改观,农村改革和发展仍然处在艰难的爬坡和攻坚阶段,保持农村发展好势头的任务非常艰巨。

2005年农业和农村工作的总体要求是:认真贯彻党的十六大和十六届三中、四中全会精神,全面落实科学发展观,坚持统筹城乡发展的方略,坚持"多予少取放活"的方针,稳定、完善和强化各项支农政策,切实加强农业综合生产能力建设,继续调整农业和农村经济结构,进一步深化农村改革,努力实现粮食稳定增产、农民持续增收,促进农村经济社会全面发展。

加强农业基础，繁荣农村经济，必须继续采取综合措施。当前和今后一个时期，要把加强农业基础设施建设，加快农业科技进步，提高农业综合生产能力，作为一项重大而紧迫的战略任务，切实抓紧抓好。这既是确保国家粮食安全的物质基础，又是促进农民增收的必要条件；既是解决当前农业发展突出矛盾的迫切需要，又是增强农业发展后劲的战略选择；既是推动农村经济发展的重大举措，又是实现农村社会进步的重要保障。抓住了这个重点，就抓住了农业发展的关键；把握了这个环节，就把握了农业现代化的根本；做好了这项工作，就为农村全面建设小康社会打下了坚实的基础。要进一步调动农民群众务农种粮的积极性和地方政府重农抓粮的积极性，以严格保护耕地为基础，以加强农田水利建设为重点，以推进科技进步为支撑，以健全服务体系为保障，力争经过几年的努力，使农业的物质技术条件明显改善，土地产出率和劳动生产率明显提高，农业综合效益和竞争力明显增强。

一、稳定、完善和强化扶持农业发展的政策，进一步调动农民的积极性

（一）继续加大"两减免、三补贴"等政策实施力度

减免农业税、取消除烟叶以外的农业特产税，对种粮农民实行直接补贴，对部分地区农民实行良种补贴和农机具购置补贴，是党中央、国务院为加强农业和粮食生产采取的重大措施，对调动农民种粮积极性、保护和提高粮食生产能力意义重大。这些行之有效的政策不能改变，给农民的实惠不能减少，支农的力度要不断加大。进一步扩大农业税免征范围，加大农业税减征力度。2005年，在国家扶贫开发工作重点县实行免征农业税试点，在其他地区进一步降低农业税税率。在牧区开展取消牧业税试点。国有农垦企业执行与所在地同等的农业税减免政策。因减免农（牧）业税而减少的地方财政收入，由中央财政安排专项转移支付给予适当补助。有条件的地方，可自主决定进行农业税免征试点。继续对种粮农民实行直接补贴，有条件的地方可进一步加大补贴力度。中央财政继续增加良种补贴和农机具购置补贴资金，地方财政也要根据当地财力和农业发展实际安排一定的良种补贴和农机具购置补贴资金。继续对短缺的重点粮食品种在主产区实行最低收购价政策，逐步建立和完善稳定粮食市场价格、保护种粮农民利益的制度和机制。搞好农业生产资料供应和市场管理，继续实行化肥出厂限价政策，通过税收等手段合理调节化肥进出口，控制农资价格过快上涨，严厉打击制售假冒伪劣农业生产资料等各种坑农害农行为。

（二）切实加强对粮食主产区的支持

为调动地方政府发展粮食生产的积极性，缓解中西部地区特别是粮食主产区县乡的财政困难，中央财政要采取有效措施，根据粮食播种面积、产量和商品量等因素，对粮食主产县通过转移支付给予奖励和补助。建立粮食主产区与主销区之间的利益协调机制，调整中央财政对粮食风险基金的补助比例，并通过其他经济手段筹集一定资金，支持粮食主产区加强生产能力建设，有关部门要抓紧研究提出具体实施方案。

（三）建立稳定增长的支农资金渠道

要下决心调整国民收入分配结构，在稳定现有各项农业投入的基础上，新增财政支出和固定资产投资要切实向农业、农村、农民倾斜，逐步建立稳定的农业投入增长机制。针对当前农田水利设施薄弱、亟待加强的状况，从2005年起，要在继续搞好大中型农田水利基础设施建设的同时，不断加大对小型农田水利基础设施建设的投入力度。中央和省级财政要在整合有关专项资金的基础上，从预算内新增财政收入中安排一部分资金，设立小型农田水利设施建设补助专项资金，对农户投工投劳开展小型农田水利设施建设予以支持。预算内经常性固定资产投资和国债资

金要增加安排小型农田水利基础设施建设项目。土地出让金用于农业土地开发部分和新增建设用地有偿使用费,要结合土地开发整理安排一定资金用于小型农田水利建设。市、县两级政府也要切实增加对小型农田水利建设的投入。要尽快立法,把国家的重大支农政策制度化、规范化。

二、坚决实行最严格的耕地保护制度,切实提高耕地质量

(四)严格保护耕地

控制非农建设占用耕地,确保基本农田总量不减少、质量不下降、用途不改变,并落实到地块和农户。严禁占用基本农田挖塘养鱼、种树造林或进行其他破坏耕作层的活动。修订耕地占用税暂行条例,提高耕地占用税税率,严格控制减免。搞好乡镇土地利用总体规划和村庄、集镇规划,引导农户和农村集约用地。加强集体建设用地和农民宅基地管理,鼓励农村开展土地整理和村庄整治,推动新办乡村工业向镇区集中,提高农村各类用地的利用率。加快推进农村土地征收、征用制度改革。

(五)认真落实农村土地承包政策

针对一些地方存在的随意收回农户承包地、强迫农户流转承包地等问题,各地要对土地二轮承包政策落实情况进行全面检查,对违反法律和政策的要坚决予以纠正,并追究责任。要妥善处理土地承包纠纷,及时化解矛盾,维护农民合法权益。尊重和保障农户拥有承包地和从事农业生产的权利,尊重和保障外出务工农民的土地承包权和经营自主权。承包经营权流转和发展适度规模经营,必须在农户自愿、有偿的前提下依法进行,防止片面追求土地集中。各省、自治区、直辖市要尽快制定农村土地承包法实施办法。

(六)努力培肥地力

中央和省级财政要较大幅度增加农业综合开发投入,新增资金主要安排在粮食主产区集中用于中低产田改造,建设高标准基本农田。搞好"沃土工程"建设,增加投入,加大土壤肥力调查和监测工作力度,尽快建立全国耕地质量动态监测和预警系统,为农民科学种田提供指导和服务。改革传统耕作方法,发展保护性耕作。推广测土配方施肥,推行有机肥综合利用与无害化处理,引导农民多施农家肥,增加土壤有机质。

三、加强农田水利和生态建设,提高农业抗御自然灾害的能力

(七)加快实施以节水改造为中心的大型灌区续建配套

新增固定资产投资要把大型灌区续建配套作为重点,并不断加大投入力度,着力搞好田间工程建设,更新改造老化机电设备,完善灌排体系。开展续建配套灌区的末级渠系建设试点。继续推进节水灌溉示范,在粮食主产区进行规模化建设试点。有条件的地区要加快农村水利现代化步伐。水源条件较好的地区要结合重点水利枢纽建设,扩大灌溉面积。干旱缺水地区要积极发展节水旱作农业,继续建设旱作农业示范区。各地要加强灌溉用水计量,积极实行用水总量控制和定额管理。从2005年起,选择部分地区开展对农民购买节水设备实行补助的试点。继续搞好病险水库除险加固。抓好地方中型水源、中小河流治理等工程建设。

(八)狠抓小型农田水利建设

重点建设田间灌排工程、小型灌区、非灌区抗旱水源工程。加大粮食主产区中低产田盐碱和渍害治理力度。加快丘陵山区和其他干旱缺水地区雨水集蓄利用工程建设。地方政府要切实承担起搞好小型农田水利建设的责任。在坚决按时取消劳动积累工和义务工制度的同时,各地要积极

探索新形势下开展农田水利基本建设的新机制、新办法。要严格区分加重农民负担与农民自愿投工投劳改善自己生产生活条件的政策界限，发扬农民自力更生的好传统，在切实加强民主决策和民主管理的前提下，本着自愿互利、注重实效、控制标准、严格规范的原则，引导农民对直接受益的小型农田水利设施建设投工投劳，国家对农民兴建小微型水利设施所需材料给予适当补助，有关部门要抓紧研究制定具体办法。

（九）坚持不懈搞好生态重点工程建设

继续实施天然林保护等工程，完善相关政策。退耕还林工作要科学规划，突出重点，注重实效，稳步推进。要采取有效措施，在退耕还林地区建设好基本口粮田，培育后续产业，切实解决农民的长期生计问题，进一步巩固退耕还林成果。抓好防护林体系和农田林网建设，为建设高标准农田营造良好的生态屏障。切实搞好京津风沙源治理等防沙治沙工程。继续推进山区综合开发。进一步加强草原建设和保护，加快实施退牧还草工程，搞好牧区水利建设，加强森林草原防火和草原鼠虫害防治工作。继续搞好长江、黄河等重点流域的水土保持工作，采取淤地坝等多种措施推进小流域综合治理，加强南方丘陵红土区、东北黑土漫岗区和西南石漠化区的水土流失综合治理。切实防治耕地和水污染。

四、加快农业科技创新，提高农业科技含量

（十）加强农业科技创新能力建设

要大幅度增加对农业科研的投入，加快建立以政府为主导、社会力量广泛参与的多元化农业科研投入体系，形成稳定的投入增长机制。要不断提高国家科技投入用于农业科研的比重，有关重大科技项目和攻关计划要较大幅度增加农业科研投资的规模。深化农业科研体制改革，抓紧建立国家农业科技创新体系。加强国家基地的创新能力建设，搞好农业基础研究和关键技术的研究开发，加快生物技术和信息技术等高新技术的研究。根据全国农业综合区划，在整合现有资源基础上，依托具有明显优势的省级农业科研单位和高等学校，建设区域性的农业科研中心，负责推进区域农业科技创新，开展重大应用技术攻关和试验研究。加强农业领域的国家实验室、改良中心、工程中心和重点实验室建设，改善农业科研机构设施条件和装备水平，加快建设国家农业科研高级人才培养基地。

（十一）加大良种良法的推广力度

继续实施"种子工程"、"畜禽水产良种工程"，搞好大宗农作物、畜禽良种繁育基地建设和扩繁推广。从2005年起，国家设立超级稻推广项目。扩大重大农业技术推广项目专项补贴规模，优先扶持优质高产、节本增效的组装集成与配套技术开发。加强农作物重大病虫害防治。认真组织实施"科技入户工程"，扶持科技示范户，提高他们的辐射带动能力。继续安排农业科技成果转化资金和国外先进农业技术引进资金。

（十二）加快改革农业技术推广体系

要按照强化公益性职能、放活经营性服务的要求，加大农业技术推广体系的改革力度。国家的公益性农技推广机构主要承担关键技术的引进、试验、示范，农作物病虫害、动物疫病及农业灾害的监测、预报、防治和处置，农产品生产过程中的质量安全检测、监测和强制性检验，农业资源、农业生态环境和农业投入品使用监测，水资源管理和防汛抗旱，农业公共信息和培训教育服务等职能。对公益性技术推广工作，各级财政要在经费上予以保证。同时，积极稳妥地将一般性技术推广和经营性服务分离出去，按照市场化方式运作。发挥农业院校在农业技术推广中的作

用。积极培育农民专业技术协会和农业科技型企业。探索农业技术推广的新机制和新办法，对农技推广项目实行招投标制度，鼓励各类农技推广组织、人员及有关企业公平参与申报。在总结试点经验基础上，有关部门要抓紧提出加强农业技术推广体系建设的指导意见。

五、加强农村基础设施建设，改善农业发展环境

（十三）加大农村小型基础设施建设力度

要继续增加农村"六小工程"的投资规模，扩大建设范围，提高工程质量。在巩固人畜饮水解困成果的基础上，高度重视农村饮水安全，解决好高氟水、高砷水、苦咸水、血吸虫病等地区的饮水安全问题，有关部门要抓紧制定规划。调整公路建设投资结构，加大农村公路建设力度，统筹考虑农村公路建设的技术标准、质量管理和养护等问题，合理确定农村公路投资补助标准。加快农村能源建设步伐，继续推进农村沼气建设，积极发展太阳能、风能等新型洁净能源和可再生能源。扩大"小水电代燃料"工程建设规模和实施范围，搞好农村电网改造工程的后续建设和经营管理。增加扶贫开发投入，加强贫困地区农村基础设施建设，引导农民治水改土修路，实施整村推进扶贫规划，完善扶贫开发机制，加快脱贫致富步伐。

（十四）加快农产品流通和检验检测设施建设

在继续搞好集贸市场和批发市场建设的同时，注重发挥期货市场的引导作用，鼓励发展现代物流、连锁经营、电子商务等新型业态和流通方式。改造现有农产品批发市场，发展经纪人代理、农产品拍卖、网上交易等方式，增强交易功能。加快建设以冷藏和低温仓储运输为主的农产品冷链系统，对农产品仓储设施建设用地按工业用地对待。重视发挥供销合作社在农产品流通和生产资料供应等方面的作用。鼓励邮政系统开展直接为农民生产生活服务的连锁配送业务。加强农业信息化建设。气象工作要加强对农业的服务。各省、自治区、直辖市要加快开通整车运输鲜活农产品的绿色通道，抓紧落实降低或免交车辆通行费的有关规定，并尽快实现省际互通。积极推进农业标准化。要加强农产品检验检测基础设施建设，提高进出境检验检疫装备和检测技术水平，增强防范和处理外来有害生物入侵的能力。加强农产品质量安全工作，实施农产品认证认可，禁止生产、销售和使用高毒、高残留农药，加快农产品质量安全立法。

（十五）加强农业发展的综合配套体系建设

搞好种养业良种体系、农业科技创新与应用体系、动植物保护体系、农产品质量安全体系、农产品市场信息体系、农业资源与生态保护体系、农业社会化服务与管理体系等"七大体系"建设。有关部门要抓紧制定建设规划，加强政策引导，明确职责分工，多渠道增加投入，加快建设步伐。

六、继续推进农业和农村经济结构调整，提高农业竞争力

（十六）进一步抓好粮食生产

要坚持立足国内实现粮食基本自给的方针，以市场需求为导向，改善品种结构，优化区域布局，着力提高单产，努力保持粮食供求总量大体平衡。稳定和增加粮食播种面积，改革种植制度，提高复种指数。实施优质粮食产业工程，建设商品粮生产基地，推进优质粮食产业带建设。加强粮食生产技术、农机、信息和产销等服务，搞好良种培育和供应，促进粮食生产节本增效。完善和落实粮食省长负责制，粮食主销区和产销平衡区也要认真抓好粮食生产，保证必要的粮食储备，维护粮食市场的稳定。

(十七) 大力发展特色农业

要发挥区域比较优势，建设农产品产业带，发展特色农业。各地要立足资源优势，选择具有地域特色和市场前景的品种作为开发重点，尽快形成有竞争力的产业体系。各地和有关部门要专门制定规划，明确相关政策，加快发展特色农业。建设特色农业标准化示范基地，筛选、繁育优良品种，把传统生产方式与现代技术结合起来，提升特色农产品的品质和生产水平。加大对特色农产品的保护力度，加快推行原产地等标识制度，维护原产地生产经营者的合法权益。整合特色农产品品牌，支持做大做强名牌产品。提高农产品国际竞争力，促进优势农产品出口，扩大农业对外开放。

(十八) 加快发展畜牧业

增强农业综合生产能力必须培育发达的畜牧业。牧区要加快推行围栏放牧、轮牧休牧等生产方式，搞好饲草料地建设，改良牲畜品种，进一步减轻草场过牧的压力。农区要充分发挥作物秸秆和劳动力资源丰富的优势，积极发展节粮型畜牧业，提高规模化、集约化饲养水平。通过小额信贷、财政贴息等方式，引导有条件的地方发展养殖小区。要增加投入，支持养殖小区建设畜禽粪便和污水无害化处理设施。从 2005 年起，实施奶牛良种繁育项目补贴。加快建立安全优质高效的饲料生产体系。搞好动物防疫是确保畜牧业稳定发展的根本保障，事关人民群众的身体健康和社会公共安全，要下决心增加投入，加强建设，完善制度，健全体系。要抓紧制定动物防疫体系建设规划，加快建设重大动物疫病监测预警、动物疫病预防控制、动物防疫检疫监督、兽药质量监察和残留监控、动物防疫技术支撑、动物防疫物质保障等系统。加快重点兽用生物制品生产企业的技术改造。尽快建立健全动物疫病防治队伍，动物检疫监督机构的人员经费和工作经费全额纳入各级财政预算。

(十九) 重点支持粮食主产区发展农产品加工业

大力扶持食品加工业特别是粮食主产区以粮食为主要原料的加工业。粮食主产区要立足本地优势，以发展农产品加工业为突破口，走新型工业化道路，促进农业增效、农民增收和地区经济发展。采取财政贴息等方式，支持粮食主产区农产品加工企业进行技术引进和技术改造，建设仓储设施。尽快完善农产品加工业增值税政策。按照增值税转型改革的统一部署，加快食品等农产品加工业增值税转型的步伐。

(二十) 发展农业产业化经营

继续加大对多种所有制、多种经营形式的农业产业化龙头企业的支持力度。鼓励龙头企业以多种利益联结方式，带动基地和农户发展。农业银行和其他国有商业银行要按照有关规定，加快改进对龙头企业的信贷服务，切实解决龙头企业收购资金紧张的问题。农业发展银行对符合条件的以粮棉油生产、流通或加工转化为主业的龙头企业，可以提供贷款。积极探索龙头企业和专业合作组织为农户承贷承还、提供贷款担保等有效办法。支持农民专业合作组织发展，对专业合作组织及其所办加工、流通实体适当减免有关税费。集体经济组织要增强实力，搞好服务，同其他专业合作组织一起发挥联结龙头企业和农户的桥梁和纽带作用。乡镇企业要加快结构调整、技术进步和体制创新，积极参与农业产业化经营。

七、改革和完善农村投融资体制，健全农业投入机制

(二十一) 完善农业投资管理体制

进一步放宽农业和农村基础设施投资领域，采取贴息、补助、税收等措施，发挥国家农业资

金投入的导向作用，鼓励社会资本积极投资开发农业和建设农村基础设施。逐步降低中西部地区对涉农固定资产投资的资金配套比例，不得采取加重农民负担的方式进行资金配套。继续加大国家农业资金投入的整合力度，鼓励以县为单位，通过规划引导、统筹安排、明确职责、项目带动等方式整合投资，提高资金使用效率。对国家投资和补助的乡村建设项目，要加快实行公示制度，通过招投标、资金跟踪监督和项目后评估等办法，确保管好用好资金，保证项目质量。

（二十二）加快农村小型基础设施产权制度改革

要在总结经验的基础上，加大改革力度，明晰产权，明确责任，充分调动各方面投资建设和管好农村小型基础设施的积极性。农户自建或自用为主的小微型工程，产权归个人所有，由乡镇人民政府核发产权证。对受益户较多的工程，可组建合作管理组织，国家补助形成的资产归合作组织所有。对经营性的工程，可组建法人实体，实行企业化运作，也可拍卖给个人经营。对业主开发建设的农村基础设施，地方人民政府要给予扶持，并规范其收费标准和服务行为。加快小型农村水利工程管理体制改革步伐。推进农村小型基础设施产权制度改革，要充分尊重农民意愿，维护工程原受益者的合法权益。

（二十三）推进农村金融改革和创新

要针对农村金融需求的特点，加快构建功能完善、分工合理、产权明晰、监管有力的农村金融体系。抓紧研究制定农村金融总体改革方案。继续深化农村信用社改革，要在完善治理结构、强化约束机制、增强支农服务能力等方面取得成效，进一步发挥其农村金融的主力军作用。抓紧制定县域内各金融机构承担支持"三农"义务的政策措施，明确金融机构在县及县以下机构、网点新增存款用于支持当地农业和农村经济发展的比例。采取有效办法，引导县及县以下吸收的邮政储蓄资金回流农村。加大政策性金融支农力度，增加支持农业和农村发展的中长期贷款，在完善运行机制基础上强化农业发展银行的支农作用，拓宽业务范围。农业银行要继续发挥支持农业、服务农村的作用。培育竞争性的农村金融市场，有关部门要抓紧制定农村新办多种所有制金融机构的准入条件和监管办法，在有效防范金融风险的前提下，尽快启动试点工作。有条件的地方，可以探索建立更加贴近农民和农村需要、由自然人或企业发起的小额信贷组织。加快落实对农户和农村中小企业实行多种抵押担保形式的有关规定。扩大农业政策性保险的试点范围，鼓励商业性保险机构开展农业保险业务。

八、提高农村劳动者素质，促进农民和农村社会全面发展

（二十四）全面开展农民职业技能培训工作

要结合农业结构调整、发展特色农业和生产实际的需要，开展针对性强、务实有效、通俗易懂的农业科技培训。农村中学也要加强农业先进实用技术教育。适应产业结构升级和提高竞争力的需要，进一步搞好农民转业转岗培训工作，扩大"农村劳动力转移培训阳光工程"实施规模，加快农村劳动力转移。各级财政要大幅度增加农民职业技能培训投入，采取补助、培训券、报账制等方式，努力提高培训的实用性和资金的使用效率。广泛调动社会各方面力量参与农民职业技能培训的积极性。

（二十五）进一步发展农村教育、卫生、文化等社会事业

要落实新增教育、卫生、文化、计划生育等事业经费主要用于农村的规定，用于县以下的比例不低于70%。到2007年，争取全国农村义务教育阶段贫困家庭学生都能享受到免书本费、免杂费、补助寄宿生生活费，国家扶贫开发工作重点县要加快实施步伐。坚持以农村为重点的卫生

工作方针，积极稳妥推进新型农村合作医疗试点和农村医疗救助工作，实施农村医疗卫生基础设施建设规划，加快农村医疗卫生人才培养，提高农村医疗服务水平和应对突发公共卫生事件的能力。加强艾滋病、血吸虫病等重点疾病的防治工作，推动改水改厕等农村环境卫生综合治理。搞好农村计划生育，对农村部分计划生育家庭实行奖励扶助制度，抓好"少生快富扶贫工程"试点。有条件的地方可以探索建立农村社会保障制度。加大农村重大文化建设项目实施力度，完善农村公共文化服务体系，鼓励社会力量参与农村文化建设。巩固农村宣传文化阵地，加强农村文化市场管理。切实提高农村广播电视"村村通"水平，做好送书下乡、电影放映、文化信息资源共享等工作。

九、加强和改善党对农村工作的领导

（二十六）坚持把解决好"三农"问题作为全党工作的重中之重

这是推进工业化、城镇化和现代化历史进程中必须长期坚持的一个重大方针。全党同志特别是各级领导干部要深刻认识"三农"工作的长期性、复杂性和艰巨性。在当前粮食增产、农民增收的好形势下，要始终保持清醒认识，对农业和农村工作不能有丝毫松懈。要适应我国工业化发展阶段和政策趋向的变化，按照工业反哺农业、城市支持农村的要求，切实把农业和农村经济发展放到国民经济全局中统筹安排，更加自觉地调整国民收入分配结构，更加主动地加强农业基础地位，进一步加大农村改革力度，加大对农业的支持力度，加大对"三农"工作的领导力度。

（二十七）进一步加强农村党建工作

要认真贯彻党的十六届四中全会精神，按照开展保持共产党员先进性教育活动的要求，深入开展农村党的建设"三级联创"活动，增强农村基层党组织的创造力、凝聚力和战斗力，充分发挥农村基层党组织的领导核心作用，进一步巩固党在农村的执政基础。加大农村党员干部的教育培训力度，扩大农村党员干部远程教育试点，增强他们为民服务、廉洁自律的意识，转变作风，提高执行政策、依法办事、发展经济、维护稳定的能力，树立基层干部的良好形象。要关心农村基层干部，帮助他们解决工作和生活上的困难。扩大农村基层民主，完善村务公开、政务公开和民主管理，建立健全村党组织领导的充满活力的村民自治机制，切实维护农民的民主权利。推进农村法制建设，加强农村普法教育，搞好农业综合执法。做好新形势下的农村群众工作，妥善处理各种社会矛盾，关心农村困难群众生产生活，营造和谐的社会氛围。搞好农村社会治安综合治理，依法打击各种犯罪活动。深入推进群众性精神文明创建活动，引导广大农民群众艰苦奋斗、自强不息，加快全面建设小康社会的步伐。

进一步加强农村工作，提高农业综合生产能力，实现粮食增产、农业增效、农民增收，意义重大，任务艰巨。我们要紧密团结在以胡锦涛同志为总书记的党中央周围，高举邓小平理论和"三个代表"重要思想伟大旗帜，坚定信心，奋力开拓，扎实工作，为全面完成农业和农村工作各项任务而努力奋斗。

来源：http://news.xinhuanet.com/newscenter/2005-01-30/content_2527272.htm

13. 中共中央 国务院关于促进农民增加收入若干政策的意见

中共中央 国务院关于促进农民增加收入若干政策的意见

2003 年 12 月 31 日

在党的十六大精神指引下，2003 年各地区各部门按照中央的要求，加大了解决"三农"问题的力度，抵御住了突如其来非典疫情的严重冲击，克服了多种自然灾害频繁发生的严重影响，实现了农业结构稳步调整，农村经济稳步发展，农村改革稳步推进，农民收入稳步增加，农村社会继续保持稳定。

同时，应当清醒地看到，当前农业和农村发展中还存在着许多矛盾和问题，突出的是农民增收困难。全国农民人均纯收入连续多年增长缓慢，粮食主产区农民收入增长幅度低于全国平均水平，许多纯农户的收入持续徘徊甚至下降，城乡居民收入差距仍在不断扩大。农民收入长期上不去，不仅影响农民生活水平提高，而且影响粮食生产和农产品供给；不仅制约农村经济发展，而且制约整个国民经济增长；不仅关系农村社会进步，而且关系全面建设小康社会目标的实现；不仅是重大的经济问题，而且是重大的政治问题。全党必须从贯彻"三个代表"重要思想，实现好、维护好、发展好广大农民群众根本利益的高度，进一步增强做好农民增收工作的紧迫感和主动性。

现阶段农民增收困难，是农业和农村内外部环境发生深刻变化的现实反映，也是城乡二元结构长期积累的各种深层次矛盾的集中反映。在农产品市场约束日益增强、农民收入来源日趋多元化的背景下，促进农民增收必须有新思路，采取综合性措施，在发展战略、经济体制、政策措施和工作机制上有一个大的转变。

当前和今后一个时期做好农民增收工作的总体要求是：各级党委和政府要认真贯彻十六大和十六届三中全会精神，牢固树立科学发展观，按照统筹城乡经济社会发展的要求，坚持"多予、少取、放活"的方针，调整农业结构，扩大农民就业，加快科技进步，深化农村改革，增加农业投入，强化对农业支持保护，力争实现农民收入较快增长，尽快扭转城乡居民收入差距不断扩大的趋势。

一、集中力量支持粮食主产区发展粮食产业，促进种粮农民增加收入

（一）加强主产区粮食生产能力建设

当前种粮效益低、主产区农民增收困难的问题尤为突出，必须采取切实有力的措施，尽快加以解决。抓住了种粮农民的增收问题，就抓住了农民增收的重点；调动了农民的种粮积极性，就抓住了粮食生产的根本；保护和提高了主产区的粮食生产能力，就稳住了全国粮食的大局。从 2004 年起，国家将实施优质粮食产业工程，选择一部分有基础、有潜力的粮食大县和国有农场，集中力量建设一批国家优质专用粮食基地。要着力支持主产区特别是中部粮食产区重点建设旱涝保收、稳产高产基本农田。扩大沃土工程实施规模，不断提高耕地质量。加强大宗粮食作物良种繁育、病虫害防治工程建设，强化技术集成能力，优先支持主产区推广一批有重大影响的优良品

种和先进适用技术。围绕农田基本建设，加快中小型水利设施建设，扩大农田有效灌溉面积，提高排涝和抗旱能力。提高农业机械化水平，对农民个人、农场职工、农机专业户和直接从事农业生产的农机服务组织购置和更新大型农机具给予一定补贴。

（二）支持主产区进行粮食转化和加工

主产区要立足粮食优势促进农民增加收入、发展区域经济，并按照市场需求，把粮食产业做大做强。充分利用主产区丰富的饲料资源，积极发展农区畜牧业，通过小额贷款、贴息补助、提供保险服务等形式，支持农民和企业购买优良畜禽、繁育良种，通过发展养殖业带动粮食增值。按照国家产业政策要求，引导农产品加工业合理布局，扶持主产区发展以粮食为主要原料的农产品加工业，重点是发展精深加工。国家通过技改贷款贴息、投资参股、税收政策等措施，支持主产区建立和改造一批大型农产品加工、种子营销和农业科技型企业。

（三）增加对粮食主产区的投入

现有农业固定资产投资、农业综合开发资金、土地复垦基金等要相对集中使用，向主产区倾斜。继续增加农业综合开发资金，新增部分主要用于主产区。为切实支持粮食主产区振兴经济、促进农民增收，要开辟新的资金来源渠道。从2004年起，确定一定比例的国有土地出让金，用于支持农业土地开发，建设高标准基本农田，提高粮食综合生产能力。主销区和产销平衡区也要加强粮食生产能力建设。进一步密切产销区的关系。粮食销区的经营主体到产区建立粮食生产基地、仓储设施和加工企业，应享受国家对主产区的有关扶持政策。产区粮食企业到销区建立仓储、加工等设施，开拓粮食市场，销区政府应予以支持并实行必要的优惠政策。

二、继续推进农业结构调整，挖掘农业内部增收潜力

（四）全面提高农产品质量安全水平

近几年，农业结构调整迈出较大步伐，方向正确，成效明显，要坚定不移地继续推进。要在保护和提高粮食综合生产能力的前提下，按照高产、优质、高效、生态、安全的要求，走精细化、集约化、产业化的道路，向农业发展的广度和深度进军，不断开拓农业增效增收的空间。要加快实施优势农产品区域布局规划，充分发挥各地的比较优势，继续调整农业区域布局。农产品市场和加工布局、技术推广和质量安全检验等服务体系的建设，都要着眼和有利于促进优势产业带的形成。2004年要增加资金规模，在小麦、大豆等粮食优势产区扩大良种补贴范围。进一步加强农业标准化工作，深入开展农业标准化示范区建设。要进一步完善农产品的检验检测、安全监测及质量认证体系，推行农产品原产地标记制度，开展农业投入品强制性产品认证试点，扩大无公害食品、绿色食品、有机食品等优质农产品的生产和供应。加强动物防疫体系建设，实施重点区域动物疫病应急防治工程，鼓励乡村建立畜禽养殖小区，2004年要启动兽医管理体制改革试点。加快实行法定检验和商业检验分开的制度，对法定检验要减少项目并给予财政补贴，对商业检验要控制收费标准并加强监管。

（五）加快发展农业产业化经营

各级财政要安排支持农业产业化发展的专项资金，较大幅度地增加对龙头企业的投入。对符合条件的龙头企业的技改贷款，可给予财政贴息。对龙头企业为农户提供培训、营销服务，以及研发引进新品种新技术、开展基地建设和污染治理等，可给予财政补助。创造条件，完善农产品加工的增值税政策。对新办的中小型农副产品加工企业，要加强创业扶持和服务。不管哪种所有制和经营形式的龙头企业，只要能带动农户，与农民建立起合理的利益联结机制，给农民带来实

惠，都要在财政、税收、金融等方面一视同仁地给予支持。

（六）加强农业科研和技术推广

要围绕增强我国农业科技的创新能力、储备能力和转化能力，改革农业科技体制，较大幅度地增加预算内农业科研投入。继续安排引进国外先进农业科技成果的资金。增加农业科技成果转化资金。支持已有科研成果的中试和大面积示范推广。引导和推动企业成为农业技术创新主体，允许各类农业企业和民营农业科技组织申请使用国家有关农业科技的研发、引进和推广等资金。深化农业科技推广体制改革，加快形成国家推广机构和其他所有制推广组织共同发展、优势互补的农业技术推广体系。积极发挥农业科技示范场、科技园区、龙头企业和农民专业合作组织在农业科技推广中的作用。建立与农业产业带相适应的跨区域、专业性的新型农业科技推广服务组织。支持农业大中专院校参与农业技术的研究、推广。

三、发展农村二、三产业，拓宽农民增收渠道

（七）推进乡镇企业改革和调整

发展乡镇企业是充分利用农村各种资源和生产要素，全面发展农村经济、拓展农村内部就业空间的重要途径。要适应市场需求变化、产业结构升级和增长方式转变的要求，调整乡镇企业发展战略和发展模式，加快技术进步，加快体制和机制创新，重点发展农产品加工业、服务业和劳动密集型企业。加大对规模以上乡镇企业技术改造的支持力度，促进产品更新换代和产业优化升级。引导农村集体企业改制成股份制和股份合作制等混合所有制企业，鼓励有条件的乡镇企业建立现代企业制度。农村中小企业对增加农民就业作用明显，只要符合安全生产标准和环境保护要求，有利于资源的合理利用，都应当允许其存在和发展。有关部门要根据乡镇企业发展的新形势新情况，加强调查研究，尽快制定促进乡镇企业改革和发展的指导性意见。

（八）大力发展农村个体私营等非公有制经济

法律法规未禁入的基础设施、公用事业及其他行业和领域，农村个体工商户和私营企业都可以进入。要在税收、投融资、资源使用、人才政策等方面，对农村个体工商户和私营企业给予支持。对合法经营的农村流动性小商小贩，除国家另有规定外，免于工商登记和收取有关税费。

（九）繁荣小城镇经济

小城镇建设要同壮大县域经济、发展乡镇企业、推进农业产业化经营、移民搬迁结合起来，引导更多的农民进入小城镇，逐步形成产业发展、人口聚集、市场扩大的良性互动机制，增强小城镇吸纳农村人口、带动农村发展的能力。国家固定资产投资要继续支持小城镇建设，引导金融机构按市场经济规律支持小城镇发展。重点渔区渔港、林区和垦区场部建设要与小城镇发展结合起来。有条件的地方，要加快推进村庄建设与环境整治。

四、改善农民进城就业环境，增加外出务工收入

（十）保障进城就业农民的合法权益

进一步清理和取消针对农民进城就业的歧视性规定和不合理收费，简化农民跨地区就业和进城务工的各种手续，防止变换手法向进城就业农民及用工单位乱收费。进城就业的农民工已经成为产业工人的重要组成部分，为城市创造了财富、提供了税收。城市政府要切实把对进城农民工的职业培训、子女教育、劳动保障及其他服务和管理经费，纳入正常的财政预算，已经落实的要完善政策，没有落实的要加快落实。对及时兑现进城就业农民工资、改善劳动条件、解决子女入

学等问题，国家已有明确政策，各地区和有关部门要采取更得力的措施，明确牵头部门，落实管理责任，加强督促检查。健全有关法律法规，依法保障进城就业农民的各项权益。推进大中城市户籍制度改革，放宽农民进城就业和定居的条件。

（十一）加强对农村劳动力的职业技能培训

这是提高农民就业能力、增强我国产业竞争力的一项重要的基础性工作，各地区和有关部门要作为一件大事抓紧抓好。要根据市场和企业的需求，按照不同行业、不同工种对从业人员基本技能的要求，安排培训内容，实行定向培训，提高培训的针对性和适用性。要调动社会各方面参与农民职业技能培训的积极性，鼓励各类教育培训机构、用人单位开展对农民的职业技能培训。各级财政都要安排专门用于农民职业技能培训的资金。为提高培训资金的使用效率和培训效果，应由农民自主选择培训机构、培训内容和培训时间，政府对接受培训的农民给予一定的补贴和资助。要防止和纠正各种强制农民参加有偿培训和职业资格鉴定的错误做法。

五、发挥市场机制作用，搞活农产品流通

（十二）培育农产品营销主体

鼓励发展各类农产品专业合作组织、购销大户和农民经纪人。积极推进有关农民专业合作组织的立法工作。从2004年起，中央和地方要安排专门资金，支持农民专业合作组织开展信息、技术、培训、质量标准与认证、市场营销等服务。有关金融机构支持农民专业合作组织建设标准化生产基地、兴办仓储设施和加工企业、购置农产品运销设备，财政可适当给予贴息。深化供销社改革，发挥其带动农民进入市场的作用。加快发展农产品连锁、超市、配送经营，鼓励有条件的地方将城市农贸市场改建成超市，支持农业龙头企业到城市开办农产品超市，逐步把网络延伸到城市社区。进一步加强产地和销地批发市场建设，创造条件发展现代物流业。加强农业生产资料市场管理，有关部门要保证货源充足、价格基本稳定，严厉打击制售假冒伪劣农资等坑农伤农行为。支持鲜活农产品运销，在全国建立高效率的绿色通道，各地要从实际出发进一步改善农产品的流通环境。

（十三）扩大优势农产品出口

要进一步完善促进我国优势农产品出口的政策措施。外贸发展基金要向促进农产品出口倾斜，主要用于支持企业研发新产品新技术、开拓国际市场、参与国际认证等，扶持出口生产基地。鼓励和引导农产品出口加工企业进入出口加工贸易区。抓紧启动园艺产品非疫区建设。完善农产品出口政策性信用保险制度。有关部门要密切跟踪监测和及时通报国内外市场供需、政策法规和疫病疫情、检验检疫标准等动态，为农产品出口企业提供信息服务。加强对外谈判交涉，签订我国与重点市场国家和地区的双边检验检疫和优惠贸易协定，为我国农产品出口创造有利环境。适应农产品国际贸易的新形势，加快建立健全禽肉、蔬菜、水果等重点出口农产品的行业和商品协会。

六、加强农村基础设施建设，为农民增收创造条件

（十四）继续增加财政对农业和农村发展的投入

加强农业基础建设、解决"三农"问题，必须进一步调整国民收入分配结构和财政支出结构。各级政府要依法安排并落实对农业和农村的预算支出，严格执行预算，建立健全财政支农资金的稳定增长机制。按照统一规划、明确分工、统筹安排的要求，整合现有各项支农投资，集中

财力,突出重点,提高资金使用效率。积极运用税收、贴息、补助等多种经济杠杆,鼓励和引导各种社会资本投向农业和农村。各地区和有关部门要切实把发展农村社会事业作为工作重点,落实好新增教育、卫生、文化等事业经费主要用于农村的政策规定,今后每年要对执行情况进行专项检查。

(十五) 进一步加强农业和农村基础设施建设

国家固定资产投资用于农业和农村的比例要保持稳定,并逐步提高。适当调整对农业和农村的投资结构,增加支持农业结构调整和农村中小型基础设施建设的投入。节水灌溉、人畜饮水、乡村道路、农村沼气、农村水电、草场围栏等"六小工程",对改善农民生产生活条件、带动农民就业、增加农民收入发挥着积极作用,要进一步增加投资规模,充实建设内容,扩大建设范围。各地要从实际出发,因地制宜地开展雨水集蓄、河渠整治、牧区水利、小流域治理、改水改厕和秸秆气化等各种小型设施建设。创新和完善农村基础设施建设的管理体制和运营机制。继续搞好生态建设,对天然林保护、退耕还林还草和湿地保护等生态工程,要统筹安排,因地制宜,巩固成果,注重实效。

七、深化农村改革,为农民增收减负提供体制保障

(十六) 加快土地征用制度改革

各级政府要切实落实最严格的耕地保护制度,按照保障农民权益、控制征地规模的原则,严格遵守对非农占地的审批权限和审批程序,严格执行土地利用总体规划。要严格区分公益性用地和经营性用地,明确界定政府土地征用权和征用范围。完善土地征用程序和补偿机制,提高补偿标准,改进分配办法,妥善安置失地农民,并为他们提供社会保障。积极探索集体非农建设用地进入市场的途径和办法。

(十七) 深化粮食流通体制改革

从2004年开始,国家将全面放开粮食收购和销售市场,实行购销多渠道经营。有关部门要抓紧清理和修改不利于粮食自由流通的政策法规。加快国有粮食购销企业改革步伐,转变企业经营机制,完善粮食现货和期货市场,严禁地区封锁,搞好产销区协作,优化储备布局,加强粮食市场管理和宏观调控。当前,粮食主产区要注意发挥国有及国有控股粮食购销企业的主渠道作用。为保护种粮农民利益,要建立对农民的直接补贴制度。2004年,国家从粮食风险基金中拿出部分资金,用于主产区种粮农民的直接补贴。其他地区也要对本省(区、市)粮食主产县(市)的种粮农民实行直接补贴。要本着调动农民种粮积极性的原则,制定便于操作和监督的实施办法,确保补贴资金真正落实到农民手中。

(十八) 继续推进农村税费改革

要巩固和发展税费改革的成果,进一步减轻农民的税费负担,为最终实现城乡税制的统一创造条件。逐步降低农业税税率,2004年农业税税率总体上降低1个百分点,同时取消除烟叶外的农业特产税。降低税率后减少的地方财政收入,沿海发达地区原则上由自己消化,粮食主产区和中西部地区由中央财政通过转移支付解决。有条件的地方,可以进一步降低农业税税率或免征农业税。各地要严格按照减税比例调减到户,真正让农民得到实惠;确保各级转移支付资金专款专用,及时足额下拨到位。要据实核减合法征占耕地而减少的计税面积。要加快推进配套改革,继续加强农民负担监督管理,防止农民负担反弹,巩固农村税费改革成果。进一步精简乡镇机构和财政供养人员,积极稳妥地调整乡镇建制,有条件的可实行并村,提倡干部交叉任职。优化农

村学校布局和教师队伍。进一步清理和规范涉农行政事业性收费。巩固治理利用职权发行报刊的成果。积极探索化解乡村债务的有效途径。尽快制定农业税的征管办法。

(十九)改革和创新农村金融体制

要从农村实际和农民需要出发,按照有利于增加农户和企业贷款,有利于改善农村金融服务的要求,加快改革和创新农村金融体制。建立金融机构对农村社区服务的机制,明确县域内各金融机构为"三农"服务的义务。扩大农村贷款利率浮动幅度。进一步完善邮政储蓄的有关政策,加大农村信用社改革的力度,缓解农村资金外流。农业银行等商业银行要创新金融产品和服务方式,拓宽信贷资金支农渠道。农业发展银行等政策性银行要调整职能,合理分工,扩大对农业、农村的服务范围。要总结农村信用社改革试点经验,创造条件,在全国逐步推开。继续扩大农户小额信用贷款和农户联保贷款。鼓励有条件的地方,在严格监管、有效防范金融风险的前提下,通过吸引社会资本和外资,积极兴办直接为"三农"服务的多种所有制的金融组织。有关部门要针对农户和农村中小企业的实际情况,研究提出多种担保办法,探索实行动产抵押、仓单质押、权益质押等担保形式。鼓励政府出资的各类信用担保机构积极拓展符合农村特点的担保业务,有条件的地方可设立农业担保机构,鼓励现有商业性担保机构开展农村担保业务。加快建立政策性农业保险制度,选择部分产品和部分地区率先试点,有条件的地方可对参加种养业保险的农户给予一定的保费补贴。

八、继续做好扶贫开发工作,解决农村贫困人口和受灾群众的生产生活困难

(二十)完善扶贫开发机制

各级党委和政府要进一步加大扶贫开发力度,强化扶贫工作责任制,提高扶贫成效。2004年国家继续增加扶贫资金投入。要在认真总结经验、切实摸清底数的基础上,对尚未解决温饱的贫困人口,进一步采取更有针对性的扶贫措施,切实做到扶贫到村到户。对丧失劳动能力的特困人口,要实行社会救济,适当提高救济标准。对缺乏基本生存条件地区的贫困人口,要积极稳妥地进行生态移民和易地扶贫。对低收入贫困人口,要着力帮助改善生产生活条件,发展特色产业,开辟增收渠道,减少和防止返贫。健全扶贫投入机制,加强资金管理,提高使用效益,所有扶贫资金的使用都要实行公示、公告和报账制度,严格监督和审计,确保资金及时足额到位,真正使贫困户受益。

(二十一)认真安排好灾区和困难农户的生产生活

2003年不少地方遭受了严重的自然灾害,一些农民生产生活遇到严重困难。各级党委和政府要切实负起责任,组织干部深入灾区和贫困地区,摸底排查,核实灾情,及时把救济款物发放到户,按规定减免有关税费,组织和引导灾区群众开展生产自救。有条件的地方要探索建立农民最低生活保障制度。落实好农垦企业参加企业职工基本养老保险的政策。

九、加强党对促进农民增收工作的领导,确保各项增收政策落到实处

(二十二)要把解决好农业、农村、农民问题作为全党工作的重中之重

全党同志特别是各级领导干部要始终重视农业的基础地位,始终重视严格保护耕地和保护、提高粮食综合生产能力,始终重视维护粮食主产区和种粮农民的利益,始终重视增加农民特别是种粮农民的收入。对"三农"问题,不仅分管领导要直接抓,而且党政一把手要亲自抓,地、县两级领导要把主要精力放在农业和农村工作上。要树立科学发展观和正确的政绩观,把增加农

民收入作为事关全局的大事,放在更加突出的位置。要切实转变工作作风,深入基层,深入群众,落实各项增收措施,为农民增收出主意、想办法、办实事、多服务,力戒浮夸和做表面文章,把增加农民收入作为衡量工作成效的一个重要标准。要加强对农村基层干部的培训,增强宗旨意识和法制、政策观念,增进与农民群众的感情,提高他们带领农民增收致富的自觉性和本领。各行各业都要树立全局观念,为农民增收贡献力量,在全社会形成有利于农民增收的良好氛围。要激发广大农民群众艰苦创业的积极性,发扬自强不息的精神,通过辛勤劳动走上富裕之路。同时,要按照中央的部署和要求,加强农村基层组织建设、精神文明建设和民主法制建设,做好农村其他各项工作,为农民增收提供有力的组织保障、智力支持和安定的社会环境。

做好新阶段的农业和农村工作,努力增加农民收入,意义重大,任重道远。我们要紧密团结在以胡锦涛同志为总书记的党中央周围,高举邓小平理论伟大旗帜,认真实践"三个代表"重要思想,坚定信心,奋力开拓,扎实工作,为全面建设小康社会做出新的贡献。

来源:http://www.gov.cn/test/2005-07/04/content_11870.htm

14. 国务院办公厅关于推进农业水价综合改革的意见

国务院办公厅关于推进农业水价综合改革的意见

(国办发〔2016〕2号)

2016年1月29日

各省、自治区、直辖市人民政府,国务院各部委、各直属机构:

农业是用水大户,也是节水潜力所在。长期以来,我国农田水利基础设施薄弱,运行维护经费不足,农业用水管理不到位,农业水价形成机制不健全,价格水平总体偏低,不能有效反映水资源稀缺程度和生态环境成本,价格杠杆对促进节水的作用未得到有效发挥,不仅造成农业用水方式粗放,而且难以保障农田水利工程良性运行。为建立健全农业水价形成机制,促进农业节水和农业可持续发展,经国务院同意,现提出以下意见:

一、总体要求

(一)指导思想

全面贯彻党的十八大和十八届三中、四中、五中全会精神,认真落实党中央、国务院决策部署,按照"四个全面"战略布局要求,牢固树立创新、协调、绿色、开放、共享的发展理念,围绕保障国家粮食安全和水安全,落实节水优先方针,加强供给侧结构性改革和农业用水需求管理,坚持使市场在资源配置中起决定性作用和更好发挥政府作用,政府和市场协同发力,以完善农田水利工程体系为基础,以健全农业水价形成机制为核心,以创新体制机制为动力,逐步建立农业灌溉用水量控制和定额管理制度,提高农业用水效率,促进实现农业现代化。

(二)基本原则

坚持综合施策。加强农业水价改革与其他相关改革的衔接,综合运用工程配套、管理创新、价格调整、财政奖补、技术推广、结构优化等举措统筹推进改革。

坚持两手发力。既要使市场在资源配置中起决定性作用，促进农业节水，也要更好发挥政府作用，保障粮食等重要农作物合理用水需求，总体上不增加农民负担。

坚持供需统筹。既要强化供水管理，健全运行机制，提高供水服务效率，也要把需求管理摆在更加突出位置，全面提高农业用水精细化管理水平，推动农业用水方式转变。

坚持因地制宜。区分不同地区水资源禀赋、灌溉条件、经济发展水平、种植养殖结构等差异状况，结合土地流转、农业经营方式转变，尊重农民意愿，探索符合实际、各具特色的做法，有计划、分步骤推进。

(三) 总体目标

用10年左右时间，建立健全合理反映供水成本、有利于节水和农田水利体制机制创新、与投融资体制相适应的农业水价形成机制；农业用水价格总体达到运行维护成本水平，农业用水总量控制和定额管理普遍实行，可持续的精准补贴和节水奖励机制基本建立，先进适用的农业节水技术措施普遍应用，农业种植结构实现优化调整，促进农业用水方式由粗放式向集约化转变。农田水利工程设施完善的地区要加快推进改革，通过3~5年努力率先实现改革目标。

二、夯实农业水价改革基础

(四) 完善供水计量设施

加快供水计量体系建设，新建、改扩建工程要同步建设计量设施；尚未配备计量设施的已建工程要抓紧改造。严重缺水地区和地下水超采地区要限期配套完善。大中型灌区骨干工程全部实现斗口及以下计量供水；小型灌区和末级渠系根据管理需要细化计量单元；使用地下水灌溉的要计量到井，有条件的地方要计量到户。

(五) 建立农业水权制度

以县级行政区域用水总量控制指标为基础，按照灌溉用水定额，逐步把指标细化分解到农村集体经济组织、农民用水合作组织、农户等用水主体，落实到具体水源，明确水权，实行总量控制。鼓励用户转让节水量，政府或其授权的水行政主管部门、灌区管理单位可予以回购；在满足区域内农业用水的前提下，推行节水量跨区域、跨行业转让。

(六) 提高农业供水效率和效益

加强供给侧结构性改革，加快完善大中小微并举的农田水利工程体系。做好工程维修养护，保障工程良性运行。强化供水计划管理和调度，提高管理单位运行效率，强化监督检查，加强成本控制，建立管理科学、精简高效、服务到位的运行机制，保障合理的灌溉用水需求，有效降低供水成本。加强水费征收与使用管理。建立中央财政农田水利资金投入激励机制，重点向农业水价综合改革积极性高、工作有成效的地区倾斜。

(七) 加强农业用水需求管理

在稳定粮食产量和产能的基础上，因地制宜调整优化种植结构。适度调减存在地表水过度利用、地下水严重超采等问题的水资源短缺地区高耗水作物面积。选育推广需水少的耐旱节水作物，建立作物生育阶段与天然降水相匹配的农业种植结构与种植制度。大力推广管灌、滴灌等节水技术，集成发展水肥一体化、水肥药一体化技术，积极推广农机农艺相结合的深松整地、覆盖保墒等措施，提升天然降水利用效率。开展节水农业试验示范和技术培训，提高农民科学用水技术水平。

(八) 探索创新终端用水管理方式

鼓励发展农民用水自治、专业化服务、水管单位管理和用户参与等多种形式的终端用水管理模式。支持农民用水合作组织规范组建、创新发展，并充分发挥其在供水工程建设管理、用水管理、水费计收等方面的作用。推进小型水利工程管理体制改革，明晰农田水利设施产权，颁发产权证书，将使用权、管理权移交给农民用水合作组织、农村集体经济组织、受益农户及新型农业经营主体，明确管护责任。通过政府和社会资本合作（PPP）模式、政府购买服务等方式，鼓励社会资本参与农田水利工程建设和管护。

三、建立健全农业水价形成机制

(九) 分级制定农业水价

农业水价按照价格管理权限实行分级管理。大中型灌区骨干工程农业水价原则上实行政府定价，具备条件的可由供需双方在平等自愿的基础上，按照有利于促进节水、保障工程良性运行和农业生产发展的原则协商定价；大中型灌区末级渠系和小型灌区农业水价，可实行政府定价，也可实行协商定价，具体方式由各地自行确定。加强政府定价成本监审，充分利用节水改造腾出空间，综合考虑供水成本、水资源稀缺程度以及用户承受能力等，合理制定供水工程各环节水价并适时调整。供水价格原则上应达到或逐步提高到运行维护成本水平；确有困难的地区要尽量提高并采取综合措施保障工程良性运行。水资源紧缺、用户承受能力强的地区，农业水价可提高到完全成本水平。

(十) 探索实行分类水价

区别粮食作物、经济作物、养殖业等用水类型，在终端用水环节探索实行分类水价。统筹考虑用水量、生产效益、区域农业发展政策等，合理确定各类用水价格，用水量大或附加值高的经济作物和养殖业用水价格可高于其他用水类型。地下水超采区要采取有效措施，使地下水用水成本高于当地地表水，促进地下水采补平衡和生态改善。合理制定地下水水资源费（税）征收标准，严格控制地下水超采。

(十一) 逐步推行分档水价

实行农业用水定额管理，逐步实行超定额累进加价制度，合理确定阶梯和加价幅度，促进农业节水。因地制宜探索实行两部制水价和季节水价制度，用水量年际变化较大的地区，可实行基本水价和计量水价相结合的两部制水价；用水量受季节影响较大的地区，可实行丰枯季节水价。

四、建立精准补贴和节水奖励机制

(十二) 建立农业用水精准补贴机制

在完善水价形成机制的基础上，建立与节水成效、调价幅度、财力状况相匹配的农业用水精准补贴机制。补贴标准根据定额内用水成本与运行维护成本的差额确定，重点补贴种粮农民定额内用水。补贴的对象、方式、环节、标准、程序以及资金使用管理等，由各地自行确定。

(十三) 建立节水奖励机制

逐步建立易于操作、用户普遍接受的农业用水节水奖励机制。根据节水量对采取节水措施、调整种植结构节水的规模经营主体、农民用水合作组织和农户给予奖励，提高用户主动节水的意识和积极性。

(十四) 多渠道筹集精准补贴和节水奖励资金

统筹财政安排的水管单位公益性人员基本支出和工程公益性部分维修养护经费、农业灌排工程运行管理费、农田水利工程设施维修养护补助、调水费用补助、高扬程抽水电费补贴、有关农业奖补资金等，落实精准补贴和节水奖励资金来源。

五、保障措施

(十五) 落实地方责任

各地区要进一步提高认识，把农业水价综合改革作为改革重点任务，积极推进落实。省级人民政府对本行政区域农业水价综合改革工作负总责，要切实加强组织领导，结合实际制定具体实施方案，明确改革时间表和分步实施计划，细化年度改革目标任务，建立健全工作机制，抓好各项措施落实。及时协调解决改革中遇到的困难和问题，定期总结改革经验，具备条件的要适时予以推广。

(十六) 加强指导协调

发展改革委、财政部、水利部、农业部要认真履行职责，强化协调配合，加大对各地农业水价综合改革工作的指导和支持力度，每年向国务院报告进展情况。

(十七) 强化宣传引导

各有关部门和地方各级人民政府要做好农业水价综合改革的政策解读，加强舆论引导，强化水情教育，引导农民树立节水观念、增强节水意识、提高有偿用水意识和节约用水的自觉性，为推进农业水价综合改革创造良好社会环境。

来源：http://www.gov.cn/zhengce/content/2016-01-29/content_5037340.htm

15. 国务院办公厅关于全面治理拖欠农民工工资问题的意见

国务院办公厅关于全面治理拖欠农民工工资问题的意见

国办发〔2016〕1号

2016年1月17日

各省、自治区、直辖市人民政府，国务院各部委、各直属机构：

解决拖欠农民工工资问题，事关广大农民工切身利益，事关社会公平正义和社会和谐稳定。党中央、国务院历来高度重视，先后出台了一系列政策措施，各地区、各有关部门加大工作力度，经过多年治理取得了明显成效。但也要看到，这一问题尚未得到根本解决，部分行业特别是工程建设领域拖欠工资问题仍较突出，一些政府投资工程项目不同程度存在拖欠农民工工资问题，严重侵害了农民工合法权益，由此引发的群体性事件时有发生，影响社会稳定。为全面治理拖欠农民工工资问题，经国务院同意，现提出如下意见：

一、总体要求

（一）指导思想

全面贯彻党的十八大和十八届二中、三中、四中、五中全会精神，按照"四个全面"战略布局和党中央、国务院决策部署，牢固树立并切实贯彻创新、协调、绿色、开放、共享的发展理念，紧紧围绕保护农民工劳动所得，坚持标本兼治、综合治理，着力规范工资支付行为、优化市场环境、强化监管责任，健全预防和解决拖欠农民工工资问题的长效机制，切实保障农民工劳动报酬权益，维护社会公平正义，促进社会和谐稳定。

（二）目标任务

以建筑市政、交通、水利等工程建设领域和劳动密集型加工制造、餐饮服务等易发生拖欠工资问题的行业为重点，健全源头预防、动态监管、失信惩戒相结合的制度保障体系，完善市场主体自律、政府依法监管、社会协同监督、司法联动惩处的工作体系。到2020年，形成制度完备、责任落实、监管有力的治理格局，使拖欠农民工工资问题得到根本遏制，努力实现基本无拖欠。

二、全面规范企业工资支付行为

（三）明确工资支付各方主体责任

全面落实企业对招用农民工的工资支付责任，督促各类企业严格依法将工资按月足额支付给农民工本人，严禁将工资发放给不具备用工主体资格的组织和个人。在工程建设领域，施工总承包企业（包括直接承包建设单位发包工程的专业承包企业，下同）对所承包工程项目的农民工工资支付负总责，分包企业（包括承包施工总承包企业发包工程的专业企业，下同）对所招用农民工的工资支付负直接责任，不得以工程款未到位等为由克扣或拖欠农民工工资，不得将合同应收工程款等经营风险转嫁给农民工。

（四）严格规范劳动用工管理

督促各类企业依法与招用的农民工签订劳动合同并严格履行，建立职工名册并办理劳动用工备案。在工程建设领域，坚持施工企业与农民工先签订劳动合同后进场施工，全面实行农民工实名制管理制度，建立劳动计酬手册，记录施工现场作业农民工的身份信息、劳动考勤、工资结算等信息，逐步实现信息化实名制管理。施工总承包企业要加强对分包企业劳动用工和工资发放的监督管理，在工程项目部配备劳资专管员，建立施工人员进出场登记制度和考勤计量、工资支付等管理台账，实时掌握施工现场用工及其工资支付情况，不得以包代管。施工总承包企业和分包企业应将经农民工本人签字确认的工资支付书面记录保存两年以上备查。

（五）推行银行代发工资制度

推动各类企业委托银行代发农民工工资。在工程建设领域，鼓励实行分包企业农民工工资委托施工总承包企业直接代发的办法。分包企业负责为招用的农民工申办银行个人工资账户并办理实名制工资支付银行卡，按月考核农民工工作量并编制工资支付表，经农民工本人签字确认后，交施工总承包企业委托银行通过其设立的农民工工资（劳务费）专用账户直接将工资划入农民工个人工资账户。

三、健全工资支付监控和保障制度

（六）完善企业工资支付监控机制

构建企业工资支付监控网络，依托基层劳动保障监察网格化、网络化管理平台的工作人员和基层工会组织设立的劳动法律监督员，对辖区内企业工资支付情况实行日常监管，对发生过拖欠工资的企业实行重点监控并要求其定期申报。企业确因生产经营困难等原因需要延期支付农民工工资的，应及时向当地人力资源社会保障部门、工会组织报告。建立和完善欠薪预警系统，根据工商、税务、银行、水电供应等单位反映的企业生产经营状况相关指标变化情况，定期对重点行业企业进行综合分析研判，发现欠薪隐患要及时预警并做好防范工作。

（七）完善工资保证金制度

在建筑市政、交通、水利等工程建设领域全面实行工资保证金制度，逐步将实施范围扩大到其他易发生拖欠工资的行业。建立工资保证金差异化缴存办法，对一定时期内未发生工资拖欠的企业实行减免措施、发生工资拖欠的企业适当提高缴存比例。严格规范工资保证金动用和退还办法。探索推行业主担保、银行保函等第三方担保制度，积极引入商业保险机制，保障农民工工资支付。

（八）建立健全农民工工资（劳务费）专用账户管理制度

在工程建设领域，实行人工费用与其他工程款分账管理制度，推动农民工工资与工程材料款等相分离。施工总承包企业应分解工程价款中的人工费用，在工程项目所在地银行开设农民工工资（劳务费）专用账户，专项用于支付农民工工资。建设单位应按照工程承包合同约定的比例或施工总承包企业提供的人工费用数额，将应付工程款中的人工费单独拨付到施工总承包企业开设的农民工工资（劳务费）专用账户。农民工工资（劳务费）专用账户应向人力资源社会保障部门和交通、水利等工程建设项目主管部门备案，并委托开户银行负责日常监管，确保专款专用。开户银行发现账户资金不足、被挪用等情况，应及时向人力资源社会保障部门和交通、水利等工程建设项目主管部门报告。

（九）落实清偿欠薪责任

招用农民工的企业承担直接清偿拖欠农民工工资的主体责任。在工程建设领域，建设单位或施工总承包企业未按合同约定及时划拨工程款，致使分包企业拖欠农民工工资的，由建设单位或施工总承包企业以未结清的工程款为限先行垫付农民工工资。建设单位或施工总承包企业将工程违法发包、转包或违法分包致使拖欠农民工工资的，由建设单位或施工总承包企业依法承担清偿责任。

四、推进企业工资支付诚信体系建设

（十）完善企业守法诚信管理制度

将劳动用工、工资支付情况作为企业诚信评价的重要依据，实行分类分级动态监管。建立拖欠工资企业"黑名单"制度，定期向社会公开有关信息。人力资源社会保障部门要建立企业拖欠工资等违法信息的归集、交换和更新机制，将查处的企业拖欠工资情况纳入人民银行企业征信系统、工商部门企业信用信息公示系统、住房城乡建设等行业主管部门诚信信息平台或政府公共信用信息服务平台。推进相关信用信息系统互联互通，实现对企业信用信息互认共享。

(十一) 建立健全企业失信联合惩戒机制

加强对企业失信行为的部门协同监管和联合惩戒，对拖欠工资的失信企业，由有关部门在政府资金支持、政府采购、招投标、生产许可、履约担保、资质审核、融资贷款、市场准入、评优评先等方面依法依规予以限制，使失信企业在全国范围内"一处违法、处处受限"，提高企业失信违法成本。

五、依法处置拖欠工资案件

(十二) 严厉查处拖欠工资行为

加强工资支付监察执法，扩大日常巡视检查和书面材料审查覆盖范围，推进劳动保障监察举报投诉案件省级联动处理机制建设，加大拖欠农民工工资举报投诉受理和案件查处力度。完善多部门联合治理机制，深入开展农民工工资支付情况专项检查。健全地区执法协作制度，加强跨区域案件执法协作。完善劳动保障监察行政执法与刑事司法衔接机制，健全劳动保障监察机构、公安机关、检察机关、审判机关间信息共享、案情通报、案件移送等制度，推动完善人民检察院立案监督和人民法院及时财产保全等制度。对恶意欠薪涉嫌犯罪的，依法移送司法机关追究刑事责任，切实发挥刑法对打击拒不支付劳动报酬犯罪行为的威慑作用。

(十三) 及时处理欠薪争议案件

充分发挥基层劳动争议调解等组织的作用，引导农民工就地就近解决工资争议。劳动人事争议仲裁机构对农民工因拖欠工资申请仲裁的争议案件优先受理、优先开庭、及时裁决、快速结案。对集体欠薪争议或涉及金额较大的欠薪争议案件要挂牌督办。加强裁审衔接与工作协调，提高欠薪争议案件裁决效率。畅通申请渠道，依法及时为农民工讨薪提供法律服务和法律援助。

(十四) 完善欠薪突发事件应急处置机制

健全应急预案，及时妥善处置因拖欠农民工工资引发的突发性、群体性事件。完善欠薪应急周转金制度，探索建立欠薪保障金制度，对企业一时难以解决拖欠工资或企业主欠薪逃匿的，及时动用应急周转金、欠薪保障金或通过其他渠道筹措资金，先行垫付部分工资或基本生活费，帮助解决被拖欠工资农民工的临时生活困难。对采取非法手段讨薪或以拖欠工资为名讨要工程款，构成违反治安管理行为的，要依法予以治安处罚；涉嫌犯罪的，依法移送司法机关追究刑事责任。

六、改进建设领域工程款支付管理和用工方式

(十五) 加强建设资金监管

在工程建设领域推行工程款支付担保制度，采用经济手段约束建设单位履约行为，预防工程款拖欠。加强对政府投资工程项目的管理，对建设资金来源不落实的政府投资工程项目不予批准。政府投资项目一律不得以施工企业带资承包的方式进行建设，并严禁将带资承包有关内容写入工程承包合同及补充条款。

(十六) 规范工程款支付和结算行为

全面推行施工过程结算，建设单位应按合同约定的计量周期或工程进度结算并支付工程款。工程竣工验收后，对建设单位未完成竣工结算或未按合同支付工程款且未明确剩余工程款支付计划的，探索建立建设项目抵押偿付制度，有效解决拖欠工程款问题。对长期拖欠工程款结算或拖欠工程款的建设单位，有关部门不得批准其新项目开工建设。

(十七) 改革工程建设领域用工方式

加快培育建筑产业工人队伍，推进农民工组织化进程。鼓励施工企业将一部分技能水平高的农民工招用为自有工人，不断扩大自有工人队伍。引导具备条件的劳务作业班组向专业企业发展。

(十八) 实行施工现场维权信息公示制度

施工总承包企业负责在施工现场醒目位置设立维权信息告示牌，明示业主单位、施工总承包企业及所在项目部、分包企业、行业监管部门等基本信息；明示劳动用工相关法律法规、当地最低工资标准、工资支付日期等信息；明示属地行业监管部门投诉举报电话和劳动争议调解仲裁、劳动保障监察投诉举报电话等信息，实现所有施工场地全覆盖。

七、加强组织领导

(十九) 落实属地监管责任

按照属地管理、分级负责、谁主管谁负责的原则，完善并落实解决拖欠农民工工资问题省级人民政府负总责，市（地）、县级人民政府具体负责的工作体制。完善目标责任制度，制定实施办法，将保障农民工工资支付纳入政府考核评价指标体系。建立定期督查制度，对拖欠农民工工资问题高发频发、举报投诉量大的地区及重大违法案件进行重点督查。健全问责制度，对监管责任不落实、组织工作不到位的，要严格责任追究。对政府投资工程项目拖欠工程款并引发拖欠农民工工资问题的，要追究项目负责人责任。

(二十) 完善部门协调机制

健全解决企业工资拖欠问题部际联席会议制度，联席会议成员单位调整为人力资源社会保障部、发展改革委、公安部、司法部、财政部、住房城乡建设部、交通运输部、水利部、人民银行、国资委、工商总局、全国总工会，形成治理欠薪工作合力。地方各级人民政府要建立健全由政府负责人牵头、相关部门参与的工作协调机制。人力资源社会保障部门要加强组织协调和督促检查，加大劳动保障监察执法力度。住房城乡建设、交通运输、水利等部门要切实履行行业监管责任，规范工程建设市场秩序，督促企业落实劳务用工实名制管理等制度规定，负责督办因挂靠承包、违法分包、转包、拖欠工程款等造成的欠薪案件。发展改革等部门要加强对政府投资项目的审批管理，严格审查资金来源和筹措方式。财政部门要加强对政府投资项目建设全过程的资金监管，按规定及时拨付财政资金。其他相关部门要根据职责分工，积极做好保障农民工工资支付工作。

(二十一) 加大普法宣传力度

发挥新闻媒体宣传引导和舆论监督作用，大力宣传劳动保障法律法规，依法公布典型违法案件，引导企业经营者增强依法用工、按时足额支付工资的法律意识，引导农民工依法理性维权。对重点行业企业，定期开展送法上门宣讲、组织法律培训等活动。充分利用互联网、微博、微信等现代传媒手段，不断创新宣传方式，增强宣传效果，营造保障农民工工资支付的良好舆论氛围。

(二十二) 加强法治建设

健全保障农民工工资支付的法律制度，在总结相关行业有效做法和各地经验基础上，加快工资支付保障相关立法，为维护农民工劳动报酬权益提供法治保障。

来源：http://www.gov.cn/zhengce/content/2016-01/19/content_5034320.htm

16. 国务院办公厅关于推进农村一二三产业融合发展的指导意见

国务院办公厅关于推进农村一二三产业融合发展的指导意见

国办发〔2015〕93号

2015年12月30日

各省、自治区、直辖市人民政府，国务院各部委、各直属机构：

推进农村一二三产业（以下简称农村产业）融合发展，是拓宽农民增收渠道、构建现代农业产业体系的重要举措，是加快转变农业发展方式、探索中国特色农业现代化道路的必然要求。经国务院同意，现提出如下意见：

一、总体要求

（一）指导思想

全面贯彻落实党的十八大和十八届二中、三中、四中、五中全会精神，按照党中央、国务院决策部署，坚持"四个全面"战略布局，牢固树立创新、协调、绿色、开放、共享的发展理念，主动适应经济发展新常态，用工业理念发展农业，以市场需求为导向，以完善利益联结机制为核心，以制度、技术和商业模式创新为动力，以新型城镇化为依托，推进农业供给侧结构性改革，着力构建农业与二三产业交叉融合的现代产业体系，形成城乡一体化的农村发展新格局，促进农业增效、农民增收和农村繁荣，为国民经济持续健康发展和全面建成小康社会提供重要支撑。

（二）基本原则

坚持和完善农村基本经营制度，严守耕地保护红线，提高农业综合生产能力，确保国家粮食安全。坚持因地制宜，分类指导，探索不同地区、不同产业融合模式。坚持尊重农民意愿，强化利益联结，保障农民获得合理的产业链增值收益。坚持市场导向，充分发挥市场配置资源的决定性作用，更好发挥政府作用，营造良好市场环境，加快培育市场主体。坚持改革创新，打破要素瓶颈制约和体制机制障碍，激发融合发展活力。坚持农业现代化与新型城镇化相衔接，与新农村建设协调推进，引导农村产业集聚发展。

（三）主要目标

到2020年，农村产业融合发展总体水平明显提升，产业链条完整、功能多样、业态丰富、利益联结紧密、产城融合更加协调的新格局基本形成，农业竞争力明显提高，农民收入持续增加，农村活力显著增强。

二、发展多类型农村产业融合方式

（四）着力推进新型城镇化

将农村产业融合发展与新型城镇化建设有机结合，引导农村二三产业向县城、重点乡镇及产业园区等集中。加强规划引导和市场开发，培育农产品加工、商贸物流等专业特色小城镇。强化产业支撑，实施差别化落户政策，努力实现城镇基本公共服务常住人口全覆盖，稳定吸纳农业转移人口。（发展改革委、农业部、商务部等负责）

（五）加快农业结构调整

以农牧结合、农林结合、循环发展为导向，调整优化农业种植养殖结构，加快发展绿色农业。建设现代饲草料产业体系，推广优质饲草料种植，促进粮食、经济作物、饲草料三元种植结构协调发展。大力发展种养结合循环农业，合理布局规模化养殖。加强海洋牧场建设。积极发展林下经济，推进农林复合经营。推广适合精深加工、休闲采摘的作物新品种。加强农业标准体系建设，严格生产全过程管理。（农业部、林业局、科技部等负责）

（六）延伸农业产业链

发展农业生产性服务业，鼓励开展代耕代种代收、大田托管、统防统治、烘干储藏等市场化和专业化服务。完善农产品产地初加工补助政策，扩大实施区域和品种范围，初加工用电享受农用电政策。加强政策引导，支持农产品深加工发展，促进其向优势产区和关键物流节点集中，加快消化粮棉油库存。支持农村特色加工业发展。加快农产品冷链物流体系建设，支持优势产区产地批发市场建设，推进市场流通体系与储运加工布局有机衔接。在各省（区、市）年度建设用地指标中单列一定比例，专门用于新型农业经营主体进行农产品加工、仓储物流、产地批发市场等辅助设施建设。健全农产品产地营销体系，推广农超、农企等形式的产销对接，鼓励在城市社区设立鲜活农产品直销网点。（农业部、发展改革委、财政部、工业和信息化部、国土资源部、商务部、供销合作总社等负责）

（七）拓展农业多种功能

加强统筹规划，推进农业与旅游、教育、文化、健康养老等产业深度融合。积极发展多种形式的农家乐，提升管理水平和服务质量。建设一批具有历史、地域、民族特点的特色旅游村镇和乡村旅游示范村，有序发展新型乡村旅游休闲产品。鼓励有条件的地区发展智慧乡村游，提高在线营销能力。加强农村传统文化保护，合理开发农业文化遗产，大力推进农耕文化教育进校园，统筹利用现有资源建设农业教育和社会实践基地，引导公众特别是中小学生参与农业科普和农事体验。（农业部、旅游局、发展改革委、财政部、教育部、文化部、民政部、林业局等负责）

（八）大力发展农业新型业态

实施"互联网+现代农业"行动，推进现代信息技术应用于农业生产、经营、管理和服务，鼓励对大田种植、畜禽养殖、渔业生产等进行物联网改造。采用大数据、云计算等技术，改进监测统计、分析预警、信息发布等手段，健全农业信息监测预警体系。大力发展农产品电子商务，完善配送及综合服务网络。推动科技、人文等元素融入农业，发展农田艺术景观、阳台农艺等创意农业。鼓励在大城市郊区发展工厂化、立体化等高科技农业，提高本地鲜活农产品供应保障能力。鼓励发展农业生产租赁业务，积极探索农产品个性化定制服务、会展农业、农业众筹等新型业态。（农业部、发展改革委、科技部、工业和信息化部、财政部、商务部、林业局等负责）

（九）引导产业集聚发展

加强农村产业融合发展与城乡规划、土地利用总体规划有效衔接，完善县域产业空间布局和功能定位。通过农村闲置宅基地整理、土地整治等新增的耕地和建设用地，优先用于农村产业融合发展。创建农业产业化示范基地和现代农业示范区，完善配套服务体系，形成农产品集散中心、物流配送中心和展销中心。扶持发展一乡（县）一业、一村一品，加快培育乡村手工艺品和农村土特产品品牌，推进农产品品牌建设。依托国家农业科技园区、农业科研院校和"星创天地",培育农业科技创新应用企业集群。(发展改革委、农业部、国土资源部、科技部、工业和信息化部、教育部、财政部、商务部、工商总局等负责)

三、培育多元化农村产业融合主体

(十) 强化农民合作社和家庭农场基础作用

鼓励农民合作社发展农产品加工、销售,拓展合作领域和服务内容。鼓励家庭农场开展农产品直销。引导大中专毕业生、新型职业农民、务工经商返乡人员领办农民合作社、兴办家庭农场、开展乡村旅游等经营活动。支持符合条件的农民合作社、家庭农场优先承担政府涉农项目,落实财政项目资金直接投向农民合作社、形成资产转交合作社成员持有和管护政策。开展农民合作社创新试点,引导发展农民合作社联合社。引导土地流向农民合作社和家庭农场。(农业部牵头负责)

(十一) 支持龙头企业发挥引领示范作用

培育壮大农业产业化龙头企业和林业重点龙头企业,引导其重点发展农产品加工流通、电子商务和农业社会化服务,并通过直接投资、参股经营、签订长期合同等方式,建设标准化和规模化的原料生产基地,带动农户和农民合作社发展适度规模经营。龙头企业要优化要素资源配置,加强产业链建设和供应链管理,提高产品附加值。鼓励龙头企业建设现代物流体系,健全农产品营销网络。充分发挥农垦企业资金、技术、品牌和管理优势,培育具有国际竞争力的大型现代农业企业集团,推进垦地合作共建,示范带动农村产业融合发展。(农业部、林业局牵头负责)

(十二) 发挥供销合作社综合服务优势

推动供销合作社与新型农业经营主体有效对接,培育大型农产品加工、流通企业。健全供销合作社经营网络,支持流通方式和业态创新,搭建全国性和区域性电子商务平台。拓展供销合作社经营领域,由主要从事流通服务向全程农业社会化服务延伸、向全方位城乡社区服务拓展,在农资供应、农产品流通、农村服务等重点领域和环节为农民提供便利实惠、安全优质的服务。(供销合作总社牵头负责)

(十三) 积极发展行业协会和产业联盟

充分发挥行业协会自律、教育培训和品牌营销作用,开展标准制订、商业模式推介等工作。在质量检测、信用评估等领域,将适合行业协会承担的职能移交行业协会。鼓励龙头企业、农民合作社、涉农院校和科研院所成立产业联盟,支持联盟成员通过共同研发、科技成果产业化、融资拆借、共有品牌、统一营销等方式,实现信息互通、优势互补。(农业部牵头负责)

(十四) 鼓励社会资本投入

优化农村市场环境,鼓励各类社会资本投向农业农村,发展适合企业化经营的现代种养业,利用农村"四荒"(荒山、荒沟、荒丘、荒滩)资源发展多种经营,开展农业环境治理、农田水利建设和生态修复。国家相关扶持政策对各类社会资本投资项目同等对待。对社会资本投资建设连片面积达到一定规模的高标准农田、生态公益林等,允许在符合土地管理法律法规和土地利用总体规划、依法办理建设用地审批手续、坚持节约集约用地的前提下,利用一定比例的土地开展观光和休闲度假旅游、加工流通等经营活动。能够商业化运营的农村服务业,要向社会资本全面开放。积极引导外商投资农村产业融合发展。(发展改革委、财政部、国土资源部、水利部、农业部、商务部、林业局、旅游局等负责)

四、建立多形式利益联结机制

（十五）创新发展订单农业

引导龙头企业在平等互利基础上，与农户、家庭农场、农民合作社签订农产品购销合同，合理确定收购价格，形成稳定购销关系。支持龙头企业为农户、家庭农场、农民合作社提供贷款担保，资助订单农户参加农业保险。鼓励农产品产销合作，建立技术开发、生产标准和质量追溯体系，设立共同营销基金，打造联合品牌，实现利益共享。（农业部、发展改革委、商务部、工商总局、银监会、保监会等负责）

（十六）鼓励发展股份合作

加快推进农村集体产权制度改革，将土地承包经营权确权登记颁证到户、集体经营性资产折股量化到户。地方人民政府可探索制订发布本行政区域内农用地基准地价，为农户土地入股或流转提供参考依据。以土地、林地为基础的各种形式合作，凡是享受财政投入或政策支持的承包经营者均应成为股东方，并采取"保底收益+按股分红"等形式，让农户分享加工、销售环节收益。探索形成以农户承包土地经营权入股的股份合作社、股份合作制企业利润分配机制，切实保障土地经营权入股部分的收益。（农业部、发展改革委、财政部、国土资源部、林业局等负责）

（十七）强化工商企业社会责任

鼓励从事农村产业融合发展的工商企业优先聘用流转出土地的农民，为其提供技能培训、就业岗位和社会保障。引导工商企业发挥自身优势，辐射带动农户扩大生产经营规模、提高管理水平。完善龙头企业认定监测制度，实行动态管理，逐步建立社会责任报告制度。强化龙头企业联农带农激励机制，国家相关扶持政策与利益联结机制相挂钩。（农业部、发展改革委、财政部等负责）

（十八）健全风险防范机制

稳定土地流转关系，推广实物计租货币结算、租金动态调整等计价方式。规范工商资本租赁农地行为，建立农户承包土地经营权流转分级备案制度。引导各地建立土地流转、订单农业等风险保障金制度，并探索与农业保险、担保相结合，提高风险防范能力。增强新型农业经营主体契约意识，鼓励制定适合农村特点的信用评级方法体系。制定和推行涉农合同示范文本，依法打击涉农合同欺诈违法行为。加强土地流转、订单等合同履约监督，建立健全纠纷调解仲裁体系，保护双方合法权益。（农业部、发展改革委、财政部、人民银行、工商总局等负责）

五、完善多渠道农村产业融合服务

（十九）搭建公共服务平台

以县（市、区）为基础，搭建农村综合性信息化服务平台，提供电子商务、乡村旅游、农业物联网、价格信息、公共营销等服务。优化农村创业孵化平台，建立在线技术支持体系，提供设计、创意、技术、市场、融资等定制化解决方案及其他创业服务。建设农村产权流转交易市场，引导其健康发展。采取政府购买、资助、奖励等形式，引导科研机构、行业协会、龙头企业等提供公共服务。（农业部、发展改革委、科技部、工业和信息化部、商务部等负责）

（二十）创新农村金融服务

发展农村普惠金融，优化县域金融机构网点布局，推动农村基础金融服务全覆盖。综合运用奖励、补助、税收优惠等政策，鼓励金融机构与新型农业经营主体建立紧密合作关系，推广产业链金融模式,加大对农村产业融合发展的信贷支持。推进粮食生产规模经营主体营销贷款试点,稳妥有序开展农村承包土地的经营权、农民住房财产权抵押贷款试点。坚持社员制、封闭性、民主管理原则,发展新型农村合作金融,稳妥开展农民合作社内部资金互助试点。鼓励发展政府支持的"三农"融资担保和再担保机构,为农业经营主体提供担保服务。鼓励开展支持农村产业融合发展的融资租赁业务。积极推动涉农企业对接多层次资本市场,支持符合条件的涉农企业通过发行债券、资产证券化等方式融资。加强涉农信贷与保险合作,拓宽农业保险保单质押范围。(人民银行、财政部、银监会、证监会、保监会、农业部、发展改革委、税务总局等负责)

(二十一) 强化人才和科技支撑

加快发展农村教育特别是职业教育,加大农村实用人才和新型职业农民培育力度。加大政策扶持力度,引导各类科技人员、大中专毕业生等到农村创业,实施鼓励农民工等人员返乡创业三年行动计划和现代青年农场主计划,开展百万乡村旅游创客行动。鼓励科研人员到农村合作社、农业企业任职兼职,完善知识产权入股、参与分红等激励机制。支持农业企业、科研机构等开展产业融合发展的科技创新,积极开发农产品加工贮藏、分级包装等新技术。(教育部、科技部、农业部、人力资源社会保障部、发展改革委、旅游局等负责)

(二十二) 改善农业农村基础设施条件

统筹实施全国高标准农田建设总体规划,继续加强农村土地整治和农田水利基础设施建设,改造提升中低产田。加快完善农村水、电、路、通信等基础设施。加强农村环境整治和生态保护,建设持续健康和环境友好的新农村。统筹规划建设农村物流设施,逐步健全以县、乡、村三级物流节点为支撑的农村物流网络体系。完善休闲农业和乡村旅游道路、供电、供水、停车场、观景台、游客接待中心等配套设施。(发展改革委、财政部、国土资源部、水利部、交通运输部、工业和信息化部、农业部、商务部、旅游局、能源局等负责)

(二十三) 支持贫困地区农村产业融合发展

支持贫困地区立足当地资源优势,发展特色种养业、农产品加工业和乡村旅游、电子商务等农村服务业,实施符合当地条件、适应市场需求的农村产业融合项目,推进精准扶贫、精准脱贫,相关扶持资金向贫困地区倾斜。鼓励经济发达地区与贫困地区开展农村产业融合发展合作,支持企事业单位、社会组织和个人投资贫困地区农村产业融合项目。(发展改革委、扶贫办、农业部、商务部、旅游局等负责)

六、健全农村产业融合推进机制

(二十四) 加大财税支持力度

支持地方扩大农产品加工企业进项税额核定扣除试点行业范围,完善农产品初加工所得税优惠目录。落实小微企业税收扶持政策,积极支持"互联网+现代农业"等新型业态和商业模式发展。统筹安排财政涉农资金,加大对农村产业融合投入,中央财政在现有资金渠道内安排一部分资金支持农村产业融合发展试点,中央预算内投资、农业综合开发资金等向农村产业融合发展项目倾斜。创新政府涉农资金使用和管理方式,研究通过政府和社会资本合作、设立基金、贷款贴息等方式,带动社会资本投向农村产业融合领域。(财政部、发展改革委、税务总局等负责)

(二十五) 开展试点示范

围绕产业融合模式、主体培育、政策创新和投融资机制,开展农村产业融合发展试点示范,积极探索和总结成功的做法,形成可复制、可推广的经验,促进农村产业融合加快发展。(发展

改革委、财政部、农业部、工业和信息化部、商务部、旅游局等负责)

(二十六)落实地方责任

地方各级人民政府要切实加强组织领导,把推进农村产业融合发展摆上重要议事日程,纳入经济社会发展总体规划和年度计划;要创新和完善乡村治理机制,加强分类指导,因地制宜探索融合发展模式。县级人民政府要强化主体责任,制定具体实施方案,引导资金、技术、人才等要素向农村产业融合集聚。(地方人民政府负责)

(二十七)强化部门协作

各有关部门要根据本意见精神,抓紧制定和完善相关规划、政策措施,密切协作配合,确保各项任务落实到位。发展改革委要会同有关部门对本意见落实情况进行跟踪分析和评估,每年将工作进展情况报告国务院。(发展改革委牵头负责)

来源:http://www.gov.cn/zhengce/content/2016-01/04/content_10549.htm

17. 中共中央办公厅 国务院办公厅印发《深化农村改革综合性实施方案》

中共中央办公厅 国务院办公厅深化农村改革综合性实施方案
2015年11月6日

农村改革是全面深化改革的重要内容。根据党中央、国务院的决策部署,农村各项改革正在扎实开展,一些重要改革事项试点工作正在有序推进。当前,我国经济发展进入新常态,新型工业化、信息化、城镇化、农业现代化持续推进,农村经济社会深刻变革,农村改革涉及的利益关系更加复杂、目标更加多元、影响因素更加多样、任务也更加艰巨。农村改革综合性强,靠单兵突进难以奏效,必须树立系统性思维,做好整体谋划和顶层设计,找准牵一发而动全身的牛鼻子和主要矛盾,进一步提高农村改革决策的科学性。要从总体上把握好农村改革的方向,提出深化农村改革总的目标、大的原则、基本任务、重要路径,从全局上更好地指导和协调农村各项改革,加强各项改革之间的衔接配套,最大限度释放改革的综合效应。

根据中央统一部署,从提高农村改革的系统性、整体性、协同性出发,特制定深化农村改革综合性实施方案。

一、总体要求

(一)指导思想

全面贯彻党的十八大和十八届二中、三中、四中全会精神,以邓小平理论、"三个代表"重要思想、科学发展观为指导,深入贯彻习近平总书记系列重要讲话精神,认真落实党中央、国务院的决策部署,主动适应经济发展新常态,紧紧围绕全面建成小康社会、全面深化改革、全面依法治国、全面从严治党的战略布局,不断巩固和完善中国特色社会主义农村基本经济制度,加快农业发展方式转变,健全保障国家粮食安全、促进农业可持续发展和农民持续增收的体制机制,着力破除城乡二元结构的体制障碍，为加快推进中国特色农业农村现代化提供制度保障，为实现"两个一百年"奋斗目标和中华民族伟大复兴的中国梦奠定坚实基础。

（二）目标任务

到 2020 年，农村各类所有制经济尤其是农村集体资产所有权、农户土地承包经营权和农民财产权的保护制度更加完善，新型农业经营体系、农业支持保护体系、农业社会化服务体系、农业科技创新体系、适合农业农村特点的农村金融体系更加健全，城乡经济社会发展一体化体制机制基本建立，农村社会治理体系和农村基层组织制度更加完善，农民民主权利得到更好保障，农业农村法律法规进一步完善并加强，农村基层法治水平进一步提高，农业现代化水平和农民生活水平进一步提升，农村经济社会发展更具活力。

（三）基本原则

1. 坚持农村多种所有制经济共同发展。在坚持土地公有制性质基础上，加强对农村各种所有制经济组织和农民家庭合法财产权益的保护，赋予农村各种所有制经济组织同等的市场主体地位，保证其依法公平参与市场竞争、同等受到法律保护，促进农村集体经济、农户家庭经济、农民合作经济、各种私人和股份制经济、供销合作社经济以及国有农场林场等国有经济共同发展。

2. 坚持和完善农村基本经营制度。把握好土地集体所有制和家庭承包经营的关系，现有农村土地承包关系保持稳定并长久不变，落实集体所有权，稳定农户承包权，放活土地经营权，实行"三权分置"。坚持家庭经营在农业中的基础性地位，创新农业经营组织方式，推进家庭经营、集体经营、合作经营、企业经营等共同发展。

3. 坚持社会主义市场经济改革方向。调整不适应农村社会生产力发展要求的生产关系，健全符合社会主义市场经济要求的农村经济体制，充分发挥市场在资源配置中的决定性作用，加强国家对农业的支持保护，促进农业尽快转到数量质量效益并重、注重提高竞争力、注重农业技术创新、注重可持续的集约发展上来。

4. 坚持保障农民权益。把实现好、维护好、发展好广大农民的根本利益作为深化农村改革的出发点和落脚点，切实保障农民合法经济利益，尊重农民民主权利。

5. 坚持统筹兼顾。统筹考虑农业和农村发展，统筹考虑城乡改革发展，统筹考虑公平和效率。

6. 坚持循序渐进、试点先行。发挥好基层和群众首创精神，在把握方向、坚守底线前提下，鼓励积极探索、大胆创新，允许采取差异性、过渡性的制度和政策安排。认真组织好农村改革试点工作，及时总结可复制、可推广的经验。对突破现行法律法规的重大改革，要按程序报批，取得授权，在一定范围内开展试点。

7. 坚持党对"三农"工作的领导。必须始终把加强党对"三农"工作的领导作为推进农村改革发展的政治保证，提高依法做好"三农"工作的能力和水平。在中央的统一领导下，积极稳妥深化农村各项改革。

二、关键领域和重大举措

全面深化农村改革涉及经济、政治、文化、社会、生态文明和基层党建等领域，涉及农村多种所有制经济主体。当前和今后一个时期，深化农村改革要聚焦农村集体产权制度、农业经营制度、农业支持保护制度、城乡发展一体化体制机制和农村社会治理制度等 5 大领域。对这 5 大领域改革的核心问题，要明确大的方向、主要内容和重大方针对策，进一步理清改革思路。

（一）深化农村集体产权制度改革

以土地集体所有为基础的农村集体所有制，是社会主义公有制的重要形式，是实现农民共同富裕的制度保障。在土地集体所有基础上建立的农村集体经济组织制度，与村民自治组织制度相交织，构成了我国农村治理的基本框架，为中国特色农业农村现代化提供了基本的制度支撑。建立健全符合社会主义市场经济体制要求和社会主义初级阶段实际的农村集体产权制度，必须以保护农民集体经济组织成员权利为核心，以明晰农村集体产权归属、赋予农民更多财产权利为重点，探索社会主义市场经济条件下农村集体所有制经济的有效组织形式和经营方式，确保集体经济发展成果惠及本集体所有成员，进一步发挥集体经济优越性，进一步调动集体经济组织成员积极性。

1. 深化农村土地制度改革。坚守土地公有性质不改变、耕地红线不突破、农民利益不受损"三条底线"，防止犯颠覆性错误。深化农村土地制度改革的基本方向是：落实集体所有权，稳定农户承包权，放活土地经营权。落实集体所有权，就是落实"农民集体所有的不动产和动产，属于本集体成员集体所有"的法律规定，明确界定农民的集体成员权，明晰集体土地产权归属，实现集体产权主体清晰。稳定农户承包权，就是要依法公正地将集体土地的承包经营权落实到本集体组织的每个农户。放活土地经营权，就是允许承包农户将土地经营权依法自愿配置给有经营意愿和经营能力的主体，发展多种形式的适度规模经营。

一是开展农村土地征收、集体经营性建设用地入市、宅基地制度改革试点。及时总结经验、不断完善，形成可复制、可推广的改革成果。农村土地征收制度改革的基本思路是：缩小土地征收范围，规范土地征收程序，完善对被征地农民合理、规范、多元保障机制，建立兼顾国家、集体、个人的土地增值收益分配机制，合理提高个人收益。集体经营性建设用地制度改革的基本思路是：允许土地利用总体规划和城乡规划确定为工矿仓储、商服等经营性用途的存量农村集体建设用地，与国有建设用地享有同等权利，在符合规划、用途管制和依法取得的前提下，可以出让、租赁、入股，完善入市交易规则、服务监管制度和土地增值收益的合理分配机制。宅基地制度改革的基本思路是：在保障农户依法取得的宅基地用益物权基础上，改革完善农村宅基地制度，探索农民住房保障新机制，对农民住房财产权作出明确界定，探索宅基地有偿使用制度和自愿有偿退出机制，探索农民住房财产权抵押、担保、转让的有效途径。

二是深化农村土地承包经营制度改革。抓紧修改有关法律，落实中央关于稳定农村土地承包关系并保持长久不变的重大决策，适时就二轮承包期满后耕地延包办法、新的承包期限等内容提出具体方案。在基本完成农村集体土地所有权确权登记颁证的基础上，按照不动产统一登记原则，加快推进宅基地和集体建设用地使用权确权登记颁证工作。明确和提升农村土地承包经营权确权登记颁证的法律效力，扩大整省推进试点范围，总体上要确地到户，从严掌握确权确股不确地的范围。出台农村承包土地经营权抵押、担保试点指导意见。在有条件的地方开展农民土地承包经营权有偿退出试点。制定出台完善草原承包经营制度的文件，规范草原承包行为和管理方式，充分调动广大牧民保护和建设草原的积极性。引导农村集体所有的荒山、荒沟、荒丘、荒滩使用权有序流转。

三是健全耕地保护和补偿制度。严格实施土地利用总体规划，加强耕地保护，全面开展永久基本农田划定工作，实行特殊保护。完善土地复垦制度，盘活土地存量，建立土地复垦激励约束机制，落实生产建设毁损耕地的复垦责任。加大中低产田改造力度，以增加高产稳产基本农田、改善农业生产条件和生态环境为目标，完善农村土地整治办法。依法加强耕地占补平衡规范管理，强化耕地占补平衡的法定责任，完善占补平衡补充耕地质量评价体系，确保补充耕地数量到位、质量到位。完善耕地和基本农田保护补偿机制。采取更有力的措施,加强对耕地占补平衡的监管,坚决防止占多补少、占优补劣、占水田补旱田现象,杜绝违规占用林地、湿地补充耕地。进一步落实耕地保护政府领导干部离任审计制度。按照有关法律法规,完善和拓展城乡建设用地增减挂钩、"地票"等试点,推动利用城乡建设用地增减挂钩政策支持易地扶贫搬迁。

2. 分类推进农村集体资产确权到户和股份合作制改革。在确认农村集体经济组织成员身份、全面核实农村集体资产基础上,对土地等资源性资产,重点是抓紧抓实土地承包经营权确权登记颁证工作;对非经营性资产,重点是探索有利于提高公共服务能力的集体统一运营管理有效机制;对经营性资产,重点是将资产折股量化到本集体经济组织成员,赋予农民对集体资产更多权能,发展多种形式的股份合作。健全农村集体"三资"管理监督和收益分配制度。明确集体经济组织市场主体地位。建立符合实际需求的农村产权流转交易市场,保障农村产权依法自愿公开公正有序交易。现阶段农村集体产权制度改革严格限定在本集体经济组织内部进行,切实防止集体经济组织内部少数人侵占、支配集体资产,防止外部资本侵吞、控制集体资产。

3. 深化林业和水利改革。实行最严格的林地用途管制制度。以放活经营权、落实处置权、保障收益权为重点,深化配套改革,完善集体林权制度。实行森林分类经营管理,完善林木采伐权,管好公益林、放活商品林,调动林农和社会力量发展林业的积极性。稳步推进国有林场和国有林区改革。研究提出加强天然林资源保护的指导意见,有序停止天然林商业性采伐。开展小型水利工程管理体制改革,明确工程所有权和使用权,落实管护主体,促进水利工程良性运行。

(二)加快构建新型农业经营体系

发展多种形式的农业适度规模经营是农业现代化的必由之路,必须以提高土地产出率、资源利用率、劳动生产率为核心,加快培育家庭农场、专业大户、农民合作社、农业产业化龙头企业等新型农业经营主体,构建符合国情和发展阶段的以农户家庭经营为基础、合作与联合为纽带、社会化服务为支撑的立体式、复合型现代农业经营体系,提高农业经营集约化、规模化、组织化、社会化、产业化水平。

4. 推动土地经营权规范有序流转。在农村耕地实行所有权、承包权、经营权"三权分置"的基础上,按照依法自愿有偿原则,引导农民以多种方式流转承包土地的经营权,以及通过土地经营权入股、托管等方式,发展多种形式的适度规模经营。把握好土地经营权流转、集中和规模经营的度,不片面追求超大规模经营,不搞大跃进,不搞强迫命令,不搞行政瞎指挥,使适度规模经营与农村劳动力转移、农业科技进步、农业社会化服务水平相适应。提升农户家庭经营能力和水平,重点发展以家庭成员为主要劳动力、以农业为主要收入来源、从事专业化集约化农业生产的规模适度的农户家庭农场,使之成为发展现代农业的有生力量。适时提出促进家庭农场发展的相关立法建议。

5. 加强农民合作社规范化建设。加强农民专业合作社和土地股份合作社规范化建设,深入推进示范社建设行动。鼓励农民合作社发展农产品加工业务,创新农业产业链组织形式和利益联接机制,构建农户、合作社、企业之间互利共赢的合作模式,让农民更多分享产业链增值收益。进一步创新财政支持农民合作社发展机制,允许政府项目直接投向符合条件的合作社。完善农民以承包土地经营权入股发展农业产业化经营的政策。

6. 创新农业社会化服务机制。家庭经营在相当时期内仍是农业生产的基本力量,要通过周到便利的社会化服务,把农户经营引入现代农业发展轨道。充分发挥农业公益性服务机构作用,大力培育多种形式的农业经营性服务组织,健全覆盖全程、综合配套、便捷高效的社会化服务体系。开展政府向农业经营性服务组织购买公益性服务机制创新试点。

7. 培养职业农民队伍。制定专门规划和切实可行的政策，吸引年轻人务农，培育新型职业农民，造就高素质的新型农业生产经营者队伍。扶持有技能和经营能力的农民工返乡创办家庭农场、领办农民合作社，创立农产品加工、营销企业和农业社会化服务组织。

8. 健全工商资本租赁农地的监管和风险防范机制。对工商资本租赁农户承包地作出明确规定，建立严格的资格审查、项目监管和定期督查机制，禁止以农业为名圈占土地从事非农建设，防止"非粮化"现象蔓延。鼓励和支持工商企业发展适合企业化经营的现代种养业、农产品加工流通和农业社会化服务，向农业输入现代生产要素和经营模式。探索建立工商资本农地租赁风险保障金制度。

9. 推进农垦改革发展和全面深化供销合作社综合改革。研究出台推进农垦改革发展的政策措施，深化垦区集团化、农场企业化改革，创新行业指导管理体制、企业市场化经营体制、农场经营管理体制，明晰农垦国有资产权属关系，建立符合农垦特点的国有资产监管体制，进一步推进农垦办社会职能改革。按照为农服务的宗旨和政事分开、社企分开的方向，因地制宜推进体制改革和机制创新，把供销合作社打造成为与农民利益联结更紧密、为农服务功能更完备、市场化运作更高效的合作经济组织体系，使之成为服务农民生产生活的生力军和综合平台。

（三）健全农业支持保护制度

对农业实行必要的支持保护是发展现代农业的客观需要，要坚持多予少取放活的基本方针，以保障主要农产品供给、促进农民增收、实现农业可持续发展为重点，加大农业支持保护力度，提高农业支持保护效能，完善农业生产激励机制，加快形成覆盖全面、指向明确、重点突出、措施配套、操作简便的农业支持保护制度。

10. 建立农业农村投入稳定增长机制。把农业农村作为财政支出的优先保障领域，中央预算内投资继续向农业农村倾斜，确保农业农村投入只增不减。进一步优化财政支农支出结构，转换财政资金投入方式，通过政府与社会资本合作、政府购买服务、担保贴息、以奖代补、民办公助、风险补偿等措施，带动金融和社会资本投向农业农村，发挥财政资金的引导和杠杆作用。大力清理、整合、规范涉农转移支付资金，对"小、散、乱"及效果不明显的涉农专项资金要坚决整治；对目标接近、投入方向类同的涉农专项资金予以整合；对地方具有管理信息优势的涉农支出，划入一般性转移支付切块下达，由地方统筹支配，落实监管责任。建立规范透明的管理制度，杜绝任何形式的挤占挪用、层层截留、虚报冒领，切实提高涉农资金投入绩效。合理划分中央与地方支农事权，明确政府间应承担和分担的支出责任，推进各级政府支农事权规范化、法律化。

11. 完善农产品价格形成机制和农产品市场调控制度。根据各类主要农产品在国计民生中的重要程度，采取"分品种施策、渐进式推进"的办法，完善农产品价格形成机制。改进并继续执行稻谷、小麦最低收购价政策。按照"价补分离"的思路，继续实施棉花和大豆目标价格改革试点，完善补贴发放办法。改革、完善玉米收储政策。改进农产品市场调控方式，避免政府过度干预，搞活市场流通，增强市场活力。完善农产品收储政策，坚持按贴近市场和保障农民合理收益的原则确定收储价格，降低储备成本，提高储备效率。加强粮食现代仓储物流设施建设，积极鼓励引导流通、加工等各类企业主体参与粮食仓容建设和农产品收储，规范收储行为，培育多元化市场主体。创新农产品流通方式，强化以信息化为支撑的农产品现代流通体系建设，大力发展农产品流通新型业态，发挥电子商务平台在联结农户和市场方面的作用。

12. 完善农业补贴制度。保持农业补贴政策连续性和稳定性，调整改进"黄箱"支持政策，逐步扩大"绿箱"支持政策实施规模和范围，提高农业补贴政策效能。开展农业补贴改革试点，将现行的"三项补贴"（农作物良种补贴、种粮直补、农资综合补贴）合并为"农业支持保护补贴"，优化补贴支持方向，突出耕地保护和粮食安全。保持与现有政策的衔接，调整部分存量资金和新增补贴资金向各类适度规模经营的新型农业经营主体倾斜，合理确定支持力度，不人为"垒大户"。进一步拓宽财政支农资金的渠道，突出财政对农业的支持重点，持续增加农业基础设施建设、农业综合开发投入，完善促进农业科技进步、加强农民技能培训的投入机制，强化对农业结构调整的支持，加大对农业投入品、农机具购置等的支持力度。健全粮食主产区利益补偿机制。健全快捷高效的补贴资金发放办法，鼓励有条件的地方探索对农民收入补贴的办法。

13. 建立农田水利建设管理新机制。积极推进农业水价综合改革，对农业用水实行总量控制和定额管理，配套完善供水计量设施，建立有利于节水的农业水价形成机制。建立农业用水精准补贴制度和节水激励机制。鼓励社会资本参与农田水利工程建设和运营维护。

14. 深化农业科技体制改革。坚持科技兴农、人才强农，推进农业科研院所改革，打破部门条块分割，有效整合科技资源，建立协同创新机制，促进产学研、农科教紧密结合。完善科研立项和成果转化评价机制，强化对科技人员的激励机制，促进农业科研成果转化。扶持种业发展，做强一批"育繁推"一体化的大型骨干种子企业。完善基层农技推广服务体系，探索公益性农技推广服务的多种实现形式。

15. 建立农业可持续发展机制。推广减量化和清洁化农业生产模式，健全农业标准化生产制度，完善农业投入品减量提效补偿机制。发展生态循环农业，构建农业废弃物资源化利用激励机制。实施耕地质量保护与提升行动，加强重金属污染耕地治理和东北黑土地保护。深入推进退耕还林还草、还湿还湖、限牧限渔。完善森林、草原、湿地、水源、水土保持等生态保护补偿制度。建立健全生态保护补偿资金稳定投入机制。

16. 加快农村金融制度创新。坚持商业性金融、合作性金融、政策性金融相结合，健全政策支持、公平准入和差异化监管制度，扩大农村金融服务规模和覆盖面，创新农村金融服务模式，全面提升农村金融服务水平，促进普惠金融发展，加快建立多层次、广覆盖、可持续、竞争适度、风险可控的现代农村金融体系。健全金融机构农村存款主要用于农业农村的制度，完善政策性金融支持农业开发和农村建设的制度。进一步完善中国农业银行"三农金融事业部"的管理体制和运行机制，全面提升服务"三农"和县域经济的能力和水平。稳定农村信用社县域法人地位，完善治理结构。鼓励邮政储蓄银行拓展农村金融业务。鼓励组建政府出资为主、重点开展涉农担保业务的县域融资担保机构或担保基金。完善农村信贷损失补偿机制，探索建立地方财政出资的涉农信贷风险补偿基金。稳妥开展农村承包土地的经营权和农民住房财产权抵押贷款试点，创新和完善林权抵押贷款机制，拓宽"三农"直接融资渠道。坚持社员制、封闭性原则，在不对外吸储放贷、不支付固定回报的前提下，以具备条件的农民合作社为依托，稳妥开展农民合作社内部资金互助试点，引导其向"生产经营合作+信用合作"延伸。金融监管部门负责制定农村信用合作组织业务经营规则和监管规则，地方政府切实承担监管职责和风险处置责任。完善地方农村金融管理体制，推动地方建立市场化风险补偿机制，有效防范和化解地方金融风险。推进农村信用体系建设，开展新型农业经营主体信用评级与授信。完善农业保险制度，支持有条件的地区成立农业互助保险组织，扩大农业保险覆盖面，开发适合新型农业经营主体需求的保险品种，提高保障水平。深入开展农产品目标价格保险试点。研究完善农业保险大灾风险分散机制。

（四）健全城乡发展一体化体制机制

城乡发展一体化是解决我国"三农"问题的根本途径，必须坚持工业反哺农业、城市支持农村的基本方针，协调推进城镇化和新农村建设，加快形成以工促农、以城带乡、工农互惠、城乡一体的新型工农城乡关系，努力缩小城乡发展差距。

17. 完善城乡发展一体化的规划体制。加快规划体制改革，构建适应我国城乡统筹发展的规划编制体系，完善各类规划编制、审批和实施监管制度，健全县市域空间规划衔接协调机制。尽快修订完善县域乡村建设规划和镇、乡、村庄规划，在乡镇土地利用总体规划控制下，探索编制村土地利用规划，提高规划科学性和前瞻性，强化规划约束力和引领作用。

18. 完善农村基础设施建设投入和建管机制。进一步加大公共财政对农村基础设施建设的投入力度。加快基础设施向农村延伸，探索建立城乡基础设施和公共服务设施互联互通、共建共享的机制。创新农村基础设施和公共服务设施决策、投入、建设和运行管护机制，建立自下而上的民主决策机制，通过村民自选、自建、自管、自用等方式，更好地发挥农民主体作用。积极引导社会资本参与农村公益性基础设施建设、管护和运营。

19. 推进形成城乡基本公共服务均等化的体制机制。完善县域城乡义务教育资源均衡配置的机制。建立城乡统筹的公共文化服务体系建设协调机制。建立覆盖城乡的基本医疗卫生制度，整合城乡居民基本医疗保险制度。健全全国统一的城乡居民基本养老保险制度，完善待遇确定和正常调整机制。推进最低生活保障制度城乡统筹发展。加强农村留守儿童、妇女、老人关爱服务体系建设。规范基本公共服务标准体系，促进城乡区域标准水平统一衔接可持续，完善综合监测评估制度。鼓励地方开展统筹城乡的基本公共服务制度改革试点。

20. 加快推进户籍制度改革。充分考虑各类城镇的经济社会发展水平、综合承载能力和提供基本公共服务能力，细化完善和实施差别化落户政策，促进有能力在城镇稳定就业和生活的常住人口有序实现市民化。加快建立和实施居住证制度，以居住证为载体，逐步实现基本公共服务对常住人口的全覆盖。构建政府、企业、个人共同参与的农业转移人口市民化成本分担机制，明确各级政府承担的相应支出责任，增强吸纳农业转移人口较多地区政府公共服务保障能力。切实维护进城落户农民的土地承包权、宅基地使用权、集体收益分配权。

21. 完善城乡劳动者平等就业制度。进一步清理针对农民工就业的歧视性规定，保障城乡劳动者平等就业的权利。加强覆盖城乡的公共就业创业服务体系建设。完善就业失业登记管理制度。落实鼓励农村劳动力创业政策。落实农民工与城镇职工同工同酬原则，突出解决好农民工工资拖欠问题。扩大农民工参加城镇社会保障覆盖面，把进城落户的农业转移人口完全纳入城镇社会保障体系。完善社会保障关系转移接续政策。

（五）加强和创新农村社会治理

随着市场化、工业化、城镇化的快速推进，农村社会治理面临新挑战，必须坚持党政主导、农民主体、社会协同，围绕提高农村基层治理水平，加强乡镇服务型政府建设，发挥好基层党组织在农村各类经济、社会组织中的领导核心作用，完善村民自治组织民主制度，形成规范有序、充满活力的乡村治理机制。

22. 加强农村基层党组织建设。认真贯彻党要管党、从严治党的要求，始终坚持农村基层党组织领导核心地位不动摇，深入整顿软弱涣散村党组织，把农村基层党组织建设成坚强的战斗堡垒，不断夯实党在农村基层执政的组织基础。创新完善农村基层党组织设置和活动方式，扩大组织覆盖和工作覆盖。加强乡村两级党组织班子建设，选好用好管好带头人，向软弱涣散村党组织和贫困村党组织选派"第一书记"。严肃农村基层党内政治生活，用严以修身、严以用权、严以律己和谋事要实、创业要实、做人要实的要求，加强党员日常教育管理，做好农村发展党员工作，发挥党员先锋模范作用。严肃处理违反党纪党规的行为，坚决查处挤占挪用惠农资金、侵占征地补偿款、侵吞集体资产等发生在农民身边的腐败行为，建立健全党组织领导下的村务监督机制，保持农村基层党组织的纯洁性和凝聚力。进一步加强农村基层服务型党组织建设，强化县乡村三级便民服务网络建设，多为群众办实事，贴近群众、团结群众、引导群众、赢得群众，带领群众共同脱贫致富奔小康。严格落实农村基层党建责任制，发挥县级党委"一线指挥部"作用，加大抓乡促村工作力度。

23. 健全农村基层民主管理制度。以扩大有序参与、推进信息公开、健全议事协商、强化权力监督为重点，健全村党组织领导的充满活力的村民自治机制，探索村民自治的有效实现形式。在有实际需要的地方，依托土地等集体资产所有权关系和乡村传统社会治理资源，开展以村民小组或自然村为基本单元的村民自治试点；在已经建立新型农村社区的地方，开展以农村社区为基本单元的村民自治试点。探索以村民会议、村民代表会议为载体，创新村民议事形式，完善议事决策主体和程序，落实群众知情权和决策权。建立务实管用的村务监督机制，理顺村务监督机构与其他村级组织的关系，切实发挥村务监督机构作用，落实群众监督权。积极探索村民议事会、村民理事会等协商形式，重视吸纳利益相关方、社会组织、驻村单位参加协商。研究明确村党组织、村民委员会、村务监督机构、农村集体经济组织的职能定位及相互关系。在进行农村集体产权制度改革、组建农村股份合作经济组织的地区，探索剥离村"两委"对集体资产经营管理的职能，开展实行"政经分开"试验，完善农村基层党组织领导的村民自治组织和集体经济组织运行机制。

24. 加强农村精神文明建设。加大农村思想道德建设力度，有针对性地开展社会主义核心价值观教育，提高农民综合素质，提升农村社会文明水平。开展文明村镇创建活动，修订乡规民约。充分发挥公共文化服务在农村精神文明建设中的平台和支撑作用，加强农村基层公共文化体育资源的整合利用，提高设施利用效能。建立广播电视村村通、文化信息资源共享、乡镇综合文化站、农村电影放映、农家书屋、体育健身等重点文化体育工程有效合作机制。采取政府购买、项目补贴、定向资助等方式，支持社会各类文化组织和机构参与农村公共文化服务。抓好农村业余文化骨干队伍建设，加强农村题材文艺作品的创作生产。保护和传承具有民族特色的农耕文明，加强农村地区的文化遗产保护。广泛开展具有乡土特色的文化活动，推动文化与特色农业有机结合，提升农产品文化附加值。引导和组织农民成立村民议事会、道德评议会、禁赌禁毒会、红白理事会，发挥乡规民约的积极作用。

25. 创新农村扶贫开发体制机制。着眼全面建成小康社会、不让农村贫困人口掉队的要求，分类施策，加快健全精准扶贫工作机制，完善贫困县考核机制，完善干部驻村帮扶机制，完善扶贫资金管理机制，完善金融服务机制，创新社会参与机制，建立扶贫对象动态调整机制，完善扶贫开发与农村低保有效衔接的机制。完善片区联系工作机制，推动片区规划实施与减少贫困人口的目标相结合，将政策、项目等落到实处。抓紧研究制定扶贫开发的重大举措，确保在既定时间节点打赢扶贫开发攻坚战，加快贫困群众脱贫致富、贫困地区全面建成小康社会步伐。

26. 深化农村行政执法体制改革。加强农村基层执法力量，推行对食品药品安全、工商质检、公共卫生、安全生产、文化旅游、资源环境、农林水利、交通运输、城乡建设、海洋渔业等领域的综合执法，确保有关法律法规执行，依法维护农村生产生活秩序，提高农村基层法治水平。

三、(略)

四、加强组织领导

各级党委和政府要按照党中央、国务院的总体部署，切实增强领导、组织、监督农村改革工作的主动性和自觉性。要坚持问题导向，下大力气解决好农民群众最关心最直接最现实的利益问题。要完善各级党委和政府推进农村改革的领导体制和工作机制，健全和落实责任制度。主要负责同志要亲自抓农村改革工作，把握好方向和路径，加强对农村改革工作的指导，确保各项农村改革措施落到实处。

来源：http://www.gov.cn/zhengce/2015-11/02/content_5003540.htm

18. 国务院关于开展农村承包土地的经营权和农民住房财产权抵押贷款试点的指导意见

国务院关于开展农村承包土地的经营权和农民住房财产权抵押贷款试点的指导意见

国发〔2015〕45号

2015年8月10日

各省、自治区、直辖市人民政府，国务院各部委、各直属机构：

为进一步深化农村金融改革创新，加大对"三农"的金融支持力度，引导农村土地经营权有序流转，慎重稳妥推进农民住房财产权抵押、担保、转让试点，做好农村承包土地（指耕地）的经营权和农民住房财产权（以下统称"两权"）抵押贷款试点工作，现提出以下意见。

一、总体要求

（一）指导思想

全面贯彻党的十八大和十八届三中、四中全会精神，深入落实党中央、国务院决策部署，按照所有权、承包权、经营权三权分置和经营权流转有关要求，以落实农村土地的用益物权、赋予农民更多财产权利为出发点，深化农村金融改革创新，稳妥有序开展"两权"抵押贷款业务，有效盘活农村资源、资金、资产，增加农业生产中长期和规模化经营的资金投入，为稳步推进农村土地制度改革提供经验和模式，促进农民增收致富和农业现代化加快发展。

（二）基本原则

一是依法有序。"两权"抵押贷款试点要坚持于法有据，遵守土地管理法、城市房地产管理法等有关法律法规和政策要求，先在批准范围内开展，待试点积累经验后再稳步推广。涉及被突破的相关法律条款，应提请全国人大常委会授权在试点地区暂停执行。

二是自主自愿。切实尊重农民意愿，"两权"抵押贷款由农户等农业经营主体自愿申请，确保农民群众成为真正的知情者、参与者和受益者。流转土地的经营权抵押需经承包农户同意，抵押仅限于流转期内的收益。金融机构要在财务可持续基础上,按照有关规定自主开展"两权"抵押贷款业务。

三是稳妥推进。在维护农民合法权益前提下,妥善处理好农民、农村集体经济组织、金融机构、政府之间的关系,慎重稳妥推进农村承包土地的经营权抵押贷款试点和农民住房财产权抵押、担保、转让试点工作。

四是风险可控。坚守土地公有制性质不改变、耕地红线不突破、农民利益不受损的底线。完善试点地区确权登记颁证、流转平台搭建、风险补偿和抵押物处置机制等配套政策,防范、控制和化解风险,确保试点工作顺利平稳实施。

二、试点任务

(一)赋予"两权"抵押融资功能,维护农民土地权益

在防范风险、遵守有关法律法规和农村土地制度改革等政策基础上,稳妥有序开展"两权"抵押贷款试点。加强制度建设,引导和督促金融机构始终把维护好、实现好、发展好农民土地权益作为改革试点的出发点和落脚点,落实"两权"抵押融资功能,明确贷款对象、贷款用途、产品设计、抵押价值评估、抵押物处置等业务要点,盘活农民土地用益物权的财产属性,加大金融对"三农"的支持力度。

(二)推进农村金融产品和服务方式创新,加强农村金融服务

金融机构要结合"两权"的权能属性,在贷款利率、期限、额度、担保、风险控制等方面加大创新支持力度,简化贷款管理流程,扎实推进"两权"抵押贷款业务,切实满足农户等农业经营主体对金融服务的有效需求。鼓励金融机构在农村承包土地的经营权剩余使用期限内发放中长期贷款,有效增加农业生产的中长期信贷投入。鼓励对经营规模适度的农业经营主体发放贷款。

(三)建立抵押物处置机制,做好风险保障

因借款人不履行到期债务或者发生当事人约定的情形需要实现抵押权时,允许金融机构在保证农户承包权和基本住房权利前提下,依法采取多种方式处置抵押物。完善抵押物处置措施,确保当借款人不履行到期债务或者发生当事人约定的情形时,承贷银行能顺利实现抵押权。农民住房财产权(含宅基地使用权)抵押贷款的抵押物处置应与商品住房制定差别化规定。探索农民住房财产权抵押担保中宅基地权益的实现方式和途径,保障抵押权人合法权益。对农民住房财产权抵押贷款的抵押物处置,受让人原则上应限制在相关法律法规和国务院规定的范围内。

(四)完善配套措施,提供基础支撑

试点地区要加快推进农村土地承包经营权、宅基地使用权和农民住房所有权确权登记颁证,探索对通过流转取得的农村承包土地的经营权进行确权登记颁证。农民住房财产权设立抵押的,需将宅基地使用权与住房所有权一并抵押。按照党中央、国务院确定的宅基地制度改革试点工作部署,探索建立宅基地使用权有偿转让机制。依托相关主管部门建立完善多级联网的农村土地产权交易平台,建立"两权"抵押、流转、评估的专业化服务机制,支持以各种合法方式流转的农村承包土地的经营权用于抵押。建立健全农村信用体系,有效调动和增强金融机构支农的积极性。

(五)加大扶持和协调配合力度,增强试点效果

人民银行要支持金融机构积极稳妥参与试点,对符合条件的农村金融机构加大支农再贷款支

持力度。银行业监督管理机构要研究差异化监管政策，合理确定资本充足率、贷款分类等方面的计算规则和激励政策，支持金融机构开展"两权"抵押贷款业务。试点地区要结合实际，采取利息补贴、发展政府支持的担保公司、利用农村土地产权交易平台提供担保、设立风险补偿基金等方式，建立"两权"抵押贷款风险缓释及补偿机制。保险监督管理机构要进一步完善农业保险制度，大力推进农业保险和农民住房保险工作，扩大保险覆盖范围，充分发挥保险的风险保障作用。

三、组织实施

（一）加强组织领导

人民银行会同中央农办、发展改革委、财政部、国土资源部、住房城乡建设部、农业部、税务总局、林业局、法制办、银监会、保监会等单位，按职责分工成立农村承包土地的经营权抵押贷款试点工作指导小组和农民住房财产权抵押贷款试点工作指导小组（以下统称指导小组），切实落实党中央、国务院对"两权"抵押贷款试点工作的各项要求，按照本意见指导地方人民政府开展试点，并做好专项统计、跟踪指导、评估总结等相关工作。指导小组办公室设在人民银行。

（二）选择试点地区

"两权"抵押贷款试点以县（市、区）行政区域为单位。农村承包土地的经营权抵押贷款试点主要在农村改革试验区、现代农业示范区等农村土地经营权流转较好的地区开展；农民住房财产权抵押贷款试点原则上选择国土资源部牵头确定的宅基地制度改革试点地区开展。省级人民政府按照封闭运行、风险可控原则向指导小组办公室推荐试点县（市、区），经指导小组审定后开展试点。各省（区、市）可根据当地实际，分别或同时申请开展农村承包土地的经营权抵押贷款试点和农民住房财产权抵押贷款试点。

（三）严格试点条件

"两权"抵押贷款试点地区应满足以下条件：一是农村土地承包经营权、宅基地使用权和农民住房所有权确权登记颁证率高，农村产权流转交易市场健全，交易行为公开规范，具备较好基础和支撑条件；二是农户土地流转意愿较强，农业适度规模经营势头良好，具备规模经济效益；三是农村信用环境较好，配套政策较为健全。

（四）规范试点运行

人民银行、银监会会同相关单位，根据本意见出台农村承包土地的经营权抵押贷款试点管理办法和农民住房财产权抵押贷款试点管理办法。银行业金融机构根据本意见和金融管理部门制定的"两权"抵押贷款试点管理办法，建立相应的信贷管理制度并制定实施细则。试点地区成立试点工作小组，严格落实试点条件，制定具体实施意见、支持政策，经省级人民政府审核后，送指导小组备案。集体林地经营权抵押贷款和草地经营权抵押贷款业务可参照本意见执行。

（五）做好评估总结

认真总结试点经验，及时提出制定修改相关法律法规、政策的建议，加快推动修改完善相关法律法规。人民银行牵头负责对试点工作进行跟踪、监督和指导，开展年度评估。试点县（市、区）应提交总结报告和政策建议，由省级人民政府送指导小组。指导小组形成全国试点工作报告，提出相关政策建议。全部试点工作于2017年底前完成。

（六）取得法律授权

试点涉及突破《中华人民共和国物权法》第一百八十四条、《中华人民共和国担保法》第三十七条等相关法律条款，由国务院按程序提请全国人大常委会授权，允许试点地区在试点期间暂停执行相关法律条款。

来源：http：//www.gov.cn/zhengce/content/2015-08/24/content_ 10121.htm

19. 国务院办公厅关于加快转变农业发展方式的意见

国务院办公厅关于加快转变农业发展方式的意见

国办发〔2015〕59号

2015年7月30日

各省、自治区、直辖市人民政府，国务院各部委、各直属机构：

近年来，我国粮食生产"十一连增"，农民收入持续较快增长，农业农村经济发展取得巨大成绩，为经济社会持续健康发展提供了有力支撑。当前，我国经济发展进入新常态，农业发展面临农产品价格"天花板"封顶、生产成本"地板"抬升、资源环境"硬约束"加剧等新挑战，迫切需要加快转变农业发展方式。经国务院同意，现提出以下意见。

一、总体要求

（一）指导思想

全面贯彻落实党的十八大和十八届二中、三中、四中全会精神，按照党中央、国务院决策部署，把转变农业发展方式作为当前和今后一个时期加快推进农业现代化的根本途径，以发展多种形式农业适度规模经营为核心，以构建现代农业经营体系、生产体系和产业体系为重点，着力转变农业经营方式、生产方式、资源利用方式和管理方式，推动农业发展由数量增长为主转到数量质量效益并重上来，由主要依靠物质要素投入转到依靠科技创新和提高劳动者素质上来，由依赖资源消耗的粗放经营转到可持续发展上来，走产出高效、产品安全、资源节约、环境友好的现代农业发展道路。

（二）基本原则

坚持把增强粮食生产能力作为首要前提。坚守耕地红线，做到面积不减少、质量不下降、用途不改变，稳定提升粮食产能，确保饭碗任何时候都牢牢端在自己手中，夯实转变农业发展方式的基础。

坚持把提高质量效益作为主攻方向。以市场需求为导向，适应居民消费结构变化，调整优化农业结构，向规模经营要效率、向一二三产业融合要效益、向品牌经营要利润，全面推进节本降耗、提质增效。

坚持把促进可持续发展作为重要内容。以资源环境承载能力为依据，优化农业生产力布局，加强农业环境突出问题治理，促进资源永续利用。

坚持把推进改革创新作为根本动力。打破传统农业发展路径依赖，全面深化农村改革，加快农业科技创新和制度创新，完善粮食等重要农产品价格形成机制，激活各类农业生产要素。

坚持把尊重农民主体地位作为基本遵循。尊重农民意愿，维护农民权益，在充分发挥市场机制作用的基础上，更好发挥政府作用，保护和调动农民积极性。

（三）主要目标

到2020年，转变农业发展方式取得积极进展。多种形式的农业适度规模经营加快发展，农业综合生产能力稳步提升，产业结构逐步优化，农业资源利用和生态环境保护水平不断提高，物质技术装备条件显著改善，农民收入持续增加，为全面建成小康社会提供重要支撑。

到2030年，转变农业发展方式取得显著成效。产品优质安全，农业资源利用高效，产地生态环境良好，产业发展有机融合，农业质量和效益明显提升，竞争力显著增强。

二、增强粮食生产能力，提高粮食安全保障水平

（四）加快建设高标准农田

以高标准农田建设为平台，整合新增建设用地土地有偿使用费、农业综合开发资金、现代农业生产发展资金、农田水利设施建设补助资金、测土配方施肥资金、大型灌区续建配套与节水改造投资、新增千亿斤粮食生产能力规划投资等，统筹使用资金，集中力量开展土地平整、农田水利、土壤改良、机耕道路、配套电网林网等建设，统一上图入库，到2020年建成8亿亩高标准农田。有计划分片推进中低产田改造，改善农业生产条件，增强抵御自然灾害能力。探索建立有效机制，鼓励金融机构支持高标准农田建设和中低产田改造，引导各类新型农业经营主体积极参与。按照"谁受益、谁管护"的原则，明确责任主体，建立奖惩机制，落实管护措施。

（五）切实加强耕地保护

落实最严格耕地保护制度，加快划定永久基本农田，确保基本农田落地到户、上图入库、信息共享。完善耕地质量保护法律制度，研究制定耕地质量等级国家标准。完善耕地保护补偿机制。充分发挥国家土地督察作用，坚持数量与质量并重，加强土地督察队伍建设，落实监督责任，重点加强东北等区域耕地质量保护。实施耕地质量保护与提升行动，分区域开展退化耕地综合治理、污染耕地阻控修复、土壤肥力保护提升、耕地质量监测等建设，开展东北黑土地保护利用试点，逐步扩大重金属污染耕地治理与种植结构调整试点，全面推进建设占用耕地耕作层土壤剥离再利用。

（六）积极推进粮食生产基地建设

结合永久基本农田划定，探索建立粮食生产功能区，优先在东北、黄淮海和长江中下游等水稻、小麦主产区，建成一批优质高效的粮食生产基地，将口粮生产能力落实到田块地头。加大财政均衡性转移支付力度，涉农项目资金要向粮食主产区倾斜。大力开展粮食高产创建活动，推广绿色增产模式，提高单产水平。引导企业积极参与粮食生产基地建设，发展产前、产中、产后等环节的生产和流通服务。加强粮食烘干、仓储设施建设。

三、创新农业经营方式，延伸农业产业链

（七）培育壮大新型农业经营主体

逐步扩大新型农业经营主体承担农业综合开发、中央基建投资等涉农项目规模。支持农民合作社建设农产品加工仓储冷链物流设施，允许财政补助形成的资产转交农民合作社持有和管护。鼓励引导粮食等大宗农产品收储加工企业为新型农业经营主体提供订单收购、代烘代储等服务。

落实好新型农业经营主体生产用地政策。研究改革农业补贴制度，使补贴资金向种粮农民以及家庭农场等新型农业经营主体倾斜。支持粮食生产规模经营主体开展营销贷款试点。创新金融服务，把新型农业经营主体纳入银行业金融机构客户信用评定范围，对信用等级较高的在同等条件下实行贷款优先等激励措施，对符合条件的进行综合授信；探索开展农村承包土地经营权抵押贷款、大型农机具融资租赁试点，积极推动厂房、渔船抵押和生产订单、农业保单质押等业务，拓宽抵质押物范围；支持新型农业经营主体利用期货、期权等衍生工具进行风险管理；在全国范围内引导建立健全由财政支持的农业信贷担保体系，为粮食生产规模经营主体贷款提供信用担保和风险补偿；鼓励商业保险机构开发适应新型农业经营主体需求的多档次、高保障保险产品，探索开展产值保险、目标价格保险等试点。

（八）推进多种形式的农业适度规模经营

稳步开展农村土地承包经营权确权登记颁证工作。各地要采取财政奖补等措施，扶持多种形式的农业适度规模经营发展，引导农户依法采取转包、出租、互换、转让、入股等方式流转承包地。有条件的地方在坚持农地农用和坚决防止"非农化"的前提下，可以根据农民意愿统一连片整理耕地，尽量减少田埂，扩大耕地面积，提高机械化作业水平。采取财政扶持、信贷支持等措施，加快培育农业经营性服务组织，开展政府购买农业公益性服务试点，积极推广合作式、托管式、订单式等服务形式。支持供销合作社开展农业社会化服务，加快形成综合性、规模化、可持续的为农服务体系。总结推广多种形式农业适度规模经营的典型案例，充分发挥其示范带动作用。在坚持农村土地集体所有和充分尊重农民意愿的基础上，在农村改革试验区稳妥开展农户承包地有偿退出试点，引导有稳定非农就业收入、长期在城镇居住生活的农户自愿退出土地承包经营权。

（九）大力开展农业产业化经营

把发展多种形式农业适度规模经营与延伸农业产业链有机结合起来，立足资源优势，鼓励农民通过合作与联合的方式发展规模种养业、农产品加工业和农村服务业，开展农民以土地经营权入股农民合作社、农业产业化龙头企业试点，让农民分享产业链增值收益。充实和完善龙头企业联农带农的财政激励机制，鼓励龙头企业为农户提供技术培训、贷款担保、农业保险资助等服务，大力发展一村一品、村企互动的产销对接模式；创建农业产业化示范基地，推进原料生产、加工物流、市场营销等一二三产业融合发展，促进产业链增值收益更多留在产地、留给农民。支持农业产业化示范基地开展技术研发、质量检测、物流信息等公共服务平台建设。从国家技改资金项目中划定一定比例支持龙头企业转型升级。

（十）加快发展农产品加工业

扩大农产品初加工补助资金规模、实施区域和品种范围。深入实施主食加工提升行动，推动马铃薯等主食产品开发。支持精深加工装备改造升级，建设一批农产品加工技术集成基地，提升农产品精深加工水平。支持粮油加工企业节粮技术改造，开展副产品综合利用试点。加大标准化生猪屠宰体系建设力度，支持屠宰加工企业一体化经营。

（十一）创新农业营销服务

加强全国性和区域性农产品产地市场建设，加大农产品促销扶持力度，提升农户营销能力。培育新型流通业态，大力发展农业电子商务，制定实施农业电子商务应用技术培训计划，引导各类农业经营主体与电商企业对接，促进物流配送、冷链设施设备等发展。加快发展供销合作社电子商务。积极推广农产品拍卖交易方式。

(十二) 积极开发农业多种功能

加强规划引导，研究制定促进休闲农业与乡村旅游发展的用地、财政、金融等扶持政策，加大配套公共设施建设支持力度，加强从业人员培训，强化体验活动创意、农事景观设计、乡土文化开发，提升服务能力。保持传统乡村风貌，传承农耕文化，加强重要农业文化遗产发掘和保护，扶持建设一批具有历史、地域、民族特点的特色景观旅游村镇。提升休闲农业与乡村旅游示范创建水平，加大美丽乡村推介力度。

四、深入推进农业结构调整，促进种养业协调发展

(十三) 大力推广轮作和间作套作

支持因地制宜开展生态型复合种植，科学合理利用耕地资源，促进种地养地结合。重点在东北地区推广玉米/大豆（花生）轮作，在黄淮海地区推广玉米/花生（大豆）间作套作，在长江中下游地区推广双季稻—绿肥或水稻—油菜种植，在西南地区推广玉米/大豆间作套作，在西北地区推广玉米/马铃薯（大豆）轮作。

(十四) 鼓励发展种养结合循环农业

面向市场需求，加快建设现代饲草料产业体系，开展优质饲草料种植推广补贴试点，引导发展青贮玉米、苜蓿等优质饲草料，提高种植比较效益。加大对粮食作物改种饲草料作物的扶持力度，支持在干旱地区、高寒高纬度玉米种植区域和华北地下水超采漏斗区、南方石漠化地区率先开展试点。统筹考虑种养规模和环境消纳能力，积极开展种养结合循环农业试点示范。发展现代渔业，开展稻田综合种养技术示范，推广稻渔共生、鱼菜共生等综合种养技术新模式。

(十五) 积极发展草食畜牧业

针对居民膳食结构和营养需求变化，促进安全、绿色畜产品生产。分区域开展现代草食畜牧业发展试点试验，在种养结构调整、适度规模经营培育、金融信贷支持、草原承包经营制度完善等方面开展先行探索。大力推进草食家畜标准化规模养殖，突出抓好疫病防控，加快推广先进适用技术模式，重点支持生态循环畜牧业发展，引导形成牧区繁育、农区育肥的新型产业结构。实施牛羊养殖大县财政奖励补助政策。

五、提高资源利用效率，打好农业面源污染治理攻坚战

(十六) 大力发展节水农业

落实最严格水资源管理制度，逐步建立农业灌溉用水量控制和定额管理制度。进一步完善农田灌排设施，加快大中型灌区续建配套与节水改造、大中型灌排泵站更新改造，推进新建灌区和小型农田水利工程建设，扩大农田有效灌溉面积。大力发展节水灌溉，全面实施区域规模化高效节水灌溉行动。分区开展节水农业示范，改善田间节水设施设备，积极推广抗旱节水品种和喷灌滴灌、水肥一体化、深耕深松、循环水养殖等技术。积极推进农业水价综合改革，合理调整农业水价，建立精准补贴机制。开展渔业资源环境调查，加大增殖放流力度，加强海洋牧场建设。统筹推进流域水生态保护与治理，加大对农业面源污染综合治理的支持力度，开展太湖、洱海、巢湖、洞庭湖和三峡库区等湖库农业面源污染综合防治示范。

(十七) 实施化肥和农药零增长行动

坚持化肥减量提效、农药减量控害，建立健全激励机制，力争到2020年，化肥、农药使用量实现零增长，利用率提高到40%以上。深入实施测土配方施肥，扩大配方肥使用范围，鼓励

农业社会化服务组织向农民提供配方施肥服务，支持新型农业经营主体使用配方肥。探索实施有机肥和化肥合理配比计划，鼓励农民增施有机肥，支持发展高效缓（控）释肥等新型肥料，提高有机肥施用比例和肥料利用效率。加强对农药使用的管理，强化源头治理，规范农民使用农药的行为。全面推行高毒农药定点经营，建立高毒农药可追溯体系。开展低毒低残留农药使用试点，加大高效大中型药械补贴力度，推行精准施药和科学用药。鼓励农业社会化服务组织对农民使用农药提供指导和服务。

（十八）推进农业废弃物资源化利用

落实畜禽规模养殖环境影响评价制度。启动实施农业废弃物资源化利用示范工程。推广畜禽规模化养殖、沼气生产、农家肥积造一体化发展模式，支持规模化养殖场（区）开展畜禽粪污综合利用，配套建设畜禽粪污治理设施；推进农村沼气工程转型升级，开展规模化生物天然气生产试点；引导和鼓励农民利用畜禽粪便积造农家肥。支持秸秆收集机械还田、青黄贮饲料化、微生物腐化和固化炭化等新技术示范，加快秸秆收储运体系建设。扩大旱作农业技术应用，支持使用加厚或可降解农膜；开展区域性残膜回收与综合利用，扶持建设一批废旧农膜回收加工网点，鼓励企业回收废旧农膜。加快可降解农膜研发和应用。加快建成农药包装废弃物收集处理系统。

六、强化农业科技创新，提升科技装备水平和劳动者素质

（十九）加强农业科技自主创新

按照深化科技体制改革的总体要求，深入推进农业科技管理体制改革，提高创新效率。推进农业科技协同创新联盟建设。加快农业科技创新能力条件建设，按程序启动农业领域重点科研项目，加强农业科技国际交流与合作，着力突破农业资源高效利用、生态环境修复等共性关键技术。探索完善科研成果权益分配激励机制。建设农业科技服务云平台，提升农技推广服务效能。深入推进科技特派员农村科技创业行动，加快科技进村入户，让农民掌握更多的农业科技知识。

（二十）深化种业体制改革

在总结完善种业科研成果权益分配改革试点工作的基础上，逐步扩大试点范围；完善成果完成人分享制度，健全种业科技资源、人才向企业流动机制，做大做强育繁推一体化种子企业。国家财政科研经费加大用于基础性公益性研究的投入，逐步减少用于农业科研院所和高等院校开展商业化育种的投入。实施现代种业提升工程，加强国家种质资源体系、植物新品种测试体系和品种区域试验体系建设，加大种质资源保护力度，完善植物品种数据库。实施粮食作物制种大县财政奖励补助政策，积极推进海南、甘肃、四川三大国家级育种制种基地建设，规划建设一批区域级育种制种基地。

（二十一）推进农业生产机械化

适当扩大农机深松整地作业补助试点，大力推广保护性耕作技术，开展粮棉油糖生产全程机械化示范，构建主要农作物全程机械化生产技术体系。完善适合我国国情的农业机械化技术与装备研发支持政策，主攻薄弱环节机械化，推进农机农艺融合，促进工程、生物、信息、环境等技术集成应用。探索完善农机报废更新补贴实施办法。

（二十二）加快发展农业信息化

开展"互联网+"现代农业行动。鼓励互联网企业建立农业服务平台，加强产销衔接。推广成熟可复制的农业物联网应用模式，发展精准化生产方式。大力实施农业物联网区域试验工程，加快推进设施园艺、畜禽水产养殖、质量安全追溯等领域物联网示范应用。加强粮食储运监管领

域物联网建设。支持研发推广一批实用信息技术和产品,提高农业智能化和精准化水平。强化农业综合信息服务能力,提升农业生产要素、资源环境、供给需求、成本收益等监测预警水平,推进农业大数据应用,完善农业信息发布制度。大力实施信息进村入户工程,研究制定农业信息化扶持政策。加快国家农村信息化示范省建设。

（二十三）大力培育新型职业农民

加快建立教育培训、规范管理和政策扶持"三位一体"的新型职业农民培育体系。建立公益性农民培养培训制度,深入实施新型职业农民培育工程,推进农民继续教育工程。加强农民教育培训体系条件能力建设,深化产教融合、校企合作和集团化办学,促进学历、技能和创业培养相互衔接。鼓励进城农民工和职业院校毕业生等人员返乡创业,实施现代青年农场主计划和农村实用人才培养计划。

七、提升农产品质量安全水平，确保"舌尖上的安全"

（二十四）全面推行农业标准化生产

加强农业标准化工作,健全推广和服务体系。加快制修订农兽药残留标准,制定推广一批简明易懂的生产技术操作规程,继续推进农业标准化示范区、园艺作物标准园、畜禽标准化示范场和水产健康养殖示范场建设,扶持新型农业经营主体率先开展标准化生产,实现生产设施、过程和产品标准化。积极推行减量化生产和清洁生产技术,规范生产行为,控制农兽药残留,净化产地环境。

（二十五）推进农业品牌化建设

加强政策引导,营造公平有序的市场竞争环境,开展农业品牌塑造培育、推介营销和社会宣传,着力打造一批有影响力、有文化内涵的农业品牌,提升增值空间。鼓励企业在国际市场注册商标,加大商标海外保护和品牌培育力度。发挥有关行业协会作用,加强行业自律,规范企业行为。

（二十六）提高农产品质量安全监管能力

开展农产品质量安全县创建活动,探索建立有效的监管机制和模式。依法加强对农业投入品的监管,打击各类非法添加行为。开展农产品质量安全追溯试点,优先将新型农业经营主体纳入试点范围,探索建立产地质量证明和质量安全追溯制度,推进产地准出和市场准入。构建农产品质量安全监管追溯信息体系,促进各类追溯平台互联互通和监管信息共享。加强农产品产地环境监测和农业面源污染监测,强化产地安全管理。支持病死畜禽无害化处理设施建设,加快建立运行长效机制。加强农业执法监管能力建设,改善农业综合执法条件,稳定增加经费支持。

八、加强农业国际合作，统筹国际国内两个市场两种资源

（二十七）推进国际产能合作

拓展与"一带一路"沿线国家和重点区域的农业合作,带动农业装备、生产资料等优势产能对外合作。健全农业对外合作部际联席会议制度。在充分利用现有政策渠道的同时,研究农业对外合作支持政策,加快培育具有国际竞争力的农业企业集团。积极引导外商投资现代农业。

（二十八）加强农产品贸易调控

积极支持优势农产品出口。健全农产品进口调控机制,完善重要农产品国营贸易和关税配额

管理，把握好进口规模、节奏，合理有效利用国际市场。加快构建全球重要农产品监测、预警和分析体系，建设基础数据平台，建立中长期预测模型和分级预警与响应机制。

九、强化组织领导

（二十九）落实地方责任

各省（区、市）人民政府要提高对转变农业发展方式重要性、复杂性和长期性的认识，增强紧迫感和自觉性，加强组织领导和统筹协调，落实工作责任，健全工作机制，切实把各项任务措施落到实处；要按照本意见要求，结合当地实际，制定具体实施方案。

（三十）加强部门协作

农业部要强化对转变农业发展方式工作的组织指导，密切跟踪工作进展，及时总结和推广经验。发展改革委、财政部要强化对重大政策、重大工程和重大项目的扶持。人民银行、银监会、证监会、保监会要积极落实金融支持政策。教育部、科技部、工业和信息化部、国土资源部、环境保护部、水利部、商务部、质检总局等部门要按照职责分工，抓紧出台相关配套政策。

来源：http://www.gov.cn/zhengce/content/2015-08/07/content_10057.htm

20. 国务院办公厅关于支持农民工等人员返乡创业的意见

国务院办公厅关于支持农民工等人员返乡创业的意见

国办发〔2015〕47号

2015年6月17日

各省、自治区、直辖市人民政府，国务院各部委、各直属机构：

支持农民工、大学生和退役士兵等人员返乡创业，通过大众创业、万众创新使广袤乡镇百业兴旺，可以促就业、增收入，打开新型工业化和农业现代化、城镇化和新农村建设协同发展新局面。根据《中共中央国务院关于加大改革创新力度加快农业现代化建设的若干意见》和《国务院关于进一步做好新形势下就业创业工作的意见》（国发〔2015〕23号）要求，为进一步做好农民工等人员返乡创业工作，经国务院同意，现提出如下意见：

一、总体要求

（一）指导思想

全面贯彻落实党的十八大和十八届二中、三中、四中全会精神，按照党中央、国务院决策部署，加强统筹谋划，健全体制机制，整合创业资源，完善扶持政策，优化创业环境，以人力资本、社会资本的提升、扩散、共享为纽带，加快建立多层次多样化的返乡创业格局，全面激发农民工等人员返乡创业热情，创造更多就地就近就业机会，加快输出地新型工业化、城镇化进程，全面汇入大众创业、万众创新热潮，加快培育经济社会发展新动力，催生民生改善、经济结构调整和社会和谐稳定新动能。

（二）基本原则

——坚持普惠性与扶持性政策相结合。既要保证返乡创业人员平等享受普惠性政策，又要根据其抗风险能力弱等特点，落实完善差别化的扶持性政策，努力促进他们成功创业。

——坚持盘活存量与创造增量并举。要用好用活已有园区、项目、资金等存量资源全面支持返乡创业，同时积极探索公共创业服务新方法、新路径，开发增量资源，加大对返乡创业的支持力度。

——坚持政府引导与市场主导协同。要加强政府引导，按照绿色、集约、实用的原则，创造良好的创业环境，更要充分发挥市场的决定性作用，支持返乡创业企业与龙头企业、市场中介服务机构等共同打造充满活力的创业生态系统。

——坚持输入地与输出地发展联动。要推进创新创业资源跨地区整合，促进输入地与输出地在政策、服务、市场等方面的联动对接，扩大返乡创业市场空间，延长返乡创业产业链条。

二、主要任务

（三）促进产业转移带动返乡创业

鼓励输入地在产业升级过程中对口帮扶输出地建设承接产业园区，引导劳动密集型产业转移，大力发展相关配套产业，带动农民工等人员返乡创业。鼓励已经成功创业的农民工等人员，顺应产业转移的趋势和潮流，充分挖掘和利用输出地资源和要素方面的比较优势，把适合的产业转移到家乡再创业、再发展。

（四）推动输出地产业升级带动返乡创业

鼓励积累了一定资金、技术和管理经验的农民工等人员，学习借鉴发达地区的产业组织形式、经营管理方式，顺应输出地消费结构、产业结构升级的市场需求，抓住机遇创业兴业，把小门面、小作坊升级为特色店、连锁店、品牌店。

（五）鼓励输出地资源嫁接输入地市场带动返乡创业

鼓励农民工等人员发挥既熟悉输入地市场又熟悉输出地资源的优势，借力"互联网+"信息技术发展现代商业，通过对少数民族传统手工艺品、绿色农产品等输出地特色产品的挖掘、升级、品牌化，实现输出地产品与输入地市场的嫁接。

（六）引导一二三产业融合发展带动返乡创业

统筹发展县域经济，引导返乡农民工等人员融入区域专业市场、示范带和块状经济，打造具有区域特色的优势产业集群。鼓励创业基础好、创业能力强的返乡人员，充分开发乡村、乡土、乡韵潜在价值，发展休闲农业、林下经济和乡村旅游，促进农村一二三产业融合发展，拓展创业空间。以少数民族特色村镇为平台和载体，大力发展民族风情旅游业，带动民族地区创业。

（七）支持新型农业经营主体发展带动返乡创业

鼓励返乡人员共创农民合作社、家庭农场、农业产业化龙头企业、林场等新型农业经营主体，围绕规模种养、农产品加工、农村服务业以及农技推广、林下经济、贸易营销、农资配送、信息咨询等合作建立营销渠道，合作打造特色品牌，合作分散市场风险。

三、健全基础设施和创业服务体系

（八）加强基层服务平台和互联网创业线上线下基础设施建设

切实加大人力财力投入，进一步推进县乡基层就业和社会保障服务平台、中小企业公共服务平台、农村基层综合公共服务平台、农村社区公共服务综合信息平台的建设，使其成为加强和优化农村基层公共服务的重要基础设施。支持电信企业加大互联网和移动互联网建设投入，改善县乡互联网服务，加快提速降费，建设高速畅通、覆盖城乡、质优价廉、服务便捷的宽带网络基础设施和服务体系。继续深化和扩大电子商务进农村综合示范县工作，推动信息入户，引导和鼓励电子商务交易平台渠道下沉，带动返乡人员依托其平台和经营网络创业。加大交通物流等基础设施投入，支持乡镇政府、农村集体经济组织与社会资本合作共建智能电商物流仓储基地，健全县、乡、村三级农村物流基础设施网络，鼓励物流企业完善物流下乡体系，提升冷链物流配送能力，畅通农产品进城与工业品下乡的双向流通渠道。

（九）依托存量资源整合发展农民工返乡创业园

各地要在调查分析农民工等人员返乡创业总体状况和基本需求基础上，结合推进新型工业化、信息化、城镇化、农业现代化和绿色化同步发展的实际需要，对农民工返乡创业园布局作出安排。依托现有各类合规开发园区、农业产业园，盘活闲置厂房等存量资源，支持和引导地方整合发展一批重点面向初创期"种子培育"的返乡创业孵化基地、引导早中期创业企业集群发展的返乡创业园区，聚集创业要素，降低创业成本。挖掘现有物业设施利用潜力，整合利用零散空地等存量资源，并注意与城乡基础设施建设、发展电子商务和完善物流基础设施等统筹结合。属于非农业态的农民工返乡创业园，应按照城乡规划要求，结合老城或镇村改造、农村集体经营性建设用地或农村宅基地盘整进行开发建设。属于农林牧渔业态的农民工返乡创业园，在不改变农地、集体林地、草场、水面权属和用途前提下，允许建设方通过与权属方签订合约的方式整合资源开发建设。

（十）强化返乡农民工等人员创业培训工作

紧密结合返乡农民工等人员创业特点、需求和地域经济特色，编制实施专项培训计划，整合现有培训资源，开发有针对性的培训项目，加强创业师资队伍建设，采取培训机构面授、远程网络互动等方式有效开展创业培训，扩大培训覆盖范围，提高培训的可获得性，并按规定给予创业培训补贴。建立健全创业辅导制度，加强创业导师队伍建设，从有经验和行业资源的成功企业家、职业经理人、电商辅导员、天使投资人、返乡创业带头人当中选拔一批创业导师，为返乡创业农民工等人员提供创业辅导。支持返乡创业培训实习基地建设，动员知名乡镇企业、农产品加工企业、休闲农业企业和专业市场等为返乡创业人员提供创业见习、实习和实训服务，加强输出地与东部地区对口协作，组织返乡创业农民工等人员定期到东部企业实习，为其学习和增强管理经验提供支持。发挥好驻贫困村"第一书记"和驻村工作队作用，帮助开展返乡农民工教育培训，做好贫困乡村创业致富带头人培训。

（十一）完善农民工等人员返乡创业公共服务

各地应本着"政府提供平台、平台集聚资源、资源服务创业"的思路，依托基层公共平台集聚政府公共资源和社会其他各方资源，组织开展专项活动，为农民工等人员返乡创业提供服务。统筹考虑社保、住房、教育、医疗等公共服务制度改革，及时将返乡创业农民工等人员纳入公共服务范围。依托基层就业和社会保障服务平台，做好返乡人员创业服务、社保关系转移接续等工作，确保其各项社保关系顺畅转移接入。及时将电子商务等新兴业态创业人员纳入社保覆盖范围。探索完善返乡创业人员社会兜底保障机制，降低创业风险。深化农村社区建设试点，提升农村社区支持返乡创业和吸纳就业的能力，逐步建立城乡社区农民工服务衔接机制。

（十二）改善返乡创业市场中介服务

运用政府向社会力量购买服务的机制，调动教育培训机构、创业服务企业、电子商务平台、行业协会、群团组织等社会各方参与积极性，帮助返乡创业农民工等人员解决企业开办、经营、发展过程中遇到的能力不足、经验不足、资源不足等难题。培育和壮大专业化市场中介服务机构，提供市场分析、管理辅导等深度服务，帮助返乡创业人员改善管理、开拓市场。鼓励大型市场中介服务机构跨区域拓展，推动输出地形成专业化、社会化、网络化的市场中介服务体系。

（十三）引导返乡创业与万众创新对接

引导和支持龙头企业建立市场化的创新创业促进机制，加速资金、技术和服务扩散，带动和支持返乡创业人员依托其相关产业链创业发展。鼓励大型科研院所建立开放式创新创业服务平台，吸引返乡创业农民工等各类创业者围绕其创新成果创业，加速科技成果资本化、产业化步伐。鼓励社会资本特别是龙头企业加大投入，结合其自身发展壮大需要，建设发展市场化、专业化的众创空间，促进创新创意与企业发展、市场需求和社会资本有效对接。鼓励发达地区众创空间加速向输出地扩展、复制，不断输出新的创业理念，集聚创业活力，帮助返乡农民工等人员解决创业难题。推行科技特派员制度，建设一批"星创天地"，为农民工等人员返乡创业提供科技服务，实现返乡创业与万众创新有序对接、联动发展。

四、政策措施

（十四）降低返乡创业门槛

深化商事制度改革，落实注册资本登记制度改革，优化返乡创业登记方式，简化创业住所（经营场所）登记手续，推动"一址多照"、集群注册等住所登记制度改革。放宽经营范围，鼓励返乡农民工等人员投资农村基础设施和在农村兴办各类事业。对政府主导、财政支持的农村公益性工程和项目，可采取购买服务、政府与社会资本合作等方式，引导农民工等人员创设的企业和社会组织参与建设、管护和运营。对能够商业化运营的农村服务业，向社会资本全面开放。制定鼓励社会资本参与农村建设目录，探索建立乡镇政府职能转移目录，鼓励返乡创业人员参与建设或承担公共服务项目，支持返乡人员创设的企业参加政府采购。将农民工等人员返乡创业纳入社会信用体系，建立健全返乡创业市场交易规则和服务监管机制，促进公共管理水平提升和交易成本下降。取消和下放涉及返乡创业的行政许可审批事项，全面清理并切实取消非行政许可审批事项，减少返乡创业投资项目前置审批。

（十五）落实定向减税和普遍性降费政策

农民工等人员返乡创业，符合政策规定条件的，可适用财政部、国家税务总局《关于小型微利企业所得税优惠政策的通知》（财税〔2015〕34号）、《关于进一步支持小微企业增值税和营业税政策的通知》（财税〔2014〕71号）、《关于对小微企业免征有关政府性基金的通知》（财税〔2014〕122号）和《人力资源社会保障部财政部关于调整失业保险费率有关问题的通知》（人社部发〔2015〕24号）的政策规定，享受减征企业所得税、免征增值税、营业税、教育费附加、地方教育附加、水利建设基金、文化事业建设费、残疾人就业保障金等税费减免和降低失业保险费率政策。各级财政、税务、人力资源社会保障部门要密切配合，严格按照上述政策规定和《国务院关于税收等优惠政策相关事项的通知》（国发〔2015〕25号）要求，切实抓好工作落实，确保优惠政策落地并落实到位。

（十六）加大财政支持力度

充分发挥财政资金的杠杆引导作用，加大对返乡创业的财政支持力度。对返乡农民工等人员创办的新型农业经营主体，符合农业补贴政策支持条件的，可按规定同等享受相应的政策支持。对农民工等人员返乡创办的企业，招用就业困难人员、毕业年度高校毕业生的，按规定给予社保险补贴。对符合就业困难人员条件，从事灵活就业的，给予一定的社会保险补贴。对具备各项支农惠农资金、小微企业发展资金等其他扶持政策规定条件的，要及时纳入扶持范围，便捷申请程序，简化审批流程，建立健全政策受益人信息联网查验机制。经工商登记注册的网络商户从业人员，同等享受各项就业创业扶持政策；未经工商登记注册的网络商户从业人员，可认定为灵活就业人员，同等享受灵活就业人员扶持政策。

（十七）强化返乡创业金融服务

加强政府引导，运用创业投资类基金，吸引社会资本加大对农民工等人员返乡创业初创期、早中期的支持力度。在返乡创业较为集中、产业特色突出的地区，探索发行专项中小微企业集合债券、公司债券，开展股权众筹融资试点，扩大直接融资规模。进一步提高返乡创业的金融可获得性，加快发展村镇银行、农村信用社等中小金融机构和小额贷款公司等机构，完善返乡创业信用评价机制，扩大抵押物范围，鼓励银行业金融机构开发符合农民工等人员返乡创业需求特点的金融产品和金融服务，加大对返乡创业的信贷支持和服务力度。大力发展农村普惠金融，引导加大涉农资金投放，运用金融服务"三农"发展的相关政策措施，支持农民工等人员返乡创业。落实创业担保贷款政策，优化贷款审批流程，对符合条件的返乡创业人员，可按规定给予创业担保贷款，财政部门按规定安排贷款贴息所需资金。

（十八）完善返乡创业园支持政策

农民工返乡创业园的建设资金由建设方自筹；以土地租赁方式进行农民工返乡创业园建设的，形成的固定资产归建设方所有；物业经营收益按相关各方合约分配。对整合发展农民工返乡创业园，地方政府可在不增加财政预算支出总规模、不改变专项资金用途前提下，合理调整支出结构，安排相应的财政引导资金，以投资补助、贷款贴息等恰当方式给予政策支持。鼓励银行业金融机构在有效防范风险的基础上，积极创新金融产品和服务方式，加大对农民工返乡创业园区基础设施建设和产业集群发展等方面的金融支持。有关方面可安排相应项目给予对口支持，帮助返乡创业园完善水、电、交通、物流、通信、宽带网络等基础设施。适当放宽返乡创业园用电用水用地标准，吸引更多返乡人员入园创业。

五、组织实施

（十九）加强组织协调

各地区、各部门要高度重视农民工等人员返乡创业工作，健全工作机制，明确任务分工，细化配套措施，跟踪工作进展，及时总结推广经验，研究解决工作中出现的问题。支持农民工等人员返乡创业，关键在地方。各地特别是中西部地区，要结合产业转移和推进新型城镇化的实际需要，制定更加优惠的政策措施，加大对农民工等人员返乡创业的支持力度。有关部门要密切配合，抓好《鼓励农民工等人员返乡创业三年行动计划纲要（2015—2017年）》（见附件）的落实，明确时间进度，制定实施细则，确保工作实效。

（二十）强化示范带动

结合国家新型城镇化综合试点城市和中小城市综合改革试点城市组织开展试点工作，探索优化鼓励创业创新的体制机制环境，打造良好创业生态系统。打造一批民族传统产业创业示范基地、一批县级互联网创业示范基地，发挥示范带动作用。

（二十一）抓好宣传引导

坚持正确导向，以返乡创业人员喜闻乐见的形式加强宣传解读，充分利用微信等移动互联社交平台搭建返乡创业交流平台，使之发挥凝聚返乡创业人员和交流创业信息、分享创业经验、展示创业项目、传播创业商机的作用。大力宣传优秀返乡创业典型事迹，充分调动社会各方面支持、促进农民工等人员返乡创业的积极性、主动性，大力营造创业、兴业、乐业的良好环境。

附件：鼓励农民工等人员返乡创业三年行动计划纲要（2015—2017年）

来源：http：//www.gov.cn/zhengce/content/2015-06/21/content_ 9960.htm

附

附件　鼓励农民工等人员返乡创业三年行动计划纲要（2015—2017年）

序号	行动计划名称	工作任务	实现路径	责任单位
1	提升基层创业服务能力行动计划	加强基层就业和社会保障服务设施建设，提升专业化创业服务能力	加快建设县、乡基层就业和社会保障服务设施，2017年基本实现主要输出地县级服务设施全覆盖。鼓励地方政府依托基层就业和社会保障服务平台，整合各职能部门涉及返乡创业的服务职能，建立融资、融智、融商一体化创业服务中心。	发展改革委、人力资源社会保障部分同有关部门
2	整合发展农民工返乡创业园行动计划	依托存量资源整合发展一批农民工返乡创业园	以输出地市、县为主，依托现有开发区和农业产业园等各类园区、闲置土地、厂房、校舍、批发市场、楼宇、商业街和科研培训设施，整合发展一批农民工返乡创业园。	发展改革委、人力资源和社会保障部、住房城乡建设部、国土资源部、农业部、人民银行
3	开发农业农村资源支持返乡创业行动计划	培育一批新型农业经营主体，开发特色产业，保护与发展少数民族传统手工艺，促进创业	将返乡创业与发展县域经济结合起来，培育新型农业经营主体，充分开发一批农林产品加工、休闲农业、乡村旅游、农村服务业等产业项目，促进农村一二三产业融合；面向少数民族农牧民群众开展少数民族传统工艺品保护与发展培训。	农业部、林业局、国家民委、发展改革委、民政部、扶贫办
4	完善基础设施支持返乡创业行动计划	改善信息、交通、物流等基础设施条件	加大对农村地区的信息、交通、物流等基础设施的投入，提升网速、降低网费；支持地方政府依据规划，与社会资本共建物流仓储基地，不断提升冷链物流等基础配送能力；鼓励物流企业完善物流下乡体系。	发展改革委、工业和信息化部、交通运输部、财政部、国土资源部、住房城乡建设部
5	电子商务进农村综合示范行动计划	培育一批电子商务进农村综合示范县	全国创建200个电子商务进农村综合示范县，支持建立完善的县、乡、村三级物流配送体系；建设改造县域电子商务公共服务中心和村级电子商务服务站点；支持农林产品品牌培育和质量保障体系建设，以及农林产品标准化、分级包装、初加工配送等设施建设。	商务部、交通运输部、农业部、财政部、林业局

(续表)

序号	行动计划名称	工作任务	实现路径	责任单位
6	创业培训专项行动计划	推进优质创业培训资源下县乡	编制实施专项培训计划，开发有针对性的培训项目，加强创业培训师资队伍建设，采取培训机构面授、远程网络互动等方式，对有培训需求的返乡创业人员开展创业培训，并按规定给予培训补贴；充分发挥群团组织的组织发动作用，支持其利用各自资源对农村妇女、青年开展创业培训。	人力资源社会保障部、农业部会同有关部门及共青团中央、全国妇联等群团组织
7	返乡创业与万众创新有序对接行动计划	引导和推动建设一批市场化、专业化的众创空间	推行科技特派员制度，组织实施一批"星创天地"，为返乡创业人员提供科技服务。充分利用国家自主创新示范区、国家高新区、科技企业孵化器、大学科技园和高校、科研院所的有利条件，发挥行业领军企业、创业投资机构、社会组织等作用，构建一批众创空间。鼓励发达地区众创空间加速向输出地扩展，帮助返乡人员解决创业难题。	科技部、教育部

21. 中共中央办公厅 国务院办公厅印发《关于深入推进农村社区建设试点工作的指导意见》

中共中央办公厅 国务院办公厅
关于深入推进农村社区建设试点工作的指导意见
2015 年 5 月 31 日

为贯彻落实党的十八大和十八届三中、四中全会精神，创新农村基层社会治理，提升农村公共服务水平，促进城乡一体化建设，现就深入推进农村社区建设试点工作提出如下指导意见。

一、充分认识深化农村社区建设试点的重要意义

农村社区是农村社会服务管理的基本单元。随着中国特色新型工业化、信息化、城镇化、农业现代化进程加快，我国农村社会正在发生深刻变化，农村基层社会治理面临许多新情况新问题：农村人口结构加剧变化，部分地区非户籍居民大幅增加，非户籍居民的社会融入问题凸显，部分地区存在村庄空心化现象，农村"三留守"群体持续扩大；农村利益主体日趋多元，农村居民服务需求更加多样，农村社会事业发展明显滞后，社会管理和公共服务能力难以适应；村民自治机制和法律制度仍需进一步完善等。加强农村社区建设，有利于推动户籍居民和非户籍居民和谐相处，有利于促进政府行政管理、公共服务与农村居民自我管理、自我服务更好地衔接互动，有利于增强农村社区自治和服务功能，为农民幸福安康、农业可持续发展、农村和谐稳定奠定坚实基础。

中央高度重视农村基层社会管理和服务工作，对推进农村社区建设提出明确要求。农村社区建设要在党和政府的领导下，在行政村范围内，依靠全体居民，整合各类资源，强化社区自治和服务功能，促进农村社区经济、政治、文化、社会、生态全面协调可持续发展，不断提升农村居民生活质量和文明素养，努力构建新型乡村治理体制机制。近年来，各地区各有关部门认真贯彻中央决策部署，组织开展农村社区建设试点工作，取得了一定成效。实践证明，农村社区建设是社会主义新农村建设的重要内容，是推进新型城镇化的配套工程，是夯实党的执政基础、巩固基层政权的重要举措。各地区各有关部门要主动适应农村经济社会发展新要求、顺应农民群众过上更加美好生活的新期待，增强做好农村社区建设工作的责任感和紧迫感，深入推进试点工作。

二、总体要求

（一）工作目标

以邓小平理论、"三个代表"重要思想、科学发展观为指导，深入贯彻习近平总书记系列重要讲话精神，以全面提高农村居民生活质量和文明素养为根本，完善村民自治与多元主体参与有机结合的农村社区共建共享机制，健全村民自我服务与政府公共服务、社会公益服务有效衔接的农村基层综合服务管理平台，形成乡土文化和现代文明融合发展的文化纽带，构建生态功能与生产生活功能协调发展的人居环境，打造一批管理有序、服务完善、文明祥和的农村社区建设示范点，为全面推进农村社区建设、统筹城乡发展探索路径、积累经验。

（二）基本原则

——以人为本、完善自治。坚持和完善村党组织领导的充满活力的村民自治制度，尊重农村居民的主体地位，切实维护好保障好农村居民的民主政治权利、合法经济利益和社会生活权益，让农村居民从农村社区建设中得到更多实惠。

——党政主导、社会协同。落实党委和政府的组织领导、统筹协调、规划建设、政策引导、资源投入等职责，发挥农村基层党组织核心作用和自治组织基础作用，调动农村集体经济组织、农民合作经济组织、农村群团组织和社会组织等各类主体的积极性、主动性和创造性。

——城乡衔接、突出特色。加强农村社区建设与新型城镇化建设的配套衔接，强化农村社区建设对新农村建设的有效支撑，既注意以城带乡、以乡促城、优势互补、共同提高，又重视乡土味道、体现农村特点、保留乡村风貌。

——科学谋划、分类施策。把握农村经济社会发展规律，做好农村社区建设的顶层设计和整体谋划，提高试点工作的科学性、前瞻性和可行性、有效性。加强分类指导，统筹考虑各地农村社区的经济发展条件、人口状况及变动趋势、自然地理状况、历史文化传统等因素，合理确定试点目标和工作重点，因地制宜开展试点探索。

——改革创新、依法治理。坚持和发展农村社会治理有效方式，发挥农村居民首创精神，积极推进农村基层社会治理的理论创新、实践创新和制度创新。深化农村基层组织依法治理，发挥村规民约积极作用，推进农村社区治理法治化、规范化。

三、工作任务

（一）完善在村党组织领导下、以村民自治为基础的农村社区治理机制

农村社区建设坚持村党组织领导、村民委员会牵头，以村民自治为根本途径和有效手段，发

动农村居民参与，同时不改变村民自治机制，不增加农村基层管理层级。推进农村基层服务型党组织建设，增强乡镇、村党组织服务功能。以农村基层党组织建设带动农村自治组织、群众组织、经济社会服务组织建设，健全完善农村基层党组织引领农村社区建设的领导机制和工作机制。依法确定乡镇政府与村民委员会的权责边界，促进基层政府与基层群众自治组织有效衔接、良性互动。认真贯彻实施村民委员会组织法，加强村民委员会和村务监督机构建设，完善农村社区建设重大问题的民主决策、民主监督制度。依托村民会议、村民代表会议等载体，广泛开展形式多样的农村社区协商，探索村民议事会、村民理事会等协商形式，探索村民小组协商和管理的有效方式，逐步实现基层协商经常化、规范化、制度化。

（二）促进流动人口有效参与农村社区服务管理

依法保障符合条件的非本村户籍居民参加村民委员会选举和享有农村社区基本公共服务的权利。吸纳非户籍居民参与农村社区公共事务和公益事业的协商，建立户籍居民和非户籍居民共同参与的农村社区协调议事机制。在保障农村集体经济组织成员合法权益的前提下，探索通过分担筹资筹劳、投资集体经济等方式，引导非户籍居民更广泛地参与民主决策。健全利益相关方参与决策机制，采取会议表决、代表议事、远程咨询等决策方式，维护外出务工居民在户籍所在地农村社区的权利。健全农村"三留守"人员关爱服务体系，重点发展学前教育和养老服务，培育青年志愿组织和妇女互助组织，建立农村社区"三留守"人员动态信息库，扩大呼叫终端、远程监控等信息技术应用，切实提高对农村留守儿童、留守妇女、留守老人的服务能力和服务水平。

（三）畅通多元主体参与农村社区建设渠道

建立县级以上机关党员、干部到农村社区挂职任职、驻点包户制度。建立和完善党代表、人大代表、政协委员联系农村居民、支持农村社区发展机制。鼓励驻村机关、团体、部队、企事业单位支持、参与农村社区建设。拓宽外出发展人员和退休回乡人员参与农村社区建设渠道。依法确定村民委员会和农村集体经济组织以及各类经营主体的关系，保障农村集体经济组织独立开展经济活动的自主权，增强村集体经济组织支持农村社区建设的能力。推动发展新型农村合作金融组织、新型农民合作经济组织和社会组织，通过购买服务、直接资助、以奖代补、公益创投等方式，支持社区社会组织参与社区公共事务和公益事业，支持专业化社会服务组织到农村社区开展服务。

（四）推进农村社区法治建设

加强农村社区司法行政工作室等法治机构建设，指导农村社区开展各项法治工作，探索整合农村社区层面法治力量，加强农村社区法律援助工作，推动法治工作网络、机制和人员向农村社区延伸，推进覆盖农村居民的公共法律服务体系建设。完善人民调解、行政调解、司法调解联动工作体系，建立调处化解农村矛盾纠纷综合机制，及时了解掌握和回应不同利益主体的关切和诉求，有效预防和就地化解矛盾纠纷。建立健全农村社区公共安全体系，创新农村立体化社会治安防控体系，加强和创新农村社区平安建设，建立覆盖农村全部实有人口的动态管理机制，做好社区禁毒和特殊人群帮教工作。加强农村社区警务、警务辅助力量和群防群治队伍建设，对符合任职年限条件的农村警务室民警落实职级待遇。加强农村社区普法宣传教育，提高基层党员、干部法治思维和依法办事能力，引导农村居民依法反映诉求、解决矛盾纠纷。指导完善村民自治章程和村规民约，支持农村居民自我约束和自我管理，提高农村社区治理法治化水平。

（五）提升农村社区公共服务供给水平

健全农村社区服务设施和服务体系，整合利用村级组织活动场所、文化室、卫生室、计划生育服务室、农民体育健身工程等现有场地、设施和资源，推进农村基层综合性公共服务设施建设，提升农村基层公共服务信息化水平，逐步构建县（市、区）、乡（镇）、村三级联动互补的基本公共服务网络。积极推动基本公共服务项目向农村社区延伸，探索建立公共服务事项全程委托代理机制，促进城乡基本公共服务均等化。加强农村社区教育，鼓励各级各类学校教育资源向周边农村居民开放，用好县级职教中心、乡（镇）成人文化技术学校和农村社区教育教学点。改善农村社区医疗卫生条件，加大对乡（镇）、村卫生和计划生育服务机构设施改造、设备更新、人员培训等方面的支持力度。做好农村社区扶贫、社会救助、社会福利和优抚安置服务，推进农村社区养老、助残服务，组织引导农村居民积极参加城乡居民养老保险，全面实施城乡居民大病保险制度和"救急难"工作试点。

（六）推动农村社区公益性服务、市场化服务创新发展

广泛动员党政机关、企事业单位、各类社会组织和居民群众参加农村社区志愿服务，切实发挥党员先锋模范作用。完善农村社区志愿服务站点布局，搭建社区志愿者、服务对象和服务项目对接平台，开展丰富多彩的社区志愿互助活动。根据农村社区发展特点和居民需求，分类推进社会工作服务，发挥社会工作专业人才引领社区志愿者服务作用。鼓励企业和供销合作社完善农村社区商业网点和物流布局，引导经营性服务组织在农村社区开展连锁经营，采取购买服务等方式，支持社会力量在农村兴办养老助残、扶贫济困等各类社会事业。

（七）强化农村社区文化认同

以培育和践行社会主义核心价值观为根本，发展各具特色的农村社区文化，丰富农村居民文化生活，增强农村居民的归属感和认同感。深入开展和谐社区等精神文明创建活动，树立良好家风，弘扬公序良俗，创新和发展乡贤文化，形成健康向上、开放包容、创新进取的社会风尚。健全农村社区现代公共文化服务体系，整合宣传文化、党员教育、科学普及、体育健身等服务功能，形成综合性文化服务中心，开辟群众文体活动广场，增强农村文化惠民工程实效。引导城市文化机构、团体到农村社区拓展服务，支持农民兴办演出团体和其他文化团体。发现和培养乡土文化能人、民族民间文化传承人等各类文化人才，广泛开展具有浓郁乡土气息的农村社区文化体育活动，凝聚有利于农村社区发展的内在动力和创新活力。

（八）改善农村社区人居环境

强化农村居民节约意识、环保意识和生态意识，形成爱护环境、节约资源的生活习惯、生产方式和良好风气。发动农村居民和社会力量开展形式多样的农村社区公共空间、公共设施、公共绿化管护行动。完善农村社区基础设施，建立健全农村供电、供排水、道路交通安全、消防安全、地名标志、通信网络等公用设施的建设、运行、管护和综合利用机制，提高对自然灾害、事故灾难、公共卫生事件、社会安全事件的预防和处置能力。分级建立污水、垃圾收集处理网络，健全日常管理维护，促进农村废弃物循环利用，重点解决污水乱排、垃圾乱扔、秸秆随意抛弃和焚烧等脏乱差问题。加快改水、改厨、改厕、改圈，改善农村社区卫生条件。积极推进"美丽乡村"和村镇生态文明建设，保持农村社区乡土特色和田园风光。

四、工作要求

（一）加强组织领导

各省（自治区、直辖市）要结合本地实际，确定一定数量具备条件的试点县，选择不同类型的行政村开展试点，土地集体所有权在村民小组的，可根据群众意愿和实际需要，将试点工作

延伸到自然村层面，并制定切实可行的试点实施方案。中央和国家机关有关部门要加强对地方试点工作的指导，及时制定完善相关配套政策。地方党委和政府要把农村社区建设试点工作纳入重要议事日程，建立农村社区建设统筹协调和绩效评估机制。农村社区建设要在维护农民土地承包经营权和宅基地用益物权前提下开展，与当地国民经济和社会发展总体规划、土地利用规划、村庄规划和社会主义新农村建设规划等相衔接，与统筹城乡基层党的建设同步考虑。严禁强制推行大拆大建、撤村并居，严禁违反土地利用规划擅自改变农地用途，严禁以"管委会"等机构取代村党组织和村民委员会。各级民政部门要切实履行牵头职责，会同有关部门加强对试点工作的协调督导，适时组织专项督查。

（二）加强分类指导

根据不同地区经济社会发展水平和农村社区实际情况，突出重点、分类施策，稳步推进试点工作。城中村、城边村和农村居民集中移居点，要探索借鉴城市社区服务管理的有效经验，逐步实现与城镇基础设施、基本公共服务和社会事业发展相衔接；地形复杂、交通不便、居住分散的农村地区和林区、牧区、渔区可根据自身条件，探索推进农村社区建设的有效途径。外来人口集中的农村社区要重点推进社区基本公共服务向非户籍居民覆盖，促进外来人口的社区融入；人口流出较多的农村社区要加强对留守人员的生产扶持、社会救助和人文关怀，切实解决他们生产生活中的实际困难。村民自治基础和集体经济较好的村，要积极发展社区公益事业，完善社区公共设施和人居环境，着力提升居民生活品质；偏远、经济欠发达地区的农村社区，要切实增强村庄自治功能和发展能力。

（三）落实扶持政策

试点地区要加大投入力度，统筹整合相关涉农资金，提高资金使用效率，避免重复建设。推动农村社区拓宽资金来源渠道，统筹利用好村集体经济收入、政府投入和社会资金，重点保障基本公共服务设施和网络、农村居民活动场所建设需要，按规定合理安排农村社区工作经费和人员报酬。推进政府部门向社会组织转移职能和加大政府向社会组织购买服务力度，做到权随责走、费随事转。落实和完善支持农村社区建设的价格优惠政策，村民委员会服务设施用电以及社会福利场所生活用电按居民生活类价格执行。制定完善农村社区建设投融资政策，鼓励金融机构加快相关金融产品开发和服务创新，积极利用小额贷款等方式，安排信贷资金支持农村社区建设。探索在省级以下条件成熟的地区设立财政资金、金融和产业资本共同筹资的农村社区建设发展基金，吸纳更多社会资本参与农村社区建设。

（四）强化人才支撑

选优配强村"两委"领导班子，特别是选好用好管好村党组织带头人。及时吸纳农村优秀分子入党，加大发展农村青年党员工作力度。鼓励和支持退伍军人、普通高校和职业院校毕业生及各类优秀人才到农村社区工作。支持农村社区通过向社会公开招聘、挂职锻炼等方式配备和使用社会工作专业人才。加强对乡镇干部、村"两委"成员和农村社区工作者的培训，提升推动农村社区发展和服务农村居民的能力。

（五）及时总结经验

加强对农村社区建设的理论政策研究，及时将成熟的经验做法上升为政策法规，为全面推进农村社区建设提供制度保障。积极开展农村社区建设示范创建活动，适时对试点工作成效进行总结评估，稳步扩大试点范围。及时发现和宣传各类先进典型，总结推广好的经验和做法，形成全社会共同参与和推动农村社区建设的良好氛围。

各省（自治区、直辖市）要根据本指导意见，结合本地实际，制定推进农村社区建设试点工作的具体实施意见。尚未完成户籍制度改革、仍保留村民委员会的农垦区和工矿区可参照本指导意见制定试点方案。

来源：http://www.gov.cn/xinwen/2015-05/31/content_2871051.htm

22. 中共中央 国务院印发《国有林场改革方案》和《国有林区改革指导意见》

国有林场改革方案

保护森林和生态是建设生态文明的根基，深化生态文明体制改革，健全森林与生态保护制度是首要任务。国有林场是我国生态修复和建设的重要力量，是维护国家生态安全最重要的基础设施，在大规模造林绿化和森林资源经营管理工作中取得了巨大成就，为保护国家生态安全、提升人民生态福祉、促进绿色发展、应对气候变化发挥了重要作用。但长期以来，国有林场功能定位不清、管理体制不顺、经营机制不活、支持政策不健全，林场可持续发展面临严峻挑战。为加快推进国有林场改革，促进国有林场科学发展，充分发挥国有林场在生态建设中的重要作用，制定本方案。

一、国有林场改革的总体要求

（一）指导思想

全面贯彻落实党的十八大和十八届三中、四中全会精神，深入实施以生态建设为主的林业发展战略，按照分类推进改革的要求，围绕保护生态、保障职工生活两大目标，推动政事分开、事企分开，实现管护方式创新和监管体制创新，推动林业发展模式由木材生产为主转变为生态修复和建设为主、由利用森林获取经济利益为主转变为保护森林提供生态服务为主，建立有利于保护和发展森林资源、有利于改善生态和民生、有利于增强林业发展活力的国有林场新体制，为维护国家生态安全、保护生物多样性、建设生态文明作出更大贡献。

（二）基本原则

——坚持生态导向、保护优先。森林是陆地生态的主体，是国家、民族生存的资本和根基，关系生态安全、淡水安全、国土安全、物种安全、气候安全和国家生态外交大局。要以维护和提高森林资源生态功能作为改革的出发点和落脚点，实行最严格的国有林场林地和林木资源管理制度，确保国有森林资源不破坏、国有资产不流失，为坚守生态红线发挥骨干作用。

——坚持改善民生、保持稳定。立足林场实际稳步推进改革，切实解决好职工最关心、最直接、最现实的利益问题，充分调动职工的积极性、主动性和创造性，确保林场稳定。

——坚持因地制宜、分类施策。以"因养林而养人"为方向，根据各地林业和生态建设实际，探索不同类型的国有林场改革模式，不强求一律，不搞一刀切。

——坚持分类指导、省级负责。中央对各地国有林场改革工作实行分类指导，在政策和资金上予以适当支持。省级政府对国有林场改革负总责，根据本地实际制定具体改革措施。

（三）总体目标

到2020年，实现以下目标：

——生态功能显著提升。通过大力造林、科学营林、严格保护等多措并举,森林面积增加1亿亩以上,森林蓄积量增长6亿立方米以上,商业性采伐减少20%左右,森林碳汇和应对气候变化能力有效增强,森林质量显著提升。

——生产生活条件明显改善。通过创新国有林场管理体制、多渠道加大对林场基础设施的投入,切实改善职工的生产生活条件。拓宽职工就业渠道,完善社会保障机制,使职工就业有着落、基本生活有保障。

——管理体制全面创新。基本形成功能定位明确、人员精简高效、森林管护购买服务、资源监管分级实施的林场管理新体制,确保政府投入可持续、资源监管高效率、林场发展有后劲。

二、国有林场改革的主要内容

(一) 明确界定国有林场生态责任和保护方式

将国有林场主要功能明确定位于保护培育森林资源、维护国家生态安全。与功能定位相适应,明确森林资源保护的组织方式,合理界定国有林场属性。原为事业单位的国有林场,主要承担保护和培育森林资源等生态公益服务职责的,继续按从事公益服务事业单位管理,从严控制事业编制;基本不承担保护和培育森林资源、主要从事市场化经营的,要推进转企改制,暂不具备转企改制条件的,要剥离企业经营性业务。目前已经转制为企业性质的国有林场,原则上保持企业性质不变,通过政府购买服务实现公益林管护,或者结合国有企业改革探索转型为公益性企业,确有特殊情况的,可以由地方政府根据本地实际合理确定其属性。

(二) 推进国有林场政事分开

林业行政主管部门要加快职能转变,创新管理方式,减少对国有林场的微观管理和直接管理,加强发展战略、规划、政策、标准等制定和实施,落实国有林场法人自主权。在稳定现行隶属关系的基础上,综合考虑区位、规模和生态建设需要等因素,合理优化国有林场管理层级。对同一行政区域内规模过小、分布零散的林场,根据机构精简和规模经营原则整合为较大林场。科学核定事业编制,用于聘用管理人员、专业技术人员和骨干林业技能人员,经费纳入同级政府财政预算。强化对编制使用的监管,事业单位新进人员除国家政策性安置、按干部人事权限由上级任命及涉密岗位等确需使用其他方法选拔任用人员外,都要实行公开招聘。

(三) 推进国有林场事企分开

国有林场从事的经营活动要实行市场化运作,对商品林采伐、林业特色产业和森林旅游等暂不能分开的经营活动,严格实行"收支两条线"管理。鼓励优强林业企业参与兼并重组,通过规模化经营、市场化运作,切实提高企业性质国有林场的运营效率。加强资产负债的清理认定和核查工作,防止国有资产流失。要加快分离各类国有林场的办社会职能,逐步将林场所办学校、医疗机构等移交属地管理。积极探索林场所办医疗机构的转型或改制。根据当地实际,逐步理顺国有林场与代管乡镇、村的关系。

(四) 完善以购买服务为主的公益林管护机制

国有林场公益林日常管护要引入市场机制,通过合同、委托等方式面向社会购买服务。在保持林场生态系统完整性和稳定性的前提下,按照科学规划原则,鼓励社会资本、林场职工发展森林旅游等特色产业,有效盘活森林资源。企业性质国有林场经营范围内划分为公益林的部分,由中央财政和地方财政按照公益林核定等级分别安排管护资金。鼓励社会公益组织和志愿者参与公益林管护,提高全社会生态保护意识。

(五) 健全责任明确、分级管理的森林资源监管体制

建立归属清晰、权责明确、监管有效的森林资源产权制度，建立健全林地保护制度、森林保护制度、森林经营制度、湿地保护制度、自然保护区制度、监督制度和考核制度。按照林地性质、生态区位、面积大小、监管事项、对社会全局利益影响的程度等因素由国家、省、市三级林业行政主管部门分级监管，对林地性质变更、采伐限额等强化多级联动监管，充分调动各级监管机构的积极性。保持国有林场林地范围和用途的长期稳定，严禁林地转为非林地。建立制度化的监测考核体制，加强对国有林场森林资源保护管理情况的考核，将考核结果作为综合考核评价地方政府和有关部门主要领导政绩的重要依据。加强国家和地方国有林场森林资源监测体系建设，建立健全国有林场森林资源管理档案，定期向社会公布国有林场森林资源状况，接受社会监督，对国有林场场长实行国有林场森林资源离任审计。实施以提高森林资源质量和严格控制采伐量为核心的国有林场森林资源经营管理制度，按森林经营方案编制采伐限额、制定年度生产计划和开展森林经营活动，各级政府对所管理国有林场的森林经营方案编制和实施情况进行检查。探索建立国有林场森林资源有偿使用制度。利用国有林场森林资源开展森林旅游等，应当与国有林场明确收益分配方式；经批准占用国有林场林地的，应当按规定足额支付林地林木补偿费、安置补助费、植被恢复费和职工社会保障费用。启动国有林场森林资源保护和培育工程，合理确定国有林场森林商业性采伐量。加快研究制定国有林场管理法律制度措施和国有林场中长期发展规划等。探索建立国家公园。

(六) 健全职工转移就业机制和社会保障体制

按照"内部消化为主，多渠道解决就业"和"以人为本，确保稳定"的原则妥善安置国有林场富余职工，不采取强制性买断方式，不搞一次性下岗分流，确保职工基本生活有保障。主要通过以下途径进行安置：一是通过购买服务方式从事森林管护抚育；二是由林场提供林业特色产业等工作岗位逐步过渡到退休；三是加强有针对性的职业技能培训，鼓励和引导部分职工转岗就业。将全部富余职工按照规定纳入城镇职工社会保险范畴，平稳过渡、合理衔接，确保职工退休后生活有保障。将符合低保条件的林场职工及其家庭成员纳入当地居民最低生活保障范围，切实做到应保尽保。

三、完善国有林场改革发展的政策支持体系

(一) 加强国有林场基础设施建设

国有林场基础设施建设要体现生态建设需要，不能简单照搬城市建设。各级政府将国有林场基础设施建设纳入同级政府建设计划，按照支出责任和财务隶属关系，在现有专项资金渠道内，加大对林场供电、饮水安全、森林防火、管护站点用房、有害生物防治等基础设施建设的投入，将国有林场道路按属性纳入相关公路网规划。加快国有林场电网改造升级。积极推进国有林场生态移民，将位于生态环境极为脆弱、不宜人居地区的场部逐步就近搬迁到小城镇，提高与城镇发展的融合度。落实国有林场职工住房公积金和住房补贴政策。在符合土地利用总体规划的前提下，按照行政隶属关系，经城市政府批准，依据保障性安居工程建设的标准和要求，允许国有林场利用自有土地建设保障性安居工程，并依法依规办理土地供应和登记手续。

(二) 加强对国有林场的财政支持

中央财政安排国有林场改革补助资金，主要用于解决国有林场职工参加社会保险和分离林场办社会职能问题。省级财政要安排资金，统筹解决国有林场改革成本问题。具备条件的支农惠农

政策可适用于国有林场。将国有贫困林场扶贫工作纳入各级政府扶贫工作计划，加大扶持力度。加大对林场基本公共服务的政策支持力度，促进林场与周边地区基本公共服务均等化。

（三）加强对国有林场的金融支持

对国有林场所欠金融债务情况进行调查摸底，按照平等协商和商业化原则积极进行化解。对于正常类金融债务，到期后依法予以偿还；对于国有或国有控股金融机构发放的、国有林场因营造公益林产生的不良债务，由中国银监会、财政部、国家林业局等有关部门研究制定具有可操作性的化解政策；其他不良金融债务，确因客观原因无法偿还的，经审核后可根据实际情况采取贷款展期等方式进行债务重组。符合呆账核销条件的，按照相关规定予以核销。严格审核不良债务，防止借改革逃废金融机构债务。开发适合国有林场特点的信贷产品，充分利用林业贷款中央财政贴息政策，拓宽国有林场融资渠道。

（四）加强国有林场人才队伍建设

参照支持西部和艰苦边远地区发展相关政策，引进国有林场发展急需的管理和技术人才。建立公开公平、竞争择优的用人机制，营造良好的人才发展环境。适当放宽艰苦地区国有林场专业技术职务评聘条件，适当提高国有林场林业技能岗位结构比例，改善人员结构。加强国有林场领导班子建设，加大林场职工培训力度，提高国有林场人员综合素质和业务能力。

四、加强组织领导，全面落实各项任务

（一）加强总体指导

有关部门要加强沟通，密切配合，按照职能分工抓紧制定和完善社会保障、化解债务、职工住房等一系列支持政策。国家发展改革委和国家林业局要做好统筹协调工作，根据不同区域国有林场实际，切实做好分类指导和服务，加强跟踪分析和督促检查，适时评估方案实施情况。方案实施过程中出现的重大问题及时上报国务院。

（二）明确工作责任

各省（自治区、直辖市）政府对国有林场改革负总责，按照本方案确定的目标、任务和政策措施，结合实际尽快制定具体方案，确保按时完成各项任务目标。加强国有林场管理机构建设，维护国有林场合法权益，保持森林资源权属稳定，严禁破坏国有森林资源和乱砍滥伐、滥占林地、无序建设。做好风险预警，及时化解矛盾，确保社会稳定。

国有林区改革指导意见

保护森林和生态是建设生态文明的根基，深化生态文明体制改革，健全森林与生态保护制度是首要任务。国有林区是我国重要的生态安全屏障和森林资源培育战略基地，是维护国家生态安全最重要的基础设施，在经济社会发展和生态文明建设中发挥着不可替代的重要作用，为国家经济建设作出了重大贡献。但长期以来，国有林区管理体制不完善，森林资源过度开发，民生问题较为突出，严重制约了生态安全保障能力。为积极探索国有林区改革路径，健全国有林区经营管理体制，进一步增强国有林区生态功能和发展活力，现提出如下意见。

一、国有林区改革的总体要求

（一）指导思想

全面贯彻落实党的十八大和十八届三中、四中全会精神，深入实施以生态建设为主的林业发展战略，以发挥国有林区生态功能和建设国家木材战略储备基地为导向，以厘清中央与地方、政府与企业各方面关系为主线，积极推进政事企分开，健全森林资源监管体制，创新资源管护方式，完善支持政策体系，建立有利于保护和发展森林资源、有利于改善生态和民生、有利于增强林业发展活力的国有林区新体制，加快林区经济转型，促进林区森林资源逐步恢复和稳定增长，推动林业发展模式由木材生产为主转变为生态修复和建设为主、由利用森林获取经济利益为主转变为保护森林提供生态服务为主，为建设生态文明和美丽中国、实现中华民族永续发展提供生态保障。

（二）基本原则

——坚持生态为本、保护优先。尊重自然规律，实行山水林田湖统筹治理，重点保护好森林、湿地等自然生态系统，确保森林资源总量持续增加、生态产品生产能力持续提升、生态功能持续增强。

——注重民生改善、维护稳定。改善国有林区基础设施状况，积极发展替代产业，促进就业增收，保障职工基本生活，维护林区社会和谐稳定。

——促进政企政事分开、各负其责。厘清政府与森工企业的职能定位，剥离森工企业的社会管理和办社会职能，加快林区所办企业改制改革，实现政府、企业和社会各司其职、各负其责。

——强化统一规划、融合发展。破除林区条块分割的管理模式，将林区纳入所在地方国民经济和社会发展总体规划，推动林区社会融入地方、经济融入市场。

——坚持分类指导、分步实施。充分考虑国有林区不同情况，中央予以分类指导，各地分别制定实施方案，科学合理确定改革模式，不搞一刀切，循序渐进，走出一条具有中国特色的国有林区改革发展道路。

（三）总体目标

到 2020 年，基本理顺中央与地方、政府与企业的关系，实现政企、政事、事企、管办分开，林区政府社会管理和公共服务职能得到进一步强化，森林资源管护和监管体系更加完善，林区经济社会发展基本融入地方，生产生活条件得到明显改善，职工基本生活得到有效保障；区分不同情况有序停止天然林商业性采伐，重点国有林区森林面积增加 550 万亩左右，森林蓄积量增长 4 亿立方米以上，森林碳汇和应对气候变化能力有效增强，森林资源质量和生态保障能力全面提升。

二、国有林区改革的主要任务

（一）区分不同情况有序停止重点国有林区天然林商业性采伐，确保森林资源稳步恢复和增长

明确国有林区发挥生态功能、维护生态安全的战略定位，将提供生态服务、维护生态安全确定为国有林区的基本职能，作为制定国有林区改革发展各项政策措施的基本出发点。研究提出加强国有林区天然林保护的实施方案。稳步推进黑龙江重点国有林区停止天然林商业性采伐试点，跟踪政策实施效果，及时总结经验。在试点基础上，有序停止内蒙古、吉林重点国有林区天然林

商业性采伐，全面提升森林质量，加快森林资源培育与恢复。

（二）因地制宜逐步推进国有林区政企分开

在地方政府职能健全、财力较强的地区，一步到位实行政企分开，全部剥离企业的社会管理和公共服务职能，交由地方政府承担，人员交由地方统一管理，经费纳入地方财政预算；在条件不具备的地区，先行在内部实行政企分开，逐步创造条件将行政职能移交当地政府。

（三）逐步形成精简高效的国有森林资源管理机构

适应国有林区全面停止或逐步减少天然林商业性采伐和发挥生态服务主导功能的新要求，按照"机构只减不增、人员只出不进、社会和谐稳定"的原则，分类制定森工企业改制和改革方案，通过多种方式逐年减少管理人员，最终实现合理编制和人员规模，逐步建立精简高效的国有森林资源管理机构，依法负责森林、湿地、自然保护区和野生动植物资源的保护管理及森林防火、有害生物防治等工作。逐步整合规模小、人员少、地处偏远的林场所。

（四）创新森林资源管护机制

根据森林分布特点，针对不同区域地段的生产季节，采取行之有效的管护模式，实行远山设卡、近山管护，加强高新技术手段和现代交通工具的装备应用，降低劳动强度，提高管护效率，确保管护效果。鼓励社会公益组织和志愿者参与公益林管护，提高全社会生态保护意识。创新林业生产组织方式，造林、管护、抚育、木材生产等林业生产建设任务，凡能通过购买服务方式实现的要面向社会购买。除自然保护区外，在不破坏森林资源的前提下，允许从事森林资源管护的职工从事林特产品生产等经营，增加职工收入。积极推动各类社会资本参与林区企业改制，提高林区发展活力。

（五）创新森林资源监管体制

建立归属清晰、权责明确、监管有效的森林资源产权制度，建立健全林地保护制度、森林保护制度、森林经营制度、湿地保护制度、自然保护区制度、监督制度和考核制度。重点国有林区森林资源产权归国家所有即全民所有，国务院林业行政主管部门代表国家行使所有权、履行出资人职责，负责管理重点国有林区的国有森林资源和森林资源资产产权变动的审批。研究制定重点国有林区森林资源监督管理法律制度措施。进一步强化国务院林业行政主管部门派驻地方的森林资源监督专员办事处的监督职能，优化监督机构设置，加强对重点国有林区森林资源保护管理的监督。建立健全以生态服务功能为核心，以林地保有量、森林覆盖率、森林质量、护林防火、有害生物防治等为主要指标的林区绩效管理和考核机制，实行森林资源离任审计。科学编制长期森林经营方案，作为国有森林资源保护发展的主要遵循和考核国有森林资源管理绩效的依据。探索建立国家公园。

（六）强化地方政府保护森林、改善民生的责任

地方各级政府对行政区域内的林区经济社会发展和森林资源保护负总责。要将林区经济社会发展纳入当地国民经济和社会发展总体规划及投资计划。切实落实地方政府林区社会管理和公共服务的职能。国有林区森林覆盖率、森林蓄积量的变化纳入地方政府目标责任考核约束性指标。林地保有量、征占用林地定额纳入地方政府目标责任考核内容。省级政府对组织实施天然林保护工程、全面停止天然林商业性采伐负全责，实行目标、任务、资金、责任"四到省"。地方各级政府负责统一组织、协调和指导本行政区域的森林防火工作并实行行政首长负责制。

（七）妥善安置国有林区富余职工，确保职工基本生活有保障

充分发挥林区绿色资源丰富的优势，通过开发森林旅游、特色养殖种植、境外采伐、林产品

加工、对外合作等，创造就业岗位。中央财政继续加大对森林管护、人工造林、中幼龄林抚育和森林改造培育的支持力度，推进职工转岗就业。对符合政策的就业困难人员灵活就业的，由地方政府按国家有关规定统筹解决社会保险补贴，对跨行政区域的国有林业单位，由所在的市级或省级政府统筹解决。

三、完善国有林区改革的政策支持体系

（一）加强对国有林区的财政支持

国有林区停止天然林商业性采伐后，中央财政通过适当增加天保工程财政资金予以支持。结合当地人均收入水平，适当调整天保工程森林管护费和社会保险补助费的财政补助标准。加大中央财政的森林保险支持力度，提高国有林区森林资源抵御自然灾害的能力。加大对林区基本公共服务的政策支持力度，促进林区与周边地区基本公共服务均等化。

（二）加强对国有林区的金融支持

根据债务形成原因和种类，分类化解森工企业金融机构债务。对于正常类金融债务，到期后应当依法予以偿还。对于确需中央支持化解的不良类金融债务，由中国银监会、财政部、国家林业局等有关部门在听取金融机构意见、充分调研的基础上，研究制定切实可行、有针对性的政策，报国务院批准后实施。严格审核不良债务，防止借改革逃废金融机构债务。开发适合国有林区特点的信贷产品，拓宽林业融资渠道，加大林业信贷投放，大力发展对国有林区职工的小额贷款。完善林业信贷担保方式，完善林业贷款中央财政贴息政策。

（三）加强国有林区基础设施建设

林区基础设施建设要体现生态建设需要，不能简单模仿城市建设、建造繁华都市。各级政府要将国有林区电网、饮水安全、管护站点用房等基础设施建设纳入同级政府建设规划统筹安排，将国有林区道路按属性纳入相关公路网规划，加快国有林区棚户区改造和电网改造升级，加强森林防火和有害生物防治。国家结合现有渠道，加大对国有林区基础设施建设的支持力度。

（四）加快深山远山林区职工搬迁

将林区城镇建设纳入地方城镇建设规划，结合林区改革和林场撤并整合，积极推进深山远山职工搬迁。充分考虑职工生产生活需求，尊重职工意愿，合理布局职工搬迁安置地点。继续结合林区棚户区改造，进一步加大中央支持力度，同时在安排保障性安居工程配套基础设施建设投资时给予倾斜。林场撤并搬迁安置区配套基础设施和公共服务设施建设等参照执行独立工矿区改造搬迁政策。切实落实省级政府对本地棚户区改造工作负总责的要求，相关省级政府及森工企业也要相应加大补助力度。对符合条件的困难职工，当地政府要积极研究结合公共租赁住房等政策，解决其住房困难问题。拓宽深山远山林区职工搬迁筹资渠道，加大金融信贷、企业债券等融资力度。切实落实棚户区改造住房税费减免优惠政策。

（五）积极推进国有林区产业转型

推进大小兴安岭、长白山林区生态保护与经济转型，积极发展绿色富民产业。进一步收缩木材采运业，严格限制矿业开采。鼓励培育速生丰产用材林特别是珍贵树种和大径级用材林，大力发展木材深加工、特色经济林、森林旅游、野生动植物驯养繁育等绿色低碳产业，增加就业岗位，提高林区职工群众收入。利用地缘优势发展林产品加工基地和对外贸易，建设以口岸进口原料为依托、以精深加工为重点、以国内和国际市场为导向的林产品加工集群。支持国有优强企业参与国有林区企业的改革重组，推进国有林区资源优化配置和产业转型。选择条件成熟的地区开

展经济转型试点,支持试点地区发展接续替代产业。

四、加强组织领导,全面落实各项任务

(一) 加强对改革的组织领导

有关部门要明确责任,密切配合,按照本意见要求制定和完善社会保障、化解债务、职工住房等一系列支持政策。国家发展改革委和国家林业局要加强组织协调和分类指导,抓好督促落实。各有关省(自治区)要对本地区国有林区改革负总责,结合本地实际制定具体实施方案,细化工作措施和要求,及时发现和解决改革中出现的矛盾和问题,落实好各项改革任务。

(二) 注重试点先行、有序推进

要充分考虑改革的复杂性和艰巨性,积极探索,稳妥推进改革。各有关省(自治区)可以按照本意见精神,选择部分工作基础条件较好的国有林业局先行试点,积累改革经验,再逐步推广。

(三) 严格依法依规推进改革

要强化各级政府生态保护责任,加强森林资源监管,加强对森林资源保护绩效的考核,严格杜绝滥占林地、无序建设、乱砍滥伐、破坏森林资源的现象。要认真执行国有资产管理有关规定,严格纪律要求,防止国有资产流失。要依法保障林区职工群众的合法权益,维护林区和谐稳定。

来源:http://www.gov.cn/xinwen/2015-03/17/content_2835513.htm

23. 国务院办公厅关于引导农村产权流转交易市场健康发展的意见

国务院办公厅关于引导农村产权流转交易市场健康发展的意见

国办发〔2014〕71号

2014年12月30日

各省、自治区、直辖市人民政府,国务院各部委、各直属机构:

近年来,随着农村劳动力持续转移和农村改革不断深化,农户承包土地经营权、林权等各类农村产权流转交易需求明显增长,许多地方建立了多种形式的农村产权流转交易市场和服务平台,为农村产权流转交易提供了有效服务。但是,各地农村产权流转交易市场发展不平衡,其设立、运行、监管有待规范。引导农村产权流转交易市场健康发展,事关农村改革发展稳定大局,有利于保障农民和农村集体经济组织的财产权益,有利于提高农村要素资源配置和利用效率,有利于加快推进农业现代化。为此,经国务院同意,现提出以下意见。

一、总体要求

(一) 指导思想

以邓小平理论、"三个代表"重要思想、科学发展观为指导,深入贯彻习近平总书记系列重

要讲话精神，全面落实党的十八大和十八届三中、四中全会精神，按照党中央、国务院决策部署，以坚持和完善农村基本经营制度为前提，以保障农民和农村集体经济组织的财产权益为根本，以规范流转交易行为和完善服务功能为重点，扎实做好农村产权流转交易市场建设工作。

（二）基本原则

——坚持公益性为主。必须坚持为农服务宗旨，突出公益性，不以盈利为目的，引导、规范和扶持农村产权流转交易市场发展，充分发挥其服务农村改革发展的重要作用。

——坚持公开公正规范。必须坚持公开透明、自主交易、公平竞争、规范有序，逐步探索形成符合农村实际和农村产权流转交易特点的市场形式、交易规则、服务方式和监管办法。

——坚持因地制宜。是否设立市场、设立什么样的市场、覆盖多大范围等，都要从各地实际出发，统筹规划、合理布局，不能搞强迫命令，不能搞行政瞎指挥。

——坚持稳步推进。充分利用和完善现有农村产权流转交易市场，在有需求、有条件的地方积极探索新的市场形式，稳妥慎重、循序渐进，不急于求成，不片面追求速度和规模。

二、定位和形式

（三）性质

农村产权流转交易市场是为各类农村产权依法流转交易提供服务的平台，包括现有的农村土地承包经营权流转服务中心、农村集体资产管理交易中心、林权管理服务中心和林业产权交易所，以及各地探索建立的其他形式农村产权流转交易市场。现阶段通过市场流转交易的农村产权包括承包到户的和农村集体统一经营管理的资源性资产、经营性资产等，以农户承包土地经营权、集体林地经营权为主，不涉及农村集体土地所有权和依法以家庭承包方式承包的集体土地承包权，具有明显的资产使用权租赁市场的特征。流转交易以服务农户、农民合作社、农村集体经济组织为主，流转交易目的以从事农业生产经营为主，具有显著的农业农村特色。流转交易行为主要发生在县、乡范围内，区域差异较大，具有鲜明的地域特点。

（四）功能

农村产权流转交易市场既要发挥信息传递、价格发现、交易中介的基本功能，又要注意发挥贴近"三农"，为农户、农民合作社、农村集体经济组织等主体流转交易产权提供便利和制度保障的特殊功能。适应交易主体、目的和方式多样化的需求，不断拓展服务功能，逐步发展成集信息发布、产权交易、法律咨询、资产评估、抵押融资等为一体的为农服务综合平台。

（五）设立

农村产权流转交易市场是政府主导、服务"三农"的非营利性机构，可以是事业法人，也可以是企业法人。设立农村产权流转交易市场，要经过科学论证，由当地政府审批。当地政府要成立由相关部门组成的农村产权流转交易监督管理委员会，承担组织协调、政策制定等方面职责，负责对市场运行进行指导和监管。

（六）构成

县、乡农村土地承包经营权和林权等流转服务平台，是现阶段农村产权流转交易市场的主要形式和重要组成部分。利用好现有的各类农村产权流转服务平台，充分发挥其植根农村、贴近农户、熟悉农情的优势，做好县、乡范围内的农村产权流转交易服务工作。现阶段市场建设应以县域为主。确有需要的地方，可以设立覆盖地（市）乃至省（区、市）地域范围的市场，承担更大范围的信息整合发布和大额流转交易。各地要加强统筹协调，理顺县、乡农村产权流转服务平台与更高层级农村产权流转交易市场的关系,可以采取多种形式合作共建,也可以实行一体化运营,推动实现资源共享、优势互补、协同发展。

(七)形式

鼓励各地探索符合农村产权流转交易实际需要的多种市场形式,既要搞好交易所式的市场建设,也要有效利用电子交易网络平台。鼓励有条件的地方整合各类流转服务平台,建立提供综合服务的市场。农村产权流转交易市场可以是独立的交易场所,也可以利用政务服务大厅等场所,形成"一个屋顶之下、多个服务窗口、多品种产权交易"的综合平台。

三、运行和监管

(八)交易品种

农村产权类别较多,权属关系复杂,承载功能多样,适用规则不同,应实行分类指导。法律没有限制的品种均可以入市流转交易,流转交易的方式、期限和流转交易后的开发利用要遵循相关法律、法规和政策。现阶段的交易品种主要包括:

1. 农户承包土地经营权。是指以家庭承包方式承包的耕地、草地、养殖水面等经营权,可以采取出租、入股等方式流转交易,流转期限由流转双方在法律规定范围内协商确定。

2. 林权。是指集体林地经营权和林木所有权、使用权,可以采取出租、转让、入股、作价出资或合作等方式流转交易,流转期限不能超过法定期限。

3. "四荒"使用权。是指农村集体所有的荒山、荒沟、荒丘、荒滩使用权。采取家庭承包方式取得的,按照农户承包土地经营权有关规定进行流转交易。以其他方式承包的,其承包经营权可以采取转让、出租、入股、抵押等方式进行流转交易。

4. 农村集体经营性资产。是指由农村集体统一经营管理的经营性资产(不含土地)的所有权或使用权,可以采取承包、租赁、出让、入股、合资、合作等方式流转交易。

5. 农业生产设施设备。是指农户、农民合作组织、农村集体和涉农企业等拥有的农业生产设施设备,可以采取转让、租赁、拍卖等方式流转交易。

6. 小型水利设施使用权。是指农户、农民合作组织、农村集体和涉农企业等拥有的小型水利设施使用权,可以采取承包、租赁、转让、抵押、股份合作等方式流转交易。

7. 农业类知识产权。是指涉农专利、商标、版权、新品种、新技术等,可以采取转让、出租、股份合作等方式流转交易。

8. 其他。农村建设项目招标、产业项目招商和转让等。

(九)交易主体

凡是法律、法规和政策没有限制的法人和自然人均可以进入市场参与流转交易,具体准入条件按照相关法律、法规和政策执行。现阶段市场流转交易主体主要有农户、农民合作社、农村集体经济组织、涉农企业和其他投资者。农户拥有的产权是否入市流转交易由农户自主决定。任何组织和个人不得强迫或妨碍自主交易。一定标的额以上的农村集体资产流转必须进入市场公开交易,防止暗箱操作。农村产权流转交易市场要依法对各类市场主体的资格进行审查核实、登记备案。产权流转交易的出让方必须是产权权利人,或者受产权权利人委托的受托人。除农户宅基地使用权、农民住房财产权、农户持有的集体资产股权之外,流转交易的受让方原则上没有资格限制(外资企业和境外投资者按照有关法律、法规执行)。对工商企业进入市场流转交易,要依据相关法律、法规和政策,加强准入监管和风险防范。

（十）服务内容

农村产权流转交易市场都应提供发布交易信息、受理交易咨询和申请、协助产权查询、组织交易、出具产权流转交易鉴证书，协助办理产权变更登记和资金结算手续等基本服务；可以根据自身条件，开展资产评估、法律服务、产权经纪、项目推介、抵押融资等配套服务，还可以引入财会、法律、资产评估等中介服务组织以及银行、保险等金融机构和担保公司，为农村产权流转交易提供专业化服务。

（十一）管理制度

农村产权流转交易市场要建立健全规范的市场管理制度和交易规则，对市场运行、服务规范、中介行为、纠纷调处、收费标准等作出具体规定。实行统一规范的业务受理、信息发布、交易签约、交易中（终）止、交易（合同）鉴证、档案管理等制度，流转交易的产权应无争议，发布信息应真实、准确、完整，交易品种和方式应符合相应法律、法规和政策，交易过程应公开公正，交易服务应方便农民群众。

（十二）监督管理

农村产权流转交易监督管理委员会和市场主管部门要强化监督管理，加强定期检查和动态监测，促进交易公平，防范交易风险，确保市场规范运行。及时查处各类违法违规交易行为，严禁隐瞒信息、暗箱操作、操纵交易。耕地、林地、草地、水利设施等产权流转交易后的开发利用，不能改变用途，不能破坏农业综合生产能力，不能破坏生态功能，有关部门要加强监管。

（十三）行业自律

探索建立农村产权流转交易市场行业协会，充分发挥其推动行业发展和行业自律的积极作用。协会要推进行业规范、交易制度和服务标准建设，加强经验交流、政策咨询、人员培训等服务；增强行业自律意识，自觉维护行业形象，提升市场公信力。

四、保障措施

（十四）扶持政策

各地要稳步推进农村集体产权制度改革，扎实做好土地承包经营权、集体建设用地使用权、农户宅基地使用权、林权等确权登记颁证工作。实行市场建设和运营财政补贴等优惠政策，通过采取购买社会化服务或公益性岗位等措施，支持充分利用现代信息技术建立农村产权流转交易和管理信息网络平台，完善服务功能和手段。组织从业人员开展业务培训，积极培育市场中介服务组织，逐步提高专业化水平。

（十五）组织领导

各地要加强领导，健全工作机制，严格执行相关法律、法规和政策；从本地实际出发，根据农村产权流转交易需要，制定管理办法和实施方案。农村工作综合部门和科技、财政、国土资源、住房城乡建设、农业、水利、林业、金融等部门要密切配合，加强指导，及时研究解决工作中的困难和问题。

来源：http://www.gov.cn/zhengce/content/2015-01/22/content_9424.htm

24. 中共中央办公厅 国务院办公厅印发《关于引导农村土地经营权有序流转发展农业适度规模经营的意见》

中共中央办公厅 国务院办公厅
印发《关于引导农村土地经营权有序流转发展农业适度规模经营的意见》
2014 年 11 月 20 日

伴随我国工业化、信息化、城镇化和农业现代化进程，农村劳动力大量转移，农业物质技术装备水平不断提高，农户承包土地的经营权流转明显加快，发展适度规模经营已成为必然趋势。实践证明，土地流转和适度规模经营是发展现代农业的必由之路，有利于优化土地资源配置和提高劳动生产率，有利于保障粮食安全和主要农产品供给，有利于促进农业技术推广应用和农业增效、农民增收，应从我国人多地少、农村情况千差万别的实际出发，积极稳妥地推进。为引导农村土地（指承包耕地）经营权有序流转、发展农业适度规模经营，现提出如下意见。

一、总体要求

（一）指导思想

全面理解、准确把握中央关于全面深化农村改革的精神，按照加快构建以农户家庭经营为基础、合作与联合为纽带、社会化服务为支撑的立体式复合型现代农业经营体系和走生产技术先进、经营规模适度、市场竞争力强、生态环境可持续的中国特色新型农业现代化道路的要求，以保障国家粮食安全、促进农业增效和农民增收为目标，坚持农村土地集体所有，实现所有权、承包权、经营权三权分置，引导土地经营权有序流转，坚持家庭经营的基础性地位，积极培育新型经营主体，发展多种形式的适度规模经营，巩固和完善农村基本经营制度。改革的方向要明，步子要稳，既要加大政策扶持力度，加强典型示范引导，鼓励创新农业经营体制机制，又要因地制宜、循序渐进，不能搞大跃进，不能搞强迫命令，不能搞行政瞎指挥，使农业适度规模经营发展与城镇化进程和农村劳动力转移规模相适应，与农业科技进步和生产手段改进程度相适应，与农业社会化服务水平提高相适应，让农民成为土地流转和规模经营的积极参与者和真正受益者，避免走弯路。

（二）基本原则

——坚持农村土地集体所有权，稳定农户承包权，放活土地经营权，以家庭承包经营为基础，推进家庭经营、集体经营、合作经营、企业经营等多种经营方式共同发展。

——坚持以改革为动力，充分发挥农民首创精神，鼓励创新，支持基层先行先试，靠改革破解发展难题。

——坚持依法、自愿、有偿，以农民为主体，政府扶持引导，市场配置资源，土地经营权流转不得违背承包农户意愿、不得损害农民权益、不得改变土地用途、不得破坏农业综合生产能力和农业生态环境。

——坚持经营规模适度，既要注重提升土地经营规模，又要防止土地过度集中，兼顾效率与公平，不断提高劳动生产率、土地产出率和资源利用率，确保农地农用，重点支持发展粮食规模化生产。

二、稳定完善农村土地承包关系

（三）健全土地承包经营权登记制度

建立健全承包合同取得权利、登记记载权利、证书证明权利的土地承包经营权登记制度，是稳定农村土地承包关系、促进土地经营权流转、发展适度规模经营的重要基础性工作。完善承包合同，健全登记簿，颁发权属证书，强化土地承包经营权物权保护，为开展土地流转、调处土地纠纷、完善补贴政策、进行征地补偿和抵押担保提供重要依据。建立健全土地承包经营权信息应用平台，方便群众查询，利于服务管理。土地承包经营权确权登记原则上确权到户到地，在尊重农民意愿的前提下，也可以确权确股不确地。切实维护妇女的土地承包权益。

（四）推进土地承包经营权确权登记颁证工作

按照中央统一部署、地方全面负责的要求，在稳步扩大试点的基础上，用5年左右时间基本完成土地承包经营权确权登记颁证工作，妥善解决农户承包地块面积不准、四至不清等问题。在工作中，各地要保持承包关系稳定，以现有承包台账、合同、证书为依据确认承包地归属；坚持依法规范操作，严格执行政策，按照规定内容和程序开展工作；充分调动农民群众积极性，依靠村民民主协商，自主解决矛盾纠纷；从实际出发，以农村集体土地所有权确权为基础，以第二次全国土地调查成果为依据，采用符合标准规范、农民群众认可的技术方法；坚持分级负责，强化县乡两级的责任，建立健全党委和政府统一领导、部门密切协作、群众广泛参与的工作机制；科学制定工作方案，明确时间表和路线图，确保工作质量。有关部门要加强调查研究，有针对性地提出操作性政策建议和具体工作指导意见。土地承包经营权确权登记颁证工作经费纳入地方财政预算，中央财政给予补助。

三、规范引导农村土地经营权有序流转

（五）鼓励创新土地流转形式

鼓励承包农户依法采取转包、出租、互换、转让及入股等方式流转承包地。鼓励有条件的地方制定扶持政策，引导农户长期流转承包地并促进其转移就业。鼓励农民在自愿前提下采取互换并地方式解决承包地细碎化问题。在同等条件下，本集体经济组织成员享有土地流转优先权。以转让方式流转承包地的，原则上应在本集体经济组织成员之间进行，且需经发包方同意。以其他形式流转的，应当依法报发包方备案。抓紧研究探索集体所有权、农户承包权、土地经营权在土地流转中的相互权利关系和具体实现形式。按照全国统一安排，稳步推进土地经营权抵押、担保试点，研究制定统一规范的实施办法，探索建立抵押资产处置机制。

（六）严格规范土地流转行为

土地承包经营权属于农民家庭，土地是否流转、价格如何确定、形式如何选择，应由承包农户自主决定，流转收益应归承包农户所有。流转期限应由流转双方在法律规定的范围内协商确定。没有农户的书面委托，农村基层组织无权以任何方式决定流转农户的承包地，更不能以少数服从多数的名义，将整村整组农户承包地集中对外招商经营。防止少数基层干部私相授受，谋取私利。严禁通过定任务、下指标或将流转面积、流转比例纳入绩效考核等方式推动土地流转。

(七) 加强土地流转管理和服务

有关部门要研究制定流转市场运行规范，加快发展多种形式的土地经营权流转市场。依托农村经营管理机构健全土地流转服务平台，完善县乡村三级服务和管理网络，建立土地流转监测制度，为流转双方提供信息发布、政策咨询等服务。土地流转服务主体可以开展信息沟通、委托流转等服务，但禁止层层转包从中谋利。土地流转给非本村（组）集体成员或村（组）集体受农户委托统一组织流转并利用集体资金改良土壤、提高地力的，可向本集体经济组织以外的流入方收取基础设施使用费和土地流转管理服务费，用于农田基本建设或其他公益性支出。引导承包农户与流入方签订书面流转合同，并使用统一的省级合同示范文本。依法保护流入方的土地经营权益，流转合同到期后流入方可在同等条件下优先续约。加强农村土地承包经营纠纷调解仲裁体系建设，健全纠纷调处机制，妥善化解土地承包经营流转纠纷。

(八) 合理确定土地经营规模

各地要依据自然经济条件、农村劳动力转移情况、农业机械化水平等因素，研究确定本地区土地规模经营的适宜标准。防止脱离实际、违背农民意愿，片面追求超大规模经营的倾向。现阶段，对土地经营规模相当于当地户均承包地面积10至15倍、务农收入相当于当地二三产业务工收入的，应当给予重点扶持。创新规模经营方式，在引导土地资源适度集聚的同时，通过农民的合作与联合、开展社会化服务等多种形式，提升农业规模化经营水平。

(九) 扶持粮食规模化生产

加大粮食生产支持力度，原有粮食直接补贴、良种补贴、农资综合补贴归属由承包农户与流入方协商确定，新增部分应向粮食生产规模经营主体倾斜。在有条件的地方开展按照实际粮食播种面积或产量对生产者补贴试点。对从事粮食规模化生产的农民合作社、家庭农场等经营主体，符合申报农机购置补贴条件的，要优先安排。探索选择运行规范的粮食生产规模经营主体开展目标价格保险试点。抓紧开展粮食生产规模经营主体营销贷款试点，允许用粮食作物、生产及配套辅助设施进行抵押融资。粮食品种保险要逐步实现粮食生产规模经营主体愿保尽保，并适当提高对产粮大县稻谷、小麦、玉米三大粮食品种保险的保费补贴比例。各地区各有关部门要研究制定相应配套办法，更好地为粮食生产规模经营主体提供支持服务。

(十) 加强土地流转用途管制

坚持最严格的耕地保护制度，切实保护基本农田。严禁借土地流转之名违规搞非农建设。严禁在流转农地上建设或变相建设旅游度假村、高尔夫球场、别墅、私人会所等。严禁占用基本农田挖塘栽树及其他毁坏种植条件的行为。严禁破坏、污染、圈占闲置耕地和损毁农田基础设施。坚决查处通过"以租代征"违法违规进行非农建设的行为，坚决禁止擅自将耕地"非农化"。利用规划和标准引导设施农业发展，强化设施农用地的用途监管。采取措施保证流转土地用于农业生产，可以通过停发粮食直接补贴、良种补贴、农资综合补贴等办法遏制撂荒耕地的行为。在粮食主产区、粮食生产功能区、高产创建项目实施区，不符合产业规划的经营行为不再享受相关农业生产扶持政策。合理引导粮田流转价格，降低粮食生产成本，稳定粮食种植面积。

四、加快培育新型农业经营主体

(十一) 发挥家庭经营的基础作用

在今后相当长时期内，普通农户仍占大多数，要继续重视和扶持其发展农业生产。重点培育以家庭成员为主要劳动力、以农业为主要收入来源，从事专业化、集约化农业生产的家庭农场，使之成为引领适度规模经营、发展现代农业的有生力量。分级建立示范家庭农场名录，健全管理服务制度，加强示范引导。鼓励各地整合涉农资金建设连片高标准农田，并优先流向家庭农场、专业大户等规模经营农户。

（十二）探索新的集体经营方式

集体经济组织要积极为承包农户开展多种形式的生产服务，通过统一服务降低生产成本、提高生产效率。有条件的地方根据农民意愿，可以统一连片整理耕地，将土地折股量化、确权到户，经营所得收益按股分配，也可以引导农民以承包地入股组建土地股份合作组织，通过自营或委托经营等方式发展农业规模经营。各地要结合实际不断探索和丰富集体经营的实现形式。

（十三）加快发展农户间的合作经营

鼓励承包农户通过共同使用农业机械、开展联合营销等方式发展联户经营。鼓励发展多种形式的农民合作组织，深入推进示范社创建活动，促进农民合作社规范发展。在管理民主、运行规范、带动力强的农民合作社和供销合作社基础上，培育发展农村合作金融。引导发展农民专业合作社联合社，支持农民合作社开展农社对接。允许农民以承包经营权入股发展农业产业化经营。探索建立农户入股土地生产性能评价制度，按照耕地数量质量、参照当地土地经营权流转价格计价折股。

（十四）鼓励发展适合企业化经营的现代种养业

鼓励农业产业化龙头企业等涉农企业重点从事农产品加工流通和农业社会化服务，带动农户和农民合作社发展规模经营。引导工商资本发展良种种苗繁育、高标准设施农业、规模化养殖等适合企业化经营的现代种养业，开发农村"四荒"资源发展多种经营。支持农业企业与农户、农民合作社建立紧密的利益联结机制，实现合理分工、互利共赢。支持经济发达地区通过农业示范园区引导各类经营主体共同出资、相互持股，发展多种形式的农业混合所有制经济。

（十五）加大对新型农业经营主体的扶持力度

鼓励地方扩大对家庭农场、专业大户、农民合作社、龙头企业、农业社会化服务组织的扶持资金规模。支持符合条件的新型农业经营主体优先承担涉农项目，新增农业补贴向新型农业经营主体倾斜。加快建立财政项目资金直接投向符合条件的合作社、财政补助形成的资产转交合作社持有和管护的管理制度。各省（自治区、直辖市）根据实际情况，在年度建设用地指标中可单列一定比例专门用于新型农业经营主体建设配套辅助设施，并按规定减免相关税费。综合运用货币和财税政策工具，引导金融机构建立健全针对新型农业经营主体的信贷、保险支持机制，创新金融产品和服务，加大信贷支持力度，分散规模经营风险。鼓励符合条件的农业产业化龙头企业通过发行短期融资券、中期票据、中小企业集合票据等多种方式，拓宽融资渠道。鼓励融资担保机构为新型农业经营主体提供融资担保服务，鼓励有条件的地方通过设立融资担保专项资金、担保风险补偿基金等加大扶持力度。落实和完善相关税收优惠政策，支持农民合作社发展农产品加工流通。

（十六）加强对工商企业租赁农户承包地的监管和风险防范

各地对工商企业长时间、大面积租赁农户承包地要有明确的上限控制，建立健全资格审查、项目审核、风险保障金制度，对租地条件、经营范围和违规处罚等作出规定。工商企业租赁农户承包地要按面积实行分级备案，严格准入门槛，加强事中事后监管，防止浪费农地资源、损害农民土地权益，防范承包农户因流入方违约或经营不善遭受损失。定期对租赁土地企业的农业经营能力、土地用途和风险防范能力等开展监督检查，查验土地利用、合同履行等情况，及时查处纠正违法违规行为，对符合要求的可给予政策扶持。有关部门要抓紧制定管理办法，并加强对各地落实情况的监督检查。

五、建立健全农业社会化服务体系

（十七）培育多元社会化服务组织

巩固乡镇涉农公共服务机构基础条件建设成果。鼓励农技推广、动植物防疫、农产品质量安全监管等公共服务机构围绕发展农业适度规模经营拓展服务范围。大力培育各类经营性服务组织，积极发展良种种苗繁育、统防统治、测土配方施肥、粪污集中处理等农业生产性服务业，大力发展农产品电子商务等现代流通服务业，支持建设粮食烘干、农机场库棚和仓储物流等配套基础设施。农产品初加工和农业灌溉用电执行农业生产用电价格。鼓励以县为单位开展农业社会化服务示范创建活动。开展政府购买农业公益性服务试点，鼓励向经营性服务组织购买易监管、可量化的公益性服务。研究制定政府购买农业公益性服务的指导性目录，建立健全购买服务的标准合同、规范程序和监督机制。积极推广既不改变农户承包关系，又保证地有人种的托管服务模式，鼓励种粮大户、农机大户和农机合作社开展全程托管或主要生产环节托管，实现统一耕作，规模化生产。

（十八）开展新型职业农民教育培训

制定专门规划和政策，壮大新型职业农民队伍。整合教育培训资源，改善农业职业学校和其他学校涉农专业办学条件，加快发展农业职业教育，大力发展现代农业远程教育。实施新型职业农民培育工程，围绕主导产业开展农业技能和经营能力培养培训，扩大农村实用人才带头人示范培养培训规模，加大对专业大户、家庭农场经营者、农民合作社带头人、农业企业经营管理人员、农业社会化服务人员和返乡农民工的培养培训力度，把青年农民纳入国家实用人才培养计划。努力构建新型职业农民和农村实用人才培养、认定、扶持体系，建立公益性农民培养培训制度，探索建立培育新型职业农民制度。

（十九）发挥供销合作社的优势和作用

扎实推进供销合作社综合改革试点，按照改造自我、服务农民的要求，把供销合作社打造成服务农民生产生活的生力军和综合平台。利用供销合作社农资经营渠道，深化行业合作，推进技物结合，为新型农业经营主体提供服务。推动供销合作社农产品流通企业、农副产品批发市场、网络终端与新型农业经营主体对接，开展农产品生产、加工、流通服务。鼓励基层供销合作社针对农业生产重要环节，与农民签订服务协议，开展合作式、订单式服务，提高服务规模化水平。

土地问题涉及亿万农民切身利益，事关全局。各级党委和政府要充分认识引导农村土地经营权有序流转、发展农业适度规模经营的重要性、复杂性和长期性，切实加强组织领导，严格按照中央政策和国家法律法规办事，及时查处违纪违法行为。坚持从实际出发，加强调查研究，搞好分类指导，充分利用农村改革试验区、现代农业示范区等开展试点试验，认真总结基层和农民群众创造的好经验好做法。加大政策宣传力度，牢固树立政策观念，准确把握政策要求，营造良好的改革发展环境。加强农村经营管理体系建设，明确相应机构承担农村经管工作职责，确保事有人干、责有人负。各有关部门要按照职责分工，抓紧修订完善相关法律法规，建立工作指导和检查监督制度，健全齐抓共管的工作机制，引导农村土地经营权有序流转，促进农业适度规模经营健康发展。

来源：http://www.gov.cn/xinwen/2014-11-20/content_2781544.htm

25. 国务院办公厅关于进一步加强林业有害生物防治工作的意见

国务院办公厅关于进一步加强林业有害生物防治工作的意见
国办发〔2014〕26号
2014年5月26日

各省、自治区、直辖市人民政府，国务院各部委、各直属机构：

近年来，我国林业有害生物灾害多发频发，对林业健康可持续发展和生态文明建设等构成严重威胁。为进一步加强林业有害生物防治工作，经国务院同意，现提出以下意见：

一、总体要求

（一）指导思想

以邓小平理论、"三个代表"重要思想、科学发展观为指导，认真学习领会党的十八大和十八届二中、三中全会精神，贯彻落实党中央、国务院的决策部署，以减轻林业有害生物灾害损失、促进现代林业发展为目标，政府主导，部门协作，社会参与，加强能力建设，健全管理体系，完善政策法规，突出科学防治，提高公众防范意识，为实现绿色增长和建设美丽中国提供重要保障。

（二）工作目标

到2020年，林业有害生物监测预警、检疫御灾、防治减灾体系全面建成，防治检疫队伍建设得到全面加强，生物入侵防范能力得到显著提升，林业有害生物危害得到有效控制，主要林业有害生物成灾率控制在4‰以下，无公害防治率达到85%以上，测报准确率达到90%以上，种苗产地检疫率达到100%。

二、主要任务

（三）强化灾害预防措施

林业主管部门要加强对林业有害生物防治的技术指导、生产服务和监督管理，组织编制林业有害生物防治发展规划。完善监测预警机制，科学布局监测站（点），不断拓展监测网络平台，每5年组织开展一次普查。重点加强对自然保护区、重点生态区有害生物的监测预警、灾情评估。切实提高灾害监测和预测预报准确性，及时发布预报预警信息，科学确定林业检疫性和危害性有害生物名单，实行国家和地方分级管理。强化抗性种苗培育、森林经营、生物调控等治本措施的运用，并优先安排有害生物危害林木采伐指标和更新改造任务。切实加强有害生物传播扩散源头管理，抓好产地检疫和监管，重点做好种苗产地检疫，推进应施检疫的林业植物及其产品全过程追溯监管平台建设。进一步优化检疫审批程序，强化事中和事后监管，严格风险评估、产地检疫、隔离除害、种植地监管等制度，注重发挥市场机制和行业协会的作用，促进林业经营者自律和规范经营。

（四）提高应急防治能力

各地区要结合防治工作实际，进一步完善突发林业有害生物灾害应急预案，加快建立科学高效的应急工作机制，制订严密规范的应急防治流程。充分利用物联网、卫星导航定位等信息化手段，建设应急防治指挥系统，组建专群结合的应急防治队伍，加强必要的应急防治设备、药剂储备。定期开展防治技能培训和应急演练，提高应急响应和处置能力。加大低毒低残留农药防治、生物农药防治等无公害防治技术以及航空作业防治、地面远程施药等先进技术手段的推广运用，提升有害生物灾害应急处置水平。

（五）推进社会化防治

从事森林、林木经营的单位和个人要积极开展有害生物防治。各地区、各有关部门要进一步加快职能转变，创新防治体制机制，通过政策引导、部门组织、市场拉动等途径，扶持和发展多形式、多层次、跨行业的社会化防治组织。鼓励林区农民建立防治互助联合体，支持开展专业化统防统治和区域化防治，引导实施无公害防治。开展政府向社会化防治组织购买疫情除治、监测调查等服务的试点工作。做好对社会化防治的指导，积极提供优质的技术服务和积极的政策支持。加强对社会化防治组织和从业人员的管理与培训，完善防治作业设计、防治质量与成效的评定方法与标准。支持防治行业协会、中介机构的发展，充分发挥其技术咨询、信息服务、行业自律的作用。

三、保障措施

（六）拓宽资金投入渠道

地方人民政府要将林业有害生物普查、监测预报、植物检疫、疫情除治和防治基础设施建设等资金纳入财政预算，加大资金投入。中央财政要继续加大支持力度，重点支持松材线虫病、美国白蛾等重大林业有害生物以及林业鼠（兔）害、有害植物防治。有关部门要严格防治资金管理，强化资金绩效评价，确保防治效益和资金安全。积极引导林木所有者和经营者投资投劳开展防治。进一步推进森林保险工作，提高防范、控制和分散风险的能力。风景名胜区、森林公园等的经营者要根据国家有关规定，从经营收入中提取一定比例的资金用于林业有害生物防治。

（七）落实相关扶持政策

进一步落实相关扶持政策，将林业有害生物灾害防治纳入国家防灾减灾体系，将防治需要的相关机具列入农机补贴范围。支持通用航空企业拓展航空防治作业，在全国范围内合理布局航空汽油储运供应点。按照国家有关规定落实防治作业人员接触有毒有害物质的岗位津贴和相关福利待遇。探索建立政府购买防治服务机制，支持符合条件的社会化防治组织和个人申请林业贴息贷款、小额担保贷款，落实相关税收支持政策，引导各类社会主体参与防治工作。

（八）完善防治法规制度

研究完善林业有害生物防治、植物检疫方面的法律法规，制定和完善符合国际惯例和国内实际的防治作业设计、限期除治、防治成效检查考核等管理办法。抓紧制（修）订防治检疫技术、林用农药使用、防治装备等标准。各地区要积极推动地方防治检疫条例、办法的制（修）订，研究完善具体管理办法。各地区、各有关部门要依法履行防治工作职能，加大执法力度，依法打击和惩处违法违规行为。国务院林业主管部门要制定和完善检查考核办法，对防治工作中成绩显著的单位和个人，按照国家有关规定给予表彰和奖励；对工作不到位造成重大经济和生态损失的，依法追究相关人员责任。

（九）增强科技支撑能力

国家和地方相关科技计划（基金、专项），要加大对林业有害生物防治领域科学研究的支持力度，重点支持成灾机理、抗性树种培育、营造林控制技术、生态修复技术、外来有害生物入侵防控技术、快速检验检测技术、空中和地面相结合的立体监测技术等基础性、前沿性和实用性技术研究。注重低毒低残留农药、生物农药、高效防治器械及其运用技术的开发和研究。加快以企业为主体、产学研协同开展防治技术创新和推广工作，大力开展防治减灾教育宣传和科普工作。加强与有关国家、国际组织的交流合作，密切跟踪发展趋势，学习借鉴国际先进技术和管理经验。

（十）加强人才队伍建设

各地区要根据本地林业有害生物防治工作需要，加强防治检疫组织建设，合理配备人员力量，特别是要加强防治专业技术人员的配备。加强防治队伍的业务和作风建设，强化培训教育，提高人员素质、业务水平和依法行政能力。支持高等学校、中职学校、科研院所的森林保护、植物保护等相关专业学科建设，积极引进和培养高层次、高素质的专业人才。

四、加强组织领导

（十一）全面落实防治责任

林业有害生物防治实行"谁经营、谁防治"的责任制度，林业经营主体要做好其所属或经营森林、林木的有害生物预防和治理工作。地方各级人民政府要加强组织领导，充分调动各方面积极性，将防治基础设施建设纳入林业和生态建设发展总体规划，重点加强航空和地面防治设施设备、区域性应急防控指挥系统、基层监测站（点）等建设。进一步健全重大林业有害生物防治目标责任制，将林业有害生物成灾率、重大林业有害生物防治目标完成情况列入政府考核评价指标体系。在发生暴发性或危险性林业有害生物危害时，实行地方人民政府行政领导负责制，根据实际需要建立健全临时指挥机构，制定紧急除治措施，协调解决重大问题。

（十二）加强部门协作配合

各有关部门要切实加强沟通协作，各负其责、依法履职。农业、林业、水利、住房城乡建设、环保等部门要加强所辖领域的林业有害生物防治工作。交通运输部门要加强对运输、邮寄林业植物及其产品的管理，对未依法取得植物检疫证书的，应禁止运输、邮寄。民航部门要加强对从事航空防治作业企业的资质管理，规范市场秩序、确保作业安全。工业和信息化、住房城乡建设等有关部门要把好涉木产品采购关，要求供货商依法提供植物检疫证书。出入境检验检疫部门要加强和完善外来有害生物防控体系建设，强化境外重大植物疫情风险管理，严防外来有害生物传入。农业、质检、林业、环保部门要按照职责分工和"谁审批、谁负责"的原则，严格植物检疫审批和监管工作，建立疫情信息沟通机制，协同做好《国际植物保护公约》、《生物多样性公约》履约工作。

（十三）健全联防联治机制

相邻省（区、市）间要加强协作配合，建立林业有害生物联防联治机制，健全值班值守、疫情信息通报和定期会商制度，并严格按照国家统一的技术要求联合开展防治作业和检查验收工作。根据有关规定，进一步加强疫区和疫木管理，做好疫区认定、划定、发布和撤销工作，及时根除疫情。国务院林业主管部门要加强对跨省（区、市）林业有害生物联防联治的组织协调，确保工作成效。

来源：http://www.gov.cn/zhengce/content/2014-06/05/content_8847.htm

26. 国务院办公厅关于金融服务"三农"发展的若干意见

国务院办公厅关于金融服务"三农"发展的若干意见

国办发〔2014〕17号

2014年4月20日

各省、自治区、直辖市人民政府，国务院各部委、各直属机构：

农村金融是我国金融体系的重要组成部分，是支持服务"三农"发展的重要力量。近年来，我国农村金融取得长足发展，初步形成了多层次、较完善的农村金融体系，服务覆盖面不断扩大，服务水平不断提高。但总体上看，农村金融仍是整个金融体系中最为薄弱的环节。为贯彻落实党的十八大、十八届三中全会精神和国务院的决策部署，积极顺应农业适度规模经营、城乡一体化发展等新情况新趋势新要求，进一步提升农村金融服务的能力和水平，实现农村金融与"三农"的共赢发展，经国务院同意，现提出以下意见。

一、深化农村金融体制机制改革

（一）分类推进金融机构改革

在稳定县域法人地位、维护体系完整、坚持服务"三农"的前提下，进一步深化农村信用社改革，积极稳妥组建农村商业银行，培育合格的市场主体，更好地发挥支农主力军作用。完善农村信用社管理体制，省联社要加快淡出行政管理，强化服务功能，优化协调指导，整合放大服务"三农"的能力。研究制订农业发展银行改革实施总体方案，强化政策性职能定位，明确政策性业务的范围和监管标准，补充资本金，建立健全治理结构，加大对农业开发和农村基础设施建设的中长期信贷支持。鼓励大中型银行根据农村市场需求变化，优化发展战略，加强对"三农"发展的金融支持。深化农业银行"三农金融事业部"改革试点，探索商业金融服务"三农"的可持续模式。鼓励邮政储蓄银行拓展农村金融业务，逐步扩大涉农业务范围。稳步培育发展村镇银行，提高民营资本持股比例，开展面向"三农"的差异化、特色化服务。各涉农金融机构要进一步下沉服务重心，切实做到不脱农、多惠农。（银监会、人民银行、发展改革委、财政部、农业部等按职责分工分别负责）

（二）丰富农村金融服务主体

鼓励建立农业产业投资基金、农业私募股权投资基金和农业科技创业投资基金。支持组建主要服务"三农"的金融租赁公司。鼓励组建政府出资为主、重点开展涉农担保业务的县域融资性担保机构或担保基金，支持其他融资性担保机构为农业生产经营主体提供融资担保服务。规范发展小额贷款公司，建立正向激励机制，拓宽融资渠道，加快接入征信系统，完善管理政策。（财政部、发展改革委、银监会、人民银行、证监会、农业部等按职责分工分别负责）

（三）规范发展农村合作金融

坚持社员制、封闭性、民主管理原则，在不对外吸储放贷、不支付固定回报的前提下，发展农村合作金融。支持农民合作社开展信用合作，积极稳妥组织试点，抓紧制定相关管理办法。在符合条件的农民合作社和供销合作社基础上培育发展农村合作金融组织。有条件的地方，可探索建立合作性的村级融资担保基金。（银监会、人民银行、财政部、农业部、供销合作总社等按职责分工分别负责）

二、大力发展农村普惠金融

（四）优化县域金融机构网点布局

稳定大中型商业银行县域网点，增强网点服务功能。按照强化支农、总量控制原则，对农业发展银行分支机构布局进行调整，重点向中西部及经济落后地区倾斜。加快在农业大县、小微企业集中地区设立村镇银行，支持其在乡镇布设网点。（银监会、人民银行、财政部等按职责分工分别负责）

（五）推动农村基础金融服务全覆盖

在完善财政补贴政策、合理补偿成本风险的基础上，继续推动偏远乡镇基础金融服务全覆盖工作。在具备条件的行政村，开展金融服务"村村通"工程，采取定时定点服务、自助服务终端，以及深化助农取款、汇款、转账服务和手机支付等多种形式，提供简易便民金融服务。（银监会、人民银行、财政部等按职责分工分别负责）

（六）加大金融扶贫力度

进一步发挥政策性金融、商业性金融和合作性金融的互补优势，切实改进对农民工、农村妇女、少数民族等弱势群体的金融服务。完善扶贫贴息贷款政策，引导金融机构全面做好支持农村贫困地区扶贫攻坚的金融服务工作。（人民银行、财政部、银监会等按职责分工分别负责）

三、引导加大涉农资金投放

（七）拓展资金来源

优化支农再贷款投放机制，向农村商业银行、农村合作银行、村镇银行发放支小再贷款，主要用于支持"三农"和农村地区小微企业发展。支持银行业金融机构发行专项用于"三农"的金融债。开展涉农资产证券化试点。对符合"三农"金融服务要求的县域农村商业银行和农村合作银行，适当降低存款准备金率。（人民银行、银监会、证监会等按职责分工分别负责）

（八）强化政策引导

切实落实县域银行业法人机构一定比例存款投放当地的政策。探索建立商业银行新设县域分支机构信贷投放承诺制度。支持符合监管要求的县域银行业金融机构扩大信贷投放，持续提高存贷比。（人民银行、银监会、财政部等按职责分工分别负责）

（九）完善信贷机制

在强化涉农业务全面风险管理的基础上，鼓励商业银行单列涉农信贷计划，下放贷款审批权限，优化绩效考核机制，推行尽职免责制度，调动"三农"信贷投放的内在积极性。（银监会、人民银行等按职责分工分别负责）

四、创新农村金融产品和服务方式

（十）创新农村金融产品

推行"一次核定、随用随贷、余额控制、周转使用、动态调整"的农户信贷模式，合理确定贷款额度、放款进度和回收期限。加快在农村地区推广应用微贷技术。推广产业链金融模式。大力发展农村电话银行、网上银行业务。创新和推广专营机构、信贷工厂等服务模式。鼓励开展农业机械等方面的金融租赁业务。（银监会、人民银行、农业部、工业和信息化部、发展改革委等按职责分工分别负责）

（十一）创新农村抵（质）押担保方式

制定农村土地承包经营权抵押贷款试点管理办法，在经批准的地区开展试点。慎重稳妥地开展农民住房财产权抵押试点。健全完善林权抵押登记系统，扩大林权抵押贷款规模。推广以农业机械设备、运输工具、水域滩涂养殖权、承包土地收益权等为标的的新型抵押担保方式。加强涉农信贷与涉农保险合作，将涉农保险投保情况作为授信要素，探索拓宽涉农保险保单质押范围。（人民银行、银监会、保监会、国土资源部、农业部、林业局等按职责分工分别负责）

（十二）改进服务方式

进一步简化金融服务手续，推行通俗易懂的合同文本，优化审批流程，规范服务收费，严禁在提供金融服务时附加不合理条件和额外费用，切实维护农民利益。（银监会、证监会、保监会、发展改革委、人民银行等按职责分工分别负责）

五、加大对重点领域的金融支持

（十三）支持农业经营方式创新

在部分地区开展金融支持农业规模化生产和集约化经营试点。积极推动金融产品、利率、期限、额度、流程、风险控制等方面创新，进一步满足家庭农场、专业大户、农民合作社和农业产业化龙头企业等新型农业经营主体的金融需求。继续加大对农民扩大再生产、消费升级和自主创业的金融支持力度。（银监会、人民银行、农业部、证监会、保监会、发展改革委等按职责分工分别负责）

（十四）支持提升农业综合生产能力

加大对耕地整理、农田水利、粮棉油糖高产创建、畜禽水产品标准化养殖、种养业良种生产等经营项目的信贷支持力度。重点支持农业科技进步、现代种业、农机装备制造、设施农业、农产品精深加工等现代农业项目和高科技农业项目。（银监会、人民银行、发展改革委、农业部等按职责分工分别负责）

（十五）支持农业社会化服务产业发展

支持农产品产地批发市场、零售市场、仓储物流设施、连锁零售等服务设施建设。（银监会、人民银行、发展改革委、财政部、农业部、商务部、供销合作总社等按职责分工分别负责）

（十六）支持农业发展方式转变

大力发展绿色金融，促进节水农业、循环农业和生态友好型农业发展。（人民银行、银监会、农业部、林业局、发展改革委等按职责分工分别负责）

（十七）探索支持新型城镇化发展的有效方式

创新适应新型城镇化发展的金融服务机制，重点发挥政策性金融作用，稳步拓宽城镇建设融资渠道，着力做好农业转移人口的综合性金融服务。（人民银行、发展改革委、财政部、银监会等按职责分工分别负责）

六、拓展农业保险的广度和深度

（十八）扩大农业保险覆盖面

重点发展关系国计民生和国家粮食安全的农作物保险、主要畜产品保险、重要"菜篮子"品种保险和森林保险。推广农房、农机具、设施农业、渔业、制种保险等业务。（保监会、财政部、农业部、林业局等按职责分工分别负责）

（十九）创新农业保险产品

稳步开展主要粮食作物、生猪和蔬菜价格保险试点，鼓励各地区因地制宜开展特色优势农产品保险试点。创新研发天气指数、农村小额信贷保证保险等新型险种。（保监会、财政部、农业部、林业局、银监会、发展改革委等按职责分工分别负责）

（二十）完善保费补贴政策

提高中央、省级财政对主要粮食作物保险的保费补贴比例，逐步减少或取消产粮大县的县级保费补贴。（财政部、保监会、农业部等按职责分工分别负责）

（二十一）加快建立财政支持的农业保险大灾风险分散机制，增强对重大自然灾害风险的抵御能力。（财政部、保监会、农业部等按职责分工分别负责）

（二十二）加强农业保险基层服务体系建设，不断提高农业保险服务水平。（保监会、财政部、农业部、林业局等按职责分工分别负责）

七、稳步培育发展农村资本市场

（二十三）大力发展农村直接融资

支持符合条件的涉农企业在多层次资本市场上进行融资，鼓励发行企业债、公司债和中小企业私募债。逐步扩大涉农企业发行中小企业集合票据、短期融资券等非金融企业债务融资工具的规模。支持符合条件的农村金融机构发行优先股和二级资本工具。（证监会、人民银行、发展改革委、银监会等按职责分工分别负责）

（二十四）发挥农产品期货市场的价格发现和风险规避功能

积极推动农产品期货新品种开发，拓展农产品期货业务。完善商品期货交易机制，加强信息服务，推动农民合作社等农村经济组织参与期货交易，鼓励农产品生产经营企业进入期货市场开展套期保值业务。（证监会负责）

（二十五）谨慎稳妥地发展农村地区证券期货服务

根据农村地区特点，有针对性地提升证券期货机构的专业能力，探索建立农村地区证券期货服务模式，支持农户、农业企业和农村经济组织进行风险管理，加强对投资者的风险意识教育和风险管理培训，切实保护投资者合法权益。（证监会负责）

八、完善农村金融基础设施

（二十六）推进农村信用体系建设

继续组织开展信用户、信用村、信用乡（镇）创建活动，加强征信宣传教育，坚决打击骗贷、骗保和恶意逃债行为。（人民银行、银监会、保监会、公安部、发展改革委等按职责分工分别负责）

(二十七)发展农村交易市场和中介组织

在严格遵守《国务院关于清理整顿各类交易场所切实防范金融风险的决定》(国发〔2011〕38号)的前提下,探索推进农村产权交易市场建设,积极培育土地评估、资产评估等中介组织,建设具有国内外影响力的农产品交易中心。(证监会、发展改革委、国土资源部、农业部、财政部等按职责分工分别负责)

(二十八)改善农村支付服务环境

推广非现金支付工具和支付清算系统,稳步推广农村移动便捷支付,不断提高农村地区支付服务水平。(人民银行、工业和信息化部、银监会等按职责分工分别负责)

(二十九)保护农村金融消费者权益

畅通农村金融消费者诉求渠道,妥善处理金融消费纠纷。继续开展送金融知识下乡、入社区、进校园活动,提高金融知识普及教育的有效性和针对性,增强广大农民风险识别、自我保护的意识和能力。(银监会、证监会、保监会、人民银行、公安部等按职责分工分别负责)

九、加大对"三农"金融服务的政策支持

(三十)健全政策扶持体系

完善政策协调机制,加快建立导向明确、激励有效、约束严格、协调配套的长期化、制度化农村金融政策扶持体系,为金融机构开展"三农"业务提供稳定的政策预期。(财政部、人民银行、银监会、税务总局、证监会、保监会等按职责分工分别负责)

(三十一)加大政策支持力度

按照"政府引导、市场运作"原则,综合运用奖励、补贴、税收优惠等政策工具,重点支持金融机构开展农户小额贷款、新型农业经营主体贷款、农业种植业养殖业贷款、大宗农产品保险,以及银行卡助农取款、汇款、转账等支农惠农政策性支付业务。按照"鼓励增量,兼顾存量"原则,完善涉农贷款财政奖励制度。优化农村金融税收政策,完善农户小额贷款税收优惠政策。落实对新型农村金融机构和基础金融服务薄弱地区的银行业金融机构(网点)的定向费用补贴政策。完善农村信贷损失补偿机制,探索建立地方财政出资的涉农信贷风险补偿基金。对涉农贷款占比高的县域银行业法人机构实行弹性存贷比,优先支持开展"三农"金融产品创新。(财政部、人民银行、税务总局、银监会、保监会等按职责分工分别负责)

(三十二)完善涉农贷款统计制度

全面、及时、准确反映农林牧渔业贷款、农户贷款、农村小微企业贷款以及农民合作社贷款情况,依据涉农贷款统计的多维口径制定金融政策和差别化监管措施,提高政策支持的针对性和有效性。(人民银行、银监会等按职责分工分别负责)

(三十三)开展政策效果评估,不断完善相关政策措施,更好地引导带动金融机构支持"三农"发展。(财政部、人民银行、银监会、农业部、税务总局、证监会、保监会等按职责分工分别负责)

(三十四)防范金融风险

金融管理部门要按照职责分工,加强金融监管,着力做好风险识别、监测、评估、预警和控制工作,进一步发挥金融监管协调部际联席会议制度的作用,不断健全新形势下的风险处置机制,切实维护金融稳定。各金融机构要进一步健全制度,完善风险管理。地方人民政府要按照监

管规则和要求，切实担负起对小额贷款公司、担保公司、典当行、农村资金互助合作组织的监管责任，层层落实突发金融风险事件处置的组织职责，制订完善风险应对预案，守住底线。（银监会、证监会、保监会、人民银行等按职责分工分别负责）

（三十五）加强督促检查

各地区、各有关部门和各金融机构要按照国务院统一部署，增强做好"三农"金融服务工作的责任感和使命感，各司其职，协调配合，扎实推动各项工作。地方各级人民政府要结合本地区实际，抓紧研究制定扶持政策，加大对农村金融改革发展的政策支持力度。各省、自治区、直辖市人民政府要按年度对本地区金融支持"三农"发展工作进行全面总结，提出政策意见和建议，于次年1月底前报国务院。各有关部门要按照职责分工精心组织，切实抓好贯彻落实工作，银监会要牵头做好督促检查和各地区工作情况的汇总工作，确保各项政策措施落实到位。

来源：http://www.gov.cn/zhengce/content/2014-04/22/content_8771.htm

27. 国务院关于改进加强中央财政科研项目和资金管理的若干意见

国务院关于改进加强中央财政科研项目和资金管理的若干意见

国发〔2014〕11号

2014年3月3日

各省、自治区、直辖市人民政府，国务院各部委、各直属机构：

《国家中长期科学和技术发展规划纲要（2006—2020年）》实施以来，我国财政科技投入快速增长，科研项目和资金管理不断改进，为科技事业发展提供了有力支撑。但也存在项目安排分散重复、管理不够科学透明、资金使用效益亟待提高等突出问题，必须切实加以解决。为深入贯彻党的十八大和十八届二中、三中全会精神，落实创新驱动发展战略，促进科技与经济紧密结合，按照《中共中央 国务院关于深化科技体制改革加快国家创新体系建设的意见》的要求，现就改进加强中央财政民口科研项目和资金管理提出如下意见。

一、改进加强科研项目和资金管理的总体要求

（一）总体目标。

通过深化改革，加快建立适应科技创新规律、统筹协调、职责清晰、科学规范、公开透明、监管有力的科研项目和资金管理机制，使科研项目和资金配置更加聚焦国家经济社会发展重大需求，基础前沿研究、战略高技术研究、社会公益研究和重大共性关键技术研究显著加强，财政资金使用效益明显提升，科研人员的积极性和创造性充分发挥，科技对经济社会发展的支撑引领作用不断增强，为实施创新驱动发展战略提供有力保障。

（二）基本原则。

——坚持遵循规律。把握全球科技和产业变革趋势，立足我国经济社会发展和科技创新实际，遵循科学研究、技术创新和成果转化规律，实行分类管理，提高科研项目和资金管理水平，

健全鼓励原始创新、集成创新和引进消化吸收再创新的机制。

——坚持改革创新。推进政府职能转变，发挥好财政科技投入的引导激励作用和市场配置各类创新要素的导向作用。加强管理创新和统筹协调，对科研项目和资金管理各环节进行系统化改革，以改革释放创新活力。

——坚持公正公开。强化科研项目和资金管理信息公开，加强科研诚信建设和信用管理，着力营造以人为本、公平竞争、充分激发科研人员创新热情的良好环境。

——坚持规范高效。明确科研项目、资金管理和执行各方的职责，优化管理流程，建立健全决策、执行、评价相对分开、互相监督的运行机制，提高管理的科学化、规范化、精细化水平。

二、加强科研项目和资金配置的统筹协调

（三）优化整合各类科技计划（专项、基金等）

科技计划（专项、基金等）的设立，应当根据国家战略需求和科技发展需要，按照政府职能转变和中央与地方合理划分事权的要求，明确各自功能定位、目标和时限。建立各类科技计划（专项、基金等）的绩效评估、动态调整和终止机制。优化整合中央各部门管理的科技计划（专项、基金等），对定位不清、重复交叉、实施效果不好的，要通过撤、并、转等方式进行必要调整和优化。项目主管部门要按照各自职责，围绕科技计划（专项、基金等）功能定位，科学组织安排科研项目，提升项目层次和质量，合理控制项目数量。

（四）建立健全统筹协调与决策机制

科技行政主管部门会同有关部门要充分发挥科技工作重大问题会商与沟通机制的作用，按照国民经济和社会发展规划的部署，加强科技发展优先领域、重点任务、重大项目等的统筹协调，形成年度科技计划（专项、基金等）重点工作安排和部门分工，经国家科技体制改革和创新体系建设领导小组审议通过后，分工落实、协同推进。财政部门要加强科技预算安排的统筹，做好各类科技计划（专项、基金等）年度预算方案的综合平衡。涉及国民经济、社会发展和国家安全的重大科技事项，按程序报国务院决策。

（五）建设国家科技管理信息系统

科技行政主管部门、财政部门会同有关部门和地方在现有各类科技计划（专项、基金等）科研项目数据库基础上，按照统一的数据结构、接口标准和信息安全规范，在2014年底前基本建成中央财政科研项目数据库；2015年年底前基本实现与地方科研项目数据资源的互联互通，建成统一的国家科技管理信息系统，并向社会开放服务。

三、实行科研项目分类管理

（六）基础前沿科研项目突出创新导向

基础、前沿类科研项目要立足原始创新，充分尊重专家意见，通过同行评议、公开择优的方式确定研究任务和承担者，激发科研人员的积极性和创造性。引导支持企业增加基础研究投入，与科研院所、高等学校联合开展基础研究，推动基础研究与应用研究的紧密结合。对优秀人才和团队给予持续支持，加大对青年科研人员的支持力度。项目主管部门要减少项目执行中的检查评价，发挥好学术咨询机构、协会、学会的咨询作用，营造"鼓励探索、宽容失败"的实施环境。

（七）公益性科研项目聚焦重大需求

公益性科研项目要重点解决制约公益性行业发展的重大科技问题，强化需求导向和应用导

向。行业主管部门应当充分发挥组织协调作用，提高项目的系统性、针对性和实用性，及时协调解决项目实施中存在的问题，保证项目成果服务社会公益事业发展。加强对基础数据、基础标准、种质资源等工作的稳定支持，为科研提供基础性支撑。

（八）市场导向类项目突出企业主体

明晰政府与市场的边界，充分发挥市场对技术研发方向、路线选择、要素价格、各类创新要素配置的导向作用，政府主要通过制定政策、营造环境，引导企业成为技术创新决策、投入、组织和成果转化的主体。对于政府支持企业开展的产业重大共性关键技术研究等公共科技活动，在立项时要加强对企业资质、研发能力的审核，鼓励产学研协同攻关。对于政府引导企业开展的科研项目，主要由企业提出需求、先行投入和组织研发，政府采用"后补助"及间接投入等方式给予支持，形成主要由市场决定技术创新项目和资金分配、评价成果的机制以及企业主导项目组织实施的机制。

（九）重大项目突出国家目标导向

对于事关国家战略需求和长远发展的重大科研项目，应当集中力量办大事，聚焦攻关重点，设定明确的项目目标和关键节点目标，并在任务书中明确考核指标。项目主管部门主要采取定向择优方式遴选优势单位承担项目，鼓励产学研协同创新，加强项目实施全过程的管理和节点目标考核，探索实行项目专员制和监理制；项目承担单位上级主管部门要切实履行在项目推荐、组织实施和验收等环节的相应职责；项目承担单位要强化主体责任，组织有关单位协同创新，保证项目目标的实现。

四、改进科研项目管理流程

（十）改革项目指南制定和发布机制

项目主管部门要结合科技计划（专项、基金等）的特点，针对不同项目类别和要求编制项目指南，市场导向类项目指南要充分体现产业需求。扩大项目指南编制工作的参与范围，项目指南发布前要充分征求科研单位、企业、相关部门、地方、协会、学会等有关方面意见，并建立由各方参与的项目指南论证机制。项目主管部门每年固定时间发布项目指南，并通过多种方式扩大项目指南知晓范围，鼓励符合条件的科研人员申报项目。自指南发布日到项目申报受理截止日，原则上不少于50天，以保证科研人员有充足时间申报项目。

（十一）规范项目立项

项目申请单位应当认真组织项目申报，根据科研工作实际需要选择项目合作单位。项目主管部门要完善公平竞争的项目遴选机制，通过公开择优、定向择优等方式确定项目承担者；要规范立项审查行为，健全立项管理的内部控制制度，对项目申请者及其合作方的资质、科研能力等进行重点审核，加强项目查重，避免一题多报或重复资助，杜绝项目打包和"拉郎配"；要规范评审专家行为，提高项目评审质量，推行网络评审和视频答辩评审，合理安排会议答辩评审，视频与会议答辩评审应当录音录像，评审意见应当及时反馈项目申请者。从受理项目申请到反馈立项结果原则上不超过120个工作日。要明示项目审批流程，使项目申请者能够及时查询立项工作进展，实现立项过程"可申诉、可查询、可追溯"。

（十二）明确项目过程管理职责

项目承担单位负责项目实施的具体管理。项目主管部门要健全服务机制，积极协调解决项目实施中出现的新情况新问题，针对不同科研项目管理特点组织开展巡视检查或抽查，对项目实施不力的要加强督导，对存在违规行为的要责成项目承担单位限期整改，对问题严重的要暂停项目实施。

（十三）加强项目验收和结题审查

项目完成后，项目承担单位应当及时做好总结，编制项目决算，按时提交验收或结题申请，无特殊原因未按时提出验收申请的，按不通过验收处理。项目主管部门应当及时组织开展验收或结题审查，并严把验收和审查质量。根据不同类型项目，可以采取同行评议、第三方评估、用户测评等方式，依据项目任务书组织验收，将项目验收结果纳入国家科技报告。探索开展重大项目决策、实施、成果转化的后评价。

五、改进科研项目资金管理

（十四）规范项目预算编制

项目申请单位应当按规定科学合理、实事求是地编制项目预算，并对仪器设备购置、合作单位资质及拟外拨资金进行重点说明。相关部门要改进预算编制方法，完善预算编制指南和评估评审工作细则，健全预算评估评审的沟通反馈机制。评估评审工作的重点是项目预算的目标相关性、政策相符性、经济合理性，在评估评审中不得简单按比例核减预算。除以定额补助方式资助的项目外，应当依据科研任务实际需要和财力可能核定项目预算，不得在预算申请前先行设定预算控制额度。劳务费预算应当结合当地实际以及相关人员参与项目的全时工作时间等因素合理编制。

（十五）及时拨付项目资金

项目主管部门要合理控制项目和预算评估评审时间，加强项目立项和预算下达的衔接，及时批复项目和预算。相关部门和单位要按照财政国库管理制度相关规定，结合项目实施和资金使用进度，及时合规办理资金支付。实行部门预算批复前项目资金预拨制度，保证科研任务顺利实施。对于有明确目标的重大项目，按照关键节点任务完成情况进行拨款。

（十六）规范直接费用支出管理

科学界定与项目研究直接相关的支出范围，各类科技计划（专项、基金等）的支出科目和标准原则上应保持一致。调整劳务费开支范围，将项目临时聘用人员的社会保险补助纳入劳务费科目中列支。进一步下放预算调整审批权限，同时严格控制会议费、差旅费、国际合作与交流费，项目实施中发生的三项支出之间可以调剂使用，但不得突破三项支出预算总额。

（十七）完善间接费用和管理费用管理

对实行间接费用管理的项目，间接费用的核定与项目承担单位信用等级挂钩，由项目主管部门直接拨付到项目承担单位。间接费用用于补偿项目承担单位为项目实施所发生的间接成本和绩效支出，项目承担单位应当建立健全间接费用的内部管理办法，合规合理使用间接费用，结合一线科研人员实际贡献公开公正安排绩效支出，体现科研人员价值，充分发挥绩效支出的激励作用。项目承担单位不得在核定的间接费用或管理费用以外再以任何名义在项目资金中重复提取、列支相关费用。

（十八）改进项目结转结余资金管理办法

项目在研期间，年度剩余资金可以结转下一年度继续使用。项目完成任务目标并通过验收，且承担单位信用评价好的，项目结余资金按规定在一定期限内由单位统筹安排用于科研活动的直接支出，并将使用情况报项目主管部门；未通过验收和整改后通过验收的项目，或承担单位信用评价差的，结余资金按原渠道收回。

（十九）完善单位预算管理办法

财政部门按照核定收支、定额或者定项补助、超支不补、结转和结余按规定使用的原则，合理安排科研院所和高等学校等事业单位预算。科研院所和高等学校等事业单位要按照国家规定合理安排人员经费和公用经费，保障单位正常运转。

六、加强科研项目和资金监管

（二十）规范科研项目资金使用行为

科研人员和项目承担单位要依法依规使用项目资金，不得擅自调整外拨资金，不得利用虚假票据套取资金，不得通过编造虚假合同、虚构人员名单等方式虚报冒领劳务费和专家咨询费，不得通过虚构测试化验内容、提高测试化验支出标准等方式违规开支测试化验加工费，不得随意调账变动支出、随意修改记账凭证、以表代账应付财务审计和检查。项目承担单位要建立健全科研和财务管理等相结合的内部控制制度，规范项目资金管理，在职责范围内及时审批项目预算调整事项。对于从中央财政以外渠道获得的项目资金，按照国家有关财务会计制度规定以及相关资金提供方的具体要求管理和使用。

（二十一）改进科研项目资金结算方式

科研院所、高等学校等事业单位承担项目所发生的会议费、差旅费、小额材料费和测试化验加工费等，要按规定实行"公务卡"结算；企业承担的项目，上述支出也应当采用非现金方式结算。项目承担单位对设备费、大宗材料费和测试化验加工费、劳务费、专家咨询费等支出，原则上应当通过银行转账方式结算。

（二十二）完善科研信用管理

建立覆盖指南编制、项目申请、评估评审、立项、执行、验收全过程的科研信用记录制度，由项目主管部门委托专业机构对项目承担单位和科研人员、评估评审专家、中介机构等参与主体进行信用评级，并按信用评级实行分类管理。各项目主管部门应共享信用评价信息。建立"黑名单"制度，将严重不良信用记录者记入"黑名单"，阶段性或永久取消其申请中央财政资助项目或参与项目管理的资格。

（二十三）加大对违规行为的惩处力度

建立完善覆盖项目决策、管理、实施主体的逐级考核问责机制。有关部门要加强科研项目和资金监管工作，严肃处理违规行为，按规定采取通报批评、暂停项目拨款、终止项目执行、追回已拨项目资金、取消项目承担者一定期限内项目申报资格等措施，涉及违法的移交司法机关处理，并将有关结果向社会公开。建立责任倒查制度，针对出现的问题倒查项目主管部门相关人员的履职尽责和廉洁自律情况，经查实存在问题的依法依规严肃处理。

七、加强相关制度建设

（二十四）建立健全信息公开制度

除涉密及法律法规另有规定外，项目主管部门应当按规定向社会公开科研项目的立项信息、验收结果和资金安排情况等，接受社会监督。项目承担单位应当在单位内部公开项目立项、主要研究人员、资金使用、大型仪器设备购置以及项目研究成果等情况，接受内部监督。

（二十五）建立国家科技报告制度

科技行政主管部门要会同有关部门制定科技报告的标准和规范，建立国家科技报告共享服务平台，实现国家科技资源持续积累、完整保存和开放共享。对中央财政资金支持的科研项目，项目承担者必须按规定提交科技报告，科技报告提交和共享情况作为对其后续支持的重要依据。

（二十六）改进专家遴选制度

充分发挥专家咨询作用，项目评估评审应当以同行专家为主，吸收海外高水平专家参与，评估评审专家中一线科研人员的比例应当达到75%左右。扩大企业专家参与市场导向类项目评估评审的比重。推动学术咨询机构、协会、学会等更多参与项目评估评审工作。建立专家数据库，实行评估评审专家轮换、调整机制和回避制度。对采用视频或会议方式评审的，公布专家名单，强化专家自律，接受同行质询和社会监督；对采用通讯方式评审的，评审前专家名单严格保密，保证评审公正性。

（二十七）完善激发创新创造活力的相关制度和政策

完善科研人员收入分配政策，健全与岗位职责、工作业绩、实际贡献紧密联系的分配激励机制。健全科技人才流动机制，鼓励科研院所、高等学校与企业创新人才双向交流，完善兼职兼薪管理政策。加快推进事业单位科技成果使用、处置和收益管理改革，完善和落实促进科研人员成果转化的收益分配政策。加强知识产权运用和保护，落实激励科技创新的税收政策，推进科技评价和奖励制度改革，制定导向明确、激励约束并重的评价标准，充分调动项目承担单位和科研人员的积极性创造性。

八、明确和落实各方管理责任

（二十八）项目承担单位要强化法人责任

项目承担单位是科研项目实施和资金管理使用的责任主体，要切实履行在项目申请、组织实施、验收和资金使用等方面的管理职责，加强支撑服务条件建设，提高对科研人员的服务水平，建立常态化的自查自纠机制，严肃处理本单位出现的违规行为。科研人员要弘扬科学精神，恪守科研诚信，强化责任意识，严格遵守科研项目和资金管理的各项规定，自觉接受有关方面的监督。

（二十九）有关部门要落实管理和服务责任

科技行政主管部门要会同有关部门根据本意见精神制定科技工作重大问题会商与沟通的工作规则；项目主管部门和财政部门要制定或修订各类科技计划（专项、基金等）管理制度。各有关部门要建立健全本部门内部控制和监管体系，加强对所属单位科研项目和资金管理内部制度的审查；督促指导项目承担单位和科研人员依法合规开展科研活动，做好经常性的政策宣传、培训和科研项目实施中的服务工作。

各地区要参照本意见，制定加强本地财政科研项目和资金管理的办法。

来源：http://www.gov.cn/zhengce/content/2014-03/12/content_8711.htm

28. 中共中央办公厅 国务院办公厅《关于创新机制扎实推进农村扶贫开发工作的意见》的通知

中央中央办公厅 国务院办公厅《关于创新机制扎实推进农村扶贫开发工作的意见》的通知

（中办发〔2013〕25号）

各省、自治区、直辖市党委和人民政府，中央和国家机关各部委，解放军各总部、各大单位，各人民团体：

《关于创新机制扎实推进农村扶贫开发工作的意见》已经中央同意，现印发给你们，请结合实际认真贯彻执行。

中央中央办公厅　国务院办公厅
2013年12月18日

来源：http://www.moe.edu.cn/publicfiles/business/htmlfiles/moe/s5895/201401/163033.html

关于创新机制扎实推进农村扶贫开发工作的意见

消除贫困，改善民生，实现共同富裕，是社会主义的本质要求。改革开放以来，我国扶贫开发工作取得举世瞩目的成就，走出了一条中国特色扶贫开发道路。但是，贫困地区发展滞后问题没有根本改变，贫困人口生产生活仍然十分困难。全面建成小康社会，最艰巨最繁重的任务在农村特别是在贫困地区。实现《中国农村扶贫开发纲要（2011—2020年）》（以下简称《纲要》）提出的奋斗目标，必须深入贯彻党的十八大和十八届二中、三中全会精神，全面落实习近平总书记等中央领导同志关于扶贫开发工作的一系列重要指示，进一步增强责任感和紧迫感，切实将扶贫开发工作摆到更加重要、更为突出的位置，以改革创新为动力，着力消除体制机制障碍，增强内生动力和发展活力，加大扶持力度，集中力量解决突出问题，加快贫困群众脱贫致富、贫困地区全面建成小康社会步伐。

一、深化改革，创新扶贫开发工作机制

当前和今后一个时期，扶贫开发工作要进一步解放思想，开拓思路，深化改革，创新机制，使市场在资源配置中起决定性作用和更好发挥政府作用，更加广泛、更为有效地动员社会力量，构建政府、市场、社会协同推进的大扶贫开发格局，在全国范围内整合配置扶贫开发资源，形成扶贫开发合力。

（一）改进贫困县考核机制

由主要考核地区生产总值向主要考核扶贫开发工作成效转变，对限制开发区域和生态脆弱的国家扶贫开发工作重点县（以下简称重点县）取消地区生产总值考核，把提高贫困人口生活水平和减少贫困人口数量作为主要指标，引导贫困地区党政领导班子和领导干部把工作重点放在扶贫开发上。中央有关部门加强指导，各省（自治区、直辖市）制定具体考核评价办法，并在试点基础上全面推开。同时，研究建立重点县退出机制，建立扶贫开发效果评估体系。（中央组织部、国务院扶贫办、国家统计局等。列在首位的为牵头单位，其他单位按职责分工负责，下同）

（二）建立精准扶贫工作机制

国家制定统一的扶贫对象识别办法。各省（自治区、直辖市）在已有工作基础上，坚持扶贫开发和农村最低生活保障制度有效衔接，按照县为单位、规模控制、分级负责、精准识别、动态管理的原则，对每个贫困村、贫困户建档立卡，建设全国扶贫信息网络系统。专项扶贫措施要与贫困识别结果相衔接，深入分析致贫原因，逐村逐户制定帮扶措施，集中力量予以扶持，切实做到扶真贫、真扶贫，确保在规定时间内达到稳定脱贫目标。（国务院扶贫办、民政部、中央农办、人力资源社会保障部、国家统计局、共青团中央、中国残联等）

（三）健全干部驻村帮扶机制

在各省（自治区、直辖市）现有工作基础上，普遍建立驻村工作队（组）制度。可分期分批安排，确保每个贫困村都有驻村工作队（组），每个贫困户都有帮扶责任人。把驻村入户扶贫作为培养锻炼干部特别是青年干部的重要渠道。驻村工作队（组）要协助基层组织贯彻落实党和政府各项强农惠农富农政策，积极参与扶贫开发各项工作，帮助贫困村、贫困户脱贫致富。落实保障措施，建立激励机制，实现驻村帮扶长期化、制度化。（各省、自治区、直辖市）

（四）改革财政专项扶贫资金管理机制

各级政府要逐步增加财政专项扶贫资金投入，加大资金管理改革力度，增强资金使用的针对性和实效性，项目资金要到村到户，切实使资金直接用于扶贫对象。把资金分配与工作考核、资金使用绩效评价结果相结合，探索以奖代补等竞争性分配办法。简化资金拨付流程，项目审批权限原则上下放到县。以扶贫攻坚规划和重大扶贫项目为平台，整合扶贫和相关涉农资金，集中解决突出贫困问题。积极探索政府购买公共服务等有效做法。加强资金监管，强化地方责任，省、市两级政府主要负责资金和项目监管，县级政府负责组织实施好扶贫项目，各级人大常委会要加强对资金审计结果的监督，管好用好资金。坚持和完善资金项目公告公示制度，积极发挥审计、纪检、监察等部门作用，加大违纪违法行为惩处力度。逐步引入社会力量，发挥社会监督作用。（财政部、国务院扶贫办、国家发展改革委、中央纪委、监察部、审计署等）

（五）完善金融服务机制

充分发挥政策性金融的导向作用，支持贫困地区基础设施建设和主导产业发展。引导和鼓励商业性金融机构创新金融产品和服务，增加贫困地区信贷投放。在防范风险前提下，加快推动农村合作金融发展，增强农村信用社支农服务功能，规范发展村镇银行、小额贷款公司和贫困村资金互助组织。完善扶贫贴息贷款政策，增加财政贴息资金，扩大扶贫贴息贷款规模。进一步推广小额信用贷款，推进农村青年创业小额贷款和妇女小额担保贷款工作。推动金融机构网点向贫困乡镇和社区延伸，改善农村支付环境，加快信用户、信用村、信用乡（镇）建设，发展农业担保机构，扩大农业保险覆盖面。改善对农业产业化龙头企业、家庭农场、农民合作社、农村残疾人扶贫基地等经营组织的金融服务。（中国人民银行、财政部、民政部、中国银监会、中国保监会、国务院扶贫办、人力资源社会保障部、共青团中央、全国妇联、中国残联等）

（六）创新社会参与机制

建立和完善广泛动员社会各方面力量参与扶贫开发制度。充分发挥定点扶贫、东西部扶贫协作在社会扶贫中的引领作用。支持各民主党派中央、全国工商联和无党派人士参与扶贫开发工作，鼓励引导各类企业、社会组织和个人以多种形式参与扶贫开发。建立信息交流共享平台，形成有效协调协作和监管机制。全面落实企业扶贫捐赠税前扣除、各类市场主体到贫困地区投资兴业等相关支持政策。支持军队和武警部队积极参与地方扶贫开发，实现军地优势互补。每5年以国务院扶贫开发领导小组名义进行一次社会扶贫表彰。加强扶贫领域国际交流合作。（国务院扶贫办、定点扶贫牵头组织部门、民政部、财政部、人力资源社会保障部、税务总局、中国残联、全国工商联等）

二、注重实效，扎实解决突出问题

针对制约贫困地区发展的瓶颈，以集中连片特殊困难地区（以下简称连片特困地区）为主战场，因地制宜，分类指导，突出重点，注重实效，继续做好整村推进、易地扶贫搬迁、以工代赈、就业促进、生态建设等工作，进一步整合力量、明确责任、明确目标，组织实施扶贫开发10项重点工作，全面带动和推进各项扶贫开发工作。

（一）村级道路畅通工作

按照《全国农村公路建设规划》确定的目标任务，结合村镇行政区划调整、易地扶贫搬迁、特色产业发展和农村物流等工作，加大对贫困地区农村公路建设支持力度。加强安全防护设施建设和中小危桥改造，提高农村公路服务水平和防灾抗灾能力。到2015年，提高贫困地区县城通二级及以上高等级公路比例，除西藏外，西部地区80%的建制村通沥青（水泥）路，稳步提高贫困地区农村客运班车通达率，解决溜索等特殊问题。到2020年，实现具备条件的建制村通沥青、水泥路和通班车。（交通运输部、国家发展改革委、财政部等）

（二）饮水安全工作

继续全力推进《全国农村饮水安全工程"十二五"规划》实施，优先安排贫困地区农村饮水安全工程建设，确保到2015年解决规划内贫困地区剩余的农村居民和学校师生饮水安全问题。到2020年，农村饮水安全保障程度和自来水普及率进一步提高。（国家发展改革委、水利部、国家卫生计生委、环境保护部等）

（三）农村电力保障工作

与易地扶贫搬迁规划相衔接，加大农村电网升级改造工作力度。落实《全面解决无电人口用电问题三年行动计划（2013—2015年）》，因地制宜采取大电网延伸以及光伏、风电光电互补、小水电等可再生能源分散供电方式。到2015年，全面解决无电人口用电问题。（国家能源局、国家发展改革委、财政部、水利部等）

（四）危房改造工作

制订贫困地区危房改造计划，继续加大对贫困地区和贫困人口倾斜力度。明确建设标准，确保改造户住房达到最低建设要求。完善现有危房改造信息系统，有步骤地向社会公开。加强对农村危房改造的管理和监督检查。到2020年，完成贫困地区存量农村危房改造任务，解决贫困农户住房安全问题。（住房城乡建设部、国家发展改革委、财政部等）

（五）特色产业增收工作

指导连片特困地区编制县级特色产业发展规划。加强规划项目进村到户机制建设，切实提高贫困户的参与度、受益度。积极培育贫困地区农民合作组织，提高贫困户在产业发展中的组织程度。鼓励企业从事农业产业化经营，发挥龙头企业带动作用，探索企业与贫困农户建立利益联结机制，促进贫困农户稳步增收。深入推进科技特派员农村科技创业行动，加快现代农业科技在贫困地区的推广应用。到2015年，力争每个有条件的贫困农户掌握1至2项实用技术，至少参与1项养殖、种植、林下经济、花卉苗木培育、沙产业、设施农业等增收项目。到2020年，初步构建特色支柱产业体系。不断提高贫困地区防灾避灾能力和农业现代化水平。畅通农产品流通渠道，完善流通网络。推动县域经济发展。（农业部、国家林业局、国务院扶贫办、商务部、国家发展改革委、科技部、全国供销合作总社等）

（六）乡村旅游扶贫工作

加强贫困地区旅游资源调查，围绕美丽乡村建设，依托贫困地区优势旅游资源，发挥精品景区的辐射作用，带动农户脱贫致富。统筹考虑贫困地区旅游资源情况，在研究编制全国重点旅游区生态旅游发展规划时，对贫困乡村旅游发展给予重点支持。结合交通基础设施建设、农村危房改造、农村环境综合整治、生态搬迁、游牧民定居、特色景观旅游村镇、历史文化名村名镇和传统村落及民居保护等项目建设，加大政策、资金扶持力度，促进休闲农业和乡村旅游业发展。到2015年，扶持约2 000个贫困村开展乡村旅游。到2020年，扶持约6 000个贫困村开展乡村旅游，带动农村劳动力就业。（国家发展改革委、国家旅游局、环境保护部、住房城乡建设部、农业部、国家林业局等）

（七）教育扶贫工作

全面实施教育扶贫工程。科学布局农村义务教育学校，保障学生就近上学。大力发展现代职业教育，办好一批中、高等职业学校，支持一批特色优势专业，培育当地产业发展需要的技术技能人才。完善职业教育对口支援机制，鼓励东部地区职业院校（集团）对口支援贫困地区职业院校。国家制定奖补政策，实施中等职业教育协作计划，支持贫困地区初中毕业生到省内外经济较发达地区中等职业学校接受教育。广泛开展职业技能培训，使未继续升学的初高中毕业生等新成长劳动力都能接受适应就业需求的职业培训。继续推进面向贫困地区定向招生专项计划和支援中西部地区招生协作计划的实施，不断增加贫困地区学生接受优质高等教育机会。到2015年，贫困地区义务教育巩固率达到90%以上，学前三年教育毛入园率达到55%以上，高中阶段毛入学率达到80%以上。到2020年，贫困地区基本普及学前教育，义务教育水平进一步提高，普及高中阶段教育，基础教育办学质量有较大提升，职业教育体系更加完善，教育培训就业衔接更加紧密，高等教育服务区域经济社会发展能力和继续教育服务劳动者就业创业能力持续提高。（教育部、国家发展改革委、财政部、国务院扶贫办、人力资源社会保障部、公安部、农业部等）

（八）卫生和计划生育工作

进一步健全贫困地区基层卫生计生服务体系，加强妇幼保健机构能力建设，加大重大疾病和地方病防控力度，采取有效措施逐步解决因病致贫、因病返贫问题。加强贫困地区计划生育工作，加大对计划生育扶贫对象的扶持力度。到2015年，贫困地区县、乡、村三级卫生计生服务网基本健全，县级医院的能力和水平明显提高，每个乡镇有1所政府举办的卫生院，每个行政村有卫生室；新型农村合作医疗参合率稳定在90%以上；逐步提高儿童医疗卫生保障水平，重大传染病和地方病得到有效控制。到2020年，贫困地区群众获得的公共卫生和基本医疗服务更加均等，服务水平进一步提高，低生育水平持续稳定，逐步实现人口均衡发展。（国家卫生计生委、国家发展改革委、财政部等）

（九）文化建设工作

加强贫困地区公共文化服务体系建设，提高服务效能，积极推进公共数字文化建设。统筹有线电视、直播卫星、地面数字电视等多种方式，提高电视覆盖率。充分利用村级组织活动场所等现有设施，积极开展群众性文化活动。到2015年，基本建成以县级公共图书馆、文化馆和乡镇综合文化站为主干的公共文化设施网络。到2020年，全面实现广播电视户户通。（文化部、新闻出版广电总局、国家发展改革委、财政部等）

（十）贫困村信息化工作

推进贫困地区建制村接通符合国家标准的互联网，努力消除"数字鸿沟"带来的差距。整合开放各类信息资源，为农民提供信息服务。每个村至少确定1名有文化、懂信息、能服务的信息员，加大培训力度，充分利用有关部门现有培训项目，着力提高其信息获取和服务能力。到2015年，连片特困地区已通电的建制村，互联网覆盖率达到100%，基本解决连片特困地区内义务教育学校和普通高中、职业院校的宽带接入问题。到2020年，自然村基本实现通宽带。（工业和信息化部、农业部、科技部、教育部、国务院扶贫办等）

三、加强领导，确保各项措施落到实处

各级党委和政府、各有关部门要深刻认识扶贫开发的重大意义，更加重视扶贫开发工作，践行党的群众路线，转变作风，扎实工作，切实帮助贫困地区改变面貌，帮助贫困群众脱贫致富。

（一）明确工作职责

贫困地区各级党委和政府要把扶贫开发工作列入重要议事日程，摆在突出位置，科学确定发展规划和项目，发扬钉钉子精神，一张蓝图干到底。党政主要负责同志要认真履行职责，把工作重点放在扶贫开发上，切忌空喊口号，不提好高骛远的目标，出实招、办实事、求实效。关注少数民族、妇女儿童、残疾人等特殊群体，加大支持力度。中央和国家机关要发挥引领示范作用，认真贯彻扶贫开发政策，落实分工任务，积极选派优秀干部到贫困地区帮扶。东部各省（直辖市）在做好东西部扶贫协作的同时，进一步加大对本区域内贫困地区和贫困人口的扶持力度，鼓励支持其开展扶贫改革实验，探索解决相对贫困、缩小收入差距、实现共同富裕的有效途径。加大扶贫开发工作考核力度，做到有目标、有计划、有措施、有检查、有奖惩。加快扶贫立法，把扶贫开发工作纳入法治轨道，确保长期化、可持续。

（二）完善管理体制

进一步完善中央统筹、省负总责、县抓落实的管理体制。国务院有关部门负责统筹协调、分类指导，以连

片特困地区为重点，组织编制规划，加强政策指导，强化对跨区域重大基础设施建设、生产力布局、经济协作等事项的督促、衔接和协调，公共投资要向贫困地区倾斜。各省（自治区、直辖市）党委和政府要对本区域内贫困地区的扶贫脱贫负总责，逐级建立扶贫开发目标责任制，组织制定贫困县、村脱贫规划和产业发展规划，整合省内资源予以支持。各县（市、区、旗）党委和政府要采取措施，帮扶到村到户到人，把扶贫开发任务和政策逐项落到实处。

（三）加强基层组织

加强服务型党组织建设，健全党员干部联系和服务群众制度，切实发挥基层党组织推动发展、服务群众、凝聚人心、促进和谐的作用。选好配强村级领导班子，突出抓好村党组织带头人队伍建设。鼓励和选派思想好、作风正、能力强、愿意为群众服务的优秀年轻干部、致富带头人、外出务工经商人员、企业经营管理人员、退伍军人、高校毕业生等到贫困村工作，充分发挥驻村工作队（组）作用。发展集体经济，增加村级集体积累。尊重贫困地区群众在脱贫致富中的主体地位，鼓励其发扬自力更生、艰苦奋斗精神，通过自身努力增加收入，改变落后面貌。

（四）强化队伍建设

各级党委和政府要加大贫困地区干部培训力度，提高执行能力，重视扶贫开发队伍建设，提供必需的工作条件和经费保障。各级扶贫开发领导小组要认真履行职责，切实改进作风，深入调查研究，加强工作指导，总结推广经验，统筹各方面资源，发挥牵头协调作用。各级扶贫开发相关部门要加强思想、作风、廉政和效能建设，加强督促检查，认真履职尽责。扶贫任务重的县要加强扶贫开发能力建设，充实工作力量。扶贫任务重的乡镇要有专门干部负责扶贫开发工作。基层扶贫开发队伍建设要适应精准扶贫工作需要。

（五）营造良好环境

进一步加强扶贫开发宣传工作，积极宣传贫困地区广大干部群众自强不息、战胜贫困的先进事迹，总结推广扶贫开发实践中探索的成功经验，大力弘扬中华民族扶贫济困、乐善好施的传统美德，引导和鼓励社会各界更加关注、广泛参与扶贫开发事业，激发贫困地区干部群众脱贫致富的信心和活力。

本意见所确定的牵头单位和各省（自治区、直辖市）要制定具体实施方案，认真组织实施，把各项工作落到实处，并于每年10月底前将贯彻落实情况报送国务院扶贫开发领导小组，汇总后报告党中央、国务院。

29. 国务院关于促进海洋渔业持续健康发展的若干意见

国务院关于促进海洋渔业持续健康发展的若干意见

国发〔2013〕11号

2013年3月8日

各省、自治区、直辖市人民政府，国务院各部委、各直属机构：

我国是海洋大国，海洋渔业是现代农业和海洋经济的重要组成部分。改革开放以来，海洋渔业快速发展，结构不断优化，海水产品产量大幅增长，渔民收入显著增加，有力地促进了经济社会发展。但是，我国海洋渔业发展方式仍然粗放，设施装备条件较差，近海捕捞过度和环境污染加剧。为促进海洋渔业持续健康发展，现提出以下意见：

一、总体要求

（一）指导思想

以邓小平理论、"三个代表"重要思想、科学发展观为指导，深入贯彻落实党的十八大精神,坚定不移地建设海洋强国,以加快转变海洋渔业发展方式为主线,坚持生态优先、养捕结合和控制近海、拓展外海、发展远洋的生产方针,着力加强海洋渔业资源和生态环境保护,不断提升海洋渔业可持续发展能力;着力调整海洋渔业生产结构和布局,加快建设现代渔业产业体系;着力提高海洋渔业设施装备水平、组织化程度和管理水平,不断提高海洋渔业综合生产能力、抗风险能力和国际竞争力;着力加强渔村建设和优化渔民就业结构,切实保障和改善民生。

(二)基本原则。

——坚持资源利用与生态保护相结合。合理开发利用海洋渔业资源,严格控制并逐步减轻捕捞强度,积极推进从事捕捞作业的渔民(以下简称捕捞渔民)转产转业。加强海洋渔业资源环境保护,养护水生生物资源,改善海洋生态环境。

——坚持转变发展方式与创新体制机制相结合。大力发展海洋渔业产业化经营,加快推进发展方式由数量增长型向质量效益型转变。完善海洋渔业经营制度,健全行业准入和退出机制,不断增强自身发展活力。

——坚持发展生产与改善民生相结合。提高海洋渔业设施装备水平和组织化程度,强化安全生产管理和服务,保障渔民生命财产安全。加强渔村建设,改善渔区基础设施条件,推进渔区社会事业全面发展,不断提高渔民生活水平。

——坚持市场调节与政策扶持相结合。充分发挥市场配置资源的基础性作用,建立现代渔业多元化投入机制。将海洋渔业作为公共财政投入的重点领域,改善基础设施和装备条件,提高科技支撑能力,健全基本公共服务体系。

(三)发展目标。

到2015年,海水产品产量稳定在3 000万吨左右,海水养殖面积稳定在220万公顷左右,其中海上养殖面积控制在115万公顷以内;近海捕捞强度有效控制,外海和远洋渔业综合生产能力不断增强,海水产品精深加工规模不断扩大;渔业组织化程度明显提高,渔民收入稳步增长;渔船装备水平明显提高,安全生产能力进一步提升;现代渔业产业体系和支撑保障体系基本形成;水生生物资源养护和修复能力明显提升,渔业生态环境有所改善。

到2020年,海洋渔业基础设施状况显著改善,物质装备水平进一步提高,科技支撑能力显著提升,海水养殖生态健康高效,渔船数量和捕捞强度与渔业资源可再生能力大体相适应,海水产品供给品种丰富、质量安全,海洋渔业生态环境明显改善,渔民生产生活条件显著改善,形成生态良好、生产发展、装备先进、产品优质、渔民增收、平安和谐的现代渔业发展新格局。

二、加强海洋渔业资源和生态环境保护

(四)全面开展渔业资源调查

健全渔业资源调查评估制度,科学确定可捕捞量,研究制定渔业资源利用规划。每五年开展一次渔业资源全面调查,常年开展监测和评估,重点调查濒危物种、水产种质等重要渔业资源和经济生物产卵场、江河入海口、南海等重要渔业水域。加强渔业资源调查船建设,完善监测网络,提高渔业资源调查监测水平。

(五)大力加强渔业资源保护

严格执行海洋伏季休渔制度,积极完善捕捞业准入制度,开展近海捕捞限额试点,严格控制近海捕捞强度。加强濒危水生野生动植物和水产种质资源保护,建设一批水生生物自然保护区和水产种质资源保护区,严厉打击非法捕捞、经营、运输水生野生动植物及其产品的行为。完善海

洋渔船管理制度，逐步减少渔船数量和功率总量。发展海洋牧场，加强人工鱼礁投放，加大渔业资源增殖放流力度，科学评估资源增殖保护效果。

（六）切实保护海洋生态环境

加强海洋生态环境监测体系建设，强化监测能力。严格控制陆源污染物向水体排放，实施重点海域排污总量控制制度。严格控制围填海工程建设，强化海上石油勘探开发等项目管理，加强渔业水域生态环境损害评估和生物多样性影响评价，完善和落实好补救措施。控制近海养殖密度，加强投入品管理，减少养殖污染。切实加强"三沙"（西沙、中沙和南沙）捕捞管理，保护生态环境。加强渔船油污、生活垃圾等废弃物排放管理，减少对近海、外海和远洋的环境污染。

三、调整海洋渔业生产结构和布局

（七）科学发展海水养殖

按照《全国海洋功能区划（2011—2020年）》等相关涉海规划，制定并落实水域、滩涂养殖规划，引导渔民依法规范养殖。加大水产养殖池塘标准化改造力度，推进近海养殖网箱标准化改造，大力推广生态健康养殖模式。推广深水抗风浪网箱和工厂化循环水养殖装备，鼓励有条件的渔业企业拓展海洋离岸养殖和集约化养殖。加强水产原种保护和良种培育，建设一批标准化、规模化的良种生产基地，提高水产良种覆盖率。加强水产饲料研发，积极推广使用人工配合饲料。加强水生动物疫病防控和水产品质量安全管理。

（八）积极稳妥发展外海和远洋渔业

有序开发外海渔业资源，发展壮大大洋性渔业。巩固提高过洋性渔业，推动产业转型升级。积极参与开发南极海洋生物资源。加强远洋渔业科技研发，提高远洋渔业资源调查、探捕能力。

（九）大力发展海水产品加工和流通

积极发展海水产品精深加工，加快研制加工处理机械、生产线和废弃物处理设备，全面提升水产品加工工艺、装备现代化和质量安全水平。加强海水产品冷链物流体系和批发市场建设，积极发展海上冷藏加工，实现产地和销地有效对接。充分利用国内外"两种资源、两个市场"，保持水产品国际贸易稳定协调发展。鼓励海洋渔业龙头企业、渔民专业合作社开展品牌创建，提高海水产品附加值。强化海水产品市场信息服务，发展电子商务，降低流通成本，提高流通效率。

四、提高海洋渔业设施和装备水平

（十）加快渔船更新改造

升级改造海洋捕捞渔船，逐步淘汰老、旧、木质渔船，发展钢质渔船，鼓励发展选择性好、高效节能的捕捞渔船。全面提升远洋渔业装备水平，培育一批现代化远洋渔业船队。加强渔船建造管理，落实好老旧渔船报废工作，逐步建立定点拆解和木质渔船退出机制，坚决取缔违法违规造船，严格限制建造对渔业资源破坏强度大的底拖网、帆张网和单船大型有囊灯光围网等作业类型渔船。

（十一）加强渔业装备研发

加大对渔船装备技术研发的投入，依托高等院校、科研院所和骨干企业，整合科研资源，建立研发平台和技术创新联盟，培养渔业知识和装备设计制造技术兼备的人才队伍，系统开展渔业装备共性和关键技术研究。

（十二）加强渔港建设和管理

科学规划、合理利用岸线资源，完善渔港布局，加快建设进度，尽快形成以中心渔港、一级渔港为龙头，以二、三级渔港和避风锚地为支撑的渔港防灾减灾体系。重点加强渔港防波堤、护岸、码头和渔政执法设施等公益性基础设施建设，同步建设和完善港区渔需物资供应、船舶维修、海水产品加工、市场等经营性服务设施。理顺渔港建设管理体制，强化渔港管理和维护，明晰渔港设施所有权、使用权、经营权和监督权。建立健全渔港及其设施保护制度。

五、进一步改善渔民民生

（十三）积极推进渔村建设

统筹规划，合理布局，以渔港建设带动渔区小城镇和渔村发展。开展渔区村庄整治，加强渔区基础设施建设，重点解决饮水安全、用电、道路等问题。完善社会保障制度，促进渔区教育、文化、卫生、养老等社会事业全面发展。落实扶持政策，启动实施以船为家渔民上岸安居工程。

（十四）切实促进捕捞渔民转产转业

编制捕捞渔民转产转业规划，加大转产转业政策扶持力度，调动渔民减船转产积极性。支持发展海水养殖、海水产品加工和休闲渔业，延长产业链，提高渔业效益，拓宽渔民转产转业和增收渠道。落实相关就业创业扶持政策，加强渔民职业技能培训，鼓励用人单位积极吸纳渔民就业。

六、提高海洋渔业组织化程度和管理水平

（十五）提高组织化程度和科技水平

创新渔业组织形式和经营方式，培育壮大渔民专业合作社和海洋渔业龙头企业。鼓励渔民以股份合作等形式创办各种专业合作组织，引导龙头企业与合作组织有效对接。鼓励龙头企业向渔业优势产区集中，培育壮大主导产业，加快建设一批现代渔业示范区。大力发展海洋渔业科技教育事业，深化海洋渔业科研机构改革，加强涉渔专业和学科建设，创新渔业科技人才培养模式，加快培育新型渔民和渔业实用人才。深化水产技术推广体系改革，发挥各级水产科研机构、技术推广部门优势，鼓励和支持渔民专业合作社、龙头企业开展技术推广、病害防治等社会化服务，提高水产技术推广能力。

（十六）加强渔政执法

严厉打击"三无"（无捕捞许可证、无船舶登记证书、无船舶检验证书）、"大机小标"（实际功率大于铭牌标定功率）渔船及各类非法捕捞和养殖行为。制定禁止或者限制使用的渔具目录。

（十七）强化涉外渔业管理

深化双多边渔业合作，积极参与国际渔业条约、协定和标准规范的制订，建立健全与国际渔业管理规则相适应的远洋渔业管理制度，提升远洋渔业管理水平。加强渔民及渔业企业的教育和管理，严格遵守有关法律法规和国际条约。

（十八）大力加强渔业安全生产管理

健全安全生产责任和管理制度，加强宣传和培训，深入开展"平安渔业示范县"和"文明渔港"创建。加快建设渔船信息动态管理和电子标识系统，进一步规范渔船流转管理，加强渔

业安全应急管理体系建设，尽快普及配备渔船救生筏、船舶自动识别系统、卫星监控系统、渔船通信设备等安全设施。强化海洋渔业气象服务，完善渔业安全应急预案，合理布局救助力量。积极引导渔船编队生产，鼓励渔船开展相互支援和自救互救。

七、强化保障措施

（十九）支持基础设施建设

加大国家固定资产投资对海洋渔业的支持，加快渔政、渔港、水生生物自然保护区和水产种质资源保护区等基础设施建设，继续支持海洋渔船升级改造、水产原良种工程和水生生物疫病防控体系建设。

（二十）加大财政支持力度

统筹考虑并完善捕捞渔民转产转业补助与渔业油价补贴政策，研究提高转产转业补助标准，调整油价补贴方式，使之与渔业资源保护和产业结构调整相协调。继续实施渔业海难救助政策。保障渔政、资源调查、品种资源保护、疫病防控、质量安全监管等经费。继续实施增殖放流和水产养殖生态环境修复补助政策。加大对水产育种、病害防治、资源养护、渔业装备等科技创新和成果转化的支持力度。

（二十一）完善金融保险等扶持政策

金融机构要根据渔业生产的特点，创新金融产品和服务方式，合理确定贷款规模、利率和期限，简化贷款流程，提高服务效率，加强信贷支持。支持符合条件的海洋渔业企业上市融资和发行债券，形成多元化、多渠道海洋渔业投融资格局。研究完善渔业保险支持政策，积极开展海水养殖保险。调整完善渔业资源增殖保护费征收政策，专项用于渔业资源养护。将渔业纳入农业用水、用电、用地等方面的优惠政策范围。

（二十二）强化法制建设

进一步研究完善渔业方面的法律、法规和规章。征收、征用渔业水域、滩涂的，要按照物权法、土地管理法、海域使用管理法等规定予以补偿安置。

八、加强组织领导

（二十三）加强部门协调

各有关部门要认真履行职责，密切配合，加强工作指导，加大工作力度，积极落实各项政策措施；进一步改进渔业服务，精简行政审批事项和程序，减少办证数量，坚决制止涉渔乱收费等侵害渔民合法权益的行为，切实减轻渔民负担。发展改革委、财政部要落实加快海洋渔业发展的资金。农业部要认真履行规划指导、监督管理、协调服务职能，做好海洋渔业发展和生态保护工作。

（二十四）落实地方责任

沿海省级人民政府要对海洋渔业发展工作负总责，逐级落实责任制，建立协调机制，强化渔业行政管理体制和执法体系。沿海地方各级人民政府要将海洋渔业发展纳入当地经济和社会发展规划，明确发展目标，研究制订本地区促进海洋渔业发展的实施方案。

来源：http://www.gov.cn/zhengce/content/2013-06/25/content_2500.htm

30. 国务院办公厅关于加快发展高技术服务业的指导意见

国务院办公厅关于加快发展高技术服务业的指导意见
国办发〔2011〕58号
2011年12月12日

各省、自治区、直辖市人民政府，国务院各部委、各直属机构：

为落实"十二五"规划纲要、《国务院关于加快培育和发展战略性新兴产业的决定》（国发〔2010〕32号）和《国务院关于加快发展服务业的若干意见》（国发〔2007〕7号）相关部署，经国务院同意，现就加快发展高技术服务业提出如下意见：

一、充分认识加快发展高技术服务业的重要性和紧迫性

高技术服务业是现代服务业的重要内容和高端环节，技术含量和附加值高，创新性强，发展潜力大，辐射带动作用突出。加快发展高技术服务业对于扩大内需、吸纳就业、培育壮大战略性新兴产业、促进产业结构优化升级具有重要意义。当前，国民经济各行业对高技术服务的需求日益增长，科技创新对经济社会发展的支撑作用日益体现在服务上，基于高技术和支撑科技创新的新兴服务业态不断涌现，高技术服务业呈现出良好发展势头。但我国高技术服务业尚处于发展初期，存在体制机制不健全、政策体系不完善、创新能力不足、服务品牌匮乏、国际化程度不高、高端人才短缺等突出问题，不能适应经济结构战略性调整的需要。各地区、各部门要从加快转变经济发展方式出发，把发展高技术服务业放在突出位置，加强组织领导，创新工作思路，完善体制机制，营造良好环境，推进高技术服务业快速健康发展。

二、指导思想、基本原则和发展目标

（一）指导思想

以邓小平理论和"三个代表"重要思想为指导，深入贯彻落实科学发展观，按照服务业发展改革的总体要求，重点发展高技术的延伸服务和相关科技支撑服务，加强政府引导，推动体制机制创新，培育市场需求，拓展服务领域，不断提升高技术服务业的比重和水平，推动高技术服务业做强做大。

（二）基本原则

发展高技术服务业要坚持"分类指导、市场驱动、创新发展、开放合作"的原则。

分类指导。根据不同领域、不同发展阶段高技术服务业实际情况，区分公共服务和市场化服务，有针对性地采取改革试点、政策扶持、规范管理等措施，着力培育服务企业，实现高技术服务业市场化发展。

市场驱动。完善体制机制，进一步发挥市场配置资源的基础性作用，加强专业化分工，培育新兴业态，拓展市场空间，优化发展环境，促进产业集聚，实现高技术服务业规模化发展。

创新发展。营造有利于新技术、新业务开发和推广应用的外部条件，加强技术创新、服务模

式创新和管理创新，引导高技术服务业专业化发展。

开放合作。引导高技术服务企业加强对外交流与合作，积极承接全球高端服务转移，整合利用全球创新资源，培育具有国际影响力的服务品牌，推动高技术服务业国际化发展。

（三）发展目标

"十二五"期间，高技术服务业营业收入年均增长18%以上，到2015年，发展成为国民经济的重要增长点，对经济结构调整、发展方式转变的支撑能力明显增强；培育一批创新能力较强、服务水平较高、具有一定国际影响力的骨干企业；形成若干产业特色鲜明、比较优势突出的产业基地和创新集聚区；基本建立高技术服务产业体系、标准体系、统计体系和政策体系。到2020年，形成较为完善的高技术服务产业体系，成为服务业发展的主导力量，基本满足建设创新型国家和全面建设小康社会的需要，为经济社会可持续发展提供强有力的支撑。

三、重点任务

当前，要重点推进以下八个领域的高技术服务加快发展：

（一）研发设计服务

突出研发设计服务对提升产业创新能力的关键作用，建立支撑产业结构调整的研发设计服务体系，壮大专业研发设计服务企业。支持高校和科研院所面向市场提高研发服务能力，创建特色服务平台。加强科研资源整合，发展研发服务企业，鼓励企业将可外包的研发设计业务发包给研发设计企业。引导跨国公司和海外高端人才在华设立研发服务机构。鼓励有条件的地区成立工业设计服务中心和实施示范工程，完善工业设计知识产权交易和中介服务体系，建设研发设计交易市场，打造一批具有国际竞争力的研发设计企业和知名品牌。

（二）知识产权服务

积极发展知识产权创造、运用、保护和管理等环节的服务，加强规范管理。培育知识产权服务市场，构建服务主体多元化的知识产权服务体系。扩大知识产权基础信息资源共享范围，使各类知识产权服务主体可低成本地获得基础信息资源。创新知识产权服务模式，发展咨询、检索、分析、数据加工等基础服务，培育评估、交易、转化、托管、投融资等增值服务。提升知识产权服务机构涉外事务处理能力，打造具有国际影响力的知识产权服务企业和品牌。加强标准信息分析和相关技术咨询等标准化服务能力。

（三）检验检测服务

推进检验检测机构市场化运营，提升专业化服务水平。充分利用现有资源，加强测试方法、测试技术等基础能力建设，发展面向设计开发、生产制造、售后服务全过程的分析、测试、检验、计量等服务，培育第三方的质量和安全检验、检测、检疫、计量、认证技术服务。加强战略性新兴产业和农业等重点行业产品质量检验检测体系建设。鼓励检验检测技术服务机构由提供单一认证型服务向提供综合检测服务延伸。

（四）科技成果转化服务

完善科技中介体系，大力发展专业化、市场化的科技成果转化服务。发展技术交易市场，鼓励建立具备技术咨询评估、成果推介、融资担保等多种功能的技术转移服务机构。鼓励社会资本投资设立新型转化实体，发展包括创业投资、创业辅导、市场开拓等多种业务的综合性科技成果转化服务。提升科技企业孵化器、生产力促进中心和大学科技园等机构的服务能力，推动市场化运营。

（五）信息技术服务

充分发挥现有信息网络基础设施的作用，依托宽带光纤、新一代移动通信网、下一代互联网、数字电视网等信息基础设施建设，大力发展网络信息服务和三网融合业务，着力推进网络技术和业务创新，培育基于移动互联网、云计算、物联网等新技术、新模式、新业态的信息服务。加强软件工具开发和知识库建设，提高信息系统咨询设计、集成实施、运营维护、测试评估和信息安全服务水平，面向行业应用提供系统解决方案。推动电子信息产品制造企业由单纯提供产品向提供综合解决方案和信息服务转变，完善电子信息产品售后服务。进一步增强承接软件和信息服务外包能力，着力培育有国际影响力的服务外包品牌。

（六）数字内容服务

加强数字文化教育产品开发和公共信息资源深化利用，构建便捷、安全、低成本的数字内容服务体系。促进数字内容和信息网络技术融合创新，拓展数字影音、数字动漫、健康游戏、网络文学、数字学习等服务，大力推动数字虚拟等技术在生产经营领域的应用。进一步推进人口、地理、医疗、社保等信息资源深度开发和社会化服务。

（七）电子商务服务

重点完善面向中小企业的电子商务服务体系，鼓励相关机构建立可信交易服务平台。加快促进集交易、电子认证、在线支付、物流、信用评估等服务于一体的第三方电子商务综合服务平台建设，培育一批骨干电子商务服务企业。

（八）生物技术服务

大力完善生物技术服务体系，加快培育和发展新业态。重点发展创新药物及产品的临床前研究和评价服务，形成具有特色的研发外包服务体系。积极发展胚胎工程、细胞工程、分子育种等现代生物农业技术服务，加速生物技术成果在农业领域的应用。加快发展生物环保技术服务。以国家生物信息共享体系为载体，开展生物信息技术服务和国际合作。

四、政策措施

国务院各有关部门和地方各级人民政府要在协调落实好国家支持科技创新、高技术产业和服务业发展有关政策的同时，进一步完善高技术服务业发展环境，加强政策创新和试点示范，针对高技术服务业发展的重点领域和重点任务，制定和完善相关政策措施。

（一）加大财税支持

积极发挥财政资金的杠杆作用，利用创业投资引导基金、科技型中小企业创新基金等资金渠道加大对高技术服务企业的支持力度，引导社会资金投向高技术服务业。鼓励有条件的地区设立高技术服务业发展专项资金。发展改革委会同有关部门组织实施高技术服务产业化专项。进一步统筹在岸和离岸高技术服务业发展。针对高技术服务业发展重点，研究完善高新技术企业认定范围，符合条件的高技术服务企业可享受相关税收优惠政策。检验检测、知识产权等高技术服务领域事业单位转制为企业的，可按规定享受有关税收优惠政策。按照增值税扩大征收范围改革总体安排，完善相关制度，解决高技术服务业发展存在的税收问题。

（二）拓展融资渠道

完善知识产权价值评估制度和管理规定，积极推行知识产权质押等融资方式。继续推动高技术服务产业基地发行中小企业集合债和集合票据。推动各类融资担保机构按照商业原则加大对高技术服务企业提供融资担保的力度。引导社会资本设立创业投资企业，支持符合条件的高技术服务企业在境内外特别是境内创业板上市，加快推进全国性证券场外交易市场建设，拓展高技术服务企业直接融资渠道。

（三）完善市场环境

有序开放高技术服务业市场，构建各类企业公平竞争的市场环境。在知识产权、检验检测、信息服务等领域进一步放开市场准入，对能够实行市场经营的服务要动员社会力量增加市场供给，充分发挥非公有制企业的作用。按照营利性机构与非营利性机构分开的原则，引导和推进知识产权、检验检测等领域体制机制改革，加强市场化服务。建立和完善高技术服务业技术体系、服务标准体系和职称评价体系，促进规范化发展。加快制定高技术服务业统计分类标准，完善统计方法和统计目录，加强统计调查和运行分析。加大高技术服务领域知识产权保护力度。完善价格政策，实现高技术服务企业用水、用电、用气与工业企业同质同量同价。实行有利于高技术服务业发展的土地管理政策。健全个人信息和商业数据保护规定，推广电子签名与认证应用，构建网络信任环境，保障信息安全。加强诚信体系建设，推进服务业务社会化。进一步完善高技术服务业市场法规和监管体制，规范市场秩序。

（四）培育市场需求

在信息技术服务、生物技术服务、知识产权服务等领域开展应用示范，培育高技术服务市场需求。切实落实并完善居民小区光纤接入建设等方面技术规范和管理规定，以基础设施升级促进信息服务业务发展。加大政府采购高技术服务的力度，拓展政府采购高技术服务的领域，鼓励政府部门将可外包的信息技术服务、检验检测服务、知识产权服务等业务发包给专业服务企业，实现服务提供主体和提供方式多元化。

（五）增强创新能力

促进服务模式创新，推动高技术服务相关业务融合发展，探索适合新型服务业态发展的市场管理方式。促进高技术服务企业技术中心建设，鼓励集成创新。推动建立各具特色的高技术服务产业创新联盟，完善以企业为主体、产学研用相结合的创新体系。加强关键共性技术和支撑工具研发，完善成果转化中试条件，整合和完善现有公共服务平台，加强必要的软件平台、仿真环境、资源信息库、公共测试平台建设。支持高技术服务企业在国内外积极获取专利权和注册商标，实施标准战略，构建专利联盟。

（六）加强人才培养

鼓励采用合作办学、定向培养、继续教育等多种形式，创新高技术服务人才培养模式。完善高技术服务学科设置，允许部分地区高校根据产业需求自行设置高技术服务相关二级学科。鼓励高技术服务企业加大职工培训投入力度，提高职工培训费用计入企业成本的比例。加强创新型人才的引进和使用。完善技术入股、股票期权等知识资本化激励机制。健全高技术服务业人才评价体系，完善职业资格制度，加强人才科学管理。加快发展人力资源服务业，促进高技术服务业人才资源优化配置和合理流动。

（七）深化对外合作

扩大高技术服务领域对外开放，支持承接境外高端服务业转移，完善外商投资管理制度，引导外商投资我国高技术服务业。支持高技术服务企业"走出去"，通过海外并购、联合经营、设立分支机构等方式积极开拓国际及港澳台市场，鼓励在境外设立研发机构。推动政府间投资保护协定谈判，保护高技术服务企业海外投资利益。进一步完善外汇、出入境等方面管理，提升出入境检验检疫能力，促进高技术服务贸易发展。鼓励国内企业和协会参与制定国际标准，支持高技术服务自主标准国际化。

（八）引导集聚发展

依托优势地区，着力培育一批创新能力强、创业环境好、特色突出的高技术服务业集聚区。完善创新创业服务体系建设，促进创新资源向高技术服务业集聚区汇集。引导形成以龙头企业为核心、中小企业协同发展的高技术服务企业集群。支持建设一批高技术服务产业基地，鼓励在政策扶持、体制创新等方面积极探索、先行先试。引导和支持高技术服务企业与制造企业互动发展，依托优势产业集群，完善配套服务。

五、加强组织落实

发展高技术服务业是培育发展战略性新兴产业和服务业的重要任务，各地区、各部门要高度重视，切实加强组织领导，根据本指导意见的要求抓紧制定具体实施方案和落实措施，加大工作力度，确保各项任务措施落到实处。国务院有关部门要按照职能分工，加强对高技术服务业发展的协调指导，细化政策措施，创新体制机制，加强监督检查，推动我国高技术服务业又好又快发展。

来源：http://www.gov.cn/zhengce/content/2011-12/16/content_5553.htm

31. 中共中央 国务院印发《中国农村扶贫开发纲要（2011—2020年）》

中国农村扶贫开发纲要（2011—2020年）

中发〔2011〕10号

2011年5月27日

为进一步加快贫困地区发展，促进共同富裕，实现到2020年全面建成小康社会奋斗目标，特制定本纲要。

序言

（一）扶贫事业取得巨大成就

消除贫困、实现共同富裕，是社会主义制度的本质要求。改革开放以来，我国大力推进扶贫开发，特别是随着《国家八七扶贫攻坚计划（1994—2000年）》和《中国农村扶贫开发纲要（2001—2010年）》的实施，扶贫事业取得了巨大成就。农村贫困人口大幅减少，收入水平稳步提高，贫困地区基础设施明显改善，社会事业不断进步，最低生活保障制度全面建立，农村居民生存和温饱问题基本解决，探索出一条中国特色扶贫开发道路，为促进我国经济发展、政治稳定、民族团结、边疆巩固、社会和谐发挥了重要作用，为推动全球减贫事业发展作出了重大贡献。

（二）扶贫开发是长期历史任务

我国仍处于并将长期处于社会主义初级阶段。经济社会发展总体水平不高，区域发展不平衡问题突出,制约贫困地区发展的深层次矛盾依然存在。扶贫对象规模大,相对贫困问题凸显,返贫现象时有发生,贫困地区特别是集中连片特殊困难地区(以下简称连片特困地区)发展相对滞后,扶贫开发任务仍十分艰巨。同时,我国工业化、信息化、城镇化、市场化、国际化不断深入,经济发展方式加快转变,国民经济保持平稳较快发展,综合国力明显增强,社会保障体系逐步健全,为扶贫开发创造了有利环境和条件。我国扶贫开发已经从以解决温饱为主要任务的阶段转入巩固温饱成果、加快脱贫致富、改善生态环境、提高发展能力、缩小发展差距的新阶段。

(三)深入推进扶贫开发意义重大

扶贫开发事关巩固党的执政基础,事关国家长治久安,事关社会主义现代化大局。深入推进扶贫开发,是建设中国特色社会主义的重要任务,是深入贯彻落实科学发展观的必然要求,是坚持以人为本、执政为民的重要体现,是统筹城乡区域发展、保障和改善民生、缩小发展差距、促进全体人民共享改革发展成果的重大举措,是全面建设小康社会、构建社会主义和谐社会的迫切需要。必须以更大的决心、更强的力度、更有效的举措,打好新一轮扶贫开发攻坚战,确保全国人民共同实现全面小康。

一、总体要求

(四)指导思想

高举中国特色社会主义伟大旗帜,以邓小平理论和"三个代表"重要思想为指导,深入贯彻落实科学发展观,提高扶贫标准,加大投入力度,把连片特困地区作为主战场,把稳定解决扶贫对象温饱、尽快实现脱贫致富作为首要任务,坚持政府主导,坚持统筹发展,更加注重转变经济发展方式,更加注重增强扶贫对象自我发展能力,更加注重基本公共服务均等化,更加注重解决制约发展的突出问题,努力推动贫困地区经济社会更好更快发展。

(五)工作方针

坚持开发式扶贫方针,实行扶贫开发和农村最低生活保障制度有效衔接。把扶贫开发作为脱贫致富的主要途径,鼓励和帮助有劳动能力的扶贫对象通过自身努力摆脱贫困;把社会保障作为解决温饱问题的基本手段,逐步完善社会保障体系。

(六)基本原则

——政府主导,分级负责。各级政府对本行政区域内扶贫开发工作负总责,把扶贫开发纳入经济社会发展战略及总体规划。实行扶贫开发目标责任制和考核评价制度。

——突出重点,分类指导。中央重点支持连片特困地区。加大对革命老区、民族地区、边疆地区扶持力度。根据不同地区经济社会发展水平,因地制宜制定扶贫政策,实行有差异的扶持措施。

——部门协作,合力推进。各相关部门要根据国家扶贫开发战略部署,结合各自职能,在制定政策、编制规划、分配资金、安排项目时向贫困地区倾斜,形成扶贫开发合力。

——自力更生,艰苦奋斗。加强引导,更新观念,充分发挥贫困地区、扶贫对象的主动性和创造性,尊重扶贫对象的主体地位,提高其自我管理水平和发展能力,立足自身实现脱贫致富。

——社会帮扶,共同致富。广泛动员社会各界参与扶贫开发,完善机制,拓展领域,注重实效,提高水平。强化政策措施,鼓励先富帮后富,实现共同富裕。

——统筹兼顾,科学发展。坚持扶贫开发与推进城镇化、建设社会主义新农村相结合,与生态建设、环境保护相结合,充分发挥贫困地区资源优势,发展环境友好型产业,增强防灾减灾能力，提倡健康科学生活方式，促进经济社会发展与人口资源环境相协调。

——改革创新，扩大开放。适应社会主义市场经济要求，创新扶贫工作机制。扩大对内对外开放，共享减贫经验和资源。继续办好扶贫改革试验区，积极探索开放式扶贫新途径。

二、目标任务

（七）总体目标

到2020年，稳定实现扶贫对象不愁吃、不愁穿，保障其义务教育、基本医疗和住房。贫困地区农民人均纯收入增长幅度高于全国平均水平，基本公共服务主要领域指标接近全国平均水平，扭转发展差距扩大趋势。

（八）主要任务

——基本农田和农田水利。到2015年，贫困地区基本农田和农田水利设施有较大改善，保障人均基本口粮田。到2020年，农田基础设施建设水平明显提高。

——特色优势产业。到2015年，力争实现1户1项增收项目。到2020年，初步构建特色支柱产业体系。

——饮水安全。到2015年，贫困地区农村饮水安全问题基本得到解决。到2020年，农村饮水安全保障程度和自来水普及率进一步提高。

——生产生活用电。到2015年，全面解决贫困地区无电行政村用电问题，大幅度减少西部偏远地区和民族地区无电人口数量。到2020年，全面解决无电人口用电问题。

——交通。到2015年，提高贫困地区县城通二级及以上高等级公路比例，除西藏外，西部地区80%的建制村通沥青（水泥）路，稳步提高贫困地区农村客运班车通达率。到2020年，实现具备条件的建制村通沥青（水泥）路，推进村庄内道路硬化，实现村村通班车，全面提高农村公路服务水平和防灾抗灾能力。

——农村危房改造。到2015年，完成农村困难家庭危房改造800万户。到2020年，贫困地区群众的居住条件得到显著改善。

——教育。到2015年，贫困地区学前三年教育毛入园率有较大提高；巩固提高九年义务教育水平；高中阶段教育毛入学率达到80%；保持普通高中和中等职业学校招生规模大体相当；提高农村实用技术和劳动力转移培训水平；扫除青壮年文盲。到2020年，基本普及学前教育，义务教育水平进一步提高，普及高中阶段教育，加快发展远程继续教育和社区教育。

——医疗卫生。到2015年，贫困地区县、乡、村三级医疗卫生服务网基本健全，县级医院的能力和水平明显提高，每个乡镇有1所政府举办的卫生院，每个行政村有卫生室；新型农村合作医疗参合率稳定在90%以上，门诊统筹全覆盖基本实现；逐步提高儿童重大疾病的保障水平，重大传染病和地方病得到有效控制；每个乡镇卫生院有1名全科医生。到2020年，贫困地区群众获得公共卫生和基本医疗服务更加均等。

——公共文化。到2015年，基本建立广播影视公共服务体系，实现已通电20户以下自然村广播电视全覆盖，基本实现广播电视户户通，力争实现每个县拥有1家数字电影院，每个行政村每月放映1场数字电影；行政村基本通宽带，自然村和交通沿线通信信号基本覆盖。到2020年，健全完善广播影视公共服务体系，全面实现广播电视户户通；自然村基本实现通宽带；健全农村公共文化服务体系，基本实现每个国家扶贫开发工作重点县（以下简称重点县）有图书馆、文化馆，乡镇有综合文化站，行政村有文化活动室。以公共文化建设促进农村廉政文化建设。

——社会保障。到2015年，农村最低生活保障制度、五保供养制度和临时救助制度进一步完善，实现新型农村社会养老保险制度全覆盖。到2020年，农村社会保障和服务水平进一步提升。

——人口和计划生育。到2015年，力争重点县人口自然增长率控制在8‰以内，妇女总和生育率在1.8左右。到2020年，重点县低生育水平持续稳定，逐步实现人口均衡发展。

——林业和生态。到2015年，贫困地区森林覆盖率比2010年底增加1.5个百分点。到2020年，森林覆盖率比2010年底增加3.5个百分点。

三、对象范围

（九）扶贫对象

在扶贫标准以下具备劳动能力的农村人口为扶贫工作主要对象。建立健全扶贫对象识别机制，做好建档立卡工作，实行动态管理，确保扶贫对象得到有效扶持。逐步提高国家扶贫标准。各省（自治区、直辖市）可根据当地实际制定高于国家扶贫标准的地区扶贫标准。

（十）连片特困地区

六盘山区、秦巴山区、武陵山区、乌蒙山区、滇桂黔石漠化区、滇西边境山区、大兴安岭南麓山区、燕山-太行山区、吕梁山区、大别山区、罗霄山区等区域的连片特困地区和已明确实施特殊政策的西藏、四省藏区、新疆南疆三地州是扶贫攻坚主战场。加大投入和支持力度，加强对跨省片区规划的指导和协调，集中力量，分批实施。各省（自治区、直辖市）对所属连片特困地区负总责，在国家指导下，以县为基础制定和实施扶贫攻坚工程规划。国务院各部门、地方各级政府要加大统筹协调力度，集中实施一批教育、卫生、文化、就业、社会保障等民生工程，大力改善生产生活条件，培育壮大一批特色优势产业，加快区域性重要基础设施建设步伐，加强生态建设和环境保护，着力解决制约发展的瓶颈问题，促进基本公共服务均等化，从根本上改变连片特困地区面貌。各省（自治区、直辖市）可自行确定若干连片特困地区，统筹资源给予重点扶持。

（十一）重点县和贫困村

要做好连片特困地区以外重点县和贫困村的扶贫工作。原定重点县支持政策不变。各省（自治区、直辖市）要制定办法，采取措施，根据实际情况进行调整，实现重点县数量逐步减少。重点县减少的省份，国家的支持力度不减。

四、专项扶贫

（十二）易地扶贫搬迁

坚持自愿原则，对生存条件恶劣地区扶贫对象实行易地扶贫搬迁。引导其他移民搬迁项目优先在符合条件的贫困地区实施，加强与易地扶贫搬迁项目的衔接，共同促进改善贫困群众的生产生活环境。充分考虑资源条件，因地制宜，有序搬迁，改善生存与发展条件，着力培育和发展后续产业。有条件的地方引导向中小城镇、工业园区移民，创造就业机会，提高就业能力。加强统筹协调，切实解决搬迁群众在生产生活等方面的困难和问题，确保搬得出、稳得住、能发展、可致富。

（十三）整村推进

结合社会主义新农村建设，自下而上制定整村推进规划，分期分批实施。发展特色支柱产业，改善生产生活条件，增加集体经济收入，提高自我发展能力。以县为平台，统筹各类涉农资金和社会帮扶资源，集中投入，实施水、电、路、气、房和环境改善"六到农家"工程，建设公益设施较为完善的农村社区。加强整村推进后续管理，健全新型社区管理和服务体制，巩固提高扶贫开发成果。贫困村相对集中的地方，可实行整乡推进、连片开发。

（十四）以工代赈

大力实施以工代赈，有效改善贫困地区耕地（草场）质量，稳步增加有效灌溉面积。加强乡村（组）道路和人畜饮水工程建设，开展水土保持、小流域治理和片区综合开发，增强抵御自然灾害能力，夯实发展基础。

（十五）产业扶贫

充分发挥贫困地区生态环境和自然资源优势，推广先进实用技术，培植壮大特色支柱产业，大力推进旅游扶贫。促进产业结构调整，通过扶贫龙头企业、农民专业合作社和互助资金组织，带动和帮助贫困农户发展生产。引导和支持企业到贫困地区投资兴业，带动贫困农户增收。

（十六）就业促进

完善雨露计划。以促进扶贫对象稳定就业为核心，对农村贫困家庭未继续升学的应届初、高中毕业生参加劳动预备制培训，给予一定的生活费补贴；对农村贫困家庭新成长劳动力接受中等职业教育给予生活费、交通费等特殊补贴。对农村贫困劳动力开展实用技术培训。加大对农村贫困残疾人就业的扶持力度。

（十七）扶贫试点

创新扶贫开发机制，针对特殊情况和问题，积极开展边境地区扶贫、地方病防治与扶贫开发结合、灾后恢复重建以及其他特困区域和群体扶贫试点，扩大互助资金、连片开发、彩票公益金扶贫、科技扶贫等试点。

（十八）革命老区建设

国家对贫困地区的革命老区县给予重点扶持。

五、行业扶贫

（十九）明确部门职责

各行业部门要把改善贫困地区发展环境和条件作为本行业发展规划的重要内容，在资金、项目等方面向贫困地区倾斜，并完成本行业国家确定的扶贫任务。

（二十）发展特色产业

加强农、林、牧、渔产业指导，发展各类专业合作组织，完善农村社会化服务体系。围绕主导产品、名牌产品、优势产品，大力扶持建设各类批发市场和边贸市场。按照全国主体功能区规划，合理开发当地资源，积极发展新兴产业，承接产业转移，调整产业结构，增强贫困地区发展内生动力。

（二十一）开展科技扶贫

积极推广良种良法。围绕特色产业发展，加大科技攻关和科技成果转化力度，推动产业升级和结构优化。培育一批科技型扶贫龙头企业。建立完善符合贫困地区实际的新型科技服务体系，加快科技扶贫示范村和示范户建设。继续选派科技扶贫团、科技副县（市）长和科技副乡（镇）长、科技特派员到重点县工作。

（二十二）完善基础设施

推进贫困地区土地整治，加快中低产田改造，开展土地平整，提高耕地质量。推进大中型灌区续建配套与节水改造和小型农田水利建设，发展高效节水灌溉，扶持修建小微型水利设施，抓好病险水库（闸）除险加固工程和灌溉排水泵站更新改造，加强中小河流治理、山洪地质灾害防治及水土流失综合治理。积极实施农村饮水安全工程。加大牧区游牧民定居工程实施力度。加快贫困地区通乡、通村道路建设，积极发展农村配送物流。继续推进水电新农村电气化、小水电代燃料工程建设和农村电网改造升级，实现城乡用电同网同价。普及信息服务，优先实施重点县村村通有线电视、电话、互联网工程。加快农村邮政网络建设，推进电信网、广电网、互联网三网融合。

（二十三）发展教育文化事业

推进边远贫困地区适当集中办学，加快寄宿制学校建设，加大对边远贫困地区学前教育的扶持力度，逐步提高农村义务教育家庭经济困难寄宿生生活补助标准。免除中等职业教育学校家庭经济困难学生和涉农专业学生学费，继续落实国家助学金政策。在民族地区全面推广国家通用语言文字。推动农村中小学生营养改善工作。关心特殊教育，加大对各级各类残疾学生扶助力度。继续实施东部地区对口支援中西部地区高等学校计划和招生协作计划。贫困地区劳动力进城务工，输出地和输入地要积极开展就业培训。继续推进广播电视村村通、农村电影放映、文化信息资源共享和农家书屋等重大文化惠民工程建设。加强基层文化队伍建设。

（二十四）改善公共卫生和人口服务管理

提高新型农村合作医疗和医疗救助保障水平。进一步健全贫困地区基层医疗卫生服务体系，改善医疗与康复服务设施条件。加强妇幼保健机构能力建设。加大重大疾病和地方病防控力度。继续实施万名医师支援农村卫生工程，组织城市医务人员在农村开展诊疗服务、临床教学、技术培训等多种形式的帮扶活动，提高县医院和乡镇卫生院的技术水平和服务能力。加强贫困地区人口和计划生育工作，进一步完善农村计划生育家庭奖励扶助制度、"少生快富"工程和计划生育家庭特别扶助制度，加大对计划生育扶贫对象的扶持力度，加强流动人口计划生育服务管理。

（二十五）完善社会保障制度

逐步提高农村最低生活保障和五保供养水平，切实保障没有劳动能力和生活常年困难农村人口的基本生活。健全自然灾害应急救助体系，完善受灾群众生活救助政策。加快新型农村社会养老保险制度覆盖进度，支持贫困地区加强社会保障服务体系建设。加快农村养老机构和服务设施建设，支持贫困地区建立健全养老服务体系，解决广大老年人养老问题。加快贫困地区社区建设。做好村庄规划，扩大农村危房改造试点，帮助贫困户解决基本住房安全问题。完善农民工就业、社会保障和户籍制度改革等政策。

（二十六）重视能源和生态环境建设

加快贫困地区可再生能源开发利用，因地制宜发展小水电、太阳能、风能、生物质能，推广应用沼气、节能灶、固体成型燃料、秸秆气化集中供气站等生态能源建设项目，带动改水、改厨、改厕、改圈和秸秆综合利用。提高城镇生活污水和垃圾无害化处理率，加大农村环境综合整治力度。加强草原保护和建设，加强自然保护区建设和管理，大力支持退牧还草工程。采取禁牧、休牧、轮牧等措施，恢复天然草原植被和生态功能。加大泥石流、山体滑坡、崩塌等地质灾害防治力度，重点抓好灾害易发区内的监测预警、搬迁避让、工程治理等综合防治措施。

六、社会扶贫

（二十七）加强定点扶贫

中央和国家机关各部门各单位、人民团体、参照公务员法管理的事业单位和国有大型骨干企业、国有控股金融机构、国家重点科研院校、军队和武警部队，要积极参加定点扶贫，承担相应的定点扶贫任务。支持各民主党派中央、全国工商联参与定点扶贫工作。积极鼓励、引导、支持和帮助各类非公有制企业、社会组织承担定点扶贫任务。定点扶贫力争对重点县全覆盖。各定点扶贫单位要制定帮扶规划，积极筹措资金，定期选派优秀中青年干部挂职扶贫。地方各级党政机关和有关单位要切实做好定点扶贫工作，发挥党政领导定点帮扶的示范效应。

（二十八）推进东西部扶贫协作

东西部扶贫协作双方要制定规划，在资金支持、产业发展、干部交流、人员培训以及劳动力转移就业等方面积极配合，发挥贫困地区自然资源和劳动力资源优势，做好对口帮扶工作。国家有关部门组织的行业对口帮扶，应与东西部扶贫协作结对关系相衔接。积极推进东中部地区支援西藏、新疆经济社会发展，继续完善对口帮扶的制度和措施。各省（自治区、直辖市）要根据实际情况，在当地组织开展区域性结对帮扶工作。

（二十九）发挥军队和武警部队的作用

坚持把地方扶贫开发所需与部队所能结合起来。部队应本着就地就近、量力而行、有所作为的原则，充分发挥组织严密、突击力强和人才、科技、装备等优势，积极参与地方扶贫开发，实现军地优势互补。

（三十）动员企业和社会各界参与扶贫

大力倡导企业社会责任，鼓励企业采取多种方式，推进集体经济发展和农民增收。加强规划引导，鼓励社会组织和个人通过多种方式参与扶贫开发。积极倡导扶贫志愿者行动，构建扶贫志愿者服务网络。鼓励工会、共青团、妇联、科协、侨联等群众组织以及海外华人华侨参与扶贫。

七、国际合作

（三十一）开展国际交流合作

通过走出去、引进来等多种方式，创新机制，拓宽渠道，加强国际反贫困领域交流。借鉴国际社会减贫理论和实践，开展减贫项目合作，共享减贫经验，共同促进减贫事业发展。

八、政策保障

（三十二）政策体系

完善有利于贫困地区、扶贫对象的扶贫战略和政策体系。发挥专项扶贫、行业扶贫和社会扶贫的综合效益。实现开发扶贫与社会保障的有机结合。对扶贫工作可能产生较大影响的重大政策和项目，要进行贫困影响评估。

（三十三）财税支持

中央和地方财政逐步增加扶贫开发投入。中央财政扶贫资金的新增部分主要用于连片特困地区。加大中央和省级财政对贫困地区的一般性转移支付力度。加大中央集中彩票公益金支持扶贫开发事业的力度。对贫困地区属于国家鼓励发展的内外资投资项目和中西部地区外商投资优势产业项目，进口国内不能生产的自用设备，以及按照合同随设备进口的技术及配件、备件，在规定范围内免征关税。企业用于扶贫事业的捐赠，符合税法规定条件的，可按规定在所得税税前扣除。

（三十四）投资倾斜

加大贫困地区基础设施建设、生态环境和民生工程等投入力度，加大村级公路建设、农业综合开发、土地整治、小流域与水土流失治理、农村水电建设等支持力度。国家在贫困地区安排的病险水库除险加固、生态建设、农村饮水安全、大中型灌区配套改造等公益性建设项目，取消县以下（含县）以及西部地区连片特困地区配套资金。各级政府都要加大对连片特困地区的投资支持力度。

（三十五）金融服务

继续完善国家扶贫贴息贷款政策。积极推动贫困地区金融产品和服务方式创新，鼓励开展小额信用贷款，努力满足扶贫对象发展生产的资金需求。继续实施残疾人康复扶贫贷款项目。尽快实现贫困地区金融机构空白乡镇的金融服务全覆盖。引导民间借贷规范发展，多方面拓宽贫困地区融资渠道。鼓励和支持贫困地区县域法人金融机构将新增可贷资金70%以上留在当地使用。积极发展农村保险事业，鼓励保险机构在贫困地区建立基层服务网点。完善中央财政农业保险保费补贴政策。针对贫困地区特色主导产业，鼓励地方发展特色农业保险。加强贫困地区农村信用体系建设。

（三十六）产业扶持

落实国家西部大开发各项产业政策。国家大型项目、重点工程和新兴产业要优先向符合条件的贫困地区安排。引导劳动密集型产业向贫困地区转移。加强贫困地区市场建设。支持贫困地区资源合理开发利用，完善特色优势产业支持政策。

（三十七）土地使用

按照国家耕地保护和农村土地利用管理有关制度规定，新增建设用地指标要优先满足贫困地区易地扶贫搬迁建房需求，合理安排小城镇和产业聚集区建设用地。加大土地整治力度，在项目安排上，向有条件的重点县倾斜。在保护生态环境的前提下支持贫困地区合理有序开发利用矿产资源。

（三十八）生态建设

在贫困地区继续实施退耕还林、退牧还草、水土保持、天然林保护、防护林体系建设和石漠化、荒漠化治理等重点生态修复工程。建立生态补偿机制，并重点向贫困地区倾斜。加大重点生态功能区生态补偿力度。重视贫困地区的生物多样性保护。

（三十九）人才保障

组织教育、科技、文化、卫生等行业人员和志愿者到贫困地区服务。制定大专院校、科研院所、医疗机构为贫困地区培养人才的鼓励政策。引导大中专毕业生到贫困地区就业创业。对长期在贫困地区工作的干部要制定鼓励政策，对各类专业技术人员在职务、职称等方面实行倾斜政策，对定点扶贫和东西部扶贫协作挂职干部要关心爱护，妥善安排他们的工作、生活，充分发挥他们的作用。发挥创业人才在扶贫开发中的作用。加大贫困地区干部和农村实用人才的培训力度。

（四十）重点群体

把对少数民族、妇女儿童和残疾人的扶贫开发纳入规划，统一组织，同步实施，同等条件下优先安排，加大支持力度。继续开展兴边富民行动，帮助人口较少民族脱贫致富。推动贫困家庭妇女积极参与全国妇女"双学双比"活动，关注留守妇女和儿童的贫困问题。制定实施农村残疾人扶贫开发纲要（2011—2020年），提高农村残疾人生存和发展能力。

九、组织领导

（四十一）强化扶贫开发责任

坚持中央统筹、省负总责、县抓落实的管理体制，建立片为重点、工作到村、扶贫到户的工作机制，实行党政一把手负总责的扶贫开发工作责任制。各级党委和政府要进一步提高认识，强化扶贫开发领导小组综合协调职能，加强领导，统一部署，加大省县统筹、资源整合力度，扎实推进各项工作。进一步完善对有关党政领导干部、工作部门和重点县的扶贫开发工作考核激励机制，各级组织部门要积极配合。东部地区各省（直辖市）要进一步加大对所属贫困地区和扶贫对象的扶持力度。鼓励和支持有条件的地方探索解决城镇化进程中的贫困问题。

（四十二）加强基层组织建设

充分发挥贫困地区基层党组织的战斗堡垒作用，把扶贫开发与基层组织建设有机结合起来。选好配强村级领导班子，以强村富民为目标，以强基固本为保证，积极探索发展壮大集体经济、增加村级集体积累的有效途径，拓宽群众增收致富渠道。鼓励和选派思想好、作风正、能力强、愿意为群众服务的优秀年轻干部、退伍军人、高校毕业生到贫困村工作，帮助建班子、带队伍、抓发展。带领贫困群众脱贫致富有突出成绩的村干部，可按有关规定和条件优先考录为公务员。

（四十三）加强扶贫机构队伍建设

各级扶贫开发领导小组要加强对扶贫开发工作的指导，研究制定政策措施，协调落实各项工作。各省（自治区、直辖市）扶贫开发领导小组每年要向国务院扶贫开发领导小组报告工作。要进一步强化各级扶贫机构及其职能，加强队伍建设，改善工作条件，提高管理水平。贫困程度深的乡镇要有专门干部负责扶贫开发工作。贫困地区县级领导干部和县以上扶贫部门干部的培训要纳入各级党政干部培训规划。各级扶贫部门要大力加强思想、作风、廉政和效能建设，提高执行能力。

（四十四）加强扶贫资金使用管理

财政扶贫资金主要投向连片特困地区、重点县和贫困村，集中用于培育特色优势产业、提高扶贫对象发展能力和改善扶贫对象基本生产生活条件，逐步增加直接扶持到户资金规模。创新扶贫资金到户扶持机制，采取多种方式，使扶贫对象得到直接有效扶持。使用扶贫资金的基础设施建设项目，要确保扶贫对象优先受益，产业扶贫项目要建立健全带动贫困户脱贫增收的利益联结机制。完善扶贫资金和项目管理办法，开展绩效考评。建立健全协调统一的扶贫资金管理机制。全面推行扶贫资金项目公告公示制，强化审计监督，拓宽监管渠道，坚决查处挤占挪用、截留和贪污扶贫资金的行为。

（四十五）加强扶贫研究和宣传工作

切实加强扶贫理论和政策研究，对扶贫实践进行系统总结，逐步完善中国特色扶贫理论和政策体系。深入实际调查研究，不断提高扶贫开发决策水平和实施能力。把扶贫纳入基本国情教育范畴，作为各级领导干部和公务员教育培训的重要内容、学校教育的参考材料。继续加大扶贫宣传力度，广泛宣传扶贫开发政策、成就、经验和典型事迹，营造全社会参与扶贫的良好氛围。同时，向国际社会展示我国政府保障人民生存权、发展权的努力与成效。

(四十六) 加强扶贫统计与贫困监测

建立扶贫开发信息系统，开展对连片特困地区的贫困监测。进一步完善扶贫开发统计与贫困监测制度，不断规范相关信息的采集、整理、反馈和发布工作，更加及时客观反映贫困状况、变化趋势和扶贫开发工作成效，为科学决策提供依据。

(四十七) 加强法制化建设

加快扶贫立法，使扶贫工作尽快走上法制化轨道。

(四十八) 各省（自治区、直辖市）要根据本纲要，制定具体实施办法

(四十九) 本纲要由国家扶贫开发工作机构负责协调并组织实施

来源：http：//www.gov.cn/jrzg/2011-12/01/content_ 2008462.htm

32. 国务院关于进一步促进蔬菜生产保障市场供应和价格基本稳定的通知

国务院关于进一步促进蔬菜生产保障市场供应和价格基本稳定的通知

国发〔2010〕26号

2010年8月27日

各省、自治区、直辖市人民政府，国务院各部委、各直属机构：

党中央、国务院历来高度重视蔬菜生产和市场供应工作，通过实施"菜篮子"工程等政策措施，促进了蔬菜生产和流通快速发展，蔬菜产量大幅增长，品种日益丰富，质量不断提高，市场流通体系逐步完善，基本满足了城乡居民日益增长的消费需要。但近年来，由于一些地区"菜篮子"市长负责制弱化，措施不落实，蔬菜生产水平和组织化程度依然偏低，流通设施能力不足，造成部分大城市蔬菜自给率过低、蔬菜价格大起大落、农民"卖菜难"和居民"买菜贵"并存等问题日益突出。对此，必须充分发挥市场机制的作用，强化"菜篮子"市长负责制，加大政府调控力度，把解决当前问题和建立长效机制结合起来，采取更加有针对性的措施，进一步促进蔬菜生产，保障市场供应和价格基本稳定。现就有关问题通知如下：

一、切实强化"菜篮子"市长负责制

(一) 稳定和提高大城市蔬菜自给能力

大城市特别是城区人口在百万以上的大城市人民政府要切实采取有效措施，进一步增加投入，稳定和增加郊区蔬菜种植面积，调动和保护菜农的种菜积极性，切实提高本地应季蔬菜的自给能力。要抓紧制订郊区"菜篮子"建设发展规划，实行菜地最低保有量制度，进一步加强对老菜地的保护，在城市周边地区合理规划建设新菜地。实行更为严格的占补平衡和补偿机制，征占菜地的补偿标准要严格按当地征地统一年产值标准和区片综合地价执行。提高大城市新菜地开发建设基金收取标准，用地单位缴纳的新菜地开发建设基金必须全部用于建设新菜地和发展蔬菜生产。要统筹使用土地出让收入，加大对蔬菜生产设施的支持力度。

(二) 加强城市蔬菜批发和零售市场的建设、服务与管理

城市人民政府要高度重视蔬菜批发和零售市场在保障居民消费中的重要作用，合理规划布局蔬菜批发市场、农贸市场和社区菜店，保证批发市场和菜市场建设用地。要增加零售网点，积极推进规范型菜市场发展，在特定时段为流动菜摊开辟专门销售区域，方便居民购买。要对蔬菜农贸市场和社区菜店建设给予必要的补贴，重点整治农贸市场和超市乱收摊位费及其他各种名目收费等不规范行为，切实解决摊位费过高的问题。要督促和引导农贸市场、社区等提高服务意识和水平，为零售商贩经营创造便利。要加大监管执法力度，对经销商销售冒充"无公害""绿色""有机"蔬菜及哄抬菜价的行为依法严肃查处。要加强对市场销售蔬菜的检验检测，保证质量安全。对符合标准的配送蔬菜等生鲜农产品的厢式货车，要通过发放特别通行证等措施，允许其24小时进城通行和便利停靠。

(三) 强化城市蔬菜供给应急能力建设

城市人民政府要抓紧制定和完善本地区蔬菜市场供应的应急预案，保障本城市居民的基本生活和社会稳定。要根据消费需求和季节变化，建立适合本地区的蔬菜储备制度，确保重要的耐储存蔬菜品种5~7天消费量的动态库存；制定异常情况下保障城市低收入居民蔬菜基本消费需求的救济办法，保证其基本生活水平在蔬菜价格大幅上涨时不降低。

为保证上述措施落到实处，要建立健全"菜篮子"市长负责制的考核评价体系，加强对生产、流通各环节的综合考核，将菜地和种植保有数量、重要蔬菜产品自给率、蔬菜价格异常波动、蔬菜产品质量安全合格率等重要指标进行量化，作为市长负责制的内容。大城市人民政府要抓紧制定落实"菜篮子"市长负责制的具体工作方案，并在2010年10月底前报省级人民政府。11月底前，各省级人民政府要将本地区落实情况报国务院。农业部、商务部、工商总局、发展改革委要会同有关部门开展专项督查。

二、加强蔬菜重点生产基地建设

发展改革委要协调有关部门，在整合现有各类资金和扶持政策的基础上，按照有关规划，进一步加大对重点蔬菜生产基地建设的支持力度，改善菜田基础设施条件，配套建设蔬菜产后预冷处理设施等，提高蔬菜生产水平和重要时节的应急供应能力。鼓励大城市到蔬菜优势产区建立生产基地，保证稳定的供应渠道。鼓励银行金融机构加大对蔬菜生产的信贷支持力度，改进金融服务。保险公司要完善蔬菜保险产品，积极引导菜农投保，有条件的地方可对保费适当给予财政补贴。农业部要会同有关部门加强蔬菜种质资源创新和良种培育，加大先进适用技术推广应用力度，安排一定比例的种子工程投资，用于蔬菜品种改良中心和良种繁育基地建设，提高优良种苗供应能力，完善农技推广服务体系。进一步加强蔬菜质量安全工作，加快建立高产、高效、优质、安全的蔬菜产业约束机制。支持蔬菜标准园创建工作，推进标准化生产。加强对蔬菜病虫害统防统治、菜地质量修复与平衡施肥等技术指导，依法严禁使用高毒高残留农药，推广使用蔬菜良种和高效低残留农药（含生物农药），有条件的可实行重点品种免费供种供药。制定蔬菜种植环境污染物的限量标准，并加强监测。建立质量安全检测及追溯机制，严格产地准出制度。

三、改善蔬菜流通设施条件

加快推进农产品冷链物流发展，发展改革委要安排专项资金加强产地蔬菜预冷设施、批发市场冷藏设施、大城市蔬菜低温配送中心建设，推广节能环保的冷链运输车辆及相关配套设备。发

展改革委、商务部、农业部要进一步加大支持力度，继续实施农产品批发市场升级改造工程和"双百"市场工程，加快产地农产品批发市场建设，在产销衔接和市场调控的重要地区，升级改造一批带动能力强、辐射大城市销区的大型蔬菜批发市场。推进标准化菜市场示范工程建设，支持城市菜市场的建设改造。发展改革委、铁道部要加强产销地铁路专用线、铁路冷藏运输车辆及场站设施建设，发挥铁路运输的比较优势，促进大批量、长距离蔬菜的铁路运输。

四、完善"绿色通道"政策

省级人民政府要进一步落实和完善鲜活农产品运输"绿色通道"政策，在全国范围内对整车合法装载运输鲜活农产品的车辆免收车辆通行费。交通运输部要会同有关部门抓紧研究解决扩大"绿色通道"政策覆盖的蔬菜品种范围，以及由于少量超载和少量混装其他农产品而产生的整车全程收费等问题。同时，地方人民政府和有关重点企业要加强与铁路部门的沟通协调，铁路部门要及时掌握蔬菜运输需求，妥善做好运力安排，优化运输组织，适时组织开行蔬菜的班列，支持蔬菜运输。

五、提高蔬菜产销的组织化程度

农业部要进一步加强工作指导，加大支持力度，扶持蔬菜生产合作社的发展，提高蔬菜生产的组织化程度。商务部要以"农超对接"等工作为抓手，积极引导大型零售流通企业以及学校、酒店、大企业等最终用户与产地蔬菜生产合作社、批发市场和龙头企业等直接对接，提高零售环节产销对接的蔬菜流通比重，降低营销费用。为切实解决农民"卖菜难"和居民"买菜贵"的问题，各级人民政府要对各类蔬菜产销对接活动予以积极扶持，引导产区和销区建立稳定的产销关系，促进蔬菜合理有序流通。

六、强化蔬菜信息体系建设

发展改革委、农业部、商务部要根据部门职责分工，协调配合，抓紧研究建立覆盖主要蔬菜品种的生产、流通、消费各个环节的信息监测、预警和发布制度，对种植面积、产量、交易量、库存量及价格进行及时监测，扩大监测品种和范围，在大型蔬菜批发市场建立主要蔬菜品种的交易量、批发价格的日监测制度，提高信息传递效率，强化对蔬菜生产、市场和价格走势的分析预警，按照公开、透明的原则，通过政府和部门网站、主流媒体以及手机报等新兴传播平台，加强舆论引导，及时发布相关信息，积极引导蔬菜种植户、经营者合理安排生产和经营活动，稳定生产者、经营者、消费者的市场预期；要积极引导消费者理性消费，提倡节约，减少浪费。要加大对捏造、散布虚假价格信息的新闻媒体、经营者或个人的监督查处力度，防止不实信息误导市场。

七、统筹抓好当前"菜篮子"产品生产供应

今年入汛以来洪涝灾害频发，也给蔬菜生产供应造成一定影响。地方各级人民政府、各有关部门要积极采取措施，认真做好当前蔬菜恢复生产和市场供应工作，确保价格基本稳定。同时，要继续落实好《国务院办公厅关于统筹推进新一轮"菜篮子"工程建设的意见》（国办发〔2010〕18号），抓好肉蛋奶和水产品等"菜篮子"产品的生产与市场供应，继续落实好国家关于支持生猪和奶业等稳定发展的政策措施。针对洪涝灾害给蔬菜生产和畜禽水产养殖造成的损失，抓紧制定支持菜地大棚、畜禽圈舍、池塘网箱等灾毁设施修复重建的政策措施，实行种苗补

贴，搞好饲料供应，帮助迅速恢复生产。要加强生产和市场监测预警，及时发布信息，积极组织货源，做好区域调剂，及时动用储备，严厉打击囤积居奇、欺行霸市、串谋涨价等不法行为，维护正常市场秩序。

做好促进蔬菜生产保障市场供应和价格基本稳定工作，是当前及今后一个时期的一项重要工作任务。各地区、各有关部门要从管理好通胀预期、进一步贯彻中央"惠民生"方针政策和保护农民利益的高度，充分认识这项工作的重要性和紧迫性，按照职责分工，把各项工作措施尽快落到实处，为经济社会保持平稳较快发展提供坚实保障。

来源：http://www.gov.cn/zhuanti/2015-06/13/content_2878984.htm

二、国家发展和改革委员会

1. 国家发展改革委关于支持贫困地区农林水利基础设施建设推进脱贫攻坚的指导意见

国家发展改革委关于支持贫困地区农林水利基础设施建设推进脱贫攻坚的指导意见

发改农经〔2016〕537号

贫困地区农林水利基础设施薄弱，生态环境相对脆弱，是制约脱贫致富的重要因素，是我国经济社会发展短板中的短板。为贯彻落实《中共中央国务院关于打赢脱贫攻坚战的决定》，加快贫困地区脱贫攻坚步伐，现就支持贫困地区农林水利基础设施建设、加快发展贫困地区特色产业、推进脱贫攻坚，提出如下意见：

一、总体要求

（一）指导思想

全面贯彻落实中共中央国务院关于新时期扶贫开发工作的决策部署，牢固树立创新、协调、绿色、开放、共享发展理念，坚持能力扶贫强基础，产业扶贫增后劲，民生扶贫兜底线，生态扶贫添收益，大幅度增加对贫困地区农林水利基础设施建设投入，支持贫困地区、贫困户因地制宜发展特色产业，为完成脱贫攻坚战略目标、实现全面建成小康社会目标奠定坚实基础。

（二）基本原则

——突出重点，整合资源。把脱贫攻坚作为"十三五"时期农村经济社会发展的头等大事和第一民生工程，支持贫困地区以脱贫攻坚规划和行业发展规划为统领，加强对涉农领域资金的统筹使用，切实提高资金使用效益。

——突出精准，确保成效。坚持问题导向，按照扶持对象精准、项目安排精准、资金使用精准、脱贫成效精准的要求，围绕贫困地区发展需求和贫困人口实际需要，加大支持力度，因人因地施策，确保实现贫困人口脱贫增收。

——突出服务，上下联动。加强中央预算内投资精细化管理，加快中央预算内投资计划下达进度，优化计划编报下达流程，强化投资项目全过程管理。加强各级发展改革部门的上下联动，以及与同级行业管理部门的横向协同，提高工作成效。

——突出监管，公开透明。深入推行涉农资金分配和项目安排公告公示制度，建立健全投资项目民主决策机制和群众监督机制。逐级落实监管责任，构建政府监督、群众参与、社会协同、法制保障的综合监管格局。

（三）主要目标

"十三五"时期，中央预算内农林水利建设投资用于贫困地区的比重达到40%左右，地方同步加大投入，并视情况进一步增大倾斜支持力度，力争贫困地区农林水利基础设施条件得到明显改善，生态环境保护得到明显加强，特色农业和农村二三产业得到加快发展。

二、提高贫困地区发展能力，夯实发展基础

（四）提高贫困地区粮食等重要农产品生产能力

强基础、补短板，着力加快贫困地区高标准农田建设，夯实农业发展基础。根据全国新增1 000亿斤粮食生产能力规划和糖料主产区生产发展规划，"十三五"时期，对纳入范围的165个贫困县的高标准农田建设需求予以优先保障，安排投资计划时予以倾斜支持，确保在贫困县新建高标准农田3 000万亩以上，力争率先完成贫困县高产稳产粮田和糖料蔗基地建设任务。

（五）加快推进贫困地区重大水利工程建设

以加快国务院确定的172项重大水利工程建设为统领，优先启动实施贫困地区重大水利工程项目，不断巩固和提升贫困地区的防洪抗旱减灾能力和水资源保障水平。全面加快吉林松原灌区、黑龙江尼尔基水库引嫩扩建骨干一期、湖北鄂北水资源配置、湖南莽山水库、贵州夹岩水利枢纽及黔西北调水、西藏拉洛水利枢纽、甘肃引洮供水二期、云南德厚水库、黄河下游防洪等在建重大水利工程建设，新开工引江济淮、云南滇中引水、内蒙古引绰济辽、四川向家坝灌区、新疆大石峡、广西驮英水库及灌区、青海引大济湟西干渠等一批重大工程，推动各项在建工程尽快建成发挥效益。按照"确有需要、生态安全、可以持续"的原则，在具备开发条件的地区再筹划论证一批重大水利工程。

三、推进贫困地区产业发展，增强发展后劲

（六）推进贫困地区农村产业融合发展

启动实施农村产业融合发展"百县千乡万村"试点示范工程，将贫困县优先纳入实施范围，指导贫困县编好做实试点示范实施方案。继续加大农村产业融合发展专项建设基金对贫困地区的支持力度，探索实行基金安排额度与带动农民增收程度、实现脱贫解困户数挂钩机制。构建政银企社多方合作机制，着力打造一批产业链条长、市场效益好、商业模式新、较好带动农民就业创业和致富增收的农村产业融合发展项目，探索可复制、可推广的产业扶贫模式。研究设立农村产业融合发展投资基金，统筹加大对贫困地区子基金或优质项目的支持力度。

（七）探索小水电产业扶贫模式

支持贫困地区合理开发小水电，重点选取部分水能资源丰富的贫困县，研究采取"国家引导、市场运作、贫困户持股并持续受益"的扶贫模式，建立贫困户直接受益机制。选择在部分地区部分项目开展试点，在受益范围如何确定、贫困户的认定与退出机制、分红标准与模式等方面开展探索，及时总结试点经验，视情况决定下一步支持方式。

（八）因地制宜实施农村沼气扶贫工程

在畜禽粪便、秸秆等农业农村废弃物资源丰富的贫困地区，建设一批规模化大型沼气工程、规模化生物天然气工程。工程所产沼气优先向相对集中居住的农户供气，其余沼气通过提纯后并入城镇天然气管网、沼气发电、养殖场自用等方式充分利用。沼渣沼液加工有机肥，生产绿色、

有机农产品，促进农牧结合、种养循环。通过工程建设，防治农业面源污染，保护和改善农村环境，解决农民用能用肥问题，增加秸秆销售等收入，带动农民增收节支。

（九）支持贫困地区林业特色产业发展

加大对贫困地区林业特色产业发展的支持力度，结合退耕还林等工程建设，重点支持用材林、木本油料等发展，着力打造标准化、专业化、规模化的产业基地，提高产业发展的质量效益。推行以企业带动、农民合作组织联动的机制，把投入到基地的建设资金折股量化到村到户，提高建档立卡贫困人口的参与度和收益度。

四、改善贫困地区民生条件，共享发展成果

（十）实施农村饮水安全巩固提升工程

按照巩固成果、稳步提升的原则，结合推进新型城镇化、建设美丽宜居乡村和脱贫攻坚等工作部署，有针对性地加强贫困地区已建农村供水工程水源保护、水厂改造、配套延伸、水质检测和运行管护，进一步提高农村集中供水率、自来水普及率、水质达标率和供水保证率，促进贫困地区基本公共服务均等化。

（十一）完善贫困地区农业防灾减灾体系

抓紧实施牧区草原防灾减灾工程规划，对于纳入国家扶贫开发工作重点县范围的124个牧区半牧区县予以倾斜支持，提高草原雪灾、火灾、生物灾害防控能力，优先支持建档立卡贫困牧民建设牲畜暖棚，保障牲畜安全过冬，避免牧民因灾致贫返贫。

（十二）加快贫困地区水库移民脱贫解困步伐

加快修订中央水库移民扶持基金使用管理办法，实现资金分配向贫困群体倾斜。推动各地相应完善地方水库移民扶持基金使用管理办法，集中部分资金继续推进特困移民避险解困工作，对居住在生存条件恶劣、生态环境脆弱、自然灾害频发等地区的特困移民，加快实施移民搬迁，并通过产业扶持、教育培训等措施，实现特困移民有业可就、稳定脱贫。要加强与扶贫部门的沟通衔接，将符合条件的贫困移民村、贫困移民户、贫困移民人口纳入当地建档立卡范围，抓紧编制贫困移民脱贫攻坚工作方案，纳入当地水库移民后期扶持"十三五"规划，并加强水库移民后期扶持资金与扶贫资金的整合，发挥政策叠加效应，确保2020年实现水库移民贫困人口全部脱贫。

五、加强贫困地区生态保护和建设，保护青山绿水

（十三）着力加强贫困县石漠化治理

以136个集中连片特殊困难地区县、10个国家扶贫开发工作重点县为重点，加大石漠化综合治理力度。坚持"治石与治贫"相结合，强化生态经济林、木竹原料林、林下经济、草食畜牧业、生态旅游业等发展，培育绿色增长点，改善石漠化地区贫困人口的生产生活条件，带动和促进贫困人口就业增收，加快石漠化区域扶贫脱贫步伐。

（十四）加大贫困地区生态建设力度

加大对集中连片特殊困难地区和贫困县天然林资源保护、京津风沙源治理、退耕还林还草、退牧还草、农牧交错带已垦草原治理等重大生态工程支持力度。各地在分解中央下达的投资计划时，贫困县的生态建设投资规模和增幅要高于全省平均水平15%以上，新增退耕还林还草任务优先向贫困县倾斜。积极创新工程建设方式，鼓励工程区范围内的建档立卡贫困户投工投劳，提高贫困人口参与度和受益水平。

六、保障措施

（十五）加大投入支持力度

综合考虑物价水平和地方自筹能力等因素，逐步提高贫困地区生态建设等项目的中央投资补助标准。对于在贫困地区安排的病险水库（水闸）除险加固、农村饮水、灌区配套改造、灌排泵站更新改造、中小河流治理、生态建设等公益性建设项目，取消县以下（含县）以及西部连片特困地区地市级配套资金。

（十六）创新资金安排方式

逐步增加直接扶持到户资金规模，采取多种方式，使扶贫对象得到直接有效扶持。中央投资支持的基础设施建设项目，确保扶贫对象优先受益，产业扶贫项目要建立健全带动贫困户脱贫增收的利益联接机制。鼓励贫困地区以县为平台，统筹各类涉农资金和社会帮扶资源，既要避免同领域资金的重复投入，也要加强相近领域资金的协同配合。

（十七）建立健全奖惩机制

坚持省负总责、县抓落实、层层落实工作责任。各地要及时总结支持贫困地区农林水利基础设施建设、推进扶贫攻坚的主要做法、经验和存在问题，定期向我委报告。我委将建立农口中央预算内投资安排与扶贫工作挂钩机制，将脱贫工作成效作为安排中央预算内投资和项目的重要依据。对工作成效好的省（区、市），适当增加下一年度农林水利投资规模。对工作重视不够的省（区、市），适当调减下一年度投资规模。

国家发展改革委

2016 年 3 月 11 日

来源：http://www.ndrc.gov.cn/fzggz/ncjj/zhdt/201603/t20160315_792733.html

2. 国家发展改革委 国家林业局关于加强长江经济带造林绿化的指导意见

国家发展改革委 国家林业局关于加强长江经济带造林绿化的指导意见

发改农经〔2016〕379 号

上海市、江苏省、浙江省、安徽省、江西省、湖北省、湖南省、重庆市、四川省、贵州省、云南省发展改革委、林业厅（局）：

长江经济带森林生态系统是沿江绿色生态廊道的重要组成部分，在涵养水源、保持水土、生物多样性保护等方面发挥着不可替代的作用。多年来，在党中央、国务院的坚强领导下，在地方各级党委、政府和广大干部群众的努力下，长江经济带造林绿化工作取得了明显成效，森林面积持续增加、生态功能不断改善。但也要看到，长江经济带造林绿化工作仍然面临着森林生态功能脆弱、低效退化林面积大等问题，与长江经济带"生态文明建设的先行示范带"功能定位还有一定差距。为进一步加强长江经济带造林绿化工作，推进长江经济带绿色生态廊道建设，经商推动长江经济带发展领导小组办公室，特提出以下意见：

一、总体要求

（一）总体思路

全面贯彻落实党中央、国务院实施长江经济带发展战略的重大决策部署，坚持生态优先、绿色发展，以增加森林面积、提高森林质量为主攻方向，以增强森林水源涵养功能、防治水土流失为重点，以体制、机制和科技创新为动力，开展大规模国土绿化行动，加快构筑结构稳定、功能完备的森林生态系统，着力建设好长江经济带绿色生态廊道。

（二）基本原则

坚持生态优先，统筹推进，将造林绿化作为长江经济带绿色生态廊道建设的优先领域积极实施；坚持数量增长、质量提升，全面促进森林资源恢复和功能改善；坚持因地制宜、分类施策，着力加强重点区域综合治理；坚持政府主导、社会参与，鼓励和引导各方面力量参与造林绿化。

（三）总体目标

到2020年，造林绿化工作取得实质性突破，基本建成以各类防护林为主体、农田林网及绿色通道为网络、城镇乡村绿屏为节点的生态防护体系，森林生态系统的水源涵养、水土保持、生物多样性保护等服务功能明显增强，森林生态系统与生物多样性价值得到提升，用材林面积明显增加、结构优化合理，有效促进长江经济带绿色生态廊道建设。森林面积增加290万公顷，森林蓄积增加5亿立方米，森林覆盖率达到43%。

二、加快造林绿化步伐

（四）积极推进宜林地营造林

充分发挥长江经济带丰富的树种资源和良好的水热条件优势，以宜林地面积较大的长江上中游湖北、湖南、重庆、四川、贵州、云南等省市为重点，大力营造以水土保持林、水源涵养林为主的防护林和国家储备林，积极培育优质珍贵大径级阔叶林、短周期工业原料林、木结构建筑原料林、竹林、木本粮油和特色经济林。对区域内造林难度大的宜林地，要强化科技支撑，加大封山育林力度，充分发挥大自然的自我修复能力，加快恢复森林植被。

（五）大力开展退耕还林还草

全面落实《新一轮退耕还林还草总体方案》和《关于扩大新一轮退耕还林还草规模的通知》要求，重点支持长江经济带符合政策的25度以上陡坡耕地、严重沙化耕地、丹江口库区和三峡库区等重要水源地15~25度坡耕地退耕还林还草，向金沙江等中上游地区倾斜。各地在实施中要依据全国第二次土地调查成果，确定符合政策的退耕范围；要加强组织引导，充分尊重农民意愿，做好技术服务，把退耕还林还草工作与调整农业产业结构、发展特色产业、改善农民生产生活条件结合起来，确保农户退耕成果巩固。

（六）加强城镇村庄绿化美化

坚持建设生态型、功能型城乡绿地生态系统的发展方向和构建园林城镇、建设美丽乡村的造林绿化发展思路，加强乡镇建成区、村屯居民区绿化美化。长江上游重庆、四川、贵州、云南等省多山地区要因地制宜，积极运用乡土树种造林，科学配置阔叶树种、彩叶树种，丰富景观异质性，构建与自然生态相协调的城乡绿化景观。长江中下游上海、江苏、浙江、安徽、江西、湖北、湖南等省市平原地区要充分挖掘城镇村庄绿化潜力，拓展绿化空间，规划建绿、见缝插绿、拆违还绿，形成与城镇化建设、美丽乡村建设相适应的城乡绿化美化格局。条件适宜的地区，要结合城乡绿化发展具有地方特色的经济林，建设防护绿地、生产绿地和风景林地，构建乔灌草相结合、经济与生态双赢、融入自然的城乡绿化美化景观，切实改善城乡人居环境。

（七）构建绿色通道和农田防护林网

加快公路、铁路、渠道、堤坝沿线造林绿化，促进绿色通道断带合龙、改造更新，巩固和扩大绿色通道建设成果。重点加强县道、乡道等乡村公路沿线造林绿化，积极推进河渠湖库周边造林绿化，建设和完善河渠湖库周边防护林体系，增强水土保持、水源涵养和兴林灭螺功能，构建完备的绿色通道体系。加快矿区及周边裸露地造林绿化和植被恢复，改善矿区生态状况。江苏、浙江、安徽、江西、湖北、湖南等长江中下游平原地区要坚持建设与提高相结合，加强农田防护林更新、残次林带改造，建设和完善高标准农田防护林网，提高整体防护功能。

（八）加快重点区域治理

集中力量抓好湖北、湖南、重庆、四川、贵州、云南等省市岩溶地区石漠化综合治理，实施石漠化综合治理二期工程，加快林草植被保护与恢复、小型水利水保配套工程建设，有效遏制石漠化扩展趋势。加强四川、云南金沙江干热河谷水土保持林建设，封山育林与人工促进相结合，努力恢复林草植被。加快江西、湖北、湖南、重庆"两湖两库"（洞庭湖、鄱阳湖、三峡库区、丹江口库区）水土保持林、水源涵养林、护湖护堤护岸林建设，防治水土流失、减少水患威胁。

三、强化森林经营和保护

（九）全面推进中幼龄林抚育

要根据长江经济带中幼龄林面积大、比例高，过密过疏过纯林分同时存在的现状，按照森林演替规律和林分发育阶段，全面推进中幼龄林抚育。对密度过大、林木竞争激烈的林分，采取抚育间伐等措施，调整林分密度，优化林分结构，促进林木生长。对密度过疏、目的树种缺乏、天然更新不良的林分，通过补植补造、促进天然更新等抚育措施，调整树种组成，增加乡土树种比例，引导培育混交林。对遭受有害生物侵害等受损林分，采取卫生伐、补植补造等综合抚育措施，改善林分健康状况，增强林分活力。对新造幼林，加大割灌除草等抚育措施，增强幼树竞争能力，促进林木生长，加快幼林郁闭成林。

（十）着力开展低效退化林改造

要按照适地适树原则，有针对性地采取混交林培育措施，促进森林正向演替，发挥林地生产和生态潜力，精准提高森林质量。对结构退化的低效林，采取抚育改造、补植改造、促进更新、封禁育林等改造措施，调整优化林分结构。对生长退化的低效林，采取去弱留强、更新复壮、修枝整形、平茬割灌、施肥浇水等改造措施，恢复森林生长活力。对立地退化的低效林，采取树种替换、抽针补阔、土壤改良、封禁管护等改造措施，改善养分循环，提高林地立地质量。禁止以低效退化林改造为名将天然林、天然次生林转变为人工林、纯林。

（十一）加强森林资源保护

加大天然林保护力度，有序停止天然林商业性采伐。率先划定长江经济带森林生态保护红线，实行严格的保护制度。坚持依法治林，严厉打击乱砍滥伐、乱捕滥猎、毁林开垦、非法占用林地等违法行为，巩固造林绿化成果。加强森林防火、林业有害生物防治和森林管护等基础设施建设，编制应急预案，强化责任，落实到人，全面提升灾害应急管理综合防控能力。

（十二）增强科技支撑能力

加强岩溶地区植被恢复技术、金沙江干热河谷造林技术、云贵高原高寒地区造林技术、重金属污染土地造林治理技术等关键性技术联合攻关，加强林木品种选育、强化种苗繁育技术研发，开展协同创新，突破技术瓶颈。利用现有研究成果和技术储备，总结、筛选、组装配套一批适宜长江经济带不同区域的营造林技术和模式，加大示范推广力度，推动科研成果转化。造林绿化要与林业技术推广同步设计、同步实施。充分运用现代科技手段，建立长江经济带造林绿化成果动态监测与效益评价系统，科学评价建设效果。

四、保障措施

（十三）完善投入机制

国家进一步加大对长江经济带造林绿化的投入力度，在安排防护林体系建设、岩溶地区石漠化综合治理、天然林资源保护等重点工程补助资金时，给予长江经济带以适当倾斜。加快建立和完善生态补偿机制。地方各级政府也要加大投入，整合各渠道资金，建立多元化的造林绿化投入机制，采取入股、合作、承包等多种方式拓宽筹资渠道，鼓励、引导和吸引社会资金投入，统筹推进长江经济带造林绿化工作。

（十四）创新建管机制

进一步完善集体林权制度改革，稳定林地承包关系，鼓励林权依法流转，积极推进林地所有权、承包权、经营权分置，培育新型林业经营主体，促进营造林规模化，大力发展林药、林菌、养生休闲、景观利用等绿色产业，实现生态和经济"双赢"。充分发挥专业造林队伍在标准化、集约化、规范化建设方面的骨干作用，提高资源配置效率，大力推行专业化造林。完善建后管护机制，推行专业队伍管护、承包管护、林农自管等灵活多样的管护模式。

（十五）强化组织领导

地方各级政府要将长江经济带造林绿化工作纳入重要议事日程，统一思想、提高认识，精心组织、加强领导，团结带领广大干部群众，扎实推进长江经济带造林绿化各项工作。要把党中央、国务院的决策部署与当地实际结合起来，明确本地区长江经济带造林绿化的主要目标和任务，并分解落实，制定具体的实施方案和配套措施，做好与城乡、土地利用等规划的统筹与衔接，建立造林绿化质量责任追究制度，确保各项工作落到实处。

（十六）加强指导协调

推动长江经济带发展领导小组办公室要加强对长江经济带造林绿化工作的协调。各有关部门要各司其职、各负其责，密切配合、通力协作，加强对长江经济带造林绿化工作的指导。国家林业局要将目标任务分解落实到各地。各级林业行政主管部门要强化规划设计、组织管理、协调服务、督导检查，加强机构和队伍建设，完善造林绿化建设标准、管理办法和技术规程，稳步推进长江经济带造林绿化工作。

鉴于加强长江经济带造林绿化工作，是贯彻落实长江经济带发展战略的一项重要内容，各地区、各部门要按照党中央、国务院的总体要求，坚定信心，开拓进取、扎实工作，切实做好长江经济带造林绿化工作，为推动长江经济带发展、建设生态文明做出新的更大贡献。

国家发展改革委　国家林业局
2016 年 2 月 24 日

来源：http://www.ndrc.gov.cn/zcfb/zcfbtz/201603/t20160304_791953.html

3. 关于加快发展农业循环经济的指导意见

关于加快发展农业循环经济的指导意见

发改环资〔2016〕203号

各省、自治区、直辖市及计划单列市、新疆生产建设兵团发展改革委（经信委、工信厅），农业（农牧、农村经济）厅（委、办、局），林业局（厅），有关单位：

农业是国民经济的基础，是发展循环经济的重要领域。加快发展农业循环经济是转变农业发展方式、保障食品和木材安全、建设生态文明的必然选择。为贯彻落实党的十八届五中全会精神，根据《关于加快推进生态文明建设的意见》、《关于进一步深化农村改革加快推进农业现代化的若干意见》、《循环经济发展战略及近期行动计划》和《生态文明体制改革总体方案》等要求，现就加快发展农业循环经济，促进农业绿色发展，提出以下意见：

一、总体要求

（一）指导思想

全面贯彻落实党中央、国务院关于大力推进生态文明建设的战略部署，加快发展农业循环经济，以提高农业资源利用效率和改善农村生态环境为目标，以促进农业绿色发展为主线，以示范引领为抓手，切实发挥龙头企业带动作用，优化产业组织结构，促进农林牧渔与二、三产业融合发展，全面推动资源利用节约化、生产过程清洁化、产业链接循环化、废弃物处理资源化，增强农业可持续发展能力，加快转变农业发展方式。

（二）遵循原则

一是坚持减量化优先和资源化利用。强化源头减量化，提高资源利用效率，减少生产、加工、流通、消费等各环节能源资源消耗和废弃物产生。促进废弃物资源化、规模化、产业化、高值化利用，提升农业综合效益。

二是坚持重点突破和示范推广。在农作物秸秆、农林产品加工副产物、林业废弃物、废旧农膜、畜禽粪便、水体富营养化等重点领域，组织实施示范工程。培育、总结、凝练一批农业循环经济典型模式，加大推广力度。

三是坚持因地制宜和产业融合。各地根据资源禀赋、环境承载力、产业基础、主体功能定位等实际，合理规划布局，选择不同的技术路线，形成各具特色的农业循环经济发展模式。推进多种形式的产业循环链接和集成发展，构建一、二、三产业联动发展的现代工农复合型循环经济产业体系。

四是坚持政府推动和市场化导向。强化政府的有序引导、技术支撑、政策扶持和公共服务，充分发挥市场配置资源的决定性作用，提升龙头企业、农垦、牧区、渔区、林区的带动效应，引导企业、新型农业经营主体、农户广泛参与，加快农业循环经济社会化服务体系建设。

（三）主要目标

到2020年，建立起适应农业循环经济发展要求的政策支撑体系，基本构建起循环型农业产业体系。生态循环农业产业不断发展，科技支撑能力不断增强，农林废弃物处理资源化程度明显提高，人居环境和生态环境显著改善，农业可持续发展能力不断提升。建设和推广一批具有示范引领作用的农业、林业和工农复合型的循环经济示范园区、示范基地、示范工程、示范企业和先进适用技术，总结凝练一批可借鉴、可复制、可推广的农业循环经济发展典型模式，推动农业发展方式转变。

力争到2020年，农田灌溉水有效利用系数达到0.55，主要农作物化肥利用率达到40%以上，农膜回收率达80%以上，农作物秸秆综合利用率达到85%以上，规模化养殖场（区）畜禽粪便综合利用率达到75%，林业废弃物综合利用率达到80%以上。

二、重点领域和主要任务

（一）推进资源利用节约化

推进土地节约集约利用。推进传统耕作制度改革，合理确定复种指数，充分挖掘土、水、光、热等资源的利用潜力，提高耕地、草地、水面、林地综合产出效率；加强农田基础设施和耕地质量建设，实施"耕地质量保护与提升行动"；支持盐碱地和土壤污染耕地等改良修复，因地制宜调整种植结构；鼓励合理利用盐碱地、采矿塌陷区发展水产养殖等；与新型城镇化建设紧密结合，集中整理、规划农村居民点用地。科学制定造林和森林经营方案，推广林地立体开发产业模式，发展林下经济。

推进水资源节约高效利用。在干旱半干旱地区，大力发展节水农业，建设集雨补灌设施，推广保墒固土、生物节水、沟播种植、农田护坡拦蓄保水、膜下滴灌等旱作节水技术。在非旱作农业区，推广防渗渠、低压管道、水肥一体化等节水技术；推广抗旱品种，发展保护性耕作，实行免耕或少耕、深松覆盖，增强抗旱节水能力。发展循环水节水养殖、研发并推广养殖废水处理技术，提高养殖用水利用率；鼓励开展屠宰废水等农产品加工废水无害化处理和循环利用。

引导农业投入品科学施用。实施"到2020年化肥使用量零增长行动"，优化配置肥料资源，合理调整施肥结构，大力推进有机肥生产和使用，扩大测土配方施肥规模，推广化肥机械深施、种肥同播、适期施肥、水肥一体化等技术，提高化肥利用率；科学配制饲料，提高饲料利用效率，规范饲料添加剂使用，加强饲用抗生素替代品的研发和使用，逐步减少饲用抗生素用量；鼓励采用先进的创意、设计、工艺、技术和装备，减少木材加工、林产化工生产过程中能源、原材料和投入品消耗，提高木材利用效率。

促进农业领域节能降耗。加快淘汰高耗能老旧农业机械和渔船，有效开展农机和渔船更新改造；大力发展农、林、牧、渔节能、节水技术，逐步淘汰高耗能落后工艺和技术装备；推动省柴节煤炉灶的升级换代；鼓励农业生产生活使用生物质能、太阳能、风能、微水电等可再生能源。

（二）推进生产过程清洁化

加强农业面源污染防治。实施"到2020年农药使用量零增长行动"，大力推进统防统治和绿色防控，全面推广高效低毒低残留农药、现代施药机械，科学精准用药；合理使用化肥、农药、地膜，严禁使用国家禁止的高毒、高残留农药，减少农业面源污染和内源性污染；推广雨污分流、干湿分离和设施化处理技术，推广应用有益微生物生态养殖技术，控制畜禽养殖污染物无序排放；支持在重点富营养化水域，因地制宜开展水上经济植物规模化种植、采收和资源化利用。

推进农产品加工和林业清洁生产。农产品加工，特别是食品加工企业要加大推广清洁生产力度，确保食品安全。提高林业生态功能，推动木竹藤材加工、人造板、木地板、防腐木材、木家具、木门窗、木楼梯、木质装饰材料等木材加工和林产化学加工企业清洁生产，推广林业生物防治、环保型木材防腐防虫、木材改性、木材漂白和染色、制浆造纸、林产化学产品制造技术，减少木材化学处理的化学药剂用量，降低环境污染。

(三) 推进产业链接循环化

构建农业循环经济产业链。推进种养结合，农牧结合，养殖场建设与农田建设有机结合，按照生态承载容量，合理布局畜禽养殖场（小区），推广农牧结合型生态养殖模式；鼓励发展设施渔业及浅海立体生态养殖，推进水产养殖业与种植业有效对接；重点推广农林牧渔复合型模式，实现畜（禽）、鱼、粮、菜、果、茶协同发展。培育构建"种植业—秸秆—畜禽养殖—粪便—沼肥还田、养殖业—畜禽粪便—沼渣/沼液—种植业"等循环利用模式。

构建林业循环经济产业链。推广林上、林间、林下立体开发产业模式。鼓励利用木、竹、藤在采伐、抚育、造材、加工过程中产生的废弃物和次小薪材，生产人造板、纸、活性炭、木炭、竹炭、酒精等产品和生物质能源，鼓励对废弃的食用菌培养基进行再利用；鼓励利用城市园林绿地废弃物进行堆肥、生产园林有机覆盖物、生产生物质固体成型燃料、人造板、制作食用菌棒等；鼓励经济林和果树修剪枝桠材、林产品加工副产品等资源化利用。发展城市屋顶绿化、建筑墙体垂直绿化、阳台菜园等，增强吸附空气污染物、缓解城市"热岛效应"的生态功能，拓展绿色空间。

构建复合型循环经济产业链。大力推进农产品精深加工和高效物流冷链等现代物流体系建设。支持集成养殖深加工模式，发展饲料生产、畜禽水产养殖、畜禽和水产品加工及精深加工一体化复合型产业链。推进种植、养殖、农产品加工、生物质能、旅游等循环链接，形成跨企业、跨农户的工农复合型循环经济联合体。发展林板一体化、林纸一体化、林能一体化和森林生态旅游。构建粮、菜、果、茶、畜、鱼、林、加工、能源、物流、旅游一体化和一、二、三产业联动发展的现代复合型循环经济产业体系。

(四) 推进农林废弃物处理资源化

推进农村生活废弃物循环利用。鼓励因地制宜建设人畜粪便、生活污水、垃圾等有机废弃物分类回收、利用和无害化处理体系；鼓励有条件地区建立完善"村收集、镇中转、区域集中处理"的农村垃圾回收、循环利用与无害化处理系统。

推进秸秆综合利用。各地要根据当地农用地分布情况、种植制度、秸秆产生和利用现状，鼓励农户、新型农业经营主体在购买农作物收获机械时，配备秸秆粉碎还田或捡拾打捆设备；鼓励有条件的企业和社会组织组建专业化秸秆收储运机构，健全服务网络。重点推进秸秆过腹还田、腐熟还田和机械化还田。进一步推进秸秆肥料化、饲料化、燃料化、基料化和原料化利用，形成布局合理、多元利用的秸秆综合利用产业化格局。

推进畜禽粪便资源化利用。推动规模化养殖业循环发展，切实加强饲料管理，支持规模化养殖场、养殖小区建设粪便收集、贮运、处理、利用设施；积极探索建立分散养殖粪便储存、回收和利用体系，在有条件的地区，鼓励分散储存、统一运输、集中处理；推广工厂化堆肥处理、商品化有机肥生产技术；利用畜禽粪便因地制宜发展集中供气沼气工程，鼓励利用畜禽粪便、秸秆等多种原料发展规模化大型沼气、生物天然气工程，推进沼渣沼液深加工生产适合种植的有机肥。

推进农产品加工副产物综合利用。鼓励综合利用企业与合作社、家庭农场、农户有机结合，促进种养业主体调整生产方式，使副产物更加符合循环利用要求和加工原料标准，把副产物制作成饲料、肥料、微生物菌、草毯、酒精和沼气等，构建资源—产品—副产物—资源的闭合式循环模式，实现综合利用、转化增值、改良土壤和治理环境。推进加工副产物的高值化利用，支持企业进行技术改造，充分开发加工副产物的营养成分，提高产品附加值。建立副产物收集、处理和运输的绿色通道，推进加工副产物向高值、梯次利用升级，提高加工副产物的有效供给和资源化利用水平，减少废弃物排放。

推进废旧农膜、灌溉器材、农药包装物回收利用。建立政府引导、企业实施、农户参与的农膜、灌溉器材、农药包装物生产、使用、回收、再利用各个环节相互配套的回收利用体系。推广应用标准地膜，引导农民回收废旧地膜和使用可降解地膜；支持建设废旧地膜、灌溉器材回收初加工网点及深加工利用项目。建立农药包装物回收、处理处置机制和体系，减少农药包装废弃物中农药残留，防止污染环境。推进水产加工副产品、废旧网具、渔船等废弃物的资源化利用。

推进林业废弃物资源化利用。推动建立废旧木质家具、废纸、木质包装、园林废弃物的回收利用体系，推进废弃竹木的综合利用；鼓励利用森林经营、采伐、造材、加工等过程中的剩余物，建设热、电、油、药等生物质联产项目。

三、保障措施

（一）完善制度标准

建立农业和林业节能减排政策制度，完善农业和林业生产的节能减排相关规范和标准体系。制订耕地质量国家标准，修订土壤环境质量标准、农用地膜国家标准。制订完善农药、肥料、饲料、兽药等农业投入品管理和废弃物处理的法律法规。加快制订种植业、畜禽养殖业、水产养殖业污染物排放控制标准。建立农业循环经济评价指标体系和评价考核制度，推动农业循环经济规范化、标准化发展。

（二）推进工程建设

推进农业循环经济示范工程建设。在农业基础较好的地区，选择一批具有明确实施主体的农业循环经济产业园区（基地）和企业，在减量化、再利用、资源化、清洁生产等农业循环经济的关键环节和领域开展示范工程建设。支持农场及林场循环化改造、耕地质量保护与提升，农作物病虫专业统防统治与绿色防控融合。推进示范基地建设、促进关键技术推广应用，支持农林产品加工副产物资源化利用示范工程、农业清洁生产示范项目等。省级相关部门根据实际，针对薄弱环节和突出问题，组织实施本地区的重点工程，探索具有各地特色的农业循环经济发展模式。国家和地方相关资金要加大对农业循环经济发展的支持。

（三）加大政策扶持

充分利用现有政策，支持各类农业经营主体回收废旧农膜，开展农作物秸秆、畜禽废弃物资源化利用、农产品加工副产物综合利用，推动以县（市、区）为单位开展农业废弃物资源化利用试点。使用有机肥、秸秆综合利用机械、节能农机、灌溉器材，实施循环水养殖、稻田综合种养、农药包装物、农产品加工研发及技改等，鼓励建设回收体系和初加工网点。加大对秸秆还田、高效低毒低残留农药、现代施药机械、绿色防控产品、增施有机肥和高标准农膜使用补贴力度。研究完善促进农业循环经济发展的引导和扶持政策，特别是农业废弃物制备燃料、肥料等产品的支持力度。鼓励金融机构对农林循环经济重点项目和示范工程给予多元化信贷支持，拓宽抵押担保范围，创新融资方式。

（四）强化科技驱动

加大科技投入，促进产学研结合，加强农业资源高效利用、废弃物减量化、资源化、农产品加工副产物综合利用等农林牧渔循环经济的共性和关键技术装备研发和转化推广力度；组织专家队伍，对实践中应用效果好的技术进行论证比选，筛选一批成熟技术进行推广扩散。对现有的单项成熟技术进行集成配套并转化推广；加大农业面源污染治理和废弃物高值化利用等先进适用、便捷的技术示范推广力度。发布生态种植养殖和秸秆综合利用等农业循环经济应用技术和产品名录。

（五）创新组织形式

鼓励农业循环经济产业链中的种养大户、家庭农场（林场）、农民专业合作社和农业、林业龙头企业等新型经营主体开展多种形式的联合和协作，共同推进统防统治、种养循环、农林牧渔结合和废弃物资源化利用，实现规模化、产业化、标准化、生态化、品牌化和设施化。发展新型农村生产经营组织，发挥龙头企业的带动作用，完善"公司+合作社+基地+农户"的组织形式，着力构建集约化、专业化、组织化、社会化相结合的新型农林牧渔循环经济生产经营模式。

（六）健全服务体系

培育和扶持一批为农业循环经济发展提供规划、设计、建设、改造、运行、技术咨询、推广、市场开发等服务的专业化机构。利用物联网、互联网+等现代化信息手段发展农业循环经济信息服务业。依托和发挥现有农技、植保、土肥、畜牧、渔业、兽医、农机化等农业推广服务机构和种子、农资等经营机构的作用，为农业循环经济发展提供专业化技术服务，推广循环农业标准和技术规范。重点推进农林废弃物处理利用、病虫草害统防统治、外来物种综合防控体系、农林产品加工副产物综合利用等市场化、社会化服务体系建设。加大对农业污染第三方治理机构的扶持力度。

（七）积极宣传推广

创新宣传方式，普及推广循环经济理念、技术和模式。组织开展形式多样、喜闻乐见的农业循环经济宣传教育活动，建设农业循环经济教育示范基地，重点宣传农林废弃物资源化利用、农产品加工副产物综合利用、农林生产节能减排等技术模式和农业循环经济发展典型经验及成果。从种植、养殖、渔业、林业等不同行业，总结凝练一批典型模式，加大示范推广力度。充分利用各地党校、行政学院、高等学校、职业技术学校及行业协会等力量，加强对管理部门、龙头企业、农民专业合作社、家庭农场（林场）等相关人员的农业循环经济知识和技术培训。

（八）加强统筹协调

各级循环经济发展综合管理部门、农业部门、林业部门要根据本意见和国家出台的相关规划，结合实际，科学谋划本区域农业循环经济发展，制定专项规划或纳入地方相关规划，明确重点任务、重点工程和推进措施。建立农业循环经济工作责任制，明确任务分工，加强沟通协调，研究出台支持政策。建立和完善农业循环经济发展的统计报告和评价制度。

国家发展改革委、农业部、国家林业局将加强协调，综合指导，统筹对重点工程给予支持，加快发展农业循环经济。

国家发展改革委　农业部　国家林业局
2016 年 2 月 1 日

来源：http://www.ndrc.gov.cn/zcfb/zcfbtz/201602/t20160204_774444.html

4. 关于进一步加快推进农作物秸秆综合利用和禁烧工作的通知

关于进一步加快推进农作物秸秆综合利用和禁烧工作的通知

发改环资〔2015〕2651号

各省、自治区、直辖市及计划单列市发展改革委(经信委),财政厅(局),农业(农牧、农村经济)厅(委、局),环保厅(局);新疆建设兵团发展改革委、财务局、农业局、环保局:

2008年,国务院办公厅印发《关于加快推进农作物秸秆综合利用的意见》(国办发〔2008〕105号)以来,各地区、各部门积极采取有效措施,农作物秸秆(以下简称秸秆)综合利用和禁止露天焚烧(以下简称禁烧)工作取得了积极进展,综合利用水平有所提高,露天焚烧火点数明显减少。但是,由于全社会对秸秆焚烧危害性认识不足,秸秆综合利用激励政策不到位,部分地区秸秆露天焚烧现象仍屡屡发生,导致资源浪费、环境污染,甚至引发火灾,危及交通安全,形势仍十分严峻。为了进一步加强秸秆综合利用与禁烧工作,现就有关事宜通知如下:

一、总体要求和目标任务

(一) 总体要求

贯彻落实党的十八大提出的大力推进生态文明建设的战略部署,坚持节约资源和保护环境的基本国策,按照政府引导、市场运作、多元利用、疏堵结合、以疏为主的原则,完善秸秆收储体系,进一步推进秸秆肥料化、饲料化、燃料化、基料化和原料化利用,加快推进秸秆综合利用产业化,加大秸秆禁烧力度,进一步落实地方政府职责,不断提高禁烧监管水平,促进农民增收、环境改善和农业可持续发展。

(二) 主要目标

力争到2020年,全国秸秆综合利用率达到85%以上;秸秆焚烧火点数或过火面积较2016年下降5%,在人口集中区域、机场周边和交通干线沿线以及地方政府划定的区域内,基本消除露天焚烧秸秆现象。

二、推动产业化发展,拓宽秸秆利用渠道

(三) 完善高效收集体系

各地要根据当地农用地分布情况、种植制度、秸秆产生和利用现状,鼓励农户、新型农业经营主体在购买农作物收获机械时,配备秸秆粉碎还田或捡拾打捆设备,完善激励措施,健全服务网络,开展秸秆还田、收储服务。要加强收获作业技术指导,推行秸秆机械化还田作业和留茬高度等标准,促进秸秆就地还田或应收尽收。

(四) 建立专业化储运网络

各地要积极扶持秸秆收储运服务组织发展,建立规范的秸秆储存场所,促进秸秆后续利用。各地应出台方便秸秆运输的政策措施,提高秸秆运输效率。鼓励有条件的企业和社会组织组建专

业化秸秆收储运机构，鼓励社会资本参与秸秆收集和利用，逐步形成商品化秸秆收储和供应能力，实现秸秆收储运的专业化和市场化。

（五）提高秸秆农用水平

各地要按照种养结合、农业优先的原则，进一步加大秸秆还田力度，大力推广秸秆生物炭还田改土技术，积极开展秸秆—牲畜养殖—能源化利用—沼肥还田、秸秆—沼气—沼肥还田等循环利用，加大秸秆机械化粉碎还田、快速腐熟还田力度，鼓励畜禽养殖场（户）和小区、饲料企业利用秸秆生产优质饲料，引导秸秆基料食用菌规模化生产。开展农业循环经济试点示范，探索秸秆综合利用方式的合理搭配和有机耦合模式，推动区域秸秆全量利用。

（六）拓宽综合利用渠道

各地要做好统筹规划，坚持市场化的发展方向，在政策、资金和技术上给予支持，通过建立利益导向机制，支持秸秆代木、纤维原料、清洁制浆、生物质能、商品有机肥等新技术的产业化发展，完善配套产业及下游产品开发，延伸秸秆综合利用产业链。在秸秆产生量大且难以利用的地区，应根据秸秆资源量和分布特点，科学规划秸秆热电联产以及循环流化床、水冷振动炉排等直燃发电厂，秸秆发电优先上网且不限发。

三、健全工作机制，强化秸秆禁烧监管

（七）加强基础能力建设和考核

强化卫星遥感、无人机等应用，提高秸秆焚烧火点监测的效率和水平。健全秸秆资源评估、综合利用和焚烧监测的统计、评价体系。逐步建立以过火面积、焚烧量和综合利用量为核心的秸秆禁烧工作评价、考核方法和奖惩机制。

（八）加强信息公开和执法

各地要加大秸秆禁烧执法检查力度，及时公开违法焚烧秸秆的相关信息，对因焚烧秸秆造成火灾、人员伤害、交通事故的严肃依法查处，对构成犯罪的追究刑事责任。实行目标责任制，对秸秆焚烧严重和综合利用率低的地区启动问责机制，并追究相关负责人及直接责任人的责任。

四、推动技术进步，提高收集和利用水平

（九）积极支持新技术和装备研发

各地要切实加强对秸秆还田、饲料化、能源化、原料化领域新技术的创新，扶持引导基层农技部门、社会化服务体系推广应用先进适用的秸秆综合利用技术。鼓励秸秆综合利用企业、科研单位引进和开发先进实用的秸秆粉碎还田、捡拾打捆、固化成型、炭气油联产等新装备，推广秸秆就地就近实现资源转化的小型化、移动式装备，推进秸秆综合利用装备的产业化发展与应用。

（十）完善秸秆综合利用标准体系

有关部门要加快制定秸秆收储运体系建设标准，完善秸秆制生物炭、秸秆粉碎还田作业、秸秆生物炭还田改土等质量标准和技术规范，逐步建立秸秆综合利用产品标准与质量检测体系，实现装备、产品和工艺操作的标准化。

五、完善扶持政策，构建有效激励机制

（十一）完善落实有利于秸秆利用的经济政策

财政投入方面：各地可根据实际情况，统筹各方面资金加大秸秆有机肥、秸秆还田、秸秆养畜

补贴力度，以及对秸秆综合利用项目给予支持。秸秆焚烧严重的地区，要加大财政性资金支持力度，用于秸秆综合利用和禁烧工作。税收优惠方面：落实好秸秆综合利用税收优惠政策，切实促进秸秆资源化利用。研究将符合条件的秸秆综合利用产品列入节能环保产品政府采购清单和资源综合利用产品目录。金融信贷方面：鼓励银行业金融机构结合秸秆综合利用项目特点，创新金融产品和服务，按照风险可控、商业可持续原则，积极为秸秆收储和加工利用企业提供金融信贷支持。

（十二）贯彻执行有利于秸秆利用的土地和用电政策

土地政策：秸秆收储设施用地尽量利用存量建设用地、空闲地、废弃地等，原则上按临时用地管理，属于永久性占用的，按建设用地依法依规办理审批手续。电价方面：粮棉主产区和大气污染防治重点地区秸秆捡拾、打捆、切割、粉碎、压块等初加工用电纳入农业生产用电价格政策范围，降低秸秆初加工成本。

六、加强宣传培训，提高资源环境保护意识

（十三）开展秸秆综合利用教育培训

各地要强化秸秆禁烧和利用的意识，在农业职业教育和新型职业农民培训中，加大秸秆综合利用实用技术推广和操作人员培训力度，提高技术普及率。各地要充分发挥相关行业学会协会，现有农村基层组织和服务组织的作用，组织开展多种形式的农机作业和秸秆收储运规范培训，大力推广秸秆综合利用实用成熟技术，提高农民秸秆综合利用技术能力。

（十四）充分发挥舆论导向宣传作用

各地要充分利用广播、电视、互联网等媒体开展秸秆利用和禁烧的专题系列报道，大力宣传秸秆综合利用重要意义、政策措施和典型经验以及露天焚烧的危害性，并采取面向基层、贴近农民、生动活泼的形式，普及相关知识和技术，逐步提高全社会对秸秆综合利用的意识和自觉性。

七、加强组织领导，落实任务责任

（十五）明确任务，强化责任

各地要加强对秸秆综合利用和禁烧工作领导，明确目标任务，强化主体责任；要健全相关法规规章，出台配套政策，明确执法主体，落实工作职责，建立考核机制，严格奖惩措施；实行秸秆综合利用和禁烧工作目标责任制，把任务分解落实到部门、乡镇和村组，明确分工、责任到人，构建政府主导、部门联动、农民参与的工作格局。

（十六）强化部门协调合作

充分发挥秸秆综合利用统筹协调机制作用，各相关部门要按照职责分工，统筹研究推进秸秆综合利用和禁烧的重大问题，提出促进秸秆综合利用的政策建议，加强对地方秸秆综合利用工作的督促和指导，扩大利用规模，提升技术水平，促进秸秆收储运体系建设，改善大气环境。

国家发展改革委　财政部　农业部　环境保护部

2015 年 11 月 16 日

来源：http://www.ndrc.gov.cn/zcfb/zcfbtz/201511/t20151125_759523.html

5. 四部委修订缓解生猪市场价格周期性波动调控预案

四部委修订缓解生猪市场价格周期性波动调控预案
中华人民共和国国家发展和改革委员会
中华人民共和国财政部
中华人民共和国农业部
中华人民共和国商务部
公告
2015 年第 24 号

近年来,生猪生产和市场形势出现深刻变化。为完善生猪市场价格调控机制,提升调控的前瞻性、有效性,缓解生猪市场价格周期性波动,促进生猪生产平稳健康持续发展,有效维护生产者、消费者和经营者利益,国家发展改革委、财政部、农业部、商务部对 2012 年初发布的《缓解生猪市场价格周期性波动调控预案》(2012 年第 9 号公告)进行了修订。经报请国务院批准,

现将修订后的预案发布,自发布之日起实施,《缓解生猪市场价格周期性波动调控预案》(2012 年第 9 号公告)同时废止。

附件:《缓解生猪市场价格周期性波动调控预案》

国家发展改革委　财政部　农业部　商务部
2015 年 10 月 28 日

来源:http://www.ndrc.gov.cn/zcfb/zcfbgg/201510/t20151029_756642.html

附　缓解生猪市场价格周期性波动调控预案

为健全生猪市场调控机制,缓解生猪生产和市场价格周期性波动,促进生猪生产平稳健康发展,制订本预案。

一、基本原则

(一)市场形成、政府调控

遵循市场经济规律,充分发挥市场形成价格作用。同时,更好发挥政府调控作用,合理引导市场预期,调节市场供求,促进生产稳定。

(二)统一领导、分级负责

在国务院统一领导下,强化"菜篮子"市长负责制,健全中央、地方分级负责的市场调控管理体系。

(三)分工协作、密切配合

各地区、各有关部门加强协调配合,形成职责明确、信息共享、齐抓共管、综合调控的工作格局。

二、预警指标

在判断生猪生产和市场情况时,将猪粮比价作为核心指标,将能繁母猪存栏量变化作为辅助指标,同时参考猪料比价、能繁母猪出场价格等其他指标,并根据生猪生产方式、成本和市场需求变化等因素适时调整预警指标及具体标准。猪粮比价是指生猪出场价格与玉米批发价格的比值(猪粮比价=生猪出场价格/玉米批发价格)。其中,生猪出场价格、玉米批发价格是指发展改革委监测统计的全国平均生猪出场价格和全国主要批发市场二等玉米平均批发价格。为更加准确反映实际情况,对生猪生产盈亏平衡点对应的猪粮比价采取区间设置,根据2012—2014年生产成本数据测算,合理的水平在5.5∶1~5.8∶1之间。能繁母猪存栏量变化率是指农业部动态监测点的母猪存栏量月同比变化率。根据历史资料测算,月同比变化率在-5%~5%之间属正常水平,超出上述范围则表明生猪生产出现异常波动。猪料比价是指生猪出场价格与饲料平均价格的比值(猪料比价=生猪出场价格/饲料平均价格)。

三、调控目标

国家加强对生猪等畜禽产品价格监测,采取综合调控措施,主要目标是促进猪粮比价处于绿色区域(5.5∶1~8.5∶1),防止价格出现大幅波动。

四、预警区域

将猪粮比价5.5∶1和8.5∶1作为预警点,低于5.5∶1进入防止价格过度下跌调控区域,高于8.5∶1进入防止价格过度上涨调控区域。具体划分为以下五种情况:(一)绿色区域(价格正常),猪粮比价在5.5∶1~8.5∶1之间;(二)蓝色区域(价格轻度上涨或轻度下跌),猪粮比价在8.5∶1~9∶1或5.5∶1~5∶1之间;(三)黄色区域(价格中度上涨或中度下跌),猪粮比价在9∶1~9.5∶1或5∶1~4.5∶1之间;(四)红色区域(价格重度上涨或重度下跌),猪粮比价高于9.5∶1或低于4.5∶1;(五)其他情况,生猪价格异常上涨或下跌的其他情况。

五、响应机制

国家加强监测和统计报告工作,根据猪粮比价的变动情况,在充分发挥市场调节作用的基础上,分别或同时启动发布预警信息、储备吞吐、进出口调节等措施。

(一)正常情况

当猪粮比价处于5.5∶1~8.5∶1之间(绿色区域)时,做好市场监测工作,密切关注生猪生产和市场价格变化情况。各部门根据职责定期发布生猪生产和市场价格信息。中央正常冻猪肉储备规模保持1万吨,主要用于应急救灾需要。如预计后期生猪供给可能出现缺口,猪粮比价可能出现过度上涨,可择机适当增加储备规模,以增强后期调控能力。当猪粮比价回归绿色区域后三个月内,由商务部牵头组织将中央冻猪肉储备规模调整至正常水平。商务部要加强监管,确保中央冻猪肉储备数量完整、质量完好。

(二)三级响应

1. 防止价格过度上涨方面。

(1)当猪粮比价高于8.5∶1时,发展改革委及时通过中国政府网等媒体向社会发布预警信息。

(2)在充分发挥市场调节作用的同时,着手做好启动二级响应机制的准备。

2. 防止价格过度下跌方面。

(1)当猪粮比价低于5.5∶1时,发展改革委及时通过中国政府网等媒体向社会发布预警信息,引导养殖户合理调整生产,避免出现大的亏损。

(2)在充分发挥市场调节作用的同时,着手做好启动二级响应机制的准备。

（三）二级响应

1. 防止价格过度上涨方面。

（1）当猪粮比价连续一段时间（通常为一个月，下同）处于9∶1~9.5∶1之间（黄色区域）时，由发展改革委牵头会商，提出中央冻猪肉储备投放计划，由商务部牵头组织实施。

（2）着手做好启动一级响应机制的准备。

2. 防止价格过度下跌方面。

（1）当猪粮比价连续一段时间处于5∶1~4.5∶1之间（黄色区域）时，由发展改革委牵头会商，提出中央冻猪肉储备收储计划，由商务部牵头组织实施。

（2）着手做好启动一级响应机制的准备。

（四）一级响应。

1. 防止价格过度上涨方面。

（1）当猪粮比价高于9.5∶1（红色区域）时，由发展改革委牵头会商，提出增加中央冻猪肉储备投放计划，由商务部牵头组织实施。

（2）研究采取其他调控措施。

2. 防止价格过度下跌方面。

（1）当猪粮比价低于4.5∶1（红色区域）时，由发展改革委牵头会商，提出增加中央冻猪肉储备收储计划，由商务部牵头组织实施，最高可增加至25万吨。如有需要，由发展改革委会同商务部、财政部报请国务院同意，继续增加储备规模，具体数量根据当时市场情况确定。

（2）研究采取临时性措施，加强猪肉进口管理，鼓励猪肉及其制品出口，减少当期市场供应。

（3）研究采取其他调控措施。

（五）其他异常情况。

受疫情或自然灾害等影响，当出现生猪价格异常上涨或下跌的其他情况时，由发展改革委牵头，及时研究提出调控生猪市场的相应措施。

六、配套措施

（一）信息发布

完善生猪信息统计监测制度，健全生猪市场价格调控统一信息发布平台，各有关部门根据职责定期在中国政府网和中央电视台财经频道信息发布平台发布相关信息，提醒养殖户、经营者防范市场和疫病风险，引导养殖户适时调整养殖规模和结构。

信息发布分工表

内容	提供单位	频率
生猪出场价格	国家发展改革委	每周
二元能繁母猪价格	国家发展改革委	每周
玉米批发价格	国家发展改革委	每周
猪粮比价	国家发展改革委	每周
猪料比价	国家发展改革委	每周
仔猪价格	农业部	每周
动态监测点生猪存栏量变化率	农业部	每月
动态监测点能繁母猪存栏量变化率	农业部	每月

(续表)

内容	提供单位	频率
生猪疫情	农业部	每月
规模以上屠宰企业白条肉出厂价格	农业部	每周
生猪定点屠宰量	农业部	每月
规模以上屠宰企业病害猪无害化处理量	农业部	每季度

注：以上信息统一由国务院有关部门授权中国政府网和中央电视台财经频道发布，并注明信息提供单位。

（二）市场监管

农业部门负责加强饲料安全、生猪疫病防控及检疫工作；加强疫情监测，建立健全重大动物疫情预警机制；按照《国家突发重大动物疫情应急预案》要求及时处理疫情；加强屠宰环节病害猪（肉）无害化处理的监管。价格部门会同财政部门清理整顿在生猪饲养、运输、屠宰和猪肉运输、销售等环节的不合理税费。价格部门加强生猪市场价格监督检查，维护正常市场价格秩序。有关部门依法加强对猪肉市场流通环节食品安全的监管。

七、组织体系

（一）组织协调

由发展改革委会同财政部、商务部、农业部等部门组织预案执行，各有关部门按预案规定的职责分工做好日常工作，并按国务院的统一部署，落实各自职责范围内的相关政策。

（二）会商机制

由发展改革委会同财政部、商务部、农业部等部门密切关注预案设定的预警指标变动情况。当猪粮比价进入预警区域时，及时启动响应机制，调控生猪市场。当生猪市场出现其他异常波动时，及时会商，向国务院提出政策建议。

（三）地方责任

按照国务院要求，各地要切实落实好"菜篮子"市长负责制，建立健全当地生猪市场价格调控机制，完善地方冻猪肉储备制度，组织好调控工作。

（四）经费保障

中央冻猪肉储备相关补贴资金，如冷藏保管费、公正检验费、利息费用、价差亏损等由中央财政负担。地方开展冻猪肉储备相关补贴资金由地方财政负担。中央冻猪肉储备由承储企业在保质期内自行轮换，其中中央正常冻猪肉储备规模以内的轮换费用由中央财政负担，超出中央正常冻猪肉储备规模以外的轮换费用由承储企业自行负担。

八、附则

（一）实际情况发生变化时，由发展改革委会同有关部门适时修订本预案，报国务院批准后执行。

（二）本预案自发布之日起实施，由发展改革委负责解释，《缓解生猪市场价格周期性波动调控预案》（2012年第9号公告）同时废止。

（三）以往相关制度条款如有与此预案相抵触，以此预案为准。

2015年10月28日

6. 国家发展改革委 国家林业局印发实施《长白山林区生态保护与经济转型规划（2015—2024年）》

国家发展改革委 国家林业局印发实施《长白山林区生态保护与经济转型规划（2015—2024年）》

为贯彻落实《中共中央 国务院关于加快推进生态文明建设的意见》（中发〔2015〕12号）、《中共中央 国务院关于印发〈国有林场改革方案〉和〈国有林区改革指导意见〉的通知》（中发〔2015〕6号）精神，加快推进长白山林区生态保护与经济转型，按照国务院要求，国家发展改革委、国家林业局会同有关部门在深入调查研究、科学分析论证、广泛征求意见的基础上，编制完成了《长白山林区生态保护与经济转型规划（2015—2024年）》（以下简称《规划》），已于近日印发。

《规划》综合考虑长白山林区自然地形地貌、林缘、国有林业局局址、森林覆盖率及行政单元完整性等因素，确定实施范围为吉林省和黑龙江省的41个县（市、区，包括域内国有林业局、森林经营局、省直属林业事业单位和3个森工集团），其中吉林省25个县（市、区），黑龙江省16个县（市、区）。规划区国土总面积19.4万平方千米，其中有林地面积12万平方千米，总人口1390万，其中林业职工23万。

《规划》确定的总体目标是：到2024年，林区森林蓄积明显增加，林分质量显著改善，生态功能得到有效恢复，一批特色鲜明的接续替代产业成为林区经济的新支柱，生态主导型经济体系基本建立，空间布局和基础设施进一步完善，居民收入和公共服务水平大幅提高，国有林区改革基本完成，可持续发展能力显著增强。在此基础上，《规划》提出了生态保护、经济发展和社会发展三类12项具体指标和到2020年，基本理顺中央与地方、政府与企业的关系，实现政企、政事、事企、管办分开的体制改革目标。

《规划》综合分析长白山林区基础条件，提出了促进生态保护与经济转型的重点任务。一是加强林区生态保护与建设。以恢复和提升林区生态功能为核心，停止天然林商业性采伐，强化森林管护与保护，加强森林资源培育，推进森林、湿地生态系统和野生动物保护，开展水土流失综合治理和污染防治。二是加快产业转型升级。依托林区资源和产业基础，做大做强人参健康产业、绿色产业和现代中药产业等优势产业；积极培育壮大生物、新材料和清洁能源等新兴产业；加快发展旅游、现代物流和商贸服务等特色服务业；改造提升木材精深加工、煤炭钢铁等传统产业；控制发展与生态保护相冲突的产业；优化产业布局，引导产业集聚发展。三是优化林区空间布局。调整林场布局，推进林场、林业站功能转型，将现有的525个重点国有林区林场逐步调整为314个中心林场。提升中心城市功能，扶持建设一批特色小城市和林区重点镇，加快推进林区新型城镇化。四是完善林区基础设施。加强林区公路、铁路、航空等交通设施建设。加快林区电网改造，改善林区生活条件，加快推进林区棚户区改造。加强生态保护和林业管护设施建设。统筹推进边境口岸和通道基础设施建设。五是加强社会民生建设。扩大社会保障覆盖范围，加大弱势群体救助力度。促进就业和再就业，加强劳动力技术技能培训。提高教育水平，优化教育资源配置，促进林业院校和职业教育发展。改善医疗卫生条件，形成覆盖全林区居民的医疗卫生服务体系。繁荣文化事业，逐步建成覆盖林区的公共文化服务网络。六是深化改革和扩大开放。以厘清中央与地方事权、政府与企业各方面关系为主线，积极推进政事企分开。认真履行我国同周边国家现行有效的双边、多边协议，加强面向东北亚地区的对外合作，增强林区发展活力。

《规划》充分考虑工作推进的节奏和政策措施的成熟度，从促进林区生态保护、支持林区改革和经济转型、加强民生保障和基础设施建设等三个方面提出了具体政策措施。下一步，发展改革委将会同有关部门和相关地方，按照《规划》要求，加强组织领导、完善政绩考核指标、落实工作责任、严格监督检查、加强社会宣传，加快推动《规划》贯彻落实，促进长白山林区生态保护与经济转型工作。

2015年8月18日

来源：http://dbzxs.ndrc.gov.cn/zttp/stms/201508/t20150828_749139.html

7. 国家发展改革委 农业部关于印发糖料蔗主产区生产发展规划（2015—2020年）的通知

国家发展改革委 农业部关于印发糖料蔗主产区生产发展规划（2015—2020年）的通知

发改农经〔2015〕1101号

广西自治区、云南省发展改革委、农业厅：

根据国务院批示精神，国家发展改革委、农业部会同有关部门制定了《糖料蔗主产区生产发展规划（2015—2020年）》，现印发给你们，请认真组织实施。

附件：糖料蔗主产区生产发展规划（2015—2020年）

国家发展改革委 农业部

2015年5月20日

附件：糖料蔗主产区生产发展规划（2015—2020年）全文参见：

http://www.chinadmd.com/file/6sruw3pzpessu36weossrtzt_1.html

8. 关于开展社会资本参与重大水利工程建设运营第一批试点工作的通知

关于开展社会资本参与重大水利工程建设运营第一批试点工作的通知

发改办农经〔2015〕1274号

各省、自治区、直辖市发展改革委、财政厅（局）、水利（水务）厅（局）：

按照《关于鼓励和引导社会资本参与重大水利工程建设运营的实施意见》（发改农经〔2015〕488号）有关要求，经研究，确定黑龙江奋斗水库、浙江舟山大陆引水三期、安徽江巷水库、福建上白石水库、广东韩江高陂水利枢纽、湖南莽山水库（已批复工程可行性研究报告并通过招标方式确定项目法人）、重庆观景口水库、四川李家岩水库、四川大桥水库灌区二期、贵州马岭水利枢纽、甘肃引洮供水二期工程、新疆大石峡水利枢纽工程为国家层面联系的社会资本参与重大水利工程建设运营第一批试点项目。现将《国家层面联系的社会资本参与重大水利工程建设运营第一批试点工作方案》印发给你们，请抓紧开展工作，力争通过2年左右的时间，探索形成可复制、可推广的经验，推动完善相关政策。

今后，国家层面将继续开展试点工作。请各省（区、市）进一步做好重大水利工程向社会资本开放工作，在选择项目开展省级层面试点的同时，认真做好国家层面联系试点的申报和试点跟踪总结等工作。

附件：国家层面联系的社会资本参与重大水利工程建设运营第一批试点工作方案

国家发展改革委办公厅　财政部办公厅　水利部办公厅

2015年5月19日

附　国家层面联系的社会资本参与重大水利工程建设运营第一批试点工作方案

一、试点项目选择

综合考虑地方推荐、项目基础条件、前期工作进展、项目代表性等因素，确定黑龙江奋斗水库、浙江舟山大陆引水三期、安徽江巷水库、福建上白石水库、广东韩江高陂水利枢纽、湖南莽山水库、重庆观景口水库、四川李家岩水库、四川大桥水库灌区二期、贵州马岭水利枢纽、甘肃引洮供水二期工程、新疆大石峡水利枢纽工程12个项目为第一批国家层面联系的社会资本参与重大水利工程建设运营试点项目，力争通过2年左右的时间（2015年4月—2017年3月），探索形成可复制、可推广的经验，推动完善相关政策。

二、试点支持政策

1. 加快推进项目前期工作。对于试点项目，有关部门和地方要开辟绿色通道，加强对项目投资经营主体编制报批的前期工作文件，特别是重大问题论证、征地移民、建设管理等方面的协调指导，帮助投资经营主体尽快完成前期工作文件编报，优先审查审批，提高工作效率。对尚未批复可行性研究报告的试点项目，应在可研报告中明确吸引社会资本参与工程建设运营的总体考虑和基本方式，提出项目法人组建方案。

2. 加大项目投资支持力度。充分利用现有中央投资及相关金渠道，加大对试点项目的支持力度，并优先安排年度投资计划。鼓励和支持金融机构为试点项目提供融资、保险等金融服务。

3. 创新项目产品定价机制。社会资本参与的重大水利工程的供水价格原则上由市场形成，供用水双方应协商确定供水价格及调整程序和方式，推动落实供用水协议，作为项目可行性研究的重要内容。

三、试点主要内容

第一批试点的12个项目中，对于已基本明确投资者的项目，应加快项目前期工作和建设运营进程，尽快形成示范效应；对于尚未确定投资者的项目，应创造条件进一步落实鼓励和吸引社会资本参与投资、建设及营运。试点主要内容包括：

1. 探索建立健全政府和社会资本合作（PPP）机制，鼓励社会资本以特许经营、参股控股等多种形式参与重大水利工程建设运营，总结不同类型项目适宜的投融资模式。

2. 探索通过公开招标、邀请招标、竞争性谈判、竞争性磋商等方式，公平公正公开选择投资经营主体，积极引入信誉好、有实力、管理能力强的投资主体参与试点项目建设运营。

3. 探索完善政府鼓励引导社会资本参与重大水利工程建设运营的投资、产品定价、财政补贴、金融支持等政策，为投资者获得合理回报积极创造条件。

4. 探索政府加强对社会资本参与重大水利工程建设运营的服务和监管的方式方法，推动政府职能转变、提高管理水平和服务效率。

5. 探索社会资本退出机制。政府与投资经营主体签订协议时，要考虑社会资本退出的应对措施，确保水利工程的顺利实施和安全运行，维护社会资本的合法权益。

四、组织实施

1. 健全试点组织实施机制。把吸引社会资本投入重大水利工程试点工作纳入重大水利项目审批部际协调机制工作内容，国家发展改革委、财政部、水利部会同有关部门统筹指导试点工作，通过多种途径加大对试点的指导支持力度。

2. 编制试点项目实施方案。各有关省（自治区、直辖市）发展改革、财政、水利部门要成立试点工作小组，加强总体设计，尽快组织编制国家层面联系试点项目吸引社会资本的实施方案，并报送国家发展改革委、财政部、水利部备核。实施方案主要内容包括：项目基本情况、合作伙伴选择、项目公司组建及运作、融资运营模式和融资方案、财务测算、风险分析、政府支持方式、必要的配套措施等。

3. 加强对试点项目的跟踪指导。国家发展改革委、财政部、水利部建立对口指导工作机制，定期深入试点项目跟踪调研，总结经验，解决问题，提出相关建议，推动试点取得实效。各试点项目所在省级有关部门要及时将试点的有关情况报送国家发展改革委、财政部、水利部。

4. 加强试点总结评估与宣传推广。试点期末，要对试点项目进行全面总结评估，形成可复制、可推广经验，并及时宣传推广，完善有关政策。

来源：http://njs.ndrc.gov.cn/gzdt/201505/t20150525_693161.html

9. 国家发展改革委 国家粮食局 财政部关于印发《粮食收储供应安全保障工程建设规划（2015—2020年）》的通知

国家发展改革委 国家粮食局 财政部关于印发《粮食收储供应安全保障工程建设规划（2015—2020年）》的通知

发改粮食〔2015〕570号

各省、自治区、直辖市人民政府：

《粮食收储供应安全保障工程建设规划（2015—2020年）》（以下简称《规划》）已经国务院同意，现印发你们，请按照实施，并将有关事项通知如下：

一、实施粮食收储供应安全保障工程（以下简称"粮安工程"），是贯彻落实党中央、国务院关于新形势下保障国家粮食安全重大决策部署和《国务院关于建立健全粮食安全省长责任制的若干意见》要求，各地区、各部门要统一思想，高度重视，全面提升粮食收储供应安全保障能力，守住"种粮卖得出、吃粮买得到"粮食流通工作底线，保持粮食供求基本平衡和价格基本稳定，促进粮食增产农民增收和粮食流通现代化，确保国家粮食安全。

二、各地区、各部门要加强《规划》的组织领导和统筹协调，抓紧推进以"建设粮油仓储设施、打通粮食物流通道、完善应急供应体系、保障粮油质量安全、强化粮情监测预警、促进粮食节约减损"等为主要内容的"粮安工程"建设。

三、各省（区、市）人民政府要按照粮食安全省长责任制的要求，切实承担起保障本地区粮食安全的主体责任，依据本《规划》确定的目标、任务，结合当地实际，抓紧制订规划或具体落实方案，强化政策支持，加大投入力度，深化改革创新，充分发挥社会力量和市场多元主体的作用，切实抓好组织落实，确保《规划》落到实处。

四、有关部门要根据职责和分工，加强沟通协商，密切配合，明确工作安排及进度，完善各项配套政策措施，做好年度投资安排与《规划》的有效衔接，加大支持力度，确保按期完成《规划》各项目标建设任务。

国家发展改革委 国家粮食局 财政部
2015年3月23日

来源：http://www.mof.gov.cn/zhengwuxinxi/zhengcefabu/201506/t20150615_1256546.htm

粮食收储供应安全保障工程建设规划（2015—2020年）

前言

粮食安全始终是关系我国经济发展、社会稳定和国家自立的全局性重大战略问题，保障国家粮食安全始终是治国安邦的头等大事。

为切实贯彻落实党中央、国务院关于粮食工作的重要决策部署，从根本上解决粮食流通领域存在的突出问题，坚决守住"种粮卖得出，吃粮买得到"的粮食流通工作的底线，确保不出现农民卖粮难，确保不发生粮食供应脱销断档，要大力实施粮食收储供应安全保障工程（以下简称"粮安工程"）。"粮安工程"的主要内容包括"建设粮油仓储设施、打通粮食物流通道、完善应急供应体系、保障粮油质量安全、强化粮情监测预警、促进粮食节约减损"等。要全面深化粮食流通领域各项改革，构建符合我国国情和社会主义市场经济体制要求的现代粮食收储供应安全保障体系。

根据党的十八大、十八届三中、四中全会精神以及中央经济工作会议和中央农村工作会议关于切实保障国家粮食安全，实施新形势下的国家粮食安全战略的要求，特编制本规划。规划提出了今后我国粮食收储供应安全保障能力建设的指导思想、目标和主要任务及政策措施，是今后一个时期我国粮食流通基础设施建设的重要依据。规划期为2015年至2020年。

第一章 指导思想和目标任务

党的十八大提出，要"确保国家粮食安全和重要农产品有效供给"。习近平总书记强调，"把保障粮食供应能力牢靠地建立在我们自己身上、把饭碗牢牢端在我们自己手中"；把粮食仓储建设"做为农业基础设施的重点工作抓紧抓好"。李克强总理指出，要加强粮食仓储物流设施建设，确保储备数量实、质量好、调得动、用得上。"粮安工程"要统一布局、统筹安排，要与粮食安全省长责任制衔接起来。

实施"粮安工程"，是新形势下保障国家粮食安全和增加粮食有效供给守住底线的必然选择，是满足全面建成小康社会对粮食质量安全需求新期待的基本要求，是应对国际粮食市场复杂形势增强我国粮食流通抗风险能力的迫切需要。

第一节 现状与挑战

改革开放以来，我们党成功地解决了十几亿人的吃饭问题，取得了世人瞩目的成就。特别是进入21世纪以来，我国粮食生产实现"十一连增"，粮食流通设施条件得到改善，应急体系逐步建立，宏观调控能力不断增强，统一开放、竞争有序的粮食市场体系逐步健全，为国家的粮食安全打下良好基础，对促进国民经济平稳较快发展发挥了重要作用。同时也要看到，保障国家粮食安全仍面临着严峻的形势和新的挑战。从需求方面看，我国人口总量还将增加，粮食消费将呈刚性增长；随着全面建成小康社会的深入推进，城镇人口比重上升，居民收入水平普遍提高，粮食品种结构性矛盾和供需区域性矛盾加剧，对质量也提出了新的更高要求。从供给方面看，粮食增产制约因素增多，我国农业靠天吃饭的局面短期内难以根本改变，耕地、水等资源约束日趋强化，国际粮食市场大幅波动对国内市场的影响日益显著。这些都对保障国家粮食供应安全提出了新的要求。

在粮食收储供应安全保障体系方面，为缓解粮食流通设施严重不足和落后的局面，20世纪80年代末到21世纪初，我国先后进行过机械化骨干粮库、世行贷款粮食流通项目、利用国债建设中央储备粮库等3次大规模粮食仓储设施建设，其中世行项目投资约80亿元，在东北等地区和部分粮食物流通道建设近300个粮食中转库、港口库和收纳库，建成仓容480万吨；国债建库项目投资343亿元，集中建设了1 114个国家储备粮库，建成仓容5 260万吨。实施《国家粮食安全中长期规划纲要（2008—2020年）》《粮食行业"十二五"发展规划纲要》《粮食现代物流发展规划（2006—2015年）》《粮油仓储设施建设方案》《农户科学储粮"十二五"建设规划》《粮食质量安全检验监测"十二五"规划》。近几年来国家继续推进粮食仓储、物流设施建设和仓房维修改造，其中2009—2014年中央财政资金补助各地和央企建仓3 480万吨，仓储条件得到一定改善；支持粮食现代物流项目建设，东北港口粮食发运能力和东南沿海的接卸能力明显增强，长江通道基本形成；农户科学储粮专项目前共为全国26个省（区、市）配置817万套标准化储粮装具，可储存粮食约1 400万吨，每年减少储粮损失90万吨；强化粮油质量检验监测能力，为300多个检验机构配置粮食检验检测仪器设备，有效提升了全国粮食质量安全检验监测能力和水平。这些粮食流通设施为形成有中国特色的粮食流通体系奠定了基础。

但是，现代粮食收储供应安全保障体系远没有建成，随着我国粮食产量的增加、供需形势的变化，粮食收储仓容能力不足、物流通道不畅、应急供应能力薄弱、质量安全隐患较大、粮情监测预警滞后、产后损失浪费严重等矛盾又日益突出,国家粮食供应安全仍面临严峻挑战。

一是粮食收储设施能力严重不足。2014年全国粮食产量达6.07亿吨,相对于3.98亿吨的商品粮数量,粮食仓储仓容缺口巨大。粮食主产区中的东北地区尤为严重。《粮油仓储设施建设方案(2009—2020年)》确定的原建设规模已不能满足新的需要。基层粮食收储设施陈旧老化严重的问题依然非常突出,安全生产隐患很大。二是粮食物流通道不畅。随着粮食生产继续向主产区集中,主销区和西部地区产需缺口进一步扩大,"北粮南运"格局更加凸显。实施《粮食现代物流发展规划(2006—2015年)》,对主要跨省粮食物流通道建设起到了积极推动作用,但离确定的目标还有较大差距。2014年全国有1.65亿吨粮食跨省运输,原粮跨省散运比例约25%,以包粮运输为主。特别是铁路散粮车因回空问题而尚未实现在全国范围内运营,东北粮食入关和西南、西北流入通道能力不足。三是粮食应急供应能力薄弱。我国自然灾害频发、应急保供任务艰巨。粮食应急供应网点数量不足,布局不合理,应急加工和供应网点设施陈旧落后,功能不完善,配送效率低,面向农村和边远地区等应灾应急供应能力尤其薄弱。四是粮食质量安全隐患较大。由于粮油质量安全指标快速检验能力不足,质量安全检验监测体系不健全,粮食流通质量安全追溯体系尚未建立,造成粮食质量安全存在隐患。五是粮情监测预警滞后。现有粮情监测预警体系尚不健全,缺乏完整统一规范的信息监测平台和科学灵敏的预警预测功能。粮情信息采集不全面、时效性差,采集手段落后。资源缺乏有效整合,数据挖掘不深入,信息反馈不灵敏,信息发布和共享平台未建立,服务内容和手段单一。粮食库存监管效率低,成本高。六是粮食产后损失浪费严重。我国农户存粮约占全国粮食年总产量一半左右,由于储存条件差、设施简陋等,农户储粮损失比例约8%左右。加上粮食仓储装卸运输抛洒遗漏、过度和粗放加工,每年造成的粮食损失超过3 500万吨。餐饮消费环节的浪费更是触目惊心。

这些问题叠加交织,对保障粮食收储供应安全提出了巨大挑战。根据守住粮食流通工作底线,实现全面建成小康社会目标的总体要求,上述问题如不及时有效解决,将成为推进"新四化"同步发展和保障国家粮食安全的短板。为此,为切实保障国家粮食安全,实施"以我为主、立足国内、确保产能、适度进口、科技支撑的国家粮食安全战略",必须抓紧推进"粮安工程"建设,全面提升粮食收储供应安全保障能力。

第二节 指导思想

以邓小平理论、"三个代表"重要思想、科学发展观为指导,深入贯彻习近平总书记系列重要讲话精神,全面落实党的十八大和十八届三中、四中全会精神,认真贯彻国家粮食安全战略,落实守住管好"天下粮仓",做好"广积粮、积好粮、好积粮"三篇文章的总要求,紧紧围绕全面建成小康社会对保障国家粮食安全的新要求和守住"种粮卖得出、吃粮买得到"的粮食流通工作底线,加大政策支持和资金投入,彻底改善粮食仓储、应急等基础设施条件,全面提升粮食收储供应安全综合保障能力、宏观调控能力和抗风险能力,确保国家粮食安全。

实施"粮安工程",应坚持以下原则:

——统一规划、突出重点。统筹生产与消费、近期与长远、中央与地方、产区与销区、国内市场与国际市场,进行统一规划,并衔接行业及各类专项规划。注意处理好当前急需与发展趋势、经济建设与国防建设的关系。抓住最重要、最关键的环节,建设一批"粮安工程"的重点项目,发挥引领、主导和带动作用。

——整体布局、优化资源。坚持全国一盘棋,中央与地方之间、产销区之间的建设规模和布局要相互衔接,做到功能互补、结构合理,避免重复建设。统筹"粮安工程"各项任务,整合存量资源,优化增量资源,提升整体功能。

——深化改革、完善体制。全面深化粮食流通领域改革,使市场在资源配置中起决定性作用并更好发挥政府作用。粮食收储供应的体系建设要与全面深化农村改革加快推进农业现代化相适应,与协同推进新"四化"相适应。要用改革的思路推进"粮安工程"建设,既要加大政府投入,也要积极引导社会力量、民营等多元主体参与粮食流通基础设施建设。

——科技支撑、创新驱动。坚持高标准、高起点,注重用高新技术改造传统粮食行业,用信息化引领带动粮食流通现代化。实施科技兴粮和创新驱动发展战略,健全技术创新市场导向机制,加快粮食科技支撑新突破。

进一步推进产学研用相结合,大力提高粮食行业的科技含量。

——多元筹资、加大投入。针对粮食仓储设施建设基础性、战略性和公益性的特点,充分发挥中央投资的支持和带动作用。综合应用土地、财税、金融、保险等政策杠杆,多渠道筹集建设资金。充分调动中央、地方、企业和社会力量等各方面的积极性,加大投入力度,高效利用资金,加快建设进度,提高建设水平。

第三节 主要目标

到2020年,全面建成售粮便利、储存安全、物流通畅、供给稳定、应急高效、质量安全、调控有力的粮食收储供应安全保障体系,形成布局合理、结构优化、竞争有序、监管有力的现代粮食流通新格局。

——粮食收储能力大幅增强。可用仓容满足粮食收储需要,彻底消除"危仓老库"带病储粮,基本消除"席茓囤"等露天存粮,粮食收储机械化、自动化、信息化水平明显提升。

——粮食物流效率显著提高。八大粮食物流通道功能更加完善,跨省原粮"四散化"比例明显提高,粮食从产区到销区的运输时间明显缩短、损耗大幅减少,跨区域的物流运输更加顺畅。

——应急保障能力明显提升。粮食应急供应网络更加完善,应对突发事件应急保障能力显著提升,救助受灾群众口粮供应得到基本保障,部队军粮保障及时有效,应急粮食储备物资快速运抵灾区集结点,确保灾区不断粮,供应有保障。

——粮油质量安全综合保障能力全面提升。"放心粮油"的零售网络覆盖80%以上的社区、乡村。建成从田间到餐桌全产业链的粮油质量安全追溯体系,粮食质量安全指标的综合检验能力达到70%以上,检验效率明显提高,粮食检验监测技术水平显著增强,确保城乡居民吃到"放心粮油"。

——粮情监测预警体系全面建成。粮情监测预警能力不断加强,建成指标科学合理、技术先进适用、监测灵敏高效、数据权威可靠、发布及时通畅的粮情监测预警体系,努力实现"未动先知""未涨先知""未抢先知"。

——粮食产后节约减损取得明显成效。每年减少粮食产后流通环节损失浪费1 300万吨以上,损失浪费率下降40%以上,粮食消费更加科学合理,形成全社会节粮减损长效机制。

专栏 "粮安工程"主要指标

指标	2015年	2017年	2020年
一、粮食收储能力大幅增强			
维修改造"危仓老库"比例(%)	60	100	
消除露天存粮比例(%)	20	60	95以上
新建仓容(万吨)	5 000		
二、应急保障能力明显提升			
应急供应网点达到(万家)	4.5	5	
应急加工企业达到(万家)	0.6	0.6	0.6
改建成品粮批发市场达到(家)	120	210	312
改建区域性配送中心达到(个)	90	290	531
三、粮油质量安全保障能力提高			
国家粮食质量监测机构数量达到(个)	396	500	500
粮食质量安全风险监测网点达到(个)	1 200	2 500	2 500
四、粮情监测预警体系全面建成			
国家粮食信息直报点增加到(个)	800	1 000	2 000
粮食供需平衡抽样调查城乡居民户(万户)	18	19	20
五、粮食产后节约减损取得明显成效			
年减少粮食产后流通环节损失浪费(万吨)	440	770	1 300
实现农户科学储粮专项户数(万户)	1 000		

注:新建仓容指标为规划期建设任务累计数。

通过实施"粮安工程",将全面深化细化和拓展《粮食行业"十二五"发展规划纲要》目标,并使其更清晰完善。进一步加强粮食仓储物流设施、粮油质量安全检验监测能力建设和农户科学储粮专项,补充完善应急供应体系、强化粮情监测和促进节粮减损等相关目标,并将相关建设目标延伸到"十三五"时期。

第四节 区域布局

根据我国粮食产销区域特点,按照整体布局、优先产区、突出重点,统筹中央与地方的要求,优化区域布局。

主产区着力解决仓容不足、大量粮食露天储存和"危仓老库"带病储粮问题,重点加强粮食收储设施建设、"危仓老库"维修改造和农户科学储粮等。优化东北、黄淮海、长江中下游等3个流出通道物流节点布局。产销平衡区全面提升粮食供应保障能力和农户储粮减损水平,重点加强西南、西北粮食物流通道和应急供应体系、仓储设施等薄弱环节建设。主销区全面提升市场调控保供应急能力,重点加强粮食接卸、地方储备、粮情监测预警和应急供应能力建设。继续加强中央粮食企业粮油仓储设施建设。

第五节 进度安排

按照统筹兼顾、重点突破,急需优先、梯次推进的要求,分应急建设期、整体推进期、全面建成期三个阶段实施。

应急建设期(2015年):重点解决仓储设施不足等紧迫问题,核心是主产区仓容建设和"危仓老库"维修改造。优先解决黑龙江、吉林等部分主产区和中国储备粮管理总公司收储仓容矛盾突出问题。分批次整省区加快推进主产区"危仓老库"维修改造。完成"十二五"农户科学储粮专项、粮食质量安全检验监测能力建设专项规划明确的建设任务,启动应急供应体系、粮情监测预警等建设。

整体推进期(2016—2017年):全面推进粮食流通领域基础设施建设。全面完成规划确定的"危仓老库"维修改造和烘干能力建设任务。继续加强仓储、物流设施建设,全面推进应急供应体系、粮油质量安全、粮情监测预警系统、粮食节约减损等建设。

全面建成期(2018—2020年):全面完成"粮安工程"建设任务。分别完成粮食收储设施、物流节点、应急供应体系、粮油质量安全、粮情监测预警系统、粮食节约减损等规划建设任务。"粮安工程"规划的所有建设任务全面完成。

第二章 建设粮油仓储设施

加强加快粮食收储能力建设,优化仓储设施区域布局,全面完成"危仓老库"维修改造,消除95%以上"席茓囤"等露天存粮现象,确保粮食敞开收购和安全储存。全面推广应用绿色生态智能储粮技术,进一步提升粮食仓储管理技术水平。

第一节 加快仓储设施建设

创新投融资方式,通过鼓励社会多元主体参与联合建仓和粮食收储,以东北地区及南方稻谷产区等为重点,加快建设粮食仓储设施,并配套建设烘干设施设备。加大政府扶持力度,2015年年底前,完成国务院2014年第52次常务会确定的集中新建仓容5 000万吨任务,仓容建设要与提高粮食生产能力挂钩、与地方新增储备规模挂钩、与仓容缺口挂钩、与加强中央储备粮调控作用挂钩,并结合完善粮食价格政策和收储机制,通过市场竞争方式,充分利用社会仓储和加工企业资源,新建成符合相关条件的仓储设施纳入集中新建仓容规模,建设形成适应粮食安全需要的收储能力。仓容建设要与需求紧密结合,优化区域、结构布局,切实解决农民卖粮难问题,保证粮食存储安全。"十三五"期间继续重点安排仓储设施建设。按照全面落实粮食安全省长责任制的要求,主销区、产销平衡区也要加强粮食仓储设施建设,与主产区建立产销衔接长效机制,并鼓励主销区的企业到主产区建设粮食收储设施。

研究提高国家粮食储备总规模。通过配套鼓励政策，严格落实地方粮食储备任务，进一步增加地方粮食储备规模。继续加强粮油仓储设施建设，完善相关配套设施，切实解决农民卖粮难问题，保证粮食存储安全。探索发展混合所有制粮食企业，积极建立"粮食安全社会责任企业"机制，择优遴选部分加工企业承担收储加工转化调节等调控任务。

第二节 维修改造"危仓老库"

集中资金，突出重点，加快维修改造"危仓老库"进度，以粮食主产区为重点逐省整体推进，兼顾产销平衡区。到2017年之前完成全国"危仓老库"维修改造和功能提升。重点对仓房保温隔热、防潮防雨、气密性等进行改造，配置先进适用的仓储作业设备，提升粮情检测、机械通风、环流熏蒸等功能。对达到报废年限、无维修价值的"危仓老库"，按照调整结构、优化布局的原则报废重建或异地新建。

第三节 建设成品粮应急低温储备库

加快成品粮应急低温储备库建设，提升应对突发事件尤其是重大自然灾害等的保供能力，重点在36个省会城市（直辖市）、计划单列市示范建设一批成品粮应急低温储备库。解决大城市成品粮应急低温储备库不足、设施条件落后的突出矛盾，并优先满足长三角、珠三角、京津唐、成渝等大城市群成品粮储备应急保障的需要。

第四节 提升仓储设施技术水平

针对收纳、中转、储备等不同功能需求，优化仓型设计和储粮"四合一"技术应用，因地制宜推广使用保温钢板仓等新仓型，提高设施机械化程度；全面推进物理和生物杀虫防霉、气调储粮、智能粮情监测、智能通风、节能低碳烘干等绿色生态智能储粮技术，推广粮食品质分析、质量追溯、真菌毒素和重金属超标粮食消解技术等质量监测技术。推进仓储信息化建设，逐步实现粮库数字化、智能化，提高仓储管理水平。

第三章 打通粮食物流通道

加大东北、黄淮海、长江中下游等流出通道和华东沿海、华南沿海、京津、西南、西北及沿海进口流入通道建设力度，完善和优化物流节点布局，建设物流公共信息平台，提高物流组织化程度，实现散粮运输全程无缝连接。

第一节 打通"北粮南运"三大主通道

重点加快东北粮食流出通道建设，完善铁路散粮发放设施和铁水联运物流系统，着力提高散粮铁路入关外运能力和主要港口疏港外运能力，充分利用东北地区港口转运能力，积极引导东北粮食通过海运方式增加外运，彻底解决"北粮南运"入关瓶颈制约问题。结合实施《中长期铁路网规划》《"十二五"综合交通运输体系规划》中有关完善粮食运输系统目标任务，建设一批粮食大型装车点和散粮集装箱发放点，解决铁路散粮车回空问题，开通从东北地区到华北、华东、华中地区的铁路散粮车和到西南、西北地区的粮食集装箱班列，实现铁路散粮车入关运营。组织力量，积极研究攻关集装袋等单元化运输新方式，提升正反向运输的集约化能力，降低散粮运输成本。

加强黄淮海粮食流出通道建设，提升"北粮南运"承东启西、连南贯北能力。建设一批铁路散粮车和集装箱装卸节点及内河散粮节点，完善散粮发放设施，开通铁路散粮车和集装箱班列；充分利用社会资源，依托公路网建设，大力发展散粮汽车运输。

完善长江中下游流出通道，强化公、铁、水运输无缝衔接。建设一批铁路散粮车和集装箱装卸节点及内河散粮节点，依托内河水运干线及航道工程建设，重点在长江沿线和运河水网等建设一批散粮节点，强化粮食集并江海联运发运能力。充分利用社会资源，大力发展散粮船舶运输。

第二节 加强粮食主要流入通道建设

加强西南、西北通道建设，重点沿主要铁路干线等建设一批粮食物流节点，提升西南、西北各省会城市和区域中心城市粮食卸车能力，开通班列运输。建立华南港口到西南地区的铁路运输直通通道；逐步提升新疆等后备基地粮食物流外运能力。

完善华东沿海、华南沿海、京津等流入通道，依托沿海现有主要港口节点，大力发展公、铁、水联运，完善港口后方铁路和珠江等内河散粮集疏运系统，主要建设一批铁路及内河散粮接卸节点，实现铁路和港口无缝衔接，扩大沿海港口来粮对内陆的辐射能力。

完善沿海粮食进口通道，依托华东、东南沿海等现有大豆、玉米、小麦等进口粮食主要港口节点，重点完善临港加工成品粮、饲料用粮及豆粕等副产品的内河、铁路、公路等疏运系统；依托西南、西北通道建设，发挥边境口岸和中心城市节点的集散功能，构建我国与东南亚、南亚、中亚国家的粮食流通走廊。

加强粮食产销对接，完善运营组织管理模式，鼓励销区企业通过合资、重组等与产区企业组成购销联合体，保证发运点、接卸点运量稳定，为铁路班列运输创造有利条件。在物流与加工能力较大的地区，依托节点建设，形成一批运作规范、集粮食仓储、运输、检验、交易、加工、配送、信息等现代物流服务功能和技术手段于一体的大型粮食物流园区。

第三节 推广应用新技术新装备

加强"北粮南运"各通道和节点公、铁、水多式联运物流衔接技术的研发应用，加快推广专用散粮汽车、内河船舶等新型专用运输工具和散粮、成品粮集装箱（袋）等集装单元化运输装备及配套专用装卸装备技术；大力推广钢板筒仓等新型中转仓型以及高大平房仓、浅圆仓散粮进出仓设备。加强粮食物流信息管理等新技术研发，充分利用物联网等信息技术，积极推进粮食物流环节自动监测、优化调度和智能追溯等技术应用。

第四章 完善应急供应体系

落实《国家粮食应急预案》，切实提高各类应急条件下的粮食供应保障能力，按照"合理布点、全面覆盖、平时自营、急时应急"的要求，进一步加强城乡粮油应急供应网点建设和维护，完善粮食应急供应、配送和加工网络布局，构建现代粮食应急保供体系。

第一节 健全粮食应急供应网络

到2017年，依托现有社会资源基本建成覆盖城乡的粮食应急供应网络保障体系，确保应急供应网点覆盖乡镇（农垦系统农场）、街道（社区）和直辖市、省会城市、计划单列市人口集中的社区。同时，增强应急供应网点的辐射功能，使应急能力覆盖到辐射所有村屯、社区的居民点。

应急网点原则上不新建，主要是根据不同地区、应对不同突发事件的要求，制定应急网点的布局和标准，按布局选择现有零售网点进行改造，增加应急功能、赋予相应的职责。应急供应点建设以现有应急供应点、成品粮批发市场、放心粮油店、粮油平价店等为基础，同时从商场、超市、便利店、粮油经销店，尤其是政府扶持的城市便民菜场、社区菜店、"万村千乡市场工程"连锁店、大众主食厨房等网点中择优选定。按应急标准改造一批网点，配备相应的设施装备，提升粮油应急供应能力，并且明确突发事件发生时承担粮食供应的责任和义务。平时按市场化自主经营、自负盈亏，履行承诺，维护信誉，应急状态时作为政府救灾应急和调控的载体。

根据自然灾害、事故灾难、公共卫生事件、社会安全事件等不同类型突发事件的特点，有针对性地加强粮食应急供应体系建设，促进储存、加工、运输、供应等各环节的有效衔接，促进应急供应网络与现有储备体系有效配套、衔接，组织应急演练培训。按规定要求建立和充实成品粮油应急储备，确保随时投放市场，保证应急需要。全国大中城市成品粮油应急储备规模应满足15天以上的口粮消费需要。对自然灾害多发地区、人口密度小的西部地区，设立必要的临时供应点，确保应急状态下的粮食应急供应需要。

第二节　提高粮油应急配送能力

制定粮油配送中心规范和改造建设规程，以现有成品粮油批发市场、配送中心、国有粮食购销企业（储备库）、骨干应急加工企业等为依托，整合资源，改造建设一批区域性骨干粮油应急配送中心、成品粮批发市场，提高突发事件发生时粮油的应急供给、调运、配送能力。大力推进主食产业化，增强突发事件情况下的加工保供能力，提高即食食品的生产能力和供应的及时性。

鼓励流通企业建立城乡一体化的配送网络，加强城际配送、城市配送、社区配送、农村配送的有效衔接。建立各类突发事件条件下粮油及食品运输配送的应急预案，以及装备征用调度能力，完善跨区域粮油应急储运协调机制，建立健全应急物流体系，提高复杂条件下粮油应急运输协同保障的能力。探索建设陆空水三位一体的粮油及食品应急配送投放保障体系，进一步增强各类自然灾害、群体性事件、国防安全等情况下的应急供应能力。

第三节　增强粮油应急加工能力

依托骨干企业建立应急粮油生产加工能力储备，现有粮食应急加工企业不足的，适当增建部分应急加工企业，确保应急加工能力与应急供应需求相适应。优先选择国有粮油加工企业、地方骨干粮油加工企业，特别是具备小包装粮油生产能力的企业，承担应急粮油及食品的加工能力储备任务。支持一批企业围绕提升应急加工能力进行技术改造。改善粮油应急加工骨干企业成品粮仓储条件，完善应急设施设备，推广应用低温储存技术，提升粮油应急加工企业仓储和配送能力。鼓励有条件的地区积极发展储存、加工、运输、配送一体化的粮油应急示范企业。

第五章　保障粮油质量安全

加强粮油质量安全检验监测体系、"放心粮油"供应销售网络平台和质量安全管理体系、流通追溯体系建设，完善粮油质量安全标准体系，提升粮食质量安全应急处置能力，确保粮油全产业链质量安全。

第一节　完善粮油质量安全检验监测体系

加强粮食质量检验监测能力建设。继续实施《全国粮食质量安全检验监测能力"十二五"建设规划》，充分利用现有检验资源，分类配备粮油检验仪器设备，全面实现粮油理化品质、安全卫生、添加剂和非法添加物、转基因等检验监测能力，粮食检验监测技术水平显著提高。依托现有粮食检验监测机构，建设一批国家粮食质量安全检验监测机构；依托现有大中型粮食企业、成品粮批发市场的检验资源，建设一批粮食质量安全风险监测网点。完善粮油标准体系，建设一批粮油标准研究验证测试中心和粮油标准验证站，逐步形成粮油标准研究验证和后评估体系。

第二节　发展"放心粮油"销售网络

按照全面建成小康社会的进程，到 2020 年力争 80% 以上的社区、乡村建成"放心粮油"示范店，引导和带动全社会粮油供应质量的提高，保障广大人民群众粮油消费的质量安全。根据城乡居民粮油消费安全的要求，制订"放心粮油"店的行业标准。从现有各类零售网点中择优选定一批"放心粮油"示范店和经销点，按标准进行规范化改造，并授予"放心粮油"店的标牌。坚持市场化原则，推动建立为示范店供货的规范的粮油加工、配送渠道，并加强对流通各环节的监管，加大产品质量安全检验监测力度，建立和完善"放心粮油"食品安全、索票索证、诚信档案等经营管理制度，为全面提升城乡居民粮油产品消费质量安全水平打好基础。

第三节　建立粮油流通质量安全追溯体系

采用物联网、快速检验等技术，开发和配置相应的设施设备，以覆盖收购、储存、加工、销售等各环节的粮油流通质量安全追溯平台及其子系统为支撑，制订粮油及产品流通质量安全追溯体系规程行业标准，构建与国家农产品质量安全追溯管理信息平台相衔接的粮油流通质量安全追溯体系，提高粮油流通质量安全保障能力。结合应急供应体系和成品粮批发市场等建设，基本实现"放心粮油"网点质量安全追溯全覆盖。建设一批粮油流通质量安全追溯点，实现来源可追溯，去向可查证，信息可查询，责任可追究。充分发挥国家粮食质量检验监测机构作用，实现对粮油收购、储藏、加工、销售等环节的粮油质量检验监测，从源头上确保各环节粮油质量安全。加强粮食企业诚信体系、信息征集、评价体系建设，所有粮食企业建立征信记录，褒扬诚信，惩戒失信，通过社会约束，规范粮食企业经营行为。

第四节 提升粮油质量安全应急处置能力

制订污染粮食干预性收购制度和粮食质量安全应急预案，建立产销区联动追溯机制，健全组织机构和应急处置体系。按照食品安全由地方政府负总责的原则，由省级人民政府组织污染粮食的收购和处置工作。提升污染粮食处置能力和粮食质量安全应急处置能力，推进污染粮食无害化处理和合理利用技术研究与应用。

第六章 强化粮情监测预警

整合现有粮食信息资源，强化信息基础设施和安全保障能力建设，建成包括信息采集、警情分析、信息发布的粮情监测预警体系，建立和完善库存粮食识别代码制度，推进"智慧粮食"建设，增强国家调控市场的前瞻性、针对性和有效性。

第一节 建设粮情信息采集平台

完善粮情信息采集平台。依托国家统一的电子政务网络等基础设施，整合行业现有网络资源，加快信息基础设施建设，实现国家、省、市、县的信息采集点互联互通，建立国家粮情信息采集体系。实现信息在线填报、审核、汇总，规范粮情信息采集内容，完善粮食市场统计监测体系，优化粮情市场监测网点布局，加强对重点粮食品种、重点时段、重点环节和重点地区的监测。

建立部门信息协作机制。加强与发展改革、财政、农业、统计、交通运输、海关、科技、商务、气象、农发行等部门信息系统的衔接，构建涵盖种植、收购、储藏、运输、加工、消费、贸易、质量、政策等综合信息，促进信息公开，实现信息互通，资源共享。

第二节 构建粮情监测预警分析系统

加强国内外粮食市场形势分析。以粮食供需和市场价格监测为重点，加强动态信息监测和数据深入挖掘，建立以主要粮食品种为核心的国内国际粮食市场信息监测预测体系。科学分析粮油供求形势，开展中长期供求趋势预测工作，为宏观调控提供决策依据。跟踪国际市场变化，重点强化世界农产品产量、贸易量、消费量、库存量、气象、现货、期货价格等信息采集分析能力，增强国际粮食市场话语权。

健全警情层级评估确认机制。研究建立粮情预警模型，实现短期、中期和长期相结合，常规、热点与应急监测互补，国内和国际市场监测兼顾，增强监测预警的灵敏性、前瞻性和权威性。建立主要粮食品种专家会商机制，积极探索建立粮食价格指数，综合应用模型和专家分析系统，提高粮情监测预警分析能力。

第三节 推进核心业务信息系统建设

加快推进全国粮食行业信息化建设。实施大力推进粮食行业信息化发展的指导意见，构建涵盖粮食基础信息、管理业务信息与流通信息的国家粮食安全数据资源，提升粮食信息资源开发利用和服务能力。加强粮食收购、储存等监督检查，按照分级负责原则，推进各级储备粮及商品粮的粮食库存动态监管信息系统应用，注重与现有体系衔接，建立库存粮食标识制度，实现库存实物信息化管理。推进粮食应急保供信息化管理，实现相关部门在应急指挥、储备调节、应急供应保障、公共信息发布等方面的业务协同。

第四节 提升行业信息服务水平

构筑全方位多层次的粮食信息发布渠道。满足生产者、消费者、流通企业及管理部门需求，涵盖粮食政策、市场价格、质量、供需等多层次的粮食信息产品，促进行业信息消费。合理运用专业化粮食报刊、广播、电视、网站等新闻媒体，定期发布相关信息，正确引导市场预期，提升行业信息服务的影响力、权威性和覆盖面。

第七章 促进粮食节约减损

深入推进节粮减损示范工程和专项行动，继续扩大农户科学储粮专项实施范围，大力推进粮油适度加工和副产物高效利用，形成政府主导、企业实施、全民参与的全社会节粮减损行动长效机制。

第一节 进一步减少农户储粮损失

加大农户科学储粮专项实施力度，扩大实施规模和范围，加快推进农户科学储粮专项建设。适应农业规模化经营的发展需要，大力支持种粮大户、家庭农场和专业合作组织等建设粮食烘干、储存设施设备，在试点基础上推广适合其规模化储存的小型钢板仓等及配套设备。加强农户科学储粮技术服务体系建设，加大绿色环保储粮新技术、新装具的研发推广应用。继续做好《"十二五"农户科学储粮专项建设规划》的落实工作，鼓励各地采取多种措施，协助农户建设粮食储存设施。

第二节 推进粮食储运减损

通过加强粮油仓储设施建设，消除露天存粮和"危仓老库"，推广绿色、高效、实用的仓储新技术，改善粮食储存设施条件，完成建设粮油仓储设施规划任务，明显降低粮食收储环节的损失。通过加强散粮运输、装卸设备及物流信息技术推广应用，加快推进粮食"四散化"，减少粮食运输环节的损失。

第三节 加强粮油加工节粮减损

引导企业成品粮适度加工，鼓励开发全谷物等营养健康食品，明显提高成品粮出品率。加快完善产业政策，促进产业结构调整转型升级，建立科学合理可持续的加工产能规模。淘汰一批工艺落后、食品安全和环保不达标、物耗能耗高的落后产能。加强粮油加工企业节粮减损技术改造，推广节粮节能降耗工艺技术和设备，明显提高大米、小麦粉、食用植物油出品率。

支持大型加工企业加强米糠、稻壳、碎米、玉米胚、麦胚等副产物高效利用，构建全产业链经营模式，形成一批技术含量高、综合利用全、带动能力强的现代粮油加工示范基地或集聚区，明显提升副产物综合利用率，其中米糠综合利用率争取达到近50%。

第四节 促进粮油科学健康消费

强化粮油科学消费引导。充分利用世界粮食日暨全国爱粮节粮宣传周、粮食科技活动周等平台和社会媒体，深入开展形式多样的爱粮节粮、反对浪费宣传教育活动，广泛普及全民粮油营养健康科学消费知识，组织开展爱粮节粮先进单位和示范家庭创建活动，以及粮食产后损失浪费调查，提高全社会爱粮节粮意识，并建立长效机制。

建立爱粮节粮减损教育示范基地。依托现有粮食仓储、物流、加工大型龙头企业、粮食科研检测机构和高等院校，加快建设一批国家节粮减损宣传教育示范基地。面向学校和社会公众，科学设计爱粮节粮、营养健康、质量安全等互动体验活动，开发制作专题科普宣传片、宣传册以及模型等，搭建爱粮节粮科普资源信息平台，提升节粮减损宣传活动的保障能力。

第八章　投资来源及效益分析

中央和地方政府给予投资及政策扶持，充分发挥企业和社会力量等多元主体作用，建立稳定的投资长效机制，扎实推进"粮安工程"建设。

第一节　投资来源

发挥政府投资引导作用，把粮食仓储设施等建设列为公共财政投入的重点领域之一，根据中央和地方事权划分和支出责任分别落实。确需中央投资支持的，结合中央投资安排的重点和原则统筹考虑，优先支持粮食主产区粮食仓储设施及跨区域粮食现代物流等重大项目。

按照粮食安全省长责任制要求和"粮安工程"的建设需要，地方财政给予必要的支持。积极盘活粮食企业现有的土地和区位优势等存量资源，筹集更多的建设资金。

充分发挥市场配置资源的决定性作用，有效利用社会资源，大力推广政府和社会资本合作（PPP）模式，能通过市场化解决的，要更多地吸引社会资本投入。放宽和合理引导市场多元主体投资经营领域，逐步建立"负面清单"发布制度，各类市场主体可依法平等进入清单之外投资领域。

第二节　经济和社会效益分析

实施本规划将产生巨大的经济效益、社会效益和生态效益。

经济效益：将有效减少粮食产后损失浪费，明显提升粮食流通效率和降低粮食流通成本，增加粮食产业综合效益，到2020年预期每年可减少粮食产后损失1 300万吨以上，相当于每年开发了3 700多万亩的无形良田，每年粮食流通环节损失浪费将减少40%以上，可实现直接经济效益300亿元以上。通过绿色储粮、现代物流和新型设备的应用，有效提高粮食品质，明显降低粮食储存物流成本，可带来巨大的经济效益。

社会效益：规划实施将显著增强粮食收储能力，极大方便农民售粮，直接增加种粮农民收入。通过国家提价托市政策性粮食收购，帮助广大受灾农户采取相关措施使受灾粮食提等进级等，可促进粮农每年增收300亿元左右。规划实施将全面增强粮油食品安全监管能力，从源头大幅提升粮食质量安全保障水平，明显提高城乡居民食品消费的营养健康水平，对维护人民群众身体健康和生命安全具有重要意义。规划实施将明显增强粮食宏观调控的预见性和时效性，提高粮食市场抗风险能力，将国际粮食市场波动影响基本控制在可控范围之内，有利于基本稳定宏观经济增长预期和物价总水平。规划投资重点主要集中在仓储物流基础设施、质量检验检测、信息监测及预警等建设项目，在一定程度上还可以拉动钢材、水泥、建筑、运输等传统行业生产，加快新材料、相关装备制造、节能环保等产业发展，促进信息消费，拉动国内有效需求，促进经济增长，推动经济结构转型升级。

生态效益：规划实施将明显减少粮食产后损失浪费，节约大量耕地、水资源和能源，按照每年节粮1 300万吨计算，相当于每年可节水100亿吨，节能468万吨标准煤，相应减少二氧化碳排放1 220万吨，还可有效缓解农药、化肥大量施用对地下水、土壤等造成的环境污染。粮食消费环节浪费减少，还将明显减少城市垃圾填埋场的食物腐烂及交通工具运输过程中造成的温室气体排放量，具有显著的生态效益，为建设生态文明做出贡献。

第三节　环境影响评价

实施本规划，通过绿色储粮、节能环保新技术的应用和推广，明显带动粮食流通各环节的节能减排，也具有一定的环境效益。项目建设和运营中，会产生固体废料、粉尘、噪音及少量污水及废气排放，但通过加强管理，采取有效控制措施、动态监测等，能够使污水、粉尘及噪音排放控制在国家规定的标准范围内；通过气调储粮、生物防治虫害等绿色储粮技术代替磷化氢熏蒸杀虫技术，减少有害气体排放。因此，实施本规划，总体上不会造成环境污染，并能有效促进环境友好型、资源节约型社会发展。

第九章 政策措施与组织保障

加强粮食收储供应安全保障能力建设任务艰巨，必须从我国国情和粮食流通产业发展实际出发，突出重点，加大投入力度，建立长效机制，强化措施，综合施策，为"粮安工程"提供有力保障。

第一节 强化粮食安全责任

强化粮食安全责任，全面落实粮食安全省长责任制。按照中央与地方粮食事权划分，健全"粮安工程"建设全面负责制，将省级政府负责区域内粮食收储供应安全建设任务纳入粮食安全省长责任制，切实守住本地区粮食流通工作的底线，加强本地区粮食储备能力、流通能力建设，加快推进现代粮食流通产业发展，健全粮食收购、储备、仓储物流和供应体系，加快构建粮食质量安全治理体系，确保本地区不出现农民卖粮难，粮食供应不断档，建立有效的监督检查和绩效考核机制，强化地方各级政府粮食收储供应安全保障责任。

第二节 深化改革创新

全面深化粮食流通领域改革，以改革创新的思路推进"粮安工程"建设。统筹兼顾国内国际粮食供求变化，研究建立现代粮食储备体系，调整确定合理的储备规模和储备调节机制。改进完善投融资机制，建立"政府引导、市场运作、多方参与"的投资方式。推进国有粮食购销企业兼并重组，按照"一县一企、一企多点"模式，促进资产优化组合。鼓励国有粮食企业与民营粮食企业的融合，形成混合所有制新型市场主体。培育一批跨粮食产销区的大型粮食企业，积极参与国际粮食市场竞争，增强国际话语权和影响力。

第三节 发挥财政性资金的支持和带动作用

粮食仓储设施建设为农业基础设施投资重要组成部分，要在政府主导下，充分调动多方面积极性，加大投资力度。建立中央财政投入机制，特别是要加大对粮食主产区及中西部财力薄弱地区的投资支持力度。地方财政要支持粮食流通设施建设。积极引导社会资本进入粮食流通领域，加快推进"粮安工程"建设。

第四节 落实信贷、税收等优惠政策

加快改革步伐，创新支持政策，对纳入"粮安工程"规划范围建设的粮食流通基础设施，落实信贷、税收等优惠政策，支持企业退城进郊，合理布局。切实发挥政策性银行的作用，鼓励其在国家批准的业务范围内加大对"粮安工程"建设的信贷支持力度；加大商业性银行支持力度，积极引导社会资本投入。

第五节 加强协调指导

加强规划的实施领导和统筹协调，强化部门分工协作机制，发展改革委、财政部负责规划实施的综合协调和宏观指导，粮食局具体负责实施"粮安工程"，科技部、工业和信息化部、交通运输部、商务部、质检总局、食品药品监管总局、铁路局、农业部等有关部门在各自职责范围内配合做好有关工作。各省级粮食行政管理部门在省级人民政府统一领导下，作为建设项目实施和责任主体，依据本规划确定的任务，会同有关部门制定本区域的实施规划并组织实施。中储粮总公司等中央粮食企业要在总体规划指导下，制订本企业实施方案，加强协调，避免重复建设。

第六节 改革项目管理方式

简化项目审批程序，下放审批和管理权限。涉及申请中央预算内投资补助和贴息的粮食流通基础设施建设项目，按照《中央预算内投资补助和贴息管理办法》（发展改革委2013年第3号令）等相关要求办理。严格按照有关规定履行建设程序，落实项目法人责任制、招投标管理制、工程监理制和项目合同制，强化项目运行情况的跟踪管理，严格落实建设主体责任，确保建设项目取得实效。

第七节 建立考核评估机制

加强规划考核评估，建立动态的评估机制，发展改革委、财政部、粮食局会同有关部门对规划实施情况进行督促检查，开展中期评估，不断调整和优化规划实施方案和保障措施，促进规划工程建设目标和任务顺利实施。

2015 年 3 月 23 日

10. 2015年农村沼气工程转型升级工作方案

2015年农村沼气工程转型升级工作方案

为加快推进农村沼气转型升级，加强农村沼气项目建设管理，经认真研究，制订本工作方案。

一、总体思路、基本原则和预期目标

（一）总体思路

贯彻落实中央关于建设生态文明、做好"三农"工作的总体部署，适应农业生产方式、农村居住方式、农民用能方式的变化对农村沼气发展的新要求，积极发展规模化大型沼气工程，开展规模化生物天然气工程建设试点，推动农村沼气工程向规模发展、综合利用、科学管理、效益拉动的方向转型升级，全面发挥农村沼气工程在提供可再生清洁能源、防治农业面源污染和大气污染、改善农村人居环境、发展现代生态农业、提高农民生活水平等方面的重要作用，促进沼气事业健康持续发展。

（二）基本原则

1. 坚持发展农村清洁能源与改善农村生态环境相结合。农村沼气综合效益显著，不仅是提供清洁可再生能源的重要方式，而且对于防治农业面源污染和大气污染、改善农村人居环境、发展生态农业等具有重要作用。必须深刻领会农村沼气建设的重要意义，在项目建设和运营时，不仅要重视农村沼气工程的能源效益，促进沼气高值高效利用，而且要重视农村沼气工程的生态效益，促进农业农村废弃物的资源化利用和农村生态环境的改善。

2. 坚持统筹兼顾与转型升级相结合。根据农村沼气发展需要，因地制宜开展农村沼气工程各类项目建设。鼓励地方政府利用地方资金建设中小型沼气工程、户用沼气、沼气服务体系等。中央预算内投资突出重点，主要用于支持规模化大型沼气工程建设，开展规模化生物天然气工程建设试点，促进农村沼气工程转型升级。

3. 坚持引导沼气工程向规模化发展与科学规划建设布局相结合。在利用中央投资引导沼气工程向规模化发展的同时，要根据当地经济社会发展水平、农业农村发展情况、资源环境承载能力、沼气工程原料的可获得性、周边农田的消纳能力和终端产品利用渠道，因地制宜、因区施策，科学规划项目建设布局，合理确定区域内规模化大型沼气工程建设数量、建设地点和建设规模。

4. 坚持完善政府扶持政策与推进市场化运营相结合。沼气工程兼有公益性和经营性。政府对项目建设给予投资补助，加强技术指导和服务，探索完善终端产品补贴政策，逐步破除行业壁垒和体制机制障碍，为沼气工程发展创造良好的环境。同时要注重更好地发挥市场机制作用，引导企业和农民合作组织等各种社会主体进行规模化沼气工程建设，形成多元化投入机制；推进工程实行专业化管理、市场化运营，不断提高经济效益和可持续发展能力。

5. 坚持推广先进工艺技术与强化建设管理相结合。鼓励规模化大型沼气工程推广中温高浓度混合原料发酵工艺技术路线，采用专业化设施和成套化装备，提高沼气产气率，提升沼渣沼液综合利用的便捷程度和附加值。严格标准化设计、规范化施工，确保项目建设质量和运行效果。规范建设程序，强化管理措施，保证项目任务与技术力量相匹配，发展速度与建设质量相协调。在规范事前审核的同时，切实加强事中事后监管，提高投资效益。

(三) 预期目标

2015 年在适宜地区支持建设一批规模化大型沼气工程，开展规模化生物天然气工程建设试点，年可新增沼气生产能力 4.87 亿立方米（折合生物天然气生产能力 2.92 亿立方米），年处理 150 万吨农作物秸秆或 800 万吨畜禽鲜粪等农业有机废弃物。2015 年促进农村沼气转型升级试点，重点围绕规模化生物天然气工程，综合考虑不同区域特点、不用原料来源、不同建设运营模式等，择优选取典型项目开展试点，在创新项目建设管理机制和运营模式、完善支持政策、破除行业壁垒和体制机制障碍、提高沼气工程科技水平等方面，探索总结有价值、可复制、可推广的经验。

二、项目建设与试点的范围、中央支持政策

(一) 项目建设与试点范围

1. 支持建设规模化大型沼气工程。支持建设日产沼气 500 立方米及以上的沼气工程（不含规模化生物天然气工程）。其中，给农户集中供气的规模化大型沼气工程，可适当考虑由同一业主建设的多个集中供气工程组成。支持沼气开展给农户供气、发电上网、企业自用等多元化利用。沼渣沼液用于还田、加工有机肥或开展其他有效利用。

2. 开展规模化生物天然气工程试点。支持日产生物天然气 1 万立方米以上的工程开展试点。提纯后的生物天然气主要用于并入城镇天然气管网、车用燃气、罐装销售等。沼渣沼液用于还田、加工有机肥或开展其他有效利用。

根据专家意见，日产生物天然气 1 万立方米以上的工程，由于工程规模大，对原料收集、周边农田消纳能力和终端产品利用渠道的要求高，工程能否实现持续良性运营、能否形成可复制的模式还有待检验。为择优选取试点项目，有利于形成有价值、可推广的经验，有利于用成功的典型来统一认识、争取政策，2015 年将积极稳妥地开展试点，原则上每个省推荐安排 1 个符合条件的试点项目，对于种植业优势产区和规模化养殖重点区域等原料资源丰富、工程需求量大的省份，最多可推荐安排 2 个试点项目。

(二) 试点内容

对于规模化生物天然气试点工程，一是开展工程建设和运营机制创新试点，以专业化企业为主体，按照市场机制，投资工程建设，开展原料收集、工程运行管理、终端产品销售利用为一体的全产业链运营，探索可持续、可复制、可推广的生物天然气产业化发展模式。二是终端产品补贴试点，鼓励有积极性的地方政府，利用地方财政资金，按照生物天然气（沼气）销售量或有

效利用量、沼渣沼液利用量或加工成有机肥的数量，对项目业主进行补贴，探索建立生物天然气或沼气工程终端产品补贴机制。三是破除行业壁垒和体制机制障碍试点，鼓励地方政府比照国产化石天然气，探索制定鼓励生物天然气或沼气产业发展的税收优惠政策；清理和整顿燃气特许经营权市场，为生物天然气或沼气发展创造公平的市场竞争环境。

对于具备条件的规模化大型沼气工程，若项目业主和地方政府有积极性，也鼓励在项目建管模式、工程运营机制、终端产品补贴政策、税收优惠等方面开展试点。

（三）中央支持政策

中央对符合条件的规模化大型沼气工程、规模化生物天然气试点工程予以投资补助。补助标准为：规模化大型沼气工程，每立方米沼气生产能力安排中央投资补助1 500元；规模化生物天然气工程试点项目，每立方米生物天然气生产能力安排中央投资补助2 500元。其余资金由企业自筹解决，鼓励地方安排资金配套。中央对单个项目的补助额度上限为5 000万元。

当地政府已出台沼气或生物天然气发展的支持政策、对中央补助投资项目给予地方资金配套、已按照或在申报时明确将按照试点内容开展相关工作的地区，中央将优先支持。

对于已经建成或已投入运营的规模化生物天然气工程，也鼓励按上述内容积极开展试点，中央将进一步研究完善有关支持政策。

三、选项条件和项目建设内容

（一）选项条件

1. 项目单位具有法人资格，具备沼气专业化运营的条件，配备必需的专业技术人才；具有较高的信用等级、较强的资金实力，能够落实承诺的自筹资金。规模化生物天然气工程项目单位的经营范围应包括生物质能源或可再生能源的生产、销售、安全管理等内容，掌握规模化生物天然气生产的主要技术，对项目建设、运营的可行性进行了充分论证，优先安排具有天然气生产、销售等有关特许经营许可的项目单位。

2. 工程具有充足、稳定的原料来源，能够保障沼气工程达到设计日产气量的原料需要。鼓励以农作物秸秆、畜禽粪便和园艺等多种农业有机废弃物作为发酵原料，确定合理的配比结构。对于规模化生物天然气工程，建设地点周边20千米范围内有数量足够、可以获取且价格稳定的有机废弃物，其中半径10千米以内核心区的原料要保障整个工程原料需求的80%以上；与原料供应方签订协议，建立完善的原料收储运体系，并考虑原料不足时的替代方案。

3. 工程建设方案应参照国内外成功运行案例和运行监测数据，工艺技术和建设内容要符合有关标准规范要求（相关标准见附件）。规模化大型沼气工程执行《沼气工程规模分类》（NY/T667—2011）中对于发酵工艺和池容产气率的要求。规模化生物天然气工程采用中高温高浓度混合原料发酵工艺技术路线，池容产气率大于等于1，所产沼气提纯制取生物天然气（BNG）。沼渣生产固体有机肥，沼液加工制作液体有机肥。

4. 要科学评估终端产品产出量、产品潜在用户、输送方式和距离、周边农田和农业生产对养分需求等因素，科学确定沼气工程终端产品的利用方式。其中，沼渣沼液的消纳标准应按照每立方米沼气生产能力配套0.5亩以上农田计算。要与用户签订供气、供电、沼肥利用协议，使工程所产沼气、沼渣沼液全部得到有效利用，确保沼气不排空，确保沼渣沼液不产生二次污染。

5. 项目单位应委托有资质、有经验的专业机构承担项目设计、施工、监理等工作，成立或委托专业化运营机构承担日常维护管理。落实必要的流动资金，制定产品质量保证、成本控制、设施管护等管理制度，确保工程能安全、稳定、持续运行。

6. 项目备案、土地、规划、环评、能评、资金等前期工作落实，配套条件较好，确保2015年能开工建设。

（二）建设内容

1. 原料仓储和预处理系统。以秸秆为主要原料的，要建设不低于4个月连续运行所需原料的仓储和预处理设施；以畜禽粪便为主要原料的，要建立粪污输送管道等设施设备或配备运输车。

2. 厌氧消化系统。按照《沼气工程技术规范》（NY/T 1220）等标准执行，包括进出料、厌氧发酵、增温保温和搅拌等设施设备。其中规模化生物天然气工程厌氧发酵装置总容积要求1.67万立方米以上，单体发酵装置容积一般控制在3 000立方米左右；规模化大型沼气工程发酵装置总容积要求500立方米以上。

3. 沼气利用系统。包括脱硫脱水等净化设备，燃气提纯装备，气柜、管网等储存输配系统，气热电等利用设施设备，防雷、防爆、防火等安全防护设施。规模化生物天然气工程利用系统按照《城镇燃气设计规范》（GB 50028）、《城镇燃气输配工程施工及验收规范》（CJJ33）等标准执行。规模化大型沼气工程利用系统按照《农村沼气集中供气工程技术规范》（NY/T 2371）、《沼气电站技术规范》（NY/T 1704）等标准执行。

4. 沼肥利用系统。包括沼渣、沼液存贮设施，有机肥料的生产加工设施设备，按照《沼肥加工设备》（NY/T 2139）、《沼肥施用技术规范》（NY/T 2065）等标准执行。

5. 智能监控系统。包括在线计量和远程监控智能平台，具备可测量、可识别、可核查和可追溯的功能。监控系统按照《沼气远程信息化管理技术规范》（待颁布）标准执行。

四、工作程序和要求

（一）工作程序

1. 地方发展改革部门和农村能源主管部门要按照职能分工，密切配合，根据国家发展改革委和农业部联合下发的申报通知和工作方案，抓紧开展需求摸底，为项目单位做好指导服务，及时组织项目申报。

2. 对于规模化大型沼气工程，项目单位在落实前期工作后，根据工作方案提出资金申请，其资金申请的批复程序和要求等由省级发展改革部门商省级农村能源主管部门制定。

3. 对于规模化生物天然气工程试点项目，为达到试点目标，要严格管理，规范事前审核。由项目单位委托有资质的咨询设计单位编制项目资金申请报告，报送省级发展改革部门审批，审批前应由省级农村能源主管部门出具行业审查意见。农业部成立专家委员会，提供技术指导。

项目资金申请报告应包括以下内容：（1）项目单位的基本情况；（2）项目的基本情况，包括建设地点、建设内容和规模、总投资及资金来源、建设条件落实情况等；（3）申请投资补助的主要理由和政策依据；（4）"选项条件"中要求的相关内容；（5）项目经济、环境、社会效益分析，项目风险分析与控制。（6）附具项目备案、环评、用地、能评、规划选址等审批文件复印件，并提供自筹资金落实证明或承诺函。

4. 省级发展改革部门会同农村能源主管部门，根据项目单位报送的资金申请报告，开展实地调查，择优选取1~2个符合本工作方案要求，能探索出有价值、可复制、可推广的经验，有利于用成功的典型来推动国家政策完善的试点项目，在此基础上编制项目试点方案。项目试点方案除包括每个项目的资金申请报告外，还应说明项目试点的必要性和可行性，明确试点工作的目标和任务，以及试点工作的保障措施。对于地方政府已经或有积极性即将开展地方财政支持沼气终端产品补贴试点、燃气特许经营权市场清理和整顿工作试点、制定鼓励生物天然气或沼气产业发展的税收优惠试点等情况，一并在试点方案中说明。

5. 省级发展改革部门会同农村能源主管部门编制本省农村沼气工程年度投资建议计划，联合报送至国家发展改革委、农业部。申报规模化生物天然气工程试点项目的省份，一并报送项目试点方案。

6. 国家发展改革委会同农业部对各省报送的建议计划和项目试点方案进行初审，经综合平衡后，编制农村沼气工程年度投资规模计划并联合下达。

7. 省级发展改革部门和农村能源主管部门要在接到中央投资规模计划后20个工作日内，分解落实到具体项目并下达投资计划，明确项目建设地点、建设内容、建设工期及有关工作要求，确保项目按计划实施，并将分解的投资计划报国家发展改革委和农业部备核。凡安排中央预算内投资的项目，必须完成资金申请审批工作，可单独批复或者在下达投资计划的同时一并批复。

（二）有关要求

1. 各省发展改革和农村能源主管部门应当对项目资金申请是否符合中央预算内投资使用方向和有关规定、是否符合工作方案要求、是否符合投资补助的安排原则、项目前期工作是否落实等进行严格审查，并对审查结果和申报材料的真实性、合规性负责。要加强项目统筹，突出重点，确保申报项目质量。

2. 按照政府信息公开要求，凡安排中央预算内投资的项目，各省应在政府网站上公开项目名称、项目建设单位、建设地点、建设内容等信息。凡申报项目的单位，视同同意公开项目信息。不同意公开相关信息的项目，请勿组织申报。

3. 切实加强事中事后监管。一是严格执行中央预算内投资管理的有关规定，切实加强资金和项目实施管理。对于中央补助投资，要做到专户管理，独立核算，专款专用，严禁滞留、挪用。二是推行资金管理报账制，根据项目实施进度拨付资金。对于已完成项目前期工作且企业自筹资金30%到位的项目，方可申请中央投资；工程竣工验收后申请最终20%中央投资。三是省级农村能源主管部门会同发展改革部门建立定期检查和通报制度，对建设进度、质量、效益等进行检查和通报，并将通报内容报送农业部和国家发展改革委，原则上每半年一次。其中规模化生物天然气工程试点项目每月报一次。四是国家发展改革委和农业部，将不定期对项目执行情况进行监督和抽查，或者组织各地交叉检查，并将根据需要开展项目稽察。检查和稽察结果将作为安排后续年度中央投资的重要依据。五是进一步细化责任追究制度，对项目事中事后监管中发现的问题，根据情节轻重采取责令限期整改、通报批评、暂停拨付中央资金、扣减或收回项目资金、列入信用黑名单、一定时期内不再受理其资金申请、追究有关责任人行政或法律责任等处罚措施。六是开展项目后评价，组织有关专家和机构对项目质量、投资效益等进行后评价，进一步提高项目决策的科学性。

4. 及时总结试点经验。对于安排中央投资的规模化生物天然气试点项目，要及时跟踪了解其建设和运营情况，总结成功经验，发展存在问题，积极推动国家相关政策的完善。各省发展改革部门要会同农村能源主管部门，于年底前将项目试点总结报告报送国家发展改革委和农业部。对于其他具备条件的规模化大型沼气工程，或未申请中央投资支持的规模化生物天然气工程，也在开展相关试点的，请将其试点情况一并报送。

五、其他重点工作

（一）编制农村沼气工程相关规划

在全面总结"十二五"以来农村沼气工程的发展情况、深入分析农村沼气工程发展面临的新形势和新问题、2015年推进规模化大型沼气工程建设和开展规模化生物天然气工程试点的基础上，研究制订全国农村沼气工程中长期发展规划，明确农村沼气发展的总体思路、方向目标、建设原则、区域布局、重点任务、保障措施等。

（二）修订项目管理办法

按照投资体制改革的要求，根据农村沼气工程发展方向、建设任务的变化，进一步修订完善《农村沼气建设项目管理办法》并及时印发。

（三）起草关于加快农村沼气工程转型升级的指导意见

根据项目试点情况，探索成功的运营管理模式、有效的支持政策，基本形成有价值、可复制、可推广的经验，争取有关部门统一认识，完善农村沼气发展的扶持政策。会同有关部门研究起草《关于加快农村沼气转型升级的指导意见》，为顺利推进农村沼气工程转型升级指明方向，提供政策支撑。

附　农村沼气主要标准一览表

1. 沼气工程规模分类 NY/T 667
2. 沼气压力表 NY/T 858
3. 户用沼气脱硫器 NY/T 859
4. 沼气工程技术规范 第1部分：工艺设计 NY/T 1220.1
5. 沼气工程技术规范 第2部分：供气设计 NY/T 1220.2
6. 沼气工程技术规范 第3部分：施工及验收 NY/T 1220.3
7. 沼气工程技术规范 第4部分：运行管理 NY/T 1220.4
8. 沼气工程技术规范 第5部分：质量评价 NY/T 1220.5
9. 规模化畜禽养殖场沼气工程运行、维护及其安全技术规程 NY/T 1221
10. 规模化畜禽养殖场沼气工程设计规范 NY/T 1222
11. 沼气饭锅 NY/T 1638
12. 沼气中甲烷和二氧化碳的测定 气相色谱法 NY/T 1700
13. 非自走式沼渣沼液抽排设备技术条件 NY/T 1916
14. 自走式沼渣沼液抽排设备技术条件 NY/T 1917
15. 沼肥施用技术规范 NY/T 2065
16. 沼肥加工设备 NY/T 2139
17. 秸秆沼气工程施工操作规程 NY/T 2142
18. 其他与沼气相关的建设、安全等标准（规范）

来源：http：//www.moa.gov.cn/sydw/stzyzz/sttzgg/201608/t20160831_5259853.htm

11. 国家发展改革委办公厅 农业部办公厅关于印发《秸秆综合利用技术目录（2014）》的通知

国家发展改革委办公厅 农业部办公厅
关于印发《秸秆综合利用技术目录（2014）》的通知

发改办环资〔2014〕2802号

各省、自治区、直辖市发展改革委、农业（农牧、农村经济）厅（局、委）：

2008年，国务院办公厅印发《关于加快推进农作物秸秆综合利用的意见》（国办发〔2008〕105号）以来，各地区、有关部门大力推进秸秆综合利用，秸秆肥料化、饲料化、原料化、燃料化、基料化利用技术快速发展，一批秸秆综合利用技术经过产业化示范日益成熟，成为推进秸秆综合利用的重要支撑。

为指导各地推广实用成熟的秸秆综合利用技术，推动秸秆综合利用产业化发展，确保实现"到2015年秸秆综合利用率超过80%"目标任务，国家发展改革委会同农业部编制了《秸秆综合利用技术目录（2014）》，现印送你们。

附件：《秸秆综合利用技术目录（2014）》

国家发展改革委办公厅　农业部办公厅
2014年11月24日

来源：http://www.ndrc.gov.cn/zcfb/zcfbtz/201412/t20141201_650628.html

附　秸秆综合利用技术目录（2014）

技术类别	技术名称	技术内涵与技术内容	技术特征	技术实施注意事项	适宜秸秆	可供参照的主要技术标准与

一、秸秆肥料化利用技术	（一）秸秆直接还田技术	秸秆直接还田是我国粮食主产区秸秆肥料化利用的主要技术之一，包括秸秆翻压还田、秸秆混埋还田和秸秆覆盖还田。秸秆翻压还田技术是以犁耕和业为主要手段，将秸秆整株或粉碎后直接翻埋到土壤中。秸秆混埋还田技术以秸秆粉碎、破茬、旋耕、耙压等机械作业为主，将秸秆直接混埋在表层和浅层土壤中。秸秆覆盖还田是保护性耕作的重要技术手段，包括留茬免耕、秸秆粉碎覆盖还田和秸秆整株覆盖还田。	秸秆直接还田具有处理秸秆量大、成本低、生产效率高等特点，是大面积实现以地养地、提升耕地质量、建立高产稳产农田的有效途径。	秸秆直接还田要与套应用合理的施肥、灌溉技术，如增施氮肥调节碳氮比以保证粮食的稳产高产。常年开展秸秆混埋还田和秸秆覆盖还田要与耕地深松相结合，并定期深翻，将耕地表层积累的秸秆番埋到耕层中，以提高秸秆还田培肥效果。	适用于该技术的秸秆主要有玉米秸、麦秸、委秆、油菜秆、棉花秆等。	《GB/T 2475.6—2009 保护性耕作机械 秸秆粉碎还田机》、《NY/T 500—2002 秸秆还田机作业质量》、《NY/T 1004—2006 秸秆还田机质量评价技术规范》、《DB34/T 244.8—2002 水稻生产机械化技术规范第八部分：秸秆还田机械化》、《DB13/T 1045—2009 秸秆粉碎还田技术规程》、《DB34/T 899—2009 稻麦两熟制麦秸秆还田机械化作业技术规范》、《JB/T 6678—2001 秸秆粉碎还田机》、《JB/T 10813—2007 秸秆粉碎还田机·锤爪》
	（二）秸秆腐熟还田技术	秸秆腐熟还田技术是在农作物收获后，及时将收下的作物秸秆均匀平铺农田，撒施腐熟菌剂，调节碳氮比，加快还田秸秆腐熟下沉，以利于下茬农作物的播种和定植，实现秸秆还田利用。秸秆腐熟还田技术主要有两大类：一类是水稻免耕抛秧时覆盖秸秆的快腐处理；另一类是小麦、油菜等作物免耕撒播时覆盖秸秆的快腐处理。	该技术适用于降雨量较丰富、积温较高的地区，特别是种植制度为早稻—晚稻、小麦—水稻、油菜—水稻的农作地区。	秸秆腐熟还田技术的关键是选择适宜的腐熟菌剂。	适用于该技术的秸秆主要有稻秆、麦秸等。	《NY 609—2002 有机物料腐熟剂》、《GB 20287—2006 农用微生物菌剂》

(续表)

技术类别	技术名称	技术内涵与技术内容	技术特征	技术实施注意事项	适宜秸秆	可供参照的主要技术标准与
一、秸秆肥料化利用技术	（三）秸秆生物反应堆技术	秸秆生物反应堆技术是一项充分利用秸秆资源，显著改善农产品品质和提高农产品产量的现代农业生物工程技术，其原理是秸秆通过加入微生物菌种，在好氧的条件下，秸秆被分解为二氧化碳、有机物质、矿物质等，并产生一定的热量。二氧化碳促进作物的光合作用，有机物和矿物质为作物提供养分，产生的热量有利于提高温度。秸秆生物反应堆技术按照利用方式可分为内置式和外置式两种，内置式主要是开沟将秸秆埋入土壤中，适用于大棚种植和露地种植；外置式主要是把反应堆建于地表，适用于大棚种植。	秸秆生物反应堆技术可有效改善大棚生产的微生态环境，投资少，见效快，适合于农户分散经营。	/	适用于该技术的秸秆主要有玉米秸、麦秸、稻秸、豆秸、蔬菜藤蔓等。	《DB21/T 1895—2011 棚室秸秆生物反应堆内置式技术规程》
	（四）秸秆堆沤还田技术	秸秆堆沤还田是秸秆无害化处理和肥料化利用的重要途径，将秸秆与人畜粪尿等有机物质经过堆沤腐熟，不仅产生大量可构成土壤肥力的重要活性物质—腐殖质，而且可产生多种可供农作物吸收利用的营养物质如有效态氮、磷、钾等。	可用于生产高品质的商品有机肥。	秸秆堆沤还田技术的关键是调节好碳氮比、含水率、温度、pH值，控制好发酵条件，为微生物提供良好的生存环境。	适用于该技术的秸秆主要有除重金属超标的农田秸秆外的所有秸秆。	《NY 525—2012 有机肥料标准》、《NY 884—2012 生物有机肥》
二、秸秆饲料化利用技术	（五）秸秆青（黄）贮技术	秸秆青（黄）贮技术又称自然发酵法，把秸秆填入密闭的设施里（青贮窖、青贮塔或裹包等），经过微生物发酵作用，达到长期保存其青绿多汁营养成分的一种处理技术广阔地。秸秆青（黄）贮的原理是在适宜的条件下，通过给有益菌（乳酸菌等厌氧菌）提供有利的环境，使嗜氧性微生物如腐败菌等在存留氧气被耗尽后，活动减弱直至停止，从而达到抑制和杀死多种微生物、保存饲料的目的，其关键技术包括窖池建设、发酵条件控制等。	青（黄）贮秸秆饲料具有营养损失较少，饲料转化率高、提高适口性、便于长期保存、去病减灾等优点。	/	适于该技术的秸秆主要有玉米秸、高粱秆等。	《GB/T 25882—2010 青贮玉米品质分级》、《NY/T 2088—2011 玉米青贮收获机 作业质量》、《DB61/T 367.17—2005 青贮饲料调制和使用技术规范》、《DB62/T 1438—2006 玉米秸秆青贮技术规范》、《DB34/T 650—2006 青贮饲料技术规范》、《DB61/T 667—2007 青贮玉米地面堆贮技术规程》、《DB23/T 1097—2007 袋式青贮饲料生产工艺规范》、《DB51/T 1084—2010 牛羊青贮饲料制作技术规程》

(续表)

技术类别	技术名称	技术内涵与技术内容	技术特征	技术实施注意事项	适宜秸秆	可供参照的主要技术标准与
二、秸秆饲料化利用技术	（六）秸秆碱化/氨化技术	秸秆碱化/氨化技术是指借助于碱性物质，使秸秆饲料纤维内部的氧键结合变弱，酯键或醚键破坏，纤维素分子膨胀，溶解半纤维素和一部分木质素，反刍动物瘤胃液易于渗入，瘤胃微生物发挥作用，从而改善秸秆饲料适口性，提高秸秆饲料采食量和消化率。秸秆碱化处理应用的碱性物质主要是氧化钙；秸秆氨化处理应用的氨性物质主要是液氨、碳铵或尿素。目前，我国广泛采用的秸秆碱化/氨化方法主要有：堆垛法、窖池法、氨化炉法和氨化袋法。	秸秆碱化/氨化技术是较为经济、简便而又实用的秸秆饲料化处理方式之一。	/	适用于该技术的秸秆主要有麦通风口、稻秆等。	《JB/T 7136—2007 秸秆化学处理机》、《DB13/T 806—2006 秸秆氨化、碱化和盐化处理制作技术规程》、《DB64/T 495—2007 氨化饲料调制技术规程》
	（七）秸秆压块饲料加工技术	秸秆压块饲料加工技术是指将秸秆经机械钢切或揉搓粉碎，配混以必要的其他营养物质，经过高温高压轧制而成的高密度块状饲料或颗粒饲料。	秸秆压块饲料具有体积小、比重大，方便运输；不易变质，便于长期保存；适口性好，采食率高；饲喂方便，经济实惠等优点，被称为牛羊的"压缩饼干"或"方便面"，可作为商品饲料进行长距离运输，弥补饲草缺乏，特别是在应对草原地区冬季雪灾和夏季旱灾方面具有重要作用。	秸秆压块饲料加工技术的关键是轧块机械，通过轧压产生高压高温，使秸秆物料熟化。	适用于该技术的秸秆主要有玉米通风口、麦秸、稻秆以及豆秸、薯类藤蔓、向日葵（盘）等。	《GB/T 26552—2011 畜牧机械 粗饲料压块机》、《GB/T 16765—1997 颗粒饲料通用技术条件》、《GB/T25699—2010 带式榛充颗粒饲料干燥机》、《NY/T 1930—2010 秸秆颗粒饲料压制机质量评价技术规范》
三、秸秆原料化利用技术	（八）秸秆揉搓丝化加工技术	秸秆揉搓丝化加工技术是通过对秸秆进行机械揉搓加工，使之成为柔软的丝状物，有利于反刍动物采食和消化的一种秸秆物理化处理手段。	通过秸秆揉丝加工不仅分离了纤维素、半纤维素与木质素，而且较长的秸秆丝能够延长其在反刍动物瘤胃内的停留时间，有利于牲畜的消化吸收，从而达到提高秸秆采食量和消化率的双重功效。秸秆揉丝加工是一种简单、高效、低成本的加工方式。秸秆揉丝加工的效率约为秸秆粉碎的1.2~1.5倍，经揉丝机加工的秸秆既可直接喂饲，也可进一步加工制作高质量的粗饲料。	秸秆揉丝技术的核心是秸秆揉搓机械。	适用于该技术的秸秆主要有玉米秸、豆秸、向日葵秆等。	《NY/T 509—2002 秸秆揉丝机》、《DB23/T 905—2005 秸秆饲料揉碎质量》

（续表）

技术类别	技术名称	技术内涵与技术内容	技术特征	技术实施注意事项	适宜秸秆	可供参照的主要技术标准与
三、秸秆原料化利用技术	（九）秸秆人造板材生产技术	秸秆人造板材生产技术是秸秆经处理后，在热压条件下形成密实而有一定刚度的板芯，进而在板芯的两面覆以涂有树脂胶的特殊强韧板，再经热压而成的轻质板材。秸秆人造板材的生产过程可以分为三个工段：原料处理工段、成型工段和后处理工段。原料处理工段有输送机、开捆机、步进机等设备，主要是把农作物打松散，同时除去石子、泥沙及谷粒等杂质，使其成为干净合格的原料。成型工段有立式喂料器、冲头、挤压成型机和上胶装置等设备，是人造板材生产的关键工段。后处理工段有推出辊台、自动切割机、封边机、接板辊台及封口打字和切断等设备，主要完成封边和切割任务。	建筑装饰、装修，具有节材代木、保护林木资源的作用。	/	适用于该技术的秸秆主要有稻秆、麦秸、玉米秸、棉秆等。	《GB/T 21723—2008 麦（稻）秸秆刨花板》、《GB/T 23471—2009 浸渍纸层压秸秆复合地板》、《GB/T 23472—2009 浸渍胶膜纸饰面秸秆板》、《GB/T27796—2011 建筑用秸秆植物板材》
	（十）秸秆复合材料生产技术	秸秆复合材料生产技术是以秸秆为原料，添加竹、塑料等其他生物质或非生物质材料，利用特定的生产工艺，生产出可用于环保、木塑产品生产的高品质、高附加值功能性的复合材料。秸秆复合材料生产的工艺主要包括高品质秸秆纤维粉体加工、秸秆生物活化功能材料制备、秸秆改性碳基功能材料制备、超临界秸秆纤维塑性材料制备、秸秆/树脂强化型复合型材料制备、秸秆纤维轻质复合型材制备、生物质秸秆塑料制备。	秸秆复合材料生产可部分替代木材生产纤维粉体、生物活化功能材料、改性碳基功能材料、超临界纤维塑性材料、轻质复合型材等，具有节材代木、保护林木资源的作用。	/	适用于该技术的秸秆包括大部分秸秆类别	《GB/T 29500—2013 建筑模板用木塑复合板》、《GB/T 24137—2009 木塑装饰板》、《GB/T 24508—2009 木塑地板》、《LY/T 1613—2004 挤压木塑复合板材》、《DB44/T 349—2006 木塑复合材料技术条件》
	（十一）秸秆清洁制浆技术	秸秆清洁制浆技术主要是针对传统秸秆制浆效率低、水耗能耗高，污染治理成本高等问题，采用新式备料、高硬度置换蒸煮器+机械疏解+氧脱木素+封闭筛选等综合工艺，降低制浆蒸汽用量和黑液黏度，提高制浆得率和黑液提取为主的制浆工艺。	制浆废液通过浓缩造粒技术生产腐殖酸、有机肥，使秸秆制浆过程中不可利用的有机物和氮、磷、钾、微量元素等营养物质转化为有机肥料，或通过碱回收转化为生物质能源，实现无害化处理和资源化利用。	/	适用于该技术的秸秆主要有麦秸、稻秆、棉秆、玉米秸等。	《HJ/T 317—2006 清洁生产标准造纸工业（源白碱法蔗渣浆生产工艺）》、《HJ/T 340—2007 清洁生产标准 造纸工业（硫酸盐化学木浆生产工艺）》、《HJ/T 339—2007 清洁生产标准 造纸工业（漂白化学烧碱法麦草浆生产工艺）》

（续表）

技术类别	技术名称	技术内涵与技术内容	技术特征	技术实施注意事项	适宜秸秆	可供参照的主要技术标准与
三、秸秆原料化利用技术	（十二）秸秆木糖醇生产技术	秸秆木糖醇生产技术是指利用含有多缩戊糖的农业植物纤维废料，通过化学法或生物法制取木糖醇的技术。目前，工业化木糖醇生产技术多采用化学催化加氢的传统工艺，富含戊聚糖的植物纤维原料，经酸木解及分离纯化得到木糖，再经过氢化得到木糖醇。化学法生产木糖醇有中和脱酸和离子交换脱酸两条基本工艺。	高值化利用玉米芯等农副产品，10~12吨左右玉米芯可生产1吨木糖醇。	/	适用于该技术的秸秆主要有玉米芯、棉掰壳等。	《GB 13509—2005 食品添加剂 大糖醇》
四、秸秆燃料化利用技术	（十三）秸秆固化成型技术	秸秆固化成型技术是在一定条件下，利用木质素充分黏合剂，将松散细碎的、具有一定粒度的秸秆挤压成形地致密、形状规则的棒状、块状或粒状燃料的过程。其工艺流程为：首先对原料进行晾晒或烘干，经粉碎机进行粉碎，然后加入一定量水分进行调湿，利用模辊挤压式、螺旋挤压式、活塞冲压式等压缩成型机械对秸秆进行压缩成型，产品经过送风冷却后贮存。秸秆固化成型燃料可分为颗粒燃料、块状燃料和机制棒等产品。	秸秆固化成型燃料招认民中质烟煤大体相当，具有点火容易、燃烧高效、烟气污染易于控制、低碳、便于贮运等优点。秸秆固化成型燃料可为农村居民提供炊事、取暖用能，也可以作为农产品加工业（如粮食烘干、烟草烘干、脱水蔬菜生产等）、设施农业（温室大棚）、养殖业等产业的供热燃料，还可作为工业锅炉、居民小区取暖锅炉和电厂的燃料。	/	适用于该技术的秸秆主要有玉米秸、稻秆、麦秸、棉秆、油菜秆、烟秆、稻壳等。	成型燃料及设备生产管理标准：《NY/T 1915—2010 生物质固体成型燃料 术语》、《NY/T 1878—2010 生物质固体成型燃料技术条件》、《NY/T 1881—2010 生物质固体成型燃料试验方法》、《NY/T 1879—2010 生物质固体成型燃料采样方法》、《NY/T 1880—2010 生物质固体成型燃料样品制备方法》、《NY/T 1882—2010 生物质固体成型燃料成型设备技术条件》、《NY/T 1883—2010 生物质固体成型燃料成型设备试验方法》应用成型燃料的炉具生产管理标准：《NY/T 2369—2013 户用生物质炊事炉具通用技术条件》、《NY/T 2370—2013 户用生物质炊事炉具性能试验方法》、《NB/T 34006—2011 民用生物质固体成型燃料采暖炉具通用技术条件》、《NB/T 34005—2011 民用生物质固体成型燃料采暖炉具试验方法》、《NB/T 34007—2012 生物质炊事采暖炉具通用技术条件》、《NB/T 34008—2012 生物质炊事采暖炉具试验方法》、《NB/T 34009—2012 生物质炊事烤火炉具通用技术条件》、《NB/T 34010—2012 生物质炊事烤火炉具试验方法》、《NB/T 34015—2013 生物质炊事大灶通用技术条件》、《NB/T 34014—2013 生物质炊事大灶试验方法》地方标准：《DB13/T 1175—2010 生物质成型燃料》、《DB11/T 541—2008 生物质成型燃料》

(续表)

技术类别	技术名称	技术内涵与技术内容	技术特征	技术实施注意事项	适宜秸秆	可供参照的主要技术标准与
四、秸秆燃料化利用技术	（十四）秸秆炭化技术	秸秆炭化技术是将秸秆经晒干或烘干、粉碎后，在制炭设备中，在隔氧或少量通氧的条件下，经过干燥、干馏（热解）、冷却等工序，将秸秆进行高温、亚高温分解，生成炭、木焦油、木醋液和烯气等产品，故又称为"炭气油"联产技术。当前较为实用的秸秆炭化技术主要有机制炭技术和生物炭技术两种。机制炭技术又称为隔氧高温干馏技术，是指秸秆粉碎后，利用螺旋挤压机或活塞冲压机固化成型，再经过700℃以上的高温，在干馏釜中隔氧热解炭化得到固型炭制品。生物炭技术又称为亚高温缺氧热解炭化技术，是指秸秆原料经过晾晒或烘干，以及粉碎处理后，装入炭化设备，使用料层或阀门控制氧气供应，在500~700℃条件下热解成炭。	秸秆机制炭具有杂质少、易燃烧、热值高等特点，碳元素含量一般在80%以上，热值可达到每公斤23~28兆焦，可作为高品质的清洁燃料，也可进一步加工生产活性炭。生物炭呈碱性，很好地保留了细胞分室结构，官能团丰富，可制备为土壤改良剂或炭基肥料，在酸性土壤和粘重土壤改良、提高化学肥料利用效率、扩充农田碳库方面具有突出效果。另外，生物炭的碳元素含量一般在60%以上，经固化成型（先炭化后固化）后，也可作为燃料使用。	秸秆炭化适用于秸秆资源国丰富、居民较为集中的村镇。两种技术均产出可燃气、木醋液和焦油等副产品，充分注重这些副产品的综合利用，方可实现良好的工程效益。燃气可作为燃料直接利用；木醋液可作为生物农药，用于蔬菜、水果等农作物的病虫害防治；焦油可作为化工燃料。	适用于该技术的秸秆主要有玉米秸、棉秆、油菜秆、烟秆、稻壳等。	《LY/T 1973—2011 生物质棒状成型炭》、《GB/T 17664—1999 木炭和木炭试验方法》
	（十五）秸秆沼气生产技术	秸秆沼气生产技术是在严格的厌氧环境和一定的温度、水分、酸碱度等条件下，秸秆经过沼气细菌的厌氧发酵产生沼气的技术。按照使用的规模和形式分为户用秸秆沼气和规模化秸秆沼气工程两大类。目前我国常用的规模化秸秆沼气工程工艺主要有全混式厌氧消化工艺、全混合自载体生物膜厌氧消化工艺、竖向推流式厌氧消化工艺、一体两相式厌氧消化工艺、车库式干发酵工艺、覆膜槽式干发酵工艺。	秸秆沼气是高品位的清洁能源，可用于居民供气也可为工业锅炉和居民小区锅炉提供烯气。沼气净化提纯成生物天然气，可作为车用燃气或并入城镇天然气管网。	秸秆沼气生产技术的关键是秸秆的预处理、厌氧颗粒污泥培养及稳定、厌氧消化效率的提高和经济高效厌氧反应器制备等。	适用于该技术的秸秆主要有玉米秸、麦秸、豆秸、花生秧、类茎秆、蔬菜藤蔓和油菜等。	《GB/T 30393—2013 制取沼气秸秆预处理复合菌剂》、《NY/T 2141—2012 秸秆沼气工程施工操作规程》、《NY/T 2372—2013 秸秆沼气工程运行管理规范》、《NY/T 2373—2013 秸秆沼气工程质量验收规范》、《NY/T 2142—2012 秸秆沼气工程工艺设计规范》

（续表）

技术类别	技术名称	技术内涵与技术内容	技术特征	技术实施注意事项	适宜秸秆	可供参照的主要技术标准与
	（十六）秸秆纤维素乙醇生产技术	秸秆纤维素乙醇生产技术是目前秸秆能源化利用的高新技术之一。秸秆降解液化是秸秆纤维素乙醇生产的主要工艺过程，是指以秸秆等纤维素为原料，经过原料预处理、酸水解或酶水解、微生物发酵、乙醇浓缩等工艺，最终生成燃料乙醇的过程。秸秆纤维素乙醇生产技术的关键工艺包括原料预处理、水解、发酵和废水处理。预处理工艺包括物理法、化学法、生物法和联合法；水解工艺包括酸水解和酶水解；发酵工艺包括直接发酵法、间接发酵法、五碳糖的发酵、同时糖化和发酵工艺、固定化细胞发酵等。	秸秆纤维素乙醇生产可直接替代工艺乙醇生产所消耗的大量粮食，对国家粮食安全具有重大的战略意义。	采取醇糟联产可有效提高利用率和工程的经济效益。	适用于该技术的秸秆主要有玉米秸、麦秸、稻秆、高粱秆等。	《GB/T 16663—1996 醇基液体燃料》、《NY 311—1997 民用燃料》、《GB/T 23510—2009 车用燃料甲醇》
四、秸秆燃料化利用技术	（十七）秸秆热解气化技术	秸秆热解气化技术是利用气化装置，以氧气（空气、富氧或纯氧）、水蒸气或氧气等作为气化剂，在高温条件下，通过热化学反应，将秸秆部分转化为可燃气的过程。秸秆热解气化的基本原理是秸秆原料进入气化炉后被干燥，随温度升高析出挥发物，在高温下热解（干馏）；热解后的气体和炭在气化炉的氧化区与气化介质发生氧化反应并燃烧，使较高分子量的有机炭氧化合物的分子链断裂，最终生成了较低分子量的 N_2、CO、H_2、CO_2、CH_4、C_nH_m 等物质的混合气体，其中 CO、H_2、CH_4 为主要的可燃气体。按照运行方式的不同，秸秆气化炉可分为固定床气化炉和流化床气化炉。固定床气化炉又分为上吸式、下吸式、横吸式和开心式等。流化床气化炉又分为鼓泡床、循环流化床、双床、携带床等。	秸秆热解气化产出的气体产品经过净化后，可用于村镇集中供气，也可为工业锅炉和居民小区锅炉提供燃气。	气化炉是秸秆热解气化的主体设备。	适用于该技术的秸秆主要有玉米秸、麦秸、稻秆、稻壳、棉秆、油菜秆等。	《NY/T 443—2001 秸秆气化供气系统技术条件及验收规范》、《NYJ/T 09—2005 生物质气化集中供气站建设标准》、《NY/T 1017—2006 秸秆气化装置和系统测试方法》、《NY/T 1417—2007 秸秆气化炉质量评价技术规范》、《NY/T 1561—2007 秸秆燃气灶》、《NB/T 34004—2011 生物质气化集中供气净化装置性能测试方法》、《NB/T 34011—2012 生物质气化集中供气污水处理装置技术规范》

二、国家发展和改革委员会

(续表)

技术类别	技术名称	技术内涵与技术内容	技术特征	技术实施注意事项	适宜秸秆	可供参照的主要技术标准与
四、秸秆燃料化利用技术	(十八)秸秆直发电技术	秸秆直燃发电技术主要是以秸秆为燃料，直接燃烧发电。其原理是把秸秆送入特定范汽锅炉中，生产蒸汽，驱动蒸汽轮机，带动发电机发电。秸秆直燃发电技术的关键包括秸秆预处理技术、蒸汽锅炉的多种原料适用性技术、蒸汽锅炉的高效燃烧技术、蒸汽锅炉的防腐蚀技术等。秸秆发电的动力机械系统可分为汽轮机发电技术、蒸汽机发电技术和斯特林发动机发电技术等。	秸秆直燃发电技术优势是秸秆消纳量大、环境较为友好。	热电联产是提高能源转换率、热效率和经济效益的关键技术经合。	适用于该秸秆主要有玉米秸、麦秸、稻秆、稻壳、棉秆、油菜秆等。	《GB 50762—2012 秸秆发电厂设计规范》、《GB/T 6423—1995 热电联产系统技术条件》
五、秸秆基料化利用技术	(十八)秸秆基料化利用技术	秸秆基料化利用技术主要是利用秸秆生产食用菌。秸秆食用菌生产技术包括秸秆栽培草腐菌类技术和秸秆栽培木腐菌类技术两大类，利用秸秆生产的草腐菌主要有双孢蘑菇、草菇、鸡腿菇、大球盖菇和栽培利用秸秆生产的木腐菌主要有香菇、平菇、金针菇、茶树菇等。秸秆食用菌生产的技术环节主要有菇房建设、原料储备、培养料的预处理、前发酵、后发酵、接种、发菌期管理、出菇期管理、采收与贮运等。主要设备包括粉碎机、发酵隧道、拌料机、装袋机、灭菌器、接种箱、菇房（大棚）。	利用秸秆基料种植食用菌技术成熟，资源效益和经济效益较高。利用秸秆种植优质食用菌可丰富国民的菜篮子。利用秸秆部分或全量替代木料种植木腐菌，具有节材代木、保护林木资源的作用。	我国大部分地区都可利用秸秆生产食用菌，没有严格的地域性要求。	适用于该技术的秸秆主要有稻秆、麦秸、玉米秸、玉米芯、豆秸、棉籽壳、棉秆、油菜秆、麻秆、花生秧、花生壳、向日葵秆等。	《NY 5099—2002 无公害食品 食用菌栽培基质安全技术要求》、《NY/T 2064—2011 秸秆栽培食用菌霉菌污染综合防控技术规范》、《NY/T 2375—2013 食用菌生产技术规范》

12. 关于印发《京津冀及周边地区秸秆综合利用和禁烧工作方案（2014—2015年）》的通知

关于印发《京津冀及周边地区秸秆综合利用和禁烧工作方案（2014—2015年）》的通知

发改环资〔2014〕2231号

北京市、天津市、河北省、山西省、内蒙古自治区、山东省发展改革委、农业（农牧）厅（局）、环境保护厅（局）：

为贯彻落实国务院办公厅《关于加快推进农作物秸秆综合利用的意见》（国办发〔2008〕105号），根据国务院办公厅要求，推进京津冀及周边地区秸秆综合利用和禁烧工作，促进京津冀大气污染防治，国家发展改革委、农业部、环境保护部制定了《京津冀及周边地区秸秆综合利用和禁烧工作方案（2014—2015年）》，现印发你们，请结合本地区实际，认真贯彻执行。

附件：《京津冀及周边地区秸秆综合利用和禁烧工作方案（2014—2015年）》

国家发展改革委　农业部　环境保护部
2014年9月30日

来源：http://www.ndrc.gov.cn/zcfb/zcfbtz/201410/t20141010_628910.html

附　京津冀及周边地区秸秆综合利用和禁烧工作方案（2014—2015）

2008年国务院办公厅印发了《关于加快推进农作物秸秆综合利用的意见》（国办发〔2008〕105号），提出"到2015年秸秆综合利用率超过80%"的目标任务。在各地区、各部门的大力推动下，秸秆综合利用取得了积极成效，但部分地区秸秆焚烧现象仍屡禁不止，特别是近年来，京津冀等地区出现较重雾霾天气，据气象部门分析，秸秆焚烧产生的有害气体及颗粒物成为雾霾天气的污染源之一，甚至还引发火灾，危及交通安全。为加快推进京津冀及周边地区秸秆综合利用和禁烧工作，缓解秸秆焚烧带来的大气污染影响，特制定本方案。

一、充分认识加快推进秸秆综合利用和禁烧工作的重要性和紧迫性

（一）加快推进秸秆综合利用和禁烧是生态文明建设的重要内容

近年来，随着秸秆资源化利用技术的不断完善和推广应用，秸秆用作肥料、饲料、工业原料、燃料和食用菌基料的产业化利用得到较快发展。特别是一批以秸秆为工业原料生产代木产品、发电、秸秆成型燃料、秸秆沼气企业的兴起，推动了秸秆商品化和资源化，实现了变废为宝、化害为利和农民增收。因地制宜、科学合理地推进秸秆综合利用和禁烧，有利于提高资源利用效率，延伸农业生态链条，变粗放经营为集约经营，改善农村生态环境，促进农业生态文明建设。

（二）加快推进秸秆综合利用和禁烧是大气污染防治的重要途径

据环境保护部和国家气象局遥感监测显示，夏秋收期间秸秆集中焚烧，增加了部分区域雾霾天气的严重程度。近两年，全国秸秆焚烧火点数总体呈上升趋势。相关研究报告显示，京津冀及周边地区每年因秸秆焚烧向

大气中排放的颗粒物有数十万吨，区域内 PM2.5 日均浓度平均增加 60.6 微克/立方米，最多增加 127 微克/立方米，秸秆焚烧对大气污染的影响非常大。抓好秸秆综合利用和禁烧工作，是当前治理大气雾霾的有效措施，任务紧迫而艰巨。

二、秸秆综合利用和禁烧情况

（一）秸秆综合利用现状

2013 年，京津冀及周边地区秸秆可收集量 2 亿吨，利用量 1.6 亿吨，秸秆综合利用率 81%，比 2008 年提高 12.3 个百分点。北京市、天津市、河北省、山西省、内蒙古自治区、山东省等地区秸秆综合利用率分别为 85.6%、76.6%、83%、80%、76.5%、81%。

（二）秸秆禁烧情况

2013 年，京津冀及周边地区中，北京市、天津市、山西省、山东省等地区焚烧秸秆火点数均有所减少，河北省、内蒙古自治区两地区秸秆焚烧火点数有所增加。北京市实现 2013 年夏秋两季 0 火点数，天津市、河北省、山西省、内蒙古自治区、山东省等地区火点数分别为 11 个、481 个、407 个、179 个和 866 个。其中，天津市、山西省、山东省等地区分别比 2012 年减少 63.3%、18.6% 和 34.7%，河北省、内蒙古自治区两地区分别比 2012 年增加了 27.6% 和 61.3%。

（三）存在的主要问题

虽然秸秆综合利用和禁烧工作取得一定成效，仍存在以下问题：一是秸秆综合利用政府资金投入不足，秸秆综合利用产业化项目扶持力度不够，秸秆综合利用"小而散"项目没有得到支持；二是缺少能够使广大农民和企业"双赢"的有效经济政策；三是秸秆还田和收集一体化装备严重不足，农机收获缺少留茬标准，留茬高低及农田秸秆清理与农民利益衔接不紧密，农民为提高机械收获作业效率，降低油料和人工成本，导致留茬过高；四是部分基层干部及农民对秸秆综合利用潜在价值和违规焚烧的危害性认识不足，缺乏对地方政府的考核和责任追究；五是秸秆禁烧的法律依据不足、机制不健全、执法力量薄弱、执法难度大，禁烧监管难以落实到位。

三、目标任务

（一）总体目标

到 2015 年，京津冀及周边地区秸秆综合利用率平均达到 88% 以上，新增秸秆综合利用能力 2 000 万吨以上；基本建立农民和企业"双赢"，价格稳定的秸秆收储运体系，初步形成布局合理、多元利用的秸秆综合利用产业化格局；建立并落实秸秆禁烧考核机制，及时公布并向地方政府通报秸秆焚烧情况，不断强化秸秆禁烧监管。

（二）分省目标

到 2015 年，北京市力争全部实现秸秆综合利用；天津市秸秆综合利用率 90%；河北省秸秆综合利用率 95%；山西省秸秆综合利用率 85%；内蒙古自治区秸秆综合利用率 86.5%；山东省秸秆综合利用率 85%。

四、重点工程

（一）秸秆肥料化利用工程

实施秸秆机械还田补贴项目，对实施秸秆机械粉碎、破茬、深耕和耙压等机械化还田作业的农机服务组织进行定额补贴。建设以秸秆为主要原料的有机肥工程，生产商品有机肥料。大力推广生物菌剂快速腐熟还田和秸秆堆沤还田技术，推进秸秆就地就近还田利用。2014—2015 年，新增秸秆肥料化利用能力 240 万吨。

（二）秸秆饲料化利用工程

种植或订单采购青贮玉米，有偿收集秸秆，大规模制作全株青贮饲料、氨化秸秆饲料、微贮秸秆饲料，形成商品化秸秆饲料储备和供应能力，为周边大牲畜养殖户（场）提供长期稳定的粗饲料供给。青黄贮饲料生产项目以"二池三机"为基本建设单元，"二池"为青黄贮窖池或氨化池，"三机"指秸秆收获粉碎机、运输压实机、打捆包膜机。2014—2015年，新增秸秆饲料化利用能力270万吨。

（三）秸秆原料化利用工程

推进秸秆清洁制浆、人造板、墙体材料、纺织工业用纤维、包装材料、降解膜、餐具、帘栅等原料化利用。培育龙头企业，示范带动秸秆原料利用专业化、规模化、产业化发展。2014—2015年，新增秸秆原料化利用能力300万吨。

（四）秸秆能源化利用工程

建设秸秆致密成型燃料生产厂，配套高效低排放生物质炉具，实现秸秆清洁能源入户。建设投料棚、致密成型车间、成品库等土建工程，以及秸秆粉碎机、成型机组及配套设备、生物质炉具等设备工程。以自然村或农村社区为建设单元，建设秸秆沼气工程，配套建设输气管网等设施，实现秸秆沼气直供农户，提供生活用能。建设秸秆裂解气化集中供气工程，为农户提供生活用能。建设秸秆炭化工程，生物碳用作优质燃料、土壤改良剂、重金属钝化剂、生物有机肥料及工业原料。加快生物质发电/供热示范建设，完成现有生物质电厂供热改造。2014—2015年，新增秸秆能源化利用能力1 000万吨。

（五）秸秆基料化利用工程

建设秸秆食用菌生产基地，利用秸秆培育平菇、木耳、香菇、金针菇等食用菌，食用菌产后菌糠作为优质有机肥或牛羊养殖饲料。2014—2015年，新增秸秆基料化利用能力90万吨。

（六）秸秆收储运体系

秸秆收集储运站原则上与秸秆生物气化、秸秆热解气化、秸秆固化成型、秸秆碳化等实用技术示范配套，根据当地种植制度、秸秆利用现状和收集运输半径，支持农业合作社、农业企业和经纪人等，因地制宜建设秸秆收集储运站。2014—2015年，新增收集储运能力1 800万吨。

（七）完善配套政策，实现区域整体推进

京津冀及周边地区要按照循环经济理念，因地制宜发展秸秆多途径利用技术和模式，2015年3月底前研究出台配套政策，一是落实秸秆收储点和堆场用地，解决制约秸秆综合利用收储运瓶颈问题；二是将秸秆捡拾、切割、粉碎、打捆、压块等初加工用电列入农业生产用电价格类别，降低秸秆初加工成本；三是粮棉主产区在农忙季节，应采取方便秸秆运输的有效措施，提高秸秆运输效率；四是落实国家关于支持小微企业发展的指导意见，给予符合政策的秸秆加工企业信贷优惠等。在目前种植制度多样化、秸秆种类复杂、秸秆利用途径多元化的地区，因地制宜采取整县推进，实现县域秸秆高效综合利用，杜绝秸秆露天焚烧现象。2014—2015年，启动10个秸秆综合利用示范县建设，每个示范县秸秆新增利用能力10万吨以上，新增年利用能力100万吨。

（八）秸秆综合利用科技支撑工程

依托骨干企业、研究院所和大学等，开展创新平台建设，开展应用研究和系统集成，促进科技成果的产业化，引进消化吸收适合中国国情的国外先进装备和技术，推进先进生物质能综合利用产业化示范。加快建立秸秆综合利用相关产品的行业标准、产品标准、质量检测标准体系，规范生产和应用。举办秸秆综合利用技术培训班，分层次对基层农技人员、村镇干部进行技术培训。

五、保障措施

（一）加强领导

有关地区要将秸秆综合利用作为推进节能减排、发展循环经济、治理大气污染、促进生态文明建设的重要内容，纳入各地政府的工作重点，搞好统筹规划和组织协调，加强组织领导，做到分工明确、责任到人、重点突出，形成共同推进合力，确保实现秸秆综合利用目标。

（二）完善政策

有关地区要根据本地区农业生产特点，抓紧制订并发布相关收获、留茬等作业及综合利用产品标准。研究梳理现有秸秆综合利用扶持政策，加大秸秆综合利用项目资金投入力度，完善符合当地相关产业发展方向的秸

秆综合利用土地、电价、运输等方面的优惠政策，推动秆综合利用产业化发展。

（三）抓好落实

有关地区要建立健全相关部门参与的秆综合利用协调机制，将本地区秆综合利用实施方案的主要目标和重点任务，按年度逐级分解到各级政府及相关部门，并与各地人民政府签署秆综合利用目标任务完成承诺书，加强督促检查。抓紧落实2014年度中央预算内投资切块支持的秆综合利用重点工程项目建设，争取早日建成、早日投产，提高秆综合利用能力。

（四）严格监管

有关地区要建立健全相关法律法规，明确执法主体和责任人，组织相关部门组成检查组，加大秆禁烧执法力度，完善秆禁烧的相关政策措施。尤其对机场周边、高速公路沿线、铁路重要干线等地区，重点开展执法检查，发现秆焚烧行为的要责令立即停止，对直接责任人进行教育或处罚；对造成重大污染事故、财产遭受重大损失或者导致人员伤亡的，要依法追究有关责任人员的刑事责任。

（五）强化宣传

有关地区要加强秆综合利用和禁烧方面的宣传培训，大力宣传秆综合利用的重要意义及焚烧的危害，做到家喻户晓，发挥新闻媒体对秆综合利用的舆论引导和焚烧的监督作用，对秆焚烧现象曝光。开展秆综合利用的经济、社会和生态效益等知识的科普宣传，用实际效果引导、教育农民群众转变观念，为秆综合利用工作创造良好的社会舆论氛围。

2014年9月30日

13. 关于印发《全国生态保护与建设规划（2013—2020年）》的通知

关于印发《全国生态保护与建设规划（2013—2020年）》的通知

各省、自治区、直辖市、计划单列市人民政府、新疆生产建设兵团：

《全国生态保护与建设规划（2013—2020年）》，业经国务院批准，现印发给你们，请认真贯彻执行。

附件：《全国生态保护与建设规划（2013—2020年）》

国家发展改革委　科技部　财政部　国土资源部
环境保护部　住房城乡建设部　水利部　农业部
统计局　林业局　气象局　海洋局

2014年2月8日

来源：http://www.ndrc.gov.cn/zcfb/zcfbtz/201411/t20141119_648513.html

附：全国生态保护与建设规划（2013—2020年）

前　言

我国疆域辽阔、海陆兼备，地貌类型和海域特征多样，形成了复杂的自然生态系统，孕育了丰富的生物多样性。当前，我国正处在工业化、信息化、城镇化、农业现代化加快发展时期，经济社会的快速发展对自然生态系统形成了巨大压力，人口、经济、资源环境协调发展面临严峻挑战。加强生态保护与建设，提高生态承载力，是加快转变经济发展方式，建设生态文明，实现科学发展的重要内容；是促进全面建设小康社会，建设美丽中国，实现中华民族永续发展的根本要求。2011—2020年是我国经济社会发展的重要战略机遇期，也是资源环境约束加剧的矛盾凸显期。为确保实现全面建成小康社会的奋斗目标，根据我国生态保护与建设面临的新形势和党中央、国务院对生态保护与建设提出的新要求，适应经济社会发展的需要，国家发展改革委会同有关部门组织编制了《全国生态保护与建设规划（2013—2020年）》（以下简称《规划》），作为当前和今后一个时期全国生态保护与建设的行动纲领。

建设生态文明涉及生态建设、资源节约、环境保护等多方面内容。在规划体系上，"十二五"期间国家级专项规划整体预案明确将生态建设、资源节约、环境保护等规划分开编制，相互衔接，以提高规划的指导性和针对性，在实施过程中也便于操作。为此，《规划》内容界定为"以自然生态资源为对象开展的保护与建设"。

《规划》是在国务院1998年印发的《全国生态环境建设规划》和2000年印发的《全国生态环境保护纲要》基础上编制的，具有以下几个新的特点：一是更加注重生态保护，将规划名称确定为《全国生态保护与建设规划》；二是增加了海洋区，《规划》范围扩展为全国陆域、内水、领海及管辖海域；三是调整了区划布局，将与其他区域存在重叠的草原区分别纳入其他区域中，将平原区单独列出；四是确定国家层面的建设重点为青藏高原生态屏障、黄土高原-川滇生态屏障、北方防沙带、东北森林带、南方丘陵山地带、近岸近海生态区等集中连片区域和其他点块状分布的重要生态区域，构建"两屏三带一区多点"为骨架的国家生态安全屏障；五是细化了建设内容，提出了森林、草原、荒漠、湿地与河湖、农田、城市、海洋七大生态系统和防治水土流失、推进重点地区综合治理、保护生物多样性、保护地下水资源、强化气象保障等十二项建设任务。

《规划》与《国民经济和社会发展第十二个五年规划纲要》和《全国主体功能区规划》等进行了衔接。《规划》是行业和地方编制相关专项规划的重要依据。

第一章 全国生态保护与建设形势

一、主要成效

党中央、国务院高度重视生态保护与建设工作。党的十六届三中全会提出了坚持以人为本，树立全面、协调、可持续的发展观，明确了科学发展观的战略思想；党的十七大将生态文明建设确定为全面建设小康社会的新要求；党的十八大进一步将生态文明建设纳入中国特色社会主义事业总布局，放在突出地位。紧紧围绕党中央、国务院关于加强生态保护与建设的战略部署，各级政府和广大干部群众为改善我国生态环境作出了巨大努力。一是各级政府把生态保护与建设放在突出地位，在政策、机制、资金、技术、宣传等方面对生态保护与建设给予了大力支持；二是国家实施了天然林资源保护、退耕还林、退牧还草、水土保持、"三北"防护林、京津风沙源和石漠化综合治理等一系列生态保护与建设工程，形成了生态保护与建设的新格局；三是充分发挥生态系统的自我修复功能，加强了自然保护区、风景名胜区等典型生态系统、重点野生动植物资源、重要水源涵养区等保护；四是大力推广先进实用技术和治理模式，强化生态保护与建设人才培养和农民培训；五是实施了一系列促进农民增收的生态保护与建设措施，夯实了生态保护与建设的群众及社会基础；六是进一步推进集体林权制度、草原承包经营制度改革和水土保持机制创新，解放和发展了生产力；七是逐步完善了生态保护与建设的法制体系和执法体系，法制保障和执法能力不断加强；八是探索建立生态补偿机制，调动了各方参与生态保护建设的积极性。我国生态保护与建设进入了新的发展阶段，取得了显著成效。

——森林生态系统保护与建设成效显著。1998年以来，累计造林7 117万公顷，森林覆盖率从16.55%提高到20.36%，森林面积从1.59亿公顷增加到1.95亿公顷，森林蓄积从113亿立方米增加到137亿立方米。

——草原生态系统保护与恢复取得显著进展。1998年以来，累计治理"三化"草原1.1亿多公顷。禁牧休牧轮牧草原面积达到1.08亿公顷。治理区初步遏制了草原生态加速退化的趋势。

——荒漠生态系统生态整体恶化趋势初步遏制。沙化土地治理力度进一步加大,沙化土地面积减少。根据第四次全国荒漠化和沙化监测,沙化土地年均净减少1 717平方千米。

——湿地与河湖生态系统保护和修复取得积极进展。全国50.3%的自然湿地得到了较有效保护,重点湿地区域的保护管理能力加强。在重要内陆河流域及重点生态脆弱区实施了水资源合理调配、人工增雨、水生资源养护等综合措施,促进了湿地与河湖生态恢复。

——农田生态系统保护与改良取得一定成效。1998年以来,通过开展旱作农业示范基地(区)建设,有效提高了耕地蓄水抗旱和生产能力;通过治理中、低盐碱度农田,实施保护性耕作,有效控制了水土流失,农田土壤结构和肥力得到明显改善。

——城市生态质量有所改善。全国各城市深入开展园林绿化建设,推广先进绿化技术;强化绿线管制,对绿化成果和城市湿地进行严格保护。目前,城市建成区绿化覆盖率达到38.6%,人均公园绿地面积达到11.18平方米。

——海洋生态系统保护与修复积极推进。加强了局部海域典型海洋生态系统、珍稀濒危海洋生物、珍贵经济鱼类等重要海洋生物多样性保护。红树林、珊瑚礁、海草床修复、整治进度进一步加快。开展了海洋伏季休渔、海洋牧场建设和增殖放流等工作。

——水土流失综合防治工作成效明显。在长江上中游、黄河中上游、珠江上游和东北黑土区等区域开展水土保持重点治理,1998年以来,累计治理水土流失面积60万平方千米,治理小流域4万多条,覆盖600多个水土流失严重县,年土壤侵蚀总量减少了8亿吨。

——生物多样性保护日益加强。进一步加强了自然生态系统和珍稀动植物资源保护,自然保护区、风景名胜区等各类保护区面积达到国土面积的17%;加快了野生动植物迁地保护和种质资源异地保存;强化了外来入侵物种预防控制。

二、面临形势

我国生态保护与建设面临的总体形势是,工程治理区呈现生态改善的良好势头,但在经济快速发展过程中逆转的潜在威胁依然存在;全国生态整体恶化态势趋缓,但尚未得到根本遏制,经济发展带来的生态保护压力依然较大。生态领域存在的水土流失、土地沙化、草地退化、湿地萎缩、生物多样性降低、生态灾害频发、海洋自然岸线减少、全球气候变暖背景下各类气象灾害增多等问题,严重制约着我国经济社会的可持续发展。同时,在推进我国生态保护与建设工作中,也存在一些问题。一是区域之间、生态系统之间生态保护与建设进展不平衡;二是同我国生态保护与建设的实际需求相比,投入还有很大差距;三是生态保护与建设的科技支撑薄弱,科学性不强;四是生态脆弱区农民增收缓慢,贫困发生率高。当前,生态问题仍然是我国经济社会可持续发展的重要制约因素之一,生态产品仍然是我国短缺的重要产品之一,生态差距仍然是我国与发达国家重要的差距之一。

我国现阶段面临的主要生态问题:

——水土流失严重。全国水土流失面积295万平方千米,年均土壤侵蚀量45亿吨,导致江河湖库淤积、崩岗和耕地损毁,每年淤积水库库容16.24亿立方米、损毁耕地6万多公顷。长江上中游、黄河中上游、珠江上游和东北黑土区等地区水土流失十分严重。

——土地沙化和石漠化问题突出。全国沙化土地面积173万平方千米,主要分布在"三北"地区;石漠化土地面积12万平方千米,主要分布在贵州、广西和云南。严重的土地沙化和石漠化导致沙尘暴频发、耕地草地质量降低、人类生存空间缩小、贫困加剧。

——自然湿地萎缩、河湖生态功能退化。湿地开垦、淤积、污染、缺水仍然严重,导致湿地面积缩减,生态功能降低或丧失。部分河湖水污染严重,局部地区地下水超采,经济社会用水挤占生态用水,导致河流径流量减少,湖泊水面缩小,水生态破坏严重;北方主要河流年均挤占河道内生态用水约132亿立方米。

——森林资源人均水平低,质量不高。我国人均森林面积只有世界平均水平的23%,乔木林每公顷蓄积量只有世界平均水平的78%;林分结构不合理,中幼龄林比例高;宜林地质量差,造林难度大;局部地区乱垦滥占林地问题严重,制约了森林生态系统调节气候、涵养水源、防风固沙、固碳增汇等生态功能的充分发挥。

——草地退化严重。我国草原超载过牧仍然严重,可利用天然草原90%存在不同程度退化,中度以上明显退化的接近50%，生产力水平低，生态系统脆弱。

——农田质量下降。农田开发过度，投入结构不合理，导致土壤结构破坏，养分不平衡，土层变薄，酸化、次生盐渍化加重。东北地区耕地有机质含量大幅度下降，黑土腐殖质层厚度变薄；松嫩平原盐渍化土壤每年增加1%以上。

——城市人居生态环境压力巨大。城市生态建设与城市人口增加、规模扩大不相适应，绿地总量不足。部分城市盲目进行填河、填湖、开山等高强度开发建设，压缩了城市绿色生态空间；存在盲目引进外来草种、树种和花卉等问题。

——海洋生态形势严峻。我国潮间带湿地面积丧失速度加快，红树林和珊瑚礁面积较上世纪50年代均减少70%以上，局部地区咸潮入侵、土壤盐渍化加重，典型海洋生态系统受损严重，生物资源衰退程度加剧，主要鱼类产卵场大幅萎缩。我国自然岸线保有率仅37.6%，侵蚀海岸线占20%。近岸局部海域污染严重。

——生物多样性面临严重威胁。野生动植物种类受威胁比例达15%～20%，有233种脊椎动物处于濒危状态，104种野生植物物种极危或濒危。生物物种遗传资源丧失和流失严重；488种外来入侵物种对自然生态系统构成严重威胁。典型生态系统和关键物种栖息地尚未得到全面保护。

——地下水超采严重。全国地下水供水量达1 107亿立方米，是1972年的5.5倍。北方一些地区地下水供水量已超过总供水量的70%以上。全国年均超采地下水215亿立方米，超采地下水造成部分地区地下水资源枯竭、环境地质灾害频发、地下水污染加剧。

——生态灾害频发。近些年，干旱、暴雨、雨雪冰冻、沙尘暴等极端天气事件多发，加之生态破坏，导致山洪、泥石流、滑坡等灾害增多。海洋污染、富营养化严重，局部海域溢油呈加重趋势。赤潮年均灾害面积超1.4万平方千米，绿潮（浒苔）最大影响面积约3万平方千米。

生态环境问题在国际政治、经济活动中的地位越来越重要，往往成为世界可持续发展首脑会议、联合国气候变化峰会、亚太经合组织峰会等国际会议的重要议题。我国是《联合国气候变化框架公约》《生物多样性公约》《湿地公约》《联合国防治荒漠化公约》《濒危野生动植物种国际贸易公约》《国际植物新品种保护公约》《联合国海洋法公约》《保护世界文化和自然遗产公约》等一系列国际公约的重要履约国。生态保护与建设肩负着我国实现绿色发展、履行国际义务、维护国家形象的重任。

2011—2020年是我国经济社会发展的重要战略机遇期，也是资源环境约束加剧的矛盾凸显期。当前，我国推进生态保护与建设的经济基础、制度保障和社会环境日益改善。要抓住历史机遇，把生态保护与建设推向新的阶段，努力从源头上扭转生态环境恶化趋势，为人民创造良好生产生活环境，为全球生态安全做出贡献。

第二章 指导思想、基本原则和主要目标

一、指导思想

以邓小平理论、"三个代表"重要思想、科学发展观为指导，适应经济社会发展的新要求，顺应人民提高生态环境质量的新期待，牢固树立生态文明理念，统筹兼顾生态、生产和生活，着力发挥生态系统自我修复能力，促进生态系统良性循环；着力加强重点区域综合治理，努力构建生态安全屏障；着力推进先进适用科技成果转化，强化科技支撑；着力建立和完善生态补偿机制，巩固和发展生态成果；努力从源头上扭转生态环境恶化趋势，防范生态风险，增强生态承载力，提高生态服务价值，为实现经济社会全面协调可持续发展提供生态保障。

二、基本原则

（一）坚持统筹规划，综合治理

与全国主体功能区等相关规划相衔接，科学规划，陆海统筹，协调推进荒漠化、石漠化、水土流失综合治理和各类生态系统保护与建设，扩大森林、湖泊、湿地面积，保护生物多样性和地下水资源。将自然措施与人工措施相结合，生物措施与工程措施相结合，各种措施合理配置，发挥综合治理效益。

（二）坚持保护优先，科学防治

切实加大自然生态系统保护力度，充分发挥大自然的自我修复能力，加大力度减少经济社会活动对自然生态系统的扰动和破坏。

尊重自然规律和科学规律，加强自主创新和先进适用技术推广，强化科技服务保障，提高生态保护与建设的成效。

（三）坚持分区施策，突出重点

根据不同区域的自然生态条件，因地制宜，合理布局，有针对性地采取保护和建设措施。以主体功能区规划确定的国家重点生态功能区为重点，率先取得突破。

（四）坚持以人为本，改善民生

正确处理保护与利用的关系，将生态建设与农牧业增产增效、农民增收、农村产业结构调整相结合，不断提高农牧民生产生活水平。将生态建设与城镇化、新农村建设、区域环境治理相结合，努力改善人居环境。

（五）坚持深化改革，完善机制

深入推进林权制度改革，依法明确草原权属，实行最严格的水资源管理制度，探索建立海洋生态管理机制。加大生态补偿工作力度，广泛动员、引导全社会共同参与生态保护与建设。

（六）坚持中央支持，地方负责

生态保护与建设具有公益性、基础性和长期性的特点，中央加大支持力度，实施有差别的扶持政策，建立长效机制；地方各级政府对生态保护与建设负总责，多层次、多渠道增加投入，加强管理。

三、规划目标

（一）总体目标

到2020年，全国生态环境得到改善，国家重点生态功能区生态服务功能增强，重点治理地区生态实现良性循环，生态系统的稳定性明显加强，防灾减灾、净化空气和应对气候变化能力明显提升，生物多样性下降趋势得到遏制，生态保护与建设和区域经济发展协调推进，基本构筑"两屏三带一区多点"的国家生态安全屏障骨架，努力建成生态环境良好国家。

（二）具体目标

到2020年，森林覆盖率、蓄积量继续实现双增长，森林生态功能显著提高；全面实现草畜平衡，草原生态步入良性循环；初步遏制自然湿地萎缩和河湖生态功能下降趋势，主要河湖生态水量得到基本保证；重点治理区域水土流失和土地沙化、石漠化得到有效防控；重点生态区农田基本实行保护性耕作；城市建成区绿化覆盖率稳定并有所提升，大气粉尘吸附和阻隔能力增强；有效保护重要海洋环境和海洋景观，大幅提升近岸受损海域修复率，局部海域生态恶化趋势得到遏制；生物多样性丧失的速度得到基本控制。生态脆弱区贫困人口生产生活水平明显提高。

专栏1　全国生态保护与建设的主要指标

主要指标	2010年	2015年	2020年
森林生态系统			
森林覆盖率（%）	20.36	21.66	23以上
森林蓄积量（亿立方米）	137	143	150以上
林地保有量（万公顷）	30 378	30 900	31 230
草原生态系统			
"三化"草原治理率（%）1	37	45.5	55.6

(续表)

主要指标	2010年	2015年	2020年
荒漠生态系统			
可治理沙化土地治理率（％）	26	45	50以上
湿地与河湖生态系统			
自然湿地保护率（％）	50.3	55	60
重要河湖水功能区达标率（％）2	46	60	80
农田生态系统			
农田实施保护性耕作比例（％）3	3.5	11	15以上
城市生态系统			
城市建成区绿化覆盖率（％）	38.6	41.12	44.59
海洋生态系统			
海洋重要渔业水域保护率（％）	20	40	50
全国自然岸线保有率（％）	37.6	36	35
近岸受损海域修复率（％）4	—	5	10
防治水土流失			
水土流失治理率（％）	—	8.5	16.9
年土壤流失量（亿吨）	45	40.5	37
保护生物多样性			
陆域自然保护区占陆域面积比率（％）	14.9	15	15.2
海洋保护区占管辖海域面积比率（％）	1.12	3	5
国家重点保护物种和典型生态系统类型保护率（％）5	85	90	95

注：1. "三化"草原治理率指退化、沙化、盐碱化草原治理面积占"三化"草原面积的百分比。

2. 重要河湖水功能区达标率指达到预期水质目标的重要河湖水功能区占全部重要河湖水功能区的百分比。

3. 农田实施保护性耕作比例指保护性耕作面积占总耕地面积的百分比。

4. 近岸受损海域修复率指海水水质恢复到四类国家海水水质标准的整治海域面积占2010年受损海域面积的百分比。

5. 国家重点保护物种和典型生态系统类型保护率指国家重点保护物种和典型生态系统类型在自然保护区或其他形式的保护地中受保护的百分比。

第三章　总体布局

一、生态保护与建设区域布局

依据全国自然地理特点，全面考虑国家和区域对生态服务功能的需求，在《全国生态环境建设规划（1998—2050年）》的基础上，参考农业、林业、水利、城市以及水功能、海洋功能等区划，将全国生态保护与建设划分为九个区域。各个区域生态保护与建设要按照《全国主体功能区规划》的要求，服务于主体功能区建设，推动构建科学合理的生态安全格局。各个区域内的开发建设要以生态保护为前提，依法依规开展。

(一) 黄河上中游地区

本区包括山西、内蒙古、河南、四川、陕西、甘肃、青海、宁夏的大部分或部分地区,总面积约71万平方千米。区内以高原沟壑、丘陵沟壑、阶地、冲积平原等为主,黄土高原位于本区,是黄河泥沙的主要来源地。气候属温带和暖温带,水资源缺乏,年均降水量300~600毫米;土壤有黑垆土、黄绵土、山地棕壤土、灰钙土等;植被有落叶阔叶林、森林草原、干草原和荒漠草原。本区土地和光热资源丰富,但气候干旱,植被稀疏;坡耕地面积大,农业种植结构单一。生态保护与建设重点是加强原生植被保护,增加林草植被,控制水土流失和沙化扩展,合理调配水资源。在水土流失严重地区,加强陡坡耕地退耕还林、坡耕地改造和沟道治理,积极开展封山禁牧和育林育草,建设高标准旱作农田;在风沙严重区域建设乔灌草相结合的防风固沙林体系,开展围栏封育、草地改良、优化种植方式和制度,实施保护性耕作;加强黄河源区水源涵养和保护,优化配置黄河中游、渭河下游水资源,保证重要断面基本生态用水量。

(二) 长江上中游地区

本区包括江西、河南、湖北、湖南、重庆、四川、贵州、云南、西藏、陕西、甘肃、青海的全部或部分地区,总面积约133万平方千米。本区山地、高原、盆地交错分布,西部高山峡谷、河流纵横、东部低山平原、河湖水网密布,分布着云贵高原、四川盆地等。大部分区域为亚热带季风性湿润气候;降雨集中,年平均降水量500~1 400毫米;多年平均河川径流总量达9 234亿立方米,占全国河川径流量的34%;土壤以棕壤、红壤为主。主要处于中亚热带和北亚热带两个植被区,植被为亚热带常绿阔叶林;高寒江源区为荒漠植被。横断山地、武陵山地是我国乃至全球生物多样性最丰富的地区之一。本区森林、山地草场、生物物种和水资源极为丰富;坡耕地多,人均耕地少,岩溶地区石漠化严重。生态保护与建设的重点是加强源头区和河流两岸防护林建设,提高林草植被质量,防控山洪地质灾害,强化生物多样性保护。开展三峡库区、南水北调水源区、石漠化和山洪地质灾害易发区的陡坡耕地退耕还林,修建雨水积蓄设施,发展集雨农业;修复退化森林、湿地、草原生态系统;加强天然林、自然湿地、野生动植物保护和自然保护区、森林公园建设;在水电资源丰富区实施小水电代燃料工程建设;实施流域水电梯级开发和重要水库闸坝生态水量联合调度,改善河湖连通性,修复长江重要经济鱼类和珍稀濒危水生生物洄游通道;控制外来入侵物种扩散和蔓延。

(三) 三北风沙综合防治区

本区包括天津、河北、山西、内蒙古、辽宁、吉林、黑龙江、陕西、甘肃、青海、宁夏、新疆的大部分或部分地区,总面积约266万平方千米。本区属干旱、半干旱地区,沙化土地广布,有塔克拉玛干、古尔班通古特、巴丹吉林、腾格里、柴达木、库姆塔格、库布齐和乌兰布和等八大沙漠,以及浑善达克、毛乌素、科尔沁和呼伦贝尔四大沙地。温带大陆性气候显著;年均降水量50~450毫米;年均水资源总量约占全国的15%,人均量仅为全国的1/3;土壤有暗棕壤、黑钙土、栗钙土、棕壤土、风沙土等多种类型;植被以草原、灌木、半灌木荒漠为主。本区光热和土地资源丰富,水资源匮乏,植被稀疏,土地沙化、次生盐渍化严重,是我国生态环境最脆弱的地区。生态保护与建设的重点是保护荒漠生态,恢复草原生态,合理调配水资源,增加林草植被。开展荒漠植被和沙化土地封禁保护,加强退化林带修复,禁止滥开垦、滥放牧和滥樵采,构建乔灌草相结合的防护林体系;开展退牧还草,治理退化草原,恢复草原植被,发展雨水积蓄,建设高标准旱作农田;实施保护性耕作,增加地表秸秆覆盖,减少农田风蚀;对生态脆弱流域进行综合治理,水源区加强现有林保护和草地综合治理,实行流域上中下游水量统一调度,严格控制超采地下水,保证生态用水,遏制并逐步修复下游生态。

(四) 南方山地丘陵区

本区包括浙江、安徽、福建、江西、湖北、湖南、广东、广西、海南、贵州、云南的全部或部分地区,总面积约128万平方千米。本区地貌以丘陵为主,间有低山、盆地,南岭山地横贯东西。属热带、亚热带季风气候;年均降水量1 000~2 500毫米,河网密集;土壤主要为红壤、砖红壤,以湘赣红壤盆地最为典型;植被以我国特有的亚热带山地常绿阔叶林为主,是重要的动植物种质基因库。本区水热条件充足,雨热同季,生物多样性丰富,土壤侵蚀严重。生态保护与建设的重点是加强退化森林、草地、湿地与河湖生态修复,加强水土保持,防治石漠化。开展沿江、沿路、绕湖、绕城防护林体系建设,加强中幼龄林抚育和低质低效林改造;大力开展山地草场生态改良、石漠化和崩岗综合治理、坡耕地水土流失综合整治;加强自然保护区建设及珍稀濒危物种拯救保护，实施重要水生生物增殖放流。

（五）北方土石山区

本区包括北京、河北、山西、内蒙古、辽宁、河南的部分地区，总面积约31万平方千米。主体由太行山脉、燕山山脉、吕梁山脉及山间盆地等构成，高差大，地形破碎，沟壑密度大。属暖温带大陆性季风气候；年均降水量400~600毫米，降雨集中；土壤为褐土和棕壤，土层浅薄；植被为暖温带落叶阔叶林，以落叶栎类为主。本区光热资源丰富，水热同期，坡耕地面积大，土壤侵蚀严重。生态保护与建设的重点是加强森林保护和植被恢复，增强水土保持能力，减少水土流失。加快推进石质山地人工造林、封山育林育草，加强水土流失防治，积极开展坡地和沟道治理；实施重要水源地保护和管理，增强源流区的水源涵养功能；发展清洁小流域生态建设，推动农林复合经营，开展保护性耕作，发展高效旱作农业。

（六）东北黑土漫岗区

本区包括辽宁、吉林、黑龙江的大部分和内蒙古东部地区，总面积约97万平方千米。本区是世界三大黑土带之一，也是北半球世界三大温带森林带之一，还是我国沼泽湿地最集中、最丰富的地区。地貌有山地、丘陵、平原等，分布着大兴安岭、小兴安岭、长白山地、松嫩平原和三江平原。属温带、寒温带季风气候；年均降水量400~800毫米；土壤有黑土、黑钙土、暗草甸土，以黑土为主，有高纬度永久冻土层；植被为寒温带针叶林和温带针阔叶混交林。本区可开发水资源充足，农业、林业和草原畜牧业发达，区域性特有鱼类品种较多，生物多样性丰富，土壤侵蚀较为严重。生态保护与建设的重点是加强天然林保育、草原保护、湖沼湿地保护恢复和水土流失防治。严格保护天然林，进一步调减木材产量，开展后备资源培育；加强侵蚀沟道治理，强化黑土地水土保持；实施黑土地保育，建设农田防护林网；实施保护性耕作，建设高标准旱作农田；开展湿地保护与恢复，实施重要湿地生态补水；加强自然保护区和森林公园、湿地公园建设，保护珍稀野生动植物特别是冷水性鱼类资源。

（七）青藏高原区

本区包括四川、西藏、青海、新疆的全部或部分地区，总面积约163万平方千米。本区地貌以高原为主，海拔多在3000米以上，是长江、黄河、澜沧江、雅鲁藏布江等重要河流的发源地，也是世界高原特有生物的集中分布区。属特殊的高原高寒气候；年均降水量大多在400毫米以下；土壤为高山草甸土、高山寒漠土和高山荒漠土等；植被以高原寒漠、草甸和草原为主，东部及东南部有部分乔木林。本区严寒、大风、日照充足、蒸发量大，冻融侵蚀面积大，自然生态系统保存较为完整但极端脆弱。生态保护与建设的重点是保护高原自然生态系统和特有生物物种，修复草原生态，合理利用草原。加强有害生物防治和天然草场、江河源头植被保护，增加林草植被，提高水源涵养能力；实施退牧还草、禁牧休牧、划区轮牧，治理沙化土地；加强河谷农区水土流失治理，实施保护性耕作；加强自然保护区建设，严格保护高原河湖湿地、高寒特有动植物与水生生物及其生境，维护高原生物多样性。

（八）东部平原区

本区包括北京、天津、河北、上海、江苏、浙江、安徽、山东、河南的部分或全部地区，总面积约71万平方千米。地貌以平原为主，兼有少量低山丘陵。属暖温带和亚热带季风气候；年均降水量500~1500毫米；土壤为棕壤和褐土等；植被为暖温带落叶阔叶林和亚热带常绿阔叶林。本区自然条件优越，光热资源丰富，河汊纵横交错，湖荡星罗棋布，森林总量不足，天然植被稀少。生态保护与建设的重点是加强平原和城市绿化，推进湿地河湖生态保护与修复。严格保护有限的生态用地，对天然常绿阔叶林和局部存留古老珍贵动植物进行重点保护；加强以农田、河湖、水系林网为主体的生态防护网建设，完善沿海以防护林基干林带为主体的综合防灾减灾体系；加强城市绿化和森林公园建设，改善城镇生态环境；实施保护性耕作和秸秆还田；加强水功能区监督管理，优化水资源宏观配置格局，促进江河湖库水系连通，改善和修复重要河湖和中小河流水生态，加强地下水保护与修复；建设湖泊湿地自然保护区群，发挥水生生物生态净水功能，遏制蓝藻、水华等生态灾害暴发。

（九）海洋区

本区包括我国内水、领海及管辖海域，纵贯我国热带、亚热带、温带三个气候带，拥有红树林、珊瑚礁、海草床、盐沼、滩涂、海岛、海湾、河口、上升流等多种典型海洋生态系统。区域内大陆岸线长1.8万千米，有大于500平方米的岛屿6 900多个；包括渤海的辽东湾、黄河口及邻近海域，黄海的北黄海（含长山列岛）、苏北沿海（南黄海区），东海的长江口-杭州湾、浙中南、台湾海峡，南海的珠江口及毗邻海域、北部湾、环海南岛、西沙、南沙等12个重点生态区。生态保护与建设的方向是加强海洋生态灾害防治，加大污染防治力度，强化海洋保护区建设，落实海洋生态保护监管，保障河流入海流路和基本生态水量，实施典型受损生态系统的综合整治与海洋生态修复，开展海岛生态保护与建设，维护海洋生态安全。

二、生态保护与建设重点

在生态保护与建设区域布局的基础上，参照《全国主体功能区规划》，依据生态功能和生态脆弱区域分布特点，确定国家层面生态保护与建设的战略重点为青藏高原生态屏障、黄土高原-川滇生态屏障、东北森林带、北方防沙带、南方丘陵山地带、近岸近海生态区等集中连片区域和其他点块状分布的重要生态区域，构建"两屏三带一区多点"为骨架的国家生态安全屏障，包括国家全部25个重点生态功能区。

（一）青藏高原生态屏障

本屏障跨越青藏高原区、黄河上中游地区和长江上中游地区。囊括青藏高原主体和青藏高原向第二台阶的过渡区域，生态区位独特而重要。不仅是世界上山地冰川最发育的地区，而且是世界上湖泊面积最大、数量最多的高原湖泊区，拥有世界上独一无二的高寒湿地，是我国乃至东亚的江河源头、重要水源涵养，也是我国乃至全球维持气候稳定的"生态源"和"气候源"，被誉为高寒生物种质资源宝库。该区域内有三江源草原草甸湿地区、若尔盖草原湿地区、祁连山冰川与水源涵养区、甘南黄河重要水源补给区、阿尔金草原荒漠化防治区、藏东南高原边缘森林区、藏西北羌塘高原荒漠区共7个国家重点生态功能区，面积约153万平方千米。

保护与建设措施：以保护天然高寒植被、高原湿地河湖和高原特有生物物种及其栖息地为重点，按山系、河流完善保护区网络；实施禁牧休牧、草畜平衡和基本草原保护，加强黑土滩型退化草地人工治理，修复草原生态；推进天然林资源保护；开展小水电代燃料；通过退牧（耕）还湿、蓄水、禁渔与增殖放流、增加植被等措施恢复湿地河湖生态；加强江河源头区水土保持和防沙治沙，开展沙化土地封禁保护。

（二）黄土高原-川滇生态屏障

本屏障横跨黄河上中游地区和长江上中游地区，主要包括黄土高原、川滇西部及四川盆周的过渡地带。是黄河、长江流域的生态屏障，对控制黄土高原、川滇高山峡谷水土流失，维护三峡库区生态安全，保护秦岭、武陵山和横断山地生物多样性具有重要作用。是中国-喜马拉雅植物区系的分化、分布中心，是世界云冷杉等高山植物集中且分化剧烈的区域，是大熊猫等许多珍稀濒危种的分布区，是特有鱼类和重要经济鱼类的种质资源基因库。该区域内有黄土高原丘陵沟壑水土保持区、秦巴生物多样性区、川滇森林及生物多样性区、桂黔滇喀斯特石漠化防治区、三峡库区水土保持区、武陵山区生物多样性及水土保持区共6个国家重点生态功能区，面积约72万平方千米。

保护与建设措施：以培育林草资源、保护生物多样性、防治水土流失、减缓山洪地质灾害为重点，实施天然林保护和森林经营，建设长江流域、黄河上中游防护林体系；加强退耕还林、岩溶地区石漠化综合治理、淤地坝建设和坡耕地改造，实施保护性耕作，建设高标准旱作农田；加强野生动植物保护、保护区能力建设和森林公园体系建设；发展农村新型能源和生态产业，促进农民生产生活条件改善。

（三）东北森林带

本森林带位于东北黑土漫岗区，囊括大兴安岭、小兴安岭、长白山山地森林及三江（黑龙江、嫩江、松花江）源头区域。是松嫩平原、松辽平原与三江平原的生态屏障，是主要的用材林后备资源基地和珍稀物种资源的生物基因库。该区域内有大小兴安岭森林区、长白山森林区、三江平原湿地区共3个国家重点生态功能区，面积约51万平方千米。

保护与建设措施：以天然林保育、湿地及生物多样性保护为重点，控制主伐，加强森林抚育和低效林改造；补充生态用水，保护和恢复湿地；加强水源涵养林建设和水土保持预防；开展森林公园基础设施、增殖放流基地和保护区能力建设。

(四) 北方防沙带

本生态带横跨三北风沙综合防治区、黄河上中游地区、北方土石山区和东北黑土漫岗区。该区域的林草植被保护与建设对防风固沙、涵养水源、保持水土等具有重要作用，形成京津等大中城市群、重点工矿基地、交通能源线、河西走廊和东北华北粮食主产区的生态屏障。该区域内有阿尔泰山地森林草原区、塔里木河荒漠化防治区、阴山北麓草原区、浑善达克沙漠化防治区、科尔沁草原区、呼伦贝尔草原草甸区共6个国家重点生态功能区，面积约99万平方千米。

保护与建设措施：以林草植被保护与建设为重点，大力营造防风固沙林和绿洲防护林，生物措施和工程措施相结合固定流动和半流动沙丘，实行沙化土地封禁保护；采取围栏封育、人工种草、补播改良、棚圈建设、优良牧草繁育体系建设等措施，对退化草原进行保护和综合治理；统筹调配流域和区域水资源，加强绿洲保护，实施保护性耕作，发展旱作雨养农业；发展沙产业，促进农牧民增收。

(五) 南方丘陵山地带

本丘陵山地带位于南方山地丘陵区和长江上中游地区，以南岭山脉为主体。是我国南亚热带和北亚热带的气候分界线、森林资源和生物多样性的富集区，是长江和珠江的重要水源地，珠三角、海峡西岸、北部湾等城市群的生态屏障。该区域内有南岭山地森林及生物多样性国家重点生态功能区，面积约6.7万平方千米。

保护与建设措施：以天然林草资源保护、林草资源经营和退化森林修复为重点，加强典型生态系统、热带雨林、自然景观、濒危物种和重要经济物种保护，强化中幼龄林抚育和低效林改造，开展多年生人工草地建设，合理开发利用草地资源，加强岩溶地区石漠化综合治理和陡坡耕地退耕还林，加强小流域综合治理和崩岗治理。

(六) 近岸近海生态区

本生态区包括陆地与海洋生态系统交互作用强烈的海域和一定范围的陆域，面积约28万平方千米。对提供海洋资源，调节气候、减缓温室效应，营造优美海洋景观具有重要作用。保护与建设措施：以海洋生物多样性保护和海洋生态系统修复与整治为重点，实施海洋生态灾害防治与应急管理；开展海洋保护区建设；落实海洋保护区、重点保护区、温排水口和海洋工程的监管；加强重点污染海域和入海河口的综合整治和污染治理，有效控制陆源入海污染物排放；开展滨海湿地、红树林、珊瑚礁、海草床、河口、海湾等典型海洋生态系统修复，开展岸线整治与生态景观恢复，恢复修复严重受损海洋生态区域；建设水产种质资源保护区和海洋牧场，实施海洋伏季休渔，开展海洋生物资源养护；加强沿海防护林体系和海岛生态建设。

(七) 其他点块状分布的重要生态区域

本生态区包括点状、块状分布的大别山水土保持地、海南岛中部山区热带雨林区共2个国家重点生态功能区和国家级自然保护区、世界自然文化遗产地、国家级风景名胜区、国家森林公园、国家地质公园。主要承担保持水土，保护我国最具有保护价值的典型生态系统、珍稀野生动植物基因、典型自然景观和自然文化资源，展示和传播生态文化，弘扬生态文明的功能。

保护与建设措施：明确功能、范围、界线和规模，强化基础设施建设，减少人为干扰，发挥保持水土、保护生物多样性、宣传生态文明和丰富人民生活的作用。

第四章 生态保护与建设主要任务

一、保护和培育森林生态系统

森林是我国陆地生态系统的主体。加强森林保护，推进天然林资源保护和国家级公益林管护，东北、内蒙古等重点国有林区进一步调减木材产量，长江上游、黄河上中游地区停止天然林商品性采伐，加强森林防火和林业有害生物防治体系建设。大力开展植树造林，加快推进"三北"等防护林体系建设，继续对重点地区25度以上坡耕地实施退耕还林。强化森林经营，加强新造林地管理和中幼龄林抚育，加快林木良种化进程，提高良种使用率和基地供种率。重点加强青藏高原生态屏障森林保护，提升和扩大黄土高原—川滇生态屏障森林质量和数量，开展南方丘陵山地带森林集约经营和合理利用，深入推进东北森林带森林休养生息，优化东部沿海地区绿化结构。森林生态系统保护与建设的主要任务是：到2015年，完成新造林3 000万公顷，森林抚育经营3 500万公顷；2016—2020年，完成新造林2 700万公顷，森林抚育经营4 000万公顷。

专栏2　森林生态系统保护和培育重点工程

---

01 天然林资源保护
　　对天然林资源保护工程区内1.07亿公顷森林进行全面有效管护，加强公益林建设和后备森林资源培育。

02 退耕还林
　　巩固退耕还林成果，在川渝鄂等长江上中游重点水源涵养区、黔桂滇等喀斯特石漠化防治区、陕甘宁蒙晋等黄土高原丘陵沟壑水土流失防治区等重要区域的25度以上坡耕地，继续实施退耕还林。

03 "三北"防护林体系建设
　　对18个重点建设区32个重点基地进行集中连片治理，大力推进造林育林、更新改造、巩固提高，着力构建高效防护林体系。

04 沿海防护林体系建设
　　从浅海水域向内陆地区建设红树林等消浪林带、海岸基干林带和沿海纵深防护林，对重点区域进行重点建设和集中治理。

05 长江流域防护林体系建设
　　管理培育好现有防护林，加强中幼龄林抚育和低效林改造，调整防护林体系的内部结构，完善防护林体系基本骨架。

06 珠江流域防护林体系建设
　　对5个重点治理区域进行重点建设，增加森林面积，提高森林质量，增强防护功能。

07 太行山绿化
　　加强重点流域水源涵养林和水土保持林建设，加快大清河、滹沱河、滏阳河、漳河等重点区域治理。

08 平原绿化
　　以全国粮食主产省为重点，加强农田林网建设和林带改造，加快村镇绿化建设，开展退化林带更新、片林建设和中幼龄林抚育。

09 天山北坡谷地森林植被恢复
　　开展人工造林、封山育林草，加强保护、灌溉等基础设施建设，恢复和增加天山北坡谷地森林植被。

二、保护和治理草原生态系统

草原是我国面积最大的陆地生态系统。加强草原保护和合理利用，推进草原禁牧休牧轮牧，实现草畜平衡，促进草原休养生息；强化草原火灾、生物灾害和寒潮冰雪灾害等防控。加快草原治理，加大天然草原退牧还草力度，继续加强"三化"草原治理，推进南方及重点地区草地保护建设，加强草原围栏和棚圈建设，促进草原畜牧业由天然放牧向舍饲、半舍饲转变，建设人工草地，增加畜产品有效供给和农牧民收入，逐步实现草原生态系统健康稳定。稳步开展牧区水利试点。重点加强青藏高原生态屏障草原保护、退化草地治理；开展北方防沙带天然草原改良、"三化"草原治理；推进南方丘陵山地带草地合理利用。草原生态系统保护与建设的主要任务是：到2015年，治理"三化"草原面积2 500万公顷，建设人工草地面积500万公顷；2016—2020年，治理"三化"草原面积3 000万公顷，建设人工草地面积400万公顷。

专栏3　草原生态系统保护和治理重点工程

---

01 退牧还草
　　通过合理布局草原围栏和退化草原补播改良，配套实施人工饲草地和舍饲棚圈建设，加快推行禁牧、休牧、划区轮牧，恢复天然草原生态和生物多样性。

(续表)

02 南方草地保护建设
　　开展围栏、人工种草和草地改良，促进南方草地保护与合理开发利用。

03 沙化草原治理
　　采取围栏封育、飞播改良、休牧舍饲、草产业基地和小型牧区水利配套设施建设等措施，治理沙化草原。

04 草原防灾减灾
　　加强草原防火和病虫鼠害防治；在易灾牧区、半牧区，加强饲草储备和生产能力建设，提高抵御寒潮冰雪灾害能力。

05 游牧民定居
　　加强游牧民房屋、牲畜棚圈、饲草基地、青稞基地等基础设施建设，力争到2015年实现西藏、青海、四川、甘肃、云南、内蒙古、新疆（包括兵团）24.6万户、115.7万游牧民全部定居。

06 重点地区草地保护建设
　　加强围栏封育、封禁育草、补播改良、建设人工饲草地和棚圈，加快科尔沁草地、甘孜高寒草地、伊犁河谷草地保护与修复，保护生物多样性。

07 甘南黄河重要水源补给生态功能区生态保护与建设
　　通过退牧还草、沙化草原综合治理、草原鼠虫害综合防治等措施，提高黄河水源涵养能力。

三、保护和修复荒漠生态系统

荒漠是最脆弱的陆地生态系统。加快风沙源区和沙尘路径区治理步伐，通过造林种草、合理调配生态用水，增加林草植被；通过设置沙障、砾石压砂等措施固定流动和半流动沙丘；通过保护性耕作、水土保持、配套水源工程建设等措施，减少起沙扬尘；通过禁止滥樵、滥采、滥牧，促进荒漠植被自然修复，遏制沙化扩展。重点推进北方防沙带沙化土地治理，适度发展沙产业。以主要城市风沙源区为重点，加大投入力度，积极推进乔灌结合的防风固沙林网、林带、片林建设，降低风速，有效减轻大气沙尘危害。荒漠生态系统保护与建设的主要任务是：到2015年，治理沙化土地1 000万公顷；到2020年，全国2 650万公顷以上可治理沙化土地得到初步治理。

专栏4　荒漠生态系统保护和修复重点工程

01 京津风沙源治理
　　巩固工程建设成果，加强京津风沙源区营造林、草地治理、小流域综合治理，开展工程治沙，适度发展畜牧业，促进草畜平衡。

02 新疆防沙治沙
　　通过人工造林、封沙育林育草等措施，加快塔里木盆地和准噶尔盆地周边防沙治沙。

03 石羊河流域防沙治沙及生态恢复
　　通过节水节灌和合理调配水资源，采取封山（沙）育林草、人工造林、工程治沙等措施，遏制土地沙化，促进石羊河流域生态恢复。

四、保护和恢复湿地与河湖生态系统

水是生态系统的基础。构建湿地、河湖保护管理体系，强化保护与管理能力建设，促进重要生态区域湿地与河湖生态系统保护；采取水量调度、生态补水、河湖水系连通，确保重要湿地和河湖生态用水，组织开展全国重要河湖健康评估；通过加强围垦湿地退还、河岸带水生态保护与修复、湿地植被恢复、有害生物防控、人工湿地减污等措施，开展湿地综合治理。重点保护青藏高原生态屏障高寒湿地和湖泊，保障北方防沙带江河湖泊生态用水量，加强东北森林带、南方丘陵山地带湿地河湖恢复。湿地与河湖生态系统保护和建设的主要任务是：到2015年，新增自然湿地保护面积170万公顷以上，恢复湿地面积约11万公顷，建设湿地公园219处；2016—2020年，新增自然湿地保护面积180万公顷以上，恢复湿地面积约20万公顷，建设湿地公园600处。

专栏5　湿地与河湖生态系统保护和恢复重点工程

01 湿地保护与恢复
　　加强自然湿地保护；对过度利用、遭受破坏或其他原因导致功能降低、生物多样性减少的湿地，进行综合治理；适度开展湿地可持续利用示范。

02 重要河湖水生态保护与修复
　　加强重要生态保护区、水源涵养区、江河源头区的保护，开展内源污染整治，推进生态脆弱河流和地区水生态修复。进一步扩大水生态保护和修复试点城市范围。对大江大河中下游区域和重要江河湖库水域，构建河湖水系连通网络体系。

五、保护和改良农田生态系统

农田生态系统是保障人类生存的基础条件。提高耕地质量和农田生态功能，稳定并提高粮食产量。实施保护性耕作，推广免（少）耕播种、深松及病虫草害综合控制技术。强化农田生态保育，推广种植绿肥、秸秆还田、增施有机肥等措施，培肥地力；加强退化农田改良修复和集雨保水保土，优化种植制度和方式，发展高效生态旱作农业。推广节水灌溉，逐步退还生态用水；加强农村污水处理，建立健全农村污水控制管理标准体系；完善田间灌排工程，配套科学的农艺措施，开展盐碱化、酸化土壤改良培肥，治理和修复污染土地，增强农田抗御风蚀和截土蓄水能力。重点加强北方防沙带保护性耕作，强化东北森林带黑土地农田保育和农田防护林建设，开展黄土高原盐碱地和南方丘陵山地带酸化土壤治理。农田生态系统保护与建设的主要任务是：到2015年，实施保护性耕作1100万公顷以上，保育农田100万公顷，治理盐碱化土地100万公顷，治理酸化土壤20万公顷，治理和修复污染土壤60万公顷，治理黑土地退化20万公顷；2016—2020年，实施保护性耕作400万公顷以上，保育农田500万公顷，治理盐碱化土地300万公顷，治理酸化土壤100万公顷，治理和修复污染土壤300万公顷，治理黑土地退化100万公顷。

专栏6　农田生态系统保护和改良重点工程

01 保护性耕作
　　推广免（少）耕播种、深松及病虫草害综合控制技术，实施保护性耕作，改善土壤结构，增强农田抗御侵蚀和保土蓄水能力。

02 盐碱化和酸化土地治理
　　建设并完善灌溉排水工程，配套排盐沟（管），改善农田灌溉设施，调整种植制度，治理土壤盐碱化、酸化。

03 污染土壤治理修复
　　施用土壤钝化剂、调节剂、降解剂，钝化或分解土壤中污染物。采取深翻、客土等措施，降低土壤中污染物浓度，修复污染土壤。

04 黑土地退化治理
　　采取平翻、旋耕等措施，抑制耕层变薄。改变耕作制度，推行秸秆还田，防治水土流失，提升土壤有机质含量，治理和修复退化的黑土地。

05 节水灌溉
　　在水资源紧缺地区，改善农田灌排工程设施，大力推广节水灌溉技术，高效利用水资源，逐步退还生态用水。

06 高标准旱作农田建设
　　旱地农田保育推广集雨耕作栽培、种植绿肥、秸秆还田、覆盖、沟垄种植、条带种植、增施有机肥等措施，培肥地力。

六、建设和改善城市生态系统

城市生态系统是人类在改造和适应自然环境的基础上建立起来的特殊的人工生态系统。加强城市人居生态环境保护建设,拓展构建多功能兼顾的复合城市绿色空间,增强环境自净能力,有效发挥林草植被净化空气的作用,提升人居环境质量。科学规划、合理布局和建设城市绿地系统,积极推行立体绿化,提升城市绿地品质;加强城市扩展区原生生态系统保护,建设城郊生态防护绿地、环城林和郊野公园,缓解城市热岛效应;提升完善绿地功能,推行绿道网络建设;积极保护和治理城市河湖水生态,加强河湖水体沿岸绿化建设,恢复水陆交界处的生物多样性,建设城市生态廊道,推广下凹式绿地建设,通过绿地与景观设计,保持合理的雨水渗漏功能,提高城市的雨洪蓄滞能力。在城市生态系统建设中,要坚持以乡土树种为主,克服大树进城、片面追求一次成林、一夜成景、不尊重自然规律的现象。城市生态系统保护与建设的主要任务是:到2015年,全国城市建成区人均公园绿地面积达到13.15平方米;到2020年,全国城市建成区人均公园绿地面积达到14.57平方米。

七、保护和整治海洋生态系统

海洋是维持生物圈碳氧平衡贡献最大的生态系统。要提高海洋生态功能和生态承载力。加强渤海、黄海北部、长江口、福建沿海、珠江口海域的海洋生态灾害防范和应急管理;加强渤海辽东湾、黄河口近海海域、长江口-杭州湾、珠江口及毗邻海域、北部湾、环海南岛以及西沙、南沙等生态区滨海湿地、红树林、珊瑚礁、海草床、河口、海湾等典型受损海洋生态系统修复,在莱州湾、渤海湾、苏北沿海、广东沿海、西沙、南沙等地建设一批海洋自然保护区和海洋特别保护区,实施岸线整治与生态景观恢复;加强渤海辽东湾、黄河口近海海域、长江口-杭州湾、珠江口及毗邻海域生态区污染物综合整治和污染治理,有效控制陆源入海污染物排放;建设海洋生态文明示范区,带动海洋生态保护和资源可持续利用;开展重要品种增殖放流,建立海洋牧场示范区,养护海洋生物资源。重点开展近岸近海生态区海岛、海岸带、滨海湿地和典型海洋生态系统保护、修复及海洋灾害防控。海洋生态系统保护与建设的主要任务是:到2015年,修复受损海域20万公顷,整治和修复海岸线1 000千米,新增保护海洋重要渔业水域600万公顷;2016—2020年,修复受损海域40万公顷,整治和修复海岸线1 000千米,新增保护海洋重要渔业水域100万公顷。

专栏7　海洋生态系统保护和整治重点工程

01 海洋生态灾害防治与应急管理
　　加强海洋生态监测站建设,建立完善海洋生态立体监控网络体系,加强对海水入侵、海洋赤潮、绿潮、水母、外来入侵物种、病毒病害、敌害生物等监控、研究,建立完善防治体系,实施治理示范工程,强化海上溢油、化学品泄漏、核辐射突发事故的防范和应急管理。

02 海洋生态系统修复
　　开展滨海湿地、红树林、珊瑚礁、海草床、河口、海湾、海岛等海洋生态系统修复,开展岸线整治与生态景观恢复、近岸海域污染治理与修复。建设滨海湿地固碳示范区和海洋生态文明示范区。

03 海洋生物资源养护
　　开展重点海域珍稀海洋物种保护,建设水产种质资源保护区,开展增殖放流,恢复海洋生物资源。建设海洋牧场示范区。

04 海洋生态保护监管
　　开展海洋保护区、重点排污口、温排水口和海洋工程的海洋生态执法与监管能力建设,开展卫星航空遥感、远程视频及在线自动监测能力建设,开展海洋生态保护配套制度建设。

八、防治水土流失

优化配置工程、植物和耕作措施,形成有效的水土流失综合防护体系。加强预防监督,严格执行水土保持方案审批制度,强化监督管理,落实水土保持设施与主体工程同时设计、同时施工、同时投产使用的制度;加大坡改梯工程建设力度,推进崩岗治理,合理配置小型水利设施,强化小流域综合治理;开展重要饮用水水源地水土保持工作,大力开展生态清洁型小流域建设。重点加强黄土高原、云贵高原坡耕地水土流失治理和淤地坝建设，开展东北森林带坡耕地和侵蚀沟治理，实施北方防沙带生态用水调配和坡耕地改造，推进南方丘陵山地带崩岗综合治理。防治水土流失的主要任务是：到2015年，治理水土流失25万平方千米；2016—2020年，治理水土流失25万平方千米。

专栏8　水土流失防治重点工程

01 坡耕地水土流失综合治理
　　以坡改梯为主，优化配置水土资源，配套建设排灌沟渠、蓄水池窖、田间道路等，实施坡耕地水土流失综合治理。

02 重点地区水土流失综合防治
　　以小流域综合治理为主，综合布设工程、植物和耕作措施，开展坡面和沟道治理，加强生态修复，推进清洁小流域，减少水土流失。重点区域包括长江上中游、黄河中上游、珠江上游和东北黑土区等。

03 南方崩岗治理
　　通过径流排导、削坡减载、支挡固坡、拦挡减沙、植被保护与恢复等措施，防治结合，治理崩岗。

04 山洪地质灾害易发区、饮用水水源地、高原河谷、沙漠绿洲农业区水土保持
　　建设生态清洁小流域，实施坡改梯及坡面水系设施建设，调整农业结构，减少面源污染，保护饮用水源；加强山洪沟治理，防治山洪灾害和水土流失；实施合理耕作制度，设置沙障，推行节水灌溉，建立绿洲生态良性循环的生产模式和技术体系。

九、推进重点地区综合治理

因地制宜、多措并举，在重点地区实施综合治理。将工程措施、生物措施、农艺措施协调推进，提高治理成效。主要任务是通过封山育林、人工造林、草地治理等，保护与恢复林草植被；通过强化节水、水资源合理配置、河道整治、淤地坝建设等，减少水土流失；通过草食畜牧业和后续产业发展、易地扶贫搬迁、农村能源建设等，改善农民生产生活条件，增加农民收入；合理布局重点海域滩涂养殖，开展综合整治与修复，改善与保护海洋生境。重点推进青藏高原生态屏障的祁连山水源涵养区、川西藏区等生态保护与综合治理，积极推进三江源国家生态保护综合试验区建设，加强黄土高原—川滇生态屏障的石漠化综合治理和黄土高原地区综合治理，实施山东胶州湾、福建九龙江、广东大亚湾等重点河口海湾的生态综合整治。

专栏9　重点地区综合治理重点工程

01 岩溶地区石漠化综合治理
　　通过加强林草植被保护与建设和退耕还林，合理开发利用林草资源，加强坡改梯、坡面水系和雨水集蓄利用工程建设等，全面开展石漠化综合治理。

02 西藏生态安全屏障保护与建设
　　通过天然植被保护、退牧还草、防沙治沙、水土保持、牧区节水灌溉等措施，使全区30%以上中度和重度退化草地得到有效治理，重点区域30%的可治理沙化土地和20%的水力侵蚀面积得到治理。

03 重点流域和区域综合治理与生态保护
　　通过强化节水、水资源合理调配、控制地下水开采、林草植被建设等生态保护与修复措施，继续加强塔里木河、黑河、石羊河流域综合治理，实施敦煌水资源合理利用与生态保护、艾比湖生态保护等建设。

04 三江源国家生态保护综合试验区建设
　　强化生态保护与建设，创新生态保护体制机制，推进游牧民定居和农村基础设施建设，转变农牧业发展方式，发展生态型非农产业，建立起生态补偿机制和比较完善的管理体制，转变经济发展方式。

05 祁连山区生态保护和综合治理
　　加强森林、草原、湿地的保护与修复，增强生态系统稳定性，涵养水源、保持水土。

(续表)

06 川西藏区生态保护建设
　　加强湿地、森林、草原等生态系统的保护和建设，综合配置营造林、退化草地治理、湿地修复、森林草原病鼠虫害治理等措施，基本扭转这一地区生态环境恶化的趋势。

07 青海湖流域生态环境保护与综合治理
　　通过湿地保护、退化草地和沙化土地治理、生态林建设及人工增雨等，逐步缓解青海湖水位下降的趋势，维护青海湖流域生态系统稳定。

08 黄土高原地区综合治理
　　通过林草植被保护和建设、退耕还林、水土保持、雨水集蓄利用、淤地坝建设及土地整治、草食畜牧业发展等措施，加大水土流失以及荒漠化严重地区综合治理力度。

09 重点河口、海湾的生态综合整治
　　通过入海污染控制、湿地修复、岸线整治、合理布局滩涂养殖、生态廊道建设、植被恢复、生物资源养护等措施，修复与恢复河口、海湾的生态功能，维护区域海洋生态健康。

十、保护生物多样性

加大典型生态系统、物种、基因和景观多样性保护力度，完善保护网络体系。加强生物多样性资源本底调查和评估，完善生物多样性监测预警体系，强化生物多样性保护优先区域的保护，开展生物多样性保护、恢复和减贫示范。针对自然本底较好、生物多样性丰富区域，开展保护示范。在生物多样性重要、敏感并已受到不同程度破坏的区域，开展恢复示范。在生物多样性丰富、减贫任务繁重的经济欠发达区域，以地方为主，开展减贫示范。对保护空缺的典型自然生态系统和物种加快划建保护区域，对受损的典型生态系统和物种加以恢复。保护和恢复极小种群、重要野生动植物及栖息地；做好森林公园、风景名胜区等典型自然景观和古树名木保护工作；采取有效措施恢复江湖鱼类生态系统完整性，规范珍稀濒危野生生物资源保护和进出口管理。建立生物遗传资源获取与惠益分享机制，完善外来物种监测预警及风险管理机制，开展外来入侵物种综合防控；加强野生动物疫源疫病防控。重点加强青藏高原生态屏障、黄土高原—川滇生态屏障保护区群建设，推进南方丘陵山地带保护区间生态廊道建设，加快划建北方防沙带自然保护区。生物多样性保护的主要任务是：到2015年，陆域自然保护区面积达到144万平方千米，海洋保护区面积达到9万平方千米，新增水生生物关键栖息地保护面积170万公顷；到2020年，陆域自然保护区面积达到146万平方千米，海洋保护区面积达到15万平方千米，新增水生生物关键栖息地保护面积170万公顷。

专栏10　生物多样性保护重点工程

01 野生动植物保护及自然保护区建设
　　保护和改善珍稀濒危野生动植物栖息地，建立健全救护、驯养繁殖、基因保护体系；加强自然保护区、风景名胜区基础设施建设，完善自然保护区、风景名胜区网络体系。新建森林公园、风景名胜区、海洋公园和海洋特别保护区。强化生物多样性保护优先区建设。

02 极小种群和极度濒危物种拯救
　　加强野外生存繁衍困难的极小种群野生动植物及其栖息地保护，完善资源监测和编目，以就地保护为主，提高保护管理能力，采取必要的生境恢复和人工拯救措施，建设人工种群保育基地和种质资源基因库，推进野生动物放归自然。

03 水生生物资源养护及濒危物种救护
　　新建和改扩建水产种质资源保护区，加快重点保护区域渔船转产转业，开展水域生态修复。提高濒危物种资源监测、鉴定、救护和贸易管理能力，建立人工种群保育基地、濒危水生物种种质资源基因库。

04 海洋生物多样性保护
　　开展海洋生物多样性普查，建设海洋生物物种保护基地，建设海洋生物样品库、重要海洋生物种质资源库、海洋生物资源信息库。

(续表)

05 生物多样性保护能力建设
　　加强生物多样性本底调查、动态监测、评估与信息化管理。开展生物多样性保护、恢复和减贫示范区建设，建立生物多样性保护小区。完善生物多样性监测网络和信息共享平台，建设生物遗传资源库、生物多样性保护展示基地，重点保护、保存和培育优异生物遗传资源。

06 防治外来入侵物种和物种流失
　　开展定点监测，建设外来入侵物种阻截带和天敌繁育基地，加强外来入侵物种的有效管理和控制。加强出入境生物物种资源检验检疫能力建设。

十一、保护地下水资源

根据地下水的特性和经济社会发展、生态环境保护要求，明确区域地下水的功能定位；严格地下水资源管理，加强地下水的涵养和保护，维系地下水系统良性循环；科学确定各区域地下水开采量控制目标，优化调配水资源，合理开发利用地下水资源；加大地下水压采的替代水源工程建设，调整地下水开采布局，逐步削减超采区地下水超采量，实现地下水采补平衡；采取回灌补源等措施，逐步修复遭受破坏的地下水系统，改善与地下水有关的生态环境；建设以防为主的地下水污染防治体系，全面监控典型地下水污染源，控制城镇污染、重点工业、农业面源和土壤污染对地下水的影响，有计划地开展地下水污染修复，保障地下水饮用水水源环境安全；加强地下水监测、监控，促进地下水资源可持续利用。

专栏 11　地下水资源保护重点工程

01 地下水超采治理与修复
　　加强地下水压采替代水源建设，强化再生水、雨水集蓄、微咸水等非常规水源利用，实施封填井和地下水人工回灌。

02 地下水水源地保护
　　强化集中式地下水供水水源地保护，划定保护区，建设防护工程，加强地下水监测。

03 华北平原地下水污染防治
　　通过建设地下水环境监测网，实施地下水污染分区防治，解决华北平原地下水重金属和有机污染等突出问题，保障华北平原地下水资源可持续利用。

十二、强化生态建设的气象保障

建立和完善人工干预生态修复和灾害监测预警体系，增强防灾减灾能力建设。完善生态脆弱区、易灾地区无人生态气象观测站和土壤水分观测站布局；在相关部门监测的基础上，强化生态气象综合监测评估预警能力建设，以地面监测数据和风云系列卫星遥感资料为主要信息源，构建生态气象业务服务平台，开展生态气象灾害监测预警、生态保护与建设气候可行性论证等工作。开展生态服务型人工影响天气能力建设，配备高性能人工影响天气飞机，建设作业指挥平台，合理配置新型高效增雨防雹火箭等地面作业系统，科学布局人工增雨防雹作业基地，改扩建人工增雨（雪）标准化作业点，大幅度提高作业覆盖面积，强化生态建设的气象保障。

专栏12　生态建设气象保障重点工程

01 生态气象观测网络建设
　　改扩建森林、草原、湿地、荒漠、城市等生态气象观测站，新增生态小气候观测站、自动土壤水分观测站以及生态气象灾害移动调查系统，初步建成以实时资料为主的生态气象立体监测及数据传输网络。

02 生态气象业务服务平台建设
　　建立生态气象综合监测评估预警指标体系，建立地面监测、卫星遥感数据存储及加工系统，建立生态气象综合业务平台及信息发布和共享系统。开展生态气象灾害监测预警、生态保护与建设气候可行性论证服务。

03 生态服务型人工影响天气能力建设
　　在各重点生态区加强人工增雨（雪）和防雹作业，建立人工影响天气作业基地，建设气象作业指挥服务平台，健全生态服务型人工影响天气作业体系，增加生态用水。

第五章　政策与保障措施

一、加强组织领导，落实规划责任

各级政府要有高度的历史责任感和使命感，把生态保护与建设作为贯彻落实科学发展观的具体实践，切实加强领导，组织实施好《全国生态保护与建设规划（2013—2020年）》。地方各级政府对生态保护与建设工作负总责，建立起由地方政府统一领导下的部门分工协作的生态保护与建设目标责任制。各有关部门在全国生态环境建设部际联席会议制度的统一协调指导下，各司其职、强化责任、加强沟通、通力合作，做好任务落实和监督检查，做好国家重点生态功能区和重点工程的规划及实施。

二、加大政策扶持，拓宽资金渠道

调整财政支出结构，切实加大政府投入，积极引导社会参与，逐步建立与经济社会发展水平相适应的生态保护与建设多元化投入机制。建立反映市场供求和资源稀缺程度、体现生态价值和代际补偿的生态补偿制度，加大对生态保护与建设的财政转移支付力度，增强资源环境税费的生态保护功能，鼓励开展区域间生态补偿。加大农牧业结构调整力度，促进生态保护和农牧业生产。积极探索市场化生态投入模式，开发适合生态保护与建设特点的金融产品，完善财政支持下的森林保险制度。

三、深化体制改革，增强动力活力

进一步理顺生态保护与建设的体制机制。深化集体林权制度改革，积极探索国有林场和国有林区改革。稳定和完善草原承包经营制度，力争用5年时间基本完成草原确权和承包工作。加强用水总量控制、用水效率控制、水功能区限制纳污控制，统筹生活、生产、生态用水需求，保证基本生态用水；积极推进水价改革，制定合理的生态用水价格政策与机制。完善重点海域污染物排海总量控制制度，探索建立自然岸线保护制度。积极探索水权交易、碳汇交易等市场化模式，调动社会资本参与生态建设的积极性。

四、依靠科技进步，提高治理成效

加大对生态保护与建设科学技术研发的支持。开展生态系统综合观测评估、生态系统演变及重大问题、生态系统碳汇研究，加强生态保护与建设技术研发与示范，加快技术创新示范基地建设，推进产学研相结合的生态保护与建设技术创新队伍、服务平台建设，积极推广先进适用技术，增强生态保护与建设科技成果转化能力。加快生态保护与建设标准、技术规程的制（修）订。加强国际交流与合作，引进和推广国外先进技术。

五、健全法制体系，完善监督管理

建立健全生态保护与建设法制体系。加快完善《森林法》等现有法律法规，健全海洋生态损害赔偿的评估和测算标准、办法等。经济社会活动要严格执行生态有关法律法规，把生态影响作为重要衡量因素。建设项目征占用林地、草地、湿地与水域、海域，要严格管理，依法补偿。采取各种措施加强宣传教育，增强全民生态文明意识和法制观念。加大林业、国土、水资源、海洋管理等方面的执法监督力度，加强部门联动配合，加大对生态违法案件的查处力度，严厉打击破坏生态的违法行为。完善地下水管理制度。

六、加强宣传发动，引导社会参与

充分利用电视、广播、报纸、网络等宣传媒体，加大对生态保护与建设的宣传教育，增强全民生态意识，营造爱护生态环境的良好风气。大力开展植树节、爱鸟周、世界防治荒漠化和干旱日等活动，提高全社会对生态保护与建设的关注。将自然保护区、森林公园、湿地公园等，作为普及生态知识的重要阵地，提高社会公众生态文明意识。建立和完善生态保护与建设的激励机制，充分调动广大人民群众和各种社会组织积极参与生态保护和建设。

七、强化生态监测，保障规划实施

加大对森林、草原、荒漠、湿地与河湖、城市、海洋等生态系统以及生物多样性、水土流失监测力度。强化监测体系和技术规范建设；强化部门协调，建立信息共享平台；强化生态状况综合监测评估，实行定期报告制度，以适当方式向社会公布。建立规划中期评估机制，对规划实施情况进行跟踪分析和评价。

二〇一三年十月

14. 农村饮水安全工程建设管理办法

农村饮水安全工程建设管理办法

第一章 总则

第一条 为加强农村饮水安全工程建设管理，保障农村饮水安全，改善农村居民生活和生产条件，根据《中央预算内投资补助和贴息项目管理办法》（国家发展改革委第3号令）等有关规定，制定本办法。

本办法适用于纳入全国农村饮水安全工程规划、使用中央预算内投资的农村饮水安全工程项目。

第二条 纳入全国农村饮水安全工程规划解决农村饮水安全问题的范围为有关省（自治区、直辖市）县（不含县城城区）以下的乡镇、村庄、学校，以及国有农（林）场、新疆生产建设兵团团场和连队饮水不安全人口。因开矿、建厂、企业生产及其他人为原因造成水源变化、水量不足、水质污染引起的农村饮水安全问题，按照"污染者付费、破坏者恢复"的原则由有关责任单位和责任人负责解决。

第三条 农村饮水安全保障实行行政首长负责制，地方政府对农村饮水安全负总责，中央给予指导和资金支持。

"十二五"期间，要按照国务院批准的《全国农村饮水安全工程"十二五"规划》和国家发展改革委、水利部、卫生计生委、环境保护部与境保护部与各有关省（自治区、直辖市）人民政府、新疆兵团签订的农村饮水安全工程建设管理责任书要求，全面落实各项建设管理任务和责任，认真组织实施，确保如期实现规划目标。

第四条 农村饮水安全工程建设应当按照统筹城乡发展的要求，优化水资源配置，合理布局，优先采取城镇供水管网延伸或建设跨村、跨乡镇联片集中供水工程等方式，大力发展规模集中供水，实现供水到户，确保工程质量和效益。

第五条 各有关部门要在政府的统一领导下，各负其责，密切配合，共同做好农村饮水安全工作。发展改革部门负责农村饮水安全工程项目审批、投资计划审核下达等工作，监督检查投资计划执行和项目实施情况。财政部门负责审核下达预算、拨付资金、监督管理资金、审批项目竣工财务决算等工作，落实财政扶持政策。水利部门负责农村饮水安全工程项目前期工作文件编制审查等工作，组织指导项目的实施及运行管理，指导饮用水水源保护。卫生计生部门负责提出地氟病、血吸虫疫区及其他涉水重病区等需要解决饮水安全问题的范围，有针对性地开展卫生学评价和项目建成后的水质监测等工作，加强卫生监督。环境保护部门负责指导农村饮用水水源地环境状况调查评估和环境监管工作，督促地方把农村饮用水水源地污染防治作为重点流域水污染防治、地下水污染防治、江河湖泊生态环境保护项目以及农村环境综合整治"以奖促治"政策实施的重点优先安排，统筹解决污染型水源地水质改善问题。

第六条 农村饮水安全工程建设标准和工程设计、施工、建设管理，应当执行国家和省级有关技术标准、规范和规定。工程使用的管材和设施设备应当符合国家有关产品质量标准及有关技术规范的要求。

第二章 项目前期工作程序和投资计划管理

第七条 农村饮水安全项目区别不同情况由地方发展改革部门审批或核准。对实行审批制的项目，项目审批部门可根据经批准的农村饮水安全工程规划和工程实际情况，合并或减少某些审批环节。对企业不使用政府投资建设的项目，按规定实行核准制。

各地的项目审批（核准）程序和权限划分，由省级发展改革委商同级水利等部门按照国务院关于推进投资体制改革、转变政府职能、减少和下放投资审批事项、提高行政效能的有关原则和要求确定。项目建设涉及占地和需要开展环境影响评价等工作的，按规定办理。

第八条 各地要严格按照现行相关技术规范和标准，认真做好农村饮水安全工程勘察设计工作，加强水利、卫生计生、环境保护、发展改革等部门间协商配合，着力提高设计质量。工程设计方案应当包括水源工程选择与防护、水源水量水质论证、供水工程建设、水质净化、消毒以及水质检测设施建设等内容。其中，日供水1 000立方米或供水人口1万人以上的工程（以下简称"千吨万人"工程），应当建立水质检验室，配置相应的水质检测设备和人员，落实运行经费。

农村饮水安全工程规划设计文件应由具有相应资质的单位编制。

第九条 农村饮水安全工程应当按规定开展卫生学评价工作。

第十条 根据规划确定的建设任务、各项目前期工作情况和年度申报要求，各省级发展改革、水利部门向国家发展改革委和水利部报送农村饮水安全项目年度中央补助投资建议计划。

第十一条 国家发展改革委会同水利部对各省（自治区、直辖市）和新疆兵团提出的建议计划进行审核和综合平衡后，分省（自治区、直辖市）下达中央补助地方农村饮水安全工程项目年度投资规模计划，明确投资目标、建设任务、补助标准和工作要求等。中央补助地方农村饮水安全工程项目投资为定额补助性质,由地方按规定包干使用、超支不补。

第十二条 中央投资规模计划下达后,各省级发展改革部门要按要求及时会同省级水利部门将计划分解安排到具体项目,并将计划下达文件抄送国家发展改革委、水利部备核。分解下达的投资计划应明确项目建设内容、建设期限、建设地点、总投资、年度投资、资金来源及工作要求等事项,明确各级地方政府出资及其他资金来源责任,并确保纳入计划的项目已按规定履行完成各项建设管理程序。项目分解安排涉及财政、卫生计生、环境保护等部门工作的,应及时征求意见和加强沟通协商。

在中央下达建设总任务和补助投资总规模内,各具体项目的中央投资补助标准由各地根据实际情况确定。

第三章 资金筹措与管理

第十三条 农村饮水安全工程投资,由中央、地方和受益群众共同负担。中央对东、中、西部地区实行差别化的投资补助政策,加大对中西部等欠发达地区的扶持力度。地方投资落实由省级负总责。入户工程部分,可在确定农民出资上限和村民自愿、量力而行的前提下,引导和组织受益群众采取"一事一议"筹资筹劳等方式进行建设。鼓励单位和个人投资建设农村供水工程。

第十四条 中央安排的农村饮水安全工程投资要按照批准的项目建设内容、规模和范围使用。要建立健全资金使用管理的各项规章制度,严禁转移、侵占和挪用工程建设资金。

各地可在地方资金中适当安排部分经费,用于项目审查论证、技术推广、人员培训、检查评估、竣工验收等前期工作和管理支出。

第十五条 解决规划外受益人口饮水安全问题、提高工程建设标准以及解决农村安全饮水以外其他问题所增加的工程投资由地方从其他资金渠道解决。对中央补助投资已解决农村饮水安全问题的受益区,如出现反复或新增的饮水安全问题,由地方自行解决。

第四章 项目实施

第十六条 农村饮水安全项目管理实行分级负责制。要通过层层落实责任制和签订责任书,把地方各级政府农村饮水安全保障工作的领导责任、部门责任、技术责任等落实到人,并加强问责,确保农村饮水安全工程建得成、管得好、用得起、长受益。

第十七条 农村饮水安全工程建设实行项目法人责任制。对"千吨万人"以上的集中供水工程,要按有关规定组建项目建设管理单位,负责工程建设和建后运行管理;其他规模较小工程,可在制定完善管理办法、确保工程质量的前提下,采用村民自建、自管的方式组织工程建设,或以县、乡镇为单位集中组建项目建设管理单位,负责全县或乡镇规模以下农村饮水安全工程建设管理。

鼓励推行农村饮水安全工程"代建制",通过招标等方式选择专业化的项目管理单位负责工程建设实施,严格控制项目投资、质量和工期,竣工验收后移交给使用单位。

第十八条 加强项目民主管理,推行用水户全过程参与工作机制。农村饮水安全工程建设前,要进行广泛的社区宣传,就工程建设方案、资金筹集办法、工程建成后的管理体制、运行机制和水价等充分征求用水户代表的意见,并与受益农户签订工程建设与管理协议,协议应作为项目申报的必备条件和开展建设与运行管理的重要依据。工程建设中和建成后,要有受益农户推荐的代表参与监督和管理。

第十九条 农村饮水安全工程投资计划和项目执行过程中确需调整的，应按程序报批或报备。对重大设计变更，须报原设计审批单位审批；一般设计变更，由项目法人组织参建各方及有关专家审定，并将设计变更方案报县级项目主管部门备案。重大设计变更和一般设计变更的范围及标准由省级水利部门制定。

因设计变更等各种原因引起投资计划重大调整的，须报该工程原审批部门审核批准。

第二十条 各地要根据农村饮水安全项目特点，建立健全行之有效的工程质量管理制度，落实责任，加强监督，确保工程质量。

第二十一条 国家安排的农村饮水安全项目要全部进行社会公示。省级公示可通过政府网站、报刊、广播、电视等方式进行，市（地）、县两级的公示方式和内容由省级发展改革和水利部门确定。乡、村级公示在施工现场和受益乡村进行，内容应包括项目批复文件名称、文号，工程措施、投资规模、资金来源、解决农村饮水安全问题户数、人数及完成时间、水价核算、建后管理措施等。

第二十二条 项目建设完成后，由地方发展改革、水利部门商卫生计生等部门及时共同组织竣工验收。省级验收总结报送水利部。验收结果将作为下年度项目和投资安排的重要依据之一。对未按要求进行验收或验收不合格的项目，要限期整改。

第五章　建后管理

第二十三条 农村饮水安全工程项目建成，经验收合格后要及时办理交接手续，明晰工程产权，明确工程管护主体和运行管理方式，完善管理制度，落实管护责任和经费，确保长期发挥效益。以政府投资为主兴建的规模较大的集中供水工程，由按规定组建的项目法人负责管理；以政府投资为主兴建的规模较小的供水工程，可由工程受益范围内的农民用水户协会负责管理；单户或联户供水工程，实行村民自建、自管。由政府授予特许经营权、采取股份制形式或企业、私人投资修建的供水工程形成的资产归投资者所有，由按规定组建的项目法人负责管理。在不改变工程基本用途的前提下，农村饮水安全工程可实行所有权和经营权分离，通过承包、租赁等形式委托有资质的专业管理单位负责管理和维护。对采用工程经营权招标、承包、租赁的，政府投资部分的收益应继续专项用于农村饮水工程建设和管理。

第二十四条 农村饮水安全工程水价，按照"补偿成本、公平负担"的原则合理确定，根据供水成本、费用等变化，并充分考虑用水户承受能力等因素适时合理调整。有条件的地方，可逐步推行阶梯水价、两部制水价、用水定额管理与超定额加价制度。对二、三产业的供水水价，应按照"补偿成本、合理盈利"的原则确定。水费收入低于工程运行成本的地区，要通过财政补贴、水费提留等方式，加快建立县级农村饮水安全工程维修养护基金，专户存储，统一用于县域内工程日常维护和更新改造。

第二十五条 各地原则上应以县为单位，建立农村饮水安全工程管理服务机构，建立健全供水技术服务体系和水质检测制度，加强水质检测和工程监管，提供技术和维修服务，保障工程供水水量和水质达标。要全面落实工程用电、用地、税收等优惠政策，切实加强工程运行管理，降低工程运行成本。加强农村饮水安全工程从业人员业务培训，提高工程运行管理水平，保障工程良性运行。

第二十六条 各级水利、环境保护等部门要按职责做好农村饮水安全工程水源保护和监管工作，针对集中式和分散式饮用水水源地的不同特点，依法划定水源保护区或水源保护范围，设置保护标志，明确保护措施，加强污染防治，稳步改善水源地水质状况。

农村饮水安全工程管理单位负责水源地的日常保护管理，要实现工程建设和水源保护"两同时"，做到"建一处工程，保护一处水源"；加强宣传教育，积极引导和鼓励公众参与水源保护工作；确保水源地管理和保护落实到人，责任落实到位。

第二十七条 各级水利、卫生计生、环境保护、发展改革等部门要加强信息沟通，及时向其他部门通报各自掌握的农村饮水安全工程建设和项目建成后的供水运行管理情况。

第六章 监督检查

第二十八条 各省级发展改革、水利部门要会同有关部门全面加强对本省农村饮水安全工程项目的监督和检查。检查内容包括组织领导、相关管理制度和办法制定、项目进度、工程质量、投资管理使用、合同执行、竣工验收和工程效益发挥情况等。

中央有关部门对各地农村饮水安全工程实施情况进行指导和监督检查，视情况组织开展专项评估、随机抽查、重点稽察、飞行检查等工作，建立健全通报通告、年度考核和奖惩制度，引导各地合理申报和安排项目，强化管理，不断提高政府投资效率和效益。

第七章 附则

第二十九条 本办法由国家发展改革委商水利部、卫生计生委、环境保护部、财政部负责解释。各地可根据本办法，结合当地实际，制定实施细则。

第三十条 本办法自发布之日起施行，原《农村饮水安全项目建设管理办法》（发改投资〔2007〕1752号）同时废止。

2013年12月31日

来源：http：//www.ndrc.gov.cn/fzggz/ncjj/zhdt/201401/t20140117_576131.html

15. 中央预算内投资补助和贴息项目管理办法

中央预算内投资补助和贴息项目管理办法

第一章 总则

第一条 为规范中央预算内投资补助和贴息项目的管理，提高中央预算内投资补助和贴息资金的使用效益，依据《国务院关于投资体制改革的决定》以及有关法律、行政法规，制定本办法。

第二条 以投资补助和贴息方式使用中央预算内投资的项目管理，适用本办法。

第三条 本办法所称投资补助，是指国家发展改革委对符合条件的地方政府投资项目和企业投资项目给予的投资资金补助。

本办法所称贴息，是指国家发展改革委对符合条件、使用了中长期贷款的投资项目给予的贷款利息补贴。

投资补助和贴息资金均为无偿投入。

第四条 投资补助和贴息资金重点用于市场不能有效配置资源，需要政府支持的经济和社会领域。主要包括：

（一）公益性和公共基础设施投资项目；

（二）保护和改善生态环境的投资项目；

（三）促进欠发达地区经济和社会发展的投资项目；

（四）推进科技进步和高新技术产业化的投资项目；

（五）符合国家有关规定的其他项目。

第五条 国家发展改革委应当按照宏观调控的要求，根据国务院确定的工作重点，严格遵守科学、民主、公开、公正、高效的原则，平等对待各类投资主体，统筹安排投资补助和贴息项目。对欠发达地区和民族区域自治地区的投资项目应当适当倾斜。

第六条 国家发展改革委安排投资补助和贴息项目，应当首先制定工作方案，明确投资补助和贴息的目的、预定目标、实施时间、支持范围、资金安排方式、工作程序、时限要求等主要内容，并针对不同行业、不同地区、不同性质投资项目的具体情况，确定相应的投资补助和贴息标准。国家级专项规划或者专门规定中已经明确规定了上述内容的，可以不另行制定工作方案。

制定工作方案应当符合国家有关法律法规、产业政策、专项规划和有关宏观调控政策的要求。凡不涉及保密内容的，工作方案均应当公开，便于地方政府和企业开展相关工作。

第七条 需要申请投资补助或者贴息资金的项目，应当向项目汇总申报单位提交资金申请报告。

项目汇总申报单位对资金申请报告进行初审后，报送国家发展改革委。

国家发展改革委对报送的资金申请报告进行审核后，批复并下达投资补助或者贴息资金。

第二章 资金申请报告的申报

第八条 资金申请报告由需要申请投资补助或者贴息资金的项目单位提出，报送项目汇总申报单位。项目汇总申报单位应当按照工作方案的要求，对资金申请报告进行初审，将符合条件的项目报送国家发展改革委。

各省、自治区、直辖市和计划单列市、新疆生产建设兵团发展改革部门（以下简称省级发展改革部门）、计划单列企业集团和中央管理企业为项目汇总申报单位。

第九条 按照规定应当报国务院或者国家发展改革委审批、核准的项目，可以在报送可行性研究报告或者项目申请报告时一并提出资金申请，不再单独报送资金申请报告。也可以在项目经审批或者核准后，单独报送资金申请报告。

按照规定应当由地方政府审批的政府投资项目，应当在可行性研究报告或者初步设计批准后提出资金申请报告。

按照规定应当由地方政府核准或者备案的企业投资项目，应当在核准或者备案后提出资金申请报告。

第十条 资金申请报告应当包括以下主要内容：
（一）项目单位的基本情况；
（二）项目的基本情况，包括建设内容、总投资及资金来源、建设条件落实情况等；
（三）申请投资补助或者贴息资金的主要理由和政策依据；
（四）工作方案要求提供的其他内容。

国务院或者国家发展改革委已经审批、核准的投资项目，单独报送资金申请报告的，其资金申请报告的内容可以适当简化，重点说明申请投资补助或者贴息资金的主要理由和政策依据。

第十一条 资金申请报告应当附具以下文件的复印件：
（一）实行审批管理的政府投资项目的可行性研究报告或者初步设计批复文件；
（二）实行核准管理的企业投资项目的项目申请报告核准批复文件；
（三）实行备案管理的企业投资项目的备案意见。

第十二条 地方政府投资项目和企业投资项目的资金申请报告，应当由省级发展改革部门报送国家发展改革委。计划单列企业集团和中央管理企业可以直接向国家发展改革委报送资金申请报告。

项目汇总申报单位应当对资金申请报告是否符合有关政策要求、项目审批（核准、备案）是否符合有关规定等进行严格审查，对审查结果和申报材料的真实性、合规性负责。

第三章 资金申请报告的批复

第十三条 国家发展改革委受理资金申请报告后，重点对下列事项进行审查：
（一）符合中央预算内投资的使用方向；
（二）符合有关工作方案的要求；
（三）符合投资补助和贴息资金的安排原则；
（四）提交的相关文件齐备、有效；
（五）项目的主要建设条件基本落实。

第十四条 单个项目的投资补助或者贴息资金原则上均为一次性安排。对于已经安排中央预算内投资的项目，国家发展改革委不重复受理其资金申请报告。

第十五条 采用贴息方式的，贴息资金总额根据项目符合贴息条件的贷款总额、当年贴息率和贴息年限计算确定。贴息率应当不高于当期银行中长期贷款利率的上限。

第十六条 审批资金申请报告可以单独办理或者集中办理。国家发展改革委根据审查结果，对同意安排投资补助或者贴息资金的资金申请报告单独批复，或者在下达投资计划的同时一并批复。

第十七条 对于补助地方的数量多、范围广、单项资金少的项目，国家发展改革委可以下达年度投资规模计划，明确投资目标、建设任务、补助标准和工作要求等，由省级发展改革部门分解安排到具体项目，报国家发展改革委备案。

省级发展改革部门要对分解安排具体项目的合规性负责，国家发展改革委要加大监督检查工作力度。

第四章 项目实施管理

第十八条 使用投资补助和贴息资金的项目，项目单位应当严格执行国家有关政策要求，不得擅自改变主要建设内容和建设标准，严禁转移、侵占或者挪用投资补助和贴息资金。

第十九条 项目汇总申报单位应当按照工作方案的要求，将投资补助和贴息项目的实施情况报告国家发展改革委。

第二十条 项目不能完成既定建设目标的，项目单位和项目汇总申报单位应当及时报告情况和原因。国家发展改革委可以根据具体情况进行相应调整。

第二十一条 国家发展改革委必要时可以对投资补助和贴息有关工作方案和政策等开展中期评估和后评价工作，并根据评估评价情况及时对有关工作方案和政策作出必要调整。

第二十二条 投资补助和贴息项目的财务管理，按照财政部门的有关财务管理规定执行。

第五章 监督检查和法律责任

第二十三条 不涉及保密要求的投资补助和贴息项目，应当按照有关规定向社会公开。国家发展改革委接受单位、个人对投资补助和贴息项目在审批、建设过程中违法违规行为的举报，并按照有关规定予以查处。

第二十四条 国家发展改革委、各级地方政府发展改革部门应当依据职责分工，对使用投资补助和贴息资金的项目加强监管，防止转移、侵占或者挪用投资补助和贴息资金，保证政府投资资金的合理使用和项目顺利建设实施。

第二十五条 国家发展改革委应当按照有关规定对投资补助和贴息项目进行稽察，对稽察发现的问题按照有关规定及时作出处理。

第二十六条 各级发展改革部门、中央管理企业和项目单位应当自觉接受审计、监察、财政等部门依据职能分工进行的监督检查。

第二十七条 国家发展改革委工作人员有下列行为之一的，责令其限期整改，根据实际情况依法追究有关责任人的行政责任；构成犯罪的，由司法机关依法追究刑事责任。

（一）滥用职权、玩忽职守、徇私舞弊、索贿受贿的；

（二）违反规定的程序和原则批准资金申请报告的；

（三）其他违反本办法规定的行为。

第二十八条 项目汇总申报单位对项目单位的资金申请报告审查不严、造成投资补助和贴息资金损失的，国家发展改革委可根据情节，在一定时期和范围内不再受理其报送的资金申请报告。项目汇总申报单位指令或授意项目单位提供虚假情况、骗取投资补助和贴息资金的，国家发展改革委五年之内不再受理其报送的资金申请报告。

第二十九条 项目单位有下列行为之一的，国家发展改革委责令其限期整改，采取措施核减、收回或者停止拨付投资补助和贴息资金，并可以根据情节轻重提请或者移交有关机关依法追究有关责任人的行政或者法律责任：

（一）提供虚假情况，骗取投资补助和贴息资金的；

（二）违反程序未按要求完成项目前期工作的；

（三）转移、侵占或者挪用投资补助和贴息资金的；

（四）擅自改变主要建设内容和建设标准的；
（五）无正当理由未及时建设实施的；
（六）拒不接受依法进行的稽察或者监督检查的；
（七）其他违反国家法律法规和本办法规定的行为。

第六章 附则

第三十条 本办法由国家发展改革委负责解释。

第三十一条 本办法自 2013 年 7 月 15 日起施行。《中央预算内投资补助和贴息项目管理暂行办法》（国家发展和改革委员会第 31 号令）同时废止。

2013 年 7 月 15 日

来源：http://fgs.ndrc.gov.cn/flgz/201507/t20150701_710395.html

16. 国家高技术产业发展项目管理暂行办法

国家高技术产业发展项目管理暂行办法

第一章 总 则

第一条 为规范管理国家高技术产业发展项目，促进高技术产业健康发展，提高产业核心竞争力，根据《中华人民共和国科学技术进步法》和《中华人民共和国促进科技成果转化法》、《国务院关于投资体制改革的决定》等法律法规，依照《中央预算内投资补助和贴息资金管理暂行办法》等有关规定，制定本办法。

第二条 本办法适用于以增强自主创新能力和促进高技术产业发展为主要任务，经国家发展和改革委员会（以下简称"国家发展改革委"）批准列入国家高技术产业发展项目计划，并给予中央预算内投资补助或贷款贴息，由项目主管部门组织管理，由项目单位具体实施的国家高技术产业发展项目（以下简称"国家高技术项目"）。

对于中央预算内资金采取直接投资和资本金方式注入的国家高技术项目参照国家有关规定进行管理。

第三条 本办法所称国家高技术项目包括：

（一）国家高技术产业化项目（以下简称"产业化项目"），是指以关键技术的工程化集成、示范为主要内容，或以规模化应用为目标的科技自主创新成果转化项目。

（二）国家重大技术装备研制和重大产业技术开发项目（以下简称"研制开发项目"），是指国家重点建设工程需要的重大技术装备研制项目和重点产业结构优化升级所急需的产业共性、关键技术研发项目。

（三）国家产业技术创新能力建设项目，是指以突破产业发展的技术瓶颈、提高重大科技成果工程化、产业化研发及验证能力为目标的国家工程实验室建设项目（以下简称"工程实验室项目"）和国家工程研究中心建设项目（以下简称"工程中心项目"），以及以提高企业技术创新能力为目标的国家认定企业技术中心建设项目（以下简称"技术中心项目"）。

（四）国家高技术产业技术升级和结构调整项目，是指以先进的技术、工艺和设备改造落后的生产条件为主要内容，以推进信息产业、生物产业、民用航空航天产业扩大规模，促进产业结构优化升级和以信息化带动工业化，积极发展电子商务和企业信息化为目标的建设项目（以下简称"升级调整项目"）。

（五）其他国家高技术产业发展项目。

第四条 本办法所称投资补助是指国家发展改革委对符合条件的企业投资项目（含事业单位投资项目，下同）和地方政府投资项目给予的投资资金补助。本办法所称贷款贴息是指国家发展改革委对符合条件、使用了中长期银行贷款的投资项目给予的贷款利息补贴。投资补助和贷款贴息资金（以下简称"国家补贴资金"）均为无偿投入。

第二章 组织管理

第五条 国家发展改革委是国家高技术项目的组织部门，主要履行以下职责：
（一）研究提出国家高技术产业发展规划和有关专项规划，研究提出相关产业的发展政策；
（二）研究确定国家高技术项目的重点领域和重点任务；
（三）组织评审国家高技术项目，批复国家高技术项目的资金申请报告；
（四）编制和下达年度国家高技术产业发展项目计划和投资计划；
（五）协调国家高技术项目的实施工作，组织或委托项目评估工作。

第六条 本办法所称项目主管部门是指国务院有关部门，省、自治区、直辖市、计划单列市及新疆生产建设兵团发展和改革委员会或经济（贸易）委员会。

计划单列企业集团和中央管理企业可直接向国家发展改革委报送资金申请报告，并对项目承担主管责任。具体要求由国家高技术项目公告或通知规定。

对跨地区、跨部门组织的国家高技术项目，可由相关地区或部门协商确定项目主管部门，或由组织部门指定项目主管部门。

项目主管部门应履行以下主要职责：
（一）根据国家发展改革委的国家高技术项目公告或通知，组织本部门、本地区和本企业（集团）的高技术项目申请国家补贴资金的相关工作，对项目的建设条件、招标内容等进行初审，审查通过后向国家发展改革委报送项目资金申请报告，并对初审结果和申报材料负责；
（二）负责国家高技术项目的管理工作和项目实施中重大问题的协调、处理，确保项目按期完成并组织项目验收工作；
（三）配合国家有关部门进行稽察、审计和检查工作；
（四）每年定期将本部门、本地区和本企业（集团）的国家高技术项目执行情况汇总并报国家发展改革委。

第七条 本办法所称项目单位是指依照我国法律登记、注册，申请高技术项目国家补贴资金的企业或事业法人。项目单位应具有较好的经营管理水平，具备承担国家高技术项目所需的技术开发能力和资金筹措、工程建设组织管理能力。

项目单位应履行下列主要职责：

（一）按照本办法和项目公告的要求，编制并向项目主管部门报送高技术项目国家补贴资金申请报告，并对申报材料的真实性承担责任；

（二）按照项目组织部门、主管部门批复的项目资金申请报告确定的内容和要求实施项目；

（三）按要求向项目主管部门报告项目实施情况和经费落实情况，及时报告项目执行中出现的重大事项；

（四）对国家补贴资金要实行专账管理；

（五）接受国家发展改革委及各级财政、审计部门，项目主管部门或上述部门委托的机构所进行的评估、稽察、审计和检查；

（六）项目总体目标达到后，及时按要求进行项目验收。

第三章　申报及审核

第八条　国家发展改革委根据《国家高技术产业发展规划》、《当前优先发展的高技术产业化重点领域指南》、《产业结构调整指导目录》、《国家产业技术政策》及其他相关专项规划和相关产业政策，发布国家高技术项目公告或通知，明确国家支持的重点领域、重点任务、实施时间，以及安排国家补贴资金的方式和标准。

第九条　按有关规定应由地方政府核准或备案的企业投资项目，应在核准或备案后提出资金申请报告。

按有关规定应由地方政府审批的地方政府投资项目，应在可行性研究报告经有权审批单位批准后提出资金申请报告。

按照有关规定应报国务院或国家发展改革委审批、核准的项目，可在报送可行性研究报告或项目申请报告时一并提出资金申请，不再单独报送资金申请报告；也可在项目经审批或核准同意后，根据国家有关投资补助、贴息的政策要求，另行报送资金申请报告。

第十条　申请国家高技术项目应具备以下基本条件：

（一）符合国家发展改革委项目公告或通知的要求；

（二）符合国家产业政策和节能、降耗、环保、安全等要求，项目方案合理可行，具有较好的社会经济效益；

（三）应具有我国自主知识产权，知识产权归属明晰；

（四）项目单位必须具有较强的技术开发、资金筹措、项目实施能力，以及较好的资信等级，资产负债率在合理范围内，项目已基本具备实施条件，项目所需资金已落实；

（五）建设项目应按本办法第九条完成审批、核准或备案，已基本具备开工建设条件，或已经开工建设但审批、核准或备案未超过两年，已通过项目用地预审或用地已经依法批准，具有环保以及其他许可文件。

第十一条　申请国家高技术项目还应具备以下条件：

（一）产业化项目采用的科技成果（包括自主知识产权、消化吸收创新、国内外联合开发的技术等）应具有先进性和良好的推广应用价值、有关成果鉴定、权威机构出具的认证或技术检测报告等证明材料、必要的验证和生产许可；项目单位具有较强的工程建设组织管理能力，具有开展相关产业化项目的生产、经营资格。

（二）研制开发项目的研制开发方案先进、可行，目标明确；项目单位应具有较强的技术创新和装备研制能力，具有前期相关领域的研发基础和研发队伍；重大技术装备研制项目应结合依托工程。

（三）工程实验室项目和工程中心项目的项目单位须为已经国家发展改革委批准组建，并完成相关组建工作的国家工程实验室的依托单位或国家工程研究中心；项目建设内容符合该工程实验室或工程研究中心的发展方向和任务，建设方案合理。

（四）技术中心项目的项目单位须为国家认定企业技术中心所在企业，且该国家认定企业技术中心在最近年度国家认定企业技术中心评价中得分70分以上；项目应能够支撑企业关键、核心技术的开发。

（五）升级调整项目应符合产业结构调整指导目录；项目单位具有良好的现代企业运行机制和较好的经营业绩；具有开展相关产品生产的资格，项目必须具有合理的经济规模，产品符合国家和国际有关标准。

第十二条 项目单位应根据第十条和第十一条的相关规定，编制项目资金申请报告。

项目资金申请报告的具体要求由项目公告或通知具体规定，应包括以下主要内容：

（一）项目单位的基本情况和财务状况；

（二）项目的基本情况，包括项目背景、项目建设（研发）内容、总投资及资金来源、技术工艺、各项建设（研发）条件落实情况等；

（三）申请国家补贴资金的主要理由和政策依据；

（四）项目招标内容（适用于申请国家补贴资金500万元及以上的投资项目）；

（五）国家发展改革委项目公告或通知要求提供的其他内容。

项目资金申请报告可根据具体情况附以下相关文件：

（一）政府投资项目的可行性研究报告批准文件或企业投资项目的核准或备案的批准文件；

（二）技术来源及技术先进性的有关证明文件；

（三）城市规划部门出具的城市规划选址意见（适用于城市规划区域内的投资项目）；

（四）国土资源部门出具的项目用地预审意见；

（五）环保部门出具的环境影响评价文件的审批意见；

（六）金融机构出具的贷款承诺，申请贴息的项目还须出具项目单位与有关金融机构签订的贷款协议或合同；

（七）项目单位对项目资金申请报告内容和附属文件真实性负责的声明；

（八）国家发展改革委项目公告或通知要求提供的其他文件。

第十三条 项目主管部门应根据第十条至第十二条的相关规定审查项目单位提出的项目资金申请报告，对审查合格的项目资金申请报告报送国家发展改革委。其中，对于工作职能属于省级经济（贸易）委员会的项目，由省级经济（贸易）委员会作为项目主管部门，并由省级经济（贸易）委员会商省级发展和改革委员会后，由省级发展和改革委员会会同省级经济（贸易）委员会联合报送国家发展改革委。

对申报材料不完备的资金申请报告，国家发展改革委及时通知项目主管部门在要求的时限内补充相关材料。

第十四条 对项目主管部门报送的项目资金申请报告，国家发展改革委组织专家组进行专家评审或委托咨询机构进行评估，必要时可征求国务院有关部门或地方政府的意见。

专家组应由专业性、权威性、代表性、中立性，且与项目无重大相关利益的专家组成。专家组应科学、客观、公正地评审项目。

专家评审或咨询机构评估应主要从以下方面对项目进行评审评估：

（一）项目技术的先进性和适用性；
（二）项目对相关产业的优化升级具有的带动作用；
（三）项目单位的经营能力和技术开发能力；
（四）项目的市场前景和经济效益；
（五）项目实施方案的可行性；
（六）国家发展改革委项目公告或通知的其他要求。

第十五条 国家发展改革委按照科学、公平、择优的原则，根据专家评审意见或咨询机构的评估意见，综合考虑国务院有关部门和地方政府的意见，审查批复项目资金申请报告，并将项目的评审评估意见和审批结果以适当的方式告知项目主管部门。项目资金申请报告的批复文件是下达国家补贴资金的依据，应包括项目实施的总体目标、国家补贴资金额度和资金使用方向。批复文件可单独办理，也可集中办理。

国家发展改革委主要从以下方面对项目资金申请报告进行审查：
（一）符合中央预算内资金的使用方向；
（二）符合项目公告或通知的有关要求；
（三）符合国家补贴资金的安排原则；
（四）提交的相关文件齐备、有效；
（五）项目的主要建设（研发）条件基本落实；
（六）符合国家发展改革委要求的其他条件。

第十六条 国家发展改革委安排给单个国家高技术项目的资金最高限额原则上不超过2亿元。

国家发展改革委安排给单个地方政府投资的国家高技术项目的资金在3 000万元及以下的，一律按投资补助或贴息方式管理，只审批资金申请报告。国家发展改革委安排给单个企业投资的国家高技术项目的资金在3 000万元及以下的，可按投资补助或贷款贴息方式管理，国家发展改革委审批资金申请报告；也可按直接投资或资本金注入方式管理，国家发展改革委审批可行性研究报告。

国家发展改革委安排给单个国家高技术项目的资金在3 000万~2亿元之间且占项目总投资的比例不超过50%的，对于地方政府投资项目可按投资补助或贷款贴息的方式管理，国家发展改革委审批资金申请报告；对于企业投资项目可按投资补助或贷款贴息的方式管理，国家发展改革委审批资金申请报告，也可按直接投资或资本金注入方式管理，国家发展改革委审批可行性研究报告。

国家发展改革委安排给单个国家高技术项目的资金在3 000万~2亿元之间且占项目总投资的比例超过50%的，或超过2亿元的，按直接投资或资本金注入方式管理，由国家发展改革委审批可行性研究报告。

第十七条 单个国家高技术项目的国家补贴资金超过3 000万元的，国家发展改革委可要求项目单位报送初步设计概算，并委托咨询机构进行评审，根据评审结果决定国家安排资金的具体数额。

第十八条 单个国家高技术项目的国家补贴资金原则上均为一次性安排。对于已经安排国家补贴资金的国家高技术项目，国家发展改革委不再重复受理其资金申请报告。

第四章 资金管理

第十九条 国家高技术项目的资金来源包括项目单位的自有资金、国家补贴资金、国务院有关部门或地方政府配套资金、银行贷款,以及项目单位筹集的其他资金。项目资金原则上以项目单位自筹为主,国家采用资金补贴的方式予以支持。

第二十条 项目单位筹集的项目资本金或研发项目的自有资金不得低于项目新增投资的30%。项目资本金来源包括项目单位可用于项目的现金、发行股票筹集的资金、新老股东增资扩股资金、资产变现的资金等。

第二十一条 国家补贴资金分为投资补助和贷款贴息补助两类。

国家投资补助应根据项目的重要性、风险程度以及产业发展、区域布局等要求,分档给予补助支持。

贷款贴息补助的贴息率不超过当期银行中长期贷款利率。贴息资金总额根据项目符合贴息条件的银行贷款总额、当年贴息率和贴息年限计算确定,原则上按项目的实施进度和贷款的实际发生额分期安排贴息资金。

第二十二条 国家补贴资金主要用于项目的研究开发、购置研究开发及工程化所需的仪器设备、改善工艺设备和测试条件、建设产业化或工程化验证成套装置和试验装置、建设必要的配套基础设施、购置必要的技术、软件等。

第二十三条 经国家发展改革委批复的国家高技术项目列入国家高技术产业发展项目计划和投资计划。

国家发展改革委根据项目资金申请报告的批复文件、项目建设进度和项目建设资金到位情况,以及项目主管部门提出的项目国家补贴资金的下达申请,可一次或分次下达国家补贴资金投资计划。项目主管部门收到国家补贴资金投资计划后,要按有关规定尽快将国家补贴资金投资计划下达到项目单位,并做好有关协调工作。

对于由省级经济(贸易)委员会作为项目主管部门的项目,国家发展改革委将国家补贴资金投资计划同时下达省级发展和改革委员会及经济(贸易)委员会,由省级发展和改革委员会、省级经济(贸易)委员会联合下达到项目单位。

第二十四条 项目单位对国家补贴资金要专款专用、专账管理;任何部门和单位不得截留、挤占和挪用国家补贴资金;项目主管部门要对国家补贴资金加强监管,督促项目单位按照国家补贴资金使用方向使用国家补贴资金。

第二十五条 项目单位的自筹资金应按计划及时足额投入。鼓励项目主管部门对项目安排必要的配套资金。

第五章 项目实施与管理

第二十六条 国家高技术项目实行项目单位责任制,项目单位依照有关法律法规负责项目的筹划、筹资、建设、运营等,并配合国家有关部门和项目主管部门做好对国家补贴资金使用的稽察、检查和审计工作。

第二十七条 项目主管部门根据国家对项目资金申请报告的批复文件和项目审批、核准或备案文件,对项目实施情况和国家补贴资金的使用情况等进行监管。项目主管部门可根据具体情况要求项目单位编制项目初步设计、建设方案或实施方案。

第二十八条 所有国家高技术项目应按照国家有关招标投标的法律法规做好招标工作。其中，对于使用国家补贴资金 500 万元及以上的项目，要严格按照国家发展改革委核准的项目招标内容和有关招标投标的法律法规开展招标工作。

第二十九条 项目主管部门应在每年 2 月底和 8 月底以前，以正式文件向国家发展改革委提交包括项目进度情况、存在的问题、解决问题的具体措施和处理意见等内容的项目进展情况报告，并提出国家补贴资金的下达申请。项目单位应按照项目主管部门的要求报送有关项目进展情况。

第三十条 项目单位应按照资金申请报告批复的总体目标组织实施。实施过程中，项目出现重大情况需调整的，应向项目主管部门报告。对不能完成总体目标的项目，由项目主管部门提出处理建议报国家发展改革委；对于其他不影响项目总体目标实现的调整，由项目主管部门负责审核调整，并抄报国家发展改革委。

第三十一条 项目实施达到项目总体目标后，项目单位应及时做好项目验收准备工作，并向项目主管部门提出项目验收申请。项目主管部门应及时对项目进行验收，并将验收结论报送国家发展改革委。计划单列企业集团和中央管理企业在验收国家高技术项目时，应邀请第三方人员参加。项目单位要按国家有关规定妥善保管项目有关档案和验收材料。

第三十二条 项目实施过程中和验收后，国家发展改革委可视情况组织或委托项目主管部门、有关中介机构或有关专家组对项目进行中期评估和后评估。

第三十三条 项目实施过程中取得的专利、著作权等知识产权权属，按照有关法律法规执行。

第三十四条 研制开发项目的国家补贴资金财务处理按照科研项目相应的财政拨款有关规定管理。其他国家高技术项目的国家补贴资金的财务处理按照资本公积管理。

第六章 监督管理和法律责任

第三十五条 国家发展改革委负责对国家高技术项目实施情况进行稽察。财政、审计、监察等部门依据职能分工进行监督检查。项目主管部门和项目单位应配合稽察、审计、监察和检查工作。

第三十六条 项目稽察、审计、监察和检查工作应按照有关法律法规和本管理办法进行。

第三十七条 国家高技术项目信息，除涉及国家秘密和国家安全，商业秘密和其他依法不适宜公开的外，应当采取适当方式向社会公开。国家发展改革委和项目主管部门受理单位、个人对国家高技术项目在审批、建设过程中违法违规行为的举报，并按照有关规定予以查处。

第三十八条 对于按项目总体目标和项目内容按期或提前完成、通过验收，取得突出成绩的项目单位，以及在项目组织和管理中工作表现出色的项目主管部门及工作人员，国家发展改革委将给予表彰，并在今后的国家高技术项目评选中，对受表彰的项目主管部门组织申报的项目同等条件下优先安排。

第三十九条 项目单位有下列行为之一的，国家发展改革委可以责令其限期整改，核减、停止拨付或收回国家补贴资金，并可视情节轻重提请或移交有关机关依法追究有关责任人的行政或法律责任：

（一）提供虚假情况，骗取国家补贴资金的；

（二）转移、侵占或者挪用国家补贴资金的；
（三）擅自改变项目总体目标和主要建设内容的；
（四）无违规行为，但无正当理由未按要求完成项目总体目标延期两年未验收的；
（五）其他违反国家法律法规和本办法规定的行为。

第四十条 项目组织部门、项目主管部门和评估、咨询单位及有关责任人在审批、管理、评估、咨询、稽查、检查等过程中弄虚作假、玩忽职守、滥用职权、徇私舞弊、索贿受贿的，国家发展改革委可建议有关部门依法追究有关责任人的行政责任；构成犯罪的，由司法机关依法追究刑事责任。

第七章 附则

第四十一条 项目主管部门应根据本办法的总体原则，结合本部门、本地区的具体情况，制订相应的实施细则，并报国家发展改革委备案。

第四十二条 本办法由国家发展改革委负责解释。

第四十三条 本办法自二〇〇六年四月一日起施行。

2012年11月29日

来源：http://www.ndrc.gov.cn/zcfb/zcfbl/200603/t20060302_61820.html

17. 园区循环化改造实施方案编制指南

园区循环化改造实施方案编制指南

为推动园区循环化改造示范试点工作的顺利开展，指导地方编制园区循环化改造实施方案，制定本编制指南。各地编制实施方案时应与本地区产业发展、资源禀赋、环境状况相结合，在发展目标、发展重点等方面要充分体现本地特色，在主要任务、政策措施等方面要有所创新和突破。

一、总体要求

（一）贯彻落实科学发展观，以循环经济"减量化、再利用、资源化"和"减量化优先"为原则，以转变经济发展方式为主线，把园区改造为"经济持续发展、资源高效利用、环境优美清洁、生态良性循环"的循环化改造示范园区，推进园区绿色发展、循环发展、低碳发展。

（二）紧密结合当地产业基础、资源禀赋和环境状况，统筹规划园区空间布局和产业布局，突出构建清晰的循环经济产业链，具有现实可操作性。

（三）以表格形式细化年度投资计划、具体项目实施期限和达产年限、规模，清晰界定年度实施范围和进度，便于进行年度评价和验收。

（四）清晰列明园区各类污染物的排放和处理情况，便于环境保护部门监督检查。

（五）以2012年为实施方案编制的基准年，实施期限原则上不超过5年。

二、实施方案的主要内容

（一）园区现状和发展基础

1. 当地经济社会发展情况及本地区资源禀赋、环境状况简述；

2. 园区概况。主要包括园区地理位置、交通条件、占地面积、自然条件、功能区划等内容。要附园区区位图和园区功能区划图。

3. 经济发展和产业基础。描述园区经济、产业发展水平以及园区主导行业、重点企业及其发展状况。

4. 社会发展和基础设施。描述园区内人口状况，科、教、文、卫状况，基础设施状况、道路交通状况等。

5. 园区与周边区域的产业关联、基础设施和服务平台共享等情况。

6. 资源环境现状。园区主要能源和资源的消耗水平及其与国内外的比较；资源产出率情况，"十一五"及2011年、2012年节能减排目标完成情况；污染源数量和分布；主要污染物特征和产生、排放量；重点污染源排放达标情况；潜在的环境风险和应急方案；园区建址的环境敏感性分析；区域环境质量；区域环境容量和环境承载力；环境法律法规的贯彻执行；环保投入；环境管理等。对一些资源环境指标要用表格形式列出"十一五"期间五年及2011年、2012年的指标值。

（二）园区发展面临问题和循环化改造的重要意义

1. 目前园区发展面临的主要问题。

2. 园区循环化改造的意义。从促进产业结构合理调整、园区综合竞争力提高、资源约束改善、资源产出率提高、环境质量改善、区域生态环境优化等方面分析循环化改造对当地经济社会发展和园区的影响和意义。

（三）循环化改造的有利条件和制约因素

1. 有利条件分析。从产业基础、资源环境、基础设施、科技创新、公共服务、人才培养、政策机制、园区管理、周边产业配套等方面分析园区循环化改造的有利条件。

2. 制约因素分析。要深入分析制约园区循环化改造和园区发展的制约因素。

（四）总体思路、原则和目标

1. 总体思路。

2. 基本原则。

3. 主要目标

（1）总体目标：从园区空间布局、产业结构调整、循环经济产业链构建、资源利用效率提高、环境保护、基础设施、科技创新、管理机制等方面，提出园区改造的总体目标。

（2）主要指标。在开展物质流分析的基础上，合理设定体现园区循环化改造成效、可量化的指标。指标应包括园区经济发展、产业结构调整、产业关联度、能源资源节约与循环利用、污染控制和管理、环境质量改善等方面。国家"十二五"规划纲要中的有关约束性指标要进行科学测算。具体指标体系可参考附表。

（3）目标可达性分析。根据园区发展趋势，结合园区循环化改造中重点支撑项目的引进和保障体系的建设，分析主要目标的可达性。

（五）主要任务

按照可复制、可推广、可借鉴的要求，对园区循环化改造进行总体框架设计，从空间布局优化、产业结构调整、企业清洁生产、公共基础设施建设、环境保护、组织管理创新等方面，提出切实可行的任务，推进循环化改造。要附园区循环化改造总体框架图。

1. 空间布局方面。根据物质流和产业关联性，开展园区布局总体设计或进行布局优化，改造园区内的企业、产业和基础设施的空间布局，体现产业集聚和循环链接效应，实现土地的节约集约高效利用。（要附园区空间优化布局图）

2. 产业结构调整方面。结合本区域的产业和资源的比较优势，考虑园区环境承载力和地方发展需求，围绕提高资源产出率和提高园区综合竞争力，提出传统产业改造升级、培育和发展战略性新兴产业等方面的主要任务。

3. 循环经济产业链构建方面。围绕实现项目间、企业间、产业间首尾相连、环环相扣、物料闭路循环，促进原料投入和废物排放的减量化、再利用和资源化，以及危险废物的资源化和无害化处理，提出产业链招商、补链招商，以及建设和引进产业链接或延伸的关键项目等方面的主要任务。（要附循环经济产业链图和物质循环利用图）

4. 能源资源高效利用方面。按照循环经济减量化优先的原则，推行清洁生产，促进源头减量；开发能源资源的清洁高效利用技术，开展清洁能源替代改造，提高可再生能源利用比例；推动余热余压利用、企业间废物交换利用和水的循环利用；推进水资源替代，沿海地区的园区适当开展海水淡化，减少淡水的使用。

5. 污染集中治理方面。加强污染集中治理设施建设及升级改造。培育专业化废弃物处理服务公司，实行园区污染集中治理。强化园区的环境综合管理，开展企业环境管理体系认证，构建园区、企业和产品等不同层次的环境治理和管理体系，最大限度地降低污染物排放水平。

6. 基础设施方面。围绕园区各类基础设施的共建共享、集成优化，降低基础设施建设和运行成本，提高运行效率，使园区生态环境优美，提出对园区内运输、供水、供电、照明、通信、建筑和环保等基础设施的改造任务。

7. 运行管理方面。要突出管理体制机制创新，明确园区循环化改造管理机构，建设园区废物交换平台，以及循环经济技术研发及孵化中心等公共服务设施，建立园区循环化改造的统计评价和考核制度，制定并实施循环经济相关技术研发和应用的激励政策、招商引资指导目录和监管制度，进行物质流分析和管理，开展宣传教育。

（六）重点支撑项目

针对园区循环化改造的目标和任务，提出拟建设的重点支撑项目：

1. 项目建设总表。将重点支撑项目分列为"拟申请中央财政资金支持的项目"和"没有中央财政资金支持也自主实施的项目"两个表，其中"拟申请中央财政资金支持的项目"表主要筛选和提出循环经济产业链构建体系和公共服务设施保障体系的重点支撑项目，具体见正文中中央财政补助资金支持内容所列的项目种类。

2. 项目基本情况。每个项目建设的背景、必要性以及与园区循环化改造的关系、比较详细的建设内容、产能、工艺流程及先进性分析、主要技术设备及先进性分析、资金筹措方案，效益分析。分年度说明建设安排及投资计划。

3. 项目投资估算及构成。要以表格形式详细列明每个项目的投资估算（不含土地购置费）。估算范围至少应包括厂房建设（建筑面积、总额等）、设备购置（设备名称、台（套）数、价格等）、辅助生产装置和公用工程等。

（七）园区循环化改造效益分析

重点对园区循环化改造的综合效益进行分析评价，对园区循环化改造的各项成本及收益进行初步的全面系统地核算，评估园区循环化改造的成效。

1. 经济效益分析。包括物质减量、循环利用的直接经济效益；污染减排带来的间接经济效益；促进园区本身经济总量稳定增长，同时带动园区所在地区经济增长；增强园区活力，提高园区综合竞争能力等方面。

2. 环境效益分析。园区及周边地区水、大气和土壤环境质量的改善；废弃物资源化利用率的提高；降低对自然资源的需求，减少能源消耗；污染物排放量的减少。

3. 社会效益分析。包括扩大社会就业，促进居民生活质量的全面提高，促进当地社会和谐等方面。

（八）保障措施

围绕目标的实现、主要任务的落实以及重点项目的建设，提出有针对性的保障措施，主要包括：组织保障体系、政策保障体系、技术支撑体系、公共服务平台建设、统计评价考核体系、污染防治监督管理体制、产业链接的风险分担和保障体系、公众参与、宣传教育与交流以及能够保障园区循环化改造顺利开展的其他措施。

2012年10月29日

来源：http://www.ndrc.gov.cn/zcfb/zcfbtz/201605/t20160516_801745.html

18. 国家发展改革委关于印发全国农村经济发展"十二五"规划的通知

国家发展改革委关于印发全国农村经济发展"十二五"规划的通知

发改农经〔2012〕1851号

各省、自治区、直辖市及计划单列市、副省级省会城市、新疆生产建设兵团发展改革委，教育部、科技部、财政部、人力资源社会保障部、国土资源部、环境保护部、住房城乡建设部、交通运输部、水利部、农业部、商务部、文化部、卫生部、国家统计局、国家林业局、中国气象局、国家能源局：

根据党的十七届三中、五中全会精神和《中华人民共和国国民经济和社会发展第十二个五年规划纲要》的总体部署，结合农村经济发展实际，我委组织编制了《全国农村经济发展"十二五"规划》（以下简称《规划》）。现将《规划》印发你们，请结合本地区、本部门实际，切实加强对《规划》实施的组织工作，制定并完善相关政策措施，科学安排政府投资，合理引导社会资源，加快发展农村经济，确保顺利实现全国农村经济发展"十二五"规划目标。

附：全国农村经济发展"十二五"规划

国家发展改革委

2012年6月25日

来源：http://www.ndrc.gov.cn/zcfb/zcfbghwb/201208/t20120806_585491.html

附 全国农村经济发展"十二五"规划

"十二五"时期是全面建设小康社会的关键时期,是深化改革开放、加快转变经济发展方式的攻坚时期,是推进农业现代化、加快社会主义新农村建设的重要时期。根据党的十七届三中、五中全会精神和《中华人民共和国国民经济和社会发展第十二个五年规划纲要》的总体部署,为阐明未来五年农村经济的发展方向和战略任务,明确工作重点和工作思路,谋划发展举措和重大工程,指导农村经济又好又快发展,制定本规划。

一、规划基础和背景

(一)发展基础

"十一五"期间,中央始终把解决好"三农"问题作为全党工作的重中之重,坚持统筹城乡发展,加大"三农"投入力度,完善强农惠农富农政策,不断深化农村改革,积极调动地方政府和广大农民的积极性,农村经济发展取得新成就。

农业综合生产能力稳步提高。粮食连年增产,连续4年超过万亿斤,2010年达到10 929.5亿斤的历史新高,比2005年增长了12.9%。棉花、油料、糖料、肉类和水产品产量分别比2005年增长了4.3%、5%、27%、14.2%和21.6%。农业结构不断优化,规模化种养、区域化布局、标准化生产快速推进。农业物质技术装备水平稳步提高,全国农田有效灌溉面积达到9.05亿亩,节水灌溉面积达到4.1亿亩,主要农作物耕种收综合机械化水平和农业科技进步贡献率均达到52%。农业气象保障服务水平和灾害防御能力不断提高。

农村基础设施和公共服务明显改善。5年解决了2.1亿农村人口的安全饮水问题,大部分农村地区的电力基本实现了城乡一体化管理和服务,新建改建农村公路186万多千米,农村沼气用户达到4 000万户,农村安居工程建设进展顺利。农村免费义务教育制度、新型农村合作医疗制度和农村最低生活保障制度全面建立,96.3%的农村居民参加了新型农村合作医疗,新型农村社会养老保险试点覆盖面达到24%,5 000多万农村居民得到最低生活保障。扶贫开发事业取得显著成就。农民收入持续较快增长。农民收入增长实现5连快,接连跨越4 000元、5 000元两个大关,2010年达到5 919元,扣除价格因素,年均实际增长8.9%,是改革开放以来增长最快的时期之一。农民生活水平显著提高,耐用消费品成倍增长,消费结构进一步提升。

生态建设和环境保护取得新进展。五年完成造林面积2 527万公顷,森林覆盖率达到20.36%,新增治理水土流失面积23万平方千米,新增治理沙化土地面积1 081万公顷,新增治理"三化"草地8 017万公顷,退牧还草3 240万公顷。

全国已建立自然保护区2 588处,50%的自然湿地得到有效保护,重点河湖生态修复成效明显,农业面源污染防治和农村环境综合整治积极推进。

农村改革实现新突破。全面取消农业税,"三农"投入大幅增加,农业补贴范围扩大、力度加大,主要农产品价格保护制度进一步健全,农业支持保护制度日益完善。集体林权制度改革全面推进,落实草原承包面积33亿亩,农村综合改革、农村金融制度改革不断深化。

统筹城乡发展迈出新步伐。城乡二元体制障碍有所突破,农民工外出务工环境明显改善,全国农民工总数达到2.42亿人,其中外出农民工达到1.53亿人,成为推进城镇化的重要力量,城镇化快速发展。城乡规划、产业布局、基础设施、公共服务、劳动就业和社会管理一体化进程明显加快,城乡融合发展趋势明显。

(二)面临形势

1. 当前农村经济发展的新变化。当前农村经济发展进入新阶段,出现新变化。一是主要农产品供求进入紧平衡阶段。尽管粮食综合生产能力已经迈上万亿斤的新台阶,主要农产品产量稳定增长,但随着人口总量增加、城镇人口比重上升、人民生活水平提高及农产品工业用途不断拓宽,保障主要农产品供给特别是粮食安全的压力越来越大,部分农产品品种结构和地区结构不平衡的矛盾突出。二是农业生产进入高成本阶段。我国农业正在由传统农业向现代农业加速转变,现代投入品大量使用,农资、农机、土地等费用呈上升态势,人工成本提高,导致农业生产成本加速上升,必然推高农产品价格。三是城乡生产要素交换出现新变化。随着工业化和城镇化的快速推进,城乡之间生产要素流动规模迅速扩大,尽管近年来国家大幅度增加了"三农"投入,但生产要素从农村流向城市远大于从城市流向农村，农村土地、资金等生产要素快于农村人口非农化。四是农村劳动力总量过剩与结构性短缺并存。经过多年大规模转移，农村劳动力总量过剩的局面虽未改变，但结构性矛盾已非常明显，农村青壮年劳动力短缺、农忙季节性短缺、区域性短缺问题开始显现，农民工总量供大于求和局部地区"民工荒"并存。五是农村经济与宏观经济、国内农业与国际农业关联度显著提高。农村经济与宏观经济的相互联系更加紧密、相互影响更加广泛、相互作用更加直接。农业农村形势好坏、农民收入增长快慢对国民经济平稳较快发展、扩大内需的支撑或制约日益突出。农业对外开放不断扩大，国际联系日益紧密，国内农业与国际农业的传导联动和相互影响明显加深，我国农业发展越来越需要利用国际国内两个市场、两种资源。

2. "十二五"农村经济发展的有利条件。一是"三农"工作"重中之重"战略思想不断丰富发展，农业的基础地位和农村的战略地位更加强化，强农惠农富农政策体系更加完善。二是国民经济持续快速发展，国家经济实力显著增强，工业反哺农业、城市支持农村的能力进一步增强。三是工业化、城镇化深入发展，为转移农村富余劳动力、提高农业装备水平、发展农业适度规模化生产和集约化经营创造了条件。四是生物技术、信息技术等高新技术在农业领域的应用和推广，为缓解农业资源环境约束，提高农业生产水平，拓展农业发展空间展现了新的前景。五是农村改革的不断深化和统筹城乡发展步伐的加快，将不断改善农村发展环境，增强农村发展活力。

3. "十二五"农村经济发展面临的主要困难。一是资源环境约束加剧，耕地减少、水资源匮乏的趋势难以逆转，化肥农药的边际效益递减，生态脆弱、环境污染加剧的问题日益突出，主要靠高投入、高消耗增加农产品产量难以为继。二是农业科技的核心领域、关键环节缺乏重大突破，科技成果转化和推广应用水平依然不高，对现代农业发展的引领支撑能力不强。三是农业基础设施依然薄弱，农业生产经营组织化、产业化程度依然不高，随着气象条件不确定性增加、影响农产品供求和价格的因素日益复杂，农业发展面临的自然风险和市场风险不可低估。四是务农效益特别是种粮效益长期偏低，农村劳动力素质总体不高，农民转移就业和创业能力仍然不强，缩小城乡居民收入差距任务艰巨。五是农村基础设施落后，饮水安全问题仍然突出，农村道路、能源、住房建设等仍然滞后，人居环境较差，农村公共服务水平明显落后于城市，新阶段的扶贫开发工作任务还十分艰巨。六是农村关键领域改革仍然滞后，城乡二元制度尚未根本消除，实现城乡资源要素合理配置仍面临体制性障碍。

二、指导思想、基本原则和发展目标

（一）指导思想

以邓小平理论和"三个代表"重要思想为指导，深入贯彻落实科学发展观，按照在工业化、城镇化深入发展中同步推进农业现代化的要求，坚持推进城镇化与建设新农村双轮驱动，坚持工业反哺农业、城市支持农村和多予少取放活的方针，加大强农惠农富农政策力度，着力发展现代农业，夯实国民经济基础；着力发展城乡经济，努力增加农民收入；着力推进新农村建设，逐步实现基本公共服务均等化；着力保护生态环境，提高农业农村可持续发展能力，促进农村经济又好又快发展，加快形成城乡经济社会发展一体化新格局。

（二）基本原则

——坚持重中之重，夯实农业农村发展基础。始终坚持"三农"工作重中之重的战略思想不动摇，切实把国家基础设施和社会事业发展的重点放在农村，不断完善强农惠农富农政策体系，巩固和加强农业基础地位，夯实打牢农业农村发展基础，确保国家粮食安全，促进农业稳定发展、农民持续增收、农村全面发展。

——坚持"三化"同步，统筹城乡经济社会发展。在工业化、城镇化深入发展中，同步推进农业现代化和社会主义新农村建设。统筹城乡发展规划、产业布局、基础设施、公共服务、劳动就业和社会管理，加快健全以工促农、以城带乡的长效机制，完善城乡平等的要素交换关系，推进城乡经济社会发展一体化。

——坚持以人为本，切实保障改善农村民生。把实现好、维护好、发展好广大农民根本利益、提高农民生活水平作为农村经济发展的出发点和落脚点，切实解决广大农民最关心、最直接、最现实的利益问题，促进农民收入持续较快增长，加快改善农村基础设施和生产生活条件，大力发展农村社会事业，使改革发展成果惠及亿万农民。

——坚持科学发展,提高农村可持续发展水平。牢固树立全面协调可持续的发展理念,切实转变农业发展方式,推动农业发展向主要依靠科技进步、劳动者素质提高、设施装备条件改善和农户组织化程度提高转变,努力提高土地产出率、资源利用率和劳动生产率。切实保护好农业资源,加强生态建设和环境保护,大力发展循环农业,推进农村节能减排,提高农村可持续发展能力。

——坚持改革创新,增强农村经济发展活力。坚持不懈推进农村改革和制度创新,稳定和完善农村基本经营制度,充分发挥市场在资源配置中的基础性作用,完善国家对农业农村发展宏观调控,健全符合社会主义市场经济要求的农村经济体制机制,使农村经济发展充满活力。

(三) 发展目标

——农业综合生产能力稳步提高。耕地保有量保持在18.18亿亩,新增农田有效灌溉面积4 000万亩,粮食综合生产能力达到5.4亿吨以上,确保国家粮食安全。棉花、油料、糖料、肉类、禽蛋、奶类、水产品总产量分别达到700万吨以上、3 500万吨、1.4亿吨以上、8 500万吨、2 900万吨、5 000万吨和6 000万吨以上,蔬菜、水果产品丰富,供给充足。农产品质量安全水平明显提升,农产品质量安全例行监测总体合格率稳定在96%以上。

——农业物质技术装备条件稳步提升。农业科技进步贡献率达到55%以上,主要农作物耕种收综合机械化水平达到60%,农田灌溉水有效利用系数达到0.53以上,化肥、农药有效利用率继续提高。农业生产经营专业化、标准化、集约化、规模化、组织化、信息化水平稳步提高。

——农村经济结构调整迈出新步伐。主要农产品进一步向优势产区集中,"七区二十三带"农业战略格局基本形成。农业内部结构更加合理,畜牧业产值占农业总产值的比重达到36%。农村产业结构更加协调,农产品加工业产值与农业10总产值比达到2.2∶1。农民就业结构更加合理,五年转移农业劳动力4 000万人。

——农民收入持续快速增长。农村居民人均纯收入年均增长7%以上,其中工资性收入占农民人均纯收入的比重达到45%以上。城乡居民收入比逐步缩小,农村贫困人口生活水平显著改善,水库移民与当地农村居民的收入差距进一步缩小。

——农村基础设施和公共服务继续改善。全面解决约3亿农村人口安全饮水问题,解决农村无电人口用电问题,新建和改造农村公路100万千米,适宜农户沼气普及率达到50%以上,完成800万户农村困难家庭危房改造,农村人居环境明显改善。覆盖城乡居民的基本公共服务体系逐步完善,服务水平明显提高。

——生态建设和环境保护取得新进展。森林覆盖率达到21.66%,森林蓄积量达到143亿立方米,林地保有量达到46.35亿亩。新增水土流失综合治理面积25万平方千米,新增治理"三化"草地面积6 800万公顷,新增治理沙化土地面积1 000万公顷以上,自然湿地保护率达到55%,重点区域农业面源污染得到初步控制。生态文明观念在农村广泛传播。

三、加快发展现代农业

(一) 稳定发展粮食生产

1. 稳定粮食播种面积。坚持最严格的耕地保护制度,严格控制非农建设占用地,加大土地整理复垦开发补充耕地力度,确保耕地面积不减少、质量有提高。全面完成基本农田划定工作并落实到地块,确保基本农田保有量不低于15.6亿亩,其中水田面积保持在4.75亿亩左右。抓紧划定一批基础条件好、生产水平高的粮食生产区域,实行永久保护。提高粮食复种指数,确保全国粮食播种面积稳定在16亿亩以上,其中谷物播种面积稳定在12.6亿亩以上。

2. 优化粮食品种结构。积极发展南方地区双季稻生产,因地制宜扩大东北优质粳稻生产,稳步推进江淮等粳稻生产适宜地区"籼改粳"。大力发展优质专用小麦。扩大玉米播种面积,加快发展优质专用玉米。积极发展高油高蛋白大豆,力争稳定大豆自给水平。积极发展小杂粮,扩大优质专用薯类生产。

3. 提高粮食单产水平。积极选育高产优质粮食新品种,加快新品种繁育和推广,提高粮食作物良种普及率。改进耕作方式,推行水稻大棚和工厂化育秧、土壤深松深翻、免耕播种、测土配方施肥等高产栽培技术和模式,推进粮食生产全程机械化、专业化和标准化。加大高产创建力度,因地制宜实施整乡整县整建制推进,促进大面积均衡增产。

4. 加强粮食主产区建设。以全国新增千亿斤粮食生产能力规划确定的800个产粮大县为重点，加大投入力度，加快实施进度，尽快形成新的生产能力，将粮食生产核心区和非主产区的产粮大县建成国家级商品粮生产基地。在保护生态环境的前提下，根据全国粮食供求状况，适时、适度开发粮食生产后备资源。

5. 完善粮食生产的激励机制。建立健全粮食主产区利益补偿机制，支持粮食生产的政策措施向主产区倾斜。完善产粮大县奖励政策，将财政支持与粮食播种面积、产量、商品量以及粮食调出量挂钩。逐步取消产粮大县农业基本建设项目县级配套。完善粮食补贴机制，研究制定将粮食直补与粮食播种面积、产量和交售商品粮数量挂钩的操作办法，切实发挥补贴对粮食生产的激励作用，使种粮农民能够获得较多收益。

（二）推进农业结构战略性调整

1. 优化农业区域布局。因地制宜，发挥优势，鼓励和支持粮食、棉花、油料、糖料等大宗农产品向优势产区集中，加强蔬菜、水果、茶叶、花卉、蚕茧等园艺产品基地建设，发展各具特色的优势畜产品和水产品产区。加快构建以东北平原、黄淮海平原、长江流域、汾渭平原、河套灌区、华南和甘肃新疆等农业主产区为主体，以其他农业地区为重要组成的"七区二十三带"农业战略格局。

2. 大力发展养殖业。做大做强畜牧业，加强品种改良和疫病防控，推进畜禽养殖规模化、标准化、集约化和现代化。促进生猪生产平稳健康发展，积极支持生猪标准化规模养殖场（小区）建设，改善饲养、防疫和粪污处理条件，切实加强生猪疫病公共防控体系建设，完善生猪饲养补贴制度、良种繁育政策，进一步强化信贷和保险对生猪生产的支持，继续实施生猪调出大县（农场）奖励政策。加快转变奶业发展方式，努力保障乳制品质量安全，促进奶业持续健康发展。加快发展肉牛、肉羊生产，稳定发展禽肉、禽蛋生产，鼓励发展特种养殖。促进水产业健康发展，推广水产生态养殖模式，扶持和壮大远洋渔业。

3. 加快发展资源节约型农业。积极推广渠道防渗、管道输水、喷灌滴灌等农业节水技术，大力发展高效节水灌溉，新增5 000万亩高效节水灌溉面积。采用地膜覆盖、集雨补灌、保护性耕作等技术，积极发展旱作农业，加快建设旱作农业示范基地。提倡精耕细作，发展间作套种，推广立体种植，提高土地利用率。积极推广节种、节肥、节药、节能等技术措施，提高农业投入品使用效率。

4. 积极发展都市型农业。发挥城市科技、人才和市场等优势，加强农业深度开发，不断拓展农业功能，大力发展科技农业、设施农业、生态农业、精品农业和观光农业。加强大中城市周边"菜篮子"产品生产基地建设，提高大中城市蔬菜等生鲜食品自给能力。

5. 发展林业产业。加强优质苗木和珍贵树种培育，搞好工业原料林、用材林等木材战略储备生产基地建设，加快发展森林旅游、竹产业、花卉苗木、野生动植物繁育利用产业和沙产业，大力发展油茶、核桃等木本粮油和特色经济林产业，加快发展林下经济。

6. 保障农产品质量安全。加大宣传引导，增强农产品生产经营者质量安全意识，落实质量安全责任。以农业投入品安全使用、农兽药残留限量、种养殖规范等为重点，完善农产品质量安全标准体系，大力推行农业标准化生产。切实强化农业生产投入品和产地环境监管，从源头上确保农产品质量安全。建立农产品质量安全可追溯制度，加大农产品注册商标和地理标志保护力度，积极发展无公害农产品、绿色食品、有机农产品和地理标志农产品。加强农产品质量安全检验检测体系建设，搞好农产品质量安全例行监测和监督抽查工作。加大监管力度，强化农产品生产、收购、储运、加工、销售全程监管，严禁使用违禁药物、非法化学物和其他可能危害人体健康的农业投入品。大力开展农产品质量安全风险评估，提高风险防范能力。

（三）加快农业科技创新和技术推广

1. 提高农业科技创新能力。立足我国基本国情，面向产业需求，大力推进现代农业产业技术体系建设。加大国家各类科技计划向农业领域倾斜支持力度，支持发展农业科技创新基金，推进国家农业高新技术产业示范区和国家农业科技园建设，改善农业科技创新条件。深化农业科研院所改革，完善农业科研立项和科研评价机制，积极培育以企业为主导的农业产业技术创新战略联盟，支持企业加强技术研发和升级，鼓励企业承担国家各类科技项目，不断完善农业科技创新机制。加强农业教育科技培训，加快培养农业科技人才和创新团队。

2. 突破农业科技重大基础理论与关键技术。加强农业基础研究，在农业生物基因调控与分子育种、农林动植物抗逆机理、农田资源高效利用、农林生态修复、有害生物控制、生物安全和农产品安全等方面突破一批重大基础理论和方法。加快推进前沿技术研究，在农业生物技术、新材料技术、先进制造技术、精准农业技术等方面取得一批重大自主创新成果。加强农业节本降耗、节水灌溉、农机装备、新型肥料、疫病防控、加工贮运、循环农业、海洋农业、农村民生等领域的技术创新、集成与应用。提高农业生产经营信息化水平，在信息采集、管理信息、资源调查、气象预测和灾害预警等领域实现新突破。

3. 做大做强种业。加大种业基础性、公益性研究投入，加强种质资源收集、保护、鉴定，创新育种理论方法和技术，创制改良育种材料，实施转基因生物新品种培育重大科技专项，加快培育一批突破性新品种。继续做好常规育种研究。深化种业体制改革，构建以产业为主导、企业为主体、基地为依托、产学研结合、育繁推一体化的现代种业体系。整合种业资源，优化资源配置，提高市场准入门槛，推动种子企业兼并重组，加快培育具有核心竞争力的大型优势种子企业。加大生物育种产业重大创新发展工程、动植物良种工程实施力度，加强优势种子繁育基地建设，在粮棉油生产大县建设新品种引进示范场。加强种子市场监管，完善品种审定、保护、退出制度，强化种子生产经营行政许可管理。

4. 提升农业技术推广能力。切实加强基层农技推广服务能力建设，普遍健全乡镇或区域性农业技术推广、动植物疫病防控、农产品质量监管等公共服务机构，明确公益性定位，完善管理体制、人员聘用和考评制度。切实落实"一个衔接、两个覆盖"要求，提高基层农技推广人员待遇，改善工作条件，改进服务手段。加快把基层农技推广机构的经营性职能分离出去，按市场化方式运作，探索公益性服务多种实现形式。推动高等学校、科研院所同基层农技推广机构、农民专业合作社、龙头企业、农户开展多种形式的合作，实现科技创新与农业生产经营的有效对接。鼓励高等学校、科研院所建立农业试验示范基地，集成、熟化、推广农业技术成果。建立健全农业技术交易市场，培育多元化的市场主体，完善农业技术市场交易法规和从业规章制度，加大农业知识产权保护力度，维护好农业技术市场秩序。

（四）改善农业设施装备条件

1. 大兴农田水利建设。加快大型灌区、重点中型灌区续建配套和节水改造，水土资源条件具备的地区，新建一批灌区，增加农田有效灌溉面积。实施大中型灌溉排水泵站更新改造，加强重点涝区治理，完善灌排体系。充分发挥现有灌溉工程作用，力争完成70%以上的大型灌区和50%以上的重点中型灌区骨干工程续建配套与节水改造任务。加快推进小型农田水利重点县建设，加强灌区田间工程配套。因地制宜兴建中小型水利设施，支持山丘区小水窖、小水池、小塘坝、小泵站、小水渠等"五小水利"工程建设。稳步发展牧区水利，建设节水高效灌溉饲草料地。

2. 大规模建设旱涝保收高标准农田。加快中低产田改造，按照灌排顺畅、田地平整、土壤肥沃、路林配套的要求，突出重点地区和关键措施，以完善农田灌排体系为重点，配套实施土地平整、土壤改良、培肥地力、机耕道路、农田林网等田间工程，力争再建成4亿亩旱涝保收高标准农田。建立健全农田设施管护机制，确保农田设施长期发挥效益。

3. 加快推进农业机械化。支持农机工业技术改造，加强农机关键零部件和重点产品研发，提高产品适用性、便捷性、安全性。着力解决水稻机插和玉米、油菜、甘蔗、棉花机收等突出难题，加快推进粮食生产全程机械化，大力推进棉油糖等经济作物生产机械化，协调推进养殖业、林果业、农产品初加工机械化。大力发展设施农业、畜牧水产养殖等机械装备。积极推广土地深松、精量播种、化肥深施、保护性耕作和农作物秸秆粉碎还田等农业机械化技术。促进农机农艺融合，推广适合机械化作业的种植模式。支持农用工业发展，提高化肥、农药、农膜等农资生产水平。

4. 加强农业防灾减灾能力建设。继续加强大江大河大湖治理，加快中小河流治理和病险水库除险加固，以及易灾地区生态综合治理，提高江河防洪及山洪地质灾害防治能力，基本建成工程措施与非工程措施相结合的大江大河综合防洪减灾体系，基本完成重点中小河流（包括大江大河支流、独流入海、内陆河流）重点河段治理。搞好抗旱水源工程建设，抓紧解决工程性缺水问题。加强气象基础设施和服务体系建设，做好农业灾害预报工作，提高农业气象灾害监测预警的准确率和精细化水平，强化人工影响天气基础设施和科技能力建设，科学开发利用空中云水资源，增强农业应对气候变化能力。加强灾情监测、预警和调度工作，搞好应急救援物资储备，完善农业重大突发事件信息报告和发布制度提高对农业灾害和突发事件等的应急反应能力，最大限度地减少灾害损失。加强动植物疫源疫病监测和防控体系建设，开展主要农作物和森林病虫害、草原鼠虫害专业化统防统治。建立饲草料储备制度，提高牧区防灾减灾能力。加强渔港建设，加快渔船标准化改造，提高渔业安全生产能力。

（五）提高农业生产经营组织化程度

1. 推进农业产业化经营。完善扶持农业产业化经营的政策措施，加大财政、金融、税收、信息等支持力度，构建生产、加工、销售有机结合的农业产业体系，不断延长农业产业链条。扶持壮大成长性好、辐射面广、带动力强的农业产业化龙头企业，支持龙头企业开展技术创新、产品升级和品牌创建。依托龙头企业建设专业化、标准化、规模化生产基地，大力发展龙头企业联结农民专业合作社、带动农户的组织模式。

2. 大力发展农民专业合作社。全面贯彻落实《农民专业合作社法》，加快发展农民专业合作社，扶持专业合作社做大做强，提高市场竞争力。创新合作社发展形式，鼓励在生产经营各个环节组建专业合作社。拓展合作社服务领域，完善合作社服务功能，支持有条件的专业合作社开展信用、土地流转等合作。增强供销合作社对农民专业合作社的带动力。支持农民专业合作社兴办农产品加工企业或参股龙头企业。鼓励有条件的地方成立农产品行业协会。

3. 建立新型农业社会化服务体系。加快构建以公共服务机构为依托、合作经济组织为基础、龙头企业为骨干、其他社会力量为补充，公益性服务和经营性服务相结合、专项服务和综合服务相协调的新型农业社会化服务体系。培育和发展多元化的农业社会化服务组织，扶持农民专业合作社、供销合作社、专业技术协会、农民用水合作组织、涉农企业等社会力量广泛参与农业产前、产中、产后服务。增强农村集体组织对农户生产经营的服务能力。

4. 发展农产品现代流通方式。健全农产品市场体系，推进农产品批发市场建设和升级改造，加快形成布局合理、设施先进、功能齐全、交易规范的全国性骨干农产品批发市场网络。改造提升农贸市场交易和配套设施，加强集贸市场管理，规范经营环境，降低经营成本。规范发展农产品期货市场，充分发挥引导生产、稳定市场、规避风险的作用。发展农产品现代流通方式，加强大型粮食物流节点、农产品冷链系统、鲜活农产品物流配送中心等农产品流通基础设施建设。开展"南菜北运""西果东运"现代流通综合试点。大力推进"农超对接"，促进农产品电子商务健康有序发展，形成高效的农产品流通网络。培育和发展农村经纪人、农产品运销专业户、农产品流通企业等各类流通主体，提高农产品流通的组织化、产业化水平。

新增千亿斤粮食生产能力建设工程

加快实施《全国新增1 000亿斤粮食生产能力规划》，加强800个产粮大县田间工程及农技农机服务体系建设。棉油糖生产基地建设工程支持新疆优质棉基地建设，推进黄河和长江流域棉区棉花生产基地建设，加强长江流域"双低"油菜和黄淮海榨油花生生产基地、南方甘蔗和北方甜菜生产基地建设，配套完善农技服务体系。

"菜篮子"建设工程

改造一批标准化园艺产品生产基地、规模化畜禽养殖场（小区）和水产健康养殖示范场，推进一批国家级重点大型批发市场和区域性批发市场建设和升级改造。

农产品质量安全检验检测体系建设工程

加强部、省、地（市）、县四级农产品质量安全检验检测能力建设，使全国农产品质检布局更加合理、功能更加完善，形成上下贯通、职能明确、运行高效、参数齐全、支持有力的农产品质检体系。

现代种业工程

建设国家级制种基地、区域性良繁基地以及畜禽水产品种资源场、良种场，健全品种试验及种子检测体系，建设国家重点保护农业野生植物、水生生物自然保护区和水产种质资源保护区。

农田水利建设工程

加快大中型灌区改造和建设步伐，完成全国251处大型灌排泵站更新改造任务，推进重点涝区治理，加强灌区田间工程配套。加强小型农田水利设施建设。

旱涝保收高标准农田建设工程改造中低产田，更新提质现有高产田，开展土地平整、土壤改良、地力培肥、畦垄规格化整治，加强田间灌排设施、机耕道路及桥涵、积肥设施、农田林网等建设。

动植物保护工程

建设六级动物疫病防控体系，重点加强基层动物防疫体系建设。建设农作物病虫害防控体系，改善农作物病虫害监测防控设施条件。

渔政渔港建设工程

改扩建或新建一批沿海中心渔港、一级渔港、二级渔港、避风锚地和内陆重点渔港，建立健全各级渔政基地，购置一批渔政执法设施。

农村土地整治工程

实施农村土地整理复垦重点建设项目，补充耕地2 400万亩。

林业产业发展工程

建设短周期浆纸和人造板原料林基地和珍贵树种基地。建设油茶217万公顷和特色经济林产业带700万公顷。

农业气象防灾减灾工程

完善农业气象预报预警服务系统，健全农村和农业气象灾害防御基础设施。

四、促进农民收入持续较快增长

（一）挖掘农业内部增收潜力

适应人民生活水平提高和市场需求变化，鼓励农民优化种养结构，积极发展优质高效农业和特色农业，保持农产品价格合理水平，提高农业的经济效益。完善农业龙头企业、农民专业合作社与农民的利益联结机制，使农民合理分享农产品加工、流通增值收益。拓展农业功能，利用农村田园风光、山水景观、乡风民俗等资源，发展"农家乐"、休闲农业、旅游农业和手工制品经营等。结合农业结构调整，发挥各地比较优势，支持发展"一村一品"，培育一批特色鲜明、类型多样的专业村、专业镇。

（二）积极发展农村二、三产业

1. 大力发展农产品加工业。加快发展农产品产地初加工，改善产地初加工设施设备，降低产后损失，提升入市品级。以资源为基础，以市场为导向，提升农产品精深加工水平，发展粮油、糖料、果蔬、肉类、水产、乳制品和农业特色资源加工业，生产优质、安全、卫生、方便、营养、附加值高的农产品加工制品。优化农产品加工业布局，引导农产品加工企业向农产品优势产区集聚、向园区集中。支持农产品加工企业加快技术改造，改善装备条件，改进工艺技术，提升产品质量，培育市场占有率高的名牌产品。

2. 提升乡镇企业发展水平。引导乡镇企业加快转型升级，加大科技创新力度，调整优化产业结构，完善经营管理机制，提高从业人员素质，提升企业核心竞争力。推进乡镇企业节能减排，开展清洁生产，发展循环经济。鼓励有条件的乡镇企业通过跨地区、跨行业的联合、兼并、重组、收购、控股等方式，组建大型企业集团。科学规划，促进乡镇企业向县城、小城镇及园区集中，提高聚集效应。落实和完善财政、税收等优惠政策，加强对乡镇企业担保、贷款、上市融资等方面的金融支持，为乡镇企业发展创造良好环境。支持乡镇企业广泛参与现代农业发展、农业农村基础设施和公共服务建设。

3. 加快发展农村第三产业。适应农村经济发展需要，大力发展农村金融、信息、科技等生产性服务业。支持商贸企业及供销合作社、农民专业合作社等合作组织发展农资连锁经营，推行农资信用销售。深入实施"万村千乡"市场工程，引导城市大型商贸流通企业等向农村延伸服务，推进农村电子商务体系建设，发展高效的农村物流配送体系，提高农村物流效率。面向农村居民生活需要，积极发展通信、文化、餐饮、旅游、娱乐等生活性服务业，丰富服务产品类型，扩大服务供给，提高服务质量，满足和方便农民多样化的生活需求。适应农村人口老龄化和居住方式变化，积极发展农村养老服务和社区服务业。

（三）发展壮大县域经济

1. 加快培育县域主导产业。发挥比较优势，改善发展环境，依托重点骨干企业，加快培育县域主导产业，带动配套产业、关联产业发展，促进产业集群发展。统筹规划县域产业园区建设，推进园区整合发展，完善园区基础设施，加强园区管理创新，提升园区服务水平，增强园区承载和聚集功能，引导企业向园区集中、资源向园区整合、资金向园区流动、人才向园区汇集，促进产业园区特色化、规范化、集约化发展。鼓励中西部地区依托园区承接东部地区产业转移。

2. 积极发展小城镇。以县城和中心镇为重点,培育发展一批规模较大、辐射带动能力强的小城镇。强化土地利用总体规划的整体管控作用,加强小城镇规划工作,合理确定小城镇开发边界,强化规划约束力,走集约式城镇化道路,努力实现城镇面积扩张与人口产业集聚的合理匹配。加强小城镇基础设施建设,提高小城镇综合经济实力,增强小城镇公共服务和居住功能,吸纳农村富余劳动力就近就地转移就业、返乡创业和落户定居。

(四) 促进农民转移就业

1. 拓宽农民就业渠道。加大对农民转移就业培训的支持力度,为农民工提供职业技能培训和技能鉴定补贴,根据市场需求开展订单培训、定向培训,切实提高农民转移就业能力。结合农村基础设施项目建设,扩大农民就地转移就业规模。农村二、三产业和县域经济要更加重视发展劳动密集型产业,带动农民就近转移就业。加强农民外出就业信息引导,组织开展劳务输出对接,促进农民外出转移就业持续增长。落实好农民工创业扶持政策,为有创业需求的农民工免费提供创业咨询指导、创业培训、创业项目推介等服务,提供创业小额担保贷款贴息,引导农民工返乡创业,以创业带动就业。

2. 加强农民工劳动权益保护。建立统一规范灵活的人力资源市场,促进城乡劳动者平等就业。全面推行劳动合同制度,着力提高农民工合同签订率,规范劳务派遣用工和企业裁员行为。建立全农民工工资决定和正常增长机制,健全工资支付保障机制,完善最低工资和工资指导线制度,逐步提高最低工资标准,努力实现农民工和城镇就业人员同工同酬。改善农民工劳动条件,保障安全生产,加强职业病防治和农民工健康服务。健全协调劳动关系三方机制,发挥政府、工会和企业作用。加大劳动保障监察立法和执法力度,加强劳动人事争议调解仲裁服务体系建设,为农民工免费提供劳动关系协调、劳动人事争议调解仲裁和劳动保障监察执法维权等服务。

(五) 努力增加农民转移性收入

完善农业补贴政策,逐步加大补贴力度。增加新型农村社会养老保险基础养老金,逐步提高新型农村合作医疗人均筹资标准、财政补助水平和报销水平,农村最低生活保障标准年均增长 10% 以上。积极增加农业保险保费补贴品种并扩大覆盖范围,开展并逐步扩大设施农业保费补贴试点。继续加大扶贫投入力度。

五、建设社会主义新农村

坚持"因地制宜、尊重民意、远近结合、体现特色、量力而行"的原则,在搞好县域村镇体系规划和村镇建设规划的同时,统筹安排农村基础设施建设和社会事业发展,建设农民幸福生活的美好家园。

(一) 加强农村基础设施建设

按照"饮水安全方便、能源清洁便利、道路畅通便捷、住房安全舒适、环境整洁优美"的要求,加强农村基础设施建设,改善农村生产生活条件。

1. 加快农村饮水安全建设。坚持水量和水质安全并重,进一步加快建设进度,因地制宜地采取集中供水、分散供水和城镇供水管网向农村延伸等方式解决农村人口饮水安全问题,到 2015 年农村集中式供水受益人口比例提高到 80% 左右。强化工程运行管理,落实管护主体,加强水源保护和水质监测,确保工程长期发挥效益,让农民喝上洁净水、放心水。

2. 加强农村电力建设。实施新一轮农村电网改造升级工程,提高农村电力供电可靠性和供电能力,改善农村生产生活用电条件。加快城乡电力公共服务均等化进程,实现城乡用电同网同价。实施无电地区电力建设工程,全面解决无电人口基本用电问题,实现电力普遍服务。在保护生态和农民利益的前提下,科学规划、有序开发农村小水电,继续加强水电新农村电气化县建设,因地制宜实施小水电代燃料工程,搞好农村水电配套电网改造工程建设。

3. 加强以农村沼气为重点的清洁能源建设。继续推进农村户用沼气建设,切实加强建后管理和服务体系建设,提高户用沼气使用率。适应畜禽规模养殖快速发展实际,积极有序开展大中小型沼气工程建设。加强沼气关键技术研发推广,促进沼气和沼渣沼液高效利用。加快省柴节煤炉灶炕升级改造,推进大型秸秆能源化利用工程建设,引导适宜地区在农村新建和改造的住房中利用太阳能,推广使用太阳能热水器和太阳灶,加快构建清洁、经济、便利的农村能源体系。

4. 加强农村公路建设。继续实施以通沥青（水泥）路为重点的通达、通畅工程，实现所有具备条件的东中部地区建制村、西部地区80%以上的建制村通沥青（水泥）路。实施县乡道改造和连通工程，提高农村公路网络水平。统筹城乡交通一体化发展，基本实现乡镇通班车率达到100%、建制村通班车率达到92%。实施农村公路的桥涵建设、危桥改造以及客运场站等公交配套工程，加强农村公路安全设施建设，切实落实农村公路的养护和管理。

5. 加强农村住房建设。鼓励有条件的地方通过多种形式支持农民依法依规建设自用住房。继续推进农村危房改造，合理确定补助对象和标准，强化工程质量安全管理，完善档案管理和产权登记，推动农村基本住房安全保障制度建设，改造农村危房800万户以上。加快国有林区（场）棚户区改造和垦区危房改造，基本解决国有垦区、林区、林场职工住房困难问题。继续实施游牧民定居工程，建设游牧民定居住房24.6万户，实现全国游牧民定居目标。加快实施以船为家渔民上岸安居工程。

6. 继续推进农村扶贫开发和水库移民后期扶持工作。

贯彻落实《中国扶贫开发纲要（2011—2020年）》，增加扶贫开发投入，将连片特困地区作为贫困攻坚主战场，加大对革命老区、民族地区、边疆地区扶持力度，坚持开发式扶贫方针，实行扶贫开发和农村最低生活保障制度的有效衔接，稳定解决扶贫对象温饱，尽快实现扶贫对象脱贫致富。全面落实水库移民后期扶持政策，加大资金整合和投入力度，加快库区和移民安置区基础设施建设和社会事业发展，不断改善水库移民生产生活条件。积极开展特困移民解困工作试点，集中攻坚，解决好特困移民的安全居住和生存发展问题。

（二）加快发展农村社会事业

按照"教育水平提高、卫生条件改善、文化生活丰富、就业公平体面"的要求，加快发展农村社会事业，提高农村人口素质，促进农村全面发展。

1. 办好农村教育事业。合理配置公共教育资源，重点向农村、边远、贫困、民族地区和革命老区倾斜。改善农村中小学办学条件，保留并办好必要的村小学和教学点，加强农村中小学寄宿制学校建设，加大农村中小学师资队伍建设力度，提高农村义务教育质量和县域内均衡发展水平。对于农村义务教育阶段学生，实施营养改善计划，政府免费提供教科书，免寄宿生住宿费，并为家庭困难寄宿生提供生活补助。

加快普及农村高中阶段教育，落实好农村中等职业教育免学费政策。大力发展农村学前教育，加强农村幼儿园建设，努力提高农村学前教育普及程度，保证留守儿童入园。大规模开展农村实用人才培训，加快培养农村生产型、经营型、技能服务型实用人才，到2015年农村实用人才总量达到1 300万人。

2. 加强农村医疗卫生体系建设。推进新增医疗卫生资源重点向农村倾斜。完善以县医院为龙头、乡镇卫生院和村卫生室为基础的农村三级医疗卫生服务网络。加快建设以县级疾病预防控制、卫生监督等为核心的农村公共卫生服务体系，扩大农村免费基本公共卫生服务范围，推行乡村卫生服务一体化管理。实施农村妇女住院分娩补助。积极预防农村重大传染病、慢性病、职业病、地方病和精神疾病，提高农村重大突发公共卫生事件处置能力，实施农村急救体系建设。

3. 繁荣发展农村文化体育事业。推进农村公共文化服务体系建设工程，改善农村文化基础设施，为农村居民免费提供文化信息资源共享、电影放映、送书送报送戏等公益性文化服务。加强农村基层广播电视和无线发射台站建设，全面解决20户以下已通电自然"盲村"广播电视覆盖，在有线网络未通达的农村地区开展直播卫星公共服务。继续加强农家书屋和农村阅览栏（屏）建设。积极开展农村特色文化活动。继续实施农民体育健身工程，改善农村公共体育设施条件。

4. 做好农村就业服务工作。完善城乡公共就业服务体系，加强农村劳动力就业综合服务平台建设，为农民转移就业免费提供就业咨询、职业指导、职业介绍、就业失业登记等服务。加快建立功能齐全、布局合理、方便可及的农村就业服务网络。

（三）提高农村社会保障水平

按照"保基本、广覆盖、多层次、有弹性、可持续"的要求，健全农村社会保障制度，提高农村社会保障水平，实现农村居民"老有所养、病有所医、困有所济"。

1. 实现新型农村社会养老保险制度全覆盖。建立健全新型农村社会养老保险制度，稳步提高新型农村社会养老保险基础养老金水平。完善被征地农民基本生活保障制度，实行先保后征。研究制定新农保与城镇居民社会养老保险制度、城镇企业职工基本养老保险制度间的衔接和保险关系转移接续办法，促进城乡养老保险一体化发展。

2. 完善新型农村合作医疗保障制度。逐步提高农村居民医疗保险人均筹资标准和财政补助水平，提高新农合最高支付限额和住院费支付比例。完善农村医疗救助制度，提高救助标准，扩大救助范围。加强城乡医疗保障制度衔接和资源整合，鼓励有条件地区建立城乡一体化的居民基本医疗保险制度。

3. 加强农村社会救助体系建设。完善农村最低生活保障制度，将符合条件的农村老人全部纳入农村五保供养范围，实行分散供养和集中供养相结合。稳步提高低保标准，健全与物价挂钩的低保标准动态调整机制，力争农村低保标准年均提高10%以上。完善农村受灾群众临时救助制度，加大对农村残疾人生产扶助和生活救助力度，积极探索建立农民意外伤害保障机制和生育保障机制。

农村饮水安全工程

采取集中供水、分散供水和城镇供水管网向农村延伸等方式，解决约3亿农村人口（含国有农林场）和农村学校师生的安全饮水问题。农村供电工程对未改造的农村电网进行全面改造，对电力需求快速增长而出现供电能力不足的农村电网实施升级改造。建成1 000个太阳能示范村和200个绿色能源县。建设300个水电新农村电气化县和新增小水电装机容量1 000万千瓦。农村公路工程新建和改造农村公路100万千米，实现所有具备条件的东中部地区行政村、西部地区80%以上的行政村通沥青（水泥）路。

农村沼气工程

建设户用沼气、小型沼气工程、大中型沼气工程和沼气服务体系，使50%以上的适宜农户用上沼气。

农村安居工程

完成农村困难家庭危房改造800万户。基本解决国有垦区、林区、林场职工住房困难问题。建设游牧民定居住房24.6万户，实现全国游牧民定居目标。

六、加强生态建设和环境保护

（一）加强生态保护

坚持保护优先，加强开发建设活动的环境监管，防止矿产资源开发和大型工程建设对自然资源和生态环境的破坏，加强对森林、草原、湿地、荒漠、河流、水源地、水生生物及野生动植物等自然资源的保护。严格林地保护制度，加强森林抚育和低质林改造，提高森林生态系统整体功能。坚持自然恢复，发挥生态自我恢复功能，加强自然保护区建设。加强森林、草原防火、病虫鼠害防治体系和预报预警应急能力建设。加强水生生物资源养护，加大增殖放流力度，加强海洋生态系统保护和修复。继续实行休渔、禁渔制度。合理开发利用海洋资源，提高海洋生态功能和生态承载力。加大对外来有害生物入侵的防治力度，防止对生态系统的破坏。

（二）加快生态建设

坚持因地制宜、综合治理，组织实施好"三北"等防护林、退耕还林、退牧还草、水土流失综合治理、天然林资源保护等重点生态建设工程。加大三江源地区、青海湖流域、岩溶石漠化地区、黄土高原地区、三峡库区、京津风沙源区、祁连山（10.99, 0.16, 1.48%）水源涵养区、甘南黄河重要水源补给生态功能区、川西藏区和西藏生态屏障等重点地区生态建设力度。加强科尔沁退化草地、甘孜高寒草地、伊犁河谷草地等重点草原保护和建设。继续推进石羊河、敦煌、太湖等重点河湖与地区水生态修复治理。加快构建以青藏高原生态屏障、黄土高原—川滇生态屏障、东北森林带、北方防沙带和南方丘陵山地带以及大江大河重要水系为骨架，以其他国家重点生态功能区为重要支撑，以点状分布的国家禁止开发区域为重要组成的生态安全战略格局。

（三）推进农村环境综合整治

大力发展农业循环经济，推进农业清洁生产，开展农业废弃物资源化利用。加快测土配方施肥技术的推广应用，引导农民科学施肥，多施绿肥、有机肥，推广病虫草害生物防治，鼓励使用高效、低毒、低残留农药及生物农药，搞好农膜、农药包装物的回收再利用，推进秸秆综合利用，科学规划布局养殖场，加大畜禽、水产养殖污染防治力度，加强土壤污染监测，开展污染土壤（场地）治理修复，有效控制和治理农业面源污染。支持有条件的农村地区开展垃圾集中处理，逐步建立户分类、村收集、乡（镇）中转、县（市）处理的垃圾收集清运与处理体系，引导条件暂不适宜农村地区实行源头分类、就地减量、资源化利用的垃圾处理模式。推进农村水污染综合治理，在规模较大的村庄和城市周边村镇推广污水集中处理。实施农村清洁工程，改善农村卫生条件和人居环境，到2015年完成6万个建制村的环境综合整治任务。强化农村工业企业污染排放监管，禁止工业和城市污染向农村扩散。

天然林资源保护二期工程

对天然林资源保护工程区内1.07亿公顷森林进行全面有效管护，加强公益林建设和后备森林资源培育。

退耕还林还草

在重点生态脆弱区和重要生态区位继续实施退耕还林还草，重点治理25度以上坡耕地。

防护林体系建设

继续实施"三北"、沿海、长江流域、珠江流域等防护林工程，增加森林植被。

京津风沙源治理完成一期工程，启动二期工程，进一步治理沙化土地。

重点自然生态系统保护

依法划建一批国家级沙化土地封禁保护区，开展野生动植物保护及自然保护区建设，加强湿地保护与恢复。

草原生态保护与建设

实施退牧还草、南方草原开发利用和草原防灾减灾等工程，建设草原围栏，改良草原3亿亩，人工种草1.5亿亩。

水土保持与河湖生态修复

继续实施国家水土保持重点工程，开展坡耕地综合整治，实施三峡、丹江口库区等重点地区水土保持，新增水土流失治理面积25万平方千米。加强石羊河、塔里木河等河湖的综合治理与修复及准噶尔盆地南缘防沙治沙工程建设，推进敦煌水资源合理利用与生态保护。

岩溶地区石漠化综合治理

逐步扩大石漠化综合治理试点县规模，通过加强林草植被保护和建设、合理开发利用草地资源等措施，加大石漠化综合治理力度。

黄土高原地区综合治理

通过水土保持及土地整治、森林植被保护和建设、草食畜牧业发展等措施，加大水土流失以及荒漠化严重地区综合治理力度。

西藏生态安全屏障保护与建设

通过天然植被保护、退牧还草、防沙治沙、水土保持等措施，使全区30%以上中度和重度退化草地得到有效治理，重点区域30%的可治理沙化土地和20%的水力侵蚀面积得到治理。

三江源自然保护区生态保护与建设

保护和恢复林草植被，遏制草地植被退化、沙化，增强保持水土、涵养水源能力。

祁连山水源涵养区生态保护和综合治理

加强森林、草原、湿地的保护和修复，增强生态系统稳定性，涵养水源，保持水土。甘南黄河重要水源补给生态功能区生态保护与建设通过退牧还草、沙化草原综合治理、草原鼠虫害综合防治等措施，提高黄河水源涵养能力。

青藏高原东南缘生态环境保护

实施森林、草原、湿地生态系统保护与建设工程，治理沙化面积250万亩。农村清洁工程推进农村有机废弃物处理利用和无机废弃物收集转运，配套开展村庄硬化绿化。

七、保障措施

（一）完善农业支持保护制度

1. 建立投入稳定增长机制。落实中央关于"三农"政策有关规定，确保各级财政对农业的投入增长幅度高于财政经常性收入增长幅度,预算内固定资产投资继续向农业农村建设项目倾斜,土地出让收益重点投向农业土地开发和农村基础设施建设。保证财政农业科技投入增幅明显高于财政经常性收入增幅,逐步提高农业研发投入占农业增加值的比重。严格执行耕地占用税税率提高后新增收入全部用于农业的规定,严格按照有关规定计提和使用用于农业土地开发、农田水利建设的土地出让收益,严格执行新增建设用地土地有偿使用费全部用于耕地开发和土地整理的规定。拓宽农业投入来源,鼓励和引导社会资本投入农业农村,努力形成多元化投入新格局。

2. 健全农业补贴制度。扩大补贴范围,提高补贴标准,完善补贴办法,增强补贴实效。进一步完善粮食直补政策,逐年增加农民种粮补贴。在现有粮食作物良种补贴范围的基础上,逐步扩大良种补贴覆盖范围。加大适用农机具购置补贴力度,逐步扩大补贴范围,加快调整和完善农机购置补贴政策。加强农业生产成本收益监测,完善与农业生产资料价格上涨挂钩的农资综合补贴动态调整机制。建立农业补贴政策后评估机制。

3. 健全农产品价格保护制度。完善粮食最低收购价政策,根据粮食生产成本及市场供求情况,逐步提高粮食最低收购价,引导粮价平稳上升,保持粮价合理水平。充分发挥市场机制的作用,探索建立以目标价格为核心的反周期补贴制度。完善主要农产品的价格形成机制,建立健全重要农产品供求和价格监测预警体系,完善市场信息会商发布制度。充实粮棉油糖等主要农产品储备,适时启动主要农产品临时收储,支持企业增加商业收储,形成国家储备与商业储备相结合、中央储备与地方储备相结合的主要农产品储备体系。优化农产品进出口调节和储备吞吐调节机制,灵活运用国际市场调剂国内品种余缺。健全生猪市场价格调控预案。完善北方大城市冬春蔬菜储备制度,探索建立主要蔬菜品种价格稳定机制。加强农资产销调控,充分发挥化肥淡季储备作用,保障市场供应。

4. 加快建立生态补偿机制。按照谁开发谁保护、谁受益谁补偿的原则,加快建立生态补偿机制。加大对生态脆弱地区和生态区位重要地区的均衡性转移支付力度,研究设立国家生态补偿专项资金。鼓励和引导下游地区对上游地区、开发地区对保护地区、生态受益地区对生态保护地区的生态补偿。积极探索市场化生态补偿机制。

(二) 深化农村改革

1. 稳定和完善农村基本经营制度。坚持以家庭承包经营为基础、统分结合的双层经营体制,完善农村土地承包法律法规和政策,全面推进集体林权制度改革,完善草原承包经营制度,健全覆盖耕地、林地、草原等土地资源的家庭承包经营制度。保持现有土地承包关系稳定并长久不变,全面落实农村土地承包地块、面积、合同、证书"四到户",赋予农民更加充分而有保障的土地承包经营权。完善土地承包经营权权能,依法保障农民对承包土地的占有、使用、收益等权利。在依法自愿有偿和加强服务基础上完善土地承包经营权流转市场,允许农民以转包、出租、互换、转让、股份合作等形式流转土地承包经营权,发展多种形式的适度规模经营。

2. 有序推进农村土地管理制度改革。加快推进农村集体土地所有权、宅基地使用权、集体建设用地使用权的确权、登记、颁证工作。完善农村宅基地管理制度,严格宅基地管理,禁止违规多占宅基地,在尊重农民意愿、保障农民权益的原则下,依法盘活和利用好农村现有宅基地,探索开展农村闲置宅基地的退出和补偿机制。农村宅基地和村庄整理所节约的土地,首先要复垦为耕地,调剂为建设用地的必须符合土地利用总体规划,纳入年度建设用地计划,并优先满足集体建设用地。规范城乡建设用地增减挂钩改革试点,严格控制试点范围和试点规模,确保土地增值收益及时全部返还农村。

3. 深化农村其他改革。深入推进乡镇机构、农村义务教育、县乡财政管理体制等农村综合改革。全面推行村级公益事业建设一事一议财政奖补,大幅增加奖补资金规模。继续开展农民负担重点治理,坚决防止农民负担反弹。鼓励有条件的地方开展农村集体产权制度改革试点,保障农民对集体财产的收益权。加快推进供销合作社改革,强化县联合社服务功能。继续推进国有林场、国有林区改革和农垦体制改革,加快推进水利改革,有序推进农村改革试验区工作。认真总结统筹城乡综合配套改革试点经验,积极探索解决农业、农村、农民问题新途径。

(三) 推进城乡发展一体化的制度创新

1. 逐步建立城乡统一的建设用地市场。改革征地制度,严格界定公益性和经营性建设用地,逐步缩小征地范围,严格履行征地程序,完善征地补偿制度。提高农村土地征收补偿水平,依法征收农村集体土地,按照同地同价的原则及时足额给农村集体组织和农民合理补偿。在土地利用规划确定的城镇建设用地范围外,经批准占用农村集体土地建设非公益项目,允许农民依法通过多种方式参与开发经营并保障农民合法权益。将农村集体经营性建设用地使用权转让纳入现行的城市国有土地市场统一管理,对依法取得的农村经营性集体建设用地,必须通过统一有形的土地市场、以公开规范的方式转让土地使用权,在符合规划的前提下与国有土地享有平等权益。

2. 创新金融支农体制机制。加大对农村金融政策支持力度,拓宽农村融资渠道,加快建立商业性金融、合作性金融、政策性金融相结合,资本充足、功能健全、服务完善、运行安全的农村金融体系。引导农村储蓄存款主要用于农业农村,县域内银行业金融机构新吸收的存款,主要用于当地发放贷款。拓展农业发展银行支农领域,扩大邮政储蓄银行涉农业务范围。坚持农业银行(2.50%,-0.02%,-0.79%)为农服务的方向,稳定和发展农村服务网络。深化农村信用社改革,切实发挥其为农服务主力军作用。放宽农村金融准入政策,鼓励和规范发展多种形式的农村金融机构,加快培育村镇银行、贷款公司、农村资金互助社,鼓励有条件的地区以县为单位建立社区银行,有序发展农村小额贷款组织。加强农村信用体系建设,扩大农村有效担保物范围。发展农村保险事业,健全农业保险制度。支持符合条件的涉农企业上市。

3. 推进城镇化发展的制度创新。深化户籍制度改革,坚持因地制宜、分步推进,把有稳定劳动关系并在城镇居住一定年限的农民工及其家属逐步转为城镇居民。中小城市和小城镇要根据实际放宽落户条件,切实落实国家有关户籍制度改革的政策要求,逐步满足符合条件农村人口的落户需求。继续探索建立城乡统一的户口登记制度。大力改善对暂时不具备在城镇落户条件农民工的公共服务,逐步实现基本公共服务由户籍人口向常住人口覆盖。保证农民工随迁子女平等接受义务教育,并研究制定接受义务教育后在当地升学考试的办法。将与企业建立稳定劳动关系的农民工纳入城镇职工基本养老和医疗保险,以农民工、非公经济组织从业人员等为重点,扩大工伤、失业和生育保险覆盖面。多渠道多形式改善农民工居住条件,鼓励采取多种方式将符合条件的农民工纳入城镇住房保障体系。采取有针对性的措施,着力解决新生代农民工问题。扩大县域发展自主权,稳步推进扩权强县改革试点,逐步提高县级财政在省级财力分配中的比重,在有条件的地方探索省直接管理县(市)的体制。依法赋予经济发展快、人口吸纳能力强的小城镇在投资审批、工商管理、社会治安等方面的行政管理权限。

(四)扩大农业对外开放

1. 积极实施农业"引进来"战略。鼓励进口国内紧缺型资源产品,适度进口结构性短缺产品,确保国内市场供给的稳定,缓解国内资源环境趋紧压力。加强进口农产品检验检疫和质量监督管理。引导外商投资发展现代农业,促进农业生产发展、科技升级和管理优化。合理有效利用国外优惠贷款,更加注重"引资"和"引智"相结合。完善农业外资准入和安全管理制度,健全符合世界贸易组织规则的外商经营农产品和农业生产资料准入制度,保护国内农业产业安全。

2. 加快实施农业"走出去"战略。努力扩大优势农产品出口,加强农产品出口基地建设,搞好农产品出口的信贷和保险服务。加大财政、金融等支持力度,积极培育农业跨国经营企业,鼓励大型企业集团、农垦企业、农业产业化龙头企业、远洋渔业企业等有条件的企业在境外进行农业林业资源开发、农产品加工、仓储运输、市场营销,逐步建立农产品国际产销加工储运体系。采取多种形式,支持我国企业通过参股、并购等方式,加入农业跨国公司全球供应链。

3. 推进农业国际合作与交流。充分利用多边、双边经贸合作机制,发挥我国在国际农业合作与磋商中的重要作用,推动国际农业合作健康发展。积极参与国际农产品贸易规则、农业标准制定、以及动植物疫原疫病防控、生物安全等涉农国际谈判与协作,建立公平合理的国际农产品贸易规则,促进形成正常稳定的国际农产品市场秩序。

(五)加强农村法制保障

认真执行相关涉农法律法规,依法加强农业基础地位,加快农村经济发展,保护农村资源环境,保障农民合法权益。加快制定《农业投入法》等法律法规,把行之有效的支农扶农政策措施制度化、规范化。推进农业综合执法，加强执法检查，提高执法水平。深入开展农村普法宣传教育，增强农民法制观念，提高农民遵纪守法意识和正确运用法律手段维护自身权益的能力。

八、实施机制

（一）加强组织领导

各有关部门和地方要增强使命感和责任感，切实加强组织领导，按照规划的总体部署，认真贯彻落实中央各项强农惠农富农政策，结合本部门、本地区发展实际，科学安排政府投资，合理引导社会资源，统筹协调推进农村经济发展的各项重大工程，确保规划落到实处。要加强规划宣传，共同营造全社会重视农业、关注农村经济发展的良好氛围，引导形成推动农村经济又好又快发展的强大合力，努力开创我国农村经济发展的新局面。

（二）加强规划衔接协调

有关部门编制指导行业发展的专项规划时，要加强与本规划的衔接和协调，有关专项规划提出的发展目标和发展战略要与本规划相协调，提出的重大工程和重要举措要与本规划相衔接。地方在编制本地区农业农村发展规划时，也要加强与本规划的衔接，贯彻本规划的总体部署，落实本规划的总体要求，特别是要加强约束性指标的衔接。

（三）加强考核评价

按照科学发展观和正确政绩观要求，把粮食生产、农民增收、耕地保护、农村环境治理等作为考核地方特别是县（市）领导班子绩效的重要内容，尽快制定指标，严格监督检查。坚持"米袋子"省长负责制和"菜篮子"市长负责制，研究完善具体工作方案。完善严格地方政府耕地保护责任目标履行情况的检查与考核，推行落实耕地和基本农田保护领导干部离任审计制度。

国家发展和改革委员会
二〇一二年六月

19. 国家发展改革委 农业部关于印发全国蔬菜产业发展规划（2011—2020年）的通知

国家发展改革委 农业部关于印发全国蔬菜产业发展规划（2011—2020年）的通知

发改农经〔2012〕49号

各省、自治区、直辖市及计划单列市、新疆生产建设兵团发展改革委、农业厅（局）：

经国务院同意，国家发展改革委、农业部会同有关部门制定了《全国蔬菜产业发展规划（2011—2020年）》，现印发给你们，请认真贯彻执行。

附件：《全国蔬菜产业发展规划（2011—2020年）》

国家发展改革委　农业部
二〇一二年一月十六日

来源：http://www.moa.gov.cn/zwllm/tzgg/tz/201202/t20120222_2487077.htm

附 全国蔬菜产业发展规划（2011—2020年）

前言

蔬菜是城乡居民生活必不可少的重要农产品，保障蔬菜供给是重大的民生问题。改革开放以来，我国蔬菜产业发展迅速，在保障市场供应、增加农民收入等方面发挥了重要作用。同时，必须看到，蔬菜产业发展还存在市场价格波动大、产品质量不稳定等突出问题。党中央、国务院高度重视蔬菜产业发展，2010年国务院出台三个文件，对加强蔬菜生产流通、保障市场供应等工作提出了一系列要求，同时要求制定全国蔬菜产业发展规划。

国家发展改革委、农业部会同商务部、水利部、财政部、国土资源部、统计局等部门及部分省（市、区）组成了规划编制工作小组。工作小组进行了大量调查研究，总结了我国蔬菜产业发展成就和经验，梳理和探寻了蔬菜产销存在的问题及原因，分析了未来十年对蔬菜产业发展的需求，研究提出了对策措施，并在反复论证的基础上，编制了《全国蔬菜产业发展规划（2011—2020年）》（以下简称《规划》）。

《规划》编制和实施的目的是引导各种要素向优势区域集聚，促进生产流通发展、保障市场供应；推进标准化生产，提高产品质量安全水平；加强信息监测体系建设，引导生产和流通；发展壮大农民专业合作社和农业龙头企业，提高组织化程度和产业化水平；加强体制机制建设，抑制市场和价格波动。为此，《规划》在分析蔬菜产业发展现状的基础上，明确了产业发展的指导思想、基本原则和发展目标；对大中城市提高蔬菜供应保障能力提出了要求；划定了产业优势区域，选定了产业发展重点县580个；提出了生产、流通及质量安全体系发展重点，并制定了相应的保障措施。

《规划》与《全国新增1 000亿斤粮食生产能力规划（2009—2020年）》（国办发〔2009〕47号）、《农产品冷链物流发展规划》、《全国农产品质量安全检验检测体系建设规划》等作了衔接。

本规划是未来十年蔬菜产业发展的基本依据。

第一章 发展现状

第一节 基本情况

改革开放以来，蔬菜产业总体保持平稳较快发展，由供不应求到供求总量基本平衡，品种日益丰富，质量不断提高，市场体系逐步完善，总体上呈现良好的发展局面。

1. 生产持续发展。我国是世界上最大的蔬菜生产国和消费国。20世纪80年代中期蔬菜产销体制改革以来，随着种植业结构调整步伐的加快，全国蔬菜生产快速发展，产量大幅增长，上市基本均衡，供应状况发生了根本性改变。播种面积由1990年的近1亿亩增加到2010年的2.3亿亩左右，产量由2亿吨提高到5亿吨，人均占有量由170公斤左右增加到370公斤左右，常年生产的蔬菜达14大类150多个品种，逐步满足了人们多样化的消费需求。

2. 布局逐步优化。随着工业化、城镇化的推进，以及交通运输状况的改善和全国鲜活农产品"绿色通道"的开通，在农业部编制的《全国蔬菜重点区域发展规划（2009—2015年）》的指导下，生产基地逐步向优势区域集中，形成华南与西南热区冬春蔬菜、长江流域冬春蔬菜、黄土高原夏秋蔬菜、云贵高原夏秋蔬菜、北部高纬度夏秋蔬菜、黄淮海与环渤海设施蔬菜等六大优势区域，呈现栽培品种互补、上市档期不同、区域协调发展的格局，有效缓解了淡季蔬菜供求矛盾，为保障全国蔬菜均衡供应发挥了重要作用。

3. 质量显著提高。自2001年"全国无公害食品行动计划"实施以来，农产品质量安全工作得到全面加强，蔬菜质量安全水平明显提高。据农业部农产品质量安全例行监测结果，近三年蔬菜农残监测合格率稳定在95%以上，比2000年提高30多个百分点，蔬菜质量总体上是安全、放心的。在蔬菜质量安全水平提高的同时，商品质量也明显提高，净菜整理、分级、包装、预冷等商品化处理数量逐年增加，商品化处理率由"十五"末的

25%提高到40%，提升了15个百分点。

4. 加工业快速发展。我国蔬菜加工业发展迅速，特色优势明显，促进了出口贸易。据农业部不完全统计，2009年全国蔬菜加工规模企业10 000多家，年产量4 500万吨，消耗鲜菜原料9 200万吨，加工率达到14.9%。另据统计，2010年，我国番茄酱产量150多万吨、占世界总产量的近40%；脱水食用菌57万吨、占世界总产量的95%，均居世界第一位。

5. 科技水平不断提高。我国蔬菜品种、生产技术不断创新与转化，显著提高了产业科技含量和生产技术水平。全国选育各类蔬菜优良品种3 000多个，主要蔬菜良种更新5~6次，良种覆盖率达90%以上；设施蔬菜达到5 000多万亩，特别是日光温室蔬菜高效节能栽培技术研发成功，实现了在室外零下20度严寒条件下不用加温生产黄瓜、番茄等喜温蔬菜，其节能效果居世界领先水平；蔬菜集约化育苗技术快速发展，年产商品苗达800多亿株以上。此外，蔬菜病虫害综合防治、无土栽培、节水灌溉等技术也取得明显进步。

6. 市场流通体系不断完善。自1984年山东寿光建立全国第一家蔬菜批发市场以来，蔬菜市场建设得到快速发展，经营蔬菜的农产品批发市场2 000余家，农贸市场2万余家，覆盖全国城乡的市场体系已基本形成，在保障市场供应、促进农民增收、引导生产发展等方面发挥了积极作用。据不完全统计，70%蔬菜经批发市场销售，在零售环节经农贸市场销售的占80%，在大中城市经超市销售的占15%，并保持快速发展势头。

第二节 重要意义

蔬菜产业已经从昔日的"家庭菜园"逐步发展成为主产区农业农村经济发展的支柱产业，具有较强国际竞争力的优势产业，保供、增收、促就业的地位日益突出。

1. 满足食物需求。蔬菜是人类的基本食物来源之一，提供人体健康所必需的维生素、膳食纤维和矿物质。鲜食为主、需求量大的传统饮食习惯，决定了蔬菜在我国城乡居民膳食结构中具有特殊重要的地位。蔬菜生产在保障城乡居民基本消费需求和提高生活质量方面发挥了重要作用。

2. 增加农民收入。蔬菜商品率高，比较效益高，是农民收入的重要来源之一。据国家统计局统计，2010年全国蔬菜播种面积占农作物播种面积的11.9%，总产值1.2万亿元，占种植业总产值的33%。另据农业部测算，2010年蔬菜对全国农民人均纯收入贡献830多元，占农民人均收入的14%。

3. 促进城乡居民就业。蔬菜产业属劳动密集型产业，转化了数量众多的城乡劳动力。据不完全统计，2010年，与蔬菜种植相关的劳动力1亿多人，与蔬菜加工、贮运、保鲜和销售等相关的劳动力8 000多万人。

4. 平衡农产品国际贸易。加入世界贸易组织后，我国蔬菜比较优势逐步显现，出口增长势头强劲，在平衡农产品国际贸易方面发挥了重要作用。据中国海关统计，2010年我国出口蔬菜836.37万吨，比2000年增长1.61倍；出口额96.91亿美元，比2000年增长3.7倍；贸易顺差94.14亿美元，居农产品之首，比2000年增长3.69倍，而同期农产品贸易逆差达231亿美元。

第三节 存在问题

蔬菜具有鲜活易腐、不耐贮运，生产季节性强、消费弹性系数小，高投入、自然风险与市场风险大等特点。当前，在新的形势下，还存在一些突出问题。

1. 蔬菜价格波动加剧。一是受成本增加等因素影响，蔬菜价格涨幅呈加大趋势。据国家统计局统计，2007至2010各年，鲜菜价格同比分别上涨7.3%、10.7%、15.4%、18.7%，2010年鲜菜价格上涨幅度是居民消费品平均价格上涨幅度3.3%的近6倍，一些大城市的涨幅更高。二是受极端天气等因素影响，年际间蔬菜价格波动加大。如2008年受南方早春低温雨雪冰冻灾害的影响，2月上旬全国25种主要蔬菜平均批发价同比上涨95.3%。三是受信息不对称影响，时常发生不同区域同一种蔬菜价格"贵贱两重天"的情况。四是受市场环境等多种因素影响，品种间蔬菜价格差距拉大。受大城市近郊蔬菜生产萎缩的影响，一旦出现运输困难或突发情况，难以及时保障蔬菜供应，容易引发市场和价格大幅波动，产区"卖难"和销区"买贵"同时显现。再加上，目前还缺乏足够的政策调控，在生产、流通、安全、信息监测等方面资金投入不够；在蔬菜保险、税收、补贴、支持性价格、批发市场用地等方面政策不完善、不配套；支持政策不均衡、不稳定。特别是，还有不少城市"菜篮子"市长负责制弱化，措施不落实，在工业化、城镇化的同时，对蔬菜产销基础设施建设重视不够，出现了自给率大幅下降，加剧了蔬菜市场价格的波动。

2. 质量安全隐患仍然突出。我国蔬菜质量总体是安全的、食用是放心的，但局部地区、个别品种农药残留超标问题时有发生。2010年豇豆、韭菜农残超标等质量安全问题，曾一度引发消费恐慌，给当地蔬菜生产造成重大损失。杀虫灯、防虫网、粘虫色板、膜下滴灌等生态栽培技术控制农残效果明显，但普及率较低；蔬菜标准体系初步建立，但标准化生产推进力度不大，生产采标率低，农药使用不够科学，容易引起农残超标；监管手段弱，监测与追溯体系不健全，产地环境、农药、化肥、地膜等投入品和产品质量等关键环节监管不足，蔬菜生产经营规模小、环节多、产业链长也加大了监管难度，致使部分农残超标蔬菜流入市场。

3. 基础设施建设滞后。蔬菜基础设施脆弱，严重影响生产和流通发展，极易造成市场供应和价格波动。近些年，大量菜地由城郊向农区转移，农区新建菜地水利设施建设跟不上，排灌设施不足，致使露地蔬菜单产不稳；温室、大棚设施建设标准低、不规范，抗灾能力弱，容易受雨雪冰冻灾害影响，2008年、2009年分别损毁60万亩、88万亩，加剧了市场供需矛盾。在蔬菜的生产、流通环节存在采后处理不及时，田头预冷、冷链设施不健全，贮运设施设备落后、运距拉长等问题，难以适应蔬菜新鲜易腐的特点；产销信息体系不完善，农民种菜带有一定的盲目性，造成部分蔬菜结构性、区域性、季节性过剩，损耗量大幅增加，给农民造成很大损失。根据有关部门测算，果蔬流通腐损率高达20%~30%，每年损失1 000多亿元。农产品市场结构和布局不完善，市场基础设施薄弱，现代化水平低，批发市场设施简陋，分级、包装以及结算、信息系统等设施设备配套完善比例低；县乡农贸市场以街为市、以路为集的特征仍然明显，城市农贸市场和社区菜店数量不足、摊位费高，早、晚市在一些城市受到限制，造成一些居民买菜难、买菜贵。

4. 科技创新与转化能力不强。由于投入少、研究资源分散、力量薄弱等原因，蔬菜品种研发、技术创新与成果转化能力不强，难以适应生产发展的需要。育种基础研究薄弱，蔬菜种质资源收集、整理、评价及育种方法、技术等基础研究不够；育种目标与生产需求对接不够紧密，在商品品质、复合抗病性、抗逆性等方面的育种水平与国外差距较大，难以适应设施栽培、加工出口、长途贩运蔬菜快速发展的需要；育种成果转化机制不灵活，科研单位与企业衔接合作不够密切，制约了成果的推广应用。据不完全统计，我国每年进口蔬菜种子8 000多吨，销售额占全国蔬菜种子销售总额的25%，尤其是春夏大白菜、白萝卜及设施栽培的红果番茄、茄子、彩色甜椒、青花菜、水果型黄瓜等种子主要依赖进口，影响蔬菜产业安全。与此同时，良种良法不配套，栽培技术创新不够、储备不足，基层蔬菜技术推广服务人才短缺、手段落后、经费不足，技术进村入户难，生产中存在的问题越来越突出。如烟粉虱、根结线虫、番茄黄花曲叶病毒、十字花科根肿病等蔬菜病虫害发生面积越来越大、危害越来越重；过量施用化肥，有机肥施用不足，加上连作引起的土壤盐渍化、酸化不断加重，影响蔬菜产业的持续发展；农村青壮年劳动力大量转移，劳动成本大幅上涨，轻简栽培技术集成创新也亟待加强。

第二章　总体要求

第一节　指导思想

深入贯彻落实科学发展观，以市场需求为导向，以科技创新为支撑，以体制机制创新为保障，加快转变蔬菜产业发展方式，着力完善城市郊区与优势产区基地布局，着力加强蔬菜基地基础设施建设，着力加强市场流通体系建设，着力加强质量安全体系建设，不断提高蔬菜生产经营专业化、规模化、标准化、集约化和信息化水平，努力构建生产稳定发展、产销衔接顺畅、质量安全可靠、市场波动可控的现代蔬菜产业体系，更好地满足城乡居民生活水平日益提高的需要。

第二节　基本原则

促进蔬菜产业发展，必须坚持以下基本原则：

1. 坚持市场调节与政府调控相结合。在国家统筹规划和宏观调控下，以地方为主开展"菜篮子"工程建设。在充分发挥市场机制作用的基础上，加大政府对"菜篮子"工程基础设施的投入力度，为"菜篮子"稳定发展和保障居民消费提供良好的公共服务。

2. 坚持统筹兼顾协调发展。既要保证蔬菜生产，又要稳定粮食种植面积；既要稳定发展城郊蔬菜生产，又要加大优势区域蔬菜基地建设力度；既要防止市场供应短缺，又要防止生产过剩；既要使菜价总体保持合理水平，维护消费者尤其是城镇中低收入居民的利益，又要不断优化结构，提高生产效益，增加农民收入。

3. 坚持能力建设和机制创新并重。注重生产要素集成和资源整合，在改造升级原有生产基地的基础上，重点规划建设一批高起点、高标准的新基地，稳定提高产量，确保质量。进一步建立风险控制、产销衔接和市场预警机制，增强科技支撑能力，提高"菜篮子"产品生产、流通的规模化、标准化和组织化程度，促进"菜篮子"长期稳定发展。

4. 坚持生产发展和环境保护相协调。积极推进生产方式转变，既重视生产能力提高，又重视农业生态环境保护，建设环境友好型、资源节约型农业，实现"菜篮子"产品生产可持续发展。

第三节　发展目标

未来十年我国人口数量仍处在上升期，随着城乡居民生活水平的不断提高和农村人口向城镇转移加快，商品菜需求量将呈现刚性增长趋势。2010年，我国人均蔬菜占有量为370公斤。据测算，到2020年，我国新增人口近1亿人，人均蔬菜占有量在现有基础上增加30公斤，蔬菜加工品增加1 000万吨，届时我国蔬菜总需求量为58 950万吨，比2010年增加8 950万吨。满足消费总需求和新增需求主要通过提高单产和减少损耗解决。

1. 保障市场供给。通过稳面积、增单产、调结构、降损耗，实现数量充足、品种多样、供应均衡，防止价格大起大落。全国蔬菜播种面积保持基本稳定，单产水平年均提高1个百分点以上，2015年达到2 300公斤/亩，2020年达到2 500公斤/亩以上；蔬菜损耗率年均降低1个百分点以上。

2. 合理调整结构。在保障总量供求基本平衡的同时，进一步调整品种结构，优化区域布局，提高淡季供应能力。在品种结构上，根据需求适当增加叶菜类蔬菜；在区域结构上，逐步形成合理的运输半径；在上市季节上，提高淡季蔬菜供应能力。

3. 提高产品质量。全面提高蔬菜质量安全水平，产品符合国家农产品质量安全标准和国家食品安全标准。2015年蔬菜商品化处理率提高到50%，2020年提高到60%。

4. 完善流通体系。蔬菜批发市场、菜市场、社区菜店等市场网店逐步健全，功能进一步完善，产销关系更加紧密，逐步形成立足蔬菜主产区和主销区，覆盖城乡、布局合理、流转顺畅、竞争有序、高效率、低成本、低损耗的现代蔬菜流通体系。

5. 增加农民收入。2015年蔬菜对全国农民人均纯收入贡献额达到1 000元，2020年达到1 300元。

第三章　生产区域布局

按照提高大城市蔬菜自给能力和提高全国蔬菜均衡供应能力相结合的原则统筹生产布局。

第一节　大城市生产布局

合理布局大城市蔬菜生产基地，稳定提高自给能力和应急供应能力。全国36个大城市（包括直辖市、计划单列市、省会城市等，见附表1），按照提高蔬菜特别是叶类菜自给率（自产蔬菜占本市常住人口蔬菜消费总量的比例）的要求，规划确定常年菜地最低保有量。确因辖区内耕地资源制约等原因无法达到常年菜地最低保有量的，在城市周边地区建立紧密型外埠生产基地补足。在此基础上，进一步加强对老菜地的保护，并实行更为严格的占补平衡和补偿机制，根据需要适当增加蔬菜种植面积。发挥区位、技术和市场优势，重点发展设施栽培，主要生产不耐贮运的叶类蔬菜和地方特色蔬菜，力求全年均衡上市。其他大中城市，也要根据当地实际，合理安排蔬菜生产，稳步提高自给能力。

第二节 优势区域生产布局

1. 六大优势区域。综合考虑地理气候、区位优势等因素，将全国蔬菜产区划分为华南与西南热区冬春蔬菜、长江流域冬春蔬菜、黄土高原夏秋蔬菜、云贵高原夏秋蔬菜、北部高纬度夏秋蔬菜、黄淮海与环渤海设施蔬菜六个优势区域，重点建设580个蔬菜产业重点县（市、区），提高全国蔬菜均衡供应能力。规划期内，提高全国蔬菜均衡供应和防范自然风险、市场风险的能力。重点县（市、区）的蔬菜播种面积保持基本稳定，单位面积产量和总产量的增幅高于全国平均水平。

（1）华南与西南热区冬春蔬菜优势区域。包括7个省（区），分布在海南、广东、广西、福建和云南南部、贵州南部以及四川攀西地区，共有94个蔬菜产业重点县（市、区）。本区域冬春季节气候温暖，有"天然温室"之称，1月（最冷月）平均气温≥10℃，可进行喜温果菜露地生产。

——发展目标。94个蔬菜产业重点县（市、区），到2015年蔬菜总产量2 500万吨，外销量1 500万吨；2020年总产量2 600万吨，外销量1 600万吨。

——目标市场。"三北"、长江流域及港澳地区冬春淡季市场。

——主要产品与上市期。豇豆、菜豆、丝瓜、苦瓜、西甜瓜、番茄、辣椒、茄子等，华南地区集中在12月—翌年3月上市，西南热区集中在1—4月上市。

（2）长江流域冬春蔬菜优势区域。包括9个省（市），分布在四川、重庆、湖北、湖南、江西、浙江、上海和江苏中南部、安徽南部，共有149个蔬菜产业重点县（市、区）。本区域冬春季节气候温和，1月份平均气温≥4℃，可进行喜凉蔬菜露地栽培，是我国最大的冬春喜凉蔬菜生产基地。

——发展目标。149个蔬菜产业重点县（市、区），2015年蔬菜总产量5 400万吨，外销量2 700万吨；2020年蔬菜总产量5 600万吨，外销量2 800万吨。

——目标市场。"三北"、珠江三角洲和港澳地区冬春淡季市场。

——主要产品与上市期。结球甘蓝、花椰菜、莴笋、芹菜、芥菜、大白菜、萝卜、普通白菜、芥蓝、蒜苗等喜凉蔬菜，集中在11月—翌年4月上市。

（3）黄土高原夏秋蔬菜优势区域。包括7个省（区），分布在陕西、甘肃、宁夏、青海、西藏、山西及河北北部地区，共有54个蔬菜产业重点县（市、区）。本区域适宜蔬菜生产的多为海拔800米以上的高原、平坝和丘陵山区，昼夜温差大，夏季凉爽，7月平均气温≤25℃，无须遮阳降温设施可生产多种蔬菜。

——发展目标。54个重点县（市、区），2015年蔬菜总产量2 000万吨，外销量1 200万吨；2020年蔬菜总产量2 100万吨，外销量1 300万吨。

——目标市场。华北、长江下游、华南及港澳地区的夏秋淡季市场。

——主要产品与上市期。洋葱、萝卜、胡萝卜、花椰菜、大白菜、芹菜、莴笋、结球甘蓝、生菜等喜凉蔬菜，以及茄果类、豆类、瓜类、西甜瓜等喜温瓜菜，集中在7—9月上市。

（4）云贵高原夏秋蔬菜优势区域。包括5个省（市），分布在云南、贵州和鄂西、湘西、渝东南与渝东北地区，共有38个蔬菜产业重点县（市、区）。本区域适宜蔬菜生产的多为海拔高度800~2 200米的高原、平坝和丘陵山区，夏季凉爽，有"南方天然凉棚"之称，7月平均气温≤25℃，无须遮阳降温设施可生产多种蔬菜。

——发展目标。38个重点县（市、区），2015年蔬菜总产量1 000万吨，外销量600万吨；2020年蔬菜总产量1 100万吨，外销量650万吨。

——目标市场。华南、长江下游、华北及港澳地区夏秋淡季市场。

——主要产品与上市期。结球甘蓝、萝卜、大白菜、芹菜、胡萝卜、花椰菜、青花菜、生菜等喜凉蔬菜以及辣椒、番茄、菜豆、西甜瓜等喜温瓜菜，集中在7—9月上市。

（5）北部高纬度夏秋蔬菜优势区域。包括4省（区），分布在吉林、黑龙江、内蒙古、新疆和新疆建设兵团，共有41个蔬菜产业重点县（市、区）。本区域纬度较高，夏季凉爽，7月平均气温≤25℃，无需遮阳降温设施可生产多种蔬菜。

——发展目标。41个重点县（市、区），2015年蔬菜总产量1 800万吨，外销量1 000万吨；2020年蔬菜总产量1 900万吨，外销量1 100万吨。

——目标市场。京津、长江中下游夏秋淡季市场。

——主要产品与上市期。番茄、辣椒、黄瓜、菜豆、大白菜、洋葱等蔬菜，集中在6—10月上市。

(6) 黄淮海与环渤海设施蔬菜优势区域。包括8个省（市），分布在辽宁、北京、天津、河北、山东、河南及安徽中北部、江苏北部地区，共有204个蔬菜产业重点县（市、区）。本区域冬春光热资源相对丰富，距大城市近，适宜发展设施蔬菜生产。

——发展目标。204个重点县（市、区），2015年蔬菜总产量15 300万吨，外销量10 700万吨；2020年蔬菜总产量16 300万吨以上，外销量11 600万吨。

——目标市场。除当地市场外，主要销往长江流域和北部沿边地区的冬春淡季市场。

——主要产品与上市期。番茄、黄瓜、辣椒、茄子、菜豆、西葫芦、西甜瓜、结球甘蓝、芹菜、芦笋、韭菜、食用菌等，日光温室蔬菜集中在10月—翌年6月上市；塑料大棚喜温果菜集中在4—6月和9—11月上市，塑料棚喜凉蔬菜集中在1—3月上市。

21世纪以来，我国食用菌、西甜瓜生产发展迅速，消费量越来越大，在上述蔬菜优势区已经涵盖，各地应一并规划发展。

2. 蔬菜产业重点县选择标准。本规划重点依托全国580个蔬菜产业重点县进行建设。选县原则和标准如下：

(1) 选县原则。为发挥比较优势、均衡全国蔬菜供应，以各省（区、市）发展改革委、农业部门联合上报的2009年分县（市、区）蔬菜生产数据为基础，按照地域优势明显、生产规模大且在冬春（12月、1月、2月）、夏秋（7—9月）淡季蔬菜外销量较大、统筹兼顾特殊地区的原则，对蔬菜产业重点县进行筛选。

(2) 选县标准。按照蔬菜生产面积、外销量和人均占有量由大到小排序，筛选全国蔬菜产业重点县。考虑到露地蔬菜与设施蔬菜品种、复种指数、单产水平、调出量差异较大，采用不同标准分类筛选。

——露地蔬菜产业重点县。以解决全国冬春、夏秋两个淡季蔬菜供应为核心，在广东、广西、福建、海南、云南、贵州、四川、重庆、湖北、湖南、江西、浙江、上海、山西、陕西、甘肃、宁夏、青海、西藏、新疆、内蒙古、吉林、黑龙江等23个省（区、市）及江苏中南部、安徽南部、河北北部冬春季或夏秋季露地蔬菜生产优势明显的区域筛选重点县。

筛选条件为：播种面积≥10万亩、外销量≥10万吨、人均占有量≥350公斤，选定368个县。

——设施蔬菜产业重点县。以解决冬春淡季蔬菜供应为主，在全国范围内筛选设施蔬菜产业重点县。筛选条件为：日光温室与大中棚面积≥3万亩、外销量≥15万吨、人均占有量≥350公斤，选定204个县。

——特殊地区蔬菜产业重点县。考虑到全国蔬菜产业发展规划，既要突出重点，也要适当兼顾各地区蔬菜消费需求，增加以下8个县（市）：西藏自治区的白朗县、日喀则市、堆龙德庆县；青海省的大通县、乐都县；上海市的崇明县、青浦区、金山区。

根据上述原则和标准，31个省（区、市）共有580个县（市、区）入选为全国蔬菜产业重点县。其中，36个大城市市辖区26个，粮食大县285个，其他县（市、区）269个（详见附表2）。

第四章　生产发展重点

发展蔬菜生产是保障市场稳定供应的基础。在优势产区和大中城市郊区，重点加强菜地基础设施建设，着重品种选育、集约化育苗、田头预冷等关键环节，加大科技创新和推广力度，健全生产信息监测体系，壮大农民专业合作组织，促进蔬菜生产发展，提高综合生产能力。

第一节　加快蔬菜品种选育与技术创新

进一步加大蔬菜品种选育力度，促进现代生物技术和常规技术有机结合，加强种质资源创新，改进育种方法，培育一批优质、抗病、高产、抗逆性强的蔬菜优良品种，以提升国内优势品种，替代部分进口品种。重点培育适合设施栽培的耐低温弱光、抗病、优质的黄瓜、番茄、辣椒、茄子、西甜瓜等专用品种，适宜春、夏、秋等不同季节露地栽培的白菜、萝卜、结球甘蓝、菠菜等系列品种，适合出口、加工的番茄、胡萝卜、洋葱等专用品种，适应不同市场和饮食文化需求的芥菜、莲藕、食用菌等特色蔬菜品种。支持科研单位与种子企业紧密结合，推进育繁推一体化。

按照良种良法相配套的原则，加快栽培技术集成创新步伐，推出一批安全优质、省工节本、增产增效的实用栽培技术，重点研究连作障碍治理技术，制定适合不同生态区、不同栽培方式的技术模式，在菜地土壤次生盐渍化、酸化治理等方面取得重大突破；研究重大病虫害综合防治技术，掌握根结线虫、粉虱、韭蛆、番茄黄化曲叶病毒病、十字花科根肿病等蔬菜病虫害发生规律，集成安全、有效的防控措施；研究轻简栽培技术，开发土地耕整、精量播种、水肥一体、设施环境调控等设施设备，促进农机农艺结合，减轻劳动强度，提高劳动效率，全方位增强科技对蔬菜产业发展的支撑能力。

第二节 加强蔬菜集约化育苗场建设

2020年前，在蔬菜优势产区和大中城市郊区，加强蔬菜集约化育苗示范场建设，改善设施条件，规范操作技术，推动蔬菜育苗向专业化、商品化、产业化方向发展。主要建设育苗日光温室（北方）、钢架大棚（南方），配套遮阳降温、防寒保温、通风换气、水肥一体、育苗床架、基质装盘、播种、催芽等设施设备，重点推广茄果类、瓜类、甘蓝类等蔬菜穴盘集约化育苗技术，提高蔬菜育苗安全性和标准化水平。

第三节 改善菜地基础设施条件

按照统一规划、合理布局、集中连片的原则，改造升级原有生产基地，适当规划新建一批高标准高起点的生产基地，保障市场稳定供应。加强以水利设施和温室、大棚为重点的菜地基础设施建设，完善机耕道、电网配套，增加低毒、低残留、高效及生物农药施用比例，增施有机肥，逐步建成能排能灌、土壤肥沃、通行便利、抗灾能力较强的高产稳产蔬菜生产基地，切实提高综合生产能力。

露地蔬菜产业重点县主要加强高标准的生产基地建设，改善蔬菜生产条件。主要完善灌排设施，灌排渠沟网络分设，泵房和田间贮水池齐全，根据条件和可能，推进水肥一体化高效节水灌溉设施建设。同时，建设路面硬化的田间主干道和支道，配备生产用电设施，配套农资、农机具库房及田头贮肥（沼液）池或堆肥场。

设施蔬菜产业重点县主要通过建设高效节能日光温室（北方）、钢架大棚（南方），提高蔬菜持续均衡生产能力。灌溉系统尽可能采用管道输水和微灌等高效节水技术，配备田间贮水池和排灌泵房，完善排水系统，有条件的地方采用水肥一体化设施。完善田间道路、供电及其他设施。

在搞好菜地灌排设施建设的同时，加强水源及配套渠道等工程建设，提高灌排保障能力。在灌溉设施配套较差的地区，加强小微型灌溉工程或配套设施建设，配备小型抗旱应急机具，提高抗旱保收能力；在水资源紧缺地区，积极推广高效节水灌溉和雨洪集蓄利用技术，提高水资源利用效率和水源保障能力；在降雨较多较集中的蔬菜生产区域，加强防洪排涝设施建设，提高抗洪排涝能力。

第四节 加大田头预冷等商品化处理设施建设力度

把田头预冷等商品化处理设施作为蔬菜生产基地建设主要内容之一，加大支持力度，加快建设步伐，切实提高蔬菜商品质量、减少损耗。在外销量较大的产地和大中城市郊区，按菜地面积和商品化处理需求，配置相应的预冷设施、整理分级车间、冷藏库，以及清洗、分级、包装等设备，提高产品档次和附加值，扩大销售半径，增强市场调剂能力。

第五节 健全蔬菜技术推广服务体系

加强蔬菜技术推广服务能力建设，完善服务设施，强化服务手段，增加工作经费，提高人员素质，切实提升新成果转化率和实用技术到位率。在全国蔬菜优势产区和大中城市郊区重点县，增强蔬菜技术推广服务能力，配建一定面积的培训服务用房，配置必要的培训、田间小气候观测、品质速测等设施设备和交通工具，配备蔬菜栽培、植保、土肥等专业技术人员，提高技术推广服务水平。建设县域性蔬菜新品种新技术示范展示基地，开展引进试验、示范展示工作，加快科技成果转化。建设一批蔬菜植保专业化服务组织，配备施药机械和交通工具，推进蔬菜病虫害统防统治。

第六节 建立蔬菜生产信息监测发布体系

在全国蔬菜优势产区和大中城市郊区，建立由蔬菜生产信息监测重点县、省级数据处理中心、部级数据处理中心组成的蔬菜生产信息监测体系，引导农民合理安排生产，增强政府调控的主动性和前瞻性以及生产主体的应对能力。重点建设网络信息平台，配置网络服务器和终端设备，开发生产信息监测软件；开展蔬菜生产信息监测，对全国大宗蔬菜的播种面积、产量、上市期和产地价格信息进行采集、分析、预测和发布，提供及时、准确、全面的生产和预警信息，合理错开播种期和收获期，防止盲目生产，避免集中大量上市或脱销断档，促进生产稳定发展、市场平稳运行。

第七节 开发利用沼渣沼液

按照"政府扶持、因地制宜、综合利用、循环发展"的原则，沼气和沼渣、沼液利用工程建设向蔬菜优势区域倾斜，促进人畜粪便、菜地废弃物转化利用，实现畜、沼、菜有机结合和循环发展。通过沼渣、沼液的合理使用，改良菜地土壤，减轻病虫危害，提高蔬菜产品品质和产量。

第八节 培育农民专业合作社

在全国蔬菜优势产区和大中城市郊区，扶持一批农民专业合作社和规模化生产主体，重点建设集约化育苗、统防统治、商品化处理等设施，开展统一种苗供应、统一病虫害防控、统一加工、统一销售等方面的服务，逐步解决一家一户生产管理、技术推广、产品销售、质量监管难的问题，提高蔬菜生产的组织化程度和产业化水平。

第五章 流通发展重点

现代蔬菜流通体系是有效连接生产和消费的桥梁，具有较强的公益性。要提高对农产品批发市场、农贸市场（含社区菜市场）公益性的认识，加大政府投入和政策扶持力度。应重点支持批发市场、零售网点、冷链物流、信息监测体系设施建设，提高组织化程度，促进产销衔接，保障蔬菜流通顺畅，大幅度降低蔬菜腐损率。

第一节 健全农产品批发市场体系

蔬菜产销批发市场具有一定的公益性。要在现有基础上，统筹考虑城市人口、蔬菜基地规模、交通区位、物流走向，加快完善以大型销地批发市场为中心，产地蔬菜批发市场为依托的农产品批发市场体系，保障蔬菜供应、稳定市场价格。在蔬菜优势区域核心生产基地根据需要新建和改造一批产地蔬菜批发市场，在大中城市规划布局一批与产地市场相衔接的大型销地批发市场，在交通物流结点规划布局一批集散型批发市场，重点建设冷藏保鲜、加工配送、电子结算、信息与追溯平台、质量安全检测、交易厅棚和废弃物处理等流通基础设施，建成灵敏、安全、规范、高效的蔬菜物流和信息平台。

第二节 增加城市农贸市场和社区菜店等零售网点

全面推进农贸市场、社区菜店基础设施、管理等方面升级改造，重点建设交易厅（棚）、档口、追溯平台、给排水设施等基础设施，积极推进城乡菜市场标准化建设。各地要改造或建设一批公益性农贸市场，在居民社区配建或改造一批公益性社区菜店和标准化菜市场，增加零售网点，降低零售环节经营成本，稳定蔬菜价格。新建城市居住区要严格按照相关规定，配套建设社区菜市场或相应的商业设施，不得随意改变用途。规范发展早市、晚市和周末农贸市场，为流动菜贩、直销菜农提供便利条件，方便居民购买。

第三节 强化产销衔接

大中城市根据本地消费需求，主动与优势产区加强协作，建立蔬菜供应保障基地。引导农产品批发市场向上下游延伸经营链条，与农产品生产基地和零售客户建立直接购销关系，开展对团体、超市配送服务；支持大型连锁超市与农民专业合作社等开展"农超对接"。着力扩大对接规模，力争"十二五"末，经超市销售的蔬菜比例提高至30%。另外，要进一步引进和规范电子商务交易。

协调食品加工企业与主产区建立长期稳定的合作关系，在上市旺季进行深加工，制成腌制蔬菜、脱水蔬菜、速冻蔬菜与保鲜蔬菜等，缓解集中上市压力，增加蔬菜附加值，特别是出现蔬菜"卖难"时尽可能减少农民的经济损失。

第四节 加强蔬菜冷链物流体系建设

重点加强分级、包装、预冷等设施建设，提高优势产区蔬菜预冷等商品化处理能力；发展保温、冷藏运输，稳定商品质量、减少损耗；完善主销区蔬菜冷链配送设施建设，发展具有集中采购、跨区域配送能力的现代化蔬菜配送中心。鼓励大型农产品批发市场、连锁超市、蔬菜流通企业购置预冷、低温分拣加工、冷藏运输工具、冷藏等冷链设施设备，加大冷库等冷链物流基础设施建设力度，积极培育具有一定规模的专业化蔬菜冷链物流服务企业。

第五节 完善蔬菜流通信息网络平台

与生产信息平台相结合，完善覆盖全国主要批发市场的蔬菜流通信息公共服务平台，规范信息采集标准，健全信息工作机制，加强采集点、信息通道、网络中心相关基础设施建设，定期收集发布蔬菜价格、供求等信息。大中城市建立蔬菜市场监测预警体系，完善蔬菜信息监测、预警和发布制度。

第六节 培育农产品流通主体

鼓励农产品个体经销商进行企业化改制，引导农产品批发市场和农产品连锁企业建立现代企业制度。积极培育大型蔬菜流通企业，提高蔬菜流通组织化、产业化水平。鼓励依托农民专业合作社，积极培育农民经纪人队伍，提高农民的产品销售规模和议价能力。

第七节 完善大中城市蔬菜储备制度

华北、东北、西北等地区人口在100万以上的大城市（含济南、青岛、淄博、郑州、洛阳等）要建立和完善冬春蔬菜储备制度，在每年秋菜上市到次年春季蔬菜大量上市期间，采取政府给予适当补贴和支持、骨干流通企业实行市场化运作的办法，建立符合当地实际的耐贮藏、易周转的蔬菜动态储备，确保储备蔬菜调得进、存得好、销得出，满足冬春季节应急调控需要。其他存在季节性供应紧缺的大中城市，参照上述要求，建立适合本地区的蔬菜储备制度，确保重要的耐贮藏蔬菜品种5~7天的动态库存。

第六章 质量安全体系发展重点

蔬菜质量安全事关人民群众身体健康和生命安全，事关产业稳定发展和农民持续增收。要标本兼治，在抓好标准化生产的同时强化执法监管。大规模开展标准化生产创建活动，大力推广生态栽培技术和高效低毒农药，推进标准化生产和病虫害统防统治，构建质量安全控制长效机制；加强执法监管能力建设，建立健全检验检测、质量追溯、风险预警和应急反应处置体系，大力发展安全优质品牌产品，进一步提高蔬菜质量安全水平，保障蔬菜消费安全。

第一节　推进标准化生产

以蔬菜标准园创建和农业标准化示范县（区）建设为抓手，在蔬菜优势产区和大中城市郊区大规模开展标准化生产创建活动，示范带动蔬菜产品质量全面提升和效益提高。完善和健全标准体系，加快标准制修订和推广应用，重点制定农药残留、重金属等污染物限量安全标准及其检测方法，完善产地环境、投入品、生产过程及产品分等分级、包装贮运等标准，尤其要尽快制定先进、实用、操作性强的蔬菜生产技术规程，并加大宣传培训力度，引导和规范农民生产行为，实现科学安全用药。大力推广生态栽培技术，大面积采用防虫网、粘虫色板、杀虫灯、性诱剂、膜下滴灌等物理、生物防控病虫害措施，减少化学农药使用，增加有机肥施用量。推进病虫害统防统治，鼓励开展高效低毒农药使用补贴，加快高毒农药替代步伐。尽快构建质量安全管理长效机制，健全投入品管理、生产档案、产品检测、基地准出和质量追溯等五项制度，不断提高蔬菜产品质量安全水平。着力推进品牌建设，建立"以奖代补"机制，引导产品分等分级、包装标识，鼓励发展无公害、绿色、有机和地理标志产品，积极倡导良好农业生产方式，加大产品推介宣传力度，提升品牌知名度，提高安全优质蔬菜市场占有率。

第二节　完善检验检测体系

结合实施《全国农产品质量安全检验检测体系建设规划（2011—2015年）》，健全县级农产品检测机构，配备检测仪器，保障运行经费；逐步建立乡镇或区域性农产品质量安全监管公共服务机构，加大蔬菜生产基地、批发市场和集贸市场抽检力度，加强蔬菜质量安全执法监督管理。鼓励和支持龙头企业、农民专业合作组织建立蔬菜质量安全检测点，加强生产基地自检，指导安全期采收，严把基地产出关。鼓励和支持农产品批发市场建立蔬菜质量安全检测点，加大批发市场自检力度，严把市场准入关。在加强政府监测和企业自检的同时，充分利用社会检测资源，发挥第三方检测机构的作用，加快形成标准统一、职能明确、上下贯通、运行高效、参数齐全和支撑有力的蔬菜质量安全检验检测体系。

第三节　健全质量追溯体系

建立国家级"菜篮子"产品质量安全追溯信息平台，地方根据属地管理职责建立省市县各级"菜篮子"产品质量安全追溯信息分中心（站），从蔬菜龙头企业和农民专业合作组织入手，探索建立覆盖蔬菜生产和流通环节的全程质量追溯体系，实现生产档案可查询、流向可追踪、产品可召回、责任可界定。按照"统一标准、分工协作、资源共享"的原则，统一质量安全信息采集指标、统一产品与产地编码规则、统一传输格式、统一接口规范，完善并督促落实生产档案、包装标识、索证索票、购销台账、信息传送与查询等管理制度，实现生产、加工、流通各环节有效衔接。制定《食用农产品质量安全追溯管理办法》，明确蔬菜产销主体的质量安全责任。鼓励推广使用产地证明或质量认证等合格证明，建立产地准出和市场准入机制。地方政府完善质量安全追溯奖励机制，对建立产品追溯体系的生产、流通企业和农民专业合作组织给予补贴。

第四节　建立风险预警和应急反应处置体系

建立覆盖各级农业行政管理部门，生产基地和批发市场的固定风险监测点的国家"菜篮子"产品质量安全风险监测预警信息平台，实现监测数据的及时采集、分类查询、信息共享。建立反应快速、跨区联动的蔬菜质量安全应急反应体系，及时实施突发事件情况调查、形势分析、影响评估，加强应急监测和管理。开展蔬菜产地环境监测与适宜性评价，依法、科学、及时划定蔬菜禁止生产区域。对产地环境、投入品和蔬菜产品中风险隐患大的危害因素，加强风险评估，科学划定风险等级，实现风险及时预警、及早防范和重点控制。完善应急预案，健全快速反应机制，加强应急管理人员、应急处理专家等队伍建设，搞好应急物资储备，开展风险防控与应急处理知识培训及演练，不断提高蔬菜质量安全风险防控和应急处置能力。

第五节　加强质量安全监管

认真落实《食品安全法》和《农产品质量安全法》，完善"地方政府负总责，生产经营者负第一责任，相关部门各负其责"的责任体系。强化质量安全监管能力建设特别是提高乡镇基层农产品质量安全监管服务能力。加强农药生产、销售、使用监管，推进放心农资下乡进村，推行高毒农药定点经营和实名购买制度，地方政府可在试点并总结经验的基础上，对农药实行专营，在蔬菜生产上依法禁止使用高毒农药。继续深化蔬菜农药及农药残留专项整治，加大农业投入品和蔬菜产品例行监测和监督抽查力度，完善检打联动、联防联控的工作机制，将质量安全措施和责任落实到各环节和各参与主体，逐步建立健全农产品质量安全监管长效机制。

第七章 资金筹措与管理

多渠道筹集资金，逐步构建政府投资为引导、农民和企业投资为主体的多元投入机制，采取多种方式吸引社会资金发展蔬菜产业，确保规划实施取得明显成效。规划所需资金坚持"三结合、三为主"的原则，即政府和市场相结合，以市场主体投入为主；中央和地方相结合多层次多渠道筹措资金，以地方为主；现有投资渠道与新设专项相结合，以现有渠道为主。

第一节 中央资金

主要通过协调整合现有资金渠道安排。一是预算内固定资产投资，在种子工程、农产品质量安全体系建设、农村沼气、节水灌溉增效示范、大型灌区续建配套和节水改造、冷链体系建设、信息平台建设等专项投资中，加大对蔬菜产业投入力度。二是财政资金，充分利用现有的农业综合开发、现代农业生产发展、农村物流服务体系发展、农业标准化整体推进示范县（区）建设、园艺作物标准园创建、小型农田水利设施建设补助、农业行业科研专项、重大农业技术推广、农民专业合作组织等专项资金，对蔬菜产业予以支持。现有资金渠道要根据蔬菜产业发展的新要求，优化投资结构，突出重点，着力解决关键性问题。

根据资金可能，积极研究开辟新的支持渠道，在中央预算内投资中安排一定资金，按照以地方、企业、农民投入为主，中央适当补助的原则，支持非城市郊区的蔬菜产业重点县，建设种苗繁育和田头预冷等降低损耗、提高产量和质量急需的基础设施，在安排上向为大城市保障供应贡献大、潜力大的地区倾斜，重点建设海南、广西、云南、四川南菜北运基地等。

第二节 地方资金

各级地方人民政府要进一步加大对蔬菜产业发展的扶持力度，切实落实"菜篮子"市长负责制，多渠道筹措资金，建立稳定的投资渠道。一是进一步完善新菜地开发建设基金征收使用管理政策，进一步提高大城市新菜地开发建设基金收取标准和征缴率，新菜地开发建设基金必须全部用于建设新菜地和发展蔬菜生产。二是统筹使用土地出让收入，加大对蔬菜生产设施建设的支持力度。三是协调现有可用于蔬菜产业发展的各方面资金渠道，加大对蔬菜生产设施建设、良种研发、技术推广、质量安全体系、冷链体系、公益性批发市场、农贸市场、农民专业合作组织、龙头企业等方面的扶持力度。四是结合本地实际情况，新增蔬菜产业发展专项资金渠道，并根据发展需要逐年增加资金规模，包括：（1）蔬菜生产奖励资金，加大对蔬菜生产大户的奖励扶持力度；（2）蔬菜生产基地建设、标准园创建和标准化整体推进示范县（区）建设专项资金，逐步扩大覆盖范围，加大对优势区域蔬菜产业大县扩能、提质、增效的扶持力度；（3）蔬菜全程质量安全可追溯体系建设资金，加大对质量安全体系建设的支持；（4）对蔬菜生产与运销专业合作社、龙头企业贷款给予财政贴息；（5）对参加保险的农民给予保险费用补助；（6）生产风险调节资金；（7）其他资金。

第三节 信贷资金

鼓励银行业金融机构加大对蔬菜产业发展的信贷支持力度，改进金融服务。扩大蔬菜生产信贷资金规模，健全农村金融体系，拓宽融资渠道，引导更多的信贷资金投向蔬菜产业。加大对带动农户多、有竞争力、有市场潜力的龙头企业、农民专业合作社的信贷支持力度；积极倡导担保和再担保机构在风险可控的前提下，大力开发支持龙头企业、农民专业合作社的贷款担保业务品种。鼓励政策性金融机构在业务规定的范围内，按照风险可控的原则，加大对蔬菜生产的信贷支持，并对流通体系建设提供中长期信贷支持。增加商业性、合作性金融对蔬菜产业的贷款规模，大力发展小额信贷，鼓励发展适合蔬菜产业的微型金融服务，提高蔬菜产业发展重点环节建设的融资能力。

第四节　社会资金

农民是投入主体，要鼓励和引导农民增加资金和劳务投入。同时，进一步优化投资环境，出台配套投资政策，吸引、鼓励、规范境内外企业、经济组织、个人，以及大型蔬菜产销企业、对口帮扶和社会捐助等其他社会资金投资蔬菜产业。

第五节　资金管理

国务院有关部门进一步加强信息沟通和工作协商，加大投入力度、加强资金管理，合力推进蔬菜产业发展。地方各级政府要加强各渠道资金的统筹和协调整合工作，集中连片、整体推进，提高蔬菜专业化、规模化和产业水平；严格资金管理，提高资金使用效率和综合效益。

第八章　保障措施

在充分发挥市场机制作用的基础上，加强组织领导，强化"菜篮子"市长负责制，加大政府投入和调控力度，完善相关扶持政策，创新体制机制，确保规划实施，进一步促进蔬菜生产发展、加强产销衔接，保障市场供应、抑制市场波动。

第一节　强化"菜篮子"市长负责制

建立健全"菜篮子"市长负责制考核评价体系，将新菜地开发建设基金征收与使用、常年菜地保有量、重要蔬菜产品自给率、调节稳定蔬菜价格的政策措施、蔬菜产品质量合格率等重要指标进行量化，加强蔬菜生产、流通、质量安全体系等各环节的综合考核。制订落实"菜篮子"市长负责制具体工作方案，出台有力的政策措施，增加财政性资金投入、加强信息服务、强化市场监管，促进生产发展、调节生产流通、稳定市场价格。

第二节　完善扶持政策

进一步完善相关扶持政策，改善蔬菜产业发展环境。

——各级政府将蔬菜生产基地和市场建设纳入国民经济和社会发展规划，加大扶持力度。

——鼓励地方政府对公益性较强的批发市场、农贸市场和社区菜市场给予补贴和政策扶持，适时回收部分市场产权和经营权，由政府主导建设管理部分重要菜市场，掌握调控菜价的主动权。支持在居民区建立蔬菜直销点。

——严格执行鲜活农产品运输"绿色通道"政策，确保所有收费公路对整车合法装载鲜活农产品的车辆免收通行费，混装的其他农产品不超过车辆核定载质量或车厢容积20%的车辆，比照整车装载鲜活农产品车辆执行；对超限超载幅度不超过5%的鲜活农产品运输车辆，比照合法装载车辆执行。

——在蔬菜生产上尽快建立自然风险保险制度，逐步扩大在大中城市郊区和主产区的覆盖面，有条件的地方实现全覆盖。

——落实支持性价格政策，农产品批发市场、农贸市场的用水、用电、用气与工业同价，蔬菜冷链设施的冷库用电实行工业用电价格。规范和降低农产品批发市场、农贸市场的摊位费等相关收费，必要时按法定程序将政府投资建设的农产品市场摊位费纳入地方政府定价目录管理，清理超市向供应商收取的违反国家相关法律法规的通道费。

——对农产品批发市场用地符合土地利用总体规划的，应纳入年度土地利用计划，优先保障供应，土地招拍挂出让前，所在区域有工业用地交易地价的，可以参照市场地价水平、所在区域基准地价和工业用地最低价标准等确定出让底价,土地出让后严禁擅自改变用途从事商业性房地产开发,确需改变用途、性质或者进行转让的,应当符合土地利用总体规划并经依法批准。

——依法完善价格调节基金管理,增强价格调控监管能力。

第三节 健全信息监测发布预警制度

根据部门职责分工,协调配合,尽快建立覆盖主产区和主要批发市场的蔬菜产销信息监测预警体系,健全管理制度,定期收集和发布主要蔬菜生产、供求、价格等信息。农业、商务、价格、统计等行政主管部门及相关行业协会要共同建立信息沟通和发布制度。按照公开、透明的原则,加强舆论引导,通过主流媒体及时发布相关信息,引导蔬菜种植户、经营者合理安排生产和经营活动,稳定市场预期。加大对捏造、散布虚假价格信息的新闻媒体、经营者或个人的监督查处力度,防止不实信息误导市场。加强蔬菜统计工作,完善指标体系和统计标准,改进统计方法,统一统计口径,提供更加全面可靠的统计数据。

第四节 建立蔬菜供给应急保障机制

大城市人民政府要制定和完善本地区的蔬菜市场供应应急预案,保障城市居民基本生活和社会稳定。充分发挥价格调节基金的作用,个别品种、局部地区蔬菜供过于求时,支持农民专业合作组织、龙头企业、批发市场等产地收购,异地远销,保护农民利益;供不应求时,支持流通企业跨区域调运、促进增加生产,平抑市场价格。坚持贮菜于库、贮菜于棚、贮菜于地相结合,既要重视白菜、萝卜等大宗蔬菜的储备,又要重视发展设施蔬菜、速生菜,增强应急供应能力。支持海南等重点蔬菜生产基地建设,建立省际蔬菜应急协调机制,协同应对极端灾害性天气等。依托蔬菜运输、贮藏保鲜、流通等骨干企业,逐步建立并完善蔬菜应急调运体系。完善蔬菜应急投放制度,规范应急投放程序,确保投放渠道畅通。

第五节 严格蔬菜市场监管

根据《价格违法行为行政处罚规定》和《反价格垄断规定》,加强对蔬菜生产、流通、销售过程中价格行为的监管,严厉查处价格欺诈、哄抬价格、串通涨价、价格垄断等价格违法行为,以及其他不执行国家价格政策的价格违法行为,重大案件向社会公开曝光。进一步规范集贸市场和超市收费行为。研究将政府投资建设的农产品批发市场和农贸市场的摊位费列入地方政府定价目录,实行政府指导价或政府定价管理。对没有纳入定价目录的摊位费,要在清理高额经营权承包费和提供政府补贴的前提下,推动降低摊位费标准。

第六节 加强组织领导

国务院有关部门按照职责分工,密切合作,加强指导和协调,加大支持力度。各地要重视和加强组织领导,因地制宜确定发展重点,加大本级财政支持力度,落实各项政策措施,切实采取有效措施推进规划实施。根据本规划确定的建设任务,按照"菜篮子"市长负责制的要求,大中城市人民政府编制蔬菜产业发展规划,全国蔬菜产业重点县编制实施方案,由省级人民政府或其授权部门审批并监督实施。按照国办发〔2010〕18号文件要求,进一步完善"菜篮子"食品管理部际联席会议制度,由农业部牵头,会同有关部门加强督导,确保规划实施取得明显成效。

附 按行政区划重点县布局

综合考虑行政区划、各地区主要时节调出品种等因素,将全国蔬菜产区划分为华南区、长江区、西南区、西北区、东北区和黄淮海与环渤海区六大区,重点建设580个蔬菜产业重点县(市、区),提高全国蔬菜均衡供应能力。其中,华南区、长江区是保障元旦、春节期间全国蔬菜供应的重点区域;西南区、西北区、东北区是保障夏季和中秋、国庆期间全国蔬菜供应的重点区域;黄淮海与环渤海区是均衡全国全年蔬菜供应的重点区域。

1. 华南区。该区包括广东、广西、福建、海南4省(区)共74个重点县(市、区)。本区域冬春季节气候温暖,有"天然温室"之称,适宜喜温果菜露地生产。外销品种主要是豆类、瓜类、茄果类,外销时间主要是

12月~翌年3月,主要销往"三北"、长江流域及港澳地区。

2. 长江区。该区包括四川、重庆、湖北、湖南、安徽、江西、江苏、浙江、上海9省(市)共188个重点县(市、区)。本区域冬春季节气候温和,适宜喜凉蔬菜露地栽培。外销品种主要是甘蓝类、白菜类、根茎类,外销时间主要集中在11月~翌年4月,主要销往"三北"、珠江三角洲和港澳地区。

3. 西南区。该区包括云南、贵州2省共47个重点县(市、区)。云南北部、贵州北部地区适宜蔬菜生产的多为海拔高度800~2 200米的高原、平坝和丘陵山区,夏季凉爽。外销品种主要是根菜类、绿叶菜类、白菜类、茄果类,外销时间主要集中在7—9月,主要销往华南、长江下游、华北地区。另外,云南南部、贵州西南部等地区冬春气候温暖,适宜发展豆类、茄果类、瓜类蔬菜生产。

4. 西北区。该区包括宁夏、甘肃、山西、陕西、新疆、青海、西藏等7省(区)共57个重点县(市、区)。本区域适宜蔬菜生产的多为海拔800米以上的高原、平坝和丘陵山区,夏季凉爽,适宜露地种植甘蓝类、绿叶菜类、根菜类、茄果类、豆类、瓜类等多种品种,外销时间主要集中在7—9月,主要销往华北、长江下游、华南及港澳地区。其中,西藏、青海2省主要用于保障本地供应,满足外来游客消费需要。

5. 东北区。该区包括黑龙江、吉林、内蒙古3省(区)29个重点县(市、区)。本区域纬度较高,夏季凉爽,适宜露地蔬菜种植。外销品种主要是茄果类、瓜类、豆类等,外销时间主要集中在6—10月,主要销往京津、长江中下游地区。

6. 黄淮海与环渤海区。该区包括河北、河南、山东、北京、天津、辽宁等6省(市)共185个重点县(市、区)。本区域冬春光热资源相对丰富,交通便利,适宜发展设施蔬菜生产,夏秋季可种植露地蔬菜。外销品种丰富,产品销往全国各地。

[1] 国家统计局根据数据质量抽查,对蔬菜播种面积和产量进行重新测算。2010年全国蔬菜播种面积、产量分别为2.85亿亩、6.51亿吨。国家统计局反映,这些数据是逐级上报的全面统计,由于无法做到逐户调查,一般只能通过基层估计上报,大多倾向于多报,现有统计产量可能有18%左右虚报。因此,国家统计局将目前蔬菜播种面积和产量分别修订为2.3亿亩、5亿吨。

[2] 江苏中南部包括:南京、无锡、常州、苏州、南通、扬州、泰州、镇江;安徽南部包括:芜湖、安庆、巢湖、宣城;河北北部包括:张家口、承德。

二〇一一年十二月

附表1　36个大城市名单

序号	省市区	36个大城市名单
1	北京	北京
2	天津	天津
3	河北	石家庄
4	山西	太原
5	内蒙古	呼和浩特
6	辽宁	沈阳
7	吉林	长春
8	黑龙江	哈尔滨
9	上海	上海
10	江苏	南京
11	浙江	杭州

(续表)

序号	省市区	36个大城市名单
12	安徽	合肥
13	福建	福州
14	江西	南昌
15	山东	济南
16	河南	郑州
17	湖北	武汉
18	湖南	长沙
19	广东	广州
20	广西	南宁
21	海南	海口
22	重庆	重庆
23	四川	成都
24	贵州	贵阳
25	云南	昆明
26	西藏	拉萨
27	陕西	西安
28	甘肃	兰州
29	青海	西宁
30	宁夏	银川
31	新疆	乌鲁木齐
32	大连	大连
33	青岛	青岛
34	宁波	宁波
35	厦门	厦门
36	深圳	深圳

附表2 580个蔬菜产业重点县

序号	省（市、区）	总数	其中：(1) 36个大城市市辖区	(2) 与粮食大县相同县	(3) 其他蔬菜产业重点县
全国		580	26	285	269
1	北京	3	3	大兴区、通州区、顺义区	

(续表)

序号	省（市、区）	总数	其中：(1) 36个大城市市辖区		(2) 与粮食大县相同县		(3) 其他蔬菜产业重点县
2	天津	4	2	武清区、宝坻区		2	静海县、蓟县
3	河北	57			28	乐亭县、玉田县、栾城县、丰南区、藁城市、永年县、滦南县、肥乡县、正定县、武邑县、定州市、清苑县、无极县、丰润区、昌黎县、馆陶县、徐水县、阜城县、涿州市、成安县、曲周县、满城县、临漳县、定兴县、大名县、鹿泉市、滦县、隆化县	29	永清县、青县、固安县、饶阳县、新乐市、鸡泽县、抚宁县、广阳区、三河市、肃宁县、隆尧县、迁安市、遵化市、桃城区、南和县、霸州市、安次区、滦平县、献县、任丘市、宁晋县、沽源县、康保县、崇礼县、尚义县、张北县、围场县、丰宁县、承德县
4	山西	9			2	寿阳县、新绛县	7	曲沃县、清徐县、榆次区、夏县、应县、阳高县、盐湖区
5	内蒙古	8			6	五原县、杭锦后旗、松山区、临河区、宁城县、科尔沁区	2	开鲁县、太仆寺旗
7	辽宁	34	2	苏家屯区、于洪区	29	铁岭县、北镇市、绥中县、黑山县、新民市、开原市、凌海市、辽阳县、西丰县、义县、辽中县、喀左县、盘山县、昌图县、大洼县、台安县、灯塔市、北票市、朝阳县、东港市、康平县、海城市、建平县、兴城市、岫岩县、阜蒙县、普兰店市、瓦房店市、庄河市	3	凌源市、连山区、建昌县
7	吉林	15			14	梨树县、前郭县、农安县、扶余县、舒兰市、公主岭市、德惠市、磐石市、长岭县、伊通县、榆树市、大安市、洮北区、洮南市	1	龙潭区
8	黑龙江	6			4	安达市、尚志市、双城市、北林区	2	东宁县、富锦市
9	上海	3	2	青浦区、金山区			1	崇明县

（续表）

序号	省（市、区）	总数	其中：（1）36个大城市市辖区		（2）与粮食大县相同县		（3）其他蔬菜产业重点县
10	江苏	33			22	东台市、铜山区、射阳县、泗阳县、泗洪县、新沂市、灌云县、淮阴区、睢宁县、楚州区、灌南县、东海县、涟水县、盐都区、沭阳县、溧水县、姜堰市、宝应县、通州区、海安县、兴化市、如东县	11	太仓市、高淳县、海门市、启东市、常熟市、江阴市、贾汪区、邳州市、丰县、沛县、赣榆县
11	浙江	12	2	萧山区、鄞州区	2	嘉善县、平湖市	8	莲都区、长兴县、黄岩区、桐乡市、嵊州市、余姚市、慈溪市、象山县
12	安徽	11			7	谯城区、阜南县、怀远县、埇桥区、蒙城县、来安县、和县	4	颍州区、裕安区、岳西县、无为县
13	福建	14			4	尤溪县、建瓯市、武平县、上杭县	10	永安市、漳平市、南靖县、平和县、漳浦县、延平区、诏安县、涵江区、龙海市、霞浦县
14	江西	10			7	峡江县、乐平市、永丰县、新建县、永修县、新干县、高安市	3	全南县、铅山县、龙南县
15	山东	61	1	历城区	47	寿光市、平原县、高青县、岱岳区、莘县、苍山县、茌平县、东昌府区、济阳县、肥城市、昌乐县、阳谷县、冠县、安丘市、沂南县、禹城市、惠民县、宁阳县、海阳市、单县、宁津县、陵县、东阿县、齐河县、莱阳市、临邑县、成武县、滕州市、曹县、定陶县、莱州市、诸城市、高密市、郓城县、乐陵市、博兴县、郯城县、莒县、牡丹区、鄄城县、汶上县、商河县、邹城县、莱西市、平度市、胶州市、青州市	13	临淄区、广饶县、峄城区、新泰市、龙口市、牟平区、巨野县、费县、德城区、沂水县、莒南县、临朐县、台儿庄区
16	河南	26	1	惠济区	23	内黄县、新野县、临颍县、睢阳区、滑县、扶沟县、柘城县、南乐县、清丰县、民权县、宁陵县、永城市、汝南县、叶县、夏邑县、西平县、淮阳县、安阳县、西华县、汤阴县、尉氏县、鹿邑县、太康县	2	中牟县、召陵区

二、国家发展和改革委员会

(续表)

序号	省（市、区）	总数	其中：(1) 36个大城市市辖区		(2) 与粮食大县相同县		(3) 其他蔬菜产业重点县
17	湖北	24	4	江夏区、黄陂区、新洲区、蔡甸区	12	嘉鱼县、当阳市、老河口市、应城市、荆州区、广水市、赤壁市、枣阳市、麻城市、钟祥市、京山县、利川市	8	云梦县、汉川市、孝南区、随县、咸安区、石首市、长阳县、恩施市
18	湖南	40			26	零陵区、长沙县、道县、东安县、宁乡县、冷水滩区、攸县、华容县、祁东县、浏阳市、岳阳县、湘阴县、南县、湘潭县、宜章县、株洲县、资阳区、耒阳市、汉寿县、鼎城区、汝城县、汨罗市、临湘市、洞口县、赫山区、沅江市	14	大通湖区、蒸湘区、靖州县、江永县、君山区、津市、花垣县、麻阳县、临武县、永定区、桂阳县、江华县、娄星区、蓝山县
19	广东	21	1	花都区			20	零陵区、长沙县、道县、东安县、宁乡县、冷水滩区、攸县、华容县、祁东县、浏阳市、岳阳县、湘阴县、南县、湘潭县、宜章县、株洲县、资阳区、耒阳市、汉寿县、鼎城区、汝城县、汨罗市、临湘市、洞口县、赫山区、沅江市
20	广西	26	2	良庆区、邕宁区	6	灵川县、武鸣县、鹿寨县、隆安县、钦北区、桂平县	18	田阳县、柳江县、藤县、富川县、右江区、田东县、八步区、扶绥县、平桂区、玉州区、宾阳县、宜州市、钦南区、岑溪市、合浦县、北流市、博白县、横县
21	海南	13	1	海口市			12	琼海市、三亚市、文昌市、定安县、万宁市、乐东县、澄迈县、东方市、儋州市、临高县、屯昌县、陵水县
22	重庆	10	2	巴南区、江津区	3	潼南县、铜梁县、梁平县	5	璧山县、綦江县、武隆县、涪陵区、万州区

(续表)

序号	省（市、区）	总数	其中：(1) 36个大城市市辖区		(2) 与粮食大县相同县		(3) 其他蔬菜产业重点县
23	四川	45	1	新都区	20	什邡市、东坡区、广汉市、岳池县、荣县、威远县、开江县、达县、崇州市、剑阁县、邻水县、武胜县、大竹县、安岳县、安居区、宣汉县、巴州区、雁江区、会东县、合江县	24	朝天区、彭州市、乐山市中区、南溪县、元坝区、夹江县、金堂县、郫县、利州区、新津县、旌阳区、汉源县、大邑县、江油市、东兴区、双流县、广安区、资中县、德昌县、江阳区、西昌市、米易县、高坪区、顺庆区
24	贵州	23			7	桐梓县、绥阳县、湄潭县、金沙县、遵义县、黔西县、习水县	16	修文县、威宁县、独山县、大方县、道真县、纳雍县、惠水县、清镇市、织金县、毕节市、瓮安县、罗甸县、三都县、关岭县、册亨县、望谟县
25	云南	24			5	师宗县、嵩明县、宜良县、陆良县、宾川县	19	通海县、晋宁县、澄江县、江川县、罗平县、禄丰县、弥渡县、富源县、会泽县、昭阳区、宣威市、麒麟区、砚山县、元谋县、石屏县、丘北县、建水县、华宁县、永德县
26	西藏	3					3	白朗县、日喀则市、堆龙德庆县
27	陕西	11	2	阎良区、临潼区	4	泾阳县、三原县、蒲城县、富平县	5	洋县、城固县、华县、大荔县、临渭区
28	甘肃	8			2	凉州区、甘州区	6	武山县、靖远县、肃州区、榆中县、民勤县、甘谷县
29	青海	3					3	湟中县、大通县、乐都县
30	宁夏	11			5	贺兰县、平罗县、中宁县、青铜峡市、永宁县	6	沙坡头区、西吉县、海原县、利通区、原州区、彭阳县
31	新疆	12					12	博湖县、和硕县、焉耆县、乌苏市、沙湾县、呼图壁县、和静县、昌吉市、吉木萨尔县、疏附县、叶城县、莎车县

20. 国家发展改革委 工业和信息化部关于印发食品工业"十二五"发展规划的通知

国家发展改革委 工业和信息化部
关于印发食品工业"十二五"发展规划的通知

发改产业〔2011〕3229号

国务院有关部门,各省、自治区、直辖市、新疆生产建设兵团发展改革委、工业和信息化主管部门,中国轻工业联合会、中国食品工业协会等有关行业协会:

食品工业是国民经济的支柱产业和保障民生的基础产业。根据《国民经济和社会发展第十二个五年规划纲要》精神,为加快食品工业结构调整,促进产业转型升级,建设具有中国特色的现代食品工业体系,实现持续健康发展,国家发展改革委、工业和信息化部组织编制了《食品工业"十二五"发展规划》,现印发给你们,请结合本地区、本部门实际情况,认真贯彻执行。

附件:食品工业"十二五"发展规划

国家发展改革委 工业和信息化部
二〇一一年十二月三十一日

来源:http://www.ndrc.gov.cn/zcfb/zcfbghwb/201201/t20120112_585488.html

附 食品工业"十二五"发展规划

食品工业承担着为我国13亿人提供安全放心、营养健康食品的重任,是国民经济的支柱产业和保障民生的基础性产业……"十一五"时期,我国食品工业继续保持快速增长,2010年实现工业总产值6.1万亿元,占工业总产值比重的8.8%,有力带动了农业、流通服务业及相关制造业的发展,对"扩内需、增就业、促增收、保稳定"发挥了重要的作用。

"十二五"时期是全面建设小康社会的关键时期,是深化改革、加快转变经济发展方式的攻坚时期。根据《中华人民共和国国民经济和社会发展第十二个五年规划纲要》的总体部署,为加快食品工业结构调整,促进产业转型升级,建设具有中国特色的现代食品工业体系,实现持续健康发展,特制定《食品工业"十二五"发展规划》(规划期为2011—2015年),作为"十二五"时期全国食品工业发展的指导性文件。

一、"十一五"发展成就和存在问题

(一)发展成就

"十一五"期间,食品工业坚持走新型工业化道路,积极应对国际金融危机冲击,实现了又好又快发展,全面完成了《全国食品工业"十一五"发展纲要》规定的各项指标。

1. 工业生产快速增长,支柱地位得到强化

2010年,全国食品工业规模以上企业达41286家,比2005年增长73.2%,年均增长11.6%;实现工业总产值6.1万亿元,增长201.5%,年均增长24.7%,年均增幅比"十五"时期提高5.3个百分点;实现利税10659.6亿元,增长214.0%,年均增长25.7%;从业人员696万人,比2005年增长53.9%,年均增长9.0%。食品工业总产值占工业总产值的比重由2005年的8.1%提高到2010年的8.8%,与农业总产值之比由2005年的

0.52∶1提高到2010年的0.88∶1,食品工业在国民经济中的支柱产业地位进一步增强。

2. 产品结构不断优化,市场供应更加丰富

主要产品产量稳步增长,保证了13亿人口的食品供应(见专栏1)。产品结构向多元化、优质化、功能化方向发展,产品细分程度加深,深加工产品比例上升,新产品不断涌现,基本满足了国民对食品营养、健康、方便的需求。市场供应品种丰富多彩,规格档次齐全,形成了4大类、22个中类、57个小类共计数万种食品,满足了不同人群多层次的消费要求。

3. 产品质量总体稳定,食品安全水平提高

党中央、国务院高度重视食品安全工作,国务院成立了食品安全委员会及其办公室,加强了对食品安全的组织领导。在各地区、各有关部门和全社会的共同努力下,食品安全监管力度不断加大。尤其是2009年6月1日《中华人民共和国食品安全法》及其实施条例实施以来,食品安全各项工作取得了明显成效,全国食品安全形势总体稳定并保持向好趋势,产品质量稳步改善,产品总体合格率不断提高。目前,23大类3 800多种加工食品质量国家监督抽查批次抽样合格率由2005年的80.1%提高到2010年的94.6%,提高了14.5个百分点,出口食品合格率一直保持在99%以上。2010年,食品投诉案件34 789件,较2006年下降17.4%。截至2010年年底,已完善了1 800余项国家标准、2 500余项行业标准和7 000余项地方标准及企业标准,公布新的食品安全国家标准176项,为保障食品安全奠定了良好基础。

4. 技术装备水平提升,科技支撑能力增强

我国食品工业加大投入,各行业技术装备水平都有不同程度的提升,科技支撑能力增强,对推进食品工业快速发展起到了积极作用。行业装备水平进步显著,通过引进技术和设备,谷物磨制、食用植物油、乳制品、肉类及肉制品、水产品、啤酒、葡萄酒、饮料、方便面、速冻食品等行业的大中型企业的装备水平基本与世界先进水平同步。在此期间,我国攻克了一批关键技术,在食品物性修饰、非热加工、高效分离、风味控制、大罐群无菌贮藏、可降解食品包装材料等关键技术研究上取得了重大突破。自主装备水平与国际差距有所缩小,研制开发了200m^{2}冷冻干燥、200吨/天油菜籽冷榨、800MPa高压杀菌、60 000瓶/小时高速贴标和中小型螺杆挤压膨化等一批具有自主知识产权的食品加工关键装备。苹果浓缩汁、马铃薯淀粉和全粉、生猪自动化屠宰、中小型乳制品生产以及饮料热灌装等成套技术与装备实现了从长期依赖进口到基本实现自主化并成套出口的跨越。

5. 骨干企业发展壮大,产业集中程度提高

食品工业规模化、集约化深入推进,通过兼并重组、淘汰落后,涌现了一批市场占有率高、带动能力强的骨干企业和企业集团。2010年,产品销售收入超过百亿元的食品工业企业有27家,比2005年增加了15家,其中超过千亿元的企业2家,1家企业进入了世界500强。产业集中度稳步提升,乳制品行业10强企业销售收入占全行业的73.5%,制糖行业10强企业产量占全行业的64.3%,啤酒行业年产100万千升以上的15家企业集团产量占全行业总产量的89.6%;饮料行业10强企业产量占全行业的53.9%。

6. 区域发展差距缩小,产业布局渐趋合理

在西部大开发、振兴东北等老工业基地、促进中部崛起等一系列区域发展战略指导下,食品工业布局渐趋合理,逐步向中西部地区转移,中西部地区农业资源优势正逐步转化为食品产业优势,东中西部食品工业产值的比值由2005年的58.3∶23.1∶18.6,转变为2010年的51.6∶29.3∶19.1。食品企业持续向主要原料产区、重点销区和重要交通物流节点集中,形成了黄淮海平原小麦加工产业带,东北和长江中下游大米加工产业带,东北和黄淮海玉米加工产业带,东北和长江中下游、东部沿海食用植物油加工产业带,冀鲁豫、川湘粤猪肉加工产业带,东北、西北、中原牛羊肉加工产业带,环渤海、西北黄土高原苹果加工产业带等。

专栏1 "十一五"主要食品产量及平均增长速度

名称	单位	2005年	2010年	累计增长(%)	年均增长(%)
大米	万吨	1 766.2	8 244.4	366.7	36.1
小麦粉	万吨	3 992.3	10 118.5	153.5	20.4
食用植物油	万吨	1 612	2 005	24.4	4.5

(续表)

名称	单位	2005 年	2010 年	累计增长（%）	年均增长（%）
肉类	万吨	7 700.0	7 925.0	2.9	0.6
水产品	万吨	4 419.9	5 373.0	21.6	4.0
成品糖	万吨	912.4	1 102.9	20.9	3.9
乳制品	万吨	1 204.4	2 159.6	79.3	12.4
糕点	万吨	42.9	150.5	250.8	28.5
罐头	万吨	500.3	918.6	83.6	12.9
饮料酒	万千升	3 565.8	5 673.6	59.1	9.7
其中白酒（折65%，v/v）	万千升	852.8	890.6	4.4	0.9
啤酒	万千升	3 126.1	4 483.1	43.4	7.5
葡萄酒	万千升	43.4	108.8	150.7	20.2
软饮料	万吨	3 380.4	9 983.8	195.3	24.2
精制茶	万吨	52.4	143	172.9	22.2

（二）存在问题

1. 食品安全保障体系不够完善

食品安全事件时有发生，消费者对食品安全仍较担心。目前，我国食品质量标准体系尚不完善，食品卫生标准、食品质量标准、农产品质量安全标准和农药残留标准等标准体系有待进一步整合，不同行业间制定的标准在技术内容上存在交叉矛盾。技术保障能力尚难以满足食品安全监管需要，检测技术相对落后，仪器设备配置不足，部分检验设备严重老化；基层检验机构和人员数量偏少，检测能力亟需加强；食品安全监管机制还不够健全，食品安全责任追溯制度尚不完善。一些企业主体责任不落实，自律意识不强，诚信缺失。

2. 自主创新能力仍较薄弱

我国食品科技研发投入不足，2010 年我国食品科技投入强度约为 0.4%，不仅低于发达国家 2%以上的水平，也低于新兴工业化国家 1.5%的水平。食品科技创新基础薄弱，产学研用结合不紧密，缺乏工程技术中心、工程实验室等创新平台，国家重点实验室建设有待加强，缺少具有自主知识产权和国际先进水平的重大成果，创新能力不强。食品装备问题突出：一是自主知识产权核心技术缺乏，产品竞争能力弱，大型无菌冷灌装、肉制品加工关键装备、柑橘汁加工关键装备、高效分离装备、大型乳品生产线、食品品质在线监测以及食品分析与检测装备等长期依赖进口。二是国产装备普遍存在能耗较高、可靠性和安全性不足、卫生保障性差、自动化程度低、关键零部件使用寿命短、成套性差等问题。三是标准化程度低、覆盖面小、标准类型不配套，标准覆盖率仅为 20%。

3. 食品产业链建设尚需加强

食品工业与上、下游产业链衔接不够紧密，食品产业链的有效衔接不足，原料保障、食品加工、产品营销存在一定程度的脱节。绝大多数食品加工企业缺乏配套的原料生产基地，原料生产与加工需求不适应，价格和质量不稳定。我国小麦产量居世界首位，但优质专用品种数量不足，每年仍需进口部分优质专用小麦；我国柑橘产量的 95%适宜鲜食，适合加工橙汁的柑橘品种和产量少，95%的橙汁依靠进口。多数食品加工企业缺乏必要的仓储和物流设施，原料供应保障程度低，资源浪费严重，抗风险能力弱。

4. 产业发展方式仍然较为粗放

以数量扩张为主的粗放型发展方式仍然未得到改变。不少企业特别是部分中小企业生产粗放，初级产品多，资源加工转化效率低，综合利用水平不高。部分企业工艺技术水平低，循环经济和清洁生产发展滞后，能耗物耗高，污染比较严重。我国玉米淀粉行业原料利用率仅为95%，低于国际先进水平约4个百分点。我国干制食品吨产品耗电量是发达国家的2~3倍，甜菜糖吨耗水量是发达国家5~10倍，罐头食品吨耗水量为日本的3倍；发酵工业的废水排放量占全国总量的2.3%，是轻工业重点污染行业之一。

5. 企业组织结构亟须优化

企业组织结构不合理，兼并重组力度不够，大中型企业偏少，规模化、集约化水平低，"小、散、低"的格局没有得到根本改变，小、微型企业和小作坊仍然占全行业的93%。部分行业生产能力过快增长，导致产能严重过剩，稻谷、小麦、大豆油脂、肉类屠宰及加工、乳制品等企业产能利用率分别仅为44%、63%、42%、33%和50%左右。与此同时，落后产能仍然占有较大比重，日处理稻谷100吨以下、小麦200吨以下、大豆400吨以下、生鲜乳100吨以下规模不合理的小型企业产能在行业中的占比分别为25%、24%、15%和25%。

二、"十二五"面临的形势

"十二五"时期，我国食品工业发展仍处于战略机遇期，既存在继续保持快速发展的重大机遇，也面临加快转变发展方式、保证食品安全等重大挑战和压力。

（一）国际食品工业发展趋势

1. 食品质量安全受到空前关注，安全保障难度加大

食品安全问题作为一个全球性的基本公共卫生问题，已经受到世界各国和国际组织的普遍重视，对食品安全投入不断增加，发达国家基本都建立了较为完善的食品安全监管体制和科学的管理模式，发展中国家食品安全保障能力也正在加强。然而，全球食品安全形势仍然不容乐观，食品产业链的全球化增加了食品安全保障难度，工业发展和环境破坏导致食品的化学危害趋于严重。受经济发展水平的制约，发展中国家和不发达国家食品安全保障能力仍然较低，每年都有大量的食源性疾病发生，不发达国家甚至每年约有220万人死于食源性腹泻，发达国家每年仍约有1/3的人感染食源性疾病，食品安全事故时有发生。保障食品安全已经成为世界各国面临的共同难题。

2. 高新技术应用加速，食品工业不断涌现新业态

食品科学是高度综合的应用性学科，其他科学领域的重大科技成果都会直接或间接带动食品工业的技术创新。进入21世纪以来，信息技术、生物技术、纳米技术、新材料等高新技术发展迅速，与食品科技交叉融合，不断转化为食品生产新技术，如物联网技术、生物催化、生物转化等技术已开始应用于从食品原料生产、加工到消费的各个环节中。营养与健康技术、酶工程、发酵工程等高新技术的突破催生了传统食品工业化、新型保健与功能性食品产业、新资源食品产业等新业态的不断涌现。

3. 全球食品格局深度调整，国际竞争日趋白热化

全球已进入空前的密集创新和产业振兴时代，世界主要经济体特别是发达国家，均加快了经济转型升级步伐，全球食品格局也正发生广泛而深刻的变革，不断向多领域、全链条、深层次、低能耗、全利用、高效益、可持续方向发展，愈来愈深刻地影响我国食品工业。我国食品工业与全球食品工业从未像今天这样紧密关联。近年来，食品跨国集团空前活跃，发达国家和跨国公司大举抢滩登陆我国食品工业，在全球范围内通过资本整合，以专利、标准、技术和装备的垄断以及人才的争夺，将技术领先优势迅速转化为市场垄断优势，不断提升核心竞争能力，采用兼并、控股、参股等多种手段大举进入我国市场，使我国竞争力尚不够强的食品工业面临着严峻的国际竞争挑战。

（二）国内食品工业面临形势

1. 安全风险广泛存在，食品质量要求提高

食品质量安全已成为全社会高度关注的焦点。随着食品相关领域认知水平的提高，特别是检测技术和医学的发展，农药兽药残留、抗生素以及非法添加物等物质的危害性研究的深入，影响食品质量安全的风险因素不断被认知；同时新材料、新技术、新工艺的广泛应用使食品安全风险增大，使得越来越多与食品安全相关的问题时有发生，对食品安全风险分析与控制能力、检验检测技术和监管方式提出了新的要求。随着人们生活水平的提高和健康意识的增强，对食品安全与营养提出了更高要求，而食品工业在产品标准、技术设备、管理水平

和行业自律等方面还有较大差距。

2. 各级政府高度重视，宏观环境继续改善

党中央、国务院一向高度重视食品工业发展和产品质量安全，并将食品安全上升到国家安全的高度，进一步完善了食品安全法律法规体系。目前，我国已基本形成了以《食品安全法》为核心的食品安全法律法规体系，通过了《刑法修正案（八）》，为加强食品安全监管、严厉打击违法犯罪提供了法律依据；发布了《产业结构调整指导目录（2011年本）》，提出了食品产业结构调整的指导方向，有利于推动食品工业持续健康发展。同时，国家努力推动区域经济协调发展，对中西部开发持续投入及支持东部地区率先发展的政策，给食品工业的初级农产品原料供给和消费提升提供了良好的发展契机，促进食品工业区域产业布局调整发生适应性变化。西部大开发、东北振兴、中部崛起及其他区域规划，都把食品加工业作为主导产业。很多省市也把食品工业作为地方支柱产业，并出台了相关支持政策，食品工业发展的宏观环境逐渐改善。

3. 消费需求刚性增长，市场空间持续扩大

随着人口增长、国民收入水平提高和城镇化深入推进，"十二五"时期，城乡居民对食品消费需求将继续保持较快增长的趋势。到2015年，我国人口将达到13.75亿，每年新增700万人左右；城镇化率将达到51.5%，每年约有1 000万农村劳动力转为城镇居民；按"十二五"规划纲要提出的城乡居民收入与经济增长同步的目标测算，到2015年我国城镇和农村居民的恩格尔系数将从2010年的35.7%和41.1%分别下降到32%和37%左右。随着"十二五"时期我国进入中等收入阶段，城乡居民对食品的消费将从生存型消费加速向健康型、享受型消费转变，从"吃饱、吃好"向"吃得安全，吃得健康"转变，食品消费进一步多样化，继续推动食品消费总量持续增长。

4. 资源环境约束加剧，节能减排任务艰巨

我国经济社会发展面临日趋强化的资源和环境双重制约，以节能减排为重点，加快构建资源节约型、环境友好型的生产方式和消费模式，已成为我国今后一个时期的主要任务。我国食品工业部分行业单位产品的能耗、水耗和污染物排放仍然较高，必须积极应对全球气候变化，加强节能节水节地降耗，大力发展循环经济，提高资源利用率，强化污染物减排和治理。

三、指导思想、基本原则和发展目标

（一）指导思想

以邓小平理论和"三个代表"重要思想为指导，深入贯彻落实科学发展观，坚持走新型工业化道路，以满足人民群众不断增长的食品消费和营养健康需求为目标，调结构、转方式、提质量、保安全，着力提高创新能力，促进集聚集约发展，建设企业诚信体系，推动全产业链有效衔接，构建质量安全、绿色生态、供给充足的中国特色现代食品工业，实现持续健康发展。

（二）基本原则

安全卫生，营养健康。把"安全、优质、营养、健康、方便"作为发展方向，强化全产业链质量安全管理，提高食品质量，确保食品安全。倡导适度加工，改变片面追求"精、深"加工的生产模式，保护食品的有效营养成分，引导健康消费。

科技支撑，创新发展。加强自主创新能力建设，提高装备自主化水平，加快食品工业技术进步和改造，完善食品标准体系，培育知名品牌，促进食品工业发展由数量扩张向依靠科技进步、提升质量效益转变。

统筹兼顾，协调发展。妥善处理好扩大规模和提高质量效益，总量平衡与结构优化，初加工与深加工，原料生产、加工与消费，东部与中西部地区发展的关系。既要积极壮大骨干企业，又要扶持中小企业，促进食品工业协调健康发展。

综合利用，绿色发展。大力发展循环经济，提高资源综合利用水平。加强节能减排，降低单位产品的能耗、物耗，减少污染物排放，加大环境保护力度，推进清洁生产。

（三）发展目标

到2015年，食品工业集约化、规模化、质量安全水平进一步提高，区域布局进一步优化，形成自主创新能

力强、保障安全和营养健康，具有较强国际竞争力的现代食品产业，提高食品产业对社会的贡献度，巩固食品产业在新时期扩大城乡居民消费、带动相关产业发展和促进社会和谐稳定中的支柱地位。

1. 食品安全和营养水平明显提升。完善食品工业标准体系，加强食品质量安全标准体系建设，制（修）订国家和行业标准 1 000 项；完善食品安全管理制度体系。规模以上食品生产企业普遍推行良好操作规范（GMP），食品生产企业 60% 以上达到危害分析和关键控制点（HACCP）认证要求，企业普遍建立诚信管理体系（CMS）；食品质量抽检合格率达到 97% 以上，人民群众对食品满意度显著提高。

2. 规模效益保持较快增长。在满足市场需求、转变方式、优化升级的基础上，保持行业平稳较快增长。到 2015 年，食品工业总产值达到 12.3 万亿元，增长 100%，年均增长 15%；利税达到 1.88 万亿元，增长 75%，年均增长 12%。食品工业总产值与农业总产值之比提高到 1.5∶1。

3. 自主创新能力明显增强。食品安全控制、新型节能环保等关键技术取得突破，掌握和开发一批具有独立自主知识产权的食品加工核心技术和先进装备。到 2015 年，食品科技研发经费占食品工业产值的比例提高到 0.8%，关键设备自主化率提高到 50% 以上。

4. 企业组织结构不断优化。培育形成一批辐射带动力强、发展前景好、具有竞争力优势的大型食品企业和企业集团，提高重点行业的生产集中度，到 2015 年，销售收入达到百亿元以上的食品工业企业达到 50 家以上；中小食品企业发挥专、精、特、新的优势，逐步实现良性发展，继续淘汰一批工艺技术落后的企业，形成各类企业分工协作、共同发展的格局。

5. 区域结构布局更加合理。利用东部地区技术优势和中西部地区资源优势，形成东中西部食品工业协调发展的新格局。鼓励和支持食品加工企业向产业园区集聚。到 2015 年，中西部和东北地区食品工业产值占全国比重提高到 60% 左右，全国建成数百个具有一定规模和较强区域影响力的现代食品产业园区。

6. 资源利用和节能减排成效显著。到 2015 年，食品工业副产品综合利用率提高到 80% 以上；单位国内生产总值二氧化碳排放减少 17% 以上，能耗降低 16%；主要污染物排放总量减少 10% 以上。

7. 产品结构取得明显改善。高科技、高附加值和深加工产品的比例稳步提高，巩固和壮大"老字号"食品品牌，努力扩大品牌食品的知名度和市场占有率，培育一批食品知名品牌。

专栏 2　"十二五"食品工业发展主要指标

指标	2010 年	2015 年	年均增长（%）	属性
规模效益				
总产值（万亿元）	6.13	12.3	15	
利税（万亿元）	1.07	1.88	12	预期性
产业结构				
销售收入超百亿元的大型企业集团（个）	27	50	【23】	
建设食品产业园区或产业集群（个）			【200】	
中西部和东北地区食品工业产值占全国的比重（%）	54.4	60	【5.6】	预期性
知名品牌培育（个）			【300】	
科技进步				
科技研发经费占销售收入的比重（%）	0.4	0.8	【0.4】	预期性
关键设备自主化率（%）	40	50	【10】	

(续表)

指标	2010 年	2015 年	年均增长（%）	属性
食品安全				
制修订标准（个）			【1000】	预期性
规模以上食品企业通过 HACCP 认证比例（%）	50	60	【10】	约束性
食品抽检合格率（%）	94.6	>97	【2.4】	
资源利用				
副产物综合利用率（%）	75	>80	【5】	
单位国内生产总值能耗降低（%）			【16】	约束性
单位工业增加值用水量降低（%）			【30】	
环境保护				
单位国内生产总值二氧化碳排放降低（%）			【17】	
化学需氧量排放减少（%）			【10】	约束性
氮氧化合物排放量减少（%）				

注：总产值和利税绝对数按 2010 年价格计算，增长速度按可比价计算；【 】内为 5 年累计数

四、主要任务

（一）强化食品质量安全

提高重点行业准入门槛。加快制定和完善粮食、油脂、肉类、饮料、水产品、果蔬加工等重点食品行业产业政策和行业准入条件，明确食品加工企业在原料基地、生产规程、产品标准、质量控制等方面的必备条件。

健全食品安全监管体制机制。按照《"十二五"期间国家食品安全监管体系规划（2011—2015）》要求，建立健全符合我国国情的食品安全监管体制机制，明晰食品安全监管部门职责，堵塞监管漏洞，形成监管合力，实现全程监管和无缝衔接。落实地方政府责任，加强部门间、地方间的协调联动，加大投入力度，优化整合资源，提高监管能力。

完善食品标准体系。加快制（修）订食品安全标准和相关标准，健全食品加工技术标准体系，重点制修订食品添加剂、方便食品、肉制品、乳制品、饮料等行业标准，完善食品安全标准、基础通用标准、重点产品标准和检测方法标准。加强对国际标准的参与程度及对相关国家标准的追踪研究。

加强检（监）测能力建设。逐步实现关键检测设备国产化，着力推进产品质量与食品安全监控中心和实验室的建设。督促企业增加原料检验、生产过程动态监测、产品出厂检测等先进检验设备配置，完善企业内部质量控制、监测系统和食品质量可追溯体系。加强监管部门的检验检测能力，严格食品检验机构资质认定，提升国家及省、市、县各级食品监测机构的检验设备水平，加强队伍能力建设。健全食品召回及退市制度。建立和完善不符合食品安全标准和超过保质期的食品主动召回、责令召回及退市制度，明确食品召回范围、召回级别、召回处置等具体规定，使食品召回及退市制度切实可行。健全食品质量安全申诉投诉处理制度，加强申诉投诉处理管理。落实企业食品安全主体责任。完善企业内部质量控制、监测系统，重点加强农药残留、重金属、真菌毒素、微生物等项目检测，建立食品质量可追溯体系。健全食品质量安全投诉管理制度、不合格产品追溯制度、食品退市召回与应急处理制度。开展质量安全诚信对标达标活动，加快建立健全食品工业企业诚信管理体系，持续推进企业质量管理提升和食品安全措施改进；建立健全食品工业企业诚信信息公共服务平台，完善诚信激励和失信惩戒措施。健全食品安全监督机制，尊重消费者监督权利，保障监督渠道畅通，促进社会监督。

专栏3 食品安全检（监）测能力建设重点

重点领域	主要内容
共性关键技术研究	产业链安全动态数据库、流通领域主要食品监测数据库、标准数据库和风险数据库建设；监控系统和溯源系统建设；食品添加剂、农药残留、真菌毒素、致病微生物、重金属离子、非法添加物等快速、高通量检测技术研究开发。
食品加工企业主要检测仪器设备及系统建设	（气相、液相）色谱仪、色—质联用仪、原子荧光光谱仪、原子吸收光谱仪、氨基酸分析仪、全自动定氮仪、蛋白质测定仪、纤维测定仪、脂肪测定仪、紫外光谱仪、近红外光谱仪、生化仪器、样品前处理设备、实验室通用仪器（离心机、电子天平、显微镜、电泳仪等）、光谱类速测产品、生化类速测产品、工业质谱、工业pH计、流程参数（温度、压力、流量等）测量控制等仪器设备研制；食品企业检测中心、过程检测、诚信信息管理平台系统、对标达标等方面的建设。
关键检测设备国产化	（气相、液相）色谱仪、色—质联用仪、光谱仪（原子荧光、原子吸收、紫外、近红外等）、生化仪器、实验室通用仪器（离心机、电子天平、显微镜、电泳仪等）、样品前处理设备、光谱类、生化类速测产品、工业质谱、工业pH计、流程参数（温度、压力、流量等）测量控制仪表。

（二）推进产业结构调整完善企业组织结构

支持骨干企业做强、中型企业做大、小型企业做精，规范小企业、小作坊经营，形成以大型骨干企业为龙头、中型企业为支撑、小（微）型企业为基础的共同发展新格局。坚持市场化运作，完善配套政策，消除制度障碍，引导和推动优势企业实施强强联合、跨地区兼并重组，提高产业集中度。

培育新兴食品产业。积极适应食品消费需求结构转型升级的新要求，培育新的食品经济增长点，加快推动传统主食品工业化，培育壮大方便食品、功能食品等产业，增强品牌企业实力，造就一批具有国际竞争力的新兴食品工业企业群体。

淘汰落后产能。建立健全产业退出机制，明确淘汰要求，量化淘汰指标和规模，分年度逐级分解落实到各地和具体企业。重点在粮食加工、肉类屠宰加工、发酵、酿酒、乳制品等产能严重过剩领域，依法淘汰一批技术装备落后、资源能源消耗高、环保不达标的落后产能。严格按照《产业结构调整指导目录（2011年本）》要求，淘汰生产能力12 000瓶/时以下的玻璃瓶啤酒灌装生产线，150瓶/分钟以下（瓶容在250毫升及以下）的碳酸饮料生产线，日处理原料乳能力（两班）20吨以下浓缩、喷雾干燥等设施，200千克/小时以下的手动及半自动液体乳灌装设备，3万吨/年以下酒精生产线（废糖蜜制酒精除外），3万吨/年以下味精生产装置，2万吨/年及以下柠檬酸生产装置和年处理10万吨以下、总干物收率97%以下的湿法玉米淀粉生产线等。

（三）增强自主创新能力

完善自主创新机制。探索多种形式的产学研用联合创新机制，建立以企业为应用主体、科研院所和大专院校为技术依托的创新战略联盟，逐步解决大企业技术和市场需求与大专院校和科研院所的技术研发脱节、中小企业缺乏科技支撑的问题，促进科技与产业的有机衔接。完善以企业投入为主体的多渠道、多元化投融资体系，增加食品科技领域的投入。建立基础理论研究、重大共性关键技术研发、产业化开发相融合的投资格局。

加快建设科技创新与服务平台。充分利用现有国家重点实验室，整合资源，提高基础研究能力；健全以国家工程实验室、国家工程（技术）研究中心为龙头，以国家农产品加工技术研发中心和分中心为基础的工程化研究和应用体系，提高工程化研究和成果转化能力。加强科技资源共享，国家级各类实验室全面向社会开放，提供科学技术研究、仪器设备使用、人才培养等服务。

大力培养创新型人才。营造有利环境，依托食品领域的国家重大项目、重大工程和重点科研基地，培养领军人才，积极引进海外高素质创新创业人才，造就一批具有国际水平的食品科技创新团队。鼓励高等院校加强基础教育，强化实践能力，培养创新思维，夯实创新人才基础。

推进关键技术自主创新与产业化。以中国传统食品工业化自主创新为重点，加强食品原料质量控制、食品品质与营养、有害物迁移规律等基础研究，支持食品物性修饰技术等前沿技术研究，推进食品非热加工技术等关键技术研究，努力突破大宗食用农产品、特色传统食品加工等工业化、现代化重大关键技术。

专栏4 "十二五"时期食品工业科技发展重点

重点领域	主要内容
基础研究	积极开展食品结构与功能的关系研究，加强食品品质形成及变化规律，食品营养与健康，有害物形成、迁移及控制，食用农产品产后生理生化机制等重大基础理论研究。
前沿技术研究	支持食品物性修饰技术、食品生物技术、非热杀菌技术、新型食品制造技术、食品质量与安全干预技术、现代冷链与物流技术等前沿技术研究。
共性关键技术研究	重点攻克适应工业化生产的信息技术、生物工程技术、新型分离技术、现代包装技术、计算机视觉技术、物联网技术、节能干燥技术、清洁生产技术等共性关键技术。
传统食品工业化关键技术研究	开展传统米面制品、杂粮、中餐菜肴、豆制品、肉制品、水产制品等风味保持技术、货架期延长技术、工艺流程标准化等研究和专用设备研发。
食品质量与安全关键技术研究	重点开展食品安全干预技术、食品真伪鉴别技术、食品追踪与溯源技术、食品加工质量标准、在线检测及相关设备研发，实现食品加工和质量检验检测标准化、智能化、方便化、快速化和系统化。

（四）提高装备研制水平

以提高食品装备制造能力、自主化水平，支撑食品工业发展方式转变和产业结构调整升级为目标，坚持自主开发与引进吸收相结合，提高集成创新和引进消化吸收再创新的能力。突破食品装备数字化设计与先进制造、智能控制与过程检测、节能减排、质量控制、监测与检测、安全卫生共性技术与标准等关键装备与配套技术，加快装备自主化进程，满足食品工业发展的需求。

在通用装备方面，选择一批具有良好技术与产业基础的企业，重点支持发展市场前景广阔、技术含量高、产业关联度大的关键与成套设备，建成一批国产化、智能化、成套化装备生产基地，形成具有国际竞争力的知名品牌。食品杀菌方面，重点开发大型智能化连续超高温瞬时灭菌、膜除菌、粉类胶体物料杀菌、微波杀菌等装备；食品节能干燥方面，重点开发热风高效节能干燥、太阳能干燥、热泵干燥以及真空微波组合新型干燥装备；食品高效分离与浓缩方面，重点开发大型高速碟片离心、卧螺离心、膜分离、芳香物质分离提纯、膜式错流过滤及高效蒸发浓缩等装备；食品冷冻冷藏方面，重点发展真空冷却、流态化速冻、双螺旋速冻、钢带速冻以及高效制冰等装备；包装装备方面，重点开发高速无菌灌装设备、高速吹瓶设备等。在行业专用装备方面，重点发展粮食加工、油料加工、果蔬加工、乳制品加工、水产品加工、禽畜屠宰加工装备和饮料制造、食品包装及食品检测与控制等装备。

专栏5 "十二五"时期食品工业主要行业专用装备自主化发展重点

重点行业	发展重点
粮食加工	营养早餐、杂粮主食、全谷物制品和和薯类主食加工，传统主食品工业化生产装备以及大型化双螺杆挤压食品加工装备等。
油料加工	高压蒸汽炉、高温输送泵、低温脱溶装备、节能脱臭设备和大型油料加工装备，以及木本油料加工关键装备等。
畜禽屠宰加工	隧道式蒸汽烫毛机、连续自动去毛、多工位扒皮装备，家禽自动化掏膛和称量分级装备，全自动低压高频三点式致昏装备，畜禽胴体分级装备，畜禽肉冷却排酸、低温分割装备，畜禽胴体激光打码装备，病害畜禽及其产品无害化处理装备，大型真空斩拌、滚揉、全自动定量灌装装备等。
乳制品加工	大型机械化挤奶系统及牛奶预处理、长货架期酸奶包装、牛奶高速纸包装、大型低温制粉、大型牛奶加工成套（5 000~10 000包/小时）以及大型干酪生产关键装备等。

(续表)

重点行业	发展重点
水产品加工	远洋捕捞船载超低温急冻冷藏、鱼类加工、贝类的净化与加工、海藻加工及综合利用、优质名贵水产品的保鲜保活运输装备等。
果蔬加工	果蔬高速商品化处理、果蔬节能干燥、净菜加工、传统菜制品加工、果蔬预冷和冷链配送以及柑橘汁加工装备等。
饮料制造	高速砖型包装和高速自立袋灌装封口装备、超轻PET制瓶灌装一体化成套装备、20 000瓶/小时以上的无菌或超洁净灌装生产线、饮料后包装生产线、大型节能糖化装备以及75 000瓶/小时高速贴标装备等。
方便食品	大宗传统食品加工专用装备和中餐菜肴的成套专用加工装备。
食品包装	高速连续真空（充气）包装、较高黏度食品物料快速灌装、高速模塑环保包装、纸塑料薄膜裹包、高速高精度称重填充、多层复合共挤膜生产和高阻隔、耐热、耐压性包装材料成型装备等。
其他	食品加工高效节能干燥，高效分离、高效杀菌和高效冷却装备，以及农产品品质检测与在线监控装备的产业化开发。

（五）加快企业技术进步

加快企业技术进步。鼓励和支持食品加工企业采用新技术、新工艺、新设备对现有生产设施、工艺装备进行技术改造，优化生产流程、淘汰落后工艺和装备，实现技术进步和产业结构升级。重点加强粮食、植物油、畜禽、糖料、果蔬、水产品和特色农产品等深加工及综合利用，推进专用装备和检测仪器设备自主化和公共服务平台、食品安全检（监）测能力建设等，提高企业技术装备水平和核心竞争力。支持小企业改善生产条件，提高技术水平，开发"专、特、新"产品。围绕产品研发、生产过程控制、市场营销等环节，加快推进企业信息化建设，推行先进质量管理，支撑产业转型升级。支持企业实施品牌战略建设，加快中华特色名优食品的技术进步和技术改造，大力振兴"中华老字号"。

推进节能减排。全面落实《节能法》《循环经济促进法》《清洁生产促进法》，重点在发酵、酿酒、制糖、淀粉、速冻食品、肉类屠宰加工等行业，实施节能减排技术改造，加快推广高效节能、清洁生产和综合利用的新工艺、新技术、新设备，提高食品工业副产品的开发利用水平，加大"三废"治理和废水循环利用力度，减少污染物排放。大力发展循环经济，实施循环经济示范工程，提高资源利用效率。

专栏6　"十二五"时期食品工业企业技术进步和技术改造重点

重点行业	发展重点（部分行业）
粮食加工	营养健康型大米、小麦粉及制品的开发生产；传统主食品、杂粮（豆）及中餐菜肴的工业化生产。
植物油加工	采用膨化、负压蒸发、热能自平衡利用、低消耗蒸汽真空系统等技术，油菜籽主产区日处理油菜籽400吨及以上、吨料溶剂消耗1.5公斤以下（其中西部地区日处理油菜籽200吨以上、吨料溶剂消耗2公斤以下）的菜籽油生产线；花生主产区日处理花生200吨及以上吨料溶剂消耗2公斤以下的花生油生产线；棉籽产区日处理棉籽300吨及以上、吨料溶剂消耗2公斤以下的棉籽油生产线；采用分散快速膨化、集中制油、精炼技术的米糠油生产线；玉米胚芽油生产线；油茶籽、核桃等木本油料和胡麻、芝麻、葵花籽等小品种油料加工生产线。
肉类加工	畜禽动物福利和宰前质量安全预警技术、冷却肉加工质量安全控制技术开发与应用，调理肉制品和发酵肉制品加工技术开发与应用，畜禽屠宰加工生产线和冷库改造。
饮料制造	热带果汁（浆）、蔬菜浆果汁（浆）、浓缩橙汁、小品种浓缩果蔬汁、谷物饮料、本草饮料、茶浓缩液、茶粉、植物蛋白饮料等高附加值植物饮料的开发生产与加工。

(续表)

重点行业	发展重点（部分行业）
制糖工业	低碳低硫制糖新工艺、全自动连续煮糖技术、制糖生化助剂开发与应用、制糖生产过程的信息化、糖厂热能集中优化及控制；高附加值特种糖生产及糖品深加工。
发酵工业	新型菌种选育和改造技术、发酵工程优化技术、现代分离提取技术以及新型酶制剂的开发、非粮原料高效利用技术。
食品添加剂和配料工业	天然食品添加剂、天然香料、新型食品添加剂开发与生产新技术；薯类变性淀粉加工技术。
副产物综合利用	果渣、茶渣、粮油加工副产物（稻壳、米糠、麸皮、胚芽、饼粕等）、畜禽和水产品骨血及内脏、皮、鳞、鳍等副产物的综合开发与利用。

（六）促进产业集聚发展加快发展食品产业集群

推广产业集群示范，在具有资源优势物流和消费集中的地区，依托经济实力好、发展潜力大、带动能力强的食品骨干企业，增强配套功能，加强专业分工协作，整合品牌、市场、技术等资源，发展一批上规模、上水平的现代食品工业园区，培育形成以骨干企业为龙头，"专、精、特"中小企业为支撑，配套检验检测、人才培训、科技开发、产品设计、物流建设、融资平台等多项生产性服务业，推动食品工业集约化、规模化发展，形成功能完善、布局合理、资源节约、特色突出的现代食品产业集群。促进全产业链的有效衔接。鼓励食品工业企业积极向上、下游产业延伸和相互协作，建立从原料生产到终端消费各环节在内的全产业链，促进各环节有效衔接，加快产业链间的集成融合，实现优势互补、信息共享、协调发展。

专栏7 "十二五"时期食品加工园区（基地）建设重点

重点方向	发展重点
产业集聚发展	加大对食品加工园区（基地）和产业集群产业升级、节能减排等工作的指导和支持，大力支持一批信息、研发、检测、培训、物流等服务平台的建设。支持集群骨干企业的研发、技术进步和技术改造等，发挥在辐射带动、技术示范、信息扩散和销售网络中的龙头作用，全面带动和促进中小企业健康发展，培育形成一批具有特色、有竞争力的食品产业集群。

（七）大力推进两化融合提升食品工业企业信息化水平

加快推进食品工业企业的信息化建设，引导企业运用信息化技术提升经营管理和质量控制水平，降低管理成本，丰富市场营销方式。

推进食品安全可追溯体系建设。支持食品企业与信息技术企业合作，开发应用可追溯信息技术，建立集信息、标识、数据共享、网络管理等功能于一体的食品可追溯信息系统。重点推进乳制品、肉类、酒类等行业食品可追溯体系建设。

推进物联网技术的示范应用。鼓励有条件的地区实施食品物联网应用示范工程，推进物联网技术在种养殖、收购、加工、储运、销售等各个环节的应用，逐步实现对食品生产、流通、消费全过程关键信息的采集、管理和监控。

完善食品生产企业的信息化服务体系。进一步发挥政府部门、行业组织、企业综合服务机构、信息化服务提供商等的积极作用，推动企业信息化和电子商务公共应用平台等综合性公共服务平台建设，逐步建立和完善"以服务网点为载体、以培训服务为重点、以公共信息服务为支撑"的食品工业企业信息化服务体系，为企业提供专业的信息化应用服务，促进食品工业企业的"两化"融合。建立健全食品工业监测分析与预警体系。

五、重点行业发展方向与布局

（一）粮食加工业

1. 发展方向和重点

调整产业结构，大力发展粮食食品加工业，积极发展饲料加工业，严格控制发展非食品用途的粮食深加工，确保口粮、饲料供给安全。加快产品结构调整，实现产品系列化、多元化。发展国际粮食合作，鼓励国内企业"走出去"，在境外建立稻谷、玉米和大豆加工企业。

稻谷加工业。提高优质米、专用米、营养强化米、糙米、留胚米等产品比重，积极发展米制主食品、方便食品、休闲食品等产品；集中利用米糠资源生产米糠油、米糠蛋白、谷维素、糠蜡、肌醇等产品，有效利用碎米资源开发米粉、粉丝、淀粉糖、米制食品等食用类产品。

小麦加工业。提高蒸煮、焙烤、速冻等面制食品专用粉、营养强化粉、全麦粉等比重，加快推进传统面制主食品工业产业化。鼓励大型企业利用麦胚生产麦胚油、胚芽食品，利用麸皮生产膳食纤维、低聚糖等产品。

玉米加工业。提高饲料工业发展水平，积极开发玉米主食、休闲和方便食品，严格限制生物化工等非食品用途的玉米深加工产品，保证口粮和饲料用粮需求。

大豆加工业。充分利用我国非转基因大豆资源优势，重点发展大豆食品和豆粉类、发酵类、膨化类、蛋白类等新兴大豆蛋白制品。扩大功能性大豆蛋白在肉制品、面制品等领域的应用。着力研发大豆蛋白功能改性、大豆膳食纤维及多糖和新兴豆制品加工技术。

薯类和杂粮加工业。重点发展薯类淀粉和副产物的深加工。鼓励发展薯条、薯片及以淀粉、全粉为原料的各种方便食品、膨化食品，提高薯渣等副产物的综合利用水平。大力发展特色杂粮主食品加工，加快发展各种杂粮专用预混合粉和多谷物食品、速冻食品等主食品及方便食品。

2. 产业布局

在东北、长江中下游稻谷主产区，长三角、珠三角、京津等大米主销区以及重要物流节点，大力发展稻谷加工产业园区，形成米糠、稻壳和碎米综合利用的循环经济模式，重组和建设一批日处理稻谷800吨以上的大型骨干企业。

结合国家优质小麦生产基地建设和消费需求，在黄淮海、西北、长江中下游等地区建设强筋、中强筋、弱筋专用粉生产基地，重组和建设一批日处理小麦1 000吨以上的骨干企业。

在玉米主产区和加工区，加大兼并重组、淘汰落后的力度，坚决遏制玉米深加工能力的盲目扩张，控制深加工玉米消费量在合理水平。培育一大批技术含量高、符合市场需求、具有较强竞争力的骨干企业。

支持东北大豆产区建设大豆食品加工基地，提高豆腐及各种传统豆制品工业化、标准化生产水平，深入开发新型高质量营养食品；支持黄淮海大豆产区发展大豆深加工，延长产业链；鼓励沿海地区加强对大豆加工副产物综合利用，建设一批优质饲用蛋白、脂肪酸、精制磷脂等生产基地。

向集团化发展，通过在马铃薯、甘薯的主产区，发展一批年处理鲜马铃薯6万吨以上的加工基地和年处理鲜甘薯4万吨以上的加工基地；在木薯主产区，适度发展年处理鲜木薯20万～30万吨的加工厂和木薯变性淀粉生产基地；在有条件的地区积极发展特色杂粮加工业。

3. 发展目标

到2015年，粮食加工业总产值达到3.9万亿元，年均增长12%；形成10个销售收入100亿元以上的大型粮食加工企业集团；日处理稻谷200吨以上企业的产量比重提高到60%以上，日处理小麦400吨以上企业的产量比重提高到65%以上，均比2010年提高15个百分点。

（二）食用植物油加工业

1. 发展方向和重点

稳定传统大豆油生产，着力增加以国产油料为原料的菜籽油、花生油、棉籽油、葵花籽油等油脂生产，大力推进以粮食加工副产物为原料的玉米油、米糠油生产，积极发展油茶籽油、核桃油、橄榄油等木本植物油生产，促进油脂品种多元化，提升食用植物油自给水平。提高油料规模化综合利用水平，开发提取蛋白产品。鼓励并支持国内有条件的企业"走出去"，合作开发棕榈、大豆、葵花籽等食用油资源，建立境外食用油生产加工基地，构建稳定的进口多品种油料和食用植物油源的保障体系。

2. 产业布局大豆油脂加工。严格控制新建项目，引导工艺技术装备落后的

大豆加工企业关停并转，降低设备闲置率，提高生产效率。充分发挥东北非转基因大豆优势，稳定当地大豆油脂加工产业集群，淘汰一批落后产能；沿海大豆加工区要进一步压缩产能，鼓励内资企业兼并、重组，积极培育大豆加工和饲料生产一体化的企业。

油菜籽加工。在长江中下游地区，依托现有骨干企业，形成一批日处理油菜籽400吨及以上加工企业。西部内陆地区，依托现有骨干企业，形成一批日处理油菜籽200吨及以上企业。鼓励建设一线多能的多油料品种加工项目，坚决淘汰落后产能。

花生油加工。在大力淘汰落后产能的基础上，努力在主产区培养形成一批日处理花生200吨及以上企业。

油茶籽加工。加强优质高产原料基地建设，在湖南、广西、江西等主产区建设若干年加工油茶籽6万吨以上项目。

其他油料加工。在核桃、油橄榄主产区建设若干年加工原料3万吨以上项目；在棉花主产区形成一批日处理棉籽300吨及以上项目；在内蒙古、黑龙江、新疆等葵花籽主产区建设若干年加工原料10万吨以上项目，鼓励有条件的地区建设一线多能、多油料品种加工项目；依托主要稻谷加工区，建设若干年加工米糠3万吨以上米糠油项目；依托玉米深加工企业或玉米加工集中区，建设若干年处理玉米胚芽6万吨以上玉米油项目。

3. 发展目标

到2015年，食用植物油产量达到2 440万吨，其中国产油料产油量提高到1 260万吨；花生油、菜籽油、棉籽油、葵籽油、米糠油、油茶籽油等植物油产量比重明显提高。淘汰油料加工落后产能2 000万吨左右，油料加工总产能控制在1.8亿吨以内，其中大豆油脂加工能力控制在0.95亿吨以内。

（三）肉类加工业

1. 发展方向与重点

进一步调整生产结构，稳步发展猪肉、牛羊肉和禽肉加工。优化肉类食品结构，提高冷鲜肉比重，扩大小包装分割肉的生产，加强肉、蛋制品的精深加工，实现"变大为小、变粗为精、变生为熟、变裸品为包装品、变废为宝、变害为利"，促进资源的综合利用。加强对名优传统肉类食品资源的挖掘，推动传统肉类禽蛋食品的工业化生产，提高产品质量，培育一批在国际市场上具有明显竞争优势的民族特色品牌。支持区域性骨干肉类食品企业整合产业供应链，实现规模化，扩大市场占有率。

2. 产业布局

结合大中城市屠宰企业的外移，利用原有屠宰厂的场地、设施，发展肉制品加工企业或物流企业。严格控制新增屠宰产能，原则上不再新建生猪、羊年屠宰量在20万头以下、牛年屠宰量在5万头以下、禽年屠宰量在2 000万只以下的企业，限制年生产加工量3 000吨以下的西式肉制品加工企业。推动畜禽主产区集中发展大型屠宰和加工骨干企业，主销区侧重发展肉制品加工、分割配送中心，减少活畜（禽）跨区域调运。

依托优势产区，重点建设华东、华北、西南和东北四大生猪屠宰加工基地；华北、东北两大肉牛屠宰加工基地；河南、内蒙古及河北北部、西北和西南四大肉羊屠宰加工基地；中部和东部禽肉屠宰加工基地。

禽蛋加工业。在粮食主产省区建设鸡蛋加工基地，在洞庭湖、鄱阳湖周边省区建设水禽蛋加工基地，在西南等地建立无公害、绿色放养禽蛋生产加工基地。

3. 发展目标

到2015年，肉类总产量达到8 500万吨，肉类制品及副产品加工达到1 500万吨，占肉类总产量的比重达到17%以上。全国手工和半机械化等落后生猪屠宰产能淘汰50%，其中大中城市和发达地区力争淘汰80%左右。大中城市和大中型肉类屠宰加工企业全面推行ISO9000和ISO22000等管理体系。形成10家100亿以上的大企业集团，肉类行业前200强企业的生产和市场集中度达到80%，培育出2~3个在国际上具有一定竞争力和影响力的肉类食品企业。

（四）乳制品工业

1. 发展方向和重点

加快乳制品工业结构调整，积极引导企业通过跨地区兼并、重组，淘汰落后生产能力，培育技术先进、具有国际竞争力的大型企业集团，改变乳制品工业企业布局不合理、重复建设严重的局面，推动乳制品工业结构升级。

调整优化产品结构，逐步改变以液体乳为主的单一产品类型局面，鼓励发展适合不同消费者需求的特色乳制品和功能性产品，积极发展脱脂乳粉、乳清粉、干酪等市场需求量大的高品质乳制品，根据市场需求开发乳蛋白、乳糖等产品，延长乳制品加工产业链。

2. 产业布局

按照乳制品加工企业选址与奶源基地相衔接、企业规模与乳品生产能力相匹配、产业布局与需求市场相符合的原则，调整优化乳制品工业布局，发挥传统奶源地区的资源优势，加快淘汰规模小、技术落后的乳制品加工产能，推动形成特色鲜明、布局合理、协调发展的乳制品工业新格局。

大城市周边产区。原则上不再布局新的加工项目。支持乳制品加工科技的研究与产业升级，率先实现乳业现代化；鼓励新型乳制品的开发，主要发展巴氏杀菌乳、酸乳等低温产品，适当发展干酪、奶油、功能性乳制品。

东北、内蒙古产区。重点发展乳粉、干酪、奶油、超高温灭菌乳等，根据市场需要适当发展巴氏杀菌乳、酸乳等产品。严格控制建设同质化、低档次的加工项目，扶持建设有国际竞争力的大型项目。

华北产区。合理控制加工项目建设，重点发展乳粉、干酪、超高温灭菌乳、巴氏杀菌乳、酸乳等。

西北产区。合理控制加工项目建设。主要发展便于贮藏和运输的乳粉、干酪、奶油、干酪素等乳制品，适度发展超高温灭菌乳、酸乳、巴氏杀菌乳等产品，鼓励发展具有地方特色的乳制品。

南方产区。根据原料奶资源情况，合理布局乳制品加工企业。主要发展巴氏杀菌乳、干酪、酸乳，适当发展炼乳、超高温灭菌乳、乳粉等乳制品，鼓励开发水牛乳加工等具有地方特色的乳制品。

3. 发展目标

到2015年，原料乳产量达到5 000万吨，增长33.4%；乳制品产量达到2 700万吨，增长15%，其中干乳制品（乳粉、炼乳、奶油、干酪素、乳糖等）产量900万吨，液体乳产量1 800万吨。通过兼并、重组，培育形成一批年销售收入超过20亿元的骨干企业。乳制品加工能力闲置率控制在25%以内。

（五）水产品加工业

1. 发展方向与重点

加快产业优化升级。鼓励企业通过兼并、重组、联营等分工协作，推动水产加工企业产学研联合等方式，促进企业科技创新能力提升；根据现有海洋渔业和水产养殖资源配量，利用区域优势建立水产加工园区，大力发展水产流通，打造产业品牌；开发和引进新工艺、新技术、新设备，提高加工保藏水平，逐渐完善水产品现代化物流体系；积极发展精深加工，生产营养、方便、即食、优质的水产加工品；挖掘海洋产品资源，加大水产品和加工副产物的开发利用力度，提高水产品附加值；实施水产加工产业结构调整和转型升级，引导水产加工企业重视节能环保，走可持续发展道路。

利用现代食品加工技术，发展精深加工水产品，加快开发包括冷冻或冷藏分割、冷冻调理、鱼糜制品、罐头等即食、小包装和各类新型水产功能食品，鼓励企业建立标准化物流中心，重点开发、推广水产品保活保鲜运输技术，实施渔船保鲜、冷冻、冷藏储运改造工程，建立符合我国国情的现代化水产品物流体系。提高水生生物资源和生产性资料的利用率，发展低能耗、低排放、低污染的环境友好型水产加工业。

2. 产业布局

坚持因地制宜、发挥比较优势。加快培育一批水产食品加工龙头企业，着力建设黄渤海、东南沿海、长江流域三个水产品出口加工优势产业带，鼓励黄渤海地区在巩固来料加工及对虾、贝类、海藻加工优势基础上，积极向海洋功能食品领域延伸；鼓励东南沿海地区在巩固鳗鲡、对虾、贝类、大黄鱼、罗非鱼、海藻加工优势基础上，大力发展远洋水产品和近海捕捞水产品精深加工；鼓励长江流域在巩固河蟹、斑点、鳗鲡、小龙虾、海藻加工优势基础上，大力发展精深加工和副产品高值化利用。引导和扶持内陆省份开展淡水产品加工。形成全国沿海一条线、内陆局域成片、产业一条链的水产品加工产业格局。

3. 发展目标

到2015年，水产品加工总产量达到6 000万吨以上，水产品加工总产值达到3 800亿元以上，年均增长10%以上。水产品加工率提高到45%以上，冷冻调理食品和分割小包装食品的比例占水产冷冻加工品的比例达到30%以上。培育形成年产值超20亿元、具有明显区域带动作用的水产品加工大型企业20家、超10亿元的100家。

（六）果蔬加工业

1. 发展方向与重点

大力发展果蔬汁和果蔬罐头。发展浓缩果蔬汁（浓缩苹果汁除外）、非浓缩还原（NFC）果蔬汁、复合果蔬汁、果蔬汁产品主剂等品种，积极发展柑橘、桃、菠萝、食用菌以及轻糖型罐头、混合罐头等产品，大力发展香菇、洋葱、大蒜、南瓜等脱水产品，扩大脱水马铃薯、甜玉米、洋葱、胡萝卜、豌豆等生产规模；稳步发展芋头、菠菜、毛豆、青刀豆等速冻蔬菜，增加速冻草莓、速冻荔枝、速冻杨梅等速冻水果的生产。

加快发展果蔬物流。重点推广应用果蔬储运保鲜新技术，开发新型果蔬保鲜剂、保鲜材料，果蔬质量与安全快速检测技术，发展果蔬冷链储运系统，建立果蔬物流信息平台，大力发展果蔬物联网，提高果蔬物流水平。

2. 产业布局

果蔬汁加工。在原料主产区发展浓缩果蔬汁（浆）等加工，主要消费区域发展果蔬汁终端产品，形成与消费需求相适应的产品结构。在新疆等西部地区发展番茄酱、浓缩葡萄汁，在河北、天津、安徽等地发展桃浆、浓缩梨汁，在重庆、湖北、四川等地发展浓缩柑橘汁与NFC柑橘汁，在海南、广西、云南等地发展热带果汁。

果蔬罐头加工。在浙江、福建、湖南、山东、安徽、新疆、河北等传统生产省份，集中发展柑橘罐头、桃罐头、食用菌罐头、番茄罐头等的生产，加强副产物的综合利用、开发高附加值产品。充分考虑原料基地和产品市场两大因素，对加工业进行合理布局。

脱水果蔬加工。重点在果蔬主产地及东南沿海地区发展脱水果蔬产业，建立脱水果蔬出口加工基地，同时向西部和东北地区发展，增强向南亚、中亚及俄罗斯等欧洲国家的出口能力，形成"优势品种、优势产区"的"双优"加工布局。

速冻果蔬。在果蔬主产地及东南沿海地区，发展速冻果蔬产业，建立速冻果蔬出口加工基地，同时向东北、新疆、云南等边疆省份发展，形成环形发展布局。

3. 发展目标

到2015年，果蔬加工行业产值达到3 000亿，果蔬汁产量达到300万吨，果蔬罐头产量超过200万吨。果蔬冷链运输量占商品果蔬总量的30%以上，水果平均加工转化率超过15%，其中苹果达到30%，蔬菜平均加工转化率达到5%以上。

（七）饮料工业

1. 发展方向与重点

积极发展具有资源优势的饮料产品。鼓励发展低热量饮料、健康营养饮料、冷藏果汁饮料、活菌型含乳饮料；规范发展特殊用途饮料和桶装饮用水，支持矿泉水企业生产规模化；大力发展茶饮料、果汁及果汁饮料、咖啡饮料、蔬菜汁饮料、植物蛋白饮料和谷物饮料。

加强自主品牌建设，支持优势品牌企业跨地区兼并重组、技术改造和创新能力建设，推动产业整合，提高产业集中度，增强品牌企业实力；积极开拓国际市场，提高自主品牌的知名度和竞争力；完善认证和检测制度，提高国际社会对我国检测、认证结果的认可度，树立自主品牌国际形象。

加快原料基地建设，建立高集中度、高水平、高标准、高酸度的苹果原料生产基地，满足高酸浓缩苹果汁加工的需求，改良柑橘品种、建设宜汁加工柑橘原料基地。

2. 产业布局

以水果、蔬菜及其他农产品为原料的饮料企业建立在原料产区，矿泉水企业建立在矿泉水矿区附近；茶粉、茶浓缩液主要布局在东南沿海和长江中下游地区；矿泉水产业主要布局在吉林、黑龙江、山东、四川、西藏、云南、福建、江西、广西、广东、海南。

3. 发展目标

到2015年，饮料总产量达到1.6亿吨，年均增长10%左右。产品结构更加合理，碳酸饮料、果蔬汁类饮料、包装饮用水、茶饮料、蛋白饮料、其他饮料产量的比例分别为14∶15∶39∶13∶15∶3。

（八）制糖工业

1. 发展方向和重点

加快推进现代产业体系建设，以加强产业链各环节利益联系为核心，完善利益分配机制，促进行业协调发展，不断增强产业可持续发展能力。加强糖料生产规模化建设，加快糖料种植现代化步伐，依靠科技提高糖料单产和含糖量，推进农户种植合作化经营。加快产业结构调整步伐，稳步推进大集团战略，向规模化、集约化方向发展。普及推广新技术、新装备，推进清洁生产和节能减排，提高综合利用水平。加大行业标准制（修）订力度，提高产品质量，全面提升我国糖业的综合竞争力。加强政府对食糖市场的宏观调控，坚持"以国产食糖为主，适当进口食糖补充不足"的平衡原则，国产糖的自给率力争稳定在85%左右。

2. 产业布局

通过加快甜菜优良品种选育、规模化种植、水利化和机械化推广的步伐，促进甜菜糖恢复性增长，保持甜菜糖与甘蔗糖的协调发展。

南方蔗糖区。以广西、云南、湛江、海南为重点，积极推进企业间的整合重组，鼓励企业采用大型、节能、高效的生产设备，加快节能减排、综合利用等技术的推广应用，构建资源节约、环境友好型制糖工业。

北方甜菜糖区。重点扶持新疆、黑龙江、内蒙古等甜菜糖主产区，加大甜菜优良品种的推广工作力度，提高单产水平和含糖量；发挥现有企业集团的引领作用，提高制糖工业的综合竞争力。

3. 发展目标

到2015年，食糖产量1 600万吨左右。日处理糖料能力达到121万吨，其中：甘蔗日处理糖料能力105万吨，甜菜日处理糖料能力16万吨；甘蔗糖标准煤消耗低于5吨/百吨原料，甜菜糖标准煤消耗低于6吨/百吨原料，化学需氧量排放总量比2010年下降10%。

（九）方便食品制造业

1. 发展方向和重点

加快推进方便食品制造业的快速发展，重点发展冷冻冷藏、常温方便米面制品等主食食品，推进传统米面食品、杂粮和中餐菜肴的工业化。推进冷冻米面行业扩大规模，继续提高速冻食品产量，拓宽冷冻食品加工范围，鼓励冷冻调理食品、冷冻点心和营养型冷冻产品等新产品的发展。改进现有的产品工艺，提高行业节能水平；支持冷冻食品相关原料、食品添加剂、包装材料和物流系统的发展，促进整个冷冻食品产业链的同步协调发展。

进一步发展常温方便主食产品，改变传统方便面高油脂和缺乏维生素、矿物质及纤维素等结构性营养问题，开发即食米饭、米粉、米线、馄饨、鲜湿面条等新产品和相关技术。提高产品质量，提升产品档次，改变常温方便食品产品同质化、低水平恶性竞争的局面。

加快方便食品新产品开发，向多品种、营养化、高品质方向发展，积极发展风味独特、营养健康的休闲食品，开发风味多样、营养强化的焙烤食品，满足市场细分需求。

2. 产业布局

按照靠近原料产地、重点销区以及交通条件优越、具有良好物流配套条件的原则，以市场为导向，优化调整方便食品加工业布局，鼓励加工企业更多地向中西部地区布局。

大城市周边产业区，包括京津地区、长三角地区和珠三角地区，鼓励高附加值、高品质和功能化的方便主食以及中餐菜肴的发展，鼓励休闲食品的发展。中原地区，以河南为重点发展面粉原料为主的方便主食和杂粮食品。东北、长江中下游地区，发展以稻米为主的方便主食食品、三餐食品和休闲食品。华北、西北和西南地区，发展以杂粮为主的休闲食品、副食以及三餐食品。

3. 发展目标

到2015年，方便食品制造业产值规模达到5 300亿，年均增长30%，其中冷冻米面食品行业、方便面、其他常温方便主食、方便休闲食品等行业销售收入分别达到1 200亿元、1 000亿元、800亿元和1 000亿元。形成10个销售收入超过100亿元的大型方便食品加工企业集团。

（十）发酵工业

1. 发展方向与重点

努力提高非粮原料比重，减少玉米等粮食原料的消耗量。积极发展高附加值新产品，加快开发拥有自主知识产权的食品行业专用酶制剂，适度发展发酵法生产小品种氨基酸（赖氨酸、谷氨酸除外）、新型酶制剂（糖化酶、淀粉酶除外）、多元醇、功能性发酵制品（功能性糖类、真菌多糖、功能性红曲、发酵法抗氧化和复合功能配料、活性肽、微生态制剂）等生产。推进高附加值氨基酸、有机酸、特种功能发酵制品、新型香精香料和多元醇等产品的产业化；推动食品配料及添加剂等产品生物制造工艺的改造升级，培育新型食品配料及添加剂、新型酶制剂、新型生物基材料等生物制造新产品。

继续抓好节能减排，研究生物转化途径及绿色制造工艺，改造高耗能、高耗水、污染大、效率低的落后工艺和设备，推广应用离心清液回收、糟液全糟处理等节能减排技术，大幅度减少污染物的产出和排放，降低能耗和水耗，推进清洁生产和循环发展。加快淘汰落后产能，重点限制5万吨/年以下且采用等电离交提取工艺的味精生产线、2 000吨/年以下的酵母加工项目和年加工玉米30万吨以下、总干收率在98%以下玉米淀粉湿法生产线；重点淘汰3万吨/年以下味精生产装置，2万吨/年以下柠檬酸生产装置，年处理10万吨以下、总干物收率97%以下的玉米淀粉湿法生产线和年产3万吨以下酒精生产线。

2. 产业布局

推动发酵产业由中东部和沿海地区向东北、内蒙古及中西部资源优势明显、能源丰富的地区转移，建设与资源相匹配的发酵工业基地。加快对山东、内蒙古氨基酸，山东有机酸和淀粉糖，湖南、湖北酶制剂，湖北、广西酵母，浙江功能性生物制品等行业的兼并重组和技术提升改造。

3. 发展目标

到2015年，发酵工业总产值达4 600亿元以上，年均增长率达15%以上；培育5家销售收入超过100亿元的发酵工业企业，10家以上销售收入超过50亿的发酵工业企业；非粮原料所占比重由5%提高到15%左右；以功能糖、多元醇、酶制剂等为代表的高成长性、高附加值发酵制品比重由60%提高到70%以上，味精、柠檬酸等产品比重由24%下降到18%以下。

（十一）酿酒工业

1. 发展方向与重点

优化酿酒产品结构，重视产品的差异化创新。针对不同区域、不同市场、不同消费群体的需求，精心研发品质高档、行销对路的品种，宣传科学知识，倡导健康饮酒。注重挖掘节粮生产潜力，推广资源综合利用，大力发展循环经济，推动酿酒产业优化升级。按照"控制总量、提高质量、治理污染、增加效益"的原则，在确保粮食安全的基础上，鼓励白酒行业通过改造升级，加快淘汰落后产能，优化产品结构，完善质量保障体系，提高产品质量安全水平；逐步增加高附加值啤酒产品比例，啤酒风味向多元化、多品种等个性化方向发展，鼓励中小型啤酒企业生产特色啤酒；注重葡萄酒原料基地建设，逐步实现产品品种多样化，促进高档、中档葡萄酒和佐餐酒同步发展；加快改良露酒产品，使其更贴近大众偏爱的消费口味；根据水果特性，生产半甜型、甜型等不同类型的果酒产品；扩大黄酒行业干型、半干型产品产量，适度发展甜型、半甜型产品，研发适宜北方地区的创新产品。

2. 产业布局

依托原料禀赋、能源优势建设酿酒工业生产基地；培育优质酿酒原辅料产区，推动西部原料产区建设；继续推动酿酒企业进入资本市场，优化多种所有制并存的产业经济格局；支持企业通过收购、控股、并购、重组、强强联合，形成集团化、规模化的大型酿酒企业集团，提高产业集中度和企业竞争力。大力推动酿酒产业集群建设，积极建立酿酒生产园区，鼓励和规范酿酒产业特色区域的发展。

3. 发展目标

到2015年，销售收入达到8 300亿元，年均增速达到10%以上；酒类产品产量年均增速控制在5%以内，非粮原料（葡萄及其他水果）酒类产品比重提高1倍以上。

（十二）食品添加剂和配料工业

1. 发展方向和重点

加快产业整合，鼓励企业通过兼并重组等手段，提高产业集中度，改变食品添加剂和配料行业企业规模小、产业布局分散的局面，加快产业向规模化、集约化、效益化方向发展；通过产业技术创新战略联盟等形式，加强产学研结合，提高产业自主创新能力；加大产业技术改造力度，促进产业技术升级；加快发展功能性食品添加剂，鼓励和支持天然色素、植物提取物、天然防腐剂和抗氧化剂、功能性食品配料等行业的发展，继续发展优势出口产品。

重点利用生物工程技术提高酶制剂、生物发酵制品等行业的技术水平，利用膜分离、分子蒸馏、色谱分离等现代分离提取技术，提高提取物产品质量，利用高新技术提高化学合成产品的纯度。集成、使用现代化成套设备，提高企业自动化水平，推动产业整体技术进步；加快提高污染治理水平和综合利用能力，鼓励企业建设检验检测中心，提高产品的全程检测控制能力。

2. 产业布局

继续发挥上海、广东、浙江、江苏、山东等沿海地区的技术优势，将食用香精、功能糖制造等优势产业做大做强，进一步突出特色，增强规模优势和品牌效应。利用东北、华北、西北等地区的原料及能源优势，发展黄原胶、变性淀粉、氨基酸、有机酸等产品，培育一批在国际上占主导地位的龙头企业。利用新疆、云南、河北、江西、安徽等特色原料优势，发展色素、甜菊糖等天然植物提取物产业。

3. 发展目标

到2015年，食品添加剂制造业总产值达到1 100亿元，产品产量达到1 100万吨，年均增长10%以上。形成10个具有知名品牌、产值达20亿~50亿元的大型企业（集团）。建设5个产品特色鲜明、规模效益突出的食品添加剂和食品配料产业基地。

（十三）营养与保健食品制造业

1. 发展方向与重点

开展食物新资源、生物活性物质及其功能资源和功效成分的构效、量效关系以及生物利用度、代谢效应机理的研究与开发，提高食品与保健食品及其原材料生产质量和工艺水平，发挥和挖掘我国特色食品原料优势。大力发展天然、绿色、环保、安全有效的食品、保健食品和特殊膳食食品；以城乡居民日常消费为重点，开发适合不同人群的营养强化食品，孕妇、婴幼儿及儿童、老人、军队人员、运动员、临床病人特殊膳食食品，以及用于补充人体维生素、矿物质的营养素补充剂；结合传统养生保健理论，充分利用我国特有动植物资源和技术开发具有民族特色和新功能的保健食品。调整产业结构，改变企业规模小、技术水平低、产品同质化等状况。加强技术创新和成果转化，提高产业科技水平，提升企业核心竞争力。

2. 产业布局

在长三角、珠三角、环渤海等地区，重点研发和生产优质蛋白食品、膳食纤维食品、特殊膳食食品、营养配餐和新功能保健食品等；在中西部地区，重点培育和发展保健食品和营养强化食品，建设特殊膳食食品原材料基地，推动原料资源优势向产业优势转化。

3. 发展目标

到2015年，营养与保健食品产值达到1万亿元，年均增长20%；形成10家以上产品销售收入在100亿元以上的企业，百强企业的生产集中度超过50%。

六、政策措施

（一）严格市场准入

乳制品项目继续从严核准，玉米深加工项目继续实行核准制，大豆压榨及浸出项目从严控制。提高市场准入门槛，对大米加工、小麦粉加工、食用植物油加工、肉及肉制品加工、饮料、水产品、果蔬加工等关系国计民生的敏感行业制定严格的行业准入条件。

（二）发挥政府作用

继续发挥中央和地方财政对食品工业的引导和支持作用，支持关键技术创新与产业化、重点装备自主化、食品及饲料安全检（监）测能力建设、节能减排和资源综合利用、食品加工产业集群以及自主品牌建设等重点项目建设。完善农业结构调整资金、粮食风险基金、农业综合开发、中小企业发展专项资金等资金投向和项目选择协调机制，提高资金使用效率。中小企业发展专项资金等继续支持食品加工企业。

（三）推进节能减排

制定和实施重污染食品工业污染防治最佳可行技术导则，有效引导企业实施清洁生产、节能减排，发展循环经济。尽快研究制定淘汰落后产能的实施细则，明确淘汰标准，量化淘汰指标，加大重点食品行业淘汰落后产能力度，解决好职工安置、企业转产、债务化解等问题，促进社会和谐稳定。制定食品行业综合利用高浓度废水、污泥等废弃物的鼓励政策，积极支持利用"三废"（废液、废渣、废气）生产生物质能源及综合利用。

（四）强化安全监管

加大对食品安全监测能力建设的支持，健全食品质量安全监管体系，完善食品质量追溯制度，加强食品标准体系建设。按照食品安全监管和食品安全风险监测的需要，配备适用的检验检测设备，特别要加强基层相关部门检（监）测能力建设，支持食品安全检验设备自主化，推进我国检验设备产业化发展；配备与培训符合要求的检测专业人员，保障各监管部门及食品安全风险监测机构的检测设备维护和人员培训等经费。

（五）维护产业安全

严格按照《外商投资产业指导目录》和项目核准有关规定，加强对豆油、菜籽油、花生油、棉籽油、茶籽油、葵花籽油、棕榈油等食用油脂加工、玉米深加工等行业外资准入管理。做好外资并购境内重要农产品企业安全审查工作。依法运用反倾销、反补贴、保障措施等贸易救济措施保护国内食品产业安全。

（六）促进境外投资

支持有条件的企业通过绿地投资、并购、参股、交叉换股等多种方式，到境外投资建设原料生产基地、生产工厂、物流设施、购销网络、装备等产业。鼓励国内银行在风险可控的前提下，通过出口信贷、项目融资、并购贷款等多种方式，对境外投资给予信贷支持。加强境外投资相关信息服务，出台海关、商检、人员出入境等方面便利化措施。

（七）提高企业诚信

加强社会信用管理体系建设，加快推进食品工业企业诚信体系建设，引导和支持企业建立诚信制度、实施国家标准；发挥行业协会在诚信体系建设工作中的积极作用，组织企业参与诚信评价活动，做好行业质量诚信宣传，严格行业自律；积极支持企业诚信体系必备的基础设施建设，鼓励社会资源向诚信企业倾斜，在政府采购、招投标管理、公共服务、项目核准、技术改造、融资授信、社会宣传等环节参考使用企业诚信相关信息及评价结果，对诚信企业给予重点支持和优先安排。

（八）引导健康消费

倡导适度加工。加强食品安全、食品营养知识和健康消费模式的宣传、普及，加强中小学生食品营养科普教育，增强全社会健康消费意识，引导合理饮食，促进科学消费、健康消费。

七、规划实施

国务院有关部门要结合规划任务与政策措施，加强沟通，密切配合，确保规划顺利实施，要适时开展规划的中期评估和后评价工作，及时提出评价意见。

食品工业重点地区要按照规划确定的目标、任务和政策措施，结合当地实际情况，制定本地区食品工业发展规划并认真组织实施。规划实施过程中出现的新情况、新问题要及时报送国家发展改革委与工业和信息化部等有关部门。

国家发展和改革委员会　工业和信息化部
二〇一一年十二月

三、教育部

1. 教育部等6部门关于进一步做好农村订单定向医学生免费培养工作的意见

教育部等6部门关于进一步做好农村订单定向医学生免费培养工作的意见

各省、自治区、直辖市教育厅（教委）、发展改革委、卫生计生委、财政厅（局）、人力资源社会保障厅（局）、中医药管理局，新疆生产建设兵团教育局、发展改革委、卫生局、财务局、人力资源社会保障局，兰州大学：

2010年，国家发展改革委等部门启动实施了农村订单定向医学生免费培养工作。为贯彻落实《国务院关于建立全科医生制度的指导意见》（国发〔2011〕23号）、《国家卫生计生委等7部门关于建立住院医师规范化培训制度的指导意见》（国卫科教发〔2013〕56号）和《教育部等6部门关于医教协同深化临床医学人才培养改革的意见》（教研〔2014〕2号）精神，进一步做好农村订单定向医学生免费培养工作，现提出以下意见。

一、继续实施农村订单定向医学生免费培养工作

重点为乡镇卫生院及以下的医疗卫生机构培养从事全科医疗的卫生人才。免费医学生分5年制本科和3年制专科两种，以5年制本科为主，培养专业主要是临床医学、中医学（含民族医学，下同）专业，培养工作主要由举办医学教育的地方高等学校承担。3年制专科主要面向乡镇卫生院以下的医疗卫生机构和欠发达地区乡镇卫生院医疗卫生岗位，其培养、使用和支撑保障政策参照本科免费医学生有关规定执行。培养工作向集中连片特困地区、国家扶贫开发重点工作县倾斜。省级卫生计生、中医药、人力资源社会保障、财政部门根据本地农村卫生队伍建设发展规划和需求，于上年11月份前确定下一年度定向单位和岗位数，并会同省级教育行政部门提出各类免费医学生需求数量计划；省级教育行政部门商卫生计生、中医药、发展改革部门确定开展免费医学生培养的学校，省级卫生计生、中医药行政部门和教育行政部门联合与学校签署免费医学生培养协议。

二、统筹做好免费医学生招生录取工作

订单定向培养计划作为定向就业招生计划，纳入普通高等学校年度招生规模。报考免费医学

定向就业招生计划的考生均须参加当年全国统一高考，实行单列志愿、单设批次、单独划线，本科计划在本科提前批次录取，高职计划在高职提前批次录取。免费医学生面向培养高校所在地全省（区、市）招生，原则上只招收农村生源，在符合投档要求的考生范围内，优先录取定岗单位所在县生源。生源不足时，未完成的计划可在院校所在同批次补征志愿时重新公布剩余计划，并按补征的考生志愿及录取要求，从高分到低分顺序录取，直至完成计划。中央财政支持的本科层次免费医学生在招生来源计划中单列编制，计划性质为"免费医学定向"。免费医学生录取后、获得入学通知书前，须与培养学校和定向就业所在地的县级卫生计生、人力资源社会保障行政部门签署定向就业协议，承诺毕业后到定向农村基层医疗卫生机构服务6年。免费医学生在学期间户籍仍保留在原户籍所在地，毕业后可按有关规定迁入定向就业所在地区。

三、落实好免费医学生培养经费

免费医学生在校学习期间免除学费，免缴住宿费，并补助生活费，学费、住宿费标准按照当地物价部门制定的收费标准执行，生活费补助标准由各省（区、市）结合实际确定，所需经费由省级财政在医疗卫生支出中统筹落实。国家每年为中西部乡镇卫生院招收5 000名左右5年制临床医学、中医学专业的本科免费医学生，中央财政予以经费补助并将适时调整生均补助标准。免费医学生的生均拨款正常划拨。

四、改革免费本科医学生人才培养模式

要根据农村医疗卫生服务的特点，深化农村订单定向免费医学本科生人才培养模式改革，加强学生服务基层的荣誉感和责任感教育。

（一）完善免费医学教育人才培养目标

培养适应我国农村医疗卫生事业发展需要，具有良好的职业道德和较强的服务基层群众健康的意识，掌握扎实的医学基础理论、基本知识和基本技能，初步具备解决农村常见病、多发病、传染病和地方病等疾病的基本诊疗能力和相关公共卫生服务能力，毕业后经全科专业的住院医师规范化培训合格，能在农村基层医疗卫生机构从事全科医疗的下得去、用得上、留得住的高素质医疗卫生人才。

（二）优化调整教学内容和课程体系

要根据农村医疗卫生服务要求，优化课程设置，统筹安排基础医学课程与临床医学课程，推进基础医学、公共卫生与临床医学的有机结合，强化实践教学环节，将实践教学纳入课程体系，增加本地区常见病、多发病、传染病、地方病的诊疗防控、中医学（民族医学）常用诊疗技术和计划生育技术的教学内容，加强全科医学理念和专业素质培养，构建与农村医疗卫生工作相适应的课程体系和教学内容。

（三）加强免费医学生临床能力培养

改革临床实践教学体系，实施早临床、多临床、反复临床教学计划，加强基层实践教学基地能力建设，优先考虑承担免费医学生培养任务的高校附属医院全科医生临床培养基地建设。增加免费医学生到县级医院、社区卫生服务中心、乡镇卫生院和县级公共卫生机构等基层医疗卫生机构见习、实习时间。

五、切实做好免费医学毕业生就业安排

免费医学生毕业后，按照入学前签署的定向就业协议，到相应县级卫生行政部门报到，由基

层医疗卫生机构按照有关规定与之签订聘用合同，办理相关手续，实行合同管理。免费医学毕业生在协议规定的服务期内，经县级卫生计生行政部门批准，可在县域行政范围内的农村基层医疗卫生机构之间流动。

六、积极开展免费医学生毕业后教育培训

免费本科医学毕业生报到就业后，均须按照规定参加3年全科专业住院医师规范化培训，免费专科医学毕业生均须按规定参加2年助理全科医生培训。培训期间的人员管理、待遇、经费保障等政策按照有关规定执行。经招收录取纳入住院医师规范化培训或助理全科医生培训，并取得《住院医师规范化培训合格证书》或《助理全科医生培训合格证书》者，3年住院医师规范化培训时间或2年助理全科医生培训时间计入6年服务期内。取得《住院医师规范化培训合格证书》并达到学位授予标准的临床医师，可以研究生毕业同等学力申请并被授予临床医学或中医硕士专业学位。免费医学毕业生按规定参加医师资格考试，考试合格者按相关规定注册为全科医师或全科助理医师。免费医学毕业生在服务期内，医师执业证书注明执业地点限乡镇卫生院和村卫生室。在服务期内参加住院医师规范化培训或助理全科医生培训的，执业注册按注册管理有关规定执行。

七、加强免费医学毕业生就业履约管理

不能毕业的免费医学生，要按规定退还已享受的减免教育费用和生活补助；延期毕业的，延续学年内的相关培养费用由学生本人承担。毕业及参加住院医师规范化培训或助理全科医生培训后未按协议到农村基层医疗卫生机构工作的免费医学生，要按规定退还已享受的减免教育培训费用和生活补助并缴纳违约金，具体办法由省级卫生计生、中医药、教育、财政、人力资源社会保障部门制定。省级卫生计生、中医药行政部门负责本行政区域内免费医学毕业生的履约管理，履约情况纳入医师诚信管理，公布违约记录，并记入人事档案。

八、完善免费医学毕业生职业发展的政策措施

在农村基层医疗卫生机构工作的免费医学毕业生，注册全科医师后可提前一年晋升中级职称。职称晋升按照国家有关规定可放宽外语要求，不对论文作硬性规定，把接诊量、服务质量、群众满意度等作为免费医学毕业生职称晋升的重要因素。对按协议到农村基层医疗卫生机构工作的免费医学毕业生，主管部门及其所在的基层医疗卫生机构要按照国家政策落实有关工资待遇，提供必要的工作生活条件和周转住房。取得《住院医师规范化培训合格证书》的免费医学毕业生，优先纳入全科医生特岗计划。在开展或参加各类业务培训时，要优先安排免费医学毕业生，鼓励其不断提高业务能力。对服务满6年、愿意继续留在基层医疗卫生机构工作的免费医学毕业生，所在单位要在绩效工资分配上予以适当倾斜。对服务满6年的免费医学毕业生，在城市公立医院和社区卫生服务中心公开招聘时，同等条件下优先聘用。

九、加强免费医学生培养工作的组织领导

各有关地区、部门和高等学校要进一步充分认识免费医学教育在基层医疗卫生服务体系建设中的重要作用，将该项工作作为深化医药卫生体制改革和学校改革发展的重要内容，结合本地实际，制订具体实施办法，加大投入，加强管理，为基层医疗卫生机构培养输送高素质的医疗卫生人才，有效提升基层医疗卫生机构的服务能力和水平。省级卫生计生、中医药行政部门负责协调

落实免费医学毕业生工作岗位；省级人力资源和社会保障部门负责免费医学毕业生人事接转工作；省级财政部门负责落实相关经费保障。对中央财政支持中西部地区培养的免费本科医学生，各有关省级发展改革、人力资源社会保障、卫生计生、中医药、教育部门在免费医学生毕业当年6月10日前将免费医学生的就业落实情况报上级主管部门。

教育部　国家发展改革委　国家卫生计生委

财政部　人力资源社会保障部　国家中医药管理局

2015年5月19日

来源：http://www.moe.edu.cn/publicfiles/business/htmlfiles/moe/s7955/201505/188004.html

2. 教育部关于做好2015年重点高校招收农村学生工作的通知

教育部关于做好2015年重点高校招收农村学生工作的通知

各省、自治区、直辖市高校招生委员会、教育厅（教委），新疆生产建设兵团教育局，有关部门（单位）教育司（局），部属各高等学校：

为贯彻党的十八届三中、四中全会精神，落实《中共中央国务院关于加大改革创新力度加快农业现代化建设的若干意见》（中发〔2015〕1号）、《国务院关于深化考试招生制度改革的实施意见》（国发〔2014〕35号）以及2015年《政府工作报告》，畅通农村和贫困地区学子纵向流动渠道，现就做好2015年重点高校招收农村学生工作的有关要求通知如下：

一、继续实施农村贫困地区定向招生专项计划

1. 合理安排招生计划。农村贫困地区定向招生专项计划（以下简称国家专项计划）由中央部门高校和地方"211工程"高校为主的本科一批招生学校承担，招生规模为5万名。有关高校特别是中央部门高校要统筹好招生计划的增量安排和存量调整，综合考虑有关省（区、市）贫困地区生源比例等因素，合理安排分省计划，并向农村考生数量多、升学压力大的省份倾斜。

2. 严格报考条件。国家专项计划实施区域为832个贫困县（包括所有集中连片特殊困难县和国家级扶贫开发重点县，含新疆生产建设兵团在新疆南疆三地州的22个团场），以及重点高校录取比例相对较低的河北、山西、安徽、河南、广东、广西、四川、贵州、云南、甘肃等省区。考生具有本省（区、市）实施区域当地连续3年以上户籍和当地高中连续3年学籍并实际就读、符合当年统一高考报名条件、父母或法定监护人具有当地户籍的，均可报考本省（区、市）实施区域的国家专项计划。有关省（区、市）可根据实际情况制订具体报考条件及实施办法。

3. 完善录取办法。国家专项计划招生办法和工作流程按照教育部等部门《关于实施面向贫困地区定向招生专项计划的通知》（教学〔2012〕2号）有关要求执行，对有政审、面试、体检等特殊招生要求的高校可安排在提前批次录取。有关省（区、市）要进一步优化工作流程，探索完善投档录取办法，增加考生选择机会。录取分数原则上不低于招生学校所在批次科类录取控

制分数线，同批次内生源不足时，不得擅自将未完成的计划调整为普通计划录取，应通过多次公开征集志愿方式录取。经征集志愿仍未完成的计划，应适当降分录取，确保完成招生任务。

二、继续实施农村学生单独招生

1. 适度增加招生计划。农村学生单独招生（以下简称高校专项计划）由教育部直属高校和其他自主招生试点高校承担，招生计划不少于学校本科招生规模的2%，具体规模将在我部招生计划文件中明确。有关高校特别是农村学生比例相对较低的高校，要进一步加大工作力度，扩大招生名额，努力使本校农村学生比例明显提高。中央部门高校要将调减的特殊类型招生名额优先安排高校专项计划。

2. 明确实施区域和考生其他报考条件。高校专项计划主要招收边远、贫困、民族等地区县（含县级市）以下高中勤奋好学、成绩优良的农村学生。有关省（区、市）根据上述要求确定具体实施区域。申请考生及其父母或法定监护人户籍须在本省（区、市）实施区域的农村，本人须具有当地连续3年以上户籍和当地高中连续3年学籍并实际就读、符合当年统一高考报名条件。考生户籍、学籍资格审核办法由有关省（区、市）研究确定。已经完成或正在推进户籍制度改革的地区，要根据《国务院关于统计上划分城乡规定的批复》（国函〔2008〕60号）有关要求，以及国家统计局公布的最新年度《统计用区划代码》和《统计用城乡划分代码》，确定考生户籍地区范围。

3. 科学制订考核及录取办法。有关高校要结合农村学生特点及相关中学实际情况，进一步完善考生申请要求和考核录取办法。要充分发挥学科专家作用，认真审核考生申请材料，合理确定参加本校考核考生名单。有关高校和中学要创新服务举措，通过对家庭经济困难考生给予经济补贴、探索选派专家到当地开展考核或网络远程视频面试等方式，为考生顺利参加报名、考核提供便利和帮助。考核录取工作管理参照自主招生办法执行，录取工作实行单独填报志愿、单独投档录取，原则上与自主招生同时进行。入选考生高考成绩总分录取要求，原则上不低于有关高校所在批次科类录取控制分数线。

4. 合理安排工作时间。4月15日前，有关省级教育行政部门向社会公布本省（区、市）确定的实施区域，有关高校公布招生简章。4月15日至5月5日，考生在阳光高考平台（http://gaokao.chsi.com.cn/gxzxbm）完成报名申请。5月30日前，有关省（区、市）完成考生户籍、学籍资格审核并进行公示，有关高校完成考生申请材料审核。6月3日前有关高校确定参加学校考核考生名单并进行公示。高校考核、确定入选资格考生名单等工作在高考后、高考成绩公布前进行。

三、继续实施地方重点高校招收农村学生专项计划

地方重点高校招收农村学生专项计划（以下简称地方专项计划）由各省（区、市）本地所属重点高校承担，招生计划由各省（区、市）根据本地实际情况确定，原则上不少于有关高校本科一批招生规模的3%。各省级教育行政部门要在保证国家专项计划的基础上，加大本地优质高等教育资源的统筹，指导有关高校足额落实招生计划。地方专项计划实施区域、报考条件和录取办法由各省（区、市）因地制宜确定。各省级教育行政部门须于4月30日前将本省（区、市）地方专项计划实施方案报我部备案。

四、确保考试招生工作公平公正

1. 强化资格审核和规范管理。各省（区、市）要根据本地户籍制度改革实际情况，认真研究制定国家专项计划、高校专项计划、地方专项计划的考生户籍、学籍资格审核办法，建立教育、公安等部门联合审核工作机制，确保考生户籍、学籍真实准确。各省级教育行政部门、招生考试机构和有关高校要认真细化实施方案，严格执行有关招生政策规定和招生计划，规范工作程序和流程，严格审查考生投档和录取资格，严防资格造假和违规录取。有关高校不得录取不符合实施区域和学籍、户籍等要求的考生。

2. 加大信息公开和社会监督。各省（区、市）和高校要建立和完善分级负责、规范有效的国家、地方、高校、中学等多级高校招生信息公开机制。严格落实招生信息"十公开"，及时公开招生政策、招生资格、招生简章、招生计划、考生资格、录取程序、录取结果、咨询及申诉渠道、重大事件违规处理结果、录取新生复查结果等信息。有关招生考试机构和中学要及时公开有关专项计划实施区域，公示户籍、学籍资格审核通过的考生名单（包括考生姓名、学籍所在学校、本人及父母或法定监护人户籍所在地等信息）。有关高校要及时公示高校专项计划的参加学校考核考生名单、考生考核成绩、合格标准、入选资格考生名单、录取结果等信息，接受社会广泛监督。

3. 严查各类违规违纪行为。各省级教育行政部门、招生考试机构和高校要严肃工作纪律，加强监督检查，建立申诉举报机制，及时回应处理各种问题。对违规违纪的部门、机构、学校、考生和工作人员，要依据《国家教育考试违规处理办法》（教育部令第33号）和《普通高等学校招生违规行为处理暂行办法》（教育部令第36号）严肃处理。涉嫌犯罪的，移送司法机关处理。

4. 加强政策宣传解读工作。各级教育行政部门、招生考试机构和有关高校要认真履行职责，主动深入农村地区和中学广泛开展多种形式的宣传解读，解疑释惑，让广大考生充分知晓相关招生政策内容，鼓励优秀学生踊跃报考。

请各省级教育行政部门速将本通知转发至本省（区、市）各级教育行政部门、招生考试机构、有关高校和高中教育阶段学校。

教育部

2015年4月1日

来源：http://www.moe.edu.cn/publicfiles/business/htmlfiles/moe/s7063/201504/185578.html

3. 教育部 农业部 国家林业局关于推进高等农林教育综合改革的若干意见

教育部 农业部 国家林业局关于推进高等农林教育综合改革的若干意见

教高〔2013〕9号

各省、自治区、直辖市教育厅（教委）、农业（农牧、农村经济）厅（委、局、办）、林业厅（局），新疆生产建设兵团教育局、农业局、林业局，内蒙古、龙江、大兴安岭森工（林业）集团公司，教育部直属有关高等学校：

为深入贯彻党的十八大、十八届三中全会精神，落实《国家中长期教育改革和发展规划纲要（2010—2020年）》和《中共中央 国务院关于加快推进农业科技创新持续增强农产品供给保障能力的若干意见》，进一步深化高等农林教育综合改革，提升高等农林院校服务生态文明、农业现代化和社会主义新农村建设的能力与水平，现提出如下意见。

1. 高度重视高等农林教育发展。解决好农业农村农民问题是全党工作的重中之重。高等农林教育在实现农业现代化进程中处于基础性、前瞻性、战略性地位。各级教育、农业、林业行政部门和高等学校要充分发挥高等农林教育在解决"三农"问题中的重要作用，为农林教育改革与发展提供政策支持和制度保障，大力推进综合改革，进一步提升高等农林院校为农输送人才和服务能力，形成多层次、多类型、多样化的具有中国特色的高等农林教育人才培养体系。

2. 着力办好一批涉农专业。要主动适应国家、区域经济社会和农业现代化需要，建立以行业、产业需求为导向的专业动态调整机制，优化学科专业结构，促进多学科交叉和融合，培植新兴学科专业，用现代生物技术和信息技术提升、改造传统农林专业。实施"卓越农林人才教育培养计划"。适应农林业创新、国际竞争和交流合作的战略需求，着力开展国家农林教学与科研人才培养改革试点，培养一批高层次、高水平拔尖创新型人才；立足现代农林业发展需要，提升、改造传统农林专业，培养一大批复合应用型人才；面向农林业生产一线以及现代农业和新农村建设需要，深化面向基层的农林教育改革，培养数以万计下得去、留得住、用得上、懂经营、善管理的实用技能型人才。

3. 加强创新创业能力培养。强化实践育人环节，研究制定专业实践能力标准，加强农林专业大学生创业平台建设，新建一批涉农涉林国家级、省级实验教学示范中心，与行业、科研院所和企业联合重点建设500个农科教合作人才培养基地，遴选建设一批国家大学生校外实践教育基地。扩大国家大学生创新创业训练计划资助范围，加大资助力度。突出学生实践能力和创新创业能力培养。

4. 提升教师队伍整体水平。坚持"师德为先、教学为要、科研为基"，着力建设高水平教师队伍。依托高水平农林大学，重点建设教师教学发展中心，积极开展教师培训、教学改革、质量评估、咨询服务等工作，满足教师职业发展需要。以中青年教师和教学团队为重点，健全人才引进和培养机制，遴选一批具有生产一线实践经验的中青年教师出国研修，支持教师获得校外工作或研究经历，促进中青年优秀教师脱颖而出。完善高等农林院校与科研院所、涉农涉林企业合作机制，聘请一批生产、科研、管理一线专家做兼职教师，加大"双师型"教师建设力度。

5. 大力推进协同创新。坚持以国家和区域农林业发展的重大需求为牵引，以协同创新中心建设为契机，深化体制机制改革，努力提升高校创新能力，实现农林业科学前沿重大基础理论和重大技术问题的突破。支持高等农林院校与农科院、林科院等开展战略合作，支持高等农林院校与农业龙头企业建立战略联盟，多途径建设农科教合作平台，构建分工协作、优势互补、协同发展的创新体系，推进农林业人才、学科发展与科学研究三位一体的创新能力跨越式提升。

6. 深入推进农林院校科技创新。转变高等农林院校科学研究考核与评价方式，建立健全以原始创新、集成创新和产业发展为导向的新机制。围绕农林业科技发展前沿，推动自由探索与服务农林业重大需求的有机结合，努力实现高等农林院校科学研究由注重数量的外延式发展向注重质量的内涵式发展转变。高等农林院校要根据现代农林业发展与新农村建设的新需求，构建知识创造、技术研发和成果应用转化的高校科技创新体系，发挥多学科综合优势，紧密结合"三农"实际，加快农林业科技创新。

7. 探索建立服务"三农"新模式。高等农林院校要紧密围绕区域创新发展和新农村建设实际需求，以新农村发展研究院建设为契机，转变服务方式，逐步建立面向农村基层的服务基地和信息化服务平台，构建以大学为依托、农科教相结合的综合服务新模式。探索建立高等农林教育服务补偿长效机制，实行"推广教授"制度，支持高等农林院校开展科技成果转化与推广工作。主动承担农村实用人才培训工作，积极开展基层农林业技术推广人才知识更新和新型职业农民培训。加强农村区域规划、农业经济政策、生态环境保护等方面的研究工作，为各级政府提供咨询、决策服务。

8. 强化涉农专业招生和就业政策支持。吸引优质生源报考农科专业。鼓励有条件的地方实施涉农专业免费教育。适度增加相关具有推免资格的涉农高校推荐免试硕士研究生名额和研究生招生计划，支持高等农林院校开展国家农林教学与科研改革试点。适度增加高等职业院校涉农专业学生对口升学比例。拓宽高等农林院校毕业生基层就业渠道，支持地方政府提供就业岗位，开展订单定向培养。在"大学生志愿服务西部计划"中优先选调涉农专业毕业生、在"农技推广特岗计划"中要选拔高素质的涉农专业毕业生。加大国家励志奖学金和助学金对高等学校涉农专业学生倾斜力度，对符合条件的基层就业毕业生实行学费补偿和国家助学贷款代偿政策，吸引更多的高素质人才学农、爱农、兴农，长期服务农林业、终身服务农林业。

9. 加大高等农林教育投入。各地教育行政部门要积极协商本级财政主管部门在普遍提高高等教育生均拨款标准的基础上，科学核定、逐步提高涉农专业生均拨款标准。在重大改革、建设项目中加大高等农林教育支持力度。在"985工程""211工程""2011计划""本科教学工程"以及重点学科建设、重点实验室建设、优势学科创新平台建设等项目中，加大对高等农林教育的支持力度。

10. 统筹高等农林教育发展。教育部、农业部、国家林业局建立部际协调机制，协同研究和解决高等农林教育改革与发展中的重大问题，规划和领导高等农林教育服务新农村建设工作，确保高等农林教育工作健康有序发展。推进部部共建、部省共建高等农林院校，在学科建设、人才培养、科学研究、成果转化、技术服务等方面加强指导和支持。各级教育行政部门和高等农林院校要主动加强与政府其他职能部门和产业机构的沟通与合作，争取政策、项目和经费等方面的支持，建立教育、科研、推广紧密衔接、良性互动、共同发展的长效机制，推进高等农林教育更好地为现代农业和区域经济社会发展服务，强化现代农业发展和新农村建设的人才支撑。

教育部　农业部　国家林业局
2013年11月22日

来源：http://www.moe.edu.cn/publicfiles/business/htmlfiles/moe/s7831/201404/xxgk_166947.html

四、科学技术部

1. 科技部 财政部关于印发《国家科技成果转化引导基金贷款风险补偿管理暂行办法》的通知

关于印发《国家科技成果转化引导基金贷款风险补偿管理暂行办法》的通知

国科发资〔2015〕417号

各省、自治区、直辖市及计划单列市科技厅（委、局）、财政厅（局），新疆生产建设兵团科技局、财务局：

根据《国家科技成果转化引导基金管理暂行办法》（财教〔2011〕289号），为规范国家科技成果转化引导基金贷款风险补偿工作，科技部、财政部制定了《国家科技成果转化引导基金贷款风险补偿管理暂行办法》。现予印发，请遵照执行。

科技部　财政部
2015年12月4日

来源：http://www.most.gov.cn/mostinfo/xinxifenlei/fgzc/gfxwj/gfxwj2015/201512/t20151211_122856.htm

附　国家科技成果转化引导基金贷款风险补偿管理暂行办法

第一条　为规范国家科技成果转化引导基金（以下简称转化基金）贷款风险补偿工作，根据《国家科技成果转化引导基金管理暂行办法》，制定本办法。

第二条　贷款风险补偿是指转化基金对合作银行发放用于转化国家科技成果转化项目库中科技成果的贷款（以下简称科技成果转化贷款）给予一定的风险补偿。

第三条　科技成果转化贷款应符合以下条件：

（一）向年销售额3亿元以下的科技型中小企业发放用于科技成果转化和产业化的贷款；

（二）贷款期限为1年期（含1年）以上。

第四条　转化基金按照政府引导、共同支持、风险分担、适当补偿的原则，与设立贷款风险补偿资金的省、自治区、直辖市、计划单列市等（以下简称省市）联合实施贷款风险补偿工作。

第五条　省市科技部门、财政部门应根据本办法，与合作银行省市机构等协商制定本地开展贷款风险补偿工作的具体实施方案，报科技部、财政部备案。

第六条 科技部、财政部委托转化基金受托管理机构（以下简称受托管理机构）负责科技成果转化贷款风险补偿日常管理工作。

第七条 受托管理机构通过招标确定合作银行，向社会公告；报科技部、财政部批准后，与合作银行签订贷款风险补偿合作协议。合作协议有效期一般为三年。

第八条 合作银行应具备下列条件：

（一）在中国大陆境内注册，具有开展人民币贷款业务资格的银行业金融机构；

（二）自身实力较强，服务网点较多；

（三）资产状况良好，科技信贷管理机制较完善，具有较强的风险控制能力和较好的经营业绩，无重大违法违规行为。

第九条 合作银行应明确科技成果转化贷款的条件、标准和程序等，并在转化基金及合作银行等网站上公布。对于符合条件的贷款，合作银行应在综合评审、合理定价、风险可控的条件下积极支持，降低贷款成本，提高贷款效率。

第十条 对合作银行年度风险补偿额按照合作银行当年实际发放的科技成果转化贷款额进行核定，最高不超过合作银行当年实际发放的科技成果转化贷款额的2%。具体比例另行核定。

第十一条 合作银行省市机构向省级科技部门报送在当地发生的科技成果转化贷款项目。省级科技部门会同同级财政部门对符合科技成果转化贷款条件的贷款项目进行确认。

第十二条 省级科技部门、财政部门应将确认结果及时反馈合作银行省市机构，同时报送受托管理机构。

第十三条 合作银行总行应汇总、审核其省市机构上一年度发生的经确认的科技成果转化贷款项目情况，于每年第一季度向受托管理机构提交贷款风险补偿申请。

第十四条 受托管理机构应根据核定的补偿比例以及省级科技部门、财政部门报送的科技成果转化贷款项目情况等，审核合作银行的贷款风险补偿申请，拟定年度科技成果转化贷款风险补偿方案，并提交转化基金理事会审议。

第十五条 受托管理机构根据转化基金理事会的审议意见，向科技部提交年度科技成果转化贷款风险补偿方案。

第十六条 科技部对年度科技成果转化贷款风险补偿方案进行合规性审查，提出转化基金贷款风险补偿年度预算安排建议，报财政部批复。按照财政部批复的预算和财政国库管理制度有关规定，向合作银行支付贷款风险补偿资金。

第十七条 合作银行对贷款风险补偿金按照金融企业财务制度的有关规定处理。

第十八条 科技部、财政部委托转化基金理事会对贷款风险补偿工作的实施情况开展绩效评价。

第十九条 联合开展贷款风险补偿资金的省市应于每年一季度向受托管理机构报送本地贷款风险补偿工作开展情况，不能有效开展工作的，科技部、财政部将暂停直至终止与其联合实施贷款风险补偿工作。

第二十条 受托管理机构负责对合作银行开展的科技成果转化贷款增长、服务能力、科技金融专业团队建设情况等绩效情况进行评估，根据评估结果提出续约、经整改后续约、不续约和取消合作资格的建议，经转化基金理事会审议后报科技部、财政部同意后实施。

第二十一条 合作银行弄虚作假骗取贷款风险补偿资金的，一经查实，除收回有关资金、取消合作资格外，按照有关规定进行处理，并向社会通报。

第二十二条 受托管理机构不能有效履行职责、发生重大过失或违规行为等造成恶劣影响的，科技部、财政部视情况给予批评、警告直至取消其受托管理资格的处理。处理结果向社会公告。

第二十三条 本办法由科技部、财政部负责解释。

第二十四条 本办法自2016年1月1日起施行。

2015年12月4日

2. 科技部 财政部关于印发《国家科技成果转化引导基金设立创业投资子基金管理暂行办法》的通知

关于印发《国家科技成果转化引导基金设立创业投资子基金管理暂行办法》的通知

国科发财〔2014〕229号

各省、自治区、直辖市及计划单列市科技厅（委、局）、财政厅（局），新疆生产建设兵团科技局、财务局，科技部、财政部各有关司（中心），各有关单位：

根据《国家科技成果转化引导基金管理暂行办法》（财教〔2011〕289号），为规范国家科技成果转化引导基金设立创业投资子基金工作，科技部、财政部制定了《国家科技成果转化引导基金设立创业投资子基金管理暂行办法》。现予印发，请遵照执行。

科技部　财政部
2014年8月8日

来源：http://www.most.gov.cn/fggw/zfwj/zfwj2014/201408/t20140820_115189.htm

附　国家科技成果转化引导基金设立创业投资子基金管理暂行办法

第一章　总则

第一条　为规范国家科技成果转化引导基金（以下简称引导基金）设立创业投资子基金（以下简称子基金），加强资金管理，根据《国家科技成果转化引导基金管理暂行办法》，制定本办法。

第二条　引导基金按照政府引导、市场运作、不以营利为目的的原则设立子基金。设立方式包括与民间资本、地方政府资金以及其他投资者共同发起设立，或对已有创业投资基金增资设立等。

第三条　科技部按照《国家科技成果转化引导基金管理暂行办法》和本办法规定的条件和程序批准出资设立子基金。

第二章　子基金的设立

第四条　子基金应当在中国大陆境内注册，募集资金总额不低于10 000万元人民币，且以货币形式出资，经营范围为创业投资业务，组织形式为公司制或有限合伙制。

第五条　引导基金对子基金的参股比例为子基金总额的20%~30%，且始终不作为第一大股东或最大出资人；子基金的其余资金应依法募集，境外出资人应符合国家相关规定。

第六条　子基金存续期一般不超过8年。在子基金股权资产转让或变现受限等情况下，经子基金出资人协商一致，最多可延长2年。

第七条　在中国大陆境内注册的投资企业或创业投资管理企业（以下统称投资机构）可以作为申请者，向科技部、财政部申请设立子基金。多家投资机构拟共同发起子基金的，应推举一家机构作为申请者。科技部、财政部委托引导基金的受托管理机构受理子基金的设立申请。

第八条 申请者为投资企业的，其注册资本或净资产应不低于5 000万元；申请者为创业投资管理企业的，其注册资本应不低于500万元。

第九条 申请者应当确定一家创业投资管理企业作为拟设立的子基金的管理机构。该管理机构应具备以下条件：

（一）在中国大陆境内注册，主要从事创业投资业务；

（二）具有完善的创业投资管理和风险控制流程，规范的项目遴选和投资决策机制，健全的内部财务管理制度，能够为所投资企业提供创业辅导、管理咨询等增值服务；

（三）至少有3名具备5年以上创业投资或相关业务经验的专职高级管理人员；在国家重点支持的高新技术领域内，至少有3个创业投资成功案例；

（四）应参股子基金或认缴子基金份额，且出资额不得低于子基金总额的5‰；

（五）企业及其高级管理人员无重大过失，无受行政主管机关或司法机关处罚的不良记录。

第十条 申请者向受托管理机构提交的申请应包括以下材料：

（一）子基金组建或增资方案；

（二）主要出资人的出资承诺书或出资证明；

（三）会计师事务所出具的投资机构近期的审计报告；

（四）子基金管理机构的有关材料；

（五）其他应当提交的资料。

第十一条 受托管理机构收到申请后，应对申请材料进行初审。对于不符合要求的，应及时通知申请者补充完善；对于符合要求的，应在规定时间内组织开展尽职调查，形成调查报告，并向引导基金理事会提交调查报告和子基金设立方案。

受托管理机构按照理事会要求委托专业化的社会中介机构开展尽职调查等工作。

第十二条 引导基金理事会依据《国家科技成果转化引导基金理事会规程》的相关规定，对调查报告和子基金设立方案进行审核，形成审核意见。

第十三条 科技部根据引导基金理事会的审核意见，对子基金设立方案进行合规性审查。对于符合设立条件的，科技部商财政部同意后向社会公示，公示期为10个工作日；公示无异议的，批准出资设立子基金，并向社会公告。

第三章 投资管理

第十四条 科技部、财政部委托受托管理机构向子基金派出代表，依据法律法规和子基金章程或合伙协议等行使出资人职责，参与重大决策，监督子基金的投资和运作，不参与日常管理。子基金管理机构做出投资决定后，应在实施投资前3个工作日告知受托管理机构代表。

第十五条 子基金管理机构在完成子基金70%的资金委托投资之前，不得募集其他基金。子基金的待投资金应存放托管银行或购买国债等风险低、流动性强的符合国家有关规定的金融产品。

子基金管理费由子基金出资人与子基金管理机构协商确定。

第十六条 子基金投资于转化国家科技成果转化项目库中科技成果的企业的资金应不低于引导基金出资额的3倍，且不低于子基金总额的50%；其他投资方向应符合国家重点支持的高新技术领域；所投资企业应在中国大陆境内注册。

第十七条 子基金不得从事以下业务：

（一）投资于已上市企业（所投资企业上市后，子基金所持股份未转让及其配售部分除外）；

（二）从事担保、抵押、委托贷款、房地产（包括购买自用房地产）等业务；

（三）投资于股票、期货、企业债券、信托产品、理财产品、保险计划及其他金融衍生品；

（四）进行承担无限连带责任的对外投资；

（五）吸收或变相吸收存款，以及发行信托或集合理财产品的形式募集资金；
（六）向任何第三方提供资金拆借、赞助、捐赠等；
（七）其他国家法律法规禁止从事的业务。

第十八条 引导基金以出资额为限对子基金债务承担责任。子基金清算出现亏损时，首先由子基金管理机构以其对子基金的出资额承担亏损，剩余部分由引导基金和其他出资人按出资比例承担。

第十九条 出现下列情况之一时，引导基金可选择退出，且无须经由其他出资人同意：
（一）子基金方案获得科技部批准后，未按规定程序完成设立手续超过一年的；
（二）引导基金向子基金账户拨付资金后，子基金未开展投资超过一年的；
（三）子基金投资项目不符合本办法规定的政策目标的；
（四）子基金未按照章程或合伙协议约定投资的；
（五）子基金管理机构发生实质性变化的。

第二十条 子基金存续期内，鼓励子基金的股东（出资人）或其他投资者购买引导基金所持子基金的股权或份额。同等条件下，子基金的股东（出资人）优先购买。

对于发起设立的子基金，注册之日起4年内（含4年）购买的，以引导基金原始出资额转让；4年至6年内（含6年）购买的，以引导基金原始出资额及从第5年起按照转让时中国人民银行公布的1年期贷款基准利率计算的利息之和转让；6年以上仍未退出的，将与其他出资人同股同权在存续期满后清算退出。

对于增资设立的子基金的，上述年限从子基金完成变更登记手续之日起计算。

第二十一条 子基金存续期结束时，子基金出资各方按照出资比例或相关协议约定获取投资收益。子基金的年平均收益率不低于子基金出资时中国人民银行公布的一年期贷款基准利率的，引导基金可将其不超过20%的收益奖励子基金管理机构。

第四章 托管银行

第二十二条 科技部、财政部通过招标等方式确定若干家银行作为子基金的托管银行，并向社会公布。托管银行应当符合以下条件：
（一）成立时间在5年以上的全国性股份制商业银行；
（二）具有专门的基金托管机构和创业投资基金托管经验；
（三）无重大过失以及受行政主管机关或司法机关处罚的不良记录。

第二十三条 子基金应在科技部、财政部公布的银行名单中选择托管银行，签订资产托管协议，开设托管账户。托管银行与子基金主要出资人、子基金管理机构之间不得有股权和亲属等关联及利害关系。

第二十四条 托管银行负责托管子基金资产，按照托管协议和投资指令负责子基金的资金往来，定期向受托管理机构报告资金情况。受托管理机构负责对托管银行履行职责情况进行考核。

第二十五条 子基金存续期内产生的股权转让、分红、清算等资金应进入托管账户，不得循环投资。

第五章 收入收缴

第二十六条 引导基金投资子基金的收入包括引导基金退出时应收回的原始投资及应取得的收益、子基金清算时引导基金应取得的剩余财产清偿收入等。

上述原始投资及应取得的收益，按照引导基金的实际出资额以及引导基金股权或份额转让协议等确定；应取得的剩余财产清偿收入根据有关法律程序确定。

第二十七条 引导基金投资子基金的所得收入上缴中央国库，纳入中央公共财政预算管理。收入收缴工作由受托管理机构负责，按照国库集中收缴有关规定执行。

第二十八条 引导基金投资子基金的收入按以下程序上缴：

（一）受托管理机构与子基金其他出资人等商议股权或份额退出、收益分配及清算等事宜，并对子基金实施情况的专项审计报告、受让子基金股权或份额申请以及确认收入所依据的相关资料等进行审核；

（二）受托管理机构根据商议及审核结果，提出引导基金退出及收入收缴实施方案，报科技部、财政部审定；

（三）受托管理机构根据科技部、财政部的审定意见，办理股权或份额转让、收入收缴等手续，向有关缴款单位发送缴款通知；

（四）缴款单位在收到缴款通知后的 30 日内，将应缴的引导基金投资子基金收入缴入引导基金在托管银行开设的指定账户。

第六章　管理与监督

第二十九条　受托管理机构应建立子基金管理信息系统，实施子基金设立及运作的过程管理，并采取投资告知、定期报告、专项审计等方式，加强对子基金的管理和监督。

第三十条　受托管理机构应向科技部、财政部定期提交子基金运作情况和引导基金投资子基金收入上缴情况，及时报告子基金法律文件变更、资本增减、违法违规事件、管理机构变动、清算与解散等重大事项。

第三十一条　科技部、财政部委托引导基金理事会对子基金运作情况定期开展绩效评价，对受托管理机构改进工作提出建议。

第三十二条　受托管理机构不能有效履行职责、发生重大过失或违规行为等造成恶劣影响的，科技部、财政部视情况给予约谈、批评、警告直至取消其受托管理资格的处理。处理结果可向社会公告。

第三十三条　任何单位和个人不得隐瞒、滞留、截留、挤占、挪用引导基金投资子基金的收入。一经发现和查实前述行为，除收回有关资金外，按照《财政违法行为处罚处分条例》（国务院令第 427 号）的规定处理。

第七章　附则

第三十四条　本办法规定的相关事项应在子基金章程或合伙协议等文件中载明。

第三十五条　本办法由科技部、财政部负责解释。

第三十六条　本办法自发布之日起 30 日后施行。

2014 年 8 月 8 日

五、工业和信息化部

1. 工业和信息化部关于印发贯彻落实《国务院关于积极推进"互联网+"行动的指导意见》行动计划（2015—2018年）的通知

工业和信息化部关于印发贯彻落实《国务院关于积极推进"互联网+"行动的指导意见》行动计划（2015—2018年）的通知

工信部信软〔2015〕440号

各省、自治区、直辖市工业和信息化主管部门、通信管理局：

为贯彻落实党的十八届五中全会精神，促进互联网和经济社会融合发展，拓展网络经济空间，提高发展质量和效益，根据《国务院关于积极推进"互联网+"行动的指导意见》（国发〔2015〕40号），工业和信息化部研究制定了《工业和信息化部关于贯彻落实〈国务院关于积极推进"互联网+"行动的指导意见〉的行动计划（2015—2018年）》，现印发给你们，请结合实际制定配套政策措施，积极探索新方法、新路径，营造良好环境，抓好贯彻落实。

附件：工业和信息化部关于贯彻落实《国务院关于积极推进"互联网+"行动的指导意见》的行动计划（2015—2018年）。

工业和信息化部

2015年11月25日

来源：http://www.miit.gov.cn/newweb/n1146290/n4388791/c4538291/content.html

附　国务院关于积极推进"互联网+"行动的指导意见

为进一步贯彻落实《国务院关于积极推进"互联网+"行动的指导意见》，加快推进两化深度融合，全面支撑《中国制造2025》实施和制造强国、网络强国建设，特制定本行动计划。

一、总体要求

（一）指导思想

全面贯彻落实党的十八大和十八届三中、四中、五中全会精神，深刻把握"互联网+"时代大融合、大变革趋势，充分发挥我国互联网规模应用综合优势，以加快新一代信息通信技术与工业深度融合为主线，以实施"互联网+"制造业和"互联网+"小微企业为重点，以高速宽带网络基础设施和信息技术产业为支撑，不断打造新形势下产业竞争新优势。把市场对资源配置的决定性作用和政府作用有机结合起来,突出企业主体地位,大力拓展互联网与制造业融合的深度和广度,积极培育新技术、新产品、新业态、新模式,深化体制机制改革,创新政府服务模式,释放发展潜力和活力,推动产业转型升级和提质增效,加快制造强国和网络强国建设。

(二) 基本原则

坚持创新引领。加强互联网创新要素、创新体系和创新理念与产业发展的对接应用,最大程度汇聚各类创新力量,带动技术和模式创新,不断培育新兴业态和产业新增长点。

坚持两化融合。充分发挥互联网在信息化和工业化融合中的平台作用,鼓励传统产业树立互联网思维,促进信息通信技术向制造业各领域环节渗透,推动生产方式和发展模式变革。

坚持开放共享。巩固提升我国互联网发展优势,鼓励基于互联网的各类要素资源集聚、开放、共享,提高配置效率,加快建立优势互补、合作共赢的开放型产业生态体系。

坚持安全有序。健全网络安全保障体系,夯实技术和产业支撑能力,强化重要信息系统和数据资源保护,健全标准体系和法规制度,完善科学有效的市场监管方式,促进行业有序发展。

(三) 总体目标

到2018年,互联网与制造业融合进一步深化,制造业数字化、网络化、智能化水平显著提高。两化融合管理体系成为引领企业管理组织变革、培育新型能力的重要途径;新一代信息技术与制造技术融合步伐进一步加快,工业产品和成套装备智能化水平显著提升;跨界融合的新模式、新业态成为经济增长的新动力,培育一批互联网与制造业融合示范企业;信息物理系统(CPS)初步成为支撑智能制造发展的关键基础设施,形成一批可推广的行业系统解决方案;小微企业信息化水平明显提高,互联网成为大众创业、万众创新的重要支撑平台;基本建成宽带、融合、泛在、安全的下一代国家信息基础设施;初步形成自主可控的新一代信息技术产业体系。

二、主要行动

(一) 两化融合管理体系和标准建设推广行动

1. 行动目标

两化融合管理体系成为引导企业战略调整、业务转型、组织变革、新型能力培育的重要抓手。到2018年,形成一套完整的两化融合管理体系标准,10 000余家企业开展两化融合管理体系贯标,1 500余家企业通过两化融合管理体系评定,60 000余家企业开展两化融合自评估自诊断自对标,形成以管理标准促创新、促转型、促发展的新格局。

2. 行动内容

全面推进两化融合管理体系贯标。持续推进两化融合管理体系贯标试点工作,完善贯标评定线上线下协同工作平台,鼓励有条件的地区提供政策引导和资金支持,建立市场化贯标模式和机制。加强人才培养、宣贯培训和监督管理,建立贯标质量保障体系,在智能制造、技术改造、工业强基、工业转型升级等重点工作中采信两化融合管理体系评定结果,加快形成市场化采信机制。

加快培育互联网环境下的企业新型能力。依托两化融合咨询服务平台,鼓励地方主管部门和行业协会组织企业开展两化融合自评估、自诊断、自对标,明确两化融合发展目标、重点方向和实施路径。分行业、分领域遴选一批贯标企业,组织地方、行业主管部门和中介组织,总结提炼两化融合经验和做法,开展示范推广,引导企业加快互联网环境下的业务创新和组织变革,培育数据驱动、网络协同、精细管理等新型能力。开展区域两化融合发展水平评估,指导各地科学推进两化深度融合。

加快建立两化融合标准体系。整合信息技术、工业和通信领域的标准化资源,加强两化融合领域的标准化技术组织建设。研究制定两化融合标准路线图,建立和完善相关标准体系。按照急用先行、成熟先上、重点突破的原则,研究制定信息物理系统(CPS)、工业云、工业大数据、工业互联网、工控系统、生产性服务等领域的关键标准,积极推动国际标准化工作。组织制定两化融合管理体系细分领域标准,开展信息技术服务标准(ITSS)符合性评估工作。

(二) 智能制造培育推广行动

1. 行动目标

新一代信息技术与制造技术融合步伐进一步加快,制造业产品、装备、生产、管理、服务的智能化水平显著提升。到 2018 年,高端智能装备国产化率明显提升,建成一批重点行业智能工厂,培育 200 个智能制造试点示范项目,初步实现工业互联网在重点行业的示范应用。

2. 行动内容

加强智能制造顶层设计。研究制定智能制造发展战略,明确阶段目标、发展重点和实施路径。制定智能制造工程实施方案,明确智能制造装备和产品、重点行业智能工厂、数字化车间等领域发展的目标、重点和实施路线图。制定发布智能制造综合标准化建设指南,开展标准试验验证及在典型行业的推广应用。推动传统装备智能化改造和升级,围绕量大面广中小企业核心装备、关键工序智能化改造的共性问题,支持地方主管部门、协会联盟、研究院所分行业制定装备智能化改造路线图,明确阶段性目标、重点、路径、方法。

发展智能制造装备和产品。组织实施智能制造专项,支持智能制造装备和产品创新发展。加快重点领域装备智能化,继续组织"数控一代"装备创新工程行动计划、高档数控机床与基础制造装备专项。出台《车联网发展创新行动计划(2015—2020 年)》,推动车联网技术研发、标准制定,组织开展车联网试点、基于 5G 技术的车联网示范。制定《智能硬件创新发展行动计划》,推动智能穿戴、服务机器人等新型智能硬件产品研发和产业化,持续推进国家智慧家庭应用示范基地创建。

组织开展智能制造试点示范。以企业为主体、市场为导向、应用为核心,聚焦制造关键环节,在基础条件好、需求迫切的重点地区、行业,遴选一批在智能装备、智能工厂、智能服务、智能供应链、制造新模式领域具有引领示范作用的试点企业,不断提炼和总结有效的经验和模式,开展行业示范和应用推广。依托新型工业化示范基地,开展智能园区试点示范,培育一批智能园区。

推进工业互联网发展部署。研究制定工业互联网整体网络架构方案,明确我国工业互联网的关键技术路径。加快基于 IPv6、工业以太网、泛在无线、软件定义网络(SDN)、5G 及工业云计算、大数据等新型技术的工业互联网部署。组织开展工业互联网关键资源管理平台和关键技术试验验证平台建设。推动成立工业互联网产业联盟,支持企业开展工业互联网创新应用示范,在工厂无线应用、标识解析、工业以太网、IPv6 应用等领域开展应用示范。

(三) 新型生产模式培育行动

1. 行动目标

互联网广泛融入生产制造全过程、全产业链和产品全生命周期,催生一批新技术、新业态和新模式,成为引领产业转型升级的重要驱动力。到 2018 年,重点行业形成一批众包设计、个性化定制、协同制造等新模式,培育一批国家级工业云、工业大数据、工业电子商务和众创空间示范平台,形成一批具有创新性、引领性的互联网与制造业融合示范企业。

2. 行动内容

培育发展开放式研发设计模式。引导消费电子、家电、制鞋、服装等制造企业建立开放创新交互平台、在线设计中心,充分对接用户需求,发展基于互联网的按需、众包、众创等研发设计模式。支持机械、航空、船舶、汽车、电子信息等制造企业加快构建产业链协同研发体系,集聚各类创新资源,发展基于互联网的协同设计模式。支持大企业建立面向全社会的研发测试、创业培训、投融资、创业孵化等大众创业、万众创新服务平台,鼓励地方发展创客空间、创新工场、开源社区等新兴众创空间,打造市场化与专业化结合、线上与线下互动、孵化与投资衔接的创新载体。

发展新型生产制造方式。组织开展"互联网+"制造业试点示范,推动企业建立基于互联网的大规模个性化定制、网络化协同制造、云制造等新型制造模式,形成基于消费需求动态感知的研发、制造、服务新方式。推动互联网应用从销售环节向生产制造全过程拓展,鼓励企业在线实时发布研发设计资源、生产制造和物流配送能力,形成基于网络、数据驱动的线下资源线上配置的新型生产方式。

打造服务产业转型的平台经济。支持制造企业、互联网企业、信息技术服务企业跨界联合,建设和应用推广工业云平台。组织开展工业云服务创新试点，推进研发设计、生产制造、营销服务、测试验证等资源的开放共享，打造工业云生态系统。开展工业电子商务区域试点，推动工业电子商务平台、第三方物流、互联网金融等业务协同创新和互动发展，培育一批工业电子商务示范区、平台和企业。支持制造龙头企业以供应链管理为重点，深化企业间电子商务应用，发展直销电商、社交电商、跨境电商等网络营销新模式。

加快开发和应用工业大数据。研究制定工业大数据发展路线图，明确发展方向、目标和路径。支持开发一批面向市场营销、研发设计、生产制造、经营管理等关键环节的大数据分析技术和产品，推动建设面向全产业链的大数据资源整合和分析平台，组织开展行业应用试点示范。依托高端装备、电子信息等数据密集型产业集聚区，建设一批工业大数据行业平台和服务示范基地。

（四）系统解决方案能力提升行动

1. 行动目标

重点行业信息物理系统（CPS）应用水平和智能制造系统解决方案能力显著提升，工控安全保障体系进一步完善。到2018年，国内工业软件骨干企业营业收入年均增速超过20%，形成一批行业信息物理系统（CPS）应用测试验证平台，培育20余家行业智能制造系统解决方案领军企业。

2. 行动内容

推进信息物理系统（CPS）关键技术研发及产业化。建设信息物理系统（CPS）标准体系，加快制定信息物理系统（CPS）参考模型、功能架构、数据和数据链等基础关键标准。支持工业软件企业，攻关解决物理仿真、人机交互、智能控制、系统自治等关键技术，提升计算机辅助设计仿真（CAD/CAE）、制造执行系统（MES）、产品全生命周期管理（PLM）、分布式控制系统（DCS）等工业软硬件研发和产业化能力。支持研发行业信息物理系统（CPS）开发工具、知识库、组件库等通用开发平台，推动工业软件、工业大数据、工业网络、工控安全系统、智能机器等集成应用，增强行业信息物理系统（CPS）系统解决方案研发能力。

开展行业信息物理系统（CPS）应用测试和试点示范。依托科研院所、高校、大型企业，围绕重点行业，建立行业信息物理系统（CPS）应用测试验证平台，构建具有信息物理系统（CPS）综合验证能力的试验床，开展关键技术、网络、平台、应用环境的兼容适配、互联互通和互操作测试验证。支持第三方机构建立信息物理系统（CPS）安全测试评估平台，测试评估信息物理系统（CPS）关键软件、传感器、移动终端设备、工业网络等的安全性能。面向航空、汽车、电子、石化等重点行业，组织开展信息物理系统（CPS）应用示范。

提升智能制造系统解决方案能力。面向重点行业智能制造单元、智能生产线、智能车间、智能工厂建设，提升工业自动化、信息技术等集成服务企业的架构设计、综合集成和解决方案能力。组织实施智能制造系统解决方案能力提升工程，支持制造企业、信息技术企业、互联网企业建立协作机制，开展设计工具、生产装备、工业操作系统、工业互联网、智能芯片及工业控制设备等协同攻关和应用示范，形成一批行业智能制造整体解决方案。

加强工业信息系统安全保障体系建设。探索建立工业信息系统和产品安全审查制度，完善工业信息系统信息安全标准体系，提升工业企业信息安全管理能力。研究制定工业信息安全风险信息报送发布管理办法，开展重点领域工控系统信息安全检查和风险评估，支持工控系统信息安全核心技术和产品研发和产业化。建设一批工业信息系统安全实验室，优先支持工业控制产品与系统信息安全仿真测试、监测预警等公共服务平台建设，培育一批第三方服务机构。

（五）小微企业创业创新培育行动

1. 行动目标

中小企业信息化推进工程持续深入推进，面向中小微企业的服务体系进一步完善，小微企业应用互联网的水平和两化融合能力不断提升，大众创业、万众创新的环境不断改善。到2018年，建成一批面向小微企业的信息化服务平台，不断提高小微企业应用信息技术开展研发、管理和生产控制的能力。

2. 行动内容

完善服务体系。实施中小企业公共服务平台网络建设工程，实现服务资源的互联互通、信息共享和服务协同。鼓励电信企业和大型互联网企业打造开放共享的资源平台，与工业园区、产业集聚区开展合作，为小微企业提供低成本、低门槛、以租代建、支持核心业务发展的服务。探索供应链金融、电子商务信用融资等小微企业融资新模式和新渠道。

推动互联网技术应用。加强工业云平台对小微企业的服务能力建设，提供面向小微企业的在线研发设计、优化控制、设备管理、质量监控与分析等软件应用服务。支持电信运营商、信息技术服务企业、互联网企业等实施专项计划为小微企业提供电子商务、移动互联网应用解决方案等服务，推动小微企业创新业务模式、扩宽营销渠道、改进产品服务。

支持小微企业创业创新。建设一批智慧型小微企业创业创新基地，提供面向创业者和小微企业互联网应用的基础设施、软件支撑、网络安全、数据存储等服务。支持构建"创客中国"创业创新服务平台，举办创客大赛。依托各类中小企业信息化辅导站、培训基地、体验中心等服务机构，广泛开展信息化人才培训、服务和产品展示、应用推广活动。

（六）网络基础设施升级行动

1. 行动目标

宽带、融合、泛在、安全的下一代国家信息基础设施基本建成，全面提升对"互联网+"的支撑能力。到2018年，建成一批全光纤网络城市，4G网络全面覆盖城市和乡村，80%以上的行政村实现光纤到村，直辖市、省会主要城市宽带用户平均接入速率达到30Mbps。

2. 行动内容

加快信息基础设施建设和应用。推进全光纤网络城市和"宽带中国"示范城市建设。加快4G网络建设发展，加大5G研发力度。实施以宽带为重点内容的电信普遍服务补偿机制，加快农村宽带基础设施建设，缩小数字鸿沟。推进电信基础设施共建共享、互联互通，引导云计算数据中心优化布局，推动数据中心向规模化、集约化、绿色化发展。优化升级互联网架构，推进互联网基础资源科学规划和合理配置。开展以5G为重点的国际移动通信（IMT）频率规划研究，以及智能交通频谱规划研究和技术试验。引导互联网企业优化网站设计、加大带宽配置，实现互联网信源高速接入，提升网站服务能力。

加强和改进互联网市场监管。加强对互联网新业务分类指导，建立健全备案管理、综合评估等制度。完善互联网市场竞争管理规范，落实信息网络实名登记要求，推进网站、域名、IP地址真实身份注册。健全网络数据和用户信息保护制度体系和标准，督促企业落实分类分级保护要求。强化互联网网络性能监测手段，加强部省两级监测系统建设。积极推动、配合做好网络安全法、电信法、无线电管理条例（修订）、互联网信息服务管理办法（修订）等法律法规立法。

加强网络基础设施安全保障。完善电信和互联网行业网络安全防护标准，健全网络安全防护体系。指导企业加强网络安全技术手段建设。加强网络安全监测预警和信息通报，健全网络安全应急工作机制。强化网络数据和用户个人信息保护，建立大规模用户信息泄露报告和用户通知制度。持续开展公共互联网网络安全威胁治理，完善恶意程序处置机制。组织开展电信和互联网领域网络安全试点示范工作，指导督促企业加强网络安全管理和技术手段创新。

（七）信息技术产业支撑能力提升行动

1. 行动目标

信息技术产业持续快速发展，围绕"互联网+"行动的软硬件技术、产业基础不断夯实。到2018年，高性能计算、海量存储系统、网络通信设备、安全防护产品、智能终端、集成电路、平板显示、软件和信息技术服务等领域取得重大突破，涌现出一批具有自主创新能力的国际领先企业，安全可靠的产业生态体系初步建成。

2. 行动内容

突破核心技术和产品。制定集成电路重点领域发展路线和实施路径，构建具备自主发展能力的通用基础软硬件平台。研究制定传感器发展战略，明确核心传感器阶段目标、重点任务和发展模式。加强可编程控制系统（PLC）、工控计算机、工业网络设备、安全防护产品攻关，支持高集成度低功耗芯片、底层软件、传感互联、自组网等共性关键技术创新。实施"芯火"计划，开发自动化测试工具集和跨平台应用开发工具系统，提升集成电路设计与芯片应用公共服务能力，加快核心芯片产业化。推动基于互联网的视听节目服务、智慧家庭服务等产品的研发和应用，加强互联网电视接收设备、智能音响、可穿戴设备等新型信息消费终端产品研发创新。

发展软件和信息技术服务业。推动基础软件核心关键技术突破，加快新兴领域基础控制及应用软件发展。支持高端工业软件、新型工业APP的研发和应用，发展自主可控工业操作系统及实时数据库等基础软件，提升设计、仿真、管理、控制类工业软件的国产化率和应用水平。推进智能语音和新型人机交互、自然语言处理、智能决策控制等关键技术研发和产业化，推动人工智能在工业制造领域规模商用。研制和推广应用面向制造业的信息技术服务标准（ITSS）。

构建安全可靠产业生态体系。以高端通用芯片和基础软件为抓手，构建安全可靠核心信息设备综合验证、集成测试、系统评测等公共服务平台和产业链协同创新平台。支持面向互联网的智能可穿戴、智慧家庭、智能音响、智能车载、智慧健康、智能无人系统等智能硬件核心关键技术突破，加强硬件样机设计平台、技术标准和知识产权等公共服务平台建设。加快安全可靠服务器、存储系统、桌面计算机及外部设备、网络设备、智能终端等终端产品、基础软件和信息系统的研发与推广。

提升"云计算+大数据"综合支撑能力。以云计算创新试点城市为重点，开展面向行业、区域的"云计算+大数据"智能基础设施建设示范工程，建设智能制造公共云服务平台，加强制造资源和能力的共建共享，提升智能制造公共服务水平。实施大数据关键技术及产品研发与产业化工程、大数据产业支撑能力提升工程，推动大数据应用和产业发展。

三、保障措施

（一）强化组织保障

加强统筹协调，强化部门合作、部省合作，构建各负其责、紧密配合、运转高效的工作体系。把推进"互联网+"和实施"中国制造2025"有机结合起来，实现相互促进，共同发展，加强整体规划和布局，分步骤组织实施各项行动计划。加强对地方的指导和跟踪评价，充分调动地方主管部门的积极性。各地要加强对本行动计划的贯彻落实和组织保障，结合实际制定配套政策措施，积极探索新方法、新路径，营造良好发展环境。

（二）改革体制机制

加强对"互联网+"背景下法律法规、监管制度、技术标准、安全防范机制等重大问题的研究。进一步推进互联网领域的立法工作，健全网络信息服务、网络安全、大数据管理等方面的法律法规，提升互联网空间法制化管理水平。推进电信业务市场开放，做好宽带接入市场开放和移动通信转售业务开放试点等相关工作，引导和支持民营企业进一步进入电信业，提升宽带市场的有序开放和服务水平。建立跨行业、跨领域的新型产学研用联盟，形成利益共享、合作共赢的新机制。充分发挥政府在制定和实施标准、营造政策环境、提供公共服务等方面的作用。

（三）创新财税支持

统筹利用现有财政专项资金，整合各类资源，优化资金配置。鼓励有条件的地方设立专项资金，加大对"互联网+"制造业和"互联网+"小微企业的财政支持。采用政府和社会资本合作模式（PPP），引导社会资本参与网络基础设施建设等。探索推动符合条件的跨界、融合、创新性产品和服务享受软件产业税收优惠等政策。

（四）创新人才培养

编制实施制造业人才发展规划，加强人才发展分类指导。围绕"互联网+"发展需求，依托国家重大人才工程，加快培养引进一批高端、复合型人才。加强高校与企业合作，建立一批面向"互联网+"制造业和小微企业实训基地，培育一批经营管理、专业技术和职业技能人才。调整完善部属高校学科专业建设体系和人才培养评价体系，引导部属高校建设在线开放课程、"工信慕课平台"。加快推广首席信息官制度。

（五）加强国际合作

结合"一带一路"等国家重大战略，支持和鼓励互联网企业联合制造、金融、信息技术、通信等领域企业"走出去"。联合国内金融机构及丝路、中非等基金，建立"互联网+"制造业境外投资合作机制。积极发起或参与互联网领域多双边或区域性规则的谈判，提升影响力和话语权。推动建立中德、中欧、中美、中日韩政府和民间对话交流机制,围绕智能制造、标准制定、行业应用示范,组织开展技术交流与合作。支持行业协会、产业联盟与企业共同推广中国技术和中国标准。

2. 工业和信息化部办公厅关于组织开展2015年度联合收割(获)机和拖拉机行业规范公告申报工作的通知

工业和信息化部办公厅关于组织开展2015年度联合收割(获)机和拖拉机行业规范公告申报工作的通知

根据《联合收割(获)机和拖拉机行业规范条件》(工业和信息化部公告2015年第54号)和《工业和信息化部办公厅关于印发〈联合收割(获)机和拖拉机行业规范公告管理暂行办法〉的通知》(工信部装〔2015〕315号)的要求,为做好2015年度联合收割(获)机和拖拉机行业规范公告申报工作,现将有关事项通知如下:

一、请你单位组织本地区联合收割(获)机和拖拉机生产企业开展规范公告申报工作。企业按照《联合收割(获)机和拖拉机行业规范公告管理暂行办法》的规定提交规范公告申请书。

二、请你单位将2015年度初审合格的申请企业推荐名单和规范公告申请书(纸质件一式三份及电子版光盘)于12月31日前报送我部(装备工业司)。以后年度申报材料于8月31日前报送。

三、接到规范公告申请材料后,我部将组织开展审查工作。经审查合格的企业名单将在我部网站上公示;公示无异议的企业,将以公告方式予以发布。

四、以后年度申报工作按照上述程序办理,不再另行通知。

工业和信息化部办公厅
2015年11月11日

来源:http://www.miit.gov.cn/n1146295/n1652858/n1652930/n3757018/c4465746/content.html

3. 关于开展2015年扶助小微企业专项行动的通知

关于开展2015年扶助小微企业专项行动的通知

工信部企业〔2015〕50号

各省、自治区、直辖市及计划单列市、新疆生产建设兵团中小企业主管部门:

为深入贯彻党的十八大和十八届三中、四中全会以及中央经济工作会议精神,落实好各项支持小微企业发展政策,助力小微企业激发创业创新活力,促进中小企业和非公有制经济平稳健康发展，我部决定 2015 年继续开展扶助小微企业专项行动。

各地要按照《2015 年扶助小微企业专项行动实施方案》提出的目标和重点工作，结合本地区实际，确定工作目标和重点任务，细化工作安排，明确责任分工，加强组织领导，确保专项行动取得实效。

请就本地区扶助小微企业的具体工作安排填写《各地扶助小微企业专项行动工作安排表》，于 3 月 5 日前报工业和信息化部（中小企业司）。

联系电话：010-68205333

传真：010-68205316

邮箱：zcgh@sme.gov.cn

工业和信息化部
2015 年 2 月 10 日

来源：http://www.miit.gov.cn/n1146285/n1146352/n3054355/n3057527/n3057537/c3606603/content.html

附 2015 年扶助小微企业专项行动实施方案

2015 年，针对小微企业发展中出现的新情况、新问题，我部将继续实施扶助小微企业专项行动，为促进中小企业和非公有制经济平稳健康发展营造良好的社会氛围。具体实施方案如下：

一、指导思想

深入贯彻党的十八大和十八届三中、四中全会以及中央经济工作会议精神，围绕扶助小微企业，推动大众创业、万众创新，以落实好支持小微企业发展政策为重点，以"加强帮扶、强化服务"为主题，更加注重改革创新、转变职能、改善服务，助力小微企业激发创业创新活力，促进中小企业和非公有制经济平稳健康发展。

二、主要目标

加强政策宣传，抓好支持小微企业发展的政策落实；开展百场小微企业政策宣传与现场咨询活动；加快中小企业公共服务平台网络建设，年服务小微企业不少于 50 万家；支持担保（再担保）机构为不少于 15 万家小微企业提供担保服务；完成 50 万人次小微企业经营管理人员和 1 000 人次以上领军人才培训；组织开展市场开拓及服务对接等活动；推动行政审批前置服务项目及收费清单公布，建设全国涉企收费项目库并接受社会监督。

三、重点工作

（一）狠抓政策落实，营造大众创业万众创新环境

一是抓好政策落实。充分发挥国务院促进中小企业发展工作领导小组办公室的组织协调作用，加强对各地区、各部门贯彻落实 2012 年国发 14 号文件和 2014 年国发 52 号文件情况的跟踪检查和效果评估。各级中小企业主管部门要简化办事流程，提高服务效率，积极帮助小微企业解决政策落实中的问题，切实让中央政策落地生根。

二是加大惠企政策宣传。通过各类媒体，多渠道、多形式，解读和宣传国家鼓励、支持小微企业发展的方针政策，宣传各地、各部门落实小微企业政策的成绩和经验，切实提高小微企业政策知晓度。鼓励各地继续采取有效措施，扩大政策宣传覆盖面，各省（自治区、直辖市）组织开展小微企业政策宣讲与咨询活动应不少于 20 场（次），受众人数不少于 3 000 人次，使小微企业了解政策、用足政策；大力宣传推广本地区优秀小微企业典型做法，提振企业信心，营造有利于大众创业、万众创新的社会氛围。

（二）加强中小企业公共服务平台建设，支持小微企业创业发展

一是推进小企业创业基地建设。利用闲置厂房、各类工业园区、孵化基地等推进小企业创业基地建设。引入风险投资、贷款风险补偿机制等融资支持方式鼓励小微企业创业发展，组织开展创业培训、创业辅导，提高小微企业创业成功率。

二是推进中小企业公共服务平台网络建设。做好平台网络项目建设、验收，以及平台网络互联互通和建设进度季度报送、服务信息即时报送等工作，促进平台网络完善服务功能，提高服务能力，创新服务模式，扩大服务规模，更好地为小微企业提供找得着、用得起、有保证的服务。

三是加强国家中小企业公共服务示范平台动态管理，做好示范平台年度检查工作。鼓励和指导示范平台提高服务质量，发挥示范带动作用，为小微企业创立和发展提供优质服务。

四是继续组织大学生百日招聘活动，促进大学生创业就业。各地可依托公共服务平台、小企业创业基地和产业集群等，组织开展中小企业服务日、专家下企业和线下大学生招聘等活动，帮助大学生自主创业，帮助企业解决生产、吸纳人才等方面实际问题。

（三）加强两化融合，提高小微企业创新能力

一是深入开展中小企业信息化推进工程。支持引导信息化服务商开发适合小微企业需求的信息化产品，推广面向小微企业的云计算、移动互联网等应用，支持小微企业运用信息化技术发展核心业务，探索小微企业加深两化融合，提高创新能力的有效途径。

二是加强创新服务，助力小微企业专精特新发展。推动创新资源向小微企业集聚，鼓励检验检测、工业设计、设备共享、知识产权、技术转移等技术创新服务平台以及大专院校、科研院所等开放资源，支持小微企业发挥创新主体作用，不断加大研发投入和技术改造力度，增强技术创新能力，实现专业化、精细化、特色化、新颖化发展。

三是推动小微企业与大企业协同创新。鼓励大企业带动产业链上的小微企业加强技术创新与产品创新。充分利用现有的中小企业公共服务平台，构建大企业与小企业间的创新合作机制，让小微企业创新成果能够与大企业进行便捷有效的衔接，促进小微企业与大企业合作共赢、创新发展。

四是开展质量品牌诊断、推广先进质量管理方法、培育工业品牌等活动，引导小微企业加强质量品牌能力建设。强化专业服务，提升小微企业运用和保护知识产权能力。加快创新人才引进，优化企业人才结构，促进小微企业转型升级。

（四）加强管理人员培训，提升小微企业管理水平

一是深入实施中小企业银河培训工程和企业经营管理人才素质提升工程，以小微企业为重点，进一步优化培训内容，广泛开展政策法规、战略管理、会计准则、品牌管理及安全生产等多方面培训，完成50万人次小微企业经营管理人员和1 000人次以上领军人才培训。

二是完善中小企业管理咨询专家库，组织开展管理咨询专家对小微企业服务对接活动。鼓励和引导管理咨询机构开展中小企业管理诊断和管理咨询服务，提升中小企业管理水平。

（五）加强中小企业信用担保体系建设，缓解小微企业融资难、担保难

一是加强中小企业信用担保体系建设。积极推动政府支持的担保（再担保）机构发展。引导担保（再担保）机构聚焦主业、增强实力、创新机制、合规经营，针对小微企业缺信息、缺抵质押物、缺信用等问题，不断创新和丰富担保产品和服务，为小微企业提供低门槛、低成本、更便捷的担保增信服务。

二是加大财税支持小微企业担保业务力度。运用税收减免、资金补助等方式，鼓励担保（再担保）机构提高小微企业担保业务规模，降低对小微企业担保收费，为不少于15万家小微企业提供担保服务。推动建立小微企业贷款风险分担机制。

三是继续深化与农业银行、建设银行、交通银行、国家开发银行和平安银行等银行业金融机构的合作，推动建立与金融机构间的中小企业信息交流机制，鼓励地方开展政银合作和银企对接等融资服务活动。

（六）深化多双边政策对话和交流，加强对外合作，支持小微企业开拓海内外市场

推动落实《关于促进中小企业创新发展的南京宣言》，深化拓展APEC框架下中小企业领域的交流与合作。

办好2015年第二届中阿中小企业合作论坛和第12届中国国际中小企业博览会。以两岸经济合作委员会中小企业工作组为平台，推进两岸中小企业合作，继续深化双边和多边中小企业国际合作机制下的交流合作，支持小微企业产品和服务"走出去"。

（七）进一步减轻小微企业负担

全面落实已出台的各项收费减免措施，推动公布全国和各省市涉企行政审批前置服务收费清单，建设全国涉企收费项目库并公开接受社会监督，进一步清理取消没有法律法规依据的涉企收费项目，通过清理取消、整合规范进一步减少涉企收费项目，降低收费标准，健全减轻小微企业负担的长效机制。要组织专项督查行动，加强对清单之外违规收费的监督检查。

四、进度安排

（一）2015年2月，启动2015年扶助小微企业专项行动，印发专项行动实施方案。

（二）2015年7月，组织开展中期检查。依据专项行动实施方案确定的各项重点工作，由各地中小企业主管部门、部相关司局对工作进展情况进行自查，汇总自查情况，形成阶段性工作小结。

（三）2015年11月，开展年度工作总结。检查专项行动实施方案确定的各项重点工作和目标任务完成情况，总结经验、查找不足，提出下一步工作建议。

五、保障措施

（一）加强工作指导。充分发挥国务院促进中小企业发展工作领导小组办公室组织协调作用，加强协同配合，定期督促检查，统筹做好各项工作。各级中小企业主管部门要按照专项行动的工作要求，结合本地实际，确定工作目标，明确工作重点，制定工作安排，确保专项行动取得积极成效。

（二）加强政策支持与服务。各级中小企业主管部门要转变政府职能，改进工作作风，增强服务小微企业的责任意识，把工作重心放到改善小微企业发展环境、支持大众创业、万众创新工作上来，加强政策支持与服务。坚持专项行动政府倡导、社会参与、协同推进的原则，充分发挥部属单位、大专院校、行业协会以及中小企业服务机构等方面的作用，组织带动社会服务资源，共同提供有效服务。充分利用财税政策及各级中小企业专项资金，创新支持方式，促进各类服务机构提供优质服务，支持小微企业健康发展。

（三）营造舆论氛围。围绕扶助小微企业专项行动重点工作，通过"两会"期间的宣传报道、工业通信业发展情况新闻发布会等多种途径，进行全方位立体式宣传，扩大专项行动社会影响力。鼓励各地灵活采用多种方式，加大宣传力度，营造良好社会氛围。

工业和信息化部

2015年2月10日

4. 关于印发《中小企业发展专项资金管理暂行办法》的通知

关于印发《中小企业发展专项资金管理暂行办法》的通知

财企〔2014〕38号

各省、自治区、直辖市、计划单列市财政厅（局）、中小企业主管部门、科技厅（委、局）、商务主管部门，新疆生产建设兵团财务局、工业和信息化委员会、科技局、商务局，有关中央所属单位：

为促进中小企业特别是小型微型企业健康发展，规范和加强中小企业发展专项资金的使用和管理，财政部会同工业和信息化部、科技部、商务部制定了《中小企业发展专项资金管理暂行办法》。现印发给你们，请遵照执行。

财政部　工业和信息化部　科技部　商务部
2014年4月11日

来源：http://www.gov.cn/xinwen/2014-04/15/content_2659206.htm

附　中小企业发展专项资金管理暂行办法

第一章　总则

第一条　为了规范中小企业发展专项资金的管理和使用，提高资金使用效益，根据《中华人民共和国预算法》、《中华人民共和国中小企业促进法》等有关规定，制定本办法。

第二条　本办法所称中小企业发展专项资金（以下简称专项资金），是指中央财政预算安排，用于支持中小企业特别是小微企业科技创新、改善中小企业融资环境、完善中小企业服务体系、加强国际合作等方面的资金。

第三条　专项资金的宗旨是，贯彻落实国家宏观政策和扶持中小企业发展战略，弥补市场失灵，促进公平竞争，激发中小企业和非公有制经济活力和创造力，促进扩大就业和改善民生。

第四条　专项资金的使用和管理遵循公开透明、突出重点、统筹管理、加强监督的原则，确保资金使用规范、安全和高效，并向中西部地区倾斜。

第五条　专项资金综合运用无偿资助、股权投资、业务补助或奖励、代偿补偿、购买服务等支持方式，采取市场化手段，引入竞争性分配办法，鼓励创业投资机构、担保机构、公共服务机构等支持中小企业，充分发挥财政资金的引导和促进作用。

第六条　专项资金建立部门共管、专家评审、项目公示、追踪问效的全过程协作管理机制，加强绩效评价及结果运用，实现资金分配的激励和约束。

第七条　专项资金由财政部会同工业和信息化部、科技部、商务部（以下统称相关部门）按照职责分工共同管理。

财政部负责专项资金的预算管理和资金拨付，会同相关部门制定资金分配方案，并对资金的使用和管理情况等开展绩效评价和监督检查。

相关部门会同财政部开展专项资金项目管理工作，确定年度支持重点，组织项目申报和评审，并对项目实施情况进行跟踪服务和监督检查。

第二章　支持科技创新

第八条　发挥财政资金对中小企业科技创新活动的引导作用，支持和鼓励科技型中小企业研究开发具有良好市场前景的前沿核心关键技术，借助创业投资机制促进中小企业科技创新，推动实施国家创新驱动战略。

第九条　专项资金安排专门支出支持中小企业围绕电子信息、光机电一体化、资源与环境、新能源与高效节能、新材料、生物医药、现代农业及高技术服务等领域开展科技创新活动（国际科研合作项目除外）。

第十条　专项资金运用无偿资助方式，对科技型中小企业创新项目按照不超过相关研发支出40%的比例给予资助。每个创新项目资助额度最高不超过300万元。

第十一条　专项资金安排专门支出设立科技型中小企业创业投资引导基金（以下简称引导基金），用于引导创业投资企业、创业投资管理企业、具有投资功能的中小企业服务机构等（以下统称创业投资机构）投资于初创期科技型中小企业。

第十二条 引导基金运用阶段参股、风险补助和投资保障等方式,对创业投资机构及初创期科技型中小企业给予支持。

第十三条 阶段参股是指引导基金向创业投资企业进行股权投资,参股比例最高不超过创业投资企业募集资金总额的25%,且不做第一大出资人,不参与创业投资企业的日常经营和管理。

引导基金参股期内,创业投资企业投资于初创期科技型中小企业的累积金额不低于引导基金出资额的2倍。

第十四条 引导基金参股股权经相关部门和财政部审核后,可按照以下方式退出:

(一)在约定期限内按照约定价格退出。引导基金参股4年内退出的,转让价格为引导基金原始投资额;参股4年以上6年以内退出的,转让价格为引导基金原始投资额及从第5年起按照转让时中国人民银行公布的1年期贷款基准利率计算的利息之和;参股满6年仍未退出的,将与其他出资人同股同权在存续期满后清算退出。

(二)先于保障出资人退出。引导基金参股前,确定一个或多个出资人作为引导基金参股本金回收的保障人(以下简称保障出资人)。引导基金参股后,创业投资企业如发生收益或清算分配,引导基金将先于保障出资人获得分配直至收回引导基金原始投资额及从第5年起按照当时中国人民银行公布的1年期贷款基准利率计算的利息之和,从而实现退出。

第十五条 引导基金股权投资收入上缴中央国库,纳入中央公共财政预算管理。

第十六条 风险补助是指引导基金对创业投资机构投资于年销售收入不超过2 000万元的初创期科技型中小企业的投资项目给予一定比例的投资奖励和损失补偿。

(一)投资奖励:引导基金对投资项目,按照不超过实际投资额5%的比例给予奖励,每个投资项目奖励额度最高不超过100万元,每家创业投资机构年度累计奖励额度最高不超过500万元。

(二)损失补偿:引导基金对创业投资机构已获得投资奖励支持的投资项目,按照不超过投资退出时实际损失额50%的比例给予补偿,每个投资项目损失补偿额度最高不超过200万元。

第十七条 投资保障是指创业投资机构将正在进行高新技术研发、有投资潜力的,且年销售收入不超过2 000万元的初创期科技型中小企业确定为"辅导企业",引导基金对"辅导企业"给予投资前保障或投资后保障。

(一)投资前保障:引导基金给予每个项目投资前资助额度最高不超过100万元,用于补助"辅导企业"高新技术研发的费用支出。

(二)投资后保障:创业投资机构对"辅导企业"实施投资后,引导基金给予每个项目投资后资助额度最高不超过200万元,用于补助"辅导企业"高新技术产品产业化的费用支出。

第三章　改善融资环境

第十八条 发挥财政资金对信用担保机构等中小企业融资服务机构的激励作用,引导其提升业务能力、规范经营行为、加快扩大中小企业融资服务规模,缓解中小企业融资难问题。

第十九条 专项资金安排专门支出支持中小企业信用担保机构(以下简称担保机构)、中小企业信用再担保机构(以下简称再担保机构)增强资本实力、扩大中小企业融资担保和再担保业务规模。

第二十条 专项资金运用业务补助、增量业务奖励、资本投入、代偿补偿、创新奖励等方式,对担保机构、再担保机构给予支持。

(一)业务补助:专项资金对担保机构开展的中小企业特别是小微企业融资担保业务,按照不超过年平均在保余额2%的比例给予补助;对再担保机构开展的中小企业融资再担保业务,按照不超过年平均在保余额0.5%的比例给予补助。

(二)增量业务奖励:专项资金对担保机构,按照不超过当年小微企业融资担保业务增长额3%的比例给予奖励;对再担保机构,按照不超过当年小微企业融资再担保业务增长额1%的比例给予奖励。

(三)资本投入:专项资金对中西部地区省级财政直接或间接出资新设或增资的担保机构、再担保机构,按照不超过省级财政出资额30%的比例给予资本投入支持,并委托地方出资单位代为履行出资人职责。

(四)代偿补偿:中央和地方共同出资,设立代偿补偿资金账户,委托省级再担保机构实行专户管理,专项资金出资比例不超过60%。

当省级再担保机构对担保机构开展的小微企业融资担保业务按照代偿额50%以上的比例（含）给予补偿时，代偿补偿资金按照不超过代偿额30%的比例对担保机构给予补偿。该代偿业务的追偿所得，按照代偿补偿比例缴回代偿补偿资金账户。

（五）创新奖励：专项资金对积极探索创新小微企业融资担保业务且推广效用显著的担保机构，给予最高不超过100万元的奖励。

第二十一条　经省级以上财政部门通过竞争性方式选定为从事政府采购信用担保业务的担保机构，可按本办法规定申请专项资金资助。

第二十二条　担保机构、再担保机构可以同时申请以上不限于一项支持方式的资助，但单个担保机构当年获得专项资金的资助额度最高不超过2 000万元，单个再担保机构当年获得专项资金的资助额度最高不超过3 000万元（资本投入方式除外）。

单个代偿补偿资金账户当年获得专项资金的出资额度最高不超过3亿元。

第四章　完善服务体系

第二十三条　发挥财政资金在构建完善多元化、多层次中小企业公共服务体系方面的激励作用，加快改善中小企业服务环境、提升服务水平，促进中小企业公平参与市场竞争。

第二十四条　专项资金安排专门支出支持各类中小企业公共服务平台和服务机构的建设和运行，增强服务能力、降低服务成本、增加服务种类、提高服务质量，为中小企业提供全方位专业化优质服务。重点支持以下内容：

（一）科技服务。包括技术咨询、研发设计、检验检测、技术转移、技术工程化、技术培训、科技企业孵化等服务。

（二）商贸服务。包括产品认证、市场宣传推介、品牌建设、电子商务、商业特许经营、商标注册等服务，以及参加各类重点展会、创新营销和商业模式、扩大信用销售、发展专业市场和特色商业街、推广现代流通方式等事项。

（三）综合性服务。包括中小企业运行监测、政策宣传、违法违规行为发布、风险预警、数据共享、产供销等信息服务，以及管理咨询、创业辅导、创业基地、技术改造、产业升级、人才培训、财务会计、知识产权、工业设计、质量认证、仓储物流、法律咨询、投融资辅导、职业经理人建设等服务。

（四）其他促进中小企业发展的服务。

第二十五条　专项资金运用无偿资助、业务奖励、政府购买服务等方式，对中小企业公共服务平台和服务机构给予支持。

（一）无偿资助。专项资金对服务平台或机构实施的服务场地改造、软硬件设备及服务设施购置等提升服务能力的建设项目，按照不超过项目总投资额30%的比例给予补助。每个建设项目补助额度最高不超过500万元。

专项资金对中小企业参加的重点展会，给予减收或免收展位费、布展费、展品运输费等费用补贴。

（二）业务奖励。专项资金对服务平台或机构开展的中小企业服务，综合考虑其服务中小企业数量、收费标准、客户总体满意度等因素，按照不超过年度实际运营成本40%的比例给予奖励。每个项目奖励额度最高不超过500万元。

专项资金对保险机构面向中小企业开展的内贸信用险业务给予奖励支持。

（三）政府购买服务。专项资金向服务平台或机构购买中小企业发展迫切需要、市场供给严重不足的公共性服务。

第五章　促进国际合作

第二十六条　发挥中央财政资金在中小企业国际合作中的统筹和协调作用，鼓励加快引进国际先进技术，避免盲目重复引进及恶性竞争。

第二十七条 专项资金安排专门支出支持国内中小企业与欧盟企业、研究单位等（以下简称欧方合作机构）在节能减排相关领域开展科研合作。

（一）促进国内中小企业与欧方合作机构联合研究开发国际尖端节能减排技术。重点支持有利于国内中小企业追踪国际技术发展方向，掌握关键核心技术，填补国内技术空白的研发项目。

（二）引导国内中小企业转化中欧节能减排先进技术合作成果。重点支持国内中小企业应用中欧联合研发成果，开展技术延伸研究及小试、中试等活动，推动技术成果产业化的研发项目。

（三）鼓励国内中小企业从欧方合作机构引进消化吸收国际先进节能减排技术。重点支持国内中小企业引进适合我国国情的先进技术，进行消化吸收再创新或本土化改造，提升我国技术研发水平与推广应用能力的研发项目。

（四）推动国内中小企业与欧方合作机构加强节能减排技术交流与合作。重点支持国内中小企业参加欧方合作机构组织的与节能减排技术相关的国际会议、访问等交流项目。

第二十八条 专项资金运用无偿资助方式，对科研合作项目给予支持。研发项目按照不超过项目投资额40%的比例给予资助，每个项目资助额度最高不超过300万元。

交流项目按照不超过实际发生的国际差旅费（仅包括国际交通费、会议费）50%的比例给予资助，每个项目资助额度最高不超过30万元。

第六章 资金管理和工作组织

第二十九条 财政部综合考虑本年度专项资金预算规模、相关部门提出的年度工作计划、上年度预算执行情况、以前年度绩效评价结果等因素，确定各类支持方向的年度预算规模。

第三十条 相关部门分别会同财政部组织开展项目申报工作，在每年3月底前下发工作通知，明确专项资金支持重点、申报条件等事项。

各省、自治区、直辖市、计划单列市及新疆生产建设兵团中小企业主管部门、科技主管部门、商务主管部门（以下统称省级有关主管部门）会同同级财政部门，中央所属单位，按照本办法等规定，在工作通知下发40日内组织项目申报。

第三十一条 省级有关主管部门、财政部门应加强项目的筛选和核实工作，可通过政府购买服务方式引入第三方评估机制，确保申报材料真实可靠，提升项目层次和质量。

第三十二条 省级有关主管部门会同同级财政部门对本地区申请项目进行公示后上报相关部门和财政部。

第三十三条 相关部门会同财政部通过政府购买服务等方式建立项目储备、申报、跟踪管理系统，建立专家评审制度，组织专家对地方和中央所属单位的申请项目进行评审论证。

第三十四条 相关部门建立健全专家库，确保入库专家与评审专家在数量上保持合理比例，加强对入库专家能力、职业道德等素质的前置审核工作，建立比例淘汰机制。

第三十五条 相关部门严格实行专家随机抽取制度和回避制度，在评审过程中建立专家交叉评审、集中评审等相互监督机制，研究建立评审专家责任追究机制，强化对评审专家的责任约束。

第三十六条 相关部门建立健全与评审专家的联系沟通机制，避免部门人员擅自对评审专家施加影响。

第三十七条 相关部门会同财政部根据专家评审意见提出项目立项计划，并向社会公示，公示期不少于10个工作日。

第三十八条 对项目公示期内提出异议的项目，相关部门会同财政部及时组织调查核实。

项目公示期结束后，相关部门将公示期内没有异议的项目和经调查核实没有问题的项目列为立项项目，向财政部提出资金安排建议。

第三十九条 财政部根据当年预算安排情况，对资金安排建议进行审定，在全国人民代表大会批准预算后90日内将项目支出预算指标下达到省级财政部门和中央所属单位。专项资金的支付，按照财政国库管理制度的有关规定执行。

第七章　绩效评价

第四十条　财政部会同相关部门建立专项资金绩效评价制度，明确评价原则、组织实施、评价依据、评价内容、指标体系、分值权重、评分标准等内容。

第四十一条　财政部通过政府购买服务等方式，对专项资金分配使用、项目实施及效果等实施评价，在充分听取相关部门意见后形成绩效评价结果，并将其作为专项资金以后年度支持方向预算安排的重要依据。

第四十二条　财政部会同相关部门根据绩效评价结果，及时完善资金使用、项目组织等管理制度，不断改进专项资金管理机制。

第八章　监督检查

第四十三条　各级财政部门定期或不定期对专项资金使用情况进行监督检查，必要时可委托社会中介机构进行审计或评估。各级中小企业主管部门、科技主管部门和商务主管部门定期或不定期对项目实施情况进行监督检查。

第四十四条　专项资金应当用于规定的支持方向和重点。对违反规定使用、骗取资金的行为，该项目单位三年内不得申请专项资金扶持，并依照《财政违法行为处罚处分条例》等国家有关规定进行处理。

第九章　附则

第四十五条　本办法由财政部会同相关部门负责解释。

第四十六条　本办法自发布之日起施行。《财政部　工业和信息化部关于印发〈中小企业发展专项资金管理办法〉的通知》（财企〔2012〕96号）、《财政部　工业和信息化部关于印发〈中小企业信用担保资金管理办法〉的通知》（财企〔2012〕97号）、《财政部关于印发〈地方特色产业中小企业发展资金管理办法〉的通知》（财企〔2013〕67号）、《财政部关于印发〈西藏及四川云南甘肃青海四省藏区中小企业发展创业资金管理暂行办法〉的通知》（财企〔2010〕241号）、《财政部　科技部关于印发〈科技型中小企业技术创新基金财务管理暂行办法〉的通知》（财企〔2005〕22号）、《财政部　科技部关于印发〈科技型中小企业创业投资引导基金管理暂行办法〉的通知》（财企〔2007〕128号）、《财政部　科技部关于印发〈中欧中小企业节能减排科研合作资金管理暂行办法〉的通知》（财企〔2011〕226号）同时废止。

5. 关于做好2013年中小企业发展专项资金有关工作的通知

关于做好2013年中小企业发展专项资金有关工作的通知
工信厅联企业〔2013〕65号

各省、自治区、直辖市及计划单列市中小企业主管部门、财政厅（局、委），新疆生产建设兵团工业和信息化委员会、财务局，中国职业经理人协会：

为进一步做好2013年中小企业发展专项资金有关工作，根据《财政部、工业和信息化部关于印发〈中小企业发展专项资金管理办法〉的通知》（财企〔2012〕96号，以下简称《管理办

法》),现将有关事项通知如下:

一、指导思想

深入贯彻落实党的十八大精神,围绕加快转变经济发展方式,充分发挥财政资金的引导作用,促进中小企业结构调整和优化,引导中小企业专精特新发展,支持创新型、创业型和劳动密集型小型微型企业发展,改善中小企业服务环境,推动生产性服务业发展。专项资金安排向小型微型企业和中西部地区倾斜。

二、支持重点

(一)促进中小企业结构调整和优化

1. 制造水平提升项目。重点支持中小企业采用新技术、新工艺、新材料,开发新产品的技术改造项目。

2. 研发能力提升项目。重点支持中小企业购置研发设备、仪器、软件,改造相关场地及设施项目。

3. 信息化应用项目。重点支持中小企业应用安全可靠软件和信息技术提高研发设计、生产加工、管理水平,以及软件和信息技术应用服务的项目。

4. 专业化发展项目。重点支持中小企业为符合国家产业政策的行业龙头企业协作配套,提高专业化发展水平的技术改造项目。

5. 新兴产业项目。重点支持中小企业发展节能环保、新一代信息技术、集成电路设计等新兴产业项目。

6. 节能减排项目。重点支持中小企业应用节能减排技术和产品的技术改造项目。

7. 安全生产项目。重点支持中小企业改善安全生产条件的技术改造,以及提升食品药品安全水平的技术改造项目。

8. 专利补助项目。重点支持中小企业创造和运用专利技术。

(二)改善中小企业服务环境

1. 小企业创业基地建设项目。重点支持为满足小企业创业发展需求,改造现有场地以及相应的公用工程、公共服务设施,新建、扩建小企业创业标准厂房项目。

2. 服务企业和机构改造提升项目。重点支持为中小企业提供技术、质量、信息、集中治污减排等服务的生产性服务企业和机构的技术改造项目,主要为中小企业提供服务的物流企业仓储条件和物流信息平台改造项目,食品、药品质量安全和诚信平台建设项目。

3. 创新、创业服务项目(统称服务项目)。重点支持为小型微型企业提供工业设计、技术开发、技术推广、技术咨询、信息化服务、检验检测、质量控制、设备共享等创新服务项目;为初创小型微型企业提供的创业咨询、创业场地及设施等创业服务项目。

4. 中博会补助项目。支持我国境内及港澳台中小企业参加2013年中国国际中小企业博览会(简称中博会)。

5. 职业经理人发展项目。支持中国职业经理人协会开展职业经理人资质评价制度建设、社会化考核测评、资质评价和认证等工作。

三、申报条件

申报专项资金的项目单位必须符合《管理办法》有关要求,每个项目单位只能申报一个项目。此外，申报"支持重点"为"（一）促进中小企业结构调整和优化"项下各类项目的，项目单位须具有独立企业法人资格，而且符合现行国家中小企业划型标准规定；申报其他项目的，项目单位须具有独立法人资格。

（一）中小企业结构调整和优化项目

1. 项目基本条件

项目须按固定资产投资项目管理规定进行核准或备案（专利补助项目、信息化应用项目除外），属于2013年年底前建成且建设期不超过2年的在建项目。核准或备案文件未明确建设期的，项目建设起始日期为核准或备案时间。

申请无偿资助的项目，固定资产投资规模不超过1 500万元；申请贷款贴息的项目，固定资产投资规模不超过2 000万元。项目建筑工程投资不得超过固定资产投资的30%。

2. 其他条件

（1）制造水平提升项目，要求企业采用与项目相关的有效期内的国家专利（其中购买技术应提供相关购买证明），或者具有2010年以来国家重点新产品证书、省部级新产品鉴定证书。

（2）研发能力提升项目，技术人员占企业总人数比例不低于15%，连续三年研发投入不低于企业销售收入的2%，新产品销售收入不低于企业全部销售收入20%。

（3）信息化应用项目，要求项目在2011年年底前建成，2012年运行良好。

（4）专业化发展项目，企业2012年提供协作配套产品的销售额应占全部销售收入50%以上。

（5）新兴产业项目，其中的节能环保项目是指列入《国家重点节能技术推广目录》、《工业领域节能减排电子信息应用技术导向目录》，且已进入推广应用阶段的技术和产品。

（6）节能减排项目，企业应有明显的节能、减排效果。

（7）安全生产项目，企业应有明显的安全生产效果。

（8）专利补助项目，企业在2010年至2012年期间获得国家知识产权局授权的专利个数在6项以上（其中发明专利在2项以上），且50%以上的专利已在生产中应用。

（二）改善中小企业服务环境项目

1. 项目基本条件

项目须按照固定资产投资项目管理规定进行核准或备案（服务项目、中博会补助项目、单纯购置设备的服务企业和机构改造提升项目除外），属于2013年年底前建成且建设期不超过2年的在建项目。核准或备案文件未明确建设期的，项目建设起始日期为核准或备案时间。服务项目须为2012年内开展的服务业务。

申请无偿资助的项目，固定资产投资规模不超过2 500万元；申请贷款贴息的项目，固定资产投资规模不超过3 000万元。小企业创业基地建设项目，固定资产投资规模可放宽到4 000万元。

2. 其他条件

（1）小企业创业基地建设项目不得涉及新征用土地。新建、扩建标准厂房的，小型微型企业入住户数的比率不低于80%。将投资规模较大的项目拆分为小项目的，不予支持。

（2）创新服务项目申报单位需为国家和省级认定的示范平台，年服务小型微型企业100家以上，用户满意度在90%以上，对小型微型企业提供的公益性服务或低收费服务要占到总服务量的20%以上。

(3) 创业服务项目需要年服务注册三年内的初创小微企业不少于30家，对小型微型企业提供的公益性服务或低收费服务要占到总服务量的20%以上。

四、支持方式和支持额度

（一）中小企业结构调整和优化项目

1. 专利补助项目。资金支持方式为无偿资助，对企业2010年至2012年期间获得的专利，每个发明专利补助不超过8万元，其他每个专利补助不超过5万元，已在生产中应用的专利每个不超过20万元，单个企业最高补助额不超过200万元。

2. 其他项目。资金支持方式分无偿资助和贷款贴息两种，其中，贷款贴息额度根据项目贷款额及人民银行公布的同期贷款基准利率确定，贴息期不超过两年。对单个项目支持金额不超过200万元，且支持金额不超过项目固定资产投资额的20%，不超过企业已投入的自有资金总额。

（二）改善中小企业服务环境项目

小企业创业基地建设项目、服务企业和机构改造提升项目的资金支持方式分无偿资助和贷款贴息两种，其中，贷款贴息额度根据项目贷款额及人民银行公布的同期贷款基准利率确定，贴息期不超过两年。对单个项目支持金额不超过400万元，且支持金额不超过该项目固定资产投资额的30%，不超过企业已投入的自有资金总额。

服务项目支持方式为无偿资助，根据服务小型微型企业数量、质量（满意度）和收费情况适当给予资助，资助金额不超过上一年度该机构服务支出额的20%，最高补助额不超过50万元，中西部地区最高补助额不超过60万元。

中博会补助项目的资金支持方式为无偿资助，由广东省中小企业局和财政厅统一提出申请。对境内及港澳台参展中小企业的补助标准为每个标准展位补助3 000元，补助标准展位数不超过4 500个。各参展中小企业据此相应减交展位费。

职业经理人发展项目的资金支持方式为无偿资助，由中国职业经理人协会提出申请，支持额度最高不超过3 000万元。

（三）已通过其他渠道获取中央财政资金支持的项目，专项资金不再重复支持

五、工作安排

（一）提出实施方案

各省、自治区、直辖市及计划单列市、新疆生产建设兵团财政（财务）部门会同中小企业主管部门（以下简称省级财政部门和中小企业主管部门）根据《管理办法》和本通知的规定，研究提出本地区2013年专项资金实施方案，包括支持重点、支持计划、资金需求、以往年度专项资金使用和项目实施绩效评价情况等（详见附件3），于2013年5月3日前报财政部、工业和信息化部审核。黑龙江省农垦总局所属中小企业纳入黑龙江省实施方案一并考虑，安排相应的资金额度。中国职业经理人协会根据本通知规定，研究提出2013年专项资金实施方案，包括工作计划、资金需求等，于2013年4月26日前报财政部、工业和信息化部。财政部及时向省级财政部门和中国职业经理人协会下达预算指标。

（二）项目申报

省级中小企业主管部门和财政部门应根据《管理办法》和本通知的规定，在本地区范围内公开组织本年度专项资金项目申报工作，并下发项目申报通知。项目申报通知中要公布本地区廉

政信息反馈专线电话和电子邮箱。项目单位根据项目申报通知，按照属地管理原则向地方中小企业主管部门和财政部门提交资金申请报告及相关资料，并登录"国家中小企业专项资金项目管理系统"的专项资金端口（简称"项目管理系统"，网址为：www.sme.gov.cn），填报相关信息。

（三）项目审核

省级中小企业主管部门和财政部门按照《管理办法》规定开展项目审核工作，根据财政部下达的专项资金规模，提出项目和资金支持计划，并向社会公示。公示时间不少于7个工作日。项目和资金支持计划中，省、自治区、直辖市改善中小企业服务环境项目的个数不少于30个（不包含中博会补助项目），计划单列市、新疆生产建设兵团不少于15个，对小型微型企业和改善中小企业服务环境项目的资助额占全部项目资助额的比重不得低于80%。省级中小企业主管部门应保存全部项目资料以及专家评审意见原件备查。

（四）支持计划备案

省级财政部门和中小企业主管部门将本地区专项资金工作情况、公示无异议的项目和资金支持计划（详见附件1）报财政部、工业和信息化部备案。同时，将备案项目电子版资料（详见附件2）通过项目管理系统上报。备案后，省级财政部门按照预算管理的有关规定，在1个月内将资金拨付至项目单位。上述工作应于2013年6月30日前完成。

六、其他

（一）中国职业经理人协会将年度工作开展情况、专项资金使用情况及实施效果等，于2014年1月31日前上报财政部、工业和信息化部。

（二）本通知未尽事宜按照《管理办法》执行。

（三）联系方式。

工业和信息化部

电话：010-68205314 68205319

电子邮箱：zcgh@sme.gov.cn

财政部

电话：010-68551954

企业司廉政信息反馈电话及邮箱：010-68552809

czbqys@126.com

工业和信息化部办公厅　财政部办公厅
2013年4月9日

来源：http://www.miit.gov.cn/n1146285/n1146352/n3054355/n3057527/n3057537/c3605919/content.html

6. 磷铵行业准入公告管理暂行办法

磷铵行业准入公告管理暂行办法

第一条 根据《国务院关于加快推进产能过剩行业结构调整的通知》（国发〔2006〕11号）和《磷铵行业准入条件》（工业和信息化部2011年第31号公告），制定本办法。

第二条 各省、自治区、直辖市工业和信息化主管部门负责本地区已建成投产的磷铵生产企业公告核实管理和复核工作，并对准入条件的执行情况进行监督检查。

第三条 申请公告的磷铵生产企业，应当具备以下条件：

（一）具有独立法人资格（磷肥、磷化工企业下属磷铵生产企业，由具有独立法人资格的企业主体提出申请）；

（二）符合《磷铵行业准入条件》及国家有关的标准、规范要求；

（三）符合各省（自治区、直辖市、计划单列市）磷肥行业发展规划或磷化工行业规划；

（四）企业磷铵建设项目立项申请、土地使用、环境影响评价、安全生产等建设程序需符合国家有关审批、核准或备案程序要求；

（五）企业生产经营活动遵守国家有关法律法规。

第四条 具备本办法第三条所列条件的现有磷铵生产企业，可提出公告申请，并提交以下材料：

（一）企业简介及磷铵产品生产情况说明；

（二）企业营业执照（复印件）；

（三）企业法人登记证（复印件）；

（四）项目批文及土地使用证（复印件）；

（五）安全生产许可证证书及附件（复印件）；

（六）清洁生产审核证明（复印件）；

（七）磷铵生产企业基本情况表（见附件1）；

（八）磷铵生产运行情况表（见附件2）。

第五条 各省、自治区、直辖市工业和信息化主管部门负责受理本地区企业报送的公告申请，会同省级环保、质量监督、安全生产监督管理等部门，依照《磷铵行业准入条件》要求，负责对本地区申请公告企业的相关情况进行现场核实，填写核实意见表（见附件3）并提出初审意见，及时将初审符合磷铵行业准入条件的企业申请材料和现场核实意见上报工业和信息化部，同时附送申报企业汇总表（见附件4）。

第六条 工业和信息化部负责组织有关专家对各地报送的材料和核实意见进行复核，必要时对企业进行现场核实。

第七条 工业和信息化部自收到申请材料之日起，三个月内完成对申请企业是否符合磷铵行业准入条件的审查工作。对符合公告要求的企业，以公告形式向社会公布。

第八条 通过公告的企业（以下简称公告企业）应当保持磷铵行业准入条件。各省、自治区、直辖市工业和信息化主管部门要会同环保、质量监督、安全生产监督管理等部门，对公告企业保持磷铵行业准入条件情况进行定期监督检查（原则上每年一次），并将监督检查意见报工业和信息化部。工业和信息化部不定期组织有关部门对公告企业保持磷铵行业准入条件情况进行抽查。

第九条 公告企业有下列情况的,各省、自治区、直辖市工业和信息化主管部门责令其限期整改,直至报请工业和信息化部撤销其公告资格:

(一)不能保持磷铵行业准入条件;

(二)拒绝接受监督检查;

(三)填报相关资料有弄虚作假行为;

(四)发生重大安全和污染事故;

(五)违反国家法律、法规和产业政策规定。

被撤销公告资格的企业,原则上在被撤销公告资格一年后方可重新提出公告复核申请。

第十条 本办法适用于中华人民共和国境内所有类型的磷铵生产企业。

第十一条 本办法自发布之日起施行。

附件:1. 磷铵生产企业基本情况表

2. 磷铵生产运行情况表

3. 省主管部门现场核实意见表

4. 省磷铵生产企业基本情况及装备主要技术指标汇总表

5. 《磷肥工业水污染物排放标准》(GB15580—2011)

附件1:

磷铵生产企业基本情况表

企业名称:　　　　　　填表人:

　　　　　　　　　　　联系电话:

序号	项　目	内　容	备　注
1	企业名称		
2	所有制形式		
3	注册资本		
4	企业法人姓名		
5	企业注册地址		
6	土地使用证		
7	磷铵项目批准(备案)文号		
8	建设日期		
9	投产日期		
10	企业安全生产许可证编号		
11	企业排污许可证编号或省级环保部门意见		
12	现有职工人数(人)		
13	联系人		
14	联系电话		
15	传真		
16	电子邮箱		
17	邮政编码		
18	通讯地址		

注:企业有多套装置的,有关证号及日期需分别填写。

附件 2-1：

磷酸二铵生产运行情况表

企业名称（盖章）：　　　　　　填表人：
产品名称：　　　　　　　　　　联系电话：

序号		项　目		内　容	备　注
1	本情况	产品名称			
2		磷酸二铵生产工艺			
3		磷酸生产工艺			
4		配套的硫酸生产工艺			
5		装置设计能力（磷酸二铵）	万吨		
6		装置设计能力（磷酸）	万吨		
7		上年度磷酸实际产量（折纯）	万吨		
8		上年度磷酸二铵实际产量（实物）	万吨		
9		上年度磷矿到厂平均 P_2O_5 含量	%		
10		上年度磷矿到厂平均（$Fe_2O_3+AL_2O_3$）含量	%		
11		上年度磷矿到厂平均 MgO 含量	%		
12	产品质量	总养分（$N+P_2O_5$）	%		
13		其中有效磷（P_2O_5）	%		
14		总氮（N）	%		
15		水溶性磷占有效磷比例	%		
16	资源能源消耗	单位产品磷矿（30% P_2O_5）消耗	kg/tP_2O_5		
17		单位产品硫酸（100% H_2SO_4）消耗	kg/tP_2O_5		
18		单位产品氨（100% NH_3）消耗	kg/tP_2O_5		
19		磷酸二铵单位产品综合能耗	$kgce/tP_2O_5$		
20		磷酸单位产品综合能耗	$kgce/tP_2O_5$		
21		配套的硫酸单位产品综合能耗	$kgce/tH_2SO_4$		
22	污染物指标	废水排放量	m^3/t 产品		
23		废水中总磷（以磷计）	mg/l		
24		废水中氟化物（以氟计）	mg/l		
25		废水中氨氮	mg/l		
26		废气中颗粒物含量	mg/Nm^3		

（续表）

序号	项目		内　容	备　注
27	资源综合利用	污水处理方式		
28		氟回收利用方式		
29		磷石膏产生量		
30		磷石膏综合利用方式及相应的利用量		
31		磷石膏综合利用率	%	

填表说明：

1. 磷酸二铵生产工艺主要指传统法或料浆法，产品外观呈粒状或粉状。
2. 磷酸生产工艺主要指二水法或半水法或半水-二水法。
3. 硫酸生产工艺主要指硫磺制酸或硫铁矿制酸。
4. 磷酸二铵单位产品综合能耗包括磷酸装置的能耗。
5. 废水排放量不包含氟加工装置的废水。具体定义与计算方法参照《磷肥工业水污染物排放标准》（GB15580—2011）（见附件5）。

附件2-2：

磷酸一铵生产运行情况表

企业名称（盖章）：　　　　　　填表人：
产品名称：　　　　　　　　　　联系电话：

序号		项　目		内　容	备　注
1	本情况	产品名称			
2		磷酸一铵生产工艺			
3		磷酸生产工艺			
4		配套的硫酸生产工艺			
5		装置设计能力（磷酸一铵）	万吨		
6		装置设计能力（磷酸）	万吨		
7		上年度磷酸实际产量（折纯）	万吨		
8		上年度磷酸一铵实际产量（实物）	万吨		
9		上年度磷矿到厂平均 P_2O_5 含量	%		
10		上年度磷矿到厂平均（$Fe_2O_3+Al_2O_3$）含量	%		
11		上年度磷矿到厂平均 MgO 含量	%		
12	产品质量	总养分（$N+P_2O_5$）	%		
13		其中有效磷（P_2O_5）	%		
14		总氮（N）	%		
15		水溶性磷占有效磷比例	%		

(续表)

序号		项 目		内 容	备 注
16	资源能源消耗	单位产品磷矿（30%P_2O_5）消耗	kg/tP_2O_5		
17		单位产品硫酸（100%H_2SO_4）消耗	kg/tP_2O_5		
18		单位产品氨（100%NH_3）消耗	kg/tP_2O_5		
19		磷酸一铵单位产品综合能耗	kgce/tP_2O_5		
		磷酸单位产品综合能耗	kgce/tP_2O_5		
20		配套的硫酸单位产品综合能耗	kgce/tH_2SO_4		
21	污染物指标	废水排放量	m^3/t 产品		
22		废水中总磷（以磷计）	mg/l		
23		废水中氟化物（以氟计）	mg/l		
24		废水中氨氮	mg/l		
25		废气中颗粒物含量	mg/Nm^3		
26	资源综合利用	污水处理方式			
27		氟回收利用方式			
28		磷石膏产生量			
29		磷石膏综合利用方式及相应的利用量			
30		磷石膏综合利用率	%		

填表说明：

1. 磷酸一铵生产工艺主要指传统法或料浆法，产品外观呈粒状或粉状。
2. 磷酸生产工艺主要指二水法或半水法或半水-二水法。
3. 硫酸生产工艺主要指硫磺制酸或硫铁矿制酸。
4. 磷酸一铵单位产品综合能耗包括磷酸装置的能耗。
5. 废水排放量不包含氟加工装置的废水。具体定义与计算方法参照《磷肥工业水污染物排放标准》（GB15580—2011）（见附件5）。

附件3：

＿＿＿＿＿＿省主管部门现场核实意见表

申请企业名称
现场核实日期

现场复核人员

序号	单位	姓名	部门及职务	签字
1	工业主管部门			
2	环保部门			
3	质检部门			
4	安全生产监管部门			
5	其他			

附件 4-1：

_____省磷酸二铵生产企业基本情况及装备主要技术指标汇总表

省级磷肥行业主管部门（盖章）：　　　　　　　填报日期：

序号	企业名称	生产规模（万吨）	上年产量（万吨）	立项情况	环评情况	土地情况	安全生产许可证	排污许可证	单位产品综合能耗	废水排放量	氟回收利用情况	磷石膏利用情况	备注

说明：1. 本表由各省工业主管部门填报；
　　　2. 立项、环评、土地情况、安全生产许可证、排污许可证填写审批或备案批准文号。

附件 4-2：

_____省磷酸一铵生产企业基本情况及装备主要技术指标汇总表

省级磷肥行业主管部门（盖章）：　　　　填报日期：

序号	企业名称	生产规模（万吨）	上年产量（万吨）	立项情况	环评情况	土地情况	安全生产许可证	排污许可证	原材料消耗	单位产品综合能耗	废水排放量	氟回收利用情况	磷石膏利用情况	备注

说明：1. 本表由各省工业主管部门填报；

2. 立项、环评、土地情况、安全生产许可证、排污许可证填写审批或备案批准文号。

来源：http://www.miit.gov.cn/n1146285/n1146352/n3054355/n3057569/n3057573/c3566080/content.html

六、财政部

1. 关于以高标准农田建设为平台开展涉农资金整合试点的意见

关于以高标准农田建设为平台开展涉农资金整合试点的意见

财农〔2015〕247号

湖南省财政厅、发展改革委、国土资源厅、水利厅、农业委：

农田是农业生产的重要物质基础。建设旱涝保收、持续高产稳产的高标准农田，对提高农业综合生产能力、保障国家粮食安全十分重要。当前，涉及高标准农田建设的资金渠道多，资金使用比较分散。确保2020年实现全国高标准农田建设目标，亟需进一步坚持问题导向，深化改革创新，积极整合高标准农田建设资金，握指成拳，集中发力，真正实现"多个渠道进水、一个池子蓄水、一个龙头放水"的资金统筹使用新机制。为探索高标准农田建设资金整合有效机制，根据国务院决策部署，现决定在你省以高标准农田建设为平台开展涉农资金整合试点。经研究，现就资金整合试点工作提出以下意见。

一、把握试点的目标任务和基本原则

（一）目标任务

按照党的十八大、十八届二中、三中、四中、五中全会及中央有关深化财税体制改革精神要求，整合各层次、各渠道、各领域高标准农田建设资金，建立健全统筹安排使用建设资金的长效机制，加快旱涝保收高标准农田建设，全面完成高标准农田建设规划任务，从根本上改善农业生产基础设施条件。通过试点，探索可复制、易推广的资金整合模式和经验，为在全国更大范围内推进高标准农田建设资金整合提供借鉴。

（二）基本原则

一是试点先行，逐步推进。高标准农田资金整合涉及体制机制改革，需要试点先行，稳妥推进。先选择部分地区开展试点，鼓励改革创新，先行先试，率先突破，示范引导，逐步积累经验，完善政策。二是统筹谋划，整县推进。高标准农田建设是一项综合性系统工程，整合资金应坚持顶层设计与基层实践相结合。省级做好统筹规划，突出重点，有序推进，同时简政放权，以县为主整体推进，充分调动基层积极性。三是建管并重，良性运行。高标准农田"三分建、七

分管",需要建管并重,更加重视管护问题。进一步整合资源,创新机制,落实管护主体、管护责任和经费来源,保证工程长期发挥效益。

二、明确纳入整合试点的资金范围

根据《国务院关于印发推进财政资金统筹使用方案的通知》(国发〔2015〕35号)、《国务院办公厅关于加快转变农业发展方式的意见》(国办发〔2015〕59号)和《全国高标准农田建设总体规划》有关要求,整合新增建设用地土地有偿使用费、农业综合开发资金、现代农业生产发展资金、农田水利设施建设补助资金、农业技术推广与服务补助资金中用于测土配方施肥的支出、大型灌区续建配套与节水改造投资、新增千亿斤粮食生产能力规划田间工程投资,以及其他涉及农田建设的资金等,按照《高标准农田建设通则》(GB/T 30600—2014),统筹使用,集中投入,重点开展权属确定、土地平整、农田水利、耕地质量、农技服务、机耕道路、配套电网林网、生产设施配套等建设。

三、探索创新资金整合有效机制

创新高标准农田建设资金项目管理机制,大胆探索多种形式的资金整合办法。既可以高标准农田建设重大项目为平台推进资金整合,也可以高标准农田建设规划区域为平台推进资金整合,还可以突破高标准农田建设资金使用部门界限推进资金整合,不强求统一的资金整合路径和模式。鼓励试点地区从实际出发,因地制宜,自主创新,切实做到整体推进,提高投资效率,探索建立科学、合理、高效的整合资金建设高标准农田的新机制。

四、制定资金整合试点工作方案

资金整合试点工作原则上确定为三年(2015—2017年):2015年主要开展试点前期工作,2016年启动并实施试点任务,2017年调整完善政策并形成机制。

在以县为单位编制统一的高标准农田建设规划、统筹确定项目布局和建设进度安排等基础上,及时制定资金整合试点工作方案及相关配套措施,明确试点任务、政策措施、整合资金来源及规模、实施步骤、牵头部门、责任主体、保障手段、预期成效等内容。试点地区的高标准农田建设规划要与各相关专项规划加强衔接,确保完成各专项规划的建设任务。2016年1月底前印发试点工作方案,试点方案印发前,将规划编制、投资安排和建设管理等情况及时报财政部、发展改革委、国土资源部、农业部、水利部备案。

五、抓好资金整合试点组织实施

(一)加强组织领导

试点省高度重视试点工作,统一思想,精心组织,周密部署,成立由主要领导任组长的试点工作领导小组,切实加强领导和组织实施,确保试点工作积极稳妥开展。

(二)密切部门协作

试点省建立资金整合试点工作机制,明确各部门工作职责,加强沟通衔接,密切配合,统筹协调项目布局和年度投资安排,互相通报情况,切实做到整体推进,构建合力推进试点工作格局。中央各相关部门积极支持试点工作,在项目、资金管理上加强对试点地区指导,统一组织开展对试点地区的检查考核等工作,帮助协调解决困难。

（三）加强制度建设

结合实际制定整合后的资金使用管理办法，加强对资金运行全过程风险防控，确保整合后资金用于高标准农田建设。建立整合后的项目管理制度和考核验收制度，统一规范不同渠道项目的项目申报、勘察设计、招投标、工程施工、工程监理、检查验收等，对项目各环节实行统筹管理，确保试点工作有效推进。建成的高标准农田应划为永久基本农田，有关信息应通过现有监测监管系统上图入库，实现可监测、可考核。

（四）做好信息反馈

建立试点工作信息反馈机制，加强对试点工作的跟踪了解，及时将试点进展情况向中央有关部门报告反映。积极宣传点工作成效，发现典型，树立标杆，凝聚共识，努力营造良好舆论氛围。

财政部　发展改革委　国土资源部　水利部　农业部
2015 年 12 月 25 日

来源：http://nys.mof.gov.cn/zhengfuxinxi/czpjZhengCeFaBu_2_2/201601/t20160111_1646425.html

2. 关于印发《农田水利设施建设和水土保持补助资金使用管理办法》的通知

关于印发《农田水利设施建设和水土保持补助资金使用管理办法》的通知

财农〔2015〕226 号

农业部，各省、自治区、直辖市、计划单列市财政厅（局）、水利（水务）厅（局），新疆生产建设兵团财务局、水利局：

为进一步加强和规范中央财政农田水利设施建设和水土保持补助资金管理，财政部、水利部对《中央财政小型农田水利设施建设和国家水土保持重点建设工程补助专项资金管理办法》（财农〔2009〕335 号）、《中央财政统筹从土地出让收益中计提的农田水利建设资金使用管理办法》（财农〔2013〕14 号）、《中央财政补助中西部地区、贫困地区公益性水利工程维修养护经费使用管理暂行办法》（财农〔2011〕463 号）等办法进行了整合修订，形成了《农田水利设施建设和水土保持补助资金使用管理办法》。现予印发，请遵照执行。

财政部　水利部
2015 年 12 月 16 日

来源：http://www.mof.gov.cn/zhengwuxinxi/zhengcefabu/201505/t20150528_1242763.htm

附　农田水利设施建设和水土保持补助资金使用管理办法

第一条　为加强和规范农田水利设施建设和水土保持补助资金使用管理，提高资金使用的安全性和有效性，根据《中华人民共和国预算法》等法律法规，制定本办法。

第二条 本办法所称农田水利设施建设和水土保持补助资金，是指由中央财政预算安排，用于农田水利工程设施和水土保持工程建设以及水利工程维修养护的补助资金（以下简称补助资金）。补助资金由财政部会同水利部负责管理。补助资金的分配、使用、管理和监督适用本办法。

第三条 补助资金预算由财政部商水利部按规定程序下达。上年9月底前按一定比例提前下达，当年在全国人大批准预算后90日内下达完毕。

安排农业部直属垦区、新疆生产建设兵团的补助资金，分别纳入农业部、新疆生产建设兵团预算，按照有关规定执行。

第四条 财政部、水利部对补助资金使用情况开展绩效评价。强化绩效评价结果运用，建立绩效评价结果与年度补助资金安排挂钩机制。绩效评价办法另行制定。

第五条 补助资金使用范围包括：

（一）农田水利工程设施建设

农田及牧区饲草料地灌排工程设施建设，农村河塘清淤整治，节水灌溉设备及量测水设施购置，必要的灌溉信息化管理及灌溉试验仪器设备购置，与农田水利工程设施配套的田间机耕道、生产桥及10千伏以下（含10千伏）农业灌排电力配套建设，地下水超采综合治理工程建设。

（二）水土保持工程建设

水土保持工程措施、植物措施和保护性耕作措施。

（三）水利工程维修养护

农田水利工程和县级以下国有公益性水利工程的维修养护支出，农业水价综合改革相关支出，基层水利服务单位开展农田水利工程维修养护所必要的仪器设备购置补助。

实施农田水利工程设施和水土保持工程建设项目的县（以下简称项目县）可在补助资金（不含用于水利工程维修养护支出）中按不超过3%的比例安排资金，用于补助项目前期工作和建设管理等相关支出，省、市两级不得从补助资金中提取上述经费。

补助资金不得用于购置交通工具、楼堂馆所建设以及应由部门预算安排的基本支出等。

第六条 补助资金主要采取因素法分配，对党中央、国务院批准的重点建设任务以及农田水利工程建设任务较少的直辖市、计划单列市实行定额补助。

（一）用于农田水利工程设施建设支出部分的分配因素及权重：

1. 耕地面积（权重10%），以最新中国统计年鉴数据为准。
2. 粮食产量（权重15%），以最新中国统计年鉴数据为准。
3. 地区倾斜（权重20%），以全国贫困县、革命老区县、民族县、边境县等为依据。
4. 建设任务（权重25%），以水利部、财政部确定的建设任务为依据。
5. 绩效因素（权重30%），以财政部、水利部绩效评价结果为依据，其中农业水价综合改革等体制机制创新工作的绩效评价结果占50%。

（二）用于水土保持工程建设支出部分的分配因素及权重：

1. 建设任务（权重60%），以水利部、财政部确定的建设任务为依据。
2. 绩效因素（权重40%），以财政部、水利部绩效评价结果为依据。

（三）用于水利工程维修养护支出部分的分配因素及权重：

1. 有效灌溉面积（权重60%），以最新中国统计年鉴数据为准。
2. 绩效因素（权重40%），以财政部、水利部绩效评价结果为依据。

第七条 补助资金可以采取先建后补、以奖代补以及村民自建等方式，加大对农户、村组集体、农民专业合作组织等新型农业经营主体实施项目的支持力度，也可以按规定采用政府和社会资本合作（PPP）模式开展项目建设，创新项目投入运营机制。具体办法由各省、自治区、直辖市、计划单列市（以下统称各省）自行确定。

第八条 各省应当按照"集中投入、整合资金、竞争立项、连片推进"等建设管理模式，逐步建立健全项目县竞争立项机制。项目县竞争立项程序、操作办法、立项结果等应当向社会公示，保证项目县选择工作的公正、公开和公平。项目县竞争立项的具体方式、项目建设实施方案审查程序等，由各省自行确定。

第九条 补助资金的使用应当遵循建管并重、先建机制后建工程的原则，把农田水利设施建设与农业水价综合改革、农田水利产权制度改革和创新运行管护机制、小型水利工程管理体制改革等体制机制创新同步安排，同步实施，同步验收。

第十条 地方各级财政部门应当会同水利部门加快资金分解下达，在规定时间内落实到具体部门或单位；地方各级水利部门应当督促补助资金使用部门和单位加快预算执行，提高资金使用效益，确保建设任务按期完成。结转结余的补助资金，按照财政部关于结转结余资金管理的相关规定处理。

第十一条 补助资金支付按照国库集中支付制度有关规定执行。属于政府采购管理范围的，按照政府采购法律、法规及制度规定执行。属于政府和社会资本合作项目的，按照国家有关规定执行。

第十二条 各级财政、水利部门应当按照职责分工加强对补助资金使用的监督检查。使用补助资金的单位及个人，应当自觉接受审计部门、财政部门以及业务主管部门的监督检查，及时提供相关资料。

第十三条 任何单位或个人不得骗取、截留、挪用补助资金，不得将补助资金用于偿还债务。对补助资金使用管理中存在财政违法行为的单位及个人，依照《中华人民共和国预算法》《财政违法行为处罚处分条例》的有关规定进行处理。

第十四条 本办法由财政部会同水利部负责解释。各省财政、水利部门应当结合实际，制定实施细则。

第十五条 本办法自2015年12月20日起施行。财政部、水利部印发的《中央财政小型农田水利设施建设和国家水土保持重点建设工程补助专项资金管理办法》（财农〔2009〕335号）、《关于修改〈中央财政小型农田水利设施建设和国家水土保持重点建设工程补助专项资金管理办法〉有关条文的通知》（财农〔2012〕54号）、《中央财政统筹从土地出让收益中计提的农田水利建设资金使用管理办法》（财农〔2013〕14号）、《中央财政补助中西部地区、贫困地区公益性水利工程维修养护经费使用管理暂行办法》（财农〔2011〕463号）同时废止。

2015年12月16日

3. 扶持村级集体经济发展试点的指导意见

扶持村级集体经济发展试点的指导意见

农村集体经济是社会主义公有制经济在农村的重要体现。随着农村经济社会深刻变化和市场化步伐日益加快，一些地方的村级集体经济发展明显滞后，难以实现集体资产、资源、资金的保值增效和提高村集体自我发展与保障能力，与推进农业现代化、促进农村经济社会发展和完善乡村治理的要求不相适应。扶持村级集体经济发展，壮大村级集体经济实力，是新时期新阶段对农村"统分结合、双层经营"基本经济制度的完善，是推进农业适度规模经营、优化配置农业生产要素、实现农民共同富裕、提高农村公共服务能力、完善农村社会治理的重要举措，也是挖掘农村市场消费需求潜力、培育农村经济新增长点的重要手段，对于统筹城乡发展、促进社会和谐、巩固执政基础和全面建成小康社会具有重大意义。现就扶持村级集体经济发展试点，提出如下意见：

一、总体要求

(一) 指导思想

贯彻落实党的十八大、十八届三中、四中全会精神,以全面建成小康社会为统领,坚持自力更生与政策扶持相结合,以增强村级集体经济实力、实现农民共同富裕为目标,以农村集体资产、资源、资金等要素有效利用为纽带,以土地股份合作、农业生产经营合作为主要经营形式,因地制宜探索资源有效利用、提供服务、物业管理、混合经营等多种集体经济实现形式,发挥村级集体经济优越性,调动村集体成员积极性,增强村集体自我发展、自我服务、自我管理能力和水平,为促进农村经济社会发展、巩固农村基层政权注入新活力。

(二) 基本原则

一是坚持集体所有。巩固完善以家庭承包经营为基础、统分结合的双层经营体制,坚守不改变村集体产权性质、不损害村集体利益、不损害农民利益"三条底线",促进集体资产保值增值,确保村级集体经济发展成果惠及本集体所有成员。二是坚持市场导向。发挥市场在资源配置中的决定性作用,坚持用市场的办法解决发展遇到的问题,同时更好地发挥政府在政策引导、规划引领、资金支持等方面的作用。三是坚持改革创新。鼓励试点地区大胆实践,勇于创新,积极探索村级集体经济不同实现形式,形成可复制、可推广的经验,走出适应不同经济资源和市场条件的新型集体经济发展道路。四是坚持因地制宜。结合各地实际,加强分类指导,因村因势施策,探索不同经营主体的组织形式和商业运营模式,宜农则农、宜工则工、宜商则商,推动一二三产业融合协调发展。同时,坚守生态环保底线,避免资源过度开发和环境污染。五是坚持村为主导。充分发挥村集体的主导和农民的主体作用,运用好民主决策、民主管理和民主监督机制,把集体增实力、农民增收益和产业增效益有机统一,调动农民广泛参与的积极性,实现集体和个人利益的双赢。

二、主要内容

各地按照试点乡村的资源资产状况和区位条件,可以统筹考虑以下试点内容,也可以选择其他适合当地实际情况和需要的实现形式,科学合理地确定试点项目。

(一) 探索以资源有效利用为主要内容的实现形式

支持村集体领办土地股份合作社,按照入社自愿、退社自由、利益共享、风险共担的原则,鼓励和引导村集体成员以土地承包经营权折股入社。采取村集体成员认可的经营方式,发展农业适度规模经营,提高劳动生产率和土地产出率,实现土地经营收益最大化。明确合作社管理和运行机制,完善村集体成员代表会议、董事会、监事会等治理结构,加强对经营管理者和农民的生产技能、经营管理知识的培训指导,提高生产经营管理综合能力。鼓励村集体流转或利用村集体机动地、荒地以及耕地和村庄整治、宅基地复垦等节余的土地及其他可利用的集体所有资源,发展现代特色农林业、品牌农业和生态循环农业。

(二) 探索以提供服务为主要内容的实现形式

支持村集体创办农业生产经营合作社、劳务合作社等服务实体,为各类市场主体尤其是粮食生产经营主体提供加工、流通、仓储、劳务等有偿服务,促进农业由生产环节向产前、产后延伸,在更高层次、更大范围内实现一二三产业融合发展。发展农业生产性服务业,开展代耕代种代收、统防统治、烘干储藏、集中运输等综合性服务。围绕特色主导产业,开展优质农产品品牌创建，建设农业生产、加工、经营、服务设施，开展农产品产地加工。完善农产品营销体系，发展农村电子商务，建立农产品网上交易平台。利用本地生态资源发展休闲农业和乡村旅游，促进农业与旅游、文化产业的深度融合，进一步延长产业链和拓展农业新功能。

（三）探索以物业管理为主要内容的实现形式

鼓励村集体按照土地利用总体规划和城乡建设规划的要求，开发利用集体经营性建设用地等土地，量力而行建设物业项目，发展物业经济。盘活村集体闲置办公用房、学校、仓库、礼堂等不动产，开展租赁经营。鼓励有条件的地方，在区位优势明显地区或城镇规划区，按照统一规划、统筹建设的原则，通过异地兴建、联村共建等多种形式，增加村集体资产和物业经营收入，拓展村级集体经济发展空间。

（四）探索以混合经营为主要内容的实现形式

鼓励村集体以集体资产资源参股农民专业合作社和经营稳健的工商企业。有条件的村，可以探索设立扶持村级集体经济发展基金，积极探索基金使用运作方式，实现集体资产保值增值。根据当地实际，探索强村带弱村、村企联手共建、政府定点帮扶、扶贫开发等多种形式，实现多元化经营，鼓励有条件的村集体与其他经济主体发展混合所有制经济项目，不断探索和丰富村级集体经济实现形式。

各试点县（市）结合当地实际情况，按照村集体土地产权归属层级，本着因地制宜、合作高效、就近就邻的原则，以村民小组（或自然村）为试点单元，每个试点县（市）至少选择10个以上的行政村，重点探索土地股份合作经营，并推进行政村区域内的土地股份合作联社发展。在开展扶持村级集体经济发展试点过程中，加强同乡镇经济发展在市场、品牌、产业、劳动力等方面的联动与合作，发挥乡镇经济联城带村的龙头作用。同时，注重推进一二三产业在乡域、县域内的融合发展，培育主导产品品牌，提高产业外部竞争力。

三、配套政策

（一）加强体制机制创新

我国农村治理的基本框架由在土地集体所有基础上建立的农村集体经济组织制度与农村自治组织制度共同构成。加强村级集体经济体制机制创新，就是要探索村集体资产、劳动力、管理等生产要素的集约化、组织化、效率化实现形式，做实集体经济组织，创新统一经营形式，探索股权化管理方式，夯实集体经济基础、激活集体组织活力、充实集体经济功能，发挥村集体在农村治理中的稳定器作用。依托村级集体经济发展项目，探索财政资金直接投向符合条件的村集体。探索财政补助资金形成的资产转交村集体持有、管护和作为村集体股权的政策措施。在贫困村探索财政补助资金形成的资产折股量化为村集体和农民持有的股份，建立股权扶贫机制。

（二）完善村集体内部管理制度

建立健全村级集体经济财务管理和收入分配制度，完善劳动者工资报酬和管理者激励约束机制，细化内部责任，加强内部经济核算，严格控制资产负债比例，规范村级集体经济收益分配和使用，确保村集体成员共享增值收益。建立健全村级集体经济积累机制，完善村集体公益金、公积金制度，支持农村公益、扶贫济困等事业发展，增强村集体自我保障能力。建立健全村集体治理结构，探索政经分离，实行稳健经营，加强民主管理，规范村级财务公开，自觉接受村集体成员和社会监督。

（三）强化政策综合支持效力

鼓励支持农业适度规模经营、高标准农田建设、农业产业发展扶持政策及资金项目向试点县（市）、试点村倾斜。对村集体领办合作组织、发展农业产业项目，同等条件下给予优先扶持。统筹安排现代农业生产发展资金、农田水利设施建设补助资金、农业科技推广与服务补助资金等扶持农业生产类资金，支持试点村集体经济发展。增加农村公共服务投入，探索通过政府优先购买村集体提供的相关服务，不断提高村级公共服务质量和能力。落实税收和金融支持政策，加强土地政策扶持，为村级集体经济发展营造良好的环境。

四、组织实施

2016年，中央财政选择13个省份开展试点。在原有浙江、宁夏2个试点省份的基础上，新增河北、辽宁、江苏、安徽、江西、山东、河南、广东、广西、贵州、云南11个省份，在一定时期内开展试点。

（一）加强组织领导

一是各试点省份要高度重视，将这项试点作为深化农村综合改革的重要任务，建立健全财政部门牵头负责，农村综合改革部门会同有关部门具体组织、密切配合的工作机制。加强组织领导，明确职责分工，精心组织实施。二是各试点县（市）要加强对试点村主导产业规划、土地流转、招商引资、人才培训、政策宣传等方面的指导和提供市场拓展、品牌推介等方面的服务。三是各试点村要做好土地流转协调、村民动员组织、调处村组关系和引资合作服务等工作，为村级集体经济发展创造有利条件。

（二）周密制定方案

各试点省份要结合当地实际，采取竞争性立项等方式，确定部分县（市）开展试点。试点县（市）选择条件：一是当地党委、政府高度重视村级集体经济发展，有试点的强烈意愿。二是有一定的工作基础，村级组织凝聚力、战斗力强，村集体成员有意愿、有要求，相关部门能够密切配合。三是有发展村级集体经济的具体规划，财政能够给予必要的支持。各试点省份要加强调查研究，认真制定实施方案，连同试点县（市）的具体试点方案一并报财政部农业司（国务院农村综合改革工作小组办公室）备案。

试点方案要明确试点的组织机构、目标任务和主要内容、拟采取的主要政策措施、地方各级财政拟安排资金情况及资金使用方向等，特别是要包括以下内容：试点村名称、地址、人口、村两委主要负责人等基本信息；村集体所有土地等资源情况、经营性资产情况、村级财务管理情况；村集体拟发展的经济类型、经营组织管理方式、投资赢利模式及预期收益水平、经营收益分配机制等经营管理情况；村集体成员对项目发展意愿或经过一事一议决策机制议定情况；地方及村集体认为需要提供的其他重大信息或情况。

（三）加大支持力度

中央财政通过以奖代补方式支持地方试点工作。省级财政部门要加大支持力度，市县也应给予必要支持。试点资金主要用于对鼓励土地流转、零散土地整治、发展为农服务、物业经营等进行补助，不得用于项目配套、偿还乡村债务、建设楼堂馆所、购置交通通信工具和发放个人补贴等方面。省级财政部门要制定资金管理办法，并于每年3月底前将上年度试点工作进展情况、问题及成效、下一阶段工作重点，特别是财政资金使用情况等内容，报送财政部农业司（国务院农村综合改革工作小组办公室）。

(四) 加强监督检查

加强监督管理和工作考核,围绕村级集体经济发展、农民收入增加、适度规模经营、地方资金保障、体制机制创新、可复制推广性等内容建立考核评价体系,建立激励约束和进入退出机制,确保改革试点有成效,资金使用有效益。要发挥乡镇财政就近就地监管的优势,加强试点工作落实和扶持资金项目的监督检查,防止虚报项目套取扶持资金和侵害村集体利益的行为。对资金使用过程中发现的问题要及时纠正,违规违纪违法的行为依照《财政违法行为处罚处分条例》(国务院令第427号)等有关规定予以处理,并取消有关县(市)试点资格。

2015年10月12日

来源:http://www.cfen.com.cn/old_7392/cjyw/201512/t20151204_2079161.html

4. 关于做好2015年农田水利建设管理有关工作的通知

关于做好2015年农田水利建设管理有关工作的通知

各省、自治区、直辖市、计划单列市水利(水务)厅(局)、财政厅(局),农业部办公厅,新疆生产建设兵团水利局、财务局:

2015年中央财政农田水利设施建设补助资金(以下简称中央补助资金)已拨付各省(自治区、直辖市、计划单列市,以下简称省),为进一步加强资金管理,提高资金使用效益,充分发挥中央和地方两个积极性,扎实推进2015年农田水利建设管理各项工作,现就有关要求通知如下:

一、突出支持重点

做好2015年农田水利建设工作是贯彻落实中央稳增长、促改革、调结构、惠民生决策部署的重要举措。要坚持"节水优先"方针,进一步突出重点,加快推进东北节水增粮、西北节水增效、华北节水压采、南方节水减排等区域规模化高效节水灌溉,适当兼顾面上其他农田水利建设,打通"最后一千米"。2015年,水利部、财政部不再分配各省农田水利重点县名额。各省可根据实际情况,按照"集中投入、整合资金、竞争立项、连片推进"的重点县管理模式,自行选择项目县。项目县的数量和实施年限由各省自行确定。每个项目县年度中央补助资金额度由省级财政部门会同同级水利部门,按照当年中央财政拨付的补助资金规模自行确定,原则上每县不低于1 000万元。各项目县要按照经济实用、应设必设的原则,配套适宜的供水计量设施,与工程同步设计、同步建设。2015年项目县选择,要统筹考虑国家现代农业示范区等示范性项目,合力推进现代农业发展。

二、切实加强建设管理

各省要按照《水利部办公厅关于印发加快推进农村水利工程建设实施细则的通知》(办农水〔2015〕66号)、《关于做好2015年东北四省区节水增粮行动工作的通知》(办农水〔2015〕122号)要求,细化优化实施方案,及时审查审批,加强施工组织管理,做好建设进度节点控制,确保按期完成建设任务。同时，做好项目储备工作，认真开展农田水利三年滚动财政规划编制工作。

各省要切实加强项目前期设计、质量管理、监督检查、工程验收等各环节工作，要严格工程现场勘测，充分听取受益群众意见，加强实施方案审查论证；建立健全质量保证体系，加强原材料、设备进场检验，强化中间产品、隐蔽工程质量监管；强化政府有关部门监督责任，积极推行工程监理制和群众质量监督员制度；加快工程验收进度，及时办理移交手续，将管护责任落实到受益主体；高度重视检查验收中发现的问题，限期整改到位，对整改不力的县，要在省级对县级绩效考评中扣减相应分数。

三、推动体制机制创新

各省要按照《关于印发深化农业水价综合改革试点方案的通知》（发改价格〔2014〕2271号）、《关于开展农田水利设施产权制度改革和创新运行管护机制试点工作的通知》（水农〔2014〕287号）要求，加快推进相关试点工作。要按照"先建机制、后建工程"的原则，建立中央财政安排的农田水利资金投入激励机制，各省在项目县选择、分配中央补助资金时，要按照建管并重的要求，重点向水价改革、产权制度改革、创新运行管护机制、引进社会资本等工作进展明显的县（区、市）倾斜，加大支持力度，把项目建设与体制机制改革创新同步安排、同步实施、同步验收。

四、切实加强资金管理

各省要进一步完善资金使用管理制度和绩效评价制度，强化资金监管，切实管好用好资金，加快预算执行。对各级各类检查发现、或被媒体曝光并核实的资金使用管理中存在的问题，各省要采取切实有效措施严肃处理并限期整改到位。

按照《财政部关于完善政府预算体系有关问题的通知》（财预〔2014〕368号）要求，2015年，中央水利建设基金、中央统筹从土地出让收益中计提的农田水利建设资金转列一般公共预算统筹安排。2015年，中央补助资金中安排的农田水利工程维修养护经费已拨付各省，各省要结合实际情况，制定维修养护经费使用管理细则或办法，建立奖补激励机制，统筹落实好农业灌排工程运行管理、农田水利设施日常维护和中西部地区、贫困地区县级管理的国有公益性水利工程维修养护补助等相关政策，具体资金额度由各省根据实际情况合理确定，同时可对基层水利服务体系开展农田水利维修养护所必要的仪器设备给予必要支持。项目安排执行过程中有关问题请分别与水利部财务司、建管司、农水司联系。

五、其他有关要求

请各省在2015年7月31日前，将2015年中央资金安排情况报水利部、财政部（表样详见附件）。项目县主要建设内容、效益目标等通过小型农田水利信息管理系统报送。

农业部直属垦区、新疆生产建设兵团参照本通知执行。

水利部办公厅　财政部办公厅
2015年7月2日

来源：http://nys.mof.gov.cn/zhengfuxinxi/czpjZhengCeFaBu_2_2/201507/t20150707_1266672.html

5. 财政部 农业部 银监会关于印发《关于财政支持建立农业信贷担保体系的指导意见》的通知

财政部 农业部 银监会联合印发《关于财政支持建立农业信贷担保体系的指导意见》的通知

财农〔2015〕121号

各省、自治区、直辖市、计划单列市财政厅（局）、农业（农牧、农村经济）厅（局、委、办）、银监局：

为贯彻落实党的十八届三中全会和近年来中央1号文件精神，经国务院批准，财政部、农业部联合印发了《关于调整完善农业三项补贴政策的指导意见》（财农〔2015〕31号），明确提出，支持粮食适度规模经营资金重点要支持建立完善农业信贷担保体系。为了积极稳妥地推动财政支持建立农业信贷担保体系工作，财政部、农业部、银监会研究制定了《关于财政支持建立农业信贷担保体系的指导意见》，现印发给你们，请遵照执行。

财政部　农业部　银监会

2015年7月22日

来源：http://czzz.mof.gov.cn/caijingzixun/caijingxinwen/201508/t20150807_1408268.html

附　关于财政支持建立农业信贷担保体系的指导意见

现代农业需要现代金融的支撑。建立由财政支持的农业信贷担保体系，既是引导推动金融资本投入农业，解决农业"融资难""融资贵"问题的重要手段，也是新常态下创新财政支农机制，放大财政支农政策效应，提高财政支农资金使用效益的重要举措，不仅有利于加快转变农业发展方式，促进现代农业发展，而且对于稳增长、促改革、调结构、惠民生也具有积极意义。党中央、国务院高度重视建立由政府支持的农业信贷担保体系，化解农业农村发展"融资难"、"融资贵"问题。近期，经国务院同意，财政部、农业部联合印发了《关于调整完善农业三项补贴政策的指导意见》（财农〔2015〕31号），明确将支持建立完善农业信贷担保体系作为促进粮食生产和农业适度规模经营的重点内容。为积极稳妥地推进财政支持建立农业信贷担保体系相关工作，现提出以下意见：

一、财政支持建立农业信贷担保体系的指导思想和目标原则

（一）指导思想

认真贯彻落实党的十八大和十八届三中、四中全会精神，按照党中央、国务院统一决策部署，发挥好资源配置中市场决定性作用和政府引导作用，创新财政和金融协同支农机制，建立健全政策性农业信贷担保体系，促进农业适度规模经营和转变农业发展方式，加快农业现代化建设。

（二）主要目标

以建立健全省（自治区、直辖市、计划单列市，以下简称省）级农业信贷担保体系为重点，逐步建成覆盖粮食主产区及主要农业大县的农业信贷担保网络，推动形成覆盖全国的政策性农业信贷担保体系，为农业尤其

是粮食适度规模经营的新型经营主体提供信贷担保服务,切实解决农业发展中的"融资难"、"融资贵"问题,支持新型经营主体做大做强,促进粮食稳定发展和现代农业建设。

(三) 基本原则

财政支持建立农业信贷担保体系坚持以下原则：

地方先行。以省级为主,鼓励各地积极稳妥地建立健全农业信贷担保机构和分支机构,逐步形成省级以及省以下农业信贷担保体系。

中央支持。中央财政利用粮食适度规模经营资金对地方建立农业信贷担保体系提供资金支持,并在政策上给予指导,适时组建全国性的农业信贷担保机构。

专注农业。财政出资建立的农业信贷担保机构坚持政策性、专业性和独立性,必须专注于支持粮食生产经营和现代农业发展,对从事粮食生产和农业适度规模经营的新型经营主体的农业信贷担保余额不得低于总担保规模的70%。

市场运作。政策性农业信贷担保机构以可持续发展为运营目标,依法依规建立健全公司法人治理结构,组建专业化经营管理团队,实行市场化运作,承担市场经营的相应风险。

银担共赢。建立农业信贷担保机构和合作银行合理的风险分担机制和利益分享机制。通过政策支持,降低银行农业贷款成本和风险,在政策要求范围内放大农业信贷担保倍数,实现银担合作共赢、财政金融协同支持农业发展的良好局面。

二、建立健全全国农业信贷担保体系

(四) 建立健全覆盖全国的政策性农业信贷担保体系框架

力争用3年时间建立健全具有中国特色、覆盖全国的农业信贷担保体系框架。主要包括全国性的农业信贷担保机构(暂名：全国农业信贷担保联盟)、省级农业信贷担保机构和市、县(市、区,以下简称市县)农业信贷担保机构。

(五) 加快建立省级农业信贷担保机构

力争用2年时间建立健全省级农业信贷担保机构。2015年,各省要把中央财政安排的支持粮食适度规模经营资金投入重点和工作重点优先放在支持建立省级农业信贷担保机构,特别是粮食主产省和农业大省要在建立省级农业信贷担保机构方面实现突破,初步建立省级农业信贷担保机构。省级农业信贷担保机构也可以在市、县设立分支机构开展农业信贷担保业务。2016年,省级农业信贷担保机构要建成并正式开始运营。省级农业信贷担保机构由省级财政部门、农业部门会同有关部门组建并独立运营。暂时不具备条件成立独立运营农业信贷担保机构的地方,可以采取有效方式提供农业信贷担保服务作为过渡形式。过渡期不得超过2年。

(六) 适时筹建全国农业信贷担保联盟

在省级农业信贷担保机构建立健全的基础上,适时组建全国农业信贷担保联盟,重点为省级及省以下农业信贷担保机构提供政策和业务指导、行为规范和风险救助、再担保、人员培训和信贷政策对接等服务。

(七) 稳妥建立市县农业信贷担保机构

有条件的市县可以建立市县级农业信贷担保机构,省级财政可以安排一定资金给予适当支持。省级担保机构要为省内市县农业信贷担保机构提供担保业务设计、业务指导、政策对接和监督管理等服务。

三、财政支持建立农业信贷担保体系的政策措施

(八) 农业信贷担保机构的资本金注入

省级财政部门要利用中央财政支持粮食适度规模经营补贴资金,对省级、市县农业信贷担保机构进行资本金注入。除地方发起方投入资本金外,中央财政可以利用粮食适度规模经营资金对全国农业信贷担保联盟给予一定资本金注入支持。鼓励省级财政安排本级财政资金作为资本金注入省级农业信贷担保机构。允许银行机构

等战略合作伙伴适当参股，但非财政性资金占农业信贷担保机构资本股份不得超过20%。

（九）建立农业信贷担保经营风险补助机制

省级财政要会同有关部门明确对农业信贷担保机构经营风险的补助条件和补助标准，主要包括担保费补助和代偿补助等，鼓励农业信贷担保机构做大农业信贷担保业务，稳定经营预期，降低农业贷款者资金成本。担保费补助主要弥补农业信贷担保的业务费用，代偿补助主要弥补农业信贷担保的代偿风险。要明确农业信贷担保机构的市场主体责任，对担保费补助和代偿补助实行上限控制。

（十）建立农业信贷担保系统风险救助制度

中央财政和省级财政利用粮食适度规模经营资金支持建立农业信贷担保体系的风险准备金等救助制度，应对农业产业系统性风险导致政策性农业信贷担保机构出现资本流动性危机，建立农业信贷担保机构救助机制，帮助及时化解风险。

（十一）明确农业信贷担保体系客户和业务定位

农业信贷担保服务应优先满足从事粮食适度规模经营的各类新型经营主体的需要，对其开展粮食生产经营的信贷提供担保服务，包括基础设施、扩大和改进生产、引进新技术、市场开拓与品牌建设、土地长期租赁、流动资金等方面。农业信贷担保可以逐步向农业其他领域拓展，并向与农业直接相关的二三产业延伸，促进农村一二三产业融合发展。省级财政部门、农业部门要会同有关部门，根据当地实际确定纳入支持的新型经营主体和业务范围。

（十二）支持扩大信贷担保机构的杠杆倍数

发挥政策性农业信贷担保机构的信用优势，完善农业信贷担保机构的征信评级，支持在政策要求范围内适当放大担保倍数，增强服务农业能力。农业信贷担保体系战略合作银行要合理扩大分支机构业务授权，建立符合农业业务特点的决策审批流程，提高贷款审批和发放效率。

（十三）建立银担合作共赢机制

建立财政部门、农业部门、银监部门、战略合作银行的协商沟通制度，明确各自的责任、权利和义务，形成长期协同支农机制。农业信贷担保业务政策设计要明确合理的担保费率、贷款期限和代偿比例等，建立合理的风险分担机制。农业信贷担保机构和战略合作银行要加强协调，创新更多适合新型经营主体的担保和贷款产品、服务方式。

（十四）加强农业信贷担保机构经营风险管理

要增强政策性农业信贷担保机构的经营风险防范意识，对单笔和相关联信贷主体的信贷担保额度要有适当的上限控制。要根据农业生产经营特点，逐步建立和强化对借款者的信用甄别与约束机制。逐步建立和完善全国共享的农业信贷担保信用信息、业务信息、风险信息数据库，搭建服务农业发展的信用信息数据库、服务网和信贷对接平台。普及和强化金融法制意识，提升新型经营主体信用意识和信用水平。探索完善违信处罚制度，加大金融监管执法力度。农业信贷担保机构代偿率达到一定限度时，融资性担保机构监管部门要及时发出预警，要求农业信贷担保机构强化业务风险评估和管控，审慎开展新业务。

（十五）落实现有相关税收优惠政策

符合条件的农业信贷担保机构从农业中小企业担保或再担保业务取得的收入，执行现行中小企业信用担保机构免征营业税政策。符合条件的农业信贷担保机构的所得税税前扣除政策，按照《财政部国家税务总局关于中小企业信用担保机构有关准备金企业所得税税前扣除政策的通知》（财税〔2012〕25号）有关规定执行。

（十六）完善对农业信贷担保机构的考核机制

政策性农业信贷担保机构在可持续经营的前提下，着力降低信贷担保业务收费标准，结合实际降低或弱化赢利考核要求，重点考核其农业信贷担保业务规模、项目个数、为农服务、风险控制等情况，建立持续性和政策性并重的业务绩效考核评价指标体系。

(十七) 加强农业信贷担保人才队伍建设

省级农业信贷担保机构要重视引进专业管理人才和高层次金融人才,市县信贷担保机构要积极引进和大力培养既懂金融又懂农业的农业信贷担保专业人才。农业信贷担保机构要加大业务人员培训力度,尽快建立一支作风扎实、专业素质高、严守职业操守的专业人才队伍。

四、着力做好财政支持农业信贷担保体系的组建工作

(十八) 切实加强组织领导

建立财政支持的农业信贷担保体系要按照经国务院同意的财农〔2015〕31号文件要求,在省级人民政府统一领导下进行。省级财政部门、农业部门要会同融资性担保机构监管部门等有关部门高度重视农业信贷担保机构的组建和运营工作,组织专门力量负责省级农业信贷担保机构的组建工作,加强对农业信贷担保机构的指导和监督,并对市县工作给予指导。财政部、农业部、银监会将会同有关部门适时制定农业信贷担保业务运营及监督管理指南,指导各地农业信贷担保工作的开展。

(十九) 明确职责任务分工

财政部门负责制定对农业信贷担保机构的财政支持政策和资金管理办法,会同农业部门、银监部门研究确定农业信贷担保业务范围界定、农业信贷担保的资格认定条件,梳理农业信贷担保公司设立的流程和组织结构,做好公司筹备设立的前期工作。农业部门会同财政部门提供农业信贷担保项目的设计指导与推介,在担保机构申请财政经营风险费用补助时确认担保业务是否属于支持范围;对于农业担保信贷支持的项目,农业部门在其后续发展中给予积极的支持和辅导,降低贷款的风险。银监部门负责农业信贷担保业务推动与指导。省级人民政府和融资性担保机构监管部门要加强对农业信贷担保机构的日常监管。

(二十) 抓紧制定实施方案

省级财政部门、农业部门要会同融资性担保机构监管部门等有关部门及时与财政部、农业部、银监会沟通,抓紧制定切实可行的实施方案,细化具体政策措施并抓好落实。各地要在2015年9月底之前将实施方案报财政部、农业部、银监会备案。

组建全国农业信贷担保联盟工作由财政部、农业部、银监会在跟踪调研的基础上,经与各地协商后提出筹建方案,并按程序报批。

(二十一) 建立考评机制

财政部、农业部、银监会将从组织领导、制定方案、具体组建、业务运营、指导监管等方面建立考评指标体系,并开展考评工作。考评结果将进行通报,并作为下年度中央财政安排支持资金的重要依据。

2015年7月22日

6. 关于支持多种形式适度规模经营促进转变农业发展方式的意见

关于支持多种形式适度规模经营促进转变农业发展方式的意见

财农〔2015〕98号

各省、自治区、直辖市、计划单列市、财政厅(局),新疆生产建设兵团财务局:

当前,我国正处于全面建成小康社会的关键时期和传统农业向现代农业转型的跨越阶段,小

规模分散经营制约了资源的优化配置和劳动生产率的有效提高，延缓了农业现代化进程。大力发展多种形式农业适度规模经营，是保障国家粮食和农产品安全、增强农产品竞争力的有效抓手，是强化农业基础地位、加快农业现代化建设的必由之路，是促进农民持续增收、保持农村和谐稳定的重要途径。为进一步做好财政支持适度规模经营工作，促进转变农业发展方式，现提出如下意见：

一、财政支持适度规模经营的总体思路和基本原则

财政支持发展多种形式适度规模经营，要以提高农业要素配置效率为目标，以培育新型农业经营主体为载体，以健全农业生产社会化服务体系为支撑，以体制机制创新为动力，统筹整合相关涉农资金，运用支农政策组合拳，充分调动市场主体的积极性，为丰富适度规模经营形式、提升适度规模经营水平增添新动力，为转变农业发展方式、推动农业现代化注入新活力。

财政支持多种形式适度规模经营要坚持以下原则：一是坚持因地制宜。鼓励各地结合实际，积极探索财政支持适度规模经营的具体方式，创新支持机制和措施。二是坚持以粮为先。突出保障国家粮食安全，在确保农地农用的基础上，重点支持发展粮食规模化生产。三是坚持市场导向。处理好政府与市场的关系，转变政府职能，激发市场活力，发挥政策和规划引导作用，依靠市场机制促进适度规模经营发展。四是坚持统筹整合。立足现有资金渠道，统筹整合资金，发挥政策合力，加大对适度规模经营的倾斜力度。五是坚持利益共享。尊重农民主体地位，鼓励其自主参与规模经营，健全利益联结和风险防范机制，让农民分享经营收益。

二、进一步加大对适度规模经营的政策倾斜力度

（一）建立鼓励粮食适度规模经营的农业补贴政策

经国务院批准，从2015年调整完善农作物良种补贴、种粮农民直接补贴和农资综合补贴等三项补贴政策（以下简称农业"三项补贴"）。各省、自治区、直辖市、计划单列市从中央财政提前下达的农资综合补贴中调整20%资金，加上支持种粮大户试点资金和农业"三项补贴"增量资金，统筹用于支持粮食适度规模经营，重点向种粮大户、家庭农场、农民合作社、农业社会化服务组织等新型经营主体倾斜。补贴资金重点支持建立完善农业信贷担保体系，也可采取贷款贴息、现金直补、重大技术推广与服务补助等方式，支持发展粮食适度规模经营。

（二）构建促进适度规模经营的农机化扶持政策

完善农机购置补贴政策，支持符合条件的地方，根据粮棉油糖主要农作物适度规模经营需要和补贴资金规模，选择部分关键环节机具实行敞开补贴；对粮食规模经营主体和农机合作社，优先给予农机购置补贴；实施农机作业补助，通过购买社会服务方式，鼓励农机大户、农机合作社等农机服务组织承担国家指定类型的作业任务；开展农机新产品中央财政资金购置补贴试点，引导和鼓励农机生产企业围绕适度规模经营需求加强研发创新；鼓励开展大型农机金融租赁试点和创新农机信贷服务，多渠道多形式满足适度规模经营主体的购机和用机需求。

（三）加大对适度规模经营的资金扶持力度

中央财政安排的现代农业生产发展资金、农田水利设施建设补助资金、农业科技推广与服务补助资金等扶持农业生产类资金，向发展适度规模经营成效好的省份重点倾斜，加大绩效奖励力

度。地方各级财政部门在安排上述资金时，要将资金的增量部分和绩效奖励部分主要用于支持适度规模经营，重点支持改善农业生产条件，提高农业科技与装备水平等。中央财政安排一部分农业科技推广与服务补助资金，围绕水稻、小麦两大口粮作物，支持探索农业发展新业态，推动一二三产业融合。探索安排一部分中央财政现代农业生产发展资金，引导各地统筹安排相关涉农资金，专门用于解决适度规模经营面临的突出问题。

三、着力促进新型经营主体提升适度规模经营能力

（四）推动财政支农项目与新型经营主体有效对接

进一步下放审批权限，明确条件，扩大范围，规范程序，将更多的财政支农项目交由新型经营主体承接，使其更加广泛和深入地参与财政支农项目的建设、运行和管理。允许财政补助形成的资产转交新型经营主体持有和管护，为发展适度规模经营创造有利条件。在农田水利设施产权制度改革和创新运行管护机制试点中，鼓励从事适度规模经营的新型农业经营主体作为项目法人参与项目建设管理。鼓励从事粮食适度规模经营的新型农业经营主体，单独申报实施农业综合开发高标准农田建设项目。逐步推动建立新型经营主体征信体系，为市场运作和政策扶持提供基础信息支撑。

（五）创新推动农民合作社发展

进一步加大对农民合作社的支持力度，优先支持从事粮食等规模化生产的合作社发展。系统总结财政支持农民合作社创新试点经验，充分发挥创新试点的典型示范带动作用，大力推广与金融社会资本合作、搭建公共服务平台、政府购买服务等有效措施，探索和推广财政支持合作社发展的有效途径。

（六）扶持家庭农场和种养大户发展

研究完善扶持政策措施，重点支持以家庭成员为主要劳动力、以农业为主要收入来源、从事专业化、集约化农业生产的规模适度的家庭农场发展。调整完善相关政策，加大对种养大户等新型职业农民培训的支持力度，支持实施现代青年农场主计划和农村实用人才培养计划，吸引年轻人务农种粮。

（七）支持农垦发挥适度规模经营排头兵作用

大力支持农垦改革发展，以推进垦区集团化、农场企业化改革为主线，依靠创新驱动提高综合生产能力，转变发展方式。加快国有农场办社会职能改革，推进资源资产整合和产业优化升级，全面增强农垦内生动力和发展活力。

四、支持引导有利于适度规模经营的体制机制创新

（八）支持农村土地承包经营权有序流转

在稳步扩大试点的基础上，深入推进农村土地承包经营权确权登记颁证工作，稳定农村土地承包关系，为发展适度规模经营创造条件。支持稳步推进土地经营权抵押、担保试点。

（九）创新规模经营的有效实现形式

引导鼓励龙头企业与农民或农民合作社以"订单农业"等方式实现规模经营。进一步创新农民合作社发展模式，引导农民以承包地入股组建土地股份合作社，鼓励承包农户开展联户经营，引导发展农民合作社联合社，扩大生产经营面积，解决土地碎片化和产出能力低下等问题，推动集约规模经营。

（十）加快农业生产社会化服务体系发展

采取财政扶持、信贷支持等措施，落实相关税收优惠政策，加快培育多种形式的农业经营性服务组织。支持开展政府向经营性服务组织购买农业公益性服务机制创新试点。总结推广财政支持农业生产全程社会化服务和新型农业社会化服务试点经验，促进供种供肥、农机作业、农技推广、生产管理和产品销售等生产经营的组织化和统一化，提高区域规模经营效益。积极支持推进气象服务融入农业社会化服务体系，进一步拓宽服务领域。落实供销合作社综合改革各项政策，提高其为适度规模经营服务的能力和水平。

（十一）促进产业融合发展带动规模经营

围绕发展地方农业特色产业、主导产业、优势产业，完善财政扶持政策，落实相关税收优惠政策，鼓励农业规模经营者向二三产业延伸，推进农牧结合和草畜配套，发展林下经济，鼓励发展农业生产性服务业，促进一二三产业融合互动。通过扶持产业化企业带动农民发展，促进市场导向和农民规模生产的趋同一致，使农民合理分享二三产业的规模收益和增值收益。鼓励各地统筹整合财政扶贫资金及其他支农资金，大力推动贫困地区优势特色产业实现规模化经营，并积极探索资产收益扶贫，将财政投入所形成资产量化折股给贫困人口，帮助贫困人口脱贫致富。

（十二）加强财政与金融的协调合作

推动组建以政府出资为主、重点开展农业信贷担保业务的县域融资性担保机构，加快构建覆盖全国的农业信贷担保服务网络，完善银担合作机制，为适度规模经营提供贷款担保服务。积极推动普惠金融服务体系建设，继续发挥农村金融机构定向费用补贴和县域金融机构涉农贷款增量奖励政策的引导作用，鼓励金融机构加大对适度规模经营的支持力度。创新财政支农资金使用机制，灵活采取贷款贴息、风险补偿、融资增信、创投基金等方式，帮助适度规模经营主体拓宽融资渠道，降低融资成本。支持开展针对新型经营主体的生产订单抵押、保单抵押、营销贷款等试点。加大对现代农业保险的支持力度，重点支持关系国计民生和粮食安全的大宗农产品，研究将三大粮食作物制种保险纳入中央财政保费补贴目录，积极开展农产品价格保险试点，进一步完善农业保险大灾风险分散机制，有效提高对适度规模经营的风险保障水平。

五、改进和加强涉农资金使用管理

（十三）切实提高财政资金使用效益

各级财政部门要切实加强涉农资金使用管理，完善管理制度，加大监督检查力度，严肃查处各类违规违纪违法行为，确保把用于支持适度规模经营的各项资金落在实处。建立健全财政资金绩效评价制度，将绩效评价结果与资金分配挂钩，加大对适度规模经营发展成绩突出的地方和经营主体的奖励力度。

（十四）加大财政支农信息公开力度

将支持适度规模经营发展的各类政策制度、资金项目、实施绩效等信息，采取网站、电视、广播、板报、公告等多种方式进行公开公示，将政策信息准确地传达至政策对象及有关群体，自觉接受社会监督。

各级财政部门要充分认识发展多种形式适度规模经营的重要性和紧迫性，切实把思想和行动统一到党中央、国务院决策部署上来，积极发挥职能作用，加强组织领导，健全工作机制，强化部门协作，推动形成支持多种适度规模经营的强大合力。要按照上述意见要求，结合本地实际，抓紧研究制定具体落实方案，主动牵头或配合相关部门出台配套政策措施，积极提供有效的财力保障。要加强跟踪指导，及时发现和解决基层遇到的困难和问题，认真总结和推广各地好的经验和做法，加大宣传力度，努力营造良好氛围。

财政部
2015 年 7 月 9 日

来源：http://nys.mof.gov.cn/zhengfuxinxi/czpjZhengCeFaBu_2_2/201508/t20150803_1400326.html

7. 关于调整和完善农业综合开发扶持农业产业化发展相关政策的通知

关于调整和完善农业综合开发扶持农业产业化发展相关政策的通知

国农办〔2015〕52 号

各省、自治区、直辖市、计划单列市财政厅（局）、农业综合开发办公室（局），新疆生产建设兵团财务局、农业综合开发办公室，农业部（黑龙江省农垦总局）农业综合开发机构：

为进一步完善现行农业综合开发政策，围绕打造区域农业优势特色产业集群，促进农业产业化发展，推进现代农业建设，结合农业综合开发工作实际，现将农业综合开发扶持农业产业化发展相关政策调整如下：

一、产业化经营项目由省级农发机构组织项目申报和审核批复，并及时报国家农业综合开发办公室（以下简称国家农发办）备案。国家农发办不再组织专家进行抽查审核和文件核准。对备案材料不齐全或不符合要求的，将告知相关省级农发机构补正有关材料。

从 2016 年起，各省不再编制产业化经营项目年度滚动计划。

二、在工商部门注册 1 年以上、具备可持续经营能力的龙头企业和农民合作社，均可申报产业化经营项目。取消企业所需原材料的 70% 以上来自企业注册地、两年连续盈利、资产负债率、银行信用等级、"三不欠"、固定资产净值等的规定。

经有权部门认定或登记的专业大户、家庭农场、社会化服务组织等新型农业经营主体，可纳入产业化经营项目扶持范围，不受独立法人资格条件的限制。

三、单个财政补助项目的财政资金申请额度不高于自筹资金额度，单个贷款贴息项目的贷款额度一般不高于 1 亿元人民币。申请额度下限由各省根据实际情况自行确定。

四、各类资金投入比例，具体包括财政补助与贷款贴息的比例、财政补助中用于龙头企业和其他新型农业经营主体的比例、两类试点项目与一般项目的比例、贷款贴息中用于固定资产贷款贴息与流动资金贷款贴息的比例等，由各省根据实际情况自行确定。

五、鼓励各省实行财政补助项目资金"先建后补"的管理方式。实行"先建后补"管理方式的项目，应坚持按照国家农业综合开发项目管理和县级报账制的有关要求，项目立项批复后先实施、后报账，待项目全部完工、经县级财政部门和农发机构验收合格后，再予以报账。报账凭证的日期可以追溯到县级财政部门和农发机构正式行文上报日（项目可行性研究、初步设计、环境评估等前期费用除外）。拟实行财政资金"先建后补"管理方式的省份，须报国家农发办备案，并结合当地情况制定具体操作办法。

六、有条件的省份，可积极探索采取财政股权投资基金等投入方式，扶持农业产业化发展。拟实行财政股权投资基金扶持方式的省份，须报经国家农发办批准后实施。

七、鼓励部分财政资金的投入由农民或农民通过合作社对龙头企业持股。龙头企业带动产业发展和"一县一特"产业发展试点项目由农民或农民通过合作社对龙头企业持有的股份，其持股、分红和退出方式等具体政策，由各省根据实际情况自行制定。

八、鼓励各省实行产业化经营项目县级竞争选项制度。取消对上市公司申请财政资金扶持的限制，鼓励上市公司及其控股公司等到优势特色农产品产地投资建设原料基地和加工基地。对于在异地建设生产基地的农业产业化龙头企业，允许在项目所在地申报产业化经营项目。

九、关于产业化经营项目的招标政策，根据《工程建设项目招标范围和规模标准规定》（国家发展计划委员会2000年第3号令）的规定，施工单项合同估算价在200万元人民币以下的，重要设备、材料等货物采购单项合同估算价在100万元人民币以下的，勘察、设计、监理等服务的采购单项合同估算价在50万元人民币以下的，国有资金投资不控股或不占主导地位的，可不进行招标。

国家农业综合开发办公室
2015年6月30日

来源：http://ln.mof.gov.cn/lanmudaohang/zhengcefagui/201507/t20150731_1397929.html

8. 关于中国农业银行三农金融事业部涉农贷款营业税优惠政策的通知

关于中国农业银行三农金融事业部涉农贷款营业税优惠政策的通知
财税〔2015〕67号

各省、自治区、直辖市、计划单列市财政厅（局）、地方税务局，新疆生产建设兵团财务局，西藏、宁夏、青海省（自治区）国家税务局：

为促进中国农业银行"三农金融事业部"管理体制改革的全面推开，支持县域经济发展，经国务院批准，现就中国农业银行"三农金融事业部"涉农贷款有关营业税政策通知如下：

一、自2015年5月1日至2015年12月31日，对中国农业银行纳入"三农金融事业部"改革试点的各省、自治区、直辖市、计划单列市分行下辖的县域支行和新疆生产建设兵团分行下辖的县域支行（也称县事业部），提供农户贷款、农村企业和农村各类组织贷款（具体贷款业务清单见附件）取得的利息收入减按3%的税率征收营业税。

二、本通知所称农户贷款，是指金融机构发放给农户的贷款，但不包括按照《财政部 国家税务总局关于延续并完善支持农村金融发展有关税收政策的通知》（财税〔2014〕102号）规定免征营业税的农户小额贷款。

本通知所称农户，是指长期（指一年及一年以上，下同）居住在乡镇（不包括城关镇）范围内或者城关镇所辖行政村范围内（以下统称农村）的住户，包括户口不在农村而长期在农村居住的住户、国有农场的职工和农村个体工商户。农户以户为单位，既可以是从事农业生产经营的，也可以是从事非农业生产经营的。但位于农村的国家机关、社会团体、学校、国有企业和事业单位的集体户，或者有农村户口但举家长期外出谋生的住户，无论是否保留承包耕地，均不属于农户。

本通知所称农村企业和农村各类组织贷款，是指金融机构发放给注册在农村地区的企业及各类组织的贷款。

三、中国农业银行纳入"三农金融事业部"改革试点的县域支行，应当按照《中华人民共和国营业税暂行条例》（国务院令第540号）第九条及其他相关规定，单独核算享受营业税减税政策的贷款利息收入；未单独核算的，不得享受本通知第一条规定的营业税政策。

四、《财政部 国家税务总局关于中国农业银行三农金融事业部涉农贷款营业税优惠政策的通知》（财税〔2014〕5号）自2015年5月1日起相应废止。

附件：享受营业税优惠政策的涉农贷款业务清单

财政部　国家税务总局
2015年6月11日

来源：http://www.chinatax.gov.cn/n810341/n810765/n1465977/n1466037/c1810454/content.html

附　享受营业税优惠政策的涉农贷款业务清单

1. 法人农业贷款
2. 法人林业贷款
3. 法人畜牧业贷款
4. 法人渔业贷款
5. 法人农林牧渔服务业贷款
6. 法人其他涉农贷款（煤炭、烟草、采矿业、房地产业、城市基础设施建设和其他类的法人涉农贷款除外）
7. 小型农田水利设施贷款
8. 大型灌区改造
9. 中低产田改造
10. 防涝抗旱减灾体系建设
11. 农产品加工贷款
12. 农业生产资料制造贷款
13. 农业物资流通贷款
14. 农副产品流通贷款
15. 农产品出口贷款
16. 农业科技贷款
17. 农业综合生产能力建设
18. 农田水利设施建设
19. 农产品流通设施建设
20. 其他农业生产性基础设施建设
21. 农村饮水安全工程
22. 农村公路建设
23. 农村能源建设
24. 农村沼气建设
25. 其他农村生活基础设施建设

26. 农村教育设施建设
27. 农村卫生设施建设
28. 农村文化体育设施建设
29. 林业和生态环境建设
30. 个人农业贷款
31. 个人林业贷款
32. 个人畜牧业贷款
33. 个人渔业贷款
34. 个人农林牧渔服务业贷款
35. 农户其他生产经营贷款
36. 农户助学贷款
37. 农户医疗贷款
38. 农户住房贷款
39. 农户其他消费贷款

来源：http://szs.mof.gov.cn/zhengwuxinxi/zhengcefabu/201507/t20150713_1284946.html

9. 关于印发《农业综合开发扶持农业优势特色产业促进农业产业化发展的指导意见》的通知

关于印发《农业综合开发扶持农业优势特色产业促进农业产业化发展的指导意见》的通知

财发〔2015〕42号

各省、自治区、直辖市、计划单列市财政厅（局）、农业综合开发办公室（局），新疆生产建设兵团财务局、农业综合开发办公室，农业部（黑龙江省农垦总局、广东省农垦总局）农业综合开发机构：

现将《农业综合开发扶持农业优势特色产业促进农业产业化发展的指导意见》印发给你们，请遵照执行。执行中有何问题，请及时向财政部（国家农业综合开发办公室）反馈。

附件：农业综合开发扶持农业优势特色产业促进农业产业化发展的指导意见

财政部
2015年11月4日

来源：http://nfb.mof.gov.cn/zhengwuxinxi/gongzuodongtai/201511/t20151116_1563918.html

附 农业综合开发扶持农业优势特色产业促进农业产业化发展的指导意见

扶持农业产业化发展，是农业综合开发延长和完善农业产业链条、推进农业和农村经济结构调整的重要方式。在当前农业生产成本攀升、资源环境硬约束加剧的新态势下，迫切需要强化农业综合开发扶持产业化发展的作用，在扶持方式、扶持对象、扶持方向和扶持环节上开辟新路径、挖掘新潜力，加快转变农业发展方式，实现农业提质增效、农民持续增收。现就农业综合开发扶持农业优势特色产业促进农业产业化发展，提出如下意见：

一、指导思想

深入贯彻落实 2015 年中央一号文件和国家农业综合开发联席会议精神，以"优化布局、突出优势、精准扶持、提高效益"为主线，以促进农村一二三产业融合发展、农民持续增收为目标，以打造农业优势特色产业集群为着力点，通过优选产业范围、改进扶持方式、优化管理机制，培育和壮大新型农业经营主体，吸引多元资本扩大投入，推进农业适度规模经营，探索进一步提高农业综合开发扶持产业化发展的有效途径。重点实现"三个转变"。一是扶持定位从项目向产业转变。通过集中投入、合力支持区域优势特色产业，实现节本降耗、提质增效。二是实施主体从单一化向多元化转变。加大对适度规模经营的新型农业经营主体的扶持力度，并推行同一产业多主体共同申报、协同发展机制。三是项目资金从"主导"向"引导"转变。以项目为平台，发挥财政资金的引导和杠杆作用，吸引金融资本和社会资本等其他资金的投入，扩大资金盘面，合力支持和发展优势特色产业。

二、基本原则

（一）找准关键，集中投入

将有限的农业综合开发财政资金集中投入到支持区域农业优势特色产业中，解决项目小而分散、效益不高的问题，充分发挥产业集聚所具有的节约成本、促进创新、刺激经济增长的效应，提高农业综合开发财政资金的使用效率。

（二）立足禀赋，打造优势

充分发挥区域资源禀赋特色，重点发展比较优势突出的特色产业，促进生产要素在空间和产业上的优化配置，提高农业产业专业化程度和产出效率。通过优势特色产业的集聚和提升，将比较优势转化为产业优势、产品优势、竞争优势。

（三）面向市场，提升价值

根据市场需求，优化产业和品种结构，突出品质特色、功能特色、季节特色等，满足市场多样化、优质化、动态化的需求。根据市场变化和发展趋势，对拟扶持的优势特色产业建立动态管理机制，提高产业扶持的精准性。

（四）延伸链条，集约开发

围绕区域优势特色产业，合理确定产业化经营项目扶持主体和内容，着力于产业发展关键环节，延伸特色产业链条和提高产品附加值。优势特色产业集群建设与高标准农田建设的配套衔接，最大限度发挥农业综合开发的集成效应和示范效应，提高优势特色产业综合竞争力。

三、目标任务

从 2016 年开始，农业综合开发产业化经营项目集中支持区域农业优势特色产业。对纳入农业综合开发优先扶持范围的优势特色产业，通过重点扶持、连续扶持，力争用 3 年时间，在各农业综合开发县初步形成 1~2 个优势特色产业，以省为单位各形成 10 个左右、在全国初步形成百个资源比较优势大、产业链条延伸长、一二三产业融合发展、示范带动作用强的区域农业优势特色产业集群，撬动金融资本和社会资本等其他资金投入，推动一批新型农业经营主体发展壮大，显著提升农业综合开发效益和水平，使农业综合开发成为推动农业优势特色产业发展、转变农业发展方式、推动农业现代化建设和促进农民持续增收的重要力量。

四、扶持范围

产业化经营项目所扶持产业以纳入《全国农业综合开发扶持农业优势特色产业规划》（以下简称《规划》）的产业为主。鼓励各省级农发机构在本区域内确定 10 个左右的重点农业优势特色产业。各县级农发机构原则上在本区域农业优势特色产业范围内择优选项。针对本区域范围内的农业优势特色产业，找准产业链条中的关键环节、薄弱环节进行重点扶持、连续扶持，打造完整的产业链条，做大做强区域农业优势特色产业。

五、扶持内容

扶持内容主要围绕完善农业优势特色产业链展开，具体包括：种植业涉及的种苗繁育、标准化种植基地、农产品储藏保鲜、废弃物加工利用等；养殖业涉及的种畜禽（包括水产）繁育、标准化养殖基地、畜禽（包括水产）交易场所、饲草种植、饲料加工、粪污无害化处理、有机肥加工等；加工及流通业涉及的加工基地、原料仓储、成品储藏保鲜、冷链物流、产地批发市场等。同时，鼓励发展"互联网+农业"，积极支持优势特色农产品电子商务平台建设。

六、扶持方式

充分发挥财政资金对金融资本和社会资本的引领和杠杆作用，调整和完善财政资金对农业优势特色产业的扶持方式，逐渐形成以贷款贴息为主、以财政补助为辅、财政股权投资基金等多种形式并存的多元化扶持体系。贷款贴息项目优先扶持实力较强、规模较大、示范带动作用显著的农业产业化龙头企业和农民合作社。财政补助项目优先扶持农民合作社、家庭农场、专业大户及农业社会化服务组织等。鼓励和引导有条件的地区采取财政股权投资基金、贷款项目担保基金等扶持方式，发挥财政资金"四两拨千斤"的作用，撬动更多金融资本和社会资本支持优势特色产业发展。同时，鼓励地方积极探索有利于扩大社会资本投入、壮大优势特色产业集群的其他扶持方式。

七、工作要求

（一）加强组织落实

各省级农发机构可参照国家农发办发布的农业综合开发产业化经营项目申报指南和上一年度项目执行情况，制定符合省情的年度申报指南，明确具体扶持政策。并于国家农发办发布农业综合开发产业化经营项目申报指南之日起一个月内下发至县级农发机构。

（二）注重资金整合

按照"规划先行、加强衔接、统筹安排、突出重点、讲求实效"的原则，统筹相关支农涉农资金，着力整合农发资金和金融资本、社会资本，加强项目间的有机衔接，形成扶持优势特色产业发展的强大合力。

（三）鼓励先行先试

鼓励地方积极探索、创新产业化经营项目扶持方式，撬动金融资本和社会资本，加大投入，提高农发资金使用效率，实现农发资金与金融资本、社会资本的有效配合和良性互动。鼓励有条件的地方进行先行先试，报经国家农发办同意后予以实施。

（四）及时总结完善

各地要进一步加强调查研究，及时掌握和跟踪优势特色产业发展和项目运行情况，不断总结经验，针对存在问题，适时完善相关政策措施，确保农业综合开发扶持优势特色产业取得预期成效。国家农发办将各省份扶持农业优势特色产业工作开展情况，纳入省级农发机构管理工作综合考核范围予以考核。对工作积极性高、优势特色产业发展成效明显的省份，在下一规划周期的资金分配中予以倾斜。

2015 年 11 月 4 日

10. 关于印发《农业综合开发推进农业适度规模经营的指导意见》的通知

关于印发《农业综合开发推进农业适度规模经营的指导意见》的通知

财发〔2015〕12号

各省、自治区、直辖市、计划单列市财政厅（局）、农业综合开发办公室（局），新疆生产建设兵团财务局、农业综合开发办公室，国土资源部、水利部、农业部、林业局、供销总社农发机构：

现将《农业综合开发推进农业适度规模经营的指导意见》印发给你们，请遵照执行。执行中有何问题，请及时向财政部（国家农业综合开发办公室）反馈。

附件：农业综合开发推进农业适度规模经营的指导意见

财政部

2015年6月2日

来源：http://nfb.mof.gov.cn/zhengwuxinxi/zhengcefabu/xiangmuguanlilei/201506/t20150626_1261707.html

附 农业综合开发推进农业适度规模经营的指导意见

为了贯彻中央农村工作会议精神和《中共中央办公厅国务院办公厅关于引导农村土地经营权有序流转发展农业适度规模经营的意见》（中办发〔2014〕61号），加快构建新型农业经营体系，推进现代农业发展，现就农业综合开发推进农业适度规模经营提出如下意见。

一、指导思想和基本原则

（一）指导思想

全面理解、准确把握中央关于发展农业适度规模经营的精神，按照加快构建现代农业经营体系、走中国特色新型农业现代化道路的要求，以保障国家粮食安全、促进农业增效和农民增收为目标，以连片治理土地为基础、扶持新型农业经营主体为抓手、提高社会化服务为支撑，发展多种形式的适度规模经营，引导农业集约化、专业化、组织化、社会化发展，推动一二三产业融合互动，不断提高劳动生产率、土地产出率和资源利用率，推动农业发展方式转变和农业现代化进程。

（二）基本原则

——因地制宜，试点探索。一切从实际出发，合理确定经营规模，不贪大求全。以家庭承包经营为基础，推进家庭经营、集体经营、合作经营、企业经营等多种经营方式共同发展，鼓励多种形式的试点探索。

——正确引导，农地农用。通过政策引导和项目约束，确保适度规模经营不改变土地用途、不损害农民权益、不破坏农业综合生产能力和农业生态环境，重点支持发展粮、棉、油、糖等重要农产品规模化生产。

——发挥优势，综合开发。立足农业综合开发职能，找准推进适度规模经营的着力点和结合点。发挥综合开发的优势，田水路林山综合治理，农工贸、产加销一体化经营，一二三产业联合开发，积极探索发展适度规模经营的有效途径。

——创新驱动、注重实效。破除体制机制障碍，发挥财政资金的引导和杠杆作用，通过贷款贴息、先建后补、股权投资等措施，带动金融和社会资本投入农业适度规模经营。创新项目扶持方式，探索民办公助等管理模式，调动项目主体建设、管护的积极性。

二、以建设高标准农田为载体推进适度规模经营

（三）集中连片规模推进高标准农田建设

在今后相当长时间内，家庭承包、分散经营仍将是我国农业生产的主要方式，要继续重视和扶持普通农户发展农业生产。以乡、村、组为单位，按照集中连片、规模开发和缺什么补什么的原则，合理规划高标准农田项目区，加强农业基础设施建设，显著改善农业生产条件，使地平整、田肥沃、渠相通、路相连，为促进土地经营权有序流转，实现统一农机化作业、推广良种良法、生产管理以及产品销售创造条件。

（四）加大对新型农业经营主体建设高标准农田的支持力度

农民合作社、家庭农场、专业大户、龙头企业等新型农业经营主体是引领适度规模经营、发展现代农业的有生力量，要充分发挥其在高标准农田建设中的作用。试点阶段，主要选择高标准农田建设年度项目区域范围内的新型农业经营主体进行扶持，对个别流转耕地面积较大的，也可以在项目区域范围以外单独立项扶持。降低合作社等申报主体成立时间和单个项目治理面积等"门槛"，简化项目申报程序；探索先建后补、以奖代补等多种扶持方式；对符合条件的新型农业经营主体，可按照谁申报、谁实施、谁管护的原则，将项目建设和管护权一并移交；扩大资金使用范围，财政资金除用于水电路等基础设施建设外，还可对育秧设施、粮食晾晒烘干设备、仓储物流、农机具库棚等配套设施进行适当补助；放宽具体措施投入比例限制，可以按照缺什么补什么原则，对农、林、水、电、路以及相关配套基础设施中的某些环节或单项措施进行扶持。

（五）建立财政补助形成资产交由新型农业经营主体持有管护新机制

继续开展高标准农田建设财政补助形成资产交由农民合作社特别是土地股份合作社等新型农业经营主体持有和管护试点，扩大试点范围，跟踪试点成效，及时总结经验。建立依托新型农业经营主体推进高标准农田建设、使用、管护一体化的新机制，保证农业综合开发建设成果长期发挥效益。

（六）吸引金融资本投入高标准农田建设

鼓励农垦集团、龙头企业等法人实体以及农民合作社、家庭农场、专业大户等新型农业经营主体，通过贷款、融资担保等方式获取资金开展高标准农田建设，发展生产技术先进、经营规模适度、市场竞争力强、生态环境可持续的现代农业。对用于高标准农田建设的贷款，中央财政予以贴息。拓宽融资渠道，除政策性银行外，把商业银行、农村信用社等金融机构贷款也纳入贴息范围。允许采取银行贷款、财政补助、自筹资金"三位一体"、贷补结合方式，吸引金融资金投入高标准农田建设，进一步加快建设进度。

（七）发挥部门项目行业优势和示范作用

把部门项目纳入到农业综合开发全局和各部门工作大局中统筹考虑，推进部门项目与地方组织实施项目有机结合，提高整体建设水平。加强中型灌区节水配套改造项目建设，力争实现与高标准农田建设同步规划设计、同步建设实施、同步发挥效益。进一步调整部门项目扶持重点，优化支出结构，更好地发挥示范引导作用。

三、以农业产业化经营为抓手推进适度规模经营

（八）延伸产业链条

农业产业化源头是农户、终端是市场，完整的产业链条能及时传导市场信息，带动农户规模化生产适销对路的农产品。继续完善产业化经营项目财政补助和贷款贴息政策，通过对农产品生产基地、产地初加工、精深加工、流通服务体系等环节的扶持，形成全产业链生产，让农民和新型农业经营主体放心发展规模化、标准化、专业化生产基地。支持龙头企业与合作社、农民建立紧密的利益联结机制，实现合理分工，让农民从产业链增

值中获取更多利益。

（九）完善扶持政策

放宽立项门槛，将在工商部门注册登记的种养大户、家庭农场、农业社会化服务组织纳入扶持范围，实现对新型农业经营主体的全覆盖。合理引导工商企业到农村发展良种种苗繁育、高标准设施农业、规模化养殖等适合企业化经营的现代种养业。支持龙头企业采取订单农业、"企业+合作社"、"企业+农户"等模式，带动农户发展规模化生产。引导加工、流通领域龙头企业向产业园区集中，以产业基地（园区）为平台，提高产业集中度和企业集聚度。

（十）探索产业化资金投入新机制

探索利用股权投资基金、股权引导基金等方式，引导社会资本投入农业综合开发，共同扶持壮大农业产业化龙头企业。加大贷款贴息扶持力度，撬动更多金融资本投入农业产业化发展。扩大产业化经营项目"先建后补"试点省份，探索财政资金扶持农业产业化发展的有效模式。

（十一）推进两类项目有机结合试点工作

按照"依托龙头建基地、围绕基地扶龙头"的要求，推动土地治理和产业化经营两类项目有机结合，将两类项目统筹规划、合理布局、组合实施，最大限度发挥农业综合开发资金的集成和示范效应，着力打造区域农业优势特色产业集群，提高农业竞争力，明显促进农业增效和农民增收。

四、以完善农业社会化服务为支撑推进适度规模经营

（十二）支持农民合作组织开展社会化服务

发挥农民合作社、专业技术协会、涉农企业等各类合作组织的作用，支持其为农业生产经营提供低成本、便利化、全方位的服务。鼓励项目区农户组建用水户协会，合理收取水费，为农田灌排用水、设施管护提供低成本、便利化服务。加强部门项目建设，以新型农业经营主体为载体，推动全程社会化服务体系建设，扩大新型农业社会化服务特别是土地托管服务试点项目建设。

（十三）搞好农业科技示范推广服务

支持采用政府购买社会服务方式，在项目区大面积集成推广高产高效、生态安全的品种技术，把科技推广与规模开发更加紧密结合起来，努力把项目区建成现代农业科技示范区。允许新型农业经营主体自主选择科技示范推广依托单位，推动其与大专院校、科研院所直接合作，实现供需对接、"研技推"有机融合的科技推广模式。

（十四）加强农产品市场流通服务体系建设

加大对农产品流通环节扶持力度，支持农业产业化龙头企业发展仓储及冷链物流设施，向乡镇和农村延伸生产营销网络。探索对农产品电子商务的支持政策，支持企业建立电子商务平台及信息化建设。发挥供销社扎根农村、联系农民、点多面广的优势，与农民开展合作式、订单式生产经营服务，搞好产销对接、农社对接，提高服务的规模化水平。

五、有关要求

（十五）加强组织落实

各地区、中央农口部门农发机构要按照本意见要求，结合本地区、本部门实际，研究制定具体工作方案，采取一种或多种形式推进农业适度规模经营。试点中需突破现行政策规定的，需报经国家农业综合开发办公室（以下简称国家农发办）同意后予以实施。

（十六）及时总结经验

要密切关注试点工作开展情况，认真归纳总结推进农业适度规模经营的做法、成效和存在的问题，形成专题报告及时报送国家农发办。国家农发办将通过建立《农业综合开发简报》专刊、《中国农业综合开发》杂志

专栏等形式,定期发布各地区工作开展情况。

(十七)强化激励考核

发挥中央财政资金导向作用,把推进农业适度规模经营工作开展情况作为一项重要因素,资金分配向工作积极性高、试点成效明显的地区倾斜,建立正向激励机制;对工作成绩突出的省级农发机构,国家农发办将予以表彰。

2015年6月2日

11. 关于调整完善农业三项补贴政策的指导意见

关于调整完善农业三项补贴政策的指导意见
财农〔2015〕31号

各省、自治区、直辖市、计划单列市人民政府:

近年来,党中央、国务院高度重视农业补贴政策的有效实施,明确要求在稳定加大农业补贴力度的同时,逐步完善农业补贴政策,改进农业补贴办法,提高农业补贴政策效能。遵照党的十八届三中全会和近年来中央1号文件关于完善农业补贴政策、改革农业补贴制度的要求和党中央、国务院统一决策部署,财政部、农业部针对农业补贴政策实施过程中出现的突出问题,深入开展调查研究,在充分征求和广泛听取各方面意见的基础上,提出了调整完善农业补贴政策的建议,经国务院同意,决定从2015年调整完善农作物良种补贴、种粮农民直接补贴和农资综合补贴等三项补贴政策(以下简称农业"三项补贴")。为积极稳妥推进调整完善农业"三项补贴"政策工作,现提出如下指导意见:

一、在全国范围内调整20%的农资综合补贴资金用于支持粮食适度规模经营

(一)必要性

自2004年起,国家先后实施了农业"三项补贴",对于促进粮食生产和农民增收、推动农业农村发展发挥了积极的作用,但随着农业农村发展形势发生深刻变化,农业"三项补贴"政策效应递减,政策效能逐步降低,迫切需要调整完善。

一是转变农业发展方式迫切需要调整完善农业"三项补贴"政策。我国农业生产成本较高,种粮比较效益低,主要原因就是农业发展方式粗放,经营规模小。受制于小规模经营,无论是先进科技成果的推广应用、金融服务的提供、与市场的有效对接,还是农业标准化生产的推进、农产品质量的提高、生产效益的增加、市场竞争力的提升,都遇到很大困难。因此,加快转变农业发展方式,强化粮食安全保障能力,建设国家粮食安全、农业生态安全保障体系,迫切需要调整完善农业"三项补贴"政策,加大对粮食适度规模经营的支持力度,促进农业可持续发展。

二是提高政策效能迫切需要调整完善农业"三项补贴"政策。在多数地方,农业"三项补贴"已经演变成为农民的收入补贴,一些农民即使不种粮或者不种地,也能得到补贴。而真正从事粮食生产的种粮大户、家庭农场、农民合作社等新型经营主体,却很难得到除自己承包耕地之外的补贴支持。农业"三项补贴"政策对调动种粮积极性、促进粮食生产的作用大大降低。

因此，增强农业"三项补贴"的指向性、精准性和实效性，加大对粮食适度规模经营支持力度，提高农业"三项补贴"政策效能，迫切需要调整完善农业"三项补贴"政策。

(二) 基本内容

根据当前化肥和柴油等农业生产资料价格下降的情况，各省、自治区、直辖市、计划单列市要从中央财政提前下达的农资综合补贴中调整 20% 的资金，加上种粮大户补贴试点资金和农业"三项补贴"增量资金，统筹用于支持粮食适度规模经营。支持对象为主要粮食作物的适度规模生产经营者，重点向种粮大户、家庭农场、农民合作社、农业社会化服务组织等新型经营主体倾斜，体现"谁多种粮食，就优先支持谁"。

支持发展多种形式的粮食适度规模经营，既可以支持以土地有序流转形成的土地适度规模经营，也可以支持土地股份合作和联合或土地托管方式、龙头企业与农民或合作社签订订单实现规模经营的方式、农业社会化服务组织提供专业的生产服务实现区域规模经营等其他形式的粮食适度规模经营。

各地要坚持因地制宜、简便易行、效率与公平兼顾的原则，采取积极有效的支持方式，促进粮食适度规模经营。重点支持建立完善农业信贷担保体系。通过农业信贷担保的方式为粮食适度规模经营主体贷款提供信用担保和风险补偿，着力解决新型经营主体在粮食适度规模经营中的"融资难"、"融资贵"问题。支持粮食适度规模经营补贴资金，主要用于支持各地尤其是粮食主产省建立农业信贷担保体系，推动形成全国性的农业信用担保体系，逐步建成覆盖粮食主产区及主要农业大县的农业信贷担保网络，强化银担合作机制，支持粮食适度规模经营。也可以采取贷款贴息、现金直补、重大技术推广与服务补助等方式支持粮食适度规模经营。对粮食适度规模经营主体贷款利息给予适当补助（不超过贷款利息的 50%）。现金直补要与主要粮食作物的种植面积或技术推广服务面积挂钩，单户补贴要设置合理的补贴规模上限，防止"垒大户"。对重大技术推广与服务补助，可以采取"先服务后补助"、提供物化补助等方式。

二、选择部分地区开展农业"三项补贴"改革试点

(一) 必要性

我国作为世界贸易组织成员，对农业的补贴受到世界贸易组织规则的约束。继续增加现有补贴种类的总量，将使我国在世界贸易组织规则总体范围内的支持空间进一步缩小，不利于我国充分利用规则调动种粮农民积极性、进一步提高种粮农民收入水平。因此，需要改革现有农业"三项补贴"制度，将一部分农业补贴转为在世界贸易组织规则中使用不受限制的补贴，如对耕地资源的保护等。同时，加大对粮食适度规模经营的支持力度。为积极稳妥推进改革，有必要选择一部分地区开展试点。

(二) 试点内容

2015 年，财政部、农业部选择安徽、山东、湖南、四川和浙江 5 个省，由省里选择一部分县市开展农业"三项补贴"改革试点。试点的主要内容是将农业"三项补贴"合并为"农业支持保护补贴"，政策目标调整为支持耕地地力保护和粮食适度规模经营。一是将 80% 的农资综合补贴存量资金，加上种粮农民直接补贴和农作物良种补贴资金，用于耕地地力保护。补贴对象为所有拥有耕地承包权的种地农民，享受补贴的农民要做到耕地不摞荒，地力不降低。补贴资金要与耕地面积或播种面积挂钩，并严格掌握补贴政策界限。对已作为畜牧养殖场使用的耕地、林地、成片粮田转为设施农业用地、非农业征（占）用耕地等已改变用途的耕地，以及长年抛荒

地、占补平衡中"补"的面积和质量达不到耕种条件的耕地等不再给予补贴。同时，要调动农民加强农业生态资源保护意识，主动保护地力，鼓励秸秆还田，不露天焚烧。用于耕地地力保护的补贴资金直接现金补贴到户。二是20%的农资综合补贴存量资金，加上种粮大户补贴试点资金和农业"三项补贴"增量资金，按照全国统一调整完善政策的要求支持粮食适度规模经营。

其他地区也可根据本地实际，比照试点地区的政策和要求自主选择一部分县市开展试点，但试点范围要适当控制。2016年，农业"三项补贴"改革将在总结试点经验、进一步完善政策措施的基础上在全国范围推开。

三、切实做好调整完善农业"三项补贴"政策的各项工作

调整完善农业"三项补贴"政策事关广大农民群众利益和农业农村发展大局，事关国家粮食安全和农业可持续发展大局。地方各级人民政府及财政部门、农业部门要充分认识调整完善农业"三项补贴"政策的重要意义，统一思想，高度重视，精心组织，明确责任，加强配合，扎实工作，确保完成调整完善农业"三项补贴"政策的各项任务。

（一）切实加强组织领导

调整完善农业"三项补贴"政策由省级人民政府负总责。地方各级财政部门、农业部门要在人民政府的统一领导下，加强对具体实施工作的组织领导，建立健全工作机制，明确工作责任，密切部门合作，确保工作任务和具体责任落实到位，确保调整完善农业"三项补贴"政策的各项工作落实到位。地方各级财政部门要安排相应的组织管理经费，保障各项工作的有序推进。

（二）认真制定具体实施方案

各省级财政部门、农业部门要结合本地实际，在充分听取各方面意见的基础上，认真制定调整完善农业"三项补贴"政策实施方案，因地制宜研究支持粮食适度规模经营的范围、支持方式，明确时间节点、任务分工和责任主体，明确政策实施的具体要求和组织保障措施。确定的具体实施方案要报请省级人民政府审定同意。各省在研究粮食适度规模经营支持方式过程中要与财政部、农业部进行沟通，省级人民政府审定的实施方案要报财政部、农业部备案。

（三）抓紧落实农业"三项补贴"政策

各地要抓紧制定2015年农业"三项补贴"政策落实方案，调整优化补贴方式，抓紧拨付80%的农资综合补贴资金和全部种粮农民直接补贴、农作物良种补贴资金，及时安全发放到农户，尽快兑付到农民手中。用于支持粮食适度规模经营的资金要抓紧研究制定具体措施，尽快落实到位。试点地区农作物良种推广可以根据需要从上级财政和本级财政安排的农业技术推广与服务补助资金中解决。

（四）切实加强农业"三项补贴"资金分配使用监管

明确部门管理职责，逐步建立管理责任体系。中央财政农业"三项补贴"资金按照耕地面积、粮食产量等因素测算切块到各省，由各省确定补贴方式和补贴标准。省级财政部门、农业部门负责项目的组织管理、任务落实、资金拨付和监督考核等管理工作，督促市县级财政部门、农业部门要做好相关基础数据采集审核、补贴资金发放等工作。对骗取、套取、贪污、挤占、挪用农业"三项补贴"资金的，或违规发放农业"三项补贴"资金的行为，将依法依规严肃处理。

（五）密切跟踪工作进展动态

中央和省级财政部门、农业部门要密切跟踪农业"三项补贴"政策调整完善工作进展动态，加强信息沟通交流，建立健全考核制度，对实施情况进行监督检查。财政部、农业部将深入有关

省开展调查研究，及时了解情况，总结经验，解决问题。同时，财政部、农业部将研究制定相关制度，适时对各地农业"三项补贴"政策落实情况进行绩效考核，考核结果将作为以后年度农业补贴资金及补贴工作经费分配的重要因素。

（六）做好政策宣传解释工作

各地要切实做好舆论宣传工作，主动与社会各方面特别是基层干部群众进行沟通交流，赢得理解和支持，为政策调整完善和改革试点工作有序推进创造良好的舆论氛围和社会环境。

财政部　农业部
2015 年 5 月 13 日

来源：http://yn.mof.gov.cn/lanmudaohang/zhengcefagui/201512/t20151215_1615567.html

12. 关于种子（苗）种畜（禽）鱼种（苗）和种用野生动植物种源 2015 年免税进口计划的通知

关于种子（苗）种畜（禽）鱼种（苗）
和种用野生动植物种源 2015 年免税进口计划的通知
财关税〔2015〕9 号

各省、自治区、直辖市、计划单列市财政厅（局）、国家税务局，新疆生产建设兵团财务局，海关总署广东分署、各直属海关：

经国务院批准，"十二五"期间对进口种子（苗）、种畜（禽）、鱼种（苗）和种用野生动植物种源免征进口环节增值税。根据有关政策及管理办法的规定，农业部 2015 年种子（苗）、种畜（禽）、鱼种（苗）免税进口计划、国家林业局 2015 年种子（苗）及种用野生动植物种源免税进口计划已经核定，请按照《财政部海关总署　国家税务总局关于种子（苗）种畜（禽）鱼种（苗）和种用野生动植物种源免征进口环节增值税政策及 2011 年进口计划的通知》（财关税〔2011〕36 号）办理有关进口手续。

财政部　海关总署　国家税务总局
2015 年 3 月 24 日

来源：http://www.mof.gov.cn/zhengwuxinxi/caizhengwengao/wg2015/wg201505/201510/t20151016_1507083.html

13. 关于延续并完善支持农村金融发展有关税收政策的通知

关于延续并完善支持农村金融发展有关税收政策的通知
财税〔2014〕102号

各省、自治区、直辖市、计划单列市财政厅（局）、国家税务局、地方税务局，新疆生产建设兵团财务局：

为继续支持农村金融发展，解决农民贷款难问题，经国务院批准，现就农村金融有关税收政策通知如下：

一、自2014年1月1日至2016年12月31日，对金融机构农户小额贷款的利息收入，免征营业税。

二、自2014年1月1日至2016年12月31日，对金融机构农户小额贷款的利息收入，在计算应纳税所得额时，按90%计入收入总额。

三、自2014年1月1日至2016年12月31日，对保险公司为种植业、养殖业提供保险业务取得的保费收入，在计算应纳税所得额时，按90%计入收入总额。

四、本通知所称农户，是指长期（一年以上）居住在乡镇（不包括城关镇）行政管理区域内的住户，还包括长期居住在城关镇所辖行政村范围内的住户和户口不在本地而在本地居住一年以上的住户，国有农场的职工和农村个体工商户。位于乡镇（不包括城关镇）行政管理区域内和在城关镇所辖行政村范围内的国有经济的机关、团体、学校、企事业单位的集体户；有本地户口，但举家外出谋生一年以上的住户，无论是否保留承包耕地均不属于农户。农户以户为统计单位，既可以从事农业生产经营，也可以从事非农业生产经营。农户贷款的判定应以贷款发放时的承贷主体是否属于农户为准。

本通知所称小额贷款，是指单笔且该户贷款余额总额在10万元（含）以下贷款。

本通知所称保费收入，是指原保险保费收入加上分保费收入减去分出保费后的余额。

五、金融机构应对符合条件的农户小额贷款利息收入进行单独核算，不能单独核算的不得适用本通知第一条、第二条规定的优惠政策。

请遵照执行。

财政部　国家税务总局
2014年12月26日

来源：http://he.mof.gov.cn/lanmudaohang/tongzhitonggao/201501/t20150113_1179213.html

14. 关于大豆目标价格补贴的指导意见

关于大豆目标价格补贴的指导意见

财建〔2014〕695号

内蒙古、辽宁、吉林、黑龙江省（区）财政厅：

按照2014年中央1号文件要求和国务院部署，2014年启动东北（辽宁、吉林、黑龙江）和内蒙古大豆目标价格改革试点。为做好目标价格补贴，现提出以下指导意见：

一、目标价格补贴的指导思想和基本原则

（一）指导思想。

深入贯彻落实党的十八大、十八届三中全会和2014年中央1号文件精神，探索推进农产品价格形成机制与政府补贴脱钩改革，以保障农民利益、合理引导大豆生产、提高财政资金使用效益为目标，建立科学合理的农业补贴机制，统筹平衡好大豆生产、流通、消费各方面利益，促进大豆产业上下游协调发展。

（二）基本原则。

1. 价补分离、保障利益。实施大豆目标价格改革，将通过价格实现的补贴改为对大豆种植者的直接补贴，充分发挥市场在配置粮食资源中的基础性调节作用；并合理确定对农民的补贴标准，切实保护好农民利益。

2. 中央统筹、省级负责。中央有关部门统一制定目标价格补贴的基本原则、政策内容等，并加强对地方的指导督促；试点省（区）制定切实可行的实施方案，负责将补贴兑付给种植者，抓好组织实施工作。

3. 改革试点、逐步完善。大豆目标价格改革是完善农产品价格形成机制的重要尝试，要及时研究、妥善解决改革中出现的新情况、新问题，不断完善财政补贴政策，保持改革的定力，为完善农产品补贴政策提供借鉴与积累经验。

二、目标价格补贴政策的主要内容

大豆目标价格补贴是指在大豆价格主要由市场形成的基础上，国家事先确定能够保障农民获得基本收益的大豆目标价格，当大豆实际市场价格低于目标价格时，国家对农民进行补贴；当市场价格高于目标价格时，不启动补贴。主要内容包括：

（一）补贴对象的确定

目标价格补贴对象为内蒙古、辽宁、吉林、黑龙江省（区）大豆实际种植者（包括农民及企事业单位等）。

（二）目标价格的制定

目标价格按生产成本加基本收益制定，试点期间一年一定。2014年大豆目标价格为4 800元/吨。

（三）市场价格的确定

试点省（区）大豆市场价格分省确定，为采价期内该省（区）大豆平均收购价格，采价期为当年10月至次年3月。

（四）补贴方式的选择

试点省（区）应根据本地实际情况选择确定补贴方式，具体可选择按实际种植面积、产量或销售量补贴。补贴方式的选择要有利于保护好实际种植者利益，努力提高补贴的精准性和指向性；要有利于调节大豆生产供给，保持市场稳定；要切实可行，具有可操作性。

（五）补贴资金的管理与拨付

目标价格补贴资金纳入粮食风险基金专户管理，与专户内其他补贴资金分账核算，单独反映，不得相互混用。启动补贴时，中央财政根据目标价格与市场价格的差价和国家统计局调查的试点省（区）大豆产量测算补贴资金总额，一次性拨付给地方。试点省（区）应按照实施方案要求及时下拨补贴资金，并采取"一折通（一卡通）"的形式将补贴资金兑付给实际种植者。

（六）补贴发放时间

次年4月底前，中央财政将补贴资金拨付到试点省（区）；次年5月底前，试点省（区）将补贴资金足额兑付给实际种植者。

三、切实加强目标价格补贴的组织领导

（一）强化组织领导

试点省（区）财政部门要充分认识实施大豆目标价格补贴的重大意义，切实加强组织领导，建立财政、发展改革、农业、统计、粮食等部门间协调机制，细化实施方案和资金管理办法，确保政策落实到位和财政资金安全；要做好政策指导检查工作，统筹协调解决试点中的具体问题，保证试点工作顺利推进。

（二）建立补贴公示和信息档案管理制度

对大豆实际种植者的补贴信息要在行政村和乡（镇）政府或农场（单位）张榜公示，公示时间不少于7天；并对大豆实际种植者的基础信息和补贴信息进行动态监测和实时查询，确保相关补贴信息完整真实。

（三）加强监督检查

试点省（区）要设立监督电话，并在当地媒体予以公布，接受群众监督；在每年补贴资金兑付后，要对补贴政策执行情况进行全面检查，对发现的问题及时整改，严肃处理。

（四）加大政策宣传

为促进政策平稳过渡，试点省（区）要加大宣传力度，充分利用广播、电视、报纸等新闻媒体，积极宣传补贴政策，增强政策透明度，使广大群众清楚地了解目标价格补贴政策的意义，掌握补贴对象、标准、兑付时间等政策要点，做到心中有底，赢取群众对改革的理解和支持。

财政部

2014年11月18日

来源：http://jjs.mof.gov.cn/zhengwuxinxi/zhengcefagui/201411/t20141128_1161139.html

15. 中央财政农业资源及生态保护补助资金管理办法

中央财政农业资源及生态保护补助资金管理办法

第一条 为了加强中央财政农业资源及生态保护补助资金（以下简称农业资源保护资金）的管理，提高资金使用效益，促进农业可持续发展，根据《中华人民共和国预算法》《中华人民共和国农业技术推广法》等有关规定，制定本办法。

第二条 农业资源保护资金是中央财政公共预算安排的专项补助资金，用于支持耕地保护与质量提升、草原生态保护与治理、渔业资源保护与利用、畜禽粪污综合处理，以及国家政策确定的其他方向。

第三条 农业资源保护资金补助的区域范围：

（一）实施耕地保护与质量提升、渔业资源保护与利用、畜禽粪污综合处理的省份，具体范围由农业部会同财政部根据国家政策确定。

（二）开展草原生态保护与治理的省份，包括内蒙古自治区、四川省、云南省、西藏自治区、甘肃省、宁夏回族自治区、青海省、新疆维吾尔自治区等8省（区）和新疆生产建设兵团，河北省、山西省、辽宁省、吉林省、黑龙江省等5省和农业部直属黑龙江省农垦总局的牧区半牧区县（场），以及国家政策确定的其他区域。

第四条 农业资源保护资金的支出内容：

（一）耕地保护与质量提升所需的耕地污染与产品监测、土壤改良培肥剂（料）、专用肥料、秸秆腐熟剂、接种根瘤菌、绿肥种子，种植结构调整所需的作物新品种、耕种条件改变、污染耕地修复治理期间农民收益损失补助等；

（二）草原生态保护与治理所需的草原禁牧补助、草畜平衡奖励、牧民生产资料综合补贴、绩效奖励、牧草良种补贴、飞播种草补助等；

（三）渔业资源保护与利用所需的水生生物增殖放流、海洋牧场建设、渔民减船转产补助等；

（四）畜禽粪污综合处理所需的主体设施建设、设备购置补助等；

（五）与农业资源及生态保护相关的其他支出。

第五条 农业资源保护资金不得用于以下支出：行政事业单位人员工资、办公经费，建造楼堂馆所、购置车辆和通信器材，以及与农业资源生态保护无关的其他支出。

第六条 第四条第（二）项中草原禁牧补助的中央财政测算标准为平均每年每亩6元，草畜平衡奖励补助的中央财政测算标准为平均每年每亩1.5元，牧民生产资料综合补贴标准为每年每户500元，牧草良种补贴标准为平均每年每亩10元。

省级财政和农牧部门可结合本地草原载畜能力、牧民承包草场面积、人口数量、牧民收入构成等情况，按照"对象明确、补助合理、发放准确、符合实际"的原则，在中央财政补助的资金额度内，制定对牧民禁牧补助和草畜平衡奖励的具体发放标准。对禁牧补助和草畜平衡奖励实行资金额度封顶和保底发放的，不得留有资金缺口。

第七条 农业资源保护资金由财政部会同农业部实行因素法分配。不同支持方向的具体分配因素和权重在资金分配建议中确定。

农业部根据政策确定的实施范围，耕地、草原、渔业等资源状况和畜牧业发展情况提出保护与治理任务，综合考虑相关因素，并结合绩效评价情况提出资金分配建议。财政部结合预算资金安排等情况，对农业部提出的资金分配建议审核后安排分配资金。

第八条 在全国人民代表大会批准预算后90日内，中央财政应将农业资源保护资金按支持方向下达到省级财政。草原绩效奖励资金应于9月底完成评价工作后及时下达到省级财政。省级财政按照补助对象所属预算级次安排资金。安排给农业部直属垦区、新疆生产建设兵团的资金，列入其年度预算。资金支付按照财政国库管理制度有关规定执行。

各级财政部门应加快资金下达，督促项目实施和资金使用进度，形成结余的资金按有关规定办理。

第九条 省级财政部门会同农业部门根据中央财政下达的资金规模，确定资金分配方案。省级财政部门应将资金安排分配结果报财政部驻各省财政监察专员办事处备案。

第十条 农业部会同财政部根据项目管理需要，可制定实施指导意见或工作通知，明确项目管理实施中的具体要求。

省级农业部门会同财政部门根据实施指导意见或工作通知中的相关要求，制定实施方案，组织指导项目实施。

第十一条 县级财政部门会同农业部门对农（牧）民补助的资金应经7天公示无异议后及时发放。发放方式应按照便民高效、资金安全的原则，通过"一卡通"等方式直接发放给农（牧）民。

第十二条 农业资源保护资金实行绩效评价。绩效评价结果以适当方式予以通报，并作为资金分配的因素之一。

农业部会同财政部根据需要按照资金支持方向开展绩效评价。各省农业部门会同财政部门按照资金支持方向开展绩效评价。

第十三条 各级财政部门会同农业部门加强资金管理、监督检查，总结资金管理使用情况。

第十四条 农业资源保护与利用任务的承担单位应建立健全项目资金管理制度，加强财务管理、档案管理，并接受财政、农业、纪检监察、审计等部门的监督检查。

第十五条 农业资源保护资金应专款专用，对任何单位和个人虚报冒领、挤占挪用和其他违反本办法规定的行为，按照《财政违法行为处罚处分条例》等国家有关规定追究法律责任。

第十六条 省级财政部门会同农业部门结合本地实际情况，根据本办法可制定资金管理细则，并报财政部、农业部备案。

第十七条 本办法所称省级、各省是指省、自治区、直辖市、计划单列市和新疆生产建设兵团。

本办法所称农业部门是指农业、畜牧、渔业、农垦等行政主管部门。

第十八条 本办法由财政部会同农业部解释。

第十九条 本办法自2014年6月9日起施行。2011年12月31日财政部、农业部印发的《中央财政草原生态保护补助奖励资金管理暂行办法》（财农〔2011〕532号），2004年9月6日财政部、农业部印发的《中央财政飞播种草补助费管理暂行规定》（财农〔2004〕139号），2003年9月18日财政部办公厅、农业部办公厅印发的《海洋捕捞渔民转产转业专项资金使用管理规定》（财办农〔2003〕116号）同时废止。

2014年6月9日

来源：http://nys.mof.gov.cn/zhengfuxinxi/czpjZhengCeFaBu_2_2/201406/t20140625_1104152.html

16. 财政部关于印发《国家农业综合开发监督检查办法》的通知

财政部关于印发《国家农业综合开发监督检查办法》的通知
财发〔2014〕18号

各省、自治区、直辖市、计划单列市财政厅（局）、农业综合开发办公室（局），新疆生产建设兵团财务局、农业综合开发办公室，国土资源部、水利部、农业部、林业部、供销总社农业综合开发机构：

为了规范国家农业综合开发监督检查行为，保障监督检查有效实施，财政部制定了《国家农业综合开发监督检查办法》，现印发给你们，请遵照执行。执行中有何问题，请及时向财政部（国家农业综合开发办公室）反馈。

附件：国家农业综合开发监督检查办法

财政部

2014年5月29日

来源：http://nfb.mof.gov.cn/zhengwuxinxi/zhengcefabu/zongheguanlilei/201407/t20140723_1116702.html

附　国家农业综合开发监督检查办法

第一条　为了规范国家农业综合开发监督检查（以下简称监督检查）行为，保障监督检查有效实施，根据《财政部门监督办法》《财政检查工作办法》《国家农业综合开发资金和项目管理办法》等有关规定，制定本办法。

第二条　县级以上人民政府财政部门（以下简称财政部门）对由中央财政资金扶持的农业综合开发项目依法实施监督检查，适用本办法。

第三条　本办法所称监督检查，是指对财政部门的农业综合开发资金和项目管理，以及项目实施单位的项目实施和资金使用情况的监督检查。

项目实施单位是指负责实施农业综合开发项目的家庭农场、专业大户、农民合作社和龙头企业等。

第四条　监督检查应当坚持事前、事中和事后相结合，坚持日常监督、综合检查、专项检查相结合，建立覆盖资金管理和项目实施全过程的监督机制。应当与财政管理相结合，强化绩效监督和评价，将监督检查结果作为完善政策、改进管理的重要参考依据。应当加强农业综合开发信息化建设，充分运用现代技术手段，提高监督检查效率。

第五条　监督检查的依据是：

（一）国家农业综合开发方针政策和规章制度；

（二）项目工程建设标准和相关行业规范；

（三）项目评审立项文件、年度计划批复（备案）文件、调整变更和终止批复（备案）文件、经批准的初步设计或实施方案、资金拨付文件等。

第六条　监督检查实行财政部统一领导、各级财政部门分级负责。上级财政部门应当加强对下级财政部门监督检查工作的指导；下级财政部门应当将监督检查中发现的重大问题向本级人民政府和上级财政部门报告。

第七条 财政部门开展监督检查，应当实行统一组织实施、统一规范程序、统一行政处罚。

第八条 财政部门应当制定当年监督检查工作计划，按计划组织开展监督检查工作；分析和总结监督检查工作，拟定监督检查报告，并纳入农业综合开发机构年度工作报告；做出检查结论和处理决定，提出改进农业综合开发管理工作意见和建议；组织开展监督检查工作培训及经验交流。

第九条 财政部制定监督检查制度，对下级财政部门执行监督检查制度情况进行指导、考核和管理，组织开展全国性监督检查工作。

省、市级财政部门依据监督检查内容、要求，组织对下级财政部门开展监督检查。

县级财政部门对项目实施和资金使用过程进行日常监督。

第十条 省级以上财政部门每年至少开展一次综合检查或专项检查；市级财政部门每年至少开展一次对所属县级财政部门的全面检查；县级财政部门对其农业综合开发项目实施和资金使用开展全面检查。

省级以上财政部门每年根据工作需要确定检查开发县及具体项目的数量。

第十一条 对财政部门农业综合开发资金和项目管理实施监督检查的主要内容：

（一）建立健全和执行农业综合开发各项规章制度情况；

（二）组织编制农业综合开发规划和年度滚动计划情况；

（三）组织项目立项评审和项目库建设情况；

（四）组织项目可行性研究报告、项目建议书、项目初步设计编审情况；

（五）组织项目实施计划编制、上报、批复、调整变更和终止情况；

（六）组织项目实施、管理、验收、工程管护情况；

（七）监督检查绩效评价标准和指标体系建立情况，绩效监督工作开展及结果运用情况；

（八）资金筹集和管理使用情况；

（九）内部控制制度建立与执行、会计核算和项目档案管理等内部管理运行情况；

（十）对上级财政部门、审计机关、其他监督机构发现问题的整改落实情况；

（十一）其他需要监督检查的事项。

第十二条 对项目实施单位项目实施和资金使用情况实施监督检查的主要内容包括：

（一）项目申报事项的真实性与合规性情况；

（二）项目执行进度和建设质量情况；

（三）项目落实招投标制、工程监理制、资金和项目公示制、工程管护、会计核算、自筹资金等制度、工程建设标准及相关行业规范情况；

（四）项目绩效情况；

（五）项目对外部监督检查发现问题的整改落实情况；

（六）其他需要监督检查的事项。

第十三条 财政部门应当组成检查组开展监督检查工作，检查组组长由本级财政部门指定。

检查组人员与被检查单位或个人（以下统称被检查人）有直接利害关系的，应当回避。被检查人认为检查人员与自己有利害关系的，可以要求检查人员回避。检查人员的回避，由本级财政部门负责人决定。

第十四条 财政部门可以根据需要聘请有关专业机构或者专业人员协助开展监督检查工作，同时加强对所聘机构和人员的统一管理。

财政部门应当按规定建立健全聘用专业机构或者专业人员的人才资源库。开展监督检查时，从资源库中抽选有关人员，经本级财政部门负责人批准后聘用。

第十五条 市级以上财政部门按计划开展监督检查时，一般应于3个工作日前向被检查人送达检查通知书，主要内容包括被检查人的名称，检查的依据、范围、内容、方式和时间，检查组组长及检查人员名单和联系方式等。

县级财政部门可以根据工作需要和实际情况开展监督检查工作。

第十六条 检查组一般应当按照自上而下、先内业后外业的顺序开展监督检查工作，采取听取汇报、查阅资料、抽查项目工程、走访座谈等方式进行检查。

检查人员应当运用对照检查的方法，核对资金支出与项目工程建设情况、项目工程规划设计与实际完成情况、项目工程数量与质量情况，以及核对财政部门、审计机关以及其他监督机构发现问题的整改落实情况。必要时，检查组可以对有关问题进行延伸检查。

第十七条 检查人员应当编制监督检查工作底稿，将监督检查内容与事项予以记录，并由被检查人签字或者盖章。工作底稿的主要内容包括：

（一）被检查人名称及具体检查事项名称；

（二）情况摘要，即与检查结论或被监督检查人违规违纪行为有关事项摘录；

（三）附件的主要内容及页数；

（四）被检查人签署意见并签名；

（五）检查组编制人、复核人签名及日期。

第十八条 监督检查工作结束后，应当根据工作底稿整理汇总监督检查情况，召集会议与被检查人交换意见，在此基础上形成监督检查情况告知书，书面征求被检查人的意见。如被检查人提出异议，检查组应当进一步核查、取证，逐项进行认定，形成书面认定意见，明确是否采纳其反馈意见。

第十九条 检查组应当根据监督检查工作底稿、监督检查情况告知书、被检查人书面意见或说明等相关材料，在综合分析、归纳、整理、核对的基础上，起草检查报告。监督检查报告的主要内容包括：

（一）检查范围、内容、方式和时间；

（二）被检查人资金和项目管理、绩效管理与评价、内部控制运行等基本情况及对该单位工作的基本评价；

（三）检查发现的问题、认定依据和处理意见；

（四）改进意见和建议；

（五）其他应当报告的事项。

第二十条 财政部门应当组织专题会议听取监督检查工作汇报，调查复核重大事项，考评检查组工作，批准检查报告。

第二十一条 被检查人应当按检查结论和处理决定进行整改，并在限定期限内书面反馈整改落实情况。

第二十二条 全部监督检查工作结束后30日，财政部门应当将监督检查资料进行鉴别整理，依照档案管理的有关规定归卷存档。

第二十三条 财政部门应当定期复核被检查人整改落实处理决定和建议的情况，并就检查发现的共性问题进行归纳总结，分析原因，提出改进工作建议。

第二十四条 财政部门应当将监督检查结果作为农业综合开发绩效评价的重要指标和资金分配的重要因素；作为对农业综合开发机构及其有关人员奖惩的重要依据。

第二十五条 监督检查实行组长负责制。检查组长应当按照规范的程序组织开展检查工作，对检查人员的工作质量进行监督，对有关事项进行必要的审查和复核，并对检查报告的真实性、全面性和完整性负责。检查中遇到重大问题，应当及时报告。

检查人员应当忠于职守、依法监督、廉洁自律、保守秘密，公正客观、规范高效地完成监督检查任务。

第二十六条 监督检查发现被检查人有违法违规行为的，按照《财政违法行为处罚处分条例》等国家有关规定追究法律责任。

第二十七条 有下列行为之一的被检查人，财政部门除在法定权限范围内按照有关规定作出处理以外，还应当向有关机关、机构提出追究责任人员责任的建议：

（一）拒绝、拖延提供情况和资料或者提供虚假情况和资料的；

（二）妨碍监督检查人员行使职权的；

（三）拒不执行整改要求的；

（四）报复检查人员的；

第二十八条 有下列行为之一的检查人员，财政部门除在法定职权范围内按有关规定作出处理以外，还应当向有关机关、机构提出追究责任人员责任的建议：

（一）弄虚作假，隐瞒事实真相的；

（二）滥用职权，以权谋私的；

（三）玩忽职守，给国家和单位造成重大损失的；

（四）泄露财政部门秘密或者被检查人秘密的。

第二十九条 对中央有关部门组织实施的农业综合开发项目监督检查，参照本办法执行。

第三十条 农业综合开发机构未设置在财政部门的，由财政部门负责监督检查工作，农业综合开发机构配合。

新疆生产建设兵团、黑龙江省农垦总局、广东省农垦总局开展监督检查，比照本办法执行。

第三十一条 本办法自 2014 年 7 月 1 日起执行。2011 年 6 月 28 日财政部印发的《国家农业综合开发综合检查办法》（财发〔2011〕31 号）同时废止。

2014 年 5 月 29 日

17. 关于深入推进草原生态保护补助奖励机制政策落实工作的通知

关于深入推进草原生态保护补助奖励机制政策落实工作的通知

农办财〔2014〕42 号

有关省、自治区农牧（畜牧、农业）厅（局）、财政厅，新疆生产建设兵团畜牧兽医局、财务局，黑龙江省农垦总局：

2014 年，草原生态保护补助奖励机制政策（以下简称草原补奖政策）继续在内蒙古、四川、云南、西藏、甘肃、青海、宁夏、新疆和河北、山西、辽宁、吉林、黑龙江等 13 个省区，以及新疆生产建设兵团、黑龙江省农垦总局实施。为深入推进草原补奖政策落实，现将有关事项通知如下。

一、加快补奖任务资金落实

各省区要进一步加大工作力度，按照目标、任务、责任、资金"四到省"的总体要求和任务落实、补助发放、服务指导、监督管理、建档立卡"五到户"的工作原则，切实把各年度任务资金落实到草场牧户，补奖资金不得长期滞留在各级财政。要将任务资金落实情况纳入绩效考核指标体系，扎实开展绩效评价，深化评价结果与绩效考核奖励资金安排相挂钩的机制。任务资金落实情况较差的地区，不得安排奖励资金，并在适当范围予以通报。要严格补奖资金专账管理，严禁自行跨科目调剂或挪作他用。年度结余资金要及时上报财政和农牧部门，申请结转下年同科目使用。资金发放到"一卡通"或"一折通"的，要注明资金项目名称，强化农牧民对草原补奖政策的认知。牧草良种补贴实行项目管理的，要加强项目资金的使用监管。加强对禁牧和草畜平衡工作的组织指导，完善草原载畜量标准和草畜平衡管理办法，健全禁牧管护和草畜平衡核查机制。各级草原监理机构要严格巡查禁牧区、休牧期的牲畜放牧情况，发现问题及时处理，努力确保补奖政策实施成效。

二、及时准确填报补奖信息

为全面及时掌握草原补奖政策任务资金落实情况，农业部组织开发了草原补奖机制管理信息系统，建立了补奖信息定期报送制度。目前，信息系统和报送制度总体运行情况良好，但部分地区仍存在信息系统填报进度较慢、月报表格报送不及时、数据质量较差等问题。请各地高度重视，加大投入力度，明确专人管理，开展技术培训，确保及时准确完成补奖信息填报工作。请于今年6月底前完成2012年牧户信息采集录入工作，8月底前完成2013年牧户信息采集录入工作，10月底前完成牧草良种补贴信息和草地地块信息的采集录入工作。严格按照时间节点要求报送补奖信息定期月报表格。财政部和农业部将在今年对各省区的绩效考核评价指标体系中，增加补奖信息填报方面的指标赋分权重。请各省区在对下开展绩效考核评价中，也相应增加赋分权重，并在督导检查时，注意提前抽取补奖信息系统数据，实地比对审核，审核不合格的不能评定为优秀等次。

三、开展政策实施成效评估研究

各省区要组织有关草原科研教学、监理监测和技术推广单位，分区域、分类型开展草原补奖政策实施成效评估研究。评估研究既要有面上总体情况调度，又要深入到基层一线草场牧户调查研究，多研究一些典型案例，务求摸清现状、掌握实质。调研中发现的典型经验和做法，要采取多种形式及时进行宣传报导。要加快草原监测网点建设，定期开展监测工作，及时发布监测信息，为评估研究政策实施成效提供科学依据。各省区都要组织开展专题研究，将研究成果于12月底前报农业部畜牧业司。

四、划定和保护基本草原

今年的中央1号文件明确提出，要稳定和完善草原承包经营制度，2015年基本完成草原确权和基本草原划定工作。要继续按照"权属明确、管理规范、承包到户"的要求，明确草原权属及用途，加强承包合同管理，做到承包草原地块、面积、合同、证书"四到户"。要加快划定基本草原，划定的基本草原面积不应少于本地草原面积的80%。草原补奖政策涉及的禁牧区和草畜平衡区草原，以及享受牧草良种补贴的人工草地，要全部划为基本草原。划定的基本草原要进行县级公告，设立保护标志，统一绘图建档。推进基本草原划定和保护的立法进程，制定出台符合本地实际的地方性法律法规和规章制度。探索建立最严格的损害赔偿制度和责任追究制度，对破坏草原生态环境、造成严重后果的单位和个人，要求恢复、修复、赔偿，实行终身追究制。要采取切实措施，确保基本草原用途不改变、数量不减少、质量不下降。

五、扶持草原畜牧业转型发展

各省区要用足用好绩效考核奖励资金中扶持草原畜牧业发展的资金，推动牧区草原畜牧业转型升级。扶持的主体，既可以是纳入草原补奖政策的家庭牧场和专业大户，也可以是农牧民合作社和农牧业企业。合作社成员要以纳入草原补奖政策的农牧户为主体，农牧业企业要与补奖政策户签订生产购销合同，开展订单生产经营。通过草原补奖政策的实施，不断改善草原畜牧业基础设施和科技支撑条件，优化生产经营方式和产业体系，提高草原资源利用率和劳动生产率，逐步提升草原畜牧业综合生产能力，保障和促进牛羊肉生产供给与农牧民增收，最终实现"禁牧不禁养、减畜不减肉、减畜不减收"。各省区 2012 年和 2013 年草原畜牧业发展资金的使用分配方案，务必于 6 月 20 日前报送财政部农业司、农业部财务司和畜牧业司。

农业部办公厅　财政部办公厅
2014 年 5 月 20 日

来源：http：//ha.mof.gov.cn/lanmudaohang/zhengcefagui/201502/t20150226_1195097.html

18. 关于免征储备大豆增值税政策的通知

关于免征储备大豆增值税政策的通知
财税〔2014〕38 号

各省、自治区、直辖市、计划单列市财政厅（局）、国家税务局，新疆生产建设兵团财务局：

经国务院批准，现就储备大豆增值税政策通知如下：

一、《财政部　国家税务总局关于粮食企业增值税征免问题的通知》（财税字〔1999〕198 号）第一条规定的增值税免税政策适用范围由粮食扩大到粮食和大豆，并可对免税业务开具增值税专用发票。

二、本通知自 2014 年 5 月 1 日起执行。本通知执行前发生的大豆销售行为，税务机关已处理的，不再调整；尚未处理的，按本通知第一条规定执行。

财政部　国家税务总局
2014 年 5 月 8 日

来源：http：//ha.mof.gov.cn/lanmudaohang/zhengcefagui/201502/t20150226_1195096.html

19. 关于做好旱作农业技术推广工作的通知

关于做好旱作农业技术推广工作的通知
农办财〔2014〕23 号

河北、山西、内蒙古、辽宁、黑龙江、陕西、甘肃、青海、宁夏、新疆农业（农牧）厅、财政厅，新疆生产建设兵团农业局、财政局：

为贯彻落实中央经济工作会议、农村工作会议和中央 1 号文件精神，中央财政安排"农业科技成果转化与技术推广服务"专项资金，支持干旱半干旱地区保墒节水、抗旱增产的关键旱作农业技术措施的推广应用。为确保政策落到实处，保护和调动农民生产积极性，切实提高资金使用效率和做好相关工作，现将有关事项通知如下。

一、因地制宜，突出重点

根据不同地区气候条件、水资源状况、作物布局和耕作制度，重点针对当地主要粮食作物，确定适宜技术模式，优化布局，突出重点，集中连片，推广应用地膜覆盖技术，实现粮食稳产高产。

二、政府引导，多方参与

地膜覆盖补助以政府补助为引导，积极引导农膜生产企业、社会化服务组织、新型经营主体和农户积极参与，推动地膜覆盖技术健康发展。

三、残膜回收，防控污染

在应用地膜覆盖技术的同时要切实抓好残膜回收，通过"以旧换新"等补助方式促进残膜回收利用。

2014年"以旧换新"的新膜标准不得低于0.01毫米，要推广应用地膜科学使用、合理养护、适时揭膜、机械捡膜等集成技术模式，减轻破损，提高回收率。要加强试验示范和宣传培训，开展多功能地膜、可降解农膜等新技术试验，探索减少新膜残留的新途径和土壤中已累积残膜的回收技术，严防形成更多"白色"污染。

四、强化资金管理

中央财政补助资金切块安排到地方，地方各级财政会同农业等有关部门要切实加强资金监管，及时足额拨付资金，并对项目实施情况进行核查验收，一经发现挤占、截留、挪用项目资金情况，及时纠正并对相关单位和人员按程序做出处理。

五、强化组织领导

各级农业和财政部门要切实加强对政策落实工作的组织领导，强化协调管理；通过广播、电视、技术培训以及明白纸等多种形式，加强政策宣传；开展项目进度调度和监督检查，确保政策措施落实到村、到户、到田。请省级农业部门会同财政部门于2014年12月5日前将政策实施情况报农业部、财政部。

农业部办公厅　财政部办公厅
2014年4月3日

来源：http://ha.mof.gov.cn/lanmudaohang/zhengcefagui/201501/t20150129_1186253.html

20. 关于印发《农村金融机构定向费用补贴资金管理办法》的通知

关于印发《农村金融机构定向费用补贴资金管理办法》的通知

财金〔2014〕12号

各省、自治区、直辖市、计划单列市财政厅（局）：

2009年以来，财政部门积极落实农村金融机构定向费用补贴政策，引导社会资金投向"三农"，支持城乡统筹协调发展，总体效果良好。根据《国务院办公厅关于金融支持经济结构调整和转型升级的指导意见》（国办发〔2013〕67号），为巩固和扩大农村金融机构定向费用补贴政策效果，我部对有关内容进行了细化和完善，现印发《农村金融机构定向费用补贴资金管理办法》，请遵照执行。执行过程中如有问题，及时报告我部（金融司）。

财政部
2014年3月11日

来源：http：//jrs.mof.gov.cn/zhengwuxinxi/zhengcefabu/201403/t20140328_1061015.html

附 农村金融机构定向费用补贴资金管理办法

第一章 总则

第一条 为引导和鼓励金融机构主动填补农村金融服务空白，稳步扩大农村金融服务覆盖面，促进农村金融服务体系建设，进一步加强和规范农村金融机构定向费用补贴资金（以下简称补贴资金）管理，根据国家有关规定，制定本办法。

第二条 符合规定条件的新型农村金融机构和基础金融服务薄弱地区的银行业金融机构（网点），可按照本办法规定，获得财政补贴资金支持。

第三条 本办法所称新型农村金融机构，是指经中国银行业监督管理委员会（以下简称银监会）批准设立的村镇银行、贷款公司、农村资金互助社3类农村金融机构。

本办法所称基础金融服务薄弱地区，是指由银监会统计和认定的西部偏远地区乡（镇），名单由财政部另行发布。

第四条 本办法所称存（贷）款平均余额，是指金融机构（网点）在年度内每个月末的存（贷）款余额平均值，即每个月末的存（贷）款余额之和除以月数。如果金融机构（网点）为当年新设，则存（贷）款平均余额为自其开业之月（含）起的每个月末的存（贷）款余额平均值。

本办法所称月末贷款余额，是指金融机构在每个月末的各项贷款余额，不包括金融机构的票据贴现，以及自上年度开始以来从其他机构受让的信贷资产。具体统计口径以《中国人民银行金融统计制度》及相关规定为准。

本办法所称年平均存贷比，是指金融机构当年的贷款平均余额与存款平均余额之比。

第五条 本办法所称涉农贷款，是指符合《涉农贷款专项统计制度》（银发〔2007〕246号）规定的涉农贷款，不包括金融机构的票据贴现，以及自上年度开始以来从其他机构受让的信贷资产。

本办法所称小微企业，是指符合《中小企业划型标准规定》（工信部联企业〔2011〕300号）规定的小型、微型企业。

第六条 农村金融机构定向费用补贴工作，遵循政府扶持、商业运作、风险可控、管理到位的基本原则。

政府扶持，是指财政部建立定向费用补贴制度，促进金融机构加大支农力度，实现持续发展。

商业运作，是指金融机构按商业经营规律，自主决策、自担风险、自负盈亏。

风险可控，是指金融机构在加大贷款投放的同时，应当加强内部管理，改善经营指标，控制相关风险。

管理到位，是指财政部门规范补贴资金管理，严格审核，及时拨付，加强监督检查，保证资金安全和政策实施效果。

第二章 补贴条件和标准

第七条 对符合下列条件的新型农村金融机构，财政部门按其当年贷款平均余额的2%给予补贴：

（一）当年贷款平均余额同比增长；

（二）村镇银行的年均存贷比高于50%（含）；

（三）当年涉农贷款和小微企业贷款平均余额占全部贷款平均余额的比例高70%（含）；

（四）财政部门规定的其他条件。

对西部基础金融服务薄弱地区的银行业金融机构（网点），财政部门按其当年贷款平均余额的2%给予补贴。新型农村金融机构不重复享受补贴。

第八条 补贴资金由中央和地方财政按照规定的比例分担。东、中、西部地区的中央地方分担比例分别为7:3、8:2、9:1。

第九条 东、中、西部地区农村金融机构可享受补贴政策的期限，分别为自该机构开业当年（含）起的3、4、5年内。如果农村金融机构开业时间晚于当年的6月30日，享受补贴政策的期限从开业次年起开始计算。农村金融机构开业超过享受补贴政策的年数后，无论该机构是否曾经获得过补贴，都不再享受补贴。东、中、西部地区划分标准按照《关于明确东中西部地区划分的意见》（财办预〔2005〕5号）规定执行。

第十条 对以下几类贷款不予补贴。

（一）当年任一时点单户贷款余额超过500万元的贷款；

（二）注册地位于县级（含县、县级市、县级区，不含县级以上城市的中心区）以下区域的新型农村金融机构，其在注册地所属县级区域以外发放的贷款；

（三）注册地位于县级以上区域的新型农村金融机构，其网点在所处县级区域以外发放的贷款；

（四）西部基础金融服务薄弱地区的银行业金融机构（网点）在其所在乡（镇）以外发放的贷款。

第十一条 补贴资金于下一年度拨付，纳入金融机构收入统一核算。

第三章 补贴资金预算管理

第十二条 财政部根据全国农村金融机构当年贷款平均余额预测和规定的补贴标准，安排专项补贴资金，列入下一年度中央财政预算。补贴资金原则上在预算安排额度内据实列支。

第十三条 财政部每年向省级财政部门拨付补贴资金，各级财政部门应当按规定转拨，由县级财政部门向金融机构拨付。

第十四条 各级地方财政部门应当根据国家关于财政资金管理的规定，做好本级财政承担资金的预算安排工作，并确保资金及时足额拨付到位。

第十五条 省级财政部门应当于拨付补贴资金后，及时编制补贴资金的审核、拨付和使用报告，经财政部驻当地财政监察专员办事处（以下简称专员办）审核后，于财政部拨付补贴资金后3个月内报财政部备案。

补贴资金的申请、审核和拨付

第十六条 金融机构按年向县级财政部门申请补贴资金。

第十七条 金融机构按照国家财务会计制度和财政部规定的补贴比例，计算贷款平均余额和相应的补贴资金，向所在地县级财政部门提出申请。在县域内具有法人资格的金融机构，以金融机构法人为单位申请；其他金融机构在县及县以下的分支机构，以县级分支机构为单位汇总申请。

第十八条 补贴资金的申请、审核和拨付，按以下程序办理：

（一）金融机构应当于下一年度 2 月 20 日前，向县级财政部门报送补贴资金申请书及相关材料。

新型农村金融机构的补贴资金申请书及相关材料应当反映当年贷款发放额、当年存款和贷款平均余额、同比增幅、申请补贴资金金额、村镇银行年均存贷比等数据。

不符合补贴条件的新型农村金融机构，应当向县级财政部门报送贷款情况表，包括但不限于当年存款和贷款平均余额、同比增幅等情况，作为今后财政部门审核拨付补贴资金的依据。

基础金融服务薄弱地区金融机构的补贴资金申请书及相关材料应当反映本机构在基础金融服务薄弱地区各网点的当年贷款发放额、当年贷款平均余额、同比增幅、申请补贴资金金额等数据，并附银行业监管部门对该机构在当地设立网点的批复。

（二）县级财政部门收到金融机构的补贴资金申请材料后，在 15 个工作日内出具审核意见。

（三）县级财政部门向省级财政部门报送补贴资金申请材料，包括金融机构的补贴资金申请书及相关材料、本县贷款发放和补贴资金情况表（见表 2）和县级财政部门审核意见等。

（四）省级财政部门对补贴资金申请材料进行审核汇总后，送专员办审核。

（五）专员办收到省级财政部门的补贴资金申请材料后，在 30 个工作日内出具审核意见并送省级财政部门。

（六）省级财政部门在 5 月 31 日之前向财政部报送补贴资金申请材料，包括本省和各县贷款发放和补贴情况表（见表 1 及表 2），并附专员办审核意见。

（七）财政部审核后，据实向省级财政部门拨付补贴资金。

（八）省级财政部门收到财政部拨付的补贴资金后，在 10 个工作日内将中央补贴资金和本级承担的补贴资金逐级转拨。

（九）县级财政部门收到补贴资金后，在 10 个工作日内将补贴资金支付给金融机构。

（十）需经地方人民政府批准后方可转拨补贴资金的地方财政部门，应当在报经地方人民政府批准后，5 个工作日内转拨补贴资金。

监督管理

第十九条 金融机构应当严格执行国家金融企业财务制度，认真如实统计和上报本机构贷款发放和余额情况。每季度终了后 10 个工作日内，金融机构应当向县级财政部门报送本机构该季度每月的贷款发放额和月末余额等数据，作为财政部门审核拨付补贴资金的依据。

第二十条 地方财政部门对行政区划内金融机构的补贴申请工作进行指导，做好补贴资金审核拨付的组织和协调工作，并会同有关部门对补贴资金审核拨付工作进行检查，对检查中发现的问题及时处理和反映，保证财政补贴政策落到实处。

第二十一条 专员办对辖区内金融机构贷款和各项监管指标完成情况认真审核，出具意见作为中央和各级地方财政部门审核拨付补贴资金的依据。

专员办应当加强对补贴资金拨付和使用的监督检查，规范审核拨付程序，保证补贴资金专项使用。

第二十二条 财政部不定期对补贴资金进行监督检查，对补贴资金的使用情况和效果进行评价，作为调整政策的依据之一。

第二十三条 金融机构虚报材料，骗取财政补贴资金的，财政部门应当追回补贴资金，并按规定予以处罚。处罚形式包括但不限于取消补贴资格、追回以往年度已拨补贴资金、通报当地银行业监督管理机构等。

第二十四条 金融机构不执行国家金融企业财务制度和不按时报送相关数据的，地方财政部门可根据具体情况，暂不出具补贴资金审核意见，或取消其获得补贴的资格。

第二十五条 财政部门和专员办未认真履行审核职责，导致金融机构虚报材料骗取补贴资金，或者挪用补贴资金的，上级财政部门应当责令改正，追回已拨资金，并根据《财政违法行为处罚处分条例》对有关单位和责任人员进行处罚。

地方财政部门不按规定安排和及时拨付补贴资金的，上级财政部门应当督促其限期整改。未能限期整改的，上级财政部门可暂停或取消该地区享受政策的资格。

附则

第二十六条 本办法自 2014 年 4 月 11 日起施行，财政部 2010 年印发的《中央财政农村金融机构定向费用补贴资金管理暂行办法》（财金〔2010〕42 号）同时废止。

附表　1._____省（区、市）金融机构贷款发放及补贴情况表

　　　　2._____县（市、区）金融机构贷款发放及补贴情况表

附表 1：_____省（区、市）金融机构贷款发放及补贴情况表

20　年

填报单位：_____省（区、市）财政厅（局）　　　　　　　　　　　　　　　　单位：万元，%

贷款及补贴情况 \ 县级财政部门	新型农村金融机构				基础金融服务薄弱地区金融机构				小计		
	___年贷款发放额		___年贷款平均余额	符合补贴条件的贷款余额	补贴金额	___年贷款发放额		___年贷款平均余额		补贴金额	___年贷款发放额		___年贷款平均余额		补贴金额
	金额	同比变动幅度	余额	同比变动幅度			金额	同比变动幅度	余额	同比变动幅度		金额	同比变动幅度	余额	同比变动幅度	
XX 县																
XX 县																
...																
...																
...																
合计																

注：表中各项数据应当与各相应县的汇总数据一致。

表 2：_____县（市、区）金融机构贷款发放及补贴情况表

20　年

填报单位：_____县（市、区）财政局　　　　　　　　　　　　　　　　　　单位：万元，%

贷款及补贴情况 \ 金融机构	___年贷款发放额		___年贷款平均余额		涉农及小微企业贷款占比	___年末存贷比	是否符合补贴条件	符合条件贷款余额	补贴金额	备注
	金额	同比变动幅度	余额	同比变动幅度						
新型农村金融机构										
XX 银行										
XX 贷款公司										
...										
小计										
基础金融服务薄弱地区金融机构										
XX 乡（镇）XX 银行										
XX 乡（镇）XX 银行										

(续表)

贷款及补贴情况 金融机构	___年贷款发放额		___年贷款平均余额		涉农及小微企业贷款占比	年末存贷比	是否符合补贴条件	符合条件贷款余额	补贴金额	备注
	金额	同比变动幅度	余额	同比变动幅度						
...										
小计										
合计										

注：1. 该表填报所有金融机构数据。

2. 不符合补贴条件的金融机构"补贴金额"为0。

3. 贷款公司和农村资金互助社不需要填写"年末存贷比"。

4. 基础金融服务薄弱地区金融机构不需要填写"涉农及小微企业贷款占比"、"年末存贷比"和"是否符合补贴条件"。

5. 位于基础金融服务薄弱地区的新型农村金融机构及网点，同时在新型农村金融机构和基础金融服务薄弱地区金融机构两部分填写数据。

6. 位于基础金融服务薄弱地区的新型农村金融机构及网点，如果符合新型农村金融机构补贴条件，在新型农村金融机构补贴部分如实填写补贴金额，在基础金融服务薄弱地区金融机构部分的补贴金额填写为"0"，并在备注栏中说明。如果不符合新型农村金融机构补贴条件，则在基础金融服务薄弱地区金融机构部分如实填写补贴金额。

7. 贷款发放额、贷款平均余额等数据的合计数，要剔除新型农村金融机构和基础金融服务薄弱地区金融机构两部分重合的数据。

21. 关于印发《农业保险大灾风险准备金会计处理规定》的通知

关于印发《农业保险大灾风险准备金会计处理规定》的通知

财会〔2014〕12号

各省、自治区、直辖市、计划单列市财政厅（局），新疆生产建设兵团财务局，有关保险机构：

为了贯彻落实《农业保险条例》《国务院办公厅关于金融支持经济结构调整和转型升级的指导意见》（国办发〔2013〕67号）等有关要求，规范农业保险大灾风险准备金的会计处理，根据《中华人民共和国会计法》和企业会计准则，结合《农业保险大灾风险准备金管理办法》（财金〔2013〕129号），我部制定了《农业保险大灾风险准备金会计处理规定》，现予印发。

执行中有何问题，请及时反馈我部。

财政部

2014年2月28日

来源：http://ha.mof.gov.cn/lanmudaohang/zhengcefagui/201501/t20150129_1186225.html

附 农业保险大灾风险准备金会计处理规定

为了规范农业保险大灾风险准备金（包括保费准备金和利润准备金，以下简称大灾准备金）的会计处理，根据《中华人民共和国会计法》、企业会计准则等法律法规，现就有关事项规定如下：

一、适用范围

农业保险经办机构（以下简称保险机构）从事各级财政按规定给予保费补贴的种植业、养殖业、林业等农业保险业务（以下简称农业保险），其计提、使用、转回大灾准备金的会计处理，适用本规定。

保险机构计提的保险合同准备金（不含本规定所指的大灾准备金），应当按照《保险合同相关会计处理规定》（财会〔2009〕15号）等相关规定进行会计处理。

二、科目设置

保险机构应当设置下列会计科目，对大灾准备金进行会计核算：

（一）在损益类科目中设置"6505 提取保费准备金"科目，核算保险机构按规定当期从农业保险保费收入中提取的保费准备金。本科目应按种植业、养殖业、森林等大类险种进行明细核算。

（二）在负债类科目中设置"2605 保费准备金"科目，核算保险机构按规定从农业保险保费收入中提取，并按规定使用和转回的保费准备金。本科目应按种植业、养殖业、森林等大类险种进行明细核算。

（三）在所有者权益类科目中设置"4105 大灾风险利润准备"科目，核算保险机构按规定从净利润中提取，并按规定使用和转回的利润准备金，以及大灾准备金资金运用形成的收益。

在"利润分配"科目下设置"提取利润准备"明细科目，核算保险机构按规定从当期净利润中提取的利润准备金。

在"利润分配"科目下设置"大灾准备金投资收益"明细科目，核算保险机构以大灾准备金所对应的资金用于投资等所产生的收益。

三、主要账务处理

（一）期末，保险机构按照各类农业保险当期实现的自留保费（即保险业务收入减去分出保费的净额）和规定的保费准备金计提比例计算应提取的保费准备金，借记"提取保费准备金"科目，贷记"保费准备金"科目。

（二）期末，保险机构总部在依法提取法定公积金、一般风险准备金后，按规定从年度净利润中提取的利润准备金，借记"利润分配——提取利润准备"科目，贷记"大灾风险利润准备"科目。

（三）保险机构按规定以大灾准备金所对应的资金用于投资等所产生的收益，借记"应收利息""应收股利"等科目，贷记"投资收益"等科目；同时，借记"利润分配——大灾准备金投资收益"科目，贷记"大灾风险利润准备"科目。

（四）保险机构在确定支付赔付款项金额或实际发生理赔费用的当期，按照应赔付或实际赔付的金额，借记"赔付支出"科目，贷记"应付赔付款""银行存款"等科目；按规定以大灾准备金用于弥补农业大灾风险损失时，按弥补的金额依次冲减"保费准备金""大灾风险利润准备"科目，借记"保费准备金""大灾风险利润准备"科目，贷记"提取保费准备金""利润分配——提取利润准备"科目。

（五）保险机构不再经营农业保险的，将以前年度计提的保费准备金的余额逐年转回损益时，按转回的金额，借记"保费准备金"科目，贷记"提取保费准备金"科目；将利润准备金的余额转入一般风险准备时，按转回的金额，借记"大灾风险利润准备"科目，贷记"一般风险准备"科目。

四、列示与披露

（一）保险机构应当在资产负债表负债项下"长期借款"项目之上增设"保费准备金"项目，反映期末保费准备金的余额。

（二）保险机构应当在资产负债表所有者权益项下"一般风险准备"项目和"未分配利润"项目之间增设"大灾风险利润准备"项目，反映期末利润准备金的余额。

（三）保险机构应当在利润表"减：摊回保险责任准备金"项目和"保单红利支出"项目之间，增设"提取保费准备金"项目，反映保险机构当期按规定提取的保费准备金净额。

（四）保险机构应当在所有者权益变动表"未分配利润"栏目前增设"大灾风险利润准备"栏，反映保险机构期末利润准备金余额的情况；同时，在"（四）利润分配"类的"提取一般风险准备"项目之下增设"提取利润准备"项目，反映保险机构当期按规定提取的利润准备金净额。

（五）保险机构应当在财务报表附注中披露与大灾准备金有关的下列信息：

1. 按各大类险种提取保费准备金的比例及金额。

2. 大灾准备金的期初账面余额、本期增加数、本期减少数和期末账面余额。披露格式如下：（略）

五、实施日期及衔接规定

本规定自发布之日起实施。

本规定发布前保险机构提取的大灾准备金的会计处理与本规定不一致的，应将发布之日前原提取的大灾准备金余额，按照其计提来源（保费或利润）从相关科目分别转入"保费准备金""大灾风险利润准备"科目的相关明细科目，并不再按原办法计提和使用大灾准备金。

2014 年 2 月 28 日

22. 关于印发《水土保持补偿费征收使用管理办法》的通知

关于印发《水土保持补偿费征收使用管理办法》的通知
财综〔2014〕8 号

各省、自治区、直辖市财政厅（局）、发展改革委、物价局、水利（水务）厅局，中国人民银行上海总部、各分行、营业管理部、省会（首府）城市中心支行、大连、青岛、宁波、厦门、深圳中心支行：

为了规范水土保持补偿费征收使用管理，促进水土流失预防和治理，改善生态环境，根据《中华人民共和国水土保持法》的规定，我们制定了《水土保持补偿费征收使用管理办法》，现印发给你们，请遵照执行。

财政部　国家发展改革委　水利部　中国人民银行
2014 年 1 月 29 日

来源：http：//zhs.mof.gov.cn/zhengwuxinxi/zhengcefabu/201402/t20140220_1045336.html

六、财政部

附　水土保持补偿费征收使用管理办法

第一章　总则

第一条　为了规范水土保持补偿费征收使用管理，促进水土流失防治工作，改善生态环境，根据《中华人民共和国水土保持法》的规定，制定本办法。

第二条　水土保持补偿费是水行政主管部门对损坏水土保持设施和地貌植被、不能恢复原有水土保持功能的生产建设单位和个人征收并专项用于水土流失预防治理的资金。

第三条　水土保持补偿费全额上缴国库，纳入政府性基金预算管理，实行专款专用，年终结余结转下年使用。

第四条　水土保持补偿费征收、缴库、使用和管理应当接受财政、价格、人民银行、审计部门和上级水行政主管部门的监督检查。

第二章　征收

第五条　在山区、丘陵区、风沙区以及水土保持规划确定的容易发生水土流失的其他区域开办生产建设项目或者从事其他生产建设活动，损坏水土保持设施、地貌植被，不能恢复原有水土保持功能的单位和个人（以下简称缴纳义务人），应当缴纳水土保持补偿费。

前款所称其他生产建设活动包括：

（一）取土、挖砂、采石（不含河道采砂）；

（二）烧制砖、瓦、瓷、石灰；

（三）排放废弃土、石、渣。

第六条　县级以上地方水行政主管部门按照下列规定征收水土保持补偿费。

开办生产建设项目的单位和个人应当缴纳的水土保持补偿费，由县级以上地方水行政主管部门按照水土保持方案审批权限负责征收。其中，由水利部审批水土保持方案的，水土保持补偿费由生产建设项目所在地省（区、市）水行政主管部门征收；生产建设项目跨省（区、市）的，由生产建设项目涉及区域各相关省（区、市）水行政主管部门分别征收。

从事其他生产建设活动的单位和个人应当缴纳的水土保持补偿费，由生产建设活动所在地县级水行政主管部门负责征收。

第七条　水土保持补偿费按照下列方式计征：

（一）开办一般性生产建设项目的，按照征占用土地面积计征。

（二）开采矿产资源的，在建设期间按照征占用土地面积计征；在开采期间，对石油、天然气以外的矿产资源按照开采量计征，对石油、天然气按照油气生产井占地面积每年计征。

（三）取土、挖砂、采石以及烧制砖、瓦、瓷、石灰的，按照取土、挖砂、采石量计征。

（四）排放废弃土、石、渣的，按照排放量计征。对缴纳义务人已按照前三种方式计征水土保持补偿费的，其排放废弃土、石、渣，不再按照排放量重复计征。

第八条　水土保持补偿费的征收标准，由国家发展改革委、财政部会同水利部另行制定。

第九条　开办一般性生产建设项目的，缴纳义务人应当在项目开工前一次性缴纳水土保持补偿费。

开采矿产资源处于建设期的，缴纳义务人应当在建设活动开始前一次性缴纳水土保持补偿费；处于开采期的，缴纳义务人应当按季度缴纳水土保持补偿费。

从事其他生产建设活动的，缴纳水土保持补偿费的时限由县级水行政主管部门确定。

第十条　缴纳义务人应当向负责征收水土保持补偿费的水行政主管部门如实报送征占用土地面积（矿产资

源开采量、取土挖砂采石量、弃土弃渣量）等资料。

负责征收水土保持补偿费的水行政主管部门审核确定水土保持补偿费征收额，并向缴纳义务人送达水土保持补偿费缴纳通知单。缴纳通知单应当载明征占用土地面积（矿产资源开采量、取土挖砂采石量、弃土弃渣量）、征收标准、缴纳金额、缴纳时间和地点等事项。

缴纳义务人应当按照缴纳通知单的规定缴纳水土保持补偿费。

第十一条 下列情形免征水土保持补偿费：

（一）建设学校、幼儿园、医院、养老服务设施、孤儿院、福利院等公益性工程项目的；

（二）农民依法利用农村集体土地新建、翻建自用住房的；

（三）按照相关规划开展小型农田水利建设、田间土地整治建设和农村集中供水工程建设的；

（四）建设保障性安居工程、市政生态环境保护基础设施项目的；

（五）建设军事设施的；

（六）按照水土保持规划开展水土流失治理活动的；

（七）法律、行政法规和国务院规定免征水土保持补偿费的其他情形。

第十二条 除本办法规定外，任何单位和个人均不得擅自减免水土保持补偿费，不得改变水土保持补偿费征收对象、范围和标准。

第十三条 县级以上地方水行政主管部门征收水土保持补偿费，应当到指定的价格主管部门申领《收费许可证》，并使用省级财政部门统一印制的票据。

第十四条 县级以上地方水行政主管部门应当对水土保持补偿费的征收依据、征收标准、征收主体、征收程序、法律责任等进行公示。

第三章 缴库

第十五条 县级以上地方水行政主管部门征收的水土保持补偿费，按照1∶9的比例分别上缴中央和地方国库。

地方各级政府之间水土保持补偿费的分配比例，由各省（区、市）财政部门商水行政主管部门确定。

第十六条 水土保持补偿费实行就地缴库方式。

负责征收水土保持补偿费的水行政主管部门填写"一般缴款书"，随水土保持补偿费缴纳通知单一并送达缴纳义务人，由缴纳义务人持"一般缴款书"在规定时限内到商业银行办理缴款。在填写"一般缴款书"时，预算科目栏填写"1030176水土保持补偿费收入"，预算级次栏填写"中央和地方共享收入"，收款国库栏填写实际收纳款项的国库名称。

第十七条 水土保持补偿费收入在政府收支分类科目中列103类01款76项"水土保持补偿费收入"，作为中央和地方共用收入科目。

第十八条 地方各级水行政主管部门要确保将中央分成的水土保持补偿费收入及时足额上缴中央国库，不得截留、占压、拖延上缴。

财政部驻各省（区、市）财政监察专员办事处负责监缴中央分成的水土保持补偿费。

第四章 使用管理

第十九条 水土保持补偿费专项用于水土流失预防和治理，主要用于被损坏水土保持设施和地貌植被恢复治理工程建设。

第二十条 县级以上水行政主管部门应当根据水土保持规划，编制年度水土保持补偿费支出预算，报同级财政部门审核。财政部门应当按照政府性基金预算管理规定审核水土保持补偿费支出预算并批复下达。其中，水土保持补偿费用于固定资产投资项目的，由发展改革部门商同级水行政主管部门纳入固定资产投资计划。

第二十一条 水土保持补偿费的资金支付按照财政国库管理制度有关规定执行。

第二十二条 水土保持补偿费支出在政府收支分类科目中列 213 类 70 款 "水土保持补偿费安排的支出" 01 项 "综合治理和生态修复"、02 项 "预防保护和监督管理"、03 项 "其他水土保持补偿费安排的支出"。

第二十三条 各级财政、水行政主管部门应当严格按规定使用水土保持补偿费，确保专款专用，严禁截留、转移、挪用资金和随意调整预算。

第五章 法律责任

第二十四条 单位和个人违反本办法规定，有下列情形之一的，依照《财政违法行为处罚处分条例》和《违反行政事业性收费和罚没收入收支两条线管理规定行政处分暂行规定》等国家有关规定追究法律责任；涉嫌犯罪的，依法移送司法机关处理：

（一）擅自减免水土保持补偿费或者改变水土保持补偿费征收范围、对象和标准的；
（二）隐瞒、坐支应当上缴的水土保持补偿费的；
（三）滞留、截留、挪用应当上缴的水土保持补偿费的；
（四）不按照规定的预算级次、预算科目将水土保持补偿费缴入国库的；
（五）违反规定扩大水土保持补偿费开支范围、提高开支标准的；
（六）其他违反国家财政收入管理规定的行为。

第二十五条 缴纳义务人拒不缴纳、拖延缴纳或者拖欠水土保持补偿费的，依照《中华人民共和国水土保持法》第五十七条规定进行处罚。缴纳义务人对处罚决定不服的，可以依法申请行政复议或者提起行政诉讼。

第二十六条 缴纳义务人缴纳水土保持补偿费，不免除其水土流失防治责任。

第二十七条 水土保持补偿费征收、使用管理有关部门的工作人员违反本办法规定，在水土保持补偿费征收和使用管理工作中徇私舞弊、玩忽职守、滥用职权的，依法给予处分；涉嫌犯罪的，依法移送司法机关。

第六章 附则

第二十八条 各省（区、市）根据本办法制定具体实施办法，并报财政部、国家发展改革委、水利部、中国人民银行备案。

第二十九条 按本办法规定开征水土保持补偿费后，原各地区征收的水土流失防治费、水土保持设施补偿费、水土流失补偿费等涉及水土流失防治和补偿的收费予以取消。

第三十条 本办法由财政部商国家发展改革委、水利部、中国人民银行负责解释。

第三十一条 本办法自 2014 年 5 月 1 日起施行。

2014 年 1 月 29 日

23. 关于进一步扩大财政县域金融机构涉农贷款增量奖励试点范围的通知

关于进一步扩大财政县域金融机构涉农贷款增量奖励试点范围的通知

财金〔2014〕4 号

山西、福建、海南、重庆、贵州、西藏、青海各省（自治区、直辖市）财政厅（局）：

你厅（局）关于申请加入财政县域金融机构涉农贷款增量奖励试点的文件收悉。经研究，现就有关事项通知如下：

一、为了贯彻落实国务院《关于金融支持经济结构调整和转型升级的指导意见》（国办发〔2013〕67号）的有关精神，促进县域金融机构加大涉农贷款投放，更好地支持县域经济发展，从2013年起，将山西、福建、海南、重庆、贵州、西藏、青海7省（区、市）纳入政策试点范围。

二、请你厅（局）严格按照《财政县域金融机构涉农贷款增量奖励资金管理办法》（财金〔2010〕116号）等有关规定，合理安排财政预算，积极落实地方配套资金，切实加强管理，做好奖励资金的申请、审核和拨付工作。

三、你厅（局）要定期对政策试点工作进行认真分析和总结，不断提高管理水平，确保政策实施效果。对政策执行当中出现的问题，要及时向我部报告。

财政部

2014年1月21日

来源：http://www.mof.gov.cn/was5/web/search

24. 关于印发《中央财政山洪灾害防治经费使用管理办法》的通知

关于印发《中央财政山洪灾害防治经费使用管理办法》的通知

财农〔2014〕1号

农业部，各省（自治区、直辖市）财政厅（局）、水利（务）厅（局），新疆生产建设兵团财务局、水利局：

为加强和规范中央财政山洪灾害防治经费使用管理，提高资金使用效益，财政部、水利部制定了《中央财政山洪灾害防治经费使用管理办法》，现印发你们，请遵照执行。

附件：中央财政山洪灾害防治经费使用管理办法

财政部　水利部

2014年1月16日

来源：http://nys.mof.gov.cn/zxzyzf/qgshzhfzjf/201607/t20160718_2361961.html

附　中央财政山洪灾害防治经费使用管理办法

第一条　为加强和规范中央财政山洪灾害防治经费（以下简称中央补助经费）使用管理，提高资金使用效益，根据《中华人民共和国预算法》等有关法律法规制定本办法。

第二条　山洪灾害防治项目建设资金由中央和地方财政共同承担。中央财政安排补助经费，专项支持各省（自治区、直辖市，以下简称各省）以及水利部、农业部、新疆生产建设兵团按照《全国中小河流治理和病险水库除险加固、山洪地质灾害防御和综合治理总体规划》及《全国山洪灾害防治项目实施方案（2013—2015年）》开展山洪灾害防治项目建设。

第三条　中央补助经费使用范围包括：

(一) 山洪灾害调查评价。包括前期基础工作、防治区山洪灾害调查、重点防治区山洪灾害详查、山洪灾害分析评价、调查评价数据审核汇集及成果集成、调查评价业务培训等支出；

(二) 非工程措施补充完善。包括监测系统补充完善、预警系统补充完善、县级山洪灾害监测预警平台完善及各级信息管理和共享系统建设、群测群防体系完善以及山洪灾害应急保障系统建设等支出；

(三) 重点地区洪水风险图编制。包括洪水风险图规范制度制定、洪水风险图通用软件开发、洪水风险图编制、洪水风险图管理与应用系统建设、技术培训与技术指导等支出；

(四) 重点山洪沟（山区河道）防洪治理。包括采取修建护岸、堤防等工程措施支出。

第四条 中央补助经费不得用于移民征地、城镇及景观建设、修建楼堂馆所、车辆购置、人员补贴以及项目管理费等支出。

第五条 地方各级财政部门应积极筹措资金，切实加大财政投入，确保全面完成山洪灾害防治项目建设任务。

按照分级管理原则，山洪灾害防治项目的运行维护经费由地方各级财政部门承担。运行维护经费定额标准由地方财政部门会同同级水利部门制定。

第六条 财政部、水利部建立中央补助经费分配奖补激励机制，根据年度资金规模和建设任务，结合上年度山洪灾害防治项目地方投入、项目建设管理等情况，确定中央补助经费分配方案。

第七条 每年6月15日前，财政部商水利部按程序将中央补助经费下达至各省级财政部门，并抄送各省级水利部门。

第八条 中央补助经费下达后，各省级财政、水利部门根据年度实施方案所确定的建设任务和组织实施要求等，统筹安排中央补助经费和地方建设资金，用于当年山洪灾害防治项目建设。各省级财政部门应按预算级次和程序及时下达中央补助经费，加快预算执行，提高资金使用效益。

第九条 由水利部、农业部、新疆生产建设兵团组织实施的项目，中央补助经费列入中央本级部门预算，预算编制按部门预算管理有关规定办理。

第十条 财政部、水利部组织对全国山洪灾害防治项目实施情况开展绩效评价，绩效评价结果与中央补助经费安排挂钩。各省级财政部门会同水利部门具体组织实施本省山洪灾害防治项目的绩效评价工作。

第十一条 中央补助经费支付按照财政国库管理制度有关规定执行。中央补助经费使用中属于政府采购管理范围的，按照政府采购有关规定执行。

第十二条 中央补助经费使用单位应当加强对中央补助经费购置的物资材料和设备、设施的管理。

第十三条 中央补助经费专款专用，任何部门和单位不得以任何理由挤占挪用。

第十四条 下达地方的中央补助经费连续结转两年及以上仍未使用完毕的，一律视同结余资金，收回地方同级财政统筹用于农田水利建设。

水利部、农业部、新疆生产建设兵团要按照《财政部关于印发〈中央部门财政拨款结转和结余资金管理办法〉的通知》（财预〔2010〕7号）要求，将中央补助经费结余资金全部统筹用于编制以后年度部门预算；对于中央补助经费结转资金，在编制以后年度预算时，应根据项目结转资金情况和项目年度资金需求情况，统筹安排财政拨款预算。

第十五条 各级财政、水利部门要加强对中央补助经费使用管理情况的监督检查。

第十六条 中央补助经费使用单位应当自觉接受审计部门、财政部门以及主管部门的监督检查，及时提供相关资料。对中央补助经费使用管理过程中存在财政违法行为的单位及个人，依照《财政违法行为处罚处分条例》（国务院令第427号）进行处理。

第十七条 各省级财政部门会同同级水利部门根据本办法，制定实施细则，并报送财政部、水利部备案。

第十八条 本办法由财政部会同水利部负责解释。

第十九条 本办法自2014年2月1日起施行。

2014年1月16日

25. 关于加强从土地出让收益中计提农田水利建设资金和教育资金征收管理的通知

关于加强从土地出让收益中计提农田水利建设资金和教育资金征收管理的通知

财综〔2014〕2号

各省、自治区、直辖市和计划单列市财政厅（局），新疆生产建设兵团财务局：

为支持农田水利建设和教育事业发展，财政部会同有关部门先后印发了《关于从土地出让收益中计提农田水利建设资金有关事项的通知》（财综〔2011〕48号）、《关于从土地出让收益中计提教育资金有关事项的通知》（财综〔2011〕62号），大部分地区都能够认真贯彻执行，但也有个别地区不按规定计提农田水利建设资金和教育资金（以下简称"两项资金"），甚至拖欠中央农田水利建设资金。为做好两项资金征收管理工作，现就有关事宜通知如下：

一、严格按照规定口径核算和计提两项资金

市、县财政部门要严格按照规定将土地出让收入及时足额缴入国库，不得将应缴入国库的土地出让收入长期滞留在财政专户，隐瞒土地出让收入规模；要严格按照财综〔2011〕48号、财综〔2011〕62号文件规定的口径，从土地出让收益中计提两项资金，对按照土地出让收入一定比例计提两项资金的，要限期纠正。

市、县财政部门要严格按照《政府收支分类科目》等规定使用土地出让收支科目，根据各季度实际发生的土地出让收入和支出如实记账，不得将应当记入103014801土地出让价款收入科目的收入，记入103014802补缴的土地价款、103014803划拨土地收入、103014899其他土地出让收入等科目，人为减少两项资金计提基数；也不得将应当记入2120803城市建设支出等科目的支出，记入2120801征地和拆迁补偿支出、2121001征地和拆迁补偿支出、2120802土地开发支出、2121002土地开发支出等科目，虚增成本费用开支。

二、严格实行两项资金按季计提和年终清算制度

为确保两项资金和中央农田水利建设资金均衡入库，市、县财政部门应严格按照财综〔2011〕48号和财综〔2011〕62号文件，以及《财政部 水利部关于中央财政统筹部分从土地出让收益中计提农田水利建设资金有关问题的通知》（财综〔2012〕43号）的规定，分别于每年4月、7月、10月的10日以及决算清理期结束之前，分季计提两项资金和划转中央农田水利建设资金，不得按半年一次或拖延至年底一次性计提和划转。每年决算清理期结束前，应当对全年计提的两项资金和划转中央农田水利建设资金进行统一清算。

对于计提的农田水利建设资金要严格按照20%的比例将中央农田水利建设资金及时足额划转中央国库，不得在财政专户或地方国库滞留和占压。

三、强化省级财政部门监管两项资金的责任

省级财政部门要加强对市、县两项资金和中央农田水利建设资金征收的监督管理,督促市、县按季足额计提两项资金和划转中央农田水利建设资金。市、县财政部门计提两项资金的数额原则上应当一致,对于两项资金数额不一致的,要认真核查原因,并采取措施予以解决。对于市、县财政部门未按规定足额计提两项资金和划转中央农田水利建设资金的,省级财政部门要督促其按规定计提和划转;对于发现的其他问题,要及时予以纠正。

省级财政部门要加强对市、县计提两项资金和划转中央农田水利建设资金情况的监督检查,并将其纳入年度财政预算执行审计范围,确保两项资金足额计提和中央农田水利建设资金及时划转中央国库。对于违反本通知规定的行为,依照《财政违法行为处罚处分条例》等国家有关规定追究法律责任。

财政部
2014 年 1 月 16 日

来源:http://ha.mof.gov.cn/lanmudaohang/zhengcefagui/201501/t20150112_1178599.html

26. 关于中国农业银行三农事业部涉农贷款营业税优惠政策的通知

关于中国农业银行三农事业部涉农贷款营业税优惠政策的通知
财税〔2014〕5 号

河北、吉林、黑龙江、江苏、浙江、安徽、福建、江西、山东、河南、湖北、湖南、广东、广西、重庆、四川、云南、陕西、甘肃等省(自治区、直辖市)财政厅(局)、地方税务局:

为进一步推进中国农业银行"三农金融事业部"管理体制改革,支持县域经济发展,经国务院批准,现就中国农业银行"三农金融事业部"改革试点有关营业税政策通知如下:

一、自 2013 年 11 月 1 日至 2015 年 12 月 31 日,对中国农业银行纳入"三农金融事业部"改革试点的河北、吉林、黑龙江、江苏、浙江、安徽、福建、江西、山东、河南、湖北、湖南、广东、广西、重庆、四川、云南、陕西、甘肃19 个省(自治区、直辖市)分行下辖的县域支行(也称县事业部),提供农户贷款、农村企业和农村各类组织贷款(具体贷款业务清单见附件)取得的利息收入减按 3% 的税率征收营业税。

二、本通知所称农户贷款,是指金融机构发放给农户的贷款,但不包括按照《财政部 国家税务总局关于农村金融有关税收政策的通知》(财税〔2010〕4 号)规定免征营业税的农户小额贷款。

本通知所称农户,是指长期(指一年及一年以上,下同)居住在乡镇(不包括城关镇)范围内或者城关镇所辖行政村范围内(以下统称农村)的住户,包括户口不在农村而长期在农村居住的住户、国有农场的职工和农村个体工商户。农户以户为单位,既可以从事农业生产经营,也可以从事非农业生产经营。但位于农村的国家机关、社会团体、学校、国有企业和事业单位的

集体户，或者有农村户口但举家长期外出谋生的住户，无论是否保留承包耕地，均不属于农户。

本通知所称农村企业和农村各类组织贷款，是指金融机构发放给注册在农村地区的企业及各类组织的贷款。

三、中国农业银行纳入"三农金融事业部"改革试点的县域支行，应当按照《中华人民共和国营业税暂行条例》（国务院令第540号）第九条及其他相关规定，单独核算享受营业税减税政策的贷款利息收入；未单独核算的，不得享受本通知第一条规定的营业税政策。

财政部　国家税务总局
2014年1月10日

来源：http://www.mof.gov.cn/was5/web/search

27. 关于部分国家储备商品有关税收政策的通知

关于部分国家储备商品有关税收政策的通知
财税〔2013〕59号

各省、自治区、直辖市、计划单列市财政厅（局）、地方税务局，西藏、宁夏、青海省（自治区）国家税务局，新疆生产建设兵团财务局：

为支持国家商品储备业务发展，经国务院批准，现将中央和地方部分商品储备政策性业务（以下简称商品储备业务）有关税收政策明确如下：

一、对商品储备管理公司及其直属库资金账簿免征印花税；对其承担商品储备业务过程中书立的购销合同免征印花税，对合同其他各方当事人应缴纳的印花税照章征收。

二、对商品储备管理公司及其直属库承担商品储备业务自用的房产、土地，免征房产税、城镇土地使用税。

三、本通知所称商品储备管理公司及其直属库，是指接受中央、省、市、县四级政府有关部门委托，承担粮（含大豆）、食用油、棉、糖、肉、盐（限于中央储备）6种商品储备任务，取得财政储备经费或补贴的商品储备企业。

中国华粮物流集团公司及其直属企业、中粮集团有限公司所属储备库接受中国储备粮管理总公司、分公司及其直属库委托，承担的粮（含大豆）、食用油商品储备业务，按本通知第一条、第二条规定享受税收优惠。

四、承担中央政府有关部门委托商品储备业务的储备管理公司及其直属库，以及接受中国储备粮管理总公司、分公司及其直属库的委托承担粮（含大豆）、食用油等商品储备业务的中国华粮物流集团公司及其直属企业、中粮集团有限公司所属储备库名单见附件。

承担省、市、县政府有关部门委托商品储备业务的储备管理公司及其直属库名单由省、自治区、直辖市财政、税务部门会同有关部门明确或制定具体管理办法，并报省、自治区、直辖市人民政府批准后予以发布。

名单若有变化，财政、税务等部门应及时进行调整。

五、本通知执行时间为2013年1月1日至2015年12月31日。2013年1月1日以后已缴上述应予免税的税款,从企业应缴纳的相应税款中抵扣,2013年度内抵扣不完的,按有关规定予以退税。

六、有关部门在办理免税、退税手续时,要认真审核企业提供的相关材料,符合要求的及时办理。如发现不符合本通知规定政策的企业及其直属库,应取消其免退税资格。

请遵照执行。

财政部　国家税务总局
2013年9月18日

来源：http://www.cfen.com.cn/old_7392/qtlm/201001/t20100118_2249232.html

28. 财政部 国家林业局关于印发《中央财政湿地保护补助资金管理暂行办法》的通知

财政部 国家林业局关于印发《中央财政湿地保护补助资金管理暂行办法》的通知

财农〔2011〕423号

各省、自治区、直辖市、计划单列市财政厅(局)、林业厅(局):

为加强湿地保护与恢复工作,规范中央财政湿地保护补助资金的管理和使用,提高财政专项资金的使用效益,财政部、国家林业局联合制定了《中央财政湿地保护补助资金管理暂行办法》。现印发给你们,请遵照执行。执行中有何问题,请及时反馈财政部、国家林业局。

2011年11月4日

来源：http://nys.mof.gov.cn/zhengfuxinxi/czpjZhengCeFaBu_2_2/201202/t20120220_629141.html

附　中央财政湿地保护补助资金管理暂行办法

第一条　为规范和加强中央财政湿地保护补助资金管理,提高资金使用效益,根据《中华人民共和国预算法》等法律、法规,制定本办法。

第二条　中央财政湿地保护补助资金(以下简称补助资金)是指中央财政预算安排的,主要用于林业系统管理的国际重要湿地、湿地类型自然保护区及国家湿地公园开展湿地保护与恢复相关支出的专项资金。

第三条　补助资金的安排和使用应坚持以下原则:

(一)多渠道筹集资金,中央财政适当补助;

(二)突出重点,集中投入;

(三)区分轻重缓急,分步实施。

第四条　补助资金主要用于以下支出范围:

(一)监测、监控设施维护和设备购置支出。具体包括:监测和保护站点相关设施维护、巡护道路维护、围栏修建、小型监测监控设备购置和运行维护等所需的专用材料费、购置费、人工费、燃料费等。

(二)退化湿地恢复支出。具体包括:植被恢复、栖息地恢复、湿地有害生物防治、生态补水、疏浚清淤等所需的设计费、施工费、材料费、评估费等。

（三）管护支出。湿地所在保护管理机构聘用临时管护人员所需的劳务费等。

第五条 补助资金不得用于湿地保护管理机构人员经费支出、日常办公设备购置费用支出及办公用房、职工生活用房等楼堂馆所建设费用支出。

第六条 各省（自治区、直辖市、计划单列市，下同）财政部门会同林业主管部门，每年3月31日之前向财政部报送资金申请，并抄送国家林业局。资金申请包括上年资金使用管理情况、年度任务计划（包括湿地名称、湿地保护与恢复主要任务、重点支出内容、预期成效等）、申请中央财政补助资金数额等。

大兴安岭林业集团公司的资金申请由国家林业局每年3月31日之前报送财政部。

第七条 国家林业局根据各省资金申请，结合湿地保护有关规划和当年工作重点，向财政部提出资金分配建议方案。

第八条 财政部根据各省和大兴安岭林业集团公司的资金申请，结合国家林业局资金分配建议方案，审核确定补助资金分配方案，及时下达预算文件，并按照财政国库管理制度等有关规定支付资金。

第九条 补助资金实行分账核算，其中涉及政府采购的支出应严格执行政府采购制度有关规定。

第十条 各级财政部门和林业主管部门要加强对补助资金使用的监督、检查和管理，确保专款专用。承担具体任务的湿地保护管理机构要加强资金管理，确保财政资金使用效益。

第十一条 对违反补助资金使用规定，截留、挪用或造成资金损失的单位和个人，依照《财政违法行为处罚处分条例》（国务院令第427号）有关规定处理。

第十二条 对违反规定管理、使用补助资金并受到省级以上审计机关、财政部驻各省财政监察专员办事处检查处理或通报，以及被媒体曝光并核实的省份，情节严重的，下一年度中央财政不予安排补助资金，同时对违法违规情况进行通报。

第十三条 各省财政部门会同林业主管部门依据本办法，结合本省湿地保护实际情况，制定实施细则。

第十四条 本办法由财政部会同国家林业局负责解释。

第十五条 本办法自2011年11月1日起执行。

2011年11月4日

29. 财政部 海关总署 国家税务总局 关于种子（苗）种畜（禽）鱼种（苗）和种用野生动植物种源免征进口环节增值税政策及2011年进口计划的通知

财政部 海关总署 国家税务总局 关于种子（苗）种畜（禽）鱼种（苗）和种用野生动植物种源免征进口环节增值税政策及2011年进口计划的通知

财关税〔2011〕36号

各省、自治区、直辖市、计划单列市财政厅（局）、国家税务局，新疆生产建设兵团财务局，海关总署广东分署、各直属海关：

为支持引进和推广良种，加强物种资源保护，丰富我国动植物资源，发展优质、高产、高效农林业，经国务院批准，"十二五"期间对进口种子（苗）、种畜（禽）、鱼种（苗）和种用野生动植物种源（以下简称"种子种源"）免征进口环节增值税。现将有关问题通知如下：

一、享受上述免税政策的商品范围包括：

（一）与农、林业生产密切相关的进口种子（苗）、种畜（禽）、鱼种（苗），以及具备研究和培育繁殖条件的动植物科研院所、动物园、专业动植物保护单位、养殖场和种植园进口的用于科研、育种、繁殖的野生动植物种源。

（二）军队、武警、公安、安全部门（含缉私警察）进口的警用工作犬以及繁育用的工作犬精液及胚胎。

二、农业部2011年度种子（苗）种畜（禽）鱼种（苗）免税进口计划（见附件1）和国家林业局2011年度种子（苗）和种用野生动植物种源免税进口计划（见附件2、附件3）已经审核确定。各地海关可凭农业部和国家林业局签发的机打审批表办理相关单位进口种子种源的免税审批手续，并对2011年凭保进口的种子种源在办理免税审批手续后，给予退保核销。

2011年云南省进口花卉种苗、种球、种籽的具体品种和数量另行规定。

三、自2012年起，在年度种子种源（不包括警用工作犬、繁育用的工作犬精液及胚胎）免税进口计划下发前，对于上一年度免税进口计划中已列名的种子种源品种，农业部和国家林业局可以在上一年度确定的免税进口额度的30%以内，提前签发审批表，有关进口单位可凭审批表向海关申请办理免税审批手续。

四、未经批准或未列入年度计划的进口种子种源应照章征收进口环节增值税。

五、免税进口的种子种源，未经合理种植、培育、试种、养殖或饲养，不得擅自转让和销售。对违反规定的种子种源进口单位，按照有关规定处罚，并暂停其1年免税资格；依法被追究刑事责任的种子种源进口单位，暂停其3年免税资格。

附件：1. 农业部2011年度种子（苗）种畜（禽）鱼种（苗）免税进口计划
2. 国家林业局2011年度种子（苗）免税进口计划
3. 国家林业局2011年度种用野生动植物种源免税进口计划

财政部　海关总署　国家税务总局
2011年6月24日

来源：http://www.chinatax.gov.cn/n810341/n810755/c1141246/content.html

30. 关于做好2011年财政支持现代农业生产发展工作的通知

关于做好2011年财政支持现代农业生产发展工作的通知
财办农〔2011〕19号

各省、自治区、直辖市、计划单列市（不含厦门、深圳）财政厅（局），农业部财务司、农垦局，新疆生产建设兵团财务局：

为深入贯彻落实十七届五中全会、2010年中央农村工作会议和全国财政工作会议精神，做好2011年财政支持现代农业生产发展工作，现就有关事项通知如下：

一、切实做好现代农业生产发展资金项目组织实施工作

推进农业现代化,加快社会主义新农村建设是"十二五"时期的一项战略任务。落实好财政支持现代农业生产发展政策,对于保障粮食等主要农产品有效供给、促进优势特色产业发展、推进农业现代化具有十分重要的意义。2011年,各地要紧紧围绕"粮食等主要农产品产量明显提高、质量明显提升、结构明显改善和农民明显增收"的目标,认真总结财政支持现代农业生产发展工作经验,进一步完善政策措施,积极创新工作机制,切实加强资金管理,不断提高工作成效。

(一) 认真编制项目实施方案

要立足本地实际,区分轻重缓急,加强研究论证,科学合理地确定支持主导产业、支持关键环节、项目实施区域和资金支持方式。要突出支持粮食等主要优势农产品生产,突出解决制约立项主导产业发展的关键环节,突出支持优势产业带建设,积极创新"先建后补""以奖代补""民办公助""以物代资""贷款贴息"等资金使用机制和项目组织实施方式。要进一步提高对项目实施方案编制工作重要性的认识,本着高度负责的态度,认真、细致地编制好项目实施方案,方案内容要规范、全面,资金用途要具体、准确。

(二) 严格资金项目管理

现代农业生产发展资金项目实施三年来,管理制度逐步完善,工作机制不断健全,各项工作进展顺利。但是,要高度重视和警惕一些放松管理的苗头和迹象,克服懈怠和麻痹思想,规范资金使用,强化资金监管,切实把这项来之不易并受到广泛关注的资金管好用好。要不折不扣地贯彻突出重点、集中投入、统筹整合等资金管理使用原则,坚决杜绝资金分散使用、"撒胡椒面"的现象。要严格按照《中央财政现代农业生产发展资金使用管理办法》(财农〔2009〕342号)、《中央财政现代农业生产发展资金绩效考评试行办法》(财农〔2009〕4号)和本地制定的管理实施细则,管理和使用中央财政现代农业生产发展资金。各地要积极配合我部做好省级绩效考评工作,及时组织开展对项目县的绩效考评,加强考评结果的应用,完善以结果为导向的资金分配机制。

(三) 加强部门间协调配合

现代农业建设是一项系统工程,各地财政(财务)部门要继续加强部门间的协调与配合,进一步健全分工协作机制,共同推进现代农业建设。要在政府的统一领导下,既履行好财政(财务)部门在方案制订、资金整合、组织实施等方面的牵头协调职能,又积极调动水利、农业、林业、渔业、农业综合开发、国土、交通等有关部门的力量,充分发挥他们在项目管理、制度配套、技术运用等方面的作用,形成工作合力,做大做强现代农业生产发展项目。

二、强化与有关支农政策的统筹和协调

各地财政(财务)部门要在现代农业生产发展资金制度框架内,积极会同农口有关部门,加大涉农政策和资金的整合力度,加强支农项目间的衔接配合,统筹推进现代农业建设。

(一) 统筹支持农田水利建设

各地可立足本地实际,进一步加大现代农业生产发展资金对农田水利设施建设的支持力度。要按照本地农田水利建设规划,做好现代农业生产发展资金项目方案和农田水利建设项目方案的衔接配合,统筹和整合相关资金,集中连片推进农田水利建设,促进提高农业综合生产能力。着力推进

农田水利工程产权制度改革和以用水户参与灌溉管理为重点的管理体制与运行机制改革，明确小型农田水利设施运行管理主体，落实管护责任，逐步建立小型农田水利设施建后管护长效机制。

（二）加大国家现代农业示范区建设支持力度

国家现代农业示范区建设是推进农业现代化的重要载体和有效抓手，是促进区域现代农业发展的重要举措，有利于推动农业技术进步、产业结构优化和组织管理创新，有利于形成现代农业生产经营组织形式，有利于提升区域农业整体素质和发展后劲。各地要统筹安排现代农业生产发展资金和其他相关资金，加大对国家现代农业示范区的支持力度，着重支持示范区主导产业、主要产品和主推技术。要加强统一规划，落实工作责任，加快建设步伐，尽早发挥国家现代农业示范区典型示范及引领作用。具体支持方案由各地财政、农业部门协商确定。

（三）统筹支持木本油料产业发展

为加强我国食用油料产品生产，保障食用油供给，木本油料主产区要统筹安排现代农业生产发展资金支持油茶、核桃、油橄榄等木本油料产业发展，加快推进油茶、核桃、油橄榄等木本油料新造林以及低产林抚育和更新改造。具体支持方案由各地自主确定。

（四）积极支持蔬菜生产能力建设

各地可安排现代农业生产发展资金并统筹其他相关资金，以蔬菜生产基地建设为重点，支持中心城市发展"菜篮子"生产，着力提高大中城市蔬菜市场供应能力，确保"菜篮子"产品供给和价格稳定。

三、加强各项基础管理工作

各地要按照加强"两基"建设的要求，进一步做好各项基础管理工作，不断提高现代农业生产发展资金科学化、精细化管理水平。

（一）加快项目实施进度

要做好项目前期准备工作，早研究，早部署，早落实，为进一步加快项目实施进度创造有利条件。2010年提前下达的2011年现代农业生产发展资金，有条件的，可在政策范围内尽快安排，及早拨付。其余资金在中央财政下达后，也要尽快安排拨付，及时开展项目建设，确保不误农时。

（二）加强资金监督检查

2011年，我部继续将现代农业生产发展资金作为中央政府公共投资预算执行检查项目，各地要配合做好相关监督检查工作。对于以往审计、财政监督等有关方面检查发现的问题，要切实抓好整改落实，并举一反三，进一步健全制度，规范管理。要提高政策透明度，充分发挥审计、财政监督、纪检监察和社会监督的作用，确保资金安全有效使用。

（三）做好总结统计工作

要认真总结资金使用管理和项目实施情况，分析问题，查找不足，改进工作。要做好基础数据统计工作，加强项目建设前后的对比分析，真实、客观、全面地反映财政支持现代农业生产发展的成果。工作总结和基础数据统计表格应于2012年1月15日前一并报我部。

（四）强化政策宣传和信息报送工作

要积极向政府领导汇报工作进展情况，争取政府领导的关心和指导。要充分利用各种媒介，大力宣传财政支持现代农业建设的政策和成效，营造有利舆论氛围，争取社会各界的广泛关注和大力支持。要提高对信息交流工作的认识，建立健全信息交流平台和机制，促进项目县之间互相学习与借鉴。要积极向我部反馈资金管理和项目建设的好经验、好做法，我部将及时予以宣传。

财政部办公厅
2011 年 2 月 25 日

来源：http://www.cfen.com.cn/old_7392/qtlm/201103/t20110307_2263153.html

31. 关于中国农业银行三农金融事业部试点县域支行涉农贷款营业税优惠政策的通知

财政部 国家税务总局 关于中国农业银行三农金融事业部试点县域支行涉农贷款营业税优惠政策的通知

财税〔2010〕116 号

吉林、福建、山东、湖北、广西、重庆、四川、甘肃省（自治区、直辖市）财政厅（局）、地方税务局：

为推进中国农业银行"三农金融事业部"管理体制改革，支持县域经济发展，经国务院批准，现就中国农业银行"三农金融事业部"改革试点有关营业税政策通知如下：

一、自 2010 年 10 月 1 日至 2011 年 9 月 30 日，对中国农业银行纳入"三农金融事业部"改革试点的吉林、福建、山东、湖北、广西、重庆、四川、甘肃 8 个省（自治区、直辖市）分行下辖的县域支行（也称县事业部），提供农户贷款、农村企业和农村各类组织贷款（具体贷款业务清单见附件）取得的利息收入减按 3% 的税率征收营业税。

二、本通知所称农户贷款，是指金融机构发放给农户的贷款，但不包括按照《财政部 国家税务总局关于农村金融有关税收政策的通知》（财税〔2010〕4 号）规定免征营业税的农户小额贷款。

本通知所称农户，是指长期（指一年及一年以上，下同）居住在乡镇（不包括城关镇）范围内或者城关镇所辖行政村范围内（以下统称农村）的住户，包括户口不在农村而长期在农村居住住户、国有农场的职工和农村个体工商户。农户以户为单位，既可以从事农业生产经营，也可以从事非农业生产经营。但位于农村的国家机关、社会团体、学校、国有企业和事业单位的集体户，或者有农村户口但举家长期外出谋生的住户，无论是否保留承包耕地，均不属于农户。

本通知所称农村企业和农村各类组织贷款，是指金融机构发放给农村注册的企业及各类组织的贷款。

三、中国农业银行纳入"三农金融事业部"改革试点的县域支行，应当按照《中华人民共和国营业税暂行条例》（国务院令第 540 号）第九条及其他相关规定，单独核算享受营业税减税政策的贷款利息收入；未单独核算的，不得享受本通知第一条规定的营业税政策。

附件：享受营业税优惠政策的涉农贷款业务清单

财政部 国家税务总局
2010 年 12 月 31 日

来源：http://www.chinatax.gov.cn/n810341/n810755/c1140162/content.html

附 享受营业税优惠政策的涉农贷款业务清单

1. 农业贷款
2. 林业贷款
3. 畜牧业贷款
4. 渔业贷款
5. 农林牧渔服务业贷款
6. 小型农田水利设施建设
7. 大型灌区改造
8. 中低产田改造
9. 防涝抗旱减灾体系建设
10. 农产品加工贷款
11. 农业生产资料制造贷款
12. 农业物资流通贷款
13. 农副产品流通贷款
14. 农产品出口贷款
15. 农业科技贷款
16. 农业综合生产能力建设
17. 农田水利设施建设
18. 农产品流通设施建设
19. 其他农业生产性基础设施建设
20. 农村饮水安全工程
21. 农村公路建设
22. 农村能源建设
23. 农村沼气建设
24. 其他农村生活基础设施建设
25. 农村教育设施建设
26. 农村卫生设施建设
27. 农村文化体育设施建设
28. 林业和生态环境建设
29. 法人其他涉农贷款
30. 农户农林牧渔业生产贷款
31. 农户其他生产经营贷款
32. 农户助学贷款
33. 农户医疗贷款
34. 农户住房贷款
35. 农户其他消费贷款

七、国土资源部

1. 国土资源部 住房和城乡建设部 国家旅游局关于支持旅游业发展用地政策的意见

国土资源部 住房和城乡建设部 国家旅游局关于支持旅游业发展用地政策的意见

各省、自治区、直辖市和新疆生产建设兵团国土资源、住房和城乡建设、旅游主管部门：

为贯彻党的十八届五中全会精神，落实《国务院关于促进旅游业改革发展的若干意见》（国发〔2014〕31号）、《国务院办公厅关于进一步促进旅游投资和消费的若干意见》（国办发〔2015〕62号）相关部署，促进稳增长、调结构、扩就业，提高旅游业用地市场化配置和节约集约利用水平，现就相关用地问题提出以下意见。

一、积极保障旅游业发展用地供应

（一）有效落实旅游重点项目新增建设用地

按照资源和生态保护、文物安全、节约集约用地原则，在与土地利用总体规划、城乡规划、风景名胜区规划、环境保护规划等相关规划衔接的基础上，加快编制旅游发展规划。对符合相关规划的旅游项目，各地应按照项目建设时序，及时安排新增建设用地计划指标，依法办理土地转用、征收或收回手续，积极组织实施土地供应。加大旅游扶贫用地保障。

（二）支持使用未利用地、废弃地、边远海岛等土地建设旅游项目

在符合生态环境保护要求和相关规划的前提下，对使用荒山、荒地、荒滩及石漠化、边远海岛土地建设的旅游项目，优先安排新增建设用地计划指标，出让底价可按不低于土地取得成本、土地前期开发成本和按规定应收取相关费用之和的原则确定。对复垦利用垃圾场、废弃矿山等历史遗留损毁土地建设的旅游项目，各地可按照"谁投资、谁受益"的原则，制定支持政策，吸引社会投资，鼓励土地权利人自行复垦。政府收回和征收的历史遗留损毁土地用于旅游项目建设的，可合并开展确定复垦投资主体和土地供应工作，但应通过招标拍卖挂牌方式进行。

（三）依法实行用地分类管理制度

旅游项目中，属于永久性设施建设用地的，依法按建设用地管理；属于自然景观用地及农牧

渔业种植、养殖用地的，不征收（收回）、不转用，按现用途管理，由景区管理机构和经营主体与土地权利人依法协调种植、养殖、管护与旅游经营关系。

（四）多方式供应建设用地

旅游相关建设项目用地中，用途单一且符合法定划拨范围的，可以划拨方式供应；用途混合且包括经营性用途的，应当采取招标拍卖挂牌方式供应，其中影视城、仿古城等人造景观用地按《城市用地分类与规划建设用地标准》的"娱乐康体用地"办理规划手续，土地供应方式、价格、使用年限依法按旅游用地确定。景区内建设亭、台、栈道、厕所、步道、索道缆车等设施用地，可按《城市用地分类与规划建设用地标准》"其他建设用地"办理规划手续，参照公园用途办理土地供应手续。风景名胜区的规划、建设和管理，应当遵守有关法律、行政法规和国务院规定。鼓励以长期租赁、先租后让、租让结合方式供应旅游项目建设用地。

（五）加大旅游厕所用地保障力度

要高度重视旅游厕所在旅游业发展中的文明窗口地位和基本公共服务作用。新建、改建旅游厕所及相关粪便无害化处理设施需使用新增建设用地的，可在2018年前由旅游厕所建设单位集中申请，按照法定报批程序集中统一办理用地手续，各地专项安排新增建设用地计划指标。符合《划拨用地目录》的粪便处理设施，可以划拨方式供应。支持在其他项目中配套建设旅游厕所，可在供应其他项目建设用地时，将配建要求纳入土地使用条件，土地供应后，由相关权利人依法明确旅游厕所产权关系。

二、明确旅游新业态用地政策

（六）引导乡村旅游规范发展

在符合土地利用总体规划、县域乡村建设规划、乡和村庄规划、风景名胜区规划等相关规划的前提下，农村集体经济组织可以依法使用建设用地自办或以土地使用权入股、联营等方式与其他单位和个人共同举办住宿、餐饮、停车场等旅游接待服务企业。依据各省、自治区、直辖市制定的管理办法，城镇和乡村居民可以利用自有住宅或者其他条件依法从事旅游经营。农村集体经济组织以外的单位和个人，可依法通过承包经营流转的方式，使用农民集体所有的农用地、未利用地，从事与旅游相关的种植业、林业、畜牧业和渔业生产。支持通过开展城乡建设用地增减挂钩试点，优化农村建设用地布局，建设旅游设施。

（七）促进自驾车、房车营地旅游有序发展

按照"市场导向、科学布局、合理开发、绿色运营"原则，加快制定自驾车房车营地建设规划和建设标准。新建自驾车房车营地项目用地，应当满足符合相关规划、垃圾污水处理设施完备、建筑材料环保、建筑风格色彩与当地自然人文环境协调等条件。自驾车房车营地项目土地用途按旅馆用地管理，按旅游用地确定供应底价、供应方式和使用年限。

（八）支持邮轮、游艇旅游优化发展

新建邮轮、游艇码头用地实行有偿使用。有偿使用的邮轮、游艇码头用地可采取协议方式供应。现有码头增设邮轮、游艇停泊功能的，可保持现有土地权利类型不变；利用现有码头设施用地、房产增设住宿、餐饮、娱乐等商业服务设施的，经批准可以协议方式办理用地手续。

（九）促进文化、研学旅游发展

利用现有文化遗产、大型公共设施、知名院校、科研机构、工矿企业、大型农场开展文化、研学旅游活动，在符合规划、不改变土地用途的前提下，上述机构土地权利人利用现有房产兴办住宿、餐饮等旅游接待设施的，可保持原土地用途、权利类型不变；土地权利人申请办理用地手续的，经批准可以协议方式办理。历史文化街区建设控制地带内的新建建筑物、构筑物，应当符合保护规划确定的建设控制要求。

三、加强旅游业用地服务监管

（十）做好确权登记服务

各地要依据《不动产登记暂行条例》等法律法规规定，按照不动产统一登记制度体系要求，不断增强服务意识，坚持方便企业、方便群众，减少办证环节，提高办事效率，改进服务质量，积极做好旅游业发展用地等不动产登记发证工作，依法明晰产权、保护权益，为旅游业发展提供必要的产权保障和融资条件。

（十一）建立部门共同监管机制

风景名胜区、自然保护区、国家公园等旅游资源开发，建设项目用地供应和使用管理应同时符合土地利用总体规划、城乡规划、风景名胜区规划及其他相关区域保护发展建设等规划，不符合的，不得批准用地和供地。新供旅游项目用地，将环保设施建设、建筑材料使用、建筑风格协调等要求纳入土地供应前置条件的，提出条件的政府部门应与土地使用权取得者签订相关建设活动协议书，并依法履行监管职责。要及时总结旅游产业用地利用实践情况，积极开展旅游产业用地重大问题研究和探索创新。

（十二）严格旅游业用地供应和利用监管

严格旅游相关农用地、未利用地用途管制，未经依法批准，擅自改为建设用地的，依法追究责任。严禁以任何名义和方式出让或变相出让风景名胜区资源及其景区土地。规范土地供应行为，以协议方式供应土地的，出让金不得低于按国家规定所确定的最低价。严格旅游项目配套商品住宅管理，因旅游项目配套安排商品住宅要求修改土地利用总体规划、城乡规划的，不得批准。严格相关旅游设施用地改变用途管理，土地供应合同中应明确约定，整宗或部分改变用途，用于商品住宅等其他经营项目的，应由政府收回，重新依法供应。

本文件自下发之日起执行，有效期五年。

2015年11月25日

来源：http://g.mlr.gov.cn/gkml_9184/201512/t20151214_1391664.htm

2. 节约集约利用土地规定

节约集约利用土地规定
（2014年3月27日国土资源部第1次部务会议通过）

中华人民共和国国土资源部令第61号

《节约集约利用土地规定》已经2014年3月27日国土资源部第1次部务会议审议通过，现予以发布，自2014年9月1日起施行。

部长　姜大明

2014年5月22日

第一章 总则

第一条 为贯彻十分珍惜、合理利用土地和切实保护耕地的基本国策，落实最严格的耕地保护制度和最严格的节约集约用地制度，提升土地资源对经济社会发展的承载能力，促进生态文明建设，根据《中华人民共和国土地管理法》和《国务院关于促进节约集约用地的通知》，制定本规定。

第二条 本规定所称节约集约利用土地，是指通过规模引导、布局优化、标准控制、市场配置、盘活利用等手段，达到节约土地、减量用地、提升用地强度、促进低效废弃地再利用、优化土地利用结构和布局、提高土地利用效率的各项行为与活动。

第三条 土地管理和利用应当遵循下列原则：

（一）坚持节约优先的原则，各项建设少占地、不占或者少占耕地，珍惜和合理利用每一寸土地；

（二）坚持合理使用的原则，盘活存量土地资源，构建符合资源国情的城乡土地利用新格局；

（三）坚持市场配置的原则，妥善处理好政府与市场的关系，充分发挥市场在土地资源配置中的决定性作用；

（四）坚持改革创新的原则，探索土地管理新机制，创新节约集约用地新模式。

第四条 县级以上地方国土资源主管部门应当加强与发展改革、财政、城乡规划、环境保护等部门的沟通协调，将土地节约集约利用的目标和政策措施纳入地方经济社会发展总体框架、相关规划和考核评价体系。

第五条 国土资源主管部门应当建立节约集约用地制度，开展节约集约用地活动，组织制定节地标准体系和相关标准规范，探索节约集约用地新机制，鼓励采用节约集约用地新技术和新模式，促进土地利用效率的提高。

第六条 在节约集约用地方面成效显著的市、县人民政府，由国土资源部按照有关规定给予表彰和奖励。

第二章 规模引导

第七条 国家通过土地利用总体规划，确定建设用地的规模、布局、结构和时序安排，对建设用地实行总量控制。

土地利用总体规划确定的约束性指标和分区管制规定不得突破。

下级土地利用总体规划不得突破上级土地利用总体规划确定的约束性指标。

第八条 土地利用总体规划对各区域、各行业发展用地规模和布局具有统筹作用。

产业发展、城乡建设、基础设施布局、生态环境建设等相关规划，应当与土地利用总体规划相衔接，所确定的建设用地规模和布局必须符合土地利用总体规划的安排。

相关规划超出土地利用总体规划确定的建设用地规模的，应当及时调整或者修改，核减用地规模，调整用地布局。

第九条 国土资源主管部门应当通过规划、计划、用地标准、市场引导等手段，有效控制特大城市新增建设用地规模，适度增加集约用地程度高、发展潜力大的地区和中小城市、县城建设用地供给，合理保障民生用地需求。

第三章　布局优化

第十条　城乡土地利用应当体现布局优化的原则。引导工业向开发区集中、人口向城镇集中、住宅向社区集中，推动农村人口向中心村、中心镇集聚，产业向功能区集中，耕地向适度规模经营集中。

禁止在土地利用总体规划和城乡规划确定的城镇建设用地范围之外设立各类城市新区、开发区和工业园区。

鼓励线性基础设施并线规划和建设，促进集约布局和节约用地。

第十一条　国土资源主管部门应当在土地利用总体规划中划定城市开发边界和禁止建设的边界，实行建设用地空间管制。

城市建设用地应当因地制宜采取组团式、串联式、卫星城式布局，避免占用优质耕地。

第十二条　市、县国土资源主管部门应当加强与城乡规划主管部门的协商，促进现有城镇用地内部结构调整优化，控制生产用地，保障生活用地，提高生态用地的比例，加大城镇建设使用存量用地的比例，促进城镇用地效率的提高。

第十三条　鼓励建设项目用地优化设计、分层布局，鼓励充分利用地上、地下空间。

建设用地使用权在地上、地下分层设立的，其取得方式和使用年期参照在地表设立的建设用地使用权的相关规定。

出让分层设立的建设用地使用权，应当根据当地基准地价和不动产实际交易情况，评估确定分层出让的建设用地最低价标准。

第十四条　促进整体设计、合理布局的建设项目用地节约集约开发。

对不同用途高度关联、需要整体规划建设、确实难以分割供应的综合用途建设项目用地，市、县国土资源主管部门可以按照一宗土地实行整体出让供应，综合确定出让底价。

综合用途建设项目用地供应，包含需要通过招标拍卖挂牌的方式出让的，整宗土地应当采用招标拍卖挂牌的方式出让。

第四章　标准控制

第十五条　国家实行建设项目用地标准控制制度。

国土资源部会同有关部门制定工程建设项目用地控制指标、工业项目建设用地控制指标、房地产开发用地宗地规模和容积率等建设项目用地控制标准。

地方国土资源主管部门可以根据本地实际，制定和实施更加节约集约的地方性建设项目用地控制标准。

第十六条　建设项目应当严格按照建设项目用地控制标准进行测算、设计和施工。

市、县国土资源主管部门应当加强对用地者和勘察设计单位落实建设项目用地控制标准的督促和指导。

第十七条　建设项目用地审查、供应和使用，应当符合建设项目用地控制标准和供地政策。

对违反建设项目用地控制标准和供地政策使用土地的，县级以上国土资源主管部门应当责令纠正，并依法予以处理。

第十八条 国家和地方尚未出台建设项目用地控制标准的建设项目，或者因安全生产、特殊工艺、地形地貌等原因，确实需要超标准建设的项目，县级以上国土资源主管部门应当组织开展建设项目用地评价，并将其作为建设用地供应的依据。

第十九条 国土资源部会同有关部门根据国家经济社会发展状况和宏观产业政策，制定《禁止用地项目目录》和《限制用地项目目录》，促进土地节约集约利用。

国土资源主管部门为限制用地的建设项目办理建设用地供应手续必须符合规定的条件；不得为禁止用地的建设项目办理建设用地供应手续。

第五章　市场配置

第二十条 各类有偿使用的土地供应应当充分贯彻市场配置的原则，通过运用土地租金和价格杠杆，促进土地节约集约利用。

第二十一条 国家扩大国有土地有偿使用范围，减少非公益性用地划拨。

除军事、保障性住房和涉及国家安全和公共秩序的特殊用地可以以划拨方式供应外，国家机关办公和交通、能源、水利等基础设施（产业）、城市基础设施以及各类社会事业用地中的经营性用地，实行有偿使用。

具体办法由国土资源部另行规定。

第二十二条 经营性用地应当以招标拍卖挂牌的方式确定土地使用者和土地价格。

各类有偿使用的土地供应不得低于国家规定的用地最低价标准。

禁止以土地换项目、先征后返、补贴、奖励等形式变相减免土地出让价款。

第二十三条 市、县国土资源主管部门可以采取先出租后出让、在法定最高年期内实行缩短出让年期等方式出让土地。

采取先出租后出让方式供应工业用地的，应当符合国土资源部规定的行业目录。

第二十四条 鼓励土地使用者在符合规划的前提下，通过厂房加层、厂区改造、内部用地整理等途径提高土地利用率。

在符合规划、不改变用途的前提下，现有工业用地提高土地利用率和增加容积率的，不再增收土地价款。

第二十五条 符合节约集约用地要求、属于国家鼓励产业的工业用地，可以实行差别化的地价政策。

分期建设的大中型工业项目，可以预留规划范围，根据建设进度，实行分期供地。

具体办法由国土资源部另行规定。

第二十六条 市、县国土资源主管部门供应工业用地，应当将工业项目投资强度、容积率、建筑系数、绿地率、非生产设施占地比例等控制性指标纳入土地使用条件。

第二十七条 市、县国土资源主管部门在有偿供应各类建设用地时，应当在建设用地使用权出让、出租合同中明确节约集约用地的规定。

在供应住宅用地时，应当将最低容积率限制、单位土地面积的住房建设套数和住宅建设套型等规划条件写入建设用地使用权出让合同。

第六章 盘活利用

第二十八条 国家鼓励土地整治。县级以上地方国土资源主管部门应当会同有关部门，依据土地利用总体规划和土地整治规划，对田、水、路、林、村进行综合治理，对历史遗留的工矿等废弃地进行复垦利用，对城乡低效利用土地进行再开发，提高土地利用效率和效益，促进土地节约集约利用。

第二十九条 农用地整治应当促进耕地集中连片，增加有效耕地面积，提升耕地质量，改善生产条件和生态环境，优化用地结构和布局。

宜农未利用地开发，应当根据环境和资源承载能力，坚持有利于保护和改善生态环境的原则，因地制宜适度开展。

第三十条 高标准基本农田建设，应当严格控制田间基础设施占地规模，合理缩减田间基础设施占地率。

对基础设施占地率超过国家高标准基本农田建设相关标准规范要求的，县级以上地方国土资源主管部门不得通过项目验收。

第三十一条 县级以上地方国土资源主管部门可以依据国家有关规定，统筹开展农村建设用地整治、历史遗留工矿废弃地和自然灾害毁损土地的整治，提高建设用地利用效率和效益，改善人民群众生产生活条件和生态环境。

第三十二条 县级以上地方国土资源主管部门在本级人民政府的领导下，会同有关部门建立城镇低效用地再开发、废弃地再利用的激励机制，对布局散乱、利用粗放、用途不合理、闲置浪费等低效用地进行再开发，对因采矿损毁、交通改线、居民点搬迁、产业调整形成的废弃地实行复垦再利用，促进土地优化利用。

鼓励社会资金参与城镇低效用地、废弃地再开发和利用。鼓励土地使用者自行开发或者合作开发。

第七章 监督考评

第三十三条 县级以上国土资源主管部门应当加强土地市场动态监测与监管，对建设用地批准和供应后的开发情况实行全程监管，定期在门户网站上公布土地供应、合同履行、欠缴土地价款等情况，接受社会监督。

第三十四条 省级国土资源主管部门应当对本行政区域内的节约集约用地情况进行监督，在用地审批、土地供应和土地使用等环节加强用地准入条件、功能分区、用地规模、用地标准、投入产出强度等方面的检查，依据法律法规对浪费土地的行为和责任主体予以处理并公开通报。

第三十五条 县级以上国土资源主管部门应当组织开展本行政区域内的建设用地利用情况普查，全面掌握建设用地开发利用和投入产出情况、集约利用程度、潜力规模与空间分布等情况，并将其作为土地管理和节约集约用地评价的基础。

第三十六条 县级以上国土资源主管部门应当根据建设用地利用情况普查，组织开展区域、城市和开发区节约集约用地评价，并将评价结果向社会公开。

节约集约用地评价结果作为主管部门绩效管理和开发区升级、扩区、区位调整和退出的重要依据。

第八章　法律责任

第三十七条　县级以上国土资源主管部门及其工作人员违反本规定，有下列情形之一的，对有关责任人员依法给予处分；构成犯罪的，依法追究刑事责任：

（一）违反本规定第十七条规定，为不符合建设项目用地标准和供地政策的建设项目供地的；

（二）违反本规定第十九条规定，为禁止或者不符合限制用地条件的建设项目办理建设用地供应手续的；

（三）违反本规定第二十二条规定，低于国家规定的工业用地最低价标准供应工业用地的；

（四）违反本规定第三十条规定，通过高标准基本农田项目验收的；

（五）其他徇私舞弊、滥用职权和玩忽职守的行为。

第九章　附则

第三十八条　本规定自 2014 年 9 月 1 日起实施。

来源：http://www.mlr.gov.cn/zwgk/flfg/201406/t20140609_1319864.htm

3. 土地复垦条例实施办法

土地复垦条例实施办法
（2012 年 12 月 11 日国土资源部第 4 次部务会议审议通过）

第一章　总则

第一条　为保证土地复垦的有效实施，根据《土地复垦条例》（以下简称条例），制定本办法。

第二条　土地复垦应当综合考虑复垦后土地利用的社会效益、经济效益和生态效益。

生产建设活动造成耕地损毁的，能够复垦为耕地的，应当优先复垦为耕地。

第三条　县级以上国土资源主管部门应当明确专门机构并配备专职人员负责土地复垦监督管理工作。

县级以上国土资源主管部门应当加强与发展改革、财政、城乡规划、铁路、交通、水利、环保、农业、林业等部门的协同配合和行业指导监督。

上级国土资源主管部门应当加强对下级国土资源主管部门土地复垦工作的监督和指导。

第四条　除条例第六条规定外，开展土地复垦调查评价、编制土地复垦规划设计、确定土地复垦工程建设和造价、实施土地复垦工程质量控制、进行土地复垦评价等活动，也应当遵守有关国家标准和土地管理行业标准。

省级国土资源主管部门可以结合本地实际情况，补充制定本行政区域内土地复垦工程建设和造价等标准。

第五条 县级以上国土资源主管部门应当建立土地复垦信息管理系统，利用国土资源综合监管平台，对土地复垦情况进行动态监测，及时收集、汇总、分析和发布本行政区域内土地损毁、土地复垦等数据信息。

第二章　生产建设活动损毁土地的复垦

第六条 属于条例第十条规定的生产建设项目，土地复垦义务人应当在办理建设用地申请或者采矿权申请手续时，依据国土资源部《土地复垦方案编制规程》的要求，组织编制土地复垦方案，随有关报批材料报送有关国土资源主管部门审查。

具体承担相应建设用地审查和采矿权审批的国土资源主管部门负责对土地复垦义务人报送的土地复垦方案进行审查。

第七条 条例施行前已经办理建设用地手续或者领取采矿许可证，条例施行后继续从事生产建设活动造成土地损毁的，土地复垦义务人应当在本办法实施之日起一年内完成土地复垦方案的补充编制工作，报有关国土资源主管部门审查。

第八条 土地复垦方案分为土地复垦方案报告书和土地复垦方案报告表。

依法由省级以上人民政府审批建设用地的建设项目，以及由省级以上国土资源主管部门审批登记的采矿项目，应当编制土地复垦方案报告书。其他项目可以编制土地复垦方案报告表。

第九条 生产建设周期长、需要分阶段实施土地复垦的生产建设项目，土地复垦方案应当包含阶段土地复垦计划和年度实施计划。

跨县（市、区）域的生产建设项目，应当在土地复垦方案中附具以县（市、区）为单位的土地复垦实施方案。

阶段土地复垦计划和以县（市、区）为单位的土地复垦实施方案应当明确土地复垦的目标、任务、位置、主要措施、投资概算、工程规划设计等。

第十条 有关国土资源主管部门受理土地复垦方案审查申请后，应当组织专家进行论证。

根据论证所需专业知识结构，从土地复垦专家库中选取专家。专家与土地复垦方案申请人或者申请项目有利害关系的，应当主动要求回避。土地复垦方案申请人也可以向有关国土资源主管部门申请专家回避。

土地复垦方案申请人或者相关利害关系人可以按照《政府信息公开条例》的规定，向有关国土资源主管部门申请查询专家意见。有关国土资源主管部门应当依法提供查询结果。

第十一条 土地复垦方案经专家论证通过后，由有关国土资源主管部门进行最终审查。符合下列条件的，方可通过审查：

（一）土地利用现状明确；

（二）损毁土地的分析预测科学；

（三）土地复垦目标、任务和利用方向合理，措施可行；

（四）土地复垦费用测算合理，预存与使用计划清晰并符合本办法规定要求；

（五）土地复垦计划安排科学、保障措施可行；

（六）土地复垦方案已经征求意见并采纳合理建议。

第十二条 土地复垦方案通过审查的，有关国土资源主管部门应当向土地复垦义务人出具土地复垦方案审查意见书。土地复垦方案审查意见书应当包含本办法第十一条规定的有关内容。

土地复垦方案未通过审查的，有关国土资源主管部门应当书面告知土地复垦义务人补正。逾期不补正的，不予办理建设用地或者采矿审批相关手续。

第十三条 土地复垦义务人因生产建设项目的用地位置、规模等发生变化，或者采矿项目发生扩大变更矿区范围等重大内容变化的，应当在三个月内对原土地复垦方案进行修改，报原审查的国土资源主管部门审查。

第十四条 土地复垦义务人不按照本办法第七条、第十三条规定补充编制或者修改土地复垦方案的，依照条例第二十条规定处理。

第十五条 土地复垦义务人在实施土地复垦工程前，应当依据审查通过的土地复垦方案进行土地复垦规划设计，将土地复垦方案和土地复垦规划设计一并报所在地县级国土资源主管部门备案。

第十六条 土地复垦义务人应当按照条例第十五条规定的要求，与损毁土地所在地县级国土资源主管部门在双方约定的银行建立土地复垦费用专门账户，按照土地复垦方案确定的资金数额，在土地复垦费用专门账户中足额预存土地复垦费用。

预存的土地复垦费用遵循"土地复垦义务人所有，国土资源主管部门监管，专户储存专款使用"的原则。

第十七条 土地复垦义务人应当与损毁土地所在地县级国土资源主管部门、银行共同签订土地复垦费用使用监管协议，按照本办法规定的原则明确土地复垦费用预存和使用的时间、数额、程序、条件和违约责任等。

土地复垦费用使用监管协议对当事人具有法律效力。

第十八条 土地复垦义务人应当在项目动工前一个月内预存土地复垦费用。

土地复垦义务人按照本办法第七条规定补充编制土地复垦方案的，应当在土地复垦方案通过审查后一个月内预存土地复垦费用。

土地复垦义务人按照本办法第十三条规定修改土地复垦方案后，已经预存的土地复垦费用不足的，应当在土地复垦方案通过审查后一个月内补齐差额费用。

第十九条 土地复垦费用预存实行一次性预存和分期预存两种方式。

生产建设周期在三年以下的项目，应当一次性全额预存土地复垦费用。

生产建设周期在三年以上的项目，可以分期预存土地复垦费用，但第一次预存的数额不得少于土地复垦费用总金额的百分之二十。余额按照土地复垦方案确定的土地复垦费用预存计划预存，在生产建设活动结束前一年预存完毕。

第二十条 条例实施前，采矿生产项目按照有关规定向国土资源主管部门缴存的矿山地质环境治理恢复保证金中已经包含了土地复垦费用的，土地复垦义务人可以向所在地国土资源主管部门提出申请，经审核属实的，可以不再预存相应数额的土地复垦费用。

第二十一条 土地复垦义务人应当按照土地复垦方案确定的工作计划和土地复垦费用使用计划，向损毁土地所在地县级国土资源主管部门申请出具土地复垦费用支取通知书。县级国土资源主管部门应当在七日内出具土地复垦费用支取通知书。

土地复垦义务人凭土地复垦费用支取通知书，从土地复垦费用专门账户中支取土地复垦费用，专项用于土地复垦。

第二十二条 土地复垦义务人应当按照条例第十七条规定于每年12月31日前向所在地县级

国土资源主管部门报告当年土地复垦义务履行情况，包括下列内容：

（一）年度土地损毁情况，包括土地损毁方式、地类、位置、权属、面积、程度等；

（二）年度土地复垦费用预存、使用和管理等情况；

（三）年度土地复垦实施情况，包括复垦地类、位置、面积、权属、主要复垦措施、工程量等；

（四）国土资源主管部门规定的其他年度报告内容。

县级国土资源主管部门应当加强对土地复垦义务人报告事项履行情况的监督核实，并可以根据情况将土地复垦义务履行情况年度报告在门户网站上公开。

第二十三条 县级国土资源主管部门应当加强对土地复垦义务人使用土地复垦费用的监督管理，发现有不按照规定使用土地复垦费用的，可以按照土地复垦费用使用监管协议的约定依法追究土地复垦义务人的违约责任。

第二十四条 土地复垦义务人在生产建设活动中应当遵循"保护、预防和控制为主，生产建设与复垦相结合"的原则，采取下列预防控制措施：

（一）对可能被损毁的耕地、林地、草地等，应当进行表土剥离，分层存放，分层回填，优先用于复垦土地的土壤改良。表土剥离厚度应当依据相关技术标准，根据实际情况确定。表土剥离应当在生产工艺和施工建设前进行或者同步进行；

（二）露天采矿、烧制砖瓦、挖沙取土、采石，修建铁路、公路、水利工程等，应当合理确定取土的位置、范围、深度和堆放的位置、高度等；

（三）地下采矿或者疏干抽排地下水等施工，对易造成地面塌陷或者地面沉降等特殊地段应当采取充填、设置保护支柱等工程技术方法以及限制、禁止开采地下水等措施；

（四）禁止不按照规定排放废气、废水、废渣、粉灰、废油等。

第二十五条 土地复垦义务人应当对生产建设活动损毁土地的规模、程度和复垦过程中土地复垦工程质量、土地复垦效果等实施全程控制，并对验收合格后的复垦土地采取管护措施，保证土地复垦效果。

第二十六条 土地复垦义务人依法转让采矿权或者土地使用权的，土地复垦义务同时转移。但原土地复垦义务人应当完成的土地复垦义务未履行完成的除外。

原土地复垦义务人已经预存的土地复垦费用以及未履行完成的土地复垦义务，由原土地复垦义务人与新的土地复垦义务人在转让合同中约定。

新的土地复垦义务人应当重新与损毁土地所在地国土资源主管部门、银行签订土地复垦费用使用监管协议。

第三章 历史遗留损毁土地和自然灾害损毁土地的复垦

第二十七条 历史遗留损毁土地和自然灾害损毁土地调查评价，应当包括下列内容：

（一）损毁土地现状调查，包括地类、位置、面积、权属、损毁类型、损毁特征、损毁原因、损毁时间、污染情况、自然条件、社会经济条件等；

（二）损毁土地复垦适宜性评价，包括损毁程度、复垦潜力、利用方向及生态环境影响等；

（三）土地复垦效益分析，包括社会、经济、生态等效益。

第二十八条 符合下列条件的土地，所在地的县级国土资源主管部门应当认定为历史遗留损毁土地：

(一) 土地复垦义务人灭失的生产建设活动损毁的土地；
(二)《土地复垦规定》实施以前生产建设活动损毁的土地。

第二十九条 县级国土资源主管部门应当将历史遗留损毁土地认定结果予以公告，公告期间不少于三十日。土地复垦义务人对认定结果有异议的，可以向县级国土资源主管部门申请复核。

县级国土资源主管部门应当自收到复核申请之日起三十日内做出答复。土地复垦义务人不服的，可以向上一级国土资源主管部门申请裁定。

上一级国土资源主管部门发现县级国土资源主管部门做出的认定结果不符合规定的，可以责令县级国土资源主管部门重新认定。

第三十条 土地复垦专项规划应当包括下列内容：
(一) 土地复垦潜力分析；
(二) 土地复垦的原则、目标、任务和计划安排；
(三) 土地复垦重点区域和复垦土地利用方向；
(四) 土地复垦项目的划定，复垦土地的利用布局和工程布局；
(五) 土地复垦资金的测算，资金筹措方式和资金安排；
(六) 预期经济、社会和生态等效益；
(七) 土地复垦的实施保障措施。

土地复垦专项规划可以根据实际情况纳入土地整治规划。

土地复垦专项规划的修改应当按照条例第二十二条的规定报本级人民政府批准。

第三十一条 县级以上地方国土资源主管部门应当依据土地复垦专项规划制定土地复垦年度计划，分年度、有步骤地组织开展土地复垦工作。

第三十二条 条例第二十三条规定的历史遗留损毁土地和自然灾害损毁土地的复垦资金来源包括下列资金：
(一) 土地复垦费；
(二) 耕地开垦费；
(三) 新增建设用地土地有偿使用费；
(四) 用于农业开发的土地出让收入；
(五) 可以用于土地复垦的耕地占用税地方留成部分；
(六) 其他可以用于土地复垦的资金。

第四章 土地复垦验收

第三十三条 土地复垦义务人完成土地复垦任务后，应当组织自查，向项目所在地县级国土资源主管部门提出验收书面申请，并提供下列材料：
(一) 验收调查报告及相关图件；
(二) 规划设计执行报告；
(三) 质量评估报告；
(四) 检测等其他报告。

第三十四条 生产建设周期五年以上的项目，土地复垦义务人可以分阶段提出验收申请，负责组织验收的国土资源主管部门实行分级验收。

阶段验收由项目所在地县级国土资源主管部门负责组织，总体验收由审查通过土地复垦方案的国土资源主管部门负责组织或者委托有关国土资源主管部门组织。

第三十五条 负责组织验收的国土资源主管部门应当会同同级农业、林业、环境保护等有关部门，组织邀请有关专家和农村集体经济组织代表，依据土地复垦方案、阶段土地复垦计划，对下列内容进行验收：

（一）土地复垦计划目标与任务完成情况；

（二）规划设计执行情况；

（三）复垦工程质量和耕地质量等级；

（四）土地权属管理、档案资料管理情况；

（五）工程管护措施。

第三十六条 土地复垦阶段验收和总体验收形成初步验收结果后，负责组织验收的国土资源主管部门应当在项目所在地公告，听取相关权利人的意见。公告时间不少于三十日。

相关土地权利人对验收结果有异议的，可以在公告期内向负责组织验收的国土资源主管部门书面提出。

国土资源主管部门应当在接到书面异议之日起十五日内，会同同级农业、林业、环境保护等有关部门核查，形成核查结论反馈相关土地权利人。异议情况属实的，还应当向土地复垦义务人提出整改意见，限期整改。

第三十七条 土地复垦工程经阶段验收或者总体验收合格的，负责验收的国土资源主管部门应当依照条例第二十九条规定出具阶段或者总体验收合格确认书。验收合格确认书应当载明下列事项：

（一）土地复垦工程概况；

（二）损毁土地情况；

（三）土地复垦完成情况；

（四）土地复垦中存在的问题和整改建议、处理意见；

（五）验收结论。

第三十八条 土地复垦义务人在申请新的建设用地、申请新的采矿许可证或者申请采矿许可证延续、变更、注销时，应当一并提供按照本办法规定到期完工土地复垦项目的验收合格确认书或者土地复垦费缴费凭据。未提供相关材料的，按照条例第二十条规定，有关国土资源主管部门不得通过审查和办理相关手续。

第三十九条 政府投资的土地复垦项目竣工后，由负责组织实施土地复垦项目的国土资源主管部门进行初步验收，验收程序和要求除依照本办法规定外，按照资金来源渠道及相应的项目管理办法执行。

初步验收完成后，依照条例第三十条规定进行最终验收，并依照本办法第三十七条规定出具验收合格确认书。

国土资源主管部门代复垦的项目竣工后，依照本条规定进行验收。

第四十条 土地权利人自行复垦或者社会投资进行复垦的土地复垦项目竣工后，由项目所在地县级国土资源主管部门进行验收，验收程序和要求依照本办法规定执行。

第五章　土地复垦激励措施

第四十一条 土地复垦义务人将生产建设活动损毁的耕地、林地、牧草地等农用地复垦恢复为原用途的，可以依照条例第三十二条规定，凭验收合格确认书向所在地县级国土资源主管部门提出出具退还耕地占用税意见的申请。

经审核属实的，县级国土资源主管部门应当在十五日内向土地复垦义务人出具意见。土地复垦义务人凭国土资源主管部门出具的意见向有关部门申请办理退还耕地占用税手续。

第四十二条　由社会投资将历史遗留损毁和自然灾害损毁土地复垦为耕地的，除依照条例第三十三条规定办理外，对属于将非耕地复垦为耕地的，经验收合格并报省级国土资源主管部门复核同意后，可以作为本省、自治区、直辖市的补充耕地指标，市、县政府可以出资购买指标。

第四十三条　由县级以上地方人民政府投资将历史遗留损毁和自然灾害损毁的建设用地复垦为耕地的，经验收合格并报省级国土资源主管部门复核同意后，依照条例第三十五条规定可以作为本省、自治区、直辖市的补充耕地指标。但使用新增建设用地有偿使用费复垦的耕地除外。

属于农民集体所有的土地，复垦后应当交给农民集体使用。

第六章　土地复垦监督管理

第四十四条　县级以上国土资源主管部门应当采取年度检查、专项核查、例行稽查、在线监管等形式，对本行政区域内的土地复垦活动进行监督检查，并可以采取下列措施：

（一）要求被检查当事人如实反映情况和提供相关的文件、资料和电子数据；

（二）要求被检查当事人就土地复垦有关问题做出说明；

（三）进入土地复垦现场进行勘查；

（四）责令被检查当事人停止违反条例的行为。

第四十五条　县级以上国土资源主管部门应当在门户网站上及时向社会公开本行政区域内的土地复垦管理规定、技术标准、土地复垦规划、土地复垦项目安排计划以及土地复垦方案审查结果、土地复垦工程验收结果等重大事项。

第四十六条　县级以上地方国土资源主管部门应当通过国土资源主干网等按年度将本行政区域内的土地损毁情况、土地复垦工作开展情况等逐级上报。

上级国土资源主管部门对下级国土资源主管部门落实土地复垦法律法规情况、土地复垦义务履行情况、土地复垦效果等进行绩效评价。

第四十七条　县级以上国土资源主管部门应当对土地复垦档案实行专门管理，将土地复垦方案、土地复垦资金使用监管协议、土地复垦验收有关材料和土地复垦项目计划书、土地复垦实施情况报告等资料和电子数据进行档案存储与管理。

第四十八条　复垦后的土地权属和用途发生变更的，应当依法办理土地登记相关手续。

第七章　法律责任

第四十九条　条例第三十六条第六项规定的其他徇私舞弊、滥用职权、玩忽职守行为，包括下列行为：

（一）违反本办法第二十一条规定，对不符合规定条件的土地复垦义务人出具土地复垦费用支取通知书，或者对符合规定条件的土地复垦义务人无正当理由未在规定期限内出具土地复垦费用支取通知书的；

（二）违反本办法第四十一条规定，对不符合规定条件的申请人出具退还耕地占用税的意见，或者对符合规定条件的申请人无正当理由未在规定期限内出具退还耕地占用税的意见的；

（三）其他违反条例和本办法规定的行为。

第五十条 土地复垦义务人未按照本办法第十五条规定将土地复垦方案、土地复垦规划设计报所在地县级国土资源主管部门备案的，由县级以上地方国土资源主管部门责令限期改正；逾期不改正的，依照条例第四十一条规定处罚。

第五十一条 土地复垦义务人未按照本办法第十六条、第十七条、第十八条、第十九条规定预存土地复垦费用的，由县级以上国土资源主管部门责令限期改正；逾期不改正的，依照条例第三十八条规定处罚。

第五十二条 土地复垦义务人未按照本办法第二十五条规定开展土地复垦质量控制和采取管护措施的，由县级以上地方国土资源主管部门责令限期改正；逾期不改正的，依照条例第四十一条规定处罚。

第八章 附则

第五十三条 铀矿等放射性采矿项目的土地复垦具体办法，由国土资源部另行制定。

第五十四条 本办法自 2013 年 3 月 1 日起施行。

来源：http://www.mlr.gov.cn/zwgk/flfg/tdglflfg/201301/t20130107_1173455.htm

4. 闲置土地处置办法

闲置土地处置办法

（1999 年 4 月 26 日国土资源部第 6 次部长办公会议通过，
2012 年 5 月 22 日国土资源部第 1 次部务会议修订）

第一章 总则

第一条 为有效处置和充分利用闲置土地，规范土地市场行为，促进节约集约用地，根据《中华人民共和国土地管理法》、《中华人民共和国城市房地产管理法》及有关法律、行政法规，制定本办法。

第二条 本办法所称闲置土地，是指国有建设用地使用权人超过国有建设用地使用权有偿使用合同或者划拨决定书约定、规定的动工开发日期满一年未动工开发的国有建设用地。

已动工开发但开发建设用地面积占应动工开发建设用地总面积不足三分之一或者已投资额占总投资额不足百分之二十五，中止开发建设满一年的国有建设用地，也可以认定为闲置土地。

第三条 闲置土地处置应当符合土地利用总体规划和城乡规划，遵循依法依规、促进利用、保障权益、信息公开的原则。

第四条 市、县国土资源主管部门负责本行政区域内闲置土地的调查认定和处置工作的组织实施。

上级国土资源主管部门对下级国土资源主管部门调查认定和处置闲置土地工作进行监督管理。

第二章 调查和认定

第五条 市、县国土资源主管部门发现有涉嫌构成本办法第二条规定的闲置土地的,应当在三十日内开展调查核实,向国有建设用地使用权人发出《闲置土地调查通知书》。

国有建设用地使用权人应当在接到《闲置土地调查通知书》之日起三十日内,按照要求提供土地开发利用情况、闲置原因以及相关说明等材料。

第六条 《闲置土地调查通知书》应当包括下列内容:

(一)国有建设用地使用权人的姓名或者名称、地址;

(二)涉嫌闲置土地的基本情况;

(三)涉嫌闲置土地的事实和依据;

(四)调查的主要内容及提交材料的期限;

(五)国有建设用地使用权人的权利和义务;

(六)其他需要调查的事项。

第七条 市、县国土资源主管部门履行闲置土地调查职责,可以采取下列措施:

(一)询问当事人及其他证人;

(二)现场勘测、拍照、摄像;

(三)查阅、复制与被调查人有关的土地资料;

(四)要求被调查人就有关土地权利及使用问题作出说明。

第八条 有下列情形之一,属于政府、政府有关部门的行为造成动工开发延迟的,国有建设用地使用权人应当向市、县国土资源主管部门提供土地闲置原因说明材料,经审核属实的,依照本办法第十二条和第十三条规定处置:

(一)因未按照国有建设用地使用权有偿使用合同或者划拨决定书约定、规定的期限、条件将土地交付给国有建设用地使用权人,致使项目不具备动工开发条件的;

(二)因土地利用总体规划、城乡规划依法修改,造成国有建设用地使用权人不能按照国有建设用地使用权有偿使用合同或者划拨决定书约定、规定的用途、规划和建设条件开发的;

(三)因国家出台相关政策,需要对约定、规定的规划和建设条件进行修改的;

(四)因处置土地上相关群众信访事项等无法动工开发的;

(五)因军事管制、文物保护等无法动工开发的;

(六)政府、政府有关部门的其他行为。

因自然灾害等不可抗力导致土地闲置的,依照前款规定办理。

第九条 经调查核实,符合本办法第二条规定条件,构成闲置土地的,市、县国土资源主管部门应当向国有建设用地使用权人下达《闲置土地认定书》。

第十条 《闲置土地认定书》应当载明下列事项:

(一)国有建设用地使用权人的姓名或者名称、地址;

(二)闲置土地的基本情况;

(三)认定土地闲置的事实、依据;

（四）闲置原因及认定结论；

（五）其他需要说明的事项。

第十一条 《闲置土地认定书》下达后，市、县国土资源主管部门应当通过门户网站等形式向社会公开闲置土地的位置、国有建设用地使用权人名称、闲置时间等信息；属于政府或者政府有关部门的行为导致土地闲置的，应当同时公开闲置原因，并书面告知有关政府或者政府部门。

上级国土资源主管部门应当及时汇总下级国土资源主管部门上报的闲置土地信息，并在门户网站上公开。

闲置土地在没有处置完毕前，相关信息应当长期公开。闲置土地处置完毕后，应当及时撤销相关信息。

第三章　处置和利用

第十二条 因本办法第八条规定情形造成土地闲置的，市、县国土资源主管部门应当与国有建设用地使用权人协商，选择下列方式处置：

（一）延长动工开发期限。签订补充协议，重新约定动工开发、竣工期限和违约责任。从补充协议约定的动工开发日期起，延长动工开发期限最长不得超过一年；

（二）调整土地用途、规划条件。按照新用途或者新规划条件重新办理相关用地手续，并按照新用途或者新规划条件核算、收缴或者退还土地价款。改变用途后的土地利用必须符合土地利用总体规划和城乡规划；

（三）由政府安排临时使用。待原项目具备开发建设条件，国有建设用地使用权人重新开发建设。从安排临时使用之日起，临时使用期限最长不得超过两年；

（四）协议有偿收回国有建设用地使用权；

（五）置换土地。对已缴清土地价款、落实项目资金，且因规划依法修改造成闲置的，可以为国有建设用地使用权人置换其他价值相当、用途相同的国有建设用地进行开发建设。涉及出让土地的，应当重新签订土地出让合同，并在合同中注明为置换土地；

（六）市、县国土资源主管部门还可以根据实际情况规定其他处置方式。

除前款第四项规定外，动工开发时间按照新约定、规定的时间重新起算。

符合本办法第二条第二款规定情形的闲置土地，依照本条规定的方式处置。

第十三条 市、县国土资源主管部门与国有建设用地使用权人协商一致后，应当拟订闲置土地处置方案，报本级人民政府批准后实施。

闲置土地设有抵押权的，市、县国土资源主管部门在拟订闲置土地处置方案时，应当书面通知相关抵押权人。

第十四条 除本办法第八条规定情形外，闲置土地按照下列方式处理：

（一）未动工开发满一年的，由市、县国土资源主管部门报经本级人民政府批准后，向国有建设用地使用权人下达《征缴土地闲置费决定书》，按照土地出让或者划拨价款的百分之二十征缴土地闲置费。土地闲置费不得列入生产成本；

（二）未动工开发满两年的，由市、县国土资源主管部门按照《中华人民共和国土地管理法》第三十七条和《中华人民共和国城市房地产管理法》第二十六条的规定，报经有批准权的人民政府批准后，向国有建设用地使用权人下达《收回国有建设用地使用权决定书》，无偿收回国有建设用地使用权。闲置土地设有抵押权的，同时抄送相关土地抵押权人。

第十五条 市、县国土资源主管部门在依照本办法第十四条规定作出征缴土地闲置费、收回国有建设用地使用权决定前，应当书面告知国有建设用地使用权人有申请听证的权利。国有建设用地使用权人要求举行听证的，市、县国土资源主管部门应当依照《国土资源听证规定》依法组织听证。

第十六条 《征缴土地闲置费决定书》和《收回国有建设用地使用权决定书》应当包括下列内容：

（一）国有建设用地使用权人的姓名或者名称、地址；

（二）违反法律、法规或者规章的事实和证据；

（三）决定的种类和依据；

（四）决定的履行方式和期限；

（五）申请行政复议或者提起行政诉讼的途径和期限；

（六）作出决定的行政机关名称和作出决定的日期；

（七）其他需要说明的事项。

第十七条 国有建设用地使用权人应当自《征缴土地闲置费决定书》送达之日起三十日内，按照规定缴纳土地闲置费；自《收回国有建设用地使用权决定书》送达之日起三十日内，到市、县国土资源主管部门办理国有建设用地使用权注销登记，交回土地权利证书。

国有建设用地使用权人对《征缴土地闲置费决定书》和《收回国有建设用地使用权决定书》不服的，可以依法申请行政复议或者提起行政诉讼。

第十八条 国有建设用地使用权人逾期不申请行政复议、不提起行政诉讼，也不履行相关义务的，市、县国土资源主管部门可以采取下列措施：

（一）逾期不办理国有建设用地使用权注销登记，不交回土地权利证书的，直接公告注销国有建设用地使用权登记和土地权利证书；

（二）申请人民法院强制执行。

第十九条 对依法收回的闲置土地，市、县国土资源主管部门可以采取下列方式利用：

（一）依据国家土地供应政策，确定新的国有建设用地使用权人开发利用；

（二）纳入政府土地储备；

（三）对耕作条件未被破坏且近期无法安排建设项目的，由市、县国土资源主管部门委托有关农村集体经济组织、单位或者个人组织恢复耕种。

第二十条 闲置土地依法处置后土地权属和土地用途发生变化的，应当依据实地现状在当年土地变更调查中进行变更，并依照有关规定办理土地变更登记。

第四章 预防和监管

第二十一条 市、县国土资源主管部门供应土地应当符合下列要求，防止因政府、政府有关部门的行为造成土地闲置：

（一）土地权利清晰；

（二）安置补偿落实到位；

（三）没有法律经济纠纷；

（四）地块位置、使用性质、容积率等规划条件明确；

(五）具备动工开发所必需的其他基本条件。

第二十二条 国有建设用地使用权有偿使用合同或者划拨决定书应当就项目动工开发、竣工时间和违约责任等作出明确约定、规定。约定、规定动工开发时间应当综合考虑办理动工开发所需相关手续的时限规定和实际情况，为动工开发预留合理时间。

因特殊情况，未约定、规定动工开发日期，或者约定、规定不明确的，以实际交付土地之日起一年为动工开发日期。实际交付土地日期以交地确认书确定的时间为准。

第二十三条 国有建设用地使用权人应当在项目开发建设期间，及时向市、县国土资源主管部门报告项目动工开发、开发进度、竣工等情况。

国有建设用地使用权人应当在施工现场设立建设项目公示牌，公布建设用地使用权人、建设单位、项目动工开发、竣工时间和土地开发利用标准等。

第二十四条 国有建设用地使用权人违反法律法规规定和合同约定、划拨决定书规定恶意囤地、炒地的，依照本办法规定处理完毕前，市、县国土资源主管部门不得受理该国有建设用地使用权人新的用地申请，不得办理被认定为闲置土地的转让、出租、抵押和变更登记。

第二十五条 市、县国土资源主管部门应当将本行政区域内的闲置土地信息按宗录入土地市场动态监测与监管系统备案。闲置土地按照规定处置完毕后，市、县国土资源主管部门应当及时更新该宗土地相关信息。

闲置土地未按照规定备案的，不得采取本办法第十二条规定的方式处置。

第二十六条 市、县国土资源主管部门应当将国有建设用地使用权人闲置土地的信息抄送金融监管等部门。

第二十七条 省级以上国土资源主管部门可以根据情况，对闲置土地情况严重的地区，在土地利用总体规划、土地利用年度计划、建设用地审批、土地供应等方面采取限制新增加建设用地、促进闲置土地开发利用的措施。

第五章 法律责任

第二十八条 市、县国土资源主管部门未按照国有建设用地使用权有偿使用合同或者划拨决定书约定、规定的期限、条件将土地交付给国有建设用地使用权人，致使项目不具备动工开发条件的，应当依法承担违约责任。

第二十九条 县级以上国土资源主管部门及其工作人员违反本办法规定，有下列情形之一的，依法给予处分；构成犯罪的，依法追究刑事责任：

（一）违反本办法第二十一条的规定供应土地的；

（二）违反本办法第二十四条的规定受理用地申请和办理土地登记的；

（三）违反本办法第二十五条的规定处置闲置土地的；

（四）不依法履行闲置土地监督检查职责，在闲置土地调查、认定和处置工作中徇私舞弊、滥用职权、玩忽职守的。

第六章 附则

第三十条 本办法中下列用语的含义：

动工开发：依法取得施工许可证后，需挖深基坑的项目，基坑开挖完毕；使用桩基的项目，打入所有基础桩；其他项目，地基施工完成三分之一。

已投资额、总投资额：均不含国有建设用地使用权出让价款、划拨价款和向国家缴纳的相关税费。

第三十一条 集体所有建设用地闲置的调查、认定和处置，参照本办法有关规定执行。

第三十二条 本办法自 2012 年 7 月 1 日起施行。

来源：http://www.mlr.gov.cn/zwgk/zytz/201206/t20120607_1107632.htm

5. 全国土地变更调查工作规则（试行）

全国土地变更调查工作规则
（试行）

第一章 总则

一、为规范全国土地变更调查工作，保障工作的顺利开展，不断提升土地变更调查工作水平，根据《土地调查条例》和《土地调查条例实施办法》，制定本规则。

二、本规则中的土地变更调查工作是对自然年度内的全国土地利用现状、权属变化，以及各类用地管理信息，进行调查、监测、核查、汇总、统计和分析等活动。

三、开展全国土地变更调查工作的目的是，掌握全国年度土地利用现状变化情况，保持全国土地调查数据和国土资源综合监管平台基础信息的准确性和现势性，以满足国土资源管理和经济社会发展的需要。

四、土地变更调查是重要的国情国力调查。经依法公布的土地变更调查成果，是实施国土资源规划、管理、保护与合理利用的依据，是编制国民经济和社会发展规划、有关专项规划的基础。

五、全国土地变更调查工作应充分运用国土资源遥感监测全国"一张图"和土地"批、供、用、补、查"用地管理及矿产资源勘查开发监管等综合信息监管平台的日常实时监管信息，努力强化常态化变更监管，减少年度变更调查工作量，节约工作成本，提高工作效率。

六、全国土地变更调查工作，按照国土资源部统一组织、统筹安排、一查多用、分级实施，各级国土资源相关业务部门分工协作、多方参与、各司其职、共同负责的原则组织开展。

七、国土资源部地籍管理司牵头组织，中国土地勘测规划院具体实施，各相关司局和单位共同参与全国土地变更调查工作，以部专题会议方式，协调、解决工作中的重大问题，监督检查工作计划的执行情况。

八、全国土地变更调查工作应在各地日常变更工作的基础上，每年集中开展一次，统一时点是当年 12 月 31 日。

九、年度全国土地变更调查工作所需经费，由县级以上国土资源主管部门，依据《土地调查条例》相关规定，商同级财政部门协调解决。

第二章 工作内容

十、全国土地变更调查工作应在上年度国土资源遥感监测全国"一张图"的基础上,各级国土资源主管部门将日常管理形成的"批、供、用、补、查"用地管理及矿产资源勘查开发监管等信息,实时叠加到"一张图"上,逐步实现实时变更。各地要及时利用年度土地变更调查结果,更新下一年度国土资源遥感监测全国"一张图",并保持综合信息监管平台相关信息更新的连续性与现势性。

十一、在遥感数据需求统筹的基础上,采购当年覆盖全国的最新遥感影像数据,加工制作遥感正射影像图,内业提取当年新增建设用地图斑,开展遥感监测工作,辅助开展变更调查。同时提供给相关矿政业务部门,利用遥感影像对矿产地储备范围进行监督管理。

十二、以县(市、区)为单位,全面开展土地利用现状变化调查,查清年度内各类土地的实际变化情况,重点查清建设用地、耕地的年度变化情况。

十三、以县(市、区)为单位,开展用地管理信息调查,查清年度内各类新增建设用地的审批情况、用地合法性情况、"批而未用"土地情况、基本农田保护情况、土地整理复垦开发补充耕地情况等日常用地管理信息。

十四、依据年度变更调查结果和日常变更结果,按照数据库建设的国家标准和规范,实时更新土地调查数据库。每一年度,年底按统一时点要求,全面更新各级土地调查数据库。

十五、依据调查结果,开展土地变更调查结果数据的分析工作,对年度土地利用现状变化情况及耕地保护、基本农田保护、土地利用计划安排使用、土地节约集约利用、违法用地与土地督察等情况进行分析,并提出对策与建议,编写分析报告。

第三章 工作程序

十六、制定工作方案。由部地籍管理司牵头,部相关司局共同参加,根据土地变更调查工作安排,结合国土资源管理相关业务需求,研究制定年度全国土地变更调查总体方案,经批准后实施。

中国土地勘测规划院依据总体方案,编制年度土地变更调查实施方案,经专家论证并报部批准后实施。各省级国土资源主管部门结合实际情况,按照国家统一方案和要求,编制本地区实施方案。

十七、全面部署工作。部地籍管理司依据总体方案,并根据年度国土资源管理的具体需求,组织起草开展全国土地变更调查工作的通知,经部审定后,在全国范围内部署开展变更调查工作。

十八、开展遥感监测工作。中国土地勘测规划院负责按照土地利用动态遥感监测技术规程,组织开展全国土地利用遥感监测工作,遥感监测生产成果供各地开展土地变更调查、用地管理信息调查及矿产资源勘查开发监管使用。

遥感数据供应商和遥感监测任务承担单位,应通过政府采购方式确定。

十九、开展年度土地变更调查工作。各级国土资源主管部门应加强统筹,将土地审批、土地供应、土地节约集约利用、耕地占补平衡、执法检查、矿产资源勘查开发监管等各类日常管理信息,实时登录并更新至综合信息监管平台。充分利用综合信息监管平台的各类用地管理信息和矿产资源的日常监管信息，与遥感监测成果进行比对，按照职责与分工，组织开展年度土地利用现状变化调查和用地管理信息调查。

地籍业务部门负责组织对本辖区范围内当期每一变化地块进行实地调查核实，依据《土地利用现状分类》（GB/T 21010—2007）及国家土地变更调查技术规范和要求，查清土地利用实际变化情况，并如实记录。

在地籍业务部门提供的土地利用变化结果的基础上，各相关司局和单位依据建设用地审批、土地整理复垦开发等补充耕地范围、基本农田占用与补划情况等日常管理资料和信息，负责组织落实并标注相关用地管理信息。

二十、开展数据库更新、汇总工作。省级地籍业务部门负责组织市县级地籍业务部门，按照国家统一的土地调查数据库更新技术标准与规范，在日常数据库更新的基础上，依据日常实时监管信息和土地利用实际变化情况，每一年度，年底全面更新县级土地调查数据库，并逐级汇总土地变更调查成果。

省级国土资源主管部门应组织对本省级的土地变更调查成果进行核查确认，对县级土地调查数据库质量进行检查，按时将通过省级核查检查的土地调查成果报送国土资源部。

二十一、开展调查成果质量检查与核查。部地籍管理司牵头，中国土地勘测规划院具体负责，通过政府采购方式，组织专业队伍，按照数据库标准和要求，对各省级国土资源主管部门报送的县级土地变更调查数据库进行质量检查；对照遥感影像及监测成果等资料，开展变更调查成果的地类一致性核查。其中，对建设用地变化情况开展全面的内业地类一致性核查，对非建设用地流量变化异常地区，开展重点地类流向的内业地类一致性核查。检查核查结果应及时反馈各省级国土资源主管部门。

二十二、开展用地管理信息的国家级审查。部地籍管理司组织中国土地勘测规划院，同步将各省级国土资源主管部门报送的土地变更调查成果提交部信息中心。部信息中心负责将变更调查成果纳入部综合信息监管平台，通过综合信息监管平台实现土地利用变化与用地管理信息及矿产资源勘查开发监管信息的叠加分析，并提供部相关司局和单位使用。部相关司局和单位根据工作职责，分别组织变更调查成果中用地管理信息及矿产资源勘查开发监管信息的审查核实工作，并形成审核结果，按年度变更调查方案要求的时限，分别及时反馈省级国土资源主管部门。

二十三、完善土地变更调查成果。各省级国土资源主管部门统一组织各县（市、区），根据部反馈的地类一致性核查结果、数据库检查结果及用地管理信息审查结果和矿产资源日常监管情况，在规定期限内，按各自职责分工，逐一对比核实，修改完善变更调查成果，经省级国土资源主管部门审查汇总后报送国土资源部。

二十四、实地核实与重点抽查。部组织对各省级修改完善后的土地变更调查成果进行再次核查。根据核查结果，结合重点地类的流向、流量特点，确定重点地区、重点地类，由部统一组织，采取行政和技术力量相结合的方式，开展外业实地核实及重点抽查并通报检查抽查结果。

二十五、更新国家级土地调查数据库。中国土地勘测规划院按照数据库更新的规范和标准，负责检查省级国土资源主管部门报送的变更调查成果。通过国家级质量检查和成果核查审查的，纳入并更新国家级土地调查数据库。

二十六、变更调查结果汇总。在更新后的国家级土地调查数据库基础上，按照土地变更调查数据汇总的有关规范和要求，部地籍管理司组织中国土地勘测规划院，汇总形成年度全国土地变更调查数据成果。

二十七、开展数据分析，编写分析报告。在汇总结果的基础上，地方各级国土资源主管部门按照国家统一要求，结合各地具体情况，开展本级土地变更调查成果数据的分析工作，编写分析报告并逐级报送上一级国土资源主管部门。

部地籍管理司会同相关司局和单位，起草全国"年度土地利用变化情况分析报告"，经部审查后报国务院批准。

第四章 质量控制与成果管理

二十八、建立土地变更调查培训制度。各级国土资源主管部门应根据土地变更调查工作需要，加强对参与变更调查的技术及管理人员业务技能和管理知识的培训工作，提高人员业务素质。

二十九、设立专家库。全国土地变更调查工作设立专家库，根据需求从专家库中选择或抽取专家，成立专家组，负责解决调查中遇到的重大政策和技术问题，对调查方案论证及有关技术咨询、指导。

三十、实行质量检查与监理制度。土地变更调查质量检查与监理制度应遵循公开公正原则，实行量化考核。对不能满足检查与监理要求又不及时整改的作业队伍，应给予通报批评并按照相关规定处理。监理工作应遵循回避制度，作业单位技术人员不能监理本地区、本单位成果。监理检查结果应客观公正，并在第一时间内向各作业单位公布。

三十一、实行成果质量分级控制制度。对县级调查成果实行自检、复查、核查确认的质量分级控制制度。县级国土资源主管部门负责自检，市（地）级国土资源主管部门负责复查，省级国土资源主管部门负责核查，并报经省级人民政府确认。部负责对全国土地调查成果进行核查。

三十二、实行奖惩制度。对调查成果质量较高，以及在土地调查工作中做出突出贡献的单位和个人，部将适时按照国家有关规定给予表彰或者奖励。

对违法干预调查工作、虚报瞒报变更调查数据的，按《土地调查条例》规定的罚则处罚。对未按时报送或拒不报送土地变更调查成果的，进行相应处罚或处分。

三十三、调查成果管理及保密。土地变更调查成果应按照国家档案及保密管理的有关要求，统一管理，及时存档。国家级土地变更调查成果存放在中国土地勘测规划院，并做异地备份，成果确认公布前，需要使用的，须向国土资源部提出书面申请。经同意后，部地籍管理司以书面方式，通知中国土地勘测规划院提供国家级土地变更调查成果，并按有关规定签署成果资料保密协议书。

保管和使用全国土地变更调查成果资料的单位，必须根据国家保密管理的有关规定，建立数据管理的保密制度。

三十四、调查成果应用。全国土地变更调查成果经确认公布后，由中国土地勘测规划院及时提交部信息中心，纳入国土资源"一张图"，通过综合信息监管平台，服务于国土资源日常管理工作及对外提供使用。

省、市、县各级国土资源主管部门可参照国家成果应用模式，实现国土资源管理各项工作在国土资源"一张图"和综合信息监管平台上实时开展。

三十五、调查成果公布。全国土地变更调查成果，报国务院批准后公布。全国土地变更调查成果公布后，县级以上地方人民政府方可逐级依次公布本行政区域的土地变更调查成果。

第五章　附则

三十六、本规则由国土资源部负责解释。各省级国土资源主管部门可参照本规则，制定本省（区、市）实施细则，并报国土资源部备案。

三十七、本规则自公布之日起试行。

2011 年 11 月 3 日

来源：http://www.mlr.gov.cn/zwgk/zytz/201111/t20111109_1023547.htm

6. 土地复垦条例

土地复垦条例
中华人民共和国国务院令
第 592 号

《土地复垦条例》已经 2011 年 2 月 22 日国务院第 145 次常务会议通过，现予公布，自公布之日起施行。

总理　温家宝
2011 年 3 月 5 日

第一章　总则

第一条　为了落实十分珍惜、合理利用土地和切实保护耕地的基本国策，规范土地复垦活动，加强土地复垦管理，提高土地利用的社会效益、经济效益和生态效益，根据《中华人民共和国土地管理法》，制定本条例。

第二条　本条例所称土地复垦，是指对生产建设活动和自然灾害损毁的土地，采取整治措施，使其达到可供利用状态的活动。

第三条　生产建设活动损毁的土地，按照"谁损毁，谁复垦"的原则，由生产建设单位或者个人（以下称土地复垦义务人）负责复垦。但是，由于历史原因无法确定土地复垦义务人的生产建设活动损毁的土地（以下称历史遗留损毁土地），由县级以上人民政府负责组织复垦。

自然灾害损毁的土地，由县级以上人民政府负责组织复垦。

第四条　生产建设活动应当节约集约利用土地，不占或者少占耕地；对依法占用的土地应当采取有效措施，减少土地损毁面积，降低土地损毁程度。

土地复垦应当坚持科学规划、因地制宜、综合治理、经济可行、合理利用的原则。复垦的土地应当优先用于农业。

第五条　国务院国土资源主管部门负责全国土地复垦的监督管理工作。县级以上地方人民政府国土资源主管部门负责本行政区域土地复垦的监督管理工作。

县级以上人民政府其他有关部门依照本条例的规定和各自的职责做好土地复垦有关工作。

第六条 编制土地复垦方案、实施土地复垦工程、进行土地复垦验收等活动，应当遵守土地复垦国家标准；没有国家标准的，应当遵守土地复垦行业标准。

制定土地复垦国家标准和行业标准，应当根据土地损毁的类型、程度、自然地理条件和复垦的可行性等因素，分类确定不同类型损毁土地的复垦方式、目标和要求等。

第七条 县级以上地方人民政府国土资源主管部门应当建立土地复垦监测制度，及时掌握本行政区域土地资源损毁和土地复垦效果等情况。国务院国土资源主管部门和省、自治区、直辖市人民政府国土资源主管部门应当建立健全土地复垦信息管理系统，收集、汇总和发布土地复垦数据信息。

第八条 县级以上人民政府国土资源主管部门应当依据职责加强对土地复垦情况的监督检查。被检查的单位或者个人应当如实反映情况，提供必要的资料。

任何单位和个人不得扰乱、阻挠土地复垦工作，破坏土地复垦工程、设施和设备。

第九条 国家鼓励和支持土地复垦科学研究和技术创新，推广先进的土地复垦技术。

对在土地复垦工作中作出突出贡献的单位和个人，由县级以上人民政府给予表彰。

第二章 生产建设活动损毁土地的复垦

第十条 下列损毁土地由土地复垦义务人负责复垦：

（一）露天采矿、烧制砖瓦、挖沙取土等地表挖掘所损毁的土地；

（二）地下采矿等造成地表塌陷的土地；

（三）堆放采矿剥离物、废石、矿渣、粉煤灰等固体废弃物压占的土地；

（四）能源、交通、水利等基础设施建设和其他生产建设活动临时占用所损毁的土地。

第十一条 土地复垦义务人应当按照土地复垦标准和国务院国土资源主管部门的规定编制土地复垦方案。

第十二条 土地复垦方案应当包括下列内容：

（一）项目概况和项目区土地利用状况；

（二）损毁土地的分析预测和土地复垦的可行性评价；

（三）土地复垦的目标任务；

（四）土地复垦应当达到的质量要求和采取的措施；

（五）土地复垦工程和投资估（概）算；

（六）土地复垦费用的安排；

（七）土地复垦工作计划与进度安排；

（八）国务院国土资源主管部门规定的其他内容。

第十三条 土地复垦义务人应当在办理建设用地申请或者采矿权申请手续时，随有关报批材料报送土地复垦方案。

土地复垦义务人未编制土地复垦方案或者土地复垦方案不符合要求的，有批准权的人民政府不得批准建设用地，有批准权的国土资源主管部门不得颁发采矿许可证。

本条例施行前已经办理建设用地手续或者领取采矿许可证，本条例施行后继续从事生产建设活动造成土地损毁的，土地复垦义务人应当按照国务院国土资源主管部门的规定补充编制土地复垦方案。

第十四条 土地复垦义务人应当按照土地复垦方案开展土地复垦工作。矿山企业还应当对土地损毁情况进行动态监测和评价。

生产建设周期长、需要分阶段实施复垦的，土地复垦义务人应当对土地复垦工作与生产建设活动统一规划、统筹实施，根据生产建设进度确定各阶段土地复垦的目标任务、工程规划设计、费用安排、工程实施进度和完成期限等。

第十五条 土地复垦义务人应当将土地复垦费用列入生产成本或者建设项目总投资。

第十六条 土地复垦义务人应当建立土地复垦质量控制制度，遵守土地复垦标准和环境保护标准，保护土壤质量与生态环境，避免污染土壤和地下水。

土地复垦义务人应当首先对拟损毁的耕地、林地、牧草地进行表土剥离，剥离的表土用于被损毁土地的复垦。

禁止将重金属污染物或者其他有毒有害物质用作回填或者充填材料。受重金属污染物或者其他有毒有害物质污染的土地复垦后，达不到国家有关标准的，不得用于种植食用农作物。

第十七条 土地复垦义务人应当于每年12月31日前向县级以上地方人民政府国土资源主管部门报告当年的土地损毁情况、土地复垦费用使用情况以及土地复垦工程实施情况。

县级以上地方人民政府国土资源主管部门应当加强对土地复垦义务人使用土地复垦费用和实施土地复垦工程的监督。

第十八条 土地复垦义务人不复垦，或者复垦验收中经整改仍不合格的，应当缴纳土地复垦费，由有关国土资源主管部门代为组织复垦。

确定土地复垦费的数额，应当综合考虑损毁前的土地类型、实际损毁面积、损毁程度、复垦标准、复垦用途和完成复垦任务所需的工程量等因素。土地复垦费的具体征收使用管理办法，由国务院财政、价格主管部门商国务院有关部门制定。

土地复垦义务人缴纳的土地复垦费专项用于土地复垦。任何单位和个人不得截留、挤占、挪用。

第十九条 土地复垦义务人对在生产建设活动中损毁的由其他单位或者个人使用的国有土地或者农民集体所有的土地，除负责复垦外，还应当向遭受损失的单位或者个人支付损失补偿费。

损失补偿费由土地复垦义务人与遭受损失的单位或者个人按照造成的实际损失协商确定；协商不成的，可以向土地所在地人民政府国土资源主管部门申请调解或者依法向人民法院提起民事诉讼。

第二十条 土地复垦义务人不依法履行土地复垦义务的，在申请新的建设用地时，有批准权的人民政府不得批准；在申请新的采矿许可证或者申请采矿许可证延续、变更、注销时，有批准权的国土资源主管部门不得批准。

第三章　历史遗留损毁土地和自然灾害损毁土地的复垦

第二十一条 县级以上人民政府国土资源主管部门应当对历史遗留损毁土地和自然灾害损毁土地进行调查评价。

第二十二条 县级以上人民政府国土资源主管部门应当在调查评价的基础上，根据土地利用总体规划编制土地复垦专项规划，确定复垦的重点区域以及复垦的目标任务和要求，报本级人民政府批准后组织实施。

第二十三条 对历史遗留损毁土地和自然灾害损毁土地，县级以上人民政府应当投入资金进行复垦，或者按照"谁投资，谁受益"的原则，吸引社会投资进行复垦。土地权利人明确的，可以采取扶持、优惠措施，鼓励土地权利人自行复垦。

第二十四条 国家对历史遗留损毁土地和自然灾害损毁土地的复垦按项目实施管理。

县级以上人民政府国土资源主管部门应当根据土地复垦专项规划和年度土地复垦资金安排情况确定年度复垦项目。

第二十五条 政府投资进行复垦的，负责组织实施土地复垦项目的国土资源主管部门应当组织编制土地复垦项目设计书，明确复垦项目的位置、面积、目标任务、工程规划设计、实施进度及完成期限等。

土地权利人自行复垦或者社会投资进行复垦的，土地权利人或者投资单位、个人应当组织编制土地复垦项目设计书，并报负责组织实施土地复垦项目的国土资源主管部门审查同意后实施。

第二十六条 政府投资进行复垦的，有关国土资源主管部门应当依照招标投标法律法规的规定，通过公开招标的方式确定土地复垦项目的施工单位。

土地权利人自行复垦或者社会投资进行复垦的，土地复垦项目的施工单位由土地权利人或者投资单位、个人依法自行确定。

第二十七条 土地复垦项目的施工单位应当按照土地复垦项目设计书进行复垦。

负责组织实施土地复垦项目的国土资源主管部门应当健全项目管理制度，加强项目实施中的指导、管理和监督。

第四章 土地复垦验收

第二十八条 土地复垦义务人按照土地复垦方案的要求完成土地复垦任务后，应当按照国务院国土资源主管部门的规定向所在地县级以上地方人民政府国土资源主管部门申请验收，接到申请的国土资源主管部门应当会同同级农业、林业、环境保护等有关部门进行验收。

进行土地复垦验收，应当邀请有关专家进行现场踏勘，查验复垦后的土地是否符合土地复垦标准以及土地复垦方案的要求，核实复垦后的土地类型、面积和质量等情况，并将初步验收结果公告，听取相关权利人的意见。相关权利人对土地复垦完成情况提出异议的，国土资源主管部门应当会同有关部门进一步核查，并将核查情况向相关权利人反馈；情况属实的，应当向土地复垦义务人提出整改意见。

第二十九条 负责组织验收的国土资源主管部门应当会同有关部门在接到土地复垦验收申请之日起60个工作日内完成验收，经验收合格的，向土地复垦义务人出具验收合格确认书；经验收不合格的，向土地复垦义务人出具书面整改意见，列明需要整改的事项，由土地复垦义务人整改完成后重新申请验收。

第三十条 政府投资的土地复垦项目竣工后，负责组织实施土地复垦项目的国土资源主管部门应当依照本条例第二十八条第二款的规定进行初步验收。初步验收完成后，负责组织实施土地复垦项目的国土资源主管部门应当按照国务院国土资源主管部门的规定向上级人民政府国土资源主管部门申请最终验收。上级人民政府国土资源主管部门应当会同有关部门及时组织验收。

土地权利人自行复垦或者社会投资进行复垦的土地复垦项目竣工后，由负责组织实施土地复垦项目的国土资源主管部门会同有关部门进行验收。

第三十一条 复垦为农用地的，负责组织验收的国土资源主管部门应当会同有关部门在验收合格后的 5 年内对土地复垦效果进行跟踪评价，并提出改善土地质量的建议和措施。

第五章　土地复垦激励措施

第三十二条　土地复垦义务人在规定的期限内将生产建设活动损毁的耕地、林地、牧草地等农用地复垦恢复原状的，依照国家有关税收法律法规的规定退还已经缴纳的耕地占用税。

第三十三条　社会投资复垦的历史遗留损毁土地或者自然灾害损毁土地，属于无使用权人的国有土地的，经县级以上人民政府依法批准，可以确定给投资单位或者个人长期从事种植业、林业、畜牧业或者渔业生产。

社会投资复垦的历史遗留损毁土地或者自然灾害损毁土地，属于农民集体所有土地或者有使用权人的国有土地的，有关国土资源主管部门应当组织投资单位或者个人与土地权利人签订土地复垦协议，明确复垦的目标任务以及复垦后的土地使用和收益分配。

第三十四条　历史遗留损毁和自然灾害损毁的国有土地的使用权人，以及历史遗留损毁和自然灾害损毁的农民集体所有土地的所有权人、使用权人，自行将损毁土地复垦为耕地的，由县级以上地方人民政府给予补贴。

第三十五条　县级以上地方人民政府将历史遗留损毁和自然灾害损毁的建设用地复垦为耕地的，按照国家有关规定可以作为本省、自治区、直辖市内进行非农建设占用耕地时的补充耕地指标。

第六章　法律责任

第三十六条　负有土地复垦监督管理职责的部门及其工作人员有下列行为之一的，对直接负责的主管人员和其他直接责任人员，依法给予处分；直接负责的主管人员和其他直接责任人员构成犯罪的，依法追究刑事责任：

（一）违反本条例规定批准建设用地或者批准采矿许可证及采矿许可证的延续、变更、注销的；

（二）截留、挤占、挪用土地复垦费的；

（三）在土地复垦验收中弄虚作假的；

（四）不依法履行监督管理职责或者对发现的违反本条例的行为不依法查处的；

（五）在审查土地复垦方案、实施土地复垦项目、组织土地复垦验收以及实施监督检查过程中，索取、收受他人财物或者谋取其他利益的；

（六）其他徇私舞弊、滥用职权、玩忽职守行为。

第三十七条　本条例施行前已经办理建设用地手续或者领取采矿许可证，本条例施行后继续从事生产建设活动造成土地损毁的土地复垦义务人未按照规定补充编制土地复垦方案的，由县级以上地方人民政府国土资源主管部门责令限期改正；逾期不改正的，处 10 万元以上 20 万元以下的罚款。

第三十八条　土地复垦义务人未按照规定将土地复垦费用列入生产成本或者建设项目总投资的，由县级以上地方人民政府国土资源主管部门责令限期改正；逾期不改正的，处 10 万元以上 50 万元以下的罚款。

第三十九条　土地复垦义务人未按照规定对拟损毁的耕地、林地、牧草地进行表土剥离，由县级以上地方人民政府国土资源主管部门责令限期改正；逾期不改正的，按照应当进行表土剥离的土地面积处每公顷1万元的罚款。

第四十条 土地复垦义务人将重金属污染物或者其他有毒有害物质用作回填或者充填材料的，由县级以上地方人民政府环境保护主管部门责令停止违法行为，限期采取治理措施，消除污染，处10万元以上50万元以下的罚款；逾期不采取治理措施的，环境保护主管部门可以指定有治理能力的单位代为治理，所需费用由违法者承担。

第四十一条 土地复垦义务人未按照规定报告土地损毁情况、土地复垦费用使用情况或者土地复垦工程实施情况的，由县级以上地方人民政府国土资源主管部门责令限期改正；逾期不改正的，处2万元以上5万元以下的罚款。

第四十二条 土地复垦义务人依照本条例规定应当缴纳土地复垦费而不缴纳的，由县级以上地方人民政府国土资源主管部门责令限期缴纳；逾期不缴纳的，处应缴纳土地复垦费1倍以上2倍以下的罚款，土地复垦义务人为矿山企业的，由颁发采矿许可证的机关吊销采矿许可证。

第四十三条 土地复垦义务人拒绝、阻碍国土资源主管部门监督检查，或者在接受监督检查时弄虚作假的，由国土资源主管部门责令改正，处2万元以上5万元以下的罚款；有关责任人员构成违反治安管理行为的，由公安机关依法予以治安管理处罚；有关责任人员构成犯罪的，依法追究刑事责任。

破坏土地复垦工程、设施和设备，构成违反治安管理行为的，由公安机关依法予以治安管理处罚；构成犯罪的，依法追究刑事责任。

第七章 附则

第四十四条 本条例自公布之日起施行。1988年11月8日国务院发布的《土地复垦规定》同时废止。

来源：http：//www.mlr.gov.cn/zwgk/flfg/tdglflfg/201112/t20111208_1042843.htm

7. 土地利用年度计划管理办法

土地利用年度计划管理办法
（修订草案）

第一条【目的依据】 为加强土地管理，严格实施土地利用总体规划，合理控制建设用地总量，切实保护耕地，节约集约用地，促进经济社会全面协调可持续发展，根据《中华人民共和国土地管理法》《中华人民共和国土地管理法实施条例》等法律法规，制定本办法。

第二条【适用范围】 土地利用年度计划的编制、下达、执行、监督和考核，适用本办法。

本办法所称土地利用年度计划，是指国家对计划年度内新增建设用地量、土地开发整理补充耕地量、耕地保有量的具体安排。

前款规定的新增建设用地，包括建设占用农用地和未利用地。

第三条 【基本原则】 土地利用年度计划管理应当遵循下列原则：

（一）严格执行土地利用总体规划安排，合理控制建设用地总量，切实保护耕地特别是基本农田，保护和改善生态环境，保障土地的可持续利用；

（二）以土地供应引导需求，促进经济增长方式转变，提高土地节约集约利用水平；

（三）坚持耕地保护数量、质量、生态并重，确保建设占用耕地与补充耕地相平衡，提高补充耕地质量；

（四）严格执行国家产业政策和供地政策，优先安排社会民生建设用地，保障国家重点建设项目和基础设施项目用地；

（五）统筹区域、城乡建设用地，促进国土空间开发格局优化；统筹存量与新增建设用地，促进存量用地盘活利用；

（六）尊重群众意愿，维护群众土地合法权益。

第四条 【指标构成】 土地利用年度计划指标包括：

（一）新增建设用地计划指标；

（二）土地开发整理计划指标；

（三）耕地保有量计划指标。

前款第一项规定的新增建设用地计划指标包括新增建设用地总量指标、新增建设占用农用地指标和新增建设占用耕地指标。

前款第二项规定的土地开发整理计划指标，包括土地整治补充耕地计划指标以及按照城镇建设用地增加与农村建设用地减少相挂钩的原则开展的存量建设用地整治利用计划指标等。

各地可以根据实际需要，在上述分类的基础上增设控制指标。

第五条 【编制依据】 土地利用年度计划中新增建设用地计划指标，根据国民经济和社会发展计划、国家产业政策、土地利用总体规划以及建设用地和土地利用的实际状况编制。

土地开发整理计划指标中土地整治补充耕地计划指标，依据土地利用总体规划、土地整治规划、建设占用耕地、耕地后备资源潜力和土地整治实际补充耕地等情况编制。

土地开发整理计划指标中存量建设用地整治利用计划指标，依据土地利用总体规划、土地整治规划等专项规划和存量建设用地整治利用等工作进展情况编制。

第六条 【新增规模控制】 国土资源部以土地利用总体规划安排为基础，每三年根据经济社会发展状况和各地用地实际等情况，确定全国三年新增建设用地计划指标控制规模。在此基础上，根据全社会固定资产投资、重点建设项目安排、建设项目用地预审和各地建设用地需求等情况，确定三年预留国家新增建设用地计划指标控制规模和下达地方新增建设用地计划指标控制规模。

各省（区、市）三年新增建设用地计划指标控制规模，以土地利用总体规划安排为基本依据，并综合考虑各省（区、市）规划管控、固定资产投资、节约集约用地、人口转移等因素，进行适当调整平衡后确定。

第七条 【新增年度安排】 各省（区、市）依据国家确定的三年新增建设用地计划指标控制规模，按照年度间相对平衡（变化幅度控制在10%以内）的原则，提出分年度新增用地计划安排建议报国土资源部审核确定。

国土资源部根据各省（区、市）分年度用地计划指标安排和国家有关要求，提出当年全国土地利用计划建议，与国家发展改革委协商一致，纳入国民经济和社会发展计划草案，报国务院批准，提交全国人民代表大会审议确定后，下达各地执行。

第八条【存量计划测算】 下达地方的存量建设用地整治利用计划指标分解，由国土资源部依据全国人民代表大会审议通过的全国土地利用年度计划中的存量建设用地整治利用计划总量指标，根据各地经济社会发展状况、规划安排、资源潜力和相关工作进展情况，提出分解方案，经部长办公会议审定后下达。

第九条【计划下达】 全国土地利用年度计划下达到省、自治区、直辖市以及计划单列市、新疆生产建设兵团。

国务院及国务院有关部门、中央军委及解放军各总部批准的独立选址重点基础设施建设项目，使用预留国家的新增建设用地计划指标。预留国家的新增建设用地计划指标不下达地方，在建设项目用地审批时直接安排。其余新增建设用地计划指标和存量建设用地整治利用计划指标每年一次性全部下达地方。

新增建设用地计划指标下达前，各省、自治区、直辖市、计划单列市及新疆生产建设兵团，可以按照上一年度国家下达新增建设用地计划指标总量的百分之三十预先安排使用。

第十条【省以下计划下达】 省级以下国土资源主管部门应当将上级下达的土地利用年度计划指标予以分解，经同级人民政府同意后下达。省级国土资源主管部门应当将分解下达的土地利用年度计划报国土资源部备案。

省级国土资源主管部门应当根据省级重点建设项目安排、建设项目用地预审和市县建设用地需求，合理确定预留省级新增用地计划指标和下达市县用地计划指标。市县新增用地计划指标应当一次性全部下达。

第十一条【实施管理】 新增建设用地计划指标实行指令性管理，不得突破。

批准使用的建设用地应当符合土地利用年度计划。凡不符合土地利用总体规划、国家产业政策和供地政策的建设项目，不得安排土地利用年度计划指标。

没有土地利用年度计划指标擅自批准用地的，按非法批准用地追究法律责任。

土地整治补充耕地量应当不低于土地整治补充耕地计划的指标。

第十二条【管理要求】 土地利用年度计划一经批准下达，必须严格执行。

因特殊情况需增加全国土地利用年度计划中新增建设用地计划的，按规定程序报国务院审定。

因地震、洪水、台风、泥石流等重大自然灾害引发的抗灾救灾、灾后恢复重建用地等特殊情况，制定灾后重建规划，经发展改革、国土资源、民政等部门审核，省级以上人民政府批准，可以先行安排新增建设用地指标，列出具体项目，半年内将执行情况报国土资源部备案。

水利设施工程建设区域以外的水面用地，不占用计划指标。

第十三条【监督监管】 县级以上地方国土资源主管部门应当加强土地利用年度计划执行监管，严格执行土地利用年度计划指标使用在线报备制度，对土地利用年度计划指标使用情况及时进行登记，并按月在线上报。

国土资源部依据在线报备数据，按季度对各省（区、市）土地利用计划安排使用情况进行通报。

第十四条【跟踪检查】 省（区、市）国土资源主管部门应当加强对土地利用年度计划执行情况的跟踪检查，于每年一月底前形成上一年度土地利用年度计划执行情况报告报国土资源部。

第十五条【评估考核】 上级国土资源主管部门应当对下级国土资源主管部门土地利用年度计划的执行情况进行年度评估考核。土地利用年度计划以每年一月一日至十二月三十一日为考核年度。

新增建设用地计划执行情况考核,以农用地转用审批、土地利用变更调查和在线备案等数据为依据,重点考核新增建设用地总量和新增建设占用耕地计划执行情况。

存量建设用地整治利用计划执行情况考核,以在线备案数据为依据,结合实地调查情况,重点考核实施管理、进展成效、群众满意度、整治利用质量等情况。

第十六条【考核结果应用】 土地利用年度计划执行情况年度评估考核结果,应当作为下一年度土地利用年度计划编制和管理的重要依据。

对实际新增建设用地面积超过当年下达计划指标的,扣减下一年度相应的计划指标。

对存量建设用地整治利用中存在侵害群众权益、整治利用未达到时间、数量和质量要求等情形的,责令其限期整改;情节严重的,扣减下一年度存量建设用地整治利用计划指标或者暂停存量建设用地整治利用工作。

第十七条【指标结转】 节余的土地利用年度计划指标,经国土资源部审核同意后,允许在规划期内按照要求结转使用。

第十八条【实施日期】 本办法自发布之日起施行。

关于《土地利用年度计划管理办法》(修订草案征求意见稿)的说明

一、修订的必要性

《土地利用年度计划管理办法》(国土资源部第37号令,以下简称《办法》)自2006年修订发布实施以来,对加强土地管理和调控,严格实施土地用途管制,切实保护耕地,合理控制建设用地总量发挥了重要作用。中央近年对推进新型城镇化发展、生态文明建设和依法治国作出了系列重大战略决策,就加强保护耕地、促进节约集约用地、维护农民合法权益等方面进行了具体部署。为了适应新形势的发展,土地利用计划管理也在不断进行改革创新,在盘活利用存量建设用地等方面开展了相关试点探索,并积极推进土地计划差别化管理,形成了一些好的经验和做法。有必要落实中央的部署要求,并将一些已经成熟的改革经验和管理措施,总结、吸收到部门规章中,进一步修订完善《办法》。为此,国土资源部将《办法》(修订)列入了2015年立法计划。在上半年研究起草了《办法》草稿,并征求了部分省(区、市)的意见,进一步研究修改后,形成了目前的征求意见稿。

二、修订的总体思路

此次《办法》修订的总体思路是,在坚持现行土地计划管理基本框架的基础上,贯彻落实中央有关决策部署,吸收近年来探索改进计划管理的有效做法,丰富计划管理内容,明确政策边界,规范、简化程序,进一步强化计划的调控和引导功能。修订的重点是,增加存量建设用地整治利用计划管理内容,调整完善土地计划指标体系,改进编制下达方法,细化计划实施管理,明确计划执行考核重点。其余内容基本保留原《办法》规定。

三、修订的主要内容

（一）增加存量建设用地计划管理内容

《办法》调整完善了土地计划指标体系，明确土地开发整理计划指标中包括存量建设用地整治利用计划指标（第四条）。同时在管理原则中增加了"坚持耕地保护数量、质量、生态并重；严格执行国家产业政策和供地政策；统筹区域、城乡建设用地，促进国土空间开发格局优化；统筹存量与新增建设用地，促进存量用地盘活利用；尊重群众意愿，维护群众土地合法权益"等内容（第三条）。

（二）强化土地利用总体规划规模控制

《办法》增加了土地利用总体规划规模控制的规定，明确要求以土地利用总体规划安排为基础，每三年根据经济社会发展状况和各地用地实际等情况，确定全国三年新增建设用地计划指标控制规模。（第六条）。

（三）完善土地计划指标编制方法

《办法》明确了土地计划编制测算因素和方法。一是部根据全社会固定资产投资、重点建设项目安排、建设项目用地预审和各地建设用地需求等情况，确定三年预留国家新增建设用地计划指标控制规模和下达地方新增建设用地计划指标控制规模；以土地利用总体规划安排为基本依据，综合考虑各省（区、市）规划管控、固定资产投资、节约集约用地、人口转移等因素，确定各省（区、市）三年新增建设用地计划指标控制规模；各省（区、市）依据国家确定的三年新增建设用地计划指标控制规模，提出分年度新增用地计划安排建议报国土资源部审核确定。二是根据各地社会经济状况、规划安排、资源潜力和相关工作进展情况，制定下达地方的存量建设用地整治利用计划指标分解方案。（第六、第七、第八条）

（四）调整土地计划指标下达程序

总结近年来的经验做法，对土地计划指标编制下达程序作了进一步修改完善。明确各省（区、市）按照年度间相对平衡（变化幅度控制在10%以内）的原则，提出分年度新增用地计划安排建议报国土资源部审核确定。国土资源部根据各省（区、市）分年度用地计划指标安排和国家有关要求，提出当年全国土地利用计划建议，与国家发展改革委协商一致，纳入国民经济和社会发展计划草案，报国务院批准，提交全国人民代表大会审议确定后，下达各地执行。（第七条）

（五）细化土地计划执行管理

近年来，国土资源部对重大自然灾害引发的抗灾救灾、灾后恢复重建用地等实施计划差别化管理，取得了较好效果。为了进一步规范相关做法，《办法》明确提出，因地震、洪水、台风、泥石流等重大自然灾害引发的抗灾救灾、灾后恢复重建用地等特殊情况，制定灾后重建规划，经省级以上人民政府批准，可先行安排建设用地指标，列出具体项目，半年内将执行情况报国土资源部备案。水利设施工程建设区域以外的水面用地，不占用计划指标。（第十二条）

（六）完善土地计划执行监管和考核要求

为了加强计划执行监管，《办法》明确规定，县级以上地方国土资源主管部门应加强计划执行监管，严格落实计划指标使用在线报备制度，对计划指标使用情况及时进行登记，并按月上报。国土资源部依据在线报备数据，按季度对各省（区、市）土地利用计划安排使用情况进行通报（第十三条）。上级国土资源主管部门应当对下级国土资源主管部门土地计划的执行情况进行年度评估考核（第十五条）。新增建设用地计划执行情况，重点考核新增建设用地总量和新增建设占用耕地计划执行情况，考核结果作为下一年度计划编制和管理的重要依据（第十六条）。

来源：http://www.mlr.gov.cn/zwgk/flfg/tdglflfg/201605/t20160520_1406069.htm

八、环境保护部

1. 畜禽规模养殖污染防治条例

畜禽规模养殖污染防治条例
中华人民共和国国务院令
第 643 号

《畜禽规模养殖污染防治条例》已经 2013 年 10 月 8 日国务院第 26 次常务会议通过，现予公布，自 2014 年 1 月 1 日起施行。

总理　李克强

2013 年 11 月 11 日

来源：http://www.mep.gov.cn/gzfw_13107/zcfg/hjjzc/gjfbdjjzcx/hjczzc/201606/t20160623_355622.shtml

畜禽规模养殖污染防治条例

第一章　总则

第一条　为了防治畜禽养殖污染，推进畜禽养殖废弃物的综合利用和无害化处理，保护和改善环境，保障公众身体健康，促进畜牧业持续健康发展，制定本条例。

第二条　本条例适用于畜禽养殖场、养殖小区的养殖污染防治。

畜禽养殖场、养殖小区的规模标准根据畜牧业发展状况和畜禽养殖污染防治要求确定。

牧区放牧养殖污染防治，不适用本条例。

第三条　畜禽养殖污染防治，应当统筹考虑保护环境与促进畜牧业发展的需要，坚持预防为主、防治结合的原则，实行统筹规划、合理布局、综合利用、激励引导。

第四条　各级人民政府应当加强对畜禽养殖污染防治工作的组织领导，采取有效措施，加大资金投入，扶持畜禽养殖污染防治以及畜禽养殖废弃物综合利用。

第五条　县级以上人民政府环境保护主管部门负责畜禽养殖污染防治的统一监督管理。

县级以上人民政府农牧主管部门负责畜禽养殖废弃物综合利用的指导和服务。

县级以上人民政府循环经济发展综合管理部门负责畜禽养殖循环经济工作的组织协调。

县级以上人民政府其他有关部门依照本条例规定和各自职责，负责畜禽养殖污染防治相关工作。

乡镇人民政府应当协助有关部门做好本行政区域的畜禽养殖污染防治工作。

第六条 从事畜禽养殖以及畜禽养殖废弃物综合利用和无害化处理活动，应当符合国家有关畜禽养殖污染防治的要求，并依法接受有关主管部门的监督检查。

第七条 国家鼓励和支持畜禽养殖污染防治以及畜禽养殖废弃物综合利用和无害化处理的科学技术研究和装备研发。各级人民政府应当支持先进适用技术的推广，促进畜禽养殖污染防治水平的提高。

第八条 任何单位和个人对违反本条例规定的行为，有权向县级以上人民政府环境保护等有关部门举报。接到举报的部门应当及时调查处理。

对在畜禽养殖污染防治中作出突出贡献的单位和个人，按照国家有关规定给予表彰和奖励。

第二章　预防

第九条 县级以上人民政府农牧主管部门编制畜牧业发展规划，报本级人民政府或者其授权的部门批准实施。畜牧业发展规划应当统筹考虑环境承载能力以及畜禽养殖污染防治要求，合理布局，科学确定畜禽养殖的品种、规模、总量。

第十条 县级以上人民政府环境保护主管部门会同农牧主管部门编制畜禽养殖污染防治规划，报本级人民政府或者其授权的部门批准实施。畜禽养殖污染防治规划应当与畜牧业发展规划相衔接，统筹考虑畜禽养殖生产布局，明确畜禽养殖污染防治目标、任务、重点区域，明确污染治理重点设施建设，以及废弃物综合利用等污染防治措施。

第十一条 禁止在下列区域内建设畜禽养殖场、养殖小区：

（一）饮用水水源保护区，风景名胜区；

（二）自然保护区的核心区和缓冲区；

（三）城镇居民区、文化教育科学研究区等人口集中区域；

（四）法律、法规规定的其他禁止养殖区域。

第十二条 新建、改建、扩建畜禽养殖场、养殖小区，应当符合畜牧业发展规划、畜禽养殖污染防治规划，满足动物防疫条件，并进行环境影响评价。对环境可能造成重大影响的大型畜禽养殖场、养殖小区，应当编制环境影响报告书；其他畜禽养殖场、养殖小区应当填报环境影响登记表。大型畜禽养殖场、养殖小区的管理目录，由国务院环境保护主管部门商国务院农牧主管部门确定。

环境影响评价的重点应当包括：畜禽养殖产生的废弃物种类和数量，废弃物综合利用和无害化处理方案和措施，废弃物的消纳和处理情况以及向环境直接排放的情况，最终可能对水体、土壤等环境和人体健康产生的影响以及控制和减少影响的方案和措施等。

第十三条 畜禽养殖场、养殖小区应当根据养殖规模和污染防治需要，建设相应的畜禽粪便、污水与雨水分流设施，畜禽粪便、污水的贮存设施，粪污厌氧消化和堆沤、有机肥加工、制取沼气、沼渣沼液分离和输送、污水处理、畜禽尸体处理等综合利用和无害化处理设施。已经委托他人对畜禽养殖废弃物代为综合利用和无害化处理的，可以不自行建设综合利用和无害化处理设施。

未建设污染防治配套设施、自行建设的配套设施不合格，或者未委托他人对畜禽养殖废弃物进行综合利用和无害化处理的，畜禽养殖场、养殖小区不得投入生产或者使用。

畜禽养殖场、养殖小区自行建设污染防治配套设施的，应当确保其正常运行。

第十四条 从事畜禽养殖活动，应当采取科学的饲养方式和废弃物处理工艺等有效措施，减少畜禽养殖废弃物的产生量和向环境的排放量。

第三章　综合利用与治理

第十五条 国家鼓励和支持采取粪肥还田、制取沼气、制造有机肥等方法，对畜禽养殖废弃物进行综合利用。

第十六条　国家鼓励和支持采取种植和养殖相结合的方式消纳利用畜禽养殖废弃物，促进畜禽粪便、污水等废弃物就地就近利用。

第十七条　国家鼓励和支持沼气制取、有机肥生产等废弃物综合利用以及沼渣沼液输送和施用、沼气发电等相关配套设施建设。

第十八条　将畜禽粪便、污水、沼渣、沼液等用作肥料的，应当与土地的消纳能力相适应，并采取有效措施，消除可能引起传染病的微生物，防止污染环境和传播疫病。

第十九条　从事畜禽养殖活动和畜禽养殖废弃物处理活动，应当及时对畜禽粪便、畜禽尸体、污水等进行收集、贮存、清运，防止恶臭和畜禽养殖废弃物渗出、泄漏。

第二十条　向环境排放经过处理的畜禽养殖废弃物，应当符合国家和地方规定的污染物排放标准和总量控制指标。畜禽养殖废弃物未经处理，不得直接向环境排放。

第二十一条　染疫畜禽以及染疫畜禽排泄物、染疫畜禽产品、病死或者死因不明的畜禽尸体等病害畜禽养殖废弃物，应当按照有关法律、法规和国务院农牧主管部门的规定，进行深埋、化制、焚烧等无害化处理，不得随意处置。

第二十二条　畜禽养殖场、养殖小区应当定期将畜禽养殖品种、规模以及畜禽养殖废弃物的产生、排放和综合利用等情况，报县级人民政府环境保护主管部门备案。环境保护主管部门应当定期将备案情况抄送同级农牧主管部门。

第二十三条　县级以上人民政府环境保护主管部门应当依据职责对畜禽养殖污染防治情况进行监督检查，并加强对畜禽养殖环境污染的监测。

乡镇人民政府、基层群众自治组织发现畜禽养殖环境污染行为的，应当及时制止和报告。

第二十四条　对污染严重的畜禽养殖密集区域，市、县人民政府应当制订综合整治方案，采取组织建设畜禽养殖废弃物综合利用和无害化处理设施、有计划搬迁或者关闭畜禽养殖场所等措施，对畜禽养殖污染进行治理。

第二十五条　因畜牧业发展规划、土地利用总体规划、城乡规划调整以及划定禁止养殖区域，或者因对污染严重的畜禽养殖密集区域进行综合整治，确需关闭或者搬迁现有畜禽养殖场所，致使畜禽养殖者遭受经济损失的，由县级以上地方人民政府依法予以补偿。

第四章　激励措施

第二十六条　县级以上人民政府应当采取示范奖励等措施，扶持规模化、标准化畜禽养殖，支持畜禽养殖场、养殖小区进行标准化改造和污染防治设施建设与改造，鼓励分散饲养向集约饲养方式转变。

第二十七条　县级以上地方人民政府在组织编制土地利用总体规划过程中，应当统筹安排，将规模化畜禽养殖用地纳入规划，落实养殖用地。

国家鼓励利用废弃地和荒山、荒沟、荒丘、荒滩等未利用地开展规模化、标准化畜禽养殖。

畜禽养殖用地按农用地管理，并按照国家有关规定确定生产设施用地和必要的污染防治等附属设施用地。

第二十八条　建设和改造畜禽养殖污染防治设施，可以按照国家规定申请包括污染治理贷款贴息补助在内的环境保护等相关资金支持。

第二十九条　进行畜禽养殖污染防治，从事利用畜禽养殖废弃物进行有机肥产品生产经营等畜禽养殖废弃物综合利用活动的，享受国家规定的相关税收优惠政策。

第三十条　利用畜禽养殖废弃物生产有机肥产品的，享受国家关于化肥运力安排等支持政策；购买使用有机肥产品的，享受不低于国家关于化肥的使用补贴等优惠政策。

畜禽养殖场、养殖小区的畜禽养殖污染防治设施运行用电执行农业用电价格。

第三十一条　国家鼓励和支持利用畜禽养殖废弃物进行沼气发电，自发自用、多余电量接入电网。电网企业应当依照法律和国家有关规定为沼气发电提供无歧视的电网接入服务，并全额收购其电网覆盖范围内符合并网技术标准的多余电量。

利用畜禽养殖废弃物进行沼气发电的，依法享受国家规定的上网电价优惠政策。利用畜禽养殖废弃物制取沼气或进而制取天然气的，依法享受新能源优惠政策。

第三十二条 地方各级人民政府可以根据本地区实际，对畜禽养殖场、养殖小区支出的建设项目环境影响咨询费用给予补助。

第三十三条 国家鼓励和支持对染疫畜禽、病死或者死因不明畜禽尸体进行集中无害化处理，并按照国家有关规定对处理费用、养殖损失给予适当补助。

第三十四条 畜禽养殖场、养殖小区排放污染物符合国家和地方规定的污染物排放标准和总量控制指标，自愿与环境保护主管部门签订进一步削减污染物排放量协议的，由县级人民政府按照国家有关规定给予奖励，并优先列入县级以上人民政府安排的环境保护和畜禽养殖发展相关财政资金扶持范围。

第三十五条 畜禽养殖户自愿建设综合利用和无害化处理设施、采取措施减少污染物排放的，可以依照本条例规定享受相关激励和扶持政策。

第五章 法律责任

第三十六条 各级人民政府环境保护主管部门、农牧主管部门以及其他有关部门未依照本条例规定履行职责的，对直接负责的主管人员和其他直接责任人员依法给予处分；直接负责的主管人员和其他直接责任人员构成犯罪的，依法追究刑事责任。

第三十七条 违反本条例规定，在禁止养殖区域内建设畜禽养殖场、养殖小区的，由县级以上地方人民政府环境保护主管部门责令停止违法行为；拒不停止违法行为的，处3万元以上10万元以下的罚款，并报县级以上人民政府责令拆除或者关闭。在饮用水水源保护区建设畜禽养殖场、养殖小区的，由县级以上地方人民政府环境保护主管部门责令停止违法行为，处10万元以上50万元以下的罚款，并报经有批准权的人民政府批准，责令拆除或者关闭。

第三十八条 违反本条例规定，畜禽养殖场、养殖小区依法应当进行环境影响评价而未进行的，由有权审批该项目环境影响评价文件的环境保护主管部门责令停止建设，限期补办手续；逾期不补办手续的，处5万元以上20万元以下的罚款。

第三十九条 违反本条例规定，未建设污染防治配套设施或者自行建设的配套设施不合格，也未委托他人对畜禽养殖废弃物进行综合利用和无害化处理，畜禽养殖场、养殖小区即投入生产、使用，或者建设的污染防治配套设施未正常运行的，由县级以上人民政府环境保护主管部门责令停止生产或者使用，可以处10万元以下的罚款。

第四十条 违反本条例规定，有下列行为之一的，由县级以上地方人民政府环境保护主管部门责令停止违法行为，限期采取治理措施消除污染，依照《中华人民共和国水污染防治法》、《中华人民共和国固体废物污染环境防治法》的有关规定予以处罚：

（一）将畜禽养殖废弃物用作肥料，超出土地消纳能力，造成环境污染的；

（二）从事畜禽养殖活动或者畜禽养殖废弃物处理活动，未采取有效措施，导致畜禽养殖废弃物渗出、泄漏的。

第四十一条 排放畜禽养殖废弃物不符合国家或者地方规定的污染物排放标准或者总量控制指标，或者未经无害化处理直接向环境排放畜禽养殖废弃物的，由县级以上地方人民政府环境保护主管部门责令限期治理，可以处5万元以下的罚款。县级以上地方人民政府环境保护主管部门作出限期治理决定后，应当会同同级人民政府农牧等有关部门对整改措施的落实情况及时进行核查，并向社会公布核查结果。

第四十二条 未按照规定对染疫畜禽和病害畜禽养殖废弃物进行无害化处理的，由动物卫生监督机构责令无害化处理，所需处理费用由违法行为人承担，可以处3 000元以下的罚款。

第六章 附则

第四十三条 畜禽养殖场、养殖小区的具体规模标准由省级人民政府确定，并报国务院环境保护主管部门和国务院农牧主管部门备案。

第四十四条 本条例自 2014 年 1 月 1 日起施行。

2013 年 11 月 11 日

2. 财政部 环境保护部关于加强"十二五"中央农村环境保护专项资金管理的指导意见

财政部 环境保护部关于加强"十二五"中央农村环境保护专项资金管理的指导意见

财建〔2011〕1070 号

各省、自治区、直辖市、计划单列市财政厅（局）、环境保护厅（局）、新疆生产建设兵团财务局、环境保护局：

为加强"十二五"中央农村环境保护专项资金（以下简称专项资金）管理，进一步提升农村环境综合整治效果，促进"以奖促治"政策取得更大成效，推动国家环境保护"十二五"规划目标的实现，根据《国务院办公厅转发环境保护部等部门关于实行"以奖促治"加快解决突出的农村环境问题实施方案的通知》（国办发〔2009〕11 号）等有关规定，现提出以下意见：

一、总体要求、基本原则和工作目标

（一）总体要求

以科学发展观为指导，进一步强化地方政府职责，深化"以奖促治、以奖代补"政策，建立资金引导、示范引导、政策引导的专项资金管理体系，加大农村环境综合整治和生态示范建设力度，在着力解决危害群众健康、威胁城乡居民食品安全、影响农村可持续发展的突出环境问题的同时，为"十二五"主要污染物总量减排和重点流域水污染防治作出积极贡献。

（二）基本原则

中央引导，地方推动。推动资金和项目审批权限下放，将工作重心下移，中央重在政策引导，工作职责主要在地方政府。

统筹规划，突出重点。各地应结合本地区经济社会发展规划和环境保护规划，统筹规划农村环境综合整治工作，将污染防治重点流域区域、国家扶贫开发重点县作为重点支持范围。

集中投入，连片整治。中央和地方财政共同加大投入力度，整合各方资源，吸引社会资金，鼓励农民投工投劳，大力推进农村环境连片整治，不断提高资金使用效益。

因地制宜、注重实效。各地应结合本地区自然环境、社会经济条件和发展上的优势，选取合适的环保适用技术和运行管理模式，切实解决农村环境问题。

（三）主要目标

通过中央和地方财政资金支持，到 2015 年，全国共完成 6 万个建制村（占全国总数的

10%）的环境综合整治任务，建成一大批国家级生态示范乡镇和国家级生态村，使环境问题突出、严重危害群众健康的村庄基本得到治理，农村环境质量初步改善，农民群众环保意识明显提升，有效推动农村环境监测、监察执法、污染减排、环保宣教等工作机制的建立和完善。

二、完善资金投入机制，全面推进农村环境连片整治

"十二五"期间，应着重完善农村环保资金投入机制。中央财政将进一步加大资金投入力度，全面推进农村环境连片整治，逐步扩大农村环境连片整治示范范围，加快农村突出环境问题的解决进程。农村环境连片整治示范省份，要在巩固试点示范的基础上，进一步扩大连片整治实施范围、提升连片整治实施效果；非示范省份应积极开展连片整治试点。

地方各级财政、环保部门要结合本地区工作实际及财力状况，建立稳定的农村环保资金渠道，不断加大投入力度，积极配合专项资金投向，并切实保障项目前期经费、组织实施经费以及考核验收、监督监测、成效评估等工作经费。同时，地方各级财政、环保部门要同国土、建设、交通、农业、水利等涉农部门加强协调沟通，鼓励和支持其他涉农资金与农村环保资金整合，集中投入综合整治，提高资金使用效益。

三、强化激励和监督手段，不断促进资金管理机制创新

（一）优化预算安排。为进一步强化地方职责，充分调动各地开展农村环境综合整治的积极性和主动性，"十二五"期间，财政部、环境保护部根据各地农村环境综合整治工作开展情况并结合财力可能，核定对各地的资金补助规模，支持各地开展农村环境综合整治和国家级生态乡镇、国家级生态村的创建。各地在资金补助规模范围内按照有关规定及要求自主选择项目，制订农村环境综合整治实施方案报财政部、环境保护部备案。各地报备的实施方案是预算安排、项目实施和监督检查的重要依据。

（二）加强监督检查。建立预算执行跟踪与通报制度，每季度通报示范省预算执行情况和项目实施情况；加强项目实施情况督查和专项资金核查，强化过程和结果监督；加强项目验收和环境成效评估，总结经验，不断优化工作机制。

（三）完善奖惩机制。实行项目储备、预算执行、项目实施成效与预算安排联动；鼓励农村污染防治项目适用技术和工艺的研发及推广，引导国家重大环保科研成果的示范试点应用；推动管理创新，对采取投资、设计、建设和运营一体化模式的项目进行补助（奖励）；鼓励各地探索建立农村环境综合整治长效机制，对委托第三方运营的农村环境污染防治设施运行维护费用进行补助（奖励）等。

地方各级财政和环保部门要不断完善专项资金管理各项制度，认真执行责任制、报备制、参与制、公示制等制度，建立县级环保部门审核、县级财政部门按照项目实施进度核付资金的县级报账制度，完善项目招投标制度，建立专家审查和现场勘察相结合的项目审查机制。要不断推动专项资金管理机制创新，加强专项资金监管，充分运用信息公开、督促检查、审计监督、考核验收等手段，确保资金使用安全高效。

四、加强顶层设计，不断完善项目管理基础工作

（一）加强统筹规划。各地应结合本地区经济社会发展规划和环境保护规划，认真谋划农村环境连片整治工作，组织编制"十二五"农村环境连片整治实施方案，明确治理重点区域、治理重点内容、预期治理成效等，提高连片整治工作的系统性、科学性。连片整治村庄原则上从实

施方案中选取,并根据实施情况进行动态调整。

(二)合理确定连片整治布局。农村环境连片整治区域要按照国办发〔2009〕11号文件规定的"以奖促治"政策优先实施范围要求,保障直接影响群众健康的水环境安全,并结合当地污染防治、生态保护的重点工程确定。为进一步突出治理成效,在具体项目布局时,要将三个方面的村庄纳入重点支持范围:一是《关于印发〈"问题村"环境治理应对机制与程序〉的通知》(环办函〔2010〕44号)确定的"问题村";二是全国主要污染物排放总量控制"十二五"规划确定的纳入减排范畴的村庄;三是重点流域水污染防治"十二五"规划所确定重点流域优先控制单元范围内的村庄。

(三)科学选取治理方式和技术模式。在收录本地区科研院所和环保企业研发技术的基础上,结合本地区农村环境污染现状,对区域性存在突出环境问题的村庄实行连片整治,因地制宜,科学选取适宜不同自然生态条件和经济发展水平的低成本、高效益、便于运行维护的农村环保治理方式和实用技术。

(四)建立农村环境综合整治项目库。进行项目储备,适时掌握项目申报、资金安排、项目实施、运行维护等情况,提高项目管理的计划性和科学性。项目库实行分级管理和动态管理,按国家、省、市、县四级(省直管县除外)权限建立项目库。省级财政、环保部门定期组织将符合条件的项目入库,做好项目储备,动态更新已安排项目的实施情况及运行维护情况。

(五)建立农村环境污染防治设施运行维护长效机制。项目布局时,要预先考虑农村环境污染防治设施建成后的运行维护问题,包括运行维护方式、资金解决渠道等;实施方案制定和污染防治技术选取时,既要考虑建设成本问题,还要考虑运行维护成本和难易程度;项目通过验收后,县级人民政府应及时组织办理资产移交,结合本地区城乡基础设施管理权限划分,明确设施管理主体,加强技术指导,建立健全设施维修、养护、运行等各项规章制度,并结合各地实际情况,采取财政补贴、村镇自筹、收取费用等方式解决运行维护资金。鼓励开展集中运营和委托第三方运营,促进设施运行维护的专业化、市场化。

五、采取综合配套措施,不断提高专项资金使用效益

(一)加强示范引导。"十二五"期间,财政部、环境保护部通过重点支持各地开展农村环境连片整治示范,促使各地积极探索农村环境污染防治的有效途径。各地要建成一批符合本地区自然生态条件和经济发展水平的示范区,不断总结经验,为本地区乃至全国发挥示范引领作用,并通过新闻媒体宣传、搭建信息交流平台等,进一步扩大示范效应。

(二)加强政策引导。建立农村主要水污染物及农业源污染减排统计、监测和考核体系,通过实施农村环境综合整治项目促进农村地区污染减排,调动各地开展农村环境综合整治的积极性。研究制定相关财税政策和投融资政策,鼓励、吸引社会资金投入,建立农村环境污染防治的长效机制。

(三)加强科技支撑。通过规范制定、资质管理、信息收集以及技术示范推广等,规范项目建设,提升项目实施水平,引导推动农村环保技术开发、设备制造、技术服务、设施运营等农村环保产业发展。

财政部 环境保护部
2011年12月8日

来源:http://www.mep.gov.cn/gzfw_13107/zcfg/hjjzc/gjfbdjjzcx/hjczzc/201606/t20160623_355581.shtml

3. 绿色能源示范县建设补助资金管理暂行办法

绿色能源示范县建设补助资金管理暂行办法

第一章 总则

第一条 为利用可再生能源改善农村生活用能，推进农村能源清洁化和现代化，国家将安排资金支持绿色能源示范县建设。为规范绿色能源示范县建设财政补助资金（以下简称示范补助资金）管理，根据《中华人民共和国可再生能源法》及有关规定，特制定本办法。

第二条 本办法所称绿色能源是指生物质能、太阳能、风能、地热能、水能等可再生能源；绿色能源示范县是指经国家能源局、财政部和农业部共同认定、以开发利用绿色能源为主要方式解决或改善农村生活用能的县（市）。

第三条 示范补助资金由财政预算安排，按照"政府引导、市场运作、县级统筹、绩效挂钩"的原则使用管理。

第二章 支持范围及条件

第四条 中央财政示范补助资金支持范围及用途主要包括：

（一）沼气集中供气工程。指利用畜禽粪便、农作物秸秆等废弃生物质资源制取沼气的项目，单个项目沼气发酵装置池容350立方米以上，年产量10万立方米以上，原则上集中供应居民生活燃气150户及以上。示范补助资金用于支持沼气提纯处理设施、储气罐、输送管网建设。

（二）生物质气化工程。指利用农作物秸秆、林业废弃物和农林产品加工剩余物等废弃生物质资源制取燃气，可同时产炭或发电等多联产能源产品的气化项目，单个项目原则上集中供应居民生活燃气200户及以上。示范补助资金重点支持燃气清洁净化处理设施、储气罐及输送管网建设。

（三）生物质成型燃料工程。指利用农作物秸秆、林业废弃物和农林产品加工剩余物制成成型燃料的固化成型项目，单个项目年产能在5 000吨及以上，原则上用于1 000户及以上的农户炊事采暖及医院、学校、政府机关、孤儿院、幼儿园、养老院等公共机构供热采暖。示范补助资金用于支持生物质炊事采暖炉具购置，生物质生活用锅炉、炕具及灶具改造。

（四）其他可再生能源开发利用工程。采用适合当地资源条件的新技术、新产品，开发利用其他可再生能源工程（水能等传统能源除外）。

（五）农村能源服务体系。建立健全覆盖县、乡、村三级的现代农村能源服务网络，满足当地农村能源发展需要，示范补助资金重点支持能源资源评估、技术指导、宣传培训、考核验收等与绿色能源示范县建设直接相关活动。

已享受其他财政补助政策的项目，不纳入本办法支持范围。

第五条 申请示范补助资金的项目必须符合以下条件：

（一）项目已纳入绿色能源示范县建设实施方案，并在三年内建成；

（二）具备较好的项目建设条件，前期准备工作基本就绪，建设方案经过主管部门审核；

（三）项目技术工艺及产品质量符合农业部《绿色能源示范县技术管理暂行办法》要求；

（四）项目业主原则上为独立法人单位，注册资本金不少于 300 万元。项目业主单位财务管理制度完善、银行信用良好，并按市场化原则建设和运作项目。

第六条 申请示范补助资金的绿色能源示范县必须满足以下条件：

（一）符合《国家能源局关于推荐绿色能源县的通知》（国能新能〔2009〕343 号）规定的基本条件和基本要求，且示范建设期内达到《绿色能源县评价暂行办法》规定的总体预期目标（评价指标）。

（二）示范建设期内中央财政支持项目（不含可再生能源建筑应用项目）必须达到的具体预期目标主要为：新增绿色能源生产能力超过 5 万吨标准煤；新增绿色能源用户 2 万户及以上；畜禽粪便和农林废弃物能源化利用率提高 10 个百分点及以上；农作物秸秆资源综合利用率达到 80% 以上。

第七条 绿色能源示范县要加快推进可再生能源建筑应用，包括在农村中小学推行太阳能浴室，实施太阳能、浅层地能采暖工程，利用浅层地能热泵等技术解决中小学采暖需求，建设太阳房，利用被动式太阳能采暖技术为教室供暖；在县城（镇）、农村居民住宅以及卫生院等公共建筑中实施可再生能源建筑一体化应用项目。具备条件的绿色能源示范县要一并编制可再生能源建筑应用实施工作方案，补助资金的申请、拨付及管理等具体事项，按照财政部、住房城乡建设部《关于印发加快农村地区可再生能源建筑应用的实施方案的通知》（财建〔2009〕306 号）和《关于加强可再生能源建筑应用城市示范和农村地区县级示范管理的通知》（财建〔2010〕455 号）的规定执行，对符合条件的绿色能源示范县予以优先支持。

第三章 补助方式与标准

第八条 中央财政对符合支持范围及条件的绿色能源示范县给予适当补助。示范补助资金（不含可再生能源建筑应用补助资金）规模根据各县符合支持方向的示范项目实际完成投资、新增绿色能源生产能力及用户数量等相关因素综合确定。

第九条 中央财政示范补助资金要与地方安排的补助资金统筹使用，可采取财政补贴、以奖代补、贷款贴息等补助方式支持示范项目建设。具体补助标准由地方综合考虑项目建设内容、投资规模、企业自筹资金等因素自行确定。

第十条 中央财政示范补助资金可安排用于能源服务体系建设，资金额度应控制在中央财政示范补助资金总额的 5% 以内。

第十一条 地方财政要安排相应资金予以支持，增强示范项目建设的可持续性，发挥和放大示范效应。具体补助资金规模和负担方式由地方视财力自行确定。地方财政支持情况将作为审核示范县实施方案和中央财政安排补助资金的因素之一。

第四章 资金下达与管理

第十二条 县级能源主管部门会同财政、农业（农村能源主管部门）等有关部门编制绿色能源示范县建设实施方案（编写提纲见附 1），经由省级能源、财政和农业（农村能源主管部门）等有关部门审核后，联合上报国家能源局、财政部和农业部。

第十三条 国家能源局、财政部和农业部组织专家对绿色能源示范县建设实施方案进行评审并予以批复。批复的实施方案，将作为绿色能源示范县实施建设和考核验收的主要依据。

第十四条 根据批复的绿色能源示范县实施方案，对符合支持条件且有能力达到规定目标的示范县，中央财政综合考虑年度建设计划、项目投资规模以及中央财政预算安排等因素，分期分批向省级财政部门下达示范补助资金，其中：实施方案启动后拨付 1/3；中期评估通过后再拨付 1/3；实施方案完成并通过目标考核后再拨付剩余资金。对建设进度较慢的示范县，将视情况缓拨或停拨示范补助资金；对未达到规定目标的示范县，将相应扣减示范补助资金。

第十五条 地方财政部门商能源、农业（农村能源主管部门）等有关主管部门，根据项目实施情况及实际进度，将地方财政安排资金和中央财政示范补助资金及时拨付给项目单位或用户，并在年度结束后 30 日内填制《绿色能源示范县财政补助资金安排使用情况表》（格式见附2），逐级上报财政部。同时，督促项目单位及时足额落实自筹资金。

第十六条 示范建设期结束后一个月内，县级能源主管部门会同财政、农业（农村能源主管部门）等有关部门编制绿色能源示范县建设总结报告。省级能源主管部门会同财政、农业（农村能源主管部门）等有关部门依据批复的实施方案组织验收，将有关验收报告报国家能源局、财政部和农业部。省级财政部门根据验收结果对示范补助资金进行据实清算，并将有关资金清算情况及时报财政部备案。

第五章　监管与考核

第十七条 纳入绿色能源示范县建设范畴且享受财政补助的项目，要严格按照批复的实施方案进行，不得随意调整。如确需调整的，须按规定程序报批。

第十八条 享受财政补助的示范项目单位要建立项目建设和资金管理台账，定期向县级能源、财政和农业（农村能源主管部门）等有关部门报告项目进展及资金使用等有关情况，并对上报信息的真实性、准确性负责。

第十九条 地方能源主管部门要会同财政、农业（农村能源主管部门）等有关部门加强对示范项目质量与进度、投资资金到位及财政资金使用等情况的跟踪、检查和监督，按规定进行绩效考评，确保资金使用规范、安全、有效。

第二十条 国家能源局会同财政部、农业部依据批复的示范县实施方案，组织对绿色能源示范县项目抽查、中期评估、目标考核和总体评价。

第二十一条 示范补助资金必须专款专用，任何单位不得以任何理由、任何形式套取、截留、挪用。对弄虚作假、骗取财政补助资金的示范县、项目单位和个人，除追缴扣回财政补助资金、取消示范项目资格和示范县资格外，还应追究相关人员的责任；对违反规定的地方有关部门，按照《财政违法行为处罚处分条例》（国务院令第 427 号）等有关规定进行处理。

第六章　附则

第二十二条 各地要根据本办法规定和本地实际情况，制定具体实施细则，及时报财政部、国家能源局和农业部备案。

第二十三条 本办法由财政部会同国家能源局、农业部负责解释。

第二十四条 本办法自印发之日起施行。

附：1. 绿色能源示范县建设实施方案编写提纲

2. 绿色能源示范县财政补助资金安排使用情况表

来源：http://www.mep.gov.cn/gzfw_13107/zcfg/hjjzc/gjfbdjjzcx/hjczzc/201606/t20160623_355619.shtml

附1 绿色能源示范县建设实施方案编写提纲

一、全县基本情况及农村用能概况。一是自然资源条件及经济社会发展情况，包括地理位置、土地、人口及分布、人均收入、主要生产活动及农副产品产量等基本情况；二是能源发展及消费利用总体情况，包括能源生产、供应及消费的总体情况；农村生活用能的类型、结构及消费量等。

二、绿色能源开发利用现状。包括生物质能、太阳能、风能、水能、地热能及其他可再生能源资源条件；绿色能源开发利用规模、方式、效率；绿色能源消费情况（全县各类绿色能源年均消费数量、比重，户均消费数量、类型、比重及使用成本等）；存在的主要问题及障碍等。

三、绿色能源示范县规划简介。包括总体目标、主要任务、建设规模、技术类型、项目布局、管理要求及保障措施等。说明对专业化投资、建设、经营管理的要求和相应措施。总体目标及主要任务需反映示范县建成后预计新增绿色能源生产能力、新增绿色能源用户数量、绿色能源资源利用率及提高程度、能源服务体系覆盖面等情况。

四、申请中央财政补助资金的项目情况。按照类别汇总项目情况，包括项目内容、责任主体、建设规模、投资及构成、资源保障、技术路径、执行进度、运营模式、预期产出及综合效益等。对当地批量建设同类项目，需说明项目法人产生方式以及建设运行管理体制。

申请中央财政补助资金的项目，需提交项目建设方案并填写项目申报表（格式见附件），按项目类别编号。各项目建设方案应经省级主管部门审核。

五、中央财政补助资金使用计划。包括资金安排原则、支出计划、支持方式、使用范围、补助标准及具体管理办法等，在编制实施方案时申请中央财政补助资金规模原则上不得超过2500万元/县。同时，明确地方财政资金支持规模、补助标准及项目业主单位自筹资金落实情况等。

六、管理和保障措施。包括组织协调、管理体制、配套政策措施、服务体系、技术支撑、运行机制、监管制度、考核评价、宣传培训等。

附：申请中央财政补助项目建设方案

项目编号：（如A-01）　　　　　　项目类别：A/B/C/D/E

申请中央财政补助项目建设方案

一、项目法人基本情况。包括主营业务、经营年限、股东构成、资产及财务状况、主要投资项目等内容。

二、项目建设内容和目标。包括年生产能力、工程内容、技术类型、生产工艺、主要设施和设备、产品性能、储气罐及输送管网规模、市场或服务覆盖范围；项目新增绿色能源供应量、可解决农村用能的户数等。

三、项目资金筹措。包括项目总投资、资金来源与落实情况。

四、项目投资建设和运行管理。包括专业化投资建设方式，运行管理体制和相关制度，能源产品供应服务体系等。

五、项目原料资源保障方案。包括原料资源种类、技术参数、分布情况、消耗数量、获取渠道、储存运输等因素分析与保障措施。

六、项目实施进度安排。包括项目准备时间、工程周期、拟开工时间、预计完工时间、工程实施步骤等。

七、项目技术经济分析。包括市场分析、项目成本和经济效益分析、生态环保效益和就业等社会效益分析。

八、项目建设条件落实情况。包括土地、供水、供电、道路等落实情况。

（注：项目类别：A为沼气集中供气工程，B为生物质气化工程，C为生物质成型燃料工程，D为其他可再生能源开发利用工程，E为农村能源服务体系）

申请中央财政补助资金项目申报表

项目名称				项目法人	
法人联系方式				建设地点	
建设规模				建设起止期	
项目投资（万元）	总投资	申请中央补助资金	地方补助资金	银行贷款	其 他
建设内容	主体设施规模（生产能力）			如该项目兼具发电和产炭，需提供其容量或产能等相关信息：	
	储气罐（立方米）				
	输送管网（千米）				
	其 他				
建设目标	沼气/生物质气化供气户数		年利用量（立方米）		
	成型燃料炊事用户数		年利用量（吨）		
	成型燃料采暖面积（平米）		年利用量（吨）		
	其 他				
项目建设必要性					
项目建设和运行管理措施					
土地、环评等手续办理情况					
省级主管部门综合评价及审核意见					

附 2：

绿色能源示范县财政补助资金安排使用情况表
(二○一 年度)

填制单位：   省（区、市）财政厅（局）、发改委（能源局）、农业厅（委、办、局）

县域及项目单位	技术类型	年消耗原料/资源		计划建设规模				计划投资				累计到位资金及来源					截至本年末实际完成投资					可再生能源年可供量				截至本年末实际完成规模			建设规划即补助资金总预算			实际拨付补助资金					中央财政资金生物质气化及成型工程							截至目前建设进度
		种类	数量	项目名称	主体设施规模	储气罐	输送管网	其他	建设期间	小计	2011年	2012年	2013年	小计	主体设施	储气罐	输送管网	其他	小计	企业自筹	银行贷款	财政补助	其他	燃气量	沼气量	发电量	成型燃料量	共计合标准	受益居民	小计	中央财政	地方财政	累计拨付	中央资金	地方资金	其中：本年拨付	中央资金	地方资金	沼气工程			生物质气化及成型工程				能源服务体系	其他
			立方米/吨/万千瓦时		立方米/吨/万千瓦时	立方米	公里			万元	万元	万元	万元	万元	万元	万元	万元	万元	万元	万元	万元	万元	万元	万立方米	万立方米	万千瓦时	万吨	万吨	万户	万元	万元	万元	万元	万元	万元	万元	万元	万元	主体设施	沼气储罐	燃气输送管网	燃气储罐	燃气输送管网	生物质炉具	生物质成型燃料加工设备	万元	万元
合计																																														
一、**县单位																																														
项目单位1																																														
项目单位2																																														
……																																														
二、**县单位																																														
项目单位1																																														
项目单位2																																														

备注：1. "技术类型"栏填列沼气集中供气、生物质气化、生物质成型燃料、农作物秸秆、林业废弃物、其他可再生能源开发利用等；
2. "消耗原料/资源"栏填列畜禽粪便、农作物秸秆、生物质燃气及生物质成型燃料、农林产品加工剩余物等；
3. "主体设施规模"栏反映沼气发酵池、生物质燃气及生物质成型燃料生产设施等主体设施建设情况；
4. "储气罐"、"输送管网"栏主要反映沼气、生物质燃气项目的储存及输送设施建设情况；
5. "建设期间" 一般指 2011—2013 年。

4. "十二五"农作物秸秆综合利用实施方案

"十二五"农作物秸秆综合利用实施方案

我国是农业大国,农作物秸秆产量大、分布广、种类多,长期以来一直是农民生活和农业发展的宝贵资源。改革开放以来,在党中央、国务院强农惠农政策支持下,农业连年丰收,农作物秸秆(以下简称"秸秆")产生量逐年增多,秸秆随意抛弃、焚烧现象严重,带来一系列环境问题。加快推进秸秆综合利用,对于稳定农业生态平衡、缓解资源约束、减轻环境压力都具有十分重要的意义。近年来,我国高度重视秸秆综合利用工作,2008年国务院办公厅印发了《关于加快推进农作物秸秆综合利用的意见》(国办发〔2008〕105号),提出了秸秆综合利用的目标任务、重点和政策措施,在相关部门和各地区的共同努力下,秸秆综合利用得到了较快发展。

为指导"十二五"期间各地推进秸秆综合利用工作,加快农业循环经济和新兴产业发展,改善农村居民生产生活条件,增加农民收入,保护生态环境,推动社会主义新农村建设,按照国务院办公厅文件要求,在分析全国秸秆资源量和综合利用情况的基础上,制定本实施方案。

一、秸秆综合利用现状

(一)秸秆资源量

据调查统计,2010年全国秸秆理论资源量为8.4亿吨,可收集资源量约为7亿吨。秸秆品种以水稻、小麦、玉米等为主。其中,稻草约2.11亿吨,麦秸约1.54亿吨,玉米秸约2.73亿吨,棉秆约2 600万吨,油料作物秸秆(主要为油菜和花生)约3 700万吨,豆类秸秆约2 800万吨,薯类秸秆约2 300万吨。我国的粮食生产带有明显的区域性特点,辽宁、吉林、黑龙江、内蒙古、河北、河南、湖北、湖南、山东、江苏、安徽、江西、四川等13个粮食主产省(区)秸秆理论资源量约6.15亿吨,占全国秸秆理论资源量的73%。

(二)秸秆综合利用情况及特点

2010年,秸秆综合利用率达到70.6%,利用量约5亿吨。其中,作为饲料使用量约2.18亿吨,占31.9%;作为肥料使用量约1.07亿吨(不含根茬还田,根茬还田量约1.58亿吨),占15.6%;作为种植食用菌基料量约0.18亿吨,占2.6%;作为人造板、造纸等工业原料量约0.18亿吨,占2.6%;作为燃料使用量(含农户传统炊事取暖、秸秆新型能源化利用)约1.22亿吨,占17.8%,秸秆综合利用取得明显成效。

1. 多元化利用格局形成。秸秆由过去仅用作农村生活能源和牲畜饲料,拓展到肥料、饲料、食用菌基料、工业原料和燃料等用途;由过去传统农业领域发展到现代工业、能源领域。秸秆能源化利用发生了质的变化,从农民低效燃烧发展到秸秆直燃发电、秸秆沼气、秸秆固化、秸秆干馏等高效利用。秸秆工业化利用发展迅速,秸秆人造板、秸秆木塑等高附加值产品实现了产业化生产,产品已经应用于北京奥林匹克公园、上海世博会等多项重大工程。

2. 技术水平明显提高。通过自主创新、引进消化吸收,多项技术取得一定突破。秸秆沼气、秸秆固化、秸秆人造板、秸秆木塑等综合利用工艺技术以及秸秆联合收获、粉碎、拾捡打包等机械装备得到成功应用；秸秆直燃发电技术装备基本实现国产化；秸秆清洁制浆等多项技术的应用部分实现了造纸工业污水循环利用和达标排放；自主研发的秸秆人造板粘合剂已经实现甲醛零排放。

3. 综合效益快速提升。通过大力推进秸秆综合利用，带动相关产业加快发展，重点地区的秸秆焚烧问题基本得到解决，大气环境污染问题得到有效缓解，带动了农村剩余劳动力就业、促进了农业增效和农民增收。2010年养畜消耗的秸秆相当于节约粮食5 000万吨；作为燃料使用相当于节约标煤约6 000万吨，实现了环境效益、经济效益和社会效益的多赢。

二、面临的形势及存在问题

气候变化是当今全球面临的重大挑战，低碳绿色发展已成为世界各国的共识。我国政府明确提出控制温室气体排放行动目标，到2020年非化石能源占一次能源的比重达到15%左右，单位国内生产总值二氧化碳排放比2005年降低40%~45%。秸秆作为优质的生物质能可部分替代和节约化石能源，有利于改善能源结构，减少二氧化碳排放，缓解和应对全球气候变化。国务院《关于加快推进农作物秸秆综合利用的意见》，提出到2015年秸秆综合利用率达到80%以上的目标。按照中央提出的建设生态文明的要求，发展节约型农业、循环农业、生态农业，加强生态环境保护，既为秸秆综合利用提供了新机遇，也提出了新要求、新挑战。

虽然秸秆综合利用工作取得积极进展，焚烧现象得到一定控制，但是还面临着一些问题：一是秸秆用之为宝、弃之为害的理念还没有深入人心，资源化、商品化程度低，区域间发展不平衡。二是国家已出台的一些鼓励秸秆综合利用的政策，农民直接受益的不多，有待进一步完善。三是秸秆综合利用企业规模小，缺乏龙头企业带动，综合利用产业化发展缓慢，要实现2015年秸秆综合利用率超过80%的目标，任务仍相当艰巨。

三、指导思想、基本原则和总体目标

（一）指导思想

全面落实科学发展观，坚持资源节约和环境保护基本国策，以提高秸秆综合利用率为目标，以科技创新为动力，以制度创新为保障，发挥市场机制作用，深入研究和完善鼓励秸秆综合利用配套政策措施，因地制宜推进秸秆综合利用工作，逐步形成秸秆综合利用的长效机制，促进秸秆的资源化、商品化利用，培育和壮大秸秆综合利用产业，带动农村经济社会发展。

（二）基本原则

1. 农业优先、多元利用。秸秆来源于农业生产，综合利用必须坚持与农业生产相结合。在满足农业和畜牧业需求的基础上，利用经济手段，统筹兼顾、合理引导秸秆能源化、工业化等综合利用，不断拓展利用领域，提高利用效益。

2. 市场导向、政策扶持。充分发挥市场配置资源的作用，鼓励社会力量积极参与，建立以市场为导向，企业为主体，农民积极参与的长效机制。深入研究完善相关配套政策措施，加大引导和扶持力度。

3. 科技推动、强化支撑。推进产学研相结合，整合资源，着力解决秸秆综合利用领域共性和关键性技术难题，提高技术、装备和工艺水平。构建服务支撑体系，强化培训指导，加快先进、成熟技术的推广普及。

4. 因地制宜、突出重点。根据各地种植业、养殖业特点和秸秆资源的数量、品种，结合秸秆利用现状，选择适宜的综合利用方式。选择重点区域、重点领域，建设一批示范工程，扶持一批重点企业，加快推进秸秆综合利用产业发展。

（三）总体目标

到2013年秸秆综合利用率达到75%，到2015年力争秸秆综合利用率超过80%；基本建立较完善的秸秆田间处理、收集、储运体系；形成布局合理、多元利用的综合利用产业化格局。其中，到2015年秸秆机械化还田面积达到6亿亩；建设秸秆饲用处理设施6 000万立方米，年增加饲料化处理能力3 000万吨；秸秆基料化利用率达到4%；秸秆原料化利用率达到4%；秸秆能源化利用率达到13%。

四、重点领域

（一）秸秆肥料化利用

秸秆是发展现代农业的重要物质基础。秸秆含有丰富的有机质、氮磷钾和微量元素，是农业生产重要的有机肥源。继续推广普及保护性耕作技术，通过鼓励农民使用秸秆粉碎还田机械等方式，有效提高秸秆肥料利用率。

（二）秸秆饲料化利用

秸秆含有丰富的营养物质，4吨秸秆的营养价值相当于1吨粮食，可为畜牧业持续发展提供物质保障。在秸秆资源丰富的牛羊养殖优势区，鼓励养殖场（户）或秸秆饲料加工企业制作青贮、氨化、微贮或颗粒等秸秆饲料。

（三）秸秆基料化利用

做好秸秆栽培食用菌，有利于促进农业生态平衡，推进农业转型升级，转变农业发展方式，加快建设高效生态的现代农业，继续重点推广企业加农户的经营模式，建设一批秸秆栽培食用菌生产基地。

（四）秸秆原料化利用

秸秆纤维是一种天然纤维素纤维，生物降解性好，可替代木材作用于造纸、生产板材、制作工艺品、生产活性炭等，也可替代粮食生产木糖醇等。"十二五"期间，不断提高秸秆工业化利用水平，科学利用秸秆制浆造纸，积极发展秸秆生产板材和制作工艺品，试点建设秸秆生产木糖醇、秸秆生产活性炭等工程。

（五）秸秆燃料化利用

秸秆作为一种重要的生物质能，2吨秸秆能源化利用热值可替代1吨标准煤，推广秸秆能源化利用，可有效减少一次能源消耗。秸秆能源化利用技术主要包括秸秆沼气（生物气化）、秸秆固化成型燃料、秸秆热解气化、直燃发电和秸秆干馏、炭化和活化等方式。"十二五"期间，大力发展秸秆沼气、秸秆固化成型燃料，提高可再生能源在能源结构中的比例。

五、重点工程

"十二五"期间在十三个粮食主产区、棉秆等单一品种秸秆集中度高的地区、交通干道、机场、高速公路沿线等重点地区，围绕秸秆肥料化、饲料化、基料化、原料化和燃料化等领域，实施秸秆综合利用试点示范，大力推广用量大、技术含量和附加值高的秸秆综合利用技术，实施一批重点工程。

（一）秸秆循环型农业示范工程

按照循环经济理念，开辟和建立秸秆多元化利用途径，重点推广秸秆-家畜养殖-沼气-农户生活用能，沼渣-高效肥料-种植等循环利用模式，鼓励粮食主产区建设秸秆生态循环农业工程，充分利用好秸秆资源。力争到2015年，秸秆生态循环农业工程秸秆综合利用量，占项目所在地区秸秆总量的10%以上。

（二）秸秆原料化示范工程

重点在粮棉主产区开展专项示范工程，从政策、资金和有效运营等方面对秸秆人造板、木塑产业、秸秆清洁造纸给予扶持。引进创新秸秆纤维原料加工技术，形成规范、专业、科学的秸秆纤维原料基地布局。鼓励秸秆制浆造纸清洁生产技术研发推广，支持成熟的秸秆制浆造纸清洁化新技术产业化发展，为循环利用积累经验。建立秸秆代木产业示范基地，选取部分秸秆人造板、木塑装备制造企业，一批家秸秆人造板、木塑生产企业，给予重点支持，加快发展壮大，年消耗秸秆量1 500万~2 000万吨。

（三）能源化利用示范工程

结合新农村建设，以村为单元，启动实施以秸秆沼气集中供气、秸秆固化成型燃料及高效低排放生物质炉具等为主要建设内容的秸秆清洁能源入农户工程，探索有效的项目商业运行模式。在已开展纤维原料生产乙醇的基础上，推进秸秆纤维乙醇产业化，支持实力雄厚、具备研发生产基础的企业，开展试点示范，重点解决预处理、转化酶等技术难题。争到2015年，重点在粮棉主产区的示范村，秸秆清洁能源入农户项目村入户率达到80%以上，年秸秆能源化利用量约3 000万吨，占项目区年秸秆总量的30%以上。

（四）棉秆综合利用专项工程

在棉花主产区建立棉秆综合利用产业化示范工程，支持利用秆皮、秆芯生产高强低伸性纤维（造纸制浆原料）、人造板、纺织工业用纤维以及其他工业用增强纤维等。探索棉秆综合利用的最优模式。

（五）秸秆收储运体系工程

探索建立有效的秸秆田间处理、收集、储存及运输系统模式。加快建立以市场需求为引导，企业为龙头，专业合作经济组织为骨干，农户参与，政府推动，市场化运作，多种模式互为补充的秸秆收集储运管理体系。

（六）产学研技术体系工程

围绕秸秆综合利用中的关键技术瓶颈，遴选优势科研单位和龙头企业开展联合攻关，提升秸秆综合利用技术水平。组织力量开展技术研发、技术集成，加大机械设备开发力度，引进消化吸收适合中国国情的国外先进装备和技术。建立配套的技术标准体系，尽快形成与秸秆综合利用技术相衔接、与农业技术发展相适宜、与农业产业经营相结合、与农业装备相配套的技术体系。加快建立秸秆相关产品的行业标准、产品标准、质量检测标准体系，规范生产和应用。

六、保障措施

（一）加强组织领导

充分发挥秸秆综合利用统筹协调机制作用，明确分工、加强配合。各地要结合本地实际，编制本地区秸秆综合利用实施方案，搞好统筹规划和组织协调，认真组织实施，做到领导到位，责任到人，目标明确，重点突出，将秸秆综合利用实施方案的主要目标和重点任务，按年度逐级分解到各级政府及相关部门，建立考核制度，加强目标考核。

(二) 完善政策措施

针对秸秆综合利用的不同方式、不同途径,研究完善促进秸秆综合利用的相关政策、配套措施。落实好鼓励秸秆综合利用税收优惠政策;研究将符合条件的秸秆综合利用产品纳入节能、环境标志等产品政府采购清单;研究完善秸秆肥料化、饲料化、原料化、能源化利用扶持政策;加大各级政府及相关部门资金支持力度,引导社会力量和资金投入,建立多渠道、多层次、多方位的融资机制。

(三) 加快技术创新

加强秸秆综合利用新技术、新方法的研究推广,鼓励秸秆综合利用企业积极引进开发先进实用的秸秆收集、储运、利用技术工艺和装备。扶持引导基层服务组织的发展,加快秸秆综合利用技术的推广应用。

(四) 强化宣传引导

通过各种形式,大力宣传秸秆综合利用对促进资源节约、环境保护、农民增收等方面的重要意义,采取面向基层,贴近农民,生动活泼的形式,普及相关知识和技术,宣传有关政策、典型经验和做法,用技术指导群众,用示范带动群众,用效益吸引群众,逐步提高全社会对秸秆综合利用的意识和自觉性。

来源:http://www.mep.gov.cn/gzfw_13107/zcfg/gz/bmfbdgfxwj/gwyfbdgfxwj/201605/t20160531_352825.shtml

九、水利部

1. 水利部 发展改革委 财政部 卫生计生委 环保部 关于进一步加强农村饮水安全工作的通知

水利部 发展改革委 财政部 卫生计生委 环保部
关于进一步加强农村饮水安全工作的通知
水农〔2015〕252号

各省、自治区、直辖市人民政府，各有关部门：

保障农村饮水安全，是以人为本、执政为民的重要体现，是事关亿万农民群众切身利益的民生事业，是统筹城乡发展和全面建成小康社会的重要任务，是各级政府义不容辞的重要职责。近年来，中央和地方不断加大资金支持和政策扶持力度，农村饮水安全工作取得重大进展，有效改善了农村居民生活条件和人居环境，有力促进了农村经济社会持续健康发展。目前，《全国农村饮水安全工程"十二五"规划》（以下简称《规划》）的实施进入最后决战阶段，同时还要巩固已建工程成果、建立良性运行机制，各项任务十分艰巨。为贯彻落实今年《政府工作报告》关于"再解决6 000万农村人口饮水安全问题"的要求，进一步加强农村饮水安全工作，经国务院同意，现通知如下。

一、切实落实农村饮水安全保障政府责任

各地区、各有关部门要站在政治和全局高度，充分认识保障农村饮水安全的重要性、紧迫性和艰巨性，加快推进农村饮水安全工作。地方各级人民政府要按照饮水安全保障行政首长负责制和《规划》要求，将农村饮水安全保障工作纳入对政府领导干部考核的内容，逐级落实政府主体责任，明确政府责任人、部门责任人和项目责任人，建立健全政府"一把手"负总责、政府分管领导具体负责、部门合力推进的有效机制，层层传导压力，严格跟踪问效，切实强化责任制的刚性约束。各有关部门要加强协调，密切协作，进一步加大工作力度，完善政策支持，加强指导帮扶，强化监督检查，共同做好农村饮水安全保障工作。

二、保质保量完成《规划》任务

2015年是实施《规划》的最后一年，剩余建设任务重、难啃的"硬骨头"多。各地区、各有关部门要采取有力措施，务必如期完成《规划》任务。发展改革委、水利部已经下达2015年

农村饮水安全工程建设投资计划，财政部已下达项目预算。地方各级人民政府要对落实农村饮水安全工程地方建设资金负总责，加大省级财政投入力度，积极利用市场机制鼓励和吸引社会资本投入，引导受益群众筹资投劳，确保工程建设资金及时足额到位。要落实好差别化投资标准和补助政策，对工程建设难度大、投资需求高、经济欠发达的地区，省级政府要予以倾斜，统筹解决资金缺口问题。要制订详细、周密、可操作的进度计划，倒排工期、控制节点，充分利用施工黄金季节，加快工程建设进度，确保10月底前基本完成主体工程，年底前全面完成《规划》目标任务。对四省藏区、新疆维吾尔自治区和新疆生产建设兵团、重庆三峡库区、湖南洞庭湖区等四大片区规划外新出现的农村饮水安全问题，各有关地方政府及相关部门也要纳入年度计划统筹安排，确保年底前全面完成建设任务。对其他地方规划外新出现的农村饮水安全问题，由地方政府负总责，采取有力措施予以解决。

三、强化水源保护和水质保障

各地区要落实农村饮水安全工程建设、水源保护、水质监测评价"三同时"制度，进一步加大农村饮用水水源保护、水污染防治和水质检测监测力度。地方各级人民政府要认真落实《水污染防治行动计划》，建立健全协调工作机制，制定农村饮用水水源保护管理办法，依法规范水源保护区或保护范围划定工作，全面强化农村饮用水水源保护，保障水源安全。对人为因素引起水源变化、水质污染或工程损坏造成群众饮水困难的，要严肃追究责任，督促限期整改。要强化水质净化处理设施建设以及消毒设施设备的安装、使用和运行管理。集中式供水工程，按要求配备安装水质净化和消毒设施设备。"千吨万人"规模以上（日供水量1 000立方米或受益人口1万人以上）的供水工程，要尽快建立水质化验室，配备相关检验人员及仪器设备，做好日常水质检测。推广适合农村的供水节水新技术、新材料、新工艺、新设备。依托规模水厂、供水管理机构、卫生疾控和环保等部门现有水质监测机构能力，科学布局和完善县级或区域水质检测中心建设。科学制定水质检测、监测与评价制度，加强人员培训，落实检测、监测与评价经费，加大水质实验室设备投入，提高水质检测监测能力，加快实现县级或区域水质检测和监测全覆盖，加强卫生知识的宣传科普，把水质保障落实到工程建设与管理的各环节和全过程，保障供水水质安全。

四、严格建设项目监督管理

各地要严格执行发展改革委、水利部、卫生计生委、环境保护部、财政部联合印发的《农村饮水安全工程建设管理办法》（发改农经〔2013〕2673号），"千吨万人"规模以上工程要按有关规定组建项目建设管理单位，负责工程建设和建后运行管理；其他规模较小工程，可在制定完善管理办法、确保工程质量的前提下，采用村民自建、自管的方式，或以县、乡镇为单位集中组建项目建设管理单位，组织开展工程建设。鼓励推行农村饮水安全工程代建制。要全面推行农村饮水安全项目建设公示制度以及用水户全过程参与工作机制，鼓励和引导农民对工程施工、管材采购等开展民主监督。要严格落实工程质量终身责任制和质量监管责任，按照批准的设计文件和规程规范组织项目建设，加强现场监理和质量监控，把好原材料进口关、设备采购关、施工质量关和竣工验收关，确保建设质量和施工安全。要加强进度控制、质量监督、资金监管，建立全方位、全过程、全覆盖的监督检查机制。要加强农村饮水安全信息化管理，进一步完善进度统计上报制度，落实上报数据逐级签字背书制度。各有关部门要强化对各地农村饮水安全工程实施的指导和监督检查，根据工作需要适时组织开展专项评估、随机抽查、重点稽察等工作，建立健全通报通告、年度考核和奖惩制度，引导和督促各地强化措施，加强管理，确保工程建设资金安全、工程安全、干部安全和生产安全。各地区、各有关部门对国务院重点督查,审计、稽察、专项检查、第三方评估等发现以及媒体监督和群众反映的问题要及时整改。对工作措施不力、工程进展缓慢、不能按期完成任务的,要对有关责任人进行严肃问责。

五、建立健全工程良性运行机制

地方各级人民政府要把工程管护摆在与工程建设同等重要的位置,强化农村供水设施运行管理,确保每一处农村饮水安全工程都能建得成、管得好、用得起、长受益。在强化政府监督和行业指导的基础上,加快建立以县为单元的工程建设管理机构,充实管理人员,负责县域内农村饮水安全工作管理与监督,并加强服务与指导。要强化农村饮水安全工程从业人员培训,提高工程运行管理水平。要逐一明晰工程产权,落实管护主体、责任和经费,健全运行管理制度。在有效监管和保证用水户权益的前提下,允许工程所有权和经营权分离,积极推行企业化经营和专业化管理。要全面落实农村饮水安全工程用地用电税收优惠等政策,按照"补偿成本、公平负担"的原则,建立合理的水价制度,积极推行"基本水价+计量水价"的两部制水价,保障工程正常运行经费。"五保户"等特殊困难群体,由当地政府对其水费给予适当财政补助。要抓紧研究制定工程运行维护经费定额标准,通过水费提留、财政补贴等多种形式建立工程维修养护基金,确保工程良性运行。

六、持续提高农村饮水安全保障水平

保障农村饮水安全是一项长期、动态的任务。各地区、各有关部门要在全面完成"十二五"规划目标任务的同时,对《规划》实施情况进行总结评估,按照巩固成效、分类指导、积极稳妥的原则和城乡发展一体化的要求,结合推进新型城镇化和社会主义新农村建设,启动"十三五"农村饮水安全巩固提升工作。要进一步落实地方行政首长负责制,创新工作思路和方法,以人为本、保障民生,科学规划、分类实施,区分事权、强化责任,建管并重、改革创新,合理确定水质、水量、方便程度和保障程度等规划标准,科学确定"十三五"规划目标任务,综合采取新建、配套、改造、升级、联网等方式,大力发展规模化集中供水,进一步提高农村自来水普及率、供水保证率、水质达标率。

农村饮水安全保障工作任务艰巨、责任重大。各地区、各有关部门要全面贯彻落实党中央、国务院的决策部署,凝心聚力、攻坚克难、真抓实干,圆满完成各项目标任务,向党和人民交上一份满意的答卷。

来源:http://www.mwr.gov.cn/zwzc/tzgg/tzgs/201506/t20150625_686479.html

2. 关于开展全国水利建设工程文明工地申报工作的通知

关于开展全国水利建设工程文明工地申报工作的通知
2014-11-04

为深入贯彻落实水利部《贯彻质量发展纲要提升水利工程质量的实施意见》精神,进一步提高水利工程建设管理水平,规范文明施工行为,营造和谐建设环境,根据水利部《关于印发

〈水利建设工程文明工地创建管理办法〉的通知》（水精〔2014〕3号，以下简称"管理办法"）要求，经研究，我部决定开展全国水利建设工程文明工地（以下简称"文明工地"）申报工作。现将有关事项通知如下：

一、申报条件

各类大中型（含1、2、3级堤防）水利建设工程（包括新建、改扩建、修复及除险加固）项目在建工地，开展文明工地创建活动半年以上；工程项目已完成的工程量，达到全部建筑安装工程量的20%及以上，或在主体工程完工一年以内；工程进度满足总体进度计划要求的，均可按照"管理办法"规定的相关要求，由项目法人（或建设单位）按自愿原则申报。原则上以项目建设管理单位所管辖的一个工程项目或其中的一个或几个标段为单位的工程项目（或标段）为一个文明建设工地进行申报。

二、申报材料

文明工地申报采取网上填报与纸质材料报送相结合的方式进行。各申报单位根据《水利建设工程文明工地创建管理办法实施细则》（见附件1）有关要求准备申报材料。网上申报登录中国水利工程协会网站（www.cweun.org）"水利建设工程文明工地申报与管理系统"进行填报并提交。纸质材料将《水利建设工程文明工地申报表》、申报项目自评报告和反映创建各个方面活动的图片资料从网络导出，打印形成纸质材料并装订成册（视频或动画资料可刻录成光盘），一式三份上报。

三、申报程序

县级及以上水行政主管部门根据"管理办法"规定，负责受理文明工地申报申请，并逐级向上推荐。

县级及以上水行政主管部门收到申报单位申报材料后，负责对申报单位进行现场考核，并在《水利建设工程文明工地申报表》填写考核推荐意见后，向省级水行政主管部门推荐。各省、自治区、直辖市水利（水务）厅（局）文明办与建管部门收到申报材料后，负责进行复核打分，并提出推荐名单，经本单位文明委同意后向水利部推荐。

直属单位所属的工程项目，申报单位可直接向直属单位申报，由直属单位文明办与建管部门进行考核打分，提出推荐名单，并经直属单位文明委同意后向水利部推荐。

四、申报时间安排

2014年11月30日前，各地根据逐级推荐和现场考核结果，将相关材料报流域机构或省级水行政主管部门；12月20日前，流域机构或省级水行政主管部门完成考核或复核工作，并经本单位文明委同意、提出推荐意见后将有关纸质材料报中国水利工程协会。

五、有关要求

各级水行政主管部门要结合本辖区内水利建设工程实际，统筹谋划，精心组织，切实把水利建设工程"文明工地"推荐工作贯穿到大规模水利建设的各项工作中去，确保文明工地创建工作取得实效。

各申报单位要按照《水利建设工程文明工地创建管理办法实施细则》（附件1）、《水利建设工程文明工地考核赋分标准（试行）》（附件2）和《水利建设工程文明工地申报表》（附件3）要求，认真组织申报资料；各省级水行政主管部门按照《水利建设工程文明工地推荐名额分配表》（附件4）规定名额进行推荐。

六、联系方式

水利部精神文明建设指导委员会办公室
联 系 人：姜莉
联系电话：（010）63202070
水利部建设与管理司
联 系 人：荆茂涛
联系电话：（010）63202716
中国水利工程协会
联 系 人：董红元 匡继红
联系电话：（010）63207515 63462232
传 真：（010）63462202
附件：1. 水利建设工程文明工地创建管理办法实施细则
      2. 水利建设工程文明工地考核赋分标准（试行）
      3. 水利建设工程文明工地申报表
      4. 水利建设工程文明工地推荐名额分配表
来源：http：//www.mwr.gov.cn/zwzc/tzgg/tzgs/201411/t20141104_577122.html

附件1

水利建设工程文明工地创建管理办法实施细则

为保障水利工程质量安全，提倡文明施工，营造和谐氛围，创建良好工程建设环境，根据《水利建设工程文明工地创建管理办法》（水精〔2014〕3号），制定本细则。

一、水利部精神文明建设指导委员会办公室（以下简称"水利部文明办"）、建设与管理司负责文明工地创建工作，中国水利工程协会承担文明工地申报等具体工作。

二、文明工地申报工作采取网上申报与纸质材料报送相结合的方式进行。

（一）网上申报。各申报单位登录中国水利工程协会网站（www.cweun.org）"水利建设工程文明工地申报与管理系统"，按要求填写并上传申报资料。需上传的具体材料如下：

1.《水利建设工程文明工地申报表》；

2. 申报项目自评报告。各申报单位根据《水利建设工程文明工地考核赋分标准》进行自评自评，形成自评报告。自评报告中需要提供证明材料的，可附扫描、复印件或图片；

3. 反映创建各个方面活动的图片或视频等资料。图片资料主要为展示各阶段、各种创建活动的照片约20张。视频资料主要是通过图片（视频）、字幕、动画和解说等手段，以视频方式展示各阶段、各种创建活动，要求画面与配音相吻合，用普通话配音，音、字、画有机结合，并以DVD格式上传，限时6分钟。

（二）纸质材料。各申报单位将《水利建设工程文明工地申报表》、申报项目自评报告和反映创建各个方面活动的图片资料装订成册（视频或动画资料可刻录成光盘）形成纸质材料上报。

三、文明工地的创建考核实行千分制。根据《水利建设工程文明工地考核赋分标准》要求，申报项目需达到850分以上，且体制机制健全、质量管理到位、安全施工到位、环境和谐有序、文明风尚良好和创建措施有力等六个类别标准考核分数不低于该类别总分的80%。

1. 县级及以上水行政主管部门对申报单位进行现场考核，形成推荐意见。各省、自治区、直辖市水利（水务）厅（局）文明办与建管部门进行复核并提出推荐名单，经本单位文明委同意后向水利部推荐。

2. 直属单位所属的工程项目，由直属单位文明办与建管部门进行考核，提出推荐名单，并经直属单位文明委同意后，向水利部推荐。

3. 为保障项目的申报质量，必要时各级考核复核部门可进行现场检查和提供技术指导。

四、水利部文明办、建设与管理司组织建立"水利建设工程文明工地专家库"（以下简称"专家库"），组织专家对文明工地进行审核，提出文明工地建议名单。

（一）专家库成员应具备以下条件：

1. 身体健康，具有大学本科（含）以上学历。

2. 具有精神文明建设或建设管理方面工作经验5年以上，可熟练应用计算机办公。

3. 熟悉精神文明建设和建设管理方面的法律法规、规范规程和技术标准等。

（二）专家审核的主要工作：

1. 每届期审核时，从专家库中抽取若干专家，组成审核专家组，对申报项目进行审核。根据工作需要，专家组可分若干小组，每小组由3~5位专家组成。

2. 各专家组或专家小组依据《水利建设工程文明工地考核赋分标准》对申报项目进行复核赋分，提出复核意见并进行文明单位排序，提出文明工地建议名单。

五、文明工地建议名单须征求水利部有关司局和单位意见后，报水利部精神文明建设指导委员会审定，经审定的文明工地名单，在水利部相关媒体公示一周。经公示无异议的文明工地项目，由水利部文明委发文通报。

六、获得文明工地的项目在届期内若发生《水利建设工程文明工地创建管理办法》中第七条情形之一的，由省级水行政主管部门核实后报水利部文明办和建设与管理司，经水利部文明委同意后，撤销其文明工地称号。

七、各省级水行政主管部门可根据《水利建设工程文明工地创建管理办法》和本细则制定本地区的文明工地创建管理办法。

八、本细则由水利部文明办、建设与管理司负责解释。

来源：http://www.mwr.gov.cn/zwzc/tzgg/tzgs/201411/t20141104_577122.html

附件2

水利建设工程文明工地考核赋分标准（试行）

水利部精神文明建设指导委员会办公室
水利部建设与管理司

说　明

一、根据《水利建设工程文明工地创建管理办法》确定的文明工地，应符合本标准设立的考核项目及赋分标准。

二、赋分标准按1 000分设置，由体制机制健全、质量管理到位、安全施工到位、环境和谐有序、文明风尚良好和创建措施有力等六个方面标准组成；对应各项标准的考核内容和分值，共分38项指标设立标准分。其中：

1. 体制机制健全标准通过对项目建设基本程序、项目建设管理制度、项目建设管理、工程建设目标受控等4项指标进行考核，标准分100分；

2. 质量管理到位标准通过对质量体系建设、责任制落实、质量检测与评定、工程质量隐患和防范、工程实体质量和质量档案管理等 6 项指标进行考核，标准分 200 分；

3. 安全施工到位标准通过对制度建设及责任制、应急预案、"四新"技术应用措施及资源配置、安全生产许可、施工人员职业道德、施工作业规范、安全生产检查和现状及安全施工氛围等 8 项指标进行考核，标准分 200 分；

4. 环境和谐有序标准通过对施工现场管理、施工场地建设与管理、办公和生活区管理、社会治安综合治理、生态环境建设、施工伤害防治、移民安置等 7 项指标进行考核，标准分 260 分；

5. 文明风尚良好标准通过对和谐共建、学习及培训、从业人员行为准则履行、宣传警示标牌设置、业余文体活动、党风廉政建设、稽查审计及信用状况等 7 项指标进行考核，标准分 140 分；

6. 创建措施有力标准通过对创建组织及措施、创建制度与方案、创建措施、创建参与度和创建形式多样、创建创新和考核激励、创建和申报资料等 6 项指标进行考核，标准分 100 分。

三、赋分说明：本标准为申报项目自评赋分、申报项目上级水行政主管部门考核赋分和水利部专家审查赋分的依据；申报项目的自评赋分需有项目法人单位组织参建各方共同进行；申报项目上级水行政主管部门考核赋分需由考核单位组织相关专家进行。

四、推荐申报项目需达到 850 分以上，且体制机制健全、质量管理到位、安全施工到位、环境和谐有序、文明风尚良好和创建措施有力等六个方面标准考核分数均不低于该类别总分的 80%。

水利建设工程文明工地考核赋分标准

考核内容		标准分	赋分原则
总分		1 000	
一、体制机制健全		100	
1. 项目建设基本程序	项目建设严格按照基本建设程序进行，管理工作符合国家有关规定。项目建议书、可行性研究、初步设计等，所有规范明确的建设程序均有批复。	10	此项赋分由两部分组成： ①建设程序合规性，得 0~5 分； ②项目建议书、可行性研究、初步设计等建设程序执行情况，得 0~5 分。
2. 项目建设管理体制	按规定组建项目法人，有关部门职责、岗位职责、质量控制、安全生产、合同管理等规章制度的完备。项目建设管理体制，包括项目法人责任制、招标投标制、建设监理制和合同管理制等制度。	30	此项赋分由两部分组成： ①项目法人的组建，得 0~10 分； ②四项制度的执行，得 0~20 分。
3. 项目建设管理	建立健全项目建设管理内控机制，岗位职责、现场管理、风险管理等各项规章制度健全。按规定落实安全生产和文明施工措施费，建立《安全生产和文明施工措施费使用制度》，并使用到位。	30	此项赋分由三部分组成： ①建设管理内控机制建立，得 0~10 分； ②岗位职责、现场管理和风险管理等各项规章制度，得 0~10 分； ③安全生产和文明施工措施费制度建设、投入和使用情况，得 0~10 分。
4. 工程建设目标受控	工程建设各阶段、各合同建设目标受控。工程明确创优目标（主要指工程质量创优、设计创优等方面），创优规划和措施落实。	30	此项赋分由三部分组成： ①各阶段、各合同建设目标的完成，得 0~20 分； ②创优目标的设立，得 0~5 分； ③创优规划和措施落实，得 0~5 分。

(续表)

考核内容		标准分	赋分原则
	总分	1 000	
二、质量管理到位		200	
5. 质量体系建设	质量管理体系完善，有效开展各项质量管理活动，确保质量管理方针和目标的实现；质量保证体系健全，各单位、各部门、各环节的质量管理活动组织严密，任务、职责和权限明确，相互协调、相互促进，确保工程质量。质量监督体系健全，管理到位；严格按照"三不放过原则"及时处理施工建设过程中的质量事故等。	30	此项赋分由三部分组成： ①质量管理体系的建立和落实，得0~10分； ②质量保证体系的建立和落实，得0~10分； ③质量监督体系的建立和落实，得0~10分。
6. 责任制落实	参建各方质量主体责任制落实。	40	此项赋分由四部分组成： ①项目法人质量责任制的落实，得0~10分； ②设计单位的设计成果质量、设计图纸供给和现场服务责任制的落实，得0~10分； ③监理单位责任制的落实，得0~10分； ④施工单位责任制的落实，得0~10分。
7. 质量检测与评定	根据规范进行施工质量检测，质量检测规范；严格按照有关规范进行质量评定，评定及时、准确、合规。	30	此项赋分由两部分组成： ①质量检测情况，得0~15分； ②质量评定情况，得0~15分。
8. 工程质量隐患和防范	工程质量隐患排查到位，质量风险防范措施有力，工程质量得到有效控制，未发生较大质量缺陷、一般质量事故。	40	此项赋分由三部分组成： ①工程质量隐患排查，得0~15分； ②质量风险防范措施有力，得0~15分； ③质量缺陷及质量事故情况，得0~10分。
9. 工程实体质量	工程实体质量、外观质量优良，单元工程优良率70%以上；质量缺陷处理及时。	40	此项赋分由三部分组成： ①工程实体质量，得0~20分； ②工程外观质量，得0~10分； ③质量缺陷处理，得0~10分。
10. 质量档案管理	质量档案管理制度健全，管理规范，归档及时，资料真实可靠。	20	此项赋分由两部分组成： ①管理制度的建立，得0~10分； ②规范管理，得0~10分。
三、安全施工到位		200	
11. 制度建设及责任制	安全生产责任制及规章制度完善，落实到位。	20	此项赋分由两部分组成： ①安全生产责任制及规章制度的制定和完善，得0~10分； ②安全生产责任制及规章制度的落实，得0~10分。

九、水利部

(续表)

考核内容		标准分	赋分原则
	总分	1 000	
12. 应急预案	有防汛预案、事故处理应急预案等；各类预案中措施具体，针对性、可操作性强。	20	此项赋分由两部分组成： ①各类应急预案，得 0~10 分； ②应急预案的针对性、可操作性，得 0~10 分。
13. "四新"技术应用措施及资源配置	根据工程特点，应用新技术、新材料、新设备和新工艺等各类措施及相应的资源配置到位，文明施工。	30	此项赋分由两部分组成： ①"四新"技术应用措施，得 0~15 分； ②相关资源配置，得 0~15 分。
14. 安全生产许可	施工安全生产许可手续健全，各类人员持证上岗。	30	此项赋分由两部分组成： ①安全生产许可手续，得 0~15 分； ②各类人员持证上岗情况，得 0~15 分。
15. 施工人员职业道德	施工人员爱岗敬业、团结互助、安全生产。 新员工三级安全教育培训。	20	此项赋分由两部分组成： ①施工人员爱岗敬业、团结互助、安全生产情况，得 0~10 分； ②三级安全教育培训到位，得 0~10 分。
16. 施工作业规范	施工前，必须编制施工组织设计及项目管理方案，并经过审批；严格按照施工组织设计及项目管理方案组织人员、机械设备和材料等进场，并向各专业施工技术人员进行技术交底等；各类人员持证上岗，无违章作业行为发生。	30	此项赋分由三部分组成： ①施工组织设计及项目管理方案的编制，得 0~10 分； ②施工组织设计及项目管理方案的落实和现状，得 0~10 分； ③各类人员持证上岗情况，得 0~10 分。
17. 安全生产检查和现状	建立健全安全生产检查制度；按照制度进行定期和不定期的安全生产检查；检查内容齐全，记录规范。	30	此项赋分由三部分组成： ①安全生产检查制度建设，得 0~10 分； ②安全生产检查制度的落实，得 0~10 分； ③检查内容和记录等，得 0~10 分。
18. 安全施工氛围	工地文明施工，安全生产环境和氛围良好。	20	安全生产氛围，得 0~20 分。
四、环境和谐有序		260	
19. 施工现场管理	施工现场总体布置合理、有序；材料、设备堆放有序，机具停放整齐，管理到位。	40	此项赋分由两部分组成： ①施工现场总体布置，得 0~15 分； ②材料、设备堆放及机具停放管理，得 0~25 分。
20. 施工场地建设与管理	施工现场"四通一平"状况良好；施工道路平整、畅通，满足日常施工要求；施工道路日常维修养护及时，无散落物、不扬尘；施工现场排水畅通，无严重积水和泥浆、污水、废水等外流或堵塞等现象发生；建筑垃圾集中堆放管理并及时清运，无燃烧建筑垃圾及有害物质等现象发生；危险部位应有安全标志，夜间施工照明布置合理，光线良好。	40	此项赋分由五部分组成： ①"四通一平"状况，得 0~10 分； ②施工道路建设与养护，得 0~5 分； ③施工现场排水，得 0~10 分； ④建筑垃圾管理，得 0~5 分； ⑤危险部位安全标志与夜间施工照明布置，得 0~10 分。

(续表)

考核内容		标准分	赋分原则
总分		1 000	
21. 办公和生活区管理	办公区、生活区布置合理，设置标准统一，并符合消防安全和国家有关规定；内外环境干净、整洁，卫生防疫制度健全、责任落实，卫生状况良好；有专人管理，并建立管理和检查制度，有检查记录。	40	此项赋分由四部分组成： ①办公区、生活区布置合理，得0~10分； ②办公区、生活区设置标准，得0~10分； ③制度健全、责任制落实和内外环境状况，得0~10分； ④管理和检查制度及记录等，得0~10分。
22. 社会治安综合治理	工地社会治安综合治理制度健全，安全保卫责任落实；配备有专用的安全保卫器材等；各项防范措施和应急预案有效，落实到位。	30	此项赋分由三部分组成： ①制度建设与责任制落实，得0~10分； ②器材配备，得0~10分； ③防范措施和应急预案，得0~10分。
23. 生态环境建设	工地生态环境建设纳入设计，有计划、有措施、有效果。	30	此项赋分由两部分组成： ①生态建设实施计划，得0~10分； ②实施措施和效果，得0~20分。
24. 施工伤害防治	建立健全施工伤害防治制度和机构，设立专（兼）职监督员，有危害事故应急救援预案，可操作性强；加强施工作业人员上岗前教育和培训；做好防尘、毒、射线、噪声以及防氮气窒息等防护设施的管理、使用、维护和检查，确保其处于完好状态，未经主管部门允许，不得擅自拆除或停止使用；提供有效的个体职业卫生防护用品，管理到位。	60	此项赋分由四部分组成： ①防治制度和机构建设及危害事故应急救援预案，得0~15分； ②教育与培训，得0~15分； ③防尘、毒、射线、噪声以及防氮气窒息等防护设施的管理、使用、维护和检查，得0~15分； ④防护用品的管理，得0~15分。
25. 移民安置	严格执行移民政策，科学、合理地安排实施计划，工作深入细致，征地拆迁和移民安置工作及时；及时足额兑现移民补偿资金，确保移民群众的利益，无强拆和恶意拖欠补偿资金等现象发生。	20	此项赋分由两部分组成： ①征地拆迁和移民安置的实施，得0~10分； ②移民补偿资金的兑现等，得0~10分。
五、文明风尚良好		140	
26. 和谐共建	各参建单位之间关系融洽、工作协调，无推诿扯皮等影响工程建设的现象发生； 注意与工程所在地各个方面的关系，与当地政府、企业和群众等的关系良好，和谐共建。	30	此项赋分由两部分组成： ①参建单位间的协作，得0~20分； ②与当地各方的关系，得0~10分。
27. 学习及培训	职工安全意识教育、劳动技能、精神文明等理论学习、思想教育、法制教育制度化、常态化，教育和培训效果明显。	15	此项赋分由两部分组成： ①学习教育和培训制度建设，得0~5分； ②学习和培训次数及效果，得0~10分。
28. 从业人员行为准则履行	职工遵守职业道德和纪律，践行敬业、诚信精神，遵守从业人员行为准则。	15	职工遵守职业道德和纪律，从业人员行为准则执行情况，得0~15分。

(续表)

	考核内容		标准分	赋分原则
	总分		1 000	
29. 宣传警示标牌设置	工地宣传、激励形式多样,安全、文明和警示(指社会治安综合治理等方面)等的标语、宣传牌、宣传栏和警示标牌齐全、醒目。		15	此项赋分由两部分组成: ①宣传、激励形式,得0~5分; ②标语、宣传牌、宣传栏和警示标牌的设置,得0~10分。
30. 业余文体活动	工地有良好的文明氛围,有必要的文体生活设施,职工文体生活丰富多彩、活动形式多样,队伍精神面貌良好。		20	此项赋分由两部分组成: ①文体生活设施建设,得0~10分; ②活动形式和内容,得0~10分。
31. 党风廉政建设	加强党风廉政建设,严格监督,遵纪守法,保证干部安全的各项措施落实到位,执行效果好。		15	此项赋分由两部分组成: ①党风廉政建设各项措施制定,得0~5分; ②各项措施执行效果,得0~10分。
32. 稽查审计及信用状况	稽查、审计及各类检查中无重大问题。 创建单位无不良行为记录。		30	此项赋分由三部分组成: ①稽查、审计情况,得0~10分; ②各类检查情况,得0~10分; ③无不良行为记录,得0~10分。
六、创建措施有力			100	
33. 创建组织及措施	参建各方关系融洽,有创建文明工地的组织机构;精神文明建设的制度健全,创建措施和活动落实。		10	此项赋分由两部分组成: ①创建组织机构设置和制度的建立,得0~5分; ②创建措施和活动,得0~5分。
34. 创建制度与方案	创建制度完善,并及时发布;创建计划(方案)周密。		20	此项赋分由三部分组成: ①创建制度的制定,得0~10分; ②创建制度的发布,得0~5分; ③制订文明工地创建计划(方案),得0~5分。
35. 创建措施	创建组织到位,措施落实。		20	此项赋分由两部分组成: ①创建措施的可行性,得0~10分; ②创建措施的落实,得0~10分。
36. 创建参与度和创建形式多样	项目法人、设计、施工及监理等单位全员参加创建活动,参与度高。创建活动形式多样,氛围浓厚。		20	此项赋分由两部分组成: ①创建活动参建各方参与度,得0~10分; ②创建活动形式多样,得0~10分。
37. 创建创新和考核激励	创建内容、手段、载体新颖,常创常新;创建活动考核制度健全,激励机制有效,不断提高创建水平。		20	此项赋分由两部分组成: ①创建内容、手段和载体创新,得0~10分; ②创建考核制度健全,激励机制有效,得0~10分。
38. 创建和申报资料	创建资料齐全、档案完整,便于检索查阅。 申报资料真实完整、手续齐全。		10	此项赋分由两部分组成: ①创建资料齐全、档案完整,便于检索查阅,得0~5分; ②申报资料真实完整、手续齐全,得0~5分。

来源:http://www.mwr.gov.cn/zwzc/tzgg/tzgs/201411/t20141104_577122.html

附件3

水利建设工程文明工地申报表

申报项目名称：_____
申报单位（公章）：_____

年　月　日

填报说明

1. 申报项目：原则上是以项目建设管理单位所管辖的一个工程项目或其中的一个或几个标段为单位的工程项目（或标段）为一个推荐项目；

2. "项目概况"主要叙述工程简介、申报项目基本情况等，由申报单位填写；

3. "文明工地创建情况"主要叙述申报项目创建活动开展情况以及取得的效果、获奖情况等内容，由申报单位填写；

4. "考核推荐意见"由申报项目上级水行政主管部门填写；

5. 申报单位自评报告是文明工地申报资料的重要支撑性文件，需与本推荐申报表一同报送；

6. 本推荐申报表一式三份，其中内容缺项、附件不齐全、无公章、签字等，将视为无效文件，不予受理；

7. 本推荐申报表签字项应采用电子文本，或用签字笔、碳素笔手签，内容较多时可另加附页。

工程项目名称：					
建设地点：					
初设批复部门及文号：					
初设批复概算总投资		万元	初设批复总工期		月
申报项目名称：					
申报项目初设批复建安工程概算投资		万元	申报项目初设批复建安工程总工期		月
申报项目累计完成建安工程投资		万元	开工日期		年 月 日
联系人	姓　名		手　机		传　真

项目概况：(1500 字)

参与创建单位的基本情况

项目法人：（名称、机构设置等）

勘测设计单位：（个数、名称、勘测设计内容等）

监理单位：（个数、名称、监理工作内容等）

施工单位：（个数、名称、施工内容等）

文明工地创建情况：（2000字）

水行政主管部门考核推荐意见：

考核部门（盖章）：

负责人（签字）：

年　月　日

省级水行政主管部门复核成果			
复核内容	考核分	标准分	考核分占标准分百分数（%）
体制机制健全			
质量管理到位			
安全施工到位			
环境和谐有序			
文明风尚良好			
创建措施有力			
综合总得分			

省级水行政主管部门（流域机构）文明办、建管部门复核意见：

复核部门（盖章）：
负责人（签字）：
年　月　日

省级水行政主管部门（流域机构）文明委推荐意见：

推荐部门（盖章）：
负责人（签字）：
年　月　日

附件 4

水利建设工程文明工地推荐名额分配表

序号	单 位	名 额
1	黄河水利委员会	2
2	北京市	2
3	天津市	2
4	上海市	2
5	重庆市	3
6	河北省	3
7	山西省	3
8	内蒙古自治区	3
9	辽宁省	4（含大连）
10	吉林省	3
11	黑龙江省	3
12	江苏省	3
13	浙江省	4（含宁波）
14	安徽省	3
15	福建省	4（含厦门）
16	江西省	3
17	山东省	4（含青岛）
18	河南省	3
19	湖北省	3
20	湖南省	3
21	广东省	4（含深圳）
22	广西壮族自治区	3
23	海南省	3
24	四川省	3
25	贵州省	3
26	云南省	3
27	西藏自治区	3
28	陕西省	3
29	甘肃省	3
30	青海省	3
31	宁夏回族自治区	3
32	新疆维吾尔自治区	3
33	新疆生产建设兵团	3
	合计	100

十、农业部

1. 2011年草原生态保护补助奖励机制政策实施指导意见

2011年草原生态保护补助奖励机制政策实施指导意见

国务院第128次常务会议决定,从2011年起,国家在内蒙古、新疆、西藏、青海、四川、甘肃、宁夏和云南8个主要草原牧区省(区)及新疆生产建设兵团(以下简称有关省区),全面建立草原生态保护补助奖励机制。为切实做好贯彻落实工作,现提出如下指导意见:

一、深刻认识建立草原生态保护补助奖励机制的重要意义

草原在我国生态环境保护和经济社会发展中具有重要战略地位。加强草原生态保护,促进牧民增收,对于保障国家生态安全,加快牧区经济社会发展,促进构建和谐社会具有重大意义。党中央、国务院高度重视草原生态环境保护和牧民增收工作,不断加大政策支持力度,促进草原生态加快恢复和牧民持续增收。在有关省区全面建立草原生态保护补助奖励机制,是党中央、国务院统筹我国经济社会发展全局做出的重大决策;是深入贯彻落实科学发展观,促进城乡区域协调的具体体现;是加快草原保护,建设草原生态文明的重要举措。各地要从加快构建国家生态安全屏障、全面建设小康社会、维护民族团结和边疆稳定的战略高度出发,深刻认识实施草原生态保护补助奖励机制的必要性和紧迫性,精心组织、周密部署,把实施草原生态保护补助奖励机制作为稳当前、保长远的紧迫而重要的任务抓实抓好。

二、指导思想和基本原则

(一)指导思想

以科学发展观为指导,坚持生态优先、以人为本和统筹兼顾。在开展草原生态保护建设中,稳步提高牧民收入,保障和改善牧区民生。在实现草原科学利用中,推动转变畜牧业发展方式,增强畜牧产品生产和供给能力。在落实草原生态保护补助奖励政策中,推进生态效益、经济效益和社会效益的协调统一,不断促进牧区经济社会又好又快发展,努力建设生态良好、生活富裕、经济发展、民族团结、社会稳定的新牧区。

(二)基本原则

1. 保护生态,协调发展。树立生产生态有机结合、生态优先的理念,统筹草原生态、牧业

生产和牧民生计，以落实草原承包经营制度为基础，以推行草畜平衡、转变畜牧业发展方式为核心，以保护草原生态安全、保障畜产品供给和促进牧业增效、牧民增收为目标，构建"草原增绿、牧业增效、牧民增收"的共赢局面。

2. 公开透明，补奖到户。充分尊重牧民意愿，发挥牧民主体作用，保证政策落实公平、公正。增加政策实施的透明度，让牧民群众充分了解补奖内容、权利责任，切实做到任务落实到户、补助发放到户、服务指导到户、监督管理到户、建档立卡到户，让积极投身于草原保护建设事业的广大牧民能够直接受益，使这一政策的实施成为社会认同、群众满意的德政工程、民心工程。

3. 权责到省，分级落实。草原生态保护补助奖励机制实行资金、责任、任务、目标"四到省"。有关省区要逐级建立目标责任制，分解任务指标，建立完善绩效考核制度，确保各项工作落实到位。

4. 因地制宜，稳步实施。各地要尊重客观实际，因地制宜制订实施方案，宜禁则禁，宜减则减。加强对不同草原类型和畜牧业生产特点地区的分类指导，本着实事求是的精神积极稳妥地开展工作，加强监管督查，扎实推进政策落实。

三、政策目标和主要内容

（一）政策目标

草原禁牧休牧轮牧和草畜平衡制度全面推行，全国草原生态总体恶化的趋势得到遏制。牧区畜牧业发展方式加快转变，牧区经济可持续发展能力稳步增强。牧民增收渠道不断拓宽，牧民收入水平稳定提高。草原生态安全屏障初步建立，牧区人与自然和谐发展的局面基本形成。

（二）政策内容

1. 对生存环境非常恶劣、退化严重、不宜放牧以及位于大江大河水源涵养区的草原实行禁牧封育，中央财政按照每年每亩6元的测算标准给予禁牧补助。5年为一个补助周期，禁牧期满后，根据草场生态功能恢复情况，继续实施禁牧或者转入草畜平衡管理，开展合理利用。

2. 对禁牧区域以外的可利用草原根据草原载畜能力核定合理的载畜量，实施草畜平衡管理，中央财政对履行超载牲畜减畜计划的牧民按照每年每亩1.5元的测算标准给予草畜平衡奖励。牧民在草畜平衡的基础上实施季节性休牧和划区轮牧，形成草原合理利用的长效机制。

3. 实行畜牧品种改良补贴。在中央财政对肉牛和绵羊进行良种补贴的基础上，进一步扩大覆盖范围，将牦牛和山羊纳入补贴范围。

4. 实行牧草良种补贴。鼓励牧区有条件的地方开展人工种草，增强饲草补充供应能力，中央财政按照每年每亩10元的标准给予牧草良种补贴。

5. 实行牧民生产资料综合补贴。中央财政按照每年每户500元的标准，对牧民给予生产资料综合补助。

6. 中央财政每年安排绩效考核奖励资金，对工作突出、成效显著的省区给予资金奖励，由地方政府统筹用于草原生态保护工作。

四、工作措施和组织管理

（一）工作措施

1. 科学确定禁牧区域。各地要根据本地区草原生态实际状况，科学合理确定禁牧区域，实行禁牧封育。对禁牧区域以外的可利用草原，按照"稳步推进，三年到位"的原则实行超载减畜，落实草畜平衡制度。

2. 制订完善实施方案。各地要结合 2011 年中央财政资金下达情况，抓紧制订完成具体实施方案，明确草原禁牧及草畜平衡面积、享受政策的牧民牧户数量、补助奖励标准、资金规模、减畜数量及减畜计划等基本思路和工作安排，经省级政府批准后实施，并报农业部和财政部备案。

3. 合理确定补奖标准。各地要根据中央财政禁牧补助和草畜平衡奖励测算标准，在与退牧还草饲料粮补助政策合理衔接的基础上，确定适合本省区实际情况的补助奖励具体标准和发放方式。区域内草原生态资源状况、人口数量、牧民人均收入消费水平差别较大的省区，可以实行对牧民补助奖励额度的"封顶保底"措施，避免出现因补贴额度过高"垒大户"和因补贴太低影响牧民生产生活的现象。

4. 推进草原承包到户。各地要在前期工作的基础上，进一步加大落实力度，确保已纳入禁牧补助和草畜平衡奖励政策范围的草原承包到户。要进一步规范承包合同内容，特别要明确承包经营者落实草畜平衡、保护草原生态的义务和责任。实行联户承包的，要尽快在承包合同中确定联户成员的具体权益和责任。

5. 严格保护基本草原。实行基本草原保护制度，划定基本草原，设立保护标志，把保护基本草原和保护耕地放在同等重要的位置，实施最严格的保护，确保基本草原用途不改变，数量不减少，质量不下降。

(二) 组织管理

1. 加强组织领导。各级财政、农牧部门要及时向同级政府汇报，成立领导小组，强化组织领导，落实责任制度。财政、农牧部门要相互协调，密切配合，全力做好草原生态保护补助奖励机制落实的各项工作。各级农牧业部门要不断完善草原载畜量标准和草畜平衡管理办法，健全禁牧管护和草畜平衡核查机制，加强对草畜平衡工作的指导和监督检查。要加大政策宣传力度，引导广大牧民在自愿的基础上积极参加草原保护建设事业。

2. 明确发放对象。草原禁牧补助和草畜平衡奖励的发放对象为承包草原并履行禁牧或草畜平衡义务的牧民，按照已承包到户的禁牧或草畜平衡草原面积发放。牧民生产资料综合补贴的发放对象为 2009 年底统计的已承包草原且目前仍在从事草原畜牧业生产的纯牧户。在有农村金融网点的地方，补助奖励资金采用"一卡通"发放，无网点的地方采取现金方式直接发放。畜牧良种补贴按照两部办公厅印发的专门指导意见执行。牧草良种补贴可以直补种草牧民也可以实行项目管理，有关省区要结合中央财政资金下达情况制订实施方案，报农业部、财政部审批后实施。

3. 严格资金管理。财政部、农业部制定草原生态保护补助奖励资金管理办法，规范补助奖励资金的使用管理。有关省区财政部门要按照实施方案会同农牧部门制订资金分配方案，设立草原生态保护补助奖励资金专账，并下设各分项资金明细账户，分别核算，专款专用。政策实施中各项资金如有结余，上报中央财政后可结转下年同科目使用，不得自行跨科目调剂或挪作他用。补助奖励资金的发放实行村级公示制，接受群众监督。

4. 加强监督检查。农业部、财政部制定政策实施情况检查考核办法，并会同有关部门对各地工作进展、草原生态保护效果等情况进行巡查监督，实行绩效考核。对工作突出、成效显著的省份，中央财政每年安排奖励资金给予奖励；对完不成目标任务的省份，不安排奖励资金，并予以通报批评。

5. 强化监测监管。要根据草原生态保护补助奖励工作的新要求，完善草原监测体系，定期开展监测工作,及时发布监测信息,为科学评估政策实施效果提供科学依据。加强草原管护,建立健全县、乡、村三级管护联动网络。发挥牧民自我管理、相互监督的作用,适当聘用牧民监督管护员,地方财政安排一定的管护补助,调动牧民参与监管的积极性。各地草原监理机构要加大对草原禁牧休牧制度、草畜平衡制度落实情况的监督检查力度,巡查禁牧区、休牧期的牲畜放牧情况,核查草畜平衡实施区放牧牲畜数量。发现问题及时纠正,确保补助奖励机制平稳有效运行。

来源:http://www.moa.gov.cn/zwllm/tzgg/tz/201112/t20111222_2441035.htm

2. 农业部关于"镰刀弯"地区玉米结构调整的指导意见

农业部关于"镰刀弯"地区玉米结构调整的指导意见

河北、山西、内蒙古、辽宁、吉林、黑龙江、广西、贵州、云南、陕西、甘肃、宁夏、新疆等省、自治区农业(农牧、农村经济)、农机、畜牧、农垦局(厅、委),新疆生产建设兵团农业局:

近年来,中央高度重视粮食生产,出台了一系列强有力的扶持政策,促进粮食连年增产,为经济社会大局起到了基础保障作用。当前,我国粮食供求总量平衡,但结构性矛盾日益突出。受国内消费需求增长放缓、替代产品进口冲击等因素影响,当前玉米供大于求,库存大幅增加,种植效益降低。根据玉米供求状况和生产发展实际,亟需进一步优化种植结构和区域布局,提升农业的效益和可持续发展能力。

"镰刀弯"地区,包括东北冷凉区、北方农牧交错区、西北风沙干旱区、太行山沿线区及西南石漠化区,在地形版图中呈现由东北向华北-西南-西北镰刀弯状分布,是玉米结构调整的重点地区。该地区是典型的旱作农业区和畜牧业发展优势区,生态环境脆弱,玉米产量低而不稳。为贯彻落实中央关于加快转变农业发展方式的部署和调整优化农业结构的要求,发挥比较优势,推进农牧结合,促进产业提档升级,实现稳粮增收、提质增效和可持续发展,对当前"镰刀弯"地区玉米结构调整提出以下意见。

一、切实增强对"镰刀弯"地区玉米结构调整重要性和紧迫性的认识

优化"镰刀弯"地区玉米种植结构,既是适应性的主动作为,更是战略性的积极调整。

(一)推进"镰刀弯"地区玉米结构调整是提高农业综合效益的重要途径

近些年来,"镰刀弯"地区玉米发展过快,种植结构单一,种养不衔接,产业融合度较低,影响种植效益和农民收入。要加快调整玉米结构,构建合理的轮作体系,实现用地养地结合。推进种养结合,实施"粮改饲",就地过腹转化增值,实现效益最大化。推进一二三产业融合发展,延伸产业链、打通供应链、形成全产业链,促进农业增值和农民增收。

(二)推进"镰刀弯"地区玉米结构调整是提升农业可持续发展能力的现实选择

"镰刀弯"地区是北方水资源匮乏的集中区域,也是退耕还林还草和生态涵养建设的重点区域。近些年,由于玉米生产快速扩张,水土流失、土壤沙化等问题加重,资源环境约束与生产发

展的矛盾日益突出。需要转变发展方式，主动调整种植结构，适当调减一些非优势产区的玉米种植，走出一条资源节约、生态友好的农业可持续发展之路。

(三) 推进"镰刀弯"地区玉米结构调整是增强我国农业竞争力的有效措施

受全球经济低迷、石油价格下跌、深加工疲软等多种因素影响，国际市场玉米供给宽松、价格下跌，而我国因成本上升等因素影响，玉米价格持续上涨，国内外玉米价格倒挂。受此影响，玉米及玉米替代品进口量快速增长，对国内玉米生产造成较大冲击。适应这种新趋势，必须主动调整玉米种植结构，缓解当前国内玉米库存压力，提升我国农业的国际竞争力。

对玉米问题要科学地分析、理性地判断，充分认识玉米在粮食连年增产中的重要贡献和保障国家粮食安全中的重要地位。同时，正确研判玉米供求趋势，特别是要看到当前库存增加较多是暂时的，玉米作为重要的能量饲料，需求呈增长的趋势是长期的。当前，推进"镰刀弯"地区玉米结构调整，主要是适当调减非优势区，对优势核心产区不仅不调，还要加强产能建设，保障谷物基本自给。各地一定要从全局和战略的高度，切实增强责任感和紧迫感，准确把握结构调整的重点和方向，调优、调特、调高、调深玉米结构布局，促进玉米生产持续稳定发展。

二、"镰刀弯"地区玉米结构调整的思路目标和重点任务

(一) 指导思想

深入贯彻党的十八大、十八届三中、四中、五中全会和习近平总书记系列重要讲话精神，认真落实新形势下国家粮食安全战略的总体部署，以市场需求为导向、以提质增效为目标，坚持生态保护优先，强化政策扶持，依靠科技创新，加强信息引导，尊重农民意愿，加快构建"镰刀弯"地区粮经饲统筹、农牧结合、种养加一体、产业融合的现代农业产业体系，着力提高农产品市场竞争力，走产出高效、产品安全、资源节约、环境友好的可持续发展之路。

(二) 基本原则

——坚持因地制宜，做到有压有保。综合考虑"镰刀弯"地区资源禀赋、区位优势、市场条件、产业基础等因素，保护优势产区，调减非优势区种植，优先发展比较优势突出的作物或产业，把玉米结构调整与培育区域特色农产品密切结合，避免产业同构、同质竞争，将资源优势转化为产业优势、产品优势和竞争优势。

——坚持市场导向，尊重农民意愿。充分发挥市场配置资源的决定性作用，以市场需求为导向，立足多元化、优质化的市场需求，通过规划指导、信息引导、政策扶持，合理安排作物品种结构。尊重农民意愿和经营自主权，搞好服务和引导示范，不搞强迫命令，不搞一刀切，充分调动各类生产经营主体积极性。

——坚持多业并举，推进产业融合。根据主要农产品自给水平和生产优先序，以销定产、以养定种，打造全产业链。减少籽粒玉米，因地制宜发展青贮玉米、鲜食玉米，统筹兼顾其他生态适宜性作物和优质饲草，科学推进种养结合、生产与加工结合。积极发展产前产后服务业，延长产业链，增加附加值。

——坚持创新驱动，促进提质增效。加大科研投入，推进农科教、产学研大联合、大协作，突破结构调整关键技术瓶颈，培育重大科技成果，促进节水、节肥、节药等高产高效技术转化应用，增强产业科技自主创新能力。创新生产经营方式，培育新型经营主体，发展农业社会化服务，示范带动结构调整，引导产业转型升级。

——坚持着眼全球，确保产业安全。充分利用国际国内两种资源、两个市场，建立产业预警

机制。用好用足国际农产品贸易规则,建立健全有利于保护农民利益、玉米生产持续发展的贸易管理机制。引导国内企业在国际市场配置资源、布局产业,培育具有国际竞争力的大型农业企业集团。

（三）重点任务

力争到2020年,"镰刀弯"地区玉米种植面积稳定在1亿亩,比目前减少5000万亩以上,重点发展青贮玉米、大豆、优质饲草、杂粮杂豆、春小麦、经济林果和生态功能型植物等,推动农牧紧密结合、产业深度融合,促进农业效益提升和产业升级。一是构建时空匹配的布局结构。立足各地的气候条件、生产水平和产业基础,因地制宜、突出重点,从时间和空间上合理布局,科学引导不同类型区域农业结构调整。二是构建用养结合的种植结构。优化种植结构,推行粮豆轮作等生态友好型耕作制度,建立用地养地结合的土地利用模式,促进区域农业可持续发展。三是构建农牧结合的种养结构。充分挖掘饲草料生产潜力,大力发展草食畜牧业,形成粮草兼顾、农牧结合、循环发展的新型种养结构,促进粮食作物、经济作物、饲草料三元种植结构协调发展。四是构建产加销结合的产业结构。建设鲜食、饲用及其他专用玉米原料基地,着力发展加工、物流和服务业,延长产业链条,增加生产效益。

（四）技术路径

围绕"镰刀弯"地区结构调整的目标任务,重点是推进"六个调整"。一是适宜性调整。重点是调减高纬度、干旱区的玉米,改种耐旱的杂粮杂豆和生育期短的青贮玉米。二是种养结合型调整。重点是粮饲兼顾,调减籽粒玉米、发展青贮玉米和苜蓿,以养定种,把"粮仓"变为"粮仓"+"肉库"+"奶罐"。三是生态保护型调整。重点是调减石漠化地区的玉米种植,改种有生态涵养功能的果桑茶药等经济林、饲草、饲油兼用的油莎豆等,既保护生态环境,又促进农民增收。四是种地养地结合型调整。重点是东北地区恢复大豆玉米轮作,因地制宜发展苜蓿玉米轮作,华北地区实行冬小麦夏花生（豆类）种植,发挥豆科作物固氮养地的作用。五是有保有压调整。重点是稳定玉米核心产区,调减北方农牧交错区、西北风沙干旱区、西南石漠化区等非优势区的玉米,特别是调减黑龙江和内蒙古第五积温带及部分第四积温带的玉米。六是围绕市场调整。重点是发挥龙头企业和新型经营主体的带动作用,实行订单种养、产加销融合。

三、"镰刀弯"地区玉米结构调整的重点区域

综合考虑自然生态条件、农业结构现状、生产发展水平、替代作物效益及结构调整潜力和可行性,把握好五个区域的结构调整重点和方向。

（一）东北冷凉区

区域特点：该区位于高纬度、高寒地区,包括黑龙江北部和内蒙古东北部第四、五积温带以及吉林东部山区,≥10℃积温在1900~2300℃,冬季漫长而严寒,夏季短促,无霜期仅有90多天,昼夜气温变化较大,农作物生产容易遭受低温冷害、早霜等灾害的影响。由于多年玉米连作,造成土壤板结、除草剂残留药害严重,影响单产提高和品质提升。

主攻方向：通过市场引导和政策扶持,把越区种植的玉米退出去,扩大粮豆轮作和"粮改饲"规模。内蒙古、黑龙江和吉林要结合区内畜牧业发展的要求,大力发展青贮玉米,扩大饲料油菜种植,发展苜蓿等牧草生产,满足畜牧业发展对优质饲料的需求。发挥东北地区种植大豆的传统优势,恢复粮豆轮作种植模式。发展优质强筋春小麦,建立硬红春小麦生产基地。力争到2020年,调减籽粒玉米1000万亩以上。

(二) 北方农牧交错区

区域特点：该区是连接农业种植区和草原生态区的过渡地带，涉及黑龙江、吉林、辽宁、内蒙古、山西、河北、陕西、甘肃等省（区），属于半干旱半湿润气候区，土地资源丰富，光热条件好，但水资源紧缺，土壤退化沙化，是我国灾害种类多、发生频繁、灾情严重的地区，其中干旱发生概率最大、影响范围最广、危害程度最重。

主攻方向：东北四省区结合畜牧业发展需求和大豆、花生、杂粮杂豆传统种植优势，以发展青贮玉米和粮豆轮作、花生、杂粮生产为主，同时积极发展饲草种植和饲料油菜；冀北、晋北和内蒙古中部以发展耐旱型杂粮杂豆、马铃薯、经济林果为主，陕甘农牧交错区以发展杂粮杂豆为主，因地制宜发展饲料油菜；在生态脆弱区，积极发展耐盐耐旱的沙生植物等。力争到2020年，调减籽粒玉米3 000万亩以上。

(三) 西北风沙干旱区

区域特点：该区地处西北内陆，位于昆仑山、阿尔金山、祁连山、白于山和大青山以北的广大地区，包括新疆、甘肃、宁夏、内蒙古等省（区）。属于干旱荒漠气候，干旱少雨，光热资源丰富，昼夜温差大，≥10℃积温在2 800~4 400℃，无霜期115~210天，但水资源紧缺，绿洲沙化、盐碱化严重，牧区草原退化，农业生态系统脆弱。

主攻方向：充分利用丰富的光热资源，重点推广水肥一体化等高效节水措施。在河西走廊灌溉条件较好的地区，发展玉米等制种产业；在宁夏、内蒙古河套灌区，逐步调减高耗水的玉米种植，发展胡麻、油葵、饲料油菜等低耗水作物；在生态脆弱区，积极发展耐盐耐旱的饲油兼用油莎豆等沙生植物；在新疆地区发展青贮玉米和苜蓿生产，满足畜牧业发展对优质饲料的需求。力争到2020年，调减籽粒玉米500万亩。

(四) 太行山沿线区

区域特点：该区位于五台山以南、伏牛山以北，包括山西东部和河北西部山区。气候温凉，自北向南从半干旱向半湿润气候过渡，年降水量500~650毫米，地势北高南低，海拔在800~1 000米。以旱作农业为主，旱地占耕地面积的80%以上，土层浅薄，水土流失严重。农业基础条件差，灌溉设施不足，春旱伏旱发生频繁，玉米产量低而不稳。

主攻方向：大力发展耐旱的杂粮杂豆和生育期短的青贮玉米。发展沟域经济，促进板栗、核桃、山楂、蔬菜、中药材等特色种养业、农产品加工业和休闲服务业融合发展，提高农业生产效益。力争到2020年，调减籽粒玉米200万亩。

(五) 西南石漠化区

区域特点：该区位于横断山脉以东、大瑶山以西，以云贵高原为主体，包括广西、云南、贵州等省（区）。属于温带和亚热带湿润、半湿润气候，水热条件较好，80%以上土地为丘陵山地和高原，海拔500~2 500米，地势起伏大，农业立体性强。但光照条件较差，春旱、伏旱和秋旱常有发生；地形复杂，不利于农业规模化经营和机械化生产；岩溶发育广，石漠化严重，农业生态系统脆弱。

主攻方向：结合落实国家退耕还林还草政策，调减山坡地和缺少灌溉保障地区的玉米种植，积极发展杂粮杂豆、茶叶、核桃、油茶、中药材等，改良草山草坡，发展饲用麻、饲用桑、饲油兼用油莎豆和人工草地，支撑本地草食畜牧业发展。力争到2020年，调减籽粒玉米500万亩。

四、推进"镰刀弯"地区玉米结构调整的政策措施

"镰刀弯"地区玉米结构调整是一项系统工程，需要统筹协调、强化指导、加大力度、推进

落实，调动各方面积极性，构建农业生产发展长效机制。

（一）加强顶层设计

"镰刀弯"地区玉米结构调整是一项长期的任务，必须统筹谋划，搞好规划引导，有力有序推进。所在省份农业部门应成立结构调整的组织领导机构，明确责任分工，加强协调指导，落实政策措施，特别是要结合本地实际，制定可行的结构调整方案，明确调整方向和重点，科学布局、合理规划，因地制宜推进结构调整。建立健全协作机制，定期开展工作交流，协调解决遇到的实际困难。

（二）强化政策扶持

"镰刀弯"地区玉米结构调整涉及政府、农民、企业等多方面利益，需要加大政策扶持力度，支持地方政府主动推进结构调整，鼓励种养大户、农民合作社、龙头企业积极参与结构调整。完善价格政策。加强与有关部门的沟通协调，完善玉米收储和大豆目标价格政策，稳定种植收益，调动农民生产积极性。完善补贴政策。研究建立合理轮作体系的补助政策，实现种地养地结合。完善金融政策。加强与各类金融机构的协作，积极创新农业金融产品和服务，引导和激励金融资金参与农业结构调整。通过建立信贷担保体系，支持新型农业经营主体开展"粮改饲"、发展现代草食畜牧业，促进农牧结合。同时，要加强主产区基础设施建设，保护核心产能。

（三）推进科技创新

"镰刀弯"地区玉米结构调整需要科技创新，强化技术支撑。大力推进种业科技创新，根据玉米结构调整的需要，加快选育青贮玉米专用品种、高蛋白大豆品种，培育替代种植的高产优质的杂粮饲草等品种。大力推进技术集成创新，改进完善种植制度、栽培方式和配套机具，集成配套籽粒改青贮、玉米改饲草、玉米改杂粮、玉米改大豆等不同种植模式，筛选适宜粮豆轮作施用的除草剂等。

（四）加强示范引导

"镰刀弯"地区跨度大、涉及作物多，需要加强服务指导和信息引导，保证玉米结构调整任务落实到位。各地要因地制宜制定玉米结构调整的技术方案，推介适销对路、高产优质的作物品种，引导玉米结构主动调优、积极调特、努力调深。结合开展绿色增产模式攻关，集成一套玉米结构调整的技术模式，着力打造一批增产增效、节本增效、提质增效的可持续发展示范区。大力推进农牧结合，加大"粮改饲"补助力度，扩大试点范围，以养定种、农牧结合，带动"镰刀弯"地区种植结构优化。

（五）促进产业经营

"镰刀弯"地区玉米结构调整不仅是面积的调减，更是产业的升级。大力培育新型经营主体，重点是培育种养大户、家庭农场、农民合作社等，发挥其在规模化、标准化、机械化等方面的示范带动作用。大力扶持龙头企业，重点是培育一批实力强、信誉好、联系紧的农业产业化龙头企业，加快构建大型企业带动、中小企业拉动、新型经营主体联动的经营机制，推进订单生产、产销衔接、加工转化，助力结构调整和产业转型升级。尤其要扶持发展大型畜牧养殖、加工企业和饲草企业，带动"粮改饲"和农牧结合。

（六）加强市场调控

健全统计监测制度，加强对玉米生产、消费、进出口、储运等重点环节的监测，建立健全中长期玉米供求总量平衡机制、市场监测预警机制和信息会商机制，及时准确掌握玉米市场动态。加强市场调控，完善玉米储备调控体系，优化储备布局，建立吞吐轮换机制。加强进出口调控，根据国内外市场供求情况，把握好玉米进口的节奏和规模。加大对粮食走私的打击力度，保护国内玉米生产者的利益。加强舆论宣传，引导社会公众适当调整膳食结构，大力倡导科学用粮、节约用粮。

农业部
2015年11月2日

来源：http://www.moa.gov.cn/zwllm/tzgg/tz/201511/t20151102_4885037.htm

3. 第三次全国农作物种质资源普查与收集资金管理暂行办法

第三次全国农作物种质资源普查与收集资金管理暂行办法

第一条 为加强第三次全国农作物种质资源普查与收集资金（以下简称种质资源普查资金）的管理，保证普查工作的顺利实施，提高资金使用效益，根据《中央本级项目支出预算管理办法》（财预〔2007〕38号）及其他有关规定，制定本办法。

第二条 本办法所称种质资源普查资金是部门预算安排用于开展第三次全国农作物种质资源普查与收集的专项资金。

第三条 种质资源普查资金严格按照预算批复，用于普查相关的各项支出，包括作物种质资源普查和征集、作物种质资源系统调查和抢救性收集、作物种质资源鉴定评价和编目保存、作物种质资源数据库建设等方面。

第四条 种质资源普查资金的使用范围包括：与项目实施和管理有关的专用材料费、小型仪器设备购置费、会议费、培训费、专用燃料费、印刷费、差旅费、劳务费、专家咨询费、委托业务费等。地方及非预算单位不得列支会议费。

第五条 农业部财务司负责制定种质资源普查资金管理制度，组织并审核预、决算和绩效考评，对预算执行履行监管职责，并根据需要组织开展项目资金专项检查或专项审计。

部属预算单位通过部门预算批复直接下达资金；非预算单位所需资金根据任务量和资金需求测算后，通过农业部文件下达。

第六条 农业部种子管理局（以下简称部种子局）负责项目的预算编制、组织执行和监督检查。

第七条 中国农业科学院作物科学研究所（以下简称中国农科院作科所）、各省级种子管理机构、省级农业科学院、县级农业局和其他相关科研机构为项目承担单位。中国农科院作科所为项目牵头承担单位，承担第三次全国农作物种质资源普查与收集的组织实施和日常管理，并按要求编报本单位项目预算。

各省级种子管理机构负责组织对本辖区内农业县（市）的作物种质资源进行全面普查和征集。各省级农业科学院负责组织对本辖区内农作物种质资源丰富县（市）作物种质资源的系统调查和抢救性收集。各县级农业局承担本县（市、区）农作物种质资源的全面普查和征集。根据普查工作实际需要，其他相关机构参加有关作物种质资源的系统调查和抢救性收集。

第八条 项目承担单位所承担的项目原则上应由本单位实施。部分业务确需相关单位协作实施的，项目承担单位要与协作实施单位签订任务合同书，明确任务内容、经费预算、时间进度、人员分工等，按照合同要求支付资金并取得有效财务票据。协作实施单位要严格履行合同义务，按时完成普查各项工作任务，保证工作数量、质量和效果。

第九条 项目承担单位应当严格按照本办法规定的经费开支范围办理支出，不得用于人员经费、"三公经费"、大型修缮购置费用、基本建设费用以及其他与种质资源普查无关的支出。

第十条 项目承担单位要严格执行国家有关财经法规，专款专用、单独核算。

第十一条 种质资源普查资金支付业务按照国库集中支付管理的有关规定执行。经费使用中涉及政府采购的，严格按照政府采购相关规定执行。

第十二条 项目承担单位应加强种质资源普查资金的使用管理，确保资金安全高效，自觉接受财政、审计以及主管部门的监督检查。农业部财务司会同部种子局组织开展重点抽查。对检查中发现的套取、挤占、挪用和其他违反本办法规定的行为，按照《财政违法行为处罚处分条例》等国家有关法律法规的规定处理。

第十三条 本办法由农业部财务司负责解释。

第十四条 本办法自发布之日起施行。

来源：http://www.moa.gov.cn/zwllm/cwgk/zdxm/201510/t20151023_4875679.htm

4. 农业部 发展改革委 财政部 银监会关于扎实推进国家现代农业示范区改革与建设率先实现农业现代化的指导意见

农业部 发展改革委 财政部 银监会关于扎实推进国家现代农业示范区改革与建设率先实现农业现代化的指导意见

各省、自治区、直辖市和计划单列市农业厅（局、委），发展改革委，财政（财务）厅（局），各银监局，各政策性银行、国有商业银行、股份制商业银行，中国邮政储蓄银行：

国家现代农业示范区是探索中国特色新型农业现代化道路的重要平台和载体。2010年以来，按照中央部署要求，农业部在全国认定了283个国家现代农业示范区（以下简称示范区）。各地各部门高度重视，统筹谋划，协力配合，加大支持，示范区建设日益展现出旺盛的生命力和强大的带动力。当前，我国已进入传统农业向现代农业加快转型跨越的关键阶段，为使示范区进一步当好全国现代农业发展的"排头兵"、农业改革的"试验田"和区域现代农业"展示板"，现提出以下意见。

一、总体思路和目标

（一）总体思路

按照产出高效、产品安全、资源节约、环境友好的发展要求，以率先实现农业现代化为目标，以加快转变农业发展方式为主线，强化改革创新、科技驱动、资源整合和政策支持，推动现代物质技术装备广泛应用，新型经营主体蓬勃发展，农业产业结构优化升级，可持续发展体制机制健全，打造发展先进、创新活跃、可复制可推广的典型样板，形成区域现代农业发展极，示范引领中国特色新型农业现代化建设。

（二）总体目标

到 2020 年，一半以上的示范区进入基本实现农业现代化阶段，初步形成一批区域代表性强、类型多样、路径清晰的建设模式。高标准农田建设任务全面落实，耕地质量大幅提升，现代科技广泛应用，农作物耕种收综合机械化水平平均达到 80% 左右，多种形式的适度规模经营比重平均超过 60%。农业用水总量有效控制，化肥农药使用量实现零增长，农业废弃物（农膜、秸秆、畜禽粪便）基本实现资源化利用。农民人均可支配收入年均增长 10% 左右，在更大范围、更广领域引领和带动各地现代农业发展迈出新步伐。

二、改善生产条件，率先实现基础设施完备化

（三）集中连片建设主导产业核心片区

以粮棉油糖等大宗农产品生产核心村镇为基础，健全统一规划、部门协调、程序规范的建设管理体制，整合各类涉农资金，发挥好新增建设用地土地有偿使用费、农业土地开发资金和农田水利建设资金支持农业基础设施建设的作用，提高资金使用效益。落实耕地质量保护与提升技术措施，整村整乡整建制推进核心片区建设。支持有条件的示范区以核心片区为载体，积极探索划定粮食生产功能区，促进高标准农田建设与粮食产能建设有机结合，大规模开展粮食高产创建和绿色增产模式攻关，稳定提高耕地质量，建设高产稳产、生态安全的现代粮食生产基地。鼓励运用以奖代补、以补促建等措施，支持村集体和新型农业经营主体承担核心片区项目建设任务，完善建后管护机制。

（四）分类打造特色产业园（基地）

坚持市场导向、规模合理、效益优先，结合"一村一品、一乡一业"，统筹布局各类特色产业示范园（基地），有序推进高水平、网格化、带动力强的特色产业示范园（基地）建设，发挥比较优势，实现以点带面、错位发展。支持示范区按照程序和标准实施园艺产品提质增效工程，广泛开展园艺作物、热作标准园创建活动，以及园艺作物"三品提升"（品种改良、品质改进和品牌创建）行动。

（五）提升标准化规模养殖水平

坚持推动标准化规模养殖场建设与区域土地消纳能力、资源承载能力相匹配，调整优化畜禽水产养殖基地布局，开展养殖标准化和水产健康养殖示范场创建活动。鼓励优先利用未利用地发展养殖业。率先应用物联网技术和智能化养殖设备，建立科学、高效的动物疫病防控管理机制。支持标准化规模养殖场（小区）开展畜禽粪污综合利用，配套建设畜禽粪污治理和资源化利用设施。探索规模养殖用电按农业生产电价执行的具体实施办法。

三、强化科技支撑，率先实现技术应用集成化

（六）因地制宜推进农业机械化

积极探索现代耕作技术与全程机械化融合的生产模式，支持示范区推广应用农业机械化新技术、新机具，促进粮食主产区的示范区率先实现小麦、水稻、玉米等主粮作物生产全程机械化，其他农产品优势区的示范区在机插秧、机采棉、甘蔗机收等薄弱环节上率先突破。农机购置补贴政策进一步向示范区倾斜，培育壮大农机大户、农机合作组织，探索推广以信息化手段促进跨区作业、订单作业的有效途径和方式。优先在示范区实施主要农作物生产全程机械化示范县项目。

（七）率先普及应用现代科技成果

探索农业科研机构与新型经营主体合作集成熟化科技成果的有效途径，建立并完善"一个主导产业、一位首席专家、一个示范基地、一套技术模式、一支服务团队"的农技推广机制，促进现代科技与产业发展有机融合。创新拓展科技服务领域，建立新品种推荐、育秧供苗等综合服务网络，加强基层农业灾害预警防控与统防统治能力建设。大力发展农业标准化生产，推广使用产地质量证明，建立产地准出机制。有条件的示范区要率先整合农业信息资源，加快推进互联网与农业生产经营融合发展，推动物联网等在农业领域的广泛应用，依托移动互联网、大数据、云计算等现代信息技术，建设生产管理智能化平台和全程可追溯、互联共享的农产品质量及食品安全信息平台。

四、激发发展活力，率先实现生产经营集约化

（八）构建多种形式适度规模经营新格局

完成土地确权登记颁证工作，引导农民采取互换、入股、托管、并地等方式，发展多种形式的适度规模经营。健全流转市场和县乡村服务网络，鼓励支持承包土地经营权更多地通过公开市场向新型农业经营主体流转，探索建立自愿组合、集中连片流转土地机制。支持国有农场参与农村土地流转。鼓励示范区率先建立工商企业租赁农户承包地的资格审查、项目审核、风险保障金制度。鼓励社会化服务组织围绕产前产中产后关键环节，为众多分散经营农户提供统一服务，以社会化服务带动生产经营的规模化、标准化。对落实政策好、激励措施实、推进成效显著的示范区，在组织申报相关项目、试点政策时给予适量加分或优先推荐奖励。

（九）倾斜支持新型农业经营主体

将新型经营主体作为新增农业生产性补贴的支持重点，放宽新型农业经营主体建设农机库棚、仓储等设施的用地扶持政策。引导家庭农场和农民合作社联合与合作，探索鼓励科技特派员、大中专毕业生、基层农技人员领办或创办农民合作社的政策措施。新型职业农民培育覆盖到所有示范区，加大农村实用人才带头人示范培训力度，培训对象以新型经营主体为主。

（十）全方位推进农业社会化服务

加快健全农业公益性服务经费保障和绩效考核激励机制，试行政府购买公益性服务。创新搭建以公益性服务为基础的综合性服务平台，吸引农资配送、农机作业、工厂化育秧、病虫害统防统治、配方肥统配统施、设施维修等经营性、半经营性服务有序集聚，促进公益性服务与市场化服务优势互补、成龙配套，为各类主体提供保姆式、菜单式、超市式等多种形式系列化服务。探索制定重点行业、主要品种生产性服务的具体规范和合同样本，健全服务标准和流程。

（十一）大力发展农业产业化集群

支持示范区依托高产高效生态农业产业基地，引导农产品加工企业向产业集聚区集聚，建设与农业产业化集群相配套的农产品产地批发市场、物流配送中心，促进一二三产业融合互动。完善鲜活农产品、特色农产品和冷链物流体系，支持各地发展农社对接、农超对接、直销直供等现代流通新业态；鼓励有条件的示范区创建区域特色品牌，发展电商及连锁配送，探索创新服务农业生产营销的新方式。支持相关领域、相近环节、上下游产业间的各类农业新型经营主体的融合发展，通过"接二连三""隔二连三"，创新联动经营、协作服务的合作机制，引导新型经营主体组合型、群体化发展。

五、保护资源环境，率先实现农业可持续发展

（十二）实行农业资源挂牌保护

在综合考虑自然条件、经济发展水平、市场需求等因素的基础上，以农业资源环境承载力为基准，因地制宜，宜粮则粮、宜经则经、宜草则草、宜渔则渔，推进区域生产力布局优化，提高农业生产与资源环境匹配度。落实最严格的耕地保护、水资源管理和环境保护制度，率先在示范区划定永久基本农田，建立粮食生产功能区挂牌保护机制。以第二次全国土地调查及年度土地变更调查成果为基础，支持示范区构建耕地保护信息平台，建立公开公示机制。加强保护性耕作技术研究，促进免耕播种、深松整地、科学除草等技术广泛应用。加大天然草原退牧还草工程、草原畜牧业提质增效示范工程在示范区实施力度，优先在适宜示范区开展草原自然保护区建设。

（十三）推进农业环境长效治理

探索构建适应化肥、农药使用量零增长的技术体系，加快改变大水、大肥、大药的技术模式，推动新型农业经营主体全面建立农药化肥等投入品使用档案，探索农药可追溯体系。健全农业面源污染和农产品产地环境例行监测制度，鼓励开展高标准农膜推广和残膜回收利用示范，探索秸秆综合利用新模式新机制。加强病死畜禽无害化处理技术研发与推广应用，鼓励有条件的示范区探索病死畜禽无害化处理的新途径。农业清洁生产示范项目重点在示范区实施，测土配方施肥项目逐步实现示范区全覆盖，不断提高水肥一体化等农艺技术在示范区的应用水平。

（十四）发展高产高效生态友好型农业

以优质、高产、高效、生态、安全为衡量标准，净化产地环境，因地制宜建设高产高效生态农业基地。有条件的示范区应积极开展粮食作物改种饲料作物、粮草轮作、发展草牧业等试点，调整优化农业生产结构；积极推广以沼气为纽带的种养循环模式，减少污染物排放，提高畜禽粪便、有机废弃物资源化利用水平；大力发展立体养殖，积极推进稻鱼共生、林下放养等生态农业模式。

六、加大投入力度，率先实现支持保护系统化

（十五）加强涉农资金整合

强化财政资金统筹使用，在资金来源渠道不变、用途不变、管理权限不变、检查验收标准不变的前提下，打破行业界限、部门分割，以示范区为平台，以规划为依据，以核心片区建设为切入点，按照功能配套要求，统筹衔接各类项目实施的资金计划和进度安排，建立健全相互配合、良性互动的沟通协调机制，提高财政资金有序投放的整体效能和使用效率。中央财政对体制机制创新力度大、现代农业发展成效好的示范区继续实施"以奖代补"政策并逐步扩大奖补范围，现代农业生产发展资金、农业综合开发资金等相关涉农资金结合现有渠道对符合条件的示范区给予倾斜支持。

（十六）创新农业金融产品和服务模式

推广以农业机械设备、水域滩涂养殖权、承包土地收益权、农业保险保单、订单仓单等为标的的新型抵（质）押担保方式，建立各类农业资产价值评估机制和流通变现渠道。把农民合作社等新型农业经营主体纳入银行业金融机构客户信用评定范围，对信用等级较高的实行贷款优先、利率优惠、额度放宽、手续简化等正向激励措施。创新农业贷款风险补偿机制，鼓励有条件的示范区建立农业金融风险补偿基金，组建政府出资为主、涉农服务为重点的融资性担保机构。选择有条件的示范区开展财政资金引导金融资本试点，优先建立农业信贷担保机构。

（十七）完善农业保险服务

加快发展农业保险，提高粮食作物保险覆盖面和保障水平。探索开展主要粮食作物、生猪目标价格保险和蔬菜价格指数保险，以及贷款保证保险和信用保险等业务。鼓励保险机构开设特色优势农产品保险及适应新型经营主体需求的险种。鼓励有条件的示范区对设施农业、农机具、渔业养殖、制种、林果等保险保费予以补贴。

七、强化辐射带动，示范引领全国农业现代化建设

（十八）推动"产村城"协调发展

示范区现代农业建设规划应纳入本地城乡发展总体规划，引导农产品生产基地建设与新型城镇化建设、新农村建设和谐相融。大力挖掘农村文化资源，拓展农业功能、传承农耕文明，发展休闲农业、创意农业等新型业态，实现产村相融，一体发展。鼓励有条件的示范区将农业生产作为城乡发展的生态本底，探索建立城镇化发展过程中对农业生产的生态保护与补偿机制。

（十九）强化联合与协作

鼓励示范区与其他区域建立农业区域合作机制，采取共建基地、合作营销等方式，先发带动后发。通过召开现场观摩会、经验交流会、专题研讨会等形式总结推广建设经验。鼓励示范区积极参与农业国际合作，支持有条件的企业引进国际先进技术设备、优良品种、科学管理模式，开展优势农产品出口品牌和出口基地建设，开拓出口市场。

（二十）创新建设管理机制

建立农业、发改、财政、银监等中央部门单位参加的示范区会商机制，健全完善示范区竞争择优的准入机制、动态监测的评价机制、能进能退的管理机制，提高建设指导和管理服务水平。省级有关部门要加强示范区建设跟踪分析和指导服务，及时帮助解决重大问题，形成推动示范区建设的强大合力。各示范区要建立由党政主要领导牵头的示范区建设议事协调机构，统筹整合资源，出台得力措施，明确职责分工，强化督导落实，确保示范区各项建设任务顺利高效完成，真正发挥示范引领作用。

农业部　发展改革委

财政部　银监会

2015 年 9 月 24 日

来源：http://www.moa.gov.cn/govpublic/FZJHS/201509/t20150924_4841563.htm

5. 农业部 国家发展和改革委员会 商务部关于印发《推进农业电子商务发展行动计划》的通知

农业部 国家发展和改革委员会 商务部
关于印发《推进农业电子商务发展行动计划》的通知

各省、自治区、直辖市、计划单列市、新疆生产建设兵团农业（农牧、农村经济）厅（委、局、办）、发展改革委、商务主管部门：

按照《国务院关于大力发展电子商务加快培育经济新动力的意见》（国发〔2015〕24号）和《国务院关于积极推进"互联网+"行动的指导意见》（国发〔2015〕40号）的部署要求，发挥电子商务在培育经济新动力、打造"双引擎"、实现"双目标"方面的重要作用，扎实推进农业电子商务快速健康发展，农业部、国家发展和改革委员会、商务部共同研究制定了《推进农业电子商务发展行动计划》，提出了发展农业电子商务的指导思想、基本原则、总体目标，并明确了5方面重点任务和20项行动计划。现印发你们，请认真贯彻落实。

农业部　国家发展和改革委员会　商务部
2015年9月6日

来源：http://www.moa.gov.cn/zwllm/tzgg/tz/201509/t20150922_4838810.htm

附　推进农业电子商务发展行动计划

当前，农业电子商务发展迅猛，正在深刻改变着传统农产品流通方式，成为加快转变农业发展方式、完善农产品市场机制、推动农业农村信息化发展的新动力，对发展现代农业、繁荣农村经济、改善城乡居民生活的作用日益凸显。与此同时，我国农业电子商务发展仍处在初级阶段，面临着基础设施条件差、标准化程度低、流通链条不完整、市场秩序不规范、诚信体系不健全、配套政策不完善等困难和问题，亟须提高认识，采取有效措施切实加以解决。为认真贯彻落实2015年中央1号文件、十二届全国人大三次会议和《国务院关于大力发展电子商务加快培育经济新动力的意见》（国发〔2015〕24号）、《国务院关于积极推进"互联网+"行动的指导意见》（国发〔2015〕40号）的部署要求，发挥农业电子商务在培育经济新动力、打造"双引擎"、实现"双目标"方面的重要作用，积极实施"互联网+"现代农业行动，扎实推进农业电子商务快速健康发展，努力把农业电子商务打造成为大众创业、万众创新的平台，提出以下行动计划。

一、深刻认识推进农业电子商务发展的重大意义

（一）推进农业电子商务发展是完善农产品市场机制的重要举措

党的十八届三中全会指出要使市场在资源配置中起决定性作用。实践证明，电子商务可以为传统农产品产销注入信息化元素，以信息流带动物流、技术流、人才流、资金流，实时反映供求状况，解决市场信息不对称问题，提升农产品生产者话语权，拓展新渠道、新客源和新市场；能够有效促进产销衔接，降低流通成本，同时有利于稳定市场预期、减缓价格波动，是建立健全现代农产品流通体系的必然要求。迫切需要通过加快发展农业电子商务，有效引导市场主体广泛参与，促进资源要素合理有序流动，消除妨碍公平竞争的制约因素，推动全国农产品统一市场的进一步完善，更好地发挥市场配置资源的决定性作用。

（二）推进农业电子商务发展是促进现代农业发展的重要途径

发展现代农业的基础和前提是市场化，农业电子商务是农业市场化的重要组成部分，是现代服务业的重要内容。推进农业电子商务，将产业链、价值链、供应链等现代经营管理理念融入农业，可以促进现代信息技术与传统农业全面深度融合，推动农业生产由以产品为中心转变为以市场为导向、以消费者为中心，倒逼农业生产标准化、品牌化，优化农业生产布局和品种结构，发展高产、优质、高效、生态、安全农业，实现农业发展方式根本性转变，提高农业产业素质和国际竞争力，为新型工业化、信息化、城镇化和农业现代化同步发展拓展新的空间、增添新的动力。

（三）推进农业电子商务发展是扩大和提升消费需求的重要动力

在经济新常态下，扩大和提升消费需求对促进经济发展的关键作用日益凸显。促进电子商务创新发展，是实施"互联网+"行动的重大举措，对主动适应经济发展新常态、打造经济社会发展新引擎、有效应对经济下行压力具有重要现实意义。推动农业电子商务发展是顺应消费方式、生活方式深刻变化的现实需要，可以满足不

同消费群体的个性化、多样化、便捷性需求，能够突破购销的时空限制，进一步挖掘市场需求潜力，促进消费转型升级。同时，农业电子商务的发展，还可以创新流通方式，带动农业生产资料和消费品下乡，加快形成城乡产品和要素市场双向流动的新格局，激活农村消费市场活力，让农村居民分享信息经济发展的成果。

（四）推进农业电子商务发展是加快转变政府职能的客观要求

在充分发挥市场配置资源决定性作用的同时，要更好发挥政府作用，为市场主体创造良好发展环境，切实加强公共服务、市场监管、社会管理等职责。农业部门在继续抓好农业生产的同时，应更加重视搞活农产品流通，创新农业生产资料下乡渠道。农业电子商务作为农产品流通和农业生产资料销售的新业态，在发展的过程中出现了一些新情况新问题，需要政府部门转变观念、转变职能，切实把推进农业电子商务发展作为一项重要工作来抓，加强政策创设和规划制定，健全农产品和农业生产资料市场信息监测预警体系、标准体系、质量安全追溯体系、诚信体系和法律法规建设，强化市场监管和行政执法，努力营造安全可信、规范有序的农业电子商务发展环境。

二、指导思想、基本原则和总体目标

（五）指导思想

全面贯彻党的十八大和十八届三中、四中全会精神，以邓小平理论、"三个代表"重要思想、科学发展观为指导，深入贯彻习近平总书记系列重要讲话精神，按照中央1号文件的部署要求，紧紧围绕农业农村经济发展"两个千方百计，两个努力确保，两个持续提高"的目标任务，以改革创新为动力，以加快转变农业发展方式、有效提升消费需求为主线，强化顶层设计和政策引导，着力解决农业电子商务发展中的困难和问题，着力完善制度、机制和模式，着力营造开放、规范、诚信、安全的发展环境，为加快实现农业现代化和城乡发展一体化提供新的动力。

（六）基本原则

一是市场主体，政府引导。正确处理好市场与政府的关系，充分发挥市场主体作用，提高农业电子商务资源配置效率，同时加强政策、规划、信息指导，强化制度建设和市场监管，为农业电子商务发展创造良好环境。二是统筹兼顾，重点突破。注重农村与城市相结合、农产品与农业生产资料和消费品相结合、线上与线下相结合，分类别、分阶段、分区域拓展和推动农业电子商务应用。重点探索鲜活农产品与农业生产资料的电子商务模式，支持发展产地田头市场、城乡仓储、冷链物流、终端配送，突破发展瓶颈。三是创新驱动，示范引领。推动技术创新、管理创新、服务创新和制度创新，将移动互联网、云计算、大数据、物联网等新一代信息技术贯穿到农业电子商务的各领域各环节，切实增强自主创新能力。注重典型引路和示范带动，因地制宜探索发展适应当地实际的农业电子商务模式。四是规范有序，健康发展。在发展中求规范，以规范促发展。立足需求导向，坚持必要和可行的原则，明确方向和重点，采取先易后难、循序渐进的策略，找准切入点和突破口，有力有序推进，避免盲目跟风，保障农业电子商务快速健康持续发展。

（七）总体目标

到2018年，农业电子商务基础设施条件明显改善，制度体系和政策环境基本健全，培育出一批具有重要影响力的农业电子商务企业和品牌，电子商务在农产品和农业生产资料流通中的比重明显上升，对完善农产品和农业生产资料市场流通体系、提升消费需求、繁荣城乡经济的作用显著增强。

三、重点任务

（八）积极培育农业电子商务市场主体

围绕提升新型农业经营主体电子商务应用能力、支持农产品和农业生产资料网络营销、推进农业生产性服务线上交流与交易、壮大农业电子商务企业的发展目标，培育农业电子商务市场主体，推动形成各类市场主体竞相发展农业电子商务的新格局。

专项行动1——能力提升行动：积极参与国家电子商务专业技术人才知识更新工程，开展新型农业经营主体培训。充分利用新型职业农民教育、农村实用人才培训等项目，重点组织专业大户、家庭农场、农民合作社等新型农业经营主体和农业企业负责人，联合有关教育培训机构、电子商务企业，开展电子商务平台使用、农产品和农业生产资料网上经营策略和技巧培训，有计划培养一批有理论和实践能力的农业电子商务人才，切实提高新型农业经营主体电子商务应用能力。

专项行动2——平台对接行动：充分发挥农业、商务部门牵线搭桥的作用，积极组织、引导电商企业，加强农业电子商务业务建设。依托各类会展平台和论坛，组织专业大户、家庭农场、农民合作社等新型农业经营主体、农产品经销商、国有农场和农业企业等，开展形式多样的交流活动，对接各类涉农电子商务平台和电子商务信息公共服务平台，有效衔接产需信息，促进农产品和农业生产资料实现网上销售。

专项行动3——电商拓展行动：加强政策和信息引导，鼓励综合型电子商务企业拓展农业电子商务业务，扶持垂直型农业电子商务企业发展壮大，推动电子商务企业适当降低农业电子商务门槛，引导有条件的传统农产品流通企业和农业生产资料生产经销企业发展电子商务。

（九）着力完善农业电子商务线上线下公共服务体系

探索农产品和农业生产资料线上与线下协同发展模式，完善农产品监测预警、质量标准和追溯体系，推动农业电子商务相关数据信息开放共享，实现农业全产业链数据互联互通，完善农业电子商务线上线下公共服务体系，为农业电子商务提供公共服务支撑。

专项行动4——网络集货行动：构建农产品网络集货平台，依托农产品产地市场，完善电子商务平台集货对接功能，引导在集货过程中实现标准化、规模化，提高重复性购买产品的一致性。

专项行动5——产品推介行动：完善农产品展示推介平台，在继续做好农产品营销促销工作的同时，集中打造网上展示大厅，推动"名特优新""三品一标""一村一品"农产品上网营销，加强宣传推介，提高农产品网络销售的公信力、信誉度和美誉度。

专项行动6——信息共享行动：健全农产品市场信息监测预警体系，强化农产品产销动态监测统计，拓展信息获取渠道，加强农产品市场信息预警分析，及时全面准确发布农产品生产、消费、贸易、库存、成本收益、价格及未来趋势等市场信息，加大农产品质量安全信息发布公开力度，推动涉农数据信息开放共享。

专项行动7——质量监管行动：完善农产品质量标准和质量安全追溯体系，加快农产品质量、包装标准制修订进程，健全"名特优新""三品一标""一村一品"等电子商务基础数据库，健全国家农产品质量安全追溯管理信息系统，推进农药、兽药、肥料等农业投入品追溯系统建设，探索与涉农电子商务企业建立数据共享机制，实现质量可追溯、责任可追查。

专项行动8——运行保障行动：建立农业生产经营全产业链电子商务公共服务平台，在各行业各领域大力推进电子商务发展基础上，实现种植、畜牧、水产以及种子、化肥、农药、兽药、饲料、农机等电子商务信息共享和互联互通，为农业电子商务协同快速发展提供公共服务。健全诚信体系，整合银行、税务、工商、质检、商务等领域和电子商务相关主体的信用信息，推行信用档案制度，净化市场环境，提高农业电子商务信任度。

（十）大力疏通农业电子商务渠道

加强与相关部门的沟通协调、形成合力，加快推动网络、物流、冷链、仓储等基础设施建设，鼓励相关经营主体开展技术、机制、模式创新，深入推进信息进村入户，开展电子商务进农村综合示范，为全面发展农业电子商务创造良好条件、提供经验。

专项行动9——渠道延伸行动：深入推进信息进村入户试点，加强部省12316三农综合信息服务体系建设，加快村级信息服务站建设，支持开展电子商务业务，为农民提供信息咨询、代卖代购等服务。加快完善农村物流体系布局，实施快递"向西""向下"工程，推动农村综合服务社、超市、邮政"三农"服务站、村邮站、快递网点等基层农村物流节点建设，鼓励物流快递企业向乡、村延伸业务。

专项行动10——市场转型行动：指导支持农产品电子商务企业有效衔接农产品品种、产量、产地、收获时期等生产者信息，促进农产品网络销售。鼓励产地和销地农产品批发市场开展信息技术、经营方式、服务模式等创新，充分发挥线上与线下相结合的优势，推动批发市场创新发展农产品电子商务。促进农产品批发市场流通基础设施、质量检测设备、产品流通渠道等应用于农产品电子商务。

专项行动 11——模式创新行动：推动电子商务企业、国有农场、农民合作社与城市社区开展合作，共同设立农产品体验店、自提点和提货柜，试点"基地+城市社区"的鲜活农产品直配模式。推动销地批发市场发挥优势，支撑电子商务发展，探索满足城市日常消费的"批发市场+宅配"模式。鼓励种子、农药、化肥等农业生产资料企业，依托各地村级信息服务站探索"放心农资进农家"模式。配合相关部门支持电子商务企业建立海外营销渠道，创立自有品牌，推动跨境农业电子商务发展。

专项行动 12——基础支撑行动：加快农村宽带基础设施建设，扩大第四代移动通信网络在农村的覆盖面。支持农业生产基地加强规模化、标准化、智能化和质量追溯能力建设。鼓励有条件的地方建设农业电子商务产业基地、物流园、创业园。支持电子商务市场主体在农村和城市建设仓储、冷链、分级包装、智能配货等设施设备，改善农业电子商务发展的基础条件。

（十一）切实加大农业电子商务技术创新应用力度

按照"需求牵引、重点跨越、支撑发展、引领未来"的原则，开展农业电子商务发展战略研究，突破核心关键技术，制定完善相关标准、法规，大力推广先进实用信息化技术在流通等领域的应用，全面提升农业电子商务技术创新应用能力。

专项行动 13——技术创新行动：加强农业电子商务核心关键技术研发，着力在核心芯片、射频识别、智能终端、系统集成、网络与信息安全以及大数据处理、应用软件等共性和关键技术研发应用上取得突破，加大自主知识产权保护力度，加快建立以企业为主体、市场为导向、产学研用相结合的技术创新体系。

专项行动 14——示范推广行动：积极参与国家电子商务示范城市建设。继续开展两年一次的农业农村信息化示范基地申报认定工作，并向农业电子商务倾斜，引导各类新型农业经营主体入驻电商平台，树立农业电子商务企业典型。支持移动互联网、云计算、大数据、物联网等新一代信息技术在农业电子商务全链条中的示范应用。鼓励金融机构、非银行支付机构为农业电子商务企业、物流企业及相关用户提供安全、高效的支付服务，在农村地区推广网上支付、手机支付等支付方式。推进农产品批发市场电子商务技术应用，加快推进农产品电子结算、电子交易、电子拍卖、电子商务应用，提高流通效率和信息公开程度。

专项行动 15——标准推进行动：鼓励支持电子商务企业制定适应电子商务的农产品产品质量、分等分级、产品包装、物流配送、业务规范等标准，鼓励支持快递企业制定适应农业电子商务产品寄递需求的定制化包装、专业化服务等标准。加快农产品、农业生产资料产品质量国家、行业标准和生产技术规程制修订进程，加快国家农业标准化示范县建设，引导各类电子商务主体共同建立农产品标准化生产示范基地。同时研究制定农业电子商务技术标准和业务规范。

专项行动 16——政策研究行动：依托各有关直属单位，与有关科研和教学单位、企业合作开展发展战略研究，追踪热点问题，提出政策建议，编制农业电子商务发展年度报告。鼓励各级发展改革、农业、商务部门会同有关部门组织相关科研、教学单位和企业联合开展农业电子商务重大问题研究，为规划制定和政策措施出台提供决策参考。加快建立以企业为主体、市场为导向、产学研用相结合的技术创新体系，推动农业电子商务相关技术中心、工程中心、重点实验室建设。

专项行动 17——智库应用行动：在每年中国电子商务创新发展峰会和农业信息化高峰论坛期间组织举办农业电子商务分论坛，支持地方、行业组织、企业举办论坛、研讨会，总结交流各地推进农业电子商务发展的好做法、好经验、好模式，研究农业电子商务发展过程中遇到的困难和问题，引导农业电子商务快速健康发展。

（十二）加快完善农业电子商务政策体系

按照"政府引导，市场主体"的原则，强化顶层设计和政策创设，配合有关部门优化农业电子商务相关审批事项和流程，推动落实支持农业电子商务发展扶持政策，充分发挥市场在资源配置中的决定性作用，为农业电子商务发展提供良好政策环境。

专项行动 18——政策支撑行动：联合相关部门，大力加强农业电子商务政策创新，推动出台并落实支持农业电子商务发展的用地、用水、用电、用网等政策，建立健全适应电子商务发展的多元化、多渠道投融资机制。配合相关部门全面清理农业电子商务领域现有前置审批事项，无法律法规依据的一律取消，严禁违法设定行政许可、增加行政许可条件和程序。

专项行动19——硬件支撑行动：针对农产品流通的特殊性，积极争取各级政府对田头集货、产地预冷、冷藏保鲜、分级包装、冷链物流、运输车辆、集散仓储、城市配送设施等方面建设给予扶持，按照相关规定，对符合条件的纳入农机购置补贴、农产品产地初加工补助项目等支持范围。鼓励保险公司开展鲜活农产品配送质量保险试点。

专项行动20——运营支撑行动：积极推动成立农业电子商务标准化技术专业委员会、协会。组织相关科研和教学单位、企业开展农业电子商务核心和关键技术研发。经认定为高新技术企业的农业电子商务企业依法享受相关优惠政策。推进信息进村入户，积极争取农村信息服务站建设、信息员培训，以及政府购买公益服务支持。鼓励新型农业经营主体应用电子商务平台开展农产品上线营销、市场推广，指导新型职业农民、大学生村官、返乡农民工、农村经纪人、农村信息员等依托电子商务创业。

四、保障措施

（十三）强化组织领导

各级发展改革、农业、商务部门要进一步提高认识、转变观念，把农业电子商务作为创新农产品流通、建设现代农业、繁荣农村经济的重要举措予以推进。加强相关工作力量，明确负责机构和人员，注重调查研究，制定推进方案，细化政策措施，狠抓任务落实，会同有关部门形成工作合力，为农业电子商务快速健康发展提供组织保障。

（十四）强化制度建设

积极参与电子商务法律法规建设，围绕市场监管和公共服务职能职责，配合有关部门制定完善诚信经营、公平竞争、权益保护、信息公开、网络安全、行政执法等方面的规章制度。严格执法，严厉查处违法违规行为，切实保障相关市场主体和消费者合法权益，同时加强部门合作，避免多头重复执法。引导行业组织制定行业规范和服务要求，加强行业自律和信用评价。

（十五）强化示范宣传

将农业电子商务与"互联网+"现代农业行动以及农业物联网、大数据应用示范统筹推进，推动农业电子商务纳入国家电子商务示范城市和智慧城市建设内容。将农业电子商务作为农业农村信息化示范基地、国家现代农业示范区、农业社会化服务示范县建设与认定的重要指标，培育和树立一批具有引领示范作用的农业电子商务企业。及时总结农业电子商务发展经验、运行模式，加强先进典型的宣传和推广，努力营造社会各界关注和支持农业电子商务发展的良好氛围。

来源：http://www.moa.gov.cn/zwllm/tzgg/tz/201509/t20150922_4838810.htm

6. 农业部关于促进草食畜牧业加快发展的指导意见

农业部关于促进草食畜牧业加快发展的指导意见

各省、自治区、直辖市及计划单列市畜牧兽医（农业、农牧）局（厅、委、办），新疆生产建设兵团畜牧兽医局：

草食畜牧业是现代畜牧业和现代农业的重要组成部分。近年来，在市场拉动和政策驱动下，我国草食畜牧业呈现出加快发展的良好势头，综合生产能力持续提升，标准化规模养殖稳步推进，有效保障了牛羊肉、乳制品等草食畜产品市场供给。但是，草食畜牧业生产基础比较薄弱，发展方式相对落后，资源环境约束不断加剧，产业发展面临诸多制约和挑战。为适应农业"转方式、调结构"的需要，促进草食畜牧业持续健康发展，现提出以下意见。

一、充分认识发展草食畜牧业的重要意义

（一）发展草食畜牧业是推进农业结构调整的必然要求

发展草食畜牧业是优化农业结构的重要着力点，既有利于促进粮经饲三元种植结构协调发展，形成粮草兼顾、农牧结合、循环发展的新型种养结构，又能解决地力持续下降和草食畜禽养殖饲草料资源不足的问题，促进种植业和养殖业有效配套衔接，延长产业链，提升产业素质，提高综合效益。

（二）发展草食畜牧业是适应消费结构升级的战略选择

草食畜产品是重要的"菜篮子"产品，牛羊肉更是国内穆斯林群众的生活必需品。随着人口增长、城镇化进程加快、城乡居民畜产品消费结构升级，草食畜产品消费需求仍将保持较快增长。缓解草食畜产品供需矛盾，必须大力发展草食畜牧业。

（三）发展草食畜牧业是实现资源综合利用和农牧业可持续发展的客观需要

发展草食畜牧业，不仅有助于充分利用我国丰富的农作物秸秆资源和其他农副产品，减少资源浪费和环境污染，而且是实现草原生态保护、牧业生产发展、牧民生活改善的有效途径。

二、总体要求

（四）指导思想

全面贯彻落实党中央、国务院加快农业"转方式、调结构"的决策部署，以肉牛、肉羊、奶牛为重点，兼顾其他特色草食畜禽，以转变发展方式为主线，以提高产业效益和素质为核心，坚持种养结合，优化区域布局，加大政策扶持，强化科技人才支撑，推动草食畜牧业可持续集约发展，不断提高草食畜牧业综合生产能力和市场竞争能力，切实保障畜产品市场有效供给。

（五）基本原则

——坚持因地制宜，分区施策。遵循产业发展规律，结合农区、牧区、半农半牧区和垦区的特点，统筹考虑资源、环境、消费等因素，科学确定主导品种、空间布局和养殖规模，大力发展适度规模标准化养殖，探索各具特色的草食畜牧业可持续发展模式。

——坚持农牧结合，良性循环。实施国家粮食安全战略，在抓好粮食安全保障能力建设的基础上，合理调整种植结构，优化土地资源配置，发展青贮饲料作物和优质牧草，培肥地力，增草增畜，促进种养业协调发展。

——坚持市场主导，政策助力。发挥市场在资源配置中的决定性作用，激发各类市场主体发展活力。加大良种繁育体系建设、适度规模标准化养殖、基础母畜扩群、农牧结合模式创新等关键环节的政策扶持，更好发挥政府引导作用。

——坚持机制创新，示范引领。完善草食畜牧业各环节利益联结机制，建立合作互助、风险共担、利益共赢的长效发展机制。加大对养殖大县和优势产业集聚区、加工企业的支持力度，形成龙头企业带动、养殖基地支撑、全产业链发展的良性机制，更好发挥产业集聚效应。

——坚持国内为主，进口补充。落实地方政府保障草食畜产品供应的责任，牛羊肉应立足国内，确保牧区基本自给和全国市场有效供给；奶类应稳定奶源供给，适当进口，满足市场多元化需求。

（六）主要目标

到2020年，草食畜牧业综合生产能力进一步增强，牛羊肉总产量达到1 300万吨以上，奶类总产量达到4 100万吨以上；生产方式加快转变，多种形式的新型经营主体加快发展，肉牛年出

栏 50 头以上、肉羊年出栏 100 只以上规模养殖比重达到 45% 以上，奶牛年存栏 100 头以上规模养殖比重达到 60% 以上；饲草料供应体系和抗灾保畜体系基本建立，秸秆饲用量达到 2.4 亿吨以上，青贮玉米收获面积达到 3 500 万亩以上，保留种草面积达到 3.5 亿亩，其中苜蓿等优质牧草面积达到 60% 以上。

三、优化种养结构

（七）完善农牧结合的养殖模式

贯彻《全国牛羊肉生产发展规划（2013—2020 年）》，以优势区域为重点，形成资源高效利用、生产成本可控的养殖模式。在草原牧区坚持生态优先，推行草畜平衡制度，发展人工种草，建设标准化暖棚，推行半舍饲养殖；在农牧交错带实施草原改良、退耕还草、草田轮作，建立"牧繁农育"和"户繁企育"为主的养殖模式；在传统农区优化调整农业结构，发展青贮玉米和优质饲草种植，建立"自繁自育"为主的养殖模式，提升标准化规模养殖水平；在南方草山草坡地区，推进天然草地改良，利用冬闲田种草，发展地方特色养殖。实施牛羊养殖大县奖励补助政策，调动地方发展草食畜产品生产积极性，建成一批养殖规模适度、生产水平高、综合竞争力强的养殖基地。

（八）建立资源高效利用的饲草料生产体系

推进良种良法配套，大力发展饲草料生产。支持青贮玉米、苜蓿、燕麦、甜高粱等优质饲草料种植，鼓励干旱半干旱区开展粮草轮作、退耕种草。继续实施振兴奶业苜蓿发展行动，保障苜蓿等优质饲草料供应。加大南方地区草山草坡开发利用力度，推行节水高效人工种草，推广冬闲田种草和草田轮作。加快青贮专用玉米品种培育推广，加强粮食和经济作物加工副产品等饲料化处理和利用，扩大饲料资源来源。在农区、牧区以及垦区和现代农业示范区、农村改革试验区，开展草牧业发展试验试点。在玉米、小麦种植优势带，开展秸秆高效利用示范，支持建设标准化青贮窖，推广青贮、黄贮和微贮等处理技术，提高秸秆饲料利用率。在东北黑土区等粮食主产区和雁北、陕北、甘肃等农牧交错带开展粮改饲草食畜牧业发展试点，建立资源综合利用的循环发展模式，促进农牧业协调发展。

（九）积极发展地方特色产业

加强市场规律和消费趋势研究，积极发展地方特色优势草食畜产品。实施差异化发展战略，加大市场开拓力度，降低价格大幅波动风险。加大地方品种资源保护支持力度，选择性能突出、适应性强、推广潜力大的品种持续开展本品种选育，提高地方品种生产性能。支持地方优势特色资源开发利用，鼓励打造具有独特风味的高端牛羊肉和乳制品品牌。积极发展兔、鹅、绒毛用羊、马、驴等优势特色畜禽生产，加强品种繁育、规模养殖和产品加工先进技术研发、集成和推广，提升产业化发展水平，增强产业竞争力。

四、推进发展方式转变

（十）大力发展标准化规模养殖

扩大肉牛肉羊标准化规模养殖项目实施范围，支持适度规模养殖场改造升级，逐步推进标准化规模养殖。加大对中小规模奶牛标准化规模养殖场改造升级，促进小区向牧场转变。扩大肉牛基础母牛扩群增量项目实施范围，发展农户适度规模母牛养殖，支持龙头企业提高母牛养殖比重，积极推进奶公犊育肥，逐步突破母畜养殖的瓶颈制约，稳固肉牛产业基础。鼓励和支持企业收购、自建养殖场，养殖企业自建加工生产线，增强市场竞争能力和抗风险能力。继续深入开展标准化示范创建活动，完善技术标准和规范，推广具有一定经济效益的养殖模式，提高标准化养殖整体水平。研发肉牛肉羊舍饲养殖先进实用技术和工艺，加强配套集成，形成区域主导技术模式，推动牛羊由散养向适度规模转变。

（十一）加快草食家畜种业建设

深入实施全国肉牛、肉羊遗传改良计划，优化草食种畜禽布局，以核心育种场为载体，支持开展品种登记、生产性能测定、遗传评估等基础工作，加快优良品种培育进程，提升自主供种能力。加强奶牛遗传改良工作，补贴优质胚胎引进，提升种公牛自主培育能力，建设一批高产奶牛核心群，逐步改变良种奶牛依靠进口的局面。健全良种繁育体系，加大畜禽良种工程项目支持力度，加强种公牛站、种畜场、生产性能测定中心建设，提高良种供应能力。继续实施畜牧良种补贴项目，推动育种场母畜补贴，有计划地组织开展杂交改良，提高商品牛羊肉用性能。

（十二）加快草种保育扩繁推一体化进程

加强野生牧草种质资源的收集保存，筛选培育一批优良牧草新品种。组织开展牧草品种区域试验，对新品种的适应性、稳定性、抗逆性等进行评定，完善牧草新品种评价测试体系。加强牧草种子繁育基地建设，扶持一批育种能力强、生产加工技术先进、技术服务到位的草种企业，着力建设一批专业化、标准化、集约化的优势牧草种子繁育推广基地，不断提升牧草良种覆盖率和自育草种市场占有率。加强草种质量安全监管，规范草种市场秩序，保障草种质量安全。

（十三）着力培育新型经营主体

支持专业大户、家庭牧场等建立农牧结合的养殖模式，合理确定养殖规模和数量，提高养殖水平和效益，促进农牧循环发展。鼓励养殖户成立专业合作组织，采取多种形式入股，形成利益共同体，提高组织化程度和市场议价能力。推动一、二、三产业深度融合发展。引导产业化龙头企业发展，整合优势资源，创新发展模式，发挥带动作用，推进精深加工，提高产品附加值。完善企业与农户的利益联结机制，通过订单生产、合同养殖、品牌运营、统一销售等方式延伸产业链条，实现生产与市场的有效对接，推进全产业链发展。鼓励电商等新型业态与草食畜产品实体流通相结合，构建新型经营体系。

（十四）提高物质装备水平

加大对饲草料加工、畜牧饲养、废弃物处理、畜产品采集初加工等草畜产业农机具的补贴力度。研发推广适合专业大户和家庭牧场使用的标准化设施养殖工程技术与配套装备，降低劳动强度，提高养殖效益。积极开展畜牧业机械化技术培训，支持开展相关农机社会化服务。重点推广天然草原改良复壮机械化、人工草场生态种植及精密播种机械化、高质饲料收获干燥及制备机械化等技术，提高饲草料质量和利用效率。在大型标准化规模养殖企业推广智能化环境调控、精准化饲喂、资源化粪污利用、无害化病死动物处理等技术，提高劳动生产率。

（十五）促进粪污资源化利用

综合考虑土地、水等环境承载能力，指导地方科学规划草食畜禽养殖结构和布局，大力发展生态养殖，推动建设资源节约、环境友好的新型草食畜牧业。贯彻落实《畜禽规模养殖污染防治条例》，加强草食畜禽养殖废弃物资源化利用的技术指导和服务，因地制宜、分畜种指导推广投资少、处理效果好、运行费用低的粪污处理与利用模式。实施农村沼气工程项目，支持大型畜禽养殖企业建设沼气工程和规模化生物天然气工程。继续实施畜禽粪污等农业农村废弃物综合利用项目，支持草食畜禽规模养殖场粪污处理利用设施建设。积极开展有机肥使用试验示范和宣传培训，大力推广有机肥还田利用。

五、提升支撑能力

（十六）强化金融保险支持

构建支持草食畜牧业发展的政策框架体系，在积极发挥财政资金引导作用的基础上，探索采用信贷担保、贴息等方式引导和撬动金融资本支持草食畜牧业发展。适当加大畜禽标准化养殖项目资金，并逐步将直接补贴调整为贷款担保奖补和贴息，推动解决规模养殖场户贷款难题。积极争取金融机构的信贷支持，合理确定贷款利率，引导社会资本进入，为草食畜牧业发展注入强大活力。建立多元化投融资机制，创新信用担保方式，完善农户小额信贷和联保贷款等制度，支持适度扩大养殖规模，提高抵御市场风险的能力。继续实施奶牛政策性保险，探索建立肉牛肉羊保险制度，逐步扩大保险覆盖面，提高风险保障水平。

（十七）加强科技人才支撑服务

整合国家产业技术体系和科研院所力量，以安全高效养殖、良种繁育、饲草料种植等核心技术为重点，加强联合攻关和先进技术研发。加快培养草食畜牧业科技领军人才和创新团队，开展技能服务型和生产经营型农村实用人才培训。完善激励机制，鼓励科研教学人员深入生产一线从事技术推广服务，促进科技成果转化。加强基层畜牧草原推广体系和检验检测能力建设，发挥龙头企业和专业合作组织的辐射带动作用，推广人工授精、早期断奶、阶段育肥、疫病防控等先进实用技术，提高生产水平。加快精料补充料和开食料等牛羊专用饲料的研发，降低饲喂成本，提高饲料转化效率。加强对基层技术推广骨干和新型经营主体饲养管理技术的培训，提升科学养畜水平。

（十八）加大疫病防控力度

围绕实施国家中长期规划，切实加强口蹄疫等重大动物疫病防控，落实免疫、监测、检疫监管等各项关键措施。加强布鲁氏菌病、结核病、包虫病等主要人畜共患病防控。指导开展种牛、种羊场疫病监测净化工作。统筹做好奶牛乳房炎等常见病的防治，加强养殖场综合防疫管理，健全卫生防疫制度，强化环境消毒和病死畜禽无害化处理，不断提高生物安全水平，降低发病率和死亡率。加强肉牛肉羊屠宰管理，强化检疫监管。加强养殖用药监管，督促、指导养殖者规范用药，严格执行休药期等安全用药规定。

（十九）营造良好市场环境

加强生产监测和信息服务，及时发布产销信息，引导养殖场户适时调整生产规模，优化畜群结构。加强消费引导和品牌推介，支持开展无公害畜产品、绿色食品、有机畜产品和地理标志产品认证，打造草食畜产品优势品牌，提升优势产品的市场占有率。支持屠宰加工龙头企业建立稳定的养殖基地，加强冷链设施建设，开展网络营销，降低流通成本。鼓励地方建立原料奶定价机制和第三方检测体系，完善购销合同，探索种、养、加一体化发展路径。支持建设区域性活畜交易市场和畜产品专业市场，鼓励经纪人和各类营销组织参与畜产品流通，推动实现畜产品优质优价。支持行业协会发展，发挥其在行业自律、权益保障、市场开拓等方面的作用。

（二十）统筹利用两个市场两种资源

加强草食畜产品国际市场调研分析，在确保质量安全并满足国内检疫规定的前提下，逐步实现进口市场多元化，满足不同层次的消费需求。加强草食畜产品进口监测预警，研究制定草食畜产品国际贸易调控策略和预案，推动建立草食畜产品进口贸易损害补偿制度，维护国内生产者利益。支持企业到境外建设牛羊肉生产、加工基地和奶源基地，推动与周边重点国家合作建设无规定疫病区。

当前，我国草食畜牧业发展迎来了难得的历史机遇。各地要把思想和行动统一到中央关于农业发展"转方式、调结构"的要求上来，乘势而上，主动作为，创新发展机制，突破瓶颈制约，努力促进草食畜牧业持续健康发展。

农业部
2015年5月4日

来源：http://www.moa.gov.cn/zwllm/tzgg/tz/201506/t20150610_4696394.htm

7. 农业部 中央农办 国土资源部 国家工商总局关于加强对工商资本租赁农地监管和风险防范的意见

农业部 中央农办 国土资源部 国家工商总局关于加强对工商资本租赁农地监管和风险防范的意见

各省、自治区、直辖市农业（农牧、农村经济）厅（局、委、办）、国土资源厅、工商局：

按照中共中央、国务院《关于加大改革创新力度加快农业现代化建设的若干意见》（中发〔2015〕1号）和中共中央办公厅、国务院办公厅《关于引导农村土地经营权有序流转发展农业适度规模经营的意见》（中办发〔2014〕61号）要求，现就加强对工商资本（指工商业者投入的资本）租赁农地（指农户承包耕地）监管和风险防范提出以下意见。

一、充分认识加强工商资本租赁农地监管和风险防范的重要性

近年来，在农村土地流转中，工商资本下乡租赁农地呈加快发展态势。一方面，工商资本进入农业，可以带来资金、技术和先进经营模式，加快传统农业改造和现代农业建设；另一方面，工商资本长时间、大面积租赁农地，容易挤占农民就业空间，加剧耕地"非粮化""非农化"倾向，存在不少风险隐患。中央对此高度重视，明确要求在农村土地流转中不能搞大跃进，不能搞强迫命令，不能搞行政瞎指挥；强调对工商资本租赁农地要有严格的门槛，租赁的耕地只能搞农业，不能改变用途；要求坚持土地公有制性质不改变、耕地红线不突破、农民利益不受损三条底线，让农民成为土地流转和规模经营的积极参与者和真正受益者。

各地要原原本本贯彻落实党中央确定的方针政策，准确把握对工商资本进入农业鼓励什么、限制什么、禁止什么的政策界限。在土地流转中，既要加大政策扶持力度，鼓励创新农业经营体制机制，又要因地制宜，循序渐进。坚持以保障国家粮食安全、促进农业增效和农民增收为目标；坚持依法自愿有偿，尊重农民主体地位，发挥市场配置功能，强化政府扶持引导；坚持经营规模适度和农地农用，避免片面追求超大规模经营。要加强工商资本租赁农地监管和风险防范，对工商资本租赁农地实行分级备案，严格准入门槛，探索建立程序规范、便民高效的工商资本租赁农地资格审查、项目审核制度，健全多方参与、管理规范的风险保障金制度。加强事中事后监管，防止出现一些工商资本到农村流转土地后搞非农建设、影响耕地保护和粮食生产等问题，确保不损害农民权益、不改变土地用途、不破坏农业综合生产能力和农业生态环境。

二、引导工商资本到农村发展适合企业化经营的现代种养业

对工商资本进入农业，主要是鼓励其根据当地资源禀赋、产业特征，重点发展资本、技术密集型产业，从事农产品加工流通和农业社会化服务，把产业链、价值链、供应链等现代经营理念和产业组织方式引入农业，推动传统农业加速向现代农业转型升级，优化要素资源配置，促进一二三产业融合发展。鼓励工商资本发展良种种苗繁育、高标准设施农业、规模化养殖等适合企业化经营的现代种养业，开发农村"四荒"资源发展多种经营，投资开展土地整治和高标准农田建设。引导工商资本增强社会责任，鼓励开展农业环境治理和生态修复，在生产发展中切实保护耕地等农业资源，严禁占用基本农田挖塘栽树及其他毁坏种植条件的行为。

工商资本进入农业，应通过利益联结、优先吸纳当地农民就业等多种途径带动农民共同致富，不排斥农民，不代替农民。鼓励"公司+农户"共同发展，支持农业企业通过签订订单合同、领办创办农民合作社、提供土地托管服务等方式，带动种养大户、家庭农场等新型农业经营主体发展农业产业化经营，实现合理分工、互利共赢，让农民更多地分享产业增值收益。

三、加强工商资本租赁农地规范管理

对工商资本以企业、组织或个人等形式租赁农地的行为要加强规范管理。各地要按照中央关于对工商资本长时间、大面积租赁农户承包地要有明确上限控制的要求，制定相应控制标准。对租赁期限，应视项目实施情况合理确定，可以采取分期租赁的办法，但一律不得超过二轮承包剩余时间；对租赁面积，由各地综合考虑人均耕地状况、城镇化进程和农村劳动力转移规模、农业科技进步和生产手段改进程度、农业社会化服务水平等因素确定。既可以确定本行政区域内工商资本租赁农地面积占承包耕地总面积比例上限，也可以确定单个企业（组织或个人）租赁农地面积上限。首次租赁面积一律不得超过本级规定的规模上限；确有良好经营业绩的，经批准可进一步扩大租赁规模。

要按照工商资本租地面积的多少，以乡镇、县（市）为主建立农村土地经营权流转分级备案制度。备案事项应包括农地租赁合同、农地使用情况等内容。对租赁农地超过当地上限控制标准或者涉及整村整组流转的，要作为备案重点，提出明确要求。对租地超过县级备案标准的，应在市（地）一级备案，超大规模的应在省一级备案。要通过备案审查准确掌握工商资本租地情况，以利更好实施监督。

鼓励各地依法探索建立工商资本租赁农地资格审查、项目审核制度。可通过建立职能部门、农村集体经济组织代表、农民代表、农业专家等多方参与的农地流转审查监督机制，采取书面报告和现场查看等方式，对租赁农地企业（组织或个人）的主体资质、农业经营能力、经营项目、土地用途、风险防范，以及是否符合当地产业布局和现代农业发展规划等事项进行审查审核，并在规定时限内提出审查审核意见。符合审查审核条件的，可以享受相关产业扶持政策和优惠措施；不符合相应条件的，不得享受相关产业扶持政策和优惠措施；与国家法律政策相抵触的，要进行限制或禁止。为稳定发展粮食生产，对企业（组织或个人）租赁农地发展粮食规模化生产的可适当放宽条件；对在粮食主产区、粮食生产功能区、高产创建项目实施区、全国新增1 000亿斤粮食生产能力规范实施区租赁农地的，要采取有效措施防止"非粮化"。

四、健全工商资本租赁农地风险防范机制

坚持以保障承包农户合法权益为核心，加强风险防范。工商资本租赁农地应通过公开市场规范进行。鼓励各地加快发展多种形式的土地经营权流转市场，建立健全市场运行规范，明确交易

原则、交易内容、交易方式、交易程序、监督管理及相关责任等事项。严禁工商资本借政府或基层组织通过下指标、定任务等方式强迫农户流转农地，凡是整村整组流转的，必须经全体农户书面委托，不能以少数服从多数的名义，将农户承包地集中对外招商经营，防止强迫命令，搞一刀切，防止少数基层干部私相授受，谋取私利。对工商资本租赁农地，要指导其与农户签订规范的流转合同。流转合同中应明确土地流转用途、风险保障、土地复垦、能否抵押担保和再流转，以及违约责任等事项。加强流转合同的履约监督，建立健全纠纷调解仲裁体系，引导流转双方依法依规解决流转矛盾。

工商资本租赁农地应先付租金、后用地。各地可按照流入方缴纳为主、政府适当补助的原则，建立健全租赁农地风险保障金制度，用于防范承包农户权益受损。租地企业（组织或个人）可以按一定时限或按一定比例缴纳风险保障金。租赁合同期满租赁者无违约行为的，应当及时予以退还。抓紧研究制定租赁农地风险保障金使用管理办法，有条件的地方可以探索与开展农业保险、担保相结合，提高风险保障能力。

五、强化工商资本租赁农地事中事后监管

坚持最严格的耕地保护制度，切实保护基本农田，切实保障农地农用。租地企业（组织或个人）要严格按照合同约定在租赁农地上直接从事农业生产经营，未经承包农户同意，不得转租。要指导租地企业（组织或个人）合理使用化肥、农药等投入品，防止出现掠夺性经营，确保耕地质量等级不下降。

各地要强化租赁农地的用途管制，采取坚决措施严禁耕地"非农化"。对租赁农地经营、项目实施、风险防范等情况要定期开展监督检查，探索利用网络、遥感等现代科技手段实施动态监测，及时纠正查处违法违规行为。对撂荒耕地的，可以停发粮食直接补贴、良种补贴、农资综合补贴。对在粮食主产区、粮食生产功能区、高产创建项目实施区、全国新增1 000亿斤粮食生产能力规范实施区违反产业规划的，停止享受相关农业生产扶持政策。对失信租赁农地企业要通过企业信用信息公示系统向社会公示，并启动联合惩戒机制。特别对擅自改变农业用途、严重破坏或污染租赁农地等违法违规行为，一经发现，责令限期整改，并依法追究相关责任。鼓励和支持农村集体经济组织和承包农户对租赁农地利用情况进行监督。对违反合同约定的，流出农户和农村集体经济组织可依法解除农地租赁合同，并要求赔偿。

六、切实加强组织领导

引导农村土地经营权有序流转，加强工商资本租赁农地规范管理，事关广大农民切身利益、农村社会稳定和国家粮食安全，各地要高度重视，强化组织领导，各有关部门要各司其职，协作配合，制定和落实相关政策措施。农业部门要认真做好土地流转日常管理和服务工作，发现违反法律政策规定的，应及时通报有关部门并联合查处；国土部门要重点加强对租赁农地"农转非"情况的监管，及时查处违法违规行为；工商行政管理部门负责通过企业信用信息公示系统向社会公开租赁农地企业的基本信息；有关部门要按照政策要求配合实施相关产业扶持政策和优惠措施。要建立部门责任追究制，确保事有人干、责有人担。

文件下发后，各地要结合实际抓紧制定实施办法，及时组织力量对工商资本租赁农地进行全面核查，依法进行规范。对已超出当地上限标准的，在不影响农业生产的情况下，可按照合同约定继续履行，合同到期后按照新的规定进行调整；对违法改变农地用途搞非农建设的，要组织力量立即查处；对违约拖欠农户租金的，要督促企业（组织或个人）尽快清偿。各地要及时总结典型经验，

加大舆论宣传监督力度，更好规范工商资本租赁农地行为，引导农村土地经营权健康有序流转。

农业部　中央农村工作领导小组办公室

国土资源部

国家工商行政管理总局

2015年4月14日

来源：http：//www.moa.gov.cn/zwllm/tzgg/tz/201504/t20150424_4544737.htm

8. 关于印发《全国农业可持续发展规划（2015—2030年）》的通知

关于印发《全国农业可持续发展规划（2015—2030年）》的通知

农计发〔2015〕145号

各省、自治区、直辖市、计划单列市人民政府，新疆生产建设兵团：

《全国农业可持续发展规划（2015—2030）》已经国务院同意，现印发你们，请认真贯彻执行。

农业部　国家发展改革委　科技部

财政部　国土资源部　环境保护部

水利部　国家林业局

2015年5月20日

附件：全国农业可持续发展规划

来源：http：//www.mof.gov.cn/zhengwuxinxi/zhengcefabu/201505/t20150528_1242763.htm

附　全国农业可持续发展规划（2015—2030年）

农业关乎国家食物安全、资源安全和生态安全。大力推动农业可持续发展，是实现"五位一体"战略布局、建设美丽中国的必然选择，是中国特色新型农业现代化道路的内在要求。为指导全国农业可持续发展，编制本规划。

一、发展形势

（一）主要成就

新世纪以来，我国农业农村经济发展成就显著，现代农业加快发展，物质技术装备水平不断提高，农业资源环境保护与生态建设支持力度不断加大，农业可持续发展取得了积极进展。

农业综合生产能力和农民收入持续增长。我国粮食生产实现历史性的"十一连增"，连续8年稳定在5亿吨以上，连续2年超过6亿吨。棉油糖、肉蛋奶、果菜鱼等农产品稳定增长，市场供应充足，农产品质量安全水平不断提高。农民收入持续较快增长,增速连续5年超过同期城镇居民收入增长。

农业资源利用水平稳步提高。严格控制耕地占用和水资源开发利用,推广实施了一批资源保护及高效利用新技术、新产品、新项目,水土资源利用效率不断提高。农田灌溉水用量占总用水比重由2002年的61.4%下降到2013年的55%,有效利用系数由0.44提高到2013年的0.52,粮食亩产由293公斤提高到2014年的359公斤。在地少水缺的条件下,资源利用水平的提高,为保证粮食等主要农产品有效供给作出了重要贡献。

农业生态保护建设力度不断加大。国家先后启动实施水土保持、退耕还林还草、退牧还草、防沙治沙、石漠化治理、草原生态保护补助奖励等一批重大工程和补助政策,加强农田、森林、草原、海洋生态系统保护与建设,强化外来物种入侵预防控制,全国农业生态恶化趋势初步得到遏制、局部地区出现好转。2013年全国森林覆盖率达到21.6%,全国草原综合植被盖度达54.2%。

农村人居环境逐步改善。积极推进农村危房改造、游牧民定居、农村环境连片整治、标准化规模养殖、秸秆综合利用、农村沼气和农村饮水安全工程建设,加强生态村镇、美丽乡村创建和农村传统文化保护,发展休闲农业,农村人居环境逐步得到改善。截至2014年年底,改造农村危房1 565万户,定居游牧民24.6万户;5.9万个村庄开展了环境整治,直接受益人口约1.1亿。

(二) 面临挑战

在我国农业农村经济取得巨大成就的同时,农业资源过度开发、农业投入品过量使用、地下水超采以及农业内外源污染相互叠加等带来的一系列问题日益凸显,农业可持续发展面临重大挑战。

资源硬约束日益加剧,保障粮食等主要农产品供给的任务更加艰巨。人多地少水缺是我国基本国情。全国新增建设用地占用耕地年均约480万亩,被占用耕地的土壤耕作层资源浪费严重,占补平衡补充耕地质量不高,守住18亿亩耕地红线的压力越来越大。耕地质量下降、黑土层变薄、土壤酸化、耕作层变浅等问题凸显。农田灌溉水有效利用系数比发达国家平均水平低0.2,华北地下水超采严重。我国粮食等主要农产品需求刚性增长,水土资源越绷越紧,确保国家粮食安全和主要农产品有效供给与资源约束的矛盾日益尖锐。

环境污染问题突出,确保农产品质量安全的任务更加艰巨。工业"三废"和城市生活等外源污染向农业农村扩散,镉、汞、砷等重金属不断向农产品产地环境渗透,全国土壤主要污染物点位超标率为16.1%。农业内源性污染严重,化肥、农药利用率不足1/3,农膜回收率不足2/3,畜禽粪污有效处理率不到一半,秸秆焚烧现象严重。海洋富营养化问题突出,赤潮、绿潮时有发生,渔业水域生态恶化。农村垃圾、污水处理严重不足。农业农村环境污染加重的态势,直接影响了农产品质量安全。

生态系统退化明显,建设生态保育型农业的任务更加艰巨。全国水土流失面积达295万平方千米,年均土壤侵蚀量45亿吨,沙化土地173万平方千米,石漠化面积12万平方千米。高强度、粗放式生产方式导致农田生态系统结构失衡、功能退化,农林、农牧复合生态系统亟待建立。草原超载过牧问题依然突出,草原生态总体恶化局面尚未根本扭转。湖泊、湿地面积萎缩,生态服务功能弱化。生物多样性受到严重威胁,濒危物种增多。生态系统退化,生态保育型农业发展面临诸多挑战。

体制机制尚不健全,构建农业可持续发展制度体系的任务更加艰巨。水土等资源资产管理体制机制尚未建立,山水林田湖等缺乏统一保护和修复。农业资源市场化配置机制尚未建立,特别是反映水资源稀缺程度的价格机制没有形成。循环农业发展激励机制不完善,种养业发展不协调,农业废弃物资源化利用率较低。农业生态补偿机制尚不健全。农业污染责任主体不明确,监管机制缺失,污染成本过低。全面反映经济社会价值的农业资源定价机制、利益补偿机制和奖惩机制的缺失和不健全,制约了农业资源合理利用和生态环境保护。

(三) 发展机遇

当前和今后一个时期,推进农业可持续发展面临前所未有的历史机遇。一是农业可持续发展的共识日益广泛。党的十八大将生态文明建设纳入"五位一体"的总体布局,为农业可持续发展指明了方向。全社会对资源安全、生态安全和农产品质量安全高度关注,绿色发展、循环发展、低碳发展理念深入人心,为农业可持续发展集聚了社会共识。二是农业可持续发展的物质基础日益雄厚。我国综合国力和财政实力不断增强,强农惠农富农政策力度持续加大,粮食等主要农产品连年增产,利用"两种资源、两个市场"、弥补国内农业资源不足的能力不断提高,为农业转方式、调结构提供了战略空间和物质保障。三是农业可持续发展的科技支撑日益坚实。

传统农业技术精华广泛传承，现代生物技术、信息技术、新材料和先进装备等日新月异、广泛应用，生态农业、循环农业等技术模式不断集成创新，为农业可持续发展提供有力的技术支撑。四是农业可持续发展的制度保障日益完善。随着农村改革和生态文明体制改革稳步推进，法律法规体系不断健全，治理能力不断提升，将为农业可持续发展注入活力、提供保障。

"三农"是国家稳定和安全的重要基础。我们必须立足世情、国情、农情，抢抓机遇，应对挑战，全面实施农业可持续发展战略，努力实现农业强、农民富、农村美。

二、总体要求

（一）指导思想

以邓小平理论、"三个代表"重要思想、科学发展观为指导，深入贯彻习近平总书记系列重要讲话精神，全面落实党的十八大和十八届二中、三中、四中全会精神，按照党中央、国务院各项决策部署，牢固树立生态文明理念，坚持产能为本、保育优先、创新驱动、依法治理、惠及民生、保障安全的指导方针，加快发展资源节约型、环境友好型和生态保育型农业，切实转变农业发展方式，从依靠拼资源消耗、拼农资投入、拼生态环境的粗放经营，尽快转到注重提高质量和效益的集约经营上来，确保国家粮食安全、农产品质量安全、生态安全和农民持续增收，努力走出一条中国特色农业可持续发展道路，为"四化同步"发展和全面建成小康社会提供坚实保障。

（二）基本原则

坚持生产发展与资源环境承载力相匹配。坚守耕地红线、水资源红线和生态保护红线，优化农业生产力布局，提高规模化集约化水平，确保国家粮食安全和主要农产品有效供给。因地制宜，分区施策，妥善处理好农业生产与环境治理、生态修复的关系，适度有序开展农业资源休养生息，加快推进农业环境问题治理，不断加强农业生态保护与建设，促进资源永续利用，增强农业综合生产能力和防灾减灾能力，提升与资源承载能力和环境容量的匹配度。

坚持创新驱动与依法治理相协同。大力推进农业科技创新和体制机制创新，释放改革新红利，推进科学种养，着力增强创新驱动发展新动力，促进农业发展方式转变。强化法治观念和思维，完善农业资源环境与生态保护法律法规体系，实行最严格的制度、最严密的法治，依法促进创新、保护资源、治理环境，构建创新驱动和法治保障相得益彰的农业可持续发展支撑体系。

坚持当前治理与长期保护相统一。牢固树立保护生态环境就是保护生产力、改善生态环境就是发展生产力的理念，把生态建设与管理放在更加突出的位置，从当前突出问题入手，统筹利用国际国内两种资源，兼顾农业内源外源污染控制，加大保护治理力度，推动构建农业可持续发展长效机制，在发展中保护、在保护中发展，促进农业资源永续利用，农业环境保护水平持续提高，农业生态系统自我修复能力持续提升。

坚持试点先行与示范推广相统筹。充分认识农业可持续发展的综合性和系统性，统筹考虑不同区域不同类型的资源禀赋和生态环境，围绕存在的突出问题开展试点工作，着力解决制约农业可持续发展的技术难题，着力构建有利于促进农业可持续发展的运行机制，探索总结可复制、可推广的成功模式，因地制宜、循序渐进地扩大示范推广范围，稳步推进全国农业可持续发展。

坚持市场机制与政府引导相结合。按照"谁污染、谁治理""谁受益、谁付费"的要求，着力构建公平公正、诚实守信的市场环境，积极引导鼓励各类社会资源参与农业资源保护、环境治理和生态修复，着力调动农民、企业和社会各方面积极性，努力形成推进农业可持续发展的强大合力。政府在推动农业可持续发展中具有不可替代的作用，要切实履行好顶层设计、政策引导、投入支持、执法监管等方面的职责。

（三）发展目标

到2020年，农业可持续发展取得初步成效，经济、社会、生态效益明显。农业发展方式转变取得积极进展，农业综合生产能力稳步提升，农业结构更加优化，农产品质量安全水平不断提高，农业资源保护水平与利用效率显著提高，农业环境突出问题治理取得阶段性成效，森林、草原、湖泊、湿地等生态系统功能得到有效恢复和增强，生物多样性衰减速度逐步减缓。

到2030年，农业可持续发展取得显著成效。供给保障有力、资源利用高效、产地环境良好、生态系统稳定、农民生活富裕、田园风光优美的农业可持续发展新格局基本确立。

三、重点任务

（一）优化发展布局，稳定提升农业产能

优化农业生产布局。按照"谷物基本自给、口粮绝对安全"的要求，坚持因地制宜，宜农则农、宜牧则牧、宜林则林，逐步建立起农业生产力与资源环境承载力相匹配的农业生产新格局。在农业生产与水土资源匹配较好地区，稳定发展有比较优势、区域性特色农业；在资源过度利用和环境问题突出地区，适度休养，调整结构，治理污染；在生态脆弱区，实施退耕还林还草、退牧还草等措施，加大农业生态建设力度，修复农业生态系统功能。

加强农业生产能力建设。充分发挥科技创新驱动作用，实施科教兴农战略，加强农业科技自主创新、集成创新与推广应用，力争在种业和资源高效利用等技术领域率先突破，大力推广良种良法，到2020年农业科技进步贡献率达到60%以上，着力提高农业资源利用率和产出水平。大力发展农机装备，推进农机农艺融合，到2020年主要农作物耕种收综合机械化水平达到68%以上，加快实现粮棉油糖等大田作物生产全程机械化。着力加强农业基础设施建设，提高农业抗御自然灾害的能力。加强粮食仓储和转运设施建设，改善粮食仓储条件。发挥种养大户、家庭农场、农民合作社等新型经营主体的主力军作用，发展多种形式的适度规模经营，加强农业社会化服务，提高规模经营产出水平。

推进生态循环农业发展。优化调整种养业结构，促进种养循环、农牧结合、农林结合。支持粮食主产区发展畜牧业，推进"过腹还田"。积极发展草牧业，支持苜蓿和青贮玉米等饲草料种植，开展粮改饲和种养结合型循环农业试点。因地制宜推广节水、节肥、节药等节约型农业技术，以及"稻鱼共生""猪沼果"、林下经济等生态循环农业模式。到2020年国家现代农业示范区和粮食主产县基本实现区域内农业资源循环利用，到2030年全国基本实现农业废弃物趋零排放。

（二）保护耕地资源，促进农田永续利用

稳定耕地面积。实行最严格的耕地保护制度，稳定粮食播种面积，严控新增建设占用耕地，确保耕地保有量在18亿亩以上，确保基本农田不低于15.6亿亩。划定永久基本农田，按照保护优先的原则，将城镇周边、交通沿线、粮棉油生产基地的优质耕地优先划为永久基本农田，实行永久保护。坚持耕地占补平衡数量与质量并重，全面推进建设占用耕地耕作层土壤剥离再利用。

提升耕地质量。采取深耕深松、保护性耕作、秸秆还田、增施有机肥、种植绿肥等土壤改良方式，增加土壤有机质，提升土壤肥力。恢复和培育土壤微生物群落，构建养分健康循环通道，促进农业废弃物和环境有机物分解。加强东北黑土地保护，减缓黑土层流失。开展土地整治、中低产田改造、农田水利设施建设，加大高标准农田建设力度，到2020年建成集中连片、旱涝保收的8亿亩高标准农田。到2020年和2030年全国耕地基础地力提升0.5个等级和1个等级以上，粮食产出率稳步提高。严格控制工矿企业排放和城市垃圾、污水等农业外源性污染。防治耕地重金属污染和有机污染，建立农产品产地土壤分级管理利用制度。

适度退减耕地。依据国务院批准的新一轮退耕还林还草总体方案，实施退耕还林还草，宜乔则乔、宜灌则灌、宜草则草，有条件的地方实行林草结合，增加植被盖度。

（三）节约高效用水，保障农业用水安全

实施水资源红线管理。确立水资源开发利用控制红线，到2020年和2030年全国农业灌溉用水量分别保持在3 720亿立方米和3 730亿立方米。确立用水效率控制红线，到2020年和2030年农田灌溉水有效利用系数分别达到0.55和0.6以上。推进地表水过度利用和地下水超采区综合治理，适度退减灌溉面积。

推广节水灌溉。分区域规模化推进高效节水灌溉，加快农业高效节水体系建设，到2020年和2030年，农田有效灌溉率分别达到55%和57%，节水灌溉率分别达到64%和75%。发展节水农业，加大粮食主产区、严重缺水区和生态脆弱地区的节水灌溉工程建设力度，推广渠道防渗、管道输水、喷灌、微灌等节水灌溉技术，完善灌溉用水计量设施，到2020年发展高效节水灌溉面积2.88亿亩。加强现有大中型灌区骨干工程续建配套节水改

造，强化小型农田水利工程建设和大中型灌区田间工程配套，增强农业抗旱能力和综合生产能力。积极推行农艺节水保墒技术，改进耕作方式，调整种植结构，推广抗旱品种。

发展雨养农业。在半干旱、半湿润偏旱区建设农田集雨、集雨窖等设施，推广地膜覆盖技术，开展粮草轮作、带状种植，推进种养结合。优化农作物种植结构，改良耕作制度，扩大优质耐旱高产品种种植面积，严格限制高耗水农作物种植面积，鼓励种植耗水少、附加值高的农作物。在水土流失易发地区，扩大保护性耕作面积。

（四）治理环境污染，改善农业农村环境

防治农田污染。全面加强农业面源污染防控，科学合理使用农业投入品，提高使用效率，减少农业内源性污染。普及和深化测土配方施肥，改进施肥方式，鼓励使用有机肥、生物肥料和绿肥种植，到2020年全国测土配方施肥技术推广覆盖率达到90%以上，化肥利用率提高到40%，努力实现化肥施用量零增长。推广高效、低毒、低残留农药、生物农药和先进施药机械，推进病虫害统防统治和绿色防控，到2020年全国农作物病虫害统防统治覆盖率达到40%，努力实现农药施用量零增长；京津冀、长三角、珠三角等区域提前一年完成。建设农田生态沟渠、污水净化塘等设施，净化农田排水及地表径流。综合治理地膜污染，推广加厚地膜，开展废旧地膜机械化捡拾示范推广和回收利用，加快可降解地膜研发，到2030年农业主产区农膜和农药包装废弃物实现基本回收利用。开展农产品产地环境监测与风险评估，实施重度污染耕地用途管制，建立健全全国农业环境监测体系。

综合治理养殖污染。支持规模化畜禽养殖场（小区）开展标准化改造和建设，提高畜禽粪污收集和处理机械化水平，实施雨污分流、粪污资源化利用，控制畜禽养殖污染排放。到2020年和2030年养殖废弃物综合利用率分别达到75%和90%以上，规模化养殖场畜禽粪污基本资源化利用，实现生态消纳或达标排放。在饮用水水源保护区、风景名胜区等区域划定禁养区、限养区，全面完善污染治理设施建设。2017年年底前，依法关闭或搬迁禁养区内的畜禽养殖场（小区）和养殖专业户，京津冀、长三角、珠三角等区域提前一年完成。建设病死畜禽无害化处理设施，严格规范兽药、饲料添加剂生产和使用，健全兽药质量安全监管体系。严格控制近海、江河、湖泊、水库等水域的养殖容量和养殖密度，开展水产养殖池塘标准化改造和生态修复，推广高效安全复合饲料，逐步减少使用冰鲜杂鱼饵料。

改善农村环境。科学编制村庄整治规划，加快农村环境综合整治，保护饮用水水源，加强生活污水、垃圾处理，加快构建农村清洁能源体系。推进规模化畜禽养殖区和居民生活区的科学分离。禁止秸秆露天焚烧，推进秸秆全量化利用，到2030年农业主产区农作物秸秆得到全面利用。开展生态村镇、美丽乡村创建，保护和修复自然景观和田园景观，开展农户及院落风貌整治和村庄绿化美化，整乡整村推进农村河道综合治理。注重农耕文化、民俗风情的挖掘展示和传承保护，推进休闲农业持续健康发展。

（五）修复农业生态，提升生态功能

增强林业生态功能。按照"西治、东扩、北休、南提"的思路，加快西部防沙治沙步伐，扩展东部林业发展的空间和内涵，开展北方天然林休养生息，提高南方林业质量和效益，全面提升林业综合生产能力和生态功能，到2020年森林覆盖率达到23%以上。加强天然林资源保护特别是公益林建设和后备森林资源培育。建立比较完善的平原农田防护林体系，到2020年和2030年全国农田林网控制率分别达到90%和95%以上。

保护草原生态。全面落实草原生态保护补助奖励机制，推进退牧还草、京津风沙源治理和草原防灾减灾。坚持基本草原保护制度，开展禁牧休牧、划区轮牧，推进草原改良和人工种草，促进草畜平衡，推动牧区草原畜牧业由传统的游牧向现代畜牧业转变。加快农牧交错带已垦草原治理，恢复草地生态。强化草原自然保护区建设。合理利用南方草地，保护和恢复南方高山草甸生态。到2020年和2030年全国草原综合植被盖度分别达到56%和60%。

恢复水生生态系统。采取流域内节水、适度引水和调水、利用再生水等措施，增加重要湿地和河湖生态水量，实现河湖生态修复与综合治理。加强水生生物自然保护区和水产种质资源保护区建设，继续实施增殖放流，推进水产养殖生态系统修复，到2020年全国水产健康养殖面积占水产养殖面积的65%，到2030年达到90%。加大海洋渔业生态保护力度，严格控制捕捞强度，继续实施海洋捕捞渔船减船转产，更新淘汰高耗能渔船。加强自然海岸线保护，适度开发利用沿海滩涂，重要渔业海域禁止实施围填海，积极开展以人工鱼礁建设为载体的海洋牧场建设。严格实施海洋捕捞准用渔具和过度渔具最小网目尺寸制度。

保护生物多样性。加强畜禽遗传资源和农业野生植物资源保护，加大野生动植物自然保护区建设力度，开展濒危植物物种专项救护，完善野生动植物资源监测预警体系，遏制生物多样性减退速度。建立农业外来入侵生物监测预警体系、风险性分析和远程诊断系统，建设综合防治和利用示范基地，严格防范外来物种入侵。构建国家边境动植物检验检疫安全屏障，有效防范动植物疫病。

四、区域布局

针对各地农业可持续发展面临的问题，综合考虑各地农业资源承载力、环境容量、生态类型和发展基础等因素，将全国划分为优化发展区、适度发展区和保护发展区。按照因地制宜、梯次推进、分类施策的原则，确定不同区域的农业可持续发展方向和重点。

（一）优化发展区

包括东北区、黄淮海区、长江中下游区和华南区，是我国大宗农产品主产区，农业生产条件好、潜力大，但也存在水土资源过度消耗、环境污染、农业投入品过量使用、资源循环利用程度不高等问题。要坚持生产优先、兼顾生态、种养结合，在确保粮食等主要农产品综合生产能力稳步提高的前提下，保护好农业资源和生态环境，实现生产稳定发展、资源永续利用、生态环境友好。

——东北区。以保护黑土地、综合利用水资源、推进农牧结合为重点，建设资源永续利用、种养产业融合、生态系统良性循环的现代粮畜产品生产基地。在典型黑土带，综合治理水土流失，实施保护性耕作，增施有机肥，推行粮豆轮作。到2020年，适宜地区深耕深松全覆盖，土壤有机质恢复提升，土壤保水保肥能力显著提高。在三江平原等水稻主产区，控制水田面积，限制地下水开采，改井灌为渠灌，到2020年渠灌比重提高到50%，到2030年实现以渠灌为主。在农牧交错地带，积极推广农牧结合、粮草兼顾、生态循环的种养模式，种植青贮玉米和苜蓿，大力发展优质高产奶业和肉牛产业。推动适度规模化畜禽养殖，加大动物疫病区域化管理力度，推进"免疫无疫区"建设。在大小兴安岭等地区，加大森林草原保护建设力度，发挥其生态安全屏障作用，保护和改善农田生态系统。

——黄淮海区。以治理地下水超采、控肥控药和废弃物资源化利用为重点，构建与资源环境承载力相适应、粮食和"菜篮子"产品稳定发展的现代农业生产体系。在华北地下水严重超采区，因地制宜调整种植结构，适度压减高度依赖灌溉的作物种植；大力发展水肥一体化等高效节水灌溉，实行灌溉定额制度，加强灌溉用水水质管理，推行农艺节水和深耕深松、保护性耕作，到2020年地下水超采问题得到有效缓解。在淮河流域等面源污染较重地区，大力推广配方施肥、绿色防控技术，推行秸秆肥料化、饲料化利用；调整优化畜禽养殖布局，稳定生猪、肉禽和蛋禽生产规模，加强畜禽粪污处理设施建设，提高循环利用水平。在沿黄滩区因地制宜发展水产健康养殖。全面加强区域高标准农田建设，改造中低产田和盐碱地，配套完善农田林网。

——长江中下游区。以治理农业面源污染和耕地重金属污染为重点，建立水稻、生猪、水产健康安全生产模式，确保农产品质量，巩固农产品主产区供给地位，改善农业农村环境。科学施用化肥农药，通过建设拦截坝、种植绿肥等措施，减少化肥、农药对农田和水域的污染；推进畜禽养殖适度规模化，在人口密集区域适当减少生猪养殖规模，加快畜禽粪污资源化利用和无害化处理，推进农村垃圾和污水治理。加强渔业资源保护，大力发展滤食性、草食性净水鱼类和名优水产品生产，加大标准化池塘改造，推广水产健康养殖，积极开展增殖放流，发展稻田养鱼。严控工矿业污染排放，从源头上控制水体污染，确保农业用水水质。加强耕地重金属污染治理，增施有机肥，实施秸秆还田，施用钝化剂，建立缓冲带，优化种植结构，减轻重金属污染对农业生产的影响。到2020年，污染治理区食用农产品达标生产，农业面源污染扩大的趋势得到有效遏制。

——华南区。以减量施肥用药、红壤改良、水土流失治理为重点，发展生态农业、特色农业和高效农业，构建优质安全的热带亚热带农产品生产体系。大力开展专业化统防统治和绿色防控，推进化肥农药减量施用，治理水土流失，加大红壤改良力度，建设生态绿色的热带水果、冬季瓜菜生产基地。恢复林草植被，发展水源涵养林、用材林和经济林，减少地表径流，防止土壤侵蚀；改良山地草场，加快发展地方特色畜禽养殖。加强天然渔业资源养护、水产原种保护和良种培育，扩大增殖放流规模，推广水产健康养殖。到2020年，农业资源高效利用，生态农业建设取得实质性进展。

（二）适度发展区

包括西北及长城沿线区、西南区，农业生产特色鲜明，但生态脆弱，水土配置错位，资源性和工程性缺水严重，资源环境承载力有限，农业基础设施相对薄弱。要坚持保护与发展并重，立足资源环境禀赋，发挥优势、扬长避短，适度挖掘潜力、集约节约、有序利用，提高资源利用率。

——西北及长城沿线区。以水资源高效利用、草畜平衡为核心，突出生态屏障、特色产区、稳农增收三大功能，大力发展旱作节水农业、草食畜牧业、循环农业和生态农业，加强中低产田改造和盐碱地治理，实现生产、生活、生态互利共赢。在雨养农业区，实施压夏扩秋，调减小麦种植面积，提高小麦单产，扩大玉米、马铃薯和牧草种植面积，推广地膜覆盖等旱作农业技术，建立农膜回收利用机制，逐步实现基本回收利用。修建防护林带，增强水源涵养功能。在绿洲农业区，大力发展高效节水灌溉，实施续建配套与节水改造，完善田间灌排渠系，增加节水灌溉面积，到2020年实现节水灌溉全覆盖，并在严重缺水地区实行退地减水，严格控制地下水开采。在农牧交错区，推进粮草兼顾型农业结构调整，通过坡耕地退耕还草、粮草轮作、种植结构调整、已垦草原恢复等形式，挖掘饲草料生产潜力，推进草食畜牧业发展。在草原牧区，继续实施退牧还草工程，保护天然草原，实行划区轮牧、禁牧、舍饲圈养，控制草原鼠虫害，恢复草原生态。

——西南区。突出小流域综合治理、草地资源开发利用和解决工程性缺水，在生态保护中发展特色农业，实现生态效益和经济效益相统一。通过修筑梯田、客土改良、建设集雨池，防止水土流失，推进石漠化综合治理，到2020年治理石漠化面积40%以上。加强林草植被的保护和建设，发展水土保持林、水源涵养林和经济林，开展退耕还林还草，鼓励人工种草，合理开发利用草地资源，发展生态畜牧业。严格保护平坝水田，稳定水稻、玉米面积，扩大马铃薯种植，发展高山夏秋冷凉特色农作物生产。

（三）保护发展区

包括青藏区和海洋渔业区，在生态保护与建设方面具有特殊重要的战略地位。青藏区是我国大江大河的发源地和重要的生态安全屏障，高原特色农业资源丰富，但生态十分脆弱。海洋渔业区发展较快，也存在着渔业资源衰退、污染突出的问题。要坚持保护优先、限制开发，适度发展生态产业和特色产业，让草原、海洋等资源得到休养生息，促进生态系统良性循环。

——青藏区。突出三江源头自然保护区和三江并流区的生态保护，实现草原生态整体好转，构建稳固的国家生态安全屏障。保护基本口粮田，稳定青稞等高原特色粮油作物种植面积，确保区域口粮安全，适度发展马铃薯、油菜、设施蔬菜等产品生产。继续实施退牧还草工程和草原生态保护补助奖励机制，保护天然草场，积极推行舍饲半舍饲养殖，以草定畜，实现草畜平衡，有效治理鼠虫害、毒草，遏制草原退化趋势。适度发展牦牛、绒山羊、藏系绵羊为主的高原生态畜牧业，加强动物防疫体系建设，保护高原特有鱼类。

——海洋渔业区。严格控制海洋渔业捕捞强度，限制海洋捕捞机动渔船数量和功率，加强禁渔期监管。稳定海水养殖面积，改善近海水域生态质量，大力开展水生生物资源增殖和环境修复，提升渔业发展水平。积极发展海洋牧场，保护海洋渔业生态。到2020年，海洋捕捞机动渔船数量和总功率明显下降。

五、重大工程

围绕重点建设任务，以最急需、最关键、最薄弱的环节和领域为重点，统筹安排中央预算内投资和财政资金，调整盘活财政支农存量资金，安排增量资金，积极引导带动地方和社会投入，组织实施一批重大工程，全面夯实农业可持续发展的物质基础。

（一）水土资源保护工程

高标准农田建设项目。以粮食主产区、非主产区产粮大县为重点，兼顾棉花、油料、糖料等重要农产品优势产区，开展土地平整，建设田间灌排沟渠及机井、节水灌溉、小型集雨蓄水、积肥设施等基础设施，修建农田道路、农田防护林、输配电设施，推广应用先进适用耕作技术。

耕地质量保护与提升项目。在全国范围内分区开展土壤改良、地力培肥和养分平衡，防止耕地退化，提高耕地基础地力和产出能力。在东北区开展黑土地保护，实施深耕深松、秸秆还田、培肥地力，配套有机肥堆沤场，推广粮豆轮作；防治水土流失，实施改垄、修建等高地埂植物带、推进等高种植和建设防护林带等措施。在黄淮海区开展秸秆还田、深耕深松、砂礓黑土改良、水肥一体化、种植结构调整和土壤盐渍化治理。在长江中下游区及华南区开展绿肥种植、增施有机肥、秸秆还田、冬耕翻土晒田、施用石灰深耕改土等。开展建设占用耕地的耕作层剥离试点，剥离的耕作层重点用于土地开发复垦、中低产田改造等。

耕地重金属污染治理项目。在南方水稻产区等重金属污染突出区域，改造现有灌溉沟渠，修建植物隔离带或人工湿地缓冲带，减低灌溉水源中重金属含量；在轻中度污染区实施以农艺技术为主的修复治理，改种低积累水稻、玉米等粮食作物和经济作物，在重度污染区改种非食用作物或高富集树种；完善土壤改良配套设施，建设有机肥、钝化剂等野外配制场所，配备重度污染区农作物秸秆综合利用设施设备。

水土保持与坡耕地改造项目。以小流域为单元，以水源保护为中心，配套修建塘坝窖池，配合实施沟道整治和小型蓄水保土工程，加强生态清洁小流域建设。在水土流失严重、人口密度大、坡耕地集中地区，尤其是关中盆地、四川盆地以及南方部分地区，建设坡改梯及其配套工程。

高效节水项目。加强大中型灌区续建配套节水改造建设，改善灌溉条件。在西北地区改造升级现有滴灌设施，新建一批玉米、林果等喷灌、滴灌设施，推广全膜双垄沟播等旱作节水技术。在东北地区西部推行滴灌等高效节水灌溉，水稻区推广控制灌溉等节水措施。在黄淮海区重点发展井灌区管道输水灌溉，推广喷灌、微灌、集雨节灌和水肥一体化技术。在南方地区发展管道输水灌溉，加快水稻节水防污型灌区建设。

地表水过度开发和地下水超采区治理项目。在地表水源有保障、基础条件较好地区积极发展水肥一体化等高效节水灌溉。在地表水和地下水资源过度开发地区，退减灌溉面积，调整种植结构，减少高耗水作物种植面积，进一步加大节水力度，实施地下水开采井封填、地表水取水口调整处置和用水监测、监控措施。在具备条件的地区，可适度采取地表水替代地下水灌溉。

农业资源监测项目。充分利用现有资源，建设和完善遥感、固定观测和移动监测等一体化的农业资源监测体系，建立耕地质量和土壤墒情、重金属污染、农业面源污染、土壤环境监测网点，建立土壤样品库、信息中心和耕地质量数据平台，健全农业灌溉用水、地表水和地下水监测监管体系，建设农业资源环境大数据中心，推动农业资源数据共建共享。

（二）农业农村环境治理工程

畜禽粪污综合治理项目。在污染严重的规模化生猪、奶牛、肉牛养殖场和养殖密集区，按照干湿分离、雨污分流、种养结合的思路，建设一批畜禽粪污原地收集储存转运、固体粪便集中堆肥或能源化利用、污水高效生物处理等设施和有机肥加工厂。在畜禽养殖优势省区，以县为单位建设一批规模化畜禽养殖场废弃物处理与资源化利用示范点、养殖密集区畜禽粪污处理和有机肥生产设施。

化肥农药氮磷控源治理项目。在典型流域，推广测土配方施肥技术，增施有机肥，推广高效肥和化肥深施、种肥同播等技术；实施平缓型农田氮磷净化，开展沟渠整理，清挖淤泥，加固边坡，合理配置水生植物群落，配置格栅和透水坝；实施坡耕地氮磷拦截再利用，建设坡耕地生物拦截带和径流集蓄再利用设施。实施农药减量控害，推进病虫害专业化统防统治和绿色防控，推广高效低毒农药和高效植保机械。

农膜和农药包装物回收利用项目。在农膜覆盖量大、残膜问题突出的地区，加快推广使用加厚地膜和可降解农膜，集成示范推广农田残膜捡拾、回收相关技术，建设废旧地膜回收网点和再利用加工厂，建设一批农田残膜回收与再利用示范县。在农药使用量大的农产品优势区，建设一批农药包装废弃物回收站和无害化处理站，建立农药包装废弃物处置和危害管理平台。

秸秆综合利用项目。实施秸秆机械还田、青黄贮饲料化利用，实施秸秆气化集中供气、供电和秸秆固化成型燃料供热、材料化致密成型等项目。配置秸秆还田深翻、秸秆粉碎、捡拾、打包等机械，建立健全秸秆收储运体系。

农村环境综合整治项目。采取连片整治的推进方式，综合治理农村环境，建立村庄保洁制度，建设生活污水、垃圾、粪便等处理和利用设施设备，保护农村饮用水水源地。实施沼气集中供气，推进农村省柴节煤炉灶炕升级换代，推广清洁炉灶、可再生能源和产品。

（三）农业生态保护修复工程

新一轮退耕还林还草项目。在符合条件的25度以上坡耕地、严重沙化耕地和重要水源地15~25度坡耕地，实施新一轮退耕还林还草，在农民自愿的前提下植树种草。按照适地适树的原则，积极发展木本粮油。

草原保护与建设项目。继续实施天然草原退牧还草、京津风沙源草地治理、三江源生态保护与建设等工程，开展草原自然保护区建设和南方草地综合治理，建设草原灾害监测预警、防灾物资保障及指挥体系等基础设施。到2020年，改良草原9亿亩，人工种草4.5亿亩。在农牧交错带开展已垦草原治理，平整弃耕地，建设旱作优质饲草基地，恢复草原植被。开展防沙治沙建设，保护现有植被，合理调配生态用水，固定流动和半流动沙丘。

石漠化治理项目。在西南地区，重点开展封山育林育草、人工造林和草地建设，建设和改造坡耕地，配套相应水利水保设施。在石漠化严重地区，开展农村能源建设和易地扶贫搬迁，控制人为因素产生新的石漠化现象。

湿地保护项目。继续强化湿地保护与管理，建设国际重要湿地、国家重要湿地、湿地自然保护区、湿地公园以及湿地多用途管理区。通过退耕还湿、湿地植被恢复、栖息地修复、生态补水等措施，对已垦湿地以及周边退化湿地进行治理。

水域生态修复项目。在淡水渔业区，推进水产养殖污染减排，升级改造养殖池塘，改扩建工厂化循环水养殖设施，对湖泊水库的规模化网箱养殖配备环保网箱、养殖废水废物收集处理设施。在海洋渔业区，配置海洋渔业资源调查船，建设人工鱼礁、海藻场、海草床等基础设施，发展深水网箱养殖。继续实施渔业转产转业及渔船更新改造项目，加大减船转产力度。在水源涵养区，综合运用截污治污、河湖清淤、生物控制等，整治生态河道和农村沟塘，改造渠化河道，推进水生态修复。开展水生生物资源环境调查监测和增殖放流。

农业生物资源保护项目。建设一批农业野生植物原生境保护区、国家级畜禽种质资源保护区、水产种质资源保护区、水生生物自然保护区和外来入侵物种综合防控区，建立农业野生生物资源监测预警中心、基因资源鉴定评价中心和外来入侵物种监测网点，强化农业野生生物资源保护。

（四）试验示范工程

农业可持续发展试验示范区建设项目。选择不同农业发展基础、资源禀赋、环境承载能力的区域，建设东北黑土地保护、西北旱作区农牧业可持续发展、黄淮海地下水超采综合治理、长江中下游耕地重金属污染综合治理、西南华南石漠化治理、西北农牧交错带草食畜牧业发展、青藏高原草地生态畜牧业发展、水产养殖区渔业资源生态修复、畜禽污染治理、农业废弃物循环利用等10个类型的农业可持续发展试验示范。加强相关农业园区之间的衔接，优先在具备条件的国家现代农业示范区、国家农业科技园区内开展农业可持续发展试验示范工作。通过集成示范农业资源高效利用、环境综合治理、生态有效保护等领域先进适用技术，探索适合不同区域的农业可持续发展管理与运行机制，形成可复制、可推广的农业可持续发展典型模式，打造可持续发展农业的样板。

六、保障措施

（一）强化法律法规

完善相关法律法规和标准。研究制修订土壤污染防治法以及耕地质量保护、黑土地保护、农药管理、肥料管理、基本草原保护、农业环境监测、农田废旧地膜综合治理、农产品产地安全管理、农业野生植物保护等法规规章，强化法制保障。完善农业和农村节能减排法规体系，健全农业各产业节能规范、节能减排标准体系。制修订耕地质量、土壤环境质量、农用地膜、饲料添加剂重金属含量等标准，为生态环境保护与建设提供依据。

加大执法与监督力度。健全执法队伍，整合执法力量，改善执法条件。落实农业资源保护、环境治理和生态保护等各类法律法规，加强跨行政区资源环境合作执法和部门联动执法，依法严惩农业资源环境违法行为。开展相关法律法规执行效果的监测与督察，健全重大环境事件和污染事故责任追究制度及损害赔偿制度。

（二）完善扶持政策

加大投入力度。健全农业可持续发展投入保障体系，推动投资方向由生产领域向生产与生态并重转变，投资重点向保障国家粮食安全和主要农产品供给、推进农业可持续发展倾斜。充分发挥市场配置资源的决定性作用，鼓励引导金融资本、社会资本投向农业资源利用、环境治理和生态保护等领域，构建多元化投入机制。完善财政等激励政策，落实税收政策，推行第三方运行管理、政府购买服务、成立农村环保合作社等方式，引导各方力量投向农村资源环境保护领域。将农业环境问题治理列入利用外资、发行企业债券的重点领域，扩大资金来源渠道。切实提高资金管理和使用效益，健全完善监督检查、绩效评价和问责机制。

健全完善扶持政策。继续实施并健全完善草原生态保护补助奖励、测土配方施肥、耕地质量保护与提升、农作物病虫害专业化统防统治和绿色防控、农机具购置补贴、动物疫病防控、病死畜禽无害化处理补助、农产品产地初加工补助等政策。研究实施精准补贴等措施，推进农业水价综合改革。建立健全农业资源生态修复保护政策。支持优化粮饲种植结构，开展青贮玉米和苜蓿种植、粮豆粮草轮作；支持秸秆还田、深耕深松、生物炭改良土壤、积造施用有机肥、种植绿肥；支持推广使用高标准农膜，开展农膜和农药包装废弃物回收再利用。继续开展渔业增殖放流，落实好公益林补偿政策，完善森林、湿地、水土保持等生态补偿制度。建立健全江河源头区、重要水源地、重要水生态修复治理区和蓄滞洪区生态补偿机制。完善优质安全农产品认证和农产品质量安全检验制度，推进农产品质量安全信息追溯平台建设。

（三）强化科技和人才支撑

加强科技体制机制创新。加强农业可持续发展的科技工作，在种业创新、耕地地力提升、化学肥料农药减施、高效节水、农田生态、农业废弃物资源化利用、环境治理、气候变化、草原生态保护、渔业水域生态环境修复等方面推动协同攻关，组织实施好相关重大科技项目和重大工程。创新农业科研组织方式，建立全国农业科技协同创新联盟，依托国家农业科技园区及其联盟，进一步整合科研院所、高校、企业的资源和力量。健全农业科技创新的绩效评价和激励机制。充分利用市场机制，吸引社会资本、资源参与农业可持续发展科技创新。

促进成果转化。建立科技成果转化交易平台，按照利益共享、风险共担的原则，积极探索"项目+基地+企业""科研院所+高校+生产单位+龙头企业"等现代农业技术集成与示范转化模式。进一步加大基层农技推广体系改革与建设力度。创新科技成果评价机制，按照规定对于在农业可持续发展领域有突出贡献的技术人才给予奖励。

强化人才培养。依托农业科研、推广项目和人才培训工程，加强资源环境保护领域农业科技人才队伍建设。充分利用农业高等教育、农民职业教育等培训渠道，培养农村环境监测、生态修复等方面的技能型人才。在新型职业农民培育及农村实用人才带头人示范培训中，强化农业可持续发展的理念和实用技术培训，为农业可持续发展提供坚实的人才保障。

加强国际技术交流与合作。借助多双边和区域合作机制，加强国内农业资源环境与生态等方面的农业科技交流合作，加大国外先进环境治理技术的引进、消化、吸收和再创新力度。

（四）深化改革创新

推进农业适度规模经营。坚持和完善农村基本经营制度，坚持农民家庭经营主体地位，引导土地经营权规范有序流转，支持种养大户、家庭农场、农民合作社、产业化龙头企业等新型经营主体发展，推进多种形式适度规模经营。现阶段，对土地经营规模相当于当地户均承包地面积10~15倍，务农收入相当于当地二、三产业务工收入的给予重点支持。积极稳妥地推进农村土地制度改革，允许农民以土地经营权入股发展农业产业化经营。

健全市场化资源配置机制。建立健全农业资源有偿使用和生态补偿机制。推进农业水价改革，制定水权转让、交易制度，建立合理的农业水价形成机制，推行阶梯水价，引导节约用水。建立农业碳汇交易制度，促进低碳发展。培育从事农业废弃物资源化利用和农业环境污染治理的专业化企业和组织，探索建立第三方治理模式，实现市场化有偿服务。

树立节能减排理念。引导全社会树立勤俭节约、保护生态环境的观念，改变不合理的消费和生活方式。发展低碳经济，践行科学发展。加大宣传力度，倡导科学健康的膳食结构，减少食物浪费。鼓励企业和农户增强节能减排意识，按照减量化和资源化的要求，降低能源消耗，减少污染排放，充分利用农业废弃物，自觉履行绿色发展、建设节约型社会的责任。

建立社会监督机制。发挥新闻媒体的宣传和监督作用，保障对农业生态环境的知情权、参与权和监督权，广泛动员公众、非政府组织参与保护与监督。逐步推行农业生态环境公告制度，健全农业环境污染举报制度，广泛接受社会公众的监督。

（五）用好国际市场和资源

分区		区域范围
优化发展区	东北区	黑龙江、吉林、辽宁，内蒙古东部
	黄淮海区	北京、天津，河北中南部、河南、山东、安徽、江苏北部
	长江中下游区	江西、浙江、上海、江苏、安徽中南部、湖北、湖南大部
	华南区	福建、广东、海南
适度发展区	西北及长城沿线区	新疆、宁夏，甘肃大部、山西、陕西中北部、内蒙古中西部、河北北部
	西南区	广西、贵州、重庆，陕西南部、四川东部、云南大部、湖北、湖南西部
保护发展区	青藏区	西藏、青海，甘肃藏区、四川西部、云南西北部
	海洋渔业区	我国管辖海域

合理利用国际市场。依据国内资源环境承载力、生产潜能和农产品需求，确定合理的自给率目标和农产品进口优先序，合理安排进口品种和数量，把握好进口节奏，保持国内市场稳定，缓解国内资源环境压力。加强进口农产品检验检疫和质量监督管理，完善农业产业损害风险评估机制，积极参与国际与区域农业政策以及农业国际标准制定。

提升对外开放质量。引导企业投资境外农业，提高国际影响力。培育具有国际竞争力的粮棉油等大型企业，支持到境外特别是与周边国家开展互利共赢的农业生产和贸易合作，完善相关政策支持体系。

（六）加强组织领导。

建立部门协调机制。建立由有关部门参加的农业可持续发展部门协调机制，加强组织领导和沟通协调，明确工作职责和任务分工，形成部门合力。省级人民政府要围绕规划目标任务，统筹谋划，强化配合，抓紧制定地方农业可持续发展规划，积极推动重大政策和重点工程项目的实施，确保规划落到实处。

完善政绩考核评价体系。创建农业可持续发展的评价指标体系，将耕地红线、资源利用与节约、环境治理、生态保护纳入地方各级政府绩效考核范围。对领导干部实行自然资源资产离任审计，建立生态破坏和环境污染责任终身追究制度和目标责任制，为农业可持续发展提供保障。

农业部　国家发展改革委　科技部　财政部
国土资源部　环境保护部　水利部　国家林业局
2015 年 5 月

9. 农业部关于大力推进农产品加工科技创新与推广工作的通知

农业部关于大力推进农产品加工科技创新与推广工作的通知

各省、自治区、直辖市及新疆生产建设兵团农产品加工业管理部门：

为深入贯彻党的十八大和十八届三中、四中全会精神，认真落实《中共中央国务院关于深化体制机制改革加快实施创新驱动发展战略的若干意见》和中央1号文件部署要求，推动农产品加工业转型升级发展，现就大力推进农产品加工科技创新与推广工作通知如下。

一、充分认识农产品加工科技创新的重大意义

实施创新驱动发展战略是党中央作出的重大战略部署，习近平总书记指出"实施创新驱动发展战略，最根本的是要增强自主创新能力，最紧迫的是要破除体制机制障碍，最大限度地解放和激发科技作为第一生产力所蕴藏的巨大潜能。"当前，我国农产品加工业正从快速增长阶段向质量提升和平稳发展阶段转变，加快实施创新驱动发展战略，是新常态下发展农产品加工业的必然选择，对增强市场竞争力、推动产业转型发展、保障食物安全和有效供给具有重要意义和积极作用。但是我国农产品加工科技创新能力总体不高，科技资源配置不合理、人才队伍素质不高、体制机制不活、科技成果转化率低等仍然是制约科技进步的关键问题。各级农产品加工业管理部门要把思想统一到中央的决策部署上来，牢固树立科技是第一生产力、人才是第一资本、创新是第一竞争力的理念，紧紧抓住国家实施创新驱动发展战略的重大机遇，以农产品加工业科技创新与推广为核心，促进科技创新与经济发展紧密结合，不断激发科技创新主体的积极性和主动性，力争在重大关键技术装备创新推广转化上取得新突破，在体制机制创新和人才队伍建设上取得新进展，在自主创新能力建设上取得新提升，为推动农产品加工业持续稳定健康发展提供坚强的科技和人才支撑。

二、不断增强农产品加工重大共性关键技术创新能力

加强重大共性关键技术创新，是提升我国农产品加工业整体发展水平的有效途径。要紧紧把握国家科技体制改革的重大机遇，坚持问题导向，瞄准国际前沿和行业重大共性关键问题，积极争取国家重大创新项目，按照全链条设计、一体化推进，统筹各环节之间、产业链上下游之间协同互动创新，在精深加工、副产物综合利用及节能减排等基础理论和重大共性技术装备上实现重大突破。加强企业技术需求征集，组织科研单位、大专院校与企业协同攻关，提高科技创新的针对性和时效性。进一步强化企业创新主体地位，全面落实企业技术开发费用所得税前扣除、技术改造国产设备投资抵免所得税和企业技术创新、引进、推广资金等扶持政策，鼓励企业增加创新投入，激发企业创新活力，在科技创新基础上，全面推进管理创新、产品创新和市场模式创新。坚持引进来与走出去相结合，用好国际国内两种创新资源、两个科技市场，加强国外先进技术引进吸收消化再创新，不断提高自主创新能力。

三、加快提升农产品产地初加工技术装备水平

农产品初加工是现代农业的重要内容，是农产品加工业的关键环节。加强初加工技术创新，有利于农产品产后减损、提质增效和质量安全。要加强粮食、果蔬等大宗农产品烘干贮藏保鲜共性关键技术创新和推广，开发新型农产品初加工设施装备，不断降低农产品产后损失水平。要以实施农产品产地初加工补助政策为重点，充分利用农机购置补贴等强农惠农富农政策，加强农产品分级、清洗、打蜡、包装、储藏、运输等环节技术、工艺和设施集成配套，实现"一库多用、一窖多用、一房多用"目标。加强适用技术先行先试，熟化推广一批特色农产品加工技术，提高特色农产品加工水平。

四、积极引导传统食品和主食加工技术传承创新

传统食品是中华民族智慧的结晶,是中华饮食文化的物质载体。要以深入开展主食加工业提升行动为切入点,坚持传承和保护相结合,创新和发展相结合,以开发营养、安全、美味、健康、便捷、实惠的传统食品为目标,研发推广一批先进技术装备,推进传统食品和主食加工标准化规模化生产。要加强农产品营养健康等多功能开发,赋予传统食品和主食新的功能,开发适应不同消费群体、不同消费需求的产品,不断提高传统食品和主食的市场占有率。要积极引导传统食品和主食加工企业加强技术改造和产业升级,培育一批创新驱动型品牌企业。

五、大力促进农产品加工科技成果转化推广应用

科技成果推广是科技向生产力转化的关键环节,是培育新产业、新业态和新主体的有效途径。要坚持成熟技术筛选、技术配套集成与推广一体化设计、产业化推进,开展成熟技术筛选推广,发布行业重大科技成果,培育科企合作先进典型,引导科研更好地为产业服务。要加强科技成果推广转化平台建设,在办好全国农产品加工科技创新与推广活动和区域性科企对接活动基础上,加快推进互联网与科技成果转化结合,探索建立线上线下紧密结合的科技成果转化电子商务平台,集中展示最新技术、工艺、装备和产品,为科研单位和加工企业更广泛对接创造良好的条件,有条件的地区要积极建立农产品加工科技成果转化交易中心。全面落实国家科技成果转化扶持政策,完善科技成果转化和收益分配机制,不断激发和调动企业、科研院校的创新积极性,推动科技成果高效转化应用。

六、努力推进标准化进程和品牌培育

质量是企业的生命,品牌是企业信誉和综合实力的凝结。推进农产品加工业转型升级发展,必须要加强质量、标准和品牌建设。进一步完善农产品加工标准体系,要坚持科技创新与标准化建设相结合,同步推进科技创新、标准研制和产业发展,加强农产品初加工、精深加工和综合利用标准的制修订,更好地发挥标准促进产业发展的重要作用。进一步强化企业在标准创制应用中的重要地位,支持企业参与重要技术标准研制,鼓励企业采用先进标准,把标准化管理贯彻到生产经营的全过程,以标准促进企业管理水平提升。要积极实施农产品加工品牌战略,更好地发挥农产品加工品牌对提升市场竞争力、引领消费导向和农业增效农民增收的重要支撑作用。要按照标准化生产、产业化经营、品牌化营销原则,坚持"产""管"并举,加快培育一批特色突出、类型多样、核心竞争力强、影响范围广的农产品加工品牌,带动农产品加工产业链、价值链、供给链全面提升。要加强农产品加工品牌推广,建立健全品牌保护机制,加大监管、保护和宣传、推介力度,挖掘利用好地方的历史、文化、旅游等资源,把地方特色文化注入品牌建设中,提升品牌的文化品位,扩大农产品加工品牌影响力和传播力,提高品牌市场占有率。

七、继续完善农产品加工科技创新体系

农产品加工科技创新体系是实施科技创新驱动发展战略的重要支撑,是推进科技创新与转化应用的主体力量。进一步加强国家农产品加工技术研发体系建设,吸纳更多的创新主体和力量,实现跨部门、跨领域、跨专业、跨行业的大联合、大协作、大创新。要加强重大关键技术难题攻关,聚焦重点加工领域和核心环节,组织开展具有战略性、前瞻性和基础性研究,大力促进原始创新、集成创新、引进消化吸收再创新。要进一步完善科企合作机制,整合研发体系内企业、科

研单位和大专院校优势，构建开放共享互动的创新平台，建立企业主导、产学研一体的技术创新推广联盟，促进科技创新和成果转化同步推进。进一步加强技术集成基地建设，加大资金投入，完善基础设施条件，努力把技术集成基地建成新技术、新产品、新工艺的孵化器。加强地方农产品加工科技创新体系建设，加强政策支持和项目扶持，组织开展技术推广服务，推进科研单位与加工企业合作，加快培育一批科技创新小巨人。

八、进一步加强农产品加工创新人才队伍建设

人才是创新的关键，是实施国家创新驱动发展战略，推动大众创业、万众创新的重要保障。要牢固树立人才是第一创新要素理念，坚持创新与人才培养同步推进，通过科技创新活动凝聚人才和培养人才。要进一步完善竞争激励机制，健全人才评价制度，最大限度地激发广大科技人员的创造精神和创新热情，加快培育一批科技创新人才。要重视企业家队伍建设，特别要加强中小微加工企业和西部地区企业经营管理者培训，强化责任意识、诚信意识和创新意识培养，提高经营管理能力和创新创业能力。加强职业技能人才队伍建设，围绕农产品加工各领域、各环节，通过校企合作等方式，加快培养一批技术骨干和生产能手。加强各级农产品加工业管理部门人员政策理论和业务知识培训，提高指导工作和服务发展的能力。

来源：http://www.moa.gov.cn/zwllm/tzgg/tz/201503/t20150327_4461487.htm

10. 农业部关于扎实做好2015年农业农村经济工作的意见

农业部关于扎实做好2015年农业农村经济工作的意见

农发〔2015〕1号

各省、自治区、直辖市及计划单列市农业（农牧、农村经济）、农机、畜牧、兽医、农垦、农产品加工、渔业厅（局、委、办），新疆生产建设兵团农业局：

为深入贯彻中央经济工作会议、中央农村工作会议和《中共中央国务院关于加大改革创新力度加快农业现代化建设的若干意见》（中发〔2015〕1号）精神，扎实做好2015年农业农村经济工作，根据全国农业工作会议部署，现提出以下意见，请结合实际，认真贯彻落实。

2014年，农业农村经济在高起点上实现稳中有进、稳中提质、稳中增效，粮食生产实现"十一连增"，农民增收实现"十一连快"，现代农业加快发展，农村改革扎实推进，为稳增长、调结构、促改革、惠民生作出了突出贡献。当前，我国经济发展进入新常态，农业农村发展正经历深刻变革，要积极适应新常态，迎接新挑战，坚定不移加快转变农业发展方式，大力推进农业结构调整，加快推进农业现代化，努力开创农业农村经济工作新局面。

2015年，农业农村经济工作要全面贯彻落实党的十八大和十八届三中、四中全会精神，以邓小平理论、"三个代表"重要思想、科学发展观为指导，深入贯彻习近平总书记系列重要讲话精神，坚持以稳粮增收调结构、提质增效转方式为主线，深化农村改革，加强法治保障，推进科技创新，发展现代农业，千方百计使粮食产量稳定在11 000亿斤以上、农民收入增幅保持在7%以上，努力确保不发生重大农产品质量安全事件和区域性重大动物疫情，持续提高农业科技进步

贡献率和农业资源利用率，巩固发展农业农村经济好形势，为经济社会发展大局提供有力支撑。

一、毫不放松抓好粮食生产，稳步推进农业结构调整

1. 稳定发展粮食生产。推动进一步完善和落实粮食省长负责制，加大对粮食主产省和主产县的政策倾斜，保护农民务农种粮和地方重农抓粮积极性，保持粮食播种面积和产量基本稳定。深入推进高产创建，实施粮食绿色增产模式攻关，以主产区、产粮大县为重点，集成推广高产高效、资源节约、环境友好的技术模式。探索建立粮食生产功能区。加快推进灾害监测预警体系信息化建设，加强灾情监测调度预警，完善重大灾害应急预案，健全防灾减灾机制，强化技术指导服务，全面落实农业防灾减灾稳产增产关键技术补助政策。

2. 优化调整种植结构。科学确定主要农产品自给水平，在确保谷物基本自给、口粮绝对安全的基础上，合理安排农业产业发展优先序。因地制宜调整优化区域布局，宜粮则粮、宜经则经、宜草则草，打造大宗农产品优势产业区。巩固东北、黄淮海、长江中下游、西南西北粮食优势产区。适当减少东北高纬度区、西北干旱区玉米种植，科学调整华北地下水严重超采区小麦种植和南方重金属污染区水稻种植，鼓励粮豆轮作、粮肥轮作、粮饲轮作，在有条件的地方开展粮改饲试点。引导棉油糖向优势产区集中，加强天然橡胶生产基地建设。推进马铃薯主食开发和产业化，推广专用品种，改进和完善加工工艺。积极发展特色种养业，努力打造高效精品农业。继续开展园艺作物标准园创建，加快推进都市现代农业和新一轮"菜篮子"工程建设，扩大北方城市冬季设施蔬菜生产试点规模。推动京津冀现代农业协同发展，做好农业援疆、援藏、援青和对口扶贫工作。

3. 大力发展草食畜牧业。构建粮饲兼顾、农牧结合、循环发展的新型种养结构，加快推进规模化、集约化、标准化养殖。加大对生猪、奶牛、肉牛、肉羊标准化规模养殖场（小区）建设支持力度，在冀鲁豫皖等地重点实施基础母牛扩群增量项目。优化草食畜牧业区域布局，草原牧区重点推行划区轮牧、舍饲半舍饲，北方农牧交错带重点推广农牧户繁育、规模场育肥，传统养牛养羊大省重点发展农牧结合的标准化适度规模养殖，南方实施现代草地畜牧业推进行动。加快建设现代饲草料产业体系，进一步挖掘秸秆饲料化潜力，实施振兴奶业苜蓿发展行动，扩大饲用玉米、青贮玉米和优质牧草种植，开展种养结合型循环农业试点，促进粮食、经济作物、饲草料三元种植结构协调发展。

4. 积极发展现代渔业。健全现代渔业产业体系和经营机制，保护渔民合法水域滩涂使用权益，加大标准池塘改造力度，推进水产健康养殖。支持远洋渔船更新改造，大力发展远洋渔业，加强渔政渔港等渔业基础设施建设，提高渔业设施装备水平。落实好渔民上岸定居工程。加快推进海洋渔业综合执法改革，强化渔政队伍建设，做好渔船管理、渔民教育工作，严格执法，加强涉外渔业管理。做好内陆渔政管理工作，着力抓好长江流域渔政执法。

二、提高农产品质量安全和农业科技运用水平，加快转变农业发展方式

5. 推进农业标准化生产。严格农业投入品管理，发展农业清洁生产，净化农产品产地环境，规范生产过程。加快建立农产品标准化生产体系，重点支持中小规模生产经营主体改善基础设施生产条件，提升标准化生产水平。加快制定农兽药残留标准和生产技术规程，推行高毒农药定点经营。加强重点农产品质量安全风险评估和监测预警，建设国家农产品质量安全追溯管理信息平台，实现农产品生产全过程安全可控和流通过程可追溯。大力发展名特优新农产品，扩大无公害农产品、绿色食品、有机农产品和地理标志农产品生产规模，打造一批农业标准化生产基地。

6. 开展农产品质量安全县创建活动。推进首批 100 个农产品质量安全县、4 个质量安全市创建，强化地方政府属地管理责任，加强县乡农产品质量监管能力建设，加快建立健全监管、检测、执法、标准化生产等工作机制，努力打造标准化生产和依法监管的样板区。推进农产品质量安全执法年活动，集中开展专项整治行动，加强例行监测、监督抽查和执法查处，重点治理动物饲养滥用抗生素和蔬菜生产违规使用禁限用农药等行为。推进农产品产地环境、生产过程、收储运环节全链条监管。落实重要农产品生产基地质量安全检验检测费用补助政策。抓好农产品质量安全问题应急处置。

7. 统筹抓好动物疫病防控和畜禽屠宰监管。完善动物疫病防控政策，加强禽流感、口蹄疫和布病等疫病防控，防范非洲猪瘟等外来动物疫病，建立健全 H7N9 流感规范化、经常化防控机制，统筹做好生猪腹泻等常见多发病防控。抓好《国务院办公厅关于建立病死畜禽无害化处理机制的意见》贯彻落实，建立与养殖量、无害化处理率相挂钩的财政补助机制，鼓励大型养殖场、屠宰场建设病死畜禽无害化处理设施，严厉查处随意抛弃、收购、贩卖、屠宰病死畜禽和加工制售病死畜禽产品等违法行为。进一步完善生猪屠宰监管体制，推进市县级畜禽屠宰监管职责调整，落实屠宰企业质量安全主体责任，严厉打击添加"瘦肉精"、注水、私屠滥宰等违法行为。加强生猪定点屠宰场清理整顿，做好生猪屠宰企业资格审核工作。加强畜禽屠宰场驻场兽医管理工作。

8. 加强农业科技创新与推广。积极推进农业科技管理体制改革，完善和优化科研立项、评审、管理方式，提升农业科技创新效率。加强农业科技研发、成果转化和推广应用。加强农业转基因生物技术研究、安全管理、科学普及。加强对企业开展农业科技研发的引导扶持。推进农业科研院所分类改革，建设国家农业科技创新联盟，推动科技资源整合与协同创新。加快建设全国农业技术转移服务中心与国家农业科技服务云平台，探索建立科研成果权益分配激励机制。加大农业科技创新人才培养力度，实施农业科研杰出人才培养计划。

9. 加快发展现代种业。积极推进种业科研成果权益分配改革试点，完善成果完成人分享制度，推动成果确权公开交易。建立健全种业联合攻关机制，扶持育繁推一体化种子企业，加大种质创新、新品种选育、高效繁育等支持力度，争取在玉米、大豆等作物上率先选育突破性优良品种。继续实施种子工程，推进国家级育种制种基地建设，加快海南南繁基地保护区土地确权，提高甘肃、四川制种基地的规模化、标准化、机械化、集约化水平。积极推进在国家级制种大县开展制种保险试点。推广种子营销代理制度，持续开展打击侵犯品种权和假劣种子专项行动。实施畜禽良种工程，加强畜禽、水产、牧草品种选育改良。

10. 加强农机作业薄弱环节与后续服务。在粮食和大宗农产品主产区，开展主要农作物全程机械化推进行动，分作物、分区域搞好生产示范，重点推广水稻机插、玉米机收、机械化植保、收获后烘干以及棉油糖等全程机械化生产技术。加快薄弱环节技术研发，突破油菜机播机收、甘蔗机收、棉花机采等瓶颈。扩大关键环节农机作业补助范围，组织好跨区机收和深松整地，深松整地面积力争达到 2 亿亩。加快发展农机服务组织，培养职业型农机实用人才，拓展农机作业服务市场，发挥农机合作社和农机大户在农业规模经营和先进技术推广中的作用。

11. 加快农业信息化步伐。切实抓好信息进村入户试点工作，确保试点地区村级信息服务站建设基本实现全覆盖，集成运行全国统一信息平台，力争在政企合作、市场化运营机制上取得突破。继续实施国家物联网应用示范和农业物联网区域试验工程，研发运行国家物联网公共服务平台，强化设施园艺、规模养殖、农业资源环境监测、农产品质量安全追溯、节本增效等示范应用。加强信息资源共建共享，强化基础设施和条件建设，提升网络安全防护能力和水平。

三、加强农业综合生产能力建设和资源环境保护，推进农业可持续发展

12. 推动划定永久基本农田。坚决执行最严格的耕地保护制度和集约节约用地制度。按照布局基本稳定、数量不减少、质量有提高的要求，协同国土部门全面开展永久基本农田划定工作。以大中城市周边等区域为重点，率先划定永久基本农田，实现重点突破。加强划定过程管理，把好永久基本农田质量关，加强后期建设管护。

13. 组织实施好重大工程项目。高质量编制好"十三五"农业农村经济发展各项规划，科学谋划、统筹设计"十三五"时期的重大项目、重大工程和重大政策。聚焦主产区、聚焦大宗农产品，强化资源整合，谋划实施现代种业提升、农业科技创新能力条件建设、农业执法监管能力建设、农业生产安全保障、高标准农田建设、种养结合循环农业、农业资源与生态环境保护等重大工程。优化农业投入结构和方式，创新涉农资金运行机制。

14. 打好农业面源污染治理攻坚战。认真实施《全国农业可持续发展规划（2014—2030）》和《农业环境突出问题治理总体规划（2014—2018）》。加快农业面源污染、农产品产地环境监测评估，推进农业面源污染综合防治示范区建设。开展化肥和农药使用量零增长行动，深入推进测土配方施肥、农药减量控害，大力推广生物有机肥、低毒低残留农药，加大低毒生物农药补贴示范推广实施力度，开展病虫害绿色防控和农药废弃物回收补贴试点。大力发展农业循环经济，开展秸秆、畜禽粪便资源化利用和农田残膜回收区域性示范，推动落实相关财税政策，东北黑土地粮食作物大田生产地膜覆盖面积暂不再扩大。大力推广"水肥一体化"等高效农业节水技术，加强高标准节水农业示范区建设。扩大重金属污染耕地质量建设和修复、地下水超采区综合治理试点范围，组织开展划分食用农产品禁产区试点示范。

15. 强化农业资源养护。实施耕地质量保护与提升行动，适度降低重点流域农业用地利用强度。积极推动西北旱区农牧业可持续发展、农牧交错带已垦草原治理、东北黑土地保护试点。继续实行草原生态保护补助奖励政策，推进实施新一轮退耕还草、退牧还草工程，落实禁牧减畜措施，保护和恢复草原生态。完善休禁渔制度，扩大水生生物资源增殖放流规模，加强人工鱼礁和海洋牧场建设，促进渔业资源养护。持续开展"绝户网"清理整治行动，加快建立渔具准入制度，将使用合规渔具与渔船燃油补贴挂钩。加快推进美丽乡村创建试点，完善农村沼气扶持政策和投入机制，推进集中供气，不断改善农村人居环境。推动建立健全农业生态环境保护责任制。加强农业野生植物保护，加大防范外来有害生物力度。

16. 强化农业安全生产和应急处置。扎实推进"平安农机""平安渔业"建设，建立健全隐患排查治理体系和安全预防控制体系。加强在用农机产品质量调查，深入开展农机安全生产大检查。强化远洋渔业安全监管，做好抗御台风工作。加强直属垦区安全生产指导。健全完善农业应急预案体系，加快应急管理信息化建设。继续推进草原防火物资储备库建设，提高草原火灾应急处置能力。

四、大力拓宽农民增收渠道，促进农民收入持续较快增长

17. 发展农产品加工业和休闲农业。研究制定大力发展农产品加工业、促进农业提质增效农民就业增收的指导意见，促进农村一二三产业融合发展。继续实施农产品产地初加工补助政策，重点支持发展储藏、保鲜、烘干、分等分级、包装和运销，支持建设一批农产品加工示范县、示范园区和示范企业。实施主食加工业提升行动，推动农产品及加工副产物综合利用，建设一批农产品加工技术集成基地。推进"一村一品"强村富民工程，认定第五批全国一村一品示范村镇。

扶持发展一乡（县）一业，壮大县域经济。积极开发农业多种功能，大力发展休闲农业，继续开展乡村旅游示范创建和中国最美休闲乡村推介，加强重要农业文化遗产发掘认定和保护。积极引导农民创业。

18. 发展农产品电子商务。加强农产品产地市场体系建设，继续开展公益性农产品批发市场建设试点，支持发展直销、配送、电子商务等新型农产品流通业态。以农产品为重点开展农村电子商务示范，构建以国家级产地批发市场为龙头、田头市场为一体的国家农产品电子商务公共支撑平台，促进各类经营主体同大型电商平台合作，推广"田头市场+电商企业+城市终端配送"等营销模式。推动建立品牌农业制度体系，培育农产品知名品牌。探索建立农产品分等分级制度。推进合作社与超市、学校、企业、社区对接。推动发展农产品期货交易，鼓励开发农产品期货交易新品种。

19. 优化农产品市场调控。继续执行稻谷、小麦最低收购价政策，鼓励多元市场主体入市收购。推动完善玉米、油菜籽、食糖临时收储政策，优化政策设计，防止出现滞销卖难。总结新疆棉花、东北和内蒙古大豆目标价格改革试点经验，推动完善目标价格补贴方式，降低操作成本，确保补贴资金及时足额兑现到农户。强化市场信息监测预警体系建设，开展农业展望活动，发挥消费导向作用。

20. 强化农业社会化服务。稳定和加强基层农技推广等公益性服务机构，健全经费保障和激励机制，改善基层农技推广人员工作和生活条件。建立健全农业社会化服务体系，推进农业生产全程社会化服务机制创新试点，重点支持专业化经营性服务组织为农户提供供种育苗、代耕代收、统防统治、农资供应、烘干储藏、农产品加工、市场信息及营销等服务。开展政府向经营性服务组织购买农业公益性服务机制创新试点，鼓励和引导社会力量参与公益性服务。突出抓好对新型农业经营主体的生产经营服务。

五、完善强农惠农政策，加强农业法治建设

21. 完善改革农业补贴政策。保持农业补贴政策连续性和稳定性，用好"绿箱"、用足用活"黄箱"支持政策，充分发挥政策惠农增收效应。进一步完善种粮农民直接补贴、良种补贴、农资综合补贴政策，选择部分地方开展改革试点，提高补贴的导向性和效能。完善农机具购置补贴政策，向主产区和新型农业经营主体倾斜。开展新增农业补贴向新型经营主体倾斜试点。实施农业生产重大技术措施推广补助政策。实施粮油生产大县、粮食作物制种大县、生猪调出大县、牛羊养殖大县财政奖励补助政策。推动健全粮食主产区利益补偿、耕地保护补偿、生态补偿制度。启动渔业油价补贴和动物防疫经费补助改革。

22. 鼓励利用财政资金撬动金融保险支农。充分发挥财政资金的引导和杠杆作用，推动金融资源继续向"三农"倾斜，改善农村金融服务，确保农业信贷总量持续增加、涉农贷款比例不降低。加强与银行等金融机构合作，鼓励开展"三农"融资担保业务，推动政府支持的"三农"融资担保和再担保机构发展，完善银担合作机制。争取资金用于金融支农试点，重点推广"银行+担保""政银保""银行+风险保障金"等模式。积极探索新型农村合作金融发展的有效途径，稳妥开展农民合作社内部资金互助试点，落实地方政府监管责任。配合做好承包土地的经营权和农民住房财产权抵押担保贷款试点工作。开展农产品营销贷款和大型农机具融资租赁试点。完善对新型农业经营主体的金融服务。推动完善农业保险保费补贴政策，提高保障水平和补贴标准，扩大农业保险覆盖面。逐步建立满足新型农业经营主体需求的多层次、高保障的保险产品。

23. 推动完善农业法律法规。围绕健全农村产权保护、农业市场规范运行、农业支持保护、

农业资源环境保护等重点领域，系统梳理农业立法需求，统筹安排推进2015—2020年立法修法工作，加快完善农业法律法规体系，积极推动重点法律法规制修订工作。积极推动农村金融立法，明确政策性和商业性金融支农责任。坚持科学民主立法，提高立法质量。

24. 深化农业行政执法体制改革。整合农业执法职能，健全综合执法体系，坚定不移推进农业综合执法。畜牧兽医、草原、渔业等单独分设的部门，要推行部门内综合执法。推动农业执法重心和执法力量向市县下移，强化基层执法队伍，整合并加大执法投入，加强执法实务培训，加大执法协作力度，严格规范公正文明执法。健全涉农行政执法经费财政保障机制。

25. 健全依法行政工作机制。坚持依法科学民主决策，把公众参与、专家论证、风险评估、合法性审查、集体讨论决定作为重大行政决策的法定程序。强化权力制约和监督，以强农惠农政策、重大项目、行政审批、行政处罚等为重点，全面推进政务公开，实行权力清单制度。推进简政放权，继续取消下放农业行政审批事项，强化后续衔接落实，加强事中事后监管，完善"一站式"审批服务，推进网上审批。改进涉农资金、投资项目审批程序。深入开展农村法治宣传教育，健全农业部门干部学法用法制度，增强农业干部法治观念和依法行政能力，引导农民增强学法尊法守法用法意识。依法加强农民负担监督管理，规范一事一议组织实施。

六、扎实推进农村改革，激发农业农村发展活力

26. 引导土地经营权有序流转，发展适度规模经营。贯彻落实中办国办《关于引导农村土地经营权有序流转发展农业适度规模经营的意见》，创新土地流转和规模经营方式，积极探索适度规模经营的多种有效形式。土地经营权流转要尊重农民意愿，不得硬性下指标、定任务、强制推动。鼓励发展多种形式的土地经营权流转市场，依托农村经营管理机构健全土地流转服务平台，完善县乡村三级服务管理网络。尽快研究制定对工商企业租赁农地准入和监管的指导意见，推动建立工商企业租赁农户承包地的资格审查、项目审核、风险保障金制度，严禁擅自改变农业用途。加强农村土地承包经营纠纷调解仲裁体系建设。做好草原经营权流转工作。

27. 扩大土地承包经营权确权登记颁证试点。巩固已有试点成果，全国再选择9个省份开展整省试点，其他省份每个市（地、州）选择1个县（市、区）开展整县推进试点，争取试点覆盖面积达到5亿亩左右。总体上要以确权确地为主，从严掌握确权确股不确地的范围。研究制定做好农村土地承包经营权确权登记颁证工作的指导意见，修订农村土地承包经营权证管理办法，完善相关技术标准规范。加强对确权登记颁证试点的督促指导。在牧区开展草原承包经营权确权登记试点。

28. 培育新型农业经营主体。坚持和完善农村基本经营制度，坚持农民家庭经营主体地位，构建新型农业经营体系。抓好《农业部关于促进家庭农场发展的指导意见》贯彻落实，做好家庭农场发展情况监测工作，鼓励发展规模适度的农户家庭农场，完善对粮食生产规模经营主体的支持服务体系。贯彻落实《关于引导和促进农民合作社规范发展的意见》，引导合作社拓宽服务领域，实行年度报告公示制度，深入推进示范社创建行动。推进农业产业化示范基地建设和龙头企业转型升级。引导农民以土地经营权入股合作社和龙头企业。推进新型农业经营主体和新型职业农民"两新"融合、一体发展，扩大新型职业农民培育工程示范范围，在专业大户、家庭农场、农民合作社、龙头企业设立新型职业农民培训课堂、实训和创业基地。实施现代青年农场主和农村实用人才培养计划，继续办好农村实用人才带头人和大学生村官示范培训班。

29. 推进农村集体产权制度改革。探索农村集体所有制有效实现形式，确认集体经济组织成员身份，明晰集体资产权属关系，激活农村各类生产要素，建立符合市场经济要求的农村集体经

济运行新机制。推动出台稳步推进农村集体产权制度改革的意见。组织实施好赋予农民对集体资产股份权能改革试点，试点过程中要防止侵蚀农民利益，试点各项工作应严格限制在本集体经济组织内部。健全农村集体"三资"管理监督和收益分配制度，探索建立集体经济组织成员登记备案和集体资产台账、评估及招标投标制度。充分利用并有效整合县乡农村集体"三资"信息化管理平台和农村土地承包经营权流转服务平台，引导农村产权流转交易市场健康发展。加强村级财务管理，规范村级财务公开。

30. 加强农村改革试验区和国家现代农业示范区建设。做好农村改革试验区第一批试验项目总结评估，加快实施第二批试验任务，抓紧细化实化实施方案，明确步骤进度、配套措施和预期成果，加强督导检查，确保改革试验依法有序进行。推动出台支持国家现代农业示范区建设的指导性意见，完善"目标考核、动态管理、奖优罚劣、能进能退"的管理机制，深入开展改革与建设试点，扩大奖补范围，引导各方资金向示范区集聚，重点建设一批高产高效生态产业基地。系统梳理各地改革试验做法成效和示范区发展模式，提炼推广一批成熟经验和典型做法。总结中国特色新型农业现代化建设的路径和发展模式，谋划"十三五"现代农业发展的主攻方向和工作抓手。

31. 深入推进农垦改革发展。推动加快研究出台推进农垦改革发展的政策措施，发挥农垦在中国特色农业经济体系中不可替代的重要作用。深化农场企业化、垦区集团化、股权多元化改革，创新行业指导管理体制、企业市场化经营体制和农场经营管理体制。明晰农垦国有资产权属关系，建立符合农垦特点的国有资产监督体制。坚持社企分开方向，同时兼顾农场实际，采取内部分开、管办分离等多种途径，进一步推进农垦办社会职能改革。发挥农垦独特优势，推进资源资产整合、产业优化升级，积极培育规模化农业经营主体，加快现代农业建设，把农垦建成重要农产品生产供应基地和现代农业示范带动力量。加强边境农场、贫困农场和生态脆弱区国有农场建设。加快推进垦区新型城镇建设。

32. 加快推进农业对外合作。注重利用两个市场两种资源两类规则，不断拓宽农业对外合作领域、创新合作方式、提高合作质量，进一步拓展我国农业发展空间。加强农产品进出口调控，推动完善粮食、棉花、食糖等重要农产品进出口和关税配额管理，加强进口影响监测预警，研究提出建立重要农产品贸易损害补偿机制的框架。积极支持优势农产品出口。健全农业对外合作工作机制，抓紧制定农业国际合作"十三五"发展规划。推动完善支持农业对外合作的投资、财税、金融、保险、贸易、通关、检验检疫等政策。支持农产品贸易做强，加强与国家开发银行、中国进出口银行等合作，鼓励支持有实力的大中型企业开展海外并购，加快培育具有国际竞争力的农业企业集团。创新农业对外合作模式，重点加强农产品加工、储运、贸易等环节合作，支持开展境外农业合作开发，推进科技示范园区建设，开展技术培训、科研成果示范、品牌推广等服务。

各级农业部门要深入学习贯彻习近平总书记系列重要讲话精神，加强领导班子和干部队伍建设，进一步创新思路、创新机制、创新方法、创新制度，努力让思想方法和工作方法跟上形势变化、适应发展要求。要解放思想，加强调查研究，推进"三农"工作政策创设与方法创造。要突出重点，狠抓督促检查和工作落实，不断创新绩效管理，开展专项延伸绩效考核，突出抓好重点事项、主要矛盾、关键环节任务落实。要廉政勤政，坚持从严治党，狠抓党风廉政建设"两个责任"落实，坚持不懈纠正"四风"、改进作风，深入推进政风行风建设，上下联动做好教育实践活动整改工作，继续深入开展"为农民服务"活动，以好的状态、好的作风、好的业绩，努力推动农业农村经济发展再上新台阶，为经济社会发展全局作出新的更大贡献！

来源：http://www.moa.gov.cn/zwllm/tzgg/tz/201502/t20150204_4395646.htm

11. 农业部关于大力开展粮食绿色增产模式攻关的意见

农业部关于大力开展粮食绿色增产模式攻关的意见

各省、自治区、直辖市农业（农牧、农村经济）厅（委、局），新疆生产建设兵团农业局，黑龙江省农垦总局：

为全面贯彻落实中央农村工作会议和中央一号文件精神，努力在粮食生产能力上挖掘新潜力、在转变农业发展方式上寻求新突破，农业部决定组织开展粮食绿色增产模式攻关，创新思路、集中力量、攻克难点，集成推广高产高效、资源节约、环境友好的技术模式，促进生产与生态协调发展，探索有中国特色的粮食可持续发展之路，切实保障国家粮食安全。现就开展粮食绿色增产模式攻关提出如下意见。

一、充分认识开展粮食绿色增产模式攻关的重要性和紧迫性

粮食产量"十一连增"，为稳定经济社会发展大局发挥了重要作用。但应看到，粮食连年增产，各种资源要素绷得很紧、环境承载压力不断增大，促进粮食和农业可持续发展是现实而紧迫的任务。在这样的背景下，组织开展粮食绿色增产模式攻关十分必要。

（一）开展粮食绿色增产模式攻关，是实施新形势下国家粮食安全战略的必然选择

党中央提出构建新形势下国家粮食安全战略，核心要义是端牢中国人的饭碗、饭碗里主要装中国粮。从国内看，工业化城镇化快速推进，经济的发展和城镇人口的增加，助推消费结构升级，粮食需求仍呈刚性增长的趋势。从国际看，粮食贸易量有限，国际环境复杂多变，我国大国效应明显，必须立足国内解决13多亿人的吃饭问题。通过开展粮食绿色增产模式攻关，依靠科技创新，挖掘生产潜力，国家粮食安全才有可靠的保障。

（二）开展粮食绿色增产模式攻关，是促进农业可持续发展的迫切要求

粮食需求量"超大"，人均资源占有量"超小"，这是国情农情的显著特点。粮食连年增产，资源过度消耗，生态环境受损，农业发展面临生态环境束缚和资源制约两道"紧箍咒"，使得拼资源、拼投入品、拼生态环境的传统发展方式难以为继，必须走资源节约、生态友好的农业可持续发展之路。通过开展粮食绿色增产模式攻关，集约节约利用资源，推广清洁环保技术，实现生产持续发展与生态环境保护协同推进。

（三）开展粮食绿色增产模式攻关，是增强农业竞争力的重要途径

近几年，国家出台一系列强农惠农富农政策，促进了粮食稳定增产和农民持续增收，但粮食效益偏低的问题仍然突出。更应看到，粮食生产面临价格和补贴政策的"天花板"，还面临生产成本上升的"地板"。"两板"挤压，使粮食生产效益提升空间收窄，农业的竞争力减弱。通过开展粮食绿色增产模式攻关，推广高产高效的技术模式，实现增产增效、节本增效、提质增效，不断提升农业竞争力。

二、开展粮食绿色增产模式攻关的思路原则和目标任务

(一) 总体思路

深入贯彻习近平总书记系列重要讲话精神，全面贯彻落实党的十八大和三中、四中全会及中央农村工作会议精神，落实新形势下国家粮食安全战略要求，以转变农业发展方式为主线，以农业科技创新为驱动，以增加粮食有效供给为目标，牢固树立增产理念、效益理念、绿色理念，坚持生产生态并重的需求导向、行政科研推广联动的协作导向、循序渐进的梯次导向，推进资源要素高效利用、农机农艺深度融合、生产生态相互协调，促进粮食生产持续稳定发展。

(二) 基本原则

努力做到"五个结合"：坚持粮食增产与资源节约相结合。既要攻关技术瓶颈、集成推广高产高效技术，又要推进节水、节肥、节药。坚持农机与农艺相结合。实现农艺的农机化和农机的农艺化，真正把栽培技术物化与机械技术融合为一体。坚持试点先行与面上推进相结合。既要针对技术瓶颈开展科技攻关，率先在点上试验示范，又要对关键技术进行组装配套，形成可复制、可持续的高产高效技术模式。坚持集成创新与机制创新相结合。增产模式攻关是在高产创建平台上打造的升级版，要把集成创新与机制创新协同推进，创新服务方式，提升科技生产水平和社会化组织程度。坚持高产更高产与低产变中产、中产变高产相结合。加强中低产田改造，配套推广高产高效技术，实现均衡增产。

(三) 目标任务

努力实现"三个提高"，提高土地产出率，力争到2020年粮食单产平均每年提高1个百分点；提高劳动生产率，力争到2020年重点粮食作物耕种收综合机械化率提高10个百分点；提高投入品利用率，力争到2020年化肥、农药利用率提高到40%以上，农田废旧地膜回收率达到80%以上。努力实现"两个零增长"，力争到2020年，实现粮食和农业生产的化肥、农药使用量零增长。

三、开展粮食绿色增产模式攻关的技术路径

开展粮食绿色增产模式攻关，要在"三推"（推广高产高效多抗新品种、推广规模化标准化机械化的栽培技术、推进耕地质量建设）和"三控"（控肥、控药、控水）上下工夫，实现科技水平和可持续发展能力的提升。

适应可持续发展的需要，要把"绿色"的内涵和要求贯穿于增产模式攻关全过程。突出"五个优先"：一是良种良法配套优先。根据不同区域、不同作物和生产需求，科学确定育种目标。重点选育高产优质、多抗广适、熟期适宜、宜于机械化的新品种。同时，集成配套相应的栽培技术，发挥良种的增产潜力。二是农机农艺融合优先。以三大谷物为重点，以全程机械化为目标，加快开发多功能、智能化、经济型农业装备设施，重点在深松整地、秸秆还田、化肥深施、机播机插、现代高效植保、机械收获等环节取得突破，实现农机农艺深度融合。三是安全投入品优先。重点是推广优质商品有机肥、高效缓释肥料、生物肥、水溶性肥料等新型肥料，减少和替代传统化学肥料。研发推广高效低毒低残留、环境相容性好的农药。四是物理技术优先。重点是采取种子磁化、声波助长、电子杀虫等系列新型物理技术，减少化肥、农药的施用量，提高农作物抗病能力，实现高产、优质、高效和环境友好。五是信息技术优先。利用遥感技术、地理信息系统、全球定位系统，以及农业物联网技术，建立完善苗情监测系统、墒情监测系统、病虫害监

测系统,指导平衡施肥、精准施药、定量灌溉、激光整地、车载土壤养分快速检测等,实现智能化、精准化农业生产过程管理。

四、开展粮食绿色增产模式攻关的重点任务

从2015年开始,重点开展"十二大行动"。

(一) 耕地质量保护与提升行动

实施区域是新建成的高标准农田、耕地污染重点区域、占补平衡补充耕地等。力争到2020年,耕地基础地力提高0.5个等级,土壤有机质含量提高0.2个百分点以上,畜禽粪便等有机肥养分还田率达到60%、提高10个百分点,农作物秸秆直接还田率达到60%、提高25个百分点,绿肥面积稳定恢复发展。重点是有机肥积造利用,实施土壤深松深耕,改良盐渍化、酸化等障碍性土壤,治理侵蚀土壤等。

(二) 东北地区水稻节水灌溉推进行动

实施区域是东北四省(区)的8 000万亩优质粳稻产区。力争到2020年,自流灌溉面积达到50%以上、提高20个百分点,灌溉水利用率提高10个百分点,新基质育秧面积1 000万亩以上、节约育秧成本20%,亩产提高50公斤。重点是加快渠首工程建设,完善农田水利设施,减少井灌面积。推广高产优质、耐低温、抗稻瘟病的品种,推广智能催芽、基质育秧、钵育摆栽等技术,推广定量灌溉、间歇灌溉、浅湿干交替灌溉等节水技术。

(三) 东北地区玉米生物防治推进行动

实施区域是东北四省(区)的玉米集中产区。力争到2020年,推广玉米病虫害生物防治1亿亩,农药使用量减少10%以上,控制病虫损失,改善农田生态环境。重点是推广秸秆粉碎还田,减少玉米螟越冬基数。设置早播诱虫田或诱虫带,消灭幼虫、成虫。大田释放赤眼蜂,防治玉米螟。推广白僵菌喷粉、喷雾封垛技术,控制玉米螟幼虫。

(四) 华北西北地区小麦玉米节水灌溉推进行动

实施区域是北京、天津、河北、山西、陕西、内蒙古、新疆等省(区、市)的5 000万亩小麦、玉米产区。力争到2020年,该区域小麦、玉米全生育期用水量减少30%以上。重点是通过品种节水、设施节水、农艺节水、机制节水等措施,实现节水保粮的目标。

(五) 黄淮海地区砂姜黑土改良提升行动

实施区域是黄淮南部和江淮北部(包括河南、安徽、江苏、山东四省)的5 000万亩砂姜黑土区。力争到2020年,该区域基础地力提高1个等级,化肥和灌溉水利用率提高10个百分点,粮食单产提高15%以上。针对砂姜黑土"旱、涝、僵、瘦"等问题,重点采取工程和农艺措施。通过完善田间水利设施,解决易旱易涝问题;开展深松深耕、秸秆还田、掺沙土、掺粉煤灰、掺生物质碳和增施有机肥等措施改良土壤物理性状,提高土壤保水保肥能力;研究建立适应砂姜黑土特点的作物全程机械化栽培体系,提高土壤综合生产能力。

(六) 黄淮海地区盐碱地低产变中高产提升行动

实施区域是淮河以北、燕山以南,东至海滨、西至太行、伏牛山麓的广大平原地区,重点是渤海湾和黄河三角洲地区,涉及山东、河北、天津、江苏、辽宁等省60多个县5 000万亩盐碱地。力争到2020年,将盐碱地1米厚土层内全盐含量控制在0.4%以下,节水效率提高20%以上,粮食亩产提高100公斤。重点是选育推广耐盐品种,改善土壤团聚体结构,推广深耕深翻控盐、土壤蒸发抑制、秸秆粉碎覆盖抑盐、微咸水安全灌溉、抗盐生物和微生物抑制剂,以及明暗

沟结合高效灌溉技术。

（七）江淮地区稻麦连作产能提升行动

实施区域是江淮南部地区（包括江苏、安徽、湖北三省）5 000万亩稻麦连作区。力争到2020年，该区域5 000万亩水稻、小麦亩产各提高30公斤。针对该区域渍害偏重、茬口偏紧等问题，重点是加强排灌设施建设，选育适期抗性品种，合理布局搭配品种，推广集中育秧、机播机插、稻麦周年均衡增产技术，推进种养结合、循环利用。

（八）南方地区水稻控药推进行动

实施区域是江西、湖南、湖北、安徽、江苏、浙江、广东、广西、福建、云南等省（区）2亿亩水稻产区。力争到2020年，该区域水稻重大病虫害化学药剂使用量减少10%，病虫损失控制在5%以内。重点是推广抗病虫品种，推行统防统治，优选生物农药，保育天敌昆虫，推行理化诱控等。

（九）西南地区粮食单产提升行动

实施区域是四川、云南、贵州、重庆等四省（市）的轮作和间套种区。力争到2020年，小麦亩产提高30公斤，水稻亩产提高30公斤，玉米亩产提高30公斤，马铃薯亩产提高100公斤。重点是推广高产、耐密、中晚熟品种，推广地膜覆盖和间套种，推广小麦覆盖栽培、玉米地膜覆盖、水稻集中育秧、马铃薯种薯脱毒等技术，因地制宜扩大再生稻种植。

（十）西北地区废旧地膜回收推进行动

实施区域是陕西、甘肃、宁夏、山西、新疆、内蒙古等省（区）3 000万亩旱作地膜玉米。力争到2020年，废旧地膜回收率达到80%以上。重点是改薄膜为厚膜（0.006或0.008毫米膜改0.01毫米膜），耐候期达到18个月以上，推广一膜两年用技术，推广生物可降解膜、新型覆盖材料，实施机械覆膜，研发新型残膜回收技术和配套机械。

（十一）农牧交错区种养循环推进行动

实施区域是辽宁、吉林、黑龙江、内蒙古、河北、陕西、甘肃、青海等省（区）。力争到2020年，该区域农田土壤含水量提高10%，减少扬尘30%，农药用量减少30%，化肥用量零增长，生物产量提高10%以上，粗蛋白含量提高20%。重点是推广高产优质良种，推行粮草轮作培肥地力，加快收获机械研发，推广秸秆青贮、微贮技术。

（十二）马铃薯主食产品及产业开发行动

实施区域是西北、西南马铃薯优势产区及华北、长江中下游、华南等潜力产区。力争到2020年，马铃薯主食加工专用品种覆盖率达到50%，马铃薯主食产品中全粉和淀粉占比达到50%。重点是开展适宜加工主食的马铃薯品种及种植模式攻关，大力推广脱毒种薯，加快选育一批优质、高产、抗逆、综合性状优良、适宜加工主食的专用品种，集成配套以全程机械化为主的高产高效技术模式。完善主食产品加工工艺，加快研发适宜马铃薯主食产品开发的加工机械。加强舆论宣传，科学引导主食产品消费。

五、开展粮食绿色增产模式攻关的保障措施

开展好粮食绿色增产模式攻关，是一项战略性、长期性的重大工程，需要统筹安排，突出重点，集中力量，稳步推进。

（一）强化组织领导

各地要把开展粮食绿色增产模式攻关作为促进粮食生产稳定发展的重大举措，抓紧制订绿色

增产模式攻关推进落实方案,建立健全协调指导机构,加强沟通协调,强化指导服务,主要领导亲自抓、负总责,协调各方力量,形成攻关合力。牵头省农业部门要勇于担当,主动协调本区域其他省和有关科研、推广机构共同开展攻关工作,确保任务到省、措施到县、责任到人。

(二)上下联动推进

将粮食绿色增产模式攻关的重点行动纳入农业部稳定粮食生产发展延伸绩效考核的内容,建立上下联动、多方协作的工作机制,强化责任、整合力量、加强督查。重点实施区域要建立协作机制,相互交流、共同促进。充分发挥教学科研机构和行业协会技术和信息优势,鼓励开展技术推广、政策宣传、技术培训、服务指导等工作。

(三)加大政策支持

新增千亿斤粮食生产能力建设、农业综合开发、现代农业发展资金等项目资金,要向重点行动实施区域倾斜;扶持粮食生产和重大技术补助财政项目资金,要优先支持开展重点行动;增加信贷、保险等扶持政策,撬动社会资金开展重点行动。各地要争取发改、财政等部门支持,加大资金投入,推进各项行动顺利开展。

(四)发挥专家作用

各地要根据粮食绿色增产模式攻关要求,充实专家指导组力量,组织育种、栽培、农机、植保、土肥、农药、生态保护等方面专家联合开展技术瓶颈和集成技术攻关。每个行动设立首席专家,加强协调,分工协作,充分发挥不同行业、不同学科的专家优势,科学指导粮食绿色增产模式攻关。

(五)强化宣传引导

制定粮食绿色增产模式攻关宣传方案,及时总结各地的好做法、好经验,充分利用电视、广播、报刊杂志、网站等媒体,开展主题突出、形式多样的宣传报道。在关键农时季节,组织开展现场观摩活动,充分发挥试点县市的辐射带动作用。各地要强化信息报送,每省确定1名信息联络员,做好对上报送和对外宣传工作,为绿色增产模式攻关营造良好氛围。

农业部
2015 年 2 月 4 日

来源:http://www.moa.gov.cn/sjzz/zzys/dongtai1/201502/t20150210_4402974.htm

12. 农业部关于做好 2015 年畜禽屠宰行业管理工作的通知

农业部关于做好 2015 年畜禽屠宰行业管理工作的通知

为全面落实中央关于加强食品安全工作的决策部署,切实加强畜禽屠宰行业管理,努力确保肉品质量安全,现就做好 2015 年畜禽屠宰行业管理工作通知如下。

一、高度重视,切实加强对畜禽屠宰行业管理的组织领导

2014 年畜禽屠宰行业管理工作开局良好,各级农牧部门一手抓监管职责调整,一手抓屠宰行业管理,做了大量工作,取得显著成效。2015 年畜禽屠宰行业管理工作任务艰巨复杂,畜禽

屠宰行业管理与畜禽屠宰产业发展长期积累的问题尚未得到根本改变，屠宰企业"多、乱、小、散、差"并存，屠宰行业产能严重过剩，收费代宰现象普遍，屠宰违法行为时有发生，市县两级屠宰监管职责调整尚未全面到位。对此，各地要高度重视，深刻认识畜禽屠宰行业管理在保障肉品质量安全方面的极端重要性，准确把握当前畜禽屠宰行业管理面临的形势任务，进一步增强责任感和使命感，切实加强对畜禽屠宰行业管理工作的组织领导。各地要强化属地管理责任，按照地方政府负总责的要求，抓紧建立健全畜禽屠宰行业管理工作协调机制，加强部门间协调配合，尽快形成"政府领导、部门负责、齐抓共管"的畜禽屠宰行业管理工作新机制。各地要把畜禽屠宰行业管理作为一项重要任务，摆上重要议事日程，主要领导要亲自抓、分管领导要积极推，加强畜禽屠宰行业管理体系建设，着力提升畜禽屠宰行业监管能力，依法及时处置屠宰环节质量安全事件，确保人民群众肉品消费安全。

二、积极协调，大力推进市县畜禽屠宰监管职责调整

畜禽屠宰监管职责调整是国务院深化机构改革和职能转变的重大任务，是深化食品安全管理体制改革和农产品质量安全监管体系建设的重要内容。2014年省级畜禽屠宰监管体系基本建立。各地要在当地政府统一领导下，采取定期调度通报、专项督促检查等方式，加快推进市、县两级畜禽屠宰监管职责调整，尽早建立上下贯通、运转顺畅的畜禽屠宰监管新体制。要加强与机构编制、发展改革、财政等部门的沟通协调，注重畜禽屠宰监管职责调整质量，同步推进畜禽屠宰监管职责移交与强化畜禽屠宰监管能力建设，切实解决畜禽屠宰监管"缺枪、少炮、乏力""粮不足、兵不够、马不壮"的问题。畜禽屠宰监管职能划转尚未实质性完成的地方，要加强部门协调配合，确保监管工作无缝衔接，未完成交接的，由原主管部门继续负责；完成交接的，农牧部门要全面履职尽责，切实做到畜禽屠宰行业管理不留空档、不留死角、不出问题。

三、精心组织，加快屠宰法规标准体系建设

（一）加快《畜禽屠宰管理条例》立法进程

加快法治建设步伐，健全完善科学合理的畜禽屠宰管理制度，明确屠宰厂（场）肉品质量安全主体责任，改革肉品品质检验制度和屠宰检疫制度，强化畜禽屠宰监督管理措施，保障肉品质量安全。

（二）健全畜禽屠宰管理配套规章标准体系

组织起草《畜禽屠宰企业质量管理规范》《畜禽屠宰企业分级管理办法》《畜禽屠宰兽医卫生检验规程》，抓紧出台《畜禽屠宰统计信息管理办法》《畜禽屠宰证章标志管理办法》《畜禽屠宰风险分级监督管理办法》《畜禽屠宰监督管理操作规范》《屠宰环节病害猪无害化处理管理办法》等部门规章和规范性文件，研究制定《家畜屠宰企业兽医卫生风险评估技术规范》《家禽屠宰企业兽医卫生风险评估技术规范》，尽快形成行政法规、部门规章、管理规范和技术标准相配套的畜禽屠宰行业管理法规标准体系，提高畜禽屠宰行业管理法治化、规范化水平。

（三）推进地方畜禽屠宰行业管理立法

各地要按照全面深化改革和全面推进依法治国的总体要求，结合本地实际情况，研究制定乡镇小型生猪屠宰场（点）监督管理办法、牛羊禽屠宰管理办法等地方性法规和政府规章。对国家已出台法律、行政法规的，要抓紧地方配套立法，增强法律、行政法规在本地区的适应性和可操作性；对国家立法时机尚不成熟的，地方可先行先试，为国家立法积累经验，创造条件。

四、突出重点，切实加强畜禽屠宰行业管理

（一）严格屠宰行业准入管理

各地要在当地人民政府统一领导下，继续组织开展生猪定点屠宰资格审核清理工作，从严掌握生猪定点屠宰企业清理标准，符合生猪定点屠宰企业法定设立条件的，及时核发新证；不符合法定设立条件的，限期整改，整改仍达不到要求的，要报请设区的市级人民政府坚决依法取缔。对生猪定点屠宰企业资格审核清理中存在的问题，要报请设区的市或省级人民政府出台生猪定点屠宰企业整改或者关停的政策措施，及时化解矛盾，积极稳妥推进。对新设立的畜禽屠宰企业，要严格按照《动物防疫法》《生猪屠宰管理条例》规定的条件和畜禽屠宰行业发展规划及本地区生猪定点屠宰企业设置规划的要求，严格审核把关，不得擅自降低标准、违反审批程序进行畜禽屠宰企业许可。

（二）加强屠宰质量安全过程监管

各地要督促屠宰企业切实履行屠宰环节产品质量安全第一责任人责任，建立健全畜禽进厂（场）屠宰登记、肉品检验、"瘦肉精"自检、病死畜禽无害化处理等制度，落实好各项质量安全控制措施。要强化屠宰检疫监管，严格执行屠宰检疫规程，规范屠宰检疫出证行为。要建立健全畜禽屠宰监管台账制度，对畜禽进场、索证验物、屠宰检疫检验、肉品出场和病害畜禽无害化处理等实行全过程档案管理。要创新畜禽屠宰监管模式，组织开展屠宰企业兽医卫生风险评估，逐步推行屠宰企业风险分级管理。

（三）组织开展生猪屠宰专项整治

各地要围绕农产品质量安全执法年活动，严格按照《农产品质量安全法》《动物防疫法》《生猪屠宰管理条例》等有关法律法规和司法解释，围绕重要时节、重点区域和薄弱环节，继续组织开展生猪屠宰专项整治行动，持续保持高压态势，严厉打击私屠滥宰、添加"瘦肉精"、注水或注入其他物质等各类违法犯罪行为。要集中力量查办一批大案要案，端掉一批私屠滥宰黑窝点，严惩一批违法犯罪分子，公布一批典型案例。要组织基层畜牧兽医站，加大对城乡结合部、私屠滥宰专业村（户）的集中排查和日常巡查。要建立健全举报核查制度，公布举报投诉电话，及时调查处理群众反映的突出问题。要做好行政执法与刑事司法衔接，加强与公安、食品药品、环保等部门的协调配合，形成跨部门监督执法合力。

五、统筹协调，稳步推进畜禽屠宰行业转型升级

（一）研究制定畜禽屠宰行业发展规划

按照"工厂化屠宰、品牌化经营、冷链化流通、冰鲜化上市、一体化管理"的总体思路，研究制定全国生猪屠宰行业发展规划。各地要结合本地区实际情况，研究制定本地区畜禽屠宰行业发展规划，及时修订生猪定点屠宰企业设置规划，优化产业布局，逐步改变屠宰企业"多、乱、小、散、差"等突出问题，稳步推进畜禽屠宰行业转型升级，引领畜禽屠宰行业健康有序发展。

（二）强化畜禽屠宰统计监测

整合畜禽屠宰统计监测系统，优化统计样本企业，建立统计信息员队伍，强化统计、监测、分析功能，进一步提升畜禽屠宰行业管理信息化水平。各地要严格落实国家畜禽屠宰统计监测制度，监督指导企业做好畜禽屠宰统计监测信息填报工作，切实发挥好统计监测在促进畜禽生产和

流通、稳定市场供应等方面的重要作用。

(三) 加强畜禽屠宰产业发展研究

各地要在畜禽屠宰企业升级改造、冰鲜肉冷链体系建设、代宰经营方式转变等方面，按照市场主导、政府引导的原则，推动地方各级人民政府研究出台促进畜禽屠宰产业发展的政策措施。要跟踪研究本地区畜禽屠宰产业发展情况，对畜禽屠宰产业发展和肉品质量安全形势及时做出预警预判，为政府决策当好参谋，为企业发展搞好引导。

六、常抓不懈，着力提升畜禽屠宰行业管理能力

(一) 完善屠宰行业管理保障措施

各地要根据畜禽屠宰行业管理任务繁重的实际，配备充足的畜禽屠宰监管执法力量。要把畜禽屠宰行业管理经费纳入本级财政预算，保障畜禽屠宰行业管理相应的工作条件。要着力解决在设施设备、执法条件等方面存在困难和问题，重大问题要主动加强部门间协调沟通，及时报当地人民政府研究解决。

(二) 狠抓屠宰行业队伍建设

各地要抓紧制订畜禽屠宰从业人员培训规划，加强对畜禽屠宰技术人员、肉品品质检验人员培训，提高畜禽屠宰从业人员技术水平。要建立健全畜禽屠宰监督执法管理制度，规范畜禽屠宰监督工作程序，严肃畜禽屠宰监督执法纪律，加大对失职、渎职等违法行为的追责力度。

(三) 加强屠宰行业管理舆论引导

要充分利用各类媒体，大力宣传畜禽屠宰行业工作成效，努力营造良好的社会环境和舆论氛围，传递畜禽屠宰监管"正能量"。要切实提高畜禽屠宰行业管理舆情应对能力，加大舆情动态监测力度，及时发现本地区畜禽屠宰行业管理方面存在的突出问题，积极应对、妥善处理各种突发事件，努力降低社会影响。

请各省、自治区、直辖市将畜禽屠宰行业管理工作中的问题和建议及时报我部兽医局（农业部畜禽屠宰管理办公室）。

联系人：冯　梁　李汉堡

联系电话：010-59191430　59193344　59192871（传真）

电子邮箱：tuguanchu@agri.gov.cn

农业部

2015 年 1 月 29 日

来源：http://www.moa.gov.cn/zwllm/tzgg/tz/201502/t20150202_4385710.htm

13. 农业部办公厅 财政部办公厅关于印发《2015—2017年农业机械购置补贴实施指导意见》的通知

农业部办公厅 财政部办公厅关于印发《2015—2017年农业机械购置补贴实施指导意见》的通知

为确保农业机械（以下简称农机）购置补贴政策公开、规范、廉洁实施，充分发挥农机购置补贴政策效益，加快农机化发展方式转变，推动粮棉油糖作物生产全程机械化，促进农业机械化又好又快发展和农业综合生产能力提高，在总结近年经验和农机购置补贴操作创新试点工作的基础上，我们研究制定了《2015—2017年农业机械购置补贴实施指导意见》，现予印发，请遵照执行。

农业部办公厅　财政部办公厅
2015年1月27日

来源：http://www.moa.gov.cn/zwllm/cwgk/zdxm/201501/t20150129_4356487.htm

附　2015—2017年农业机械购置补贴实施指导意见

一、总体要求

通过农业机械（以下简称农机）购置补贴政策实施，充分调动和保护农民购买使用农机的积极性，促进农机装备结构优化、农机化作业能力和水平提升，推进农业发展方式转变，切实保障主要农产品有效供给。实施中，要注重突出重点，加快推进粮棉油糖等主要农作物生产全程机械化，提高政策的指向性和精准性；注重改革完善，优化制度设计，体现惠民公平和便民高效，突出政策的普惠性、稳定性；注重规范实施，加强过程监管，强化信息公开、绩效考核和廉政风险防控，保障资金安全；注重市场化原则，通过市场机制发挥补贴政策对农机化发展的引导作用，推进补贴产品供需双方市场化对接，保障购机者选机购机自主权，促进农机科技进步。

二、实施范围及规模

农机购置补贴政策在全国所有农牧业县（场）范围内实施。综合考虑各省（自治区、直辖市、计划单列市、新疆生产建设兵团，黑龙江省农垦总局、广东省农垦总局，下同）耕地面积、农作物播种面积、主要农产品产量、购机需求意向（各地摸底调查取得）、绩效管理考核等因素和中央财政预算资金安排情况，确定补贴资金规模。

各省农机化主管部门、财政部门要参照上述要求，科学合理确定本辖区内市、县资金规模。上年结转资金可继续在下年使用，连续两年未用完的结转资金，按有关规定处理。

各省农机化主管部门、财政部门要加强对国有农场农机购置补贴工作的指导。省属管理体制的北京、天津、上海、江苏、安徽、河南、江西、湖北、广西、海南、云南、陕西、甘肃、宁夏等14个省（自治区、直辖市）地方垦区农场和海拉尔、大兴安岭垦区农场补贴资金规模、补贴农场名单及资金分配额度由各省农机化主管部门、农垦主管部门与财政部门协商确定，纳入各省补贴资金使用方案。其他市、县属的地方垦区农场的农机购置补贴纳入所在县农机购置补贴范围。

纳入《全国农机深松整地作业实施规划》的省份可结合实际，在农机购置补贴资金中安排补助资金（不超过补贴资金总量的15%）用于在适宜地区实行农机深松整地作业补助，具体操作办法参照《农业部办公厅关于开展农机深松整地作业补助试点工作的通知》（农办财〔2013〕98号）执行。鼓励有条件的农机大户、农机合作社等农机服务组织承担作业补助任务，开展跨区深松整地作业等社会化服务。

在河北、山西、黑龙江、江苏、浙江、安徽、江西、山东、河南、湖北、湖南、广西、陕西、甘肃、新疆、宁波、青岛开展农机报废更新补贴试点工作，具体操作办法参照《2012年农机报废更新补贴试点工作实施指导意见》（农办财〔2012〕133号）执行。农业部会同财政部对试点省份实施情况开展检查评价，视情况按年度对试点省份进行适当调整。

三、补贴范围及标准

（一）中央财政资金补贴机具种类范围

按照"确保谷物基本自给、口粮绝对安全"的目标要求，中央财政资金重点补贴粮棉油糖等主要农作物生产关键环节所需机具，兼顾畜牧业、渔业、设施农业、林果业及农产品初加工发展所需机具，力争用3年左右时间着力提升粮棉油糖等主要农作物生产全程机械化水平。中央财政资金补贴机具种类范围为11大类43个小类137个品目（详见附件1）。

各省应根据农业生产实际，在137个品目中，选择部分品目作为本省中央财政资金补贴范围；并要根据当地优势主导产业发展需要和补贴资金规模，选择部分关键环节机具实行敞开补贴。

粮食主产省（区）要选择粮食生产关键环节急需的部分机具品目敞开补贴，主要包括深松机、免耕播种机、水稻插秧机、机动喷雾喷粉机、动力（喷杆式、风送式）喷雾机、自走履带式谷物联合收割机（全喂入）、半喂入联合收割机、玉米收获机、薯类收获机、秸秆粉碎还田机、粮食烘干机、大中型轮式拖拉机等。棉花、油料、糖料作物主产省（区）要对棉花收获机、甘蔗种植机、甘蔗收获机、油菜籽收获机、花生收获机等机具品目敞开补贴。

有条件的省份，围绕主导产业，按照补贴资金规模与购机需求量匹配较一致的原则，选择机具品目试行全部敞开补贴。

其他地方特色农业发展所需和小区域适用性强的机具，可列入地方各级财政安排资金的补贴范围，具体补贴机具品目和补贴标准由地方自定。

为引导和鼓励农机生产企业加强研发创新，选择若干省份开展农机新产品中央财政资金购置补贴试点。新产品补贴试点，要突出当地粮棉油糖等主要产业发展和农机化新技术推广的需要，进行科学论证、集体研究决策，确保技术先进和风险可控。具体办法可由试点省农机化主管部门、财政部门共同制定。

鼓励开展大型农机金融租赁试点和创新农机信贷服务，多渠道、多形式支持农民购机、用机。

（二）补贴机具产品资质

补贴机具必须是在中华人民共和国境内生产的产品。除新产品补贴试点外，补贴机具应是已获得部级或省级有效推广鉴定证书的产品。

继续选择个别省份开展补贴产品市场化改革试点，在补贴机具种类范围内，除被明确取消补贴资格的或不符合生产许可证管理、强制性认证管理的农机产品外，符合条件的购机者购置的农机产品，均可申请补贴。

补贴机具产品须在明显位置固定标有生产企业、产品名称和型号、出厂编号、生产日期、执行标准等信息的永久性铭牌。

（三）补贴标准

中央财政农机购置补贴资金实行定额补贴，即同一种类、同一档次农业机械原则上在省域内实行统一的补贴标准，不允许对省内外企业生产的同类产品实行差别对待。为防止出现同类机具在不同省（区、市）补贴额差距过大，通用类机具最高补贴额由农业部统一发布。各省农机化主管部门结合本地农机产品市场售价情况进行测算，在不高于最高补贴额的基础上，负责确定本省通用类农机产品的补贴额。

各省农机化主管部门负责制定非通用类机具分类分档办法并确定补贴额。对于部分涉及多省需求的机具分类分档及补贴额可由相关省协商确定。

一般农机每档次产品补贴额原则上按不超过该档产品上年平均销售价格的30%测算，单机补贴额不超过5万元；挤奶机械、烘干机单机补贴额不超过12万元；100马力以上大型拖拉机、高性能青饲料收获机、大型免耕播种机、大型联合收割机、水稻大型浸种催芽程控设备单机补贴额不超过15万元；200马力以上拖拉机单机补贴额不超过25万元；大型甘蔗收获机单机补贴额不超过40万元；大型棉花采摘机单机补贴额不超过60万元。

玉米小麦两用收割机按单独的玉米收割割台和小麦联合收割机分别补贴。

各省农机化主管部门可自主决定补贴额的下调幅度。对于同一档次内大多数产品价格总体下降幅度较大的，可适时调低此档机具补贴额。各省要向社会公布补贴机具补贴额一览表（补贴额一览表式样见附件2）和补贴额调整情况。涉及中央资金补贴的通用类机具补贴额调整的，须及时抄报农业部，农业部可视情况按年度进行调整。

四、补贴对象确定和经销企业公布

补贴对象为直接从事农业生产的个人和农业生产经营组织。在申请补贴对象较多而补贴资金不足时，要按照公平公正公开的原则确定。

对已经报废老旧农机并取得拆解回收证明的补贴对象，可优先补贴。

对每一类补贴对象年度内享受补贴购置农机具的台（套）数或享受补贴资金总额应设置上限，由各地结合实际自行确定。

补贴产品经销企业由农机生产企业自主确定并向社会公布。省级农机化主管部门要及时公布已列入黑名单的经销企业和个人名单，该类企业及个人不允许参与补贴活动，所销售产品不能享受农机购置补贴政策。农机生产企业应对其确定的补贴产品经销企业的经销行为承担相应的责任。

原则上，补贴对象应到当地政府确定的主管部门办理所有补贴手续。要逐步使补贴政策实施操作过程与农机产品经销企业脱钩，过渡期3年。

补贴对象可自主选择补贴产品经销企业购机，也可通过企业直销等方式购机。按照权责一致原则，补贴对象应对自主购机行为和购买机具的真实性负责，承担相应风险。

五、补贴操作及资金兑付

农机购置补贴政策实施方式实行自主购机、定额补贴、县级结算、直补到卡（户），具体操作办法由各省制定。

获得农机购置补贴须由购机者提出申请，由县级农机化主管部门会同财政部门组织审核确定。购机者和农机产销企业分别对其提交的农机购置补贴相关申请资料和购买机具的真实性承担法律责任。县级农机化主管部门、财政部门按职责分工对农机购置补贴材料的合规性审核结果负责。

县级农机化主管部门要按时限向财政部门提交相关资料，财政部门按时限组织补贴资金兑付工作，具体时限由各省根据实际情况确定。

六、工作措施

（一）加强领导，密切配合

各级农机化主管部门、财政部门要进一步提高思想认识，加强组织领导，密切沟通配合，建立工作责任制，将任务和责任具体落实到岗位。要加强工作指导和监督检查，加大农机购置补贴绩效管理工作力度，并将考核结果与补贴资金分配挂钩。

地市级农机化主管部门要加强对县级农机购置补贴实施方案审核、补贴工作监督检查、补贴机具抽查核实、补贴投诉调查处理和督办等工作。

县级农机化主管部门、财政部门，要在本级政府领导下会同有关部门共同研究确定补贴资金使用和重点推广机具种类等事宜，联合对补贴政策实施进行监管。同时，强化县级农机化主管部门和财政部门内部约束机制，农机购置补贴重要工作事项须由集体研究确定。

地方各级财政部门要增加资金投入，加强资金监管，并保证必要的组织管理经费。

（二）加强引导，科学调控

要通过政策实施，促进农机装备结构布局优化，提高薄弱环节和主要农产品生产农机化水平，全面提升农机化发展质量和效益，同时推动农机工业科技进步和自主创新，提高制造水平。要因地制宜制定和实施中长期农机购置补贴规划，坚持行之有效的经验，创新改革工作措施，有重点、分阶段实现政策目标。

（三）规范操作，严格管理

要公开公平公正确定补贴对象，严格执行公示制度，充分尊重购机者自主选择权。对补贴额较高和供需矛盾突出的机具要重点核实，具体程序和要求由各省确定。提倡补贴对象先购机再申请补贴，鼓励县乡在购机集中地或当地政务大厅等开展受理申请、核实登记"一站式"服务。

全面深入推进农机购置补贴管理网络化，各地农机化主管部门、财政部门要全部使用全国农机购置补贴辅助管理系统。要配合相关部门严厉打击窃取、倒卖、泄露补贴信息和电信诈骗等不法行为，保护农民合法权益。

对购置实行牌证照管理的机具，其所有人要向当地农机安全监理机构办理牌证照。要依法开展补贴机具的质量调查，督促企业做好售后服务等工作。

要加强对基层农机购置补贴工作人员培训和警示教育，提高基层人员业务素质和工作能力。

（四）公开信息，接受监督

各级农机化主管部门要通过广播、电视、报纸、网络、宣传册、明白纸、挂图等形式，积极宣传补贴政策；要建立完善农机购置补贴信息公开专栏，确保专栏等信息公开载体有效运行。

省级和县级农机化主管部门重点公开实施方案、补贴额一览表、操作程序、投诉咨询方式、资金规模和使用进度、补贴受益对象、违规现象和问题等；各级农机化主管部门要组织农机试验鉴定机构按照"谁鉴定、谁公开"的原则，公开补贴机具的推广鉴定证书、鉴定检验结果等信息。

在年度补贴工作结束后，县级农机化主管部门要以公告的形式将所有享受补贴的购机者信息（格式见附件3）及落实情况在当地政府网站或农业（农机）部门网站（页）上公布，同时要注意保护个人隐私。

（五）加强监管，严惩违规

各级农机化主管部门、财政部门要全面履行监管职责，以问题为导向，适时开展专项督导检查，强化监管，严惩违规，对违规现象和问题主动向社会公布。

要高度重视群众举报投诉受理查处工作。建立健全相关机制，通过电话、网络、信函等有效形式受理投诉。对实名投诉举报的问题和线索，要做到凡报必查。

省、地、县级农机化主管部门要对投诉集中、"三包"服务不到位、采取不正当竞争、出厂编号及铭牌不规范、未按规定使用辅助管理系统、虚假宣传、降低配置、以次充好、骗补套补等线索具体的投诉进行重点调查核实。对于违反农机购置补贴政策相关规定的生产和经销企业，地、县级农机化主管部门视调查情况可对违规企业采取约谈告诫、限期整改等措施，并将有关情况和进一步处理建议报省级农机化主管部门。省级农机化主管部门视调查情况及地、县级农机化主管部门建议，可采取约谈告诫、限期整改、暂停补贴、取消补贴资格及列入黑名单等措施，要将处理情况及时向社会公布，并视情况抄送工商、质量监督、公安等部门。同时，要将暂停或取消补贴资格的处理情况报农业部。

农机生产和经销企业产品补贴资格或经销补贴产品的资格被暂停、取消，所引起的纠纷和经济损失由违规农机生产或经销企业自行承担。

七、方案与总结报送

各省农机化主管部门、财政部门要根据本指导意见，结合实际制定本省补贴实施方案或实施指导意见（含农机深松整地作业补助），印发执行并抄报农业部、财政部。

开展农机新产品补贴试点、补贴产品市场化改革试点的省份，试点方案须报农业部、财政部备案。

每年12月31日前，要将全年农机购置补贴（包括农机深松整地作业补助和地方财政安排的农机购置补贴）实施情况总结报告报送农业部、财政部。

农机报废更新补贴试点工作实施方案和总结报告须按有关规定单独报送。

附件：1. 全国农机购置补贴机具种类范围
      2. 省（区、市、兵团、农垦）农机购置补贴机具补贴额一览表
      3. 年度　　县（市、旗、场）享受农机购置补贴的购机者信息表

来源：http://www.moa.gov.cn/zwllm/cwgk/zdxm/201501/t20150129_4356487.htm

附件1

全国农机购置补贴机具种类范围

（11大类43个小类137个品目）

1. 耕整地机械
    1.1 耕地机械
        1.1.1 翻转犁
        1.1.2 旋耕机
        1.1.3 耕整机（水田、旱田）
        1.1.4 微耕机
        1.1.5 田园管理机
        1.1.6 开沟机（器）
        1.1.7 深松机
        1.1.8 机滚船
        1.1.9 机耕船
        1.1.10 联合整地机
    1.2 整地机械
        1.2.1 圆盘耙
        1.2.2 驱动耙
        1.2.3 起垄机
        1.2.4 灭茬机
        1.2.5 平地机（含激光平地机）
2. 种植施肥机械
    2.1 播种机械
        2.1.1 条播机
        2.1.2 穴播机
        2.1.3 小粒种子播种机
        2.1.4 根茎类种子播种机
        2.1.5 水稻（水旱）直播机
        2.1.6 免耕播种机
        2.1.7 旋耕播种机
    2.2 育苗机械设备
        2.2.1 秧盘播种成套设备（含床土处理）

2.2.2 秧田播种机

2.2.3 种子处理设备（采摘、调制、浮选、浸种、催芽、脱芒等）

2.2.4 营养钵压制机

2.3 栽植机械

 2.3.1 油菜栽植机

 2.3.2 水稻插秧机

 2.3.3 水稻摆秧机

 2.3.4 甘蔗种植机

 2.3.5 甜菜移栽机

2.4 施肥机械

 2.4.1 施肥机（化肥）

 2.4.2 撒肥机（厩肥）

 2.4.3 追肥机（液肥）

 2.4.4 中耕追肥机

 2.4.5 配肥机

2.5 地膜机械

 2.5.1 地膜覆盖机

 2.5.2 残膜回收机

3. 田间管理机械

3.1 中耕机械

 3.1.1 中耕机

 3.1.2 培土机

 3.1.3 埋藤机

3.2 植保机械

 3.2.1 机动喷雾喷粉机（含背负式机动喷雾喷粉机、背负式机动喷雾机、背负式机动喷粉机）

 3.2.2 动力喷雾机（含担架式、推车式机动喷雾机）

 3.2.3 喷杆式喷雾机（含牵引式、自走式、悬挂式喷杆喷雾机）

 3.2.4 风送式喷雾机（含自走式、牵引式风送喷雾机）

3.3 修剪机械

 3.3.1 茶树修剪机

4. 收获机械

4.1 谷物收获机械

 4.1.1 自走轮式谷物联合收割机（全喂入）

 4.1.2 自走履带式谷物联合收割机（全喂入）

 4.1.3 半喂入联合收割机

 4.1.4 割晒机

4.2 玉米收获机械

 4.2.1 背负式玉米收获机

 4.2.2 自走式玉米收获机（含穗茎兼收玉米收获机）

 4.2.3 自走式玉米联合收获机（具有脱粒功能）

 4.2.4 玉米收割割台

4.3 棉麻作物收获机

 4.3.1 棉花收获机

4.4 花卉（茶叶）采收机械

  4.4.1 采茶机
 4.5 籽粒作物收获机械
  4.5.1 油菜籽收获机
  4.5.2 花生收获机
 4.6 根茎作物收获机械
  4.6.1 薯类收获机
  4.6.2 甘蔗收获机
  4.6.3 甘蔗割铺机
  4.6.4 甜菜收获机
 4.7 饲料作物收获机械
  4.7.1 青饲料收获机
  4.7.2 牧草收获机
  4.7.3 割草机
  4.7.4 搂草机
  4.7.5 捡拾压捆机
  4.7.6 压捆机
  4.7.7 饲草裹包机
  4.7.8 抓草机
 4.8 茎秆收集处理机械
  4.8.1 秸秆粉碎还田机
  4.8.2 高秆作物割晒机
 4.9 蔬菜收获机械
  4.9.1 果类蔬菜收获机
5. 收获后处理机械
 5.1 脱粒机械
  5.1.1 稻麦脱粒机
  5.1.2 玉米脱粒机
 5.2 清选机械
  5.2.1 粮食清选机
  5.2.2 种子清选机
  5.2.3 扬场机
  5.2.4 籽棉清理机
 5.3 剥壳（去皮）机械
  5.3.1 玉米剥皮机
  5.3.2 花生脱壳机
  5.3.3 干坚果脱壳机
 5.4 干燥机械
  5.4.1 粮食烘干机
  5.4.2 油菜籽烘干机
  5.4.3 果蔬烘干机
  5.4.4 热风炉
 5.5 仓储机械
  5.5.1 简易保鲜储藏设备
6. 农产品初加工机械

6.1 碾米机械
  6.1.1 碾米机
6.2 磨粉（浆）机械
  6.2.1 磨粉机
  6.2.2 磨浆机
6.3 果蔬加工机械
  6.3.1 水果分级机
  6.3.2 水果打蜡机
  6.3.3 果蔬清洗机
6.4 茶叶加工机械
  6.4.1 茶叶杀青机
  6.4.2 茶叶揉捻机
  6.4.3 茶叶炒（烘）干机
  6.4.4 茶叶筛选机
6.5 剑麻加工机械
  6.5.1 刮麻机
6.6 天然橡胶初加工专用机械

7. 排灌机械
7.1 水泵
  7.1.1 离心泵
  7.1.2 潜水泵
7.2 喷灌机械设备
  7.2.1 喷灌机
  7.2.2 微灌设备（微喷、滴灌、渗灌）
  7.2.3 灌溉用过滤器
7.3 其他排灌机械
  7.3.1 抗旱机泵
  7.3.2 水井钻机

8. 畜牧水产养殖机械
8.1 饲料（草）加工机械设备
  8.1.1 青贮切碎机
  8.1.2 铡草机
  8.1.3 揉丝机
  8.1.4 压块机
  8.1.5 饲料粉碎机
  8.1.6 饲料混合机
  8.1.7 饲料搅拌机
  8.1.8 颗粒饲料压制机
8.2 畜牧饲养机械
  8.2.1 孵化机
  8.2.2 喂料机
  8.2.3 送料机
  8.2.4 清粪机（车）
  8.2.5 水帘降温设备

8.3 畜产品采集加工机械设备
　　8.3.1 挤奶机
　　8.3.2 剪羊毛机
　　8.3.3 贮奶罐
　　8.3.4 冷藏罐
8.4 水产养殖机械
　　8.4.1 增氧机
　　8.4.2 网箱养殖设备
　　8.4.3 水体净化处理设备
8.5 其他畜牧水产养殖机械
　　8.5.1 养蜂专用平台（含蜜蜂踏板、蜂箱保湿装置、蜜蜂饲喂装置、电动摇蜜机、电动取浆器、花粉干燥箱）
9. 动力机械
9.1 拖拉机
　　9.1.1 轮式拖拉机（不含皮带传动轮式拖拉机）
　　9.1.2 手扶拖拉机
　　9.1.3 履带式拖拉机
10. 设施农业设备
10.1 日光温室设施设备
　　10.1.1 卷帘机
　　10.1.2 加温炉
10.2 连栋温室设施设备
　　10.2.1 加温系统（含燃油热风炉、热水加温系统）
　　10.2.2 灌溉首部（含灌溉水增压设备、过滤设备、水质软化设备、灌溉施肥一体化设备以及营养液消毒设备等）
11. 其他机械
11.1 废弃物处理设备
　　11.1.1 固液分离机
　　11.1.2 沼液沼渣抽排设备
　　11.1.3 病死畜禽无害化处理设备
11.2 精准农业设备
　　11.2.1 农业用北斗终端（含渔船用）

附件2

_____省（区、市、兵团、农垦）农机购置补贴机具
补贴额一览表

序号	大类	小类	品目	分档名称	基本配置和参数	中央财政补贴额	地方财政补贴额	备注

附件3

年度 县（市、旗、场）享受农机购置补贴的购机者信息表

公告单位： 公告时间： 年 月 日

序号	所在乡（镇）	所在村组	购机者姓名	机具品目	生产厂家	产品名称	购买机型	购买数量（台）	经销商	单台销售价格（元）	单台补贴额（元）	总补贴额（元）
合计												

14. 农业部关于做好 2015 年农产品加工业重点工作的通知

农业部关于做好 2015 年农产品加工业重点工作的通知

各省、自治区、直辖市及计划单列市农业（农牧、农村经济）、农机、畜牧、兽医、农垦、农产品加工、渔业厅（局、委、办），新疆生产建设兵团农业（水产）局：

为深入贯彻落实《中共中央国务院关于加大改革创新力度加快农业现代化建设的若干意见》（中发〔2015〕1号）精神，转变农业发展方式，调整优化农业和农村经济结构，促进农民就业增收，现就做好 2015 年农产品加工业重点工作通知如下：

一、积极推动促进农产品加工业发展有关政策的落实

近年来，国家有关方面陆续出台了一些促进农产品加工业发展的扶持政策，但目前落实得还不够到位，政策效应还未充分发挥出来。为此，各地要把促进已有政策落实作为重要工作抓紧抓好。要在全面梳理、准确把握、深刻理解政策的基础上，通过与有关部门联合开展督促检查等形式，推动政策落实。主要有：积极推动税收政策落实，包括增值税进项税额优惠、免征初加工所得税、进口设备免征关税和增值税、农产品出口退税优惠等；积极推动信贷政策的落实，包括扩大农产品加工业信贷投放总量、建立审批绿色通道、严禁利率"一浮到顶"、减免贷款手续费用等；积极推动保险政策的落实，包括扩大农业保险覆盖范围、推广新型险种、鼓励对外贸易和"走出去"企业保险服务等；积极推动科技创新政策的落实，包括企业技术开发费用所得税前扣除、技术改造国产设备投资抵免所得税、技术创新资助等；积极推动强农惠农富农政策的落实，包括农业综合开发、扶贫开发、现代农业、农业产业化等政策向农产品加工业倾斜，农产品初加工用电执行农业生产用电的价格政策等；积极推动扶持小型微型企业发展政策的落实，包括小型

微型企业减半计征所得税、减免中小企业涉企收费、中小企业发展专项资金、小额担保贷款等政策在农产品加工业的有效落实。与此同时，要加强新的政策创设，在初加工、主食加工、综合利用、原料基地、收购资金、设施装备、加工园区、主产区布局等方面实现突破。要大力营造落实政策的舆论环境，开展各种宣传、宣讲和培训活动，确保政策公开透明。

二、加快发展农产品产地初加工

认真组织实施初加工补助政策。积极争取扩大实施区域、品种和资金规模，整体推进初加工设施建设，通过产后减损实现增产增收增供增效。积极推进粮食加工减损。鼓励农民合作社、家庭农场和专业大户等通过合资合作方式建设烘储设施，同时采取技术指导和政策支持等措施，防止粮食过度加工造成浪费。加强菜篮子产品和特色农产品产后商品化处理。改造升级储藏、保鲜、烘干、分类分级、包装和运销等设施装备，并与园艺作物标准化基地建设同步规划、建设和实施，择项列入初加工补助和农机补贴范围，同时积极向物流配送和电商拓展。

三、深入开展主食加工业提升行动

培育主食加工知名企业和"老字号"。通过示范引导和培训提升等形式，着力培育一批产权清晰化、生产标准化、技术集成化、管理科学化、经营品牌化的主食加工示范企业；开展主食加工知识普及、产品展示和技术交流，树立现代主食消费理念，组织主食加工"老字号"品牌推介；加快推进马铃薯主粮化、主食化进程。加强主食加工公共服务。开展主食加工业监测分析与预警，建立专家咨询会商平台，加强研发体系和标准化技术委员会等平台建设，推动建立主食加工业产业联盟。组建主食加工技术集成联合体。着力促进引进装备国产化，增强主食加工技术自主创新能力，满足城乡居民对主食营养、安全、美味、健康、方便、实惠的多样化市场需求。

四、启动实施农产品及加工副产物综合利用提升工程

明确一部分农产品及加工副产物综合利用的主攻方向。科学选择一批重点地区、品种和环节，主攻农业副产物循环利用、加工副产物全值利用和加工废弃物梯次利用，研究最经济、最有效的阶段性突破路径。筛选一批综合利用成熟技术设备装备。集成、示范和推广一批综合利用新技术，通过工程、设备和工艺的组装物化，在秸秆微生物腐化有机肥及过腹还田、稻壳米糠、等外果及皮渣、畜禽骨血、水产品皮骨内脏等环节开展试点。制修订一批综合利用标准。完善产品标准、方法标准、管理标准及相关技术操作规程等。积极探索以政府购买服务的方式开展综合利用服务的做法和经验。

五、着力提升农产品加工技术装备水平

加快推进国家农产品加工技术研发体系建设。支持和引导研发体系以瓶颈问题为导向，分品种分领域按照产业链条布置创新链条，构建"产学研推用"有机融合的科技创新体系，协同开展重大共性关键技术设施装备研发。建设一批农产品加工技术集成基地。有效整合科技资源，建立具有中试能力的工程化研究平台及产业化应用平台，通过技术优化、组装、集成和配套研发，开展工程化研究和核心装备创制，孵化形成一批集成度高、系统化强、能应用、可复制的农产品加工先进技术装备。加强成熟技术筛选推广。深入开展科企对接活动，搭建推广转化信息平台，选择重点产区建立技术示范基地，加大先进适用技术先行先试力度，支持有条件的企业承担专项研发项目，加快推进标准化体系建设。培养造就人才队伍。通过交流合作、科技攻关、职业技能

培训等方式，培育一批经营管理人才、科技领军人才、创新团队、生产能手和技能人才。

六、积极培育农产品加工龙头企业

以资产为纽带积极培育一批农产品加工的产业集团。鼓励龙头企业通过兼并、重组、参股、联合等方式，促进要素流动和资源整合，与上下游中小微企业建立产业联盟，与农民合作社、家庭农场、种养大户和农户结成利益共同体，创建一批农产品加工示范企业和示范单位。积极争取财税融资政策。推动企业与资本市场对接，加强上市融资服务和指导培训，与金融机构沟通协调，支持企业进行技术装备改造和产业升级。实施质量立企、品牌强企战略。支持引导企业建立检测检验、质量标准和全程质量可追溯体系，将质量和信誉凝结成知名品牌；加强同区域同类别的品牌整合，大力宣传和保护品牌，建立农产品加工品牌目录制度；鼓励企业和农民合作社申报和推介无公害农产品、绿色食品、有机农产品和农产品地理标志。

七、稳步推进农产品加工业园区建设

积极培育农产品加工产业集群。以县为单元整建制创建一批原料基地、加工园区、营销体系等有机衔接、相互配套、功能互补、联系紧密的国家农产品加工业示范区、示范县，推动构建现代农业产业体系。建设一批专业化、规模化、标准化的原料生产基地。组织筛选推广加工专用优良品种，组装集成原料生产技术，从生产到销售全程实现标准化。扶持建设一批起点高、功能全、带动力强的加工园区。注重发挥产业集聚区整体效率，改善软硬件环境，加强运行机制建设，引导企业加强分工协作，完善研发机构、监测机构和污水处理及给排水系统等配套设施，让企业共享资源和服务、共同治理污染。构建物流配送和市场营销体系。支持有条件的园区打造农产品加工品集散中心、物流配送中心、展销中心和价格形成中心，发展直销直供、电子商务、移动互联网营销、第三方电子交易平台等新型流通业态，创新商业模式，探索发展大宗农产品期货市场，鼓励骨干企业利用农产品期货市场开展套期保值和风险管理。

八、鼓励支持主产区农产品加工业发展

加强主产区产加销整体构建和区域合理分工。与优势农产品和特色农产品区域布局衔接，将加工流通与生产消费同步规划和实施，促进第一二三产业融合发展；科学确定粮食主产区、经济作物主产区、养殖主产区、沿海发达地区、大中城市郊区、垦区、草原生态区等区域发展重点，对主产区加工业进行重点布局。促进粮食主产区发展粮食加工转化。通过协调争取政策、资金，大力推动粮食加工科技创新和推广，完善技术服务体系，努力改善粮食烘储加工条件，加强粮食生产、收购、储存、运输、加工、消费等环节管理，引导企业科学开展粮食精深加工，积极鼓励粮食加工副产物综合利用，积极拓展粮食加工转化增值空间。搭建加工产能转移承接平台。组织加工企业将产业转移到主产区，与主产区的资源优势加以整合，合力打造优势主导产业。支持农民合作社兴办农产品加工流通，鼓励农民专业合作社等经营主体建设"粮食银行"，探索粮食产后统一烘干、统一加工、统一储存、统一销售的经营模式，促进产加销、贸工农一体化经营。

九、努力提高农产品加工业管理服务水平

发展农产品加工业对农业提质增效和农民就业增收、对转变农业发展方式和调整结构、对加快农业现代化建设等都具有十分重要的意义。各级农业部门要从战略和全局的高度深化认识，把农产

品加工业摆上重要位置，列入重要议事议程。要完善管理体制，进一步调整充实人员队伍，理顺职责关系，推动建立和完善符合现代农业发展要求的管理体制和机制；加强协调配合，落实责任分工，在人才队伍、原料基地、技术装备、营销网络、基本建设、财政预算、外经外贸、质量标准体系等方面给予支持。各级农产品加工业管理部门要加强与政府有关部门的协调合作、紧密配合，采取更加有力有效的措施，形成促进农产品加工业发展的合力；要依法履行职责，充分发挥规划指导、监督管理、协调服务职能作用，从本地实际出发，组织拟定发展战略、政策、规划、计划并指导实施，结合优势农产品区域和现代农业布局，对"十三五"农产品加工业发展进行科学规划；要引导督促企业守法诚信经营，建立健全质量标准体系并严格执行；要指导农产品加工业结构布局调整、区域合作，建立信息、技术、人才、融资等公共服务体系，搭建投资贸易合作交流平台，建设创业示范基地；要组织关键公共技术研发，推广先进适用技术，开展监测分析、标准跟踪、教育培训、技能开发等工作，完善农产品加工业统计制度和调查方法；要充分发挥科研单位和大专院校的支撑作用，发挥行业协会和其他社会组织的桥梁纽带作用；要总结成功经验，树立先进典型，强化新闻宣传和舆论导向，努力营造促进农产品加工业发展的良好环境。

农业部
2015 年 1 月 20

来源：http：//www.moa.gov.cn/zwllm/tzgg/tz/201501/t20150126_4351697.htm

15. 耕地质量保护与提升行动方案

耕地质量保护与提升行动方案
农农发〔2015〕5 号

为贯彻落实 2015 年中央 1 号文件精神和中央关于加强生态文明建设的部署，推动实施耕地质量保护与提升行动，着力提高耕地内在质量，实现"藏粮于地"，夯实国家粮食安全基础，特制定本方案。

一、开展耕地质量保护与提升行动的重要性和紧迫性

耕地是最宝贵的农业资源、最重要的生产要素。中央高度重视耕地质量保护工作，习近平总书记明确提出"耕地是我国最为宝贵的资源。我国人多地少的基本国情，决定了我们必须把关系十几亿人吃饭大事的耕地保护好，决不能有闪失"，"耕地红线不仅是数量上的，也是质量上的"。李克强总理也强调"要坚持数量与质量并重，严格划定永久基本农田，严格实行特殊保护，扎紧耕地保护的'篱笆'，筑牢国家粮食安全的基础"。2015 年中央 1 号文件提出"实施耕地质量保护与提升行动"。《中共中央国务院关于加快推进生态文明建设的意见》也要求"强化农田生态保护，实施耕地质量保护与提升行动，加大退化、污染、损毁农田改良和修复力度，加强耕地质量调查监测与评价"。这些重要论断和重大部署，必须深刻领会、准确把握、坚决贯彻。

（一）开展耕地质量保护与提升行动，是促进粮食和农业可持续发展的迫切需要

人多地少的国情使我国农业生产一直坚持高投入、高产出模式，耕地长期高强度、超负荷利用，造成质量状况堪忧、基础地力下降。全国耕地退化面积较大，部分地区耕地污染较重，南方耕地重金属污染和土壤酸化、北方耕地土壤盐渍化，西北等地农膜残留问题突出。耕地土壤有机质含量较低，特别是东北黑土区土壤有机质含量下降较快，土壤养分失衡、生物群系减少、耕作层变浅等现象比较普遍。部分占补平衡补充耕地质量等级低于被占耕地。需要加强耕地质量建设，减少农田污染，培育健康土壤，提升耕地地力，夯实农业可持续发展的基础。

（二）开展耕地质量保护与提升行动，是保障粮食等重要农产品有效供给的重要措施

解决13多亿人口的吃饭问题，始终是治国理政的头等大事。中央明确要求构建新形势下国家粮食安全战略，鲜明的提出守住"谷物基本自给、口粮绝对安全"的战略底线。守住这个战略底线，前提是保证耕地数量的稳定，重点是实现耕地质量的提升。随着我国经济的发展和城镇化的快速推进，还将占用一些耕地。在此背景下，保障粮食等重要农产品有效供给，必须加快划定永久基本农田，做到永久保护、永续利用。同时，还必须加强高标准农田建设，大力提升耕地质量，切实做到"藏粮于地"。

（三）开展耕地质量保护与提升行动，是提升我国农业国际竞争力的现实选择

受农产品成本"地板"抬升和价格"天花板"限制的双重挤压，我国农业种植效益偏低的问题更加突出。与发达国家相比，我国农业的规模化、机械化水平较低，更主要的是基础地力偏低20~30个百分点，必然会增加用工和化肥等生产资料的投入，增加生产成本。加强耕地质量建设，能够提升基础地力，减少化肥等生产资料的不合理投入，实现节本增效、提质增效，提升我国农业的国际竞争力。

二、开展耕地质量保护与提升行动的总体思路、基本原则和行动目标

（一）总体思路

以保障国家粮食安全、农产品质量安全和农业生态安全为目标，落实最严格的耕地保护制度，树立耕地保护"量质并重"和"用养结合"理念，坚持生态为先、建设为重，以新建成的高标准农田、耕地退化污染重点区域和占补平衡补充耕地为重点，依靠科技进步，加大资金投入，推进工程、农艺、农机措施相结合，依托新型经营主体和社会化服务组织，构建耕地质量保护与提升长效机制，守住耕地数量和质量红线，奠定粮食和农业可持续发展的基础。

（二）基本原则

坚持量质并重、保护提升。在严格保护耕地数量的同时，更加注重耕地质量的建设和管理，推动各级政府落实"质量红线"要求，划定耕地质量保护的"硬杠杠"。

坚持因地制宜、综合施策。根据不同区域耕地质量现状，分析主要障碍因素，集成组装治理技术模式，因地制宜、综合施策，确保耕地质量保护与提升行动取得实效。

坚持突出重点、整体推进。与《全国高标准农田建设总体规划》等相衔接，以粮食主产区为重点，连片治理、建一片成一片。着眼长远，加强顶层设计，持之以恒推进耕地质量建设。

坚持政府引导、多方参与。创新耕地质量建设投入机制，发挥政府项目示范带动作用，充分调动农民、地方政府和企业积极性，形成全社会合力参与耕地质量保护的格局。

（三）行动目标

到2020年，全国耕地质量状况得到阶段性改善，耕地土壤酸化、盐渍化、养分失衡、耕层

变浅、重金属污染、白色污染等问题得到有效遏制，土壤生物群系逐步恢复。到2030年，全国耕地质量状况实现总体改善，对粮食生产和农业可持续发展的支撑能力明显提高。

1. 耕地质量水平持续提升。到2020年，全国耕地地力平均提高0.5个等级。其中，新建成的8亿亩高标准农田耕地地力平均提高1个等级以上。全国耕地土壤有机质含量平均提高0.2个百分点，耕作层厚度平均达到25厘米以上。

2. 有机肥资源利用水平持续提升。到2020年，畜禽粪便养分还田率达到60%、提高10个百分点；农作物秸秆养分还田率达到60%以上、提高25个百分点以上。

3. 科学施肥水平持续提升。到2020年，测土配方施肥技术覆盖率达到90%以上；肥料利用率达到40%以上，提高7个百分点以上，主要农作物化肥使用量实现零增长。

三、技术路径和区域重点

（一）技术路径

重点是"改、培、保、控"四字要领。"改"改良土壤。针对耕地土壤障碍因素，治理水土侵蚀，改良酸化、盐渍化土壤，改善土壤理化性状，改进耕作方式。"培"培肥地力。通过增施有机肥，实施秸秆还田，开展测土配方施肥，提高土壤有机质含量、平衡土壤养分，通过粮豆轮作套作、固氮肥田、种植绿肥，实现用地与养地结合，持续提升土壤肥力。"保"保水保肥。通过耕作层深松耕，打破犁底层，加深耕作层，推广保护性耕作，改善耕地理化性状，增强耕地保水保肥能力。"控"控污修复。控施化肥农药，减少不合理投入数量，阻控重金属和有机物污染，控制农膜残留。

（二）区域重点

根据我国主要土壤类型和耕地质量现状，突出粮食主产区和主要农作物优势产区，划分东北黑土区、华北及黄淮平原潮土区、长江中下游平原水稻土区、南方丘陵岗地红黄壤区、西北灌溉及黄土型旱作农业区等5大区域，结合区域农业生产特点，针对耕地质量突出问题，因地制宜开展耕地质量建设。

1. 东北黑土区。包括辽、吉、黑3省的大部和内蒙古东部部分地区，主要土壤类型是黑土、黑钙土、棕壤、暗棕壤、水稻土、风沙土及草甸土等。该区土地平整、集中连片、土壤肥沃，以一年一熟为主，是世界著名的"黑土带"和"黄金玉米带"，也是我国优质粳稻、玉米、高油大豆的重要产区。

该区耕地质量主要问题是黑土层变浅流失、耕层变薄、地力退化快、有机肥投入不足、有机质下降。主要治理措施是实施"三改一排"，改顺坡种植为机械起垄横向种植、改长坡种植为短坡种植、改自然漫流为筑沟导流，并在低洼易涝区修建条田化排水、截水排涝设施。开展"三建一还"，在城郊肥源集中区和规模化畜禽养殖场周边建有机肥工厂、在畜禽养殖集中区建设有机肥生产车间、在农村秸秆丰富和畜禽分散养殖区建设小型有机肥堆沤池（场），因地制宜开展秸秆粉碎深翻还田、秸秆免耕覆盖还田。同时，推广深松耕和水肥一体化技术，推行粮豆轮作、粮草（饲）轮作。

2. 华北及黄淮平原潮土区。包括京、津、冀、鲁、豫5省（市）的全部和苏、皖2省的北部部分地区，主要土壤类型是潮土、砂姜黑土、棕壤、褐土等。该区土地平坦，农业开发利用度高，以一年两熟或两年三熟为主，是我国优质小麦、玉米、苹果和蔬菜等优势农产品的重要产区。

该区耕地质量主要问题是耕层变浅，地下水超采，部分地区土壤盐渍化严重；淮河北部及黄河南部地区砂姜黑土易旱易涝，地力下降潜在风险大。主要治理措施是实施"两茬还田、两改一增"。"两茬还田"就是小麦秸秆粉碎覆盖还田、玉米秸秆粉碎翻压还田（即夏免耕秋深耕）。"两改一增"就是在地下水超采区改种低耗水作物，改地面漫灌为喷（滴）灌并应用水肥一体化等高效节水技术，在城郊肥源集中区和规模化畜禽养殖场周边建设有机肥工厂（车间），增施有机肥。

3. 长江中下游平原水稻土区。包括鄂、湘、赣、沪、苏、浙、皖等7省（市），主要土壤类型是水稻土、红壤、黄壤等。该区以一年两熟或三熟为主，是我国水稻、"双低"油菜、柑橘、茶叶和蔬菜的重要产区。

该区耕地质量主要问题是土壤酸化、潜育化，局部地区土壤重金属污染比较严重，保持健康土壤安全生产压力大。主要治理措施是实施"两治一控"，就是综合治酸、排水治潜、调酸控污。施用石灰和土壤调理剂改良酸化土壤、钝化重金属活性，建设农家肥堆沤池增施有机肥、秸秆还田和种植绿肥，完善排水设施防治稻田潜育化。

4. 南方丘陵岗地红黄壤区。包括闽、粤、桂、琼、渝、川、黔、滇等8省（区、市）的大部和赣、湘等2省的部分地区，主要土壤类型是水稻土、红壤、黄壤、紫色土、石灰岩土。该区以一年两熟或三熟为主，是我国重要的优质水稻、甘蔗、柑橘、脐橙、烤烟、蔬菜及亚热带水果产区。

该区耕地质量主要问题是稻田土壤酸化、潜育化，部分地区水田冷（地温低）、烂（深泥脚）、毒（硫化氢等有害气体）问题突出，山区耕地土层薄、地块小、砾石含量多、土壤有机质含量低，季节性干旱严重。主要治理措施是实施"综合治酸治潜"，通过半旱式栽培、完善田间排灌设施等措施促进土壤脱水增温、农田降渍排毒，施用石灰和土壤调理剂调酸控酸，增施有机肥、秸秆还田和种植绿肥，开展水田养护耕作、改善土壤理化性状。同时，在山区聚土改土加厚土层，修建水池水窖，种植地埂生物篱，推行等高种植，提高保水保肥能力。

5. 西北灌溉及黄土型旱作农业区。包括晋、陕、甘、宁、青、新、藏等7省（区）的大部分区域，主要土壤类型是黄绵土、灌耕土、灌淤土、潮土、风沙土及草甸土。该区以一年一熟或套作两熟为主，是我国小麦、玉米、薯类、棉花、小杂粮和优质水果的重要产区。

该区耕地质量主要问题是耕地贫瘠，土壤盐渍化、沙化和地膜残留污染严重，地力退化明显，土壤有机质含量低，保水保肥能力差，干旱缺水。主要治理措施是在灌溉农区实施"灌水压盐、滴灌节水、秸秆培肥、残膜回收"，完善排水系统，春秋灌溉排盐治理盐渍化，推广膜下滴灌等技术，开展秸秆堆沤和机械粉碎还田，改薄膜为厚膜、实现基本回收；在黄土型旱作区实施坡耕地梯田化，修建集雨蓄水窖，种植等高草带，推广玉米秸秆整秆覆盖还田、全膜双垄集雨沟播技术。

四、重点建设项目

（一）退化耕地综合治理

重点是东北黑土退化、南方土壤酸化（包括潜育化）和北方土壤盐渍化的综合治理。一是东北黑土退化综合治理。选择一批重点县（市），每县建设2个5万亩以上的集中连片示范区，因地制宜实施"三改一排"，"三建一还"重点治理内容。二是北方盐渍化耕地综合治理。在土壤pH值大于8.5或土壤盐分含量大于1克/公斤的灌溉地区，选择一批重点县（市），每县建设2个万亩以上的集中连片示范区，配套滴灌系统，实施秸秆还田、地膜覆盖、工程改碱压盐和耕作压盐。连续实施3年后轮换。三是南方酸化（潜育化）耕地综合治理。在土壤pH值小于5.5的耕地酸化和潜育化地区，选择一批重点县（市），每县建设5个万亩以上的集中连片示范区，施用石灰和土壤调理剂，开展秸秆还田或种植绿肥，潜育化耕地配套建设排水系统。连续实施3年后轮换。

（二）污染耕地阻控修复

重点是土壤重金属污染修复、化肥农药减量控污和白色（残膜）污染防控。一是土壤重金属污染阻控修复。在调查掌握南方水稻产区重金属污染类型和程度的基础上，选择一批重点县（市），每县建设2个万亩集中连片示范区，施用石灰和土壤调理剂调酸钝化重金属，开展秸秆还田或种植绿肥，因地制宜调整种植结构。连续实施3年后轮换。二是化肥农药减量控污。按照《到2020年化肥使用量零增长行动方案》和《到2020年农药使用量零增长行动方案》，选择一批重点县（市），每县建设10个5 000亩以上的集中连片示范区，调整化肥农药使用结构、改进施肥施药方式，建设有机肥厂（车间、堆沤池），推动有机肥（秸秆、绿肥）替代化肥，推广测土配方施肥、病虫害统防统治、绿色防控等技术。连续实施3年后轮换。三是白色（残膜）污染防控。在西北地区选择一批重点县（市、场），每县示范农用薄膜改厚膜10万亩以上，建设村、乡、县三级残膜回收站点。

（三）土壤肥力保护提升

重点是秸秆还田、增施有机肥、种植绿肥和深松整地。一是秸秆还田培肥。选择一批重点县（市、场），每县建设1个10万亩以上的集中连片示范区，配置大马力拖拉机及配套机具，支持开展秸秆还田（包括深翻和翻松旋轮耕）。连续实施3年后轮换。二是增施有机肥。选择一批重点县（市、场），每县建设5个万亩以上的种养结合示范区，建设畜禽粪污资源化利用基础设施，支持适度规模养殖场进行粪污处理；建设有机肥厂（车间、堆沤池），引导农民增施有机肥。三是种植绿肥。选择一批重点县（市、场），每县建设1个10万亩以上的集中连片示范区，配套建设1个1 000亩以上的绿肥种子基地。四是深松整地保水保肥。在东北和黄淮海等适宜地区，选择一批重点县（市、场），每县实施深松整地50万~100万亩以上。每3年开展一次。

（四）占用耕地耕作层土壤剥离利用

耕作层土壤是耕地的精华和不可再生的资源。会同国土部门选择一批重点省份，开展占用耕地耕作层土壤剥离利用试点，剥离后重点用于中低产田改造、高标准农田建设和土地复垦，以增加耕作层厚度、改善土壤结构。同时，将占用耕地耕作层土壤剥离利用纳入省级政府耕地保护责任目标和耕地占补平衡考核内容。

（五）耕地质量调查监测与评价

重点是建设耕地质量调查监测网络和耕地质量大数据平台，组织开展耕地质量调查与评价工作。一是建设耕地质量调查监测网络。根据土壤类型、作物布局、耕作制度、代表面积、管理水平、生态环境的差异，按照20万亩耕地设置1个监测控制点的标准，在全国建设1万个耕地质量长期定位监测控制点，开展耕地地力、土壤墒情和肥效监测。二是建设耕地质量大数据平台。建立国家级耕地质量数据中心和省级耕地质量数据中心，完善县域耕地资源管理信息系统，及时掌握耕地质量状况，为农业行政管理、政策制定、规划编制、区划调整和生产提供决策依据。三是开展耕地质量调查与评价。在县域耕地地力调查和评价的基础上，开展全国耕地质量调查与评价，对耕地立地条件、设施保障条件、土壤理化性状、生物群系、环境状况和耕地障碍因素进行全面调查，综合评价耕地质量等级，定期发布相关报告。

五、保障措施

（一）强化统筹协调

耕地质量保护与提升行动是一项系统、基础和长期工程，需要强化协调配合，形成合力，久久为功。农业部成立耕地质量保护与提升行动推进落实指导组，加强协调，搞好服务，保障各项措施落实。各省（区、市）农业部门也要成立相应机构，细化实施方案，落实项目资金，开展督导检查，保障行动有力有序开展。构建上下联动、多方协作的工作机制，重点实施区域要加强配合、相互交流、共同促进。

（二）强化责任落实

结合实施《粮食安全省长责任制考核办法》，严格落实耕地质量建设与管理责任，守住耕地质量红线。各级政府要采取有力措施，加大耕地质量建设投入，保护和提升耕地质量。各级农业部门要会同国土部门，认真做好占补平衡补充耕地质量验收，把好质量关。鼓励引导生产者，特别是新型经营主体采取用地养地结合的措施，保护耕地质量，提升农业可持续发展能力。

（三）强化科技支撑

发挥农业部耕地质量建设与管理专家指导组的作用，分区域、分土壤类型提出耕地质量建设和污染耕地治理的技术方案，开展指导服务，落实关键措施，提升耕地质量。组织科研、教学和推广单位开展协作，对一些重点区域开展联合攻关，攻克技术瓶颈，集成组装一批耕地质量保护与提升的技术模式。结合新型职业农民培训工程、农村实用人才带头人素质提升计划，提高种粮大户等新型经营主体耕地质量保护和科学施肥技术应用能力。

（四）强化政策扶持

落实好耕地保护与质量提升、测土配方施肥、旱作农业技术推广、湖南重金属污染耕地修复及农作物种植结构调整试点和东北黑土地保护利用试点等项目。各地要按照"取之于土、用之于土"的原则，积极争取财政等部门的支持，扩大耕地质量建设资金来源，增大资金规模。创新投入机制，发挥财政投入的杠杆作用，通过补贴、贴息等方式，撬动政策性金融资本投入，引导商业性经营资本进入，多方合力，加强耕地质量建设。

（五）强化法制保障

加快《耕地质量保护条例》和《肥料管理条例》立法进程，支持地方开展相关立法。制定"耕地质量调查监测与评价办法"和"耕地质量等级"国家标准，完善耕地质量标准体系，研究提出耕地质量红线划定方法，开展耕地质量保护延伸绩效考核试点。建立健全国家耕地质量调查监测体系，完善国家、省、市、县四级耕地质量调查监测网络，建立耕地质量大数据库。

（六）强化宣传引导

开展"耕地质量保护与提升"主题宣传活动，大力宣传耕地质量保护的重要意义，推广用地养地和科学施肥的典型经验和典型人物，营造全社会关心支持耕地质量保护与提升行动的良好氛围。积极参与联合国粮农组织"全球土壤伙伴关系"（GSP）行动，加强与国际社会在耕地质量保护政策、技术等领域的交流合作，积极推动"世界土壤日"和"国际土壤年"相关活动在我国开展。

来源：http://www.moa.gov.cn/zwllm/tzgg/tz/201511/t20151103_4887432.htm

16. 关于积极开发农业多种功能 大力促进休闲农业发展的通知

关于积极开发农业多种功能 大力促进休闲农业发展的通知
农加发〔2015〕5号

各省、自治区、直辖市及计划单列市农业（农牧、农村、经济）厅（局、委、办）、发展改革委、国土资源厅（局）、住房城乡建设厅（建委）、水利厅（局）、文化厅（局）、林业厅（局）、文物局、扶贫办，人民银行上海总部、各分行、营业管理部、省会（首府）城市中心支行、副省级城市中心支行，国家税务局、地方税务局，新疆生产建设兵团农业局、发展改革委、国土局、建设委、水利局、扶贫办：

为深入贯彻落实中央1号文件、《国务院办公厅关于加快转变农业发展方式的意见》（国办发〔2015〕59号）、《国务院办公厅关于进一步促进旅游投资和消费的若干意见》（国办发〔2015〕62号）等文件精神，进一步优化政策措施，开发农业多种功能，大力促进休闲农业发展，着力推进农村一二三产业融合，现就有关事项通知如下。

一、充分认识发展休闲农业的重要意义

休闲农业作为农村一二三产业发展的融合体，近年来发展迅猛，已成为一种新型产业形态和消费业态，在促进农业提质增效、带动农民就业增收、传承中华农耕文明、建设美丽乡村、推动城乡一体化发展方面发挥了重要作用。但因发展时间较短，也存在服务设施不足、经营主体融资不畅、基础设施建设滞后、人员素质亟待提升等问题，严重影响了产业的持续健康发展。

当前，我国经济发展进入新常态，农业和旅游发展进入新阶段。发展休闲农业，推进农村一二三产业融合发展，是在资源环境硬约束背景下加快转变农业发展方式、推进生态文明建设的战略要求；是在经济增速放缓背景下拓宽农民增收渠道、全面建设小康社会的战略选择；是在城镇化深入发展背景下打造农村经济"升级版"、培育国内消费新增长点、实现城乡经济社会一体化发展的战略举措；是在扶贫开发工作进入攻坚拔寨冲刺期背景下引入扶贫新兴业态、促进贫困地区贫困群众脱贫致富、确保2020年如期实现全面脱贫目标的战略措施。各地要充分认识休闲农业在助推农业强起来、农民富起来、农村美起来、建设美丽中国和美丽乡村中的重大作用，进一步提高思想认识，完善政策措施，加大工作力度，切实推动休闲农业的发展。

二、正确把握发展休闲农业的总体要求

要深入贯彻党中央、国务院的有关部署要求，紧紧围绕促进农业提质增效、农民就业增收、居民休闲消费的目标任务，以农耕文化为魂，以美丽田园为韵，以生态农业为基，以创新创造为径，以古朴村落为形，将休闲农业发展与现代农业、美丽乡村、生态文明、文化创意产业建设、农民创业创新融为一体，注重规范管理、内涵提升、公共服务、文化发掘和氛围营造，推动农村一二三产业的融合发展。

发展休闲农业要始终坚持以下原则：一是以农为本、促进增收。要以农业为基础，农村为载

体，突出农民的主体地位，科学构建农民利益分享机制，增强农民自主发展意识，激发农民创业创新活力，促进农民持续稳定增收，不能以办农家乐名义乱占农地搞高档度假村。二是多方融合、相互促进。休闲农业发展要与农耕文化传承、美丽田园建设、创意农业发展、传统村落传统民居保护、精准扶贫、林下经济开发、森林旅游、乡村旅游、新农村建设和新型城镇化等有机融合、相互促进、协调发展，推动城乡一体化发展。三是因地制宜、突出特色。要结合资源禀赋、人文历史、交通区位和产业特色，在适宜区域，因地制宜、突出特色、适度发展。四是规范管理、强化服务。要加大教育培训、宣传推介力度，文明出行、诚信经营、确保安全，制定规范标准，引导行业自律，实现管理规范化和服务标准化。五是政府引导、多方参与。要发挥市场配置资源的决定性作用，更好发挥政府在宏观指导、规范管理等方面的作用，调动各方积极性。六是保护环境、持续发展。要按照生态文明建设的要求，遵循开发与保护并举、生产与生态并重的理念，统筹考虑资源和环境承载能力，加大生态环境保护力度，实现经济、生态、社会效益全面可持续发展。

到2020年，要实现产业规模进一步扩大，接待人次和营业收入不断提升；布局优化、类型丰富、功能完善、特色明显的格局基本形成；社会效益明显提高，从事休闲农业的农民收入较快增长；发展质量明显提高，服务水平较大提升，可持续发展能力进一步增强，为城乡居民提供看得见山、望得见水、记得住乡愁的高品质休闲旅游体验。

三、进一步明确发展休闲农业的主要任务

（一）围绕优化布局，着力在丰富类型和融合集聚上实现重大提升

重点在大中城市周边、名胜景区周边、特色景观旅游名镇名村周边、依山傍水逐草自然生态区、少数民族地区和传统特色农区发展休闲农业，充分发挥各地区森林旅游、文化旅游、红色旅游等优势，促进休闲农业的多样化、个性化发展。支持农民发展农（林、牧、渔）家乐，鼓励发展以休闲农业为核心的一二三产业聚集村；鼓励在适宜区域发展以拓展农业功能、传承农耕文化为核心，兼顾度假体验的休闲农庄；鼓励建设具有科普、教育、示范以及传统农耕文化展示功能的休闲农园；支持各地建设美丽田园，提高农业综合效益。

（二）围绕丰富内涵，着力在文化传承和创意设计上实现重大提升

注重农村文化资源挖掘，强化休闲农业经营场所的创意设计，推进农业与文化、科技、生态、旅游的融合，提高农产品附加值，提升休闲农业的文化软实力和持续竞争力。按照"在发掘中保护、在利用中传承"的思路，加大对农业文化遗产价值的发掘，推动遗产地经济社会可持续发展。加强农村文化遗迹和传统村落、传统民居的保护，发展具有文化内涵的休闲乡村，加快乡土民俗文化的推广、保护和延续。

（三）围绕增收脱贫，着力在产业升级和利益共享上实现重大提升

发挥休闲农业在调结构、惠民生的集聚功能和平台作用，以农业发展、农民增收为出发点和落脚点，发展一批农家乐、小超市、小型采摘园等特色旅游到村到户项目，带动传统种养产业转型升级，促进农村经济发展和农民持续稳定增收。支持社会资本积极参与休闲农业发展，引导建立农民参与和利益共享机制，鼓励农民以承包土地入股等形式与企业进行合作，不断提高农民的资产性收益。探索农民自组织、自激励、自就业的创业模式，使休闲农业成为大众创业和农村剩余劳动力就地就业的重要渠道。

（四）围绕提档升级，着力在人员素质和设施改善上实现重大提升

加大休闲农业从业人员的培训，将休闲农业讲解员、导览员纳入职业技能培训体系，逐步推

动持证上岗制度。建立人才引进机制，充实一批规划设计、创意策划和市场营销人才，提高休闲农业设计水平。加快休闲农业经营场所的公共基础设施建设，积极兴建垃圾污水无害化处理等设施，改善休闲农业基地的种养条件。加强传统民居保护修缮，鼓励发展特色民宿，鼓励因地制宜兴建特色餐饮、住宿、购物、娱乐等配套服务设施，满足消费者多样化的需求。

（五）围绕有序发展，着力在规范管理和生态保护上实现重大提升

加大休闲农业行业标准的制定和宣贯力度，指导各地分层次制定相关标准，逐步推进管理规范化和服务标准化，促进休闲农业规范有序发展；引导各休闲农业经营主体树立开发与保护并举的理念，在统筹考虑资源和环境承载能力的情况下，加大生态环境保护力度，走资源节约型和环境友好型的发展道路，实现经济效益、生态效益、社会效益协调发展。

（六）围绕品牌培育，着力在典型示范和氛围营造上实现重大提升

鼓励休闲农业经营主体通过要素流动、资本重组和品牌整合，培育一批叫得响、传得开、留得住的知名品牌。继续开展中国最美休闲乡村推介、中国美丽田园推介、全国休闲农业星级评定、特色景观旅游名镇名村示范等品牌培育工程，打造一批有影响的休闲农业知名品牌。鼓励各地开展休闲农业特色村、星级户、精品线路等创建与推介活动，培育各具特色的地方品牌。

四、完善落实促进休闲农业发展的政策措施

（一）明确用地政策

在实行最严格的耕地保护制度的前提下，对农民就业增收带动作用大、发展前景好的休闲农业项目用地，各地要将其列入土地利用总体规划和年度计划优先安排。支持农民发展农家乐，闲置宅基地整理结余的建设用地可用于休闲农业。鼓励利用村内的集体建设用地发展休闲农业，支持有条件的农村开展城乡建设用地增减挂钩试点，发展休闲农业。鼓励利用"四荒地"（荒山、荒沟、荒丘、荒滩）发展休闲农业，对中西部少数民族地区和集中连片特困地区利用"四荒地"发展休闲农业，其建设用地指标给予倾斜。加快制定乡村居民利用自有住宅或者其他条件依法从事旅游经营的管理办法。

（二）加大财税支持

各地要认真推动现有扶持政策的落实。要将中央有关乡村建设资金适当向休闲农业集聚区倾斜。鼓励各地加大对休闲农业创业发展和基础设施建设的支持力度，带动大众创业、万众创新，扶持本地休闲农业做大做强。加强休闲农业经营场所的游客综合服务中心、公共卫生间、停车场、垃圾污水处理、餐饮住宿的洗涤消毒设施、农事景观观光道路、休闲辅助设施、特色民宿、乡村民俗展览馆和演艺场所、信息网络等基础设施建设，扶持一批休闲农业聚集村。撬动社会资本，推动休闲农业产业的提档升级。落实税收优惠政策，从事休闲农业的经营主体符合税收优惠条件的，可享受有关税收优惠。要切实落实国务院关于减轻企业负担的各项规定。有条件的地方，休闲农业用水用电享受农业收费标准。

（三）拓宽融资渠道

鼓励担保机构加大对休闲农业的服务力度，搭建银企对接平台，帮助经营主体解决融资难题。银行业金融机构要积极采取多种信贷模式和服务方式，拓宽抵押担保物范围，在符合条件的地区稳妥开展承包土地的经营权、集体林权等农村产权抵押贷款业务，加大对休闲农业的信贷支持。探索休闲农业多元化投融资机制，鼓励符合条件的休闲农业企业上市。探索新型融资模式，鼓励利用PPP模式、众筹模式、互联网+模式、发行私募债券等方式，加大对休闲农业的金融支

持。通过协调利用扶贫小额贴息贷款、加强有针对性的培训等，引导建档立卡贫困户积极参与项目开发；探索以旅游资源、扶贫资金等入股方式，使贫困群众在项目发展中获得资产性收益。

（四）加大公共服务

增强线上线下营销能力，鼓励社会资本参与休闲农业宣传推介平台建设，加快构建网络营销、网络预订和网上支付等公共服务平台，全面提升行业的信息化水平。强化行业运行监测分析，构建完善的休闲农业监测统计制度。支持建设休闲农业聚集区域的公共交通体系，加强生态停车场、道路、观光巴士等公共服务设施配套。对休闲农业管理人员、经营人员、从业人员组织多种形式的培训，提升人才素质，为产业发展提供人才储备。制定并发布全国休闲农业统一标识，并推广使用。鼓励各地根据实际情况制定地方行业标准，推动本地休闲农业规范有序发展。鼓励各地利用多种模式开展公益性宣传推介，扩大休闲农业的影响力。

五、切实加强对休闲农业工作的组织领导

（一）摆上重要位置

各地要从战略和全局的高度深化对发展休闲农业的认识，将休闲农业纳入当地国民经济和社会发展规划，出台具体的政策措施，支持休闲农业发展。要充实工作力量，加强干部人才队伍建设，理顺职责关系，建立高效的管理体系。要认真履行规划指导、监督管理、协调服务的职责，组织拟定发展战略、政策、规划、计划并指导实施，切实提高推动休闲农业科学发展的能力。

（二）明确任务分工

各相关部门要结合实际情况，支持休闲农业的发展。农业部门负责牵头落实本地休闲农业发展工作，加强与旅游等部门的协调配合，指导产业的整体发展，并做好宣传推广工作。发展改革部门负责统筹安排现有渠道资金对休闲农业给予支持。财政和税务部门负责在现有政策范围内落实财税支持政策。国土部门负责落实休闲农业用地政策。住房城乡建设部门负责指导村庄的规划设计建设、农村危房改造、特色景观旅游名镇名村、传统村落和民居保护等。水利部门负责河湖自然生态资源保护工作，并指导水利风景区建设发展。文化部门和文物部门负责指导乡村文化和文物的挖掘保护和传承利用工作。林业部门负责指导森林、湿地等自然资源的保护与开发利用。扶贫部门要按照精准扶贫的要求，加大整村推进工作力度，支持有条件的建档立卡贫困村积极发展休闲农业。人民银行等金融部门负责金融政策落实工作。

（三）推进典型示范

各地要结合当地实际，组织开展休闲农业示范创建工作，探索发展模式，树立发展典型，充分发挥示范引领作用。重点围绕休闲农业发展的新模式、农民与工商资本在发展休闲农业过程中探索的利益联结新机制、一二三产业融合发展的新业态、农耕文明传承的新方式等，加大经验总结，形成可复制、可借鉴、可推广的典型，以喜闻乐见的形式加强宣传推介，充分调动各方参与休闲农业发展的积极性，营造休闲农业发展的良好环境。

农业部　国家发展改革委　国土资源部　住房城乡建设部　水利部　文化部
中国人民银行　税务总局　林业局　文物局　国务院扶贫办
2015 年 8 月 18 日

来源：http://www.moa.gov.cn/zwllm/tzgg/tz/201509/t20150918_4834255.htm

17. 农业部 中国邮政储蓄银行关于邮政储蓄资金支持现代农业示范区建设的意见

农业部 中国邮政储蓄银行关于邮政储蓄资金支持现代农业示范区建设的意见

各省、自治区、直辖市、计划单列市农业厅（委、局），新疆生产建设兵团农业局，黑龙江省、广东省农垦总局，中国邮政储蓄银行各分支行：

现代农业示范区（以下简称示范区）是探索中国特色新型农业现代化道路的重要载体，邮政储蓄银行是服务"三农"的重要力量。为深入贯彻落实 2014 年中央 1 号文件和国务院关于金融服务"三农"发展的有关部署，发挥示范区引领农村金融创新的作用，推动邮政储蓄银行加大示范区建设支持力度、创新服务"三农"模式，现提出以下意见。

一、明确思路与目标

（一）指导思想

坚持"政府引导、市场运作、协同配合、务求实效"的原则，按照"聚合力、谋创新、出成效"的总体要求，发挥农业部门组织协调优势和邮政储蓄银行资金网点优势，以示范区为双方合作的主平台，围绕壮大农业主导产业，瞄准家庭农场、专业大户、农民合作社和农业产业化龙头企业等新型农业经营主体，加大信贷投放、创新融资模式、提升金融服务，着力破解农业经营规模小、融资难、风险大等制约瓶颈，为示范区率先实现农业现代化提供有力的金融支持，为邮政储蓄银行拓展农村金融业务积累经验、探索路径。

（二）工作目标

力争到 2020 年，邮政储蓄银行对国家现代农业示范区的涉农贷款余额达到 2 000 亿元，涉农业务范围有效扩大，探索形成一系列符合需求、特色化的农业金融产品，一批可推广、可复制的农业融资模式；示范区融资难问题得到有效缓解、融资服务水平明显提升，示范区建设的内生动力明显增强，基本建立起适应适度规模经营发展的农业金融服务体系，农业生产经营集约化、专业化、组织化、社会化水平大幅提高。

二、突出支持重点

将家庭农场、专业大户、农民合作社、农业产业化龙头企业等新型农业经营主体作为重点支持对象，将发展高效生态农业产业基地作为重点支持方向，以产业链中的龙头企业为中心，促进农业产加销、贸工农一体化发展。

（一）高效生态粮棉油产业基地

支持示范区依托现有产业基础，建设吨粮田、高产棉田，重点加强高标准农田建设，提高农作物耕种收综合机械化水平，推进良田、良种、良法、良机、良制集成配套，推广节水、节药、节肥等资源节约型和环境友好型农业技术,强化秸秆还田、深松整地、增施有机肥、种植绿肥、全膜双垄沟播等措施,打造稳产高产高效生态的粮棉油产业基地。

(二) 高效生态特色产业园区

支持示范区选择优势特色产业相对集中的区域,建设规划合理、要素集聚、技术先进、产品优质、效益明显的特色产业园区,重点完善农业基础设施,改善农机装备条件,发展设施农业,推广农牧结合、农林结合、林牧结合、农渔结合、能量循环养殖等新型种养模式,打造生态循环农业的示范样板。

(三) 高效生态规模化养殖场

支持示范区按照规模适度、设施完备、养殖规范、疫病净化、控污减排的要求,建设与环境承载能力相适应的标准化规模养殖场、家庭牧场,重点完善规模化养殖小区、标准化养殖池塘等基础设施,发展立体养殖,集成应用生态友好型养殖技术,全面实施病死畜禽无害化处理,资源化利用畜禽养殖场粪便和污水,促进养殖业发展方式转变。

(四) 高效生态农业产业化集群

支持示范区依托优势农产品生产基地,建设农产品加工和物流园区,推进农业产业化龙头企业集群集聚。重点提升农产品生产基地建设水平,完善储藏、保鲜、分级、加工、包装及节能环保等设施条件,开展原料采购;建设批发市场和物流园区,完善质量检测、电子商务、仓储、冷链配送等设施设备条件,提升种子、化肥、农药、农机装备、饲料等农业企业的生产和营销能力,构建农产品高效流通体系。引导农业产业化龙头企业向示范区集中,创建农业产业化示范基地,发挥集群集聚效应,带动主导产业发展和优化升级。

(五) 高效生态休闲观光产业带

支持示范区加快生态旅游综合开发,扩大推介引导、开发服务项目、增添特色品种、提高服务质量,做大做强做优农家乐服务业。立足特色抓亮点打造,形成农业观光型、休闲度假型、民俗文化型和美味佳肴型的板块化、品牌化发展模式;结合地域优势,因地制宜开辟采摘园、菜园、垂钓园等农事体验区,以农事体验为核心,以聚集旅游要素为目的,着力打造农家乐集群。

三、优化支持环境,创新支持方式

各示范区和邮政储蓄银行分支机构要合力优化农业金融服务生态环境,创新农业金融产品,改善农业金融服务,加快建立既符合农业适度规模经营发展需求、又符合监管要求和邮政储蓄银行特点的农业融资模式。

(一) 完善农业信用评定体系,提高信用贷款保障力度

示范区应与邮政储蓄银行分支机构合作建立新型农业经营主体信用等级评定体系,拟定评定条件、标准与程序。邮政储蓄银行各分支机构应会同示范区建立健全农业信用等级授信体系,建立信用奖惩制度,根据信用等级实行贷款优惠、确定授信额度,贷款规模优先保障诚信新型农业经营主体信贷需求,提高新型农业经营主体贷款满足率,提升示范区客户群体的信用等级。

(二) 建立农业资产评估体系,创新农业抵押担保方式

示范区应会同邮政储蓄银行各分支机构建立农业发展资产评估体系,重点对农业设施设备、土地承包经营权、农产品品牌等资产价值进行评估,完善农业资产抵押登记、管理处置规定。邮政储蓄银行各分支机构应根据农业资产评估价值合理确定贷款额度、利率及期限,会同示范区积极推进林权、土地和草原承包经营权、农业机械、蔬菜大棚、厂房、水域滩涂使用权、大宗农产

品库存、应收账款、农业知识产权等抵押贷款，大额订单、仓单、保单等质押贷款以及涉农信贷与涉农保险的合作，稳妥推进农民住房财产权抵押贷款，推动农业贷款抵押担保方式创新。

（三）健全农业融资性担保机构，创新与融资担保机构的合作模式

各示范区应积极组建政府出资为主、重点开展涉农担保业务的县域融资性担保机构或担保基金，引导支持其他融资性担保机构为农业生产经营主体提供融资担保服务，增强示范区融资能力。邮政储蓄银行各分支机构应深化与示范区农业担保公司的合作，支持担保公司提升规范运作水平和风险防控能力，通过搭建银担平台，提高营销效率和"三农"金融服务水平。

四、健全支持体系

（一）建立合作机制

示范区和邮政储蓄分支机构应建立合作开展新型农业经营主体信用评定、贷款条件审核、抵押质押资产评估和处置的体制机制，支持邮政储蓄银行瞄准示范区现代农业发展重点领域、关键环节，加大信贷投放力度，实现农业融资供给与需求的有效对接。示范区可将建立的新型农业经营主体名录与邮储银行系统基础信息交换与共享，提高信贷支持经营主体的精确性、实效性。

（二）完善保险体系

示范区应积极健全农业风险防范体系，促进政策性保险健康发展，支持新型农业经营主体提高风险防范能力。着力提升主要保险品种保险保障水平，提高补贴比例和单位保额，提升赔偿标准。着力加大特色农业保险推进力度，增加特色农业保险品种。着力提升保险服务水平，引导保险机构对规模以上家庭农场等新型农业经营主体实行单独投保、单独理赔，缩短理赔周期，提高投保和理赔效率。

（三）改进服务工作

鼓励邮政储蓄银行各分支机构简化农业贷款审贷流程，建立集中受理、审核、放贷的快速通道；根据农业特点合理确定额度、期限、利率等贷款要素，对农业贷款给予优惠政策。针对不同新型农业经营主体贷款需求设计差异化的金融产品，开展合作社贷款、家庭农场贷款、"公司+农户"贷款等贷款产品，并提供综合性金融服务。

（四）推进信息公开

示范区、邮政储蓄银行分支机构应通过政府网络、电视、报刊、公告栏及其他便于公众知晓的方式，公开邮政储蓄银行金融服务农业的管理规定及贷款对象、额度、期限、利率、用途等信息，接受社会监督。

（五）加大投入支持

示范区应创新农业投入方式，通过以奖代补、先建后补、财政贴息等方式，支持和引导金融和社会资金加大农业投入，推动财政资金、社会和金融资金的有机融合。建立贷款风险共担机制，鼓励邮政储蓄银行增加涉农贷款规模。

五、加强组织领导

省级农业主管部门和邮政储蓄银行一级分行要将合作支持示范区建设作为重要工作列入议事日程，建立联席工作机制，加强工作指导，推进合作顺利开展。邮政储蓄银行一级分行要指定部门、人员，具体负责相关工作的组织实施。

各示范区应在已成立的国家现代农业示范区建设领导小组中增加邮政储蓄银行分支机构、金

融监管机构等有关人员，下设金融合作办公室，负责推动落实重要合作事项、协调解决重大问题，研究拟定贯彻落实本意见的具体方案和管理规定，统筹支持示范区建设的各项工作，形成合力推进现代农业发展的良好氛围。

农业部　中国邮政储蓄银行
2014 年 9 月 22 日

来源：http：//www.moa.gov.cn/zwllm/tzgg/tz/201409/t20140925_ 4065626.htm

18. 关于引导和促进农民合作社规范发展的意见

关于引导和促进农民合作社规范发展的意见
农经发〔2014〕7 号

各省、自治区、直辖市、计划单列市、新疆生产建设兵团农业（农牧、农村经济）厅（委、办、局），发展改革委，财政厅（局），水利厅（局），国家税务局、地方税务局，工商行政管理局，市场监督管理部门，林业厅（局），各银监局，供销合作社：

近年来，农民合作社快速发展，在建设现代农业、促进农民增收、建设社会主义新农村中发挥了重要作用。但在发展中，一些地方重数量、轻质量，一些合作社有名无实、流于形式，制约了农民合作社功能作用的充分发挥。因此，当前和今后一个时期，应把加强农民合作社规范化建设摆在更加突出的位置，采取切实有效措施，提高农民合作社发展质量。为贯彻落实《中共中央国务院关于全面深化农村改革加快推进农业现代化的若干意见》（中发〔2014〕1 号）精神，现就引导和促进农民合作社规范发展提出以下意见。

一、引导和促进农民合作社规范发展意义重大

1. 引导和促进农民合作社规范发展是加快构建新型农业经营体系、推进农业现代化的重要举措。要构建以农户家庭经营为基础、合作与联合为纽带、社会化服务为支撑的立体式复合型现代农业经营体系，就必须筑牢农民合作与联合的组织载体。引导农民合作社加强制度建设，强基固本，提高发展质量，为农户提供低成本便利化服务，紧密联结农业生产经营各环节各主体，为建设现代农业提供坚实的组织支撑。

2. 引导和促进农民合作社规范发展是维护成员合法权益、增强农民合作社发展内生动力的客观要求。农民合作社作为农民群众自愿联合的互助性经济组织，其生命力关键取决于能否让农民持续受益。只有引导农民合作社健全规章制度，严格依法办社依章办事，才能维护好成员权益，切实增强农民合作社的吸引力、凝聚力和向心力，实现农民合作社持续健康发展。

3. 引导和促进农民合作社规范发展是承接国家涉农项目、创新财政支农方式的重要基础。将农民合作社作为国家涉农项目的重要承担主体，既是国际的成功经验，也是我国创新财政支农方式、提高财政支农效率的改革方向。引导农民合作社建立完善的运行机制，真正实现民办民管民受益，吸引更多的农民加入农民合作社，为实施国家涉农项目、创新财政支农方式做实组织载体，确保农民群众从中受益。

二、引导和促进农民合作社规范发展的总体思路、基本原则和主要目标

4. 总体思路。全面贯彻落实党的十八大和十八届三中全会精神，按照"服务农民、进退自由、权利平等、管理民主"的要求，以构建新型农业经营体系为主线，以促进农业稳定发展和农民持续增收为目标，坚持发展与规范并举、数量与质量并重，健全规章制度，完善运行机制，加强民主管理，强化指导扶持服务，注重示范带动，不断增强农民合作社经济实力、发展活力和带动能力，使之成为引领农民参与国内外市场竞争的现代农业经营组织。

5. 基本原则

——坚持农民主体地位。尊重农民的主体地位和首创精神，以服务成员为宗旨，坚持成员地位平等，实行民主管理、民主监督，使全体成员共同受益。

——坚持分类指导。因地制宜、因社施策、循序渐进，根据不同产业、不同类型采取差别化的政策措施，增强指导的针对性和有效性。

——坚持典型示范。树立一批规范运行的先进典型，充分发挥其示范带动作用，提升农民合作社发展质量。

——坚持市场引导与政府监督相结合。在充分发挥市场配置资源决定性作用的基础上，强化政府对法律法规政策落实的督促检查，促进农民合作社规范治理、信用自治、有效运行。

6. 主要目标。经过5年的努力，农民合作社规模扩大、成员数量增加，运行管理制度比较健全，组织机构运转有效，民主管理水平不断提高，产权归属清晰，财务社务管理公开透明，服务能力和带动效应明显增强，成员权益得到切实保障，发展质量显著提升。力争有70%以上的农民合作社建立完备的成员账户、实行社务公开、依法进行盈余分配，县级以上示范社超过20万家。

三、引导和促进农民合作社规范发展的主要任务

7. 发挥章程的规范作用。章程是决定农民合作社发展方向的根本制度，是农民合作社运行管理的基本遵循。指导农民合作社参照示范章程，制定符合自身特点的章程。农民合作社要根据生产经营活动和自身发展变化及时修改完善章程。章程一经法定程序通过，必须严格执行。

8. 依法登记注册。依法登记注册是农民专业合作社取得法人资格的前提。申请设立农民专业合作社，应当按照农民专业合作社法律法规规定，如实向工商部门提交章程、全体成员名册、成员出资清单等文件。工商部门应依法对农民专业合作社所有成员予以备案，并在企业信用信息公示系统公示相关登记信息及备案信息。农民专业合作社因法定事由发生变化，须及时向工商部门申请变更或备案。农民专业合作社联合社的登记，应按照《工商总局农业部关于进一步做好农民专业合作社登记与相关管理工作的意见》办理。

9. 实行年度报告制度。农民专业合作社要通过企业信用信息公示系统定期向工商部门报送年度报告。有关部门根据年报公示信息，加强对农民专业合作社的监督管理和配套服务，对没有按时报送信息或在年报中弄虚作假的农民专业合作社，列入经营异常名录，并不得纳入示范社评定和政策扶持范围。

10. 明晰产权关系。农民合作社应明确各类资产的权属关系。村集体经济组织、企事业单位、种养大户等领办农民合作社的，应严格区分其与农民合作社之间的产权。农民合作社公积金、财政补助资金形成的财产、捐赠财产应依法量化到每个成员。成员以其账户内记载的出资额和公积金份额为限对农民合作社承担责任。财政补助形成的资产转交农民合作社持有和管护的，

应明确资产权属,建立健全管护机制。农民合作社接受国家财政直接补助形成的财产,在解散、破产清算时,不得作为可分配剩余资产分配给成员。

11. 完善协调运转的组织机构。农民合作社要依法建立成员(代表)大会、理事会、监事会等组织机构。各组织机构要切实履行职责,密切协调配合。成员(代表)大会是农民合作社的最高权力机构,每年至少召开一次,决策部署本社重大事项,选举和表决实行一人一票制加附加表决权。理事会是执行机构,负责落实成员(代表)大会决定,管理日常事务。监事会是监督机构,代表全体成员监督理事会的工作。理事会和监事会会议的表决,实行一人一票。规范经理选聘程序和要求,明确经理工作职责。理事长、理事、经理和财务会计人员不得兼任监事。

12. 健全财务管理制度。指导农民合作社认真执行农民专业合作社财务会计制度,配备会计人员或将农民合作社财务进行委托代理,设置会计账簿,规范会计核算,并及时向登记机关和农村经营管理部门报送会计报表,并抄报有关行业主管部门。从事会计工作的人员,必须取得会计从业资格证书,会计与出纳互不兼任。理事长、监事会成员及其直系亲属、执行与农民合作社业务有关公务的人员,不得担任农民合作社的财务会计人员。

13. 建立成员账户和管理档案。农民合作社应为每个成员建立成员账户,准确记载成员出资额、公积金量化份额、与农民合作社交易量(额)等内容。加强档案管理,建立符合自身产业特点、行业要求的基础台账,包括成立登记、年度计划、规章制度、会议记录(纪要)以及产品加工、收购、购销合同等文书档案,会计凭证、账簿、成员盈余分配等会计档案以及其他档案。

14. 收益分配公平合理。收益分配事关农民合作社成员的切身利益。农民合作社应按照法律和章程制订盈余分配方案,经成员(代表)大会批准实施。可分配盈余中,按成员与农民合作社的交易量(额)比例返还的总额不得低于可分配盈余的60%;剩余部分依据成员账户中出资额、公积金份额、财政补助和社会捐赠形成的财产平均量化的份额,按比例进行分配。农民合作社可以由章程或成员(代表)大会决定,对成员为农民合作社提供管理、技术、信息、商标使用许可等服务或作出的其他突出贡献,给予一定报酬或奖励,在提取可分配盈余之前列支。农民合作社可以从当年盈余中提取公积金、公益金和风险金。农民合作社不得将成员作为牟利对象,其与成员和非成员的交易应当分别核算。

15. 定期公开社务。指导农民合作社建立社务公开制度,法律章程要求公开的必须向成员如实公开,逐步实现公开事项、方式、时间、地点的制度化。理事会须依法编制年度业务报告、盈余分配方案、亏损处理方案以及财务会计报告,于成员(代表)大会召开的十五日前,置备于办公地点,供成员查阅。执行监事或者监事会负责对农民合作社年度业务报告和财务会计报告进行内部审计,农民合作社也可委托审计机构进行财务审计,审计结果须向成员(代表)大会报告。

16. 坚持诚信经营。农民合作社要守法经营,重合同、守信用。强化产品质量安全,大力推行农业标准化、清洁化生产,积极推广使用节地、节水、节肥、节药等技术措施,控肥、控药、控添加剂,指导成员建立生产记录制度。实行农产品质量标识制度,积极开展"三品一标"认证、森林产品认证,建立健全农产品质量可追溯体系。开展种养殖废弃物利用和无害化处理,防止环境污染。加强合作文化建设,弘扬互助协作、扶贫济困、团结友爱传统美德,营造良好的乡风民风社风。

17. 稳妥开展信用合作。农民合作社开展信用合作,必须经有关部门批准,坚持社员制封闭性、促进产业发展、对内不对外、吸股不吸储、分红不分息的原则,严禁对外吸储放贷,严禁高息揽储。农民合作社要对信用合作业务进行单独核算，建立健全内部管理制度。各地要落实对农民合作社开展信用合作的监管责任，加强风险防控；对违反信用合作基本要求涉嫌非法集资的，依法进行处理和集中清理，对涉嫌严重违法的，移交司法机关追究法律责任；未落实监管责任、明确监管部门、建立监管制度的，停止审批。

18. 推进信息化建设。农民合作社应加强信息设备条件建设，利用物联网等现代信息技术开展生产经营、技术培训、财务社务管理，积极发展电子商务，努力实现财务会计电算化、社务管理数字化、产品营销网络化。鼓励农民合作社建立网站、短信平台，发布生产技术、市场信息，公布重大事项和日常运行情况，探索运用短信、网络等方式进行民主决策。

四、充分发挥政策导向作用，促进农民合作社规范发展

19. 加强政策引导。进一步完善财政、税收、金融等支持政策，加大扶持力度，拓宽扶持渠道，改进扶持方式，提高扶持效益，真正把运行规范的农民合作社作为政策扶持重点。要高度重视发挥政策的激励和导向作用，通过政策扶持，引导农民合作社加强制度建设，完善民主管理，增强服务意识，提升发展质量，让广大农民成员真正受益。

20. 加大财政税收扶持。各级财政要增加农民合作社发展资金，支持农民合作社开展信息、技术、培训、市场营销、基础设施建设等服务。新增农（林）业补贴要向农民合作社倾斜，允许财政项目资金直接投向符合条件的农民合作社，允许财政补助形成的资产转交农民合作社持有和管护，抓紧建立规范透明的管理制度。扩大农村土地整理、农业综合开发、农田水利建设、农技推广等涉农（林）项目由农民合作社承担的规模。落实和完善农民合作社税收优惠政策，支持农民合作社发展农产品生产加工流通。

21. 创新金融保险服务。把农民合作社纳入银行业金融机构信用评定范围，对信用等级较高的农民合作社在同等条件下实行贷款优先等正向激励措施，对于符合条件的农民合作社及其成员进行综合授信；鼓励地方政府和民间出资设立融资性担保公司，为农民合作社提供贷款担保服务；有条件的地方，对农民合作社贷款给予贴息。创新适合农民合作社生产经营特点的保险产品和服务。

22. 给予用地用水用电支持。农民合作社生产设施用地和附属设施用地按农用地管理，在国家年度建设用地指标中单列一定比例专门用于农民合作社等新型农业经营主体建设配套辅助设施。农民合作社从事种植、养殖的用水用电及本社成员农产品初加工用电执行农业生产相关价格。

五、强化指导服务，健全推进农民合作社持续健康发展的工作机制

23. 加强组织领导。全国农民合作社发展部际联席会议成员单位要充分发挥职能作用，密切协调配合，合力推进农民合作社规范化建设，全面提升农民合作社发展质量和水平。各地要建立相应的工作机制，明确和落实农业、发改、财政、水利、税务、工商、林业、银监、供销等部门和单位的职责，采取有效措施，强化指导服务，抓好督促检查，深入调查研究，加强形势研判。推进农民合作社辅导员队伍建设，建立多层次的指导服务体系。

24. 突出示范引领。深入推进示范社建设行动，积极开展示范社评定，建立示范社名录，实行示范社动态监测，引导带动农民合作社规范发展。认真总结推广各地依法办社的先进典型和经验做法，树立一批可学可比的标杆和样板，营造规范办社、比学赶超、争创先进的良好氛围。

25. 注重人才培养。坚持内部培养与外部引进相结合，加强农民合作社人才队伍建设。要分

级建立农民合作社带头人人才库,把农民合作社人才纳入现代农业人才支撑计划、新型职业农民培育工程等项目,依托农民合作社人才培养实训基地,大规模开展理事长、经营管理人员、财会人员培训。建立人才引进机制,制定优惠政策,鼓励农技人员、农村能人等领头创办农民合作社,支持高校毕业生到农民合作社工作,引导农民合作社聘请职业经理人,不断提升农民合作社经营管理水平。

各级农业、发改、财政、水利、税务、工商、林业、银监、供销等部门和单位要认真贯彻落实本意见精神,及时向全国农民合作社发展部际联席会议办公室反馈有关情况。

农业部 国家发展和改革委员会 财政部 水利部
国家税务总局 国家工商行政管理总局
国家林业局 中国银行业监督管理委员会
中华全国供销合作总社
2014 年 8 月 27 日

来源:http://www.moa.gov.cn/sjzz/jgs/zcfg/zyhz/201409/t20140916_4056437.htm

19. 农业部办公厅 财政部办公厅关于做好 2014 年耕地保护与质量提升工作的通知

农业部办公厅 财政部办公厅关于做好 2014 年耕地保护与质量提升工作的通知

为贯彻落实中央经济工作会议、中央农村工作会议和中央 1 号文件精神,中央财政安排农业资源及生态保护补助资金,支持开展耕地保护与质量提升工作。为确保政策落到实处,提高资金使用效益,现将有关事项通知如下。

一、突出重点任务,推广适宜技术模式

各省(区、市)要结合本地实际,大力推广以秸秆还田为主的耕地质量提升综合技术模式。采取秸秆腐熟还田、粉碎还田等综合技术模式,要优先选择在茬口紧、机场周边、高速公路、铁路沿线等粮食播种面积大、秸秆禁烧压力大的区域实施,原则上项目县粮食作物播种面积不少于 30 万亩,具备年实施秸秆还田面积 10 万亩以上的条件。在秸秆还田的基础上,各地要合理利用有机肥资源,充分利用南方冬闲田和北方秋闲田种植绿肥,并在畜禽粪便等有机肥源充足地区,积极引导和鼓励粮食作物增施有机肥,实现消纳畜禽粪便等有机废弃物。在部分南方耕地土壤严重酸化和北方耕地土壤严重盐碱化地区,可结合秸秆还田,配套实施增施有机肥及土壤调酸、调碱等改良培肥综合技术模式,改善土壤理化性状,促进耕地质量稳步提高。

二、创新工作机制,明确项目任务和要求

各省(区、市)要按照"实施条件与项目要求符合,资金与工作任务匹配"的原则,筛选

确定 2014 年耕地保护与质量提升补助项目县，并根据农作物种植面积、种植制度和工作基础，参照农业部制定的《耕地保护与质量提升技术模式概要》，确定适宜的技术模式和补助标准，采用物化补助或购买服务等方式，推广以秸秆还田为主的耕地质量提升综合技术模式，突出集中连片实施，原则上每个项目县补助资金不少于 80 万元。在项目实施中，优先选择种植大户、家庭农场和农民合作社等新型农业经营主体承担项目任务，由有条件、诚信度高的专业服务组织实施，原则上要以村为单位组织实施技术措施。

三、强化监督管理，确保项目取得实效

（一）加强组织管理

各级农业部门要会同财政部门加强组织领导，建立健全工作机制，确保中央财政补助资金专账管理、专款专用。各省（区、市）要与项目县签订任务合同，明确目标任务、技术指标、补助物资质量标准与发放程序、资金管理以及奖惩措施等。

（二）规范项目实施

各省（区、市）农业部门要会同财政部门，编制本区域耕地保护与质量提升补助项目总体实施方案，连同资金任务汇总表（详见附件）于 2014 年 8 月 30 日前报送农业部和财政部备案（资金任务汇总表以 EXCEL 格式发至 cetushifei@163.com），并于 2014 年 12 月 5 日前报送项目实施情况总结，黑龙江省农垦总局和广东省农垦总局通过农业部农垦局报送。项目县农业部门要按照省级项目实施方案，确定具体实施区域、技术模式、实施面积、补助数量和补助物资发放程序；组织乡镇农技推广机构对企业供应的补助物资进行核实、发放、登记造册，建立项目档案，并以村为单位实行公示，公示以照片的形式存档；开展技术指导服务，指导农民科学合理使用补助物资。

（三）严格招标采购

采用物化补助的，由省级农业、财政部门确定招标采购方式，每类产品中标企业应在 2 家以上，招标结束后将中标企业和补助物资名册报农业部备案。各项目县要与供货企业签订供货及服务合同，报省级农业部门备案，并对使用的招标采购物资进行抽样封存。省级农业部门对封样组织随机抽查，发现质量不合格的，要及时反馈情况并报农业部。生产不合格产品的企业 3 年内不得参与项目补助物资招标。

（四）强化监督检查

省级农业、财政部门要对项目执行情况进行定期检查和验收考核。农业部、财政部组织不定期抽查，抽查结果作为项目资金安排的重要依据。各级农业、财政部门要强化监督检查，对发现的问题依法依纪严肃处理。

附件：2014 年耕地保护与质量提升资金任务汇总表

农业部办公厅　财政部办公厅

2014 年 8 月 1 日

来源：http://www.moa.gov.cn/zwllm/tzgg/tfw/201408/t20140804_3989342.htm

附

2014 年耕地保护与质量提升资金任务汇总表

_____省（区、市）/新疆兵团/中央垦区　　　　　　　　　　　　　　　　　　单位：万亩、万吨、万元

序号	项目县（场）名称	耕地面积	农作物播种面积	土壤酸化（pH<5.5）或碱化（pH>8.5）的耕地面积	农作物秸秆资源量	冬、秋闲田面积	新建高标准农田面积	新补充耕地面积	已经实施技术模式	已经实施面积	2014年项目任务		2014年补助资金
											实施技术模式	实施面积	

注：项目县必须填写耕地面积、农作物播种面积、2014 年项目任务（实施技术模式、实施面积）、补助资金。推广秸秆还田技术模式的项目县必须填写农作物秸秆资源量；实施绿肥种植示范区建设的项目县必须填写冬（秋）闲田面积；土壤改良培肥技术六模式的项目县必须填写新建商标准农田面积、已验收评定的补充耕地面积和土壤酸化（碳化）的耕地面积。延续项目县必须写已实施的技术模式、实施面积。

20. 农业部关于推动金融支持和服务现代农业发展的通知

农业部关于推动金融支持和服务现代农业发展的通知

党中央、国务院历来高度重视农村金融工作，十八届三中全会和近年的中央 1 号文件都提出了明确要求。近期，国务院召开全国农村金融服务经验交流电视电话会议，国务院办公厅印发了《关于金融服务"三农"发展的若干意见》（国办发〔2014〕17 号），对改进和加强农村金融服务进行系统部署。为切实推动贯彻落实金融服务"三农"发展的各项要求，完善强农惠农富农政策体系，全面提升金融支农能力和水平，现就推动金融支持和服务现代农业发展工作通知如下。

一、抓住机遇，努力开创金融支农工作新局面

当前，我国正处于传统农业向现代农业转型跨越的关键时期，新型农业经营主体不断涌现，农业规模化、标准化、组织化、集约化水平持续提高，先进科学技术和农业装备应用快速推广，农业进入了高投入、高成本的发展阶段，农业农村经济对金融支持和服务的需求越来越旺盛，依赖程度显著增强。金融政策是强农惠农富农政策体系的重要组成部分，稳步加大金融支农力度，对保障粮食安全、增加农民收入、建设现代农业、推进城乡一体化具有重要意义。但是，当前农村金融供给与需求之间的通道仍然不畅，农业农村经济发展的金融需求尚未得到有效满足，这已

成为农村金融领域最突出的矛盾之一，也是制约现代农业发展最重要的因素之一。

面对加快农业现代化建设，统筹城乡一体化发展的新形势新任务新要求，各级农业部门要紧紧抓住当前国务院全面推动金融服务"三农"发展的重大机遇，深刻领会金融支农工作的重要意义，转变观念、创新思路，增强金融意识，在不断加强完善财政补贴政策的同时，积极引导和促进加大金融支农力度，更好地发挥市场在资源配置中的决定性作用，激发农业经营主体的内生活力，提升市场竞争力；要把金融支农作为促进农业生产发展的重要举措和强农惠农富农政策的新增长点，找准定位、有所作为，广泛学习借鉴，深入调查研究，及时提出建设现代农业的金融需求和政策建议，推动出台促进金融支农的政策措施，改善农村金融服务环境，开创金融支农工作新局面。

二、明确思路，把握好金融支持现代农业的重点

金融支农涉及农业农村经济工作的方方面面，要分阶段、有重点地稳步推进。当前和今后一个时期，各级农业部门要紧紧围绕确保粮食等重要农产品有效供给和农民收入持续较快增长的中心任务，以加快建设现代农业和促进农业可持续发展为目标，以破解农业生产金融服务难题，尤其是新型农业经营主体"贷款难、贷款贵"为重点，以财政促进金融，打通金融支农通道为切入点，主动进取、力求突破，不断提高现代农业建设的金融保障水平。

各级农业部门要从农业农村经济发展实际需要出发，积极协调配合金融管理部门与服务机构，聚焦专业大户、家庭农场、农民合作社、农业产业化龙头企业等新型农业经营主体日益增长的金融服务需求，努力加大对流动资金和基础设施投入的金融支持；聚焦农业生产规模化、集约化、产业化发展的金融服务需求，积极争取加大对高标准农田建设、粮棉油糖高产创建、园艺作物和畜禽水产标准化生产、种养业良种生产、农产品加工，以及农业科技创新、农机装备制造、设施农业、现代农业示范区等的金融支持；聚焦农业生产流通服务的金融服务需求，积极争取加大对农业生产性服务业、市场信息、仓储物流、农产品收购等的金融支持。

三、开阔视野，积极推动金融支农服务创新

各级农业部门要发挥贴近农村基层、了解农民需求、熟悉农业生产的优势，推动和配合金融管理部门与服务机构，从利率、期限、额度、流程、风险控制等方面入手，开发创设符合农业产业特点、满足农民需求的金融产品和服务。

推动创新农业信贷担保机制。要推动组建政府出资为主、主要开展农业信贷担保业务的融资性担保机构，争取现有融资性担保机构将新型农业经营主体纳入担保服务范围，逐步构建覆盖全省（区、市）的农业信贷担保服务网络。有条件的地方可推动建立合作性的村级融资担保基金。推动农业机械设备、运输工具、水域滩涂养殖权、承包土地经营权等为标的的新型抵押担保，开展农业保险保单、农产品订单质押。探索推进农村产权交易市场建设，培育资产评估等农村产权交易中介服务组织，保障农村抵押品有效处置。鼓励农业企业为带动农户、家庭农场、农民合作社提供贷款担保。

推动农民合作社信用合作。我部将会同有关部门制定管理办法，规范农民合作社信用合作业务。各级农业部门要按照相关规定，选择一批产业基础牢、经营规模大、带动能力强、信用记录好的农民合作社示范社，按照限于成员内部、用于产业发展、吸股不吸储、分红不分息、风险可掌控的原则，在先行试点的基础上，完善办法，稳妥开展信用合作。

推动涉农直接投融资服务。要积极组织推荐项目，争取中国农业产业发展基金、现代种业发

展基金、国家新兴产业创投引导资金等加大对成长型农业龙头企业的投资力度。有条件的地方可推动设立专门的农业投资基金。推动组建主要服务"三农"的融资租赁公司，鼓励各类融资租赁公司开展大型农业机械设备、设施的融资租赁服务。

四、发挥优势，推动完善农业保险

农业保险是金融支农的重要内容。近年的中央1号文件都强调要扩大农业保险覆盖范围，创新农业保险产品和服务，加快建立农业保险大灾风险分散机制。各级农业部门要按照有利于调动政府和农民积极性、有利于农业保险可持续发展的要求，深入研究提出完善农业保险的政策建议，推动拓展农业保险的广度和深度。

推动提高农业保险保障水平。积极争取把主要农产品和地方特色农产品纳入保险范围，并推动将风险保障范围逐步扩展到全部直接物化成本。争取合理满足新型农业经营主体的保险需求，防范规模经营风险。鼓励和支持渔业、农机互助合作保险，推动开展生猪、蔬菜等农产品目标价格保险试点。鼓励农业龙头企业资助订单农户参加农业保险。推动加快落实产粮大县县级保费补贴减免政策。

推动规范农业保险服务。鼓励基层农技推广等机构在做好本职业务工作的同时，积极与保险机构开展合作，协助做好农业保险宣传、组织农民参保、灾后勘察定损和理赔等业务。推动落实惠农政策公开、承保情况公开、理赔结果公开、服务标准公开、监管要求公开和承保到户、定损到户、理赔到户的"五公开、三到户"农业保险服务模式，防止出现骗取农业保险保费补贴资金等违纪违法行为。

推进农业保险与农业防灾救灾相结合。协调相关部门统筹设计农业保险险种和农业防灾增产关键技术补助政策，鼓励保险机构开展防灾减灾服务，实现防灾减灾与保险救济相结合，减少农民灾害损失，促进灾后尽快恢复生产。推动建立财政支持的农业保险大灾风险分散机制，促进农业保险稳步健康持续发展。

五、创新机制，充分发挥财政促进金融支农作用

财政和金融支农政策具有显著的协同效应，农业金融需通过财政支持控制风险和补偿成本，财政支农投入要利用金融杠杆放大政策效应。我国农村的实际和农业的特点决定了金融支农离不开财政支持。各级农业部门要积极协调配合财政部门，调整优化财政补贴方式，创新财政支农体制机制，充分发挥财政资金对金融资本的引导和撬动作用，努力实现财政和金融支农政策两轮驱动。

创设金融支农奖补政策。积极参与落实农业保险保费补贴政策，推动落实好农村金融机构定向费用补贴政策和县域金融机构涉农贷款增量奖励政策。积极争取各级财政支持，通过信贷担保和贴息、业务奖励、风险补偿、费用补贴、投资基金等财政政策，促进金融支农。推动建立农业信贷担保资金，支持对农业融资性担保业务给予资本金补充、担保费用补助和业务奖励。争取建立常态化的农业信贷贴息政策，对鼓励发展的重点农业产业项目给予适当的利息补助。争取财政出资组建或参股农业投资基金，扩大农业股权投资规模。研究设立农业信贷风险补偿基金，探索农业信贷保证保险补助。

积极开展金融支农模式探索。我部将会同财政部适当调整部分财政专项的支持方式，引导和促进金融支农。各地可结合相关项目的实施，积极探索开展牛羊肉规模化生产金融扶持、农业机械融资租赁等财政促进金融支农的试点，配合推进金融支持农业规模化生产和集约化经营、农村

承包土地经营权抵押贷款等试点。鼓励国家现代农业示范区、以金融改革为主题的全国农村改革试验区加大农村金融创新力度,努力形成一批低成本、可复制、易推广、能持续的财政促进金融服务"三农"模式。

六、主动配合,推动形成良好的部门合作机制

现代农业建设与农村金融发展相辅相成、相互促进。各级农业部门要发挥组织、技术、信息优势,促进现代农业与金融服务业互利共赢。要主动协调财政、金融、保险等部门,建立常态化的协调沟通工作机制,细化金融支农的具体措施,推动出台有利于金融支农供给的财政、货币、税收政策,有效落实金融服务"三农"发展的各项政策措施。要加强与各类银行、保险公司等金融服务机构的合作,有条件的可与金融机构签署合作框架协议,建立优质农业产业项目库,及时向金融机构推荐,构建农业经营主体与金融机构沟通合作的平台,引导各类涉农金融机构和组织进一步下沉服务重心,将县域存款主要用于当地农业农村经济发展。要推动建立健全农户信用体系,加快扩大信用评级覆盖范围,加强农户信用信息整合共享,改善农村金融生态。要积极配合有关部门依法查处以农民合作社信用合作、农业项目融资等名义进行的非法集资活动,防范金融风险。

在推动金融支农工作中,各省(区、市)农业部门要全面准确了解本地区金融支农的情况,认真总结好的做法和经验,分析存在的问题并提出合理的政策建议,相关情况及时通报我部。

农业部
2014 年 8 月 1 日

来源:http://www.moa.gov.cn/zwllm/tzgg/tz/201408/t20140807_4003185.htm

21. 中国银监会 农业部关于金融支持农业规模化生产和集约化经营的指导意见

中国银监会 农业部关于金融支持农业规模化生产和集约化经营的指导意见

各银监局,各省、自治区、直辖市、计划单列市、新疆生产建设兵团农业(农牧、农村经济)厅(委、办、局),各政策性银行、国有商业银行、股份制商业银行,邮储银行,各省级农村信用联社,北京、天津、上海、重庆、宁夏黄河、深圳农村商业银行:

当前,我国农业已经进入从传统农户分散经营向集约化、专业化、组织化、社会化相结合的新型经营体系加快转变的新阶段。为适应农业生产方式的新变化,引导农村金融机构优化资源配置,健全支持机制,完善服务功能,提升服务质效,持续加大对农业规模化生产和集约化经营的金融支持,切实保障国家粮食安全和主要农产品供给,促进农业增效和农民增收,现提出如下指导意见:

一、指导原则

（一）因地制宜

结合农业规模化生产和集约化经营的实际需求，突出地方农业发展特色，灵活开展多种形式的探索实践，重在实效。

（二）市场运作

坚持市场导向，发挥市场配置资源的决定性作用，引导金融资源向农业规模化生产和集约化经营倾斜，更好支持现代农业发展。

（三）政府引导

发挥政策激励作用，合理整合涉农奖补资金，创新财政支农方式，有效撬动信贷投入，激发金融机构支农服务的内在动力。

（四）风险可控

坚持改善服务与风险防控相结合，完善农村金融的风险分散、转移和共担机制，确保收益有效覆盖风险，实现可持续发展。

二、发挥各类农村金融机构的支持合力

发挥金融机构各自比较优势，促进形成功能互补、错位竞争、差异安排、分工协作的支持合力。鼓励金融机构依法合规开展业务合作，通过银团贷款、批零结合、业务代理、银保合作、银担合作、银租合作、投贷联动等形式，为农业规模化生产和集约化经营提供多元化、全方位的金融服务。

农业发展银行要强化政策性金融服务职能，加大对农业开发和农村基础设施建设的中长期信贷支持。大型国有商业银行、股份制商业银行和城商行要发挥资金、网络、技术、产品和人才优势，单列涉农信贷计划，加大县域信贷资源配置力度，重点满足农业产业化龙头企业和农业社会化服务组织等涉农大客户的服务需求，促进农村经济结构调整。

农村信用社（农村商业银行、农村合作银行）要进一步加强支农服务能力建设，在继续做好农户服务基础上，把符合规模化、专业化、标准化要求的联户经营、专业大户、家庭农场、农民合作社等农业规模经营主体作为支持重点，更好发挥支农服务主力军作用。村镇银行要坚持经营的专业化和服务的差异化，强化对农村社区和小微企业的金融服务。

大力发展涉农租赁业务，鼓励金融租赁公司将支持农业机械设备推广、促进农业现代化作为涉农业务重点发展领域，积极创新涉农租赁新产品。加强涉农信贷与涉农保险合作，将涉农保险投保情况作为授信要素，提高农业规模化生产和集约化经营的保险保障水平。加强与面向"三农"的融资担保机构合作，探索村级融资担保基金方式提高农户资信水平，强化涉农贷款风险保障。积极探索银行信贷和股权投资联动融资模式，着力提高对大型农业产业化龙头企业的金融服务能力。

三、加大对农业规模化生产和集约化经营的信贷投入

银行业金融机构要适应农业规模化生产和集约化经营服务需要，优化组织架构，调整信贷结构，创新产品服务，强化激励考核，确保涉农信贷投放持续增长。

银行业金融机构要将各类农业规模经营主体纳入信用评定范围，建立信用档案，做实信息基

础。要结合自身特点优化组织架构，下沉服务重心，下放审批权限，提高授信额度，探索建立专业化的涉农金融服务部门、专业支行或事业部，实现对各类农业规模经营主体的标准化、批量化营销服务。要坚持以客户为中心理念，不断优化业务流程，简化审批环节，提高服务效率。

银行业金融机构要顺应农业规模经营主体服务需要积极开发贷款业务新品种。要针对不同类型和经营规模的农业规模经营主体需要，提供差别化的融资方案。依法开展并购贷款业务，支持农业产业化龙头企业通过兼并、重组、收购、控股等方式组建大型农业企业集团。结合各自在资金、风险管理、网络和客户关系上的优势，合理运用银团贷款方式，满足农业规模经营主体大额资金需求。围绕地方特色农业，以核心企业为中心，捆绑上下游企业、农民合作社和农户，开发推广订单融资、动产质押、应收账款保理和产商银等多种供应链融资产品。鼓励与农用机械设备生产企业、供销商开展合作，探索以厂商、供销商担保或回购等方式，推进农用机械设备抵押贷款业务。根据中央统一部署，稳妥推动开展农村土地承包经营权抵押贷款试点，主动探索土地经营权抵押融资业务新产品，支持农业规模经营主体通过流转土地发展适度规模经营。

银行业金融机构要加大对农村金融服务的考核力度，对涉农业务进行专项激励考核，适当提高涉农业务的风险容忍度。

四、强化对农业规模化生产和集约化经营重点领域的支持

银行业金融机构要主动适应现代农业发展要求，积极支持农业生产方式转变和农业经营方式创新，持续加大对农业规模化生产和集约化经营重点领域的支持力度，有效促进农业综合生产能力提升。

在产业项目方面，重点支持农业科技、现代种业、农机装备制造、设施农业、农业产业化、农产品精深加工等现代农业项目。包括粮棉油糖高产创建示范片、园艺作物标准园、饲草标准化种植基地、畜禽水产品标准化养殖示范场、水产品工厂化循环水养殖和深水网箱养殖、种养业良种工程、农作物制种基地、农产品加工专用原料基地、新品种引进示范场、粮棉油糖等生产与加工装备、高效安全肥料、农药研发、农业产业化示范基地、农业企业"走出去"、农业信息化与应用示范以及各类经营性农业服务项目等。

在农业基础设施方面，重点支持耕地整理、农田水利、商品粮棉生产基地和农村民生工程建设。包括产粮大县标准农田及配套辅助设施建设，国家农业科技园区和高新技术产业示范区建设，生猪牛羊调出大县基础设施建设，优势产区棉花、油料、糖料、饲草、天然橡胶生产基地建设，大中型灌区配套改造、灌排泵站更新改造、中小河流治理、高效节水灌溉、雨水集蓄利用、堰塘整治等工程项目，小型水库和除险加固建设等。

在农产品流通领域，重点支持批发市场、零售市场和仓储物流设施建设。包括重要农产品集散地、优势农产品产地市场，城市标准化菜市场、生鲜超市、城乡集贸市场等农产品零售市场，农产品电子商务，农产品仓储物流设施和覆盖农产品收集、加工、运输、销售各环节的冷链物流项目等。

五、加强农业规模经营主体培育和农村信用体系建设

以构建新型农业经营体系为主线，坚持发展与规范并举，数量与质量并重，积极培育家庭农场等规模经营农户，切实加强农民合作社规范化建设，实行示范家庭农场、农民合作社名录制度，引导农业规模经营主体规范运行。通过健全规章制度，完善运行机制，加强民主管理，强化指导服务，加大政策扶持，夯实发展基础，使家庭农场、农民合作社等农业规模经营主体真正成

为运作规范、治理完善、能独立承担民事行为责任的农业规模经营主体和合格承贷主体。

鼓励和引导工商企业重点从事农产品加工流通业和农业社会化服务，带动农户和农民合作社开展农业规模化生产和集约化经营。按照主体多元、形式多样、竞争充分的原则，大力培育农业社会化服务组织。

推进农村信用体系建设。规范开展对各类农业规模经营主体的信用评定工作，将信用评定结果与对农业规模经营主体的贷款授信结合起来。对信用等级较高的农业规模经营主体在同等条件下实行贷款优先、利率优惠的正向激励机制，推动农业规模经营主体加快发展。

加强农村信用文化培育。引导各类农业规模经营主体守法经营，重合同、守信用，大力培育守信光荣、失信可耻的信用观念和诚信氛围，持续提高信用意识，不断改善信用环境。协调配合地方政府和司法部门打击骗贷和恶意逃债行为，切实保护好金融机构作为债权人的合法权益。

六、全面落实和用足用好农村金融扶持政策

全面落实和用足用好现有涉农贷款增量奖励、税收优惠、费用补贴、差别存款准备金率、支农再贷款和"三农"金融债等各项农村金融扶持政策。鼓励地方政府结合自身财力出台专项扶持政策，发挥"小补贴撬动大资金"效应，合理弥补农村金融风险成本，有效调动金融机构支持农业规模化生产和集约化经营的积极性。

统筹发挥好涉农补贴资金的作用，科学整合归并国家及地方补贴，综合运用税收减免、费用补贴、以奖代补、奖补结合、绩效考核等激励办法，以及探索建立信贷风险补偿或担保基金等形式，撬动加大农业规模化生产和集约化经营资金投入，拓宽农村金融风险分散途径，增强农业吸引商业性资金的能力。

积极引导和鼓励金融机构创新涉农金融产品和抵押担保方式，探索土地经营权抵押融资业务，提高对农业规模经营主体金融支持的针对性；对金融机构优化农村服务网络、在服务薄弱地区设立机构网点积极开辟准入绿色通道；对涉农贷款占比高的县域法人机构实施弹性存贷比考核，支持银行业金融机构通过发行"三农"专项金融债有效补充涉农信贷资金来源，加大农业规模化生产和集约化经营的信贷投入。

稳步推进农村土地承包经营权确权登记颁证工作，妥善解决承包地块面积不准、四至不清等问题，为发展农业规模化生产和集约化经营奠定坚实基础。建立农村土地承包经营权流转服务平台，完善服务网络和抵押配套措施，鼓励承包农户依法采取转包、出租、互换、转让及入股等方式流转承包地，为开展土地经营权抵押融资试点创造条件。

各级银行业监管部门和农业主管部门要认真履职，密切沟通，加强协作，建立常态化的协调沟通与信息共享机制，共同研究解决金融支持农业规模化生产和集约化经营过程中存在的实际困难，争取多方支持，形成工作合力。按照循序渐进原则，研究制定工作推进计划，选择重点农业地区、粮食生产大县、现代农业示范区、农村改革试验区和其他积极性高、农村金融发展基础好、创新意愿强的县（市）先行实施，将取得的经验逐步推广到全辖其他地区。

中国银监会　农业部
2014 年 7 月 31 日

（此件发至银监分局和地方法人银行业金融机构）

来源：http://www.moa.gov.cn/zwllm/tzgg/tz/201409/t20140917_4057743.htm

22. 农业部办公厅 财政部办公厅关于印发《2014年畜牧发展扶持资金实施指导意见》的通知

农业部办公厅 财政部办公厅关于印发《2014年畜牧发展扶持资金实施指导意见》的通知

为贯彻落实中央1号文件精神和国家扶持养殖业发展的政策要求，2014年，中央财政安排"畜牧发展扶持资金"，进一步推进畜牧良种补贴、畜禽渔业标准化健康养殖和高产优质苜蓿示范建设工作。为强化政策落实，我们制定了《2014年畜牧发展扶持资金实施指导意见》。现印发给你们，请遵照执行。

农业部办公厅 财政部办公厅
2014年7月21日

来源：http://www.moa.gov.cn/zwllm/cwgk/zdxm/201407/t20140721_3973828.htm

附 2014年畜牧发展扶持资金实施指导意见

为促进我国养殖业持续健康发展，提高规模化、标准化生产水平，确保2014年畜牧发展扶持资金落实，特制定实施指导意见如下。

一、工作任务及实施要求

（一）畜牧良种补贴

能繁母猪1 652.25万头。任务量与上年保持不变，省内项目县数量和任务量根据上年执行进度，可做适当调整。

奶用能繁母牛897.5万头。继续对全国751万头荷斯坦牛（含娟姗牛），安徽、福建、河南、湖南、湖北、广西、贵州、云南等8省（区）51万头奶水牛，内蒙古、吉林、黑龙江、安徽、江西、四川、西藏、青海、新疆及新疆生产建设兵团等10个项目区54.5万头乳用西门塔尔牛，新疆维吾尔自治区和新疆生产建设兵团32万头褐牛，青海省4万头牦牛，以及内蒙古自治区5万头三河牛实施良种冻精补贴。

肉用能繁母牛451万头。项目省区和任务量与上年保持不变。

种公羊24.7万只。项目省区和任务量与上年保持不变。

牦牛种公牛1.82万头。继续在四川、西藏、甘肃、青海、新疆5个牧区省份实施，补贴任务量与上年保持不变。

2014年畜牧良种补贴任务分配表详见附件1。各省级畜牧部门要会同财政部门将任务分解到项目县。

（二）畜禽渔业标准化健康养殖

畜禽渔业标准化健康养殖重点支持主产区、中心城市周边及距中心城市相对较近的优势产区，注重提高抗灾害能力、畜禽渔业产品应急供应能力和产品质量安全水平。

畜禽标准化养殖主要支持生猪、蛋鸡、肉鸡、肉牛和肉羊等畜种。肉牛、肉羊项目优先支持饲养母畜的标准化养殖场。各省（区、市）2014年支持肉牛、肉羊养殖场的资金比例不得低于2013年。扶持建设的养殖场需达到以下标准：生猪出栏0.5万~5万头；蛋鸡存栏1万~10万只；肉鸡出栏5万~100万只；肉牛出栏100~

2 000头；肉羊出栏300~3 000只。

渔业标准化健康养殖重点扶持渔业标准化、规模化养殖。具体标准如下：池塘类养殖场200亩（西部地区100亩）以上，工厂化养殖水面3 000平方米以上。

（三）高产优质苜蓿示范建设

在东北、华北、西北的苜蓿优势产区和奶牛主产区实施。2014年，在河北、天津、山西、内蒙古、辽宁、吉林、黑龙江、安徽、山东、河南、陕西、甘肃、宁夏、新疆等14个省（区、市）和新疆生产建设兵团、黑龙江省农垦总局建设50万亩高产优质苜蓿示范片区。

2014年高产优质苜蓿示范建设任务分配表详见附件2。

二、补助对象及标准

（一）畜牧良种补贴

补贴对象为项目区内使用良种精液开展人工授精的母猪、奶牛、肉牛养殖场（小区、户），以及存栏能繁母羊30只以上、牦牛能繁母牛25头以上的养殖户。

生猪：每头能繁母猪每年使用4份精液，每份精液补贴10元。补贴品种包括杜洛克猪、长白猪、大约克夏猪等国家批准的引进品种，以及培育品种（配套系）和地方品种。

奶牛：补贴对象包括荷斯坦牛、娟姗牛、奶水牛、乳用西门塔尔牛、褐牛、牦牛和三河牛等品种的能繁母牛。荷斯坦牛、娟姗牛每年使用2剂冻精，每剂补贴15元；奶水牛每年使用3剂冻精，每剂补贴10元；乳用西门塔尔牛、褐牛、牦牛和三河牛每年使用2剂冻精，每剂补贴10元。

肉牛：按照每头能繁母牛每年使用2剂冻精，每剂补贴5元。补贴品种包括国家批准引进和自主培育的品种，以及优良地方品种。

羊：绵羊、山羊种公羊每只一次性补贴800元。补贴品种包括国家批准引进和自主培育的品种，以及优良地方品种。

牦牛：牦牛种公牛每头一次性补贴2 000元。补贴品种包括自主培育的品种以及优良地方品种。

（二）畜禽渔业标准化健康养殖

重点支持具有独立法人资格并经工商部门登记注册的规模养殖场、农民合作社（优先支持畜禽集中饲养的农民合作社）。科研、技术推广等事业单位不能作为补助对象。为避免资金过于分散或过于集中，每个改建、扩建项目单位补助资金规模控制在50万~100万元之间，其中蛋鸡、肉鸡规模化养殖场，肉牛、肉羊专门化育肥场，西部地区渔业养殖场的补助资金规模控制在25万~100万元之间。省级畜牧、渔业部门和财政部门可根据当地实际和中央安排资金情况，细化本地区具体补助标准。

为创新财政支农模式，探索推动金融资本加大畜牧业发展的支持力度，按照《国务院办公厅关于金融服务"三农"发展的若干意见》（国办发〔2014〕17号）精神，2014年在山东、河南、河北、四川等四省开展财政促进金融支农创新试点，试点省中央财政补助资金可采用信贷担保、贴息等方式引导和带动金融资本，放大财政资金使用效应，重点支持牛羊肉生产。四省畜牧部门要会同财政部门，强化与金融机构的沟通配合，科学设计试点方案，注重财政资金的安全性和资金使用效益的有机结合，探索满足养殖户在规模化养殖场建设、架子畜及饲料采购等方面信贷需求的有效模式，充分激发养殖户内生活力，进一步提升市场竞争力。省级试点方案请于2014年8月底前报农业部、财政部备案。

（三）高产优质苜蓿示范建设

补助对象为农民饲草专业生产合作社、饲草生产加工企业、奶牛养殖企业（场）和奶农专业生产合作社，优先扶持合作社。补助对象应具有独立法人资格，资产结构及经营状况良好。合作社成立1年以上，有规范的章程、完善的管理制度，有独立的银行账户和会计账簿，建立了成员账户，实行独立的会计核算，财务管理和收益分配制度健全。饲草生产加工企业须具有A级（含）以上资信等级（未申请过银行贷款的企业除外），具有苜蓿生产加工经验，注册资本200万元（含）以上。奶牛养殖企业（场）须存栏300头以上。对相对集中连片3 000亩以上的苜蓿种植按照每亩600元的标准给予补助。

三、规范工作程序和资金使用

各省（区、市）畜牧部门要会同财政部门，按照农业部有关标准和要求，确定畜牧良种补贴项目县，强化补贴过程公开，严格招标采购程序，合理确定供精及供种单位，强化种畜及精液质量监管，做好各项技术指导与服务，及时做好补贴资金结算工作。各地项目资金和牛冷冻精液如有结余，结转下年继续使用。

畜禽渔业标准化健康养殖继续采取"先建后补"的方式，对按要求完成项目任务并验收合格的项目申报单位，按照验收考核的得分顺序给予补助。验收考核工作由省级畜牧、渔业部门会同财政部门具体组织实施，需在年内完成并下达补助资金。中央补助资金要优先安排改扩建，主要用于改良畜禽水产品种、改善生产设施条件、加强质量安全监管、推广健康养殖技术和粪污无害化处理等方面。自2012年起，承担过"菜篮子"产品生产扶持项目的实施单位，今年不再重复安排。

相关省（区、市）畜牧部门要成立振兴奶业苜蓿发展行动专家组，制定和完善审核标准，严格立项，对确定的项目承担单位进行公示。项目立项后，财政部门先期安排50%的补助资金；项目验收合格，公示期满无异议，确定补助示范片区后，财政部门再安排剩余50%的补助资金；对于验收不合格的，由财政部门会同农业部门追回预先安排的50%补助资金，或限期整改后安排剩余50%的补助资金。高产优质苜蓿示范建设补助资金主要用于改良苜蓿品种、实行标准化生产、改善生产条件、提升质量安全水平等方面。验收工作由省级畜牧部门会同财政部门具体实施，组织专家以高产优质苜蓿示范片区验收评分标准（详见附件3）为基础，进行现场评审验收，验收结果予以公示。

四、加强组织管理

（一）制订实施方案

省级畜牧、渔业部门和财政部门要根据通知要求，按照公开、公平、透明的原则，通过电视、网络、报刊以及张榜公布等形式，公开政策内容、申报要求、补助标准和补助范围等，并结合本地实际，认真编制省级项目实施方案，科学确定实施区域、目标任务、操作程序和补助方式等，规范开展项目县或项目单位遴选工作，并于7月31日前将省级实施方案报送农业部、财政部备案。

（二）强化资金管理

各级财政部门要会同畜牧、渔业部门切实加强资金监管，及时足额拨付资金，一经发现挤占、截留、挪用项目资金情况，及时纠正并对相关单位和人员按程序做出处理。资金安排情况要及时予以公示，公示时间不得少于7天。公示有异议的，要组织复核。

（三）强化监督考核

省级畜牧、渔业部门要会同财政部门强化项目实施过程管理，推进绩效考核，建立绩效考核结果与下一年度资金安排挂钩机制。农业部继续开展畜禽渔业标准化健康养殖绩效管理工作，具体要求另行通知。请各省于12月20前，将畜牧发展扶持资金使用情况报送农业部和财政部。

来源：http://www.moa.gov.cn/zwllm/cwgk/zdxm/201407/t20140721_ 3973828.htm

23. 农业部办公厅 财政部办公厅关于做好2014年农业高产创建工作的通知

农业部办公厅 财政部办公厅关于做好 2014 年农业高产创建工作的通知

为贯彻落实中央1号文件精神，中央财政安排"农业科技成果转化与技术推广服务资金"，支持各地开展粮棉油糖和菜果茶等农业高产创建工作，进一步挖掘粮棉油糖增产潜力，提升菜果茶等园艺产品标准化生产水平。为确保政策落到实处，切实提高资金使用效益，现将有关事项通知如下。

一、明确工作思路

粮棉油糖高产创建以促进粮食稳定发展和农民持续增收为目标，以粮食主产省和非主产省的主产区为重点，以主要粮食作物和重要紧缺品种为重点，强化行政推动，依靠科技进步，集成推广区域性、标准化成熟技术模式，试验示范具有前瞻性、引领性的高产高效可持续新技术，促进农机农艺结合、良种良法配套，带动大面积均衡增产，持续提升我国粮棉油糖综合生产能力。

菜果茶标准化创建以提升生产能力和质量效益为目标，集成技术、集约项目、集中力量，加强指导服务，建设一批规模化种植、标准化生产、商品化处理、品牌化销售、产业化经营的示范基地，增强园艺产品综合生产能力，特别是增强北方大中城市蔬菜的应急供应保障能力。

二、确定工作任务

（一）深入推进粮棉油糖高产创建

以万亩示范片为基本单元，集成推广现有的成熟技术，重点推广农业部发布的58个区域性、标准化技术模式。每个示范片要求集中连片1万亩以上，鼓励支持整市（地）、整县（市）、整乡（镇）整建制推进。通过项目实施，新建示范片单产水平力争比上年提高2%以上，续建示范片在保持上年高水平上力争再提高，辐射带动所在县（市、区）均衡增产。

在高产创建常规工作基础上，开展粮食增产模式攻关试点。突出抓好东北、黄淮海、长江中下游、西南西北4大区域，集中支持水稻、小麦、玉米、油菜、马铃薯5大作物，选择生产基础好、科技水平高、农技推广体系健全、行政推动力度大的县（市），试验具有前瞻性、引领性、可推动生产方式重大变革、单产水平显著提升的高产高效可持续新技术。试点县根据攻关任务需要，合理设置百亩、千亩等不同规模及数量的试验方。通过试验示范，力争将新技术成果在生产实践中转化应用，形成一批可大面积推广的技术模式。

粮棉油糖高产创建任务安排见附件1。

（二）深入开展菜果茶标准化创建

在《全国蔬菜发展规划》（2011—2020年）确定的580个产业重点县和全国水果、茶叶优势

(重点)区域发展规划的基地县,扶持建设一批有一定规模、生产基础较好的菜果茶标准化创建基地。其中,每个露地基地规模要达到1 000亩以上,每个设施基地规模达到200亩以上(设施内面积,下同)。通过改善园艺作物基础设施生产条件,推广应用先进、实用、操作性强的生产技术,实施全程质量安全管理,提升园艺作物标准化生产水平。

继续在东北、华北、西北地区选择蔬菜自给率较低的大中城市,扶持建设一批集中连片、设施建造标准化、种植技术标准化、质量管理标准化的设施蔬菜种植基地试点,提升北方大中城市冬春淡季蔬菜自给能力。每个试点设施蔬菜面积要达到2 500亩以上。

三、规范资金使用

(一)粮棉油糖高产创建

原则上每个粮棉油糖高产创建万亩示范片安排补助资金16万元,各地可根据实际情况,适当调整补助标准。补助资金主要用于项目实施所需的物化投入和推广服务补助,不得用于技术人员及骨干农民培训。

(二)菜果茶标准化创建

菜果茶标准化创建承担主体为种植大户、家庭农场、农民合作社、龙头企业等新型农业经营主体,对企业的补助资金要严格控制在各省(区、市)资金总规模的30%以下。自2011年起,承担过"菜篮子"产品生产扶持项目的实施单位,今年不再重复安排。

中央补助资金要优先安排改扩建。各省(区、市)和新疆生产建设兵团根据本区域蔬菜产业重点县和果、茶基地县的建设实际,组织种植大户、家庭农场、农民合作社、龙头企业等新型农业经营主体进行申报,筛选确定项目申报单位。省级农业部门在申报单位完成菜果茶标准化创建建设任务后,根据验收结果给予50万~100万元的财政补助。新建北方城市设施蔬菜种植基地原则上按每亩5 000元的补助标准实施。中央补助资金主要用于支持标准化生产技术和生态栽培物化技术的推广应用,改善田间工程、温室大棚、集约化育苗、田头预冷等基础设施条件。

四、加强组织管理

(一)制订实施方案

各省级农业、财政部门要根据通知要求,结合本地实际,认真编制省级项目实施方案,科学确定实施区域、目标任务、操作程序和补助方式等内容,规范开展项目县或项目单位遴选工作,并于6月30日前将省级实施方案报送农业部、财政部备案。承担粮棉油糖高产创建任务的省级农业部门,同时报送2014年粮棉油糖万亩高产创建示范片、整建制推进高产创建示范片、粮食增产模式攻关试验方落实表(详见附件2、3、4)。菜果茶标准化创建实施方案必须明确项目区域遴选、申报单位确定、补助标准、督查验收、资金下达等重点环节的工作措施和时间安排。

(二)强化指导服务

各级农业部门要加强对粮棉油糖高产创建工作的指导服务,积极组织专家和农技人员分片包干,在关键农时季节,开展现场观摩、技术培训、专家巡回指导等活动,及时了解并解决执行中出现的新情况和新问题,将技术措施落实到位。要按照农业部制定的测产验收办法,加强对高产创建示范片和增产模式攻关试验方的测产验收。每个示范基地(片)要明确1名行政负责人和1名技术负责人;有1张方位图,标明地理坐标和面积;设计1张技术模式图,明确从种到收的全程标准化技术；建立1张农事日历，跟踪记录作物生育进展和重要农事活动。

（三）强化资金管理

各级财政部门要会同农业部门切实加强资金监管，及时足额拨付资金，一经发现挤占、截留、挪用项目资金情况，及时纠正并对相关单位和人员按程序做出处理。资金安排情况要及时予以公示，公示时间不得少于7天。公示有异议的，要组织复核。菜果茶标准化创建采取"先建后补"的方式，对按要求完成项目任务并验收合格的项目申报单位给予补助。

（四）强化机制创新

通过项目实施，探索社会化服务新模式，提升产业化经营水平，促进新型农业经营主体发展。积极推进高产创建与高标准农田建设结合，实现良田、良种、良法、良机、良制配套，通过农科教结合、产学研协作，形成大联合、大协作的工作格局。北方大中城市设施蔬菜试点要引入竞争机制，通过公开答辩、专家评审、对外公示等环节遴选项目。

（五）强化监督考核

各省级农业部门要会同财政部门强化项目实施过程管理，推进绩效考核，建立绩效考核结果与下一年度资金安排挂钩机制。农业部继续开展菜果茶标准化创建绩效管理工作，具体要求另行通知。请各省（区、市）于12月20日前，将粮棉油糖高产创建和菜果茶标准化创建总结报送农业部和财政部。

附件：1. 2014年粮棉油糖高产创建任务安排表
     2. 2014年粮棉油糖万亩高产创建示范片落实表
     3. 2014年粮棉油糖整建制推进高产创建示范片落实表
     4. 2014年粮食增产模式攻关试验方落实表

来源：http://www.moa.gov.cn/zwllm/cwgk/zdxm/201406/t20140611_3935088.htm

附件1

2014年粮棉油糖高产创建任务安排表

省份	粮棉油糖高产创建示范片					粮食增产模式攻关试点县数
	合计	粮食作物	油料作物	棉花	糖料	
北京	17	17				
天津	36	28		8		
河北	695	620	15	58	2	2
山西	245	234	1	10		
内蒙古	415	399	11		5	3
辽宁	565	553	12			3
大连	15	15				
吉林	625	619	6			4
黑龙江	1 035	1 029	1		5	6
上海	15	15				
江苏	680	611	44	25		3

省份	粮棉油糖高产创建示范片					粮食增产模式攻关试点县数
	合计	粮食作物	油料作物	棉花	糖料	
浙江	105	92	8	5		1
宁波	15	15				
安徽	705	618	62	25		5
福建	150	142	8			
江西	485	436	39	10		3
山东	885	770	40	75		5
青岛	90	84	6			
河南	1 041	923	77	41		5
湖北	562	441	79	42		4
湖南	641	534	81	26		4
广东	220	196	14		10	
广西	340	253	2		85	1
海南	30	18	2		10	
重庆	220	208	12			1
四川	700	620	77	3		3
贵州	265	235	30			
云南	370	334	6		30	2
西藏	40	39	1			
陕西	293	273	12	8		2
甘肃	280	257	13	10		2
青海	40	27	13			
宁夏	80	79	1			1
新疆	275	164	5	100	6	
新疆兵团	80	27		48	5	
黑龙江农垦	235	235				2
广东农垦	10				10	
合计	12 500	11 160	678	494	168	62

附件 2

2014 年粮棉油糖万亩高产创建示范片落实表　　　　　单位：个

县（市）	水稻				小麦	玉米	大豆	马铃薯	特色粮豆	特色油料	油菜	花生	棉花	糖料	合计
	小计	早稻	中稻	晚稻											
……															
合计															

附件3

2014年粮棉油糖整建制推进高产创建示范片落实表

单位：个

类型	地点	水稻				小麦	玉米	大豆	马铃薯	特色粮豆	特色油料	油菜	花生	棉花	糖料	合计
		小计	早稻	中稻	晚稻											
整建制乡	……															
整建制县	……															
整建制市																
合计	—															

附件 4

2014 年粮食增产模式攻关试验方落实表省（区、市）：

试点县（市）	试验方	试验方规模（亩）	攻关作物及任务
＊＊县（市）	试验方 1		
	试验方 2		
	试验方 3		
	试验方 4		
	……		
	……		
＊＊县（市）	试验方 1		
	试验方 2		
	试验方 3		
	试验方 4		
	……		
	……		
……	……		
合计			

农业部办公厅　财政部办公厅

2014 年 6 月 9 日

24. 农业部办公厅 财政部办公厅关于做好2014年渔业资源保护和转产转业工作的通知

农业部办公厅 财政部办公厅
关于做好2014年渔业资源保护和转产转业工作的通知

各有关省（自治区、直辖市）及计划单列市农业（渔业、水利）厅（委、局、办）、财政厅（局），新疆生产建设兵团水利局、财务局，中国水产科学研究院、全国水产技术推广总站：

为贯彻落实中央经济工作会议、农村工作会议和中央1号文件精神，进一步加大对水生生物资源的养护和修复力度，中央财政安排"农业资源及生态保护补助资金"，支持水生生物增殖放流、海洋牧场示范区建设和沿海渔民减船转产工作。为确保政策落实到位，发挥示范带动作用，切实提高资金使用效率，现将有关事项通知如下。

一、明确支持方向

水生生物增殖放流要符合《全国水生生物增殖放流总体规划》（农渔发〔2010〕44号）、《全国珍稀濒危水生动物增殖放流规划（2011—2015年）》（农办渔〔2011〕70号）的布局及任务安排，重点支持水生生物资源衰退严重或生态荒漠化严重的水域以及放流技术成熟、苗种供应充足、增殖效果明显、渔民受益面大的品种，以重要的、洄游性的经济水生生物物种、珍稀濒危水生生物物种以及对水域生态修复具有重要作用的水生生物物种为主。继续支持中国水产科学研究院和全国水产技术推广总站在渤海公共水域和长江流域组织开展生态性、实验性、标志性放流和四大家鱼亲本放流。海洋牧场示范区建设原则上要求项目实施海域已连续开展人工鱼礁（或海洋牧场）建设三年以上（包括地方资金或项目单位自筹资金建设），工作基础较好，有科研依托，技术路线合理。减船转产要根据《中国水生生物资源养护行动纲要》（国发〔2006〕9号）和《农业部关于"十二五"期间进一步加强渔船管理控制海洋捕捞强度的通知》（农渔发〔2011〕5号）要求，坚持实事求是、渔民自愿的原则。

二、规范管理要求

增殖放流苗种应符合《水生生物增殖放流管理规定》（农业部令第20号）的要求，规格与上年基本保持一致。经济物种放流苗种供应单位的确定须符合政府采购等相关规定，按照技术规程开展放流，加强公证公示，接受社会监督；珍稀濒危物种放流苗种供应单位须在农业部公告的珍稀濒危水生动物增殖放流苗种供应单位中选择，并选取一定比例进行标志放流。海洋牧场示范区以人工鱼礁建造和藻类种植为主要建设内容，重点支持渔业发展基础条件较好的重要渔区和减船转产重点地区；要明确具体科研院校作为技术指导，在项目实施海域显著位置设立标志牌，注明有关项目信息。减船转产首先利用以前年度减船结转资金进行，结转资金确实不足的，再申请中央财政减船资金；减船和培训补助标准与上年相同；沿海省级渔业部门负责渔船合法性审查、核实收缴相关证书和证明，并将减船和补助情况公示（不少于一周）后，由同级财政部门及时足额向补助对象支付资金。

三、做好组织申报

水生生物增殖放流、海洋牧场示范区和减船转产申报材料的内容要求与上年保持一致。各省（区、市）及计划单列市渔业部门、新疆生产建设兵团水产局会同同级财政部门根据本通知精神，组织编制本地区2014年补助资金申报书，于5月20日前以联合文件形式报送农业部和财政部。中国水产科学研究院和全国水产技术推广总站编制的2014年项目申报书，于5月20日前报送农业部。

四、加强资金管理

增殖放流和海洋牧场补助资金使用方向和要求与上年保持一致，严禁将中央财政补助资金用于庆典、论坛等活动。要加强对补助资金使用与监督管理，确保补助资金及时到位，并建立相关管理制度，规范资金使用方向，细化支出范围。项目具体承担单位要设置资金使用明细账，进行专账核算，专款专用，不得将中央财政补助资金与地方配套或单位自筹资金混合设账，并严格遵守项目管理及政府采购等相关财务管理规章制度，一旦发现违规违法行为，按律严肃处理。

五、强化监督检查

省级渔业部门应会同财政部门，对项目具体实施情况进行监督检查，设立监督举报电话，并制定项目验收方案，做好项目自验和省级验收，验收结果要归档保存。省级渔业部门、中国水产科学研究院和全国水产技术推广总站要于12月1日前将项目年度总结报告报送农业部，报告内容包括项目执行、资金使用、检查验收、取得成效、存在问题及建议、实际减船船名册等。

农业部办公厅　财政部办公厅
2014年5月20日

来源：http://www.moa.gov.cn/zwllm/tzgg/tfw/201405/t20140523_3915352.htm

25. 农业部办公厅 财政部办公厅关于做好2014年基层农技推广体系改革与建设工作的通知

农业部办公厅　财政部办公厅
关于做好2014年基层农技推广体系改革与建设工作的通知

各省、自治区、直辖市及计划单列市农业（畜牧、渔业、农机、农垦）厅（局、委、办）、财政厅（局），新疆生产建设兵团农业局、财务局，黑龙江省农垦总局、广东省农垦总局：

为贯彻落实党的十八大、十八届三中全会精神和《中华人民共和国农业技术推广法》，深入推进基层农技推广体系改革与建设，全面提高农技推广服务效能，2014年中央财政安排"农业科技成果转化与技术推广服务资金"，支持基层农技推广体系改革与建设工作。为确保政策落到实处，切实提高资金使用效益，现将有关事项通知如下。

一、继续推进基层农技推广体系改革与建设

通过健全机构、明确职责、理顺体制、稳定队伍、创新机制、优化模式、强化管理等一系列措施，推动基层农技推广体系健康发展。要继续加强对县级农业部门的指导和管理，紧紧围绕本县农业农村经济工作重点，强化公共服务职能，细化农技推广服务目标任务，及时下达到各级农技推广服务机构，分工到岗，责任到人，并通过严格的绩效考评，强化对补助资金和农技人员的管理，切实做到奖惩分明，提高服务效能。

二、不断提升农技推广服务效能

尽快完善并巩固以"专家定点联系到县、农技人员包村联户"为主要形式的工作机制和"专家+试验示范基地+农技推广人员+科技示范户+辐射带动户"的技术服务模式，建立健全县、乡、村农业科技试验示范基地网络。要广泛采用好的技术服务模式、集成轻简适用的农业技术以及科学高效的运行管理机制。要积极利用基于移动互联的农技推广服务云平台、农业科技网络书屋等信息化服务手段推广农业技术，推进农业科技进村入户，努力提高技术到位率。

三、加强农技人员队伍建设

在做好基层农技人员岗位教育和知识更新工作的前提下，根据不同需求，采取异地研修、集中办班和现场实训等方式，大力开展农技推广骨干人才培养工作，探索建立农技人员"跟踪科研、学习技术、快速应用"的长效机制。各地要结合"特岗计划"，鼓励高校涉农专业毕业生到乡镇从事农业技术推广服务工作，改善农技推广队伍结构，提升推广服务水平。

四、强化项目实施管理

2014年补助政策继续基本覆盖全国所有农业县（市、区、团、场，以下简称农业县）。农业县必须按照中央或各省（区、市）农业技术推广体系改革要求完成改革任务，必须在乡镇（或区域）一级有机构、有编制、有人员、有经费保障。各省要根据产业发展需要、产业规模大小、农技推广工作开展、绩效考评等情况，合理确定一定权重，以粮食生产为主，科学分配各农业县补助资金，重点支持种植、畜牧、渔业及农机等实用技术服务。地方各级财政对公益性推广机构履行职能所需经费要给予保障，把乡镇或区域性农业技术推广机构人员工资和工作经费纳入财政预算，持续加大对农业技术推广、农民科技培训、农技人员知识更新培训等工作的支持力度。今年，农业部继续将基层农业技术推广体系改革与建设作为对省级农业部门进行延伸绩效管理的项目之一，推进政策落实，并将考核情况与下一年度资金安排挂钩。

五、强化资金使用管理

2014年中央财政补助资金主要用于农业技术推广服务、农业科技示范、农业技术人员能力建设等方面补助，具体要求与上年一致。各省财政、农业部门要加强对补助资金使用与监督管理，确保补助资金及时到位，通过建立相关管理制度，规范资金使用方向，细化支出范围，明确补助资金严禁用于发工资、办公经费、基础性农业科研、购买农业科技成果和专利以及与技术推广服务无关的其他支出，确保专款专用，一旦发现违规违法行为，按律严肃处理。

六、完善项目管理方式

推行"五到省、一挂钩"的项目管理方式,即将项目资金切块到省、目标任务落实到省、审批权限下放到省、管理责任明确到省、绩效管理延伸到省,将考核结果与资金安排挂钩。请省级农业部门会同财政部门按照管理方式改革要求,明确工作责任,落实管理措施,强化过程督导,严格资金监管,扎实推进对项目县的绩效考核,确保政策落实到位,并于2014年6月16日前将省级项目实施方案报送农业部、财政部备案(电子版发送 kjstgch@ agri. gov. cn)。

七、加大总结宣传力度

各地农业、财政部门要及时总结项目实施过程中的典型模式和成功经验,积极探索符合全面深化改革精神的基层农技推广服务绩效管理办法。大力宣传基层农技推广体系改革与建设成果,深入报道周小贺"扎根基层、一心为农、求真务实、甘守清贫"的先进事迹,通过开展"最美农技员"推介活动,提高农技人员的责任心、使命感,带动农技推广能力与水平的不断提升,促进基层农技推广工作持续健康发展。

农业部办公厅　财政部办公厅
2014年5月20日

来源:http://www.moa.gov.cn/zwllm/tzgg/tfw/201405/t20140523_ 3915351.htm

26. 农业部办公厅 财政部办公厅关于深入推进草原生态保护补助奖励机制政策落实工作的通知

农业部办公厅 财政部办公厅
关于深入推进草原生态保护补助奖励机制政策落实工作的通知

有关省、自治区农牧(畜牧、农业)厅(局)、财政厅,新疆生产建设兵团畜牧兽医局、财务局,黑龙江省农垦总局:

2014年,草原生态保护补助奖励机制政策(以下简称草原补奖政策)继续在内蒙古、四川、云南、西藏、甘肃、青海、宁夏、新疆和河北、山西、辽宁、吉林、黑龙江等13个省区,以及新疆生产建设兵团、黑龙江省农垦总局实施。为深入推进草原补奖政策落实,现将有关事项通知如下。

一、加快补奖任务资金落实

各省区要进一步加大工作力度,按照目标、任务、责任、资金"四到省"的总体要求和任务落实、补助发放、服务指导、监督管理、建档立卡"五到户"的工作原则,切实把各年度任务资金落实到草场牧户,补奖资金不得长期滞留在各级财政。要将任务资金落实情况纳入绩效考核指标体系,扎实开展绩效评价,深化评价结果与绩效考核奖励资金安排相挂钩的机制。任务资金落实情况较差的地区,不得安排奖励资金,并在适当范围予以通报。要严格补奖资金专账管理，严禁自行跨科目调剂或挪作他用。年度结余资金要及时上报财政和农牧部门，申请结转下年同科目使用。资金发放到"一卡通"或"一折通"的，要注明资金项目名称，强化农牧民对草原补奖政策的认知。牧草良种补贴实行项目管理的，要加强项目资金的使用监管。加强对禁牧和草畜平衡工作的组织指导，完善草原载畜量标准和草畜平衡管理办法，健全禁牧管护和草畜平衡核查机制。各级草原监理机构要严格巡查禁牧区、休牧期的牲畜放牧情况，发现问题及时处理，努力确保补奖政策实施成效。

二、及时准确填报补奖信息

为全面及时掌握草原补奖政策任务资金落实情况，农业部组织开发了草原补奖机制管理信息系统，建立了补奖信息定期报送制度。目前，信息系统和报送制度总体运行情况良好，但部分地区仍存在信息系统填报进度较慢、月报表格报送不及时、数据质量较差等问题。请各地高度重视，加大投入力度，明确专人管理，开展技术培训，确保及时准确完成补奖信息填报工作。请于今年6月底前完成2012年牧户信息采集录入工作，8月底前完成2013年牧户信息采集录入工作，10月底前完成牧草良种补贴信息和草地地块信息的采集录入工作。严格按照时间节点要求报送补奖信息定期月报表格。财政部和农业部将在今年对各省区的绩效考核评价指标体系中，增加补奖信息填报方面的指标赋分权重。请各省区在对下开展绩效考核评价中，也相应增加赋分权重，并在督导检查时，注意提前抽取补奖信息系统数据，实地比对审核，审核不合格的不能评定为优秀等次。

三、开展政策实施成效评估研究

各省区要组织有关草原科研教学、监理监测和技术推广单位，分区域、分类型开展草原补奖政策实施成效评估研究。评估研究既要有面上总体情况调度，又要深入到基层一线草场牧户调查研究，多研究一些典型案例，务求摸清现状、掌握实质。调研中发现的典型经验和做法，要采取多种形式及时进行宣传报导。要加快草原监测网点建设，定期开展监测工作，及时发布监测信息，为评估研究政策实施成效提供科学依据。各省区都要组织开展专题研究，将研究成果于12月底前报农业部畜牧业司。

四、划定和保护基本草原

今年的中央1号文件明确提出，要稳定和完善草原承包经营制度，2015年基本完成草原确权和基本草原划定工作。要继续按照"权属明确、管理规范、承包到户"的要求，明确草原权属及用途，加强承包合同管理，做到承包草原地块、面积、合同、证书"四到户"。要加快划定基本草原，划定的基本草原面积不应少于本地草原面积的80%。草原补奖政策涉及的禁牧区和草畜平衡区草原，以及享受牧草良种补贴的人工草地，要全部划为基本草原。划定的基本草原要进行县级公告，设立保护标志，统一绘图建档。推进基本草原划定和保护的立法进程，制定出台符合本地实际的地方性法律法规和规章制度。探索建立最严格的损害赔偿制度和责任追究制度，对破坏草原生态环境、造成严重后果的单位和个人，要求恢复、修复、赔偿，实行终身追究制。要采取切实措施，确保基本草原用途不改变、数量不减少、质量不下降。

五、扶持草原畜牧业转型发展

各省区要用足用好绩效考核奖励资金中扶持草原畜牧业发展的资金，推动牧区草原畜牧业转型升级。扶持的主体,既可以是纳入草原补奖政策的家庭牧场和专业大户,也可以是农牧民合作社和农牧业企业。合作社成员要以纳入草原补奖政策的农牧户为主体,农牧业企业要与补奖政策户签订生产购销合同,开展订单生产经营。通过草原补奖政策的实施,不断改善草原畜牧业基础设施和科技支撑条件,优化生产经营方式和产业体系,提高草原资源利用率和劳动生产率,逐步提升草原畜牧业综合生产能力,保障和促进牛羊肉生产供给与农牧民增收,最终实现"禁牧不禁养、减畜不减肉、减畜不减收"。各省区2012年和2013年草原畜牧业发展资金的使用分配方案,务必于6月20日前报送财政部农业司、农业部财务司和畜牧业司。

农业部办公厅 财政部办公厅
2014年5月20日

来源:http://www.moa.gov.cn/sjzz/cws/fagui/201405/t20140523_3915329.htm

27. 农业部办公厅 财政部办公厅关于做好2014年测土配方施肥工作的通知

农业部办公厅 财政部办公厅关于做好2014年测土配方施肥工作的通知

各省、自治区、直辖市、计划单列市农业(农牧、农村经济)厅(委、局)、财政厅(局),新疆生产建设兵团农业局、财务局,黑龙江省农垦总局、广东省农垦总局:

为贯彻落实中央经济工作会议、中央农村工作会议和中央1号文件精神,中央财政安排"农林业科技成果转化与技术推广服务补助资金",支持各地加快测土配方施肥技术推广普及,强化配方肥推广应用,推进科学施肥技术进村入户到田。为确保政策落到实处,切实提高资金使用效率,现将有关事项通知如下。

一、明确工作思路和主要任务

按照转变农业发展方式的总体要求,坚持"增产、经济、环保"的施肥理念,紧紧围绕推广使用配方肥这个核心,创新资金使用新机制,试点对种粮大户等新型农业经营主体使用配方肥的补贴模式;引导企业、新型农业经营主体和社会化服务组织参与配方肥生产、供应和推广服务;探索政府购买服务的有效方式,创新配方肥推广示范、宣传培训和农化服务新模式,切实推动施肥方式转变,提高配方肥使用率。

(一)推动配方肥进村入户到田

1. 开展新型农业经营主体科学施肥示范工程。针对农民合作社、种植大户、家庭农场等新型农业经营主体,探索对其使用配方肥补贴的新机制,可采取"以奖代补、直接补贴"等方式,鼓励其使用配方肥。按照"结构合理、总量控制、方式恰当、时期适宜"的施肥原则,组织实施以推进配方肥应用和施肥方式转变为重点的示范工程,做到有专家指导、有示范对比、有简明标示牌。每个项目县(场、单位,以下简称项目县)要优选10个以上新型农业经营主体建立典型示范样板,示范面积2万亩以上,带动更大范围配方肥的应用和推广。

2. 农企合作推广配方肥。深入开展"百县连百企"活动，积极探索农企合作有效机制；各省（区、市）和新疆生产建设兵团、中央直属垦区（以下简称各省）要根据实际情况，选择1~2个项目县，开展企业全程参与、共同实施测土配方施肥项目试点，探索通过购买服务实施测土配方施肥公益性服务的新方式；充分调动和发挥供销社等农资经营主体的积极性，深入开展整县、整乡、整村等整建制推进测土配方施肥。

3. 因地制宜引导推广配方肥。根据不同地区农业农村经济发展阶段和科学施肥水平，因地制宜加快配方肥推广。一是以农民为主体的市场"按方抓药"模式；二是以智能化配肥设备为依托的"中草药代煎"模式；三是以规模化经营主体为服务对象的"私人医生"模式；四是以"大配方、小调整"为主要技术路线的"中成药"模式。

4. 建立配方肥经销服务网络。在现有肥料经销网点中，筛选一批诚信经营、服务规范的网点（优先考虑供销系统农资体系），建设标准化配方肥经销服务网点，开展测土配方信息查询和现场混配服务。引导大中型肥料企业建立乡（村）直销网点，开展配方肥连锁配送服务。

（二）强化配方肥推广服务

1. 创新农化服务机制。为肥料生产、经销企业培养肥料配方师，引导企业按需生产供应配方肥。扶持建立一批社会化服务组织，为农民提供统测统配统供统施的"四统一"服务，帮助农民施肥到田。大力推广化肥机施深施、水肥一体化等技术，着力改进粗放的施肥方式。

2. 开展测土配方施肥综合信息服务试点。选择工作积极性高、基础条件好、县域测土配方施肥专家咨询系统符合要求的县（市），以12316农业信息服务平台或当地主要农业信息服务平台为主，开展测土配方施肥综合信息服务试点工作，采用农民听得懂的语音、看得懂的信息、收得到的方式，指导农民选肥、用肥。

3. 切实加强科学施肥宣传培训。结合当地实际，采取适合农村、贴近农民、喜闻乐见的形式，推动测土配方施肥技术普及工作。在村民集中活动场所和肥料经销网点，积极推进测土配方信息、施肥指导方案和科普标语上墙，方便农民了解掌握科学施肥知识，直接"按方"购肥施肥，测土配方施肥信息公告栏覆盖90%以上的行政村。利用明白纸、广播、电视、报刊、互联网等媒体，广泛进行宣传培训，引导农民树立科学的施肥观念，自觉应用配方肥，改进施肥方式，提高科学施肥技能，营造科学施肥氛围。

（三）巩固和完善测土配方基础工作

1. 巩固完善取土化验基础。为建设完成县域测土配方施肥专家咨询系统，并及时更新数据库信息，每个县（场、单位）要根据"三至五年一轮回"的要求，采集和分析土壤样品300个以上，逐步实现县域所有行政村和土壤类型"全覆盖"，部分区域根据实际情况加密或拾遗补漏采集分析土壤样品（项目县化验能力不足的，可由省级土壤肥料站（处）指定化验单位完成）。切实加强对项目县化验室管理和考核，不断提升检验检测水平，确保数据准确。

2. 统筹安排田间试验示范。各省（区、市）要组织有关科研院校和各项目县，统筹规划安排田间试验等基础工作，不断完善粮食作物科学施肥技术体系，逐步建立经济园艺作物科学施肥技术体系，同时，探索通过购买服务企业全程参与测土配方施肥的模式。省级土壤肥料站（处）要根据建立经济园艺作物施肥指标体系、中微量元素丰缺指标体系和主要作物肥料利用率研究需要，结合作物布局和各项目县工作能力，统筹规划安排粮食作物"3414"肥效试验、肥料利用率试验、中微量元素单因子肥效试验和经济园艺作物"2+X"田间肥效试验。加强对田间试验工作的管理，确保数据科学、准确。

3. 及时发布肥料配方信息。以取土化验、田间肥效试验、验证试验结果和作物目标产量为依据，科学制定肥料配方。组织制定适应较大区域、较多作物的基肥"大配方"，便于肥料企业批量化生产供应。要定期无偿发布辖区内主要农作物肥料配方、适用区域和配方肥需求数量等信息，引导肥料企业按方生产供应配方肥；及时更新县域测土配方施肥专家咨询系统，方便基层网点按方为农户配肥供肥。

二、项目县任务安排原则及要求

各省农业部门要会同财政部门，按照"资金与工作任务匹配，资金与工作绩效挂钩"原则，筛选确定2014年测土配方施肥补助项目县，并根据耕地面积、农作物种植面积和工作基础，结合绩效考评情况，确定工作目标，安排工作任务，分配项目补助资金。原则上每个项目县补助资金控制在100万元以内，要积极探索资金使用新模式，资金使用重点要逐步向使用配方肥补贴方式转变。确定项目县、安排工作任务和资金分配要符合以下要求。

（一）创新机制，实行差别化的资金安排和项目管理

为了加快配方肥的推广和应用，今年各省要逐步转变资金使用方式，要在探索资金补助方式上下工夫，探讨鼓励农民使用配方肥的新模式。项目资金要向工作条件好、积极性高、代表性强的项目县倾斜，以利于推广配方肥的下地到田和建立健全配方肥下田的长效机制，切实发挥提升科学施肥水平示范引领作用。

（二）统筹安排，稳步推进科学施肥和完善技术支撑系统

各项目县要完成基本的测土化验和田间试验，及时更新数据库信息；各省要根据本省作物布局、土壤类型和工作基础，科学设定田间试验等工作任务，统筹规划安排，统一试验方案，组织有条件的项目单位具体实施，坚决避免"一刀切"式的重复劳动。

（三）末位淘汰，对考核验收不合格的暂停项目实施

要严格项目管理，根据历年项目实施情况和年度项目合同任务进行考核验收。对考核验收不合格的，暂停承担测土配方施肥补助项目任务。

三、强化组织领导和项目资金管理

（一）加强组织领导、规范项目实施

各级农业部门要会同财政部门，加强组织领导，建立健全项目工作机制，按照"政府主导、部门主推、统筹协调、合力推进"的原则，深入推进测土配方施肥工作。项目省与项目县要签订项目合同，明确项目目标任务，督导项目县严格按照技术规范和工作方案，组织开展测土配方施肥工作。

（二）强化数据审核报送和指导服务

省级土壤肥料站（处）要切实加强对项目县测土配方施肥相关数据质量审核，确保测土配方施肥数据的准确、可靠，及时录入和更新测土配方施肥数据库。项目县必须按时向国家测土配方数据管理平台（扬州土肥站）上报有关测土配方施肥数据信息。在关键农时季节，要组织专家开展巡回指导和现场技术服务，举办测土配方施肥现场观摩活动，加强对基层农技人员、肥料经销商、科技示范户的技术培训与技术指导。

（三）加强资金管理和督促检查

各地要严格按照资金管理要求，本着资金与任务相匹配的原则，实行测土配方施肥专账管

理，专款专用，防止出现骗补和挪用，严禁截留和超范围支出。省级农业部门要会同财政部门，按照项目实施方案和项目合同，加强项目检查督导，及时掌握项目任务落实、资金使用、工作进度、效果评价等情况。对项目管理不规范、专业人员队伍缺乏、当地政府重视不够、项目实施效果不好、验收不合格的项目县，要予以通报批评并限期改正；问题严重的，收回项目资金，依法依纪处理。

请各省级农业部门会同财政部门于2014年5月30日前，将本省（区、市）测土配方施肥项目实施方案及资金任务汇总表（式样见附件）分别报送农业部（2份）和财政部（1份）审核备案。同时，将本省（区、市）项目总体实施方案、资金任务汇总表（EXCEL格式）及经审查同意的各项目县（场、单位）具体实施方案的电子文档发至cetushifei@163.com。黑龙江省农垦总局和广东省农垦总局通过农业部农垦局报送。2014年12月5日前将年度测土配方施肥项目总结（特别是探索通过购买服务，企业全程参与实施测土配方施肥项目试点，以及对新型农业经营主体使用配方补贴方式试点情况）报农业部、财政部。

联系电话：010-59191509（农业部种植业管理司）
010-59192524（农业部财务司）
010-68551431（财政部农业司）

农业部办公厅　财政部办公厅
2014年5月19日

来源：http：//www.moa.gov.cn/zwllm/cwgk/zdxm/201405/t20140523_3915330.htm

28. 农业部 国家林业局 国务院扶贫办 商务部 国家发展改革委 科技部 全国供销合作总社关于印发特色产业增收工作实施方案的通知

农业部 国家林业局 国务院扶贫办 商务部 国家发展改革委 科技部 全国供销合作总社关于印发特色产业增收工作实施方案的通知

根据《中共中央办公厅 国务院办公厅印发〈关于创新机制扎实推进农村扶贫开发工作的意见〉的通知》（中办发〔2013〕25号，以下简称《意见》）和国务院扶贫开发领导小组有关要求，农业部、国家林业局、国务院扶贫办、商务部、国家发展改革委、科技部、全国供销合作总社制定了《特色产业增收工作实施方案》。现印发你们，请认真贯彻落实《意见》精神，参照实施方案有关要求，配合对口部门，加强沟通衔接，及时反映工作中新情况、新问题，共同推进特色产业增收工作。

附　特色产业增收工作实施方案

为贯彻落实《中共中央办公厅 国务院办公厅印发〈关于创新机制扎实推进农村扶贫开发工作的意见〉的通知》（中办发〔2013〕25号）文件精神，推进贫困地区特色产业增收工作，制订本方案。

一、总体要求

（一）总体思路

深入贯彻落实党的十八大和十八届三中全会精神，全面贯彻落实中央关于新时期扶贫开发的部署要求，按照《关于创新机制扎实推进农村扶贫开发工作意见》要求，依据农业行业扶贫开发规划、特色农产品区域布局规划、林业扶贫攻坚规划等一系列规划，围绕贫困地区优势特色产业，以促进扶贫对象增收为目标，以改善生产生态条件为保障，着力提高综合生产能力、抗风险能力和市场竞争能力，推进农业生产经营专业化、标准化、集约化、市场化，完善现代农业产业体系，努力促进贫困地区特色产业增收，切实提高贫困地区的自我发展能力。

（二）基本原则

1. 坚持尊重自然规律。立足贫困地区自身资源优势，坚持因地制宜，宜农则农、宜林则林、宜草则草，选择最适宜的产业，发展适度规模经营。

2. 坚持遵循市场规律。充分发挥市场在资源配置中的决定性作用，加强政府引导，尊重农民意愿，按照市场需求，积极发展优势特色产业。

3. 坚持重视新型经营主体培育。重点扶持农民合作社、家庭农林场、种养专业户，提高农民组织化程度，通过适合的经营主体使特色产业最大限度地覆盖贫困村和贫困户，鼓励工商资本进入产前、产后环节，把农村生产领域更多地留给贫困农户。

4. 坚持产业间协调发展。树立循环农业、生态农业的发展理念，积极推行种养结合模式，促进种养加协调发展。

5. 坚持开发与保护并重。充分考虑当地资源环境和生态条件，防止过度开发，同时兼顾生态环境保护，提高资源利用率，促进贫困地区特色产业可持续发展。

（三）发展目标

到2015年，贫困地区特色产业实现布局合理，农村基础设施明显改善，农林牧业综合生产能力稳步提升，贫困农户力争实现每户掌握1~2项农林牧业实用技术，至少参与1项农林牧业增收项目，贫困地区农民人均纯收入增长幅度高于全国平均水平。到2020年，贫困地区初步构建农村特色产业体系，农民人均纯收入显著增加，实现脱贫目标。

二、区域主导产业

（一）六盘山片区

大力发展马铃薯、小杂粮、玉米、中药材、苹果、红枣、核桃、沙棘、肉苁蓉、藤芒等优势特色产品，加强专用春小麦、马铃薯和油菜等优质种子生产建设，积极推进高原夏菜、球根花卉、压砂瓜、啤酒大麦、酿造葡萄等特色农产品生产。有序发展优质牧草业和牛、羊等畜牧业，合理发展鲑鳟鱼、鲟鱼等水产养殖，加快发展沙产业。

（二）秦巴山片区

做大做优油橄榄、核桃、油茶、板栗、竹林、猕猴桃、脐橙、食用菌、蚕桑、茶叶、魔芋、杜仲、天麻、贝母、木瓜、蔬菜、苗木花卉等优势产业。培育特色山珍、道地中药材、山地杂粮、经济林果等特色产业。重点发展地方优良畜禽品种和特种养殖业。合理发展大鲵、细鳞鲑等特种水产养殖。

（三）武陵山片区

在具备生产条件的宜林地、高山草场等地区适当发展特色产业。重点发展油茶、核桃、竹林、茶叶、蚕茧、烤烟、高山蔬菜、魔芋、柑橘、杨梅、中药材、干果、楠竹和"节粮型"特色畜产品。加强速生丰产用材林基地建设。合理发展山区冷水性鱼类养殖。

（四）乌蒙山片区

重点发展酿酒专用粮、优质烤烟、中药材、山地马铃薯、蔬菜、竹林、油茶、茶叶、核桃、石榴、薄壳山核桃、花椒、辣椒、苦荞、苹果、脐橙、食用菌、生态畜牧业等区域性特色农产品。加强速生丰产用材林基地建设。

（五）滇桂黔石漠化片区

大力发展生态型特色优势农牧产品，巩固发展糖料蔗、油菜、马铃薯、茶叶、蔬菜、烤烟等传统优势产业，积极发展三七等中药村、芒果等热带水果和桑蚕、油茶、核桃、小桐子、花椒、八角等特色农林产品，稳步发展山坡种草养羊、牛等草地生态畜牧业。加强速生丰产、珍贵用材林基地建设。

（六）滇西边境片区

大力发展以核桃、油茶、澳洲坚果为重点的特色经济林，石斛、重楼、滇红花、金银花等道地中药材，香蕉、菠萝等热带水果及花卉苗木。因地制宜发展水奶牛、乌骨羊、野猪、竹鼠等特种养殖及水产养殖；推进生猪、肉牛和家禽的规模化养殖。

（七）大兴安岭南麓片区

积极发展葵花、亚麻、蓖麻、山野菜、食用菌、中草药、蔬菜、瓜果等经济作物，大力发展文冠果等特色经济林及速生丰产用材林。充分利用饲草资源及丰富的秸秆资源，发展肉牛、奶牛、绵羊等生态畜牧业。加大草原红牛、东北民猪等地方优良品种保护和利用力度。大力发展蓝莓、山杏、榛子、果用红松等林下经济。合理发展北方特有山区冷水性鱼类养殖。

（八）燕山-太行山片区

重点打造错季蔬菜、马铃薯、杂粮、食用菌、中药材、肉蛋奶等优势产业，积极发展黄花菜、万寿菊、黄芪等地方特色优势农产品。优先发展苹果、仁用杏、大枣、核桃、板栗等林果业。

（九）吕梁山片区

重点支持做大做强红枣、核桃、杂粮、苹果、马铃薯、黄芪等特色优势产业，积极发展生态畜牧业、特色水产养殖业，着力推进区域性农产品生产基地建设。

（十）大别山片区

积极推进优质专用小麦、专用玉米、优质水稻、优质棉花、优质花生、双低油菜产业带建设。大力推进山区茶叶、油茶、中药材、板栗、大别山核桃等特色林产品规模化发展。积极促进皖西白鹅、江淮黑猪、樱桃谷鸭、固始鸡、大别山黑山羊、鸿翔肉鸭、鲟鱼、鳜鱼等地方特色畜禽和水产品种产业化发展。

（十一）罗霄山片区

稳定粮食播种面积，积极推广水稻良种，鼓励"单改双"。大力发展脐橙、油茶、毛竹、花卉苗木等特色林果业。积极发展蜜桔、茶叶、白莲以及生猪、牛、蔬菜、水产品、家禽中药材等特色农产品生产。

（十二）西藏地区

重点打造青稞、高原马铃薯、绿色蔬菜、绿色水果、牦牛等优势产业，大力发展藏西北绒山羊、藏猪、藏鸡等地方特色优势农产品，促进林下产品和藏药材产业快速发展。

（十三）四省藏区

积极发展青稞、油菜、马铃薯、水果、中藏药材、桑蚕、蔬菜、牦牛、藏系羊、藏鸡、藏猪、冷水鱼等特色产品。

（十四）南疆三地州

积极发展优质棉花等地方优势产业，重点发展枸杞、苹果、核桃、枣、巴旦木、特色梨、葡萄、薰衣草等林果产业和优质肉牛羊、细毛羊等畜牧产业。

三、建设重点

(一) 现代特色农林业产业体系建设

大力发展特色农业产业。加强粮食生产能力建设，提升贫困地区粮食供给保障水平。加快特色种植新品种的引进、改良，推广标准化生产技术，建立健全标准化生产体系，发展"三品一标"，提升特色产品品质。因地制宜推广生态种养结合模式，发展循环农业。

加快发展特色林业产业。加快推进木本粮油、特色经济林、林下经济、木材战略储备基地、花卉苗木培育、竹产业、森林旅游业、野生动植物繁育利用产业、沙产业、林产工业等十大产业发展进程。扩大林权抵押贷款的规模和范围，加大中央财政扶持力度，确保绿色富民产业顺利实施。

积极发展特色农林产品加工与物流业。改造传统加工工艺，加快培育一批特色农林牧加工集群，转化增值贫困地区特色产业优势。强化物流基础设施建设和产销信息引导，升级改造农贸市场和批发市场，加强农产品冷链物流体系建设。积极推进贫困地区产业化经营，加大对产业化龙头企业和农民合作社的扶持力度，鼓励各级龙头企业与贫困农户建立深度融入的利益联结机制。

(二) 农业基础设施和装备条件建设

加强基本农田建设。加大贫困地区中低产田改造和水土流失治理力度，加强贫困地区基本口粮田建设，实施中低产田改造，积极发展设施农业、高效生态农业、旱作节水农业，有效增强防灾抗灾能力。加大林果业基础道路、作业道、节水灌溉等基础设施，加快实施林果良种、良法推广力度。

改善养殖业生产条件。加快实施畜禽水产良种工程，加大饲草饲料基地和健康养殖池塘建设，支持规模化养殖场标准化改造和建设。加快草原围栏、棚圈和牧区水利建设，配套发展节水高效灌溉饲草基地。

发展农业机械化。认真落实农机购置补贴政策，加大先进适用、安全可靠、节能减排、生产急需的农业机械推广应用力度。条件适宜地区要着力推进全程机械化。

(三) 农业生产经营及技术服务支撑保障体系建设

提升农业公益性服务能力。围绕贫困地区特色农林牧业发展，加大对先进、适用技术的研发、引进、示范、推广力度。加强农林有害生物监测预警和防控能力建设，推行专业化统防统治。加强动物防疫体系建设，切实控制重大动物疫情。尽快建立完善农产品质量安全检测、动植物保护等农业服务支撑保障体系。充分发挥贫困地区供销合作社在农业社会化服务中的重要作用。加强贫困地区农业综合信息服务平台建设。

发展农业经营性服务。培育壮大贫困地区专业服务公司、专业技术协会、农民经纪人等各类社会化服务主体，提升农机作业、技术培训、农资配送、产品营销等专业化服务能力。加强农业社会化服务市场管理，规范服务行为，维护服务组织和农户的合法权益。

加强科技推广应用。加大贫困地区科技特派员工作力度，引导科技人员与农民形成利益共同体开展创业和服务，促进科技、信息、资金等现代生产要素向贫困地区农村集聚，加强适用技术成果转化示范力度。引导科技特派员创业链建设，促进贫困地区特色产业的技术创新和产业升级。组织遴选14个连片特困地区农业适用品种和技术，并向社会公开发布，为贫困地区农业发展提供科技支撑。

着力解决融资难问题。国务院扶贫办与国家开发银行、中国进出口银行等政策性银行开展扶贫金融合作，帮助龙头企业解决融资难问题，促进贫困地区产业发展。着力推进扶贫小额贴息贷款工作。对没有外出就业、年龄偏大、缺乏技能的贫困户给予额度5万元以下、期限3年以内的扶贫小额贴息贷款，支持发展特色优势产业。

(四) 特色产业经营主体培育

以生产型、经营型、技能服务型人才和农村实用人才带头人为重点，大力加强农村实用人才和新型职业农民队伍建设，着力扶持农民合作社、家庭农林牧场、种养大户等新型农业经营主体发展壮大。充分利用现有培训资源，为贫困地区组织各种形式的农村生产技术、职业技能培训和管理干部培训。围绕特色产业增收，大力实施新型职业农民培育工程、基层农技推广体系补助项目，进一步实施好"西部之光"访问学者计划，坚持与贫困地区互派干部挂职。支持高校毕业生和各类优秀人才投身贫困地区现代农林牧业建设，鼓励外出务工农民带技术、带资金回乡创业。

（五）生态建设与环境保护

发展环境友好型农业。鼓励利用太阳能、风能等再生能源，开发利用农作物秸秆、畜禽粪便、薪柴等生物质能源。发展秸秆养畜、秸秆还田、秸秆成型燃料，推进秸秆综合利用。积极发展农村沼气，建设大中型沼气工程，加强规模养殖场粪污资源化处理。推广节水、节肥、节地、节药、节能等技术，发展农业清洁生产，推进种养循环发展，建设现代生态农业示范基地，发展生态友好型农业。

加强草原生态环境建设。继续实施退牧还草工程和草原生态补奖机制，推行禁牧和草畜平衡，恢复天然草原植被及其生态功能。大力开展人工草地、飞播草地和天然草地补播改良等草地建设。

加大林业生态保护和建设力度。继续实施新一轮退耕还林还草，积极推进防沙治沙、石漠化治理、防护林体系建设，加强野生动植物和自然保护区建设，恢复和保护湿地资源。

加强水生生物资源养护。坚持并不断完善禁渔区和禁渔期制度，通过减船和转产转业等措施，控制捕捞强度，加大水生生物增殖放流力度，通过人工鱼礁、海洋牧场等措施修复渔业水域生态环境，加强水生生物保护区建设，开展渔业水域生态环境监测。

（六）加强农产品流通体系建设

完善农产品流通网络。改善流通基础设施，支持农产品批发市场和产地集配升级改造，加强集配中心、冷藏储运等流通基础设施建设。促进跨区域农产品产销衔接，推动零售市场多元化发展。

抓好农超对接、肉菜和中药材流通追溯体系建设。继续推动大型连锁企业与农民合作社对接，做好"农超对接进万村"培训。扩大肉菜流通追溯体系覆盖面，将实施范围扩大到20个城市，在主要中药材专业市场所在省份，全面启动中药材流通追溯体系建设工作。

四、任务分工

为切实抓好工作落实，将《关于创新机制扎实推进农村扶贫开发工作意见》中"特色产业增收工作"的各项任务进行分解。

关于"积极培育贫困地区农民合作组织，提高贫困户在产业发展中的组织程度"，由农业部牵头，全国供销合作总社参与。

关于"指导连片特困地区编制县级特色产业发展规划。加强规划项目进村到户机制建设，切实提高贫困户的参与度、受益度"，由农业部牵头，国务院扶贫办、国家发展改革委、国家林业局参与。

关于"到2015年，力争每个有条件的贫困农户掌握1至2项实用技术，至少参与1项养殖、种植、林下经济、花卉苗木培育、沙产业、设施农业等增收项目。到2020年，初步构建特色支柱产业体系"，由国务院扶贫办牵头，农业部、国家林业局参与。

关于"深入推进科技特派员农村科技创业行动，加快现代农业科技在贫困地区的推广应用"，由科技部牵头，农业部参与。

关于"畅通农产品流通渠道，完善流通网络"，由商务部牵头，农业部、国家发展改革委参与。

关于"鼓励企业从事农业产业化经营，发挥龙头企业带动作用，探索企业与贫困农户建立利益联结机制，促进贫困农户稳步增收"，由农业部牵头，商务部、国务院扶贫办参与。

五、保障措施

（一）加强组织领导，明确责任分工

加强工作衔接，做好顶层设计和工作指导，做好产业扶贫规划与扶贫专项资金的有机结合。各省区相关部门要按照实施方案要求，加大规划实施、资金支持和产业培育力度。县级相关部门根据产业扶贫规划，负责整合资金、组织实施特色产业增收工作。

（二）整合资金渠道，加大支持力度

利用扶贫、农业、林业、商务等现有项目和资金渠道，以县为单位整合资源，重点支持贫困地区高产创建、规模化种养殖、农林产品加工、农民合作社发展等。

（三）做好沟通协调，强化工作指导

每年10月15日前，国家林业局、国家扶贫办、商务部、国家发展改革委、科技部、全国供销合作总社将工作进展情况送农业部汇总，以便及时沟通新情况、新问题并提出解决措施。10月底前，农业部及时将工作进展情况汇总报国务院扶贫开发领导小组。

2014年5月15日

来源：http://www.moa.gov.cn/zwllm/tzgg/tz/201406/t20140604_3926327.htm

29. 农业部办公厅 财政部办公厅关于做好2014年农产品产地初加工实施工作的通知

农业部办公厅 财政部办公厅关于做好
2014年农产品产地初加工实施工作的通知

农办财〔2014〕30号

各有关省（自治区）农业（农牧、农村经济）厅（局、委）、财政厅，新疆生产建设兵团农业局、财务局：

为改善我国农产品产地初加工条件，减少产后损失，均衡市场供应，稳定市场价格，促进农民增收，提高农产品质量安全水平，中央财政安排"农业科技成果转化与技术推广服务补助资金"，支持农产品产地初加工设施建设。为确保政策落到实处，切实提高资金使用效益，现将有关事项通知如下：

一、实施原则

围绕"增加供给、均衡上市、稳定价格、提高质量、保证加工、促进增收"的目标，加快推进主要农产品储藏、保鲜、烘干等初加工设施建设。

（一）突出扶持重点

以马铃薯主产区为重点兼顾果蔬优势产区，实施区域和对象要向现代农业示范区、新型经营主体倾斜，推进集中连片建设。

（二）农民为主建设

政府部门主要通过资金补助、技术指导和培训服务等措施，鼓励引导农民专业合作社和农户出资出劳，自主建设初加工设施，不搞包办代替。

（三）阳光规范操作

推进项目管理全程公开，简化程序，方便群众。政策内容、资金分配、受益主体确认以及项目验收等环节公开透明，相关情况及时向社会公布，接受群众监督。

二、实施内容

（一）补助范围

2014年新建的马铃薯储藏窖、果蔬保鲜库和烘干设施。

（二）补助对象

承担项目实施的农民专业合作社和农户。每个专业合作社补助数量不超过5座，每个农户补助数量不超过2座。

（三）补助标准

中央财政资金对纳入目录的各类设施实行全国统一定额补助（补助设施目录及标准见附件1）。

（四）补助方式

采取"先建后补"方式。按照规定程序申报并获得批准建设完成的初加工设施，经县级农业、财政等部门组织验收合格后，由县级财政部门向实施对象兑现补助资金。

三、组织管理

省级农业、财政部门要依据本通知要求，制定本省（区、兵团）项目实施方案（样式见附件2），并于5月16日前联合上报农业部、财政部（各一式二份）审核；农业部商财政部及时将审核意见反馈各省；省级农业、财政部门进一步修改完善后，及时下发县级部门实施。项目实行两次公示制，分别在建设主体确定和补助资金拨付环节进行公示，公示时间不少于7天。项目实施由农民专业合作社或农户自愿提出建设申请（申请表格式参见附件3）。如果申请者较多，所需资金超过预算额度，要按照公开、公平、公正原则，采取农民认可的方式，合理确定补助对象。

在农业部、财政部指导下，省级农业、财政部门对项目实施负总责。各省农业、财政部门要结合本地实际，强化组织领导，细化实施方案，明确工作要求，落实管理责任，并于12月15日前将政策年度实施总结报告报送农业部和财政部。县级农业、财政部门具体做好项目实施管理工作，要严格执行先审批后建设、先告知农民验收程序和验收指标再开工建设、两次公示、两次管理信息录入（补助设施审批信息和验收信息分别在审批和验收完成后10个工作日内录入农业部"农产品产地初加工设施补助政策管理信息系统"）等制度，抓紧组织项目审批、技术指导、项目验收、资金拨付等工作，加强项目申请、审核、结算等档案的信息化管理，提高工作效率和操作过程的透明度。设施建设完成后，应早验收、早兑付，缓解农民资金压力。

四、监管要求

（一）加强资金监管

各级财政部门应根据项目实施情况及时拨付补助资金。补助资金必须专款专用，不得截留、挤占和挪用。各地应安排必要的工作经费，以保证政策宣传、本地化设计、技术指导与培训、检查验收等工作的顺利开展。严禁将中央补助资金用于工作经费。

（二）合理安排项目

各地要依据本通知有关规定，合理确定项目实施区域和建设规模。项目实施县原则上要相对集中、持续建设，确需调整的，要根据主导产业突出、农民需求旺盛、政府重视支持、部门工作扎实、技术服务有力等条件选择新增项目实施县。

（三）强化技术服务

通过建立项目示范点、树立典型和样板、编写简明实用技术手册等，提高农民应知应会能力和产地初加工技术水平。坚持建管用并举，围绕设施建设、使用、维护等开展专业化、全程化、一体化服务，对已建成的设施要加强监管和维护，努力确保当年建设，当年使用，当年见效。要积极推动设施的综合利用，结合当地实际研究适合不同产品和季节特点的储藏加工技术，实现"一库多用""一窖多用"和"一房多用"，切实提高设施使用效率。

（四）严格工作纪律

农业部、财政部将不定期开展专项检查和重点抽查，严肃查处违规违纪行为，特别是对倒卖补助指标、套取补助资金、搭车收费等严重违规行为，坚持发现一起，查处一起，严厉惩处，绝不姑息。对发生问题的县，要严格查明情况，并通报全国农业、财政系统，同时抄送所在地纪检监察部门，情节严重构成犯罪的，移送司法机关处理。

（五）大力宣传引导

各地应充分利用电视、广播、报纸、网络等新闻媒体，大力宣传农产品产地初加工设施补助政策建设成效、做法经验、技术要点等内容，积极营造良好的社会氛围，促进补助政策高效、规范、廉洁实施。

（六）规范设施标识

农产品产地初加工补助设施实行全国统一标识，该标识应悬挂或喷涂于设施的醒目位置。补助设施验收合格后，由县级农业部门统一编号。编号规则为"县级行政区划代码（6位数字）"+"设施类别代码（3位数字）"+"设施自然编号（5位数字）"。其中设施类别代码由农业部统一制定（附表1），自然编号以县为单位从00001排起。例如：河北省张北县补助建设的第45座20吨储藏窖，编号为130722 00300045。上年已实施项目县，自然编号应在原有排序基础上累加。

附件：（略）

农业部办公厅　财政部办公厅
2014年4月18日

来源：http://www.moa.gov.cn/fwllm/qgxxlb/fj/201404/t20140428_3887084.htm

30. 农业部办公厅 财政部办公厅关于印发《2014年重大农作物病虫害统防统治实施指导意见》的通知

农业部办公厅 财政部办公厅关于印发《2014年重大农作物病虫害统防统治实施指导意见》的通知

相关省（自治区、直辖市）农业（畜牧、农村经济）厅（局、委、办）、财政厅（局），新疆生产建设兵团农业局、财务局，黑龙江省农垦总局：

为落实全国春季农业生产暨森林草原防火工作会议精神，做好重大农作物病虫害统防统治工作，促进粮食丰收，我们研究制定了《2014年重大农作物病虫害统防统治实施指导意见》，现印发给你们，请遵照执行。

农业部办公厅　财政部办公厅
2014年4月4日

来源：http://www.moa.gov.cn/zwllm/cwgk/zdxm/201404/t20140410_3845755.htm

附　2014年重大农作物病虫害统防统治实施指导意见

为有效预防控制暴发性、迁飞性、流行性、检疫性重大病虫疫情，减少小麦、水稻等主要粮食作物和草原病虫危害损失，实现"虫口夺粮"保丰收，特制定本实施指导意见。

一、指导思想和目标任务

树立和坚持"预防为主、综合防治"的植保方针，贯彻落实"公共植保、绿色植保、科学植保"的理念，实行"政府主导、属地责任、联防联控"工作机制，突出主要作物、重大病虫疫情、重点区域、关键环节，大力推进专业化统防统治，大力推进绿色防控，大力推进联防联控、群防群控，全面提升重大病虫疫情应急防控能力和科学防病治虫水平，有效预防控制病虫疫情发生、蔓延危害，保障粮食安全、农产品质量安全、生态环境安全和农产品贸易安全。

通过政策实施，确保农作物重大病虫害不大面积暴发成灾，病虫危害总体损失率控制在5%以下。小麦、水稻等主要粮食作物专业化统防统治覆盖率达到27%以上，政策实施区内主要粮食作物绿色防控覆盖率达到18%以上，飞蝗不起飞成灾，土蝗不扩散危害，入境飞蝗不二次迁飞。

二、补助内容

（一）统防统治范围

1. 小麦重大病虫疫情：天津、河北、山西、江苏、安徽、山东、河南、湖北、重庆、四川、贵州、云南、陕西、宁夏、青海、甘肃、新疆等17个省（区、市），防治面积1 500万亩次。

2. 水稻重大病虫疫情：辽宁、吉林、黑龙江、江苏、浙江、安徽、福建、江西、河南、湖北、湖南、广东、广西、海南、重庆、四川、贵州、云南等18个省（区、市）和黑龙江省农垦总局，防治面积3 500万亩次。

3. 农区蝗虫：天津、河北、山西、内蒙古、江苏、安徽、山东、河南、广西、海南、四川、西藏、陕西、青海、新疆等15个省（区、市）和新疆生产建设兵团，防治面积1 000万亩次。

4. 草原蝗虫：河北、山西、内蒙古、辽宁、吉林、黑龙江、四川、西藏、陕西、甘肃、青海、宁夏、新疆等13个省（区、市）和新疆生产建设兵团，防治面积6 700万亩次。

（二）补助重点

1. 小麦重大病虫疫情防治：重点用于小麦条锈病、赤霉病、穗期蚜虫、吸浆虫等重大病虫疫情发生源头区和重发区，实施应急防治、统防统治和绿色防控。其中，西南、西北、汉水流域麦区以春季小麦条锈病阻截防控为主，江淮、黄淮南部麦区以预防控制赤霉病发生流行为主；黄淮海麦区以防控小麦蚜虫、吸浆虫为主。

2. 水稻重大病虫疫情防治：重点用于早稻、中稻秧苗期"两迁"害虫、稻瘟病、稻水象甲等水稻重大病虫疫情发生源头区、迁飞流行过渡带和重发区，实施应急防控、统防统治和绿色防控。其中，华南、西南稻区以防控"两迁"害虫、稻瘟病为主；江南、长江流域稻区以防控"两迁"害虫、螟虫为主；东北稻区以预防稻瘟病为主。

3. 农区蝗虫防治：重点用于东亚飞蝗、亚洲飞蝗、西藏飞蝗等孳生区、重发区，实施应急防控、统防统治和绿色防控。

4. 草原蝗虫防治：开展生物防治技术试验示范和药剂筛选，推广生物药剂和天敌保护利用技术。

（三）补助标准

小麦、水稻病虫疫情防治每亩次补助10元，农区蝗虫防治每亩次补助5元，草原蝗虫化学防治每亩次补助

1元、生物防治每亩次补助2元。

补助资金主要对病虫疫情源头区和重发区实施应急防治、统防统治等所需药剂、药械（包括绿色防控物化产品）购置和施药作业进行补助。

（四）补助对象

补助对象为实施重大病虫疫情应急防治、统防统治、绿色防控的社会化服务组织、新型农业生产经营主体和农民。

（五）补助方式

补助方式可物化补助，也可采取资金补助，由农业部门会同财政部门根据本地实际确定。采取物化补助的，除用于紧急救灾外，农业部门、财政部门要切实做好统一招标采购工作，认真核实防治任务和相关服务协议，确保相关物资在作业前兑现到位。采取资金补助的，要严格核实实施面积，并根据考核验收结果及时发放补助资金。病虫害突发时，要做好应急物资的订购工作。

三、组织实施

各级农业、财政部门要高度重视，明确分工，落实责任，密切配合，形成合力，推动政策顺利实施。

（一）强化组织领导

各地在推进病虫害防治工作中，要加强组织领导，强化属地管理和行政推动。省级农业部门要会同财政部门及时制订本省实施方案，按照"突出重点、适当集中、确保效果"的原则，因地制宜细化工作任务和资金安排，明确具体实施区域、操作程序、补助对象、补助方式等内容。采用物化补助的，要做好药剂调度和辖区轮换用药计划，并迅速组织县级农业部门和财政部门实施。省级实施方案要于2014年4月30日前分别报送农业部和财政部。6月1日至8月30日，各级草原虫害防治机构要实行24小时值班制度和零报告制度。黑龙江垦区农场由黑龙江省农垦总局统一组织实施。

（二）推进统防统治与绿色防控融合

各级农业、财政部门要充分发挥专业化统防统治防治效果好、效率高的优势和病虫绿色防控生态、环保、安全的优势，大力扶持专业化防治组织及专业大户、家庭农场、农民合作社、农业企业等新型农业生产经营主体开展统防统治和绿色防控融合，确保补助资金发挥导向和激励作用。各级农业部门要积极为政策实施主体提供病虫情报、农资信息服务，切实做好病虫害抗药性监测，加强高效低毒农药推荐、科学用药、轮换用药及综合防控等技术指导，并加强对相关人员的培训，不断提高服务水平和防治效果。

（三）强化监督管理

各级农业、财政部门要加强协调配合，及时下达补助资金，加强资金监管，防止挤占、挪用；加强应急物资订购及统防统治、绿色防控物资招标采购过程监管，防止出现违规违纪行为；加强工作督导，及时纠正政策实施过程中出现的各种问题，确保各项工作和技术措施落到实处。省级农业、财政部门要认真总结政策落实情况，于2014年11月30日前将总结报告报送农业部和财政部。

来源：http://www.moa.gov.cn/zwllm/cwgk/zdxm/201404/t20140410_3845755.htm

31. 农业部关于做好2014年生猪屠宰行业管理工作的通知

农业部关于做好2014年生猪屠宰行业管理工作的通知

各省、自治区、直辖市及计划单列市畜牧兽医（农业、农牧）厅（局、委、办），生猪屠宰主管部门，新疆生产建设兵团畜牧兽医（商务）局，部内有关司局、直属单位：

为贯彻落实《国务院机构改革和职能转变方案》、《国务院关于地方改革完善食品药品监督管理体制的指导意见》（国发〔2013〕18号）、《国务院办公厅关于加强农产品质量安全监管工作的通知》（国办发〔2013〕106号）和中央农村工作会议、全国农业工作会议精神，按照"改革、发展、稳定"的总要求，扎实推进生猪屠宰监管职责调整、履行和改革创新，促进生猪屠宰行业健康发展，保障人民群众"舌尖上的安全"，现就做好2014年生猪屠宰行业管理工作通知如下。

一、切实加强对生猪屠宰管理的组织领导

近年来，我国生猪屠宰行业取得长足发展，但生猪屠宰监管同时也进入了攻坚"深水区"，屠宰场点"多、乱、小、散"并存、屠宰行业产能严重过剩等突出问题和矛盾依然存在。当前又正值生猪定点屠宰监管职责调整，一些地方存在等待、观望、信心不足、部门沟通不畅等情况，生猪屠宰管理有所放松，私屠滥宰、注水或注入其他物质等违法行为有反弹趋势，容易造成食品安全隐患。对此，各地要高度重视，进一步强化属地管理责任，按照地方政府负总责的要求，切实加强对生猪屠宰管理的组织领导和工作协调，确保思想不乱、队伍不散、工作不断，确保生猪屠宰管理各项工作上下贯通、运转顺畅，及时处理屠宰环节质量安全突发事件，实现与生猪屠宰管理新体制的平稳过渡。

二、突出抓好生猪屠宰管理几项重点工作

（一）大力推进屠宰监管职责调整

各地要在当地政府统一领导下，加快推进生猪定点屠宰监管职责移交，确保省、市、县三级职责调整在今年6月底、9月底、12月底前完成，农业部门畜禽屠宰管理职能和措施限期到位。屠宰监管职责调整过渡期间，监管责任仍由原系统承担，并按既定部署做好相关工作。省级畜牧兽医主管部门要进一步加强屠宰监管职责调整信息报送，全面、及时、准确地向我部报送相关工作信息。

（二）加快修订完善屠宰法规标准

组织开展《生猪屠宰管理条例》及配套规章修订，调整充实全国畜禽屠宰加工标准化委员会工作机构，梳理现行国家和行业标准，以强化兽医食品卫生检验为重点，尽快形成行政法规、管理规范和技术标准相配套的法规标准体系，提高全国屠宰管理法制化、科学化水平。各地要按照改革要求和当地屠宰行业发展需求，及时启动屠宰管理地方法规和标准的清理修订工作。

（三）严格生猪屠宰行业准入管理

巩固商务部、农业部等九部门联合开展的全国生猪定点屠宰资格审核清理成果，对申请延期整改和迁建的屠宰厂（场）要严格按规定开展复核审查，仍不达标的要依法取消定点资格。对屠宰企业关停并转有关问题要及时提出政策建议报省级人民政府研究。对新设立的屠宰企业，要严格按照国家相关法律法规、行业发展规划及本地设置规划的要求严格审核把关。严禁在职能划转期间擅自降低标准、违反审批程序进行定点屠宰许可。

（四）严格畜禽屠宰监督执法

督促屠宰企业履行肉品质量安全主体责任，严格执行进厂（场）登记、肉品检验、"瘦肉精"自检、无害化处理等制度，加强屠宰检疫监管，杜绝屠宰病死畜禽。按照国务院食安办

2014年食品安全重点工作安排和农业部2014年农产品质量安全专项整治要求，集中开展畜禽屠宰专项整治行动，严厉打击私屠滥宰、添加"瘦肉精"、注水或注入其他物质等各类违法犯罪行为。各地要充分发挥已有生猪定点屠宰领导小组工作机制，强化行政执法与刑事司法衔接，形成跨部门监督执法合力。

（五）加强畜禽屠宰信息管理

生猪屠宰主管部门要及时登陆全国屠宰行业管理信息系统，补充、更新、完善经审核清理后的屠宰企业基础信息和更新、确认换证状态，确保系统内企业与已报送企业审核状况一致。按照国家统计局新批准实施的《生猪等畜禽屠宰统计监测制度》，督促样本企业及时准确报送相关数据。加快国家畜禽屠宰统计监测软件平台和硬件系统建设，强化统计、监测、分析功能，进一步提升畜禽屠宰管理信息化水平。

三、组织开展屠宰行业重大政策问题调研

屠宰行业上接养殖环节，下连群众消费和市场流通，结合经济社会转型期的迫切要求，研究发挥政府、市场和社会几方面力量推动行业发展的重大政策问题。组织开展《全国生猪屠宰行业发展规划纲要（2010—2015年）》和本省生猪定点屠宰厂（场）设置规划实施情况评估，提出行业减量提升、规范发展的治本之策和需要扶持引导的政策建议。结合国务院关于地方改革完善食品药品监督管理体制的总体要求，研究从养殖到屠宰兽医卫生"职能归并，全程监管"，提升动物源性食品安全水平的有效措施。研究此次生猪定点屠宰监管职责调整后依托动物卫生监督机构承担畜禽屠宰监督执法，在人员编制、经费保障、设施装备和执法条件等方面存在的突出问题和具体需求，重大问题要主动与编办、财政、发展改革等部门沟通协调，及时报当地政府研究解决。

四、综合治理推动屠宰行业健康发展

继续坚持生猪屠宰行业管理的好经验好做法。充分发挥社会和舆论监督的作用，通过媒体公布符合审核清理标准的定点企业名单，及时曝光查处的违法违规屠宰企业，促进屠宰企业合法合规经营，促进行业健康发展。推动建立健全畜禽屠宰行业组织，充分发挥行业组织在行业自律、诚信建设、促进行业健康发展等方面的积极作用。建立实施"黑名单"制度，公布失信畜禽屠宰企业名单，促进行业自律。建立举报核查制度，公布举报投诉电话，及时查处群众反映的肉品质量安全问题。加强舆论宣传和引导，提高全社会肉品质量安全意识，培养消费者科学健康的肉品消费理念，为生猪屠宰行业健康发展创造良好社会氛围。

请各省（自治区、直辖市）生猪屠宰主管部门于2014年4月15日前将最终通过清理审核确认的定点屠宰企业基础信息和延期整改企业整改情况报我部兽医局（农业部畜禽屠宰管理办公室），工作中的问题和建议请及时反馈我部。

联 系 人：冯梁　卢旺

联系电话：010-59191430　59191854　59191855（传真）

电子邮箱：tuzaichu@163.com

农业部
2014年3月28日

来源：http://www.moa.gov.cn/zwllm/tzgg/tz/201404/t20140402_3836773.htm

32. 2014年冬小麦"一喷三防"实施指导意见

2014年冬小麦"一喷三防"实施指导意见

为做好2014年冬小麦"一喷三防"实施工作,保护和调动农民生产积极性,特制定本实施指导意见。

一、实施范围

冬小麦"一喷三防"是在小麦穗期一次性喷施多酮、吡蚜酮、吡虫啉、烯唑醇、多菌灵等杀虫剂、杀菌剂、植物生长调节剂和磷酸二氢钾、氨基酸水溶肥料、腐植酸水溶肥料等叶面喷施肥料,重点防治蚜虫、吸浆虫、赤霉病、白粉病、纹枯病,增强小麦抗逆性,防干热风、防倒伏,增加小麦粒重的重要措施,是促进小麦稳产增产的一项关键技术。

冬小麦"一喷三防"实施范围为河北、山西、江苏、安徽、山东(含青岛)、河南、湖北、四川、陕西、甘肃、新疆等11个冬小麦主产省和冬小麦种植面积在50万亩以上的北京、天津、上海、浙江、湖南、重庆、贵州、云南、宁夏等9个非主产省及新疆生产建设兵团。省级农业部门要会同财政部门根据实际情况,突出小麦生产重点县和集中连片种植区域,兼顾统防统治等社会化服务能力,确定本区域冬小麦"一喷三防"实施范围和项目县。

二、补助对象和标准

(一)补助对象

补助对象为项目区内组织开展喷雾作业的社会化服务组织、自愿实施冬小麦"一喷三防"的农民(含种粮大户、家庭农场)、农民专业合作社。各地农业、财政部门要按照"谁实施、补助谁"的原则,提高补助的针对性,充分发挥补助政策对植保、土肥、农机等社会化服务组织和农民专业合作社、种粮大户、家庭农场等新型农业经营主体的扶持作用。

(二)补助标准

实施冬小麦"一喷三防"作业的区域,每亩补助5元。

三、组织实施

(一)确定实施方式

各地农业、财政部门要结合本地实际,将补助面积分解到乡镇、村屯,将作业地块落实到社会化服务组织、农民专业合作社或农户。作业地块应集中连片,实行整村整乡推进。各地可自主选择植保、农机等具备喷雾作业技术的社会化服务组织和农民专业合作社为其提供作业服务,或由村民委员会组织农户统一开展。

(二)组织补助发放

各地可结合本地实际统筹安排使用补助资金,补助方式可选择兑现物化补助或发放现金,鼓励采取物化补助。采取物化补助的,各地要切实做好政府采购工作,认真核实作业任务和相关服务协议，将采购的物资及时分发到社会化服务组织、农民专业合作社和村组（农户），在实施作业前兑现；采取现金发放方式的，要按照先作业后补助、先公示后兑现的程序，由财政部门将补助资金兑现给实施作业的组织或农户，有条件的地方直接支付到农民"一卡通"账户中。

（三）开展技术指导

农业部门要组织有关技术专家，根据病虫监测结果和农情会商防灾重点，分区域有针对性确定农药、肥料种类及其比例，制定冬小麦"一喷三防"技术规程，并通过广播、电视、报纸、短信、技术培训以及明白纸等多种形式，让基层干部、农民群众、社会化服务人员了解掌握"一喷三防"重点、喷施药肥品种和功效、喷施关键时期等技术要领。县级农业部门要对采购的农药、肥料留样封存备查。有条件的地方要在喷施前进行抽样检测，确保产品质量。

（四）核查公示面积

项目区内的村组要对"一喷三防"情况进行登记造册，由村委会审核，经乡镇复核汇总后上报县级农业、财政部门。县级农业、财政部门要对各乡镇完成的作业面积和作业质量进行验收和抽检，抽检比例不低于10%。验收确认的作业面积要在村务公开栏中公示，公示时间不少于7天。对弄虚作假的作业组织者，要采取有效措施及时予以处理。

四、实施要求

各级农业、财政部门要加强协调配合，积极采取有效措施，强化政策宣传，加强指导服务，严格资金监管，切实做到责任到人、指导到户、落实到田，确保补助资金任务落到实处。

（一）强化组织领导

各级农业和财政部门要切实加强对政策实施的组织领导，明确职责分工。省级农业、财政部门要结合本地实际，根据农业、财政部门下达的作业任务，按照高效便民、不误农时的原则，确定项目实施区域、目标任务、操作程序和补助方式等内容，制定本省（区、市）实施方案并填写2014年冬小麦"一喷三防"任务汇总表，于2014年4月21日前一并报送农业部、财政部备案。同时，将电子稿（任务汇总表以EXCEL格式）发送至 hangyechu@126.com（农业部种植业管理司行业发展处，电话010-59192245）。

农业部实行"一周一报"制度，跟踪了解各地组织实施冬小麦"一喷三防"实施情况。省级农业部门在项目实施方案下发后，要立即启动"一周一报"程序，每周四下午17:00前将汇总统计、经主管领导审签的《冬小麦"一喷三防"任务落实情况调度表》，以及本省（区、市）项目实施总体情况、县市进展情况、中央补助资金执行及地方配套资金情况、经验做法及问题建议等文字材料，一并采取电子邮件方式发送到 hangyechu@126.com 邮箱。

物资采购中标企业确定后，省级农业部门将肥料中标企业名称、产品名称及数量、联系方式等信息汇总发送到 hangyechu@126.com 邮箱，以备开展产品抽查。

（二）加强监督检查

各级农业部门要组织专家、农技员等有关人员分片包干，深入一线开展技术指导和服务。要组织人员及时掌握实施进度，进行规范统计，层层上报汇总。加强督导检查，确保政策措施落实到村、到户、到田。省级农业部门要设立专门举报电话，对项目组织实施过程中发现的问题，及时采取措施进行整改。省级农业部门要会同财政部门，于6月底前将本地区资金落实情况总结及典型材料报送农业部、财政部。

（三）规范使用资金

各级财政和农业部门要切实加强资金监管，强化核查验收，及时足额拨付资金。上年度结余补助资金可由各省（区、市）统筹用于今年政策实施。补助资金要专款专用，一经发现挤占、截留、挪用情况，要严肃追究相关单位和人员责任。要注重发挥纪检、监察、工商等部门的监督作用，确保政策落实到位。

来源：http：//www.moa.gov.cn/zwllm/cwgk/zdxm/201404/t20140410_3845656.htm

33. 2014年农村经营管理工作要点

2014年农村经营管理工作要点

2014年农村经营管理工作的总体要求是：深入贯彻落实党的十八大、十八届三中全会精神以及中央农村工作会议、全国农业工作会议精神，按照全面深化改革和健全城乡发展一体化体制机制的总体部署，坚持稳中求进、改革创新，牢牢把握创新农村经营体制机制这条主线，紧紧抓住赋予农民更多财产权利、切实维护农民合法权益这个根本，着力培育新型农业经营主体，大力发展多元服务主体，加快构建以农户家庭经营为基础、合作与联合为纽带、社会化服务为支撑的立体式复合型现代农业经营体系，为全面深化农村改革、加快推进农业现代化提供体制保障。

一、加强农村土地承包管理和服务，发展多种形式规模经营

（一）稳定农村土地承包关系，完善土地承包经营权权能

认真贯彻农村土地承包法律政策，落实和维护农民对承包土地的各项权利，进一步研究稳定农村土地承包关系并保持长久不变的相关重大问题，配合做好修订完善法律法规工作。按照审慎、稳妥的原则，配合有关部门选择部分地区开展土地经营权抵押担保试点，研究提出具体规范意见。加强调研，深入研究农民以土地经营权入股发展农业产业化经营的具体形式。

（二）抓紧抓实农村土地承包经营权确权登记颁证工作

按照"两年扩大试点、三年全面推开"的总体安排，选择部分省开展整省推进试点，其他省选择1个整县推进试点。总结试点经验，研究制定全面开展农村土地承包经营权确权登记颁证工作的意见，规划进度，明确政策，落实经费。按照中央要求，精心部署动员，加强宣传培训，完善相关制度，为全面推开确权登记颁证工作奠定基础。

（三）进一步加强农村土地承包经营权流转管理和服务

贯彻落实中央关于扶持新型农业经营主体发展农业适度规模经营的有关要求。总结基层实践经验，会同有关部门研究提出建立工商企业流转农业用地风险保障金制度的指导意见。推动土地承包经营权在公开市场向各类新型农业经营主体流转。指导地方依托农村经管机构，建立县乡两级农村土地流转服务平台，完善服务网络，为流转双方提供信息发布、政策咨询、合同签订指导、价格监测等服务。完善土地流转情况监测体系，扩大监测范围，充实监测内容，拓展成果应用。鼓励各地通过以奖代补等形式，在农民自愿前提下组织开展互换并地，解决承包地细碎化问题。鼓励有条件的地方对长期流转出土地的农户给予奖补，支持土地流入方开展农田基础设施

建设。

（四）建立健全农村土地承包仲裁长效机制

深入贯彻实施调解仲裁法，推动出台并组织实施《农村土地承包经营纠纷调解仲裁体系发展规划（2013—2020年）》，建立健全农村土地承包经营纠纷调解仲裁体系。加强仲裁基础设施建设，切实改善调解仲裁工作条件和手段。加大仲裁培训力度，提高仲裁员队伍素质。加强农村土地承包经营纠纷调解仲裁考核评价工作，提高调解仲裁能力，及时有效化解农村土地承包经营纠纷。

（五）扶持和促进家庭农场健康发展

贯彻落实农业部关于促进家庭农场发展的指导意见，推动相关部门出台针对家庭农场的财政、金融、保险、用地、人才等扶持政策。指导地方健全家庭农场管理服务制度，加强示范引导，加大政策扶持，完善服务体系。组织开展家庭农场经营情况全面统计和抽样监测，编制家庭农场年度发展报告。深入开展家庭农场经营者培训，加强家庭农场培育相关重大问题研究。鼓励地方整合涉农项目资金，建设连片标准农田，并引导优先向家庭农场等规模经营农户流转。

二、加强重点领域农民负担监管，推动减负惠农政策落实

（六）加强农民负担监督管理工作指导

深入贯彻落实国办发〔2012〕22号文件精神，进一步健全工作机制，强化工作手段，创新监管思路，完善监管措施。总结推广各地拓展农民负担监管范围的实践做法，加强对农村基础设施建设、农村公共服务、农业社会化服务、强农惠农富农政策落实等领域乱收费的监管。适应构建新型农业经营体系新要求，推动农民负担监管向家庭农场、专业大户、农民合作社等新型农业经营主体延伸，防止乱收费在新的领域孳生蔓延。完善和落实农民负担监管"五项制度"，建立健全涉及农民负担政策文件会签、信息公开和备案制度，推动建立农村基础设施建设项目审核制度。

（七）深入开展农民负担问题重点治理

针对村级组织负担增加较多的新情况，加大向村级组织乱收费乱摊派的治理力度，重点解决政府应承担的建设和服务费用、部门工作经费转由村级组织承担的问题。各地要结合实际，重点选择1~2个农民负担问题突出的领域开展专项治理，有效解决行业性农民负担问题。实行部省联合治理与省级自主治理相结合的方式，继续选择农民负担问题较多的县（市）开展综合治理，强化区域性农民负担问题重点监管。加强农民负担信访案件督查督办，推动解决农民反映的重点难点问题。

（八）完善和规范一事一议筹资筹劳管理

研究制定《一事一议规范管理县管理办法》，开展对规范管理县的动态监测，建立有进有出的监管机制。深入总结推广一事一议规范管理县的典型经验，切实发挥示范带动作用。加强对一事一议组织实施的指导监管，强化筹资筹劳方案审核和专项检查，加强一事一议信息化建设。组织开展一事一议专项审计，重点审计筹资筹劳、负债建设和资金劳务使用情况。继续开展一事一议筹资筹劳政策调研，适时修订一事一议筹资筹劳管理办法，推动健全一事一议财政奖补机制。

（九）强化减负惠农政策落实监督检查

加强对农民负担新情况新问题的跟踪调查、情况核实和督查督办，组织开展农民负担和一事一议专项检查。坚持开展农民负担年度检查和全国重点抽查，通过明查暗访深入查找问题，督办

违规违纪行为。继续开展减负工作督导,实行省级自评、审核评价、重点抽查、通报督导结果的方法,落实监管责任,推动地方建立逐级督导评价制度。扩大农民负担监测范围,修订完善监测指标,构建包括家庭农场、专业大户、农民合作社等新型经营主体的监测指标系统。加大农民负担与一事一议政策和实践操作培训力度,提高农民负担监管队伍的业务素质和工作水平。

三、深化农村集体产权制度改革,加强农村集体资产和财务管理

(十) 积极稳妥推进农村集体产权制度改革

开展集体产权制度改革工作经验交流,深入研究改革中有关资产量化、成员资格界定、股权设置与管理、新型集体经济组织主体地位和治理结构、产权交易等重大问题。研究提出深化农村集体产权制度改革的意见,明确改革的总体思路、目标任务、工作重点、关键环节。指导地方开展农村集体产权制度改革试点。

(十一) 开展农村集体产权流转交易市场建设试点

组织开展农村集体产权流转交易市场建设试点,对交易主体、交易品种、交易规则、业务范围、经营模式、配套政策等内容进行探索,推动农村集体产权流转交易公开、公正、规范运行。鼓励各地依托农村集体资产管理机构建立农村集体产权流转交易市场,依托农村集体"三资"信息化管理平台开展产权交易。开展农村集体产权流转交易市场专题调研,加强农村集体产权流转交易监测统计。

(十二) 加强农村集体资产管理

积极推进农村集体"三资"信息化管理平台建设,加快农村集体"三资"管理制度化、规范化、信息化进程。继续开展全国农村集体"三资"管理示范县创建活动,推进示范县农村集体资产管理机构建设,提升示范县管理水平。加强农村集体资产和资源台账管理,规范集体资产和资源承包租赁经济合同的签订,监督经济合同的履行,健全经济合同备案制度。

(十三) 加强和规范农村财务管理

健全制度机制,做好村级会计基础工作,落实民主理财,完善财务公开,规范民主评议,强化民主管理和监督,搞好农村财务管理专项督查。组织开展农民合作社示范社会计报表编制、报送和分析工作,研究加强合作社财务管理、会计核算的具体措施。加大农村审计工作力度,促进集体财务管理规范化建设。切实做好农村财会和审计人员业务师资培训。

(十四) 建立和完善农村集体土地收益分配管理制度

开展农村集体经营性建设用地收益分配专项调研,研究建立集体经营性建设用地通过出让、租赁、入股等产生收益的管理、使用、分配制度,探索集体经营性建设用地增值收益在国家、集体、个人间公平合理的分配机制。健全完善农村集体征地补偿费专户存储、专账管理、专款专用、专项审计制度和全面公开制度。

四、强化对农民合作社的指导扶持,促进合作社规范发展

(十五) 加强规范化建设

研究制定加强合作社规范化建设的意见,指导合作社健全规章制度、完善运行机制、强化财务管理,提升合作社管理水平和发展质量。认真贯彻落实《工商总局农业部关于进一步做好农民专业合作社登记与相关管理工作的意见》(工商个字〔2013〕199号),加强与工商登记机关的协作配合,做好农民合作社和联合社登记管理工作,建立定期会商与登记信息共享机制。深入

推进示范社建设行动,引导合作社规范发展。认真落实《国家农民专业合作社示范社评定及监测暂行办法》(农经发〔2013〕10号),开展国家示范社申报和评定工作,建立国家示范社名录,为把示范社作为政策扶持的重点提供依据。指导各地开展示范社动态监测,对示范社运行情况进行综合评价,对不合格的示范社取消其资格,推动合作社规范化建设。

(十六)强化扶持和服务

加强与有关部门沟通协调,积极落实支持合作社发展的政策措施。配合财政部门完善有关政策,推动财政项目资金投向符合条件的合作社,把示范社作为扶持重点。推动财政项目形成的资产转交合作社持有和管护,指导合作社建立健全管护机制,明确管护责任,提高资金使用效率,实现资产保值增值。开展农民合作社贷款担保费补贴试点,探索财政资金撬动金融资本的有效方式。配合财政部、国家税务总局研究制定对农民合作社开展农产品加工流通业务给予所得税优惠政策。配合国土部门认真落实农用地政策,划定一定比例的土地用于支持合作社建设配套辅助设施。加大对农民合作社辅导员、带头人、经营管理人员和骨干成员的培训力度。

(十七)支持合作社做大做强

支持合作社开展标准化生产和"三品一标"认证,建立产品质量追溯制度,确保广大人民群众"舌尖上的安全"。鼓励合作社注册自有商标,加强品牌建设,提升合作社产品知名度和影响力。支持合作社开展信息化建设,用信息化手段提升经营管理水平。鼓励合作社大力发展农产品加工和流通业务,拉长产业链,缩短营销链。继续开展农社对接试点,扩大试点范围,发展多种形式的产销衔接。支持合作社坚持自愿互利、自下而上原则,以产品和产业为纽带开展合作与联合。鼓励同业合作社或产业密切关联的合作社在自愿前提下,采取兼并、合并等方式进行重组,共同开展加工营销业务,进一步提升合作社带动农户能力、自我发展能力和市场竞争能力。

(十八)开展农民合作社信用合作试点

会同有关部门研究起草农民合作社信用合作业务规范管理办法。重点围绕粮食、蔬菜、水果、畜禽、花卉苗木等产业,选择一批产业基础牢、经营规模大、带动能力强、信用记录好的合作社,按照限于成员内部、用于产业发展、吸股不吸储、分红不分息、风险可掌控的原则,开展信用合作试点。

(十九)鼓励专业合作、股份合作等多元化、多类型合作社发展

加强对各种类型合作社的指导,将符合条件的各类农民合作社纳入示范社评选等支持范围。鼓励农民以土地经营权折价入股农民专业合作社。正确引导仅以土地流转中介为目的的农民专业合作社发展,防止出现强制"归大堆"的做法。引导农民发展多种形式的股份合作社,增加农民财产性收入。积极推进农民专业合作社法修订工作。

五、深入推进农业产业化经营,辐射带动多元主体发展

(二十)鼓励龙头企业加快转型升级

进一步贯彻落实《国务院关于支持农业产业化龙头企业发展的意见》(国发〔2012〕10号),推动有关部门和地方出台配套措施并加强督促检查,形成上下联动的政策扶持体系。着力破解制约龙头企业转型升级的政策难点,与金融机构加强合作,积极推进金融服务创新、产品创新、制度创新,缓解龙头企业融资难题。鼓励发展混合所有制龙头企业,支持企业兼并重组,组建大型企业集团,培育一批具有国际竞争力、引领现代农业发展的龙头企业。探索总结龙头企业发展现代种养业的好经验,大力宣传向农业输入现代生产要素和经营模式的显著成效,营造良好

的发展环境。

（二十一）推进龙头企业集群集聚发展

积极推进农业产业化示范基地创建，总结宣传各地创建示范基地的典型经验和显著成效。引导龙头企业向优势产区集中，围绕产业链条打造产业集群，发挥示范基地促进新型经营主体发展、带动产业转型升级、推进新型城镇化建设等突出作用。支持示范基地技术研发、质量检测等公共服务平台建设，总结评估项目实施效果，研究完善扶持措施。

（二十二）完善融合多元主体共同发展的机制

充分发挥农业产业化经营有效融合各类农业经营主体的联结带动作用。探索完善"龙头企业+家庭农场"、"龙头企业+合作社+农户"、"龙头企业+农户"等组织模式，建立示范和奖励机制，支持龙头企业为农户提供贷款担保、订单收购农产品、资助农业保险等服务，研究创新财政支持农业产业化发展措施。总结以土地经营权、劳动、资金等要素入股龙头企业发展产业化经营的典型，研究提出形成产权联合利益关系的鼓励措施。

（二十三）强化龙头企业指导服务

深入研究新时期农业产业化在加快构建新型农业经营体系、发展现代农业、推动城乡发展一体化中的地位和作用。会同全国农业产业化联席会议成员单位开展第六次国家重点龙头企业监测。建立农业产业化信息调查系统，开展农业产业化发展情况年度调查和重点龙头企业经济运行情况分析，为制定政策提供参考。大力培养农业产业化人才，举办国家重点龙头企业负责人培训班，指导各地完成龙头企业负责人培训任务。组织龙头企业参加展示展销活动。指导中国农业产业化龙头企业协会开展工作。

（二十四）推动一村一品加快发展

开展一村一品发展情况调查。研究完善全国一村一品示范村镇认定标准，组织认定第四批示范村镇，继续打造一批主导产业突出、产品品质优良、带动农民增收效果显著的专业村镇。举办全国一村一品示范村镇村企对接活动，宣传推介一村一品名优产品。深入研究一村一品发展模式和规律，加强工作指导和服务。开展一村一品示范村镇品牌建设试点，对示范村镇在品牌培育、产品推介、实力提升等方面给予支持。

六、培育发展多元服务主体，构建新型农业社会化服务体系

（二十五）创新服务供给机制和实现形式

在充分发挥农业公益性服务机构作用的基础上，按照主体多元、形式多样、竞争充分的原则，大力培育发展专业服务公司、专业服务合作社、专业技术协会、专业服务队等农业经营性服务组织，积极探索增强集体经济组织服务能力的有效形式。采取政府订购、定向委托、以奖代补、贷款担保、招投标等方式，支持经营性服务组织从事可量化、易监管的农业公益性服务，建设受益面大、收益较低的服务性基础设施。重点开展经营性服务组织创新农业公益性服务供给机制专题研究，提出经营性服务组织参与公益性服务的重点领域、主要方式和扶持政策，探索农业公共服务新机制。

（二十六）创新服务方式和工作手段

鼓励和引导各类服务组织积极拓展服务领域，延长服务链条，创新服务方式，提升服务水平。积极推广专业服务公司加合作社加农户、涉农企业加专家加农户等服务模式，引导各类服务组织与生产经营主体形成稳定的利益关系。探索整合现有服务资源，搭建区域性农业社会化服务

综合平台。重点对各地广泛兴起的合作式、托管式、订单式、承包式等新型服务方式，总结经验做法，加强示范推广。积极探索农业社会化服务示范县创建的有效方式。

（二十七）创新服务组织建设和监督管理

鼓励和引导各类服务组织加强标准化建设，规范服务标准和流程，提升服务质量和水平。农村经营管理机构加强指导和监督，推动建立农业经营性服务的市场管理配套法规和政策，规范服务市场秩序，维护服务购买者的合法权益。加强服务组织诚信建设，探索建立经营性服务主体信用信息归集平台、共享查询平台以及守信失信发布平台。重点开展农业社会化服务标准化建设专题研究，提出重点行业、主要品种生产性服务具体规范标准，制定服务标准合同样本，探索开展社会化服务标准化建设试点。

（二十八）创新服务体系监测和成果转化

加强组织领导，明确职责分工，指定专人负责，切实做好农业社会化服务体系发展情况监测工作。扩大监测范围，充实监测指标，完善数据采集、信息审核、整理填报等工作规程。加强汇总分析，做好成果转化运用，增强监测的真实性、科学性和有效性。

七、加强农经体系建设，做好农村经营管理基础工作

（二十九）扎实推进农经体系建设

认真贯彻落实中央1号文件精神，抓住机遇，积极争取各级党委政府和编制主管部门支持，做好规范农经机构设置与农经事业单位分类改革工作。继续开展基层农经体系建设专题研究，深化在新形势下确保职能履行对机构队伍、管理体制、职责体系和运行机制等基本要求的认识。加强沟通和指导，及时掌握各地农经机构改革动态。

（三十）提升农经统计服务能力

加强调研和工作指导，实施好新的农经统计报表制度。继续开展基层农经统计骨干培训，推动信息采集质量和效率不断提升。进一步提高统计分析时效性，研究制定年报数据适时公开发布办法。

（三十一）加强农村经管调研和宣传

围绕深化农村改革、创新农村经营体制机制、构建新型农业经营体系等方面，选择若干专题组织开展重大问题研究，突出顶层设计，做好政策储备。完善农村经管调研网络，坚持特邀农经调研员制度，充实农经专家队伍，搞好课题研究和成果运用。围绕工作重点、难点、热点问题和典型经验，制订宣传计划，采取多种形式和手段，精心策划、深入开展宣传活动。完善农经信息网站建设，加强农经信息、简报、调研报告编发管理，为领导决策和制定政策提供参考。

来源：http://www.moa.gov.cn/zwllm/tzgg/tz/201401/t20140127_3750045.htm

34. 2014年农药监督管理年活动方案

2014年农药监督管理年活动方案

为进一步加强农药监督管理，依法打击生产销售假冒伪劣农药行为，保障农业生产安全和农

产品质量安全，我部决定2014年在全国范围内深入开展农药监督管理年活动，特制订本方案。

一、指导思想

认真贯彻落实中央农村工作会议、全国农业工作会议精神，紧紧围绕"两个千方百计，两个努力确保，两个持续提高"的目标，以健全农药管理法规体系、监管体系和残留标准体系为前提，以推进高毒农药定点经营、强化农药监督检查、打击制售假劣农药行为为重点，加大力度，强化措施，努力提升农药产品质量，控制农药残留，进一步净化农药市场，全力保障农业生产安全、生态环境安全、农产品质量安全。

二、主要任务

（一）强化农药质量管理

一是强化市场监督抽查。充分利用农药成分监测技术、农药执法信息平台，在农药销售、使用的高峰期，采取随机抽查与指定抽查相结合的方式，对本地区批发零售市场组织开展农药产品质量和标签监督抽查。二是深入生产企业重点抽查。由市场抽查延伸到生产企业抽查，重点抽查近年发现存在质量或标签问题的企业和产品（包括已吊销登记证或专供出口的产品）。三是开展农药打假。汇总、通报各地农业部门抽查结果，推进企业登记产品与抽检结果信息挂钩，强化检打联动，依法查处无登记证或假冒（伪造）登记证生产农药、非法添加（或搭售）隐性农药成分、生产经营假劣农药等违法行为。强化企业第一主体责任，探索差异化管理服务，推行打假打劣与扶优扶强相结合。

（二）强化农药经营管理

一是大力推进高毒农药定点经营。全国范围内积极推进高毒农药定点经营示范县和示范门店创建，建立高毒农药从生产、经营到使用的全程可追溯体系，实行定点经营、专柜销售、实名购买、台帐记载、溯源管理，加强定点经营门店对购买者的使用指导，强化高毒高风险农药生产、经营和使用的监督管理。二是积极探索经营许可或备案管理制度。从农药经营场所条件、人员专业素质要求、内部管理制度等方面对农药经营主体进行规范引导，对经营的农药产品推行备案制度，逐步建立当地农药经营单位、经营产品数据库，防止假冒伪劣农药进入流通领域。三是鼓励发展现代营销体系。因地制宜发展直供直销、连锁配送等现代营销方式，在经营主体、进货渠道和经营产品上发挥规范引领作用。组织行业协会等社团组织，引导农药生产经营企业开展诚信体系建设，加强行业自律。

（三）规范农药登记管理

一是严把登记资料审核关。完善登记资料和试验单位管理制度，加强试验单位、试验现场、试验资料等检查考核，一旦发现出具虚假试验报告或虚假试验数据的试验单位，一律取消其登记试验资格。二是加快小宗特色作物用药登记。创新蔬菜及特色作物用药登记管理制度，加强登记作物、防治对象、用药品种调查及群组化研究，制定减免登记资料的相关政策，鼓励相关协会和省级农业部门相关机构组织联合试验，加快试验登记步伐，尽快解决蔬菜及特色作物"无药可用"问题。三是完善登记评审制度。建立农药登记评审专家库，调整登记评审委员会，完善评审工作规则，规范登记评审、审批程序，及时公开登记信息，实现审批前公示、审批后可查询。

（四）加强农药残留监测

一是加强残留标准体系建设。推进农药登记与农药合理使用准则、农药残留标准制订相衔接，完善农药合理使用准则和农药残留标准体系。二是加强农药残留监测。落实生产经营主体科学使用农药、确保农产品质量安全的第一责任，组织有关检测机构加强蔬菜、水果、茶叶专业化、规模化生产基地（标准园）的农药残留监测。三是探索低毒生物农药补贴机制。争取各级财政支持，推行蔬菜、水果、茶叶等园艺作物使用低毒生物农药补贴，总结补贴模式和工作机制。

（五）加强农药使用管理

一是加强农药使用检查指导。利用各种资源大力培训农民和病虫害防治专业服务组织人员正确识辨、合理选购、科学使用农药方面的知识和技能。重点监督检查专业化、规模化农产品基地、病虫害统防统治组织、农民专业合作社、种植大户、标准园创建等施药现场和用药记录档案，确保农药安全合理使用。二是加强农药风险监测评价。建立农药使用安全风险监测评价体系，加强对容易违规使用、容易产生药害、容易残留超标农药的风险监测和再评估，对安全风险较高的农药使用提出相应监管措施和指导意见。三是加强农药使用安全事故处置。组织制定《农作物药害事故鉴定管理办法》，县级以上农业部门要逐级建立药害事故和农产品质量安全事故技术鉴定专家组，根据农药使用安全事故应急处置预案和农产品质量安全应急预案，落实属地管理职责，做好药害和农产品质量安全事故鉴定及逐级上报，妥善处理事故纠纷。

（六）加强法规制度建设

一是推动法规修订实施。配合国务院法制办，争取国务院早日修订出台《农药管理条例》。二是制定新条例配套规章。做好《农药登记资料规定》、《农药登记管理办法》、《农药标签和说明书管理办法》等配套规章的制修订工作，争取早日颁布实施。三是加强宣传培训。在全国范围内组织开展《农药管理条例》宣传月活动，有针对性地组织宣传、培训、座谈等宣贯活动，使农药生产者、经营者、使用者、监管者知晓农药管理制度和相关基本知识。

三、重点工作

（一）组织开展高毒农药定点经营示范县创建

2月，印发高毒农药定点经营工作方案，落实示范县和示范门店，推动高毒农药可追溯体系建设。4~5月组织督导检查。

（二）组织开展农药市场监督抽查

3月，下达监督抽查任务，确定抽检单位名单，组织各地对市场上流通的农药产品质量和标签进行监督抽查。

（三）组织开展生产企业专项抽查

3~5月，对近年来监督抽查过程中发现问题比较突出、群众举报投诉较多的企业进行专项抽查，重点抽检企业成品仓库产品质量。

（四）组织农药执法督导检查

7~8月，组织工作组到农药生产使用大省及蔬菜水果茶叶生产重点省（区、市），深入农药生产企业、经营门店、田间地头、管理机构等开展农药执法督导检查。

（五）加快小宗作物用药调查和登记

2~3月，组织制订小宗作物用药调查工作方案、登记管理特别规定，筛选确定登记作物、防治对象、农药品种等。

（六）组织农药风险监测评价

3~4月组织制定农药风险监测评价工作方案，确定重点监测评价农药品种、高风险区域和作物等。组织制定农作物药害事故鉴定办法，组建全国农作物药害和种植业产品质量安全事故技术鉴定专家组，督促地方各级农业部门组建相应专家组，及时调度、科学评价管控农药使用风险。

（七）组织园艺作物标准园农药残留监测

4~10月，印发《2014年园艺作物标准园农药残留监测方案》，落实抽检单位及蔬菜、水果和茶叶标准园农药残留抽检任务。

（八）推行低毒低残留农药示范补贴

2月份，制订低毒低残留农药示范补贴方案和低毒低残留农药推介名录，落实项目实施地点。8~9月组织现场观摩，总结交流补贴模式和工作机制。

（九）组织开展农药管理专题宣传

根据新修订《农药管理条例》颁布时间，在全国范围内开展《农药管理条例》宣传月活动，举办《农药管理条例》座谈会、培训班和知识竞赛，宣传普及农药法规及科普知识。

四、工作要求

（一）强化责任落实

各级农业部门要强化组织领导，明确农药监管年活动的落实单位。按照属地管理原则，制订实施方案，层层分解工作任务，落实到具体单位和责任人。请各省（区、市）农业部门于3月30日前将本省（区、市）实施方案、实施机构、联系人、联系方式（电话、传真、E-mail）等报送我部种植业司农药处（电话：010-59192810、59191427，传真：59191875，E-mail：pmd@agri.gov.cn）。

（二）保障监管经费

各级农业部门要多方争取支持，加大对农药监管资金投入力度，保障农药质量抽查、农药执法监督、培训等经费支出，确保执法工作顺利开展。

（三）及时上报信息

各省（区、市）农业部门于每月10日前，通过"农药监管网络联动系统"和纸质文件向我部种植业司报告1月至上月底的农药监管工作进展情况（包括基本情况、数据和典型事例等），认真组织填报统计表（见附表1-3）。重大案件及突发事件随时报告。

（四）加强总结宣传

各地要认真组织开展农药监管年活动，及时做好阶段性工作总结，对典型经验要加强宣传，营造农药监管工作良好氛围。

来源：http://www.moa.gov.cn/zwllm/tzgg/tz/201401/t20140129_3751818.htm

35. 农业部办公厅 财政部办公厅关于印发《2014年农业机械购置补贴实施指导意见》的通知

农业部办公厅 财政部办公厅关于印发《2014年农业机械购置补贴实施指导意见》的通知

农办财〔2014〕6号

各省（自治区、直辖市、计划单列市）农业厅（局、委）、农机管理局（办公室）、财政厅（局），新疆生产建设兵团农业局、财务局，黑龙江省农垦总局、广东省农垦总局：

为确保2014年农机购置补贴政策科学、规范、高效、廉洁实施，充分发挥农机购置补贴政策效应，加快农机化发展方式转变，推动农业机械化和农机工业又好又快发展，促进农业综合生产能力提高，在总结近年经验和农机购置补贴操作创新试点工作的基础上，我们研究制定了《2014年农业机械购置补贴实施指导意见》，现予印发，请遵照执行。

农业部办公厅　财政部办公厅
2014年2月11日

来源：http://www.moa.gov.cn/zwllm/cwgk/zdxm/201402/t20140213_3757630.htm

附　2014年农业机械购置补贴实施指导意见

一、总体要求

以转变农机化发展方式为主线，以调整优化农机装备结构、提升农机化作业水平为主要任务，加快推进主要农作物关键环节机械化，积极发展畜牧业、渔业、设施农业、林果业及农产品初加工机械化。注重突出重点，向优势农产品主产区、关键薄弱环节、农民专业合作组织倾斜，提高农机化发展的质量和水平；注重统筹兼顾，协调推进丘陵山区、血防疫区及草原牧区农机化发展；注重扶优扶强，大力推广先进适用、技术成熟、安全可靠、节能环保、服务到位的机具；注重阳光操作，加强实施监管和廉政风险防范，强化绩效考核，进一步推进补贴政策执行过程公平公开；注重充分发挥市场机制作用，切实保障农民选择购买农机的自主权；注重发挥补贴政策的引导作用，调动农民购买和使用农机的积极性，促进农业机械化和农机工业又好又快发展。

二、实施范围及规模

农机购置补贴政策继续覆盖全国所有农牧业县（场）。综合考虑各省（自治区、直辖市、计划单列市、新疆生产建设兵团，黑龙江省农垦总局、广东省农垦总局，下同）耕地面积、主要农作物产量、农作物播种面积、乡村人口数、农业机械化发展重点，结合农机购置补贴政策落实情况，确定资金控制规模。为增强地方预算编制的完整性，加快中央转移支付资金支出进度，财政部已于2013年9月27日提前下达2014年中央财政农机购置补贴资金170亿元。各省农机化主管部门、财政部门要科学合理地确定本辖区内市、县投入规模。补贴资金应向粮棉油作物种植大县、畜牧水产养殖大县、国家现代农业示范区、全国农机化示范区（县）、保护性耕作示范县、全国100个农作物病虫害专业化防治创建县和1000个专业化防治示范县、血吸虫病防疫区县适当倾斜。

属省属管理体制的上海、江苏、安徽、陕西、甘肃、宁夏、江西、广西、海南、云南、湖北等11省（自治区、直辖市）地方垦区农场和海拉尔、大兴安岭垦区农场补贴资金规模、补贴农场名单及资金分配额度由省级农机化主管部门、农垦主管部门与财政部门协商确定，纳入本省（自治区、直辖市）补贴资金使用方案。省级农机化主管部门和财政部门要加强对农场农机购置补贴工作的指导，按照本实施指导意见，规范操作，统一管理。其他地方垦区的市、县属农场的农机购置补贴纳入所在县农机购置补贴范围。

三、补贴机具及补贴标准

（一）中央财政资金补贴机具种类范围

农业部根据全国农业发展需要和国家产业政策，并充分考虑各省地域差异和农业机械化发展实际情况，确定中央财政资金补贴机具种类范围为：耕整地机械、种植施肥机械、田间管理机械、收获机械、收获后处理机械、农产品初加工机械、排灌机械、畜牧水产养殖机械、动力机械、农田基本建设机械、设施农业设备和其他机械等12大类48个小类175个品目机具（详见附件1）。

除上述175个品目外，各地可在12大类内自行增加不超过30个其他品目的机具列入中央资金补贴范围。为提高资金使用效益，防范廉政风险，各地应严格控制自选品目数量，所有自选品目须向农业部备案，阐明补贴理由、每个品目涉及的生产厂家数量、产品型号、市场平均销售价格、补贴额等。

背负式小麦联合收割机、皮带传动轮式拖拉机、运输机械、装载机、内燃机、燃油发电机组、风力设备、水力设备、太阳能设备、包装机械、牵引机械、网围栏、保温被、设施农业的土建部分（指用泥土、砖瓦、砂石料、钢筋混凝土等建筑材料修砌的温室大棚地基、墙体等）及黄淮海地区玉米籽粒联合收割机不列入中央资金补贴范围。

手扶拖拉机仅限在血防区和丘陵山区补贴。玉米小麦两用收割机按小麦联合收割机和单独的玉米收割割台分别补贴。

（二）补贴机具确定

各省应结合本地实际情况，突出重点，在农业部确定的175个品目中，缩小范围，选择部分农业生产急需、农民需求量大的品目作为本省中央财政补贴机具种类范围，对于价格较低的机具可以不列入补贴范围，具体由各省确定。

提倡有条件的省份选择部分粮食生产耕种收及烘干等关键环节急需的机具品目敞开补贴，满足省域内所有申购者的需求。

因补贴资金规模所限当年未能享受到补贴的申购者，可在下一年度优先补贴。

县级农机化主管部门不得随意缩小补贴机具种类范围，如确需缩小范围，应由县级农机购置补贴工作领导小组研究提出方案，并报省级农机化主管部门审核；也可由省级农机化主管部门结合本省实际，分区域确定补贴机具种类范围。

为进一步推动企业自主经营、公平竞争和消费者自由选择、自主消费，促进农机化科技创新，2014年选择1个省进行补贴产品市场化改革试点，即在补贴机具种类范围内，除被明确取消补贴资格的农机产品外，符合条件的购机者选择购置国家或省级支持推广目录外的产品，也可申请补贴。具体方案报经农业部、财政部同意后实施。

除试点省份外，补贴机具必须是已列入国家支持推广目录或省级支持推广目录的产品。补贴机具须在明显位置固定有生产企业、产品名称和型号、出厂编号、生产日期、执行标准等信息的永久性铭牌。

（三）补贴标准

中央财政农机购置补贴资金实行定额补贴，即同一种类、同一档次农业机械在省域内实行统一的补贴标准。通用类农机产品最高补贴额由农业部统一确定。纳入多个省份补贴范围的非通用类农机产品最高补贴额由农业部委托牵头省组织，有关省份参加共同确定；其他非通用类和自选品目农机产品补贴额由各省自行确定。

要按照"分档科学合理直观、定额就低不就高"的原则，科学制定非通用类和自选品目机具分类分档办法并测算补贴额，严禁以农机企业的报价作为平均销售价格测算补贴额。测算每档次农机产品补贴额时，总体应不超过此档产品近三年的平均销售价格的30%，重点血防区主要农作物耕种收及植保等大田作业机械和四川芦山、甘肃岷县漳县地震受灾严重地区补贴额测算比例不超过50%。相邻省份应加强沟通、相互协调，防止出现同类产品补贴额差距过大。各省要按程序向社会公布补贴机具补贴额一览表（补贴额一览表式样见附件2）。

要组织开展补贴产品市场销售情况调查摸底，动态跟踪市场供需及价格变化情况，特别是对新增补贴档次的产品，要从质量、使用、服务等方面加强监管。对于同一档次内大多数产品价格总体下降幅度较大的，要适时调整此档机具补贴额，并按调整后的补贴额结算。

一般机具单机补贴限额不超过5万元；挤奶机械、烘干机单机补贴限额可提高到12万元；100马力以上大型拖拉机、高性能青饲料收获机、大型免耕播种机、大型联合收割机、水稻大型浸种催芽程控设备单机补贴限额可提高到15万元；200马力以上拖拉机单机补贴限额可提高到25万元；甘蔗收获机单机补贴限额可提高到20万元，广西壮族自治区可提高到25万元；大型棉花采摘机单机补贴限额可提高到30万元，新疆维吾尔自治区和新疆生产建设兵团可提高到40万元。

不允许对省内外企业生产的同类产品实行差别对待。

2014年继续在山西、江苏、浙江、安徽、山东、河南、新疆、宁波、青岛、新疆生产建设兵团、黑龙江省农垦总局开展农机报废更新补贴试点工作。农机报废更新补贴操作办法参照《2012年农机报废更新补贴试点工作实施指导意见》（农办财〔2012〕133号）执行。各试点单位要不断总结工作经验，完善操作办法，进一步提高农机手参与报废更新的积极性。

根据国务院常务会有关要求，在东北地区和华北适宜地区开展农机深松整地作业补助试点，具体操作方法按《农业部办公厅关于开展农机深松整地作业补助试点工作的通知》（农办财〔2013〕98号）执行。

四、补贴对象确定和经销商公布

补贴对象为纳入实施范围并符合补贴条件的农牧渔民、农场（林场）职工、农民合作社和从事农机作业的农业生产经营组织。在申请补贴对象较多而补贴资金不够时，要按照公平公正公开的原则，采取公开摇号等农民易于接受的方式确定补贴对象。

对已经报废老旧农机并取得拆解回收证明的补贴对象，可优先补贴。

对每一个补贴对象年度内享受补贴购置农机具的台（套）数或享受补贴资金总额应设置上限，具体由各地结合实际自行确定。

补贴对象可以在省域内自主选机购机，允许跨县选择经销商购机。

农机生产企业自主设定农业机械购置补贴产品经销商资质条件，自主确定补贴产品经销商。根据"谁确定、谁负责"的原则，农机生产企业应督促补贴经销商守法诚信经营、严格规范操作、强化售后服务，并对违法违规补贴经销行为承担相应的责任。省、县级农机化主管部门统一公布农机生产企业提供的本行政区域内的补贴经销商名单，并按照《农业部办公厅关于进一步规范农机购置补贴产品经营行为的通知》（农办机〔2012〕19号）有关规定加强监管。已列入黑名单的经销企业和个人不允许经营补贴产品。

提倡农机生产企业采取直销的方式直接配送农机产品，减少购机环节，实现供需对接。

五、补贴资金的兑付方式

倡导各地实行"全价购机、定额补贴、县级结算、直补到卡"的兑付方式。已经在全省范围内实行"全价购机、定额补贴、县级结算、直补到卡"资金兑付方式的省份，2014年要继续巩固完善。已经在部分市县开展该试点的省份，2014年要在全省范围内试行。尚未开展该试点的省份，2014年要选择部分市县或在全省范围内试行；确实不具备试点条件的，由省级农机化主管部门、财政部门提出申请并报农业部、财政部审核。

要认真调研，周密考虑，科学设计，制定切实可行的"全价购机、定额补贴、县级结算、直补到卡"试点方案，拟新开展试点和扩大试点范围的省，试点方案报农业部、财政部备案。对于试点过程中有可能出现的资金结算进度慢、农民筹资难等问题要有应对预案，妥善解决。要积极协调当地金融机构创新信贷服务，缓解农民筹资压力。鼓励企业与农民自主议价。

继续实行差价购机的地区，在确保资金安全的前提下，按原程序操作。

要切实加快补贴资金兑付和结算，补贴启动实施后农机化主管部门至少要按月提交相关资料，财政部门至少按月组织兑付和结算工作，确保兑付和结算进度高于时序进度。

六、工作措施

（一）加强领导，密切配合

各级农机化主管部门、财政部门要进一步提高思想认识，加强组织领导，密切沟通配合，严格执行规定，遵守纪律要求，建立工作责任制，层层签订责任状，任务和责任具体落实到岗位。要在补贴申请、审核与审批、公示与核实、监管与督查、档案管理等方面，建立健全"谁办理、谁负责，谁核实、谁负责"的责任追究制度。

省级农机化主管部门、财政部门要密切合作，建立工作协调机制，加强与当地种植业、畜牧、渔业、农垦、农产品加工以及水利、林业等部门的沟通协调；要认真做好方案制订、培训指导、建章立制、监督检查、投诉处理等工作，以钉钉子的精神全力推动各项重点工作、关键举措、制度规定、纪律要求的落实；要加大农机购置补贴延伸绩效管理工作力度，通过考核发现问题、及时整改、督促落实和完善制度，并将考核结果与补贴资金分配挂钩。

地市级农机化主管部门要加强对县级农机购置补贴实施方案审核、补贴工作监督检查、补贴机具抽查核实、补贴投诉调查处理督办等工作。

要建立健全县级农机购置补贴工作机制，成立由县政府领导牵头，财政、农机、公安、工商及其他农口等相关部门参加的县级农机购置补贴工作领导小组，共同研究确定补贴资金分配、补贴范围、重点推广机具种类等事宜，联合对补贴政策实施进行监管，并主动邀请人大代表、政协委员和纪检监察部门参加，接受监督。同时，强化县级农机化主管部门内部约束机制，农机购置补贴重要工作事项，须由集体研究，经县级补贴工作领导小组确定，并报上级农机化主管部门备案。

地方各级财政部门要按照《农业机械购置补贴专项资金使用管理暂行办法》（财农〔2005〕11号）要求，积极支持和参与补贴资金落实和监督工作，增加资金投入，并保证必要的组织管理经费。严禁挤占挪用中央财政补贴资金用于组织管理经费。

（二）加强引导，科学调控

农机购置补贴既是强农惠农富农政策，也是一项产业促进政策。要通过政策实施，推动农机工业科技进步、提高制造水平，促进农机装备结构布局优化，快速提高薄弱环节农机化水平，加快落后地区农机化发展步伐，全面提升农机化发展质量和效益。

要充分发挥补贴政策的引导作用，合理确定各地补贴资金规模，因地制宜确定补贴机具品目范围，科学分档测算补贴额。

要因地制宜制定和实施中长期农机购置补贴规划，坚持行之有效的经验，创新完善工作措施，有重点、分阶段实现政策目标，促进补贴政策持续深入实施。

（三）规范操作、严格管理

要公平公正公开确定补贴对象。在确定补贴对象时，不得优亲厚友，不得人为设置购机条件。县级农机化主管部门负责补贴指标确认通知书（具体格式详见附件3）审核，经与同级财政部门联合确认后，交申请购机补贴农民。补贴指标确认书和政策告知书不得明示生产企业和具体产品等信息。

补贴对象先申请补贴再购机还是先购机再申请补贴，由省级农机化主管部门结合实际自主确定。

严禁采取不合理政策保护本地区落后生产能力，严禁强行向购机农民推荐产品，严禁企业借扩大农机购置补贴之机乱涨价，同一产品销售给享受补贴的农民的价格不得高于销售给不享受补贴的农民的价格。

全面深入推进农机购置补贴管理网络化，各地要全部使用全国农机购置补贴管理软件系统。要配合相关部门严厉打击窃取、倒卖、泄露补贴信息和电信诈骗等不法行为，保护农民合法权益。

加强对补贴机具的牌证管理。享受补贴政策的拖拉机、联合收割机投入使用前，其所有人应当向所在地农机安全监理机构申请登记。要依法加强补贴机具的质量监督，协调农机企业做好补贴机具的供货工作，督促企业做好售后服务工作。

各省要加强对农机购置补贴工作人员培训，提高基层人员素质和能力。2014年，农业部拟继续分批对县级农机购置补贴管理人员开展政策业务培训和警示教育。

(四）公开信息，接受监督

要按照《农业部办公厅关于深入推进农机购置补贴政策信息公开工作的通知》（农办机〔2011〕33号）要求，广泛深入宣传补贴政策，及时主动通过广播、电视、报纸、网络、宣传册、明白纸、挂图等形式，将农机购置补贴政策信息公开到村，宣传到户到人，务求宣传实效。

省、县级农机化主管部门要主动公开所有可以公开的补贴资料、文件等信息，严禁对外公布购机户的通信方式、身份证号码和银行帐号等个人隐私信息。县级农机化主管部门要把农机购置补贴政策实施情况列入政务公开和政务服务目录，将享受农机购置补贴资金情况作为村务公开的内容。要严格执行公示制度，在补贴资金兑付或结算前，须公示受益对象信息，公示环节设置的次序和次数由各省确定。对价格较低的机具可将购机与公示同时进行。

在年度补贴工作结束后，县级农机化主管部门要以公告的形式将所有享受补贴的农户信息（含合作社和其他补贴对象，下同，格式见附件4）和县级农机购置补贴政策落实情况在县级人民政府网站或农业（农机）部门网站（页）上公布，并确保5年内能够随时查阅。2014年年底前，各级农机化主管部门须按规定开通完善农机购置补贴信息公开专栏，规范栏目设置，及时全面公开信息，免费提供服务，确保专栏有效运行，主动接受社会监督。

继续执行农机购置补贴实施情况定期报送制度，进一步做好农机购置补贴执行进度统计及信息报送工作。

农业部将省级农机化主管部门信息公开工作开展情况列入延伸绩效管理考核内容，按季度抽查并通报抽查结果，省级农机化主管部门也要定期组织抽查并通报结果。

（五）严肃纪律，加强监管

各级农机化主管部门、财政部门要加强对农机购置补贴工作的监管，把国务院"三个严禁"和农业部"四个禁止""八个不得"及《财政部关于切实加强农机购置补贴政策实施监管工作的通知》（财农〔2011〕17号）、《农业部关于加快推进农机购置补贴廉政风险防控机制建设的意见》（农机发〔2011〕4号）、《农业部关于进一步加强农机购置补贴政策实施监督管理工作的意见》（农机发〔2013〕2号）等要求落到实处。

各级农机化主管部门要全面履行监管职责，严惩违法违规行为。省、地两级农机化主管部门监管工作的重点是组织协调、培训指导和督促检查县级农机购置补贴监管工作的落实。要不定期地组织明查暗访，深入了解基层农机购置补贴政策执行落实情况，对发现的问题及时曝光，及时处理，把问题遏制在萌芽状态。各级农机化主管部门要及时逐级上报发现的违法违规违纪问题；省级农机化主管部门要将督导检查情况和对各类违法违规违纪案件的查处情况及时报农业部、财政部及驻农业部纪检监察机构，农业部每年向社会集中公布两次。

县级农机化主管部门要全面贯彻落实监督检查各项规定，在补贴资金兑付和结算前要完成机具核实，特别是对补贴额较高和供需矛盾突出的重点机具要组织逐台核实，做到"见人、见机、见票"和"人机合影、签字确认"，逐台核实的机具范围和机具核实方式由省级农机化主管部门确定。

农机鉴定机构要规范鉴定行为，严把鉴定质量关。

加大财政部门监管力度。各级财政部门特别是基层财政部门要主动参与农机购置补贴政策具体实施工作，在补贴资金使用管理、补贴对象和补贴种类及补贴产品经销商确定、农民实际购机情况核实等方面，积极履行职责，充分发挥就地就近实施监管优势。县级财政部门要会同农机等有关部门，按照不低于购机农民10%的比例，对农民购机后实际在用情况进行抽查核实，发现问题及时处理，并将抽查核实及处理情况上报省级财政部门、农机化主管部门。省级财政部门应督促和指导基层财政部门做好农机购置补贴政策实施监管工作。

建立健全投诉举报制度。要拓宽投诉渠道，通过电话、网络、信函等形式受理投诉。对实名投诉举报的问题和线索，要做到凡报必查、一查到底。

地、县级农机化主管部门要对农民投诉多、"三包"服务不到位、价格虚高、采取不正当竞争、出厂编号及铭牌不规范等问题进行调查核实，并报省级农机化主管部门；省级农机化主管部门应对有关农机生产企业或经销商进行约谈告诫，提出整改意见，对整改不力的可暂停或取消补贴资格。对于存在降低配置、以次充好、骗补套补等违法违规行为的产销企业，要按规定取消经销补贴产品资格或补贴产品的补贴资格。

农业部、财政部将把上述措施的落实情况作为对各地工作考核的重要内容之一，选择部分县（市、区）进行抽查，并将抽查情况予以通报。

七、申报与总结

各省农机化主管部门、财政部门要根据本指导意见，提出实施县（场）名单和资金指标分配意见，并制定本省补贴资金使用方案，于2月28日前联合上报农业部、财政部（各一式二份）备案。

2014年6月30日和12月31日前，要将上半年和全年农机购置补贴（包括地方财政安排的补贴）实施情况总结报告报送农业部农机化管理司、财务司和财政部农业司。

附件1

2014年全国农机购置补贴机具种类范围

（12大类48个小类175个品目）

1. 耕整地机械
    1.1 耕地机械
        1.1.1 铧式犁
        1.1.2 翻转犁
        1.1.3 圆盘犁
        1.1.4 旋耕机
        1.1.5 耕整机（水田、旱田）
        1.1.6 微耕机
        1.1.7 田园管理机
        1.1.8 开沟机（器）
        1.1.9 深松机
        1.1.10 机滚船
        1.1.11 机耕船
        1.1.12 联合整地机
    1.2 整地机械
        1.2.1 钉齿耙
        1.2.2 圆盘耙
        1.2.3 驱动耙
        1.2.4 起垄机
        1.2.5 镇压器
        1.2.6 灭茬机
2. 种植施肥机械
    2.1 播种机械
        2.1.1 条播机
        2.1.2 穴播机
        2.1.3 异型种子播种机
        2.1.4 小粒种子播种机
        2.1.5 根茎类种子播种机
        2.1.6 水稻（水旱）直播机
        2.1.7 免耕播种机
        2.1.8 抗旱坐水种机械

2.1.9　旋耕播种机
2.2　育苗机械设备
　　2.2.1　秧盘播种成套设备（含床土处理）
　　2.2.2　秧田播种机
　　2.2.3　种子处理设备（采摘、调制、浮选、浸种、催芽、脱芒等）
　　2.2.4　营养钵压制机
2.3　栽植机械
　　2.3.1　油菜栽植机
　　2.3.2　水稻插秧机
　　2.3.3　水稻摆秧机
　　2.3.4　甘蔗种植机
　　2.3.5　树木移栽机
　　2.3.6　甜菜移栽机
2.4　施肥机械
　　2.4.1　施肥机（化肥）
　　2.4.2　撒肥机（厩肥）
　　2.4.3　追肥机（液肥）
　　2.4.4　中耕追肥机
　　2.4.5　配肥机
2.5　地膜机械
　　2.5.1　地膜覆盖机
　　2.5.2　残膜回收机
2.6　食用菌生产机械

3. 田间管理机械

3.1　中耕机械
　　3.1.1　中耕机
　　3.1.2　培土机
　　3.1.3　除草机
　　3.1.4　埋藤机
3.2　植保机械
　　3.2.1　电动喷雾器（含背负式、手提式）
　　3.2.2　机动喷雾喷粉机（含背负式机动喷雾喷粉机、背负式机动喷雾机、背负式机动喷粉机）
　　3.2.3　动力喷雾机（含担架式、推车式机动喷雾机）
　　3.2.4　喷杆式喷雾机（含牵引式、自走式、悬挂式喷杆喷雾机）
　　3.2.5　风送式喷雾机（含自走式、牵引式风送喷雾机）
　　3.2.6　烟雾机（含常温烟雾机、热烟雾机）
　　3.2.7　杀虫灯（含灭蛾灯、诱虫灯）
3.3　修剪机械
　　3.3.1　茶树修剪机
　　3.3.2　树木（花草）修剪机
　　3.3.3　割灌机

4. 收获机械

4.1　谷物收获机械
　　4.1.1　自走轮式谷物联合收割机（全喂入）

4.1.2 自走履带式谷物联合收割机（全喂入）
4.1.3 半喂入联合收割机
4.1.4 大豆收获专用割台
4.1.5 割晒机
4.2 玉米收获机械
4.2.1 背负式玉米收获机
4.2.2 自走式玉米收获机
4.2.3 自走式玉米联合收获机（具有脱粒功能）
4.2.4 穗茎兼收玉米收获机
4.2.5 玉米收割割台
4.3 棉麻作物收获机
4.3.1 棉花收获机
4.3.2 麻类作物收获机
4.4 花卉（茶叶）采收机械
4.4.1 采茶机
4.4.2 啤酒花收获机
4.5 籽粒作物收获机械
4.5.1 油菜籽收获机
4.5.2 草籽收获机
4.5.3 花生收获机
4.6 根茎作物收获机械
4.6.1 薯类收获机
4.6.2 甘蔗收获机
4.6.3 甘蔗割铺机
4.6.4 甘蔗剥叶机
4.6.5 甜菜收获机
4.6.6 药材挖掘机
4.7 饲料作物收获机械
4.7.1 青饲料收获机
4.7.2 牧草收获机
4.7.3 割草机
4.7.4 搂草机
4.7.5 捡拾压捆机
4.7.6 压捆机
4.7.7 饲草裹包机
4.7.8 抓草机
4.8 茎秆收集处理机械
4.8.1 秸秆粉碎还田机
4.8.2 高秆作物割晒机
4.8.3 茎秆收集（收理）机
4.9 蔬菜收获机械
4.9.1 果类蔬菜收获机
5. 收获后处理机械
5.1 脱粒机械

5.1.1　稻麦脱粒机
　　5.1.2　玉米脱粒机
　5.2　清选机械
　　5.2.1　粮食清选机
　　5.2.2　种子清选机
　　5.2.3　扬场机
　　5.2.4　籽棉清理机
　5.3　剥壳（去皮）机械
　　5.3.1　玉米剥皮机
　　5.3.2　花生脱壳机
　　5.3.3　干坚果脱壳机
　5.4　干燥机械
　　5.4.1　粮食烘干机
　　5.4.2　种子烘干机
　　5.4.3　油菜籽烘干机
　　5.4.4　果蔬烘干机
　　5.4.5　蚕茧收烘机械
　　5.4.6　热风炉
　5.5　种子加工机械
　　5.5.1　种子包衣机
　5.6　仓储机械
　　5.6.1　简易保鲜储藏设备
6. 农产品初加工机械
　6.1　碾米机械
　　6.1.1　碾米机
　6.2　磨粉（浆）机械
　　6.2.1　磨粉机
　　6.2.2　磨浆机
　6.3　果蔬加工机械
　　6.3.1　水果分级机
　　6.3.2　水果打蜡机
　　6.3.3　果蔬清洗机
　6.4　茶叶加工机械
　　6.4.1　茶叶杀青机
　　6.4.2　茶叶揉捻机
　　6.4.3　茶叶炒（烘）干机
　　6.4.4　茶叶筛选机
　6.5　剑麻加工机械
　　6.5.1　刮麻机
　6.6　天然橡胶初加工专用机械
7. 排灌机械
　7.1　水泵
　　7.1.1　离心泵
　　7.1.2　潜水泵

7.2 喷灌机械设备
   7.2.1 喷灌机
   7.2.2 微灌设备（微喷、滴灌、渗灌）
   7.2.3 灌溉用过滤器
7.3 其他排灌机械
   7.3.1 风力扬水机
   7.3.2 抗旱机泵
   7.3.3 水井钻机

8. 畜牧水产养殖机械

8.1 饲料（草）加工机械设备
   8.1.1 青贮切碎机
   8.1.2 铡草机
   8.1.3 揉丝机
   8.1.4 压块机
   8.1.5 饲料粉碎机
   8.1.6 饲料混合机
   8.1.7 饲料破碎机
   8.1.8 饲料搅拌机
   8.1.9 颗粒饲料压制机
8.2 畜牧饲养机械
   8.2.1 孵化机
   8.2.2 喂料机
   8.2.3 送料机
   8.2.4 清粪机（车）
   8.2.5 水帘降温设备
8.3 畜产品采集加工机械设备
   8.3.1 挤奶机
   8.3.2 剪羊毛机
   8.3.3 储奶罐
   8.3.4 冷藏罐
8.4 水产养殖机械
   8.4.1 增氧机
   8.4.2 投饵机
   8.4.3 网箱养殖设备
   8.4.4 水体净化处理设备
   8.4.5 织网机
8.5 其他畜牧水产养殖机械
   8.5.1 养蜂专用平台（含蜜蜂踏板、蜂箱保湿装置、蜜蜂饲喂装置、电动摇蜜机、电动取浆器、花粉干燥箱）

9. 动力机械

9.1 拖拉机
   9.1.1 轮式拖拉机
   9.1.2 手扶拖拉机
   9.1.3 履带式拖拉机

10. 农田基本建设机械
    10.1 挖掘机械
        10.1.1 农用挖掘机（斗容量≤$0.4m^3$）
        10.1.2 挖坑机
    10.2 平地机械
        10.2.1 平地机（含激光平地机）
    10.3 清淤机械
        10.3.1 清淤机
11. 设施农业设备
    11.1 日光温室设施设备
        11.1.1 卷帘机
        11.1.2 加温炉
    11.2 连栋温室设施设备
        11.2.1 开窗机
        11.2.2 拉幕机（含遮阳网、保温幕）
        11.2.3 排风机
        11.2.4 温帘
        11.2.5 二氧化碳发生器
        11.2.6 加温系统（含燃油热风炉、热水加温系统）
        11.2.7 灌溉首部（含灌溉水增压设备、过滤设备、水质软化设备、灌溉施肥一体化设备以及营养液消毒设备等）
12. 其他机械
    12.1 废弃物处理设备
        12.1.1 固液分离机
        12.1.2 有机废弃物好氧发酵翻堆机
        12.1.3 有机废弃物干式厌氧发酵装置
        12.1.4 沼液沼渣抽排设备
    12.2 精准农业设备
        12.2.1 农业用北斗终端（含渔船用）
        12.2.2 渔船用ＡＩＳ船载终端

附件2

_____省（区、市、兵团、农垦）2014年农机购置补贴机具补贴额一览表

序号	大类	小类	品目	分档名称	基本配置和参数	中央财政补贴额	地方财政补贴额	备注
—	—	—	—	—	—	—	—	—
—	—	—	—	—	—	—	—	—
—	—	—	—	—	—	—	—	—
—	—	—	—	—	—	—	—	—

附件 3

编号_____

农机购置补贴指标确认通知书（参考格式）

一、补贴对象基本情况

姓名或组织名称：_____ 住址：_____

二、补贴机具及补贴金额

农业机械名称				数量（台）	财政补贴金额（元）				
大类	小类	品目	分档名称		合计	中央	省	市	县

三、其他说明

1. 补贴对象须在_____月_____日至_____月_____日期间购机，补贴产品必须是已列入国家支持推广目录和省级支持推广目录的产品。
2. 如放弃购机，应在本通知规定的时间至少 10 天前向县级农机化主管部门交回本通知。
3. 本通知一式三份。县级农机化主管部门和财政部门各一份，补贴对象一份。本通知签字盖章后生效。
4. 身份证号码和联系电话作为内部工作资料妥善保存，不得存入农机购置补贴管理信息系统，严防信息泄露，谨防电话诈骗。

县级农机化主管部门（盖章） 县级财政部门（盖章）

日期： 年 月 日 日期： 年 月 日

附件 4

2014 年度_____县（市、旗、场）享受农机购置补贴的农户信息表

公告单位： 公告时间： 年 月 日

序号	所在乡（镇）	所在村组	购机者姓名	机具品目	生产厂家	购买机型	购买数量（台）	经销商	单台销售价格（元）	单台补贴额（元）	总补贴额（元）
合计											

36. 农业部关于大力推进农机社会化服务的意见

农业部关于大力推进农机社会化服务的意见

各省、自治区、直辖市及计划单列市农机（农业、农牧）局（厅、委、办），新疆生产建设兵团农业局，黑龙江省农垦总局：

农机社会化服务是农业社会化服务的重要内容。为贯彻党的十八大和今年中央1号文件关于"创新农业生产经营体制、构建农业社会化服务新机制"的部署，现就推进农机社会化服务提出以下意见。

一、重要意义

（一）基本含义

农机社会化服务是指农机服务组织、农机户为其他农业生产者提供的机耕、机播、机收、排灌、植保等各类农机作业服务，以及相关的农机维修、供应、中介、租赁等有偿服务的总称。农机社会化服务与农机化公共服务相互结合、相互补充，分别为农业生产提供了经营性、公益性的农机化服务，共同构成了推进农业机械化发展的重要力量。

（二）成效问题

改革开放以来，我国农机户和农机服务组织迅速发展，农机社会化服务能力持续提升，服务方式不断创新，服务效益进一步提高，探索了一条中国特色农业机械化发展道路。但总的来看，我国农机社会化服务还存在服务主体实力不强、服务范围较窄、专业人才缺乏、基础条件薄弱等突出问题，与广大农民群众对农机社会化服务的多样化需求和现代农业发展需要尚有明显差距。

（三）重要性紧迫性

实践证明，大力推进农机社会化服务，是构建"集约化、组织化、专业化、社会化"相结合的新型农业经营体系的重要支撑，是解决农业生产"谁来种、种什么、怎么种"重大问题的现实途径，是实现农业机械化"全程、全面、高质、高效"发展的必然要求，对加快建设中国特色农业现代化具有重要意义。各级农机化主管部门要进一步提高推进农机社会化服务的重要性和紧迫性的认识，抢抓机遇，迎接挑战，改革创新，完善机制，进一步明确工作任务，落实保障措施，优化发展环境，大力推进农机社会化服务持续快速健康发展。

二、总体要求

（四）指导思想

认真贯彻党的十八大和中央1号文件精神，围绕建设现代农业和促进农民增收、创新农业经营体制的目标任务，以发展和壮大农机大户、农机合作社等各类农机服务组织为重点，以提高农机具使用效率和经济效益为核心，以推进农机服务产业化为方向，积极推动农机社会化服务机制创新，构建新型农机社会化服务体系，最大限度满足农民实际需求，最大限度解放发展农业生产力，最大限度增强农村发展活力。

(五) 基本原则

坚持把满足农业生产和农民需求、提高机具使用效率，作为推进农机社会化服务的根本目的；坚持把强化政策扶持、培育壮大服务主体，作为推进农机社会化服务的关键举措；坚持把改革创新、不断完善服务机制，作为推进农机社会化服务的不竭动力；坚持把典型示范带动、鼓励多种服务方式发展，作为推进农机社会化服务的有效途径；坚持把依法规范发展、营造公平竞争的市场环境，作为推进农机社会化服务的重要保障。

(六) 发展目标

农机社会化服务的市场主体进一步壮大、服务领域进一步拓展、服务质量进一步提升、服务效益进一步提高，推动农业机械化"全面、全程、高质、高效"发展。力争到2020年，全国拥有农机原值50万元以上的农机大户及农机服务组织的数量、全国农机化经营总收入均比2010年翻一番。

三、主要任务

(七) 培育新型农机社会化服务主体

建立以财政资金为引导，农民个人、农业生产经营服务组织投资为主体，社会其他投资为补充的多渠道、多层次、多元化投入机制，扶持发展新型农机社会化服务主体。扶持农机户发展成为农机专业户，引导农机户和农户采取带机具、土地、资金、技术入社等多种方式创建农机合作社等服务实体。鼓励一部分具有实力的农机合作社流转承包土地，开展包括粮食烘干、农产品加工等在内的"一条龙"农机作业服务项目，成为既提供农机作业服务又从事农业生产经营的市场主体。积极推动农机服务主体开展横向联合与纵向协作，成立农机合作社联社、股份制作业公司、区域性农机服务中心、农机租赁公司等。

(八) 构建新型农机社会化服务体系

以农机户为基础，农机服务组织为主体，农机中介服务为纽带，农机作业、维修、供应、中介、租赁服务为主要内容，政府支持服务为保障，建立起"覆盖全程、服务全面，机制灵活、运转高效、综合配套、保障有力"的新型农机社会化服务体系。培育农机作业市场，通过跨区作业、土地托管等服务模式，鼓励各类农机服务市场主体为其他农业生产者提供低成本、便利化、全方位、高质量的农机作业服务。培育农机维修市场，加快构建布局合理、服务规范、便捷高效的农机维修服务网络。培育农机供应市场，优化市场布局，发展连锁经营和电子商务，健全遍布城乡的农机零配件供应网络。发展农机中介服务，开展跨区作业信息咨询和机具调度，为农机服务供需双方搭建沟通桥梁。发展农机租赁服务，满足农民对农机的利用和投资需求。

(九) 完善新型农机社会化服务机制

按照服务专业化、运行市场化、服务品牌化的要求，通过市场机制合理配置生产要素，建立起"产权清晰、权责明确、管理科学、诚信高效"的运行机制，充分发挥农机服务组织的生产潜力和经营活力。将国家对农机合作社的投入量化到每位入社成员，并按贡献进行分红，建立起合理公平、效率优先的分配机制，充分调动每一位社员的积极性、主动性和创造性。尊重社员参与管理的民主权利，将每个农机合作社建设成为自主决策、利益共享、风险共担、自我发展的利益共同体和命运共同体。

(十) 培养新型农机社会化服务人才

按照"政策扶持、多元投入、按需施教、注重实效"的原则，切实加强农机实用人才队伍建设。实施阳光工程农机培训，加强农机职业技能鉴定，开展职业技能竞赛活动，培养造就一大批既精通农机驾驶、维修技术，又懂农业、农艺栽培技术的新型农机手。充分利用高等院校、农机企业等各类培训资源，重点加强农机合作社等农机服务组织领头人的培训，使之成为既懂生产又善管理的新型农机职业经理人。争取优惠政策，吸引大中专毕业生、专业技术人员等扎根农村、投身农机化，为农机社会化服务提供人才支撑。

四、保障措施

（十一）加强组织领导

要坚持把农机社会化服务作为农业机械化发展的重要内容，列入重要议事日程，明确分管机构和职责，充实人员力量，研究制定并落实推进农机社会化服务的相关政策。制定新型农机服务主体的认定标准，并开展摸底调查，因地制宜制定农机社会化服务发展规划。积极争取当地政府的重视和支持，把农机社会化服务纳入本地农机化工作目标考核内容，列入当地经济发展统计指标体系。

（十二）完善扶持政策

要加强与财政、国土、金融、保险等相关部门和机构的协调，加大扶持力度。积极推动已有扶持政策的落实，同时创设新的政策扶持措施。争取将扶持农机社会化服务的投入纳入地方财政预算，建立稳定的投入机制。采取政府订购、定向委托、奖励补助、招投标等方式，引导农机服务组织参与公益性服务。鼓励引导农机社会化服务组织发展，争取金融机构为其提供融资贷款支持，同时争取将农机保险纳入农业政策性保险补贴范围。加强农机具停放场（库棚）、维修间等基础设施建设用地需求调查和规划工作，进一步落实设施农用地管理有关政策，不断改善农机具保养和维修条件。

（十三）强化发展合力

要加强农机化系统内部协作，整合有关项目资源，形成共同推进农机社会化服务的强大合力。在已有的农机化财政项目和基本建设项目中，要鼓励农机服务组织作为项目的承担和实施主体，并将农机购置补贴、报废更新补贴、农机培训、作业补贴等项目资金向农机服务组织倾斜，优先安排，集中使用。加强与通信、石油石化等企业合作，为农机社会化服务组织提供信息和用油供应等多种优惠服务。积极推进农机企业、科研院所与农机合作社开展"企社共建"、"院社共建"，实现合作共赢。

（十四）做好示范引导

要及时总结农机社会化服务的成效和经验，树立一批"设施完备、功能齐全、特色明显、效益良好"的农机社会化服务示范典型。继续开展全国、省级农机合作社、维修点等示范社（点）创建，加强农机社会化服务品牌建设。建立健全农机社会化服务挂钩帮扶机制，配备专职辅导员，履行宣传指导、咨询服务和统计监测等职责。开展农机社会化服务的标准化建设，提高规范高效服务水平。进一步加强新闻宣传和示范引导，为农机社会化服务营造良好的发展氛围。

（十五）改善市场环境

要研究制定农机社会化服务的行为规范和技术标准，让各个市场主体公平参与竞争。建立健全农机化质量投诉监督体系，及时受理和处理对农机产品质量、作业质量、维修质量以及售后服务质量的投诉。利用现代信息技术和装备，做好农机服务的市场供需、作业价格等信息的采集、统计和分析工作，并及时向社会发布。支持开展农机社会化服务信用体系建设和信用等级、服务能力评价，对信誉高、服务好、守信用的农机大户、农机服务组织予以列名支持。要采取更加有效措施，推动建立"统一开放、竞争有序"的农机社会化服务市场。

农业部
2013 年 10 月 11 日

来源：http：//www.moa.gov.cn/zwllm/tzgg/tz/201310/t20131012_3628395.htm

37. 农业部 2013 年度强农惠农富农政策落实延伸绩效管理工作实施方案

农业部 2013 年度强农惠农富农政策落实延伸绩效管理工作实施方案

为进一步加快政府职能转变，着力提高政策项目绩效，切实推动强农惠农富农政策落实到位，我部决定 2013 年继续在全国范围内对省级农业主管部门开展强农惠农富农政策落实延伸绩效管理工作，同时鼓励省级农业主管部门在全省范围内组织开展绩效管理，延伸考核到县。依据《农业部绩效管理办法（试行）》和我部关于 2013 年度绩效管理的总体安排，制订本方案。

一、绩效考核的总体思路和原则

（一）总体思路

通过实施延伸绩效管理，建立以结果为导向的监测与评价体系，及时掌握资金使用、政策落实进展情况，客观评价实施成效、绩效目标实现程度等情况，查找问题，分析原因，总结经验教训，提出下一步推进政策落实、完善项目运行机制的建议，持续提高政策落实效果。

（二）基本原则

一是科学规范、客观公正。按照"公平、公开、公正"的要求，科学制定评估方法、量化考核内容和标准，采用规范的评估程序和方法，全面、准确、客观地衡量工作绩效。

二是稳步推进、简便易行。选择能够衡量政策绩效的关键指标，指标具有权威性、获取方便，评估方法和程序务实简化。

三是定量定性、综合评价。对评估指标尽量量化，不能量化的定性指标明确评估标准，同时对每个指标赋予相应的权重，从而实现对政策项目绩效综合评价。

四是分级考评、层层推进。政策落实在基层、项目执行主要在县级，在做好对省级延伸绩效管理的同时，鼓励省级对县级开展绩效管理，逐步形成一级抓一级、层层抓落实的工作新格局。

二、绩效考核内容与指标

强农惠农富农政策延伸绩效管理包括农机购置补贴和基层农技推广体系改革与建设补助两项内容。

农机购置补贴主要评估省级制度建设、重点工作、执行实施、实施效果等内容。省级指标共设立 4 个一级指标，13 个二级指标，同时实行附加分、扣分项及一票否决。

基层农技推广体系改革与建设补助主要评估省级组织管理、实施管理等内容。省级指标共设立2个一级指标，8个二级指标，同时实行附加分、扣分项及一票否决。

对省级的具体评估考核内容与指标详见附件1、附件3。

为便于各省农业主管部门、新疆生产建设兵团、直属垦区（以下简称各省农业主管部门）做好对县级的延伸绩效管理工作，我部制定了县级延伸绩效管理指标体系（详见附件2、附件4）供各省参考，各省农业主管部门可在此基础上自行研究制定具体考核指标及内容。

三、绩效考核方法

绩效考核工作按照省级自评、部级核查和综合评估等几个步骤实施。

（一）省级自评

各省农业主管部门对照我部延伸绩效管理的内容和具体指标，对省级的各项管理工作自评打分，形成省级自评报告，分别报送我部农机化司、科教司。

（二）查验核实

我部相关司局成立评估小组，对省级自评报告和自评得分进行查验核实，采取两种方式：一是资料审查。对各省农业主管部门报送的绩效自评报告进行逐一核实，并对每一项指标进行初步打分，必要时要求省里补充相关材料。二是实地考核。组成考核组对各省相关政策落实情况进行实地考核，通过对所辖部分县工作完成情况进行随机抽查，并将考核结果作为对省级工作考核的重要依据，修正初步打分，形成绩效评价报告，报考核领导小组审定。考核结果与省级自评分差异较大的，将进一步与省级农业主管部门沟通确认，确保结果客观可靠。

（三）综合评估

评估小组根据查验核实情况和日常工作的实际表现情况，形成延伸绩效管理综合评价报告，结合各省绩效考核得分情况，评出优秀、良好、一般、较差四个档次。

（四）其他

实行延伸绩效管理到县的各省农业主管部门应在省级自评前完成对县级农业主管部门的考核工作。一是在工作部署上要及时下发绩效管理延伸到县的工作方案，细化考核指标，明确考核步骤、考核方法、考核要求、结果运用等；二是在工作方式上要强化工作指导和调度，督促县级农业主管部门做好延伸绩效管理各项工作；三是在考核方法上可按照县级自评、查验核实、综合评价等步骤，对各县绩效管理情况分别打分，并形成全省县级综合评价报告；四是在结果运用上要将对县级农业主管部门的绩效考核结果运用于今后的资金安排。

四、进度安排

评估考核工作按照"统一要求、统一方法、统一步骤"的原则进行，实施进度安排如下：

2014年1月15日前，各省农业主管部门完成县级延伸绩效管理考核和省级自评工作，向我部相关司局报送材料。

2014年2月28日前，我部相关司局组织资料审查和实地考核。

2014年3月21日前，我部完成综合评价报告。

五、结果运用

我部将依据考核结果，分析存在问题和原因，提出改进措施建议，并将考核结果与下一年度项目资金安排挂钩。对评估结果为优秀档次的省级农业主管部门，在全国农业厅局长会议上予以表扬，并以部函的形式通报相关省级人民政府。

六、保障措施

一是加强组织领导。我部已成立强农惠农富农政策落实延伸绩效管理领导小组，相关工作由部财务司牵头协调，部农机化司、科教司具体负责实施，部绩效办、驻部监察局参与督促，协同推进延伸绩效管理有效开展。各省农业主管部门应成立工作机构，明确责任处室和牵头部门，加强队伍建设，强化组织协调，确保各项工作顺利推进。

二是鼓励延伸到县。鼓励各省农业主管部门结合实际，制定县级延伸绩效管理考核指标和工作方案，组织落实绩效管理延伸到县的各项工作，加强检查督导，认真组织对县级的绩效考核，切实保证延伸绩效管理工作整体推进。县级农业主管部门要抓紧做好政策落实工作，完成延伸绩效管理各项工作。

三是开展培训宣传。我部将举办强农惠农富农政策落实延伸绩效管理省级培训班，解读2013年工作实施方案、评估方法与标准，安排部署相关工作。各省农业主管部门也要相应加强对县级农业主管部门延伸绩效管理业务的培训，同时注意总结宣传各地的好做法、好经验、好典型，努力营造上下联动、齐抓共管的良好氛围。

四是强化监督检查。各省农业主管部门要主动将强农惠农富农政策落实延伸绩效管理工作纳入本部门的重点工作和目标考核的重要内容。我部将继续加大监督检查力度，适时组织开展工作督查，对发现的问题责成有关部门限期整改，确保政策项目落实到位、取得实效。

附件：1. 强农惠农富农政策（农机购置补贴）落实延伸绩效管理指标体系（省级）
 2. 强农惠农富农政策（农机购置补贴）落实延伸绩效管理指标体系（县级参考）
 3. 强农惠农富农政策（基层农技推广体系改革与建设补助）落实延伸绩效管理指标体系（省级）
 4. 强农惠农富农政策（基层农技推广体系改革与建设补助）落实延伸绩效管理指标体系（县级参考）

农业部

2013 年 7 月 31 日

来源：http://www.moa.gov.cn/zwllm/tzgg/tz/201308/t20130807_3550911.htm

附件1

强农惠农富农政策（农机购置补贴）落实延伸绩效管理指标体系（省级）

被考核单位：

一级指标	二级指标	分值	考核内容及评分标准	省级自评	部级考核
制度建设（10分）	1. 建立健全制度	10	制定全省绩效管理、补贴系统、补贴经销商、责任追究等方面管理制度和补贴产品分类分档及补贴额测算办法并全面印发的得10分，每缺一项扣2分。		

（续表）

一级指标	二级指标	分值	考核内容及评分标准	省级自评	部级考核
重点工作 （70分）	2. 补贴机具、补贴额、补贴经销商确定管理	9	按规定确定管理补贴机具、补贴额和补贴经销商的得9分，未按规定确定的每项扣3分。		
	3. 信息公开	13	按规定开通省级补贴专栏并向中国农机化信息网提交地址链接的得2分；按要求公开信息的得5分，内容缺项或公开不及时的每次扣0.2分/项，扣完为止；省级农机化主管部门按季度组织信息公开抽查并通报结果的得6分，每缺一次扣2分，扣完为止。		
	4. 廉政风险防控	9	制定印发全省廉政风险防控机制建设方案的得1分，层层签订工作责任书的得3分，深入开展全省农机购置补贴反腐倡廉警示教育活动的得3分，全面印发警示教育资料的得2分。		
	5. 宏观引导	7	制定全省中长期农机购置补贴规划的得3分；减少补贴品目或选择薄弱环节机具品目在省域内满足所有农民申购需求的得4分。		
	6. 监督检查	12	制定全省监督检查方案并突出督导重点工作和关键措施落实的得3分；年度内至少组织开展两次大范围监督检查的得5分，缺少1次扣2.5分；省级农机化主管部门对补贴机具按规定比例组织核查的得4分，否则按比例扣分。		
	7. 投诉处理	6	省级农机化主管部门及时有效组织调查处理群众投诉并上报的得6分，未及时有效调查处理并上报的每次扣1分，扣完为止。		
	8. 补贴系统应用	6	按规定在全省范围内统一使用全国农机购置补贴管理软件系统的得6分，否则按比例扣分。		
	9. 工作经费保障	2	省级安排资金保障全省必要工作经费的得2分，安排省本级的得1分，安排省级以下的得1分。		
	10. 全价购机试点	6	2013年继续巩固完善在全省范围内实行"全价购机、县级结算、直补到卡"资金兑付方式的省份、2012年已经在全省部分市县开展"全价购机、县级结算、直补到卡"试点2013年继续扩大试点范围的、尚未开展该试点的省2013年选择部分市县开展试点的，得6分，否则不得分。		
执行实施 （10分）	11. 实施结算进度	8	全省农机购置补贴实施结算进度满分8分，实施进度3分，结算进度5分，具体按农业部评分标准打分。		
	12. 材料上报	2	省级农机化主管部门按要求上报材料的得2分，报送数量不完整、不及时或存在明显错误的，每发生一项扣0.1分，扣完为止。		
实施效果 （10分）	13. 提升耕种收综合机械化水平	10	完成农业部下达的耕种收综合机械化水平预期目标的得10分，每不足0.5个百分点扣2分，扣完为止。		
附加分	县级延伸绩效管理	5	制定全省农机购置补贴县级延伸绩效管理考核指标和工作方案的加1分；全省范围内组织开展绩效管理并延伸到县加2分；形成全省县级打分汇总表的加1分，形成全省综合评价报告的加1分。		

(续表)

一级指标	二级指标	分值	考核内容及评分标准	省级自评	部级考核
扣分项及一票否决	出现弄虚作假行为		经农业部在延伸绩效考核中发现省级有弄虚作假行为的，一次扣20分。		
	出现重大违法违规行为		经公安、检察、纪检监察、审计、财政监督机构等查处存在重大违法违规行为并造成恶劣影响的，实行一票否决，总体评分为零。		
	合计	105			

附件2

强农惠农富农政策（农机购置补贴）落实延伸绩效管理指标体系（县级参考）

被考核单位：

一级指标	二级指标	分值	考核内容及评分标准	县级自评	省级考核
制度建设（10分）	1. 管理制度建设	10	建立并印发全县补贴系统、责任追究等方面制度的得10分，每缺一项制度扣5分。		
重点工作（65分）	2. 强化组织领导	10	成立县政府领导牵头，相关部门参加的县级农机购置补贴工作领导小组的得3分；补贴资金分配、重点推广机具种类等按要求研究确定的得5分；邀请纪检监察部门全程参与的得2分。		
	3. 工作经费保障	5	县级安排资金保障农机购置补贴工作经费的得5分，否则不得分。		
	4. 加强信息公开	12	按规定开通县级补贴专栏并向省级农业（农机化）信息网提交地址链接的得2分，按要求公开信息的得5分，内容缺项或公开不及时的每次扣0.2分/项，扣完为止；年度补贴工作结束后按规定公告的得3分；把享受农机购置补贴资金情况作为村务公开的内容的得2分。		
	5. 廉政风险防控	11	制定印发本县廉政风险防控机制建设方案的得2分，签订工作责任书的得2分，全县深入开展农机购置补贴反腐倡廉警示教育活动的得4分，全面印发警示教育资料的得3分。		
	6. 发挥补贴引导	5	按规定确定补贴对象的得2分，按要求对薄弱环节机具品目进行重点补贴的得3分。		
	7. 补贴机具核实	12	按要求组织核查和抽查的得12分，否则按比例扣分。		
	8. 处理农民投诉	5	县级农机化主管部门及时有效调查处理群众投诉并上报的得5分，未及时有效调查处理并上报的每次扣1分，扣完为止。		
	9. 使用补贴系统	5	按规定使用全国农机购置补贴管理软件系统的得5分，否则不得分。		

（续表）

一级指标	二级指标	分值	考核内容及评分标准	县级自评	省级考核
执行实施（15分）	10. 加快实施结算	8	全县农机购置补贴实施结算进度满分8分，具体按省级评分标准打分。		
	11. 档案管理与材料上报	7	县级农机化主管部门妥善保存补贴机具档案，重点机具做到"一机一档"的得5分，每缺一件档案的扣0.2分，扣完为止；按要求上报材料的得2分，报送数量不完整、不及时或存在明显错误的，每发生一项扣0.1分。		
实施效果（10分）	12. 提升耕种收综合机械化水平	10	完成上级农机化主管部门下达的耕种收综合机械化水平预期目标的得10分，每不足0.5个百分点扣2分，扣完为止。		
扣分项及一票否决	出现弄虚作假行为		经农业部或省级在延伸绩效考核中发现县级有弄虚作假行为的，一次扣20分。		
	出现重大违法违规行为		经公安、检察、纪检监察、审计、财政监督机构等查处县级农机化主管部门存在重大违法违规行为并造成恶劣影响的，实行一票否决，总体评分为零。		
合计		100			

附件3

强农惠农富农政策（基层农技推广体系改革与建设补助）落实延伸绩效管理指标体系（省级）

被考核单位：

一级指标	二级指标	分值	考核内容及评分标准	省级自评	部级考核
组织管理情况（30分）	1. 领导重视	15	主要领导批示或参与农技推广工作。按省部级、厅局级正、副职以及肯定性批示（参与）和圈阅从高往低打分，每档1分。		
	2. 部门协作	15	省级农业主管部门会同财政部门成立工作协调领导小组（农口部门分设的要联合成立），牵头厅局要发挥统筹作用。根据统筹和协作情况打分，成立工作协调领导小组得10分，协作良好的得5分。		
实施管理情况（70分）	3. 中央资金使用情况	15	中央资金到省后，晚于1个月下达到县的扣2分，以后每晚半个月扣1分；全省100%项目县资金管理规范（专款专用、使用合规、监管到位等情况）每有1个县出现资金管理问题，扣1分，扣完为止。		
	4. 农技推广创新做法	10	省级在农技推广体制、机制、队伍建设、奖励激励、服务方式和手段现代化等方面有重大创新（含试点）做法的，每一项创新点加1分，得满为止。		
	5. 信息宣传	13	多渠道宣传农技推广工作。区分媒体层次和报道内容，其中中央主要媒体1篇综合性报道得3分、简讯类得2分；省级主要媒体上1篇综合性报道得2分，简讯得1分；被农业部信息或司局简报采纳1篇得0.5分，得满为止。		

（续表）

一级指标	二级指标	分值	考核内容及评分标准	省级自评	部级考核
实施管理情况（70分）	6. 材料报送情况	10	项目方案、阶段性及总结等材料及时报送的得10分，每份材料晚于一周报送的扣0.5分。		
	7. 监督检查情况	12	省级农业主管部门年度内至少组织开展两次大范围监督检查的得12分，缺少1次扣6分。每次检查范围按实施面100%计，每低10个百分点扣0.5分。		
	8. 投诉、曝光、负面报道情况	10	省级无投诉、曝光、负面报道情况的得10分，有投诉事件并核查属实的，每次扣1分；媒体曝光和负面报道属实的每次扣2分，扣完为止。		
附加分	县级延伸绩效管理	5	省级农业主管部门制定基层农技体系改革与建设补助项目县级延伸绩效管理考核指标和工作方案的加1分，全省范围内组织开展绩效管理并延伸到县的加2分，形成全省县级打分汇总表的加1分，形成全省综合评价报告的加1分。		
扣分项及一票否决	出现弄虚作假行为		经农业部在延伸绩效考核中发现省级有弄虚作假行为的，一次扣20分。		
	出现重大违法违规行为		经公安、检察、纪检监察、审计、财政监督机构等查处省级农业主管部门存在重大违法违规行为并造成恶劣影响的，实行一票否决，总体评分为零。		
合计		105			

附件4

强农惠农富农政策（基层农技推广体系改革与建设补助）落实延伸绩效管理指标体系（县级参考）

被考核单位：

一级指标	二级指标	分值	考核内容及评分标准	县级自评	省级考核
组织管理情况（30分）	1. 领导重视	6	县级领导批示或参与农技推广工作，按县级主要领导（书记县长）、副县级领导以及肯定性批示（参与）和圈阅从高往低打分，每档1分。		
	2. 部门协作	2	成立领导小组，牵头局要发挥牵头和统筹作用。根据统筹和协作情况打分，成立领导小组且协作良好的得2分。		
	3. 规范管理	12	项目县"3牌2册1网"齐全（技术指导员胸牌、科技示范户门牌、示范基地标牌以及《科技示范户手册》、《技术指导员手册》配备齐全，推广体系管理信息系统和项目县数据信息实现网上填报）得12分，每缺少一项扣2分。		
	4. 资金使用情况	5	资金管理规范（专款专用、合理合规、及时兑付资金，年度资金使用符合时间进度要求、财务核算设置明细账核算清晰等情况）得5分，每缺少一项扣1分。		
	5. 信息宣传	5	多渠道宣传农技推广工作。区分省市县三级媒体层次和报道内容分别计分，得满为止。（省级及以上媒体综合性报道每篇1分，一般性报道0.5分；市级媒体综合性报道每篇0.5分，一般性报道0.2分，县级媒体综合性报道每篇0.2分，一般性报道0.1分）		

(续表)

一级指标	二级指标	分值	考核内容及评分标准	县级自评	省级考核
体制机制建设情况（20分）	6. 农技推广管理体制	5	明确县级农业部门和乡镇政府对乡镇推广机构的管理和指导职责得5分，每降1个百分点扣0.1分，扣完为止。		
	7. 农技推广队伍建设	10	全县100%的乡镇基层农技人员到位得5分，每降一个百分点扣0.1分，扣完为止；全县推广机构专业农业技术人员占总编制的比例不低于80%得5分，每降1个百分点扣0.1分，扣完为止。		
	8. 农技推广运行机制建设	5	全县100%的乡镇建立人员聘用制度、推广责任制度、农技推广考评制度、农技人员培训制度、多元化推广制度并实现制度上墙，5项制度得5分，每降一个百分点扣0.1分，扣完为止。		
推广服务情况（50分）	9. 农技人员培训	12	按照分级培训的原则，选送农技人员参加农业部和省市级培训，并组织开展好县级培训。全县制定培训计划并完成培训任务，满分7分，每降1个百分点扣0.1分，扣完为止；全县建立完整规范培训档案，满分2分，每降1个百分点扣0.1分，扣完为止；全县100%以上的技术指导员培训后满意，满分3分，每降1个百分点扣0.1分，扣完为止。		
	10. 推广基地建设	5	全县完成试验示范基地建设任务得5分，每降1个百分点扣0.2分，扣完为止。		
	11. 农技推广创新做法	8	在农技推广体制、机制、队伍建设、奖励激励和服务方式手段方面有重大创新做法的，每一项创新点加2分，得满为止。		
	12. 主导品种主推技术	5	围绕主导产业，完成主导品种和主推技术的遴选、发布工作，满分5分，每降1个百分点扣0.2分，扣完为止。		
	13. 包村联户服务	10	明确农技人员包村联户和下乡任务及要求，满分10分，每降1个百分点扣0.1分，扣完为止。		
	14. 科技示范户满意度	10	按照实施方案开展推广工作科技示范户满意度调查，100%的示范户满意，满分10分，每降1个百分点扣0.1分，扣完为止。		
扣分项及一票否决	投诉、曝光、负面报道情况		有投诉事件并核查属实的，每次扣1分；媒体曝光和负面报道属实的每次扣5分。		
	材料报送情况		项目方案、阶段性及总结材料及时报送，每份材料晚于一周的扣0.2分。		
	出现弄虚作假行为		经农业部或省级在延伸绩效考核中发现县级有弄虚作假行为的，一次扣20分。		
	重大违法违规		经公安、检察、纪检监察、审计、财政监督机构等查处县级农业主管部门存在重大违法违规行为并造成恶劣影响的，实行一票否决，总体评分为零。		
合计		100			

38. 农业部关于进一步加强农机购置补贴政策实施监督管理工作的意见

农业部关于进一步加强农机购置补贴政策实施监督管理工作的意见

各省、自治区、直辖市及计划单列市农机（农业、农牧）局（厅、委、办），新疆生产建设兵团农业局，黑龙江省农垦总局、广东省农垦总局：

农机购置补贴是党的强农惠农富农政策的重要内容。政策实施10年来，各级农机化主管部门与财政部门密切配合，一手抓政策实施，一手抓监督管理，采取了层层签订责任书、加强廉政风险防控机制建设、大力推进信息公开、开展延伸绩效管理等行之有效的措施，确保政策效果的发挥，取得了利农利工、利国利民、一举多得的好效果，为实现粮食生产"九连增"、农民增收"九连快"做出了重要贡献。总体上看，落实农机购置补贴政策的制度不断完善，操作基本规范，成效十分显著。但在具体实施中，少数地方也出现了一些违法违规问题，有的地方落实规定要求不全面、监管不到位，个别地方工作人员法纪意识淡漠、违规向企业收取费用，有的企业骗取套取补贴资金，有的产品质量不稳定、售后服务不到位。尤其是在农财两部反复强调纪律要求的情况下，少数地方、个别工作人员仍然置若罔闻、有禁不止，甚至违法违纪。如任其蔓延，必将严重影响农机购置补贴政策实施效果，影响农机化主管部门形象，进而影响农机化发展大局。为进一步加强农机购置补贴实施监督管理工作，确保补贴政策科学高效规范廉洁实施，现提出以下意见。

一、深刻认识重大意义

农机购置补贴是中央一项重要的强农惠农富农政策，也是促进农机化发展、建设现代农业的有效调控手段。农机购置补贴政策的实施，有利于提高我国农业机械装备水平和应用水平，振兴农机工业，事关我国农业机械化和农机工业又好又快发展；有利于推动农业技术集成、节本增效和规模经营，提高农业综合生产能力，事关国家粮食安全和主要农产品有效供给；有利于改善农业生产和农村生活条件，加快农业现代化进程，事关"四化同步"推进大局。农机购置补贴作为一项选择性政策，组织实施具有特殊性、复杂性和艰巨性，特别是随着补贴资金规模的大幅增加，政策实施涉及面越来越广，监管难度不断加大。进一步加强农机购置补贴政策实施监管工作，对于规范管理、阳光操作、廉洁实施，确保资金安全和干部安全都具有十分重要的意义。

落实好农机购置补贴政策是各级农机化主管部门的重要职责，也是一项政治责任。各级农机化主管部门既要有勇气推进，又要有智慧把握。要认真贯彻落实党中央国务院的决策部署，从政治和全局高度深刻认识实施好农机购置补贴政策的极端重要性和重大意义，牢固树立责任意识和大局意识，切实增强使命感和责任感。要以对党和人民高度负责的精神，持之以恒抓监管，坚定不移抓落实，切实把农机购置补贴这项强农惠农富农政策全面落实到位。

二、全面履行监管职责

各级农机化主管部门要对农机购置补贴实施实行常态化监管，以监管促规范、以监管促落实、以监管促廉政，确保党的强农惠农富农政策落到实处、补贴实惠兑现到农民。省级农机化主管部门要做好农机购置补贴实施监管的组织协调和业务指导，制定监管督查方案并组织实施，扎实推进市县级延伸绩效管理工作，重中之重是督促基层全面落实农财两部的各项规定；要组织开展补贴产品市场销售情况调查摸底，按规定科学合理地确定和调整补贴额；加强对补贴产品经营行为的监管，按规定查处违规产销企业；依法加强补贴机具的质量监督，了解补贴机具的质量状况和农民的反映；建立健全投诉举报制度，组织调查处理农民投诉，不定期组织明查暗访，认真处理发现的问题，并及时上报。农机购置补贴重大违规违纪案件被公安、检察、审计、纪检监察及财政监督机构等查处的，须在得知案件调查情况后5个工作日内上报农业部，不得漏报、瞒报、迟报。农机鉴定机构要规范鉴定行为，严把鉴定质量关。

地市级农机化主管部门要加强县级农机购置补贴实施方案审核、补贴工作监督检查、补贴机具抽查核实等工作，并督促县级抓好监管工作落实。县级农机化主管部门要在县级农机购置补贴工作领导小组的领导下，制定监督检查方案，结合实际采取措施，将监督检查各项要求落实到位；要加强农民实际购机情况核查公示，防止套补骗补；对补贴额较高和供需矛盾突出的重点机具要组织逐台核实，做到"见人、见机、见票"和"人机合影、签字确认"，并建立"谁核查、谁签字、谁负责"的责任追究制；要及时整理、妥善保管农机购置补贴档案资料，为案件调查和有关部门检查提供必要的资料；要认真调查处理群众投诉；要按规定加强县域内农机经销企业的日常监督，发现企业违法违规行为要及时上报。

三、严格执行各项规定

经过多年的创新完善，我国已建立了一整套农机购置补贴管理制度，主要包括：一是农财两部《农业机械购置补贴专项资金使用管理暂行办法》、年度实施指导意见和廉政风险防控、监督检查、信息公开、补贴产品经营行为管理等实施办法；二是以"补贴产品推广目录制、补贴经销商生产企业自主选择制、管理过程监督制、受益对象公示制、实施成效考核制"为主要内容的原则规定；三是以"三个严禁、四个禁止、八个不得"为主要内容的纪律要求。农机购置补贴管理制度基本涵盖了补贴实施的全过程，涉及各实施主体，规范各操作环节，约束各方行为，是指导政策实施的主要依据。

各级农机化主管部门要严格执行制度规定不走样，切实把农财两部的各项规定和纪律要求真正落到实处。要进一步增强学习和遵守管理制度的主动性，自觉树立和维护管理制度的权威性，做到按办法办事，按规定操作，按纪律执行，绝不允许违背程序、违反纪律，绝不允许随意而为、擅自变通，绝不允许有令不行、有禁不止，绝不允许搞"上有政策、下有对策"，坚决杜绝以本地区情况特殊为名，在贯彻执行党中央国务院决策部署和农财两部管理制度上打折扣、做选择、搞变通。

四、大力推进信息公开

推进信息公开是坚持依法行政、强化为民服务、接受社会监督、确保阳光操作的重要举措。各地要进一步加大农机购置补贴信息公开力度，坚持全面全程深入公开，自觉接受农民、企业及社会各界监督，形成全社会共同关注、关心和支持补贴政策实施的良好局面。要及时主动通过广播、电视、报纸、网络、宣传册、明白纸、挂图等形式，将农机购置补贴政策信息公开到村，宣传到户到人。

要在巩固已有公开渠道的基础上拓展创新，重点推进部、省、市、县四级农机购置补贴信息公开专栏建设，科学设置补贴专栏的子栏目，做到内容完整、标题规范、查找方便，确保2013年年底前各级补贴专栏全部建设完成。要充分发挥补贴专栏的权威平台作用，省、县级农机化主管部门要在同级补贴专栏公开补贴实施方案、补贴额一览表、支持推广目录、补贴经销商名单、操作程序、投诉举报电话、资金规模等内容，至少每半月公布一次各县（市、区）补贴资金使用进度。在年度补贴工作结束后，督促县级农机化主管部门以公告的形式将享受补贴的农户信息和县级农机购置补贴政策落实情况报告在县级人民政府网站和补贴专栏上公布，并确保5年内能够随时查阅。

五、严惩违法违规行为

各级农机化主管部门要会同有关部门重拳打击各类农机购置补贴违法违规行为，做到严厉查处，决不姑息。省级农机化主管部门要加强对各地补贴实施情况的督导检查，对问题较大的县市要在全省农机、财政系统进行通报，并抄送相关纪检监察部门，建议对相关责任人按规定给予党纪政纪处分；情节严重涉嫌犯罪的，积极配合司法机关处理。县级农机化主管部门要配合有关部门依法依规严厉打击有组织有预谋倒卖补贴机具、骗取补贴资金的行为。要落实重大案件政府行政问责制度，所辖行政区域内发生严重违法违规案件的，建议当地政府追究有关人员责任。要针对农机购置补贴政策实施过程中暴露出的问题和案件，逐项工作、逐个环节、逐个岗位地查找本地区本部门容易产生腐败行为的风险点，着力构建制约有效、实施便捷的农机购置补贴廉政风险防控机制。

要按照农业部及省级农机化主管部门关于补贴产品生产及经销企业监督管理有关规定，对参与违法违规操作的经销商，及时列入黑名单并予公布，被列入黑名单的经销商及其法定代表人永久不得参与补贴产品经销活动。对参与违法违规操作的生产企业要及时取消其产品的补贴资格。产销企业非法侵占的补贴资金应足额退回财政部门。对存在重大质量问题、农民投诉集中的机具及其生产企业，应按管理权限和程序取消其补贴资格。对违规违纪性质恶劣的生产或经销企业，建议工商部门吊销其营业执照；情节严重涉嫌犯罪的，积极配合司法机关处理。

六、切实加强组织领导

实施农机购置补贴政策事关全局。各级农机化主管部门要把落实好农机购置补贴政策作为一项头等重要的任务，切实加强组织领导，周密部署安排。要与财政、纪检监察部门密切配合，充分发挥各自优势，共同监管，形成合力。要落实工作责任制，层层签订责任书，明确职责任务和要求。各单位行政一把手是落实农机购置补贴政策的第一责任人，要负总责；分管领导负直接领导责任；具体承办处室也要明确分工，落实责任到人。要在补贴申请、审核与审批、公示与核实、监管与督查、档案管理等方面，建立"谁办理、谁负责，谁核实、谁负责"的责任追究制度。

要进一步发挥地市级农机化主管部门的作用，建立健全县级农机购置补贴工作机制，强化县级农机化主管部门内部约束机制，必须邀请纪检监察部门全程参与监管。要科学制定中长期规划，充分发挥补贴政策的调控引导作用和产业促进作用。大力推进重点机具敞开补贴。积极稳妥开展"全价购机、县级结算、直补到卡"等操作试点，具备条件的省份要在全省域范围内实行。要深入开展农机购置补贴政策落实延伸绩效管理，制定绩效管理考核办法，建立以结果为导向的监测与评价体系，并将考核结果与补贴资金分配适当挂钩。

各级农机化主管部门要坚决贯彻党中央国务院的决策部署和农财两部的各项规定，以更加严肃的态度、更加严明的纪律、更加严厉的要求，以"为民、务实、清廉"的良好作风，进一步加强农机购置补贴实施监督管理,确保补贴政策科学高效规范廉洁实施,继续推动我国农业机械化科学发展。

农业部
2013 年 7 月 12 日

来源:http://www.moa.gov.cn/zwllm/tzgg/tz/201307/t20130722_3532974.htm

39. 农业部办公厅 财政部办公厅关于做好祖代种鸡补贴有关工作的通知

农业部办公厅 财政部办公厅关于做好祖代种鸡补贴有关工作的通知

农办财〔2013〕52 号

各有关省(自治区、直辖市、计划单列市)农业(畜牧)厅(委、局)、财政厅(局),黑龙江省农垦总局:

人感染 H7N9 禽流感病例发生以来,祖代种鸡企业因种苗禁运滞销,种鸡生产能力受到严重破坏。为保护种禽生产能力,中央财政对在产祖代种鸡给予一次性生产补贴。为落实好补贴政策,现将有关事项通知如下:

一、补贴标准、对象及范围

中央财政对在产祖代种鸡给予一次性生产补贴,每只补贴 50 元。

祖代种鸡品种包括经农业部审批同意、从国外进口的祖代及祖代以上引进品种(配套系),经国家畜禽遗传资源委员会审定并颁发证书的新品种(配套系),及列入国家级畜禽遗传资源名录中的地方品种,单品种仅包括核心群。

祖代种鸡场范围包括经省级畜牧兽医部门颁发《种畜禽生产经营许可证》并在有效期内的祖代种鸡场,农业部公告的国家级地方鸡品种资源保护场。

二、补贴申请及下达

符合补贴条件的企业(单位)需向省级畜牧兽医部门提出补贴申请,申请材料包括企业引种证明或自产祖代种鸡证明材料,并附生产承诺书,承诺获得补贴后半年内不大规模减产、不停产、不转产,维持基本生产规模,确因生产周期需淘汰的,应经省级畜牧兽医部门审核确认。承诺书由省级畜牧兽医部门存档备案。

省级畜牧兽医部门要会同财政部门及时组织力量对补贴申请材料进行认真审核,提出拟补贴企业(单位)名单及补贴资金并公示,公示时间不少于 7 天。公示期满无异议后,10 个工作日内将补贴资金拨付相关企业(单位)。

三、有关工作要求

(一)省级财政部门要会同畜牧兽医部门加强督导检查,实地了解享受祖代种鸡补贴的企业补贴资金使用情况和生产经营状况,对于不履行承诺压缩规模数量较大、停产转产的企业,收回补贴资金。

(二)省级畜牧兽医部门和财政部门要通过广播、电视、报纸等多种形式,加强政策宣传,尽早组织项目实施。鼓励家禽主产省结合本省实际出台对祖代水禽、重点家禽父母代场的一次性生产救助政策,促进家禽业尽快走出困境。

(三)各省级畜牧兽医部门会同财政部门要于2013年12月20日前将中央祖代种鸡补贴政策落实情况及实施效果报送农业部、财政部。

农业部办公厅　财政部办公厅
2013年5月22日

来源:http://www.moa.gov.cn/zwllm/tzgg/tz/201305/t20130530_ 3479113.htm

40. 农业部关于促进茶叶生产持续健康发展的意见

农业部关于促进茶叶生产持续健康发展的意见

各有关省、自治区、直辖市农业厅(委、局):

茶叶是我国重要的经济作物,也是城乡居民生活的必需品。近年来,我国茶叶生产快速发展,面积不断扩大,产量不断增加,名优茶增多,市场供应充足。但茶叶生产仍存在一些问题,突出的是老茶园面积较大,单产出现下降,品质效益提升不快,影响茶产业的健康发展。今后一个时期,要在稳定茶园面积的同时,加强茶园管理,提高单产,提高品质和效益,促进茶叶生产持续稳定发展。

一、着力稳定茶园面积

多年来,我国茶园面积稳步增加,特别是2003年以来,茶园面积快速增加,去年茶园面积达到3 500多万亩。目前,一些地方仍在加快发展茶园,面积呈扩大的趋势。要深入实施《全国茶叶重点区域发展规划(2009—2015年)》,发挥资源优势和比较优势,稳定长江流域绿茶产区,稳步提升东南沿海乌龙茶产区,适度发展西南红茶及特种茶产区,引导茶产业向优势产区集中。各地要根据资源条件和市场容量,因地制宜地发展茶叶生产,积极推进区域布局和品种结构的优化,保持茶园面积的基本稳定。

二、加大老茶园改造力度

目前,我国有30%的茶园树龄在30年以上,单产低,品质差。要把改造老茶园作为今后茶叶生产发展的重点,加快品种改良,提高单产和品质。整合项目资金,引进龙头企业,加快老茶园的基础设施改造,建设一批沟渠路配套、灌溉设施齐全的高标准茶园。加快无性系茶树良种的推广,优化品种结构,改造低产茶园,推进规模化、标准化生产。力争到2015年高标准茶园比例达到20%、提高5个百分点,无性系茶树良种普及率达到60%、提高9个百分点。

三、努力提升茶园管理水平

这是加快推广关键技术、挖掘生产潜力的重要途径。各地要结合开展茶叶标准园创建，集成推广关键技术，积极推行标准化生产，提升茶园管理水平。强化肥水管理，尤其要重视冬前有机肥和春秋季茶叶专用肥的施用，旱季应及时灌溉。推进科学修剪，做到适时、适量、适型修剪，提高资源利用率，推进机械采摘。推行适度采摘，名优茶要提倡一芽一叶或一芽二叶，减少单芽的采摘，大宗茶要做到应采尽采，充分利用茶叶资源。加快机械采摘，重点是要研发名优茶采摘的机械，提高机采水平。

四、大力推广绿色防控技术

茶叶的质量安全，事关人民群众的身体健康，社会极大关注。要大力推广生态控制、生物防治、物理防治等生态栽培技术，降低种植环节带来的食品质量安全风险。积极推广杀虫灯、色诱板、饲放天敌等非化学防控技术，减少化学农药的使用，控害保益。推行科学施药，指导农民因时因地因虫施药，推广高效低毒的脂溶性农药。加强绿色防控技术的研究与推广，以生态区域为单位，开展绿色防控技术的协作攻关，尽快集成一套高产优质低残留的绿色防控技术模式。

五、积极推进产业化经营

引导支持企业和茶叶专业合作社在优势产区建立生产基地，加快培育一批具有较强竞争力、带动力的茶叶龙头企业。加强市场流通体系建设，强化信息引导和产销衔接，在集中产区和销区建设一批规模大、辐射广的批发交易市场。依托协会等中介组织，举办博览会、展销会等，创响一批茶叶品牌，扩大市场影响力，提升市场竞争力。

农业部

2013 年 4 月 17 日

来源：http://www.moa.gov.cn/zwllm/tzgg/tz/201304/t20130427_3446362.htm

41. 农业部关于促进企业开展农业科技创新的意见

农业部关于促进企业开展农业科技创新的意见

为深入贯彻落实全国科技创新大会精神，促进企业开展农业科技创新，切实提升企业自主创新能力，根据《中共中央国务院关于深化科技体制改革加快国家创新体系建设的意见》有关部署和要求，现就强化农业科技体制机制创新、加快促进企业开展农业科技创新提出如下意见。

一、深刻认识促进企业开展农业科技创新的重大意义

全国科技创新大会明确指出，深化科技体制改革的中心任务，是解决科技与经济结合问题，推动企业成为技术创新主体，增强企业创新能力。近年来，我国农业企业发展迅速，企业创新能力不断增强，逐步成为农业生产经营活动的重要力量。但从总体上看，我国企业开展农业科技创新能力较弱，科技资源和人才储备不足，农业新技术、新产品研发能力不强，与成为农业技术创

新主体的目标要求还有不小差距。通过政策引导、体制机制创新和项目支持等加快解决这些问题，是提升企业自主创新能力、解决农业科技与经济脱节问题的迫切任务。我们必须深刻认识促进企业开展农业科技创新的重要性和紧迫性，引导企业积极开展农业科技创新，充分发挥企业在农业科技创新中的重要作用，大力提升企业自主创新能力和在国际市场上的竞争能力。

二、着力提升企业在农业科技创新中的地位

根据农业科技的公共性、基础性和社会性，强化各类农业科技创新主体的分工协作，整合农业科技资源，建立协同创新机制，推动产学研用、农科教企紧密结合。中央级农业科研院所、高等院校着重加强基础研究和战略性、前沿性、公益性研究；地方农业科研院所、高等院校着重解决本区域农业产业技术需求，开展应用研究；企业着重开展应用技术研发，并尽快成为农业商业化育种，农药、兽药、化肥等农业生产投入品，农机装备，渔船及渔业装备，农产品加工等领域的技术创新主体。鼓励和支持企业自主开展或与优势农业科研院所、高等院校联合开展基础研究或应用研究。

三、引导和支持企业主持或参与承担农业科技项目

不断健全和完善相关政策措施，鼓励有能力的企业自主设立课题开展农业应用研究，支持企业参与或主持科技重大专项、公益性行业（农业）科研专项、高新技术产业化项目、农业科技成果转化等项目，对于产业化特征突出的重大科技项目，可由有条件的企业牵头组织实施。支持企业参与现代农业产业技术体系及其地方创新团队、农业科技基础条件支撑体系和区域农业科技协作体系建设。引导和支持企业积极开展农作物与动物新品种培育、绿色高效生物农药及植保技术、生物饲料、生物疫苗、生物肥料、生物土壤修复剂、精准农业等关键技术研发和重大产品创制；引导和支持企业加强动物疫病诊断试剂、农兽药残留快速诊断检测以及新型疫苗等研制与产业化；引导和支持企业加大高效节能、资源高效利用农业产业模式的创新与推广；引导和支持企业加强农业信息化技术研究与产业发展，积极开展物联网等信息技术在农业中的应用研究与示范；引导和支持企业开展相关农业标准的制修订，加速实现农业标准化生产。

四、支持企业建立高水平研发机构

合理配置现有资金、项目资源，支持有条件的企业自主建立高水平研发机构，或与农业科研院所、高等院校联合组建高水平研发机构，并作为农业产业化重点龙头企业、育繁推一体化种子企业审核、认定参考条件。现代农业产业技术试验站、农作物育种创新基地等布局，要兼顾有条件的企业作为建设或参与建设依托单位。加快培育和发展现代生物农业产业、农业信息技术产业等战略性新兴产业，积极推动骨干企业与优势农业科研院所、高等院校建立实质性产学研协同创新联合体。加大对中小微型企业开展农业科技创新的支持和培育力度，提升企业自主创新能力和产品竞争能力。

五、建立农业科技资源开放共享机制

各级各类农业科研院所和高等院校要注重围绕企业和农产品生产消费需求，加快农业科技知识传播、农业技术转移和科技人才交流，开放共享农业科技资源。建立科企、校企合作技术研发公共平台，国家支持建设的国家级、部级农业领域重点实验室、工程（技术）中心、检测（检验）中心、科研试验（示范）基地、种质资源库（圃）、农业数据库等科研设施与科技资源，要

建立面向企业的开放共享制度。国家支持的科研活动所获得的信息资料，要在符合国家安全规定、明晰并保护知识产权的前提下，最大限度地向社会公开。将企业从事科技创新的基本情况，纳入农业科技统计范围当中。

六、促进农业科技人才资源的合理配置

鼓励农业科技人员在企业与科研院所、高等院校之间双向兼职和流动，支持他们创新创业。加强兼职和流动人员人事管理、薪酬管理、股权激励等制度创新，吸引创新资源向企业流动。调动农业科技人员推动科技成果转化、创办或领办企业的积极性，鼓励、支持农业科技人员投资创办企业。加大对农业科技人员自带职务发明技术成果创业的激励力度，提高科技成果作价入股的比例，完善科技成果转化的股权、期权激励和奖励等收益分配政策。放宽创办、领办企业的农业科技人员身份、职称管理等规定，解决科技人员创业的后顾之忧。积极支持符合条件的企业建立涉农院士专家工作站、博士后科研流动（工作）站等。积极支持海外优秀农业技术创新团队回国创业。鼓励和引导农业大专院校毕业生到涉农企业就业创业。

七、鼓励和引导企业开展农业技术服务

鼓励、引导和支持企业开展种苗、防疫、农产品产地初加工等技术服务，充分发挥企业在农业技术多元化服务体系中的作用。鼓励企业与公益性基层农技推广机构合作，培训农技人员，开展技术服务。大力推广"公司+农户"、"公司+合作社（协会）+农户"等合作模式，推动企业与农户、农民专业合作社建立稳固的利益联结机制。鼓励企业积极开展防灾减灾、稳产增产等公益性农技服务。鼓励企业开展统一育秧插秧、智能化配肥和肥料统配统施、植物病虫害统防统治、动物疫病防控、机械化生产、农产品精深加工等生产关键环节的专业化、社会化技术服务。

八、充分利用社会力量和财政金融政策支持企业开展农业科技创新

积极引导和鼓励金融信贷、风险投资等社会资金参与建立农业科技创新基金，以贴息、投资或无偿资助等方式，重点支持企业开展农业科技创新。完善和促进落实企业税收减免、企业研发费用加计扣除、高新技术企业所得税优惠等激励企业加大研发投入的政策。利用企业科技创新基金、国家科技成果转化引导基金和其他科技计划（项目），支持企业加强技术研发，采用新技术、新工艺。在种业、农产品加工、农机装备、渔船及渔业装备等领域，扶持一批科技领先型企业。重点扶持一批骨干种业企业，推动资源、技术、人才等要素向企业流动，建立育繁推一体化的商业化育种新体系。

九、提升对企业知识产权的保护和管理水平

按照"激励创造、有效运用、依法保护、科学管理"的方针，积极推进企业实施知识产权战略。发挥政府科技资源投入的辐射带动效应，推进建立以知识产权为纽带的农业创新联盟。鼓励企业将农业科技创新成果知识产权化，探索建立企业申请国外植物新品种权补贴制度，加大企业申请国外涉农专利补贴力度。积极引导企业利用知识产权质押融资。建立农业知识产权展示交易平台，降低技术交易成本，加速知识产权向企业流转。加大植物新品种保护、农产品地理标志行政执法力度，打击侵权假冒行为，切实保护企业的合法权益。加强农业知识产权基础信息资源整合，建设综合性知识产权信息公共服务平台，为企业提供准确、及时的农业知识产权信息服务。

各级农业部门、各单位,应高度重视、认真研究,把支持企业开展农业科技创新摆上更加突出的位置。创新农业科技管理思路,逐步建立企业参与的科研立项和评价机制。落实已有支持企业开展农业科技创新的政策措施,探索支持企业开展农业科技创新与服务的新途径,依法推进,不断提升企业自主创新能力,切实发挥企业在支撑现代农业发展中的作用。

来源:http://www.moa.gov.cn/zwllm/tzgg/tz/201301/t20130121_3202984.htm

42. 关于进一步加强农业知识产权工作的意见

关于进一步加强农业知识产权工作的意见

为落实中共中央《关于加快推进农业科技创新持续增强农产品供给保障能力的若干意见》(中发〔2012〕1号)、《中共中央国务院关于深化科技体制改革加快国家创新体系建设的意见》(中发〔2012〕6号)、《国务院关于加快推进现代农作物种业发展的意见》(国发〔2011〕8号)和《国务院关于进一步做好打击侵犯知识产权和制售假冒伪劣商品工作的意见》(国发〔2011〕37号)相关部署,深入实施《国家知识产权战略纲要》以及《农业知识产权战略纲要》,进一步提升农业领域的专利、商标、版权、植物新品种权以及农产品地理标志等农业知识产权创造、运用、保护和管理能力,提出如下意见。

一、指导思想

以邓小平理论、"三个代表"重要思想、科学发展观为指导,紧紧围绕建设现代农业和保障国家粮食安全的总体要求,按照"激励创造、有效运用、依法保护、科学管理"的方针,以建立健全符合我国农业发展规律和自身特点的知识产权战略、规章制度和管理体系为核心,提升管理服务能力,大力促进农业知识产权的创造和运用,进一步推动农业知识产权事业健康发展,为农业农村经济持续发展提供有力支撑。

二、总体目标

农业知识产权管理体系和规章制度基本健全,财政农业科研项目实现从立项到成果运用的知识产权全程管理。知识产权代理、法律、信息、咨询、评估等服务在农业领域得到发展,知识产权公共服务和技术支撑能力基本满足农业知识产权事业发展需要。农业知识产权交易与运用规范有序,以知识产权为纽带的产学研用协作机制基本健全。农业科技创新能力进一步增强,到2015年主要农业科技研发单位研发人员每百人年申请发明专利和植物新品种权达到12件。

三、基本原则

一是坚持政府引导。加强宏观政策指导,对不同类型、不同领域知识产权实施分类指导,引导农业企事业单位和社会组织加强知识产权管理与服务,推动农业知识产权事业大发展。

二是坚持产业导向。着眼农业产业发展的迫切需求,强化知识产权工作部署,突破一批具有自主知识产权的主导品种、主推技术和重大装备,抢占国际竞争制高点,加快实现产业化。

三是坚持市场驱动。充分发挥市场配置资源的基础性作用和知识产权制度的激励功效,优化发展环境,拓展市场空间,加快产学研用融合,培育生物育种等战略性新兴产业。

四是坚持重点突破。以杂交水稻和玉米为重点,推进建立以企业为主体的商业化育种体系,引导育种研发单位有针对性地创造知识产权,构筑知识产权比较优势,提升核心竞争力。选择一批农业企事业单位开展试点,建立健全知识产权管理机构和规章制度,提升知识产权获权、用权和维权水平。

四、主要任务

(一)健全农业知识产权工作体系

加强农业知识产权工作指导,推行农业知识产权管理标准。推动主要农业企事业单位设立专门知识产权业务部门、配置专职人员、设立专项资金、健全管理制度、实施知识产权战略。

(二)强化知识产权管理

项目主管单位和承担单位建立知识产权责任机制,开展财政农业科研项目的知识产权全程管理,健全农业重大项目立项和结题验收的知识产权评议机制,有效规避研发和产业化的知识产权风险,强化知识产权目标导向。完善评价体系,切实将知识产权的拥有量和实施效益纳入科研人员绩效和职称考核指标体系。健全职务技术成果管理运用和利益分配机制,调动单位与研发人员知识产权创造和运用的积极性。

(三)培育农业领域知识产权服务业

进一步培育各类农业知识产权服务市场,构建服务主体多元化的知识产权服务体系。强化部门合作,扩大涉农专利、植物新品种、农产品地理标志基础信息资源共享范围,使各类知识产权服务主体可低成本地获得农业知识产权基础信息资源。建立农业知识产权公共信息平台,开展知识产权信息分析、预警,定期发布农业知识产权创造指数报告等公共信息。大力发展农业领域知识产权服务业,加强业务指导,规范服务行为,发展咨询、检索、分析、数据加工等基础服务,重点培育一批专业化、规模化、规范化的知识产权服务机构;创新知识产权服务模式,培育评估、交易、转化、托管、投融资等增值服务。加强农业领域知识产权服务业统计工作。加强职业培训,培养专门人才,提高农业知识产权涉外事务处理能力,支持农业企事业单位、农民专业合作社申请境外知识产权。

(四)打击侵犯知识产权行为

认真贯彻落实《国务院关于进一步做好打击侵犯知识产权和制售假冒伪劣商品工作的意见》,加大行政执法力度,定期开展专项整治,强化日常监督检查,依法打击侵权行为。发挥种业知识产权联盟等社会组织和中介服务机构在诚信自律、维权救助等方面的积极作用。加强宣传培训,提高权利人主动保护、自我维权意识。

(五)构建产学研用合作新机制

进一步落实财政性资金资助形成知识产权的运用管理政策,推进建立公平、公开、高效的农业知识产权推广应用机制,充分发挥农业科技创新的公益性、基础性和社会性功能。积极探索以知识产权联营、入股等利益分享方式为纽带的产学研用合作机制。

(六)促进农业知识产权转化应用

发挥技术市场的作用,加快建立植物新品种权展示交易公共平台,推动实施品种权交易规则和标准合同,加强价值评估、融资、法律等服务,降低交易成本,促进育种成果转化运用。加强育种材料等遗传资源保护和管理工作,试点开展育种材料等遗传资源身份登记管理,健全惠益分享机制，促进遗传资源合理流动和充分利用。遴选发布农业知识产权重点产业化项目名录，强化政策支持力度。

（七）提升农业知识产权质量

强化农业企事业单位知识产权质量管理意识，加强决策支撑，引导农业企事业单位健全知识产权质量考评制度，开展知识产权信息分析，制定实施本单位知识产权战略，提升知识产权创造质量，优化知识产权结构。

（八）加强农业知识产权国际合作交流

加强与有关国际组织的对话与交流，积极参与知识产权国际规则和标准的制定。充分发挥社会组织和中介机构在处理农业知识产权国际事务和海外维权等方面的作用。支持国内农业企事业单位与国外研发机构、企业交流合作，及时学习借鉴先进理念和成功经验，不断改进工作提高水平。

五、保障措施

（一）加强组织领导

各级农业行政主管部门要高度重视，切实加强组织领导，根据本指导意见的要求抓紧制定具体实施方案和落实措施，加大工作力度，确保各项任务措施落到实处。农业部有关司局要按照职能分工，加强对农业知识产权发展的协调指导，细化政策措施，创新体制机制，加强监督检查。财政农业科研项目主管单位要建立项目知识产权考核指标体系，加强对项目结题的知识产权验收和结题后知识产权运用的追踪考核，并将考核结果作为项目承担单位继续申请和承担项目的重要依据。各农业企事业单位要积极创造条件实施本指导意见。

（二）加大支持力度

加强产业、科技、人才等政策与农业知识产权政策的衔接。探索建立申请国外植物新品种权等农业知识产权补贴制度。加强农业知识产权市场与金融市场的衔接，鼓励引导各类金融机构、投资基金及社会资金加大农业知识产权转化、信息开发利用和服务的投入力度。

（三）营造发展氛围

宣传普及农业知识产权相关法律法规，开展知识产权培训，大力增强农业管理人员、科技工作者和广大农民的知识产权意识。建立农业知识产权投诉、举报信息平台，畅通投诉举报渠道。发挥新闻媒体作用，通过开设专版专栏以及典型报道、案例报道、现场报道等形式，引导社会舆论，扩大农业知识产权宣传。

来源：http://www.moa.gov.cn/zwllm/tzgg/tz/201302/t20130206_3216988.htm

43. 农业部关于促进休闲渔业持续健康发展的意见

农业部关于促进休闲渔业持续健康发展的意见

休闲渔业是全国渔业发展第十二个五年规划确定的现代渔业五大产业之一。近些年来，我国休闲渔业迅速发展，"十一五"期间产值年均增长22.6%，一批发展潜力大、带动能力强、品牌优势明显的休闲渔业实体迅速壮大，显示出强大的生命力。作为新兴产业，我国休闲渔业尚处在起步阶段，还存在发展水平低、基础设施差、管理不规范、政策扶持不足等突出问题。为促进休闲渔业持续健康发展，提出如下意见。

一、重要意义

（一）充分认识发展休闲渔业的重要意义

休闲渔业是以渔业生产为载体，通过资源优化配置，将休闲娱乐、观赏旅游、生态建设、文化传承、科学普及以及餐饮美食等与渔业有机结合，实现一二三次产业融合的一种新型渔业产业形态，主要包括休闲垂钓、渔家乐、观赏鱼、渔事体验和渔文化节庆等类型。促进休闲渔业持续健康发展，对进一步拓展渔业功能，转变渔业发展方式，提高渔业发展质量和效益，促进渔民转产转业，增加渔民收入，丰富城乡居民物质文化生活，全面建设渔区小康社会具有重要意义。

（二）我国休闲渔业发展前景广阔

我国水域辽阔、渔业生产形式多样、渔文化底蕴深厚，发展休闲渔业条件优越。随着全面建设小康社会进程的深入推进，城乡居民收入不断增加，生活方式不断改变，休闲需求日益扩大，发展休闲渔业潜力巨大。各级渔业主管部门要进一步增强紧迫感和责任感，及时更新观念、创新思路，将休闲渔业摆上更加突出的位置，采取更加有力的政策措施，促进休闲渔业持续健康发展。

二、指导思想和基本原则

（三）指导思想

坚持以科学发展观为指导，以渔业增效、渔民增收和现代渔业建设为目标，加强政策引导和扶持，因地制宜，创新发展，突出特色，鼓励发展文化多元的休闲渔业。着力提升休闲渔业发展水平和可持续发展能力，着力加强休闲渔业规范化管理，不断丰富和拓展渔业的休闲功能和文化内涵，逐步形成政府引导、市场主导、渔民主体、社会参与的休闲渔业发展新格局，为建设现代渔业、促进渔民增收和渔区经济社会发展作出积极贡献。

（四）基本原则

坚持因地制宜，突出特色。从自然资源和人文资源出发，依托渔业生产过程、渔民文化生活和渔区风情风貌，突出特色，增强休闲渔业文化功能、科技含量和转化增值能力，提升休闲渔业发展整体规模、层次和水平。

坚持科学规划，加强引导。加强休闲渔业发展的规划引导，与渔业发展、经济社会发展、新农村建设、旅游业发展等规划相衔接，分类规划，合理布局，有重点、有步骤地推进，避免盲目发展和低水平重复建设。

坚持以安为先，强化管理。始终将安全问题放在休闲渔业发展和管理的突出位置，制定完善标准规范体系，加强生产安全、渔业生态环境保护、水产品质量和食品卫生安全等监督管理，保障从业者和消费者的安全和合法权益，确保休闲渔业规范发展、安全发展、可持续发展。

坚持市场调节，政策扶持。发挥市场在资源配置中的基础性作用，调动渔户、渔民专业合作社和龙头企业等主体的积极性，合理引导各种资源投入休闲渔业发展。充分用好国家和地方支持渔业发展、环境保护、小城镇建设、扶贫开发等相关政策措施，着力加强休闲渔业基础设施建设，增强科技支撑能力，健全公共服务体系，提升产业整体素质。

三、加强规划引导

（五）做好休闲渔业发展规划

加强休闲渔业发展的调查研究，根据自然资源禀赋、渔业发展状况和旅游需求，深入分析区域资源特色和市场发展潜力，合理确定优先发展区域，科学制定休闲渔业发展规划。把休闲渔业发展纳入渔业发展规划和当地经济社会发展总体规划，将休闲渔业有机融入经济社会发展大局，引导休闲渔业高起点起步、高层次发展。

（六）促进休闲渔业合理布局

引导休闲渔业开展特色经营和多种经营，努力建设适应不同层次、不同需求、不同规模、不同类型的休闲渔业基地，增强休闲渔业发展活力。要避免一哄而上，合理规划布局，防止低水平重复建设。沿海地区休闲渔业发展要结合现代渔村建设、人工鱼礁建设和滨海旅游开发，展示丰富多彩的渔文化、海洋文化和海洋景观。内陆地区要依靠江、河、湖、库等资源，打造各具特色的休闲渔业项目。大中城市周边，以现有水产养殖场所为基础，发展垂钓、观赏、娱乐、餐饮、住宿等功能齐全的休闲渔业基地。要结合地域优势和传统特色，积极引导观赏渔业发展，规划建设一批现代化的观赏鱼、水族装备生产基地和批发市场。

四、开展示范引领

（七）深入开展休闲渔业示范创建活动

按照休闲渔业的主要类型和地域分布特点，分期分批创建一批有规模、有特色、效益好、管理规范、带动能力强的休闲渔业示范基地。通过开展示范创建活动，进一步探索休闲渔业发展规律，激发社会公众的参与热情，加快培育一批经营特色化、管理规范化、产品品牌化、服务标准化的休闲渔业示范基地，引领和带动休闲渔业全面发展。

（八）加强宣传推广

通过多种方式，加强宣传推广，为休闲渔业发展搭建平台，支持举办渔文化展示、垂钓比赛、观赏鱼评比、水族器材（包括钓具、钓饵等）展销等各类活动，推广渔业休闲文化，增强行业的吸引力，促进休闲渔业做大、做强。

（九）提高从业人员素质

按照行业规范和服务标准，依托推广机构、行业协会、龙头企业、合作社等组织，开展专家授课、现场参观、经验交流、典型示范等多种形式培训，提高从业人员的素质和能力。积极争取将休闲渔业技能培训纳入"阳光工程"，尤其要加强对沿海捕捞渔民的培训，提高转产就业的能力。

五、加强监督管理

（十）制定完善休闲渔业相关制度和标准

加快制定休闲渔业管理办法，强化环境保护、安全生产、食品卫生、休闲渔船管理、观赏鱼引进管理等制度，使休闲渔业发展有法可依，管理有章可循。加强对公共水域垂钓活动的管理，积极探索建立公共水域垂钓管理制度。根据休闲渔业的不同类型，制定海钓、垂钓、体验式捕鱼、水上餐饮等生产操作规范及服务标准，制定钓饵标准、休闲渔船（艇）安全标准、观赏鱼品种标准等，引导休闲渔业经营主体标准化生产、规范化经营。

（十一）加强对休闲渔业的监督管理

积极推动地方政府建立休闲渔业管理协调机制，建立职责明确、分工合理、运转高效的协调机制和监管体系，对休闲渔业生产经营活动进行监督检查，督促休闲渔业经营主体建立健全安全管理制度及应急预案、落实各项安全生产措施和操作规程，促进合法、规范、安全经营。对于休闲渔业发展中的突出问题，要共同开展专题调研，协同破解发展难题。各级渔业行政主管部门要立足渔业管理职能，加强对休闲渔业发展的监管。

六、加大政策扶持

（十二）健全投融资体系

积极争取各级政府加大对休闲渔业发展的支持力度，将休闲渔业的公共基础设施建设纳入当地基础设施建设规划予以支持。鼓励民间资本采取等多种形式参与休闲渔业开发和经营。鼓励金融机构对信用状况好、资源优势明显的休闲渔业项目适当放宽担保抵押条件，并在贷款利率上给予优惠。

（十三）完善扶持政策

将休闲渔业纳入现有渔业产业政策体系，在水产健康养殖、渔船改造、柴油补贴、海洋牧场等方面进行支持，鼓励依托水产健康养殖示范场、水产良种繁育基地、海洋牧场和人工鱼礁建设兴办休闲渔业，支持近海老旧木质渔船通过更新改造转向休闲渔业各地要积极争取把休闲渔业场所纳入政府采购体系。要加大政策衔接力度，争取休闲渔业经营户、合作社减免营业税政策，休闲渔业场所销售自产的初级农产品及初级加工品享受免税政策，休闲渔业用水用电享受农业用水用电收费政策。

（十四）加强公共服务

各级渔业部门要加大服务力度，为休闲渔业创造良好的发展环境。要重视和加强对休闲渔业的科学研究和技术推广服务，重点开展休闲渔业配套设备研究和开发、优质钓饵研究和开发、观赏鱼养殖技术研究和新品种开发，全面开展水产技术推广服务。建设公共信息服务平台，有效衔接供需，宣传推介渔文化、普及渔业知识，让消费者和从业者都能方便、及时、准确地获得休闲渔业的真实信息。做好休闲渔业的统计分析工作，为政府决策提供依据。

七、加强组织领导

（十五）切实将休闲渔业作为建设现代渔业的重点领域抓紧抓好

各级渔业行政主管部门要顺势而为，乘势而上，加强组织领导，切实将休闲渔业作为建设现代渔业的重点领域抓紧抓好，将《全国渔业发展第十二个五年规划》的部署落到实处。要进一步明确职责分工，做到有领导分管、有处室主抓、有人员落实、有经费保障，休闲渔业各项工作做到有计划、有措施、有落实、有考核。要充分发挥大专院校、科研院所、技术推广等机构的积极性，为休闲渔业发展提供技术支撑。要加大对行业协会和中介服务组织的管理支持，加强行业自律，促进休闲渔业有序发展。

来源：http://www.moa.gov.cn/zwllm/tzgg/tz/201212/t20121213_3105660.htm

44. 农业部关于下达 2012 年农产品质量安全统筹经费的通知

农业部关于下达 2012 年农产品质量安全统筹经费的通知

各有关单位：

根据《财政部关于批复农业部 2012 年部门预算的通知》（财预〔2012〕168 号），经研究，现将 2012 年农产品质量安全统筹经费下达你单位（详见附件），主要用于农产品质量安全风险评估、农产品质量安全应急处置及监督抽查等工作。请入 2012 年政府收支分类科目 2130109 "农产品质量安全"。

各项目单位要设置"农业部农产品质量安全监管"明细账（财务核算实行统一管理而不单独建账核算的单位，应建立辅助备查账），严格按照项目实施方案及有关财务制度执行，专款专用，合理列支相关费用，项目实施中如有变更事项，应按照申报程序及时履行调整报批手续。主管部门要做好组织实施和监督检查工作，并于 2012 年 12 月 31 日前将项目执行情况、资金使用情况（分别按项目内容和经济分类进行分析）报送我部农产品质量安全监管局和财务司。

农业部
2012 年 11 月 23 日

来源：http://www.moa.gov.cn/zwllm/tzgg/tz/201212/t20121205_3097456.htm

45. 农业部关于加强农业行业扶贫工作的指导意见

农业部关于加强农业行业扶贫工作的指导意见

扶贫开发工作在党和国家工作全局中具有特殊重要的战略地位。在我国全面建设小康社会进入关键时期的新形势下，党中央国务院颁布实施《中国农村扶贫开发纲要（2011-2020 年）》，并召开中央扶贫开发工作会议，对加强扶贫开发工作进行了全面部署。为认真贯彻落实中央扶贫开发工作会议精神，进一步做好新时期农业行业扶贫工作，提出如下意见。

一、深刻认识做好新时期农业行业扶贫工作的重要意义，进一步增强责任感和使命感

（一）做好农业行业扶贫工作是贯彻落实中央关于新时期扶贫开发事业各项决策部署的重要举措

党和国家始终高度重视扶贫开发事业。改革开放以来党和国家正式启动全国范围有计划、有组织的大规模开发式扶贫，取得了举世瞩目的巨大成就，成功走出了一条中国特色扶贫开发道路。2011 年 5 月中共中央、国务院颁布实施了《中国农村扶贫开发纲要（2011—2020 年）》，

2011年11月底又召开了中央扶贫开发工作会议，进一步明确了部门行业扶贫工作的任务与要求，明确提出各行业部门要把改善贫困地区发展环境和条件作为本行业发展规划的重要内容，在资金、项目等方面向贫困地区倾斜，切实完成本行业国家确定的扶贫任务。做好农业行业扶贫工作，指导和帮助贫困地区农业农村经济加快发展，是落实中央关于新时期扶贫开发工作各项决策部署的重要举措，是新时期农业部门的一项重要的政治任务。

（二）做好农业行业扶贫工作是改变贫困地区落后面貌、全面建设小康社会的必然要求

改革开放以来，我国大力推进扶贫开发，农村贫困人口大幅减少，农村居民生存和温饱问题基本解决。但是，扶贫开发是一项长期历史任务，我国区域发展不平衡问题突出，制约贫困地区发展的深层次矛盾依然存在。扶贫对象规模大，相对贫困问题凸显，返贫现象时有发生，贫困地区特别是集中连片特殊困难地区发展相对滞后。做好农业行业扶贫工作，不断改善农牧民生产生活条件，推动贫困地区农牧业加快发展，可以有效减少贫困人口，改变贫困地区落后面貌，保障全体人民共享经济社会发展成果。

（三）做好农业行业扶贫工作是加快贫困地区农牧业发展、促进农牧民增收的重要任务

农牧业是广大贫困地区的支柱产业，是惠及广大农牧民最直接的民生产业。由于自然、历史等多方面原因，贫困地区农牧业发展还普遍存在基础设施薄弱、科技装备水平落后、农牧民素质低、产业化发展水平不高等方面问题。解决这些问题，不仅需要贫困地区广大干部群众自身的力量，还需要全国农业系统的帮助和支持。做好农业行业扶贫工作，大力发展现代农业，调整农业产业结构，培育特色产业，提高农牧民素质，是加快贫困地区农牧业发展、促进农牧民增收的重要任务。

长期以来，农业部和全国农业系统按照中央的部署和要求，坚持把支持贫困地区（包括贫困农牧场）农牧业发展作为重要的政治任务，不断加大对贫困地区农牧业发展的支持力度，先后指导和帮助贫困地区编制了多项重大发展和建设规划，倾斜性安排各类建设和专项资金，派出多批管理干部和技术人员支持参与贫困地区农牧业建设，逐步形成和完善了全方位行业扶贫的工作格局，为贫困地区优势特色产业发展、生产生活条件改善和农牧民增收做出了积极贡献。做好新时期农业行业扶贫工作，要求农业部系统和各级农业部门进一步从全局和战略高度，切实把思想统一到中央的科学判断上来，把思路统一到中央的战略决策上来，把行动统一到中央的部署安排上来。要准确把握扶贫开发工作面临的新情况、新形势和新任务，切实增强责任感、使命感和紧迫感，充分发挥行业优势和职能，以定点扶贫和集中连片扶贫为重点，采取更加有力的措施，进一步扎实开展行业扶贫工作，更加注重体制机制创新，更加注重转变发展方式，更加注重增强贫困地区自我发展能力，认认真真地为贫困地区做好事、办实事、解难事，促进以集中连片特殊困难地区为主战场的广大贫困地区农牧业发展、农牧区繁荣和农牧民富裕，确保这些地区与全国同步实现全面建设小康社会的宏伟目标。

二、突出重点，进一步明确农业行业扶贫各项工作任务

新时期扎实做好农业行业扶贫工作，在总体思路上，要深入贯彻落实科学发展观，立足贫困地区资源优势和环境条件，坚持统筹推进工业化、城镇化和农牧业现代化，以提升特色农产品生产能力为重点，以增加农牧民收入和改善生产生活条件为核心，帮助贫困地区不断强化农业基础设施，做大做强特色产业，推动科技创新，开展农民培训，开拓农产品市场，扩大农民就业，逐步走出一条具有中国特色的贫困地区现代农牧业发展道路。

按照上述思路，要着力抓好以下六个方面的重点工作：

（一）大力发展特色农牧业

继续通过种养业良种工程、园艺作物标准园创建、畜牧业渔业标准化规模养殖等项目建设，优化产业结构，转变发展方式，扶持贫困地区特色种养业发展，大力发展"三品一标"，打造一批具有一定市场竞争力的知名品牌，推进特色种养殖产品规模化生产、标准化管理、产业化经营、品牌化营销。同时，依托贫困地区独特的自然资源环境和民族文化，积极拓展农业多功能，发展特色经济和休闲农业、生态农业，努力拓宽农民增收渠道，增强贫困地区发展内生动力。

（二）切实加强基础设施建设

加大水土流失治理，加强中低产田改造和高标准农田建设，完善农田水利设施，大力发展旱作节水农业，稳步提高农业综合生产能力。鼓励研发推广适合贫困地区特点的农牧业机械，加快推进农牧业装备现代化。因地制宜采取多种模式，开展草原防火、雪灾、鼠虫害、有害生物防治以及饲草料基地等建设，加快实施游牧民定居工程，改善牧区生产生活条件。力争通过几年的努力，使贫困地区农业基础设施有较为明显地改善。

（三）积极推进农业科技进步

围绕贫困地区特色农牧业发展，加大农业科技协作攻关和成果转化力度，加快推广农作物优质高产品种和高效栽培模式、测土配方施肥技术、无公害生产技术、秸秆综合利用技术等适合贫困地区特点及需求的良种良法。加强动植物防疫体系建设等各类农牧业支撑保障服务体系建设，不断增强服务功能。发挥行业优势，积极帮助开展举办各种类型的管理、实用技术、就业技能培训，提高干部群众综合素质和劳动技能，积极推动农村劳动力转移就业。继续做好干部到贫困地区挂职锻炼和"博士服务团"成员选派工作。

（四）加快推进产业化经营

切实加大对农业产业化龙头企业的扶持力度，完善扶持政策，强化指导服务，不断增强龙头企业辐射带动能力。加快发展农民专业合作社，通过引导农民专业合作社依法办社、支持加工冷链等设施建设，进一步提高农民专业合作社自身实力、发展活力和带动能力。支持粮油、林果、畜禽水产等特色农产品加工，不断延伸产业链条，提升优势特色农牧产品市场竞争力。

（五）进一步扩大市场开拓

加快实施"金农工程"农业综合信息服务平台建设，利用现代及传统传媒手段，为广大生产企业和农牧民提供及时有效的信息服务。积极牵线搭桥，发挥发达地区人才、资金和技术优势，引导企业和社会力量参与贫困地区特色农牧产品生产和开发，实现优势互补，互惠互利。支持和鼓励贫困地区农牧企业参加各类博览会、展销会等，多种形式促进产销对接，不断提高产品市场知名度。

（六）不断加大生态保护与建设力度

进一步加大退牧还草等工程实施力度，大力加强草原建设与保护，采取禁牧、休牧、轮牧等措施，恢复天然草原植被和生态功能。深入实施草原生态保护补助奖励政策，推进草原畜牧业发展，促进牧民增收。继续大力支持农村沼气工程建设，推广应用节能灶、固体成型燃料等农村能源建设项目，带动改水、改厨、改厕、改圈和秸秆综合利用。指导农民合理使用农药、化肥、地膜等，积极发展农业循环经济，加强农村环境综合治理，创建环境优美的新农牧区。

三、采取有效措施，确保农业行业扶贫各项工作落到实处

扶贫开发是一项长期的历史任务。各级农业部门要按照中央的部署和要求，把责任目标体现

在规划引领上，把任务措施落实在项目建设上，把责任保障体现在加强领导上，采取有效措施，把农业行业扶贫工作落到实处。

（一）进一步加强领导

行业扶贫工作涉及方方面面，要把各方面力量调动好、组织好、协调好、整合好、发挥好。要按照中央新时期扶贫开发工作的新要求，进一步加强领导，强化指导，整体部署，分类推进。农业部定点扶贫工作领导小组要充分发挥作用，切实加强工作指导和统筹谋划。全国农业系统要把做好行业扶贫工作列入重要议事日程，摆在更加突出的位置，发挥行业优势，以定点扶贫地区和集中连片特殊困难地区为重点，不断加大对贫困地区、贫困农牧场的支持力度，务求实效。

（二）进一步落实责任

全国农业系统要按照职能，围绕做好行业扶贫工作，在挖潜、对接、结合上下工夫，进一步突出重点、强化责任，抓出亮点，把扶贫开发工作抓出气势，抓出成效，抓出影响力，尽快造福人民群众。工作中，既要重视"输血"式扶贫，更要重视"造血"式扶贫，特别要注意坚决杜绝"面子工程"、形式主义。

（三）进一步完善机制

要注意在实践中完善和落实扶持贫困地区发展的各项政策措施，不断探索创新开展定点扶贫和行业扶贫工作的思路和方法。逐步建立完善情况沟通与通报制度，加强工作监督检查，随时掌握了解工作情况和进展。加强与扶贫等部门的衔接，做好与各片区联系单位的沟通与配合，善于整合和调动各方面力量开展工作，不断增强工作活力和实际效果。特别要充分调动和发挥贫困地区干部群众的主体作用，用自己的双手创造幸福美好生活。

（四）进一步扩大宣传

坚持宣传发动到位，重点宣传党和国家对贫困地区农业工作的高度重视，宣传各地各单位对贫困地区农业发展的无私帮助，宣传行业扶贫工作所取得的成绩和典型，宣传各级干部群众的无私奉献精神，凝聚各方面力量，进一步在全社会形成关心支持定点扶贫和行业扶贫的良好氛围。

2012 年 10 月 23 日

来源：http://www.moa.gov.cn/zwllm/tzgg/tz/201211/t20121102_3000862.htm

46. 农业部关于下达 2012 年第一批国家救灾备荒种子储备补助资金的通知

农业部关于下达 2012 年第一批国家救灾备荒种子储备补助资金的通知

农财发〔2012〕124 号

各有关单位：

根据《财政部关于批复农业部 2012 年部门预算的通知》（财预〔2012〕168 号），经研究，现下达你单位 2012 年第一批国家救灾备荒种子储备补助资金万元，列入 2012 年政府收支分类科目 2130119 "灾害救助",主要用于国家救灾备荒种子储备保管费补助。

该项目已列入财政国库集中支付范围,资金拨付到项目主管单位。各项目主管单位要在收到资金 15 天内,将项目资金转拨到各承储企业。各承储企业要设置"国家救灾备荒种子储备补助项目"明细账(财务核算实行统一管理而不单独建账核算的单位,应建立辅助备查账),严格按照项目实施方案及有关财务制度执行,专款专用,合理列支相关费用,项目实施中如有变更事项,应按照申报程序及时履行调整报批手续。各项目主管部门要做好组织实施和监督检查工作,并于 2012 年 12 月 31 日前将项目执行情况、资金使用情况(分别按项目内容和经济分类进行分析)报送我部种子管理局和财务司。

农业部
2012 年 7 月 24 日

来源:http://www.moa.gov.cn/zwllm/tzgg/tz/201208/t20120808_ 2819629.htm

47. 农业部关于下达 2013 年农产品质量安全统筹经费的通知

农业部关于下达 2013 年农产品质量安全统筹经费的通知

各有关单位:

根据《财政部关于批复农业部 2013 年部门预算的通知》(财预〔2013〕168 号),经研究,现将 2013 年农产品质量安全统筹经费下达你单位(详见附件),列入 2013 年政府收支分类科目 2130119 "灾害救助",主要用于农产品质量安全风险评估、农产品质量安全应急处置及监督抽查等工作。

各项目单位要设置"农业部农产品质量安全监管"明细账(财务核算实行统一管理而不单独建账核算的单位,应建立辅助备查账),严格按照项目实施方案及有关财务制度执行,专款专用,合理列支相关费用。如项目资金拨付到项目主管部门,请项目主管部门在收到资金后 15 日内,将资金转拨项目承担单位。

项目主管部门要做好组织实施和监督检查工作,并于 2013 年 12 月 31 日前将项目执行情况、资金使用情况(分别按项目内容和经济分类进行分析)报送我部财务司和农产品质量安全监管局。

农业部
2012 年 12 月 16 日

来源:http://www.moa.gov.cn/zwllm/tzgg/tz/201312/t20131224_ 3722973.htm

48. 农业部关于做好 2012 年农业农村经济工作的意见

农业部关于做好 2012 年农业农村经济工作的意见

各省、自治区、直辖市及计划单列市农业、农机、畜牧、兽医、农垦、乡镇企业、渔业厅（局、委、办），新疆生产建设兵团农业局：

为全面贯彻中央农村工作会议和《中共中央国务院关于加快推进农业科技创新持续增强农产品供给保障能力的若干意见》（中发〔2012〕1号），以及全国农业工作会议精神，切实做好 2012 年农业农村经济工作，现提出以下意见，请结合实际，认真抓好落实。

2011 年，面对异常发生的自然灾害和异常波动的市场环境等严峻挑战，各级农业部门坚决贯彻落实党中央、国务院的部署要求，圆满完成"两个千方百计、两个努力确保"的目标任务，巩固和发展了农业农村经济稳定发展的良好势头。粮食生产再创历史新高，首次迈上 11 000 亿斤新台阶，连续五年稳定在 1 万亿斤以上，实现半个世纪以来首次连续八年增产。主要农产品产量全面增加，农产品市场供应充足、质量安全保持较高水平，重大动物疫情形势总体平稳，农机、农垦、乡企持续发展，农产品进出口贸易快速增长。农民收入实现两位数增长，增量创历史之最，增幅连续两年超过城镇居民。农业增产、农民增收，为抑制物价过快上涨、应对国际金融危机赢得了主动，为保持经济平稳较快发展、维护社会和谐稳定作出了重要贡献。

2012 年是实施"十二五"规划承上启下的重要一年，我们党将召开十八大。做好农业农村经济工作，保障农产品有效供给和农民持续增收，对于经济社会发展全局具有特殊重要意义。党中央、国务院对加快推进农业科技创新、持续提高农产品供给保障能力、促进农民收入较快增长，提出了新的明确要求，出台了力度更大的支持政策，农业农村经济发展面临许多有利条件。但同时也面临着发展基数和生产成本高、气候条件和市场变化不确定等诸多挑战，保持粮食稳产增产和农民就业增收的难度明显加大，任务更加艰巨繁重。各级农业部门必须增强忧患意识和责任意识，把困难和问题估计得更充分一些，切实做好应对准备，切实做好各项工作，务必防止盲目乐观、工作松懈、政策减弱，务必防止粮食生产出现拐点、农民收入出现滑坡，坚决巩固和发展来之不易的好形势。

2012 年农业农村经济工作的总体要求是，认真贯彻中央农村工作会议决策部署和中央 1 号文件精神，深入贯彻落实科学发展观，以稳定发展粮食生产为重点，加快农业科技创新，全面推进现代农业建设，坚持"两个千方百计、两个努力确保"目标不动摇，千方百计使粮食产量稳定在 10 500 亿斤以上、农民收入增幅保持在 7.5% 以上，努力确保不发生重大农产品质量安全事件和区域性重大动物疫情，持续提高农产品供给保障能力，为实现经济社会平稳较快发展提供基础保证。

一、落实和完善强农惠农富农政策，进一步加大农业支持保护力度

1. 全面落实强农惠农富农政策。2012 年，中央继续加大对"三农"投入力度，财政投入、固定资产投资、农业科技投入的增量和比例均有提高。各级农业部门要抢抓难得机遇，搞好落实和配套，强化政策宣传，加大监管力度，确保中央强农惠农富农政策不折不扣地落实到基层、兑

现到农户。把农业"四补贴"、粮棉油糖高产创建、草原生态保护补奖、生产大县奖励补助、"菜篮子"生产专项等作为政策落实工作重点，积极推动新增补贴向主产区、种养大户、农民专业合作社倾斜。推动完善主产区利益补偿机制，落实好产粮（油）大县、生猪调出大县奖励补助政策。推动完善和落实粮食最低收购价、大宗农产品临时收储、生猪市场调控等政策，探索建立主要蔬菜品种价格稳定机制，保持农产品价格合理水平。积极推进农业援疆援藏和扶贫开发工作，强化资金、技术、人才支持，促进区域协调发展。

2. 推动完善农村金融和农村社会发展等支持政策。继续推动完善农村金融扶持政策，创新农村金融机构、产品和服务，引导农民专业合作社规范开展信用合作，探索满足农村金融需求有效办法。推动扩大农业保险险种和覆盖面，加大保费补贴力度，开展设施农业保费补贴试点，扶持发展渔业互助保险，鼓励地方开展优势农产品生产保险。落实好农垦危房改造政策，稳步推进垦区城镇化进程，加快改善农场职工生活环境。推进农村社会管理创新和文化建设，推动落实好农村社会保障、义务教育和中等职业教育、文化惠民等政策，加快改善农村民生。

二、全力夺取粮食生产好收成，稳定发展棉油糖等经济作物生产

3. 毫不放松抓好粮食生产。千方百计稳定粮食播种面积，依靠科技着力提高单产和质量，实现夏粮早稻增产、秋粮稳定。夏粮突出抓好冬春抗旱和病虫害防控，落实好小麦抗旱浇水和"一喷三防"。早稻突出抓好整地和育秧环节，推广应用大棚育秧、集中育秧技术。秋粮突出促早熟和防灾减灾，突出抓好玉米生产，积极落实东北地区膜下滴灌和西北地区全膜覆盖技术，挖掘玉米增产潜力。继续开展粮食稳定增产行动，完善各部门协同督导粮食生产的机制，组织好粮食综合生产能力考核评价，推动落实粮食省长负责制。继续加强粮食高产创建整建制推进工作，选择基础条件好、增产潜力大、科技水平高的产粮大市，率先开展整地市高产创建试点。推进高产创建示范片与高标准农田建设、农业产业化龙头企业、农民专业合作社和各种社会化服务组织相结合，改善高产示范片生产条件，提高粮食生产在农资供应、耕作收获、生产管理、病虫防治等方面的组织化程度。强化农业防灾减灾，加强墒情态势与生产形势监测和灾害预测预判预警，加快推进农作物病虫害专业化统防统治，完善重大病虫疫情防控支持政策。

4. 统筹发展棉油糖等经济作物生产。支持优势产区加强棉花、油料、糖料等生产基地建设，稳定面积、优化布局、提高单产、提升效益。继续推进棉油糖高产创建，开展整乡推进试点，与棉花轻简育苗移栽、甘蔗健康种苗、生产全程机械化等技术示范推广有机结合，加强技术培训和现场观摩，切实增强示范带动效应。加强天然橡胶等热作生产基地建设，优化生产结构布局，培育优势特色产品，提升产业发展水平。

5. 加快农垦现代农业建设。以农田水利、物质装备、科技创新等为重点，加强农垦大型优质农产品生产基地建设，进一步提高农垦粮食、糖料、棉花、生猪、奶牛、天然橡胶等供给保障能力，发挥农垦在现代农业建设中的示范引领作用。支持农垦国有农业企业发展，使用好国有资本预算投资，推进资源整合和资本运作，促进产业转型，培育一批大型跨国农业企业集团。

三、稳定发展"菜篮子"产品生产，保障主要农产品有效供给

6. 提高蔬菜等园艺产品生产水平。实施全国蔬菜产业发展规划，加强优势产区生产基地建设。稳定大中城市菜地保有量，提高本地应季蔬菜自给能力。加强蔬菜生产信息监测，将监测范围扩大到580个蔬菜产业重点县。支持蔬菜集约化育苗场建设，提高蔬菜生产设施化水平。继续开展蔬菜、果树和茶叶等园艺作物标准园创建，推进标准化生产。

7. 抓好生猪牛羊等主要畜产品生产。稳定发展生猪生产，切实提高母猪产仔能力、仔猪成活率和生猪科学饲养水平，加强生产监测和形势预判，尽快完善调控预案，适时启动调控措施，努力避免猪价大幅波动。大力扶持牛羊肉生产，重点做好民族地区牛羊肉生产保供。在牧区推进草原畜牧业生产方式转变，在北方农区和半农半牧区推广规模化、集约化生产和高效集中育肥，在南方地区推行适度规模养殖。大力提高牛羊肉生产标准化、良种化水平，加强肉牛肉羊生产大县建设，提高牛羊肉综合生产能力。抓好饲草料基地建设，启动实施振兴奶业苜蓿发展行动。继续推进畜禽标准化规模养殖发展，加强良种繁育体系建设。

8. 促进渔业健康发展。扩大水产健康养殖示范场创建规模，开展水产养殖生态环境修复试点，加快池塘标准化改造，提升水产养殖综合生产能力和防灾减灾能力，保障水产品安全有效供给。开展良种体系建设与生产规范推进行动，新建一批大宗品种和优势品种遗传育种中心和原良种场，全面推进水产苗种产地检疫，提高水产原良种生产、新品种选育和灾后苗种调剂保障能力。扶持壮大远洋渔业，支持专业化、标准化远洋渔船更新改造和新渔场资源开发。加强渔港、渔政建设和管理。推进以船为家渔民上岸安居工程。

9. 深入实施新一轮"菜篮子"工程。加强部门沟通协调，推动将各项支持菜篮子产业发展的政策落到实处。推动地方严格落实"菜篮子"市长负责制，探索围绕生产用地保有量、重点产品自给率、产品质量安全合格率、应急供给保障能力等指标开展责任考核。

四、强化农产品质量安全监管，坚持不懈抓好重大动物疫病防控

10. 加强农产品质量安全监管。继续深入开展农产品质量安全专项整治，切实加强"瘦肉精"专项整治和生鲜乳质量安全监管，对个别产品中存在的突出问题实施集中治理。进一步完善国家和省级农产品质量安全例行监测制度，对农兽药和饲料生产、经营、使用实行全过程监管，严格规范使用饲料添加剂。进一步加大农资打假力度，强化检打联动和综合执法。大力推广高效安全、低毒低残留新型化肥和农药。加快农业标准制修订步伐，加强"三品一标"认证监管，支持农业标准化整体推进示范，启动全国农产品质量安全监管示范县建设。完善农产品质量安全风险评估体系，开展质量安全风险评估，推进农产品质量安全检验检测体系和追溯体系建设。加快乡镇农产品质量安全监管机构建设，确保年底全国所有乡镇基本建立农产品质量安全监管服务机构。

11. 狠抓重大动物疫病防控。落实强制免疫、检疫监管、疫情监测和应急管理等各项措施，提高免疫质量，果断处置突发疫情，防止疫情扩散蔓延。切实加强疫苗质量监管，严格实施日常监督、飞行检查、驻厂监督、批签发等管理制度，督促企业严格按照生产规程组织疫苗生产和检验活动，严格疫苗生产原材料质量控制。扎实做好优先防治疫病基础监测工作，在全国开展禽流感、口蹄疫、布病病原学专项监测，启动实施重点单项动物疫病防治计划。实施种畜禽场疫病净化计划，强化源头防治。继续抓好布病、血吸虫病、包虫病等重点人畜共患病防控。加强非洲猪瘟、疯牛病等外来动物疫病监视监测，防范境外重大动物疫病传入。加强无规定动物疫病区和生物安全区建设，进一步推进动物标识及动物产品追溯体系建设。加强动物卫生监督执法，健全动物防疫责任体系，规范畜牧兽医行政执法行为，严格执行《农业部关于畜牧兽医行政执法六条禁令》。推进执业兽医和官方兽医制度建设，加强乡镇畜牧兽医站和村级防疫员队伍建设。开展兽医实验室考核和检测比对工作，加强实验室能力建设。组织实施《国家中长期动物疫病防治规划》。做好水生动物疫病防控工作。

12. 做好农业安全生产工作。全面落实安全生产责任制。加强草原火灾防控能力建设，强化

应急培训和演练,严格草原火灾隐患排查和防火督查,加强火情监测预警、应急物资保障和应急处置。加强农机安全管理机构设施装备建设,强化拖拉机、联合收割机注册登记、牌证核发和年度检验,实行农机定期免费检验制度,鼓励开展农机安全保险保费补贴。开展"平安农机示范县"、"平安渔业示范县"等创建活动。强化渔船进出港签证和渔船检验,推进渔业安全救助体系建设。加强"平安垦区"建设。

五、扎实开展"农业科技促进年"活动,全面推进农业科技进步

13. 加快农业科技创新。支持农业基础性、前沿性、公益性科技研究,着力突破农业重大关键技术和共性技术,解决科技与生产脱节问题。以种业为重点,以高产、优质、高效、生态、安全为导向,继续组织实施转基因生物新品种培育重大专项,推动落实一批种业和农业生产急需的科技攻关项目,大力发展以现代生物技术为核心的生物育种战略性新兴产业,培育突破性新品种。深入推进现代农业产业技术体系建设,完善以产业需求为导向、以农产品为单元、以产业链为主线、以综合试验站为基点的新型农业科技组织模式,及时发现和解决生产中的技术难题,充分发挥技术创新、试验示范、辐射带动的积极作用。继续实施公益性行业(农业)科研专项和948计划,加强农机农艺融合技术研发,加强应对农业灾害、节本增效、节能减排、保障农产品安全等关键技术引进和研发。启动实施农业科技创新能力条件建设规划,重点建设农业科技创新平台和以综合性重点实验室、专业性(区域性)重点实验室、科学观测实验站一体化布局的农业部重点实验室体系,促进农业科技基础条件建设和科技资源共建共享,加强科研育种基地、南繁基地、应用研究示范基地、检测中心、科学调查船以及农产品质量安全风险评估实验室体系等建设和系统布局。完善、优化科研立项机制、分类评价机制、大协作机制,培育一批科技型农业企业,形成科技创新合力。

14. 强化基层农技推广体系建设。进一步完善乡镇农业公共服务机构管理体制,强化县级业务主管部门对乡镇农技推广工作的管理和指导。全面实行人员聘用制度,严格上岗条件,落实岗位责任,推行县主管部门、乡镇政府、农民三方考评。进一步加大投入,按种养规模和服务绩效落实推广工作经费,并纳入地方财政预算。推进各地切实提高基层农技人员待遇水平,落实工资倾斜和绩效工资政策,确保基层农技人员工资收入与基层事业单位平均工资水平相衔接。各地要落实配套资金,确保2012年基层农业技术推广体系改革与建设示范县项目基本覆盖农业县(市、区、场),乡镇农业技术推广机构条件建设项目覆盖全部乡镇。全面实施乡镇农技推广机构条件建设项目,为乡镇农技推广机构新建或改扩建业务用房,配备检验检测、推广服务等仪器设备和交通工具。开展农业技术推广服务特岗计划试点,选拔一批大学毕业生到乡镇担任特岗人员。将基层农业技术推广体系改革与建设项目工作纳入绩效考评,对每个县的推广工作经费落实情况、每个乡镇或区域站的建设进展进行跟踪管理,对机构设置、队伍建设、工作经费、条件建设、制度建设、人员待遇等情况进行综合评估,确保中央决策部署落到实处。

15. 大力推广农业防灾减灾稳产增产重大关键技术。针对不同地区、不同种养模式、不同农时季节,及时发布抗灾减灾应急预案和技术指导方案,推广应用关键实用技术。推动落实农业防灾减灾稳产增产关键技术良法补助,重点推广"三北"地区玉米地膜覆盖和膜下滴灌、黄淮海地区小麦测墒补灌和"一喷三防"、东北水稻大棚育秧和南方早稻集中育秧、农机深松整地、保护性耕作、测土配方施肥、病虫害统防统治、动物疫病防控等关键技术。继续开展科技大会战,动员全国农业科教系统力量全员参与,组织全国70万名农业科技人员下乡、进村、到场、入户,扎实开展全年全程农业科技服务,实现对农业大县、重点乡村全覆盖。在17个水稻主产省

(区、市）全年推广超级稻1亿亩以上。

16. 发展现代农作物种业。制定实施农作物种业发展规划，进一步明确种业发展布局和重点任务，整合各方资源和力量，引领现代种业发展。推动出台一批种业扶持政策，特别是在支持企业商业化育种、良种繁育补贴、种子储备、制种保险、管理体系建设等方面出台配套的政策措施。发挥企业在科技创新中的作用，扶持一批骨干种子企业，推动商业化育种资源、技术、人才等要素向企业流动，支持育繁推一体化种子企业做大做强。加强优势制种区种子基地建设，继续实施种子工程等项目，在西北、西南、海南等优势区启动建设规模化、标准化、机械化、集约化种子生产基地，加快新品种推广步伐。加强种子体系等基础设施建设。鼓励种子企业与农民专业合作社联合建立相对集中稳定的种子生产基地，在粮棉油生产大县建设新品种引进示范场。加强种子供需调度，做好品种和区域调剂。组织开展种子执法年专项行动，确保生产用种安全。完善品种审定、保护、退出制度，强化种子生产经营行政许可管理，严厉打击制售假劣、套牌侵权、抢购套购等违法行为。

17. 培养现代农业人才和新型农民。全面实施现代农业人才支撑计划。依托现有重大科研计划、项目和基地建设，加强农业科研人才及创新团队培养，重点培养一批中青年农业科研杰出人才。加强农技推广人才队伍建设，引导和鼓励高校涉农专业毕业生到县乡农业公共服务机构工作。广泛开展基层农技推广人员分层分类定期培训，选送基层农技推广骨干到大专院校、科研院所研修、深造。加强农村实用人才队伍建设，以培训种养大户、农民专业合作社负责人、农业产业化龙头企业负责人、大学生村官、农村经纪人、农机手、农产品加工和休闲农业从业人员等为重点，加快培养一批农村发展带头人、农村技能服务型人才和农村生产经营型人才。扩大农村劳动力阳光工程培训规模，提高补助标准，增强培训的针对性和实效性。充分利用冬春农闲季节，多层次、多渠道、多形式开展农业科技大培训。

六、强化重大项目工程建设，提高现代农业物质装备水平

18. 加强高标准农田建设。多渠道筹集建设资金，实施好新增千亿斤粮食生产能力规划田间工程，加快建设旱涝保收高标准农田。继续搞好农地质量调查和监测工作。开展测土配方施肥整县（场）试点、整乡推进，大力推进配方肥产业化，对小型智能化配肥设备开展补贴试点，鼓励建立配方肥现场混配供肥服务网点。扩大土壤有机质提升补贴规模，鼓励和支持农民秸秆还田、种植绿肥、增施有机肥。加强设施农业装备与技术示范基地建设，搞好田间灌溉、机耕路等基础设施建设，继续推动田间末级灌排沟渠、机井、泵站等配套设施建设，发展小型集雨蓄水设施、应急水源、喷滴灌设备等。

19. 推进现代农业示范区建设。加大投入力度，引导现代农业生产发展资金项目、新增千亿斤粮食生产能力工程和其他各类资金项目向示范区倾斜，努力把示范区建设成为优质粮食、优势特色农产品生产基地和生态农业发展基地，更好发挥示范引领带动作用。以高标准农田建设、设施农业建设、农业科技推广应用、农业经营体制机制创新、农产品质量安全为重点，推进示范区建设，着力在薄弱环节和关键领域取得突破。加强示范区建设的规划和指导，搞好监测评价，定期发布评价结果。研究制定推进现代农业示范区率先实现农业现代化的政策性文件。

20. 提升农业机械化水平。精心部署组织春耕、三夏、"双抢"、"三秋"等重要农时机械化生产，推动水稻和玉米机械化水平迈上一个新台阶、农机深松整地面积继续增加。加强农机化推广培训，促进农机农艺融合。积极推广精量播种、化肥深施、保护性耕作等技术。着力解决水稻机插和玉米、油菜、甘蔗、棉花机收等突出难题，大力推进设施农业、畜牧水产养殖等机械装

备，探索农业全程机械化生产模式。鼓励发展大型、高效植保机械。因地制宜推广使用小型实用施肥机械。推动落实支持农机化发展的信贷、税费优惠政策，鼓励种养大户、农机大户、农民专业合作社购置大中型农机具。推动农机服务市场化和产业化，培育壮大农机社会化服务组织，促进农机专业合作社与农机企业、金融企业开展"社企合作"。

21. 强化农业生态环境建设。推进农村沼气建设，支持发展户用沼气、养殖小区和联户沼气、大中型沼气、乡村服务网点等。编制沼肥综合利用规划，启动秸秆综合利用等重点工程和项目，加快农村废弃物的能源化、资源化利用。继续实施农村清洁工程，开展农业清洁生产示范，加快农业面源污染治理。进一步加大农产品产地环境保护力度，加强农产品产地土壤重金属污染监测和修复治理。加大农业野生植物保护和利用力度，加强外来入侵物种防控。继续实施天然草原退牧还草工程，扩大退牧还草工程实施范围，支持草原围栏、饲草基地、牲畜棚圈建设和重度退化草原改良。加强牧区半牧区草原监理工作。推动实施南方草地保护建设和牧区防灾减灾工程。推进渔业节能减排，强化水生生物资源养护，加大渔业增殖放流、海洋牧场和水生生物保护区建设，严格实施休渔禁渔制度。

七、推进农产品市场体系建设，强化农产品营销促销

22. 加强农产品市场流通体系建设。推进国家级专业农产品批发市场建设，指导产地批发市场开展升级改造，完善交易场地、电子结算、信息处理、检验检测等配套设施。支持生产基地、专业合作社就地建设农产品窖储、加工、包装、贮存等配套设施，发展一体化冷链物流体系，提高生产者营销能力。推动落实免除蔬菜流通环节增值税政策，推动落实和完善鲜活农产品"绿色通道"政策，降低农产品流通成本。

23. 搞好农产品市场信息服务。加强农产品市场监测预警和信息发布，健全生产、批发和零售三个环节的价格监测体系，重点采集生产者价格信息，及时发布预警信息，指导农民合理安排生产，增强面向生产经营者的信息服务能力。加强主要农产品成本收益调查，做好重要农时的农作物种植意向调查和夏季粮油、早稻、全年粮食产量预测预报。

24. 推进农业生产经营信息化。组织实施《全国农业农村信息化发展"十二五"规划》。抓紧推进"金农工程"二期项目立项工作。继续实施"三电合一"项目，完善12316"三农"综合信息服务平台。组织实施国家物联网应用示范工程农业项目。开展农业农村信息化评估试点工作。启动农民专业合作社信息化建设工程试点。

25. 促进农产品产销衔接。大力发展订单农业，推进生产者与批发市场、农贸市场、超市、宾馆饭店、学校企业食堂等直接对接，支持生产基地、农民专业合作社在城市社区增加直供直销网点，形成稳定的农产品供求关系。举办多形式、多层次的农产品产销对接活动，办好第十届中国国际农产品交易会等活动，培育农产品展会品牌。加强鲜活农产品市场突发异动情况调度分析，妥善应对滞销难卖等问题。

八、拓宽农民增收渠道，保持农民收入稳定增长

26. 挖掘农业内部增收潜力。进一步优化农业生产力布局，积极发展区域特色产业，加强特色农产品品牌创立和保护，努力打造高效精品农业，提高农业效益。认定第二批全国一村一品示范村镇，发挥专业村镇、龙头企业、种养大户的带动作用，促进节本提质增效。

27. 推进农村二三产业健康发展。支持发展乡镇企业，积极培育产业集群，促进转型提升。推动落实扶持小微企业发展的政策措施，增强吸纳农民就业能力和县域经济活力。大力发展农产

品加工业，实施农产品产地初加工惠民工程，增加农产品附加值。稳步推进休闲农业发展，积极开展试点示范，加强规范管理，完善行业标准，搭建服务平台，培育农民就业增收新的增长点。

28. 促进农村劳动力就业创业。继续推动农村劳动力转移，促进改善农民工务工就业环境，保障务工农民的合法权益。加强对农民就业创业的指导，大力开展农民创业就业培训，转变培训方式，促进培训与基地建设、人才培养、产业发展等紧密结合，提高农民就业增收技能。鼓励和支持农民工返乡创业，引导农民创业园区建设，以创业带就业。

九、深化农村改革，扩大农业对外开放

29. 稳定完善农村基本经营制度。稳定和完善农村土地承包关系，稳步扩大农村土地承包经营权登记试点，落实财政补助政策，保障试点工作经费。加强农村土地承包经营权流转管理和服务，积极培育土地承包经营权流转市场，发展多种形式的适度规模经营。继续推进土地承包纠纷仲裁体系建设，加强土地承包法律政策执法检查。按照权属明确、管理规范、承包到户的要求，加快推进草原确权承包工作，依法开展草原登记。

30. 大力发展农民专业合作社。完善扶持合作社发展的政策体系，加大财政、税收、金融等支持力度，推动涉农建设项目委托有条件的合作社实施。推进合作社规范化建设，深入开展示范社建设行动，加强合作社带头人和财会人员培训，建立健全合作社辅导员队伍。鼓励和支持大学生村官领创办合作社，组织好"国际合作社年"系列活动。

31. 发展农业产业化经营。抓好扶持政策的贯彻落实，优化龙头企业发展环境，引导龙头企业应对经济形势变化和市场风险，推动龙头企业做大做强。深入推进国家农业产业化示范基地建设，开展第五次国家重点农业产业化龙头企业监测。支持各地加强农业产业化人才培训培养。强化龙头企业与合作社、一村一品专业村镇、农户的密切合作，完善利益联结机制，进一步提高农业生产经营组织化程度。

32. 加强农村改革试验区工作。组织实施农村改革试验区试验项目，指导各试验区严格按照批复的试验内容开展改革试验，探索完善农业农村发展体制机制。加强对农村改革试验区工作的组织领导，及时掌握试验项目进展，强化监督检查，稳妥处理改革试验中出现的新情况新问题，确保农村改革试验区各项工作扎实有序推进。

33. 积极推进农村其他改革。加强农村集体资金、资产、资源监管平台建设，强化农村集体财务管理规范化建设。推进以股份经济合作制为主要形式的农村集体经济组织产权制度改革，探索建立农村集体产权交易平台。推进一事一议筹资筹劳规范化建设，研究制定一事一议筹资筹劳操作规程，推动完善财政奖补政策。延伸农民负担监管领域，重点治理向村级组织摊派问题，研究制定对涉及农民切身利益违规违纪问题查处指导意见。切实加强基层农经机构、队伍建设。深化农垦改革，健全完善管理体制和企业经营机制，启动实施国有农场办社会职能改革试点。

34. 提高农业对外开放水平。巩固强化多双边和区域农业合作机制，积极参与国际标准规则制定和多双边农业贸易谈判，做好粮食、棉花、大豆、化肥等贸易政策制定和协调。加强农业产业损害监测预警体系建设，健全农业产业损害风险评估机制，加强农产品贸易救济。大力推进农产品国际营销，强化农产品出口促进措施，进一步优化农产品贸易结构。引导外商投资发展现代农业，强化外资并购国内涉农企业安全风险防范，提高"引进来"的质量和水平。推动完善扶持农业"走出去"的政策措施。

十、加强农业系统自身建设，以良好作风推动农业农村经济发展再创佳绩

35. 深入基层调查研究。继续通过"百乡万户调查"活动、选派干部基层挂职和支农锻炼等方式，鼓励支持农业系统干部职工深入实际、深入基层、深入群众，对农业农村经济发展中的重大问题开展调查研究，提出解决问题的思路和对策。建立健全领导干部联系基层制度，鼓励农业系统领导干部长期定点联系一个村、一个农民专业合作社或一个农业产业化龙头企业，深入了解农业生产、政策落实和农民生活等情况，以点带面指导工作。

36. 健全工作落实机制。不断改进方法、健全机制、创新方式，确保各项政策在基层和农户中得到落实。根据农时特点和生产规律，及时细化促进农业稳定增产、防灾减灾、节本增效、市场监管和安全生产等各项措施，确保各项重点措施在农业生产中得到落实。根据基层关切和农民需求，制定重大技术路线和工作方案，及时将实用技术、市场信息、政策法规送到基层一线、田间地头，确保各项指导服务在农业系统工作中得到落实。启动实施绩效考核向省级农业部门延伸试点。

37. 推进农业依法行政。完善农业法律法规规章，推进科学立法、民主立法，提高农业立法质量。深入开展农业法制宣传教育。进一步深化行政审批制度改革，完善为民服务机制，促进行政审批规范高效透明运行。扎实推进政务信息公开，及时、全面公开涉及农民群众切身利益的政务信息。全面推进农业综合执法规范化建设，改善条件，加强培训，文明执法，努力提高执法效能。

38. 切实转变工作作风。深入推进为民服务创先争优活动，通过结对帮扶、包村服务、送政策送技术下乡等方式，为农民群众办实事做好事解难事。强化涉农重大突发事件应急管理，提高应急处置能力和水平。强化农业系统内部以及与其他部门之间的沟通协作，促进资金、技术、人才向"三农"倾斜，形成推动农业农村经济发展的强大合力。加强党风廉政建设和政风行风建设，强化廉政风险防控管理，坚决查处各种违法违纪案件，纠正损害群众利益的不正之风，牢固树立农业系统为民、务实、清廉的良好形象。

来源：http：//www.moa.gov.cn/zwllm/tzgg/tz/201201/t20120113_2456794.htm

49. 2012年国家动物疫病强制免疫计划

2012年国家动物疫病强制免疫计划

一、法律依据

为全面落实强制免疫工作，防止重大动物疫病发生和流行，根据《中华人民共和国动物防疫法》第十三条规定，制定2012年国家动物疫病强制免疫计划。

二、总体要求

对高致病性禽流感、高致病性猪蓝耳病、口蹄疫、猪瘟4种动物疫病实行强制免疫，总体要求是，群体免疫密度常年维持在90%以上，其中应免畜禽免疫密度要达到100%，免疫抗体合格率全年保持在70%以上。

西藏、新疆、新疆生产建设兵团等地区对羊实施小反刍兽疫免疫，总体要求是，群体免疫密度常年维持在90%以上，其中应免羊免疫密度要达到100%。

三、职责分工

地方各级人民政府对辖区内动物防疫工作负总责，组织有关部门按照职责分工，落实强制免疫计划，保证免疫密度。

各级兽医部门具体组织实施强制免疫计划，负责强制免疫动物疫病疫苗的采购、保存、使用监管，制定并执行强制免疫计划实施方案。

各级财政部门负责落实强制免疫计划执行所需经费，包括疫苗、耗材、人工、免疫效果评价、免疫副反应处置等经费，负责疫苗等相关经费的监管。

其他有关部门依法配合做好强制免疫计划的实施工作。

各级动物疫病预防控制机构、国家相关兽医参考实验室负责评价使用环节强制免疫疫苗免疫效果；国家相关兽医参考实验室和相关动物疫病专业实验室负责疫病的科学研究，跟踪病毒变异情况，按规定开展流行病学调查，保证诊断试剂供应。

饲养动物的单位和个人应当依法履行强制免疫义务，按照兽医主管部门的要求做好免疫工作。

定点疫苗生产企业加强疫苗生产管理，保证疫苗质量，做好售后服务。

四、组织实施

（一）制定实施方案

各地要按照国家动物疫病强制免疫计划要求，结合本地实际，及时制定本省（自治区、直辖市）强制免疫计划实施方案。继续坚持规模养殖场按程序进行免疫，散养畜禽实行春秋两季集中免疫、每月及时补免。

（二）组织免疫技术培训

中国动物疫病预防控制中心在春秋两季集中免疫工作开展前组织免疫技术师资培训，各地要组织好乡镇及村级防疫员免疫技术培训。免疫时要规范操作，按要求更换注射针头，做好各项消毒工作，防止在免疫操作中人为传播疫病。同时，要加强疫苗的运输和保存管理，保证疫苗质量。

（三）建立免疫档案

对养殖户畜禽存栏、出栏及免疫等情况要有详细记录。特别要做好疫苗种类、生产厂家、生产批号等记录。做到乡镇畜牧兽医站、基层防疫员、养殖场（户）有免疫记录，做到免疫记录与畜禽标识相符。

（四）实施免疫信息报告

对疫苗采购和免疫情况实行月报制度，在春秋两季集中免疫期间，对免疫进展实行周报告制度，突发重大动物疫情对紧急免疫情况实行日报告制度。各地要明确专人负责免疫信息收集统计工作，及时报告中国动物疫病预防控制中心。同时，要及时反馈免疫过程中发现的问题。

五、疫苗监管

农业部根据疫苗生产情况进行监督抽检，对不合格疫苗产品信息进行通报。中国兽医药品监察所具体实施疫苗质量监管工作，对疫苗质量进行监督检验，对生产企业实行飞行检查，必要时实行驻厂监督。省级兽医主管部门负责辖区内疫苗生产企业监督管理，对疫苗的保存、运输、使用等环节冷链体系运行情况进行监管。

疫苗招标采购应以疫苗质量、售后服务和价格等综合指标为评判标准，不得单纯采用询价方式采购。

省级兽医主管部门要切实加强对各定点疫苗生产企业参与疫苗招标采购的监督管理，各企业不得采取恶意方式竞标，不得以低于成本的价格参与竞标，各企业不得超出使用范围宣传，干扰强制免疫计划。

严禁任何单位和个人倒买倒卖强制免疫疫苗。

六、经费支持

（一）疫苗经费分摊方式。国家动物疫病强制免疫疫苗经费由中央财政和省级财政共同按比例分担，分摊比例按财政部、农业部联合下发的有关文件执行。因采购疫苗不同，不足部分由省级财政负担。

（二）疫苗中央财政补助标准。疫苗经费按照疫苗实际使用量进行结算，实行年度清算制，结转资金转入下一年度继续使用。补助标准按财政部下发的有关经费补助文件执行。

（三）各级财政部门保障动物疫病防控各项经费落实到位。

（四）动物疫病防控经费专款专用，不得挤占、挪用，对虚报冒领、挤占挪用的，要严肃处理。

七、监督检查

（一）切实落实免疫责任制。针对免疫工作，逐个环节研究细化责任，层层落实到人。对因免疫不到位引发动物疫情的，要严肃追究相关人员责任。对不履行强制免疫职责的单位和个人，要依法追究其责任。

（二）地方财政部门要加强疫苗经费监管，主动了解疫苗招标采购和使用情况。

（三）各级兽医部门要加强免疫效果监测，定期组织免疫效果监测与评价工作，对被抽检的场（厂）、乡（镇）或村存栏家畜（禽）群体抗体合格率未达到规定要求的，尽快进行补免。农业部将根据不同时期的免疫情况组织随机抽检，并通报抽检结果。

（四）加强对调运动物免疫监管。动物卫生监督机构出具检疫证明时，应严格核查调运畜禽的免疫情况，对调出县境的种畜禽或其他非屠宰畜禽，在调运前2周进行一次加强免疫，对调运的种蛋和未达首免日龄的仔畜、雏禽，应标明其供体的免疫情况，未加强免疫或免疫情况不明的禁止调运。

（五）加大督促检查力度。农业部重大动物疫病防控定点联系工作组要及时掌握所联系区域的免疫工作进展，定期进行督促检查。各地也要加大督查指导力度，确保免疫工作落实到位。

（六）省级兽医主管部门对辖区内的动物疫病免疫副反应发生情况、免疫抗体水平不达标情况和免疫失败情况要及时进行调查处理。

八、其他

各省、自治区、直辖市人民政府兽医主管部门根据本行政区域内动物疫病流行情况增加实施强制免疫的动物疫病病种和区域，报本级人民政府批准后执行，并报农业部备案。

各地在做好国家动物疫病强制免疫工作的同时，要统筹做好新城疫、狂犬病、炭疽、猪流行性乙型脑炎、布鲁氏菌病和包虫病等其他动物疫病的免疫工作。其免疫方案另行下发。

农业部根据动物疫病发生与发展状况，必要时会同财政部调整本计划。

附件：1. 高致病性禽流感免疫计划
   2. 口蹄疫免疫计划
   3. 高致病性猪蓝耳病免疫计划
   4. 猪瘟免疫计划
   5. 小反刍兽疫免疫计划

来源：http://www.moa.gov.cn/zwllm/tzgg/tz/201201/t20120119_2469465.htm

附件1：高致病性禽流感免疫计划

一、要求

对所有鸡、水禽（鸭、鹅）和人工饲养的鹌鹑、鸽子等禽只进行高致病性禽流感强制免疫。

对进口国有要求且防疫条件好的出口企业，以及提供研究和疫苗生产用途的家禽，报经省级兽医主管部门批准后，可以不实施免疫。

二、免疫程序

规模养殖场可按下述推荐免疫程序进行免疫，对散养家禽在春秋两季各实施一次集中免疫，每月对新补栏的家禽要及时补免。

1. 种鸡、蛋鸡免疫

雏鸡7~14日龄时，用H5N1亚型禽流感灭活疫苗或禽流感-新城疫重组二联活疫苗（rL-H5）进行初免。在3~4周后可再进行一次加强免疫。开产前再用H5N1亚型禽流感灭活疫苗进行加强免疫，以后根据免疫抗体检测结果，每隔4~6个月用H5N1亚型禽流感灭活疫苗免疫一次。

2. 商品代肉鸡免疫

7~14日龄时，用H5N1亚型禽流感灭活疫苗免疫一次。或者，7~14日龄时，用禽流感-新城疫重组二联活疫苗（rL-H5）初免；2周后，用禽流感-新城疫重组二联活疫苗（rL-H5）加强免疫一次。

3. 种鸭、蛋鸭、种鹅、蛋鹅免疫

雏鸭或雏鹅14~21日龄时，用H5N1亚型禽流感灭活疫苗进行初免；间隔3~4周，再用H5N1亚型禽流感灭活疫苗进行一次加强免疫。以后根据免疫抗体检测结果，每隔4~6个月用H5N1亚型禽流感灭活疫苗免疫一次。

4. 商品肉鸭、肉鹅免疫

肉鸭7~10日龄时，用H5N1亚型禽流感灭活疫苗进行一次免疫即可。

肉鹅7~10日龄时，用H5N1亚型禽流感灭活疫苗进行初免；3~4周后，再用H5N1亚型禽流感灭活疫苗进行一次加强免疫。

5. 散养禽免疫

春、秋两季用H5N1亚型禽流感灭活疫苗各进行一次集中全面免疫，每月定期补免。

6. 鹌鹑、鸽子等其他禽类免疫

根据饲养用途，参考鸡的相应免疫程序进行免疫。

三、紧急免疫

发生疫情时，要根据受威胁区家禽免疫抗体监测情况，对受威胁区域的所有家禽进行一次加强免疫；边境地区受到境外疫情威胁时,要对距边境 30 千米范围内所有家禽进行一次加强免疫。最近 1 个月内已免疫的家禽可以不进行加强免疫。

四、受变异毒株威胁区免疫

宁夏、山西、陕西、河南、河北、山东(含青岛)、北京、天津、内蒙古、辽宁(含大连)、江苏、浙江(含宁波)、上海、安徽使用重组禽流感病毒 H5 亚型二价灭活疫苗(H5N1,Re-5 株+Re-4 株)或选择使用重组禽流感病毒灭活疫苗(H5N1 亚型,Re-5 株)、重组禽流感病毒灭活疫苗(H5N1 亚型,Re-4 株)对鸡进行免疫。水禽仍使用重组禽流感病毒灭活疫苗(H5N1 亚型,Re-5 株)进行免疫。其他地区,对已监测出变异毒株的,可使用变异毒株疫苗进行免疫,报农业部备案;对未监测出变异毒株而要求使用变异毒株疫苗的,必须由省级兽医主管部门进行书面申请,经农业部批准后方可使用变异毒株疫苗进行免疫。

五、禽流感(H5+H9)二价灭活疫苗免疫

禽流感(H5+H9)二价灭活疫苗(H5N1 Re-5+H9N2 Re-2 株)的使用同 H5N1 亚型禽流感灭活疫苗。

六、使用疫苗种类

重组禽流感病毒 H5 亚型二价灭活疫苗(H5N1,Re-5 株+ Re-4 株),重组禽流感病毒灭活疫苗(H5N1 亚型,Re-4 株),重组禽流感病毒灭活疫苗(H5N1 亚型,Re-5 株),禽流感(H5+H9)二价灭活疫苗(H5N1 Re-5+H9N2 Re-2 株),禽流感-新城疫重组二联活疫苗(rL-H5)。

七、免疫方法

各种疫苗免疫接种方法及剂量按相关产品说明书规定操作。

八、免疫效果监测

实行常规监测与随机抽检、集中监测相结合。各地应对免疫抗体进行及时检测,我部将组织两次全国性免疫效果监测和评价活动。

1. 检测方法

血凝抑制试验(HI)。

2. 免疫效果判定

活疫苗的免疫效果判定:商品代肉雏鸡第二次免疫 14 天后,进行免疫效果监测。鸡群免疫抗体转阳率≥50%判定为合格。

灭活疫苗的免疫效果判定:家禽免疫后 21 天进行免疫效果监测。禽流感抗体血凝抑制试验(HI)抗体效价≥24 判定为合格。

存栏禽群免疫抗体合格率≥70%判定为合格。

来源:http://www.moa.gov.cn/zwllm/tzgg/tz/201201/t20120119_2469465.htm

附件 2:口蹄疫免疫计划

一、要求

对所有猪进行 O 型口蹄疫强制免疫;对所有牛、羊、骆驼、鹿进行 O 型和亚洲 I 型口蹄疫强制免疫;对所有奶牛和种公牛进行 A 型口蹄疫强制免疫;对广西、云南、西藏、新疆和新疆生产建设兵团边境地区的牛、羊进行 A 型口蹄疫强制免疫。

二、免疫程序

规模养殖场按下述推荐免疫程序进行免疫，散养家畜在春秋两季各实施一次集中免疫，对新补栏的家畜要及时免疫。

1. 规模养殖家畜和种畜免疫

仔猪、羔羊：28~35日龄时进行初免。

犊牛：90日龄左右进行初免。

所有新生家畜初免后，间隔1个月后进行一次加强免疫，以后每隔4~6个月免疫一次。

2. 散养家畜免疫

春、秋两季对所有易感家畜进行一次集中免疫，每月定期补免。有条件的地方可参照规模养殖家畜和种畜的免疫程序进行免疫。

三、紧急免疫

发生疫情时，对疫区、受威胁区域的全部易感家畜进行一次加强免疫。边境地区受到境外疫情威胁时，要对距边境线30千米以内的所有易感家畜进行一次加强免疫。最近1个月内已免疫的家畜可以不进行加强免疫。

四、使用疫苗种类

牛、羊、骆驼和鹿：口蹄疫O型-亚洲I型二价灭活疫苗、口蹄疫O型-A型二价灭活疫苗和口蹄疫A型灭活疫苗。

猪：口蹄疫O型灭活类疫苗，口蹄疫O型合成肽疫苗（双抗原）。

空衣壳复合型疫苗在批准范围内使用。

五、免疫方法

各种疫苗免疫接种方法及剂量按相关产品说明书规定操作。

六、免疫效果监测

猪免疫28天后，其他畜21天后，进行免疫效果监测。

1. 检测方法

亚洲I型口蹄疫：液相阻断ELISA。

O型口蹄疫：灭活类疫苗采用正向间接血凝试验、液相阻断ELISA，合成肽疫苗采用VP1结构蛋白ELISA。

A型口蹄疫：液相阻断ELISA。

2. 免疫效果判定

亚洲I型口蹄疫：液相阻断ELISA的抗体效价$\geqslant 2^6$判定为合格。

O型口蹄疫：灭活类疫苗抗体正向间接血凝试验的抗体效价$\geqslant 2^5$判定为合格，液相阻断ELISA的抗体效价$\geqslant 2^6$判定为合格，合成肽疫苗VP1结构蛋白抗体ELISA的抗体效价$\geqslant 2^5$判定为合格。

A型口蹄疫：液相阻断ELISA的抗体效价$\geqslant 2^6$判定为合格。

存栏家畜免疫抗体合格率$\geqslant 70\%$判定为合格。

来源：http://www.moa.gov.cn/zwllm/tzgg/tz/201201/t20120119_2469465.htm

附件3：高致病性猪蓝耳病免疫计划

一、要求

对所有猪进行高致病性猪蓝耳病强制免疫。为便于鉴别不同制苗毒株，各地要采取有效措施，做到一个县区域内只使用一种高致病性猪蓝耳病活疫苗进行免疫。

二、免疫程序

规模养殖场按下述推荐免疫程序进行免疫，散养猪在春秋两季各实施一次集中免疫，对新补栏的猪要及时免疫。

1. 规模养猪场免疫

商品猪：使用活疫苗于断奶前后初免，4个月后免疫1次；或者，使用灭活苗于断奶后初免，可根据实际情况在初免后1个月加强免疫1次。

种母猪：使用活疫苗或灭活疫苗进行免疫。150日龄前免疫程序同商品猪；以后每次配种前加强免疫1次。

种公猪：使用灭活疫苗进行免疫。70日龄前免疫程序同商品猪，以后每隔4~6个月加强免疫1次。

2. 散养猪免疫

春、秋两季对所有猪进行一次集中免疫，每月定期补免。有条件的地方可参照规模养猪场的免疫程序进行免疫。

三、紧急免疫

发生疫情时，对疫区、受威胁区域的所有健康猪使用活疫苗进行一次加强免疫。最近1个月内已免疫的猪可以不进行加强免疫。

四、使用疫苗种类

高致病性猪蓝耳病活疫苗、高致病性猪蓝耳病灭活疫苗。

五、免疫方法

各种疫苗免疫接种方法及剂量按相关产品说明书规定操作。

六、免疫效果监测

活疫苗免疫28天后，进行免疫效果监测。高致病性猪蓝耳病ELISA抗体IRPC值>20判为合格。存栏猪免疫抗体合格率≥70%判定为合格。

来源：http://www.moa.gov.cn/zwllm/tzgg/tz/201201/t20120119_2469465.htm

附件4：猪瘟免疫计划

一、要求

对所有猪进行猪瘟强制免疫。

二、免疫程序

1. 规模养猪场免疫

商品猪：25~35日龄初免，60~70日龄加强免疫一次。

种猪：25~35日龄初免，60~70日龄加强免疫一次，以后每4~6个月免疫一次。

2. 散养猪免疫

每年春、秋两季集中免疫，每月定期补免。

三、紧急免疫

发生疫情时对疫区和受威胁地区所有健康猪进行一次加强免疫。最近1个月内已免疫的猪可以不进行加强免疫。

四、使用疫苗种类

政府采购专用猪瘟活疫苗；传代细胞源猪瘟活疫苗在广东、湖南、河南、四川、江苏、山东、辽宁、福建、广西、江西、河北、北京、黑龙江、安徽、重庆、贵州等批准省份使用。

五、免疫方法

各种疫苗免疫接种方法及剂量按相关产品说明书规定操作。

六、免疫效果监测

免疫21天后，进行免疫效果监测。

猪瘟抗体阻断ELISA检测试验抗体阳性判定为合格，猪瘟抗体间接ELISA检测试验抗体阳性判定为合格，猪瘟抗体正向间接血凝实验抗体效价≥25判定为合格。

存栏猪抗体合格率≥70%判定为合格。

来源：http://www.moa.gov.cn/zwllm/tzgg/tz/201201/t20120119_2469465.htm

附件5：小反刍兽疫免疫计划

一、要求

根据风险评估结果，对西藏、新疆、新疆生产建设兵团等受威胁地区羊进行小反刍兽疫强制免疫。

二、免疫程序

新生羔羊1月龄以后免疫一次，对本年未免疫羊和超过3年免疫保护期的羊进行免疫。

三、紧急免疫

发生疫情时对疫区和受威胁地区所有健康羊进行一次加强免疫。最近1个月内已免疫的羊可以不进行加强免疫。

四、使用疫苗种类

小反刍兽疫活疫苗。

五、免疫方法

疫苗免疫接种方法及剂量按相关产品说明书规定操作。

来源：http://www.moa.gov.cn/zwllm/tzgg/tz/201201/t20120119_2469465.htm

50. 2012年基层农业技术推广体系改革与建设实施指导意见

2012年基层农业技术推广体系改革与建设实施指导意见

为贯彻落实中央一号文件精神，巩固基层农业技术推广体系改革与建设成果，大力提升基层农业技术推广体系公共服务能力，2012年，中央财政安排专项资金对基层农业技术推广体系改革与建设工作进行补助。为确保政策落到实处，提高资金使用效率，特制定本实施指导意见。

一、实施目标

着眼于新阶段农业和农村经济的发展需要，以满足农民的科技需求为出发点，以服务农民的成效为检验标准，通过明确职能、理顺体制、优化布局、加强队伍、充实一线、创新机制等一系列措施，建立健全运行高效、服务到位、支撑有力、农民满意的基层农业技术推广机构，真正发挥好在农业技术推广中的主导作用。

二、主要任务

以进一步深化改革和建设为核心，以激活运行机制为主线，以加强队伍建设为基础，通过实施基层农业技术推广体系改革与建设，不断健全管理体制，完善服务机制、提升队伍能力，提高服务效果，形成中央地方齐抓共管、各部门协同推进的良好局面。

一是深化体系改革。持续推动和深化基层农业技术推广体系改革进程，巩固改革与建设成果。严格落实中央有关要求，进一步强化乡镇或区域性农业技术推广机构的公益性定位，根据公益性职能和任务，合理确定人员编制，明确工作职责和要求。进一步理顺管理体制，着重强化县级主管部门的管理，努力解决管人与管事分离的问题，完善改革模式。

二是完善工作机制。坚持从实际出发，因地制宜，进一步完善以"包村联户"为主要形式的工作机制和"专家+农业技术人员+科技示范户+辐射带动户"的技术服务模式，建立健全县、乡、村农业科技试验示范网络，带动全国基层农业技术推广体系的改革与建设。原则上，各农业县遴选和认定2~3个试验示范基地，每个行政村遴选3~5个科技示范户（种植、畜牧、渔业），每个示范户示范带动周边10~20个农户。

三是夯实人才基础。着力解决基层农业技术推广机构人员断层和知识更新慢的问题。一方面，要强化对现有技术人员的岗位教育、知识培训及更新，根据不同需求，采取异地研修、集中办班和现场实训等方式，分层分类分批开展培训；一方面，结合"特岗计划"，鼓励一批专业素质高、立志献身"三农"的高校涉农专业毕业生到乡镇从事农业技术推广服务工作，改善农业技术推广队伍结构，提升推广服务水平。

四是提升服务水平。明确工作目标，整合现有资源，突出关键环节，着力提升基层农业技术推广服务水平。以现有粮棉油糖高产创建、农民培训阳光工程、农作物病虫害统防统治、动物疫情监测与防治等重大项目为依托，进一步整合资源、突出重点、形成合力；以服务当地主导产业、解决农业生产关键环节为导向，强化农业技术人员知识更新和业务技能培训，规范服务行为，切实提升农业技术推广服务水平；以推广农业产业主推技术为目标，解决农业技术推广服务体系"最后一千米"问题，全面推进农业科技服务进村入户、到田到场到塘，使农民真正受益。

五是强化财力保障。深入贯彻落实《国务院关于深化改革加强基层农业技术推广体系建设的意见》（国发〔2006〕30号）精神，采取有效措施，切实保证对基层公益性农业技术推广机构的财政投入。地方各级财政对公益性推广机构履行职能所需经费要给予保证，把乡镇或区域性农业技术推广机构人员工资和工作经费纳入财政预算，持续加大对农业技术推广、农民科技培训、农业技术人员知识更新培训等工作的支持力度。

三、实施内容

（一）补助范围

补助范围基本覆盖全国所有农业县（市、区、团、场，以下简称农业县）。农业县必须按照中央或各省（区、市）农业技术推广体系改革要求完成改革任务，必须在乡镇（或区域）一级有机构、有编制、有人员、有经费保障。

（二）补助内容

1. 农业技术推广服务补助。主要用于基层农业技术人员进村入户开展技术服务的补助；聘请技术专家的补助；完成农业技术推广重大任务的绩效奖励；技术资料印刷、制度建设及工作考评等管理费。

2. 农业科技示范补助。主要用于试验示范基地购买农（兽）药、化肥、饲料、试验设施装备等物资，采取现代化推广方式以及组织展示活动等补助；农业科技示范户采用新品种、新技术的种子、种畜禽、水产苗种，以及购买农（兽）药、化肥、饲料等补助。

3. 农业技术人员能力建设补助。主要用于基层农业技术人员参加培训和继续教育所需的费用；对实施"特岗计划"，大学生到乡镇从事农业技术推广服务工作给予适当补助。在粮棉油糖高产创建项目实施区，基层农业技术推广体系改革与建设补助资金重点围绕高产创建工作开展农技人员培训和技术服务。

（三）资金分配

补助资金由农业部、财政部根据各省（区、市，含直属垦区和新疆生产建设兵团，下同）产业规模、农业县个数以及近年来农业技术推广工作开展情况等因素综合确定，切块下达到省（区、市）。各省（区、市）要根据产业发展需要、产业规模大小、农技推广工作开展等情况，合理确定一定权重，以粮食生产为主，兼顾畜牧业和渔业，科学分配各农业县补助资金。在资金分配中，要适当向粮食生产大县、畜牧大县和水产养殖大县倾斜。

四、工作要求

（一）强化组织领导

各省（区、市）要按照强化公益性职能、放活经营性服务的要求，加大基层农业技术推广体系改革力度，合理布局基层农业技术推广机构，有效发挥其主导和带动作用。各省（区、市）要及时制定2012年基层农业技术推广改革与建设实施方案（具体包括农业县情况、补助因素及标准、监管措施及绩效考核等内容），于2012年7月10日前将报送农业部和财政部备案。实施方案制定过程中，对于种植、畜牧、渔业在同一部门的省份，省级农业部门要会同财政部门共同制定；对于种植、畜牧、渔业分设在不同部门的省份，要由各农口部门及财政部门联合组成工作协调领导小组，结合本地实际，共同协商制定。各农业县要成立由县级领导任组长的领导小组，按照省级实施方案，制定县级工作方案，进一步完善管理体制，发挥县乡农业技术推广机构的整体功能，推动政策到位、人员到位、资金到位、条件到位、制度到位。

（二）强化绩效考核

各省（区、市）农业部门要建立健全基层农业技术推广体系改革与建设绩效考核机制，客观衡量农业技术人员工作情况和服务质量，将农业技术人员的工作量和进村入户推广技术的实绩作为主要考核指标，将农民群众对农业技术人员的评价作为重要考核内容。具体包括三方面机制建设：一要建立岗位责任制。按照县级工作方案，层层、逐个落实岗位责任，明确每个农业技术员的工作内容、服务对象，量化工作指标和任务要求。二要实行工作任务公开制。全面推行工作日志公示和考勤制度，把每个农业技术员的下乡记录和技术服务情况张贴公示，强化群众监督。三要强化三方考评制。建立健全县级业务主管部门、乡镇政府和农民群众（联系的科技示范户和任务区的农户，可采用第三方电话抽查的方式）三方考评制度，对农业技术员的工作完成情况、满意度和技术水平等进行综合全面评价，将考核结果直接与绩效奖励相挂钩，奖励先进，督促末位，杜绝补助资金平均发放、违规补助，充分调动每个农业技术员的工作积极性。

（三）强化资金监管

各省（区、市）财政、农业部门要切实加强对补助资金使用与监督管理，通过建立相关管理制度，规范资金使用方向，细化支出范围，明确补助资金严禁用于发工资，确保专款专用，一旦发现违规违法行为，按律严肃处理；通过补助资金的监督检查和工作考核评比，对优秀的农业县要给予通报表扬并可适当增加下一年度资金规模，对考核成绩较差的给予通报批评、减少补助经费直至取消补助资格。农业部已确定今年将基层农业技术推广体系建设作为对省级农业部门进行延伸绩效管理的试点项目，通过对补助资金的使用管理和绩效考核，进一步推进政策落实，并将考核情况与下一年度资金安排挂钩。

（四）强化宣传总结

各省（区、市）农业部门和各农业县要及时宣传工作实施中的典型模式和成功经验，大力宣传基层农业技术推广体系改革与建设的成果，大力宣传基层农业技术人员的先进事迹。要明确信息管理员，及时报送相关信息，及时上载中国农业推广网（www.farmers.org.cn）。请各省（区、市）农业、财政部门认真总结工作实施过程中的经验和问题，于2012年11月底前将总结报告报送农业部和财政部相关司局。

来源：http://www.moa.gov.cn/zwllm/cwgk/zdxm/201206/t20120629_2774244.htm

51. 农业部办公厅 财政部办公厅关于印发《2012年农业机械购置补贴实施指导意见》的通知

关于印发《2012年农业机械购置补贴实施指导意见》的通知

农办财〔2011〕187号

各省（自治区、直辖市、计划单列市）农业厅（局、委）、农机管理局（办公室）、财政厅（局），新疆生产建设兵团农业局、财务局，黑龙江省农垦总局、广东省农垦总局：

为确保2012年农机购置补贴政策顺利实施，加快农业发展方式转变，保障农业综合生产能力提高，促进现代农业发展，最大限度发挥农机购置补贴政策效应，推进农业机械化又好又快发展，在总结近些年经验的基础上，我们研究制定了《2012年农业机械购置补贴实施指导意见》，现印发给你们，请遵照执行。

农业部办公厅　财政部办公厅
二〇一二年一月六日

来源：http://www.moa.gov.cn/zwllm/cwgk/zdxm/201402/t20140213_3757630.htm

附 2012年农业机械购置补贴实施指导意见

一、总体要求

以转变农机化发展方式为主线，以调整优化农机装备结构、提升农机化作业水平为主要任务，加快推进主要农作物关键环节机械化，积极发展畜牧业、渔业、设施农业、林果业及农产品初加工机械化。要注重突出重点，向优势农产品主产区、关键薄弱环节、农民专业合作组织倾斜，提高农机化发展的质量和水平；注重统筹兼顾，协调推进丘陵山区、血防疫区及草原牧区农机化发展；注重扶优扶强，大力推广先进适用、技术成熟、安全可靠、节能环保、服务到位的机具；注重阳光操作，加强监管，进一步推进补贴政策执行过程公平公开；注重充分发挥市场机制作用，切实保障农民选择购买农机的自主权；注重发挥补贴政策的引导作用，调动农民购买和使用农机的积极性，促进农业机械化和农机工业又好又快发展。

二、实施范围及规模

农机购置补贴政策继续覆盖全国所有农牧业县（场）。综合考虑各省（区、市、兵团、农垦）耕地面积、主要农作物产量、农作物播种面积、乡村人口数、农业机械化发展重点，结合农机购置补贴工作开展情况，确定资金控制规模。为支持春耕备耕，财政部已于2011年9月20日将2012年中央财政第一批农机购置补贴资金130亿元指标提前通知各地。各省（区、市、兵团、农垦）农机化主管部门要与同级财政部门科学合理地确定本辖区内项目实施县（场）投入规模。补贴资金应向粮棉油作物种植大县、畜牧水产养殖大县、全国农机化示范区（县）、保护性耕作示范县、全国100个农作物病虫害专业化防治创建县和1 000个专业化防治示范县、血吸虫病防疫区县适当倾斜。

属省属管理体制的上海、江苏、安徽、陕西、甘肃、宁夏、江西、广西、海南、云南、湖北11省（区、市）地方垦区农场和海拉尔、大兴安岭垦区农场补贴资金规模、补贴农场名单及资金分配额度由省级农机化主管部门、农垦主管部门与财政部门协商确定，纳入本省（区、市）补贴资金使用方案。省级农机化主管部门和财政部门要加强对农场农机购置补贴工作的指导，按照《农业机械购置补贴专项资金使用管理暂行办法》（以下简称《办法》）和本实施指导意见，规范操作，统一管理。其他地方垦区的市、县属农场的农机购置补贴纳入所在县农机购置补贴范围。

三、补贴机具及补贴标准

（一）补贴机具种类

耕整地机械、种植施肥机械、田间管理机械、收获机械、收获后处理机械、农产品初加工机械、排灌机械、畜牧水产养殖机械、动力机械、农田基本建设机械、设施农业设备和其他机械12大类46个小类180个品目机具（详见附件1）。手扶拖拉机、微耕机仅限在血防区和丘陵山区补贴。玉米小麦两用收割机作为小麦联合收割机和单独的玉米收割割台分别补贴。

除12大类46个小类180个品目外，各地可以在12大类内自行增加不超过30个品目的其他机具列入中央资金补贴范围。背负式小麦联合收割机、皮带传动轮式拖拉机、运输机械、装载机、农用航空器、内燃机、燃油发电机组、风力设备、水力设备、太阳能设备、包装机械、牵引机械、设施农业的土建部分（指用泥土、砖瓦、砂石料、钢筋混凝土等建筑材料修砌的温室大棚地基、墙体等）及黄淮海地区玉米籽粒联合收割机不列入中央资金补贴范围。

（二）补贴机具确定

农业部根据全国农业发展需要和国家产业政策确定全国补贴机具种类范围；各省（区、市、兵团、农垦）结合本地实际情况，合理确定具体的补贴机具品目范围。县级农机化主管部门不得随意缩小补贴机具种类范围，省域内年度补贴品目数量保持一致。补贴机具必须是已列入国家支持推广目录和省级支持推广目录的产品。

（三）补贴标准

中央财政农机购置补贴资金实行定额补贴，即同一种类、同一档次农业机械在省域内实行统一的补贴标准。通用类农机产品补贴额由农业部统一确定，非通用类农机产品补贴额由各省（区、市、兵团、农垦）自行确定，单机补贴限额不超过5万元。非通用类农机产品定额补贴不得超过本省（区、市、兵团、农垦）近三年的市场平均销售价格的30%，重点血防区主要农作物耕种收及植保等大田作业机械补贴定额测算比例不得超过50%。各省（区、市、兵团、农垦）要按程序向社会公布补贴机具补贴额一览表并报农业部、财政部备案（补贴额一览表式样见附件2）。要加强对补贴产品市场价格的调查摸底，动态跟踪市场变化情况，对过高的补贴额及时做出调整，并按调整后的补贴额结算，补贴额调整情况要报农业部、财政部备案。

100马力以上大型拖拉机、高性能青饲料收获机、大型免耕播种机、挤奶机械、大型联合收割机、水稻大型浸种催芽程控设备、烘干机单机补贴限额可提高到12万元；甘蔗收获机、200马力以上拖拉机单机补贴额可提高到20万元；大型棉花采摘机单机补贴额可提高到30万元。

不允许对省内外企业生产的同类产品实行差别对待。

四、补贴对象和经销商的确定

补贴对象为纳入实施范围并符合补贴条件的农牧渔民、农场（林场）职工、直接从事农机作业的农业生产经营组织。在申请补贴人数超过计划指标时，要按照公平公正公开的原则，采取公开摇号等农民易于接受的方式确定补贴对象。对于已经报废老旧农机并取得拆解回收证明的农民，可优先补贴。

补贴机具经销商必须经工商部门注册登记，取得经销农机产品的营业执照，具备一定的人员、场地和技术服务能力等条件。经销商名单由农机生产企业依据农业部及省级农机化主管部门规定的经销商资质条件自主提出，报省级农机化主管部门统一公布，供农民自主选择。农机化主管部门和生产企业应加强对补贴机具经销商的监督管理。补贴机具经销商必须规范操作，诚信经营，销售产品时要在显著位置明示配置，公开价格，并不得代办补贴手续。

补贴对象可以在省域内自主选机购机，允许跨县选择经销商购机。

五、开展操作方式创新试点

为进一步落实好农机购置补贴政策，推进工作创新，堵塞各种可能的漏洞，简化程序，提高效率，各地可在保证资金安全、让农民得实惠、给企业创造公平竞争环境的前提下，继续开展资金结算级次下放、选择少数农业生产急需且有利于农机装备结构调整和布局优化的农机品目在省域内满足所有农民申购需求补贴等试点；同时，开展选择部分市县实行全价购机后凭发票领取补贴等试点。提倡农机生产企业采取直销的方式直接配送农机产品，减少购机环节，实现供需对接。

拟开展试点的省份要认真研究，周密考虑，科学设计，制定切实可行的方案，报农业部、财政部审定后实施。

六、工作措施

（一）加强领导，密切配合

各级农机化主管部门、财政部门要进一步提高思想认识，加强组织领导，建立工作责任制，层层签订责任状，明确任务和责任。要制定农机购置补贴工作考核办法，注重工作绩效，加大工作考核力度，并将考核结果要与补贴资金分配挂钩。要认真做好调查摸底、方案制定、动员部署、培训指导等工作。要与当地种植业、畜牧、渔业、农垦以及水利、林业等部门搞好沟通协调，切实把牧业、林业和抗旱、节水机械设备纳入补贴范围。要建立健全县级农机购置补贴工作机制，成立由县领导牵头，人大政协、纪检监察、财政、农机、公安、工商、农口相关部门参加的县级农机购置补贴工作领导小组，共同研究确定补贴资金分配、重点推广机具种类等事宜，并联合对补贴政策实施进行监管。同时，强化县级农机部门内部约束机制，必须邀请纪检监察部门全程参与，对补贴资金分配、重点推广机具种类等问题的初步意见，须由集体研究决定，经县级补贴工作领导小组研究确定后实施，并报省级农机化主管部门备案。省级财政部门要安排必要的管理工作经费，对开展政策宣传、公示、建立信息档案等方面的支出给予保证。严禁挤占挪用中央财政补贴资金用于工作经费。

（二）规范操作，严格管理

各地要严格执行《办法》和本实施指导意见的有关规定，规范操作，严格管理。一是公平公正确定补贴对象。在确定补贴对象时，不得优亲厚友，不得人为设置购机条件。要严格执行补贴对象公示制度，在村公示不少于7天无异议后，县级农机化主管部门给农民办理补贴指标确认通知书（具体格式详见附件2），经与同级财政部门联合确认后，交申请购机农民。对价值较低的机具可将购机与公示同时进行。二是合理确定补贴额。按照"分档科学合理直观、定额就低不就高"的原则，科学制定非通用类补贴机具分类分档办法，并测算补贴额，严禁以农机企业的报价作为测算补贴额的依据。要充分发挥市场机制作用，在公布补贴产品补贴额一览表时不允许带具体的生产厂家、产品型号。三是严格执行补贴产品经销商由生产企业自主推荐的制度，由农民自主选择经销商和补贴产品。四是严禁采取不合理政策保护本地区落后生产能力，要对省（区、市、兵团、农垦）内外生产同一品目机具的企业一视同仁。严禁强行向购机农民推荐产品，严禁企业借扩大农机购置补贴之机乱涨价，同一产品销售给享受补贴的农民的价格不得高于销售给不享受补贴的农民的价格。五是继续大力推进农机购置补贴信息网络化管理，2012年起各地要全部使用农业部统一开发的全国农机购置补贴管理软件系统，与财政部门实现信息共享，提高工作的透明度、规范性和工作效率。

（三）加强引导，科学调控

农机购置补贴既是强农惠农政策，又是一项产业促进政策。各地要正确把握政策取向，充分发挥补贴政策的调控作用，采取公式法或因素法确定各地补贴资金规模，因地制宜确定补贴机具品目范围，科学分档测算补贴额。鼓励突出补贴重点，向农业生产急需的薄弱环节机械给予重点倾斜，促进农机装备结构布局优化，提高薄弱环节农机化水平，加快落后地区农机化发展步伐，全面提升农机化发展质量。要深入搞好农机装备需求调研，科学分析现状与不足，因地制宜制定中长期农机购置补贴规划，为补贴政策持续深入实施提供有效支撑。

（四）公开信息，接受监督

要认真贯彻《国务院办公厅转发全国政务公开领导小组关于开展依托电子政务平台加强县级政府政务公开和政务服务试点工作意见的通知》（国办函〔2011〕号）精神，切实把农机购置补贴政策实施情况列入政务公开和政务服务目录，要将补贴政策内容、操作程序、举报电话、资金规模、执行进度以及每名购机户的购买机型、生产厂家、经销商、销售价格、补贴额度、姓名住址（不涉个人隐私部分）等信息在各县（市、区）电子政务平台的政府网站上公布，同时通过其他多种形式进行公布，使全社会广泛知晓。要将享受农机购置补贴资金情况作为村务公开的内容，公布到村。要全面落实《农业部办公厅关于深入推进农机购置补贴政策信息公开工作的通知》（农办机〔2011〕33号）要求，至少每半月应公布一次各县（市、区）补贴资金使用进度，有关文件签发5个工作日之内应向社会公开相关信息。在年度补贴工作结束后，县级农机化主管部门要以公告的形式公开本县补贴资金额度、农民分户实际购机数量、金额等情况，接受社会监督。

（五）严肃纪律，加强监管

各级农机化主管部门、财政部门要加强对农机购置补贴工作的监管，把国务院"三个严禁"和农业部"四个禁止""八个不得"及《农业部关于加快推进农机购置补贴廉政风险防控机制建设的意见》（农机发〔2011〕4号）等要求落到实处。一要加大监督检查力度。省级农机化主管部门要制定监管督查方案，加强对各地补贴实施情况的督导检查，组织市县两级开展专项检查和重点抽查，严查倒卖补贴指标、套取补贴资金、乱收费及委托经销商办理手续等违规行为。要将督导检查情况和对各类违规违纪案件的查处情况及时报农业部、财政部及驻农业部纪检监察机构。对问题较大的县市在全省农机、财政系统进行通报，并抄送省级纪检监察部门，建议对相关责任人按规定给予党纪政纪处分；情节严重构成犯罪的，建议移送司法机关处理。二要加大财政部门监管力度。各级特别是基层财政部门要按照《财政部关于切实加强农机购置补贴政策实施监管工作的通知》（财农〔2011〕17号）要求，主动参与农机购置补贴政策具体实施工作，在补贴资金使用管理、补贴对象和补贴种类及补贴产品经销商确定、农民实际购机情况核实等方面，积极履行职责，充分发挥就地就近实施监管优势。县级财政部门要会同农机等有关部门，按照不低于购机农民10%的比例，对农民购机后实际在用情况进行抽查核实，发现问题及时处理，并将抽查核实及处理情况上报省级财政部门、农机化主管部门。省级财政部门应督促和指导基层财政部门做好农机购置补贴政策实施监管工作。三要严格管理补贴产品产销企业。严格按照农业部及省级农机化主管部门关于补贴产品生产及经销企业监督管理有关规定，对参与违法违规操作的经销商，及时列入黑名单并予公布，被列入黑名单的经销商及其法定代表人永久不得参与补贴产品经销活动；对参与违法违规操作的生产企业要及时取消其补贴产品补贴资格，非法侵占补贴资金应足额退回财政部门；对违规违纪性质恶劣的生产或经销企业，建议工商部门吊销其营业执照。情节严重构成犯罪的，协调司法机关处理。

（六）加强宣传，搞好服务

各地农机购置补贴资金使用方案要及时向社会公布，充分利用各类新闻媒体，加强农机购置补贴的宣传工作，特别是要做好对农民的宣传引导，让农民了解农机购置补贴政策内容、程序和要求。要搞好咨询服务，认真答疑解惑。要高度重视与企业的资金结算工作，鼓励与生产企业结算，增加结算频次，补贴实施后至少每季度结算一次补贴资金，减轻农机生产企业资金周转压力，有条件的省可以采取预结算等方式加快结算。要协调农机企业做好补贴机具的供货工作，督促企业做好售后服务工作。要加强补贴机具的质量监督，了解补贴机具的质量状况和农民的反映，安排专门机构受理农民投诉，对存在质量问题、农民投诉较为集中的机具及其生产企业，应按管理权限及时取消其补贴资格，保护农民的权益。要继续做好农机购置补贴执行进度统计及信息报送工作，实行信息周报制度，农机购置补贴执行进度数据通过全国农机购置补贴管理软件系统获取。及时开展半年和全年专项执行情况的总结，分别在2012年6月20日和11月30日前，将上半年和全年农机购置补贴（包括地方财政安排的补贴）实施情况总结报告报送农业部农机化管理司、财务司和财政部农业司。

农业部、财政部将把上述措施的落实情况作为对各地工作考核的重要内容之一，并在2012年下半年进行抽查。

七、申报程序

各省（区、市、兵团、农垦）农机化主管部门、财政部门要根据本指导意见，提出实施县（场）名单和资金指标分配意见，并制定本省（区、市、兵团、农垦）补贴资金使用方案，于2012年1月20日前联合上报农业部、财政部（各一式二份）备案。

附件1

2012年全国农机购置补贴机具种类范围

（12大类46个小类180个品目）

1. 耕整地机械
    1.1 耕地机械
        1.1.1 铧式犁
        1.1.2 翻转犁
        1.1.3 圆盘犁
        1.1.4 旋耕机
        1.1.5 耕整机（水田、旱田）
        1.1.6 微耕机
        1.1.7 田园管理机
        1.1.8 开沟机（器）
        1.1.9 深松机
        1.1.10 浅耕深松机
        1.1.11 机滚船
        1.1.12 机耕船

1.1.13 联合整地机
1.2 整地机械
  1.2.1 钉齿耙
  1.2.2 弹齿耙
  1.2.3 圆盘耙
  1.2.4 滚子耙
  1.2.5 驱动耙
  1.2.6 起垄机
  1.2.7 镇压器
  1.2.8 合墒器
  1.2.9 灭茬机
2. 种植施肥机械
  2.1 播种机械
    2.1.1 条播机
    2.1.2 穴播机
    2.1.3 异型种子播种机
    2.1.4 小粒种子播种机
    2.1.5 根茎类种子播种机
    2.1.6 水稻（水旱）直播机
    2.1.7 免耕播种机
    2.1.8 抗旱坐水种机械
  2.2 育苗机械设备
    2.2.1 秧盘播种成套设备（含床土处理）
    2.2.2 秧田播种机
    2.2.3 种子处理设备（采摘、调制、浮选、浸种、催芽、脱芒等）
    2.2.4 营养钵压制机
    2.2.5 起苗机
  2.3 栽植机械
    2.3.1 油菜栽植机
    2.3.2 水稻插秧机
    2.3.3 水稻摆秧机
    2.3.4 甘蔗种植机
    2.3.5 草皮栽补机
    2.3.6 树木移栽机
    2.3.7 甜菜移栽机
  2.4 施肥机械
    2.4.1 施肥机（化肥）
    2.4.2 撒肥机（厩肥）
    2.4.3 追肥机（液肥）
    2.4.4 中耕追肥机
  2.5 地膜机械
    2.5.1 地膜覆盖机
    2.5.2 残膜回收机
  2.6 食用菌生产机械

3. 田间管理机械
　　3.1　中耕机械
　　　　3.1.1　中耕机
　　　　3.1.2　培土机
　　　　3.1.3　除草机
　　　　3.1.4　埋藤机
　　3.2　植保机械
　　　　3.2.1　电动喷雾器（含背负式、手提式）
　　　　3.2.2　机动喷雾喷粉机（含背负式机动喷雾喷粉机、背负式机动喷雾机、背负式机动喷粉机）
　　　　3.2.3　动力喷雾机（含担架式、推车式机动喷雾机）
　　　　3.2.4　喷杆式喷雾机（含牵引式、自走式、悬挂式喷杆喷雾机）
　　　　3.2.5　风送式喷雾机（含自走式、牵引式风送喷雾机）
　　　　3.2.6　烟雾机（含常温烟雾机、热烟雾机）
　　　　3.2.7　杀虫灯（含灭蛾灯、诱虫灯）
　　3.3　修剪机械
　　　　3.3.1　嫁接设备
　　　　3.3.2　茶树修剪机
　　　　3.3.3　树木修剪机
　　　　3.3.4　草坪修剪机
　　　　3.3.5　割灌机
4. 收获机械
　　4.1　谷物收获机械
　　　　4.1.1　自走轮式谷物联合收割机（全喂入）
　　　　4.1.2　自走履带式谷物联合收割机（全喂入）
　　　　4.1.3　半喂入联合收割机
　　　　4.1.4　大豆收获专用割台
　　　　4.1.5　割晒机
　　　　4.1.6　割捆机
　　4.2　玉米收获机械
　　　　4.2.1　背负式玉米收获机
　　　　4.2.2　自走式玉米收获机
　　　　4.2.3　自走式玉米联合收获机（具有脱粒功能）
　　　　4.2.4　穗茎兼收玉米收获机
　　　　4.2.5　玉米收割割台
　　4.3　棉麻作物收获机
　　　　4.3.1　棉花收获机
　　　　4.3.2　麻类作物收获机
　　4.4　花卉（茶叶）采收机械
　　　　4.4.1　采茶机
　　4.5　籽粒作物收获机械
　　　　4.5.1　油菜籽收获机
　　　　4.5.2　草籽收获机
　　　　4.5.3　花生收获机
　　4.6　根茎作物收获机械

4.6.1 薯类收获机
4.6.2 甘蔗收获机
4.6.3 甘蔗割铺机
4.6.4 甘蔗剥叶机
4.6.5 甜菜收获机
4.7 饲料作物收获机械
4.7.1 青饲料收获机
4.7.2 牧草收获机
4.7.3 割草机
4.7.4 翻晒机
4.7.5 搂草机
4.7.6 捡拾压捆机
4.7.7 压捆机
4.7.8 饲草裹包机
4.8 茎秆收集处理机械
4.8.1 秸秆粉碎还田机
4.8.2 高秆作物割晒机

5. 收获后处理机械
5.1 脱粒机械
5.1.1 稻麦脱粒机
5.1.2 玉米脱粒机
5.2 清选机械
5.2.1 粮食清选机
5.2.2 种子清选机
5.2.3 扬场机
5.3 剥壳（去皮）机械
5.3.1 玉米剥皮机
5.3.2 花生脱壳机
5.3.3 棉籽剥壳机
5.4 干燥机械
5.4.1 粮食烘干机
5.4.2 种子烘干机
5.4.3 油菜籽烘干机
5.4.4 籽棉烘干机
5.4.5 果蔬烘干机
5.4.6 蚕茧收烘机械
5.4.7 热风炉
5.5 种子加工机械
5.5.1 种子包衣机
5.6 仓储机械
5.6.1 简易保鲜储藏设备

6. 农产品初加工机械
6.1 碾米机械
6.1.1 碾米机

6.2 磨粉（浆）机械
  6.2.1 磨粉机
6.3 果蔬加工机械
  6.3.1 水果分级机
  6.3.2 水果打蜡机
  6.3.3 蔬菜清洗机
  6.3.4 薯类分级机
  6.3.5 蔬菜分级机
6.4 茶叶加工机械
  6.4.1 茶叶杀青机
  6.4.2 茶叶揉捻机
  6.4.3 茶叶炒（烘）干机
  6.4.4 茶叶筛选机
6.5 剑麻加工机械
  6.5.1 刮麻机
6.6 天然橡胶初加工专用机械

7. 排灌机械

7.1 水泵
  7.1.1 离心泵
  7.1.2 潜水泵
7.2 喷灌机械设备
  7.2.1 喷灌机
  7.2.2 微灌设备（微喷、滴灌、渗灌）
  7.2.3 灌溉用过滤器
7.3 其他排灌机械
  7.3.1 风力扬水机
  7.3.2 抗旱机泵
  7.3.3 水井钻机

8. 畜牧水产养殖机械

8.1 饲料（草）加工机械设备
  8.1.1 青贮切碎机
  8.1.2 铡草机
  8.1.3 揉丝机
  8.1.4 压块机
  8.1.5 饲料粉碎机
  8.1.6 饲料混合机
  8.1.7 饲料破碎机
  8.1.8 饲料搅拌机
  8.1.9 颗粒饲料压制机
8.2 畜牧饲养机械
  8.2.1 孵化机
  8.2.2 螺旋喂料机
  8.2.3 送料机
  8.2.4 清粪机（车）

8.2.5 网围栏
8.2.6 水帘降温设备
8.3 畜产品采集加工机械设备
8.3.1 挤奶机
8.3.2 剪羊毛机
8.3.3 贮奶罐
8.3.4 冷藏罐
8.4 水产养殖机械
8.4.1 增氧机
8.4.2 投饵机
8.4.3 网箱养殖设备
8.4.4 水体净化处理设备
8.4.5 织网机
8.5 其他畜牧水产养殖机械
8.5.1 养蜂专用平台（含蜜蜂踏板、蜂箱保湿装置、蜜蜂饲喂装置、电动摇蜜机、电动取浆器、花粉干燥箱）
9. 动力机械
9.1 拖拉机
9.1.1 轮式拖拉机
9.1.2 手扶拖拉机
9.1.3 履带式拖拉机
10. 农田基本建设机械
10.1 挖掘机械
10.1.1 农用挖掘机（斗容量≤0.4m³）
10.1.2 挖坑机
10.2 平地机械
10.2.1 平地机
10.3 清淤机械
10.3.1 清淤机
11. 设施农业设备
11.1 日光温室设施设备
11.1.1 卷帘机
11.1.2 保温被
11.1.3 加温炉
11.2 连栋温室设施设备
11.2.1 开窗机
11.2.2 拉幕机（含遮阳网、保温幕）
11.2.3 排风机
11.2.4 温帘
11.2.5 二氧化碳发生器
11.2.6 加温系统（含燃油热风炉、热水加温系统）
11.2.7 灌溉首部（含灌溉水增压设备、过滤设备、水质软化设备、灌溉施肥一体化设备以及营养液消毒设备等）
12. 其他机械

12.1 废弃物处理设备
    12.1.1 固液分离机
    12.1.2 废弃物料烘干机
    12.1.3 有机废弃物好氧发酵翻堆机
    12.1.4 有机废弃物干式厌氧发酵装置
    12.1.5 沼液沼渣抽排设备

附件2

省（自治区、直辖市）　　年农机购置补贴机具补贴额一览表

序号	大类	小类	品目	分档名称	基本配置和参数	中央财政补贴额	地方财政补贴额	备注

附件3

编号

农机购置补贴指标确认通知书

一、补贴对象基本情况

姓名或组织名称：_____　住址：_____　身份证号码：_____　联系电话：_____

二、补贴机具及补贴金额

农业机械名称				数量（台）	价格（元）	财政补贴金额（元）					实际支付差价款（元）
大类	小类	品目	分档名称			合计	中央	省	市	县	

三、其他说明

1. 补贴对象须在_____月_____日至_____月_____日期间购机，交纳售价扣除补贴资金后的农业机械价款_____元，并提交本通知书。补贴产品必须是已列入国家支持推广目录和省级支持推广目录的产品。

2. 如放弃购机，应在本通知规定的时间至少10天前向县级农机化主管部门交回本通知。

3. 两年内不得转让所购农机。特殊情况需要转卖或转让的，须经县级农机化主管部门和财政部门审批同意。如有擅自转卖或转让行为，取消五年申请购买补贴农机的资格。

4. 本通知一式四份。县级农机化主管部门和财政部门各一份，补贴对象两份（购机时提交经销商一份）。本通知签字盖章后生效。

县级农机化主管部门（盖章）　　县级财政部门（盖章）

　　日期：　年 月 日　　　　　　日期：　年 月 日

52. 农业部2012年度强农惠农富农政策落实延伸绩效管理工作实施方案

农业部2012年度强农惠农富农政策落实延伸绩效管理工作实施方案

政府绩效管理工作部际联席会议2012年工作要点明确提出，要推动有关部门开展对重大公共政策、政府投资项目和财政资金的专项绩效管理。为推动强农惠农富农政策落实到位，切实提高政策项目绩效，我部决定在全国范围内开展强农惠农富农政策落实延伸绩效管理工作，并选择农机购置补贴和基层农技推广体系建设作为今年强农惠农富农政策延伸绩效管理试点项目。依据《农业部绩效管理办法（试行）》和农业部关于2012年度绩效管理的总体安排，特制定本方案。

一、评估考核的总体思路和原则

（一）总体思路

通过实施延伸绩效管理，建立以结果为导向的监测与评价体系，及时掌握资金使用、政策落实进展情况，客观评价实施成效、绩效目标实现程度等情况，查找问题，分析原因，总结经验教训，提出下一步推进政策落实、完善项目运行机制的建议，改进落实措施，持续提高政策绩效。

（二）基本原则

一是科学规范、客观公正。按照"公平、公开、公正"的要求，科学制定评估方法、量化考核内容和标准，采用规范的评估程序和方法，全面、准确、客观地衡量工作绩效。

二是先易后难、简便易行。选择能够衡量政策绩效的关键指标，并且这些指标具有权威性、容易获取，评估方法和程序尽量简化。

三是定量定性、综合评价。对评估指标尽量量化，不能量化的定性指标明确评估标准。对过程和结果以及反映成效的关键指标赋予相应的权重，对政策项目绩效做出综合评价。

二、评估考核内容与指标

农机购置补贴主要评估制度建设、关键环节控制、实施进度、实施效果等内容。共设立4个一级指标，9个二级指标，同时实行一票否决。

基层农技推广体系建设主要评估基层农技推广体系改革、基层农技推广体系改革与建设补助项目实施、乡镇推广机构条件建设项目实施等内容。共设立3个一级指标，12个二级指标，同时实行一票否决。

具体评估考核内容与指标详见附表1、附表2。

三、评估考核方法

评估工作以地方农业部门自评为主，农业部组织查验核实，综合各项指标完成情况得出评估结果，形成评估报告。具体工作分为三个阶段：

（一）地方农业部门自评

由各省农业主管部门、新疆生产建设兵团、直属垦区（以下简称各省农业主管部门）对照绩效管理内容和具体指标，自评打分，形成自评报告，报农业部财务司、农机化司、科教司。

（二）查验核实

部内相关司局会同驻部监察局成立评估小组，采取资料查看与实地抽查相结合的方式，对省级自评报告和自评得分进行查验核实。资料审查。对各省农业部门报送的绩效自评报告进行逐一核实，并对每一项指标进行初步打分，必要时要求省里补充相关材料。实地考核。组织利用有关单位力量，组成由财务、基建、行业专家联合考核组，采取随机抽查的方式对部分省相关政策落实情况进行实地考核，对初步打分情况进行修正后，形成绩效评价报告，报考核领导小组审定。与省级自评分差异较大的，需沟通协商，并附简要的文字说明。

（三）综合评估

评估小组根据查验核实情况，评出优秀、良好、一般、较差四个档次，提出表彰建议，形成延伸绩效管理专项报告，上报部绩效管理领导小组审定。

四、进度安排

考核工作按照"统一要求、统一方法、统一步骤"的原则进行。考虑到农机购置补贴和基层农技推广体系建设政策项目的执行周期不同，特别是基层农技推广体系建设还包括基建项目，这两个政策项目绩效管理实施进度分别安排如下：

（一）农机购置补贴

2012年6月15日前，研究制定并下发实施方案及指标体系。
2012年11月30日前，省级农机化主管部门完成自评工作，报送相关材料。
2012年12月15日前，农业部相关司局组织资料审查和实地考核。
2012年12月31日前，完成综合评价报告，上报农业部绩效管理领导小组办公室。

（二）基层农技推广体系建设

2013年3月31日前，省级农业部门完成自评工作，报送相关材料。
2013年4月30日前，农业部相关司局组织资料审查和实地考核。
2013年5月31日前，完成综合评价报告，上报农业部部绩效管理领导小组办公室。

五、结果运用

依据评估结果，分析存在问题和原因，提出改进措施建议，并运用于下一年度绩效管理的全过程，与下一年度项目资金安排适当挂钩。对评估结果为优秀档次的省级农业部门，在全国农业厅局长会议上予以表彰，并以部函的形式通报相关省级人民政府。

六、保障措施

一是加强组织领导。农业部成立强农惠农富农政策落实延伸绩效管理领导小组，相关工作由部财务司牵头负责，部农机化司、科教司、计划司具体负责，驻部监察局参与，协同推进延伸绩效管理有力有序有效开展。地方农业部门也要成立相应工作机构，明确责任处室或牵头部门，加强队伍建设，强化组织协调，确保各项工作顺利推进。鼓励支持有条件的省（区、市）对地（市）、县（市、区）农业部门开展延伸绩效管理试点。

二是加强培训宣传。延伸绩效管理是一项新事物。我部将适时组织省级农业部门举办培训班，邀请有关专家讲解绩效管理基本知识，解读实施方案和评估方法与标准，安排落实相关工作。同时，通过印发工作简报，介绍各地的好做法、好经验、好典型，努力营造上下联动、齐抓共管的良好氛围。

三是加强监督检查。省级农业部门要主动把这两项政策的落实情况纳入省级人民政府绩效管理或目标考核的重要内容。配合驻部监察局认真做好强农惠农富农政策落实情况的监督检查，适时组织开展重点抽查，对发现的问题责成地方有关单位限期整改，确保政策项目落实到位、取得实效。

来源：http://www.moa.gov.cn/zwllm/tzgg/tz/201206/t20120619_2765449.htm

53. 农业部关于下达2011年第二批国家救灾备荒种子储备补助资金的通知

农业部关于下达2011年第二批国家救灾备荒种子储备补助资金的通知

各有关单位：

根据《财政部关于批复农业部2011年部门预算的通知》（财预〔2011〕168号），现下达你单位2011年第二批国家救灾备荒种子储备补助资金_____万元，请列入2011年政府收支分类科目2130119"灾害救助"，主要用于对国家救灾备荒种子储备贷款的贴息补助。

该项目已列入财政国库集中支付范围，资金由财政部直接拨付项目主管部门（单位）。项目主管部门（单位）要在收到资金15天内，将项目资金转拨各承储企业。各承储企业要设置"农业部国家救灾备荒种子储备补助资金"明细账，按照项目内容、经济分类及有关财务制度列支费用。项目主管部门（单位）要做好组织实施和监督检查工作，并于2011年12月31日前连同第一批项目执行情况、资金使用情况（分别按项目内容和经济分类进行分析）报送我部种子管理局和财务司。

附件：2011年第二批国家救灾备荒种子储备补助资金分配表

二〇一一年十二月十四日

来源：http://www.moa.gov.cn/zwllm/tzgg/tz/201112/t20111222_2441014.htm

附

2011年第二批国家救灾备荒种子储备补助资金分配表

序号	主管部门（单位）	承储企业	储备量（万公斤）	核定贷款（万元）	补助资金（万元）	小计（万元）
1	北京市种子管理站	北京龙耘种业有限公司	30	300	15	44.5
2		北京亿兆益农种业有限公司	35	350	18	
3		北京农科院种业科技有限公司	20	100	3.5	
4		北京顺鑫农业股份有限公司耘丰种业分公司	15	150	8	
5	天津市种子管理站	天津科润津丰种业有限责任公司	40	240	12	12
6	河北省种子管理总站	承德裕丰种业有限公司	30	192	10	54.8
7		宣化巡天种业新技术有限责任公司	35	410	21	
8		万全县万佳种业有限公司	25	200	10	
9		三北种业有限公司	30	300	13.8	
10	山西省农业种子总站	山西屯玉种业科技股份有限公司	55	550	29	52
11		山西省潞玉种业股份有限公司	45	295	15.6	
12		山西强盛种业有限公司	20	140	7.4	
13	内蒙古自治区种子管理站	通辽金山种业科技有限责任公司	70	539	28	52
14		赤峰市丰田科技种业有限公司	70	400	21	
15		巴林左旗鑫达种业有限公司	50	290	3	
16	辽宁省种子管理局	辽宁东亚种业有限公司	130	970	51	51
17	吉林省种子管理总站	吉林省吉东种业有限责任公司	36	360	19	62.5
18		吉林省平安种业有限公司	28	280	14.5	
19		长春市大龙种子有限公司	28	280	14.5	
20		吉林银河种业科技有限公司	28	280	14.5	
21	黑龙江省种子管理局	讷河市鑫丰种业有限责任公司	80	270	9	27
22		嫩江县远东种业有限责任公司	60	280	14.5	
23		密山市密丰种业有限责任公司	20	66	3.5	
24	江苏省种子管理站	江苏中江种业股份有限公司	60	960	51	97
25		盐城市种业有限公司	50	750	39	
26		江苏田源种业有限公司	40	144	7	
27	浙江省种子总站	浙江勿忘农种业股份有限公司	160	1 017	54	54
28	安徽省种子管理总站	安徽天禾农业科技股份有限公司	130	2 080	110	154.4
29		合肥三丰种子有限公司	20	320	17	
30		枞阳县种子公司	20	400	21	
31		黄山市黄山区粮食购销有限公司	20	120	6.4	

(续表)

序号	主管部门 （单位）	承储企业	储备量 （万公斤）	核定贷款 （万元）	补助资金 （万元）	小计 （万元）
32	福建省种子总站	中种集团福建农嘉种业股份有限公司	70	1 120	45.8	71.6
33		福建六三种业有限责任公司	50	800	18.8	
34		福建闽丰科技种业有限责任公司	10	140	7	
35	江西省种子管理局	江西现代种业有限责任公司	83	1 328	53.7	103.5
36		江西九洲种业有限公司	30	480	15.8	
37		江西天涯种业有限公司	40	640	34	
38	山东省种子管理总站	山东天泰种业有限公司	50	350	18	42
39		山东冠丰种业科技有限公司	45	270	14	
40		山东连胜种业有限公司	25	195	10	
41	河南省种子管理站	河南农科院种业有限公司	30	300	15.5	87.9
42		河南金博士种业股份有限公司	30	300	15.5	
43		河南正粮种业有限公司	20	160	8	
44		河南金粒种业有限公司	20	200	10.5	
45		河南省大京九种业有限公司	20	200	10.5	
46		浚县丰黎种业有限公司	30	240	12	
47		南阳市科旺种苗有限公司	20	300	15.9	
48	湖北省种子管理站	湖北省种子集团有限公司	50	470	25	167.7
49		湖北荆楚种业股份有限公司	40	400	21	
50		武汉武大天源生物科技股份有限公司	40	640	34	
51		武汉国英种业有限责任公司	30	480	25	
52		湖北中香米业有限公司	10	160	8	
53		湖北鄂科华泰种业股份有限公司	30	480	25	
54		武汉金丰收种业有限公司	20	240	12	
55		湖北清江种业有限公司	20	304	16	
56		湖北金隆种业有限公司	10	32	1.7	
57	湖南省种子管理局	袁隆平农业高科技股份有限公司	130	2 140	113	216
58		湖南洞庭高科种业股份有限公司	50	800	42	
59		湖南金健种业有限责任公司	40	640	34	
60		湖南安农种业科技开发中心	20	320	17	
61		湖南省贺家山原种场种子公司	10	200	10	
62	广东省种子管理总站	广东省金稻种业有限公司	33	528	24.8	24.8

（续表）

序号	主管部门（单位）	承储企业	储备量（万公斤）	核定贷款（万元）	补助资金（万元）	小计（万元）
63	广西壮族自治区种子管理总站	广西壮族自治区种子公司	60	930	40	89
64		湖南隆平种业有限公司广西分公司	50	800	36	
65		广西桂穗种业有限公司	20	251	13	
66	海南省种子站	海南神农大丰种业科技股份有限公司	60	960	51	74
67		中国种子集团有限公司三亚分公司	30	480	15	
68		海南海亚南繁种业有限公司	20	320	8	
69	重庆市种子管理站	重庆金穗种业有限责任公司	15	240	12	83
70		重庆中一种业有限公司	75	1 200	63	
71		重庆市为天农业有限责任公司	10	160	8	
72	四川省种子站	四川仲衍科技股份有限公司	90	1197	61	173
73		四川华丰种业有限责任公司	65	910	48	
74		四川省绿丹种业有限责任公司	50	560	29	
75		四川隆平高科种业有限公司	30	450	23	
76		四川国豪种业有限公司	15	240	12	
77	贵州省种子管理站	贵州大宇种业有限责任公司	15	150	8	36.5
78		遵义裕农种业有限公司	20	200	5.5	
79		贵州金农科技有限公司	40	500	15	
80		黔西南兴农种业有限责任公司	15	150	8	
81	云南省种子管理站	昆明春喜农业科技开发有限公司	50	500	26	91
82		云南大天种业有限公司	50	500	26	
83		云南广大种业有限公司	40	400	16	
84		云南禾朴农业科技有限公司	30	450	23	
85	陕西省种子管理站	陕西大地种业有限公司	35	460	24	260.5
86		陕西兴民种业有限公司	30	294	10	
87		陕西秦龙绿色种业有限公司	50	500	26	
88		陕西荣华杂交油菜种子有限公司	50	1 750	92	
89		陕西鸿塬农业科技有限公司	50	2 000	106	
90		延安冉旭农业开发有限责任公司	5	52	2.5	
91	甘肃省种子管理总站	甘肃省陇南市陇源种业有限责任公司	25	250	13	60.3
92		甘肃种业有限公司	27	270	14	
93		甘肃富农高科技种业有限公司	10	100	5	
94		白银金穗种业有限公司	25	250	13	
95		甘肃定西百泉马铃薯有限公司	45	108	5.7	
96		泾川县庆丰良种技术推广服务中心	18	180	9.6	

(续表)

序号	主管部门（单位）	承储企业	储备量（万公斤）	核定贷款（万元）	补助资金（万元）	小计（万元）
97	青海省种子管理站	海南百信绿色农业开发有限公司	30	108	5.7	5.7
98	宁夏回族自治区种子管理总站	宁夏丰禾种苗有限公司	35	399	21.2	26.8
99		盐池县种子公司	30	190	5.6	
100	新疆维吾尔自治区种子管理站	新疆天玉种业公司	30	300	15.9	74.6
101		新疆华西种业有限责任公司	50	720	20.5	
102		新疆富全新科种业有限责任公司	40	720	38.2	
103	青岛市农业委员会	青岛西农种业有限公司	50	500	26	26
104	中国种子集团有限公司	中国种子集团有限公司	200	2 600	138	138
105	新疆生产建设兵团种子管理总站	新疆锦棉种业有限责任公司	100	1 000	53	53
106	黑龙江省农垦总局	黑龙江北大荒种业集团有限公司	100	410	18.7	30.5
107		黑龙江垦丰种业有限公司	30	249	8.2	
108		黑龙江北大荒集团建三江种业有限责任公司	20	78	3.6	
合计	4 521		5 2926	2 596.6	2 596.6	

54. 农业部关于下达 2011 年农产品质量安全应急工作经费的通知

农业部关于下达 2011 年农产品质量安全应急工作经费的通知

各有关单位：

根据《财政部关于批复农业部 2011 年部门预算的通知》（财预〔2011〕168 号），现将 2011 年农产品质量安全应急工作经费下达给你们（详见附件），列入 2011 年政府收支分类科目 2130109 "农产品质量安全"，用于补助重大活动农产品质量安全应急监测、水产品质量安全突发事件应急处置、农产品质量安全风险隐患摸底评估、农资打假重大案件补助等工作。

该项目已列入财政国库集中支付范围，资金直接拨付项目单位。项目单位要设置"农业部农产品质量安全监管"明细账，按照项目内容、经济分类及有关财务制度列支费用，专款专用。主管部门（单位）要做好组织实施和监督检查工作，并于 2011 年 12 月 31 日前将项目执行情况、资金使用情况（分别按项目内容和经济分类进行分析）报送我部农产品质量安全监管局、财务司。

附件：2011 年农产品质量安全应急工作经费资金分配表

二〇一一年十一月二十四日

来源：http：//www.moa.gov.cn/zwllm/tzgg/tz/201112/t20111222_2441006.htm

附

2011 年农产品质量安全应急工作经费资金分配表　　　　单位：万元

序号	主管部门（单位）	承担单位	金额	项目任务
1	北京市农业局	北京市农业局	15	以"菜篮子"产品主产县为重点，分片区开展乡镇农产品质量安全监管公共服务机构建设业务培训 10 万元；支持房山区开展乡镇监管站所建设试点 5 万元
2	北京市农业局	北京市农药检定所	10	开展农药产品质量抽检
3	北京农林科学院	北京市农林科学院北京农产品质量检测与农田环境监测技术研究中心	10	组织编写农产品质量安全生产消费知识百科
4	北京市农林科学院	北京市农林科学院北京农产品质量检测与农田环境监测技术研究中心	20	联合 1~2 位专家组专家开展风险隐患摸底排查信息风险交流
5	中国农业大学	农业部兽药安全监督检验测试中心（北京）	15	承担供深圳大运会畜产品生产基地监测任务
6	中国农业大学	中国农业大学食品营养与工程学院	90	开展蔬菜产地贮藏保鲜潜在危害因子摸底排查评估并组织 6~7 位专家组专家深入调查
7	中国农业大学	中国农业大学	20	开展牛羊肉中盐酸克伦特罗残留检测方法验证
8	中国经济日报社	中国经济网传播中心	5	开展食品安全宣传周活动
9	天津市农业局	天津市农业局	10	以"菜篮子"产品主产县为重点，分片区开展乡镇农产品质量安全监管公共服务机构建设业务培训
10	天津市农业局	天津市农药检定所	20	开展农药产品质量抽检，农药质量专项监督抽查检测工作
11	河北省农业厅	河北省农业厅	15	开展河北省石家庄市党圣义经销劣质西瓜种子案件的查办
12	河北省农业厅	河北省农业厅	15	以"菜篮子"产品主产县为重点，分片区开展乡镇农产品质量安全监管公共服务机构建设业务培训
13	河北省农业厅	河北省农药检定所	12	开展农药产品质量抽检
14	河北省农业厅	农业部农药残留质量监督检验测试中心（石家庄）	5	承担供深圳大运会蔬菜、食用菌和水果生产基地监测任务

续表

序号	主管部门（单位）	承担单位	金额	项目任务
15	河北省农业厅	农业部农药残留质量监督检验测试中心（石家庄）	4	承担所在省稻米重金属和小麦真菌毒素隐患摸底抽样任务
16	河北省水产局	河北省水产局	15	应对蓬莱19-3平台漏油事件，开展应急监测，抽检50个样品，根据结果组织管理
17	山西省农业厅	山西省农业厅	10	开展山西省绿洋化工有限公司无证生产"桃果双喜"肥料案件的查处工作
18	山西省农业厅	山西省农业厅	15	开展山西省定襄县查处青岛米高阳化工科技有限公司涉嫌制售假劣肥料案件的查处工作
19	山西省农业厅	山西省农业厅	25	以"菜篮子"产品主产县为重点，分片区开展乡镇农产品质量安全监管公共服务机构建设业务培训15万元；组织部分省份开展乡镇农产品质量安全监管公共服务机构建设示范交流10万元
20	山西省农业厅	山西省农药检定所	6	开展农药产品质量抽检
21	内蒙古自治区农牧业厅	内蒙古自治区农牧业厅	15	以"菜篮子"产品主产县为重点，分片区开展乡镇农产品质量安全监管公共服务机构建设业务培训
22	内蒙古自治区农牧业厅	内蒙古自治区农药检定站	5	开展农药产品质量抽检
23	内蒙古自治区通辽市农牧局	内蒙古自治区通辽市动物卫生监督所	2	承担供深圳大运会畜产品生产基地监测任务
24	辽宁省农村经济委员会	辽宁省农村经济委员会	15	以"菜篮子"产品主产县为重点，分片区开展乡镇农产品质量安全监管公共服务机构建设业务培训
25	辽宁省海洋与渔业厅	辽宁省海洋与渔业厅	9	应对蓬莱19-3平台漏油事件，开展应急监测，根据结果组织管理
26	辽宁省农村经济委员会	农业部农业环境质量监督检验测试中心（沈阳）	2	承担所在省稻米重金属和小麦真菌毒素隐患摸底抽样任务
27	辽宁省动物卫生监督管理局	农业部饲料质量及畜产品安全监督检验测试中心（沈阳）	27	承担部分省份禽肉产品抗生素激素抗病毒药物隐患摸底检测任务
28	辽宁省农村经济委员会	辽宁省农药检定站	10	开展农药产品质量抽检
29	吉林省农业委员会	吉林省农业委员会	25	以"菜篮子"产品主产县为重点，分片区开展乡镇农产品质量安全监管公共服务机构建设业务培训15万元。支持敦化市开展乡镇监管站所建设试点10万元
30	吉林省农业委员会	吉林省畜牧总站	2	承担供深圳大运会畜产品生产基地监测任务

续表

序号	主管部门（单位）	承担单位	金额	项目任务
31	吉林省农业委员会	农业部农产品质量安全监督检验测试中心（长春）	2	承担所在省稻米重金属和小麦真菌毒素隐患摸底抽样任务
32	吉林省农业委员会	吉林省农药检定所	10	开展农药产品质量抽检
33	吉林农业大学	吉林农业大学参茸检测中心	30	开展参茸产品潜在危害因子摸底排查评估
34	黑龙江省农业委员会	黑龙江省农业委员会	15	以"菜篮子"产品主产县为重点，分片区开展乡镇农产品质量安全监管公共服务机构建设业务培训
35	黑龙江省农业委员会	黑龙江省农药管理检定站	12	开展农药产品质量抽检
36	黑龙江省农业科学院	黑龙江省农科院农产品质量安全研究所	75	联合中国农科院油料作物研究所开展油料玉米生物毒素摸底排查评估并组织3~4位专家组专家深入调查
37	黑龙江省农业科学院	农业部谷物及制品质量监督检验测试中心（哈尔滨）	34	承担部分省份稻米重金属和小麦真菌毒素隐患摸底检测任务
38	上海市农业委员会	上海市农业委员会	10	以"菜篮子"产品主产县为重点，分片区开展乡镇农产品质量安全监管公共服务机构建设业务培训
39	上海市农业委员会	上海市农药检定所	5	开展农药产品质量抽检
40	上海市农业委员会	农业部食品质量监督检验测试中心（上海）	70	联合中国农科院农业标准与检测技术研究所开展乳品潜在危害因子摸底排查评估并组织3~4位专家组专家深入调查
41	上海市农科院	上海市农科院农产品质量标准与检测技术研究所	80	联合中国农科院作物科学研究所开展食用菌谷物等生物毒素摸底排查评估并组织3~4位专家组专家深入调查
42	上海海洋大学	上海海洋大学食品学院	70	联合中国水科院东海水产研究所开展水产品贮藏保鲜潜在危害因子摸底排查评估并组织2~3位专家组专家深入调查
43	江苏省农业委员会	江苏省农业委员会	25	以"菜篮子"产品主产县为重点，分片区开展乡镇农产品质量安全监管公共服务机构建设业务培训15万元；组织部分省份开展乡镇农产品质量安全监管公共服务机构建设示范交流10万元
44	江苏省农业委员会	江苏省农业行政执法总队	10	开展江苏省金湖县君禾农资有限公司销售假劣肥料案件的查处工作
45	江苏省农业委员会	江苏省农业行政执法总队	25	开展沭阳欧美亚肥业公司制售假劣复合肥案件的查处工作
46	江苏省农业委员会	江苏省农业行政执法总队	20	开展江苏省宿迁苏洋化肥有限公司违法制售假劣复混肥案件的查处工作

续表

序号	主管部门（单位）	承担单位	金额	项目任务
47	江苏省农业委员会	江苏省农业行政执法总队	10	开展江苏省宿迁市宿豫区肥料经营户陈立冬销售假冒肥料案件的查处工作
48	江苏省农业委员会	江苏省农业行政执法总队	20	开展江苏省铜山县农业生产资料公司思宇经销点经营假农药案件的查处工作
49	江苏省农业委员会	江苏省农业行政执法总队	15	开展江苏省连云港市苏连农资合作联社经营假种子案件的查处工作
50	江苏省农业委员会	江苏省农药检定所	10	开展农药产品质量抽检
51	江苏省农业委员会	农业部农产品质量安全监督检验测试中心（南京）	34	承担部分省份稻米重金属和小麦真菌毒素隐患摸底检测任务
52	江苏省农科院	江苏省农科院食品质量安全与检测研究所	50	联合中国农科院蜜蜂研究所开展蜂产品潜在危害因子摸底排查评估并组织1~2位专家组专家深入调查
53	江苏省农业科学院	江苏省农业科学院	27	承担部分省份禽肉产品抗生素激素抗病毒药物隐患摸底检测任务
54	浙江省农业厅	浙江省农业厅	50	开展供残运会农产品质量安全监测
55	浙江省农业厅	浙江省农业厅	15	以"菜篮子"产品主产县为重点，分片区开展乡镇农产品质量安全监管公共服务机构建设业务培训
56	浙江省农业厅	浙江省农药检定管理所	20	开展农药产品质量抽检，农药质量专项监督抽查检测工作
57	浙江省农业科学院	浙江省农科院农产品质量标准研究所	75	联合中国水稻研究所开展稻米潜在危害因子摸底排查评估并组织2~3位专家组专家深入调查
58	浙江大学	浙江大学生工食品学院	100	联合中国农科院果树研究所开展水果产地贮藏保鲜潜在危害因子摸底排查评估并组织3~4位专家组专家深入调查
59	浙江省海洋与渔业局	浙江省水产技术推广总站［浙江省水产质量检测中心］	12	开展应急监测及后续监管，处理疑似食用贻贝中毒事件，抽检60个样品
60	浙江省海洋与渔业局	浙江省海洋水产研究所［农业部渔业环境及水产品质量监督检验测试中心（舟山）］	12	开展应急监测及后续监管，处理疑似食用贻贝中毒事件，抽检60个样品
61	安徽省农业委员会	安徽省农业委员会	25	以"菜篮子"产品主产县为重点，分片区开展乡镇农产品质量安全监管公共服务机构建设业务培训15万元；组织部分省份开展乡镇农产品质量安全监管公共服务机构建设示范交流10万元
62	安徽省农业委员会	安徽省农业委员会	15	开展安徽九泰农药公司假冒农药登记证案件的查处工作

续表

序号	主管部门（单位）	承担单位	金额	项目任务
63	安徽省农业委员会	农业部农产品质量安全监督检验测试中心（合肥）	3	承担所在省稻米重金属和小麦真菌毒素隐患摸底抽样任务
64	安徽省农业委员会	安徽省农药检定所	10	开展农药产品质量抽检
65	福建省农业厅	福建省农业厅	4	承担供深圳大运会蔬菜、食用菌和水果生产基地监测任务
66	福建省农业厅	福建省农业厅办公室	15	以"菜篮子"产品主产县为重点，分片区开展乡镇农产品质量安全监管公共服务机构建设业务培训。
67	福建省农业厅	福建省农药检定所	5	开展农药产品质量抽检。
68	福建省农业厅	农业部农产品质量安全监督检验测试中心（福州）	2	承担所在省稻米重金属和小麦真菌毒素隐患摸底抽样任务
69	福建省海洋与渔业厅	福建省海洋与渔业厅	24	开展应急监测及后续监管，处理疑似食用贻贝中毒事件，抽检120个样品
70	江西省农业厅	江西省农业厅	15	以"菜篮子"产品主产县为重点，分片区开展乡镇农产品质量安全监管公共服务机构建设业务培训
71	江西省农业厅	农业部农产品质量安全监督检验测试中心（南昌）	2	承担所在省稻米重金属和小麦真菌毒素隐患摸底抽样任务
72	江西省农业厅	江西省农产品质量安全检测中心	80	联合浙江省茶叶科学研究院开展茶叶产品重金属摸底排查评估并组织2~3位专家组专家深入调查
73	江西省农业厅	江西省农药管理局	12	开展农药产品质量抽检
74	江西省农业厅	农业部农产品质量安全监督检验测试中心（南昌）	16	承担供深圳大运会蔬菜、食用菌和水果生产基地监测任务。
75	江西省农业厅	江西省兽药饲料监察所	2	承担供深圳大运会畜产品生产基地监测任务。
76	江西省农业科学院	农业部肉及肉制品质量监督检验测试中心	27	承担部分省份禽肉产品抗生素激素抗病毒药物隐患摸底检测任务
77	江西省农业科学院	江西省农科院农产品质量安全与标准研究所	60	联合中国热科院分析测试中心开展禽类及热作产品潜在危害因子摸底排查评估并组织1~2位专家组专家深入调查
78	山东省农业厅	山东省农业厅	15	以"菜篮子"产品主产县为重点，分片区开展乡镇农产品质量安全监管公共服务机构建设业务培训
79	山东省农业厅	山东省农业厅	20	开展山东省济南市历城区捣毁假农药生产窝点案件的查处工作
80	山东省农业厅	山东省农业厅	15	开展山东省东营胜利油田废弃厂房擅自生产农药案件的查处工作

续表

序号	主管部门（单位）	承担单位	金额	项目任务
81	山东省农业厅	山东省农业厅	20	开展烟台奥诺生物有限公司涉嫌违规生产农药案件的查处工作
82	山东省农业厅	山东省农药检定所	20	开展农药产品质量抽检，农药质量专项监督抽查检测工作
83	山东省农科院	山东省农科院农业质量标准与检测技术研究所	95	联合农业部环境保护科研监测所开展果蔬潜在危害因子摸底排查评估并组织5~6位专家组专家深入调查
84	山东省海洋与渔业厅	农业部渔业产品质量监督检验测试中心（烟台）	5	承担供深圳大运会水产品生产基地监测任务
85	河南省农业厅	河南省农业厅	25	开展河南省郑州好收成种业有限公司制售假种子案件的查处工作
86	河南省农业厅	河南省农业厅	15	以"菜篮子"产品主产县为重点，分片区开展乡镇农产品质量安全监管公共服务机构建设业务培训
87	河南省农业厅	河南省农业厅	25	开展河南省和谐先锋农民专业合作社制售假劣种子案件的查处工作
88	河南省农业厅	河南省农药检定所	12	开展农药产品质量抽检
89	河南省农业科学院	农业部农产品质量监督检验测试中心（郑州）	34	承担部分省份稻米重金属和小麦真菌毒素隐患摸底检测任务
90	河南省农业科学院	河南省农科院农业质量标准与检测技术研究中心	80	联合中国动物卫生与流行病学中心开展畜产品潜在危害因子及抗生素摸底排查评估并组织3~4位专家组专家深入调查
91	河南省畜牧局	农业部畜禽产品质量安全监督检验测试中心（郑州）	27	承担部分省份禽肉产品抗生素激素抗病毒药物隐患摸底检测任务
92	河南省畜牧局	农业部畜禽产品质量监督检验测试中心（郑州）	15	承担供深圳大运会畜产品生产基地监测任务
93	河南省畜牧局	河南省畜牧局	2	承担供深圳大运会畜产品生产基地监测任务
94	湖北省农业厅	湖北省农业厅	30	开展湖北省随州劣质肥料导致汉南玉米枯黄枯死案件的查处工作
95	湖北省农业厅	湖北省农业厅	20	开展湖北省宜昌市郭建华经营劣质农药案件的查处工作
96	湖北省农业厅	湖北省农业厅	30	开展湖北省黄冈市黄州区童凤林非法经营未经审定水稻种子案件的查处工作

续表

序号	主管部门（单位）	承担单位	金额	项目任务
97	湖北省农业厅	湖北省农业厅	35	以"菜篮子"产品主产县为重点，分片区开展乡镇农产品质量安全监管公共服务机构建设业务培训15万元；团风县开展乡镇农产品质量安全监管公共服务机构建设试点10万元；孝感市孝南区开展乡镇农产品质量安全监管公共服务机构建设试点10万元
98	湖北省农业厅	湖北省农药检定管理所	10	开展农药产品质量抽检
99	湖北省农业厅	农业部农产品质量安全监督检验测试中心（武汉）	4	承担所在省稻米重金属和小麦真菌毒素隐患摸底抽样任务
100	湖北省农科院	湖北省农科院农业质量标准与检测技术研究所	90	联合中国水科院黄海水产研究所开展茶叶和水产品潜在危害因子摸底排查评估并组织5~6位专家组专家深入调查
101	华中农业大学	华中农业大学	10	开展牛羊肉中盐酸克伦特罗残留检测方法验证
102	湖南省农业厅	湖南省农业厅	20	以"菜篮子"产品主产县为重点，分片区开展乡镇农产品质量安全监管公共服务机构建设业务培训
103	湖南省农业厅	湖南省农业行政执法总队	30	开展湖南省陈松林经营劣质"俄罗斯复合肥料"和李玉香经营未取得农药登记证"窝窝旺"农药案件的查处工作
104	湖南省农业厅	湖南省农药检定所	10	开展农药产品质量抽检
105	湖南省农业厅	农业部农产品质量安全监督检验测试中心（长沙）	34	承担部分省份稻米重金属和小麦真菌毒素隐患摸底检测任务
106	广东省农业厅	广东省农业厅	15	开展广东省佛山市南海区一非法制售假兽药窝点案件的查处工作
107	广东省农业厅	广东省农业厅	15	以"菜篮子"产品主产县为重点，分片区开展乡镇农产品质量安全监管公共服务机构建设业务培训
108	广东省农业厅	广东省农药检定所	10	开展农药产品质量抽检
109	广东省农业厅	农业部农药残留质量监督检验测试中心（广州）	2	承担所在省稻米重金属和小麦真菌毒素隐患摸底抽样任务
110	广东省农科院	广东省农科院农产品质量安全与标准研究中心	70	联合中国农科院农业标准与检测技术研究所开展果蔬潜在危害因子摸底排查评估并组织3~4位专家组专家深入调查
111	广东省农业科学院	农业部蔬菜水果质量监督检验测试中心（广州）	23	承担供深圳大运会蔬菜、食用菌和水果生产基地监测任务

续表

序号	主管部门（单位）	承担单位	金额	项目任务
112	华南农业大学	农业部畜禽产品质量监督检验测试中心（广州）	15	承担供深圳大运会畜产品生产基地监测任务
113	华南农业大学	华南农业大学	10	开展牛羊肉中盐酸克伦特罗残留检测方法验证
114	广西壮族自治区农业厅	广西壮族自治区农业厅	15	开展广西乐业县梁立杰等人销售伪劣肥料案件的查处工作
115	广西壮族自治区农业厅	广西壮族自治区农业厅	15	开展广西蒙山县莫运娟无证经营蚕种案的查处工作
116	广西壮族自治区农业厅	广西壮族自治区农业厅	25	开展广西灵山县劳杰初涉嫌经营来自无种子生产许可证和无经营许可证者的种子案件的查处工作
117	广西壮族自治区农业厅	广西壮族自治区农业厅	15	以"菜篮子"产品主产县为重点，分片区开展乡镇农产品质量安全监管公共服务机构建设业务培训
118	广西壮族自治区农业厅	广西壮族自治区农药检定管理所	10	开展农药产品质量抽检
119	广西壮族自治区农垦局	农业部亚热带果品蔬菜质量监督检验测试中心	2	承担所在省稻米重金属和小麦真菌毒素隐患摸底抽样任务
120	海南省农业厅	海南省农业厅	15	以"菜篮子"产品主产县为重点，分片区开展乡镇农产品质量安全监管公共服务机构建设业务培训
121	海南省农业厅	海南省农药检定管理所	10	开展农药产品质量抽检
122	海南大学	海南大学	30	开展热带果蔬潜在危害因子摸底排查评估并组织2~3位专家组专家深入调查
123	重庆市农业委员会	重庆市农业委员会	20	以"菜篮子"产品主产县为重点，分片区开展乡镇农产品质量安全监管公共服务机构建设业务培训10万元；组织部分省份开展乡镇农产品质量安全监管公共服务机构建设示范交流10万元
124	重庆市农业委员会	重庆市农药检定所	10	开展农药产品质量抽检
125	西南大学	柑桔研究所	80	联合中国农科院郑州果树研究所开展果蔬外源性生长激素摸底排查评估并组织3~4位专家组专家深入调查
126	四川省农业厅	四川省农业厅	25	开展四川省成都连农化学有限公司生产假冒农药案件的查处工作
127	四川省农业厅	四川省农业厅	15	以"菜篮子"产品主产县为重点，分片区开展乡镇农产品质量安全监管公共服务机构建设业务培训
128	四川省农业厅	四川省农药检定所	10	开展农药产品质量抽检

续表

序号	主管部门（单位）	承担单位	金额	项目任务
129	四川省农科院	农业部食品质量监督检验测试中心（成都）	80	联合中国农科院农业标准与检测技术研究所开展茶叶产品潜在危害因子摸底排查评估并组织4~5位专家组专家深入调查
130	四川省农业科学院	农业部食品质量监督检验测试中心（成都）	4	承担所在省稻米重金属和小麦真菌毒素隐患摸底抽样任务
131	四川省畜牧食品局	农业部畜禽产品质量安全监督检验测试中心（成都）	27	承担部分省份禽肉产品抗生素激素抗病毒药物隐患摸底检测任务
132	贵州省农业委员会	贵州省农业委员会	15	以"菜篮子"产品主产县为重点，分片区开展乡镇农产品质量安全监管公共服务机构建设业务培训
133	贵州省农业委员会	贵州省农药检定管理所	6	开展农药产品质量抽检
134	云南省农业厅	云南省农业厅	15	以"菜篮子"产品主产县为重点，分片区开展乡镇农产品质量安全监管公共服务机构建设业务培训
135	云南省农业厅	云南省农药检定所	5	开展农药产品质量抽检
136	云南省农业科学院	农业部农产品质量监督检验测试中心（昆明）	12	承担供深圳大运会蔬菜、食用菌和水果生产基地监测任务
137	云南省农业科学院	云南省农科院质量标准与检测技术研究所	75	联合中国农科院蔬菜花卉研究所开展食用菌蔬菜等重金属摸底排查评估并组织2~3位专家组专家深入调查
138	西藏自治区农牧厅	西藏自治区农牧厅	15	以"菜篮子"产品主产县为重点，分片区开展乡镇农产品质量安全监管公共服务机构建设业务培训
139	陕西省农业厅	陕西省农业厅	200	开展供西安世界园艺博览会农产品生产基地质量安全监测
140	陕西省农业厅	陕西省农业厅	25	以"菜篮子"产品主产县为重点，分片区开展乡镇农产品质量安全监管公共服务机构建设业务培训15万元；组织部分省份开展乡镇农产品质量安全监管公共服务机构建设示范交流10万元
141	陕西省农业厅	陕西省农药管理检定所	10	开展农药产品质量抽检
142	陕西水产研究所	农业部渔业环境及水产品质量监督检验测试中心	20	开展淡水鱼潜在危害因子摸底排查评估
143	西北农林科技大学	西北农林科技大学食品科学与工程学院	80	联合中国农科院农业标准与检测技术研究所开展西北特色果蔬潜在危害因子摸底排查评估并组织4~5位专家组专家深入调查

续表

序号	主管部门（单位）	承担单位	金额	项目任务
144	甘肃省农牧厅	甘肃省农牧厅	15	以"菜篮子"产品主产县为重点，分片区开展乡镇农产品质量安全监管公共服务机构建设业务培训
145	甘肃省农牧厅	甘肃省农牧厅农业综合执法大队	20	开展甘肃省五谷种业公司未按许可证规定生产种子案件的查处工作
146	甘肃省农牧厅	甘肃省农牧厅农业综合执法大队	30	开展甘肃省浩丰种子公司经营种子标签不符合规定种子案件的查处工作
147	甘肃省农牧厅	甘肃省农药管理检定所	5	开展农药产品质量抽检
148	青海省农牧厅	青海省农牧厅	15	以"菜篮子"产品主产县为重点，分片区开展乡镇农产品质量安全监管公共服务机构建设业务培训
149	青海省农牧厅	青海省农药检定所	5	开展农药产品质量抽检
150	宁夏回族自治区农牧厅	宁夏回族自治区农牧厅	15	以"菜篮子"产品主产县为重点，分片区开展乡镇农产品质量安全监管公共服务机构建设业务培训
151	宁夏回族自治区农牧厅	宁夏回族自治区农牧厅	2	承担供深圳大运会蔬菜、食用菌和水果生产基地监测任务
152	宁夏回族自治区农牧厅	宁夏回族自治区农药肥料检定管理所	5	开展农药产品质量抽检
153	新疆维吾尔自治区农业厅	新疆维吾尔自治区农业厅	15	以"菜篮子"产品主产县为重点，分片区开展乡镇农产品质量安全监管公共服务机构建设业务培训
154	新疆维吾尔自治区农业厅	新疆维吾尔自治区农药检定所	10	开展农药产品质量抽检
155	新疆维吾尔自治区农业科学院	农业部农产品质量监督检验测试中心（乌鲁木齐）	2	承担所在省稻米重金属和小麦真菌毒素隐患摸底抽样任务
156	新疆生产建设兵团农业局	新疆生产建设兵团农业局	25	开展新疆生产建设兵团农五师赵江全生产假肥料案件的查处工作
157	新疆生产建设兵团农业局	新疆生产建设兵团农药检定所	5	开展农药产品质量抽检
158	大连市海洋与渔业局	大连市海洋与渔业局	6	应对蓬莱19-4平台漏油事件，开展应急监测，根据结果组织管理
159	中国海洋大学	中国海洋大学	20	开展CAC亚洲区域紫菜质量安全规范制定前期调研工作
160	宁波市海洋与渔业局	宁波市海洋与渔业局	12	开展应急监测及后续监管，处理疑似食用贻贝中毒事件，抽检60个样品
161	农业部	中国农业电影电视中心	100	承担首届全国基层检测技术人员大比武总决赛知识竞赛暨总结颁奖活动现场录制、场地布置、灯光设备、摄影、节目制作等100万元

续表

序号	主管部门（单位）	承担单位	金额	项目任务
162	农业部	中国渔业协会远洋渔业分会	20	用于对洄游性鱼类和北太平洋远洋渔业产品进行核污染监测，抽检20批次样品
163	中国农业科学院	中国农业科学院农业质量标准与检测技术研究所	170	承担首届全国基层检测技术人员大比武总决赛所需耗材和小型仪器设备购置85万元；活动组织、参赛人员食宿等费用85万元
		总计	4 000	

十一、国家税务总局

1. 税收优惠制度

税收优惠制度

税收优惠的基本原则：促进科技进步，鼓励基础设施建设，鼓励农业发展、环境保护与节能，支持安全生产，统筹区域发展，促进公益事业和照顾弱势群体等，有效地发挥税收优惠政策的导向作用，进一步促进国民经济全面、协调、可持续发展和社会全面进步，有利于构建和谐社会。

按照上述原则，现行税收优惠政策已将过去以区域优惠为主，调整为以产业优惠为主、区域优惠为辅的税收优惠格局。

一、税收优惠方式

税收优惠包括减税、免税、出口退税及其他一些内容。

1. 减税。即依据税法规定减除纳税义务人一部分应纳税款。它是对某些纳税人进行扶持或照顾，以减轻其税收负担的一种特殊规定。一般分为法定减税、特定减税和临时减税三种方式。

2. 免税。即对某些特殊纳税人免征某种（或某几种）税收的全部税款。一般分为法定免税、特定免税和临时免税三种方式。

3. 延期纳税。是对纳税人应纳税款的部分或全部税款的缴纳期限适当延长的一种特殊规定。

4. 出口退税。是指为了扩大出口贸易，增强出口货物在国际市场上的竞争力，按国际惯例对企业已经出口的产品退还在出口前各环节缴纳的国内流转税（主要是增值税和消费税）税款。

5. 再投资退税。即对特定的投资者将取得的利润再投资于本企业或新办企业时，退还已纳税款。

6. 即征即退。即对按税法规定缴纳的税款，由税务机关在征税时部分或全部退还纳税人。与出口退税先征后退、投资退税一并属于退税的范畴，其实质是一种特殊方式的免税和减税规定。目前，中国采取即征即退政策仅限于缴纳增值税的个别纳税人。

7. 先征后返。即对按税法规定缴纳的税款，由税务机关征收入库后，再由财政部门按规定的程序给予部分或全部退税或返还已纳税款。它属于财政补贴范畴，其实质也是一种特定方式的免税或减免规定。目前，中国采取先征后返的办法主要适用于缴纳流转税和企业所得税的纳税人。

8. 税收抵免。即对纳税人来源于国内外的全部所得或财产课征所得税时，允许以其在国外缴纳的所得税或财产税税款抵免应纳税额。它是解决国际间所得或财产重复课税的一种措施。税收抵免是世界各国的一种通行做法。

9. 加计扣除。是对企业为开发新技术、新产品、新工艺发生的研究开发费用和企业安置残疾人员及其他国家鼓励安置就业人员所支付的工资，在实际发生数额的基础上，再加成一定比例，作为计算应纳税所得额时的扣除数的一种优惠政策。

10. 加速折旧。即按税法规定对缴纳所得税的纳税人，准予采取缩短固定资产折旧年限、提高折旧率的办法，加快折旧速度，减少当期应纳税所得额。

11. 减计收入。是指对企业综合利用资源取得的收入按一定比例计减应税收入。

12. 投资抵免。是指对创业投资企业从事创业投资的投资额和企业购置用于环境保护、节能节水、安全生产等专用设备的投资额，按一定比例抵免应纳税所得额。

13. 起征点。即对征税对象开始征税的起点规定一定的数额。征税对象达到起征点的就全额征税，未达到起征点的不征税。税法对某些税种规定了起征点。比如，根据财政部《关于修改〈中华人民共和国增值税暂行条例实施细则〉和〈中华人民共和国营业税暂行条例实施细则〉的决定》（财政部令第65号）规定，自2011年11月1日起，个人销售货物或应税劳务的，增值税起征点幅度为月销售额5 000~20 000元；按次纳税的，增值税起征点为每次（日）销售额300~500元。确定起征点，主要是为了照顾经营规模小、收入少的纳税人而采取的税收优惠。

14. 免征额。即按一定标准从课税对象全部数额中扣除一定的数额，扣除部分不征税，只对超过的部分征税。

二、现行主要税收优惠政策

1. 促进区域协调发展的税收优惠政策。

对深圳、海南、珠海、汕头、厦门和上海浦东新区实行企业所得税过渡期优惠政策，自2008年1月1日起，原享受低税率优惠政策的企业，在新《企业所得税法》施行后5年内逐步过渡到法定税率。其中，享受企业所得税15%税率的企业，2008年按18%税率执行，2009年按20%税率执行，2010年按22%税率执行，2011年按24%税率执行，2012年按25%税率执行；原执行24%税率的企业，2008年起按25%税率执行。原享受企业所得税定期减免税优惠的企业，新《企业所得税法》施行后继续按原优惠办法享受至期满为止；对新疆部分地区和西藏等地区实行特殊的税收优惠政策，例如，在2010—2020年期间对在新疆困难地区新办的属于重点鼓励发展产业目录范围内的企业，给予企业所得税"两免三减半"的优惠政策等；实施西部大开发战略的税收优惠政策，对设在西部地区的鼓励类产业企业，自2011年起至2020年底，减按15%的税率征收企业所得税。同时，民族自治地方的自治机关对本民族自治地方的企业应缴纳的企业所得税中属于地方分享的部分，可以决定减征或者免征。

2. 促进构建社会主义和谐社会的税收优惠政策。

服务"三农"的税收优惠政策。对农业生产者销售自产农产品免征增值税。对个人或个体户从事种植业、养殖业、饲养业、捕捞业所得暂不征收个人所得税。对一些涉农项目，如农业机耕、排灌、病虫害防治等免征营业税。对承担粮食收储任务的国有粮食购销企业销售的粮食免征增值税，其他粮食企业经营军队用粮、救灾救济粮、水库移民口粮、退耕还林还草补助粮免征增值税。企业从事税法规定的农作物、中药材和林木种植、农作物新品种选育、牲畜和家禽饲养、林产品采集、远洋捕捞以及农、林、牧、渔服务业项目的所得，减免企业所得税。对金融机构的涉农贷款给予税收优惠政策。

支持教育事业发展的税收优惠政策。对从事学历教育的学校提供教育劳务、学生勤工俭学提供劳务、托儿所和幼儿园提供养育服务取得的收入免征营业税。对政府举办的高等、中等和初等学校举办进修班、培训班取得的收入和职业学校取得的符合规定条件的收入免征营业税。对特殊教育学校举办的企业比照福利企业享受税收优惠政策。对个人取得的教育储蓄存款利息以及教育奖学金，免征个人所得税。对高等院校后勤制度改革后的部分项目收入给予营业税等方面税收优惠政策。

促进文化、卫生、体育事业发展的税收优惠政策。对宣传文化单位，如出版社、演出团体等，给予增值税、营业税优惠政策。对改革试点地区的文化单位、经营性文化事业单位转制为企业，在一定期限内减免企业所得税。支持未成年人思想道德建设，对动漫产业比照软件集成电路产业给予增值税、营业税优惠政策。对符合规定条件的医院、诊所以及其他医疗机构提供的医疗服务免征营业税。对在我国举办的奥运会、残奥会等大型体育运动赛事的组织者、参与者，在增值税、营业税、企业所得税、进口环节关税等方面给予税收优惠政策，对亚运会、亚冬会等洲际赛事以及全国运动会等也给予适当的税收优惠政策。

扶持弱势群体就业、再就业的税收优惠政策。对吸纳下岗失业人员的企业，给予减免营业税、城市维护建设税、教育费附加和企业所得税的优惠政策。对吸纳自主择业的军队转业干部、自谋职业的退役士兵、随军家属以及"两劳"解教人员的企业，给予减免营业税的优惠政策，对上述人员进行自主经营的，免征营业税。对吸纳"盲、聋、哑、肢体、智力"残疾人员的各类福利企业，定额减免增值税、营业税；对安置《中华人民共和国残疾人保障法》规定残疾人员的企业，在计算企业所得税时，给予按残疾职工工资加计扣除的优惠。对应届大学生自主创业创办的企业免收税务登记证工本费。

鼓励社会捐赠的税收优惠政策。企业发生的公益性捐赠支出，在年度利润总额12%以内的部分，准予在计算应纳税所得额时扣除。

支持小型微利企业发展的税收优惠政策。在2011年11月1日至2014年10月31日期间，对金融机构与小型、微型企业签订的借款合同，免征印花税。自2011年1月1日至2011年12月31日，对年应纳税所得额低于3万元（含3万元）的小型微利企业，所得减按50%计入应纳税所得额，按20%的税率缴纳企业所得税。自2011年11月1日起，小规模纳税人的增值税起征点幅度调整为：销售货物或应税劳务的，为月销售额5 000~20 000元；按次纳税的，为每次（日）销售额300~500元。营业税起征点的幅度调整为：按期纳税的，为月营业额5 000~20 000元；按次纳税的，为每次（日）营业额300~500元。

3. 促进资源节约型、环境友好型社会建设的税收优惠政策。

对符合条件的技术研发与转让，实施了免征营业税，免征或者减征企业所得税，以及企业所得税税前加计扣除的政策。

对企业从事符合条件的环境保护、节能节水项目所得实施企业所得税"三免三减半"的政策。

对符合条件的资源综合利用产品，如特定建材产品、风力发电、抽采利用煤层气等，及其企业以《资源综合利用企业所得税优惠目录》规定的资源为主要原料，生产国家非限制和禁止并符合国家和行业相关标准的产品取得的收入，实施了增值税免征、即征即退、先征后返，免征消费税和企业所得税减计收入的政策。

对企业购置并实际使用符合规定条件的环境保护、节能节水、安全生产等专用设备的，该专用设备的投资额的10%可以从当年的应纳税额中抵免；当年不足抵免的，可以在以后5个纳税年度结转抵免。

对低排量、环保型汽车的消费税给予优惠税率。

4. 促进科技进步和自主创新的税收优惠政策。

鼓励高新技术产业发展的税收优惠政策。对软件产品增值税实际税负超过3%的部分实行即征即退政策，新办软件、集成电路企业自获利年度起实行"两免三减半"，软件集成电路企业工资培训费税前全额扣除，集成电路企业实行再投资退税，规划布局重点软件企业适用10%的企业所得税税率。对国家需要重点扶持的高新技术企业，减按15%的税率征收企业所得税。

鼓励企业增加研发投入、提高自主创新能力的税收优惠政策。对企业开发新技术、新产品、新工艺发生的研发费用允许按实际发生额的150%在税前扣除。除国务院财政、税务主管部门另有规定外，企业发生的职工教育经费支出，不超过工资薪金总额2.5%的部分，准予扣除；超过部分，准予在以后纳税年度结转扣除。对企业为生产高新技术产品以及承担国家重大科技专项、国家科技计划重点项目等进口的关键设备以及进口科研仪器和教学用品，免征进口关税和进口环节增值税。

鼓励先进技术推广和应用的税收优惠政策。一个纳税年度内，居民企业技术转让所得不超过500万元的部分，免征企业所得税；超过500万元的部分，减半征收企业所得税。对单位和个人从事技术转让、技术开发业务和与之相关的技术咨询、技术服务业务取得的收入，免征营业税。对转制的科研机构，在一定期限内免征企业所得税、房产税、城镇土地使用税。在一定期限内对科技企业孵化器、国家大学科技园，免征营业税、房产税和城镇土地使用税。

支持科普事业发展的税收优惠政策。对科技馆、自然博物馆、天文馆等科普基地的门票收入，免征营业税。

2016年1月28日

来源：http://www.chinatax.gov.cn/n810351/n810901/n848188/c1161506/content.html

2. 国家税务总局关于金融企业涉农贷款和中小企业贷款损失税前扣除问题的公告

国家税务总局关于金融企业涉农贷款和中小企业贷款损失税前扣除问题的公告

国家税务总局公告2015年第25号

为鼓励金融企业加大对涉农贷款和中小企业贷款力度，及时处置涉农贷款和中小企业贷款损失，增强金融企业抵御风险能力，根据《中华人民共和国企业所得税法》及其实施条例、《财政部 国家税务总局关于企业资产损失税前扣除政策的通知》（财税〔2009〕57号）、《国家税务总局关于发布〈企业资产损失所得税税前扣除管理办法〉的公告》（国家税务总局公告2011年第25号）的规定，现就金融企业涉农贷款和中小企业贷款损失所得税前扣除问题公告如下：

一、金融企业涉农贷款、中小企业贷款逾期1年以上，经追索无法收回，应依据涉农贷款、中小企业贷款分类证明，按下列规定计算确认贷款损失进行税前扣除：

（一）单户贷款余额不超过300万元（含300万元）的，应依据向借款人和担保人的有关原始追索记录（包括司法追索、电话追索、信件追索和上门追索等原始记录之一，并由经办人和负责人共同签章确认），计算确认损失进行税前扣除。

（二）单户贷款余额超过 300 万元至 1 000 万元（含 1 000 万元）的，应依据有关原始追索记录（应当包括司法追索记录，并由经办人和负责人共同签章确认），计算确认损失进行税前扣除。

（三）单户贷款余额超过 1 000 万元的，仍按《国家税务总局关于发布〈企业资产损失所得税税前扣除管理办法〉的公告》（国家税务总局公告 2011 年第 25 号）有关规定计算确认损失进行税前扣除。

二、金融企业涉农贷款和中小企业贷款的分类标准，按照《财政部 国家税务总局关于金融企业涉农贷款和中小企业贷款损失准备金税前扣除有关问题的通知》（财税〔2015〕3 号）规定执行。

三、金融企业应当建立健全贷款损失内部核销管理制度，严格内部责任认定和追究，及时收集、整理、编制、审核、申报、保存资产损失税前扣除证据材料。

对不符合法定条件扣除的贷款损失，或弄虚作假进行税前扣除的，应追溯调整以前年度的税务处理，并按《中华人民共和国税收征收管理法》有关规定进行处罚。

四、本公告适用 2014 年度及以后年度涉农贷款和中小企业贷款损失的税前扣除。

特此公告。

国家税务总局

2015 年 4 月 27 日

来源：http://www.chinatax.gov.cn/n810341/n810755/c1583742/content.html

3. 财政部 国家税务总局关于金融企业贷款损失准备金企业所得税税前扣除有关政策的通知

财政部 国家税务总局关于金融企业贷款损失准备金企业所得税税前扣除有关政策的通知

财税〔2015〕9 号

各省、自治区、直辖市、计划单列市财政厅（局）、国家税务局、地方税务局，新疆生产建设兵团财务局：

根据《中华人民共和国企业所得税法》及《中华人民共和国企业所得税法实施条例》的有关规定，现就政策性银行、商业银行、财务公司、城乡信用社和金融租赁公司等金融企业提取的贷款损失准备金的企业所得税税前扣除政策问题，通知如下：

一、准予税前提取贷款损失准备金的贷款资产范围包括：

（一）贷款（含抵押、质押、担保等贷款）；

（二）银行卡透支、贴现、信用垫款（含银行承兑汇票垫款、信用证垫款、担保垫款等）、进出口押汇、同业拆出、应收融资租赁款等各项具有贷款特征的风险资产；

（三）由金融企业转贷并承担对外还款责任的国外贷款，包括国际金融组织贷款、外国买方信贷、外国政府贷款、日本国际协力银行不附条件贷款和外国政府混合贷款等资产。

二、金融企业准予当年税前扣除的贷款损失准备金计算公式如下：

准予当年税前扣除的贷款损失准备金=本年末准予提取贷款损失准备金的贷款资产余额×1%-截至上年末已在税前扣除的贷款损失准备金的余额。

金融企业按上述公式计算的数额如为负数，应当相应调增当年应纳税所得额。

三、金融企业的委托贷款、代理贷款、国债投资、应收股利、上交央行准备金以及金融企业剥离的债权和股权、应收财政贴息、央行款项等不承担风险和损失的资产，不得提取贷款损失准备金在税前扣除。

四、金融企业发生的符合条件的贷款损失，应先冲减已在税前扣除的贷款损失准备金，不足冲减部分可据实在计算当年应纳税所得额时扣除。

五、金融企业涉农贷款和中小企业贷款损失准备金的税前扣除政策，凡按照《财政部 国家税务总局关于金融企业涉农贷款和中小企业贷款损失准备金税前扣除有关问题的通知》（财税〔2015〕3号）的规定执行的，不再适用本通知第一条至第四条的规定。

六、本通知自2014年1月1日起至2018年12月31日止执行。

财政部 国家税务总局
2015年1月15日

来源：http：//www.chinatax.gov.cn/n810341/n810755/c1476150/content.html

4. 国家税务总局关于实施农林牧渔业项目企业所得税优惠问题的公告

国家税务总局关于实施农林牧渔业项目企业所得税优惠问题的公告

国家税务总局公告2011年第48号

根据《中华人民共和国企业所得税法》（以下简称企业所得税法）及《中华人民共和国企业所得税法实施条例》（以下简称实施条例）的规定，现对企业（含企业性质的农民专业合作社，下同）从事农、林、牧、渔业项目的所得，实施企业所得税优惠政策和征收管理中的有关事项公告如下：

一、企业从事实施条例第八十六条规定的享受税收优惠的农、林、牧、渔业项目，除另有规定外，参照《国民经济行业分类》（GB/T 4754—2002）的规定标准执行。

企业从事农、林、牧、渔业项目，凡属于《产业结构调整指导目录（2011年版）》（国家发展和改革委员会令第9号）中限制和淘汰类的项目，不得享受实施条例第八十六条规定的优惠政策。

二、企业从事农作物新品种选育的免税所得，是指企业对农作物进行品种和育种材料选育形成的成果，以及由这些成果形成的种子（苗）等繁殖材料的生产、初加工、销售一体化取得的所得。

三、企业从事林木的培育和种植的免税所得，是指企业对树木、竹子的育种和育苗、抚育和管理以及规模造林活动取得的所得，包括企业通过拍卖或收购方式取得林木所有权并经过一定的生长周期，对林木进行再培育取得的所得。

四、企业从事下列项目所得的税务处理。

（一）猪、兔的饲养，按"牲畜、家禽的饲养"项目处理；

（二）饲养牲畜、家禽产生的分泌物、排泄物，按"牲畜、家禽的饲养"项目处理；

（三）观赏性作物的种植，按"花卉、茶及其他饮料作物和香料作物的种植"项目处理；

（四）"牲畜、家禽的饲养"以外的生物养殖项目，按"海水养殖、内陆养殖"项目处理。

五、农产品初加工相关事项的税务处理。

（一）企业根据委托合同，受托对符合《财政部 国家税务总局关于发布享受企业所得税优惠政策的农产品初加工范围（试行）的通知》（财税〔2008〕149号）和《财政部 国家税务总局关于享受企业所得税优惠的农产品初加工有关范围的补充通知》（财税〔2011〕26号）规定的农产品进行初加工服务，其所收取的加工费，可以按照农产品初加工的免税项目处理。

（二）财税〔2008〕149号文件规定的"油料植物初加工"工序包括"冷却、过滤"等；"糖料植物初加工"工序包括"过滤、吸附、解析、碳脱、浓缩、干燥"等，其适用时间按照财税〔2011〕26号文件规定执行。

（三）企业从事实施条例第八十六条第（二）项适用企业所得税减半优惠的种植、养殖项目，并直接进行初加工且符合农产品初加工目录范围的，企业应合理划分不同项目的各项成本、费用支出，分别核算种植、养殖项目和初加工项目的所得，并各按适用的政策享受税收优惠。

（四）企业对外购茶叶进行筛选、分装、包装后进行销售的所得，不享受农产品初加工的优惠政策。

六、对取得农业部颁发的"远洋渔业企业资格证书"并在有效期内的远洋渔业企业，从事远洋捕捞业务取得的所得免征企业所得税。

七、购入农产品进行再种植、养殖的税务处理

企业将购入的农、林、牧、渔产品，在自有或租用的场地进行育肥、育秧等再种植、养殖，经过一定的生长周期，使其生物形态发生变化，且并非由于本环节对农产品进行加工而明显增加了产品的使用价值的，可视为农产品的种植、养殖项目享受相应的税收优惠。

主管税务机关对企业进行农产品的再种植、养殖是否符合上述条件难以确定的，可要求企业提供县级以上农、林、牧、渔业政府主管部门的确认意见。

八、企业同时从事适用不同企业所得税政策规定项目的，应分别核算，单独计算优惠项目的计税依据及优惠数额；分别核算不清的，可由主管税务机关按照比例分摊法或其他合理方法进行核定。

九、企业委托其他企业或个人从事实施条例第八十六条规定农、林、牧、渔业项目取得的所得，可享受相应的税收优惠政策。

企业受托从事实施条例第八十六条规定农、林、牧、渔业项目取得的收入，比照委托方享受相应的税收优惠政策。

十、企业购买农产品后直接进行销售的贸易活动产生的所得，不能享受农、林、牧、渔业项目的税收优惠政策。

十一、除本公告第五条第二项的特别规定外，公告自2011年1月1日起执行。

特此公告。

国家税务总局

2011年9月13日

来源：http://www.chinatax.gov.cn/n810341/n810755/c1141705/content.html

十二、国家工商行政管理总局

1. 农药广告审查发布标准

国家工商行政管理总局令（第 81 号）农药广告审查发布标准
国家工商行政管理总局令第 81 号公布

第一条　为了保证农药广告的真实、合法、科学，制定本标准。
第二条　发布农药广告，应当遵守《中华人民共和国广告法》（以下简称《广告法》）及国家有关农药管理的规定。
第三条　未经国家批准登记的农药不得发布广告。
第四条　农药广告内容应当与《农药登记证》和《农药登记公告》的内容相符，不得任意扩大范围。
第五条　农药广告不得含有下列内容：
（一）表示功效、安全性的断言或者保证；
（二）利用科研单位、学术机构、技术推广机构、行业协会或者专业人士、用户的名义或者形象作推荐、证明；
（三）说明有效率；
（四）违反安全使用规程的文字、语言或者画面；
（五）法律、行政法规规定禁止的其他内容。
第六条　农药广告不得贬低同类产品，不得与其他农药进行功效和安全性对比。
第七条　农药广告中不得含有评比、排序、推荐、指定、选用、获奖等综合性评价内容。
第八条　农药广告中不得使用直接或者暗示的方法，以及模棱两可、言过其实的用语，使人在产品的安全性、适用性或者政府批准等方面产生误解。
第九条　农药广告中不得滥用未经国家认可的研究成果或者不科学的词句、术语。
第十条　农药广告中不得含有"无效退款"、"保险公司保险"等承诺。
第十一条　农药广告的批准文号应当列为广告内容同时发布。
第十二条　违反本标准的农药广告，广告经营者不得设计、制作，广告发布者不得发布。
第十三条　违反本标准发布广告，《广告法》及其他法律法规有规定的，依照有关法律法规规定予以处罚。法律法规没有规定的，对负有责任的广告主、广告经营者、广告发布者，处以违法所得三倍以下但不超过三万元的罚款；没有违法所得的，处以一万元以下的罚款。

第十四条 本标准自2016年2月1日起施行。1995年3月28日国家工商行政管理局第28号令公布的《农药广告审查标准》同时废止。

2015年12月24日

来源：http://www.gov.cn/gongbao/content/2016/content_5038029.htm

2. 兽药广告审查发布标准

国家工商行政管理总局令第82号兽药广告审查发布标准
国家工商行政管理总局令第82号公布

第一条 为了保证兽药广告的真实、合法、科学，制定本标准。

第二条 发布兽药广告，应当遵守《中华人民共和国广告法》（以下简称《广告法》）及国家有关兽药管理的规定。

第三条 下列兽药不得发布广告：

（一）兽用麻醉药品、精神药品以及兽医医疗单位配制的兽药制剂；

（二）所含成分的种类、含量、名称与兽药国家标准不符的兽药；

（三）临床应用发现超出规定毒副作用的兽药；

（四）国务院农牧行政管理部门明令禁止使用的，未取得兽药产品批准文号或者未取得《进口兽药注册证书》的兽药。

第四条 兽药广告不得含有下列内容：

（一）表示功效、安全性的断言或者保证；

（二）利用科研单位、学术机构、技术推广机构、行业协会或者专业人士、用户的名义或者形象作推荐、证明；

（三）说明有效率；

（四）违反安全使用规程的文字、语言或者画面；

（五）法律、行政法规规定禁止的其他内容。

第五条 兽药广告不得贬低同类产品，不得与其他兽药进行功效和安全性对比。

第六条 兽药广告中不得含有"最高技术""最高科学""最进步制法""包治百病"等绝对化的表示。

第七条 兽药广告中不得含有评比、排序、推荐、指定、选用、获奖等综合性评价内容。

第八条 兽药广告不得含有直接显示疾病症状和病理的画面，也不得含有"无效退款"、"保险公司保险"等承诺。

第九条 兽药广告中兽药的使用范围不得超出国家兽药标准的规定。

第十条 兽药广告的批准文号应当列为广告内容同时发布。

第十一条 违反本标准的兽药广告，广告经营者不得设计、制作，广告发布者不得发布。

第十二条 违反本标准发布广告,《广告法》及其他法律法规有规定的,依照有关法律法规规定予以处罚。法律法规没有规定的,对负有责任的广告主、广告经营者、广告发布者,处以违法所得三倍以下但不超过三万元的罚款;没有违法所得的,处以一万元以下的罚款。

第十三条 本标准自 2016 年 2 月 1 日起施行。1995 年 3 月 28 日国家工商行政管理局第 26 号令公布的《兽药广告审查标准》同时废止。

2015 年 12 月 24 日

来源:http://www.gov.cn/gongbao/content/2016/content_ 5041568.htm

十三、国家林业局

1. 国家林业局 中国农业发展银行关于充分发挥农业政策性金融作用支持林业发展的意见

国家林业局 中国农业发展银行关于充分发挥农业政策性金融作用支持林业发展的意见

各省、自治区、直辖市林业厅（局），内蒙古、吉林、龙江、大兴安岭、长白山森工（林业）集团公司，新疆生产建设兵团林业局，各计划单列市林业局，中国农业发展银行各省、自治区、直辖市分行，国家林业局各司局、各直属单位：

为贯彻落实党的十八大和十八届三中、四中、五中全会以及 2015 年中央 1 号文件精神，充分发挥农业政策性金融在国家实施以生态建设为主的林业发展战略中的作用，加快推进生态文明建设，全面深化林业改革，实现林业现代化发展目标，现提出如下意见。

一、农业政策性金融支持林业发展意义重大

党中央、国务院高度重视生态文明建设和林业产业发展，党的十八大把生态文明建设摆上了中国特色社会主义五位一体总体布局的战略地位。

林业是一项重要的公益事业和基础产业，承担着生态建设和林产品供给的重要任务。我国经济快速发展给生态保护带来巨大压力，林业管理和经营体制不适应新形势发展的需要、林区基础设施建设和民生保障水平较低等问题日益突出，林业作为生态文明建设的主体，改革和发展的任务艰巨、责任重大。

中国农业发展银行（以下简称"农发行"）作为我国唯一的农业政策性银行，对于贯彻落实国家生态文明建设的战略部署、支持林业发展与改革责无旁贷。农发行具有专业性强、机构网络健全、资金规模充足、利率优惠和贷款期限长等优势，加大林业信贷支持，有助于解决林业发展长期资金不足的问题。各级林业主管部门和农发行要充分认识双方加强合作的重要性和紧迫性，增强责任感和使命感，充分发挥农业政策性金融的作用，推进林业改革与发展。

二、加强合作，全方位支持林业发展

（一）林业主管部门要积极配合农发行做好信贷支持工作

各级林业主管部门要主动加强与农发行的合作与沟通，把农发行作为林业改革发展融资的主要合作银行之一，积极配合农发行做好贷款办理和提供政策支持。一要强化林业政策制定和贯彻落实工作，积极协调发展改革、财政、人民银行、银监等部门，完善林业融资政策，创造良好的林业融资环境，协调有关主管部门规范和健全林权抵押登记、评估、流转及林权收储等机制和林权管理信息化服务体系，完善林木采伐管理制度，扩大森林保险范围等。二要发挥专业优势和组织优势，及时向农发行提供林业发展规划、产业政策信息、行业分析报告等专业资讯，主动与农发行开展项目对接，提出融资需求，配合农发行做好承贷主体的设立和遴选工作，协调有关主管部门为农发行抵押林权的核实查证、处置抵押林权提供快捷便利服务。三要加强行业指导和监督，用好农发行信贷政策及产品组合，配合农发行做好信贷资金和项目监管，对恶意逃废农发行债务的项目单位在行政管理职能范围内通过依法予以通报、停止贴息、停止发放采伐证等形式加强调控。

（二）农发行要为林业发展提供全面优质的金融服务

各级农发行要充分发挥系统、专业和政策性金融优势，主动作为，积极与林业主管部门做好衔接，通过多种方式为林业项目提供全面优质的金融服务。一要强化与地方政府合作，积极探索、重点推进通过公司类客户支持林业发展的信贷模式。结合林业项目特点和国家、地方有关政策，分别采用委托代建购买服务、政府特许经营、企业自营等项目融资模式。二要因地制宜、因项目制宜，为林业项目量身定制融资方案。努力创新金融产品，研发符合林业产业特点、与林业生产周期相匹配的信贷产品，延长中长期贷款期限，实施优惠利率，开展风险可控的林权抵押贷款业务等。三要提高服务意识，增强服务水平，优化贷款审批流程，提高办贷效率，加快贷款投放，对林业主管部门推荐的优质项目和国家重点工程，开辟绿色通道，在信贷政策上予以倾斜。

（三）拓宽合作支持范围全方位服务林业发展

各级林业主管部门和农发行要拓宽合作范围，形成全方位支持林业发展格局。双方合作支持重点领域包括：一是国家储备林基地建设。二是天然林资源保护工程、生态防护林建设、森林抚育经营等林业生态修复和建设工程。三是林区道路、森林防火等林业基础设施建设。四是国有林区（场）改革转产项目。五是油茶、核桃等木本油料、工业原料林、林产品精深加工等林业产业发展。六是森林公园、湿地公园、沙漠公园等生态旅游开发。

三、建立密切合作机制

国家林业局与农发行总行是双方深化合作的组织领导机构，双方将建立联席会议制度，定期或不定期召开联席会议，交流行业政策规划、市场分析等信息动态，沟通推进项目合作进展事宜，研究解决双方在支持林业发展中遇到的问题等。

各级林业主管部门和农发行也要相应建立沟通协调机制，深化合作内容，加强项目对接，实现信息和资源共享，积极探索重大项目联合评估、联合监管，在课题研究、专项调研、业务培训等方面强化合作，推动双方合作顺畅高效进行。

各级农发行与林业主管部门应积极开展合作对接，双方本着贷款项目及早落地、贷款安全有效保障的指导思想，以上述合作重点领域为主要方向，就各地目前条件比较成熟的有合作空间的林业建设项目进行具体协商，将其作为双方"十三五"期间首批合作项目予以推进。

国家林业局　中国农业发展银行
2016年1月12日

来源：http://www.forestry.gov.cn/main/72/content-839397.html

2. 关于调整森林植被恢复费征收标准引导节约集约利用林地的通知

关于调整森林植被恢复费征收标准引导节约集约利用林地的通知

财税〔2015〕122号

各省、自治区、直辖市财政厅（局）、林业厅（局），新疆生产建设兵团财务局、林业局，内蒙古、吉林、黑龙江、大兴安岭森工（林业）集团公司：

由占用征收林地的建设单位依法缴纳森林植被恢复费，是促进节约集约利用林地、培育和恢复森林植被、实现森林植被占补平衡的一项重要制度保障。2002年财政部、国家林业局印发《森林植被恢复费征收使用管理暂行办法》（财综〔2002〕73号）以来，各地不断加强和规范森林植被恢复费征收使用管理，对推动植树造林、增加森林植被面积发挥了重要作用。随着我国经济社会快速发展，各项建设工程对占用征收林地需求不断增加，但其支付的补偿标准明显偏低，无序占用、粗放利用林地问题突出，减少的森林植被无法得到有效恢复。根据中共中央、国务院印发的《生态文明体制改革总体方案》的要求，为加快健全资源有偿使用和生态补偿制度，建立引导节约集约利用林地的约束机制，确保森林植被面积不减少、质量不降低，保障国家生态安全，现就调整森林植被恢复费征收标准等有关问题通知如下：

一、制定森林植被恢复费征收标准应当遵循以下原则：

（一）合理引导节约集约利用林地，限制无序占用、粗放使用林地。

（二）反映不同类型林地生态和经济价值，合理补偿森林植被恢复成本。

（三）充分体现公益林、城市规划区林地的重要性和特殊性，突出加强公益林和城市规划区林地的保护。

（四）保障公共基础设施、公共事业和民生工程等建设项目使用林地，控制经营性建设项目使用林地。

（五）考虑不同地区经济社会发展水平、森林资源禀赋和恢复成本差异，适应各地植树造林、恢复森林植被工作需要。

（六）与经济社会发展相适应，考虑企业承受能力，并建立定期评估和调整机制。

（七）体现公平公正原则，对中央和地方企业不得实行歧视性征收标准。

二、森林植被恢复费征收标准应当按照恢复不少于被占用征收林地面积的森林植被所需要的调查规划设计、造林培育、保护管理等费用进行核定。具体征收标准如下：

（一）郁闭度0.2以上的乔木林地（含采伐迹地、火烧迹地）、竹林地、苗圃地，每平方米不低于 10 元；灌木林地、疏林地、未成林造林地，每平方米不低于 6 元；宜林地，每平方米不低于 3 元。

各省、自治区、直辖市财政、林业主管部门在上述下限标准基础上，结合本地实际情况，制定本省、自治区、直辖市具体征收标准。

（二）国家和省级公益林林地，按照第（一）款规定征收标准 2 倍征收。

（三）城市规划区的林地，按照第（一）、（二）款规定征收标准 2 倍征收。

（四）城市规划区外的林地，按占用征收林地建设项目性质实行不同征收标准。属于公共基础设施、公共事业和国防建设项目的，按照第（一）、（二）款规定征收标准征收；属于经营性建设项目的，按照第（一）、（二）款规定征收标准 2 倍征收。

公共基础设施建设项目包括：公路、铁路、机场、港口码头、水利、电力、通信、能源基地、电网、油气管网等建设项目。公共事业建设项目包括：教育、科技、文化、卫生、体育、环境和资源保护、防灾减灾、文物保护、社会福利、市政公用等建设项目。经营性建设项目包括：商业、服务业、工矿业、仓储、城镇住宅、旅游开发、养殖、经营性墓地等建设项目。

三、对农村居民按规定标准建设住宅，农村集体经济组织修建乡村道路、学校、幼儿园、敬老院、福利院、卫生院等社会公益项目以及保障性安居工程，免征森林植被恢复费。法律、法规规定减免森林植被恢复费的，从其规定。

四、加强森林植被恢复费征收管理。各级林业主管部门要严格按规定的范围、标准和时限要求征收森林植被恢复费，确保及时、足额征缴到位。任何单位和个人均不得违反规定，擅自减免或缓征森林植被恢复费，不得自行改变森林植被恢复费的征收对象、范围和标准。要向社会公开各类建设项目占用征收林地及森林植被恢复费征收使用情况，提高透明度，接受社会监督。上级财政、林业主管部门要加强监督检查，坚决查处不按规定征收森林植被恢复费的行为。

五、做好组织实施和宣传工作。各地要高度重视调整森林植被恢复费征收标准工作，加强组织领导，周密部署，协调配合，抓好落实。要通过政府网站和公共媒体等渠道，加强森林植被恢复费政策宣传解读，及时发布信息，做好舆论引导工作，统一思想、凝聚共识，营造良好的舆论氛围。

各省、自治区、直辖市财政、林业主管部门要在 2016 年 3 月底前，将调整森林植被恢复费征收标准等政策落实到位，并及时报财政部、国家林业局备案。

财政部　国家林业局
2015 年 11 月 18 日

来源：http://www.forestry.gov.cn/main/4818/content-830747.html

3. 关于加强植物园植物物种资源迁地保护工作的指导意见

关于加强植物园植物物种资源迁地保护工作的指导意见

各省、自治区林业厅（局）、住房城乡建设厅，北京市园林绿化局、上海市绿化和市容管理局、天津市林业局、市容和园林管理委员会、重庆市林业局、园林事业管理局，中科院各相关单位：

我国拥有丰富的野生植物资源，是世界上野生植物种类最多的国家之一。多年来，通过采取建立自然保护区、风景名胜区、植物园（含树木园，下同）等就地和迁地保护措施，有效保护了我国的野生植物资源。植物园作为物种保存、科学研究、科普教育和植物可持续利用的专业机构，是实施植物物种资源迁地保护最主要的基地。我国目前已建有各级各类植物园近 200 个，收集保存了占我国植物区系 2/3 的 2 万个物种，在保护生物多样性、储备生物战略资源、传播生态文化、建设生态文明中发挥了十分重要和独特的作用。为进一步规范植物园的规划、建设、管理、保护与发展，加强植物园植物物种资源迁地保护工作，现提出如下指导意见。

一、充分认识加强植物园植物物种资源迁地保护工作的重要意义

（一）加强植物园植物物种资源迁地保护是提升野生植物保护管理水平的重大举措

野生植物保护是生物多样性保护的重要组成部分，随着全球气候变暖和经济社会快速发展，野生植物保护面临的形势越来越严峻。作为实施植物物种资源迁地保护和种质资源收集保存的重要基地，植物园承担物种资源保护的任务越来越艰巨，发挥的作用越来越重要。加强植物园建设与发展，充分发挥其应有作用，是新形势下加强野生植物保护工作的战略举措，有利于推动我国野生植物保护事业的进一步发展。

（二）加强植物园植物物种资源迁地保护是保存种质资源、促进可持续发展的需要

野生植物蕴藏着丰富的遗传资源，是经济社会可持续发展的重要战略资源。保存植物种质资源、开展科学研究和可持续利用是植物园建设与发展的重要使命。多年来，我国植物园研究开发的植物资源对发展新兴产业、形成新的经济增长点、推动国民经济可持续发展作出了重要贡献。加强植物园建设与发展，保护种质资源，开展可持续利用研究，对促进经济社会可持续发展具有不可替代的重要作用。

（三）加强植物园植物物种资源迁地保护是建设生态文明的重要任务

植物园以其多样的自然生态环境、丰富的植物多样性和深刻的科学内涵成为生态文化的重要载体，为营造生态文明的良好氛围发挥着重要作用。加强植物园植物物种资源迁地保护，对于展示野生植物保护成果、建设生态文明、满足国民日益增长的精神文化需求、提高人民的生活质量具有十分重要的意义。

二、加强植物园植物物种资源迁地保护工作的指导思想和基本原则

（四）指导思想

以邓小平理论和"三个代表"重要思想为指导，深入贯彻落实科学发展观，按照建设生态文明、推动科学发展的总体要求，解放思想，深化改革，创新机制，坚持政府主导、部门合作、社会参与、规范建设、科学管理、共同保护、持续发展的思路，大力加强植物园建设与发展。以国家珍稀濒危野生植物保护为重点，全面提高植物物种资源迁地保护的能力，充分发挥植物园的综合功能，为社会进步、经济发展和生态文明建设服务。

（五）基本原则

一是突出重点。以珍稀濒危野生植物保护为重点，突出抓好国家重点保护的野生植物种质资源收集、保存、繁育和引种回归。二是分类指导。国家林业局、住房城乡建设、中国科学院等部门对不同系统植物园的建设与发展按职能实行分类指导，并加强相互间的联系和协调。三是统一标准。通过部门间的协同研究，制定植物园植物保护管理技术标准和评估办法，使植物园植物保

护管理工作规范化和标准化。四是合理布局。根据植物资源保护情况和植物园建设现状，结合植物保护及植物园发展需要，按照区域定位合理、物种特色突出等要求，科学合理地规划植物园建设与发展。五是保护优先。根据植物保护的重点和要求，在植物园建设内容上，要优先支持和重点改善与植物种质资源收集、保存、引种回归等有关的设施和条件。六是科技创新。植物迁地保护及其科研活动属科技前沿工作，应不断创新迁地保护的理论和技术，推动植物园建设管理的科技进步。七是功能兼顾。要重视发挥植物园在科学研究、科普教育、生态游憩等方面的社会服务功能，惠益公众，服务社会。

三、加强植物园植物物种资源迁地保护工作的主要任务

（六）统筹规划植物园建设与发展

我国植物园建设与发展在总体上已达到一定规模，初步形成了迁地保护网络的格局。但在植物园的分布和建设内容上，还存在重要区域和重要植物种类的保护空缺，要在分析现有植物园建设与发展现状基础上，统筹规划植物园建设与发展，使植物园发展走"规模扩展"和"内涵发展"并重的路子，进一步覆盖不同的地理条件和气候环境，尽可能多地保存我国植物区系成分和植物种类。

（七）强化植物园在迁地保护中的重要作用

开展植物迁地保护和种质资源保存是植物园建设与发展的出发点和落脚点。要围绕植物物种资源迁地保护这个重点和主线，做好植物园规划和建设管理工作。要将区域内珍稀濒危野生植物的迁地保护，作为植物园建设与发展的优先内容。要突出抓好能力建设，合理配置植物种类，根据其生物学特性，以及生态环境和植被类型相似性的原则，选择和创建适宜物种异地保存和繁育的生境条件，并科学构建珍稀濒危植物的迁地保护群落，使物种的遗传多样性和完整性得到有效保护。要加强迁地保护种群的档案建设与管理，对迁地保护的物种要建立监测管理信息系统，详细记录种群来源和迁地后的保护情况。要不断加强科学研究，根据科研需求，抓好基础设施建设和能力建设，在专业技术人员配备上给予倾斜，并认真总结和推广科研成果，充分体现植物园物种迁地保护作用和功能的发挥。

（八）创新植物园管理机制

在继续推动林业、住房城乡建设、中科院等部门所属植物园学术交流的基础上，发挥各植物园学会、协会的桥梁作用及政府参谋作用。实现植物园间物种资源和信息共享，促进管理、科普和文化传播等方面的交流，彰显和发挥植物园体系的综合作用。由国家林业局、住房城乡建设部和中科院共同设立植物园协调管理机制（植物园联盟），定期召开工作会议，加强对植物园建设与发展和植物物种资源迁地保护的协商沟通和指导，并主动加强与农业、医药等部门以及地方政府的交流与合作，逐步建立联合推动植物园建设与发展的有效机制，汇集多方力量，发挥各自优势，共同谋划植物园建设与发展理念和管理模式，合力推进植物园建设与发展和植物物种资源迁地保护工作。通过建立部门之间、部门和植物园之间、植物园之间的沟通交流机制，逐步形成工作有联系、合作有渠道、发展有目标、推动有措施、政策有保障、管理有制度的系统性工作格局。

（九）研究探讨植物园分级分类建设管理模式

林业、住房城乡建设、中科院等部门需根据我国植物园管理现状及保护发展需要，共同研究探讨国家植物园和地方植物园分级分类建设管理模式，特别是要参照国际相关建设标准及管理规

定，制定既适合中国国情又具科学性、前瞻性、可行性的国家植物园建设评审和认证标准，并按照统一的标准来评估、建立植物园分级分类建设与管理体系构架，研究制定相应的管理模式和管理办法，切实推动我国植物园体系建设健康持续发展。

（十）加强植物园植物物种迁地保护国际交流与合作

植物园是我国向国际社会展示植物物种保护成果的重要窗口和平台。我国目前与世界70多个国家和地区的600多个植物园建立了合作关系，要加强国家之间植物园迁地保护的交流与合作，进一步推进与国际植物园保护协会（BGCI）、国际植物园协会（IABG）、受威胁植物委员会（IUCN-/TPC）、国际植物遗传资源委员会（IBPGR）等机构的交流与合作，及时了解植物迁地保护的相关信息与技术，促进我国植物园建设管理水平全面提升。

（十一）加强植物园迁地保护的科普教育，提高全社会对植物园迁地保护的认知和参与

进一步强化植物园的科普功能，立足于植物园所收集、栽培的植物，区分不同对象采取有针对性、有特色的形式和方法，向公众宣传植物园迁地保护的科学知识，增强全社会保护野生植物的意识和行动。

四、加强植物园植物物种资源迁地保护工作的组织领导和资金投入

（十二）强化对植物园植物物种资源迁地保护工作的领导和指导

国家林业局、住房城乡建设部和中国科学院将按照各自的职责，进一步加强植物园的组织建设、队伍建设和制度建设，切实加强植物园植物物种资源迁地保护工作的领导和指导。要准确把握迁地保护工作的特点、重点和趋势，对生长受到威胁的国家重点保护野生植物和列入国家拯救保护的极小种群野生植物，优先和重点采取拯救措施，制订专项拯救方案或规划，通过采取种苗繁殖、生境营造、种群管理以及种质资源保存等措施，强化对野生植物的拯救保护、回归引种及野生种群重建，并督促和检查相关措施的落实。

（十三）加强对植物园植物物种资源迁地保护的资金投入

植物物种资源的迁地保护事关国家战略资源的收集和保存，属国家公益事业，所需资金应以政府投入为主。各级林业、住建及中科院等部门和系统，应将植物物种资源迁地保护列入部门或系统规划，加大对植物园建设与发展和植物物种资源迁地保护的投入。应高度重视，争取将植物园建设与发展纳入当地经济社会发展规划，保障植物园规划、建设、保护、管理和发展所需资金的投入，确保植物物种资源迁地保护工作的正常开展。同时，应充分调动社会各方面积极性，在国家政策指导下，鼓励社会团体、企业、个人采取多种形式参与植物园建设与发展和植物物种资源的保护，为促进我国野生植物保护事业持续健康发展作出积极的贡献。

国家林业局　住房城乡建设部　中国科学院
2012年10月13日

来源：http://www.forestry.gov.cn/main/4818/content-796545.html

十四、国家旅游局

1. 国家旅游局关于实施"旅游+互联网"行动计划的通知

国家旅游局关于实施"旅游+互联网"行动计划的通知

各省、自治区、直辖市旅游委(局),新疆生产建设兵团旅游局:

旅游业是国民经济的综合性产业,是拉动经济增长的重要动力。以互联网为代表的全球新一轮科技革命正在深刻改变着世界经济发展和人们的生产生活,为全球旅游业发展带来了全新变革,旅游与互联网的深度融合发展已经成为不可阻挡的时代潮流。为认真贯彻落实《国务院办公厅关于进一步促进旅游投资和消费的若干意见》(国办发〔2015〕62号)和《国务院关于积极推进"互联网+"行动的指导意见》(国发〔2015〕40号),充分发挥旅游业的综合优势和带动作用,积极运用互联网推动旅游业产品业态创新、发展模式变革、服务效能提高,提升实体经济创新力和生产力,促进旅游业转型升级、提质增效,为稳增长、促改革、调结构、惠民生发挥重要作用,现就实施"旅游+互联网"行动计划通知如下:

一、行动要求

(一)基本思路

准确把握我国旅游业的发展规律和发展趋势,充分发挥我国互联网的规模优势和应用优势,推动旅游与互联网融合发展的广度和深度,提高旅游创新能力和创新优势,挖掘旅游发展潜力和活力,培育新业态,发展新模式,构筑新动能,加速提升我国旅游业发展水平。

坚持市场导向。遵循市场规律,尊重市场主体,突出企业的主体作用,发挥市场在资源配置中的决定作用,完善市场机制,激发市场活力,积极引导市场需求发展。

坚持开放共享。以开明的态度、开放的精神,将旅游作为互联网深入融合的重要领域,将互联网作为旅游创新发展的重要动力,积极营造旅游与互联网相互开放、相互包容、融合发展的良好环境,最大限度优化资源配置,加快形成以开放共享为特征的"旅游+互联网"运行模式。

坚持引领变革。发挥互联网对旅游产业创新升级的平台作用,以旅游与互联网融合创新为突破口,推动大众创业、万众创新,引导要素资源向旅游实体经济集聚,推动旅游生产方式和发展模式变革。

坚持安全有序。完善旅游与互联网融合发展的标准规范和规章制度,增强安全意识,强化安全管理,防范安全风险,保障网络安全。建立科学有效的旅游与互联网融合发展的市场监管方式，促进旅游市场公平竞争、有序发展。

（二）发展目标

到2018年，我国旅游业各个领域与互联网深度融合发展；互联网成为我国旅游产品创新和业态创新的重要动力，成为我国旅游公共服务和行业监管的重要平台；在线旅游投资占全国旅游直接投资的10%，在线旅游消费支出占国民旅游消费支出的15%。

到2020年，旅游业各领域与互联网达到全面融合，互联网成为我国旅游业创新发展的主要动力和重要支撑，网络化、智能化、协同化国家智慧旅游公平服务平台基本形成；在线旅游投资占全国旅游直接投资的15%，在线旅游消费支出占国民旅游消费支出的20%。

二、重点行动

（一）推进旅游区域互联网基础设施建设

加快推进机场、车站、码头、宾馆饭店、景区景点、旅游购物店、主要乡村旅游点等旅游区域及重点旅游线路的无线网络、3G/4G等基础设施的覆盖，保障"旅游+互联网"基础条件。到2020年，实现3A级以上旅游景区和3星级以上宾馆无线网络全覆盖。

（二）推动旅游相关信息互动终端建设

在机场、车站、码头、宾馆饭店、景区景点、旅游购物店、游客集散中心等主要旅游场所提供PC、平板、触控屏幕、SOS电话等旅游信息互动终端，使旅游者更方便的接入和使用互联网信息服务和在线互动。

（三）推动旅游物联网设施建设

到2020年，全国所有旅游大巴、旅游船和4A级以上旅游景区的游客集中区域、环境敏感区域、旅游危险设施和地带，实现视频监控、人流监控、位置监控、环境监测等设施的合理布设，将旅游服务、客流疏导、安全监管纳入互联网范畴。

（四）支持在线旅游创业创新

鼓励各类创新主体充分利用互联网，开展以旅游需求为导向的在线旅游创业创新。支持旅游创新平台、创客空间、创新基地等旅游新型众创空间发展。鼓励有条件的地区建立"旅游+互联网"创业园区，给予资金和政策支持，国家旅游局每年认定一批国家级"旅游+互联网"创客基地，推出一批国家级"旅游+互联网"创客示范项目。

（五）大力发展在线旅游新业态

支持企业利用互联网平台，整合私家车、闲置房产等社会资源，规范发展在线旅游租车和在线度假租赁等新业态。创新发展在线旅游购物和餐饮服务平台，积极推广"线上下单、线下购物"的在线旅游购物模式和手机餐厅服务模式。积极推动在线旅游平台企业的发展壮大，整合上下游及平行企业资源、要素和技术，推动"旅游+互联网"的跨界融合。

（六）推动"旅游+互联网"投融资创新

大力推广众筹、PPP等投融资模式，引导社会资本介入"旅游+互联网"领域，加快"旅游+互联网"创新发展。鼓励旅游企业和互联网企业通过战略投资等市场化方式融合发展，构建线上与线下相结合、品牌和投资相结合的发展模式。

（七）开展智慧旅游景区建设

加快制定出台国家智慧旅游景区标准。到2018年，推动全国所有5A级景区建设成为智慧旅游景区。到 2020 年，推动全国所有 4A 级景区实现免费 WIFI、智能导游、电子讲解、在线预订、信息推送等功能全覆盖。

（八）推动智慧旅游乡村建设

运用互联网和移动互联网，全面提升乡村旅游的管理、服务、营销水平。积极支持社会资本和企业发展乡村旅游电子商务平台，推动更多优质农副土特产品实现电子商务平台交易，带动农民增收和脱贫致富。支持有条件的地方通过乡村旅游 APP、微信等网络新媒体手段宣传推广乡村旅游特色产品。支持有条件的贫困村发展成为智慧旅游示范村。鼓励各地建设集旅游咨询、展示、预订、交易于一体的智慧旅游乡村服务平台。

（九）完善智慧旅游公共服务体系

加大旅游公共信息的互联网采集和运用，推动旅游公共信息数据向社会开放。建设好国家智慧旅游公共服务平台，完善统一受理、分级处理的旅游投诉处置机制，健全旅游公共产品和设施、旅游投诉和旅游救援等公共信息网络查询服务。运用互联网，建立旅游诚信信息交流平台，加强对旅游企业信用的监管。运用互联网开展文明旅游引导，定期发布游客不文明旅游行为记录。积极运用互联网开展旅游应急救援。

（十）创新旅游网络营销模式

积极发展旅游电子商务平台，鼓励各地利用互联网开展旅游营销信息发布、旅游产品在线预订和交易支付。支持旅游目的地利用旅游大数据挖掘分析手段，建立广播、电视、报纸、多媒体等传统渠道和移动互联网、微博、微信等新媒体渠道相结合的旅游目的地营销体系。支持旅游企业与 OTA 平台合作，利用平台优势，扩大企业产品销售规模。鼓励旅游企业加强与门户网站、搜索引擎、UGC 旅游网站等的合作，进行产品和服务营销。鼓励旅游企业通过微博、微信等网络新媒体方式，培育黏性客户，提升企业精准营销能力，激发市场消费需求。

三、保障措施

（一）构建开放包容的"旅游+互联网"环境

率先实行旅游行业互联网准入零负面清单制度，允许各类互联网主体依法平等进入旅游行业。鼓励各类互联网资本和市场主体平等开展市场竞争，依法开展参股并购，支持培育互联网旅游龙头企业发展。落实国家放宽在线度假租赁、旅游网络购物、在线旅游租车平台等新业态的准入许可和经营许可制度。贯彻国家大数据战略，积极推进政府旅游公共信息资源开放共享。

（二）提升"旅游+互联网"创新能力

鼓励构建以企业为主导、产学研用合作的"旅游+互联网"产业技术创新联盟，支持中国"互联网+旅游目的地"联盟建设。加快制定和实施国家智慧旅游城市、智慧旅游景区、智慧旅游企业、智慧旅游乡村标准。加大对互联网旅游新产品、新业态、新模式等创新成果的知识产权保护力度，严厉打击侵权假冒行为。

（三）开展"旅游+互联网"创新成果试点示范和推广运用

稳步推进中国"旅游+互联网"创新示范城市试点建设，鼓励支持国家旅游综合改革示范城市开展"旅游+互联网"先行先试，鼓励"旅游+互联网"创新成果推广和学术交流，办好每年一届的"旅游+互联网"大会。

（四）支持引导"旅游+互联网"发展政策创新

积极争取将旅游列入国家"互联网+"重大工程包，争取相应资金政策支持。鼓励有条件的地区积极开展"旅游+互联网"创新政策试点,破除影响互联网旅游市场准入、数据开放、行业政策障碍,研究适应互联网旅游新兴业态发展的税收、保险政策。鼓励各级旅游部门加大对云计算服务的政府采购力度。支持有条件的旅游企业打造在线旅游第三方支付平台,拓宽移动支付在旅游业的应用。推进旅游与互联网金融合作,发行实名制国民旅游卡,落实相关优惠政策。

(五) 支持互联网旅游企业拓展海外合作

充分发挥我国旅游市场优势和互联网比较优势,结合"一带一路"等国家重大战略,鼓励支持国内互联网旅游企业通过海外并购、联合经营、设立分支机构等方式,率先走出去开拓国际市场,培育一批具有全球影响力的中国互联网旅游企业,在海外提供旅游产品和服务。发挥驻外旅游办事处作用,支持旅游行业协会、产业联盟与互联网旅游企业共同在海外推广互联网旅游中国品牌和中国服务,构建跨境旅游产业链体系,增强中国旅游全球竞争力。

国家旅游局
2015 年 9 月 18 日

来源:http://www.cnta.gov.cn/xxfb/jdxwnew2/201509/t20150922_747641.shtml

2. 关于实施乡村旅游富民工程推进旅游扶贫工作的通知

关于实施乡村旅游富民工程推进旅游扶贫工作的通知
发改社会〔2014〕2344 号

有关省、自治区、直辖市发展改革委、环保厅(局)、住房城乡建设厅(建委)、农业厅(局)、林业厅(局)、旅游局(委)、扶贫办:

为贯彻落实《中国农村扶贫开发纲要(2011—2020 年)》和《关于创新机制扎实推进农村扶贫开发工作的意见》(中办发〔2013〕25 号),国家发展改革委、国家旅游局、环境保护部、住房城乡建设部、农业部、国家林业局、国务院扶贫办决定实施乡村旅游富民工程,扎实推进旅游扶贫工作。现就有关事项通知如下。

一、总体要求

(一) 指导思想

按照全面建成小康社会的总体要求,深入贯彻落实习近平总书记等中央领导同志关于扶贫开发工作的一系列重要指示,以增强贫困地区发展的内生动力为根本,以环境改善为基础,以景点景区为依托,以发展乡村旅游为重点,以增加农民就业、提高收入为目标,创新工作体制机制,集中力量解决贫困村乡村旅游发展面临的突出困难,支持重点景区和乡村旅游发展,带动贫困地区群众加快脱贫致富步伐。

(二) 基本原则

中央统筹、地方负责。按照中央统筹、省(自治区、直辖市)负总责、县(市、区、旗)抓落实的管理体制,中央各相关部门负责制定乡村旅游扶贫总体方案,明确工作部署。各省

(自治区、直辖市）统筹负责本区域内重点乡村旅游扶贫工作，整合省内资源予以支持。各县（市、区、旗）政府要组织实施好扶贫项目，确保政策措施落到实处，扶贫资金用到刀刃上。

部门协作、合力推进。各相关部门要根据总体方案要求，结合各自职能，在制定政策、编制规划、分配资金、安排项目时向重点贫困村倾斜，形成乡村旅游扶贫开发合力。

因地制宜、突出重点。从全国扶贫开发重点县和集中连片特困地区贫困县中选择具备一定条件的行政村，作为美丽乡村旅游扶贫重点村，精准施力，因地制宜，确保扶贫取得实效。

（三）主要目标

到2015年，扶持约2 000个贫困村开展乡村旅游，到2020年，扶持约6 000个贫困村开展乡村旅游，带动农村劳动力就业。力争每个重点村乡村旅游年经营收入达到100万元。每年通过乡村旅游，直接拉动10万贫困人口脱贫致富，间接拉动50万贫困人口脱贫致富。

二、重点任务

（一）加强基础设施建设，改善重点村旅游接待条件

各地要加大对重点村乡村旅游基础设施建设的投入，切实改善重点村道路、步行道、停车场、厕所、供水供电、应急救援、游客信息等服务设施。各有关部门在安排交通基础设施建设、农村危房改造、农村环境综合整治、生态搬迁、游牧民定居、特色景观旅游村镇和传统村落及民居保护等项目建设时，要向重点村倾斜，加大政策、资金扶持力度，增强乡村旅游发展能力。

（二）大力发展乡村旅游，提高规范管理水平

各地要紧紧依托当地区位和资源优势，挖掘文化内涵，发挥生态优势，开发形式多样、特色鲜明的乡村旅游产品。鼓励有条件的重点村建成有历史记忆、地域特色、民族特点的特色景观旅游名镇名村，大力发展休闲度假、养生养老和研学旅行。要特别重视生态环境和古建筑、古民居等特色资源保护，加强规划引导，规范乡村旅游开发建设，保持传统乡村风貌，传承优秀民俗文化，着力提升乡村旅游组织化、产业化、规范化发展水平。加强乡村旅游服务体系建设，着力加强重点村商贸物流体系，着力优化刷卡消费环境，着力提升重点村网络通信水平，鼓励开发和销售特色农产品和特色手工艺品。鼓励各地成立乡村旅游经营者协会或联盟，强化行业自律和自我管理。各地旅游部门要制定相关卫生、安全标准和服务规范，开展专项检查，提高贫困村乡村旅游的管理水平和服务质量。

（三）发挥精品景区辐射作用，带动重点村脱贫致富

各地要全面系统梳理贫困县特别是集中连片特困地区的旅游资源，综合考虑资源品质、区域交通情况、邻近地区贫困人口规模，规划建设一批知名度高的精品景区。要加大基础设施投入，加强资源和产品整合，逐步形成旅游线（区）整体开发态势。要强化当地居民参与，通过多种方式吸引居民参与旅游业发展，更好发挥辐射作用，带动重点村农民就业致富，实现经济效益、社会效益和生态效益相统一。

（四）加强重点村旅游宣传推广，提高旅游市场竞争力

各地要制定实施重点村旅游市场宣传推广方案，加大财政投入，通过微信、微博、微电影、旅游节庆和媒体专栏专题等多种方式，提升重点村乡村旅游的市场影响力。鼓励有条件的地区积极发展智慧乡村游，提高乡村旅游在线营销能力。各地旅游部门在邀请国内旅游媒体和旅行商赴当地开展采风时，要将重点村的推介纳入其中。

（五）加强人才培训，为重点村旅游发展提供智力支持

各地要加大对贫困地区的市县分管领导和旅游部门主要领导的培训力度，积极支持有关部门和协会加强对乡村旅游企业和乡村旅游经营户开展有针对性的培训，提升经营管理人员和服务人员的综合素质。开展旅游规划扶贫公益行动，鼓励旅游规划单位提供公益性旅游开发咨询服务，倡导旅游规划单位与重点村结对帮扶。鼓励专业志愿者、艺术和科技工作者驻村帮扶，参与乡村风貌设计、乡村规划和建筑设计等工作。

三、组织实施

（一）明确任务分工

发展改革部门牵头落实本省（区、市）乡村旅游扶贫工作，指导协调重点村交通体系发展，支持重点村和周边重点景区基础设施建设。旅游部门负责重点村的旅游规划引导、公共服务设施建设、宣传推广、人才培训、市场监管以及跟踪统计工作。环保部门指导重点村农村环境综合整治工作。住房城乡建设部门负责重点村的规划设计工作，协调利用农村危房改造、特色景观旅游村镇和传统村落及民居保护等项目资金支持重点村建设。农业部门负责协调重点村的特色农产品开发和指导休闲农业发展及观光体验、教育展示、文化传承等设施建设。林业部门要结合职能，发挥资源管理优势，指导周边景区生态保护与开发，打造精品景区。扶贫办负责协调利用专项扶贫资金和扶贫小额信贷，支持重点村建档立卡贫困户参与乡村旅游项目。

（二）整合聚焦重点

各相关部门要结合职能，将重点村的有关项目建设作为工作重点纳入各自工作体系，予以重点支持，其中建档立卡贫困村优先支持。除国家支持外，各地也要出台具体的政策措施，整合资金，集中力量，支持重点村乡村旅游发展。同时，要广泛吸引社会力量参与重点村的建设，鼓励企业、院校、协会和社会组织在重点村建设中发挥积极作用。

（三）加强组织协调

各地应成立由发展改革部门牵头，有关部门共同参加的乡村旅游扶贫工作协调机制，整合力量，共同推进有关工作落实。要布置有关县编制本地区重点村乡村旅游扶贫实施方案，明确发展方向和需要解决的突出问题以及具体措施。当前要集中精力抓好第一批重点村的建设工作。要把乡村旅游扶贫工作纳入各级党委政府的议事日程，纳入工作考核体系，做到有目标、有计划、有措施、有检查、有奖惩。要跟踪分析重点村发展，及时总结经验成绩，发现问题，并于每年10月前将有关进展情况报送国家发展改革委、国家旅游局、环境保护部、住房城乡建设部、农业部、国家林业局和国务院扶贫办。根据扶贫工作整体进展和实际情况，如需对重点村名单进行调整，各地也可提出申请报上述部门审定。

特此通知。

国家发展和改革委员会　国家旅游局　环境保护部
住房和城乡建设部　农业部　国家林业局　国务院扶贫办
2014年11月3日

来源：http://www.cnta.gov.cn/zwgk/tzggnew/gztz/201506/t20150625_429610.shtml

3. 农业部 国家旅游局关于认定全国休闲农业与乡村旅游示范县、示范点的通知

农业部 国家旅游局关于认定全国休闲农业与乡村旅游示范县、示范点的通知

农企发〔2013〕6号

各省、自治区、直辖市及计划单列市农业厅（委、办、局）、乡镇企业局、旅游局，新疆生产建设兵团农业局、旅游局：

根据《农业部 国家旅游局关于继续开展全国休闲农业与乡村旅游示范县和示范点创建活动的通知》（农企发〔2013〕1号）要求，2013年，农业部和国家旅游局继续开展了全国休闲农业与乡村旅游示范县、示范点创建活动。通过基层单位申报、地方主管部门审核、专家评审和网上公示，决定认定北京市延庆县等38个县（市、区）为全国休闲农业与乡村旅游示范县（以下简称示范县），北京市怀柔区白河湾沟域经济产业带等83家单位为全国休闲农业与乡村旅游示范点（以下简称示范点），现予以公布。

发展休闲农业和乡村旅游，对于转变农业发展方式，拓展农业功能，促进农民就业增收，推进新农村建设，统筹城乡发展，满足居民日益增长的休闲消费需求具有重要意义。开展示范县和示范点创建活动，是促进全国休闲农业与乡村旅游发展的重要举措。获得认定的示范县、示范点要以此为契机，进一步加强规范化建设，强化示范作用，带动全国休闲农业与乡村旅游又好又快发展。

各地休闲农业与旅游行政管理部门要加强对示范县、示范点的业务指导和服务，加大宣传推介，做好监督检查，推动示范县、示范点相关产业不断发展壮大，促进休闲农业与乡村旅游持续快速健康发展。

附件：1. 全国休闲农业与乡村旅游示范县名单
   2. 全国休闲农业与乡村旅游示范点名单

农业部　国家旅游局
2013年12月9日

来源：http://www.cnta.gov.cn/zwgk/tzggnew/gztz/201506/t20150625_429469.shtml

附件1：全国休闲农业与乡村旅游示范县名单

北京市延庆县
河北省滦平县
山西省榆次区
内蒙古自治区乌审旗
辽宁省辽中县
吉林省抚松县、丰满区
黑龙江省虎林县

上海市奉贤区
江苏省盱眙县、兴化市
浙江省绍兴市上虞区、江山市
安徽省颍上县
福建省长泰县、顺昌县
江西省靖安县、石城县
山东省沂南县、岱岳区
河南省确山县
湖北省谷城县
湖南省桂阳县
广东省新兴县
广西壮族自治区灵川县
重庆市黔江区
四川省苍溪县、平昌县
贵州省雷山县、兴义市
云南省玉龙县、弥勒市
陕西省平利县
甘肃省永靖县
青海省湟中县
宁夏回族自治区吴忠市利通区
新疆维吾尔自治区博湖县
新疆生产建设兵团五家渠市

附件2：全国休闲农业与乡村旅游示范点名单

北京市
怀柔区白河湾沟域经济产业带
门头沟区妙峰山镇涧沟村
天津市
蓟县下营镇郭家沟村
武清区梅厂镇现代农业示范园
静海县绿源生态园
河北省
廊坊市绿野仙庄
张家口市张北佳圣现代农业科技园
承德尚亚葡萄产业示范园
山西省
曲沃县磨盘岭农业观光园
晋城市现代都市农业示范园
内蒙古自治区
包头市圣鹿源旅游示范点
鄂尔多斯市水镜湖休闲度假区
辽宁省
清原县百合谷庄园
丹东东港市北井子镇獐岛村

吉林省
通化东来人参产业及乡村旅游观光园
东辽县万平生态农业观光园
黑龙江省
哈尔滨市南岗区红旗农场都市农业园
哈尔滨市阿城区金龙山度假山庄
上海市
上海市闵行区陶家湾休闲农庄
上海市金山区金山嘴渔村
江苏省
宜兴市篱笆园农家乐
南京市浦口区雨发生态园
大丰市大中镇恒北村
浙江省
建德市红群高科技草莓园
湖州市德清县浩雄生态园
金华市金东区锦林佛手生态农业观光园
安徽省
霍邱县田园度假村
宁国市千秋畲族休闲园区
南陵县丫山花海观光园
福建省
福清市天生农庄
三明市三元区月亮湾山庄
江西省
莲花县琴亭镇莲花村
进贤县前坊镇西湖李家村
吉安县横江镇公塘古村葡萄观光园
山东省
滨州市芳绿食用菌高效生态休闲农业点
乐陵市千年枣林公园
枣庄市山亭区汉诺庄园—翼云石头部落
河南省
巩义市汇鑫芳香世界
固始县九华山茶叶生态农业观光园
濮阳县绿园果品种植农场
湖北省
保康县马桥镇尧治河村
咸丰县黄金洞乡麻柳溪羌寨
武汉市蔡甸区金龙水寨十里荷花长廊景区
湖南省
郴州市小埠生态农业产业园
宁乡县金太阳现代休闲农庄
岳阳市君山区乡村之恋休闲农庄

广东省
东莞市东坑农业园
博罗县罗浮山风景区澜石村
广西壮族自治区
武宣县东乡镇河马村下莲屯
南丹县湖瑶族乡王尚屯
东兴市东兴镇竹山村
重庆市
北碚花漾栖谷休闲农业体验园
秀山县花灯寨
渝北玉峰山百果红风情生态沟
四川省
资阳市雁江区明苑湖休闲农庄
武胜县白坪飞龙休闲农业与乡村旅游产业园
泸县龙桥文化生态园
贵州省
金沙县台金休闲观光农业科技园
铜仁市云林仙境桃花谷休闲农业观光园
安顺市西秀区西秀双堡休闲农业观光园
云南省
峨山县高香万亩生态茶园
腾冲县固东镇江东村
宾川县爽馨石榴农业生态旅游休闲园
西藏自治区
林芝县鲁朗镇扎西岗村
工布江达县工布江达镇阿沛村
陕西省
华阴县农垦英考现代农业观光园
省眉县西部兰花生态园
富平县陶艺村
甘肃省
白银市白银区四龙镇民乐村
秦安县南苑高新农业科技示范区
西峰区小崆峒庆阳农耕民俗文化村
青海省
湟源县树莓种植休闲农业观光示范点
民和县休闲观光旅游农业示范园
宁夏回族自治区
贺兰县宁夏西昱普罗旺斯薰衣草庄园
石嘴山市惠农区金岸红柳湾生态园
新疆维吾尔自治区
乌鲁木齐市天山丽都休闲农业观光园
霍城县解忧公主薰衣草休闲观光园
大连市

金州新区向应生态休闲农业旅游区
青岛市
青岛宫家巨峰葡萄生态观光园
厦门市
厦门集志农庄
宁波市
宁波市北仑现代农业园区
深圳市
深圳市南山区西丽果场
新疆生产建设兵团
十二师头屯河农场花田林海休闲农业观光区

十五、国家粮食局

1. 关于进一步强化"四个共同"机制切实做好国家政策性粮食收储和监管工作的通知

关于进一步强化"四个共同"机制切实做好国家政策性粮食收储和监管工作的通知

各省、自治区、直辖市发展改革委、粮食局、财政厅（局）、物价局、农业发展银行分行，中储粮有关分公司：

为认真落实国务院关于做好国家政策性粮食收储工作的有关批复精神，强化最低收购价和国家临时存储粮食（以下统称"国家政策性粮食"）收储工作的"四个共同"机制，严格落实收储企业执行政策的主体责任，强化粮食行政管理部门和农业发展银行的监管责任，现就有关事项通知如下：

一、明确各环节职责分工

中储粮各有关分公司、省级粮食行政管理部门、农业发展银行省级分行要依据各自职责和分工，共同合理确定收储库点（含委托收储库点和租赁社会库点，下同），共同组织好国家政策性粮食收购入库，共同对收购的国家政策性粮食的数量、质量、库存管理及销售出库等负责，共同落实好国家政策性粮食收储政策。

（一）定点环节

按照小麦和稻谷最低收购价执行预案和玉米临时收储政策的有关规定确定国家政策性粮食的收储库点。中储粮直属企业会同县级粮食行政管理部门和农发行分支机构提出委托收储库点建议名单，并逐级上报。中储粮有关分公司及其直属企业负责审核委托收储库点和租赁库点的仓储设施是否符合条件，清杂、检验、烘干设备、安全设施（保障）、收购信息系统等是否齐全；地方粮食行政管理部门负责审核库点的收购资格、工商注册、仓储单位备案、统计制度和质量制度执行、销售出库管理暂行办法执行、安全生产制度是否健全、是否在收储及销售出库等方面存在违规行为等；农发行分支机构负责审核委托收储库点是否在农发行开户、核实企业提供的人民银行征信系统《企业信用报告》真实性（主要包括：企业近三年有无不良记录、企业在农发行的资产抵押情况、企业对外担保情况）。中储粮有关分公司、省级粮食行政管理部门和农业发展银行省级分行共同组织对收储库点进行空仓验收和资质审核，留取影像资料，对启动前库存粮食进行登记封存，锁定已验收的空仓仓号；在收购启动前要通过电视、报纸、网络等媒体向社会公布已确定的收储库点名单。

（二）启动环节

收购开始前，中储粮直属企业会同地方粮食行政管理部门、农发行分支机构张贴规范统一的政策信息公告，公布受理举报方式，并将有关情况上报中储粮有关分公司、省级粮食行政管理部门和农业发展银行省级分行。当市场粮价低于国家公布的最低收购价格时，中储粮有关分公司会同省级粮食行政管理部门和农业发展银行省级分行及时提出启动最低收购价预案执行时间的建议；当市场粮价回升到最低收购价之上时，及时通知各委托收储企业及其库点停止最低收购价收购。国家临时存储粮食按照国家规定的收购时间启动收购。

（三）收购环节

中储粮和中粮、中纺、中航有关分公司及其直属企业负责具体组织收储库点按照政策规定开展收购活动，制定相关制度和措施，加强对收购业务的全过程管理和业务指导，监督和管理各收储库点根据收购情况和粮食入库进度合规使用收购资金，并将收购资金及时结算给直接售粮人，不得将收购资金挪作他用，不得给售粮农民"打白条"。国家政策性粮食收购承贷企业要根据收购情况和粮食入库进度及时将收购资金预拨给委托收储库点或直接拨付给售粮人，保证收购资金兑付。农发行分支机构负责及时向承贷企业提供收购资金，对收购资金的拨付使用情况进行信贷监管，确保库贷挂钩。地方价格主管部门对收储库点执行收购价格政策情况进行监督检查。地方粮食行政管理部门要积极做好收购的组织协调和监管服务工作，强化对收储库点遵守"五要五不准"收购守则、执行粮食质价政策和粮食统计制度、兑付售粮款等情况的监督检查，组织有关部门检查国家粮食收储政策执行和储粮安全等情况，及时受理群众举报，查处违规行为。

在收购过程中，如出现收储矛盾突出、不能满足农民售粮要求等情况，由地方粮食行政管理部门会同农发行分支机构和中储粮直属企业共同研究提出建议，报送省级粮食行政管理部门、农发行省级分行和中储粮分公司商定解决办法，确保不出现"卖粮难"。

（四）验收环节

国家政策性粮食验收工作由中储粮有关分公司会同省级粮食行政管理部门和农业发展银行省级分行共同组织。收储库点收购入库的粮食，数量由中储粮直属企业会同地方粮食行政管理部门、农发行分支机构共同验收；质量由中储粮有关分公司会同省级粮食行政管理部门和农业发展银行省级分行共同指定符合资质条件的质检机构（包括中储粮分公司质监中心、粮食部门所属质检机构）验收。质检机构出据正式的验收报告，并对验收结果负责。验收报告一式四份，由验收单位和被验收企业（库点）分别留存，须保存至粮食拍卖销售出库。严格验收程序和质量检验，严禁委托被检企业及其收储库点扦样、送样。建立"谁验收、谁扦样、谁负责"的责任追究制。建立验收争议解决机制，及时解决验收争议。

（五）储存和出库环节

严格落实粮食收储企业储粮安全的主体责任。中储粮及其他中央粮食企业要加强对其直属企业及收储库点内部监管，全面落实国家政策性粮食管理到货位的要求，采取有效措施全力确保国家政策性粮食安全储存。实行驻库监管员制度，中储粮直属企业要向每个收储库点（不含三家辅助央企）派驻监管员，张榜公布，备案管理，切实将收储库点的管理责任落到实处，确保国家政策性粮食数量真实、质量良好、储存安全。收储库点所在地粮食行政管理部门、农发行分支机构也要将监管责任落实到人。

委托收储企业及其库点要严格按照《国家政策性粮食出库管理暂行办法》的有关规定，确保国家政策性粮食按要求正常出库。如出现"出库难"问题，属于中储粮直属企业及其租赁库点的，由中储粮有关分公司负责协调处理，有关情况应及时向省级粮食行政管理部门和农业发展银行省级分行通报；不属于中储粮直属企业及其租赁库点的，由地方粮食行政管理部门会同中储粮直属企业、农发行分支机构负责协调处理。对委托收储库点拖延阻挠出库、提高并额外收取出库费、提供质价不符信息等违规行为，由地方粮食、价格等行政管理部门依法给予行政处罚。

二、严肃查处各类违法违规行为

地方粮食行政管理部门、价格主管部门依照《粮食流通管理条例》《价格法》等法律法规，以及最低收购价政策和国家临时收储政策等有关规定承担起监督检查职责，加强对收储库点政策性粮食收购活动的监督检查，及时发现和严肃查处各类违法违规行为，认真受理并核查处理群众投诉和举报案件，对典型案件进行通报。省级粮食行政管理部门要加强对市县粮食行政管理部门监督检查工作的督促指导。农业发展银行对粮款支付违规企业要给予信贷制裁。

对政策性粮食收储库点在收购、验收、储存、出库过程中因违规收购、数量短少、质量不符等造成损失的，属中储粮直属企业及其租赁库点的，由中储粮有关分公司负责协调处理和赔付，由中储粮分公司、农发行分支机构和地方粮食行政管理部门共同追缴收购资金和已拨付的费用利息补贴；属中粮、中纺、中航等中央粮食企业及其租赁库点的，由该企业总部或分支机构负责协调处理和赔付，由所属企业总部或分支机构、中储粮分公司、农发行分支机构和地方粮食行政管理部门共同追缴收购资金和已拨付的费用利息补贴；属其他收储库点的，特别是2013年国家临储玉米分贷的地方国有企业和民营企业，由中储粮分公司、农发行分支机构和地方粮食行政管理部门共同追缴收购资金和已拨付的费用利息补贴，造成的损失用当事企业的保证金和其他担保资产进行赔付，赔付不足以弥补损失的，由中储粮分公司、农发行分支机构和地方粮食行政管理部门会同有关部门共同追缴。对上述违法违规行为，地方粮食行政管理部门还要按照《粮食流通管理条例》的有关规定进行处罚。

违规企业属于中储粮直属企业的，中储粮分公司要追究直属企业有关人员的责任；属于地方国有粮食企业的，由地方粮食行政管理部门追究有关人员的责任；属于中粮、中纺、中航等中央企业的，由该企业总部或分支机构追究有关人员责任；属于社会企业的，地方粮食行政管理部门要将其列入黑名单，限制直至禁止其从事政策性业务。涉嫌违法的移交司法机关处理。

三、做好组织协调和保障工作

（一）建立工作协调机制

中储粮有关分公司、省级粮食行政管理部门和农业发展银行省级分行要建立国家政策性粮食收储监管工作协调机制和联席会议制度，及时会商解决收储和监管中出现的矛盾和问题。

（二）强化监督检查和巡查工作机制

政策性粮食收储执行主体承担落实国家政策性粮食收储管理的主体责任，在此前提下，要按照粮食安全省长责任制的要求，落实各级地方粮食行政管理部门的行政监管责任。地方粮食行政管理部门要会同农发行分支机构和中储粮系统，以及价格、工商、公安等部门对辖区内所有政策性粮食收储企业及其库点进行全方位的巡查检查，形成监管合力。同时，按照国务院关于推广

"双随机"抽查要求规范事中事后监管,组织好对粮食收购政策执行情况的随机抽查,将监督检查工作延伸到每个收储库点,层层传导压力,全面加强粮食收购活动的事中事后监管。要制订并实施收购检查工作方案,强化人员、物质装备和工作经费等保障措施,规范使用执法文书,完善检查工作日志,翔实记载检查的时间、对象、结果以及整改情况等内容,将企业执行国家粮食收购政策情况纳入企业守法诚信评价体系,实行分类监管。

(三)加强层级监督,规范执法行为

省级粮食行政管理部门要结合全面落实行政执法责任制,加强对基层粮食行政管理部门监督检查行政执法工作的层级督查,指导和督促市、县两级粮食行政管理部门严格落实粮食购销市场的监管责任,直接组织对重大举报案件的核查处理,严格做到规范文明公正廉洁执法。对因失察或执法出现严重偏差而发生重大违规事件的,要依法追究相关执法人员责任。国家有关部门将适时对重点地区检查工作开展情况进行抽查。

(四)落实经费保障

执行最低收购价和国家临时收储政策支出的监管费用从中央财政按年对中储粮总公司包干的保管费用补贴中列支。中储粮有关分公司会同省级粮食行政管理部门,根据本省监管工作实际情况研究制定具体经费管理使用办法,确保监管经费足额到位,专项用于国家政策性粮食收购和库存监管,严禁挪用。财政部将会同国家有关部门对监管经费的使用情况进行检查,对截留、挪用国家政策性粮食监管经费的,将依据党纪政纪严肃追究单位主要负责人及直接责任人员的责任。

国家发展和改革委员会 国家粮食局 财政部
中国农业发展银行 中国储备粮管理总公司 2015 年 11 月 16 日

来源:http://www.chinagrain.gov.cn/n316630/n316670/n316770/c868264/content.html

2. 租赁社会粮食仓储设施收储国家政策性粮食的指导意见(试行)

租赁社会粮食仓储设施收储国家政策性粮食的指导意见(试行)

社会资本建设的粮食仓储设施是国家粮食仓储设施的重要补充。为有效利用社会粮食仓储设施,缓解部分地区国有或国有控股粮食企业仓容不足的矛盾,确保国家粮食收购政策落实和政策性粮食储存安全,现就规范国家政策性粮食收储主体租赁社会粮食仓储设施提出以下意见。

一、总体要求

(一)在认真落实国家粮食最低收购价执行预案和临时收储政策的基础上,进一步发挥市场调节机制作用,通过制度保障规范租赁社会粮食仓储设施收储政策性粮食行为,充分利用社会资源完成国家宏观调控任务。

本意见所指政策性粮食,包括国家临时储存(备)粮、最低收购价粮,不包括中央储备粮。符合条件的中国储备粮管理总公司以及受中储粮总公司委托承担收储任务的中粮集团、中纺集团等中央粮食企业集团直属企业可作为承租企业租仓收储。

（二）承租企业租赁社会粮食仓储设施收储政策性粮食，必须派人直接收购、保管，承担收储义务、收储费用和收储责任，对粮食和租赁设施进行封闭管理，对粮食数量、质量、库存管理、储粮安全、生产安全和销售出库负全部责任。

（三）中储粮总公司及受其委托承担收储任务的中央粮食企业要正确处理防范管理风险与方便种粮农民售粮的关系，合理确定委托收储库点和租赁库点，不得因收储库点不足出现农民卖粮难。

（四）以县为单位，只有在当地符合条件的委托收储库点全部启动后仓容仍不能满足收储需要时，承租企业才能租赁符合本意见规定要求的社会仓容。受委托的中央粮食企业要按政策规定控制租仓储粮规模。

（五）地方政府及有关部门应加强对承租企业租赁社会仓储设施收储国家政策性粮食的业务指导，强化对租赁库点收购、储存和销售出库等环节的监督检查，有效防范储粮安全隐患和管理风险。

二、资格审核和确认基本流程

（六）出租企业（租赁库点）应具备以下条件：

1. 具有独立法人资格，在工商部门注册登记，且在有效期内。具有粮食收购资格，在粮食行政管理部门履行粮油仓储单位备案手续，按规定执行粮食流通统计制度。

2. 企业资信良好，无不良经营记录（其中，承担过政策性粮食收储任务的企业，未发生过违规违纪、拖延阻挠出库等行为）；无较大及以上储粮安全事故或安全生产事故记录。列入工商异常名录或"黑名单"的企业，不得作为租赁库点。

3. 产权清晰，无债权债务纠纷。企业无其他对外抵押、质押等担保行为（农发行贷款抵、质押除外），资产无其他法律风险，资产负债率不高于70%。

4. 拥有拟出租设施附着土地的使用权，且使用权剩余期限不短于拟租赁时限，原则上不短于3年。

5. 出租企业必须是资产所有者，不得是转租单位。

6. 拟出租的仓储设施应符合国家相关建设标准和设计规范，报建和验收手续齐全。仓房条件符合《粮油仓储管理办法》和《粮油储藏技术规范》，用于出租仓容规模一般在1万吨以上；配备烘干设施（东北地区），除配备大吨位汽车衡（称重能力30吨以上）外同时配备可移动式磅秤，不少于2套输送设备，清杂整理能力不低于15吨/小时，具备粮食水杂、等级和储存品质等检验设备；配备与预计收购数量相当的机械通风和电子检温等粮情检测能力；能够为承租方提供正常工作、生活条件。

7. 租赁库点所处位置符合防火、防汛、防污染等安全要求，不得位于低洼易涝、行洪区，库区及周边1千米内无易燃、易爆、有毒危险品和污染源；库区封闭，院内布设监控设施，实现监控全覆盖且功能正常；仓储设施设备和附属设施设备符合国家安全标准；消防、用电、排水及建设手续符合国家和地方要求，通过有关部门验收。

8. 优先使用具有中央储备粮代储资格的社会粮食仓储设施和2014—2015年国家资助建设的社会粮食仓储设施。

（七）承租企业应符合以下要求：

1. 具备开展政策性粮食租仓收储的管理能力。粮食收购、销售出库期间向每个储粮库点派出不少于 5 名在职工作人员，具体负责租赁库点粮食质量和储存品质检验、检斤、票据复核、粮款结算等关键环节的业务；检化验人员应具备相应的国家职业资格，且人员数量应与收购粮食数量相匹配。储存保管期间按每万吨粮食不少于 1 人，且每个储粮库点不少于 5 人的标准直接派出包括仓储、安全等职能的管理团队，负责日常粮食保管。承租企业应于收储工作启动前将向租赁库点派出的工作人员名单及其岗位职责等情况报租赁库点所在地粮食行政管理部门备查。

2. 开展租仓收储活动一般不得跨地（市）行政区域，同一年度不得与其他承租企业在同一库点开展租仓收储活动。对特殊情况需跨地（市）承租的，由中储粮分公司会同省级粮食部门和农发行省级分行共同确定。

3. 承租企业名单由受中储粮公司委托的中央粮食企业集团总部和中储粮有关分公司报中储粮总公司，中储粮总公司应于收购启动前通过媒体向社会公布，并报国家粮食局、财政部和中国农业发展银行备案。

（八）租仓收储库点的确认流程

1. 符合第六条规定拟出租企业自愿向承租企业提出申请，提交有关证明材料，并对材料的真实性负责。

2. 承租企业要对拟出租企业的资信状况进行尽职调查，并将调查审核结果向社会公示。

3. 承租企业应将公示无异议的拟出租企业名单报中储粮有关分公司（受中储粮委托的中央粮食企业直属企业报集团总部）批准的同时，抄送当地粮食行政管理部门备查。当地粮食行政管理部门对承租企业开展尽职调查和审核等情况进行监督。

4. 中储粮有关分公司会同省级粮食行政管理部门和农发行省级分行对承租企业上报的拟出租企业的合规情况共同把关，并将确定的拟出租企业名单抄送出租企业所在地粮食行政管理部门。经审核同意后，承租企业方可开展租仓储粮业务。在租仓收储过程中，承储企业应优先选用资信良好的出租企业长期从事政策性粮食收储工作。

三、租仓储粮管理要求

（九）租仓收储必须是承租企业直接收购、保管，直接对售粮农民结算，不准假租仓实委托，不准收转圈粮或提前收购就地划转。租赁库点启动前必须空仓验收并留取影像资料。销售时承租企业按交易细则规定直接对竞买人出库。

（十）承租企业负责租赁库点政策性粮食收购、储存、出库等日常管理，统计报送工作，收储资料凭证保管工作。承租企业应按有关规定将政策性粮食分库点收购进度抄送当地粮食行政管理部门。承租企业应通过围栏等方式对租赁设施进行封闭管理，避免与出租企业的自营业务发生交叉。

（十一）启用租赁库点前，承租企业与出租企业必须签订具有法律效力的租赁合同，明确双方的权利、义务和责任。粮食入仓储存后，承租企业与出租企业签订粮权确认书作为租赁合同附件，并将粮权确认书复印件悬挂于仓房内；也可采取悬挂、喷涂醒目标识等措施公示粮权。出租企业有义务配合承租企业履行向当地金融机构备案、公证部门公证等措施对租仓收储的粮食进行确权，并不得用于抵押、质押。

（十二）省级粮食行政管理部门要根据安全保粮的需要，对承租企业租赁社会粮食仓储设施的费用标准商当地中储粮分公司和农发行省级分行提出规范性意见，明确全省统一的最低费用指导标准，供租赁双方参照执行。承租企业不得与出租企业再签订与租赁合同内容相抵触的补充协议。承租企业应将租赁合同、实际租赁费用等情况报当地粮食行政管理部门备案。

四、责任落实和监督检查

（十三）地方政府按照最低收购价执行预案和临储粮政策有关要求，承担租赁社会粮食仓储设施收储国家政策性粮食工作的统筹协调和监管职责，维护正常的粮食收购秩序。承租企业和出租企业应在当地政府的统一组织协调和有效监管下开展政策性粮食租仓收储工作。

（十四）地方粮食行政管理部门依据《粮食流通管理条例》的有关规定，对承租企业的收储和出库等行为履行行政监督检查职责。地方政府其他相关部门依各自职责承担安全生产、消防安全等监督责任。对疏于监督造成不良后果的，要追究相关部门责任人员的行政责任。

（十五）农业发展银行对贷款企业租仓收储粮食资金规范使用履行监管职责，对存在问题提出意见和建议，并按规定对问题贷款企业采取相应信贷制裁措施。

（十六）承租企业上级单位负责对承租企业落实租仓收储库点制度执行情况进行督促检查，对发现的问题督导整改。对租仓收储库点发生储粮风险损失的，承租企业上级单位负连带赔偿责任。

（十七）承租企业与出租企业依据双方签订的租赁合同、粮权确认书明确各自权利、义务和责任。承租企业和出租企业之间出现经济纠纷，经有关部门和单位协调无效的，依法通过司法途径解决。

五、违规行为处理

（十八）承租企业或出租企业出现违约，应首先按照租赁合同约定方式承担违约责任。

（十九）粮食行政管理部门或承租企业上级管理单位，对承租企业出现以下行为的，应立即责成承租企业采取有效措施，确保储粮安全、管理规范、生产安全，对拒不执行的可以采取行政或经济处罚，承租企业上级管理单位应组织将储粮调出或安排拍卖出库。

1. 租赁库点存在储粮安全、生产安全隐患；
2. 承租企业未严格执行粮食出入库质量检验和储存期间质量安全管理等各项规章制度；
3. 承租或出租企业资料弄虚作假；
4. 承租或出租企业条件发生变化，不能满足第六、七条规定；
5. 租赁库点发生影响政策性粮食安全储存事故等。

（二十）承租企业在租仓收储过程中出现下列行为的，有关部门要按管理权限、管理责任，依法追究相关责任人法律责任，追究企业负责人和上级管理单位有关人员管理责任。

1. 擅自动用库存政策性粮食；
2. 在收购、储存、出库过程中弄虚作假，违规违纪或存在重大风险隐患；
3. 发生储粮安全或安全生产等责任事故。

六、其他有关事项

（二十一）国家政策性粮食属中央事权粮食，承租企业和出租企业均不得以任何理由阻挠国家有关部门下达的集并移库计划、出库指令等政策措施的执行。

（二十二）地方粮食行政管理部门应建立健全承租和出租企业诚信档案，中储粮、农业发展银行有义务提供相关企业经营和资产运营状况等信息，诚信信息行业共享。

（二十三）鼓励社会仓储企业提升仓储设施设备条件和管理水平，租仓收储的粮食在固定货位形态后禁止露天储存。

（二十四）地方粮食行政管理部门要推动落实社会仓容统计报送制度，翔实掌握可利用仓容情况，并及时报国家粮食局等有关部门。

（二十五）省级粮食行政管理部门、农发行省级分行和中储粮分公司要结合本地实际，进一步细化明确租仓储粮资格审核、流程确认和储粮管理等要求。

2015 年 4 月 1 日

来源：http：//www.gov.cn/xinwen/2015-04/09/content_ 2844307.htm

3. 关于印发《采购东北地区 2013 年新产粳稻和玉米费用补贴管理办法》的通知

关于印发《采购东北地区 2013 年新产粳稻和玉米费用补贴管理办法》的通知

各省、自治区、直辖市财政厅（局）、粮食局，中国储备粮管理总公司、中粮集团有限公司、中国中纺集团公司：

为做好 2013 年秋粮收购工作，经国务院批准，我们制定了《采购东北地区 2013 年新产粳稻和玉米费用补贴管理办法》，现印发给你们，请遵照执行。

附件：采购东北地区 2013 年新产粳稻和玉米费用补贴管理办法

财政部　国家发展改革委
国家粮食局　中国农业发展银行
2013 年 11 月 25 日

来源：http：//www.chinagrain.gov.cn/n316640/n316903/c494766/content.html

附　采购东北地区 2013 年新产粳稻和玉米费用补贴管理办法

为保护种粮农民利益，充分发挥市场机制作用，调动多渠道主体入市收购积极性，缓解东北秋粮收储压力，避免出现农民"卖粮难"问题，经国务院批准，2013 年东北地区新产粳稻、玉米上市后，中央财政对相关省份对东北地区采购新产粳稻（米，下同）、玉米并运回本地的，给予一次性费用补贴。为此，特制定本办法。

一、补贴范围

（一）享受粳稻费用补贴政策的省份包括除辽宁、吉林、黑龙江三省以外的 26 个省份，享受玉米费用补贴政策的省份包括江苏、上海、浙江、安徽、福建、江西、湖北、湖南、广东、广西、海南、重庆、四川、贵州、云南、西藏等 16 个省份。

（二）上述相关省份符合规定的企业到辽宁、吉林、黑龙江三省采购 2013 年新产粳稻；到内蒙古、辽宁、吉林、黑龙江四省（区）采购 2013 年新产玉米，运回本省（区、市，下同）后，按政策规定申领补贴，执行政策的企业资质确定方式由相关省份从以下两种方式中选择一种：一是在省级人民政府组织领导下，由省级粮食行政主管部门和财政部门根据"企业自愿、自主申报、自担风险"的原则，委托 1 家省内粮食企业。二是省内不限企业数量，但单个企业补贴期间从东北地区采购并运回本省（区、市，下同）的粳稻、玉米单品种数量超过 5 000 吨（含 5 000 吨）。相关省份确定企业选择方式后需报财政部、国家粮食局备案。

（三）上述相关省份的中央直属粮食企业（含企业总部）到东北地区采购并运回所在省份的粳稻、玉米，以及上述省份的中央储备企业从东北地区采购并用于储备轮入的粳稻、玉米，享受同等补贴政策，具体企业名单由企业总部审核确定，并由企业总部统一组织申领补贴。

（四）上述相关省份委托的企业、中央直属企业总部确定的执行政策企业名单，需报财政部、国家粮食局备案；国家粮食局汇总后及时向社会公开。企业名单一经公布，不再调整。

二、补贴条件及标准

（一）企业申领补贴须符合以下条件：

1. 具有粮食经营资格。由省级粮食行政管理部门和财政部门委托的企业，需具有所在地省级粮食、财政部门共同出具的委托文件。中央直属粮食企业和储备企业需具有企业总部出具的确认文件。

2. 采购的粳稻、玉米必须是东北地区 2013 年度国内新产粳稻、玉米。

3. 企业在东北地区采购粳稻（原粮）的价格不得低于 1.50 元/斤（国标三等，下同）；采购玉米的价格不得低于内蒙古和辽宁 1.13 元/斤，吉林 1.12 元/斤，黑龙江 1.11 元/斤。采购高于或低于国际三等粮食，按照国家标准每升高或降低一个等级，采购价格可以上浮或下调 0.02 元/斤。

4. 享受费用补贴的采购期限：粳稻为 2013 年最低收购价预案执行期间；玉米为 2013 年临时收储政策执行期间。

5. 采购的粳稻必须在 2014 年 5 月 31 日前，玉米必须在 2014 年 6 月 30 日前运抵本省。

6. 采购并运回本省的粳稻、玉米单品种数量超过 5 000 吨。

7. 补贴申领企业必须与运输凭证的货物接收单位相一致。

8. 中央储备企业申请补贴的粳稻、玉米总量，不得超过国家有关部门和中储粮总公司下达的本地区补贴期限内年度轮换计划。

（二）从东北地区采购并外运的粳稻、玉米，每市斤财政补贴标准为 0.07 元，粳稻中央财政按折合标准品（水分≤14.5%、杂质≤1%）、玉米按折合标准品（水分≤14%、杂质≤1%）后的数量计算。享受补贴的粳稻、玉米除用于地方储备和中央储备轮入外，由企业自行销售、加工，自负盈亏。

（三）纳入补贴范围的企业，具有下列行为之一的，一经发现，取消该企业全部财政补贴，并通过社会媒体等公开通报：

1. 企业将尚未运抵本省的粳稻、玉米申领补贴。

2. 企业将非补贴采购期限内采购的粳稻、玉米，或非 2013 年东北地区新产粳稻、玉米申领补贴。

3. 企业未按统计制度规定向当地粮食行政管理部门报送购、销、存统计月报，以及属于粮油加工企业未按规定报送粮油加工业统计报表，拒报虚报统计资料。

4. 其他弄虚作假套取国家补贴的行为。

（四）根据国家粮食局监测结果，当东北地区新产粳稻、玉米市场收购价格超过 2013 年粳稻最低收购价、玉米临时收储价格 0.05 元/斤以上时，中央财政停止补贴。

三、补贴政策的起止期限

（一）享受补贴的粳稻需是在 2013 年最低收购价预案执行期间采购，于 2014 年 5 月 31 日前运抵购粮企业所在省的 2013 年东北地区新产粳稻；享受补贴的玉米需是在 2013 年东北玉米临时收储政策执行期间采购，于 2014 年 6 月 30 日前运抵购粮企业所在省的 2013 年东北地区新产玉米。

（二）采购时间以采购合同签订的时间为准。

（三）运抵截止时间指运输到购粮企业所在省份的时间，根据合法的运输单据上注明的日期，按以下原则确定：

1. 省间铁路直达运输以货到站台日期为准；

2. 铁水、公水联运以货到接御码头日期为准；

3. 公路直达运输以货到接卸目的地日期为准。

四、补贴资金的申请

（一）申请时间。享受此项费用补贴的企业需在 2014 年 7 月 10 日前提交申请。地方粮食企业按上述规定期限向省级粮食行政管理部门报送补贴申请及有效凭证；中央直属企业向企业总部报送补贴申请及有效凭证。补贴申请包括粳稻、玉米采购和运输的全部材料，以及运回本省的销售、加工、库存情况。

（二）补贴申请材料包括：

1. 采购环节的凭证：在东北地区从农民手中直接收购的，应有当地税务部门统一印制的粮油收购统一发票（复印件），此发票应有税务部门加盖的审核章。在东北地区从粮食企业采购的，应有合法的采购合同和当地税务增值税专用发票（复印件）。采购所在地的县级粮食行政管理部门或质量检测单位出具的新粮证明。

2. 运输环节的凭证：铁路、交通、航运部门统一印制的发运单和提货凭证。其中：发出地为东北地区，到货地为本办法规定的补贴省份。

3. 货款支付凭证：税务部门印制的粮食收购单据或银行汇款凭证。其中：付款凭证的付款方和收款方，必须与采购合同的买卖双方相对应；同时 2014 年 6 月 30 日前的付款金额必须超过合同金额的 80%。

4. 销售库存凭证：销售合同及增值税专用发票（复印件），库存情况统计表。

5. 中央储备粳稻、玉米承储企业，还须提供国家有关部门和中储粮总公司下在的年度轮换计划文件。

申领补贴时，各凭证均提供复印件（须加盖单位公章），但申领企业必须保存好凭证，以备核查。企业提供的申请材料应登记造表，并对全部材料的真实性负责。同时企业自行保管所有原始凭证，有关部门审核检查时需进行抽检。

五、补贴资金的审核

（一）地方采购企业申请材料的审核。省级粮食部门对企业补贴申请材料及时汇总、整理及初步审核，并于 2014 年 7 月 20 日前报省级财政部门进行复审。省级财政部门于 7 月底前复审完毕，并向财政部报送补贴资金的申请报告，申请报告同时抄报财政部驻当地财政监察专员办事处进行审核确认。省级粮食部门和财政部门要对企业申请材料的真实性、完整性负责（西藏地区由省级粮食行政管理部门初审后，省级财政部门自行审核上报）。

（二）中央直属企业申请材料的审核。企业总部对企业补贴申请材料及时汇总、整理及初步审核后，于 2014 年 7 月底前，向财政部报送补贴资金的申请报告，申请报告同时抄报财政部驻北京市财政监察专员办事处审核确认。企业总部要对直属企业申请材料的真实性、完整性负责。

（三）财政监察专员办事处要在省级相关部门、企业总部审核基础上，对申报材料进行复审，并适当进行实地抽查，8 月底前向财政部报送审查结果。

六、补贴资金的拨付

（一）财政部根据省级财政部门、企业总部报送的补贴资金申请报告，按财政监察专员办事处审核确定的粳稻、玉米补贴数量，以及补贴标准拨付补贴资金。地方企业的补贴，中央财政拨付给省级财政部门；中央直属企业的补贴，中央财政拨付给企业总部。

（二）省级财政部门在收到中央财政拨款后，应于 10 个工作日内拨付给补贴申领企业。

七、附则

（一）中央财政拨付的补贴资金，作为补贴收入，由企业按现行会计核算要求，统筹管理与使用。

（二）补贴期限内发生的商务纠纷、意外事故等，由企业按有关法律法规自行协调解决。

（三）纳入补贴范围的企业必须认真执行国家政策，准确及时填报相关统计报表，按规定如实提交补贴申请材料。有关地区和部门要切实履行监督检查职责，严禁弄虚作假、虚报申领补贴资金。

（四）本办法由财政部负责解释。

4. 关于申报第一批国家级粮食现代物流示范单位的通知

关于申报第一批国家级粮食现代物流示范单位的通知

各省、自治区、直辖市粮食局，中国储备粮管理总公司、中粮集团有限公司、中国华粮物流集团公司、中国中纺集团公司：

为加快推进粮食现代物流发展，规范粮食现代物流园区建设，提高粮食现代物流水平，加强对国家级粮食现代物流示范单位（以下简称"示范单位"）管理，按照《国家级粮食现代物流示范单位管理暂行办法》（国粮办展〔2012〕132号，以下简称《管理办法》）的要求，国家粮食局决定开始启动示范单位的遴选工作，现将有关事项通知如下：

一、遴选原则

（一）自愿申请，择优选择。凡符合《管理办法》规定条件的已建、在建粮食物流园区项目单位自愿申请，从中择优选取。

（二）合理布局，突出特色。示范单位的评定结合主要跨省粮食物流通道和国家级粮食物流节点建设发展，综合考虑区位特性、功能配套、总体能力、运营效果、社会经济效益等因素，体现在国家宏观战略布局上的重要作用，在粮食物流园区项目的建设和发展上具有不可替代的优势与特色。

（三）严格标准，提升水平。示范单位应具有规范的管理制度与申报审批制度，通过采用新仓型、新技术、新材料、新设备实现粮食储、运、装、卸的"四散化"，通过现代化的粮食流通信息技术向规范化、集约化发展。

二、遴选标准

根据《管理办法》的规定，示范单位分为通道类、技术类和其他类等3大类，其中技术类包括铁海联运、铁路内河联运、公铁联运、公路（散粮汽车）运输、信息化等5类；其他类包括维稳保供、产学研结合、综合等3类。

各类示范单位的遴选标准请参照《管理办法》有关规定。

三、申请程序及材料

（一）申请程序。申请示范单位的企业，按《管理办法》的要求向所在地的省级粮食行政管理部门（或中央计划单列企业）提出书面申请。省级粮食行政管理部门（或中央计划单列企业）按照规定的资格条件，对上报材料的真实性、完整性进行审核，结合本省（本单位）实际进行初步筛选，报国家粮食局审定。国家粮食局组织专家评审和现场考察，对符合要求的企业颁发资格证书，并进行挂牌。

示范单位按类别实行统一命名挂牌，资格证书和标牌由国家粮食局统一印制，有效期为5年，任何单位和个人不得伪造、涂改或转让。有效期届满前3个月内须按程序提出延续申请。

（二）申请材料。企业书面申请应包括法人代表承诺书、企业基本情况说明、主要专业人员情况表、企业财务状况说明，园区总平面示意图、企业营业执照和税务登记证复印件、企业资信证明复印件、资产负债表和损益表复印件、从业人员职业资格证书复印件等材料。

四、其他工作要求

（一）首批示范单位的遴选工作计划在2012年底前完成。请于2012年11月20日前将申请单位名单及申请材料报送国家粮食局流通与科技发展司。

（二）请结合本通知及《管理办法》有关要求，认真做好示范单位的初审和筛选工作。本次每省（区、市、单位）报送的申请单位数量原则上控制在5家以内。

（三）第二批示范单位的申请和遴选时间另行通知。

2012年11月5日

来源：http://www.chinagrain.gov.cn/n316640/n316903/c493535/content.html

5. 关于印发《粮油仓储信息化建设指南（试行）》的通知

关于印发《粮油仓储信息化建设指南（试行）》的通知

各省、自治区、直辖市及新疆生产建设兵团粮食局，中国储备粮管理总公司、中粮集团有限公司、中国华粮物流集团公司、中国中纺集团公司：

为推动粮油仓储信息化建设进程，指导各地粮食行政管理部门及粮食企业开展粮油仓储信息化的规划、建设与运行等实践，我局编制了《粮油仓储信息化建设指南（试行）》。现印发给你们，请各地区、各单位结合实际执行。

附件：《粮油仓储信息化建设指南（试行）》

2012年7月6日

来源：http://www.chinagrain.gov.cn/n316640/n316903/c493847/content.html

附 粮油仓储信息化建设指南（试行）

本指南是粮油仓储信息化指导性文件。各级粮食行政管理部门可参照本指南来规范本地区信息化建设工作，有关企业可参照本指南开展粮油仓储信息化工作。

本指南明确了粮油仓储企业信息化的定义与功能、建设目标、建设原则以及各管理系统的主要功能、技术要求、保障措施等。

为避免出现"数据孤岛"等问题，有关企业应执行国家和行业相关技术标准，以及数据接口和数据库结构方面的规范，为实现全行业的互联互通奠定基础。

第一章 综述

本章规定了粮油仓储信息化定义与功能、建设目标和基本要求等。

第一节 定义与功能

一、定义

粮油仓储信息化是指通过利用计算机网络技术、软件技术、传感技术、自动控制技术、物联网[1]技术等手段，实现粮油仓储业务管理的自动化、信息化和智能化。

粮油仓储信息化系统包括：远程监管系统、业务管理系统、自动化作业系统、智能仓储系统、办公自动化系统以及各系统之间的集成等。

二、主要功能

（一）全面实现粮油仓储日常管理和业务处理的网络运行和计算机操作。在粮油仓储业务中，从传统人工和纸质单据的管理模式，逐步过渡到电子识别、自动信息录入、网络传输、计算机处理，实现业务数据电子化、作业单据无纸化、管理流程规范化。

（二）全面实现数据采集自动化和生产作业控制自动化。粮油仓储企业的筒仓、成品库、油罐等逐步采用DCS[2]自动控制系统，对出入仓作业实现自动化控制；采用RFID[3]等技术，实现地磅自动称重或半自动称重；实现车辆和物品的库区跟踪，实现粮油货位和物品等属性信息的电子化记录与识别；实现数据的自动采集，并与业务管理系统自动连接。

（三）全面实现粮油仓储智能化管理。利用智能粮情测控系统，逐步实现温度、湿度、气体、虫情等数据的自动采集，通过智能决策模型判断，实现通风、熏蒸、调温等粮油仓储保管作业的智能化控制。

（四）完善粮油仓储企业安防系统。通过视频监视、热敏传感、电子巡更、自动报警等技术手段，实现企业安全保卫的自动化控制。

（五）实现粮油仓储企业管理的可视化。有条件的粮油仓储企业可以利用计算机图形仿真技术[4]、多媒体技术[5]、人工智能技术[6]等，对库内的仓储设施、办公楼等进行三维图示化建模，并与粮油仓储企业业务管理系统、远程监管系统进行对接，实现粮油仓储企业管理的可视化。

（六）加强库内各信息平台（子）系统之间的整合。粮油仓储企业业务管理系统作为企业信息化系统的核心和粮油仓储信息化的基础，应为库内各信息化系统之间的集成提供准确有效的信息接入接口和信息交换接口，以确保实现系统与系统之间、上下级之间的数据共享、业务协同，避免出现信息孤岛。

（七）实现对粮油仓储企业网络化远程监管。粮食行政管理部门或企业上级单位与粮油仓储企业之间通过网络实现数据共享和远程监测、控制。

（八）实现与公共信息系统的数据交换。粮油仓储企业信息管理系统可以实现与特定共同的信息系统互通互联，进行数据交换，提高企业管理效率。

第二节 建设目标

粮食行政管理部门和粮油仓储企业应根据规划设定本单位信息化建设目标，创造条件加快信息化建设步伐，利用信息化技术手段，提高粮油仓储管理水平。

一、近期目标

1~2年内，在部分省级粮食行政管理部门和大型粮油仓储企业基本实现仓储管理信息化。

二、中期目标

到2016年，在大部分省级粮食行政管理部门建成一批局域网络和广域网络的联网应用，包括远程监管系统、应急保障系统、粮食物流平台等。

三、远期目标

到 2020 年，基本实现全国联网，形成完善的智能仓储数据库，搭建统一的电子粮食政务平台、电子粮食商务平台、远程监管平台、粮食物流平台。

第三节 建设原则

粮油仓储信息化的主要目的是提高企业管理水平，强化对储备粮的监督管理，促进粮食流通产业协调科学发展。在粮油仓储信息化建设过程中，应坚持以下原则：

一、规划引领，做好顶层设计工作

粮油仓储企业、地方粮食行政管理部门应对本单位本地区信息化建设工作做出战略部署，加强顶层设计，编制发展规划。通过规划引领，有序开展信息化建设工作。

二、确保安全，实现全行业信息互联互通

粮油仓储企业、各级粮食行政管理部门应贯彻落实有关信息标准和规范，采用合规的数据接口和数据库结构，为实现全行业各类业务信息互联互通创造条件。同时要采取必要措施，确保信息安全。

三、突出应用，切实解决行业和企业信息管理需求

各信息系统的开发应立足于企业或行业管理的现实需求，通过信息化建设，能够为企业创造价值，降低管理成本，提高管理效能和行业监管水平。

四、经济适用，有较强的可操作性

粮油仓储信息化软件设计应贯彻模块化、层次化、参数化原则，为企业和有关管理部门提供不同功能、不同档次、专业化、个性化的选择。各信息化系统应使用成熟、先进的技术开发，操作界面简洁友好，系统安全可靠、运行稳定。系统要有较好的开放性、可扩展性，便于非专业人员的日常维护。

第四节 粮油仓储企业信息化系统建设基本要求

粮油仓储企业信息化建设要统筹规划，分步实施，总体上应达到以下要求：

一、系统功能

粮油仓储企业信息化系统一般包括以下模块：业务管理系统、自动化作业系统、智能仓储系统、办公自动化系统以及各系统之间的集成。

二、网络布线

粮油仓储企业内部局域网络[7]节点应覆盖各业务科室、库内主要作业点以及仓储设施（包括仓房、烘干塔、油罐、汽车衡等）等关键位置。新建粮油仓储设施，应同步规划信息化系统，或者预留接口。对于仓房位置较为集中、管线改造较为困难的粮油仓储企业可以考虑使用 WiFi[8] 无线方案。为提高网络稳定性，有条件的粮油仓储企业也可同时建设有线、WiFi 双网。

三、网络安全

粮油仓储企业网络建设应分别包含外网、企业内网两部分。外网与互联网相连。企业内网与外网之间根据安全性要求，有三种连接方式：一是完全物理隔离；二是通过安全隔离网闸设备[9]实现有限的数据通信；三是直

接连通，但外网入口需要设置防火墙、入侵检测等安全防护措施。

企业内网带宽不宜低于 100 兆，外网带宽不宜低于 2 兆。

四、网络构架

粮油仓储企业信息化[10]网络拓扑结构图参考如下：

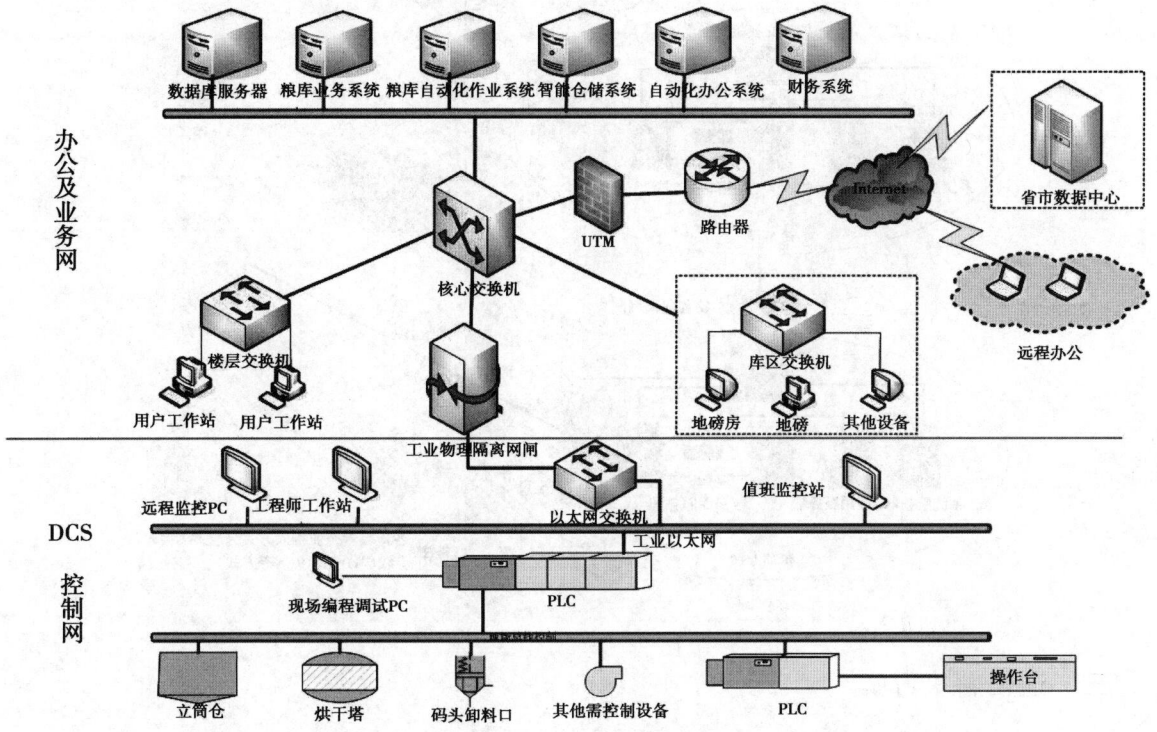

五、机房

粮油仓储企业应建设独立的机房，用于企业网络中心和数据中心，机房应配备可支持 60 分钟以上供电的 UPS[11] 备用电源。

六、设备

用于建设网络的通用设备，包括路由器[12]、网络交换机[13]、防火墙[14]及服务器[15]等，应采购符合国家规定，有一定市场份额，性能稳定的产品，设备配置应达到或高于当前主流产品性能。

第五节 远程监管系统建设基本要求

远程监管系统主要用于各级粮食行政管理部门和上级单位对粮油仓储企业经营管理情况和储备粮管理情况的远程监督管理。

一、功能描述

远程监管系统应具备以下主要功能：各级粮食行政管理部门、农业发展银行等相关部门能够对企业承储的储备粮数量、质量、储存安全进行实时远程管理，对于下属企业的日常经营管理情况进行实时远程监管。

二、网络构架

远程监管系统的网络构架拓扑结构图[16]参考如下：

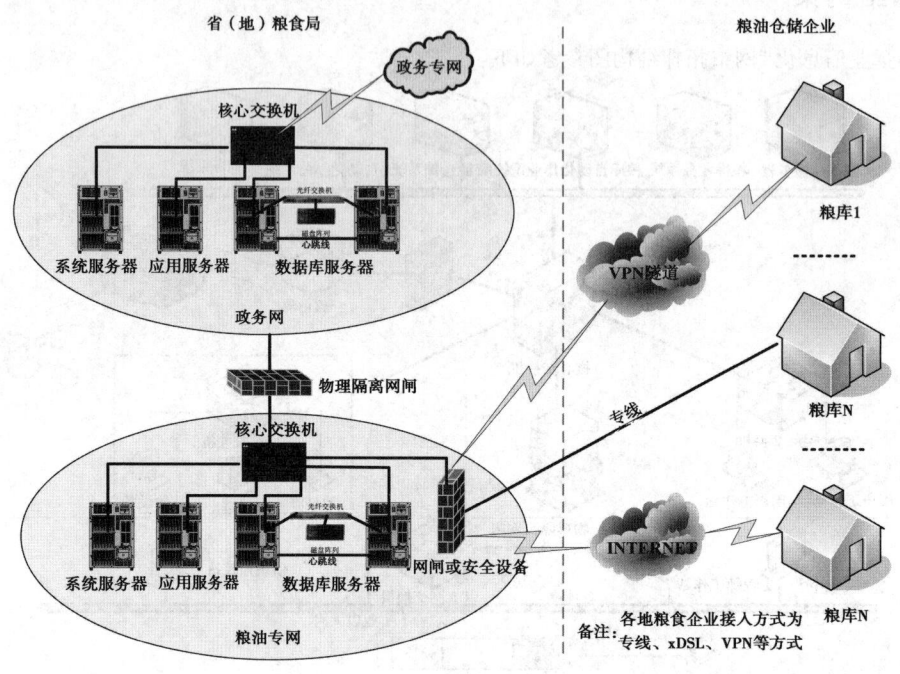

三、通信解决方案

应在粮油仓储企业与粮食行政管理部门（或上级单位）之间建立安全可靠的网络传输通道。

（一）使用政府政务专网。通过接入政府政务专网，实现与粮食行政管理部门或上级单位的网络连通。此种方案带宽固定，保密性能好。

（二）租用专线。通过租用本地网络运营商专线的方式，实现与粮食行政管理部门或上级单位的网络连通。此种方案带宽固定，系统不易受到外部恶意攻击。

（三）在互联网上使用 VPN[17] 进行传输。在粮油仓储企业和粮食行政管理部门或上级单位之间，建立基于互联网的 VPN 虚拟专用网络，此种连接方式成本低，但容易受到来自互联网的恶意攻击。

四、远程监管系统的流程

储备粮远程监管系统流程如下：

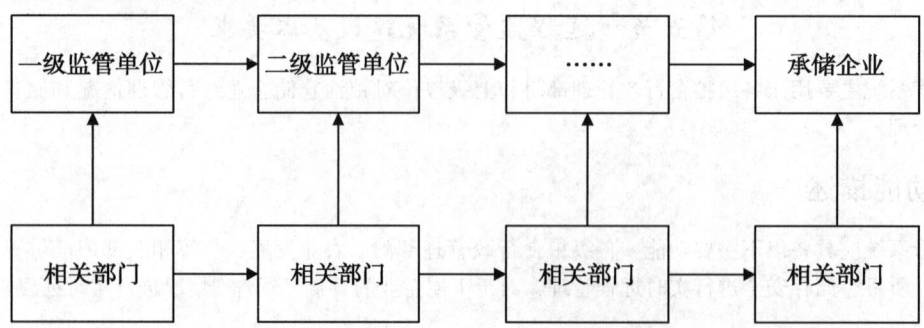

第二章 业务管理系统

业务管理系统是粮油仓储企业信息化应用的核心系统,在整个企业信息化中处于统领地位,同时负责与远程监管系统的衔接。

该系统主要实现业务管理信息化及账目电子化。包含经营管理、仓储管理、质量管理、作业调度管理等模块。

第一节 总体要求

业务管理系统应使用成熟、先进的软件开发技术,系统要有较好的开放性、可扩展性。建议基于 J2EE 或 .NET 等软件开发框架[17]进行开发,使用成熟的关系型数据库软件[18],如 SQL Server、MySQL、Oracle 等。

第二节 经营管理模块

经营管理模块应具有以下功能:

一、经营管理

为企业经营管理部门提供市场动态、交易过程等数据支持。

二、计划管理

为企业相关部门提供计划下达、计划执行等数据支持。包括粮油收购计划、销售计划、轮换计划等。系统能够接收主管部门下达的计划,能够对计划执行情况进行跟踪和监督,并将计划执行情况定时或实时上传给上级单位或粮食行政管理部门。

三、合同管理

为企业相关部门提供合同签订、执行和结算等数据支持。系统能够对合同执行情况进行跟踪,并对合同执行产生的各类单据进行管理。

四、客户管理

建立客户数据库,对粮油仓储企业的客户信息进行分类管理。

五、统计管理

为粮油仓储企业的数据统计管理提供报表服务,将繁杂、大量的业务数据进行梳理分析,汇总计算后按照一定的模板格式形成电子化的统计图表。

六、财务管理

企业业务管理系统要预留数据接口,与企业财务管理软件进行对接。

第三节 生产管理模块

一、仓储管理

为粮油仓储企业的仓储管理部门提供信息化支撑。主要包括:

(一)粮油保管账。对粮油出入库记录、冲补账记录进行管理,对粮油仓储的保管账、统计账进行电子化管理。

（二）仓储作业管理。对粮油仓储过程中的粮情（温度、水分、湿度、虫害等）、通风、熏蒸等作业记录进行管理。

（三）仓储设施管理。对粮油仓储企业的仓房、油罐、烘干塔、汽车衡等仓储设施进行管理，包括仓储设施的基本信息、状态信息和当前存粮信息等。

（四）作业调度管理。为粮油仓储企业内的作业调度安排提供信息化支撑。包括作业任务管理、作业调度安排、作业进度跟踪、作业记录查询等功能。粮油仓储企业内的作业包括粮油出入库、倒仓、中转等业务种类，涉及到入库、合同审查、质量检验、称重、筒仓作业等多个环节。作业调度管理可以与自动化作业系统进行对接，实现作业过程自动化。

（五）药剂及包装物管理。实现储粮化学药剂的购买计划、入库、提货、退回、货位卡管理、销毁审批等流程管理。

（六）智能报表管理。包括库存总账、明细账，待转储备粮油库存报表，不同储备性质的粮油月报表，仓储基础设施报表。

（七）电子签名或电子印章[19]。系统在表单的流转过程中，应采用电子签名、电子印章系统，确保数据完整，不被篡改。

二、质量管理

为粮油仓储企业的质量管理部门提供信息化支撑。

（一）检验任务管理。对检验任务及检验过程进行管理。包括检验任务的启动，检验完成时在系统中填写检验单。粮油仓储企业可以将粮油检验设备与计算机连接，或采用具有网络功能的检测仪器和设备，实现检验结果的自动录入。

（二）检验单管理。对检验单据内容进行管理、查询和统计。可提供每一批次粮油从入库、仓储保管到出库全过程中的检验和质量检查记录查询，实现粮油质量安全的全程跟踪、追溯。

（三）扦样及样品管理。通过条形码、二维码或电子标签对扦样样品进行标识和管理。

（四）检验结果的自动判定。将检验结果与检测标准进行自动比对，判定质量是否合格，评估储存品质，提出是否轮换的建议。

第三章　智能仓储系统

粮油企业应以"四合一"新技术[20]为依托，利用智能控制模型和自动控制技术，实现对粮油仓储保管作业的自动控制与管理。

第一节　信息采集系统

信息采集系统主要由粮情测控系统组成，负责收集整理有关仓储信息数据。

一、系统设备质量要求

系统设备应符合《粮情测控系统》（LS/T1203）、《粮油储藏 粮情测控系统》（GB/T 26882.1～26882.4）要求。其中：仓内固定安装的测温电缆、通信线、电源线等要具有一定的防腐性能，防止熏蒸作业时的腐蚀破坏；应具有抗电磁冲击（雷击）的能力。不具备防腐性能的设备，应能灵活安装拆除，便于熏蒸作业前取下并妥善保管。

二、数据库格式要求

数据库格式应符合有关标准规定，能够为外部系统提供远程启动、停止的访问控制，并通过 Web Service[21]、开放数据表结构等方式提供粮情数据的查询接口。

粮情测控系统的测控分机应能够连接其他带有温度、湿度、压力等传感器的标准电缆，并对温度、湿度、压力等数据进行采集、处理。

三、系统功能要求

系统能够检测粮堆湿度、温度、虫害、气体成分等指标。

第二节　智能控制模型

智能控制模型应以"四合一"新技术为依托，结合当地的气候条件、仓储条件以及储粮品种、性质、储存时间等因素，设计具有自我分析、判断、报警、反应和自动控制功能的数学模型。

智能控制模型和辅助决策储粮专家系统，应具有成熟储粮和防治技术的方案库、模型库和数据库，并有自我学习功能。

第三节　自动控制系统

自动控制系统能够根据智能控制模型的控制信息，控制通风、调温、熏蒸等设备的启动、停止，并对设备工作情况、能耗等进行记录。

第四章　自动化作业系统

自动化作业系统是利用自动化控制技术，实现作业过程的自动化控制，部分环节可以实现无人值守的智能系统。

自动化控制设备及系统应选择通过国家技术监督部门检测合格的产品，同时还应符合粮库环境下的安全生产要求。

第一节　出入库系统

对来库办理业务的车、船、火车等发行 RFID 电子标签或条码等标识，通过电子标签或条码实现出入库作业过程的自动跟踪和控制。业务办理结束后，电子标签收回并可重复利用。

第二节　扦样系统

粮油仓储企业通过电子标签或条码识别车辆身份并执行自动扦样、标识，减少人工参与。

第三节　称重系统

粮油仓储企业通过电子标签或条码识别车辆身份，判断车辆称重的合法性，自动记录车辆称重性质、重量，对称重过程进行自动拍照存档。

第四节　自动出入仓系统

在企业的仓房出入口安装固定式 RFID 读写设备，或使用手持式 RFID 读写设备或者与电子标识物对应的读写装置，对前来装粮/卸粮的车辆身份进行识别，对其业务合法性进行判断，并自动记录粮油出入库信息。

第五节　筒仓 DCS 控制系统

用于控制筒仓进出仓设备的自动化控制系统，系统应提供基于 OPC[22] 等主流安全协议的远程访问控制和数据通信。

第五章　粮油仓储企业其他管理系统

第一节　安防系统

粮油仓储企业的安防系统可采用视频监控、电子巡更[23]、电子周界、自动报警系统或上述系统的不同组合。其中视频监控系统是粮油仓储企业最常用的安防方式。

一、视频监控系统的基本要求

（一）点位覆盖全面。摄像头要覆盖粮油仓储企业内的主要进出通道、主要作业点及药品库、器械库等重要场所；对于重要的仓房，可以考虑在仓内安装摄像头。

（二）录像数据保存一个月以上。摄像头监控视频应录像并存储一个月以上。

（三）提供远程访问功能。为粮食行政管理部门或上级单位提供远程、实时视频访问服务。

（四）系统应符合《视频安防监控系统工程设计规范》（GB 50395）和《安全防范技术工程设计规范》（GB 50348）。

二、电子巡更系统的基本要求

（一）点位覆盖。巡更点要覆盖主要进出通道、药品库、器械库、重点防火防盗场所以及视频监控的盲区。

（二）可以与视频监控等系统整合集成，接口符合国家相关标准。

（三）具备巡查信息采集、巡查信息查询、巡查信息统计、巡查班次路线安排等功能。

（四）符合《电子巡查系统技术要求》（GA/T 644）和《安全防范技术工程设计规范》（GB 50348）。

三、电子周界系统的基本要求

（一）覆盖区域为整个建筑场所的一周，出入场所通道除外。

（二）可以与视频监控等系统整合集成，接口符合国家相关标准。

（三）具备阻挡威慑、入侵报警、区域性报警、图像化显示等功能，并支持与其他安防系统的报警联动。

（四）系统应符合《安全防范技术工程设计规范》（GB 50348）。

四、自动报警系统的基本要求

（一）覆盖范围。应覆盖药品库、财务室、重要办公场所等重点区域。

（二）可集成。可以与视频监控等系统整合集成，接口符合国家相关标准。

（三）有效报警。应能准确及时地探测入侵行为、发出报警信号；对入侵报警信号、防拆报警信号、故障信号的来源应有清楚和明显的指示。自动报警系统不允许有遗漏报警。自动报警条件在一定的授权下可作调整。

（四）系统应符合《安全防范技术工程设计规范》（GB 50348）。

第二节　可视化管理系统

通过 VR 虚拟现实技术[24]、GIS 地理信息系统[25]等技术对粮油仓储企业内的仓储设施、地磅、港口、办公楼等进行三维建模，构建与实际粮油仓储企业一样的虚拟空间，并与粮油仓储企业业务管理系统进行对接，实现在虚拟空间内对粮油仓储企业仓储信息、作业信息及经营管理信息的真实管理，并结合自动化控制系统实现对设备的远程操作，实现更为直观的可视化管理。

第三节　办公自动化系统

安装办公自动化软件，并将粮油仓储企业办公自动化系统与粮食行政管理部门或上级单位办公自动化系统进行对接，实现同级或上下级之间的公文审批、信息发布等网上办公业务。

第六章 远程监管系统

本章规定了远程监管系统的基本功能。远程监管系统一般由储备粮业务管理系统、远程视频监控系统、可视化管理系统等组成。

第一节 储备粮业务管理系统

储备粮业务管理系统主要包括储备粮计划管理、储备粮库存实物台账管理、储备粮粮情监测管理、储备粮出入库管理等功能。

一、计划管理

下达储备粮收购、销售和轮换计划并对计划执行情况进行跟踪和远程监管。

二、仓储管理

对企业承储储备粮的仓储管理情况进行远程监管。包括储备粮的品种、数量、质量、出入库时间，并通过远程启动粮情测控系统获取储备粮的实时粮情信息，以及通过远程视频监控系统对储备粮的仓储管理和作业现场进行监控。

三、统计管理

对各粮油仓储企业上报的储备粮数据进行处理，并自动统计产生各类储备粮统计报表。

第二节 远程视频监控系统

远程视频监控系统应具备以下功能：

能够实时监控、定期报备、主动抽查、自动报警。各粮油仓储企业在已经完成本库视频监控系统建设的基础上，通过向粮食行政管理部门或上级单位开放硬盘录像机远程服务或架设流媒体服务器的方式，提供库内所有（或必须接受远程监管的部分）摄像头的远程视频服务。

粮食行政管理部门或上级单位可以不受干扰和限制地实时、远程查看各承储企业的监控视频，并对其中的摄像头进行方向、焦距缩放等远程控制，对监控画面进行录像、拍照等操作。

第三节 远程监控可视化管理系统

利用企业的有关数据，应用 GIS 地理信息系统、三维建模等技术对储备粮承储企业的地理位置分布、储粮品种及数量分布等信息进行直观、可视化地展示。

第四节 办公自动化系统

粮食行政管理部门或上级单位配备的办公自动化系统与粮油仓储企业配备的办公自动化系统连接，实现办公数据资源的共享与数据的自动传输。

第七章 建设与运营管理

开展粮油仓储信息化建设，既要重视顶层设计、总体规划以及建设投入，还要高度重视系统建成后的运营管理。要从制度、人员、资金等方面保障系统的正常运转。

第一节 规划建设

一、系统规划

首先应编制本地区本单位信息化建设规划,按照规划要求提出建设任务书,对信息化系统进行总体设计,然后再组织实施。

二、组织实施

组织成立专门的信息化建设工作小组,统筹协调信息化建设工作。在实施过程中,要加强与有关业务部门的沟通协调,不断优化、改善企业管理流程与工作要求,提高企业管理水平。

三、集成商选择

一般通过招标方式选择系统集成商。选择系统集成商时,一方面要考虑集成商的开发能力,另一方面还要考察集成商的经验、服务能力以及价格等因素。

系统集成商一般应具有二级以上系统集成资质及涉密信息系统集成资质。

第二节 运行维护

信息化系统建成后,应加强对系统的日常维护,保持系统正常运转。应建立日常维护、数据备份、软件升级、硬件设备维护升级等管理制度。

一、电子档案管理

建立电子档案管理制度,及时对电子文件及数据进行整理并建档,确保电子档案的存储安全。

二、安全保密管理

建立信息化安全管理机制,制定并严格执行保密措施,确保系统的安全,达到国家规定的保密要求。

(一)网络安全措施。粮油仓储企业局域网与互联网实现物理隔离或逻辑隔离,采取安装防火墙、杀毒软件等措施,防范黑客攻击、计算机病毒等安全风险。

(二)数据加密措施。关键数据应加密存储、传输,并对访问权限进行精细化控制,防止数据泄密。

(三)数据冗余和备份措施。粮油仓储企业所有信息化数据应有冗余机制,数据定期备份,防止设备故障导致的数据损失。

(四)故障应急响应。信息化系统应具有一定的故障应急响应机制,在系统出现故障时能自我识别、恢复,并自动切换到应急处理方案。

第三节 保障措施

系统建成后,还需要企业持续的投入与改造,确保系统能够与日常工作深度融合,支持系统正常运转。

一、人员保障

各级粮食主管部门应加强信息化人才队伍建设,重视对粮食职工的信息化知识培训,为本地区信息化建设提供人才保障。

二、经费保障

粮油仓储企业和有关粮食管理部门应保障信息化建设的资金需求,同时应对系统日常运营、维护提供专门的经费保障。

第四节 示范单位建设

国家粮食局将启动粮食信息化示范单位建设工作，通过典型应用示范，推进粮油仓储信息化建设进程。

一、信息化示范单位评价

国家粮食局负责示范单位考查工作，省级粮食行政管理部门和相关单位负责示范单位的推荐工作。示范单位评价与管理办法由国家粮食局另行发布。

二、信息化示范单位要求

粮油仓储企业的信息化示范单位必须符合本指南的有关规定。

附 术语

[1] 物联网 是指通过信息传感设备，按照约定的协议，把任何物品与互联网连接起来，进行信息交换和通信，以实现智能化识别、定位、跟踪、监控和管理的一种网络。它是在互联网基础上延伸和扩展的网络。

[2] DCS（Distributed Control System）即分散控制系统，一般习惯称为集散控制系统。它是一个由过程控制级和过程监控级组成的以通信网络为纽带的多级计算机系统，综合了计算机、通信、显示和控制等技术，其基本思想是分散控制、集中操作、分级管理、配置灵活、组态方便。

[3] RFID（Radio Frequency Identification）即无线射频识别，俗称电子标签。RFID 是一种简单的无线系统，只有两个基本器件，该系统用于控制、检测和跟踪物体。系统由一个询问器（或阅读器）和很多应答器（或标签）组成。

[4] 计算机图形仿真 是指在计算机中以图像的形式模拟现实世界的事物，用一系列有目的、有条件的计算机仿真实验来刻画事物的特征，从而得出数量指标，为决策者提供有关这一事物的定量分析结果，作为决策的依据。

[5] 多媒体技术（Multimedia Technology）是利用计算机对文本、图形、图像、声音、动画、视频等多种信息综合处理、建立逻辑关系和人机交互作用的技术。

[6] 人工智能（Artificial Intelligence）是研究、开发用于模拟、延伸和扩展人的智能的理论、方法、技术及应用系统的一门新的技术科学。人工智能是计算机科学的一个分支，它企图了解智能的实质，并生产出一种新的能以与人类智能相似的方式做出反应的智能机器，该领域的研究包括机器人、语言识别、图像识别、自然语言处理和专家系统等。

[7] 局域网络 是把分布在数千米范围内的不同物理位置的计算机设备连在一起，在网络软件的支持下可以相互通信和资源共享的网络系统。局域网络内的计算机可以实现文件管理、应用软件共享、打印机共享、工作组内的日程安排、电子邮件和传真通信服务等功能。局域网是封闭型的，可以由办公室内的两台计算机组成，也可以由一个公司内的上千台计算机组成。

[8] Wi-Fi（Wireless Fidelity）即"无线保真"，是一种将个人电脑、手持设备（如 PDA、手机）等终端以无线方式互相连接的技术，目前多应用于无线路由设备上。

[9] 安全隔离网闸 又名"网闸""物理隔离网闸"，用以实现不同安全级别网络之间的安全隔离，并提供适度可控的数据交换的软硬件系统。解决涉密网络与公共网络连接时的安全问题。

[10] UPS（Uninterruptible Power System）即不间断电源，是一种含有储能装置，以逆变器为主要组成部分，恒压恒频的不间断电源。主要用于给单台计算机、计算机网络系统或其他电力电子设备提供不间断的电力供应。当市电输入正常时，UPS 将市电稳压后供应给负载使用，此时的 UPS 就是一台交流市电稳压器，同时它还向机内电池充电；当市电中断（事故停电）时，UPS 立即将机内电池的电能，通过逆变转换的方法向负载继续供应 220V 交流电，使负载维持正常工作并保护负载软、硬件不受损坏。UPS 设备通常对电压过大和电压太低都提供

保护。

[11] 路由器（Router）是连接互联网中各局域网、广域网的设备，它会根据信道的情况自动选择和设定路由，以最佳路径，按前后顺序发送信号的设备。路由器是互联网络的枢纽。

[12] 网络交换机 是一个扩大网络的设备，能为子网络提供更多的连接端口，以便连接更多的计算机。

[13] 防火墙（Firewall）是一项协助确保信息安全的设备，会依照特定的规则，允许或是限制传输的数据通过。防火墙可以是一台专属的硬件也可以是架设在一般硬件上的一套软件。

[14] 服务器 指一个管理资源并为用户提供服务的计算机软件，通常分为文件服务器、数据库服务器和应用程序服务器。运行以上软件的计算机或计算机系统也被称为服务器。相对于普通计算机来说，服务器在稳定性、安全性、性能等方面都要求更高，因此CPU、芯片组、内存、磁盘系统、网络等硬件和普通计算机有所不同。

[15] 网络拓扑结构 是指用传输媒体互连各种设备的物理布局，就是用什么方式把网络中的计算机等设备连接起来。拓扑结构图给出网络服务器、工作站的网络配置和相互间的连接，主要有星型结构、环型结构、总线结构、分布式结构、树型结构、网状结构、蜂窝状结构等。

[16] 虚拟专用网络（Virtual Private Network，简称VPN）指的是在公用网络上建立专用网络的技术。它涵盖了跨公用网络或公共网络的封装、加密和身份验证链接的专用网络的扩展。VPN属于远程访问技术，利用公网链路架设私有网络，用户只要能上互联网就能利用VPN非常方便的访问内网资源。

[17] 软件开发框架 通常指的是为了实现某个业界标准或完成特定基本任务的软件组件规范，也指为了实现某个软件组件规范时，提供规范所要求之基础功能的软件产品。框架的功能类似于基础设施，与具体的软件应用无关，但是提供并实现最为基础的软件架构和体系。软件开发者通常依据特定的框架实现更为复杂的商业运用和业务逻辑。这样的软件应用可以在支持同一种框架的软件系统中运行。简而言之，框架就是制定一套规范或者规则（思想），大家（程序员）在该规范或者规则（思想）下工作。或者说就是使用别人搭好的舞台，你来做表演。J2EE、.NET是不同的软件开发框架。

[18] 数据库 是"按照数据结构来组织、存储和管理数据的仓库"。关系数据库是建立在关系模型基础上的数据库，借助于集合代数等数学概念和方法来处理数据库中的数据。现实世界中的各种实体以及实体之间的各种联系均用关系模型来表示。SQL Server、MySQL、Oracle是不同厂商提供的关系数据库产品。

[19] 电子签名 是指数据电文中以电子形式所含、所附用于识别签名人身份并表明签名人认可其中内容的数据。通俗点说，电子签名就是通过密码技术对电子文档的电子形式的签名，并非是书面签名的数字图像化，它类似于手写签名或印章，也可以说它就是电子印章。

[20] "四合一"新技术 在高大平房仓或浅圆仓、立筒仓中采用计算机粮情检测、环流熏蒸、机械通风、谷物冷却等技术和装备的集成及优化组合。由国家粮食局科学研究院牵头完成的《粮食储备"四合一"新技术研究开发与集成创新》成果获2010年度国家科技进步一等奖。

[21] Web Service 是一种应用程序，它可以使用标准的互联网协议，将功能纲领性地体现在互联网和企业内部网上。

[22] OPC（OLE for Process Control）是一个工业标准。OPC包括一整套接口、属性和方法的标准集，用于过程控制和制造业自动化系统。

[23] 电子巡更 是一种对巡逻人员巡更工作进行科学化、规范化管理的全新技术，是治安管理中人防与技防的一种有效整合。用于在下班之后特别是夜间的保卫与管理，实行定时定点巡查，是防患于未然的一种措施。

[24] 虚拟现实技术（简称VR）又称灵境技术，是以沉浸性、交互性和构想性为基本特征的计算机高级人机界面。它综合利用了计算机图形仿真技术、多媒体技术、人工智能技术、计算机网络技术、并行处理技术和多传感器技术模拟人的视觉、听觉、触觉等感觉器官功能，使人能够沉浸在计算机生成的虚拟境界中，并能够通过语言、手势等自然的方式与之进行实时交互，创建了一种适人化的多维信息空间，具有广阔的应用前景。

[25] 地理信息系统（Geographic Information System，简称GIS）又称为"地学信息系统"或"资源与环境信息系统"。它是一种特定的十分重要的空间信息系统，在计算机硬、软件系统支持下，对整个或部分地球表层（包括大气层）空间中的有关地理分布数据进行采集、储存、管理、运算、分析、显示和描述。

6. 关于印发《国家级粮食现代物流示范单位管理暂行办法》的通知

关于印发《国家级粮食现代物流示范单位管理暂行办法》的通知

国粮办展〔2012〕132号

各省、自治区、直辖市粮食局，中国储备粮管理总公司、中粮集团有限公司、中国华粮物流集团公司、中国中纺集团公司：

为加快粮食现代物流发展，推动国家级粮食现代物流示范单位规范化建设，加强对示范单位管理，我局研究制定了《国家级粮食现代物流示范单位管理暂行办法》，经国家粮食局领导批准，现印发你们，请结合实际认真贯彻落实。

2012年6月1日

附件：《国家级粮食现代物流示范单位管理暂行办法》
来源：http://www.chinagrain.gov.cn/n316635/n746804/c756202/content.html

附 国家级粮食现代物流示范单位管理暂行办法

第一章 总则

第一条 为推动国家级粮食现代物流示范单位（以下简称示范单位）规范化建设，加强对示范单位管理，加快推进粮食现代物流发展，特制定本办法。

第二条 示范单位是指按照《粮食现代物流发展规划》和《粮食现代物流项目管理暂行办法》建设，并经过国家粮食局组织考察和认定，在全国粮食现代物流建设和发展中具有不可替代的优势与特色，被业内和社会公众认可处于领先或特殊地位的粮食现代物流先进单位或集体，包括通道类、技术类和其他类3类。

第三条 开展示范单位考查活动的目的是以粮食现代物流为标准，以先进典型的示范作用为导向，推动粮食现代物流体系建设。考查示范单位旨在充分利用和发挥其资源及市场优势，引导和规范管理，降低粮食流通成本，提高粮食流通效率，更好服务于国家粮食宏观调控，保障国家粮食安全。

第四条 示范单位由国家粮食局授牌并发文公告，接受社会监督。

第二章 示范单位条件

第五条 示范单位原则上在《粮食现代物流发展规划》中内陆、沿海城市散粮物流节点范围内，或在全国六大主要跨省散粮物流通道和西部通道上。流通效益明显，在设施条件、中转方式、运营模式等方面具有显著特色和优势。

第六条 示范单位粮食有效中转仓容量不小于5万吨，年中转量一般连续两年均在50万吨以上，粮源集并或粮食辐射半径原则上在100千米范围内，铁路运输的专用线有效长度需满足整列装车发运的要求或达到1 050米。

第七条 通道类示范单位在本通道内流量大、衔接辐射作用强，并能积极引领全国各个通道和物流节点的发展，全国六大主要跨省散粮物流通道和西部通道中每个通道确定 3~5 个示范单位。

第八条 通道类示范单位需具备粮食流通功能，具有现代的机械化作业条件，具备散储、散运、散装、散卸"四散化"作业条件，粮食物流服务对相应通道有辐射带动作用。

第九条 技术类示范单位包括铁海联运、铁路内河联运、公铁联运、公路（散粮汽车）运输、信息化 5 类。

第十条 铁海联运、铁路内河联运、公铁联运类示范单位需具备必要的码头岸线、泊位能力和接收发放能力。采用集装箱运输的，具有集装箱接收发放设施，具有稳定的集装箱运输线路，铁海联运年粮食中转量 200 万吨以上，铁路内河联运年粮食中转量 100 万吨以上，公铁联运年粮食中转量 50 万吨以上。

第十一条 公路（散粮汽车）运输类示范单位需具有散粮汽车接收发放设施；散粮专用汽车不少于 50 辆，平均单车吨位不小于 30 吨。

第十二条 信息化类示范单位必须具备信息服务功能，能自动监测粮食从检验入库、粮食保管、粮情监控、质量跟踪、销售出库等环节信息，实现仓库信息化、自动化管理。

第十三条 其他类示范单位包括维稳保供、产学研结合、综合三类。根据粮食现代物流建设和发展需要，还可适当增加新类型的示范单位。

第十四条 维稳保供类示范单位一般在西部或某些特殊敏感地方，对于该地区乃至全国维护稳定和保障供给具有重要意义，该类项目的中转仓容和年粮食中转量等要求条件可适当放宽。

第十五条 产学研结合类示范单位企业能够与大专院校、研究机构开展合作，推动粮食现代物流科技教学、研发，以及科技成果示范和推广应用，提高粮食现代物流科技水平，培养粮食现代物流管理和技术人才。

第十六条 综合类示范单位一般位于粮食流通通道的主要节点上，具有储备、中转、加工等多种功能，具备"四散化"作业条件，具备信息服务功能。

第三章 示范单位考查流程

第十七条 示范单位由省级粮食行政管理部门推荐，国家粮食局考查确立；中国储备粮管理总公司、中粮集团有限公司、中国华粮物流集团公司、中国中纺集团公司负责本企业及分支机构的推荐工作，提出初审意见并提交国家粮食局。

第十八条 省级粮食行政管理部门提交的推荐材料，需详细说明所推荐企业的设施条件、流量流向、流通效益等，重点指出企业的主要优势、特点及示范点，并附现场考察的书面材料。

第十九条 国家粮食局负责示范单位考查确认工作，国家粮食局流通与科技发展司负责开展考查活动，统一组织专家对被推荐的企业资格进行现场考核，形成意见后公示，并由国家粮食局审定、授牌。

第四章 其他

第二十条 推荐材料必须真实可靠，一旦发现弄虚作假立即取消申请资格。授牌后如发现有虚假欺瞒行为，给予撤销称号和摘牌处理，并在业内予以通报。

第二十一条 示范单位业绩平平，经营状况不良，不能起到示范带头作用，撤销称号和摘牌。

第二十二条 示范单位如有明显违规违纪行为，撤销称号和摘牌。

第二十三条 本办法由国家粮食局负责解释和修改。

7. 大力推进粮食行业信息化发展的指导意见

大力推进粮食行业信息化发展的指导意见

信息化发展日新月异，是行业现代化水平的重要标志。大力推进粮食行业信息化[1]，是粮食流通产业"转方式、调结构"的重要手段，是加强粮食质量安全监管、增强粮食宏观调控能力、保障国家粮食安全的重要举措。根据深入学习贯彻党的十八大精神有关促进工业化、信息化、城镇化、农业现代化同步发展的战略部署，及《国务院关于大力推进信息化发展和切实保障信息安全的若干意见》《国家发展改革委"十二五"国家政务信息化工程建设规划》《国家发展改革委、国家粮食局关于印发〈粮食行业"十二五"发展规划纲要〉的通知》要求，为进一步明确粮食行业信息化发展的目标、原则、主要建设任务，使粮食行业信息化发展健康有序，提出以下指导意见。

第一章 指导思想、基本原则与主要目标

第一节 面临的形势

粮食行业信息化发展取得了初步成效。一是电子政务[2]建设取得进展。行业电子政务平台初步建成，粮食行政管理部门基本建成门户网站并成为政务公开的主渠道，国家和省级粮食购销存数据中心[3]、全国粮食动态信息系统[4]等项目建设进度明显加快。二是信息技术得到推广应用。配备自动化粮情监控系统[5]的仓容达到全国有效仓容的56%，具备智能通风[6]、远程监管等功能的新一代粮情测控、重量与水分传感、清仓查库等关键技术取得突破，部分地区已开展基于物联网[7]的数字粮库[8]试点建设并取得成功。三是信息网络体系不断完善。各级粮食行政管理部门基本建立内外网隔离的局域网，地方与企业行业信息化建设加快，业务管理信息系统[9]得到应用，信息网络安全[10]保障机制初步建成。四是粮食行业信息化标准规范[11]制定工作稳步推进。已制定发布《粮油仓储信息化建设指南（试行）》等规范，一些省（区、市）出台了部分信息化应用标准。

"十二五"时期是加快现代粮食流通产业发展的重要战略机遇期，新形势下粮食行业信息化发展面临着难得的机遇。一是党的十八大明确了坚持走中国特色新型工业化、信息化、城镇化、农业现代化道路，推动信息化和工业化深度融合、工业化和城镇化良性互动、城镇化和农业现代化相互协调，促进工业化、信息化、城镇化、农业现代化同步发展的战略部署，《国民经济和社会发展第十二个五年规划纲要》明确了国家信息化发展战略，国家相关部委出台了不同层面的行业信息化发展规划，为粮食行业信息化发展提供了强有力的政策保障。二是调整经济结构和转变经济发展方式的力度进一步加大，为粮食流通产业结构调整、优化升级提供了重要契机。三是新形势下保障国家粮食安全要求应用信息化手段提升粮食流通管理水平和效能，推进粮食行业信息化是发展现代粮食流通产业的战略任务。四是信息技术正在发生重大变革，云计算[12]、物联网、新一代移动通信等新技术不断涌现，为粮食行业信息化发展提供了强有力的科技支撑。

同时粮食行业信息化发展还存在不可忽视的困难和问题：一是部分地区和单位思想认识不到

位，信息化发展动力不足，信息化建设水平与管理职能需求差距较大，阻碍了粮食行业信息化的发展。二是缺乏有效的统筹规划和顶层设计，建设方案缺乏严格的科学论证，造成各自为政，条块分割突出，开发成本高，低水平重复建设。三是行业信息化标准体系不完善，共享程度低，难以互联互通，存在信息孤岛[13]，重硬件轻软件、重技术轻服务等现象较为普遍。四是信息化科研成果转化率不高，信息化关键技术与装备亟须突破，高质量的信息化科技成果储备不足，粮食信息资源开发利用严重滞后。五是缺乏扶持政策，信息化建设资金投入不足，信息化基本建设和运行维护费用存在较大缺口，缺乏复合型、应用型信息技术人才。

第二节　指导思想、基本原则与主要目标

指导思想：以粮食流通科学发展为主题，以提高粮食宏观调控及监管能力、提升应急保障水平、确保粮食数量与质量安全为目标，以粮油仓储企业信息化建设为基础，以深化粮食信息资源[14]开发利用和共享服务为主线，以粮食流通购销存动态管理信息系统建设为重点，加强顶层设计[15]、坚持需求主导，加强信息基础设施和网络信息安全保障能力建设，强化信息共享、业务协同和互联互通，有效提高公共服务水平，加快建成先进实用、安全可靠、布局合理、便捷高效的粮食行业信息化体系，全面提升粮食行业信息化水平。

基本原则：统筹规划、注重实效、协同共享、保障安全。

统筹规划。按照国家信息化战略部署，加强全国粮食行业信息化发展顶层设计，统一规划、统一标准，有序推进粮食行业信息化建设，避免低水平重复建设。因地制宜，合理布局，以点带面，稳步推进。

注重实效。以提升粮食行业业务管理水平，降低粮食流通成本、提高粮食流通效益为重点，突出粮食行业特色，注重前瞻性、先进性、实用性和可靠性，优先采用成熟、适用的信息技术支撑整个粮食行业信息化发展。

协同共享。充分发挥各级粮食行政管理部门、企业以及有效的社会力量的作用，建立全国统一的网络平台和应用平台[16]，合力推进粮食行业信息化建设。同时打破部门界限，以信息资源共享、利用为核心，优化资源配置，实现信息资源共享及业务高效协同。

保障安全。优先采用自主可控的国产化设备和系统建设信息安全基础设施。有序推进粮食行业信息化标准体系和安全保障体系建设，加强风险评估和安全防护，强化信息安全保密管理，确保粮食行业信息化基础设施和应用系统安全可靠。

主要目标：到2015年，粮食行业信息化基础设施基本完善，建成覆盖地市级以上的国家粮食电子政务网络，建成全国粮食动态信息系统；粮食行业信息资源开发利用、信息系统集成[17]、信息共享服务和业务协同能力进一步提高；物联网、云计算应用取得示范性效果，信息化自主创新能力明显增强，建成一批粮食行业信息化示范单位；信息化标准体系和安全保障能力进一步增强，行业信息化应用水平全面提高。

到2020年，形成统一完善的国家粮食电子政务网络平台；实现物联网、云计算等信息化技术在粮食流通领域的广泛应用，粮食流通信息服务[18]体系进一步健全，粮食电子商务[19]水平明显提高；建立完善的粮食行业信息化标准体系和安全保障体系，信息化自主创新能力显著增强。

第二章　粮食电子政务

形成统一完整、安全可靠、管理规范、保障有力的粮食流通电子政务网络平台，满足政务应

用需要；有序推进粮食行业业务协同和政务资源共享，粮食行政管理部门整体运行效率和社会服务效能显著提升；进一步增强对粮食突发事件的监控、决策和应急处理能力，粮食宏观调控的能力、决策的科学性和有效性不断提升。

第一节 粮食电子政务网络平台

充分利用已有信息基础设施，建设统一的国家、省、市、县各级粮食电子政务网络，有效推进政务内网、政务外网建设，逐级实现与国家电子政务内网、外网的互联互通，打造政务综合信息服务平台。建设统一的密钥管理[20]体系、网络信任体系[21]和安全管理体系，加快实施信息安全[22]分级保护制度，加强安全存储、数据备份与恢复、主动防护、安全事件监控等信息安全保障，提高粮食电子政务信息系统的安全保障能力。

依托统一的粮食电子政务网络平台和信息安全基础设施，以粮食行业业务协同需求为导向，积极推进跨地区、跨部门信息共享[23]，明确共享信息内容和程序，制定信息共享制度，保障共享信息安全。围绕粮食行业业务流程，优先选择业务流程相对稳定、信息密集的粮食业务开展应用系统建设，改造和完善已建应用系统，提升业务协同、信息资源共享、信息服务水平。

第二节 粮食流通数据中心

围绕粮食购销、储运、加工、管理等业务环节和监管需求，建设粮食流通数据中心、粮食基础信息[24]库和各类业务信息库，对已有数据库[25]进行标准化改造，实现粮食数据资源的汇聚和共享。利用数据库技术、数据挖掘技术等，实现不同历史时期各类粮食数据信息的动态管理，提升对粮食信息资源的开发和综合利用能力，为粮食宏观调控提供综合信息支撑。积极研究云计算模式在电子政务系统中的应用。

第三章 粮情监测预警信息体系

建立以粮食供求形势和市场价格为重点内容的监测预警系统，为粮食宏观调控提供信息支撑，增强粮食宏观调控的前瞻性、针对性和有效性。

第一节 粮情基础信息采集平台

提升粮食购销存动态信息监测能力。加强整合，形成网络化粮情信息监测平台，促进粮油市场监测信息的实时汇聚和动态更新。通过各级粮食行政管理部门对辖区内所有国有粮食企业、重点非国有粮食企业和重点粮食加工转化企业等的粮食经营数量信息、粮食收购、销售和库存数量等信息的采集，全面掌握粮食收购、销售和库存等动态变化情况，实现对粮食流通形势的实时监测。加强对粮食进出口监测和调控，合理利用国际市场，进行品种调剂。

提升粮食供需监测能力。科学合理设置城乡居民、餐饮企业和各类涉粮企业固定调查点，稳步扩大农户、城镇居民户和企业的抽样调查范围，从粮食供给、需求和消费数量方面实现对当前和未来的粮食供需形势的监测预警，提升国内粮油供需状况监测信息的可靠性和准确性。

建立国有粮食企业改革和发展信息系统。采用分级管理模式，实现联网互通，逐级报送全国国有粮食企业改革情况调查表、国有粮食购销企业改革情况调查表等有关数据，实现历史数据检索、查询、对比等信息服务，完善各地企业改革和发展工作沟通机制。

第二节 粮情监测预警平台

提升粮食监测预警能力。综合考虑粮食品种、价格类型、区域布局和监测点等因素，科学合理设置粮食市场信息监测直报点，通过网上直报的方式收集粮食市场价格信息，实现对短期粮食价格走势的监测预警，增强粮食价格动态监测预警能力。

加强粮油市场监测预警模型的研究。开发粮油市场监测预警系统，通过分级定等的方式动态反映区域粮食安全状况，实现对粮食供应和保障能力的综合评判，提升粮食宏观调控能力和国家粮食应急响应能力。搭建应急保供信息平台，实现相关部门在应急指挥、储备调节、应急供应保障、公共信息发布等方面的业务协同，提高应对突发事件和风险的能力。加强各地粮食应急供应网点的信息管理，及时了解动态掌握应急供应网点的粮食销售和库存情况。

第三节 粮情信息服务平台

利用固定报表和信息发布方式，及时向各级粮食行政管理部门报送各类统计数据和分析数据，实现互联互通和信息共享。通过报刊、杂志、网络等媒体，发布粮食收购、销售、价格、粮油加工业产能和产量等信息，正确引导国内生产、流通和消费，维护国内粮食市场的基本稳定。

综合利用粮食生产、消费、库存、加工、运输条件等信息资源，开发以数据挖掘[26]技术为支撑的粮食流通形势、粮食供需和粮食价格预警模型[27]，实现粮食信息资源的深度利用。建立区域粮食安全状况的动态反应机制，实现对区域粮食供求形势和变动趋势的客观分析。

第四章 粮油仓储信息体系

开发建设仓储管理信息系统，逐步建立和完善粮油仓储管理信息化体系，在行政管理、行业指导、社会服务和企业管理等层面拓宽信息化应用范围，提升管理水平。

第一节 全国粮油仓储管理信息系统

围绕仓储管理环节，以粮油仓储单位备案、仓储业务指导及信息共享服务功能为主，建立面向各级粮食行政管理部门及各类粮油仓储企业的管理信息系统。促进各项业务数据进入全国粮食动态信息系统数据库，实现管理环节信息资源的共享。

建设并完善粮油储藏技术服务信息系统。开发不同储粮生态区域、不同粮食品种的粮油储藏技术数据库、方法库和智能控制模型，通过在线服务[28]等方法，向农户、仓储企业、加工企业提供优质技术服务，推广先进适用储藏技术。

第二节 粮油仓储企业业务管理信息系统

立足现实需求，在仓储企业、特别是大中型储备粮库中大力推进业务管理信息化，提升仓储管理的信息化和自动化水平。采用先进、成熟的软件开发技术，建设具有开放性、可扩展性的粮油仓储业务管理信息系统，实现仓储、经营、质量、办公、人财物、安防监控等各环节的信息化管理以及业务模块之间的协同。指导中小型粮食购销企业推广使用功能简便、成本低廉、易于操作的粮食购销存管理软件，提高信息化管理水平。

第三节 自动化作业系统

利用自动控制技术，提升作业过程的自动化水平。通过电子标签或条码技术[29]，实现对来库办理业务的车、船、火车等出入库作业过程的自动跟踪和控制，实现对装粮、卸粮的车辆身份识别、自动扦样[30]、称重、业务合法性判定和粮油出入库信息自动记录。研究开发用于控制筒仓进出仓设备的自动化控制系统，提供远程访问控制和数据通信。

第五章 粮食现代物流信息体系

建立覆盖跨省粮食物流通道及主要节点的粮食现代物流信息体系，建设一批面向重点粮食物流区域、物流节点、物流园区的公共信息平台，实现我国主要粮食通道的粮食流量、流向和流速的动态监测，提升粮食物流信息监管和共享水平，提高粮食物流效率，降低物流成本。

第一节 粮食物流企业管理信息系统

积极引导、支持粮食物流企业利用信息网络技术改造和提升传统业务流程，实现企业粮食物流业务环节管理信息化。积极鼓励大型粮食物流企业实行信息化改造，实现企业间数据和信息的互联互通，形成系统化的物流综合管理平台。

第二节 粮食现代物流公共信息平台

基于物联网、云计算、定位、地理信息等技术，结合现有政策性粮食交易平台系统、全国粮食动态信息系统以及大型企业物流网络系统，整合公路、水路、铁路运输等部门的基础物流信息，建立统一采集指标、统一编码规则、统一传输格式、统一接口规范、统一追溯规程的全国和区域粮食物流公共信息平台，形成物流信息化服务体系。完善粮食物流标准化体系，建立物流信息采集、处理和服务的交换共享机制，构建以信息平台为中心的物流信息共享体系。推动现代物流和电子商务紧密结合，实现资金流、物流、信息流的融合互通，提升粮食物流信息资源服务水平和利用效率。

第三节 粮食现代物流监管平台

建设国家粮食物流监管调度系统[31]，全景展示我国"北粮南运"主要通道的物流状况，实时监控粮食物流信息，发布粮食流通相关指导信息，为我国粮食宏观调控、应急处理提供有力保障。

加快建设粮食物流地理信息平台。通过地理信息系统[32]直观展示主要粮食物流通道及主要节点项目分布，各主要节点项目设施条件、投资安排情况、物流中转能力及各年度主要粮食品种中转量等信息，统筹项目建设，优化资源配置，降低流通成本，并根据突发事件和粮食应急预案，指导、协助粮食流通的调度。

完善粮食交易市场物流信息直采系统。使用物联网技术标识粮食交易市场中的交易主体，及时采集市场交易的粮食品种、数量、价格、品质和储运等信息，并与国家粮食物流数据中心互联互通。

第六章 粮油加工业信息体系

推进信息化与粮油加工企业生产过程、经营管理的深度融合，提高业务流程优化再造和产业链协同能力；提升粮机装备国产化、智能化[33]水平及产品研发设计水平，增强自主创新能力。

第一节 生产过程智能化集成应用

推动粮油加工生产过程的自动化和智能化建设。提升粮油加工业关键生产工艺、核心装备及生产线的集成化、智能化水平；推动粮油加工业的生产过程状态监测、质量控制、节能减排、快速检测系统建立和应用，建立产品质量和安全的全周期管理体系。

提高粮油加工装备设计与制造智能化水平。利用计算机辅助工程[34]分析（CAE）、虚拟仿真[35]和数字模型[36]等先进设计工具，实现产品设计数字化；鼓励产品开发和工艺流程中的智能感知、知识挖掘、工艺分析、系统仿真[37]、人工智能[38]等技术的集成应用，推动大型高效低耗粮机装备的智能化、网络化。

第二节 粮油产品质量安全追溯信息系统

建立粮油加工产品质量安全追溯信息平台[39]。采用物联网技术、射频识别技术[40]（RFID）、快速检测技术等，采集和管理加工过程的生产工艺、环境、产品质量等信息，实现原料产品加工过程跟踪、质量控制生产周期的全程监控，形成粮油产品质量安全追溯信息系统。在企业质量安全追溯信息系统的基础上，采用云计算技术等，建立全国粮油加工产品质量安全追溯信息服务平台，实现多企业间质量信息的评估、监管和信息交换。

第三节 粮油加工信息服务平台

推进加工企业资源管理系统[41]（ERP）、客户关系管理[42]（CRM）、供应链关系管理[43]（SCM）等现代管理信息系统的应用，加强系统整合与业务协同；在骨干企业推进产、供、销、研、经营管理与生产控制、业务与财务全流程的无缝衔接和综合集成。

建立"放心粮油工程"信息服务平台，汇总"放心粮油"供应服务体系等基本信息，配送中心、"放心粮店"和销售网点布局信息，承担公共服务、质量安全、信息上报、在线查询、数据分析、信用评价、企业诚信电子档案等功能，为社会公众提供信息服务。

建立面向中小企业的研发、设计、服务平台，提供工业设计、虚拟仿真、样品分析、检验检测等软件支持和在线服务。加快研发、推广适合中小企业特点的企业管理系统。推动面向中小企业的信用管理、电子支付[44]、物流配送、身份认证[45]等关键环节的集成化服务。

第七章 粮食财务会计信息体系

提高粮食企业和粮食行政管理部门财务会计工作的智能化和信息化水平，建设"高效、便捷、安全、稳定"的覆盖各省以及基层国有粮食企业的财务会计信息互联平台，促进信息资源共享。

第一节 粮食财务会计信息系统

以现有会计报表系统为基础，进一步提升其综合分析和财务信息输出功能，增强财务数据的汇总、查询、审核功能，完善图表分析功能；扩大数据采集范围，进一步规范数据填报口径和报送级次，全面真实反映粮食经济运行情况和行业发展状况，满足各级粮食行政管理部门对企业主要财务指标数据采集的要求。各级粮食行政、事业单位和粮食企业的会计实务中，应用成熟、实用的信息技术，指导推广粮食会计核算电算化，以替代手工记账。建立起规范、统一、高效的粮食会计核算电子信息数据处理与交互，全面准确反映企业和单位的经营活动和财务状况，进一步提高粮食财务会计管理水平。

第二节 财务会计信息集成共享平台

建立与现有粮食信息网络互联又相对独立的粮食财务报表报送专用数据传输网络，实现国家与省、市、县直至基层粮食企业的互联互通，提高财务数据上报的及时性和安全性，促进财务信息集成和共享。完善财务监督功能，实现重要财务指标智能分析，提升粮食财务信息评价能力和科学决策水平。

第八章 粮食市场信息体系

建立完善的粮食收购、零售、批发市场信息管理系统，及时、准确地收集、整理、传输和分析各类粮食市场的信息，为改善粮食宏观调控提供信息支撑；完善全国统一粮食竞价交易平台[46]，实现粮食现货的网上交易。

第一节 粮食收购市场信息系统

开发全国粮食收购资格动态管理信息系统。实现国家、各省、市、县粮食收购资格相关信息的填报、上报、催报、统计和分类查询，实现全国粮食收购资格信息共享；定期对粮食收购资格信息进行汇总分析，满足政府部门掌握全国粮食收购资格主体变化信息需求。

开发农村粮食经纪人信息管理系统，实时查询并汇总分析国家、各省、市、县农村粮食经纪人的数量、收购粮食的规模等信息，为政府加强农村粮食经纪人的规范管理、科学管理提供决策信息。

第二节 粮食零售市场信息系统

开发粮食零售网络信息管理系统。实现粮食零售超市、便民连锁店、农村集贸市场等城乡粮食供应网点数量、布局及经营信息的实时统计、查询、分析、汇总。

加强粮食零售电子商务建设。深入开展粮食电子商务服务应用模式研究，普及和深化粮食电子商务应用，鼓励粮食销售企业建立或依托第三方电子商务平台开展网上交易，完善粮食电子商务的在线认证、支付等支撑体系。

第三节 粮食批发市场信息系统

建立粮食批发市场交易信息系统。支持全国商流批发市场会员、成品粮批发市场经营商户情况以及商流市场、成品粮市场交易品种、数量、质量、经营额等信息的填报、汇总、分析、查询等；根据商流市场、成品粮市场的建设与发展对信息系统进行动态更新，并及时向政府相关部门报送粮食批发市场交易信息。

加强全国统一粮食竞价交易平台建设。提升交易平台的技术框架、硬件设施和软件，逐步扩大交易系统的市场联网范围，完善统一交易规则，建立客户信息档案，改进交易平台技术后台管理方式，提高交易平台的运行效率；完善网上支付系统、提升客户服务平台、建设更加灵活和方便的交易和客户查询系统，方便客户在更多网络和平台下参与网上交易，强化竞价交易平台的信息统计和报送能力，及时对交易的性质、品种、价格、数量、成交额、交割情况等信息进行分析汇总，定期逐级上报市场交易信息。

加强粮食批发电子商务建设。积极创新粮食批发网络销售模式，鼓励和引导成品粮经营企业开展网上批发交易业务，完善粮食批发的网上竞价、协商交易规则，完善粮食批发电子商务的网上资金结算、划转、保证金代管等支撑系统。

第九章　粮食监督检查信息体系

建设粮食监督检查信息系统，统筹规划，分类指导，有序推进中央与地方之间的信息共享，实现各级粮食监督检查工作信息化和管理智能化，提升粮食流通监管能力。

第一节　粮食监督检查管理信息系统

建设粮食流通监督检查体系管理信息系统，动态掌握粮食行政管理部门机构建设、制度建设、人员队伍、执法培训、经费落实、执法证件等管理情况，指导推进行政执法体系建设；动态掌握监督检查行政执法各项工作开展情况，有针对性地对检查工作进行分类指导，强化层级监督；动态掌握监督检查示范单位有关情况，推动监督检查示范单位创建工作。建立粮油库存检查专业人才信息库，为多样性开展粮食流通监督检查奠定基础。

第二节　粮油库存动态监管信息系统

以粮情基础信息采集平台为依托，开发粮油库存动态监管系统。系统基于粮油库存管辖权限，按照设定检查要求，依据提取的粮油企业库存基本数据信息进行分类检查，实时提供特定监管对象的粮油库存管理状况，为各级粮食行政管理部门开展粮油库存日常监管、随机抽查、突击检查、案件核查等工作提供技术支撑，实现对粮油库存数量、质量、储存安全情况的动态监管。

开发粮油库存检查管理信息系统。基于粮情基础信息采集平台，自动实现检查时点粮油库存统计数据的分解登帐；实现检查数据由工作底稿到汇总表格的自动生成，逐级汇总审核，按规定条件查询、分析等功能；实现对检查工作要求的实时发布，辖区内各级库存检查文件资料的实时收集，检查工作进度的实时统计汇总，提高库存检查工作的效率和水平。

第三节　经营者诚信档案和行政执法案件管理系统

建立粮食经营者诚信档案管理系统，动态掌握粮食经营者基本情况、诚信经营情况，筛查重点监管对象，实现对粮食经营者的分类监管。实时记录粮食经营者守法经营诚信档案。适时公开诚信信息，加强社会监督，提高监管效率，提升粮食经营者诚信管理水平。

建立监督检查行政执法案件管理系统，动态掌握各地涉粮案件受理、立案、查处、结案、归档等信息，跟踪案件办理进度，指导各地行政执法工作。实现对案件分类、汇总、分析、总结，剖析典型案例，归纳发案规律，查找粮油监管薄弱环节，为完善相关政策制度、加强监管提供依据。

第十章　粮食质量安全监管信息体系

开发全国粮食质量安全检验监测信息预警系统、检查信息系统和检验监测资源管理系统，完善粮油标准数据库[47]，提升粮食质量安全监管信息化和规范化水平，切实提高政府监管和公共服务能力。

第一节 粮食质量安全监测与检查管理信息系统

建立粮食质量安全监测信息系统，第一时间掌握收购粮食常规质量、内在品质、卫生污染情况，为完善国家收购政策提供依据，指导粮食收购，调整种植结构，促进农民增收，确保国家粮食质量安全。

建立粮食质量安全检查管理系统，动态掌握地方各级粮食行政管理部门日常质量监管工作开展情况，强化层级监管；动态掌握粮食经营企业内部质量安全管理信息，强化企业质量安全第一责任的职责；开发库存粮食质量安全检查管理信息系统，实现国家和地方库存粮食质量检查数据的上传和汇总分析，提高库存粮食质量检查工作效率，实时掌握库存粮食质量安全状况。

第二节 粮食质量检验监测资源管理信息系统

搭建省、市、县三级检验监测资源管理平台，掌握全国粮食质量检验机构建设、人员队伍、经费落实、仪器配置、检验水平等情况，指导粮食质量检验监测体系建设；掌握各级检验机构日常工作开展情况，对相关业务进行指导和管理；有针对性的开展业务培训和考核，推动检验检测能力提升。

第三节 粮油标准化管理系统

建立粮油标准化管理系统，逐步实现粮油标准化工作动态管理。建立粮油标准制修订工作管理系统，推进粮油标准申报、立项、征求意见、审定、报批、批准发布等全过程实时管理；建立粮油标准研究验证体系、管理体系及专家库查询系统，提高粮油标准验证、征求意见等工作的效率和水平；建立粮油标准数据库查询系统，提供粮油标准文本或摘要、会议信息、学术文献以及相关基础研究数据等技术资料的在线查询或咨询链接；建立粮油标准宣贯评估系统，加大粮油标准宣贯力度和时效性，便于粮油标准在实施过程中各方意见及时反馈。

第十一章 军粮供应服务信息体系

加快军粮供应信息化基础设施建设，完善军粮供应管理信息系统，提升军粮供应信息统计分析能力，增强军粮供应信息安全保障能力，提高军粮供应信息化水平。

第一节 军粮供应业务管理信息系统

完善军粮供应综合信息管理系统。搭建军粮供应粮油品种、粮油等级等基础数据库，实现信息共享。实现财务核算电子化。优化整合办公自动化系统，按照不同类型军粮供应单位的业务需求，实现各类原始数据的共享。开发粮油购销信息系统，实现商品进货管理、商品零售管理和商品收支存管理的信息化和自动化。

第二节 军粮仓储管理与质量监控

开发军粮仓储信息系统，实现经营管理、生产管理的信息化。开发军粮质量监管系统，全面采集加工企业管理、库存粮食质量管理、部队满意度信息，动态掌握加工企业资质、生产能力、产品质量、价格信息和库存粮食出入库、扦样、检化验任务、化验单信息等。

第三节 军粮应急保障系统

开发军粮应急保障系统，建设应急机构、应急人员、应急物资等应急保障基础数据库，提升应急指挥管理、应急物资管理、应急资金管理和应急演练保障管理水平。开发军供地理信息系统，指导应急储备粮库科学合理建设。

第十二章 粮食公共信息服务体系

依托粮食行业综合信息服务平台，完善粮食行业公共信息服务体系，健全服务手段，探索建立信息服务长效机制，提高粮食行业社会化、专业化信息服务水平。

第一节 粮食信息服务手段

结合粮食行业信息化管理及服务网络，增加粮食信息服务内容的数量并提高质量。根据各地粮食生产、经营情况，依托粮食经纪人、粮食企业等建立农村粮食信息员队伍，扩大粮食行业互联网、移动终端48的应用范围，通过短信、彩信、手机报、手机终端等方式，为粮食行业从业人员、企业提供全面的粮食信息服务。

第二节 粮食信息服务专业化

拓宽与各类大型粮食行业分析机构、企业的合作，建立专业化粮食行业信息分析49团队。综合分析我国粮食调控政策、宏观经济、国际传导、供需平衡、市场竞争、生产成本、农民预期、比价关系、自然灾害等因素，提高对我国粮食政策及行情的分析预测能力。合理利用专业化粮食报刊、杂志及门户网站以及传统的电视、广播等媒体，建立统一的定期信息发布机制，面向社会发布粮食行业市场权威分析报告及指导意见，增强粮食信息的专业化服务水平。

第三节 粮食市场行情信息服务机制

加强与各级粮食交易市场、国内主要粮食电子商务企业、大型粮食加工、仓储企业的合作，密切关注各地粮食价格行情，并建立粮食价格的实时反应机制，完善粮食行情信息的汇聚与发布渠道，以各种直观的方式快速将各类粮食行情信息传达至粮食种植农户、加工、收储、贸易运输企业，指导其对粮食行情的判断，提高其种植、经营收益能力。

第十三章 信息化标准与安全保障体系

建立完善的粮食行业信息化标准体系，制定粮食信息分类、采集、存储、处理、交换和服务等一系列标准与规范，加快建立健全粮食行业信息化标准实施机制，强化标准在粮食行业信息化建设各个环节中的应用，加强信息化安全保障措施，提高粮食行业信息网络安全保障能力，为信息系统开发和信息服务共享提供保障。

第一节 信息化标准

构建科学、合理的粮食行业信息化标准体系。全面梳理粮食行业行政管理、企业生产的标准需求，修订完善已有标准，优先制定粮食行业信息化建设所需共性的、基础性、关键性标准，加快粮食仓储业务管理、粮油市场监测、粮食流通电子政务、粮食电子交易等领域的标准建设，完善粮食行业信息分类编码标准、数据交换标准，提高强制标准的比例，鼓励标准的应用推广和示范；形成包含信息资源标准、应用标准、信息网络标准、服务标准和管理标准的粮食行业信息化标准体系。

第二节 安全保障

提升粮食行业信息化安全保障能力。在对各级粮食行业内外网的安全域划分的基础上，加快制订安全基础标准、物理安全、网络安全、系统安全、应用安全和数据安全标准，实现对不同安全域按照等级保护有关要求进行相应的安全保护，确保信息和系统的保密性、完整性和可靠性。按照通用管理标准、质量管理和安全运行与管理标准体系，加强粮食行业信息化管理体系建设，促进粮食行业信息化建设正常进行。强化网络与信息安全，对涉密信息采用人防与技防等措施进行严格管理；对于非涉密数据，要注重信息资源互联互通。

第十四章 重大科研课题和建设项目

围绕粮食流通产业需求，应用现代信息技术，解决粮食信息化过程中涉及的粮食信息感知、信息传输、信息安全、数据存储、信息分析等应用基础和工程技术问题，研发粮食信息技术领域关键装备，支撑粮食产业升级。

第一节 粮食专用物联网研究及产业示范

开展粮食物联网体系架构基础模型、软件体系架构、物联网数据聚合与建模[50]、物联网数据感知与交互[51]等技术研究；分析粮食物联网的安全需求，建立保护粮食敏感信息[52]的安全体系架构，提出粮食物联网安全协议[53]设计标准；支持适用于物联网的新型近距离无线通信[54]技术和传感器[55]节点的研发，积极研究适用于固定、移动、有线、无线的多层次物联网组网技术；开展粮仓储粮数量、体积、密度、容重、水分、虫害、霉菌等物联网专用传感器的研究开发；开展粮食品质在线检测技术研究和装备研制；开展粮食物联网技术产业化示范。

第二节 粮食流通信息平台及追溯技术研究

开展粮食企业平台、公共开放平台及调控管理平台的互联互通技术研究，实现粮食公共物流信息集成，依托"北粮南运"通道，形成以黑龙江、江苏、深圳等的区域管理及国家粮食行政管理信息平台示范；开展基于定位技术、RFID技术的粮食物流信息采集系统及传输系统，在粮食主产区和主销区进行粮食（含成品粮）物流全程跟踪与追溯应用示范；探索粮食流通云服务平台等新型信息系统的技术集成开发，研究粮食流通海量数据获取、传输、分析、管理的技术支撑体系，为粮食流通信息化提供长期技术支撑。

第三节 粮食基础信息数据库

开展粮食感官、物理、化学等特性基础信息研究，建设粮食种类、品种、等级等品质基础数据库；开展粮食生理生化特性研究，开展粮食传热学特性、水分分布、迁移特性、光电声学特性、磁电特性和粮堆的微气流循环规律、散粒体动态力学基本规律、特性和理论研究；研究储粮害虫在粮堆的扩散及分布规律，分析和模拟粮食储藏生态；研究粮食流向、流量等基础流通数据，建立数字粮食[56]的基础数据模拟、预测和评估模型，实现粮库规律信息模拟。

第四节 信息化重点建设项目

按照粮食行业信息化发展需要，围绕粮食电子政务基础设施及网络平台、粮食行业管理信息系统、企业管理信息系统、公共信息服务平台等不同层面，建设一批粮食行业信息化重点项目，深化信息技术在粮食行业的应用，明显提升粮食行业信息资源共享和利用水平。

专栏 粮食行业信息化重点建设项目

序号	项目名称	建设内容	建设布局
1	粮食流通动态数据中心	建设国家、省级粮食流通动态数据中心，包括粮食流通动态信息业务、粮食应急综合信息和粮食地理信息数据库。	全国各级粮食行政管理部门
2	粮食行业管理信息系统	建设覆盖粮食市场监测预警应急、质量安全监控、监督检查执法、军粮供应保障、流通统计、仓储管理、基础设施建设、技术改造项目管理等主要业务、资源共享业务联动的一体化粮食行业监管信息系统及平台。	全国各级粮食行政管理部门
3	粮食仓储企业信息系统	建设融合仓储业务管理、经营管理、自动化作业、储备粮监管、网络化远程监控等功能于一体的粮食仓储企业信息系统；建立粮油储藏技术数据库、方法库和智能控制模型。	全国粮食仓储企业
4	粮食公共信息服务平台	建设粮食信息发布、现代物流公共信息服务、"放心粮油"工程、粮油产品加工及流通质量安全追溯、粮食电子交易等公共服务平台。	省级以上粮食行政管理部门，重点粮食公共信息服务平台
5	新技术应用试点示范	数字粮库建设试点示范；粮食储运物流监管和物流信息服务试点示范；数字化质量全程追溯试点示范等。	部分粮食主产区、主销区等

第十五章 保障措施

粮食行业信息化建设是一项复杂的系统工程，为确保各项重点工作顺利开展，需要从组织领导、制度建设、政策资金、人才队伍、机制建设等方面提供有力保障。

第一节 组织领导

各省级粮食行政管理部门建立信息化工作领导机构和工作机构，统一负责信息化发展和建设。研究编制粮食行业信息化发展规划，严格进行信息化项目规划论证，强化规划引导。切实加强项目建设管理，注重项目建设先进性、可靠性、保密性和安全性，防止低水平重复建设。

第二节 制度建设

抓紧制定粮食行业信息化建设的相关管理办法，建立粮食行业信息资源分类、采集、共享、整合和保密制度，明确各级行政管理部门在信息来源、标准和交换中的责任和义务，探索建立统一规划下灵活、有效的信息资源共享机制；建立健全粮食行业信息化发展水平评价机制、项目建设评估机制，对信息化基础设施和系统平台建设项目进行绩效考核。

第三节 政策资金保障

研究协调粮食行业信息化发展的有关重大问题和政策，各省级粮食行政管理部门应主动加强与发展改革、财政、商务、工信、科技等部门的协同运作，多渠道争取资金支持，有序开展信息化示范项目建设；拓宽投资渠道，对于有条件的地区，积极吸收社会资金，推动粮食行业信息化建设，并充分利用信息增值服务收入，不断加大信息化建设投入。

第四节 人才队伍建设

坚持多渠道培养与高起点引进人才并举，培养一批粮食信息技术创新团队和学术带头人，加强高校培养粮食信息化人才力度，制定科学的培养目标和规划；抓紧对基层信息化技术人员的培养，拓宽教育培训渠道，鼓励各级粮食行政管理部门和教育科研机构与企业联合开展教育培训活动；着力培养既精通粮食业务又通晓信息技术的复合型人才。加强国内外粮食行业信息化技术的研讨与交流。

第五节 考核评价机制

建立粮食行业信息化建设目标、任务分级分部门考核责任制，将信息化建设列入单位工作的一项重要考核内容，细化目标任务，加强督促检查。建立和完善信息化工作激励评价机制，充分调动主动性、积极性和创造性。对率先开展行业信息化建设试点，并发挥示范引导作用的，国家粮食局可将其认定为粮食行业信息化示范单位，优先给予支持。

来源：http://www.chinagrain.gov.cn/n316635/n746804/c756086/content.html

附 名词术语解释

1. **信息化** 是指利用信息技术，开发利用信息资源，促进信息交流和知识共享，提高经济增长质量，推动经济社会发展转型的历史进程。信息化构成要素主要有：信息资源、信息网络、信息技术、信息设备、信息产业、信息管理、信息政策、信息标准、信息应用、信息人才等。本文指粮食行业信息化，即利用信息技术，以深化粮食信息资源开发利用和共享服务、增强业务协同能力为目标，提高粮食宏观调控和监管能力，提升国家粮食安全保障能力。

2. **电子政务** 是指运用计算机、网络和通信等现代信息技术手段，实现政府组织结构和工作流程的优化重组，超越时间、空间和部门分隔的限制，建成一个精简、高效、廉洁、公平的政府运作模式，以便全方位地向社会提供优质、规范、透明、符合国际水准的管理与服务。文中指粮食电子政务系统，用以提升国家各级粮食行政管理部门的运行效率和服务水平，实现政务信息共享和业务协同。

3. **粮食购销存数据中心** 是金农工程的重要组成部分，主要用于采集处理粮食购、销、存等流通信息、粮食生产信息和粮食流通相关政策法规信息等，实现粮食信息资源数字化、信息传输网络化和信息处理自动化。

4. **全国粮食动态信息系统** 是指依托国家发展和改革委员会纵向网和互联网，为实现各级粮食行政管理部门对国内外粮食市场供求形势的实时监测和动态即时分析建设的信息系统。系统包括粮食流通动态信息监测、粮食应急综合信息和粮食地理信息三个数据库和粮食流通动态信息监测、粮食应急保障计划辅助决策、粮食应急保障实施监控、粮食应急响应管理、粮食应急后期处理管理、粮食应急辅助管理和粮食行业综合门户等七个应用系统。

5. **粮情监控系统** 是指利用现代计算机和电子技术对储粮温度、湿度、害虫、气体等粮情进行检测、对粮情数据进行存储与分析，并根据粮情分析结果对储粮设备进行适时控制的信息系统。

6. **智能通风** 是在指在粮食储藏过程中，根据通风目的和通风控制数学模型，自动检测粮情和判断通风条件，自动控制通风设备与设施的开启和关停的通风方式，解决了常规机械通风可能出现的低效、无效甚至有害通风。

7. 物联网　是指通过信息传感设备，按照约定的协议，把任何物品与互联网连接起来，进行信息交换和通讯，以实现智能化识别、定位、跟踪、监控和管理的一种网络。它是在互联网基础上延伸和扩展的网络。文中指粮食行业的物联网应用，通过物联网技术实现粮食收购、储藏、流通等过程的智能化监控。

8. 数字粮库　是指利用现有成熟的信息技术等对粮食的出入库、检验、储藏、监管等环节进行信息化管理。粮库的数字化建设主要包括业务流程智能化、仓储作业自动化和仓储管理信息化。

9. 业务管理信息系统　信息系统是由计算机硬件、网络和通信设备、计算机软件、信息资源、信息用户和规章制度组成的以处理信息流为目的的人机一体化系统，具有输入、存储、处理、输出和控制五个基本功能。信息系统的结构模式有集中式的结构模式、客户机/服务器（C/S）结构模式和浏览器/服务器（B/S）结构模式三种。从信息系统的发展和系统特点来看，可分为数据处理系统（Data Processing System，简称DPS）、管理信息系统（Management Information System，简称MIS）、决策支持系统（Decision Support System，简称DSS）、专家系统［人工智能（AI）的一个子集］和虚拟办公室（Office Automation，简称OA）五种类型。业务管理信息系统是指由人和计算机网络集成，能提供企业管理所需信息以支持企业的生产经营和决策的人机系统，主要功能包括经营管理、资产管理、生产管理、行政管理和系统维护等信息系统。文中指以粮库信息化设施为基础，对粮库业务管理信息进行加工和处理的系统。

10. 网络安全　是指网络系统的硬件、软件及其系统中的数据受到保护，不因偶然的或者恶意的原因而遭受到破坏、更改、泄露，系统连续可靠正常地运行，网络服务不中断。网络安全从其本质上来讲就是网络上的信息安全。

11. 信息化标准规范　是指在信息化建设实践中，对重复性出现的事物和概念，通过制定、发布和实施标准，达到统一，以获得最佳秩序和效益的过程。信息化标准规范通常包括信息技术基础标准、信息资源标准、网络基础设施标准、信息安全标准、应用标准等。文中指粮食行业信息化实施过程中的所涉及的各类通用和专用标准规范。

12. 云计算　是指基于互联网的相关服务的增加、使用和交付模式，通常涉及通过互联网来提供动态易扩展且经常是虚拟化的资源。狭义云计算指IT基础设施的交付和使用模式，指通过网络以按需、易扩展的方式获得所需资源；广义云计算指服务的交付和使用模式，指通过网络以按需、易扩展的方式获得所需服务。文中指在对粮食行业自身IT基础设施与社会公共IT基础设施利用虚拟技术进行有效融合的基础上，通过对粮食行业信息数据的标准化，进而利用互联网技术、软标准化，进而利用互联网技术、软件技术、数据库技术等实现IT基础设施和信息服务的行业化、个性化服务模式，并通过移动终端、智能手机等多种终端进行结果展示。

13. 信息孤岛　是指相互之间在功能上不关联互助、信息不共享互换以及信息与业务流程和应用相互脱节的计算机应用系统。信息孤岛有数据孤岛、系统孤岛、业务孤岛和管控孤岛等形式。文中指粮食信息化建设中存在的信息孤岛问题，如数据不能共享、办公系统相互独立、业务系统不能互联互通等。

14. 信息资源　是指企业生产及管理过程中所涉及的一切文件、资料、图表和数据等信息的总称。它涉及企业生产和经营活动过程中所产生、获取、处理、存储、传输和使用的一切信息资源，贯穿于企业管理的全过程。文中指粮食收购、储藏、物流、加工和管理等过程中涉及的粮食品质、收购价格、储粮粮情、储粮设施、库存、粮食物流等粮食相关信息的总称。

15. 顶层设计　是指从全局视角出发，围绕着某个对象的核心目标，统筹考虑和协调对象的各方面和各要素，对对象的基本架构及要素间运作机制进行总体的、全面的规划和设计。顶层设计代表的是一种系统论思想和全局观念，其主要特征有三个：一是顶层决定性；二是整体关联性；三是实际可操作性。粮食信息化建设的顶层设计要以提升粮食行业信息化水平为目标，强化业务协同、信息共享和互联互通，注重建设的前瞻性、实用性、安全性和保密性。

16. 应用平台　是指支撑一般应用系统开发的基础平台，具有以下特点：不直接面向一般应用的用户，和具体行业和业务没有直接关系；支撑一般应用的基础平台，为一般应用提供权限认证、安全管理、资源管理、事务、数据管理等基础功能；一般的应用构建在平台之上，平台为应用提供基础的服务；基于平台构建的应用系统拥有良好的集成性、扩展性，具有更好的性能和安全；通过应用平台可以构建和扩展新的应用，生成应用功能。

17. 信息系统集成 是指通过结构化的综合布线系统和计算机网络技术，将各个分离的设备（如个人电脑）、功能和信息等集成到相互关联的、统一和协调的系统之中，使资源达到充分共享，实现集中、高效、便利的管理。系统集成采用功能集成、网络集成、软件界面集成等多种集成技术。系统集成实现的关键在于解决系统之间的互连和互操作性问题，它是一个多厂商、多协议和面向各种应用的体系结构。

18. 信息服务 是指用不同的方式向粮食相关用户提供所需信息的一项活动。信息服务活动通过研究用户、组织用户、组织服务，将有价值的信息传递给用户，最终帮助用户解决问题，是传播信息、交流信息，实现信息增值的一项活动。信息服务的主要方式包括信息检索服务、信息报道与发布服务、信息咨询服务和网络信息服务。本文指粮食行业相关的信息服务，包括粮食物流信息状况、粮食收购信息、粮食价格指数变化情况、粮食储藏科技信息咨询等。

19. 电子商务 是指利用计算机技术、网络技术和远程通信技术，实现电子化、数字化和网络化的整个商务过程。电子商务是以商务活动为主体，以计算机网络为基础，以电子化方式为手段，在法律许可范围内所进行的商务活动过程；运用数字信息技术，对企业的各项活动进行持续优化的过程。本文指粮食零售和粮食批发等环节的电子商务行为。

20. 密钥管理 一般范指生产、生活所应用到的各种加密技术，能够对个人资料、企业机密进行有效的监管。密钥管理就是指对密钥进行管理的行为，如加密、解密、破解等。

21. 网络信任体系 是指以密码技术为基础，以法律法规、技术标准和基础设施为主要内容，以解决网络应用中身份认证、授权管理和责任认定等为目的的完整体系。其中，身份认证是一种通过公共密钥基础设施（PKI）的技术手段确认网络信息系统中主客体真实身份的过程和方法，主要以电子认证方式实现；授权管理是综合利用身份认证、访问控制、权限管理等技术措施解决访问者合理使用网络信息资源的过程和方法；责任认定是应用数据保留、证据保全、行为审计、取证分析等技术，记录、保留、审计网络事件，确定网络行为主体责任的过程和方法。文中指粮食电子政务网络的的网络信任体系。

22. 信息安全 是指信息网络的硬件、软件及其系统中的数据受到保护，不受偶然的或者恶意的原因而遭到破坏、更改、泄露，系统连续可靠正常地运行，信息服务不中断。信息安全主要包括以下五方面的内容，即需保证信息的保密性、真实性、完整性、未授权拷贝和所寄生系统的安全性。其根本目的就是使内部信息不受外部威胁，为保障信息安全，要求有信息源认证、访问控制，防止有非法软件驻留，防止有非法操作。

23. 信息共享 是指不同终端（客户端）通过网络（包括局域网、Internet）共同管理、分享服务器（数据库）的数据信息，也指不同层次、不同部门信息系统间，信息和信息产品的交流与共用，以便更加合理地达到资源配置，节约社会成本。信息共享是提高信息资源利用率，避免在信息采集、存贮和管理上重复浪费的一个重要手段，其基础是信息标准化和规范化。文中指粮食行业各业务部门之间，行政管理部门和企业之间，各级粮食行政管理部门等之间的信息共享。

24. 粮食基础信息 是指粮食品种品质信息；粮食种类、品种、等级等品质，声、光、电、磁等物性特征信息等。

25. 数据库 是指按照数据结构来组织、存储和管理数据的仓库。关系数据库是建立在关系模型基础上的数据库，借助于集合代数等数学概念和方法来处理数据库中的数据。现实世界中的各种实体以及实体之间的各种联系均用关系模型来表示。如 SQL Server、MySQL、Oracle 是不同厂商提供的关系数据库产品。

26. 数据挖掘 是指通过分析每个数据，从大量数据中寻找其规律的技术，主要有数据准备、规律寻找和规律表示三个步骤。数据挖掘的任务有关联分析、聚类分析、分类分析、异常分析、特异群组分析和演变分析等。文中指利用数据挖掘技术进行粮食流通数据的分析、预测和预警。

27. 粮食价格预警模型 是指利用数学工具，根据粮食生产、消费、库存、加工能力、运输条件等信息，建立的能够反映粮食价格变动趋势的数学模型，用户能够根据该模型对以往总结的规律或观测得到的可能性前兆，发出紧急信号，以避免粮食价格变化危害在不知情或准备不足的情况下发生，从而最大程度地降低危害。

28. 在线服务 是指利用互联网技术，向用户提供线上服务的方式。主要分为应用程序在线服务和人力资源的在线服务。应用程序在线服务购成了互联网应用的基础，它包括我们常见的 Web 浏览、电子邮件、论坛、即时通信、游戏、下载和专门信息服务、在线视频等。人力资源的在线服务是个人或团体以技能、知识、智力、创意等方式通过互联网实时向被服务者提供服务。

29. 条码技术　是实现 POS 系统、EDI、电子商务、供应链管理的技术基础，是物流管理现代化的重要技术手段。条码技术包括条码的编码技术、条码标识符号的设计、快速识别技术和计算机管理技术，它是实现计算机管理和电子数据交换不可缺少的前端采集技术。本文指利用条码技术进行出入库业务的信息化管理，实现自动扦样、车辆身份识别等。

30. 自动扦样　是指粮油仓储企业通过电子标签或条码识别车辆身份并执行扦样、标识的过程，从而达到减少人工参与和提高业务效率的目的。

31. 国家粮食物流监管调度系统　是指为监管和指导粮食物流过程而开发的信息系统，可全景展示并适时监控我国"北粮南运"主要物流通道的物流状况，根据物流状况发布指导信息，提高物流效率。

32. 地理信息系统（GIS）　又称作资源与环境信息系统，它是一种特定的十分重要的空间信息系统，在计算机硬、软件系统支持下，对整个或部分地球表层（包括大气层）空间中的有关地理分布数据进行采集、储存、管理、运算、分析、显示和描述。地理信息系统现已广泛用于全球环境变化动态监测、自然资源调查与管理、城市、区域规划和地籍管理等，此外还在金融业、保险业、公共事业、社会治安、运输导航、考古、医疗救护等领域得到了应用。文中指利用地理信息系统建立粮食地理信息数据库、粮食物流地理信息平台等。

33. 智能化　是指使对象具备灵敏准确的感知功能、正确的思维与判断功能以及行之有效的执行功能而进行的工作。智能化发展具有以下趋势：（1）集成化。采用高度集成化 CPU、RISC 芯片和大规模可编程集成电路以及专用集成电路 ASIC 芯片。（2）模块化。硬件模块化易于实现系统的集成化和标准化。（3）网络化。可进行远程控制和无人化操作。

34. 计算机辅助工程（CAE）　是指用计算机辅助求解分析复杂工程和产品的结构力学性能，以及优化结构性能等，CAE 软件可作静态结构分析，动态分析；研究线性、非线性问题；分析结构（固体）、流体、电磁等。文中指利用 CAE 工具进行粮食企业产品的数字化设计。

35. 虚拟仿真　是以沉浸性、交互性和构想性为基本特征的计算机高级人机界面。它综合利用了计算机图形仿真技术、多媒体技术、人工智能技术、计算机网络技术、并行处理技术和多传感器技术模拟人的视觉、听觉、触觉等感觉器官功能，使人能够沉浸在计算机生成的虚拟境界中，创建了一种适人化的多维信息空间。虚拟仿真用于工业生产常指用于指导生产的仿真系统，它结合用户业务层功能和数据库数据组建一套完全的仿真系统，可组建 B/S、C/S 两种架构的应用，可与企业 ERP、MIS 系统无缝对接，从而实现 http://baike.baidu.com/albums/1033797/1033797/0/0.html-0 $ 148f28d33aa9e05b3bf3cf49 企业利用虚拟平台，实时管理生产的目的。文中指利用虚拟仿真工具进行粮食企业产品的数字化设计工作。

36. 数字模型　是指对地理事物特别是诸如城市、流域这样的实体数据表达形成的某种数据集合，并可以通过计算处理显示事物特征。它是以三维的手法进行建模，模拟出一个三维的建筑、场景、效果，可以在数字场景中任意游走、驰骋、飞行、缩放，从整体到局部再从局部到整体。文中指利用数字模型工具进行粮食加工企业产品的数字化设计。

37. 系统仿真　是指根据系统分析的目的，在分析系统各要素性质及其相互关系的基础上，建立能描述系统结构或行为过程的、且具有一定逻辑关系或数量关系的仿真模型，据此进行试验或定量分析，以获得正确决策所需的各种信息。系统仿真的基本方法是建立系统的结构模型和量化分析模型，并将其转换为适合在计算机上编程的仿真模型，然后对模型进行仿真实验。文中特指利用系统仿真工具进行粮油装备的数字化、智能化设计和改造。

38. 人工智能　是研究、开发用于模拟、延伸和扩展人的智能的理论、方法、技术及应用系统的一门新的技术科学。人工智能是计算机科学的一个分支，该领域的研究包括机器人、语言识别、图像识别、自然语言处理和专家系统等。文中特指利用人工智能技术进行粮油加工装备的智能化设计和改造，使设备具备信息感知、处理和部分决策的功能。

39. 质量安全追溯信息平台　是指在原辅料供应、生产管理、仓储物流、营销相关业务环节采用合适的信息技术手段实时记录产品信息，可通过查询跟踪产品生产状态，仓储状态和流向，以达到质量安全管理的目的。

40. 射频识别技术（RFID） 又称电子标签、无线射频识别，是一种通信技术，可通过无线电信号识别特定目标并读写相关数据，而无须识别系统与特定目标之间建立机械或光学接触。常用的有低频（125~134.2K）、高频（13.56Mhz）、超高频，无源等技术。RFID读写器分移动式的和固定式的，通常用于物流管理、供应链管理、运输管理等。文中指利用射频识别技术进行仓储出入库、物流等过程中的信息采集。

41. 资源管理系统（ERP） 是一个以管理会计为核心的信息系统，识别和规划企业资源，从而获取客户订单、完成加工和交付，最后得到客户付款。ERP将企业内部所有资源整合在一起，对采购、生产、成本、库存、分销、运输、财务、人力资源进行规划，从而达到最佳资源组合，取得最佳效益。文中指在粮食加工企业运用ERP系统，提升企业的信息共享和业务协同能力。

42. 客户关系管理（CRM） 是一个不断加强与顾客交流，不断了解顾客需求，并不断对产品及服务进行改进和提高以满足顾客需求的连续过程。其内涵是企业利用信息技术（IT）和互联网技术实现对客户的整合营销，是以客户为核心的企业营销的技术实现和管理实现。客户关系管理注重的是与客户的交流，企业的经营是以客户为中心，而不是传统的以产品或以市场为中心，为方便与客户的沟通，客户关系管理可以为客户提供多种交流的渠道。

43. 供应链关系管理（SCM） 是一种集成的管理思想和方法，它执行供应链中从供应商到最终用户的物流计划和控制等职能。从单一的企业角度来看，是指企业通过改善上、下游供应链关系，整合和优化供应链中的信息流、物流、资金流，以获得企业的竞争优势。供应链管理是围绕核心企业，主要通过信息手段，对供应的各个环节中的各种物料、资金、信息等资源进行计划、调度、调配、控制与利用，形成用户、零售商、分销商、制造商、采购供应商的全部供应过程的功能整体。本文指在粮食加工企业运用SCM系统，进行供应链整合和优化，提升粮食加工企业经营效益。

44. 电子支付 是指从事电子商务交易的当事人，包括消费者、厂商和金融机构，通过信息网络，使用安全的信息传输手段，采用数字化方式进行的货币支付或资金流转。电子支付是电子商务系统的重要组成部分，具有数字化的支付方式、开放的系统平台、先进的通讯手段、快捷的支付优势等特点。电子支付的协议有SSL（Secure Sockets Layer，安全套接层协议）和SET（Secure Electronic Transaction，安全电子交易协议）。

45. 身份认证 是指在计算机网络中确认操作者身份的过程。常用的身份认证方式包括：静态密码、动态密码、智能卡、动态口令牌、USB KEY、生物识别方式（指纹、视网膜、虹膜、脸型）等。

46. 全国统一粮食竞价交易平台 是指为加强粮食市场的宏观调控、做好政策性粮油销售工作，受国家发展和改革委员会、财政部、国家粮食局等部门委托，由国家粮油信息中心开发的粮食电子竞价交易系统。该平台覆盖国内重要产销区省级粮食批发市场，具有网上交易、客户查询、信息统计与报送等功能，对加强粮食宏观调控、维护粮食市场价格的基本稳定，保护种粮农民利益，保障国家粮食安全，推动中国粮食市场体系的发育和成长，发挥着十分重要的作用。

47. 粮油标准数据库 是国家标准文本数据库的重要组成部分，包括了国家发布的全部粮油相关标准，其标准数据经过加工，包括了英文主题，中英文主题词和专业分类等信息。

48. 移动终端 是指可以在移动中使用的设备，广义包括手机、笔记本、平板电脑、POS机和车载电脑。随着集成电路技术的飞速发展，移动终端的处理能力已经拥有了强大的处理能力，移动终端正在从简单的通话工具变为一个综合信息处理平台，给移动终端增加了更加宽广的发展空间。

49. 信息分析 是指以社会用户的特定需求为依托，以定性和定量研究方法为手段，通过对社会信息的收集、整理、鉴别、评价、分析、综合等系列化的加工过程，形成新的、增值的信息产品，最终为不同层次的科学决策服务的一项具有科研性质的智能活动。文中指为满足粮食行业不用用户需求而对粮食相关数据进行加工处理的过程。

50. 物联网数据聚合与建模 数据聚合是物联网的一种表现形式，是指对物联网中每个数据进行属性的精确标识，全面实现数据的资源化。数据聚合将使用户能极为方便的任意检索所需的各类数据，在各种数学分析模型的帮助下，不断挖掘这些数据所代表的事物之间普遍存在的复杂联系。数据建模指的是对现实世界各类数据的抽象组织，确定数据库需管辖的范围、数据的组织形式等直至转化成现实的数据库。文中指粮食物联网中感知数据的标识和建模，为从海量数据中提取有效信息提供技术手段。

51. 物联网数据感知与交互 信息感知是物联网的基本功能，其最基本的形式是数据收集。通过物联网等手段获取的原始感知信息具有显著的不确定性和高度的冗余性。因此需要研究信息感知的有效方法，将不确定信息整合为应用服务所需要的确定信息。信息交互是物联网"物物互联"的目的，是一个基于网络系统有众多异质网络节点参与的信息传输、信息共享和信息交换的过程。物联网信息交互与传统人机交互具有很大的不同，主要体现在：物联网信息交互"用户"的泛在性；物联网信息交互是一种主动交互方式，网络节点按需主动获取信息；物联网信息交互的过程非常复杂，大量异质网络节点参与。

52. 粮食敏感信息 是指《粮食工作国家秘密范围的规定》的相关信息。

53. 物联网安全协议 安全协议又称作密码协议，物联网安全协议是指建立在密码体制基础上的一种交互通信协议，它运用密码算法和协议逻辑来实现认证和密钥分配等目标，其目的是在网络环境中提供各种安全服务。安全协议是网络安全的一个重要组成部分，我们需要通过安全协议进行实体之间的认证、在实体之间安全地分配密钥或其他各种秘密、确认发送和接收消息的非否认性等。是指针对物联网设备数量超大规模这一特征，通过设计针对感知设备的高效密码算法，构造低负载、低能耗、高效的物联网安全通信协议，解决海量规模物联网设备标识的计算、功耗、存储和带宽受限等问题。

54. 无线通信 是指利用电磁波信号可以在自由空间中传播的特性进行信息交换的一种通信方式，近些年信息通信领域中，发展最快、应用最广的就是无线通信技术。在移动中实现的无线通信又通称为移动通信，人们把二者合称为无线移动通信。文中指利用无线通信技术进行粮食相关信息的传输并设计、开发物联网应用中的近距离无线传输节点。

55. 传感器 是指能够感受规定的被测量并按照一定规律转换成可用输出信号的器件或装置，通常由敏感元件和转换元件组成。常将传感器的功能与人类5大感觉器官相比拟：光敏传感器——视觉、声敏传感器——听觉、气敏传感器——嗅觉、化学传感器——味觉、压敏、温敏、流体传感器——触觉。文中指在粮食行业中应用最为广泛的温度传感器、湿度传感器、水分传感器、气体成分传感器等。

56. 数字粮食 是指粮食储藏信息、粮食流通信息及粮食交易信息的数字存在和数字表现形式；在计算机可识别的可存储介质上概括的、有序的集合，并能够实现信息显示与实际存在相结合的表现对应关系；同时，将对应关系及数据在一定的立体坐标体系内，提供确定的数量、图形的二维或三维表现，将整个粮食流通中的外部环境与内在粮食品质变化机理与数字模型的三维表述直观表现，为粮食流通、管理、调控、应急等提供系统、全面、直观、完整准确的信息，提供修改、检索、传输的控制干预功能，为粮食的高效管理提供支撑。

国家粮食局
2012年12月

8. 国家粮食局 中国农业发展银行关于进一步加强合作推进国有粮食企业改革发展的意见

国家粮食局 中国农业发展银行关于进一步加强合作推进国有粮食企业改革发展的意见

国粮财〔2012〕205号

各省、自治区、直辖市及新疆生产建设兵团粮食局，中国农业发展银行各省级分行：

国有粮食企业是国家收购掌握粮源和实施粮食宏观调控、促进粮食增产和农民增收、维护粮食市场与价格基本稳定、确保国家粮食安全的重要载体和得力抓手，承担着重要的公益性、基础性和社会性职能。近些年来，各地按照中央关于进一步深化粮食流通体制改革的部署，大力推动国有粮食企业改革和发展，企业"三老"问题基本解决，新的经营管理机制逐步建立。国有粮食企业在农业政策性金融的支持下，积极开展粮食购销，经济效益稳步提高，开始走向振兴发展的新阶段。但是，在多元市场主体日益激烈的竞争中，受历史遗留问题及当前经济环境等因素影响，国有粮食企业融资难、竞争力弱、经营模式单一、缺乏自我积累等问题比较突出，"小、散、弱"的状况没有得到根本性改变，粮食购销主渠道的地位和功能受到影响。

为进一步优化国有粮食企业改革发展环境，充分发挥农业政策性金融的重要支持作用，促进国有粮食企业尽快做大做强，更好地服务国家粮食宏观调控，切实保护种粮农民利益，维护粮食市场稳定，保障国家粮食安全，国家粮食局和中国农业发展银行（以下简称农发行）就进一步加强合作，推进国有粮食企业改革和发展提出以下意见：

一、推动战略重组，做大做强国有粮食企业

（一）重点推进县级国有粮食购销企业兼并重组，促进资产优化组合。每个县（市、区）原则上保留1家地方国有或国有控股粮食购销企业，以优势骨干粮库为主体，基层购销网络为基础，通过兼并重组，组建公司制、股份制粮食企业，主要承担粮食储备、政府调控和市场化收购任务。逐步实现"一县一企、一企多点"模式，促进资产、资源向优势企业集中，把国有粮食企业做大做强。

（二）积极适应区域粮食宏观调控需要，着力培育区域性国有或国有控股的地方大型粮食企业，并以具备规模优势、资产优势和市场影响力的区域性大中型粮食企业为依托，打造国有或国有控股的区域性粮食集团，不断提高国有粮食企业的竞争力、影响力和控制力。

（三）按照有利于保护售粮农民利益、有利于粮食市场稳定、有利于国家粮食安全、有利于发挥国有粮食企业主渠道作用的原则，在深入分析本地国有粮食购销企业资产状况、经营能力的基础上，充分考虑当地粮食购销数量、企业辐射半径和应急保障需要，制订本地区国有粮食企业改革重组规划方案。省、市、县三级规划方案要上下对应、统一协调，并征得当地政府同意及有关部门的支持，确保规划方案的顺利实施。

二、转变企业经营模式，建立现代企业制度

（四）着力改变国有粮食购销企业"买原粮、卖原粮"的单一经营发展模式，推动有条件的国有粮食企业向收购、仓储、物流、加工、销售等一体化发展，延伸和完善产业链条，增强企业竞争力。鼓励地方国有粮食企业通过积极参与"主食产业化""放心粮油工程"等，拓展经营空间，实现经营多元化发展。

（五）按照"产权清晰、权责明确、政企分开、管理科学"的现代企业制度要求，创新机制，规范运作，完善法人治理结构，真正形成以资产为纽带、统一发展战略、统一资产管理、统一财务核算、统一制度管控、统一人力配置的统分结合的公司制发展模式，切实增强企业市场竞争力。

三、积极协调和争取地方政府支持，为国有粮食企业改革发展创造良好环境

（六）在改制重组过程中，要通过采取免征、先征后返或减征土地出让金的方式，将地方国有粮食企业现有的国有划拨土地改变为出让用地。结合"退城进郊"、创办"粮食产业园"等，盘活地方国有粮食企业现有资产，扩大资产规模，改善资产质量。

(七）加强对地方国有粮食企业改革的指导、协调、监督和服务，在人员分流、社会保障、经营性亏损处置等方面给予一定优惠政策，争取重组、改制后的地方国有和国有控股粮食企业，继续享受原有国有粮食企业的税收优惠政策，减少企业经营成本。

（八）采取政府注资、企业入股等方式，多渠道充实国有粮食企业资本金，提高企业资信状况，增强地方国有粮食企业融资偿贷能力，实现可持续发展。

四、发挥政策性金融支持作用，加大信贷支持力度

（九）以省、市两级粮食储备为重点，加大对地方储备信贷支持力度，确保省、市级储备粮增储、轮换资金需要，不断增强地方政府区域粮食市场调控能力。对省、市级储备粮管理公司或直属库，地方储备先购后销所需的轮换贷款，应给予信用贷款支持。对军粮供应企业保障军粮供应所需资金足额贷款。

（十）对县级粮食储备实行有区别的信贷政策。对制度健全、财政补偿政策落实、符合贷款集中管理要求的，增储贷款要优先支持；对财政补贴不落实的，原则上不予支持。对承担县级储备的企业，地方财政补贴能够弥补价差亏损，或企业足额建立轮换风险准备金的，所需轮换贷款可采取信用贷款方式。

（十一）对经营管理状况好的地方国有粮食企业开展自主经营的市场化粮食收购资金需求，要按照企业的风险承受能力和经营能力，在企业有效资产应抵尽抵，落实一定比例的自有资金或缴存风险准备金后，可发放信用贷款。不得将自有资金和风险准备金两种风险保障措施同时使用。

（十二）对从事粮食储运、调销、加工的国有粮食企业符合流动资金贷款条件和要求的，要积极给予流动资金贷款支持，促进其扩大经营。

（十三）在地方国有粮食购销企业资产重组过程中，可以发放重组贷款，支持企业资产整合，提高竞争优势。对地方国有粮食购销企业在战略重组过程中关闭、注销和破产的，农发行可依照国家有关规定，加快处置所形成的呆坏账。

（十四）充分利用现有的流动资金贷款、中长期固定资产贷款，积极支持改制后的地方国有粮食企业开展粮食收储、科技创新、技术升级改造、质量体系建设、军粮供应保障能力提升以及生产基地建设，引导企业延伸产业链条，加快产业布局，尽快做大做强。

（十五）对改革改制后的地方国有粮食购销企业，暂时达不到粮食收购贷款条件的，给予1~2年过渡期限。在粮食主产区和有粮食收购任务地区，一个县（市、区）域内没有具备粮食收购贷款资格企业的，应由当地政府指定，落实必要风险防控措施，选择1~2家条件较好的地方国有粮食企业发放粮食收购贷款，确保不留收购空白点，地方政府和粮食行政管理部门要负责对指定企业进行监管，确保农发行收购资金安全。

（十六）地方国有粮食企业要按照农发行粮食收购资金封闭管理要求，确保粮食收购资金专款专用，不得挤占挪用。申请粮食收购资金贷款须在农发行开立粮食收购资金存款账户，积极配合农发行对收购资金的信贷监管，销售货款要全额回笼至农发行存款账户，并及时归还占用的粮食收购贷款。

五、改进信贷服务，提高办贷效率

（十七）积极协调地方政府发展贷款担保机构。通过粮食企业的联合筹资、吸收社会资金入股、向现有担保机构注资、争取财政资金补助等方式组建融资性担保公司，对地方国有粮食企业

定向提供担保，提高地方国有粮食企业的融资能力。

（十八）建立粮食共同担保基金。有条件的地方，要积极协调政府有关部门和地方国有粮食企业共同出资，在粮食行政管理部门或财政部门建立粮食共同担保基金，为地方国有粮食企业融资进行担保。

（十九）不断创新信贷产品，满足地方粮食企业改革发展的需要。对产业链比较完善的粮食企业，农发行要创新信贷产品，以核心业务为依托，满足企业上下游整个产业链的融资需求。

（二十）创新地方国有粮食企业的贷款担保方式，增大对企业融资额度。实行粮食库存浮动抵押、仓单质押等安全、便捷的担保方式，切实改善地方国有粮食企业融资担保难问题。

（二十一）对于地方国有粮食企业使用粮食收购贷款，每年在收购旺季前要及早开展收购贷款资格认定、信用等级评定和授信工作，将粮食收购贷款额度核批到企业，并及时通知企业办理相关手续。

（二十二）严格执行中国银监会和农发行有关金融服务收费相关规定，严禁违规向企业收费。对于符合收费减免政策规定的，要减免相关费用，降低企业融资成本。

六、密切加强合作，建立工作协调机制

（二十三）各级粮食行政管理部门和农发行要建立国有粮食企业资信共同考评机制，把企业发展潜力、经营管理能力、履约还贷能力等作为考核重要内容，共同把发展前景良好、管理规范、信誉良好的国有粮食企业纳入"信誉良好企业"名单，在贷款条件和政策上给予适当优惠和支持。

（二十四）各级粮食行政管理部门和农发行要建立国有粮食企业贷款风险共同监管机制，科学区分市场经营风险等系统性风险和恶意挤占挪用等非系统性风险，分类指导、突出重点。农发行适当提高对因价格波动而带来的市场风险承受度和容忍度。粮食部门要加强对国有粮食企业经营管理的指导，努力规避市场风险。同时建立国有粮食企业贷款非系统性风险责任追究机制，对企业发生的恶意挤占挪用农发行贷款的行为，按照人事管理权限严肃追究直接责任人和相关责任人的责任。

（二十五）各级粮食行政管理部门和农发行要建立定期联系共同会商制度，加强对国有粮食企业改革发展的调查研究，掌握粮食行业发展规划、产业政策、改革动态等，共同参与当地国有粮食企业改革方案的制定，积极争取政府和有关部门的支持，及时沟通国有粮食企业改革进展、经营管理和信贷资金的使用情况，协商解决工作中存在的困难和问题，及时总结改革的成功经验和典型做法，完善政策措施，进一步提高服务水平。

各级粮食行政管理部门和农发行要认真贯彻落实本意见精神，并将执行过程中遇到的新情况、新问题，及时向国家粮食局（财务司）和农发行（客户一部）报告。

当前，正值秋粮收购的关键时期，各级粮食行政管理部门、农发行要通力合作，认真分析秋粮收购资金需求，及早安排和落实收购资金，加强对收购资金监管，确保不出现"打白条"问题。

国家粮食局　中国农业发展银行

2012年11月2日

来源：http://www.chinagrain.gov.cn/n316635/n746804/c756118/content.html

9. 关于印发《成品粮应急储备库建设设计要点》的通知

关于印发《成品粮应急储备库建设设计要点》的通知

各省、自治区、直辖市粮食局：

按照国家发展改革委与国家粮食局联合印发的《粮食行业"十二五"发展规划纲要》（国粮展〔2011〕224号）以及国家粮食局印发的《粮食流通基础设施"十二五"建设规划》（国粮展〔2012〕2号）要求，"十二五"期间拟在全国36个大中城市建设成品粮应急低温储备仓100万吨，2012年选择个别条件较成熟的城市先行试点，2013—2015年全面推进36个大中城市的成品粮应急低温储备仓建设。为做好此项工作，我们请相关科研院所研究制定了《成品粮应急储备库建设设计要点》，经局领导批准，现将该设计要点印发你们，请在成品粮应急储备库建设中遵照执行。

二〇一二年二月十七日

来源：http://www.chinagrain.gov.cn/n316640/n316903/c492132/content.html

附　成品粮应急储备库建设设计要点

前言

本设计要点用于指导成品粮应急储备库建设和设计工作。主要规定了成品粮应急储备库建设、设计中的特有或需强调的技术要求，其他要求应遵照现行的有关原粮储备库建设、设计相关标准、规范执行。

1 选址

1.1 应在常驻人口较多的省会、直辖市、计划单列市及地区级城市建设。

1.2 应根据当地生产、储存、加工、物流、贸易和消费的需求，合理布局，周边功能配套，优先选择临近加工厂、物流能力强的地方，与应急加工体系双向结合，保障应急供应。

1.3 应具备稳定可靠的电源、水源、通信等外部条件。

1.4 应具有良好的工程地质和水文地质条件。库址不应选在抗震设防列度为9度的地震区；应避开有泥石流、滑坡、流沙等直接危害的地段，以及Ⅳ级自重湿陷性黄土和Ⅲ级膨胀土等工程地质不良地区。

1.5 应避免洪水、潮水和内涝威胁，场地的防洪标准不应低于50年一遇。

1.6 应远离污染源及危险源，且应位于污染源全年最小频率风向的下风侧。成品粮应急储备仓至污染源、危险源的距离应当满足以下要求：

1.6.1 距有害元素的矿山、炼焦、炼油、煤气、化工（包括有毒化合物的生产）、塑料、橡胶制品及加工、人造纤维、油漆、农药、化肥等排放有毒气体的生产单位，不小于2 000米。

1.6.2 距屠宰场、集中垃圾堆场、污水处理站等单位，不小于1 000米。

1.6.3 距砖瓦厂、水泥厂、混凝土及石膏制品厂等粉尘污染源，不小于500米。

1.7 应符合城市规划的要求。

2 规模

2.1 成品粮应急储备库建设规模计算方法为：应满足建设项目的所在城市常住人口应急供应15天口粮的要求，人均口粮消费标准按170kg/年考虑。

2.2 特大型城市应分置建设多个成品粮应急储备库。

2.3 单个成品粮应急储备库建设规模不宜超过2万吨。
2.4 与加工企业结合建设的成品粮应急储备库应考虑其生产、销售能力。

3 建筑设计

3.1 仓型

3.1.1 成品粮应急储备库仓房建设可采用单层仓房、多层仓房，应根据各地的用地条件、建设规模等确定。

3.1.2 原有仓房经改造并符合相关要求，也可作为成品粮应急储备库。

3.1.3 新建或改造仓房，拟用于低温、准低温储藏的应满足《粮油储藏技术规范》（LS/T 1211—2008）中有关低温仓或准低温仓的有关技术要求。

3.2 保温隔热要求

根据《粮油储藏技术规范》（LS/T 1211—2008），用于低温储藏的仓房墙体及屋盖的传热系数要求如下：

所在储粮生态区域	传热系数 W/$(m^2 \cdot K)$	
	墙体	屋盖
第5区、第7区	0.46~0.52	≤0.35
第4区、第6区	0.52~0.58	≤0.40
第1、2、3区	0.58~0.70	≤0.50

3.3 气密性要求

采用低温或准低温储藏方式的成品粮应急储备仓，实仓气密性要求为：500pa降至250pa的半衰期不小于120s。

3.4 仓屋盖应完好，并有隔热层和防水层；仓盖应有大于3%的坡度；仓盖檐槽的下水管应设置在仓墙外面。

3.5 仓屋盖、墙体外表面应采用白色或使用高反射率的材料，有利于节能，特别是仓屋盖。

3.6 门窗、通风口要严密并有隔热、密封措施。门窗、孔洞处应设防虫线和防鼠雀板、网。

3.7 作业区的设置

考虑到成品粮应急储备库对粮食的进出仓，尤其是出仓速度要求较高，以及我国劳动力成本上升的趋势，成品粮应急储备库仓房内应设置作业区，以便根据各地具体情况采用固定式或移动式作业设备。作业区大小应根据进出仓方式、采用的进出仓设备等确定。

4 工艺设计及装备

4.1 包装与堆码形式

4.1.1 包装形式

以编织袋、纸袋或塑料袋为主，便于存储与发放，并有一定防水功能。

4.1.2 堆码形式

可使用托盘，多层堆码。托盘材质宜采用工程塑料。托盘加成品粮的重量约为1吨。码垛方案应满足进出仓作业及易于控制粮食水分、温度的要求。

4.2 进出仓工艺与装备

4.2.1 进出仓作业能力

为了满足成品粮日常轮换作业及应急动用的需要，成品粮应急储备库应具备适当的进出仓作业能力。确定成品粮应急储备库的进出仓作业能力，应综合以下两种作业模式确定：

4.2.1.1 日常轮换作业模式

成品粮应急储备库的进出仓作业能力，必须满足日常轮换作业的需要。在此情况下，应结合各地《成品粮油应急储备管理办法》，根据储备规模、轮换次数、轮换时间确定合理的进出仓作业能力。

4.2.1.2 应急动用模式

在应急动用模式下,应根据调出批量、有关方面提出的时间要求,确定粮食出仓能力,确保应急动用"调得动、出得快、用得上"。

4.2.2 进出仓作业装备

进出仓作业设备应以粮食进出仓作业能力为依据,在综合考量仓房形式、投资水平、运行成本等的基础上确定。根据需要,可以选用移动式作业设备或固定式作业设备。

4.2.2.1 移动式作业设备

对于投资水平较低的项目可选用叉车、带式输送机等移动式作业设备用于成品粮进出仓作业。应尽可能提高作业机械化程度,以满足应急时快速出库的要求。

4.2.2.2 固定式作业设备

对于投资充裕且区域人力成本较高的项目,可选用辊道输送机、穿梭车、升降机、货梯等固定式作业设备用于成品粮的进出仓作业。

4.3 低温、准低温储藏工艺与装备

根据我国不同生态区域的气候特点和储存成品粮特点,可以酌情选用应急成品粮安全保质储存低温或准低温储存工艺。

成品粮仓应配备温、湿度控制系统,以完成低温或准低温及缓苏作业。成品粮仓温、湿度控制系统应包括:控温控湿装备、通风设施、温湿度检测装置和自动控制系统。控温控湿装备可根据情况采用固定式或移动式专业机组,控制精度应达到温度±3℃、湿度±10%。

4.4 粮情测控系统

成品粮应急储备库应配置粮情检测系统,监测粮温、仓温、仓湿及大气环境温湿度等,并根据具体情况采取相应通风、制冷或除湿操作。系统包括:测温主机、分机、测温电缆、仓温仓湿传感器,以及粮情分析软件等。系统应具备粮情自动检测,历史趋势数据分析等基本功能,还可根据具体情况集成通风控制、测虫及气体检测功能。仓内粮情检测点设置、采样、检测方法等应当参照《粮油储藏技术规范》(LS/T1211—2008)中成品粮库的相关要求。

4.5 管理信息系统

成品粮应急储备库管理信息系统应包括业务调度、合同管理、计划管理、客户管理、单据管理、财务管理、生产资料管理、质量管理,以及物流作业、安防监控等业务模块。主要装备包括:计算机网络系统、应用服务器及各类计算机。业务网与作业网应进行物理隔离。应推广RFID等物流信息自动采集技术。

4.6 检化验系统

成品粮应急储备库的检化验系统应适当配备成品粮收纳、存储检化验仪器,应满足小麦粉、大米品质检验需求。

5 在原库/厂区建设成品粮应急储备设施时参照本设计要点执行。

十六、国务院扶贫开发领导小组办公室

1. 关于印发《建立精准扶贫工作机制实施方案》的通知

关于印发《建立精准扶贫工作机制实施方案》的通知
（国开办发〔2014〕30号）

各省（自治区、直辖市）和新疆生产建设兵团扶贫办、农办、民政厅（局）、人力资源和社会保障厅（局）、统计局、团委、残联：

为贯彻落实《关于创新机制扎实推进农村扶贫开发工作的意见》（中办发〔2013〕25号）中"关于建立精准扶贫工作机制"的精神，国务院扶贫开发领导小组办公室、中央农办、民政部、人力资源和社会保障部、国家统计局、共青团中央、中国残联研究制定了《建立精准扶贫工作机制实施方案》。现予印发，请结合实际，抓好落实工作。

专此通知。

附件：建立精准扶贫工作机制实施方案

国务院扶贫开发领导小组办公室　中央农办　民政部
人力资源和社会保障部　共青团中央　中国残联
2014年5月12日

来源：http://www.cpad.gov.cn/art/2014/5/26/art_50_10616.html

附　建立精准扶贫工作机制实施方案

根据《中共中央办公厅 国务院办公厅印发〈关于创新机制扎实推进农村扶贫开发工作的意见〉的通知》（中办发〔2013〕25号，以下简称25号文件）关于建立精准扶贫工作机制的要求，制定本实施方案。

一、目标任务

通过对贫困户和贫困村精准识别、精准帮扶、精准管理和精准考核，引导各类扶贫资源优化配置，实现扶贫到村到户，逐步构建精准扶贫工作长效机制，为科学扶贫奠定坚实基础。

精准识别是指通过申请评议、公示公告、抽检核查、信息录入等步骤，将贫困户和贫困村有效识别出来，并建档立卡。

精准帮扶是指对识别出来的贫困户和贫困村，深入分析致贫原因，落实帮扶责任人，逐村逐户制订帮扶计划，集中力量予以扶持。

精准管理是指对扶贫对象进行全方位、全过程的监测，建立全国扶贫信息网络系统，实时反映帮扶情况，实现扶贫对象的有进有出，动态管理，为扶贫开发工作提供决策支持。

精准考核是指对贫困户和贫困村识别、帮扶、管理的成效，以及对贫困县开展扶贫工作情况的量化考核，奖优罚劣，保证各项扶贫政策落到实处。

二、重点工作

（一）建档立卡与信息化建设

（1）建档立卡。国务院扶贫办制定《扶贫开发建档立卡工作方案》，明确贫困户、贫困村识别标准、方法和程序，负责省级相关人员培训、督促检查、考核评估等工作；各省（区、市）根据国家统计局确定的分省（区、市）和分片区贫困人口规模，按照《扶贫开发建档立卡工作方案》中确定的贫困人口、贫困村规模分解和控制办法，负责将贫困人口、贫困村规模逐级向下分解到村到户，并负责市县两级相关人员培训、专项督查等工作；县负责贫困户、贫困村确定，并组织乡（镇）村两级做好建档立卡工作。2014年10月底前完成建档立卡工作，相关数据录入电脑，联网运行，并实现动态管理，每年更新。

（2）信息化建设。国务院扶贫办制定和组织实施全国扶贫开发信息化建设规划和建设方案，制定标准规范，整合办内原有信息系统，建设统一的应用软件系统。各省（区、市）、市（区）、县（区）负责设备购置、人员配备、数据采集和更新等工作。通过信息化建设，引导各项资源向贫困户和贫困村精准配置，提高针对性和有效性。此项工作2014年12月底前完成，以后逐步升级完善。

（二）建立干部驻村帮扶工作制度

（3）各省（区、市）普遍建立干部驻村工作制度，做到每个贫困村都有驻村帮扶工作队，每个贫困户都有帮扶责任人，并建立驻村帮扶工作队、贫困户帮扶责任人数据库。此项工作由各省（区、市）负责，2014年6月底前派驻到位。

（4）做好干部选派工作。各省（区、市）要充分动员党政机关、人民团体、民主党派、企事业单位参与驻村帮扶工作，选派有较高政治素质、能力较强、特别是有培养前途的中青年干部，参加驻村帮扶工作，并明确职责分工、帮扶项目、考核办法和问责制度等。

（5）落实帮扶责任。驻村工作队负责协助村两委摸清贫困底数，分析致贫原因，制定帮扶计划，协调帮扶资源，统筹安排使用帮扶资金，监督帮扶项目实施，帮助贫困户、贫困村脱贫致富，不脱贫、不脱钩；协助基层组织贯彻落实强农惠农富农政策；积极参与各项扶贫开发工作。

（6）建立健全帮扶制度。各省（区、市）建立健全驻村干部的选拔、培训、管理、考核、激励、保障等制度，充分调动驻村干部的积极性，对工作成效显著的要提拔重用，对工作成效不明显的要实行退出和问责。加强驻村工作队的规范管理，实现驻村干部帮扶长期化、制度化和规范化。

（三）培育扶贫开发品牌项目

各省（区、市）在总结经验的基础上，完善政策措施，因地制宜大力培育行得通、能管用的扶贫品牌。

（7）雨露计划。各省（区、市）扶贫和财政部门会同教育、人社等部门，完善雨露计划实施政策和规划，对参加中高职教育或两年及以上职业技能培训的建档立卡贫困学生家庭发放生活补助，提供扶贫贴息贷款支持，提升贫困户新成长劳动力就业技能和创业能力，稳就业、拔穷根，阻断贫困代际传递。继续做好劳动力转移就业培训、农村适用技能培训和贫困村致富带头人培训工作。

（8）扶贫小额信贷。各省（区、市）扶贫、财政和金融部门负责完善扶贫小额信贷政策，对没有外出就业、有一定技能又有创业意愿的贫困户发放小额信贷贴息贷款，支持发展特色优势产业，帮助"换穷业"。提高瞄准性，加强监管，真正惠及贫困户。

（9）易地扶贫搬迁。各省（区、市）发展改革委（局）与扶贫部门共同负责制定规划和计划，对不具备生存发展条件、就地脱贫成本高、难度大的贫困户实施易地扶贫搬迁，结合新型城镇化中解决"三个1亿人"问题，使这部分贫困群众彻底"挪穷窝"。在易地扶贫搬迁工作中，要充分尊重搬迁户的意愿，并着力解决好就业、教育、医疗、社会保障和社会融入等问题。

（四）提高扶贫工作的精准性和有效性

（10）各省（区、市）扶贫部门要将扶贫措施与扶贫开发建档立卡紧密衔接，提高扶贫工作的精准性和有效性。要坚持因地制宜、分类指导、突出重点、注重实效的原则，在培育扶贫开发品牌项目的同时，继续做好整村推进、互助资金、产业扶贫、科技扶贫等专项扶贫工作。

（11）各行业部门，要重点围绕落实25号文件，组织实施好村级道路畅通、饮水安全、农村电力保障、危房改造、特色产业增收、乡村旅游扶贫、教育、卫生和计划生育、文化建设、贫困村信息化"十项重点工作"。各行业部门按照25号文件要求，制定相关办法并组织实施。

（五）提高社会力量参与扶贫的精准性、有效性

（12）搭建社会扶贫信息服务平台。国务院扶贫办统筹建设中国扶贫网，将贫困户、贫困村的需求信息与社会各界的扶贫资源、帮扶意愿进行有效对接，互联共享，实现社会扶贫资源的精准化配置。各地也要根据实际，搭建社会扶贫信息服务平台。国务院扶贫办负责顶层设计，各级扶贫部门组织实施，2014年年底前完成。

（13）完善社会扶贫帮扶形式。鼓励引导各级定点扶贫单位、参加扶贫协作的东部省市、军队和武警部队及民主党派、工商联、无党派人士、各类企业、社会组织、个人等社会扶贫参与主体，到贫困地区开展形式多样的扶贫帮扶活动，努力做到帮扶重心下移到贫困村、帮扶对象明确到贫困户，帮扶措施到位有效，帮扶效果可持续，实现社会帮扶的精准化、科学化。国务院扶贫办负责制定相关政策，各省（区、市）负责制定实施方案，于2014年9月底前完成。

（六）建立精准扶贫考核机制。

健全贫困县精准扶贫考核机制，建立贫困县约束机制，研究重点县退出机制。

（14）中组部牵头，国务院扶贫办、国家统计局配合，2014年12月底前修订出台《关于加强和改进贫困县考核工作指导意见》，重点考核党政领导班子和党政领导干部将工作重点放在扶贫开发、完成减贫增收任务情况，增设精准扶贫考核的内容、指标，并合理确定分值权重。

（15）国务院扶贫办会同发改委、财政部，2014年6月底前修订出台《扶贫工作考核办法》，重点考核地方政府扶贫责任落实情况以及扶贫成效。逐步建立以考核结果为导向的激励和问责机制。根据考核和评估结果改进和完善精准扶贫工作机制，实现精准扶贫、阳光扶贫、廉洁扶贫。

三、保障措施

（一）深化思想认识

精准扶贫是党中央和国务院对扶贫开发工作的新要求，是解决扶贫开发工作中底数不清、目标不准、效果不佳等问题的重要途径，是全面建成小康社会的重要保障。各级领导干部要深化认识，统一思想，把精准扶贫工作摆到更加突出的位置，不断提高扶贫工作的精准性、有效性、持续性。

（二）加强组织领导

各级扶贫开发领导小组成员单位、片区牵头单位、行业主管部门都要做好精准扶贫各项工作。强化扶贫开发队伍建设，加强县、乡（镇）两级扶贫部门力量，保障工作经费，改善工作条件，提高工作效能。

（三）强化责任落实

按照"中央统筹、省负总责、县抓落实"的原则，逐级分解落实；扶贫部门要抓好精准扶贫工作的顶层设计、沟通、协调、指导和服务工作；相关行业部门要按照分工，发挥职能和行业优势，切实加大对贫困户和贫困村的帮扶力度；要搭建有效平台，引导和动员社会力量参与精准扶贫工作。

2. 关于印发《创新扶贫开发社会参与机制实施方案》的通知

关于印发《创新扶贫开发社会参与机制实施方案》的通知

国开办发〔2014〕31号

各省（自治区、直辖市）和新疆生产建设兵团扶贫办、协作办、组织部、统战部、教育厅（委）、民政厅（局）、财政厅（局）、人力资源和社会保障厅（局）、国资委、国税局、地税局、团委、残联、工商联，各军区、各军兵种、各总部、军事科学院、国防大学、国防科学技术大学、武警部队政治部：

为贯彻落实《关于创新机制扎实推进农村扶贫开发工作的意见》（中办发〔2013〕25号）关于"创新社会参与机制"精神，国务院扶贫开发领导小组办公室、中央组织部、中央统战部、中央直属机关工委、中央国家机关工委、解放军总政治部、教育部、民政部、财政部、人力资源和社会保障部、国务院国资委、税务总局、共青团中央、中国残联、全国工商联研究制定了《创新扶贫开发社会参与机制实施方案》。现予印发，请结合实际，认真组织实施。

特此通知。

来源：http://www.cpad.gov.cn/art/2014/5/23/art_50_10406.html

附 创新扶贫开发社会参与机制实施方案

根据《关于创新机制扎实推进农村扶贫开发工作的意见》（中办发〔2013〕25号）关于"创新社会参与机制"的要求，制订本方案。

一、目标任务

广泛动员全社会力量参与扶贫开发是中国特色扶贫开发事业的重要组成部分，集中体现了社会主义制度的优越性和中华民族扶贫济困的传统美德，对于培育和践行和谐友善的社会主义核心价值观具有重大意义。要进一步创新机制，营造全社会关心扶贫、爱心助贫的良好氛围，形成政府、市场、社会协同推进的大扶贫工作格局。

（一）完善社会扶贫工作体系

建立和完善广泛动员全社会力量参与扶贫开发的制度，构建包括定点扶贫、东西部扶贫协作、军队和武警部队扶贫以及各民主党派、工商联和无党派人士、企业、社会组织、个人参与的中国特色社会扶贫工作体系。

（二）创新社会扶贫工作机制

拓展社会扶贫组织动员和信息服务渠道，建立和完善社会扶贫激励机制，创新社会扶贫资源筹集、配置、使用、监管机制。

（三）健全社会扶贫支持政策

落实社会扶贫相关财政、税收等政策，按照国家有关规定建立完善干部挂职扶贫、驻村帮扶、扶贫志愿者行动等社会扶贫表彰和激励政策。

（四）营造社会扶贫浓厚氛围

深化社会扶贫研究，推动社会扶贫理论和实践创新。创新社会扶贫宣传形式，拓宽宣传渠道，扩大宣传空间，加强舆论引导，汇全国之力、聚各方之财、集全民之智，营造扶贫济困浓厚社会氛围。

二、主要形式

巩固加强定点扶贫、东西部扶贫协作、军队和武警部队扶贫，充分发挥其示范引领作用。大力推动各民主党派、工商联和无党派人士、企业、社会组织、个人扶贫。

（一）定点扶贫

中央定点扶贫单位要切实加强领导、落实责任、健全制度。动员本单位、本行业、本系统干部职工广泛参与，定期选派优秀中青年干部挂职扶贫。多渠道筹措帮扶资源，创新帮扶形式，帮助协调解决定点扶贫县经济社会发展中的突出问题，做到帮扶重心下移到贫困村，帮扶对象明确到贫困户，帮扶措施到位有效，年度工作总结和计划报送及时。各单位领导同志每年到定点扶贫地区开展扶贫调研，督促指导定点扶贫工作。地方各级党政机关和有关单位的定点扶贫工作参照中央层面做法，组织开展定点扶贫。

（二）东西部扶贫协作

强化政府援助，协作双方要共同研究制定长期规划和年度计划，将对口帮扶工作纳入经济社会发展规划和政府工作目标考核内容；建立协作双方联席会议制度，市县层层结对、行业部门对口帮扶。扩大区域合作，推动东西部资源、产业、要素的优化配置，实现优势互补、互利共赢。加强企业协作，动员东部企业遵循市场规律、发挥自身优势，到西部地区投资兴业，开拓市场，带动当地经济发展和结构转型。组织社会帮扶，广泛动员东部地区社会各界以捐资助学、志愿服务等多种形式参与东西部扶贫协作。加强人才支持，推动东西部党政干部、专业技术人才双向挂职交流，引导人才向西部等艰苦边远地区流动。充分发挥东部职教优势，提倡合作办学、订单培训等多种形式，开展劳动力转移培训。各地要结合实际，组织开展省内区域性结对帮扶，缩小地区发展差距。

（三）军队和武警部队扶贫

明确省军区、军分区政治机关和人民武装部作为同级政府扶贫开发领导小组成员单位。按照"就地就近、有所作为、量力而行、尽力而为"原则，省军区（武警总队）主要帮扶国家扶贫开发工作重点县，军分区帮扶扶贫任务较重的乡镇或贫困村，作战部队结合实际就近确定帮扶对象。部队院校、医疗、科研、装备修理等单位应发挥自身优势，积极支持贫困地区发展教育、科技、文化、卫生等社会事业。

（四）各民主党派、工商联和无党派人士扶贫

鼓励民主党派、工商联和无党派人士发挥联系面广、人才智力富集等优势，通过定点扶贫、智力支边、光彩事业等形式，帮助贫困地区发展教育、科技、文化、卫生等社会事业，改善基础设施条件，促进特色优势产业发展。

（五）企业扶贫

国有企业是国民经济的骨干和命脉，要在扶贫开发中发挥带头作用。民营企业是社会扶贫的重要力量，要积极履行社会责任，参与扶贫开发。鼓励各类企业通过到贫困地区投资兴业、招工就业、捐资助贫、技能培训等多种形式，参加村企共建、结对帮扶等扶贫工作，促进贫困地区经济社会发展，带动贫困群众增收致富。各级国资委、工商联和扶贫部门要加强沟通协调，建立联系机制，做好支持、服务和宣传工作。

（六）社会组织扶贫

推动社会组织积极参与扶贫开发。加强对社会组织开展扶贫活动的信息服务、业务指导和规范管理，开展政府购买服务试点，鼓励社会组织承接政府扶贫项目，创新扶贫方式，打造优秀扶贫公益品牌。

（七）个人扶贫

发挥工会、共青团、妇联、残联等单位组织动员优势，依托各类社会组织，创新服务支撑体系，鼓励和引导广大社会成员和港澳同胞、台湾同胞、华人华侨及海外人士捐助款物，开展助教、助医、助学等扶贫活动，倡导志愿服务精神，构建中国特色的扶贫志愿者网络和服务体系。

以上工作由国务院扶贫办与定点扶贫牵头组织部门、民政部、共青团中央、中国残联、全国工商联组织实施。

三、保障措施

（一）落实支持政策

鼓励有条件的单位设立扶贫基金，拓展社会扶贫筹资渠道，专项用于开展扶贫帮扶工作。参加东西部扶贫协作的东部省市，可在协作双方自愿协商一致的基础上安排一定数额的帮扶资金。加大财政对扶贫公益事业的

支持力度，制定政府购买扶贫领域服务的具体措施。按照国家税收法律及其有关规定，全面落实扶贫捐赠税前扣除、税收减免及各类市场主体到贫困地区投资兴业给予相关支持等扶贫公益事业税收优惠政策。简化扶贫社会组织登记程序，对符合条件的社会组织给予公益性捐赠税前扣除资格。

（二）健全激励机制

在每五年开展一次社会扶贫表彰工作的基础上，按照国家有关规定探索建立中国特色的社会扶贫荣誉表彰体系。对扶贫成效明显、贡献特别突出的企业、社会组织和个人，可在尊重其意愿前提下给予项目冠名。规范到贫困地区挂职锻炼工作，切实关心挂职扶贫干部和驻村帮扶干部的工作和生活，对表现优秀的同志在同等条件下原则上可优先提拔使用，也可根据挂职地党委的意见，在派出单位同意、尊重干部意愿的前提下，在当地交流任职。

（三）加强监督评估

建立定点扶贫和东西部扶贫协作工作考核评价机制和通报制度。建立企业、社会组织、个人扶贫监测评估体系。完善扶贫项目招标采购、社会组织征信、第三方评估、审计等相关制度，推动参与扶贫的社会组织增加透明度、提升公信力、扩大影响力。

以上工作由国务院扶贫办与财政部、税务总局、中组部、人力资源和社会保障部、民政部共同组织实施。

四、近期工作

（一）制定一个文件

年内以国务院名义制定新时期社会扶贫的指导性文件，就社会扶贫工作的总体要求、基本原则、方式方法、政策措施、组织领导等提出明确意见。

（二）召开一次会议

年内以国务院名义召开全国社会扶贫工作会议，全面总结新世纪以来社会扶贫工作经验，宣传表彰社会扶贫先进典型，动员部署新时期社会扶贫工作，进一步巩固和完善大扶贫工作格局。

（三）开展一次表彰

年内以国务院扶贫开发领导小组名义，开展社会扶贫表彰活动，评选全国社会扶贫先进集体和先进个人，交流经验，激励先进，营造氛围。

（四）设立一个活动日

推动设立全国扶贫济困日，为社会各界参与扶贫、奉献爱心搭建组织动员平台。通过聘请扶贫宣传大使、播出公益广告、开展国情教育、组织志愿帮扶、评选典型人物等系列活动，在中央和地方媒体开展系列宣传，激发全社会参与扶贫的热情和潜力。

（五）构建一个平台

结合正在开展的建档立卡工作，建立中国扶贫网，将贫困村、贫困户的需求信息与社会各界的扶贫资源、帮扶意愿进行有效对接。各地也要根据实际，搭建社会扶贫信息服务平台。

（六）组建一支队伍

充分动员发达地区和大中城市人力资源，组建一支扶贫志愿者队伍。组织青年学生志愿者参与扶贫对象调查识别、统计监测，支持各类志愿者深入贫困地区，开展助教支医、文化下乡、科技推广、创业引领、资源开发等扶贫活动。

国务院扶贫办　中组部　中央统战部　中央直属机关工委
中央国家机关工委　解放军总政治部　教育部　民政部
财政部　人力资源和社会保障部　国务院国有资产
监督管理委员会　国家税务总局　共青团中央
中国残联　全国工商联